논어로 맹자를 읽다

이한우의
사서삼경

以
論
讀
孟

논어로
맹자를
읽다

[이한우 지음]

왜 『맹자』는 풀지 않고 읽었는가?

이 책은 필자의 '사서삼경(四書三經)' 읽기의 네 번째 결과물이다. 그 첫 번째는 '이론해론(以論解論)'으로 이름 붙인 『논어로 논어를 풀다』(해냄, 2012)였다. 그리고 두 번째는 '이론해론'의 성과를 바탕으로 해서 사서 중에서 가장 추상적이고 난해하다는 평가를 받아온 『중용(中庸)』을 풀어낸 『논어로 중용을 풀다』(해냄, 2013)였고, 세 번째는 『논어로 대학을 풀다』(해냄, 2013)였다. 두 번째와 세 번째는 각각 '이론해중(以論解中)'과 '이론해대(以論解大)'라 이름 붙일 수 있겠다. 그런데 이번 작업은 풀어내는[解] 작업이 아니라 엄밀한 읽기[精讀] 작업이었다. 그것은 『맹자(孟子)』라는 텍스트 자체의 성격 때문이라고 할 수 있다. 앞의 세 책은 풀어내는 방식으로 읽지 않으면 온전하게 그 뜻을 제대로 파악할 수 없는 것들임에 비해 『맹자』는 약간의 보충·보완을 통해 정밀하게 쭉 읽어가기만 해도 잘 이해될 수 있는 책이다. 다만 기존의 단순한 번역과 다른 점은 『논어(論語)』를 통한 보충적인 읽기를 시도했다는 점이다.

따라서 좀 더 엄밀하게 말하면 이번 네 번째 작업은 『논어』로 풀어낸 『논어』(以論解論)를 바탕으로 한 『맹자』 읽기로, '이론독맹(以論讀孟)'이라 이름 붙일 수 있겠다. 이로써 일단 필자의 구상에 따른 사서 읽기는 일단락된 셈이다. 우리는 그동안 『논어』로 『논어』를 풀고, 『논어』로 『중용』을 풀고, 『논어』로 『대학』을 푸는 작업을 마무리했고 이제 『맹자』 차례다. 그런데 『맹자』는 풀어야 할 책은 아니고 읽으면 된다. 크게 보면 『맹자』는 『논어』 『중용』 『대학』을 풀어내는 일종의 해설 지침과도 같다. 반대로 『논어』 쪽에서 『맹자』를 보면 풀어야 할 책은 아니고 『논어』를 참조하며 읽어가야 할 책이다. 그래서 이 책의 제목은 다른 세 권의 책과 달리 『논어로 맹자를 읽다』다.

사서 중에서 공자에게 가장 가까운 책은 『논어』이고, 그다음은 『중용』과 『대학』이며, 『맹자』는 비교적 멀다고 할 수 있다. 그렇다고 『맹자』의 비중이 낮다는 것은 아니다. 내용의 풍부함이라는 점에서 보자면 『논어』 다음이 『맹자』다. 그리고 『중용』과 『대학』은 그 둘의 핵심을 일목요연하게 정리해 놓았다고 볼 수 있다. 따라서 사서를 읽어가는 방식에 딱 하나의 왕도가 있다고 볼 필요는 없다.

그런데 사서를 직접 읽어보면 알겠지만 아무런 준비 없이 곧장 『중용』이나 『대학』만 읽어서는 그 내용이 무엇을 말하는지 알 수가 없다. 워낙 추상적인 개념들이 압축되어 있기 때문이다. 하지만 『논어』는 성격이 전혀 다르다. 『논어』 안에는 『논어』의 추상개념들을 보다 명확하게 이해할 수 있는 단서들이 충분히 들어 있어 자기독해가 가능하다. 그것이 '이론해론'이었다. 반면 『중용』이나 『대학』은 자기독해가 불가능하다. 즉 『중용』만으로 『중용』을 풀어내거나 『대학』만으로 『대학』을 풀어낼 수는 없다는 말이다. 그 대신『논어』의 자기독해를 통해 풀어가면 『중용』이나『대학』은 뜻밖에 쉽게 풀린다. 그것이『논어로 중용을 풀다』와『논어로 대학을 풀다』였다.

참고로 주희는 사서를 읽어가는 방법으로 "『대학』을 보고 또 힘을 더하여『논어』를 보고 또 힘을 더하여『맹자』를 보아 이 세 책을 보고 나면『중용』은 절반을 마친 셈이 된다"고 했다. 그러나 필자는『논어』 『중용』『대학』『맹자』순으로 읽어야 한다고 이미 여러 차례 밝힌 바 있다.

주희의 사서 읽기 순서는 스승의 도움을 전제로 한 것이다. 곁에서 지도해 주는 스승이 있다면 주희의 말대로『대학』을 먼저 보면서 전반적인 개요를 살피고, 이어『논어』를 통해 그 내용을 풍부하게 한 다음, 다시『맹자』로 보충하고, 끝으로『중용』을 읽어 요약하며 총정리를 하는 것도 나름대로 사서를 읽어내는 훌륭한 방법이 될 수 있을 것이다.

그러나 필자는 혼자서 읽어나가는 것을 전제로 했다. 그럴 경우 책의 난이도만 놓고 본다면『맹자』에서 출발해『논어』를 읽고 이어『대학』과『중용』으로 마무리할 수도 있다. 그런데 이 방법이나 주희의 방법에는 근본적인 문제가 하나 있다. 그것은 공자 자체보다는 이후 공자―맹자―주희로 이어지는 도통(道統)의 맥락에서 사서를 읽어가려는 경직된 태도에 물들 수 있다는 점이다.『논어』를 제외하면 나머지 세 책은 모두 도통을 세우려는 뚜렷한 의도를 갖고서 맹자와 주희가 편찬한 책이라는 점을 항상 주의할 필요가 있다.

사서를 그 내용과 수준에 초점을 맞춰 그림을 그려보면 다음과 같다. 위로 갈수록 어렵고 추상적이며 아래로 갈수록 쉽고 구체적이다.

난이도	사서
상	중용(2)　　　대학(3)
중	논어＝논어(1)
하	맹자(4)

『논어』로 『논어』를 풀어내는 자기해석과 자기이해〔以論解論〕가 첫
번째 작업(1)이었다면, 보다 함축적이고 체계적인 『중용』을 『논어』로
풀어내는 해석과 이해〔以論解中〕가 두 번째 작업(2)이었다. 이와 비슷
한 연장선에서 『대학』을 『논어』로 풀어내는 해석과 이해〔以論解大〕가
세 번째 작업(3)이었으며, 사서 중에서 비중이 약할 수밖에 없는 『맹
자』는 실은 추상도 면에서 가장 낮고 시기적으로나 사상적으로 『논
어』『중용』『대학』에 비하면 처지기 때문에 『맹자』를 『논어』(그리고
『중용』과 『대학』으)로 읽어내는 해석과 이해〔以論讀孟〕가 네 번째 작업
(4)이 되었던 것이다. 『맹자』는 워낙 논리적이고 약간의 보충설명만 가
해지면 얼마든지 저절로 이해될 수 있는 것이기 때문에 풀어야 할 것
은 별로 없고, 대신 공자와 맹자, 『논어』와 『맹자』를 비교하는 선에서
'읽어' 내려갈 것이다. 그것이 『맹자』라는 책 자체에 가장 잘 어울리는
독법(讀法)으로 보이기 때문이다.

『맹자』는 어떤 책인가?

맹자는 중국 역사에서 전국시대라 불리던 기원전 4세기에서 3세기
사이를 살다 간 인물이다. 통상적으로는 기원전 372년에서 289년을
그의 생몰연대로 본다.

맹자라고 하지만 그의 이름은 가(軻)이고 추(鄒) 땅 출신인데 공자의 고향인 곡부(曲阜)에서 그리 멀지 않은 곳이다. 맹모삼천(孟母三遷)이라는 말이 우리에게 알려져 있지만 그것은 미확인 일화일 뿐이다. 대체적인 행적은 공자를 닮아 이 나라 저 나라를 떠돌아다니며 유세를 펼쳤는데 결국 받아들여지지 못했다. 훗날 고향으로 돌아와 공자의 저술들을 사숙하며 제자들을 키우고, 지금 우리가 『맹자』라고 부르는 7편으로 된 책을 편찬한 것으로 보인다. 그가 직접 편찬한 것이 아니라 제자들이 어록을 모아 편찬한 것이라는 설도 있다.

사실 우리의 큰 맥락에서 맹자의 생애는 그다지 중요하지 않다. 우리는 지금 공자를 향해 가는 중이며 공자에게 다다르기 위해서는 아직도 많은 여정이 남아 있다. 사서는 공자를 향해 가는 여정의 준비에 불과하며 『맹자』 또한 이런 문맥에서 읽어낼 것이다.

무슨 말인가 하면 우리의 궁극적인 목표는 공자가 편찬한 것으로 전해지는, 그러나 그가 직접 짓지는 않은〔述而不作〕『시경(詩經)』『서경(書經)』『주역(周易)』이 삼경(三經)에 있다. 미리 구상을 조금 밝히자면 『사서로 시경을 풀다』『사서로 서경을 풀다』『사서로 주역을 풀다』가 그것이다. 삼경은 사서의 도움 없이는 접근이 불가능한 비경(秘境)이라 할 수 있다. 그런 점에서 이번 작업 『논어로 맹자를 읽다』는 우리의 여정이 정확히 절반을 지나고 있음을 보여준다. 물론 7권 중에서 4번째이기 때문에 그렇다는 뜻이지 내용까지 감안한다면 우리는 아직 절반에도 이르지 못한 것인지 모른다.

한마디로 『맹자』는 어짊과 의로움〔仁義〕에 바탕을 둔 왕도(王道) 정치의 지침서다. 반면 공자의 사상을 담고 있는 『논어』의 경우에는 어짊과 사람 알기〔仁知〕가 양대 축을 이룬다. 깊이나 폭에 있어 『맹자』

는 『논어』에 비할 바가 아니다. 『논어』와 『맹자』는 엄밀히 말하면 원전(原典)과 해설서의 관계라 할 수 있다. 『논어』를 전혀 읽지 않은 『맹자』의 독자를 상상해 보면 그 둘의 관계를 쉽게 떠올릴 수 있다. 그러나 동시에 『맹자』는 『논어』뿐만 아니라 공자의 정신세계로 들어가는 데에 그 어떤 안내자보다도 듬직한 안내자임이 분명하다. 그 점은 이 책을 읽어가며 『논어』『맹자』의 관련구절들을 비교해 가는 가운데 자연스럽게 알게 될 것이다.

　이 작업을 하는 데 많은 분들의 도움과 격려가 있었다. 가족들이 무엇보다 큰 힘이 됐고 회사의 선후배와 동료들도 많은 응원을 해주었다. 이 자리를 빌려 깊이 감사드린다. 해냄 송영석 사장님과 편집부 직원들에게도 감사의 인사를 전한다.

2014년 12월 상도동 보심서실(普心書室)에서
탄주(灘舟) 이한우(李翰雨) 삼가 쓰다

〈일러두기〉

한문에 대한 우리 음 달기와 관련해 몇 가지 밝혀둘 것이 있다.

첫째, 『논어로 논어를 풀다』에서는 한자 하나에 우리 음 하나를 붙이는 식이었다. 예를 들면 天命, 初學者 식이었다. 『논어』는 우선 한문 문장이 길지 않기
천명 초학자
때문에 복잡한 문장이 거의 없고, 사서삼경 시리즈 중에서 첫 번째 책이었기 때문에 한문보다는 번역문에 더 많은 비중을 두었다. 한문은 참고만 하는 정도였다.

그러나 『중용』부터는 우리 음 표기방식을 바꾸었다. 한문 문장 이해에 좀 더 도움이 될 수 있는 방식으로 바꾼 것이다. 단어의 경우 天命, 初學者 식으
천명 초학자
로 우리 음을 연결해 붙였다. 아무래도 『중용』부터는 어느 정도 한자나 한문을 아는 사람들이 더 관심을 가질 것이라는 점을 고려했다. 그러나 같은 誠
者(성자)라 하더라고 '열렬함을 다하는 사람'의 경우에는 합쳐서 誠者라고 했
성자
지만 '열렬함이라는 것'은 誠者로 각각 나눠 우리 음을 표기했다. 그리고 사서
성 자
(四書) 혹은 四書(사서)는 인용문일 경우 종종 그대로 사용했음을 밝혀둔다.

둘째, '그'를 뜻하는 其나 '그것'을 뜻하는 之의 경우 분리해서 표기했다. '그
기   지
사람'의 경우 其人이라고 하지 않고 其人이라 했고 '그것을 서술하다'의 경우
기인   기 인
述之라고 하지 않고 述之라고 했다.
술지   술 지
셋째, '~의'를 뜻하는 之의 경우 '갑之을'에서 갑과 을의 관계가 아주 밀접한
지   지
경우에는 物之終始처럼 표기하고 그렇지 않을 경우에는 物之終始로 표기했다.
물지종시   물 지 종 시
그러나 그것은 그때그때의 문맥에 따라 조금씩 다를 수 있다는 점을 밝혀둔다.

넷째, '할 수 있다'는 의미의 可나 '아니다'는 의미의 非, 不 등은 문맥에 따
가   비 불/부
라 뒤에 이어지는 말과 붙이거나 떼어서 표시했다.

다섯째, 해설하는 과정에서 『논어로 논어를 풀다』와 『논어로 중용을 풀다』
『논어로 대학을 풀다』를 인용해야 할 경우 왼쪽 들여쓰기를 하여 문단 모양을

달리했다. 그 부분은 『논어로 논어를 풀다』 등을 그대로 따와서 싣기보다는 『맹자』 읽기에 맞도록 다시 손을 보았다는 점을 밝혀둔다. 따라서 『논어로 논어를 풀다』나 『논어로 중용을 풀다』 혹은 『논어로 대학을 풀다』를 읽지 않고 이 책에 바로 도전하더라도 읽어나갈 수 있도록 기본적인 체제를 갖추었다는 점도 언급해 두고자 한다.

차
례

양혜왕 장구 상

梁惠王章句上

1

맹자가 위(魏) 나라 혜왕(惠王)을 만나 뵈었다.

왕이 말했다. "노인께서 천 리를 멀다 않고 이렇게 왔으니 가령 앞으로 내 나라에 이익이 될 일이 있겠는가?"

맹자가 답했다. "왕께서는 하필이면 이익을 말씀하십니까? 단지 어짊과 의로움 두 가지뿐입니다. 왕께서 '어찌하면 내 나라에 이익이 있겠는가'라고 말하면 대부들은 (그것을 보고서) '어찌하면 내 집에 이익이 있겠는가'라고 하고 선비와 일반 백성들은 '어찌하면 내 한 몸에 이익이 있겠는가'라고 하며 윗사람과 아랫사람이 서로 상대방을 향해 이익을 취하려 할 경우 결국 나라는 위태로움에 빠지고 말 것입니다. 만승(萬乘-일만 대의 전차)의 나라(천자나 황제의 나라)에서 그 천자를 시해하는 자가 있다면 그는 분명 천승을 가진 집안에서 나올 것이고, 천승의 나라에서 그 임금을 시해하는 자가 있다면 그는 분명 백승을 가진 집안에서 나올 것입니다. 만승의 나라에서 (공이 되어) 천승을 취하고 천승의 나라에서 (경대부가 되어) 백승을 취하는 것이 (비록) 적은 것은 아니지만 만일 의로움을 뒤로하고 이익을 앞세운다면 (나머지 구천 승이나 구백 승마저) 빼앗지 않고서는 결코 다 먹었다고 생각하지 않을 것입니다. 어진 마음을 갖고 있으면서 그 어버이를 버리는 자는 없으며, 의로운 마음을 갖고 있으면서 그 군주를 뒤로하는 자는 없습니다. 왕께서는 오로지 어짊과 의로움 두 가지만을 말씀하셔야지 하필이면 이익을 말씀하십니까?"

孟子見梁惠王
맹자 현 양 혜왕

王曰 叟不遠千里而來 亦將有以利吾國乎
왕 왈 수 불원 천리 이 래 역장 유 이 리 오국 호

孟子對曰 王何必曰利 亦有仁義而已矣 王曰何以利吾國 大夫曰何以
맹자 대왈 왕 하필 왈리 역유 인의 이이의 왕왈 하이 리 오국 대부 왈 하이

利吾家 士庶人曰何以利吾身 上下交征利而國危矣 萬乘之國弑其君者必
리 오가 사 서인 왈 하이 리 오신 상하 교 정리 이국 위 의 만승지국 시 기 군자 필

千乘之家 千乘之國弑其君者必百乘之家 萬取千焉千取百焉不爲不多矣
천승지가 천승지국 시 기 군 자 필 백승지가 만 취 천 언 천 취 백 언 불위 부다 의

苟爲後義而先利不奪不饜 未有仁而遺其親者也 未有義而後其君者也 王
구 위후 의 이 선 리 불탈 불염 미유 인 이 유 기 친자 야 미유 의 이 후 기 군자 야 왕

亦曰仁義而已矣 何必曰利
역 왈 인의 이이의 하필 왈 리

맹자가 위(魏) 나라 혜왕(惠王)을 만나 뵈었다〔見〕. 양
(梁)이라고 한 것은 위나라의 도읍이 대량(大梁)이었기 때문에 그렇게
부른 것이다. 본문을 보자.

왕이 말하기를 "노인〔叟〕께서 천 리를 멀다 않고〔不遠〕 이렇게 왔으
니 가령〔亦〕 앞으로〔將〕 내 나라에 이익〔利〕이 될〔以〕 일이 있겠는가?"
라고 했다. 여기서는 亦을 흔히 하듯이 '역시'로 옮기지 않고 '가령'으
로 옮겼다.

이와 비슷한 문제들은 앞으로도 종종 나올 것이기 때문에 처음부
터 분명히 해두고 넘어갈 필요가 있다. 자, 간단하게 亦이라는 글자가
갖고 있는 다양한 뜻부터 살펴보자. 부사나 접속사만 추려봐도 '또', '또
한', '뿐만 아니라', '만약', '가령', '~도 역시', '다만', '단지(오로지) ~뿐', '이
미', '모두', '진실로〔亦是〕' 등등으로 다양한 의미를 갖는다. 그런데도

우리나라의 한문번역에서는 亦만 나오면 전후 맥락도 살피지 않고 무조건 '또한'으로 옮긴다. 이 짧은 장만 해도 亦이 앞으로 두 번 더 나오는데 그것들은 또 어떻게 번역되는지를 주의 깊게 봐주길 바란다.

이 장에 나오는 以 또한 마찬가지다. 전통적인 번역에서는 '~로써'나 '쓰다[用]' 정도로 옮기기 때문에 以의 보다 다양한 의미를 살피지 못한다. 이 장에서는 모두 다 '~가 되게 하다'는 정도로 옮겨야 뉘앙스가 정확하다. 영어로 let, 한자로는 使와 같은 뜻이다.

乎의 경우 크게 보면 '~인가?', '~이구나!' 그리고 '~에 있어서', '~보다' 등의 뜻으로 번역되는데 여기서는 의문형으로 '~인가?'이다.

다시 본문을 풀어보자. 맹자는 답한다. "왕께서는 하필이면[何必] 이익을 말씀하십니까? 단지[亦] 어짊[仁]과 의로움[義] 두 가지뿐입니다." 하필은 우리가 지금도 쓰고 있는 한자어다. 그리고 여기서 亦은 '또한'이 아니라 '단지'로 해석해야 한다. 그렇게 되면 '~일 뿐이다'를 뜻하는 而已矣와도 맞아떨어진다.

다시 본문이다. "왕께서 '어찌하면 내 나라에 이익이 있겠는가[何以利吾國]'라고 말하면 대부들은 (그것을 보고서) '어찌하면 내 집에 이익이 있겠는가'라고 하고 선비와 일반 백성들은 '어찌하면 내 한 몸에 이익이 있겠는가'라고 하며 윗사람과 아랫사람이 서로[交] 상대방을 향해 이익을 취하려[征利] 할 경우 결국 나라는 위태로움[危]에 빠지고 말 것입니다.

만승(萬乘-일만 대의 전차)의 나라(천자나 황제의 나라)에서 그[其] 천자[君]를 시해하는[弑] 자(者)가 있다면 그는 분명[必] 천승을 가진 집안에서 나올 것이고, 천승의 나라에서 그 임금을 시해하는 자가 있다면 그는 분명 백승을 가진 집안에서 나올 것입니다.

만승의 나라에서 (공이 되어) 천승을 취하고 천승의 나라에서 (경대부가 되어) 백승을 취하는 것이 (비록) 적은 것〔不多〕은 아니지만〔不爲〕 만일〔苟〕 의리〔義〕를 뒤로하고 이익〔利〕을 앞세운다면 (나머지 구천 승이나 구백 승마저) 빼앗지 않고서는 결코 다 먹었다〔饜〕고 생각하지 않을 것입니다.

어진 마음을 갖고 있으면서 그 어버이를 버리는 자는 없으며, 의로운 마음을 갖고 있으면서 그 군주를 뒤로하는 자는 없습니다. 왕께서는 오로지〔亦〕 어짊과 의로움 두 가지만을 말씀하셔야지 하필이면 이익을 말씀하십니까?"

맨 마지막의 亦은 좀 더 강조하기 위해 '단지'보다는 '오로지', '오직'이라고 하는 것이 문맥에 더 어울린다.

"(애씀〔文〕을) 배워서 그것을 늘 쉬지 않고 반복해 익히면 진실로 기쁘지 않겠는가?〔學而時習之 不亦說乎〕"라는 공자의 말로 시작하는 『논어』는 "명을 알지 못하면 군자가 될 수 없고, 예를 알지 못하면 설 수 없고, 말을 알지 못하면 사람을 알 수 없다〔不知命無以爲君子也 不知禮無以立也 不知言無以知人也〕"는 말로 끝난다.

그리고 『중용』은 명(命)을 이어받아 "하늘이 명한 것을 본성이라 하고, 본성을 따르는 것을 도리라 하며, 도리를 닦는 것을 가르침이라 한다〔天命之謂性 率性之謂道 修道之謂敎〕"라는 공자의 말로 시작해 '밝은 덕〔明德〕'으로 그 대미를 장식한다. 세 번째 작업인 『대학』은 '밝은 덕을 밝힌다〔明明德〕'로 시작한다. 『중용』의 끝과 『대학』의 시작이 연결돼 있는 것이다. 그리고 『대학』은 '밝은 덕을 밝힌다〔明明德〕'로 시작해 의로움과 이익〔義利〕을 분별해야 하는 문제로 끝났다. 군자라면 의로움과 이익을 분별해야 한다는 『맹자』의 시작은 바로 『대학』의 끝과 연결돼 있는 것이다.

이처럼 『논어』 『중용』 『대학』 『맹자』의 순서는 우리의 사서 읽기와 합치되는 것이면서 동시에 내용적으로 수미일관하게 연결돼 있다는 점을 잊어서는 안 된다.

2

맹자가 위나라 혜왕을 만나 뵈었을 때 왕은 연못가에 서서 크고 작은 기러기와 다양한 종류의 사슴들을 살펴보며 물었다. "뛰어난 자들도 이런 것들을 즐기는가?"

맹자가 답했다. "뛰어난 자가 되고 난 후에 이런 것을 즐길 수 있지요. 뛰어난 자가 아니라면 비록 이런 것들을 갖고 있다고 하여도 즐길 수 없습니다. 『시경』에 이르기를 '(문왕이) 영대(靈臺-신령스러운 대)를 세우려고 할 초창기에 큰 그림을 그리고 이리저리 궁리를 하자 수많은 백성들이 몰려와 합심하여 하루도 안 되어 완성시켰네. 일을 하는 초창기에 너무 서둘지 말라고 해도 백성들은 자식들이 아버지 일을 위하는 듯 달려왔도다. 문왕이 영대가 완성된 동산에 계실 때 암수 사슴들은 자기 자리에 가만히 엎드려 있는데 잘 먹어 여유로운 모습이었고, 백조들은 눈부시게 하얀 빛을 띠었도다. 왕이 연못가에 계시니, 아아! (연못) 가득하게 물고기들이 뛰어놀도다'라고 했습니다.

(그 뜻은 이렇습니다.) 문왕께서 백성의 힘으로 대(臺-누각 형태의 높은 건물)를 만들고 연못을 만들었습니다. 그러나 백성들은 그것을 기쁘고 즐겁게 여겨 그 대를 이름 붙여 신령스러운 대라 부르고 그 연못을 이름 붙여 신령스러운 못이라고 불렀으며, (이에 그치지 않고) 그곳에 크고 작은 암수 사슴들과 물고기와 자라들이 자라고 있는 것마저 즐거워하였습니다. 옛 사람들은 (이처럼) 백성들과 더불어 모두 함께 즐겼습니다. 그랬기 때문에 진정한 즐거움을 누릴 수 있었던 것입니다.

(이와 반대로) 『서경』 '탕서(湯誓)'에는 이런 말이 있습니다. '이놈의 태양은 언제나 없어질 것인가? 내 너와 더불어 함께 없어지리라!' (이처

럼) 백성들이 (태양과) 더불어 함께 없어지고 싶어 한다면 아무리 좋은 대와 연못과 새와 짐승들을 소유하고 있다고 한들 어찌 (왕께서) 능히 혼자서 즐거워할 수 있겠습니까?"

孟子見梁惠王 王立於沼上顧鴻鴈麋鹿曰 賢者亦樂此乎
맹자 현 양 혜왕 왕 립 어 소 상 고 홍안 미록 왈 현자 역 락 차 호

孟子對曰 賢者而後樂此 不賢者雖有此不樂也 詩云 經始靈臺 經之營
맹자 대왈 현자 이후 락 차 불현자 수유 차 불락 야 시운 경시 영대 경지 영

之 庶民攻之 不日成之 經始勿亟 庶民子來 王在靈囿 麀鹿攸伏 麀鹿濯濯
지 서민 공지 불일 성지 경시 물극 서민 자래 왕재 영유 우록 유복 우록 탁탁

白鳥鶴鶴 王在靈沼 於牣魚躍 文王以民力爲臺爲沼而民歡樂之謂其臺曰
백조 학학 왕재 영소 오인 어약 문왕 이 민력 위대 위소 이민 환락 지 위기 대 왈

靈臺謂其沼曰靈沼樂其有麋鹿魚鼈 古之人與民偕樂 故能樂也 湯誓曰 時
영대 위기 소 왈 영소 낙 기유 미록 어별 고지인 여민 해락 고능 락야 탕서 왈 시

日害喪 予及女偕亡 民欲與之偕亡雖有臺池鳥獸豈能獨樂哉
일 할 상 여급 여 해망 민욕 여지 해망 수유 대지 조수 기능 독 락 재

맹자가 위나라 혜왕을 만나 뵈었을 때 왕은 연못〔沼〕가〔上〕에〔於〕서서〔立〕크고 작은 기러기〔鴻鴈〕와 다양한 종류의 사슴들〔麋鹿〕을 살펴보며〔顧〕물었다. "뛰어난 자들도〔亦〕이런 것〔此〕들을 즐기는가?" 필자는 앞으로 특별한 경우가 아니면 聖人은 빼어난 이, 賢人 혹은 賢者는 뛰어난 이로 옮긴다. 여기서 亦은 '역시' '또한' '~도'란 뜻이고, 上은 '위'라기보다는 '주변'을 뜻한다.

이에 대해 맹자는 우선 이렇게 답한다. "뛰어난 자가 되고 난 후에〔而後〕이런 것을 즐길 수 있지요. 뛰어난 자가 아니라면 비록 이런 것들을 갖고 있다고 하여도 즐길 수 없습니다." 먼저 而는 '그리고'의 순

접과 '그러나'의 역접 두 가지가 가장 많이 사용된다. 그 밖에 而에는
'구레나룻', '너', '자네', '그대'라는 뜻도 있고 '만약', '만일'을 뜻하기도
하며 '~뿐', '따름〔而已矣〕', '~하면서', '~에' 등등의 다양한 의미를 갖
고 있다. 여기서 而後는 관용적 표현으로 以後와 같다. 비슷한 표현으
로는 而今以後가 있다. 이는 '지금부터 시작해 앞으로 쭉'이란 뜻이다.
또 한 가지 짚어야 할 점은 賢者의 賢은 '뛰어난 자가 되다'라는 동사
로 풀이했고, 不賢者의 賢은 그냥 '뛰어나다'로 옮겼다는 것이다. 예를
들어 賢賢이라고 하면 '뛰어난 자를 뛰어난 자로 대우하다', 혹은 '뛰어
난 자가 뛰어난 자임을 알아보다'는 뜻이다. 결국 어떤 번역 의미를 선
택할 것인지는 전적으로 문맥 속에서 파악해야 한다. 雖는 대부분 '비
록 ~일지라도'로 해석하면 된다.

　이어 맹자는 『시경』의 '대아(大雅) 영대(靈臺)' 편에 나오는 시를 인
용한다. 云은 책을 인용하여 '~라고 이르다'를 뜻할 때 쓴다. 따라서 詩
云은 『시경』에 이르기를 정도의 의미다.

　"(문왕이) 영대(靈臺)를 세우려고 할 초창기〔經始〕에 큰 그림을 그
리고〔經之〕 이리저리 궁리를 하자〔營之〕 수많은 백성〔庶民〕들이 몰려
와 합심하여〔攻之〕 하루도 안 되어〔不日〕 완성시켰네〔成之〕. 일을 하
는 초창기〔經始〕에 너무 서둘지〔亟〕 말라〔勿〕고 해도 백성들은 자식들
이 아버지 일을 위하는〔子〕 듯 달려왔도다. 문왕이 영대가 완성된 동
산〔靈囿〕에 계실 때 암수 사슴들은 자기 자리에〔攸=所〕 가만히 엎드
려 있는데 잘 먹어 여유로운 모습〔濯濯〕이었고, 백조들은 눈부시게 하
얀 빛〔鶴鶴〕을 띠었도다. 왕이 연못가에 계시니, 아아! (연못) 가득하게
〔牣〕 물고기들이 뛰어놀도다."

　이 구절은 오늘날 우리가 사용하는 경영(經營)이란 단어의 발원지

라는 점에서도 눈여겨볼 필요가 있다. 經은 초창기에 큰 윤곽이나 그림을 그리는 것이고 營은 그것을 구현하는 데 필요한 사람과 돈, 물자 등을 동원하는 것이다. 經始라는 단어도 여기서 비롯되었는데 '집을 짓기 시작한다'는 뜻 외에 '어떤 일을 기획하거나 설계하다', 혹은 '어떤 일에 착수하다' 등의 의미를 갖는다. 그러나 일반적으로는 거의 사용되지 않는 단어다.

그리고 또 하나 눈여겨봐야 할 것이 있다. 시답게 之가 반복되면서 어떤 일을 시작하여 잘 끝내는 것을 經之, 營之, 攻之, 成之 4단계를 통해 보여주고 있다는 점이다. 어떤 일의 成功은 바로 이런 4단계의 하나하나를 잘 마무리함으로써 최종적으로 얻어지는 것이다.

亟은 '빠르다', '긴급하다', '절박하다', '성급하다' 등의 동사 외에 '빠르게', '자주', '갑자기' 등의 부사적 의미도 있다. 여기서는 '서두르다', '성급하다' 등을 뜻한다. 그렇다고 부정적인 의미는 아니고 어서 빨리 해주고 싶은 그런 마음이다. 子도 여기서는 자식이나 아들이 아니라 '자식과 같은 심정이 되다'라는 뜻이다. 결국 經始勿亟 庶民子來는 바로 앞에 있는 庶民攻之에 대한 보충설명이다. 그만큼 열렬하게 온 백성들이 자신의 일처럼 몰려들어 열심히 일해 주었다는 것이다.

이제 연못이 완성되었다. 문왕은 영대가 완공된 동산〔囿〕에 나아간다. 이 동산 또한 백성들은 영유(靈囿)라고 불렀다. 암수 사슴〔麀鹿〕들은 자기 자리〔攸〕에 가만히 엎드려 있는데 여유로운 광채가 났다. 攸는 우리가 흔히 오래되었다는 의미에서 '유구(悠久 혹은 攸久)하다'고 할 때 가끔 사용된다. 원래는 장소나 '~하는 바'라는 의미에서 所와 같은 뜻을 갖고 있고, 그 밖에 어조사 또는 '이에', '위태롭다', '달리다', '빠르다', '위태롭거나 재빠른 모양'의 의태어 등으로도 사용된다. 여기서는 사슴이 있어야 할 바 혹은 장소를 뜻하기 때문에 '자기 자리'로 옮겼다.

於는 여기서 감탄사로 쓰였기에 '어'가 아니라 '오'로 읽는다. 牣은 '가득하다', '충만하다', '살찌다', '꽉 차다' 등을 뜻하며 滿과 같다. 躍은 '뛰다', '뛰어오르다', '가슴이 뛰다' 등을 뜻한다. 도약(跳躍)이라고 할 때의 그 躍이다.

시의 인용을 끝낸 맹자는 그 뜻을 알기 쉽게 요약한다.

"문왕께서 백성의 힘〔民力〕으로〔以〕 대(臺-누각 형태의 높은 건물)를 만들고〔爲〕 연못〔沼〕을 만들었습니다. 그러나〔而〕 백성들은 그것〔之〕을 기쁘고〔歡〕 즐겁게〔樂〕 여겨 그 대를 이름 붙여〔謂〕 신령스러운 대〔靈臺〕라 부르고〔曰〕 그 연못을 이름 붙여 신령스러운 못〔靈沼〕이라고 불렀으며, (이에 그치지 않고) 그곳에〔其〕 크고 작은 암수 사슴들〔麋鹿〕과 물고기〔魚〕와 자라〔鼈〕들이 자라고 있는〔有〕 것마저 즐거워〔樂〕하였습니다. 옛 사람들〔古之人〕은 (이처럼) 백성들과 더불어〔與〕 모두 함께〔偕=同〕 즐겼습니다. 그랬기 때문에〔故〕 진정한〔能〕 즐거움을 누릴 수 있었던 것〔樂〕입니다."

맹자는 이번에는 『서경』을 인용해 다음과 같이 말한다.

"(이와 반대로) 『서경』 '탕서(湯誓)'에는 이런 말이 있습니다. '이놈의〔時〕 태양〔日〕은 언제나〔害〕 없어질〔喪〕 것인가? 내〔予〕 너〔女〕와 더불어〔及〕 함께〔偕〕 없어지리라!' (이처럼) 백성들이 (태양과) 더불어 함께 없어지고 싶어 한다면 아무리 좋은 대와 연못과 새와 짐승들을 소유하고 있다고 한들 어찌 (왕께서) 능히 혼자서 즐거워할 수 있겠습니까?"

우선 時는 是와 같은 뜻으로 '이', '이것'을 뜻한다. 害는 의문부사로 사용되었기에 '해'가 아니라 '할'로 읽는다. '언제', '어떻게', '어찌' 등의 뜻이다. 民欲與之의 之는 태양〔日〕으로 군주를 뜻하며 이 시의 배경에서는 하(夏) 나라의 걸왕(桀王)이다. 曷는 '어찌'라는 뜻이며 哉는 어조사로서 의문이나 감탄을 뜻한다. 乎와 같다.

3

위나라 혜왕이 말했다. "과인(寡人)은 나라를 다스리는 데 온 마음을 다했을 뿐이다. 하내 지방에 흉년이 들면 그곳의 백성들을 하동 지방으로 이주시켰고 하동의 곡식을 하내 지방으로 옮겨주었다. 또 하동 지방에 흉년이 들면 역시 그렇게 했다. (그런데) 내가 주변 나라의 정사(政事)를 가만히 살펴보니 과인처럼 마음을 쓰는 임금이 없는데도 그런 나라의 백성들은 줄어들지 않는 반면에 과인의 백성들은 (온 마음으로 백성을 위하는데도) 늘어나지 않는 것은 어째서인가?"

맹자가 말했다. "왕께서 전쟁을 좋아하시니 (제가) 전쟁의 비유를 들 수 있도록 해주십시오. 둥둥 북을 쳐서 병사와 각종 무기들이 이미 맞붙었습니다. (그런데 한쪽이 밀린다고 해서 그 병사들이) 갑옷을 벗어 던지고 무기들을 질질 끌고서 패주하는데 어떤 병사들은 백 보를 후퇴한 뒤에 멈추고 어떤 병사들은 오십 보를 후퇴한 뒤에 멈추었습니다. (그러고서 이때 오십 보 후퇴한 병사들이) 자신들은 오십 보만 후퇴했다는 이유로 백 보를 후퇴한 병사들을 비웃는다면 어떻습니까?"

이에 혜왕은 답했다. "있을 수 없다. 정확히 백 보를 후퇴하지 않았을 뿐, 이 또한 패주한 것이기 때문이다."

맹자가 말했다. "왕께서 만일 이런 이치를 아신다면 주변 나라들보다 백성들이 늘어나기를 바라지 마십시오. (백성들로 하여금) 농사철을 어기지 않도록 해주면 (백성들이 열심히 농사를 짓게 되어) 곡식은 이루 다 먹을 수 없을 만큼 많으며, 촘촘한 그물을 웅덩이와 연못에 넣지 못하게 하면 물고기와 자라가 이루 다 먹을 수 없을 만큼 많으며, 도끼와 자귀를 때에 맞춰 산림에 들어가게 하면 목재가 이루 다 쓸 수 없을 만큼 많을 것입니다. 곡식과 물고기와 자라를 이루 다 먹을 수 없으며 목재를 이루 다 쓸 수 없으면 이는 백성으로 하여금 산 사람을 봉양하고 죽은 사람을 (후하게) 장례 치르도록 하는 데 아쉬움이 없도록 하는 것이니, 산 사람을 봉양하고 죽은 사람을 (후하게) 장례 치르도록 하는 데 아쉬움이 없도록 하는 것이야말로 왕도(王道)의 시작입니다.

다섯 밭이랑을 가진 집에 뽕나무를 심게 한다면 50세가 된 사람은 비단옷을 입을 수 있고, 닭과 돼지와 개와 큰 돼지를 기르는데 (새끼 칠) 때를 잃지 않게 한다면 70세 된 사람이 고기를 먹을 수 있으며, 백 이랑의 땅에 농사철을 빼앗기지 않는다면 몇 식구의 집안이 굶주림이 없을 수 있으며, 상서(庠序)의 가르침을 삼가서 효제(孝悌)의 의리로써 거듭한다면 (머리가) 반백(頒白)이 된 자가 도로에서 짐을 지거나 이지 않을 것입니다. 70세가 된 자가 비단옷을 입고 고기를 먹으며 백성들이 굶주리지 않고 춥지 않은데 (임금다운) 임금 노릇을 하지 못하는 자는 없습니다.

(반면에 궁궐의) 개와 돼지들이 사람이 먹어야 할 것을 먹어대는데도 단속할 줄 모르고, 길거리에 굶어 죽은 시체들이 있는데도 (창고의 문을) 열 줄 몰라 사람이 죽어가는데도 말하기를 '나 때문이 아니다. 흉년이 들어서다'라고 하니, 이 어찌 사람을 찔러 죽이고서 말하기를 '나 때문이 아니다. 칼이 그렇게 했다'라고 말하는 것과 다르겠습니까? 왕께서 흉년 탓으로 돌리지 않는다면 이로 인해 저 천하의 백성들이 모두 다 (위나라로) 찾아들 것입니다."

梁惠王曰 寡人之於國也盡心焉耳矣 河內凶則移其民於河東 移其粟於
양 혜왕 왈   과인 지 어 국 야 진심 언 이 의   하내 흉 즉 이 기 민 어 하동   이 기 속 어

河內 河東凶亦然 察鄰國之政無如寡人之用心者 鄰國之民不加少寡人之
하내   하동 흉 역 연   찰 인국 지 정 무 여 과인 지 용심 자   인국 지 민 불 가 소 과인 지

民不加多何也
민 불 가 다 하야

  孟子對曰 王好戰請以戰喩 塡然鼓之兵刃旣接 棄甲曳兵而走或百步
  맹자 대왈 왕 호전 청 이 전유 전연 고 지 병인 기접 기갑 예병 이 주 혹 백보

而後止或五十步而後止 以五十步笑百步則何如
이후 지 혹 오십보 이후 지 이 오십보 소 백보 즉 하여

  (王)曰 不可 直不百步耳是亦走也
  왕 왈 불가 직불 백보 이 시 역 주야

  (孟子)曰 王如知此則無望民之多於鄰國也 不違農時穀不可勝食也 數
  맹자 왈 왕 여지 차 즉 무망 민 지 다 어 인국 야 불위 농시 곡 불가 승식 야 촉

罟不入洿池魚鱉不可勝食也 斧斤以時入山林材木不可勝用也 穀與魚鱉
고 불입 오지 어별 불가 승식 야 부근 이시 입 산림 재목 불가 승용 야 곡 여 어별

不可勝食材木不可勝用 是使民養生喪死無憾也 養生喪死無憾王道之始
불가 승식 재목 불가 승용 시사민 양생상사 무감 야 양생상사 무감 왕도 지 시

也 五畝之宅樹之以桑五十者可以衣帛矣 鷄豚狗彘之畜無失其時七十者
야 오무 지 택 수지 이상 오십 자 가이 의백 의 계돈 구체 지 축 무실 기시 칠십 자

可以食肉矣 百畝之田勿奪其時數口之家可以無飢矣 謹庠序之敎申之以
가이 식육 의 백무 지 전 물탈 기시 수 구 지 가 가이 무기 의 근 상서 지 교 신 지 이

孝悌之義頒白者不負戴於道路矣 七十者衣帛食肉黎民不飢不寒 然而不王
효제 지 의 반백 자불 부대 어 도로 의 칠십 자 의백 식육 여민 불기 불한 연이 불왕

者未之有也 狗彘食人食而不知檢 塗有餓莩而不知發人死則曰 非我也歲
자 미유 야 구체 식 인식 이 부지 검 도 유 아표 이 부지 발 인 사 즉 왈 비아야 세

也 是何異於刺人而殺之 曰 非我也兵也 王無罪歲斯天下之民至焉
야 시 하이 어 척인 이 살지 왈 비아야 병야 왕 무죄 세 사 천하 지 민 지 언

먼저 첫 문장이다. 위나라 혜왕이 말했다. "과인(寡人)은 나라를 다스리는 데 온 마음을 다했을〔盡心〕 뿐이다〔焉耳矣〕." 焉은 과거형 종결사이고 耳矣는 而已矣와 같이 '~뿐이다'는 뜻이다. 寡人은 제후들이 다움〔德〕이 모자란다는 의미에서 스스로를 칭하던 겸칭이다. 사실 여부를 떠나 혜왕은 자신이 국정을 행함에 마음을 다해서

하고 있다고 자부했다. 그리고 곧바로 자신이 온 마음을 다했는데 왜 백성들이 늘어나지 않는지를 묻는다.

"하내 지방에 흉년이 들면 그곳의 백성들을 하동 지방으로 이주시켰고 하동의 곡식[粟]을 하내 지방으로 옮겨주었다. 또 하동 지방에 흉년이 들면 역시 그렇게 했다. (그런데) 내가 주변 나라[鄰國]의 정사(政事)를 가만히 살펴보니 과인처럼 마음을 쓰는 임금이 없는데도 그런 나라의 백성들은 줄어들지[加少] 않는 반면에 과인의 백성들은 (온 마음으로 백성을 위하는데도) 늘어나지[加多] 않는 것은 어째서인가?" 何也는 문장 끝에 와서 '~하니, 어째서인가?'라는 뜻이다.

이에 맹자는 먼저 조심스럽게 이같이 요청한다. "왕께서 전쟁을 좋아하시니 (제가) 전쟁의 비유[戰喩]를 들 수 있도록 해주십시오." 여기서 以는 '쓰다', '사용하다'라는 의미이기 때문에 用과 같은 뜻이다. 전쟁의 비유를 사용할 수 있도록 요청[請]드린다는 말이다. 이에 대해 양혜왕은 그리 하라고 허락했을 것이다. 자연스레 맹자의 말이 이어진다.

"둥둥 북을 쳐서[塡然鼓之] 병사와 각종 무기들[兵刃]이 이미 맞붙었습니다. (그런데 한쪽이 밀린다고 해서 그 병사들이) 갑옷[甲]을 벗어 던지고[棄] 무기들[兵]을 질질 끌고서[曳] 패주[走]하는데 어떤 병사들은 백 보를 후퇴한 뒤에 멈추고 어떤 병사들은 오십 보를 후퇴한 뒤에 멈추었습니다. (그러고서 이때 오십 보 후퇴한 병사들이) 자신들은 오십 보만 후퇴했다는 이유로 백 보를 후퇴한 병사들을 비웃는다면 어떻습니까[何如]?"

塡은 '북소리', 鼓는 '북'이다. 塡然은 한 단어로 큰 북소리의 의성어이기 때문에 '둥둥'으로 옮겼다. 之는 '사용하다[用]'는 뜻을 기반으로 해서 '치다'로 옮길 수 있다. 북[鼓]을 사용하다[之]는 곧 '북을 치다'이

기 때문이다. 兵은 '병사'도 되고 '병기'도 된다. 刃은 '칼', '칼날', '무기' 등을 뜻한다. 何如는 '어떻게 생각하십니까'라는 뜻이다.

이에 혜왕은 "있을 수 없다[不可]. 정확히[直] 백 보를 후퇴하지 않았을 뿐[耳], 이[是] 또한[亦] 패주한 것이기 때문이다"고 말한다. 그것은 누구나 알 수 있는 초보적인 이치다.

혜왕이 이런 초보적 이치를 인정하자 맹자는 본격적으로 그에 기반한 자신의 논리를 주장한다. 우선 못을 박듯이 이렇게 서두를 꺼낸다.

"왕께서 만일[如] 이런 이치[此]를 아신다면 주변 나라들보다[於] 백성들이 늘어나기[多]를 바라지 마십시오." 則은 '~하면'이다. 於는 여기서는 '~에서'가 아니라 '~보다' 많거나 적다는 뜻이다.

그러고 나서 맹자는 혜왕의 정치를 가차 없이 비판한다. 맹자 특유의 기개를 볼 수 있는 언급이 길게 이어진다.

"(백성들로 하여금) 농사철[農時]을 어기지[違] 않도록[不] 해주면 (백성들이 열심히 농사를 짓게 되어) 곡식은 이루 다[勝] 먹을 수 없을 만큼 많으며, 촘촘한[數] 그물[罟]을 웅덩이[洿]와 연못[池]에 넣지 못하게 하면 물고기와 자라가 이루 다 먹을 수 없을 만큼 많으며, 도끼와 자귀를 때에 맞춰 산림에 들어가게 하면 목재가 이루 다 쓸 수 없을 만큼 많을 것입니다. 곡식과 물고기와 자라를 이루 다 먹을 수 없으며 목재를 이루 다 쓸 수 없으면 이는 백성으로 하여금 산 사람을 봉양하고 죽은 사람을 후하게 장례 치르도록 하는 데 아쉬움이 없도록 하는 것이니, 산 사람을 봉양하고 죽은 사람을 후하게 장례 치르도록 하는 데 아쉬움이 없도록 하는 것이야말로 왕도(王道)의 시작입니다.

다섯 밭이랑을 가진 집에 뽕나무를 심게 한다면 50세가 된 사람은 비단옷을 입을 수 있고, 닭과 돼지와 개와 큰 돼지를 기르는데 (새끼 칠) 때를 잃지 않게 한다면 70세 된 사람이 고기를 먹을 수 있으며, 백 이랑의 땅에 농사철을 빼앗기지 않는다면 몇 식구의 집안이 굶주림이 없을 수 있으며, 상서(庠序)의 가르침을 삼가서 효제(孝悌)의 의리로써 거듭한다면 (머리가) 반백(頒白)이 된 자가 도로에서 짐을 지거나 이지 않을 것입니다. 70세가 된 자가 비단옷을 입고 고기를 먹으며 백성〔黎民〕들이 굶주리지 않고 춥지 않은데 (임금다운) 임금 노릇을 하지 못하는 자는 없습니다.

(반면에 궁궐의) 개와 돼지들이 사람이 먹어야 할 것을 먹어대는데도 단속할 줄 모르고, 길거리에 굶어 죽은 시체들이 있는데도 (창고의 문을) 열 줄 몰라 사람이 죽어가는데도 말하기를 '나 때문이 아니다. 흉년이 들어서다'라고 하니, 이 어찌 사람을 찔러 죽이고서〔刺人〕 말하기를 '나 때문이 아니다. 칼이 그렇게 했다'라고 말하는 것과 다르겠습니까? 왕께서 흉년 탓으로 돌리지 않는다면 이로 인해 천하의 백성들이 모두 다 (위나라로) 찾아들 것입니다."

원래 穀不可勝食也는 직역하면 '곡식은 모두 다 먹을 수 없다'이다. 이때의 勝은 '모두', '전부', '온통', '죄다', '깡그리' 등의 뜻이다. 그러나 직역할 경우 '곡식을 전부 먹는 것은 불가능하다'인데 이렇게 하면 뜻이 다소 불분명할 듯하여 '많다'를 추가했다. 그리고 이어지는 글에서도 勝이 나오기 때문에 마찬가지로 '많다'를 추가했다. 數에는 20여 가지의 서로 다른 뜻이 있는데 여기서는 '촘촘하다'는 뜻으로 쓰여 '촉'으로 읽는다. 罟는 '그물', '규칙', '법칙' 등을 뜻하는데 여기서는 그물이다. 망이 촘촘한 그물을 던지면 물고기가 거의 다 잡혀 곧 사라지게 된다. 그래서 촘촘한 그물을 사용하지 못하도록 하면 웅덩이나 연못에 물고기와 자라가 풍성하게 되어 아무리 잡아먹어도 남게 된다는 말이다. 그다음은 벌목을 할 때도 시기를 정해서 하면 나무를 얻으면서도 산림에 나무는 보다 풍부해진다는 말이다. 이렇게 해서 물산이 풍부할 경우 백성들은 어른들을 제대로 봉양하고 어른들이 돌아가시면 제대로 장례와 제례를 치를 수 있다는 것이다. 그러고 나서 맹자는 자신이 말하고자 하는 바를 드러낸다. "산 사람[生]을 봉양하고〔養〕죽은 사람[死]을 (후하게) 장례 치르도록[喪] 하는 데 아쉬움[憾]이 없도록 하는 것이야말로 왕도(王道)의 시작입니다."

우선 이것만 보아도 혜왕은 백성들의 농사철을 지켜주지 않았고 그물이나 도끼의 비유를 통해 세금을 악랄하게 빼앗았음을 알 수 있다. 전쟁을 좋아하다 보니 가렴주구가 심했던 것이다. 사정이 이렇다 보니 백성들은 부모를 제대로 봉양할 수 없고 또 부모가 돌아가셔도 상례와 제례를 제대로 치를 수가 없게 되었다는 것이다. 맹자는 혹시라도 혜왕이 엉뚱한 생각을 할까 걱정하여 보다 상세한 이야기를 덧붙인다.

"다섯 밭이랑[畝]을 가진 집에 뽕나무[桑]를 심게 한다면 50세가 된 사람은 비단옷을 입을 수 있고, 닭과 돼지와 개와 큰 돼지[彘]를 기르는데 (새끼 칠) 때를 잃지 않게 한다면 70세 된 사람이 고기를 먹을 수 있으며, 백 이랑의 땅에 농사철을 빼앗기지 않는다면 몇 식구의 집안이 굶주림을 면할 수 있으며, 상서(庠序)의 가르침을 삼가서 효제(孝悌)의 의리로써 거듭[申]한다면 (머리가) 반백(頒白)이 된 자가 도로에서 짐을 지거나[負] 이지[戴] 않을 것입니다. 70세가 된 자가 비단옷을 입고 고기를 먹으며 백성[黎民]들이 굶주리지 않고 춥지 않은데 (임금다운) 임금 노릇을 하지 못하는 자는 없습니다."

여기서 중요한 것은 '다섯 밭이랑을 가진 집'은 어느 정도의 경제수준을 가진 집이냐는 점이다. 그것이 적어도 부유한 집인지 아니면 가난하거나 혹은 당시로서는 평균 정도 되는 집인지에 따라 그 문장의 뜻이 달라질 것이기 때문이다. 문맥상으로 보면 부유한 집은 아닌 듯하고 가난하거나 평균인 집 둘 중 하나인데 정약용은 기존의 다양한 학설들을 검토하여 평균 정도로 본다. 庠은 은나라와 주나라 때의 '지방 학교〔鄕學〕'이고 序도 '학교'나 '학당'을 뜻한다.
_상
_{향학} _서

이제 맹자는 결론을 짓는다.

"(반면에 궁궐의) 개와 돼지들이 사람이 먹어야 할 것〔人食〕을 먹어대는데도 단속할 줄 모르고〔不知檢〕, 길거리에 굶어 죽은 시체〔餓莩＝
_{인식}
_{부지 검} _{아표/부}
殍〕들이 있는데도 (창고의 문을) 열 줄 몰라〔不知發〕 사람이 죽어가는데도 말하기를 '나 때문이 아니다. 흉년이 들어서다〔歲也〕'라고 하니,
_표 _{부지 발} _{세 야}
이〔是〕 어찌〔何〕 사람을 찔러 죽이고서〔刺人〕 말하기를 '나 때문이 아니다. 칼이 그렇게 했다'라고 말하는 것과 다르겠습니까〔異〕? 왕께서
_시 _하 _{척 인} _이
흉년〔歲〕 탓으로 돌리지 않는다면 이로 인해〔斯〕 천하의 백성들이 모두 다 (위나라로) 찾아들〔至〕 것입니다."
_세 _사
_지

歲를 '흉년'이라고 푼 것은 주희의 풀이에 따른 의역이다. 주희에 따르
_세
면 歲는 1년 중의 풍년이나 흉년을 말한다. 여기서는 문맥상 흉년이다.
_세

4

위나라 혜왕이 말했다. "과인이 편한 마음으로 가르침을 받고 싶다."

이에 맹자가 물었다. "몽둥이로써 사람을 죽이는 것과 칼(날)로써 사람을 죽이는 것에 차이가 있습니까?"

왕이 말했다. "차이가 없다."

(이에 맹자가 다시 물었다.) "(그러면) 칼로써 죽이는 것과 정치로써 죽이는 것에는 차이가 있습니까?"

왕이 (다시) 말했다. "차이가 없다."

이에 맹자가 말했다. "(대궐에 있는) 푸줏간에는 살진 고기가 (가득) 있고 마구간에는 살찐 말들이 있는데 (정작) 백성들 사이에는 굶주린 기색이 역력하고 들판에는 굶어 죽은 시체가 (뒹굴고) 있다면 이는 짐승들을 몰아서 사람을 잡아먹게 하는 것입니다. 짐승들끼리 서로 잡아먹는 것도 사람들이 혐오하는데 백성들의 부모가 되어 정치를 하면서 짐승들을 몰아서 사람을 잡아먹게 하는 것을 면하게 하지 못한다면 백성들의 부모가 된 뜻이 어디에 있습니까? 공자께서 말씀하시기를 '최초로 (장례용) 허수아비를 만든 자는 분명 그 후손이 끊어졌으리라!' 하셨으니 이는 사람을 그대로 본떠 (허수아비를 만들어) 장례에 사용한 때문이었습니다. 어찌하여 이 백성들로 하여금 굶어서 죽게 하십니까?"

梁惠王曰 寡人願安承教
양 혜왕 왈 과인 원 안 승 교

孟子對曰 殺人以梃與刃有以異乎
맹자 대왈 살인 이 정 여 인 유 이 이 호

(王)曰 無以異也
왕 왈 무 이 이 야

(孟子曰) 以刃與政有以異乎
맹자 왈　이인여정유이 이 호

(王)曰 無以異也
왕　왈　무이 이 야

(孟子)曰 庖有肥肉廐有肥馬 民有飢色野有餓莩 此率獸而食人也 獸相
맹자　왈　포유 비육 구유 비마　민유 기색 야유 아표　차 솔 수 이 식인 야　수 상

食且人惡之 爲民父母行政不免於率獸而食人 惡在其爲民父母也 仲尼曰
식 차 인 오 지　위민 부모 행정 불면 어 솔 수 이 식인　오 재 기 위 민 부모 야　중니 왈

始作俑者其無後乎 爲其象人而用之也 如之何其使斯民飢而死也
시 작 용 자 기 무후 호　위 기 상인 이 용 지 야　여지하 기 사 사민 기 이 사 야

　　위나라 혜왕이 이번에는 좀 더 조심스러운 태도를 보이며 맹자에게 배움을 청한다. "과인(寡人)이 편한 마음으로〔安〕 가르침〔教〕을 받고〔承〕 싶다〔願〕."

이에 맹자는 살인의 비유를 든다. 그런데 이 문장은 흔히 '사람을 죽임에 몽둥이와 칼날을 사용하는 것이 차이가 있는가'라고 번역된다. 그러나 이렇게 번역하면 방법상의 차이를 묻는 것이기 때문에 차이가 없을 수 없다. 결과적으로 차이가 없다는 점을 분명히 하려면 순서를 바꿔서 해야 하는데, 또 그것이 한문 원문의 구조에도 맞다. "몽둥이〔梃〕로써〔以〕 사람을 죽이는 것〔殺人〕과〔與〕 칼(날)〔刃〕로써 사람을 죽이는 것에 차이가 있습니까?" 즉 殺人以梃與刃을 殺人 以 梃與刃으로 풀 것인지 아니면 殺人以梃 與 殺人以刃으로 풀 것인지의 문제이다. 우리는 문맥상 후자를 택한다.

有以異乎를 통해 우리는 以의 문제를 잠깐 짚어보고자 한다. 바로 앞에서는 분명 以가 '~로써'라는 의미로 사용되었는데 여기서는 왜 그

냥 有異乎(차이가 있는가)라 하지 않고 굳이 有以異乎라 했을까? 이는
일종의 관용적 표현이다. 『허사대사전』(김원중 편저, 현암사)에 따르면
'有……以……', '無……以……' 혹은 '有以……', '無以……'는 '……이
있어' '……이 없어'라고 해석하거나 문맥에 따라 적절히 해석한다고
돼 있다. 有以異乎의 有以가 정확히 그런 경우다. 앞으로도 以는 새로
운 용법으로 등장할 경우 주목해서 보도록 하고 다음으로 넘어간다.
乎는 의문사, 也는 종결사로, 묻고 답하는 형식이다. 맹자의 유도성 질
문에 양혜왕은 '차이가 없다〔無以異也〕'고 답한다.

그다음에 以刃與政을 들어 다시 한 번 차이가 있느냐고 묻고 혜왕
은 없다고 답한다. 당연히 以刃與政 앞에는 殺人이 생략돼 있다. 그러
면 이것도 앞서와 같은 방식으로 옮겨야 한다. "(그러면) 칼로써 죽이
는 것과 정치로써 죽이는 것에는 차이가 있습니까?" 즉 殺人以刃 與
殺人以政의 차이를 물은 것으로 봐야 한다는 뜻이다.

혜왕이 이에 대해서도 차이가 없다는 대답을 한 후에 맹자는 본격
적인 비판을 가한다.

"(대궐에 있는) 푸줏간〔庖〕에는 살진 고기가 (가득) 있고 마구간〔廐〕
에는 살찐 말들이 있는데 (정작) 백성들〔民〕 사이에는 굶주린 기색이
역력하고 들판〔野〕에는 굶어 죽은 시체가 (뒹굴고) 있다면 이는 짐승
들을 몰아서 사람을 잡아먹게 하는 것입니다. 짐승들끼리 서로 잡아
먹는 것〔獸相食〕도 사람들이 혐오하는데 백성들의 부모가 되어 정치
를 하면서 짐승들을 몰아서 사람을 잡아먹게 하는 것을 면하게 하지
못한다면 백성들의 부모가 된 뜻이 어디에〔惡〕 있습니까? 공자께서 말
씀하시기를 '최초로 (장례용) 허수아비〔俑〕를 만든 자는 분명〔其〕 그
후손이 끊어졌으리라!' 하셨으니 이는 사람을 그대로 본떠 (허수아비

를 만들어) 장례에 사용한 때문이었습니다. 어찌하여 이 백성들로 하여금 굶어서 죽게 하십니까?"

庖는 '푸줏간'이란 뜻 외에도 '부엌', '요리', '요리사', '음식' 등의 뜻이 있다. 대궐 안에 있는 부엌을 조선에서는 소주방(燒廚房)이라 했다. 그리고 백정(白丁)을 포정(庖丁)이라고도 했는데, 『장자(莊子)』에 나오는 뛰어난 솜씨의 백정이 뼈와 살을 발라내는 것을 말하는 포정해우(庖丁解牛)의 일화에도 庖 자가 나온다.

첫 문장은 '庖에는~, 廐에는~, 民에는~, 野에는~'의 형식으로 돼 있고 앞의 둘과 뒤의 둘은 대조를 이룬다. 그래서 民有飢色도 흔히 번역하듯 '백성들은 굶주린 기색이 있고'가 아니라 '백성들 사이에는 굶주린 기색이 역력하고'로 옮겼다. 그래야 '~에는'을 살릴 수 있다.

莩는 풀이름 부, 갈대청 부인데 여기서는 '굶어 죽는다', '굶어 죽은 시체'를 뜻하며 '표'로 읽어야 한다. 殍가 바로 '굶어 죽은 시체'를 뜻하는데 옛날에는 함께 쓰기도 했던 것 같다.

그리고 맹자는 혜왕이 이런 상황을 방치한다는 것(此)은 결국 "짐승들을 몰아서(率獸) 사람을 잡아먹게 하는 것입니다"고 말한다. 이 말의 뜻은 주희의 풀이가 명확하다. "백성들에게 세금을 많이(厚) 거두어 그것으로써(以) 금수를 기르는 바람에 백성들로 하여금 굶어서 죽게 한다면 (사냥터에서) 금수를 몰아 사람을 잡아먹게 만든 것과 아무런 차이가 없다는 것이다."

맹자의 대담한 개탄이 계속 이어진다. 주희는 여기서 惡를 '미워하다'가 아니라 何와 같은 뜻으로 풀이한다. 내용은 별도의 해설이 필요없다. 문제는 공자를 인용하는 마지막 발언이다. 이에 대해서는 주희의 풀이가 상세하면서도 정확하다. "옛날에 장사를 지내는 사람은 풀단을 엮어 사람으로 간주하여 상여를 따르며 호위하게 하고는 추령(芻靈)이라 일렀으니 대충 사람의 개괄적인 모습만 갖췄을 뿐이다. 세월이 흘러 중고(中古) 시대에 풀단을 허수아비〔俑〕로 바꾸니 얼굴과 눈, 미세한 움직임까지 사람과 너무 흡사하였다. 그래서 공자께서는 그 어질지 못함〔不仁〕을 미워하여 (이것을 만든 사람은) 분명〔其〕 후손이 없을 것이라고 말씀하신 것이다."

여기서 잠깐 其의 문제를 짚고 넘어가야겠다. 其는 십중팔구 '그'로 번역하는데 뒤에 의문〔乎〕이나 추측〔與〕을 나타내는 말과 함께 사용될 때는 '아마도'라고 해야 한다. 여기서도 공자는 추측하였을 뿐이지 단정하지 않았다. 다만 강한 소망이나 추측의 의미가 담겨 있기 때문에 '아마도'라고 하지 않고 '분명' 정도로 옮겼지만 여전히 그것은 강한 소망이나 추측일 뿐 단정은 아니다. 그래야 문맥에도 맞다. '其~與'는 『논어』나 『중용』에도 수없이 등장하는데 기존의 변역들은 한결같이 '그'라고 기계적으로 번역하고 있다. 이는 대부분 오역(誤譯)이다.

다시 본문이다. 그래서 맹자도 화가 나서 "(이는) 사람을 그대로 본떠〔象〕 (허수아비를 만들어) 장례에 사용한 때문이었습니다. 어찌하여〔如之何〕 이 백성들로 하여금 굶어서 죽게 하십니까?"라고 말한다. 如之何는 의문부사로 그냥 어떤지를 묻기보다는 반문하거나 원인, 방법 등을 따져 물을 때 쓴다. 따라서 번역할 때는 이런 뉘앙스가 잘 반영되어야 한다. 즉 여기서는 백성들로 하여금 굶어 죽게 해서는 안 된다는 말이다.

5

위나라 혜왕이 물었다. "우리 진(晉) 나라가 천하에 막강했다는 것은 노인도 아는 바이다. (그런데 정작) 과인의 몸에 이르러 동쪽으로는 제(齊) 나라에 패해 맏아들이 전사하였고, 서쪽으로는 진(秦) 나라에 영토 700리를 잃었으며, 남쪽으로는 초(楚) 나라에게 치욕을 당했다. 과인이 이를 수치로 여겨 죽은 자들을 위하여 (군사를 일으켜) 단번에 그것들을 씻어내려 하는데 어떻게 해야만 그것이 가능하겠는가?"

맹자가 답했다. "땅이 사방 100리라도 얼마든지 왕 노릇 할 수 있습니다. 왕께서 만일 백성들에게 어진 정치[仁政]를 베풀고 형벌을 줄이며 세금 거두기를 엷게 한다면, (백성들은) 밭을 깊게 갈고 김을 잘 매고 장성한 자들은 (농사가 없는) 한가한 날을 이용해 효제(孝悌)와 충신(忠信)의 마음을 닦아 집 안에 들어가서는 부형(父兄)을 섬기고 나와서는 어른과 윗사람을 섬길 것이니, 이들로 하여금 몽둥이라도 만들게 하여 (목숨을 걸고) 진나라와 초나라의 견고한 갑옷과 예리한 병기에 몽둥이로 맞서도록 할 수 있습니다. (제나라, 진나라, 초나라와 같은) 저 적국들이 만일 (자신들의) 백성들의 농사철을 빼앗아 제대로 밭을 갈거나 김매지 못하여 그 부모를 봉양할 수 없게 되면 부모가 추위와 굶주림에 떨고 형제와 처자식이 뿔뿔이 흩어질 것입니다. 저 적국들이 만일 자기 백성들을 함정에 빠트려 죽을 지경으로 몰아간다면 (바로 그때) 왕께서 나아가 정벌하려 할 때 도대체 누가 왕과 대적하려 하겠습니까? 그 때문에 '어진 자를 상대할 적은 없다[仁者無敵]'라고 했으니 왕께서는 그 말을 추호도 의심치 말기를 바랍니다."

梁惠王曰 晉國天下莫强焉叟之所知也 及寡人之身 東敗於齊長子死焉西
양 혜왕 왈　진국 천하 막강 언수지 소지 야　급 과인 지신　동 패 어제 장자 사 언 서

喪地於秦七百里南辱於楚 寡人恥之願比死者一洒之 如之何則可
상 지 어 진 칠백 리 남 욕 어 초　과인 치 지 원 비 사자 일 세 지　여 지 하 즉 가

孟子對曰 地方百里而可以王 王如施仁政於民 省刑罰薄稅斂 深耕易耨
맹자 대왈　지 방 백리 이 가 이 왕　왕 여 시 인정 어 민　생 형벌 박 세렴　심 경 이 누

壯者以暇日 修其孝悌忠信 入以事其父兄 出以事其長上 可使制梃以撻秦
장자 이 가 일　수 기 효제 충신　입 이 사 기 부형　출 이 사 기 장상　가 사 제 정 이 달 진

楚之堅甲利兵矣 彼奪其民時使不得耕耨以養其父母 父母凍餓兄弟妻子
초 지 견갑 이병 의　피 탈 기 민 시 사 부 득 경 누 이 양 기 부모　부모 동 아 형제 처자

離散 彼陷溺其民 王往而征之 夫誰與王敵 故曰仁者無敵 王請勿疑
이산　피 함 닉 기 민　왕 왕 이 정 지　부 수 여 왕 적　고 왈 인자 무적　왕 청 물 의

　　　　위나라 혜왕과의 문답을 통해 우리는 맹자라는 인물이 상당히 기개가 넘치는 인물임을 확인할 수 있었다. 동시에 말에 논리 정연함이 빼어남도 알 수 있었다. 또 여러 차례 이어진 맹자의 제안에도 불구하고 혜왕이란 인물은 아직 자신의 뜻을 꺾지 않았다는 것도 여기서 확인할 수 있다.

　　혜왕은 주변 국가들과의 악연을 이야기하며 딱 한 번이라도 복수를 하면 어떻겠느냐고 묻는다. "우리 진(晉) 나라가 천하에 막강했다는 것은 노인〔叟-맹자〕도 아는 바이다. (그런데 정작) 과인의 몸에 이르러〔及〕 동쪽으로는 제(齊) 나라에 패해 맏아들이 전사하였고, 서쪽으로는 진(秦) 나라에 영토 700리를 잃었으며, 남쪽으로는 초(楚) 나라에게 치욕을 당했다. 과인이 이를 수치로 여겨 죽은 자들을 위하여 〔比=爲〕 (군사를 일으켜) 단번에 그것들을 씻어내려 하는데 어떻게 해야〔如之何〕만 그것이 가능하겠는가?"

혜왕은 자신의 나라가 그전까지는 막강했는데 자신의 대〔身〕에 와서
여러 가지 고초를 겪고 있다고 말한다. 여기서도 焉은 과거형이다. 위나
라는 진나라에서 파생되어 나온 나라다.

叟는 늙은이를 뜻하는데 그다지 경칭으로 보이지 않는다. 다른 번
역서들과 달리 우리는 혜왕이 반말을 하고 맹자가 높임말을 쓰도록
번역하였는데, 그것이 실상에 맞는 것이라고 본 때문이다. 훗날 맹자
가 공자 다음가는 아성(亞聖)으로 존경받았다고 해서 임금과 맞상대
할 수 있는 것은 아니었다. 叟도 특별한 존경의 의미가 들어 있다고 볼
수 없다. 이어지는 願比死者一洒之는 '죽은 자〔死者〕들을 위해〔比〕 숙
적들을〔之〕 단번에〔一〕 쓸어버리고〔洒〕 싶다〔願〕'는 말이다.

맹자는 보복 자체를 해서는 안 된다고 말하지는 않는다. 다만 그 방
법이 혜왕의 일시적인 군사동원과는 전혀 다른 차원이다. 맹자의 대
답이다.

"땅이 사방〔方〕 100리라도 얼마든지〔可以〕 왕 노릇 할 수 있습니다.
왕께서 만일 백성들에게 어진 정치〔仁政〕를 베풀고 형벌을 줄이며 세
금 거두기〔稅斂〕를 엷게 한다면, (백성들은) 밭을 깊게 갈고 김을 잘 매
고 장성한 자들은 (농사가 없는) 한가한 날을 이용해 효제(孝悌)와 충
신(忠信)의 마음을 닦아 집 안에 들어가서는 부형(父兄)을 섬기고 나
와서는 어른과 윗사람을 섬길 것이니, 이들로 하여금 몽둥이〔梃〕라도
만들게 하여 (목숨을 걸고) 진나라와 초나라의 견고한 갑옷과 예리한
병기에 몽둥이로 맞서도록 할 수 있습니다.

(제나라, 진나라, 초나라와 같은) 저 적국들은〔彼〕이 만일〔其〕 (자신들
의) 백성들의 농사철을 빼앗아 제대로 밭을 갈거나 김매지 못하여 그
〔其〕 부모를 봉양할 수 없게 되면 부모가 추위와 굶주림에 떨고 형제

와 처자식이 뿔뿔이 흩어질 것입니다. 저 적국들이 만일[其] 자기 백
성들을 함정에 빠트려 죽을 지경으로 몰아간다면 (바로 그때) 왕께서
나아가 정벌하려 할 때 도대체 누가 왕과 대적하려 하겠습니까?

그 때문에 '어진 자를 상대할 적은 없다[仁者無敵]'라고 했으니 왕께
서는 그 말을 추호도[夫] 의심치[疑] 말기[勿]를 바랍니다[請]."

사실 정예군대의 갑옷과 병기에 맞선다는 것은 곧 죽음이다. 하지
만 여기서 맹자는 승패가 중요한 것이 아니라 백성들이 왕을 위해 목
숨을 거느냐 아니냐의 문제가 더 중요하다는 점을 보여주려는 것이다.
이는 『논어』 '자로 29'에서 공자가 하는 말과 정확히 상통한다.

공자는 말했다. "뛰어난 이[善人]가 백성 가르치기를 칠 년 하면
진실로 백성으로 하여금 전쟁터에 나가 싸우게 할 수 있을 것이다."

이어 맹자는 때를 살필 것을 주문한다. 즉 적국들이 학정(虐政)을
할 때가 바로 정벌을 할 수 있는 절호의 기회라는 것이다. 그런데 이
문장에는 其가 세 차례 등장하는데 주의를 요한다. 처음과 세 번째의
其는 '그'가 아니라 '만일'로 풀어야 한다. 아직 그런 기회가 온 것은 아
니니 참고 기다리다가 적국에서 백성들의 농사철을 빼앗았다거나 백
성들을 학정의 구렁텅이로 몰아넣는다면 그때 기회를 노리라는 것이
다. 두 번째 其는 '그' 혹은 '그들'이라고 풀어야 한다.

6

맹자가 (위나라 혜왕의 아들) 양왕(襄王)을 만나보고 궐을 나와 사람들에게 말했다. "멀리서 그를 바라보니 임금 같지가 않고, 그 앞에 나아갔는데도 두려워할 만한 것을 볼 수가 없었다. 양왕이 느닷없이 '천하가 어떻게 정해지겠는가'라고 물었다. 그래서 나는 '하나로 (통일된 후에) 정해질 것입니다'라고 답했다. 그랬더니 양왕은 '누가 능히 그것(천하)을 하나로 만들겠는가'라고 물었다. 그래서 나는 '사람 죽이기를 좋아하지 않는 자라면 능히 천하를 하나로 만들 수 있습니다'라고 답했다. 이어 양왕은 '누가 기꺼이 그를 따를 것인가'라고 물었다. 나는 이렇게 말해 주었다. '천하에 (그런 임금을) 따르지 않을 사람은 없을 것입니다. 왕께서는 저 벼싹을 아십니까? 7, 8월 사이에 가뭄이 들면 벼싹이 마르게 되고 하늘이 비구름을 휘몰아 죽죽 비를 내리면 벼싹은 쑥쑥 자라납니다. 마땅히 이와 같은데 누가 그것을 막을 수 있겠습니까? 지금 저 천하의 임금들 중에는 사람 죽이기를 좋아하지 않는 자가 없습니다. 만일 사람 죽이기를 좋아하지 않는 사람이 있다면 천하의 백성들이 모두 다 목을 길게 빼고서 (자신들을 살려달라며) 그를 바라볼 것입니다. 진실로 이와 같다면 백성들이 그에게로 나아가 의탁하는 것은 마치 물이 아래로 흘러내려가는 것과 같을 것이니 죽죽 쏟아져 내림을 뉘라서 막을 수 있겠습니까?'"

孟子見梁襄王 出語人曰 望之不似人君就之而不見所畏焉 卒然問曰
맹자 견 양 양왕　출 어 인 왈　망 지 불 사 인군 취 지 이 불 견 소 외 언　졸 연 문 왈

天下惡乎定 吾對曰 定于一 (曰) 孰能一之 對曰 不嗜殺人者能一之 (曰)
천 하 오 호 정　오 대 왈　정 우 일　왈　숙 능 일 지　대 왈　불 기 살 인 자 능 일 지　왈

孰能與之 對曰 天下莫不與也 王知夫苗乎 七八月之間旱則苗槁矣 天
숙 능 여 지 대 왈 천 하 막 불 여 야 왕 지 부 묘 호 칠 팔 월 지 간 한 즉 묘 고 의 천

油然作雲沛然下雨則苗浡然興之矣 其如是孰能禦之 今夫天下之人牧未有
유 연 작 운 패 연 하 우 즉 묘 발 연 흥 지 의 기 여 시 숙 능 어 지 금 부 천 하 지 인 목 미 유

不嗜殺人者也 如有不嗜殺人者則天下之民皆引 領而望之矣 誠如是也民
불 기 살 인 자 야 여 유 불 기 살 인 자 즉 천 하 지 민 개 인 령 이 망 지 의 성 여 시 야 민

歸之由水之就下沛然誰能禦之
귀 지 유 수 지 취 하 패 연 수 능 어 지

이번에는 맹자가 위나라 혜왕의 아들 양왕(襄王)을 만나보고 궐을 나와〔出〕 사람들에게 자신이 양왕과 주고받은 문답을 전한다. 바로 뒤에 나오는 맹자의 혹평이 보여주듯 양왕은 그 아버지보다 훨씬 못한 인물이다.

"멀리서 그를 바라보니 임금〔人君〕 같지가 않고〔不似〕, 그 앞에 나아갔는데도 두려워할 만한 것〔所畏〕을 볼 수가 없었다."

임금으로서의 품위와 위엄을 느낄 수 없었다는 말이다. 그리고 나서 두 사람이 주고받은 문답을 하나씩 전한다. 먼저 양왕은 느닷없이〔卒然〕 "천하가 어떻게〔惡乎〕 정해지겠는가"라고 묻는다. '느닷없이'란 말에 품위와 위엄이 없는 모습이 압축적으로 표현돼 있다. 여기서 惡는 '어떻게', '어찌', '무엇' 등을 뜻하는데 惡乎도 같은 뜻이다. 그리고 惡乎는 경우에 따라 감탄사로서 '아!'라는 뜻을 가질 때도 있다. 그것은 '嗚呼'나 '烏乎'와 같은 뜻이다.

느닷없는 양왕의 물음에 맹자는 "하나로〔于一〕 (통일된 후에) 정해질 것입니다"고 답한다. 이는 곧 누군가가 천하를 하나로 통일하고 나서야 천하가 안정될 수 있으리라는 진단이다.

당연히 양왕의 다음 질문은 "누가〔孰〕 능히〔能〕 그것〔之, 천하〕을 하나로 만들겠는가〔一〕?"일 수밖에 없다.

이에 대한 맹자의 대답이 의미심장하다. "사람 죽이기〔殺人〕를 좋아하지 않는〔不嗜〕 자〔者〕라면 능히〔能〕 천하를〔之〕 하나로 만들 수 있습니다〔一〕." 이에 대해서는 정약용이 『맹자요의(孟子要義)』에서 지적한 문제를 짚고 넘어가야 한다. 주희의 풀이가 너무나 평범하기 때문이다. 먼저 주희의 풀이를 보자. "삶을 좋아하고 죽음을 싫어함은 사람의 마음〔人心〕이 똑같은 바이다. 그러므로 임금〔人君〕이 사람 죽이기를 좋아하지 않으면 천하가 기뻐하여 그에게 돌아가는 것이다."

정약용의 풀이를 보자. "내가 생각하건대 사람을 죽인다는 것이 병장기나 형벌로 죽이는 것을 말하는 것이 아니라, 왕도정치를 행하지 아니하여 풍년에 남은 곡식을 거두어들일 줄을 모르고, 흉년에 창고의 곡식을 내놓지 않으면 사람 죽이기를 좋아하는 것이다." 즉 앞에서 나온 위나라 혜왕에 대한 비판의 연장선에서 맹자의 말을 이해해야 한다는 것이다. 또 그래야 맹자의 말은 하나 마나 한 소리가 아니라 의미심장한 지적이 된다.

이 말에 양왕은 다시 질문을 던진다. "누가〔孰〕 기꺼이〔能〕 그를〔之〕 따를〔與〕 것인가?" 주희는 與를 歸로 풀었다. 뒤에 民歸之라고 하여 돌아간다는 뜻의 歸가 나오기 때문이다. 그러나 그보다는 '따르다'라고 하는 것이 현대적인 어감에 더 어울린다. 아마도 양왕은 그런 온건한 방법으로 과연 백성들을 이끌 수 있을 것인지를 의심한 것이다. 이에 맹자는 다음과 같이 답한다. 하늘과 땅의 이치를 제대로 보라는 경고에 가깝다.

"천하에〔天下〕 (그런 임금을) 따르지〔與〕 않을〔不〕 사람은 없을〔莫〕 것입니다〔也〕. 왕께서는〔王〕 저〔夫〕 벼싹〔苗〕을 아십니까〔知~乎〕? 7, 8월 사이에 가뭄〔旱〕이 들면 벼싹이 마르게〔槁〕 되고 하늘이 비구름〔雲〕을 휘몰아〔油然〕 죽죽〔沛然〕 비를 내리면 벼싹은 쑥쑥〔浡然〕 자라납니다. 마땅히〔其〕 이〔是〕와 같은데〔如〕 누가 그것을 막을〔禦〕 수 있겠습니까? 지금 저〔夫〕 천하의 임금〔人牧〕들 중에는 사람 죽이기를 좋아하지 않는 자가 없습니다. 만일〔如〕 사람 죽이기를 좋아하지 않는 사람이 있다면 천하의 백성들이 모두〔皆〕 다 목을 길게 빼고서〔引領〕 (자신들을 살려달라며) 그를 바라볼 것입니다. 진실로〔誠〕 이와 같다면 백성들이 그에게로 나아가 의탁하는〔歸〕 것은 마치 물이 아래로 흘러 내려가는〔就下〕 것과 같을 것이니 죽죽 쏟아져 내림〔沛然〕을 뉘라서〔誰〕 막을 수 있겠습니까?"

본문 가운데 夫, 其, 如 등이 그때그때 뜻을 달리하며 사용되고 있음을 주목할 필요가 있다. 그리고 맨 마지막 문장은 아무도 막을 수 없다는 뜻이다. 그냥 누구인지를 물을 때는 孰이라고 했다가 여기서처럼 강조적인 의미의 부정일 때는 誰라고 했다. 물론 그냥 누구인지를 물을 때도 誰라고 한다.

7

제(齊) 나라 선왕(宣王)이 (맹자에게) 물었다. "(저 춘추시대) 제나라 환공(桓公)과 진(晉) 나라 문공(文公)의 일을 들어볼 수 있겠는가?"

맹자가 답했다. "중니(仲尼-공자)의 제자들은 제나라 환공과 진나라 문공의 일을 말하지 않는 자들입니다. 이로 인해 후세(後世)에 아무것도 전해지지 않아 신(臣)도 들은 바가 없습니다. 굳이 말하라 하신다면 제대로 된 임금의 길에 대해 말씀드릴까요?"

선왕이 물었다. "(임금의) 임금다움이 어떠할 때 제대로 된 임금이 될 수 있는가?"

이에 맹자가 답했다. "백성을 위하고 아끼면서 왕 노릇을 한다면 제대로 된 임금의 길로 가는 것을 막을 수 있는 것은 아무것도 없습니다."

다시 선왕이 물었다. "그렇다면 과인과 같은 사람도 백성을 위하고 아낄 수 있는가?"

맹자가 답했다. "가능합니다."

또다시 선왕이 물었다. "어떤 연유로 (그대는) 내가 가능하다는 것을 아는가?"

맹자는 이렇게 답했다. "신이 호흘(胡齕)이라는 자로부터 다음과 같은 이야기를 들었기 때문입니다. 왕께서 당(堂) 위에 좌정하고 계시는데 소를 끌고서 당 아래로 지나가는 자가 있었다고 했습니다. 그때 왕께서 이를 보시고는 '소가 어디로 가느냐'고 물으셨고 그 사람은 대답하기를 '종(鍾)의 틈을 막는 데 쓰려 함입니다'고 답했습니다. 이에 왕께서는 '놓아주라'고 말씀하시며 '두려움에 떨면서 아무 죄도 없이 사지(死地)로 끌려가는 것을 내 차마 보지 못하겠노라'고 하셨다고 했습니다.

이에 그 사람이 '그렇다면 종의 틈에 피를 바르는 일을 폐지할까요'라고 되묻자 왕께서는 '어찌 폐할 수 있겠는가? 양(羊)으로 바꿔서 하라'고 하셨다고 들었습니다. 혹시 이런 일이 있었습니까?"

선왕이 "그런 일이 있었다"고 말하자 맹자는 이렇게 말했다. "(왕께서) 이런 마음이 계시니 얼마든지 제대로 임금 노릇을 하실 수 있는 것입니다. 백성들은 모두 왕께서 (소를) 아까워하여 그렇게 하신 것이라 생각하겠지만 신은 진실로 왕께서 차마 할 수 없어서 그렇게 하셨음을 잘 알고 있습니다."

이에 선왕이 말했다. "그러하다. 진정 그런 백성들이 있을 것이다. (허나) 제나라가 비록 좁고 작다고 해서 내 어찌 소 한 마리를 아까워하겠는가? 다만 두려움에 떨면서 아무 죄도 없이 사지로 끌려가는 것을 내 차마 보지 못하는 것이다. 그래서 양으로 (그것을) 바꿔서 하라고 했던 것이다."

이에 맹자가 물었다. "백성들이 왕께서 (소를) 아까워하여 그렇게 하셨다고 생각하는 데 대해 이상하게 여기지 마십시오. 작은 것으로 큰 것을 바꾼 것의 깊은 뜻을 저들이 어찌 알겠습니까? (하지만) 왕께서는 아무 죄 없이 사지에 나아가는 것을 측은하게 여기셨다면 소와 양은 어찌 (측은함에 있어) 구별을 두셨습니까?"

선왕은 웃으면서 이렇게 답했다. "그것은 진실로 어떤 마음에서였을까? 나는 재물을 아까워하여 소를 양으로 바꾼 것이 아니지만 백성들이 나를 보고 (소가) 아까워서 그랬다고 말하는 것도 당연하겠구나!"

이에 맹자는 다음과 같이 말했다. "개의치 마십시오. 이것이 바로 어짊을 행하는 방법입니다. 다만 소에서는 그것을 보셨고 양에서는 보지 못하셨을 뿐입니다. 군자가 동물을 대함에는 그 살아 있는 것을 보면 차마 그 죽음을 보지 못하며, 그 (죽어가면서 울부짖는) 소리를 들으면 차마 그 고기를 먹지 못하니, 그래서 군자는 푸줏간을 멀리하는 것입니다."

이에 선왕이 기뻐하며 말했다. "『시경』에 이르기를 '다른 사람의 마음을 내가 헤아린다'더니 그대를 두고 하는 말이다. 내가 바로 그것을 행하고서도 (나에게서) 돌이켜 찾았으나 결국 내 맘을 (나도) 알 수 없었는데 그대가 그것을 말해 주니 나의 마음에 뭉클함이 밀려온다. 이런 마음이 왕자의 도리에 부합되는 까닭은 무엇인가?"

맹자가 말했다. "왕께 아뢰는 자가 있어 그 사람이 '내 힘은 족히 300근은 들 수 있으나 깃털 하나를 들기에는 충분치 못하고, 눈이 밝아서 가는 털의 끝도 족히 살필 수 있으나 수레에 가득 실은 섶은 볼 수가 없다'고 말한다면 왕께서는 받아들이겠습니까?"

선왕이 말했다. "받아들일 수 없다."

(그러자 맹자는 이렇게 말했다.) "(그렇다면) 지금 은혜가 금수에게는 미치면서도 (통치의) 효험이 백성에게는 이르지 못하는 것은 유독 어째서일까요? 결국 하나의 깃털을 들지 못하는 것은 힘을 쓰려 하지 않음 때문이고, 수레에 가득 실은 섶을 보지 못함은 시력을 쓰려 하지 않음 때문이며, 백성들이 보살핌을 받지 못함은 (왕께서) 은혜를 쓰려 하지 않음 때문입니다. 그렇기 때문에 왕이 왕 노릇을 하지 못함은 하지 않아서이지, 할 수 없어서가 아닙니다."

이에 선왕이 물었다. "하지 않는 자의 모습과 할 수 없는 자의 모습은 어떤 차이가 있는가?"

맹자가 답했다. "태산(太山)을 옆에 끼고서 북해(北海)를 뛰어넘는 것을 두고서 사람들에게 말하기를 '나는 할 수 없다'고 한다면 이는 진실로 할 수 없는 것입니다. (그러나) 윗사람(의 명을 받아 그 사람)을 위해 나뭇가지를 꺾는 것을 두고서 사람들에게 말하기를 '나는 할 수 없다'고 말한다면 이는 하지 않는 것이지 할 수 없는 것은 아닙니다. 그래서 왕이 왕 노릇을 하지 못함은 태산을 옆에 끼고서 북해를 뛰어넘는 것과 같은 유가 아닙니다. 왕이 왕 노릇을 하지 못함은 바로 나뭇가지를 꺾는 것과 같은 유입니다.

내 노인을 노인으로서 공경하여 섬김으로써 타인의 노인에게까지 미치며 내 아이를 아이로서 사랑함으로써 남의 아이에게까지 미친다면 천하를 손바닥에 올려놓고 움직일 수 있습니다. 『시경』에 이르기를 '자신의 부인에게 모범이 되어 형제에게까지 이르면 그로써 집안과 나라를 다스린다'고 했습니다. 이는 이 마음을 들어서 다른 사람들에게 가할 뿐임을 말하는 것입니다. 따라서 은혜를 미루어 헤아려보면 얼마든지 사해(四海)를 보호할 수 있고, (반대로) 은혜를 미루어 헤아리지 못하면 처자식도 지킬 수 없습니다. 옛사람들이 지금 사람들보다 크게 뛰어났던 까닭은 다른 게 아니라 그 행하는 바를 잘 미루어 헤아렸을 뿐입니다. (그런데) 지금은 은혜가 금수에게는 미치면서도 (통치의) 효험이 백성에게는 이르지 못하는 것은 정녕 어째서일까요?

저울로 달아본 뒤에야 가볍고 무거운 것을 알게 되고 (자로) 재어본 뒤에야 길고 짧은 것을 알 수 있습니다. 모든 사물이 다 그렇지만 마음이 특히 심하니 왕께서는 이 점을 잘 헤아리시길 바랍니다. 아니면 혹시 왕께서는 군대를 일으켜 병사와 신하들을 위험에 빠트려서 제후들과 원한을 맺은 다음이라야 마음에 통쾌함이 들겠습니까?"

(맹자의 반문에) 선왕이 말했다. "아니다. 내 어찌 그런 것에서 통쾌함을 느끼겠는가? 그것은 앞으로 내가 크게 원하는 바를 얻기 위해서이다."

이에 맹자가 "왕께서 크게 원하는 바가 무엇인지를 혹시 들어볼 수 있겠습니까?"라고 묻자 선왕은 웃기만 하고 아무 말도 하지 않았다.

(그러자) 맹자가 말했다. "온갖 귀하고 맛있는 음식들이 입에 부족해서입니까? 가볍고 따뜻한 귀한 옷들이 몸에 부족해서입니까? 아니면 각종 화려한 장식들이 눈으로 보기에 부족해서입니까? 온갖 아름다운 음악들이 귀로 듣기에 부족해서입니까? 그것도 아니면 (환관이나 궁녀들처럼) 가까이에서 모시는 근시(近侍)들이 앞에서 부려먹기에 부족해서입니까? 왕의 여러 신하들이 다 이것을 충분하게 제공하고 있는데 어찌 왕께서 이것들을 위해서 크게 원하는 바를 얻으려 하시겠습니까?"

이에 선왕이 답했다. "그렇다. 나는 그것들을 위해서 그러는 것이 아니다."

맹자가 말했다. "그렇게 말씀하시니 이제야 왕께서 크게 원하는 바를 알 것 같습니다. (그것은) 땅을 개척하고 진(秦) 나라와 초(楚) 나라로부터 조회를 받으며 중국 천하를 지배하여 사방의 오랑캐들을 다스리는 것입니다. (하지만) 만일 이런 식으로 해서 왕께서 원하시는 소망을 구하려 한다면 그것은 마치 나무에 올라가서 물고기를 구하려는 것과 같을 것입니다."

(맹자의 말에 화가 난) 선왕이 말했다. "이와 같이 심하단 말인가?"

맹자가 말했다. "아마도 심할 것입니다. 나무에 올라가 물고기를 구하려는 것은 비록 물고기를 얻지 못하더라도 뒤따르는 재앙이 없겠지만, 만일 이런 식으로 해서 왕께서 원하시는 바를 구하려는 것은 온 마음과 힘을 다하여 그것을 한다 하더라도 (아무것도 이루지 못한 채) 뒤에 반드시 재앙이 있게 될 것입니다."

이에 선왕이 물었다. "(그렇다면 뭔가 도움이 될 만한 것을) 들어볼 수 있겠는가?"

맹자가 되물었다. "추(鄒) 나라 사람이 초나라 사람과 전쟁을 한다면 왕께서는 누가 승리할 것이라고 보십니까?"

선왕이 "초나라 사람이 이길 것이다"고 답하자 맹자는 이렇게 말했다. "그렇다고 한다면 작은 나라는 진실로 큰 나라를 적대시해서는 안 되며, 적은 수의 사람들은 진실로 많은 수의 사람들을 적대시해서는 안 되고, 약자는 진실로 강자를 적대시해서는 안 되는 것입니다. 해내(海内-천하)의 땅에 사방 천 리 되는 것이 아홉인데 제나라는 다 해서 그중 하나를 갖고 있을 뿐인데 하나로써 (나머지) 여덟을 복종시키려 하니 그것이 추나라가 초나라를 적대시하는 것과 무슨 차이가 있겠습니까? 아마도 이 역시 근본으로 돌아가야 할 것입니다.

지금(이라도) 왕께서 정치를 함에 어짊[仁]을 베풀어, 천하에 벼슬하는 자들이 모두 왕의 조정에 참여하고 싶어 하고, (천하의) 농민들은 모두 왕의 땅에서 경작을 하고 싶어 하며, 상인들도 모두 왕의 시장에서 물건을 쌓아두고 장사를 하고 싶어 하고, 길 떠난 이들마저 하나같이 왕의 길을 따라 여행하려 한다면, 천하에 자신의 임금을 미워하는 자들은 모두 왕께 달려와 하소연을 할 것입니다. 만일 이렇게만 된다면 누가 그런 큰 흐름을 막을 수 있겠습니까?"

선왕이 말했다. "나는 우매하여 (혼자 힘으로는) 그런 경지로 나아갈 수가 없다. 그대에게 바라노니 나의 뜻을 도와 나를 밝게 가르쳐달라. 내 비록 불민(不敏)하나 한번 도전해 보리라!"

이에 맹자는 다음과 같이 말했다. "일정하게 살 수 있는 생업이 없으면서도 일정하게 오래가는 마음을 갖는 것은 오직 선비만이 능할 수 있습니다. 백성들의 경우에는 일정하게 살 수 있는 생업이 없으면 그로 인

하여 일정하게 오래가는 마음도 없어집니다. (이렇게 해서) 일정하게 오래가는 마음이 없어진다면 방탕과 사치에 빠져들어 못할 짓이 없을 것이니, 죄에 빠져들고 난 후에야 따라가서 그들을 형벌로 다스린다면 이는 백성들에게 그물질하는 것입니다. 어찌 어진 자가 높은 자리에 있으면서 백성들에게 그물질을 할 수 있겠습니까?

이런 이유 때문에 밝은 임금은 백성의 생업을 제정해 줌에 반드시 위로는 부모를 충분히 모실 수 있고 아래로는 처자를 충분히 부양할 수 있도록 해주고, 풍년에는 1년 내내 배불리 먹고 흉년에는 굶어 죽는 것을 면하게 해준 다음에 백성들로 하여금 좋은 쪽[善]을 향해 나아가도록 몰아갑니다. 그래서 백성들은 쉽게 나라의 명령을 따르는 것입니다.

(그런데) 지금은 어떻습니까? 백성의 생업을 제정해 줌에 위로는 부모를 제대로 모실 수가 없고 아래로는 처자를 제대로 부양할 수가 없으며 풍년이 들어도 1년 내내 고생이고 흉년이라도 들면 굶어 죽는 것을 면할 수가 없습니다. 사정이 이렇다 보니 (왕께서는) 죽음을 구제하는 것만도 제대로 되지 않을까 봐 두려운 판에 어느 겨를에 예와 의로움[禮義]을 가르쳐 예와 의로움으로써 다스릴 수 있겠습니까? 왕께서 이를 행하고자 하신다면 반드시 그 근본으로 돌아가야 합니다.

다섯 밭이랑을 가진 집에 뽕나무를 심게 한다면 50세가 된 사람은 비단옷을 입을 수 있고, 닭과 돼지와 개와 큰 돼지를 기름에 새끼 칠 때를 잃지 않게 한다면 70세 된 사람이 고기를 먹을 수 있으며, 백 이랑의 땅에 농사철을 빼앗기지 않는다면 여덟 식구의 집안이 굶주림을 면할 수 있으며, 상서(庠序)의 가르침을 삼가서 효제(孝悌)의 의리로써 거듭한다면 (머리가) 반백(頒白)이 된 자가 도로에서 짐을 지거나 이지 않을 것입니다. 늙은이가 비단옷을 입고 고기를 먹으며 백성들이 굶주리지 않고 춥지 않은데 왕 노릇을 하지 못하는 자는 없습니다."

齊宣王問曰 齊桓晉文之事可得聞乎
제 선왕 문왈 제환 진문 지사 가득 문호

孟子對曰 仲尼之徒無道桓文之事者 是以後世無傳焉臣未之聞也 無以
맹자 대왈 중니 지도 무도 환문 지사 자 시이 후세 무전 언 신 미지문 야 무이

則王乎
즉 왕 호

(王)曰 德何如則可以王矣
왕 왈 덕 하여 즉 가이 왕 의

(孟子)曰 保民而王莫之能禦也
맹자 왈 보민 이 왕 막 지 능 어 야

(王)曰 若寡人者可以保民乎哉
왕 왈 약 과인 자 가이 보민 호 재

(孟子)曰 可
맹자 왈 가

(王)曰 何由知吾可也
왕 왈 하유 지 오 가 야

(孟子)曰 臣聞之胡齕曰 王坐於堂上有牽牛而過堂下者 王見之曰 牛何
맹자 왈 신 문지 호흘 왈 왕좌 어 당상 유견 우이 과 당하 자 왕견지 왈 우하

之 對曰 將以釁鍾 王曰 舍之 吾不忍其觳觫若無罪而就死地 對曰 然則廢
지 대왈 장이 흔종 왕왈 사지 오 불인 기 곡속 약 무죄 이 취 사지 대왈 연즉 폐

釁鍾與 曰 何可廢也 以羊易之 不識有諸
흔종 여 왈 하가 폐 야 이양 역지 불식 유제

(王)曰 有之
왕 왈 유지

(孟子)曰 是心足以王矣 百姓皆以王爲愛也 臣固知王之不忍也
맹자 왈 시심 족이 왕 의 백성 개 이 왕 위 애 야 신 고지 왕 지 불인 야

王曰 然 誠有百姓者 齊國雖褊小吾何愛一牛 卽不忍其觳觫若無罪而就
왕왈 연 성 유 백성 자 제국 수 편소 오 하 애 일 우 즉 불인 기 곡속 약 무죄 이 취

死地 故以羊易之也
사지 고 이 양 역지 야

(孟子)曰 王無異於百姓之以王爲愛也 以小易大彼惡知之 王若隱其無罪
맹자 왈 왕 무이 어 백성 지 이 왕 위 애 야 이 소 역 대 피 오지 지 왕약 은 기 무죄

而就死地則牛羊何擇焉
이 취 사 지 즉 우 양 하 택 언

王笑曰 是誠何心哉 我非愛其財而易之以羊也 宜乎百姓之謂我愛也
왕 소 왈 시 성 하 심 재 아 비 애 기 재 이 역 지 이 양 야 의 호 백 성 지 위 아 애 야

(孟子)曰 無傷也 是乃仁術也 見牛未見羊也 君子之於禽獸也見其生
맹 자 왈 무 상 야 시 내 인 술 야 견 우 미 견 양 야 군 자 지 어 금 수 야 견 기 생

不忍見其死 聞其聲不忍食其肉 是以君子遠庖廚也
불 인 견 기 사 문 기 성 불 인 식 기 육 시 이 군 자 원 포 주 야

王說曰 詩云 他人有心予忖度之 夫子之謂也 夫我乃行之反而求之不得
왕 열 왈 시 운 타 인 유 심 여 촌 탁 지 부 자 지 위 야 부 아 내 행 지 반 이 구 지 부 득

吾心 夫子言之於我心有戚戚焉 此心之所以合於王者何也
오 심 부 자 언 지 어 아 심 유 척 척 언 차 심 지 소 이 합 어 왕 자 하 야

(孟子)曰 有復於王者曰 吾力足以舉百鈞而不足以舉一羽 明足以察
맹 자 왈 유 복 어 왕 자 왈 오 력 족 이 거 백 균 이 부 족 이 거 일 우 명 족 이 찰

秋毫之末而不見輿薪則王許之乎
추 호 지 말 이 불 견 여 신 즉 왕 허 지 호

(王)曰 否
왕 왈 부

(孟子曰) 今恩足以及禽獸而功不至於百姓者獨何與 然則一羽之不舉爲
맹 자 왈 금 은 족 이 급 금 수 이 공 부 지 어 백 성 자 독 하 여 연 즉 일 우 지 불 거 위

不用力焉 輿薪之不見爲不用明焉 百姓之不見保爲不用恩焉 故王之不王不爲
불 용 력 언 여 신 지 불 견 위 불 용 명 언 백 성 지 불 견 보 위 불 용 은 언 고 왕 지 불 왕 불 위

也非不能也
야 비 불 능 야

(王)曰 不爲者與不能者之形何以異
왕 왈 불 위 자 여 불 능 자 지 형 하 이 이

(孟子)曰 挾太山以超北海 語人曰我不能 是誠不能也 爲長者折枝 語人
맹 자 왈 협 태 산 이 초 북 해 어 인 왈 아 불 능 시 성 불 능 야 위 장 자 절 지 어 인

曰我不能 是不爲也非不能也 故王之不王 非挾太山以超北海之類也 王之
왈 아 불 능 시 불 위 야 비 불 능 야 고 왕 지 불 왕 비 협 태 산 이 초 북 해 지 류 야 왕 지

不王 是折枝之類也 老吾老以及人之老 幼吾幼以及人之幼 天下可運於掌
불 왕 시 절 지 지 류 야 노 오 로 이 급 인 지 로 유 오 유 이 급 인 지 유 천 하 가 운 어 장

詩云 刑于寡妻至于兄弟 以御于家邦 言擧斯心加諸彼而已 故推恩足以
시 운 형 우 과 처 지 우 형 제 이 어 우 가 방 언 거 사 심 가 제 피 이 이 고 추 은 족 이

保四海 不推恩無以保妻子 古之人所以大過人者無他焉善推其所爲而已矣
보 사 해 불 추 은 무 이 보 처 자 고 지 인 소 이 대 과 인 자 무 타 언 선 추 기 소 위 이 이 의

今恩足以及禽獸而功不至於百姓者 獨何與 權然後知輕重 度然後知長短
금 은 족이 급 금수 이공 부지 어 백성 자 독하여 권 연후 지 경중 탁 연후 지 장단

物皆然心爲甚 王請度之 抑王興甲兵危士臣構怨於諸侯 然後快於心與
물 개 연심 위심 왕 청 탁 지 억 왕 흥 갑병 위 사신 구원 어 제후 연후 쾌 어 심 여

王曰 否 吾何快於是 將以求吾所大欲也
왕 왈 부 오 하 쾌 어 시 장 이 구 오 소대욕 야

(孟子)曰 王之所大欲可得聞與
맹자 왈 왕 지 소대욕 가득 문 여

王笑而不言
왕 소 이 불언

(孟子)曰 爲肥甘不足於口與 輕煖不足於體與 抑爲采色不足視於目與
맹자 왈 위 비감 부족 어 구 여 경난 부족 어 체 여 억 위 채색 부족 시 어 목 여

聲音不足聽於耳與 便嬖不足使令於前與 王之諸臣皆足以供之而王豈爲
성음 부족 청 어 이 여 편폐 부족 사령 어 전 여 왕 지 제신 개 족 이 공 지 이 왕 기 위

是哉
시 재

(王)曰 否 吾不爲是也
왕 왈 부 오 불위 시 야

(孟子)曰 然則王之所大欲可知已 欲辟土地朝秦楚莅中國而撫四夷也 以
맹자 왈 연즉 왕 지 소대욕 가지 이 욕 벽 토지 조 진 초 리 중국 이 무 사이 야 이

若所爲求若所欲 猶緣木而求魚也
약 소위 구 약 소욕 유 연목 이 구 어 야

王曰 若是其甚與
왕 왈 약시 기 심 여

(孟子)曰 殆有甚焉 緣木求魚 雖不得魚無後災 以若所爲求若所欲 盡
맹자 왈 태유 심 언 연목구어 수 부득 어 무 후재 이 약 소위 구 약 소욕 진

心力而爲之 後必有災
심력 이 위 지 후 필유 재

(王)曰 可得聞與
왕 왈 가득 문 여

(孟子)曰 鄒人與楚人戰則王以爲孰勝
맹자 왈 추인 여 초인 전 즉 왕 이위 숙 승

(王)曰 楚人勝
왕 왈 초인 승

(孟子)曰 然則小固不可以敵大 寡固不可以敵衆 弱固不可以敵強 海內
맹자 왈 연즉 소 고 불가 이 적 대 과 고 불가 이 적 중 약 고 불가 이 적 강 해내

之地 方千里者九 齊集有其一以一服八 何以異於鄒敵楚哉 蓋亦反其本矣
지지 방천리 자구 제집유기일이일복팔 하이 이어추적초재 개역반기본의

今王發政施仁 使天下仕者皆欲立於王之朝 耕者皆欲耕於王之野 商賈皆
금왕발정시인 사천하사자개욕립어왕지조 경자개욕경어왕지야 상고개

欲藏於王之市 行旅皆欲出於王之途 天下之欲疾其君者皆欲赴愬於王 其
욕장어왕지시 행려개욕출어왕지도 천하지욕질기군자개욕부소어왕 기

如是孰能禦之
여시 숙능어지

王曰 吾惛不能進於是矣 願夫子輔吾志 明以敎我 我雖不敏請嘗試之
왕왈 오혼불능진어시의 원부자보오지 명이교아 아수불민청상시지

(孟子)曰 無恒産而有恒心者惟士爲能 若民則無恒産因無恒心 苟無
맹자 왈 무항산이유항심자유사위능 약민즉무항산인무항심 구무

恒心放辟邪侈無不爲已 及陷於罪然後從而刑之 是罔民也 焉有仁人在位
항심 방벽 사치 무 불위 이 급함어죄연후종이형지 시망민야 언유인인재위

罔民而可爲也 是故明君制民之産必使仰足以事父母 俯足以畜妻子 樂歲
망민 이 가위 야 시고 명군제 민지산 필사앙 족이 사 부모 부족이휵 처자 낙세

終身飽凶年免於死亡然後驅而之善 故民之從之也輕 今也制民之産 仰
종신 포흉년 면어 사망 연후 구이지선 고민지종지야경 금야제 민지산 앙

不足以事父母 俯不足以畜妻子 樂歲終身苦凶年不免於死亡 此惟救死而
부 족이 사 부모 부부 족이 휵 처자 낙세 종신 고 흉년 불면어 사망 차유구사이

恐不贍 奚暇治禮義哉 王欲行之則盍反其本矣 五畝之宅樹之以桑 五十
공불섬 해가치 예의 재 왕욕행지즉합반기본의 오무지택수지이상 오십

者可以衣帛矣 鷄豚狗彘之畜無失其時 七十者可以食肉矣 百畝之田勿奪
자 가이 의백 의 계돈구체지축무실기시 칠십 자 가이 식육 의 백무지전물탈

其時 八口之家可以無飢矣 謹庠序之敎申之以孝悌之義 頒白者不負戴於
기시 팔구지가 가이 무기 의 근 상서지교신지이효제지의 반백 자불 부대 어

道路矣 老者衣帛食肉 黎民不飢不寒 然而不王者未之有也
도로 의 노자 의백 식육 여민 불기 불한 연이 불왕 자 미지유 야

제(齊)나라 선왕(宣王)이 (맹자에게) 물었다. "(저 춘추시대) 제나라 환공(桓公)과 진(晉)나라 문공(文公)의 일[事]을 들어볼

수 있겠는가?" 可得은 '~할 수 있다'는 뜻이다. 여기서 주목해야 하는
것은 일[事]이다. 왜 하필이면 제나라 환공과 진나라 문공의 일을 듣
고 싶어 하는 것일까? 두 사람 다 춘추시대의 대표적인 패왕(覇王)이
면서 동시에 주(周) 나라 왕실을 지지했다는 공통점을 갖고 있다.

이에 맹자가 대답했다. "중니(仲尼-공자)의 제자들은 제나라 환공과
진나라 문공의 일을 말하지 않는[無道] 자들입니다. 이로 인해[是以]
후세(後世)에 아무것도 전해지지 않아[無傳] 신(臣)도 들은 바가 없습
니다. 군이 말하라 하신다면[無以] 제대로 된 임금의 길[王]에 대해 말
씀드릴까요?" 無以는 '~할 수 없다', '~하지 말라' 등의 뜻을 갖고 있다.
그래서 여기서도 다 풀이하자면 '들은 바가 없어 말씀드릴 게 없지만
군이 말하라 하신다면'으로 길게 의역을 하여 앞부분을 생략한 것이다.

선왕의 물음에 맹자는 단호하게 공자의 제자들은 환공과 문공의 패
업(覇業=事)에 대해서는 올바른 도리로 간주하지 않아 그것에 대해서
입에 올리지 않는다[無道]고 말한다. 하지만 『논어』 '헌문 16'에 두 사
람에 대한 언급이 나온다.

공자는 말했다. "진문공은 속이고 바르지 않았다. 제환공은 바르
고 속이지 않았다."

이 장은 '헌문 12'와 간접적으로 연결된다. 거기서 맹공작(孟公綽)
이 조(趙) 씨와 위(衛) 씨의 원로 가신은 될 수 있다고 했는데, 조씨
와 위씨 둘 다 진나라의 고위관리였다. 그 나라의 왕이 바로 문공
(文公)이다. 공자는 그 진나라 임금 문공에 대해 혹평을 가한다. "진
문공(晉文公)은 속이고 바르지 않았다[譎而不正]"는 것이다. 반면에

제나라 임금 환공(桓公)에 대해서는 극찬을 한다. "바르고 속이지 않았다〔正而不譎〕"는 것이다. 譎(휼)은 '속이다', '변하다', '바뀌다' 등을 뜻한다.

이에 대해서는 역사적 배경을 알 필요가 있다. 먼저 주희의 풀이다. "이들 두 공(公)은 모두 제후의 맹주이니, 오랑캐를 물리치고 주나라 왕실을 높인 자들이다. 비록 무공으로써 인(仁)을 가장했기에 마음이 모두 바르지 못하였으나 환공은 (주나라를 거부했던) 초나라를 칠 때 대의를 내세워 말하여 속이는 방법을 따르지 않았으니 그래도 환공이 문공보다 낫고, 문공은 (초나라를 바로 공격할 명분이 없자 동맹인) 위(衛) 나라를 쳐서 초나라를 끌어들이고 음모로써 승리를 얻었으니 그 속임이 매우 심하다. 두 임금의 다른 일도 이와 같은 것이 많다. 그러므로 공자는 이를 말하여 숨겨진 사실을 드러낸 것이다."

정약용은 문공과 환공에 대해 보다 구체적인 사료를 제시하며 공자의 평가를 점검한다. 그런데 거기서 정약용은 바로 지금 우리의 문맥을 언급한다. "맹자가 말하기를 '중니(仲尼-공자)의 문도들은 제환공과 진문공의 일을 말하는 이가 없었다'라고 하였으나 『논어』를 고찰해 보면 공자는 직접 자신의 입으로 (제나라 재상) 관중의 공을 아낌없이 찬미하였으니, 어찌 그 문도의 말을 기다릴 필요가 있겠는가? 공자는 당시에 환공의 처심행사(處心行事)가 바르고 속임수를 쓰지 아니하여, 진문공과는 함께 취급할 인물일 수 없음을 분명히 보았던 것이다. 그러므로 명료하게 해명하여 이와 같이 분별해 놓은 것이다. 대개 환공과 관중의 관계는 관중이 원수인데도 이를 용서하고 등용하여 흡연(翕然)히 조금도 의심하지 않고, 문공과 호언(狐

偃)의 관계는 은혜로 맺었으나 (망명지에서 진나라로) 돌아올 때 두려워하며 서로 기피하였으니, 그 인간을 이미 알 만하다. 환공은 (주나라 양왕이 하사하는) 제육(祭肉)을 공손히 받았으나 문공은 (주나라 양왕에게) 감히 천자만이 설치할 수 있는 묘도(墓道)를 설치하도록 해달라고 청하였으니, 이 말로도 또한 (환공과 문공의 평가가) 정해질 수 있다.

어떤 이는 말하기를 '환공은 공자(公子) 규(糾-환공의 이복형)를 죽였으나 문공은 이런 악이 없다'고 하였다. 그러나 문공은 네 나라를 두루 빙문(聘問)하며 네 나라의 군주가 스스로 죽기를 기대하였으며, 또 남의 재앙을 요행으로 바라고 남의 화(禍)를 즐기는 마음과 속임수를 끼고 말을 꾸며댄 사적이 『춘추전(春秋傳)』과 『예기(禮記)』 '단궁' 편의 여러 기사에 자주 보인다. 진실로 그의 마음을 주토(誅討)한다면, 어찌 다만 한 공자 규를 죽이는 데에 그칠 뿐이겠는가? 두 공의 시비(是非)와 사정(邪正)에 대해서는 공자가 그 정평이 있는 것이다."

정약용의 견해는 한마디로 여기서 말하는 공자의 평가가 정밀하고 적절하다는 것이다. 그런데도 맹자가 제나라 선왕에게 그런 식으로 답변한 이유는 아마도 점점 공자의 제자들이 의리명분에 집착하면서 제나라 환공마저도 부정적으로 보려 했던 경향이 맹자에까지 영향을 미친 때문으로 보인다. 그래서 맹자도 제나라 환공이건 진나라 문공이건 입에 담고 싶지 않아 하며 대신 일반론적 차원에서 왕의 길[王道]왕도에 대해 이야기해 보겠다고 말한 것이다.

이에 선왕이 "(임금의) 임금다움[德]덕이 어떠할[何如]하여 때[則]즉 제대로

된 임금〔王〕이 될 수 있는가"라고 묻자 맹자는 "백성을 위하고 아끼면
서〔保民〕 왕 노릇을 한다면 제대로 된 임금의 길로 가는 것을 막을 수
있는 것은 아무것도 없습니다"라고 답했다. 여기서 王은 동사로 '왕 노
릇을 하다', '왕다운 왕이 되다' 등으로 풀어야 한다. 可以는 '~할 수 있
다'는 뜻이다.

　선왕이 "그렇다면〔若〕 과인과 같은 사람도 백성을 위하고 아낄 수
있는가?"라고 묻자 맹자는 "가능합니다〔可〕"고 답했다. 하지만 선왕은
왜 맹자가 그렇게 답하는지가 궁금했다. 그래서 선왕은 (다시) "어떤
연유로〔何由〕 (그대는) 내가 가능하다는 것〔吾可〕을 아는가〔知~也〕?"
라고 물었고, 맹자는 이렇게 답한다. "신이 호흘(胡齕)이라는 자로부터
다음과 같은 이야기를 들었기 때문입니다. 왕께서 당(堂) 위에 좌정하
고 계시는데 소를 끌고서 당 아래로 지나가는 자가 있었다고 했습니
다. 그때 왕께서 이를 보시고는 '소가 어디로 가느냐〔牛何之〕'고 물으셨
고 그 사람은 대답하기를 '종(鍾)의 틈을 막는 데 쓰려 함입니다'고 답
했습니다. 이에 왕께서는 '놓아주라〔舍之〕'고 말씀하시며 '두려움에 떨
면서〔觳觫若〕 아무 죄도 없이〔無罪而〕 사지(死地)로 끌려가는 것〔就〕
을 내〔吾〕 차마 보지 못하겠노라〔不忍〕'고 하셨다고 했습니다. 이에 그
사람이 '그렇다면 종의 틈에 피를 바르는 일을 폐지할까요'라고 되묻자
왕께서는 '어찌 폐할 수 있겠는가? 양(羊)으로 바꿔서 하라'고 하셨다
고 들었습니다. 혹시〔不識〕 이런 일이 있었습니까〔有諸〕?" 호흘은 제나
라 선왕의 신하로 보인다. 不識은 '모르겠습니다만'이라는 뜻인데 줄여
서 '혹시'라고 풀이했다. 有諸는 有之乎의 줄임말로 의문문을 만든다.
앞으로도 자주 등장하는 표현이다.

　선왕이 "그런 일이 있었다〔有之〕"고 말하자 맹자는 이렇게 답했다.

"(왕께서) 이런 마음〔是心〕이 있으시니 얼마든지〔足以〕 제대로 임금 노릇을 하실 수 있는 것입니다. 백성들은 모두 왕께서 (소를) 아까워하여〔愛〕 그렇게 하신 것이라 생각하겠지만 신은 진실로〔固〕 왕께서 차마 할 수 없어서〔不忍〕 그렇게 하셨음을 잘 알고 있습니다." 足以는 可以와 같은 뜻으로 '~할 수 있다'이다. 愛는 흔히 의역하여 '인색하다'라고 옮기는데 여기서는 그냥 원래 뜻에 있는 '아끼다', '아까워하다'로 풀이하는 게 문맥도 자연스럽다. 맹자는 선왕의 측은지심(惻隱之心)을 간파한 것이다.

선왕이 말했다. "그러하다〔然〕. 진정〔誠〕 그런 백성들이 있을 것이다. (허나) 제나라가 비록〔雖〕 좁고〔褊〕 작다고 해서 내 어찌 소 한 마리를 아까워하겠는가? 다만 두려움에 떨면서 아무 죄도 없이 사지로 끌려가는 것을 내 차마 보지 못하는 것이다. 그래서 양으로 (그것을) 바꿔서 하라〔以羊易之〕고 했던 것이다."

이에 맹자가 "백성들이 왕께서 (소를) 아까워하여 그렇게 하셨다고 생각하는 데 대해 이상하게〔異〕 여기지 마십시오. 작은 것으로 큰 것을 바꾼 것〔以小易大〕의 깊은 뜻을 저들이 어찌〔惡〕 알겠습니까? (하지만) 왕께서는 아무 죄 없이 사지에 나아가는 것을 측은하게 여기셨다면 소와 양은 어찌 (측은함에 있어) 구별〔擇〕을 두셨습니까?"라고 묻자 선왕은 웃으면서 이렇게 답했다. "그것은 진실로〔誠〕 어떤 마음에서였을까? 나는 재물을 아까워하여 소를 양으로 바꾼 것이 아니지만 백성들이 나를 보고 (소가) 아까워서 그랬다고 말하는 것도 당연하겠구나〔宜乎〕!"

이에 맹자는 다음과 같이 말했다. "개의치 마십시오〔無傷也〕. 이것이 바로〔乃〕 어짊을 행하는 방법〔仁術〕입니다. 다만 소에서는 그것을 보셨고 양에서는 보지 못하셨을 뿐입니다. 군자가 동물을 대함에는 그 살아 있는 것을 보면 차마 그 죽음을 보지 못하며, 그 (죽어가면서 울부짖는) 소리를 들으면 차마 그 고기를 먹지 못하니, 그래서 군자는 푸줏간〔庖廚〕을 멀리하는 것입니다."
_{포주}

이에 선왕은 기뻐하며 말했다. "『시경』에 이르기를 '다른 사람의 마음을 내가 헤아린다〔他人有心予忖度之〕'더니 그대〔夫子〕를 두고 하는
_{타인 유 심 여 촌 탁 지}　　　　_{부자}
말이다. 내가 바로 그것을 행하고서도 (나에게서) 돌이켜〔反〕 찾았으나
_반
〔求〕 결국 내 맘을 (나도) 알 수 없었는데 그대가 그것을 말해 주니 나
_구
의 마음에 뭉클함〔戚戚〕이 밀려온다. 이런 마음이 왕자의 도리〔王者〕
_{척척}　　　　　　　　　　　　　　　　　　　_{왕자}
에 부합되는 까닭은 무엇인가?"

맹자가 말했다. "왕께 아뢰는〔服〕 자가 있어 그 사람이 '내 힘은 족히
_복
300근〔百鈞〕은 들 수 있으나 깃털 하나를 들기에는 충분치 못하고, 눈
_{백 균}
이 밝아서 가는 털〔秋毫〕의 끝도 족히 살필 수 있으나 수레에 가득 실
_{추호}
은 섶은 볼 수가 없다'고 말한다면 왕께서는 받아들이겠습니까?"

"받아들일 수 없다."

"(그렇다면) 지금 은혜가 금수에게는 미치면서도 (통치의) 효험이 백성에게는 이르지 못하는 것은 유독〔獨〕 어째서일까요? 결국 하나의
_독
깃털을 들지 못하는 것은 힘〔力〕을 쓰려 하지 않음 때문이고, 수레에
_력
가득 실은 섶을 보지 못함은 시력〔明〕을 쓰려 하지 않음 때문이며, 백
_명
성들이 보살핌을 받지 못함은 (왕께서) 은혜〔恩〕를 쓰려 하지 않을 때
_은
문입니다. 그렇기 때문에 왕이 왕 노릇을 하지 못함은 하지 않아서
〔不爲〕이지 할 수 없어서〔不能〕가 아닙니다."
_{불위}　　　　　　　_{불능}

선왕이 "하지 않는 자의 모습〔形〕과 할 수 없는 자의 모습은 어떤
_형
차이가 있는가?"라고 묻자 맹자는 이렇게 답했다.

"태산(太山)을 옆에 끼고서 북해(北海)를 뛰어넘는 것을 두고서 사람들에게 말하기를 '나는 할 수 없다'고 한다면 이는 진실로〔誠〕할 수 없는 것입니다. (그러나) 윗사람(의 명을 받아 그 사람)을 위해 나뭇가지를 꺾는 것을 두고서 사람들에게 말하기를 '나는 할 수 없다'고 말한다면 이는 하지 않는 것이지 할 수 없는 것은 아닙니다. 그래서 왕이 왕 노릇을 하지 못함은 태산을 옆에 끼고서 북해를 뛰어넘는 것과 같은 유가 아닙니다. 왕이 왕 노릇을 하지 못함은 바로 나뭇가지를 꺾는 것과 같은 유입니다.

내 노인을 노인으로서 공경하여 섬김〔老吾老〕으로써 타인의 노인에게까지 미치며, 내 아이를 아이로서 사랑함으로써 남의 아이에게까지 미친다면 천하를 손바닥에 올려놓고 움직일 수 있습니다. 『시경』에 이르기를 '자신의 부인에게 모범이 되어 형제에게까지 이르면 그로써 집안과 나라를 다스린다'고 했습니다. 이는 이 마음을 들어서 다른 사람들에게 가할 뿐임을 말하는 것입니다. 따라서 은혜를 미루어 헤아려 보면〔推〕 얼마든지 사해(四海)를 보호할 수 있고, (반대로) 은혜를 미루어 헤아리지 못하면 처자식도 지킬 수 없습니다. 옛사람들이 지금 사람들보다 크게 뛰어났던 까닭은 다른 게 아니라 그 행하는 바를 잘 미루어 헤아렸을 뿐입니다. (그런데) 지금은 은혜가 금수에게는 미치면서도 (통치의) 효험이 백성에게는 이르지 못하는 것은 정녕 어째서일까요?

저울로 달아본 뒤에야 가볍고 무거운 것을 알게 되고 (자로) 재어본 뒤에야 길고 짧은 것을 알 수 있습니다. 모든 사물이 다 그렇지만 마음〔心〕이 특히 심하니 왕께서는 이 점을 잘 헤아리시길 바랍니다. 아니면 혹시 왕께서는 군대〔甲兵〕를 일으켜 병사와 신하들을 위험에 빠트려서 제후들과 원한을 맺은 다음이라야 마음에 통쾌함[快]이 들겠습니까?"

여기서 주목해야 할 점 하나가 있다. '미루어 생각함[推]'이다. 공자가 말하는 도리[道]를 충서(忠恕)라고 할 때 忠은 스스로에게 한 점 거짓이 없는 것이기 때문에 미루어 생각할 필요가 없다. 그러나 恕는 자기에게 하듯이 남에게도 하는 것이기 때문에 '미루어 헤아림[推]'은 필수적이라고 할 수 있다. 앞서 말한 "내 노인을 노인으로서 공경하여 섬김[老吾老]으로써 타인의 노인에게까지 미치며 내 아이를 아이로서 사랑함으로써 남의 아이에게까지 미친다면"이 바로 恕를 풀어내는 것이다.

맹자의 반문에 선왕은 말했다. "아니다. 내 어찌 그런 것에서 통쾌함을 느끼겠는가? 그것은 앞으로 내가 크게 원하는 바[所大欲]를 얻기 위해서이다." 이에 맹자가 "왕께서 크게 원하는 바가 무엇인지를 혹시 들어볼 수 있겠습니까?"라고 묻자 선왕은 웃기만 하고 아무 말도 하지 않았다. (그러자) 맹자가 말했다.

"온갖 귀하고 맛있는 음식들이 입에 부족해서입니까? 가볍고 따뜻한 귀한 옷들이 몸에 부족해서입니까? 아니면 각종 화려한 장식들이 눈으로 보기에 부족해서입니까? 온갖 아름다운 음악들이 귀로 듣기에 부족해서입니까? 그것도 아니면 (환관이나 궁녀들처럼) 가까이에서 모시는 근시(近侍)들이 앞에서 부려먹기에 부족해서입니까? 왕의 여러 신하들이 다 이것을 충분하게 제공하고 있는데 어찌 왕께서 이것들을 위해서 크게 원하는 바를 얻으려 하시겠습니까?" 이에 선왕이 "그렇다. 나는 그것들을 위해서 그러는 것이 아니다"고 말하자 맹자는 이렇게 말했다. "그렇게 말씀하시니 이제야 왕께서 크게 원하는 바를 알 것 같습니다. (그것은) 땅을 개척하고 진(秦) 나라와 초(楚) 나라로부터 조회를 받으며 중국 천하를 지배하여 사방의 오랑캐들을 다스리는 것입니다. (하지만) 만일 이런 식으로 해서 왕께서 원하시는 소망을 구하려 한다면 그것은 마치 나무에 올라가서 물고기를 구하려는 것과 같을 것입니다."

선왕이 (맹자의 말을 듣고서) "이와 같이 심하단 말인가〔若是其甚與〕?"라고 하자 맹자는 이렇게 말했다. "아마도 심할 것입니다. 나무에 올라가 물고기를 구하려는 것〔緣木求魚〕은 비록 물고기를 얻지 못하더라도 뒤따르는 재앙이 없겠지만, 만일 이런 식으로 해서 왕께서 원하시는 바를 구하려는 것은 온 마음과 힘을 다하여 그것을 한다 하더라도 (아무것도 이루지 못한 채) 뒤에 반드시 재앙이 있게 될 것입니다." 이에 선왕이 "(그렇다면 뭔가 도움이 될 만한 것을) 들어볼 수 있겠는가?"라고 말하자 맹자는 (다시) "추(鄒) 나라 사람이 초나라 사람과 전쟁을 한다면 왕께서는 누가 승리할 것이라고 보십니까?"라고 되물었고 선왕은 "초나라 사람이 이길 것이다"고 답했다. 이에 맹자는 다음과 같이 말했다.

"그렇다고 한다면 작은 나라는 진실로 큰 나라를 적대시해서는 안되며, 적은 수의 사람들은 진실로 많은 수의 사람들을 적대시해서는 안 되고, 약자는 진실로 강자를 적대시해서는 안 되는 것입니다. 해내(海內-천하)의 땅에 사방 천 리 되는 것이 아홉인데 제나라는 다 해서 그중 하나를 갖고 있을 뿐인데 하나로써 (나머지) 여덟을 복종시키려 하니 그것이 추나라가 초나라를 적대시하는 것과 무슨 차이가 있겠습니까? 아마도 이 역시 근본으로 돌아가야 할 것입니다.

지금(이라도) 왕께서 정치를 함에 어짊〔仁〕을 베풀어, 천하에 벼슬하는 자들이 모두 왕의 조정에 참여하고 싶어 하고, (천하의) 농민들은 모두 왕의 땅에서 경작하고 싶어 하며, 상인들도 모두 왕의 시장에서 물건을 쌓아두고〔藏〕 장사하고 싶어 하고, 길 떠난 이들〔行旅〕마저 하나같이 왕의 길을 따라 여행하려 한다면, 천하에 자신의 임금을 미워하는 자들은 모두 왕께 달려와 하소연을 할 것입니다. 만일 이렇게만 된다면 누가 그런 큰 흐름을 막을 수 있겠습니까?"

선왕이 말했다. "나는 우매하여 (혼자 힘으로는) 그런 경지로 나아갈 수가 없다. 그대에게 바라노니 나의 뜻을 도와 나를 밝게 가르쳐달라. 내 비록 불민(不敏)하나 한번 도전해 보리라!" 이에 맹자는 다음과 같이 말했다.

"일정하게 살 수 있는 생업〔恒産〕이 없으면서도 일정하게 오래가는 마음〔恒心〕을 갖는 것은 오직 선비〔士〕만이 능할 수 있습니다. 백성들의 경우에는 일정하게 살 수 있는 생업이 없으면 그로 인하여 일정하게 오래가는 마음도 없어집니다. (이렇게 해서) 일정하게 오래가는 마음이 없어진다면 방탕과 사치에 빠져들어 못할 짓이 없을 것이니, 죄에 빠져들고 난 후에야 따라가서 그들을 형벌로 다스린다면 이는 백성들에게 그물질하는 것입니다. 어찌 어진 자〔仁人〕가 높은 자리에 있으면서 백성들에게 그물질을 할 수 있겠습니까?

이런 이유 때문에 밝은 임금〔明君〕은 백성의 생업을 제정해 줌에 반드시 위로는 부모를 충분히 모실 수 있고 아래로는 처자를 충분히 부양할 수 있도록 해주고, 풍년에는 1년 내내 배불리 먹고 흉년에는 굶어 죽는 것을 면하게 해준 다음에 백성들로 하여금 좋은 쪽〔善〕을 향해 나아가도록 몰아갑니다. 그래서 백성들은 쉽게 나라의 명령을 따르는 것입니다.

(그런데) 지금은 어떻습니까? 백성의 생업을 제정해 줌에 위로는 부모를 제대로 모실 수가 없고 아래로는 처자를 제대로 부양할 수가 없으며, 풍년이 들어도 1년 내내 고생이고 흉년이라도 들면 굶어 죽는 것을 면할 수가 없습니다. 사정이 이렇다 보니 (왕께서는) 죽음을 구제하는 것만도 제대로 되지 않을까 봐 두려운 판에 어느 겨를에 예와 의로움〔禮義〕을 가르쳐 예와 의로움으로써 다스릴 수 있겠습니까? 왕께서 이를 행하고자 하신다면 반드시 그 근본으로 돌아가야 합니다.

다섯 밭이랑을 가진 집에 뽕나무를 심게 한다면 50세가 된 사람은 비단옷을 입을 수 있고, 닭과 돼지와 개와 큰 돼지를 기름에 새끼 칠 때를 잃지 않게 한다면 70세 된 사람이 고기를 먹을 수 있으며, 백 이랑의 땅에 농사철을 빼앗기지 않는다면 여덟 식구의 집안이 굶주림을 면할 수 있으며, 상서(庠序)의 가르침을 삼가서 효제(孝悌)의 의리로써 거듭한다면 (머리가) 반백(頒白)이 된 자가 도로에서 짐을 지거나 이지 않을 것입니다. 늙은이가 비단옷을 입고 고기를 먹으며 백성〔黎民〕들이 굶주리지 않고 춥지 않은데 왕 노릇을 하지 못하는 자는 없습니다."

양혜왕 장구 하

梁惠王章句下

1

장포(莊暴)가 맹자를 찾아뵙고 말했다. "제가 왕을 뵈었을 때 왕께서는 저에게 음악을 좋아하신다고 말씀하셨습니다. 그러나 저는 아무런 대답을 하지 못했습니다."

그리고 장포는 물었다. "음악을 좋아한다는 것은 어떤 것입니까?"

맹자가 대답했다. "왕께서 음악을 깊이 좋아하신다면 제나라는 아마도 제대로 다스려질 수 있지 않을까?"

다른 날에 맹자가 왕(제나라 선왕)을 찾아뵙고 말했다. "얼마 전에 장자(莊子)에게 음악을 좋아한다고 말씀하셨다는데, 그런 일이 있었습니까?"

이에 왕은 안색이 바뀌며 말하였다. "과인은 선왕의 음악을 능히 좋아한 것이 아니라 단지 세속의 음악을 좋아했을 뿐이다."

맹자가 말했다. "왕께서 음악을 깊이 좋아하신다면 제나라는 아마도 제대로 다스려질 수 있을 겁니다. 지금의 음악은 옛 음악과 마찬가지입니다."

제나라 선왕이 말했다. "(그게 무슨 뜻인지) 들어볼 수 있겠는가?"

이에 맹자가 되물었다. "홀로 음악을 즐기는 것과 다른 사람들과 더불어 음악을 즐기는 것 중 어느 것이 더 즐겁습니까?"

왕이 "(홀로 즐기는 것은) 더불어 즐기는 것만 못하다"고 답하자 맹자는 다시 "소수의 사람들과 더불어 음악을 즐기는 것과 다수의 사람들과 더불어 음악을 즐기는 것 중 어느 것이 더 즐겁습니까?"라고 묻고 왕은 "(소수의 사람들과 더불어 음악을 즐기는 것은) 다수의 사람들과 더불어 즐기는 것만 못하다"고 답했다.

(맹자는 말했다.) "왕을 위해 즐김에 관해 말씀을 드리고자 청합니다."
(왕이 그리하라고 했고 맹자가 본격적으로 즐김에 관해 이야기했다.)

"지금 왕께서 이곳(대궐)에서 음악을 두드리시면 백성들은 왕의 종소리, 북소리와 피리소리를 듣고서 모두 머리가 아파 이마를 찌푸리면서 서로서로 '우리 왕은 음악을 두드리기를 좋아하는구나! 어찌하여 우리들로 하여금 극한에 이르게 하여 아버지와 아들이 서로 만나보지 못하고 형제와 처자가 뿔뿔이 흩어지게 하는가'라고 한탄할 것입니다. 지금 왕께서 이곳(대궐)에서 사냥을 하시면 백성들은 왕의 수레소리, 말소리를 듣고 깃털과 들소 꼬리털로 만든 아름다운 깃발들을 보고서 모두 머리가 아파 이마를 찌푸리면서 서로서로 '우리 왕은 사냥하기를 좋아하는구나! 어찌하여 우리들로 하여금 극한에 이르게 하여 아버지와 아들이 서로 만나보지 못하고 형제와 처자가 뿔뿔이 흩어지게 하는가'라고 한탄할 것입니다. 이는 다름이 아니라 백성들과 더불어 함께 즐기시지 않기 때문입니다.

지금 왕께서 이곳(대궐)에서 음악을 두드리시면 백성들은 왕의 종소리, 북소리와 피리소리를 듣고서 모두 흔쾌히 기뻐하면서 서로서로 '우리 왕께서는 아마도 질병이 없으신가 보다, 어찌 저리 음악을 두드리시겠는가'라고 말할 것입니다. 지금 왕께서 이곳(대궐)에서 사냥을 하시면 백성들은 왕의 수레소리, 말소리를 듣고 깃털과 들소 꼬리털로 만든 아름다운 깃발들을 보고서 모두 흔쾌히 기뻐하면서 서로서로 '우리 왕께서는 아마도 질병이 없으신가 보다, 어찌 저리 사냥을 하시겠는가'라고 말할 것입니다. 이는 다름이 아니라 백성들과 더불어 함께 즐기시기 때문입니다.

지금 왕께서 (모든 일을 함에) 백성들과 더불어 함께 즐기신다면 왕다운 왕이 되실 것입니다."

莊暴見孟子曰 暴見於王 王語暴以好樂 暴未有以對也
장포 견 맹자 왈 포현어왕 왕어포이호악 포미유 이대야

(莊暴)曰 好樂何如
장포 왈 호악 하여

孟子曰 王之好樂甚則齊國其庶幾乎
맹자 왈 왕지 호악 심즉 제국 기 서기 호

他日見於王曰 王嘗語莊子以好樂 有諸
타일 현어왕왈 왕상어 장자 이호악 유제

王變乎色曰 寡人非能好先王之樂也 直好世俗之樂耳
왕 변호색 왈 과인 비능호 선왕지악 야 직호 세속지악 이

(孟子)曰 王之好樂甚則齊其庶幾乎 今之樂由(猶)古之樂也
맹자 왈 왕지호악 심즉제 기 서기 호 금지악 유 유 고지악 야

(王)曰 可得聞與
왕 왈 가득 문여

(孟子)曰 獨樂樂與人樂樂 孰樂
맹자 왈 독 낙악 여인 낙악 숙락

(王)曰 不若與人
왕 왈 불약 여인

(孟子)曰 與少樂樂與衆樂樂 孰樂
맹자 왈 여소 낙악 여중 낙악 숙락

(王)曰 不若與衆
왕 왈 불약 여중

(孟子曰) 臣請爲王言樂 今王鼓樂於此 百姓聞王鍾鼓之聲 管籥之音 舉
맹자 왈 신청위왕언락 금왕 고악 어차 백성 문왕 종고지성 관약 지음 거

疾首蹙頞而相告曰 吾王之好鼓樂 夫何使我至於此極也 父子不相見 兄弟
질수 축알 이 상고왈 오왕 지호 고악 부하사 아지어차 극야 부자불 상견 형제

妻子離散 今王田獵於此 百姓聞王車馬之音 見羽旄之美 舉疾首蹙頞而相
처자 이산 금왕 전렵 어차 백성 문왕 거마지음 견 우모 지미 거 질수 축알 이상

告曰 吾王之好田獵 夫何使我至於此極也 父子不相見 兄弟妻子離散 此
고 왈 오왕 지호 전렵 부하사 아지어차 극야 부자불 상견 형제 처자 이산 차

無他不與民同樂也 今王鼓樂於此 百姓聞王鍾鼓之聲 管籥之音 舉欣欣然
무타 불 여민동락 야 금왕 고악 어차 백성 문왕 종고지성 관약 지음 거 흔흔연

有喜而相告曰 吾王庶幾無疾病與 何以能鼓樂也 今王田獵於此 百姓聞王
유 희 이 상 고 왈   오 왕 서 기 무 질병 여   하 이 능 고악 야   금 왕 전렵 어 차   백성 문 왕

車馬之音 見羽旄之美 擧欣欣然有喜色而相告曰 吾王庶幾無疾病與 何以
거 마 지 음   견 우모 지 미   거 흔흔연 유 희색 이 상 고 왈   오 왕 서 기 무 질병 여   하 이

能田獵也 此無他與民同樂也 今王與百姓同樂則王矣
능 전렵 야   차 무 타 여민동락 야   금 왕 여 백성 동락 즉 왕 의

🌸　　　장포(莊暴)가 맹자를 찾아뵙고 말했다. 장포는 제나라 선왕의 신하다. "제〔暴〕가 왕을 뵈었을 때 왕께서는 저에게 음악을 좋아하신다고 말씀하셨습니다. 그러나 저는 아무런 대답을 하지 못했습니다." 그리고 장포는 물었다. "음악을 좋아한다는 것은 어떤 것입니까?"

맹자가 대답했다. "왕께서 음악을 깊이 좋아하신다면〔王之好樂甚〕 제나라는 아마도〔其〕 제대로 다스려질 수 있지 않을까?"

앞에서는 호흘이라는 사람의 말을 전해 듣고서 불쌍하게 여기는 마음〔惻隱之心〕의 문제를 이야기했다면, 여기서는 장포라는 사람의 말을 전해 듣고서 선왕이 음악을 좋아하는 것과 다스림의 문제를 이야기한다. 庶幾란 '거의 ~하다'는 뜻이다. 따라서 '제대로 다스림에 가깝다〔近於治〕'이다.

앞에서는 소를 불쌍하게 여기는 마음을 단서로 해서 임금다운 도리〔王道〕의 가능성을 이야기했다면, 여기서는 음악을 좋아하는 것을 단서로 해서 임금다운 도리의 길로 인도한다. 乎는 추측의 평서문도 되고 의문문도 되기 때문에 여기서는 其~乎임을 감안하여 그냥 추측이 담긴 의문문으로 풀었다.

다른 날에 맹자가 왕(제나라 선왕)을 찾아뵙고 말했다. "얼마 전에

장자(莊子 - 莊暴)에게 음악을 좋아한다고 말씀하셨다는데, 그런 일이 있었습니까〔有諸〕?" 왕에게 하는 말이기 때문에 일단 전해 들은 바의 사실 여부부터 확인하는 것이 당시의 예법이다. 有諸는 앞에서 본 대로 有之乎(입니까)의 줄임말이다. 이에 왕은 안색이 바뀌며〔變乎色〕 말하였다. "과인은 선왕의 음악〔先王之樂〕을 능히 좋아한 것이 아니라 단지〔直〕 세속의 음악을 좋아했을 뿐〔耳〕이다." 선왕의 음악이란 요순과 무왕의 음악을 말한다.

맹자가 말했다. "왕께서 음악을 깊이 좋아하신다면 제나라는 아마도 제대로 다스려질 수 있을 겁니다. 지금의 음악은 옛 음악과 마찬가지입니다." 여기서 제나라 선왕은 옛 음악을 좋아하는 것이 아니라 당시의 속된 음악을 좋아한다고 실토하면서 조금은 부끄럽게 여겼다. 그러나 맹자는 옛 음악이건 지금의 음악이건 그것이 중요한 것이 아님을 "지금의 음악은 옛 음악과 마찬가지입니다〔今之樂 由(猶)古之樂也〕"라고 말함으로써 알려주고 있다. 물론 맹자도 옛 음악을 더 중시했을 것이다. 제나라 선왕이 부끄럽게 여긴 것도 그런 점을 염두에 둔 때문이다. 그러나 맹자는 음악의 종류보다는 누구와 더불어 그 음악을 즐기느냐에 강조점을 두고서 다음과 같이 답한다. 제나라 선왕이 "(그게 무슨 뜻인지) 들어볼 수 있겠는가?"라고 말했던 것도 "지금의 음악은 옛 음악과 마찬가지입니다"라고 말한 맹자의 본뜻을 듣고 싶었던 것이다.

맹자는 말했다. "홀로 음악을 즐기는 것과 다른 사람들과 더불어 음악을 즐기는 것 중 어느 것이 더 즐겁습니까?" 왕이 "(홀로 즐기는 것은) 더불어 즐기는 것만 못하다"고 답하자 맹자는 다시 "소수의 사람들과 더불어 음악을 즐기는 것과 다수의 사람들과 더불어 음악을 즐기는 것 중 어느 것이 더 즐겁습니까?"라고 묻고 왕은 "(소수의 사람들과 더불어 음악을 즐기는 것은) 다수의 사람들과 더불어 즐기는 것만 못하다"고 답했다.

맹자는 말했다. "왕을 위해 즐김에 관해 말씀드리고자 청합니다." (왕이 그리하라고 했고 맹자가 본격적으로 즐김에 관해 이야기한다.) 흔히 여기서의 樂을 음악으로 풀이하는데 내용상으로 보면 백성들과 함께 즐기는 것에 관한 것이기 때문에 음악이 아니라 즐기는 것〔樂〕으로 봐야 한다. 그래서 言樂은 '언악'이 아니라 '언락'으로 읽어야 하는 것이다.

이하 맹자의 발언은 한 문단(음악)과 한 문단(사냥)이 각각 짝을 이루고 다시 두 문단(백성과 따로 함)과 두 문단(백성과 함께함)이 대조를 이룬다.

"지금 왕께서 이곳(대궐)에서 음악을 두드리시면〔鼓樂〕 백성들은 왕의 종소리, 북소리와 피리소리〔管籥〕를 듣고서 모두〔擧〕 머리가 아파〔疾首〕 이마를 찌푸리면서〔蹙頞〕 서로서로 '우리 왕은 음악을 두드리기를 좋아하는구나! 어찌하여 우리들로 하여금 극한에 이르게 하여 아버지와 아들이 서로 만나보지 못하고 형제와 처자가 뿔뿔이 흩어지게 하는가'라고 한탄할 것입니다.

지금 왕께서 이곳(대궐)에서 사냥을 하시면 백성들은 왕의 수레소리, 말〔馬〕소리를 듣고 깃털과 들소 꼬리털〔羽旄〕로 만든 아름다운 깃발들을 보고서 모두 머리가 아파 이마를 찌푸리면서 서로서로 '우리 왕은 사냥하기를 좋아하는구나! 어찌하여 우리들로 하여금 극한에 이르게 하여 아버지와 아들이 서로 만나보지 못하고 형제와 처자가 뿔뿔이 흩어지게 하는가'라고 한탄할 것입니다. 이는 다름이 아니라

〔無他〕 백성들과 더불어 함께 즐기시지 않기 때문입니다.

지금 왕께서 이곳(대궐)에서 음악을 두드리시면 백성들은 왕의 종소리, 북소리와 피리소리를 듣고서 모두 흔쾌히 기뻐하면서 서로서로 '우리 왕께서는 아마도 질병이 없으신가 보다, 어찌 저리 음악을 두드리시겠는가'라고 말할 것입니다.

지금 왕께서 이곳(대궐)에서 사냥을 하시면 백성들은 왕의 수레소리, 말소리를 듣고 깃털과 들소 꼬리털로 만든 아름다운 깃발들을 보고서 모두 흔쾌히 기뻐하면서 서로서로 '우리 왕께서는 아마도 질병이 없으신가 보다, 어찌 저리 사냥을 하시겠는가'라고 말할 것입니다. 이는 다름이 아니라 백성들과 더불어 함께 즐기시기 때문입니다.

지금 왕께서 (모든 일을 함에) 백성들과 더불어 함께 즐기신다면 왕다운 왕이 되실 것입니다."

핵심은 백성들과 더불어 함께 즐기는 것〔與民同樂〕이다. 이는 '양혜왕 장구 상(梁惠王章句上)' 2장에 나왔던 여민해락(與民偕樂)과 같은 뜻이다. 맹자가 볼 때는 어떤 음악을 즐기느냐보다는 백성과 함께하느냐의 여부가 왕도를 실현하는 데 훨씬 중요하다는 것이다.

2

제나라 선왕이 "(주나라) 문왕의 동산은 사방 70리였다고 하는데 정말 그랬는가?"라고 묻자 맹자는 "전해오는 책에 그렇게 되어 있습니다"고 대답했다.

이에 선왕은 "만일 그랬다면 크지 않은가?"라고 물었다.

맹자는 답했다. "(당시의) 백성들은 오히려 작다고 생각했습니다."

이에 선왕이 묻는다. "과인의 동산은 사방 40리인데도 백성들이 오히려 크다고 생각한다. 어째서인가?"

맹자의 답이다. "문왕의 동산은 사방 70리라도 꼴이나 땔나무를 하는 자와 꿩이나 토끼를 잡는 자가 들어갈 수 있도록 하여 백성들과 더불어 그것(동산)을 함께하셨으니 백성들이 작다고 생각한 것이 어쩌면 당연하지 않겠습니까?"

(다시 맹자의 답이 이어진다.) "신이 처음에 국경에 이르러 이 나라(제나라)에서 엄격하게 금지하는 것이 무엇인지 물은 뒤에야 감히 들어올 수 있었습니다. 신이 그때 듣기를 교외의 관문 안쪽에 사방 40리의 동산이 있는데 그 안의 사슴류를 죽일 경우 살인죄로 다스린다고 했습니다. 만일 그것이 사실이라면 그것이야말로 사방 40리로 나라 안에 함정을 만드는 것이니 백성들이 (그것을) 크다고 생각하는 것이 어쩌면 당연하지 않겠습니까?"

齊宣王問曰 文王之囿 方七十里有諸
제 선왕 문왈 문왕 지유 방칠십 리유제

孟子對曰 於傳有之
맹자 대왈 어 전유 지

曰 若是其大乎
왈 약 시 기 대 호

曰 民猶以爲小也
왈 민 유 이 위 소 야

曰 寡人之囿方四十里民猶以爲小何也
왈 과 인 지 유 방 사 십 리 민 유 이 위 소 하 야

曰 文王之囿方七十里蒭蕘者往焉雉兎者往焉與民同之民以爲小不亦
왈 문 왕 지 유 방 칠 십 리 추 요 자 왕 언 치 토 자 왕 언 여 민 동 지 민 이 위 소 불 역

宜乎 臣始至於境問國之大禁然後敢入 臣聞郊關之內有囿方四十里殺其
의 호 신 시 지 어 경 문 국 지 대 금 연 후 감 입 신 문 교 관 지 내 유 유 방 사 십 리 살 기

麋鹿者如殺人之罪 則是方四十里爲阱於國中民以爲大不亦宜乎
미 록 자 여 살 인 지 죄 즉 시 방 사 십 리 위 정 어 국 중 민 이 위 대 불 역 의 호

문맥은 계속 이어진다. 이번에는 제나라 선왕이 "(주나라) 문왕의 동산[囿]은 사방 70리였다고 하는데 정말 그랬는가?"라고 묻자 맹자는 "전해오는 책[傳]에 그렇게 되어 있습니다"고 대답했다. 문왕의 동산에 대해서는 앞에서 살펴본 바 있다.

(두 사람의 문답이 이어진다.) 문왕의 동산이 크다고 생각했는지 선왕은 "만일 그랬다면 크지 않은가?"라고 물었다. 若是其大乎는 문장 구조에 입각한 엄밀한 번역이 필요하다. 막연하게 '이와 같이 큰가'라고 해서는 문맥이 흐려질 수 있다. 若은 '만일', '만약'이고 是는 '이렇다', '그렇다'이다. 따라서 若是는 '만일 그렇다면' 혹은 '만일 (그것이) 사실이라면'으로 번역해야 한다. 其大乎는 其~乎(의문), 其~與(추측, 추정)이므로 '아마도[其] 크다고[大] 할 수 있지 않은가/않을까[乎]'라고 옮겨야 한다. 즉 선왕은 지금의 기준으로 보더라도 상당히 크지 않은가라고 물은 것이다.

그런데 맹자는 정반대로 답한다. "(당시의) 백성들은[民] 오히려[猶] 작다고[爲小] 생각했습니다[以]."

이에 선왕이 묻는다. "과인의 동산은 사방 40리인데도 백성들이 오히려 크다고 생각한다. 어째서인가[何也]?"

맹자의 답이다. "문왕의 동산은 사방 70리라도 꼴[芻-여기서는 동사적으로 꼴을 베다]이나 땔나무[蕘-땔나무하다]를 하는 자와 꿩[雉-동사로 꿩을 잡다]이나 토끼[兎-동사로 토끼를 잡다]를 잡는 자가 들어갈 수 있도록 하여 백성들과 더불어 그것(동산)을 함께하셨으니[與民同之] 백성들이 작다고 생각한 것이 어쩌면[亦] 당연하지[宜] 않겠습니까?"

(다시 맹자의 답이 이어진다.) "신이 처음에 국경에 이르러 이 나라(제나라)에서 엄격하게 금지하는 것이 무엇인지 물은 뒤에야 감히 들어올 수 있었습니다. 신이 그때 듣기를 교외의 관문 안쪽에 사방 40리의 동산이 있는데 그 안의 사슴류[麋鹿]를 죽일 경우 살인죄로 다스린다고 했습니다. 만일 그것이 사실이라면 그것이야말로 사방 40리로 나라 안에 함정을 만드는 것이니 백성들이 (그것을) 크다고 생각하는 것이 어쩌면 당연하지 않겠습니까?"

맹자가 국경에 들어오면서 엄격하게 금하는 것[大禁]을 물은 데 대해 주희는 "그렇게 하는 것이 당시의 예였다"고 풀이한다. 맹자는 국경을 통과하는 과정에서 동산의 '잔혹한' 규칙에 대해 들었다고 말하고 있다. 郊는 지금의 近郊라는 표현에서 알 수 있듯이 수도의 주변 100리를 말한다. 畿는 수도의 주변 500리를 말한다. 關은 말 그대로 관문이다. 아마도 선왕의 동산이 郊 안에 있었던 것 같다. 그런데 동산 안의 사슴을 잘못하여 죽이면 살인죄에 준하는 것으로 다스린다는 말을 들은 맹자는 그것은 사실상 사방 40리짜리 함정을 파놓은 것과 무엇이 다르냐고 통박하면서 이렇게 결론짓는다. "백성들이 (그것을) 크다고 생각하는 것이 어쩌면 당연하지 않겠습니까?" 백성들과 더불어 그것을 함께하고자(與民同之) 했던 문왕과 정반대의 길을 가면서 동산의 크기만으로 비교하려는 선왕을 지독하게 비판하고 있는 것이다.

3

제나라 선왕이 물었다. "주변 나라와 교류함에도 도리가 있느냐?"

맹자가 답했다. "있습니다. 참으로 어진 자만이 대국으로서 소국을 능히 섬길 수 있습니다. 이 때문에 탕왕(湯王)이 갈(葛) 나라를 섬기셨고 문왕(文王)이 곤이(昆夷)를 섬기셨던 것입니다. (그리고) 참으로 사리를 아는 자만이 소국으로서 대국을 능히 섬길 수 있습니다. 그래서 태왕(太王, 大王)이 훈육(獯鬻)을 섬기셨고 구천(句踐)이 오(吳) 나라를 섬기셨던 것입니다.

대국으로서 소국을 섬기는 자는 하늘(의 이치)을 즐기는 자요 소국으로서 대국을 섬기는 자는 하늘(의 이치)을 두려워하는 자입니다. 하늘을 즐기는 자는 천하를 보전하고 하늘을 두려워하는 자는 그 나라를 보전합니다. 『시경』에 이르기를 '하늘의 위엄을 두려워하여 이에 그것을 보전한다'고 하였습니다."

선왕이 "대단하구나, 그 말이. 과인에게 고질병이 있는데, 과인은 용맹을 좋아한다"고 말하자 맹자는 이렇게 대답했다. "왕께 청하옵건대 작은 용맹을 좋아하지 마십시오. 무릇 칼을 어루만지면서 상대방을 노려보며 '네가 어찌 나를 감당할 수 있을쏘냐'고 하는 것은 필부의 용맹으로 한 사람을 상대하는 것이니 왕께서는 용맹을 크게 하셔야 합니다. 『시경』에 이르기를 '왕께서 분연히 진노하시어 이에 그 군대를 정돈하여 침략하려는 무리들을 막아 주나라의 복을 돈독히 함으로써 천하에 보답하였다'고 했습니다. 이는 문왕의 용맹입니다. 문왕은 단 한 번 분노하시어 천하의 백성들을 편안케 하셨습니다.

『서경』에 이르기를 '하늘이 백성을 내려주시어 그 임금을 세워주시고 스승을 세워주신 것은 상제(上帝)를 돕는 것이며 사방 중에서도 특히 그를 총애하는 것이다. 죄가 있건 없건 오직 내가 있으니 천하에 어찌 감히 그 뜻을 넘어서는 자가 있겠는가?'라고 하였습니다. 어떤 한 사람〔紂王〕이 천하에 엉망을 치며 다니거늘 무왕이 이를 치욕스럽게 여겼습니다. 이것이 무왕의 용맹이니, 무왕이 단 한 번 분노하시어 천하의 백성들을 편안케 하셨습니다.

지금 왕께서도 단 한 번 분노하시어 천하의 백성들을 편안케 하신다면 백성들은 진정으로 왕께서 용맹을 좋아하지 않을까 봐 두려워할 것입니다."

齊宣王問曰 交鄰國有道乎
제 선왕 문왈 교 인국 유도 호

孟子對曰 有 惟仁者爲能以大事小 是故湯事葛文王事昆夷 惟智者爲能以
맹자 대왈 유 유인자위능이대사소 시고 탕사갈 문왕사곤이 유지자위능이

小事大 故大王(太王)事獯鬻句踐事吳 以大事小者樂天者也 以小事大者
소사대 고 대왕 태왕 사훈육 구천 사오 이대사소자 낙천 자야 이소사대자

畏天者也 樂天者保天下畏天者保其國 詩云 畏天之威 于時保之
외천 자야 낙천 자보 천하 외천 자보기국 시운 외천 지위 우시보지

王曰 大哉言矣 寡人有疾寡人好勇
왕왈 대재언의 과인 유질 과인 호용

對曰 王請無好小勇 夫撫劍疾視曰 彼惡敢當我哉 此匹夫之勇敵一人者
대왈 왕청무호소용 부무검질시왈 피오감당아재 차 필부지용적일인자

也 王請大之 詩云 王赫斯怒 爰整其旅 以遏徂莒 以篤周祜 以對于天下 此
야 왕청대지 시운 왕혁사노 원정기려 이알조거 이독주호 이대우천하 차

文王之勇也 文王一怒而安天下之民 書曰 天降下民 作之君 作之師 惟曰
문왕 지용야 문왕 일노 이안 천하지민 서왈 천강하민 작지군 작지사 유왈

其助上帝 寵之四方 有罪無罪惟我在天下曷敢有越厥志 一人衡(橫)行於
기조 상제 총지사방 유죄 무죄 유아 재천하 갈 감유월궐지 일인 형 횡 행어

天下武王恥之 此武王之勇也而武王亦一怒而安天下之民 今王亦一怒而安
천하 무왕 치지 차 무왕 지용야 이 무왕 역 일노 이안 천하지민 금왕 역 일노 이안

天下之民 民惟恐王之不好勇也
천하지민 민유공 왕지불 호용 야

제나라 선왕이 사람과 사람 사이뿐만 아니라 주변 나라 〔鄰國〕와 교류함〔交〕에도 도리〔道〕가 있느냐고 묻자 맹자는 이렇게 답한다.

"있습니다. 참으로〔惟〕 어진 자〔仁者-어진 군주〕만이 대국으로서 소국을 능히 섬길 수 있습니다. 이 때문에 탕왕(湯王)이 갈(葛) 나라를 섬기셨고 문왕(文王)이 곤이(昆夷)를 섬기셨던 것입니다. (그리고) 참으로 사리를 아는 자〔智者-사리를 아는 군주〕만이 소국으로서 대국을 능히 섬길 수 있습니다. 그래서 태왕(太王, 大王)이 훈육(獯鬻)을 섬기셨고 구천(句踐)이 오(吳) 나라를 섬기셨던 것입니다."

우선 여기까지 그 내용을 검토해 보자. 먼저 맹자는 크게 仁者와 智者(혹은 知者)의 이분법을 통해 이웃나라와 교류하는 도리를 이야기한다. 참으로 어진 군주가 아니고서는 자신이 대국의 군주이면서 자기보다 작은 나라를 받들어 모시는〔事〕 것은 불가능하다는 것이다. 이 점을 정확히 이해하려면 먼저 맹자가 언급한 탕왕이나 문왕의 사례를 좀 더 상세하게 살펴야 한다.

탕왕이 갈나라를 섬겼다는 말은 탕왕이 하나라의 제후로 있으면서 거사를 일으켜 상나라를 세우게 되는데 갈나라는 탕왕처럼 원래 하나라 제후였던 갈백(葛伯)의 나라였다. 탕왕도 처음에는 갈백을 섬기다가 결국 갈백을 멸하게 된다. 갈나라를 섬겼다는 것〔事葛〕은 이 초창기의 일을 염두에 둔 것이다.

곤이(昆夷)는 중국 서쪽의 '오랑캐'로 서융(西戎)의 일족으로 분류된다. 뒤에 나오는 훈육(獯鬻)과 비슷한 계통의 흉노족이다. 주나라의 문왕은 서융의 패자(覇者)이기도 했다. 아마도 서융에서 패권을 다투는 과정에서 문왕은 일시적으로나마 곤이에게 머리를 숙인 적이 있었을 텐데 바로 그 점을 언급하는 듯하다.

탕왕이나 문왕은 국력이나 명분 모든 면에서 앞서 있었음에도 불구하고 보다 큰 천하의 대의를 위해 일시적으로나마 머리를 조아렸다. 맹자는 참으로 어진 군주가 아니고서는 이런 행위를 할 수 없다고 말하고 있는 것이다. 이에 대한 주희의 풀이다. "어진 이의 마음은 너그럽고 크며 인자해서 대소와 강약을 따지고 비교하는 사사로움이 없다. 그래서 작은 나라가 혹 공손하지 못하더라도 그들을 사랑하는 마음을 스스로 그만두지 못한다." 물론 그래도 대의를 어길 경우에는 가차 없이 징벌을 가한다.

그리고 여기서는 惟에 대해 짚고 넘어갈 필요가 있다. 이것만 잘 활용해도 한문번역이 상당히 수월해지기 때문이다. 그런 점에서는 惟, 唯, 維가 함께 사용되는 경우도 많다. 예를 들면 셋 다 '단지', '오직', '겨우', '다만' 등의 뜻을 갖고 있다. 惟獨이나 唯獨은 '오로지'라는 뜻이다. 그리고 이 셋은 그 밖에도 '~때문에', '비록', '설사', '곧' 등의 뜻을 공유하며 뉘앙스를 강화하는 기능도 갖고 있다.

그러나 이 셋은 각각 별도의 의미를 갖고서 사용되기도 한다. 惟는 '생각하다'이고 維는 '밧줄', '동아줄'이며 唯는 '오직', '비록' 외에도 발어사나 긍정의 대답에 사용된다.

이제 이어지는 맹자의 발언으로 넘어가보자.

"대국으로서 소국을 섬기는 자는 하늘(의 이치)을 즐기는 자[樂天者]요 소국으로서 대국을 섬기는 자는 하늘(의 이치)을 두려워하는 자[畏天者]입니다. 하늘을 즐기는 자는 천하를 보전하고 하늘을 두려워하는 자는 그 나라를 보전합니다. 『시경』에 이르기를 '하늘의 위엄[威]을 두려워하여 이[時=是]에[于] 그것을 보전한다'고 하였습니다."

이 같은 맹자의 말 속에는 하늘을 즐기지는 못해도 두려워할 줄 알아야 한다는 경계의 의미가 들어 있다. 인용한 『시경』이 낙천(樂天)보다는 외천(畏天)과 관련된 것이라는 점도 주목할 필요가 있다. 이에 대해서는 주희의 풀이가 적절하다. "대국이 소국을 사랑함과 소국이 대국을 섬김은 모두 하늘과도 같은 이치〔天理〕의 당연함이다. 자연스럽게 하늘과도 같은 이치에 합하므로 낙천이라 말하고, 감히 하늘과도 같은 이치를 어기지 못하므로 외천이라 말한 것이다."

선왕의 말이 이어진다. 선왕이 "대단하구나, 그 말이. 과인에게 고질병〔疾〕이 있는데, 과인은 용맹〔勇〕을 좋아한다"고 말하자 맹자는 이렇게 대답했다.

"왕께 청하옵건대 작은 용맹〔小勇〕을 좋아하지 마십시오. 무릇 칼을 어루만지면서 상대방을 노려보며〔疾視〕 '네가〔彼〕 어찌〔惡〕 나〔我〕를 감당할〔敢當〕 수 있을쏘냐〔哉〕'고 하는 것은 필부의 용맹으로 한 사람을 상대하는〔敵〕 것이니 왕께서는 용맹을 크게 하셔야 합니다. 『시경』에 이르기를 '왕께서 분연히 진노하시어 이에〔爰〕 그〔其〕 군대〔旅〕를 정돈하여〔整〕 침략하려는 무리〔徂莒=徂旅〕들을 막아〔遏〕 주나라의 복〔祜=福〕을 돈독히 함으로써 천하에 보답하였다'고 했습니다. 이는 문왕의 용맹입니다. 문왕은 단 한 번 분노하시어 천하의 백성들을 편안케 하셨습니다〔一怒而安天下之民〕.

『서경』에 이르기를 '하늘이 백성을 내려주시어 그 임금을 세워주시고 스승을 세워주신 것은 상제(上帝)를 돕는 것이며 사방 중에서도 특히 그를 총애하는 것이다. 죄가 있건 없건 오직 내가 있으니 천하에 어찌 감히 그 뜻을 넘어서는 자가 있겠는가?'라고 하였습니다. 어떤 한 사람〔紂王〕이 천하에 엉망을 치며 다니거늘 무왕이 이를 치욕스럽게 여겼습니다. 이것이 무왕의 용맹이니, 무왕이 단 한 번 분노하시어 천하의 백성들을 편안케 하셨습니다〔一怒而安天下之民〕.
일노 이 안 천하지민

　지금 왕께서도 단 한 번 분노하시어 천하의 백성들을 편안케 하신다면〔一怒而安天下之民〕 백성들은 진정으로 왕께서 용맹을 좋아하지
일노 이 안 천하지민
않을까 봐 두려워할 것입니다.”

　진정한 용맹이란 큰 불의를 두고 보다가 도저히 안 되겠다 싶을 때 단 한 번 분노하여 천하의 백성들을 편안케 하는 것이다. 이런 용맹이라면 백성들은 왕이 용맹을 좋아하지 않을까 봐 오히려 두려워할 것이라는 말이다. 용맹〔勇〕을 작은 용맹〔小勇〕과 큰 용맹〔大勇〕으로 나
용 소용 대용
눈 다음 상당히 역설적인 결론을 도출해 내는 것이 인상적이다.

4

제나라 선왕이 행궁인 설궁(雪宮)으로 맹자를 불러 만나보고서 이렇게 말했다. "(그대 같은) 뛰어난 자에게도 이런 즐거움이 있는가?"

맹자는 대답했다. "있습니다. (그런데) 일반 사람들은 (즐거움을) 얻지 못하면 윗사람을 비난합니다. 즐거움을 얻지 못했다고 해서 윗사람을 비난하는 것은 잘못이지만 백성의 윗사람이 되어 여민동락(與民同樂)하지 못하는 것도 역시 잘못입니다.

백성의 즐거움을 (자신의 즐거움처럼) 즐거워하는 자에 대해서는 백성들도 역시 그의 즐거움을 (함께) 즐거워하고, 백성의 근심을 (자신의 근심처럼) 근심하는 자에 대해서는 백성들도 역시 그의 근심을 (함께) 근심합니다. 천하와 더불어 즐거워하고 천하와 더불어 근심하면서도 왕노릇을 제대로 못하는 자는 없습니다.

옛날에 제나라 경공(景公)이 신하인 안자(晏子-제나라의 신하 안영(晏嬰))에게 물었습니다. '전부산과 조무산을 유람하고서 바닷가를 따라 남쪽으로 내려가 낭야(琅邪)에 가려고 한다. 내가 어떻게 몸을 닦아야 선왕의 둘러봄에 견줄 수 있겠는가?'

이에 안자는 다음과 같이 대답했습니다. '참으로 좋은 질문이십니다. 천자가 제후에게 가는 것을 일러 순수(巡狩)라고 하였는데 순수란 (천자가) 지켜야 하는 영토를 돌아본다는 것입니다. (반면) 제후가 천자에게 조회하는 것을 일러 술직(述職)이라 하였는데 술직이란 자신이 맡은 바를 (천자에게) 낱낱이 고한다는 것입니다. (순수나 술직이나) 일이 아닌 것이 없습니다. (그리고) 봄에는 농사짓는 현황을 살펴보아 부족한 것을 채워주고, 가을에는 수확하는 현황을 살펴보아 모자라는 것을 채

위주었으니 하(夏) 나라 속담에 이르기를 '우리 임금이 돌아보지 않으면 우리들이 어찌 쉴 수 있으며, 우리 임금이 즐기지 않으면 우리들이 어떻게 도움을 받겠는가? 한 번 놀고 한 번 즐기는 것이 제후들의 법도가 되었구나!'라고 하였습니다. 지금은 그렇지가 않습니다. 군대를 데리고 다니면서 양식을 먹어치워 굶주린 자가 먹지 못하고 지칠 대로 지친 자가 쉬지를 못해 눈을 흘겨가며 서로 비방을 일삼아 백성들이 마침내 원망을 토해내는데도 천명을 거역하고 백성들을 못살게 굴면서 술 마시고 음식 먹는 것을 마치 물 흐르듯이 하며 유련황망(流連荒亡)하여 제후들의 근심거리가 되고 있습니다. 물길을 따라 내려갔다가 되돌아옴을 잊어버리는 것을 유(流)라 하고, 반대로 물길을 거슬러 위로 올라갔다가 되돌아옴을 잊어버리는 것을 연(連)이라 하고, 짐승을 쫓아 사냥을 하는 데 만족할 줄 모르는 것을 황(荒)이라 하고, 술을 즐겨 만족할 줄 모르는 것을 망(亡)이라 합니다. 선왕께서는 유련(流連)의 즐거움과 황망(荒亡)의 행태가 없으셨으니, (그것이 바로) 오직 임금이 행해야 할 바입니다.'

경공은 기뻐하며 온 나라에 크게 경계(警戒)의 명을 내리고 교외로 나아가 머물면서 이에 비로소 창고를 열어 식량이 부족한 백성들을 도와주었고, 태사를 불러 말하기를 '나를 위해서 임금과 신하가 서로 좋아하는 내용의 음악을 지으라'고 하였으니 지금의 치소(徵招)와 각소(角招)가 바로 그것입니다. 그 시에 이르기를 '군주를 저지한 것이 어찌 잘못이랴'라고 하였으니 군주를 저지한 것은 군주를 사랑한 것입니다."

齊宣王見孟子於雪宮
제 선왕 견 맹자 어 설궁

王曰 賢者亦有此樂乎
왕왈 현자 역유차락호

孟子對曰 有 人不得則非其上矣 不得而非其上者非也 爲民上而不
맹자 대왈 유 인부득 즉비기상의 부득 이비기상자비야 위민상 이불

與民同樂者亦非也 樂民之樂者民亦樂其樂 憂民之憂者民亦憂其憂 樂
여민동락 자역비야 락 민지락 자민 역락기락 우 민지우 자민 역우기우 락

以天下憂以天下然而不王者未之有也 昔者齊景公問於晏子曰 吾欲觀於
이 천하우이 천하 연이 불왕 자 미지유 야 석자 제 경공 문어 안자왈 오 욕관어

轉附朝儛遵海而南放于琅邪 吾何脩(修)而可以比於先王觀也 晏子對曰
전부 조무 준해이남 방우 낭야 오하수 수 이가이 비어 선왕 관야 안자 대왈

善哉問也 天子適諸侯曰巡狩巡狩者巡所守也 諸侯朝於天子曰述職述職
선 재문야 천자 적 제후 왈 순수 순수 자순 소수 야 제후 조어 천자 왈 술직 술직

者述所職也無非事者 春省耕而補不足 秋省斂而助不給 夏諺曰 吾王不
자 술 소직 야 무비사자 춘성경이보부족 추성렴이조 불급 하언 왈 오왕불

遊吾何以休 吾王不豫吾何以助 一遊一豫爲諸侯度 今也不然 師行而糧食
유 오 하이 휴 오왕 불예오 하이 조 일유 일예 위 제후도 금야 불연 사행이 양식

飢者弗食 勞者弗息睊睊胥讒民乃作慝方命虐民飲食若流流連荒亡爲諸侯
기자 불식 노자 불식 견견 서참 민내 작특 방명 학민 음식 약류 유련 황망 위 제후

憂 從流下而忘反謂之流 從流上而忘反謂之連 從獸無厭謂之荒 樂酒無厭
우 종류하이망반위지류 종류상이망반위지련 종수 무염 위지황 낙주 무염

謂之亡 先王無流連之樂荒亡之行惟君所行也 景公說大戒於國出舍於郊
위지망 선왕 무 유련 지락 황망 지행유군 소행 야 경공 열 대계 어국 출사 어교

於是始興發補不足 召大師曰 爲我作君臣相說之樂 蓋徵招角招是也 其詩
어시 시 흥발 보 부족 소 대사 왈 위아작 군신 상열 지악 개 치소 각소 시야 기 시

曰 畜君何尤 畜君者好君也
왈 축군 하우 축군 자 호군 야

제나라 선왕이 행궁인 설궁(雪宮)으로 맹자를 불러 만나
보고서 이렇게 말한다. "(그대 같은) 뛰어난 자[賢者]에게도[亦] 이런
[此] 즐거움[樂]이 있는가?" 여기서 대화의 주제는 즐거움이다. 그것도

군주의 진정한 즐거움이 무엇인지가 핵심 주제다. 이 점에 유의하며 한 문장 한 문장 읽어가 보자.

맹자는 대답했다. "있습니다〔有〕. (그런데) 일반 사람들〔人〕은 (즐거움을) 얻지 못하면〔不得〕 윗사람을 비난합니다〔非〕. 즐거움을 얻지 못했다고 해서 윗사람을 비난하는 것은 잘못〔非〕이지만 백성의 윗사람이 되어 여민동락(與民同樂)하지 못하는 것도 역시 잘못입니다."

非는 동사로 '배반하다', '등지다', '비난하다' 등의 뜻이 있다. 좀 더 강도 높게 윗사람을 배반하거나 등진다고 풀어도 상관없다. 동시에 非는 잘못의 의미로도 사용된다. 그리고 맹자는 그런 백성의 행동은 물론 잘못이지만 여민동락하지 못하는 임금의 행태도 마찬가지로 잘못이라고 지적한다. 맹자의 발언이 이어진다.

"백성의 즐거움을 (자신의 즐거움처럼) 즐거워하는 자에 대해서는 백성들도 역시 그의 즐거움을 (함께) 즐거워하고, 백성의 근심을 (자신의 근심처럼) 근심하는 자에 대해서는 백성들도 역시 그의 근심을 (함께) 근심합니다. 천하와 더불어 즐거워하고 천하와 더불어 근심하면서도 왕 노릇을 제대로 못하는 자는 없습니다."

백성의 즐거움〔民之樂〕을 자신의 일처럼 즐거워하고 백성의 근심〔民之憂〕을 자신의 일처럼 근심하는 것이 바로 여민동락(與民同樂)이다. 여기서 以는 '~로써'이다. 따라서 즐거워하고 근심하는 것이 자기 자신에서 비롯되는 것이 아니라 천하의 즐거움과 근심에서 비롯된다는 의미이다. 앞에서는 여민동락(與民同樂)을 백성으로 풀었고 여기서는 천하로 풀었다. 不王者는 '제대로 왕 노릇 할〔王〕 수 없는〔不〕 사람〔者〕'이라는 말이다. 조금은 단조로울 정도로 여민동락(與民同樂)과 제대로 임금 노릇 하는 문제가 반복되고 있다. 이어 맹자는 옛날의 사례를 인용한다. 그것은 당대와의 비교를 위해서였다.

"옛날에 제나라 경공(景公)이 신하인 안자(晏子-제나라의 신하 안영(晏嬰))에게 물었습니다. '전부산과 조무산을 유람하고서 바닷가를 따라 남쪽으로 내려가 낭야(琅邪)에 가려고 한다. 내가 어떻게 몸을 닦아야 선왕의 둘러봄[觀]에 견줄[比] 수 있겠는가?' 이에 안자는 다음과 같이 대답했습니다. '참으로 좋은 질문이십니다. 천자가 제후에게 가는 것을 일러 순수(巡狩)라고 하였는데 순수란 (천자가) 지켜야 하는 영토를 돌아본다는 것입니다. (반면) 제후가 천자에게 조회하는 것을 일러 술직(述職)이라 하였는데 술직이란 자신이 맡은 바를 (천자에게) 낱낱이 고한다는 것입니다. (순수나 술직이나) 일이 아닌 것이 없습니다. (그리고) 봄에는 농사짓는 현황을 살펴보아 부족한 것을 채워주고, 가을에는 수확하는 현황을 살펴보아 모자라는 것을 채워주었으니 하(夏) 나라 속담에 이르기를 '우리 임금이 돌아보지 않으면 우리들이 어찌 쉴 수 있으며, 우리 임금이 즐기지 않으면 우리들이 어떻게 도움을 받겠는가? 한 번 놀고 한 번 즐기는 것이 제후들의 법도가 되었구나!'라고 하였습니다.'"

전부산이나 조무산은 아마도 명승지였던 것 같다. 경공은 산천과 바다를 유람하면서 동시에 백성들을 위무할 수 있는 방법이 무엇이냐고 안자에게 물었다. 그래서 주희는 觀을 遊라고 풀었다. 놀며 즐기는 것이다. 어찌 보면 놀면서도 백성들을 위한 정사를 했던 옛 군주들의 지혜는 무엇인지를 물었던 것이다. 可以가 '~할 수 있다'라면 何以는 '어떻게 ~할 수 있는가?'이다. 여기서 以는 '할 수 있다[可=可以]'는 뜻이다.

안자(晏子)는 중국 춘추시대 제나라의 정치가인 안영(晏嬰)을 높여 부르는 말이다. 제나라 영공(靈公)과 장공(莊公), 경공(景公) 3대에 걸쳐 나라를 바르게 이끌어 관중(管仲)과 더불어 훌륭한 재상(宰相)으로 후대(後代)에까지 칭송받았다. 재상이 된 뒤에도 한 벌의 옷을 30년이나 계속해서 입을 정도로 검소하게 생활하여 백성의 존경을 받았다. 여기에서 '안영호구(晏嬰狐裘)'라는 말이 비롯되었는데, 이는 고관(高官)이 매우 검소하게 생활하는 것을 나타낸다. 그리고 벼슬에 있으면서 어떤 상황에서도 충간(忠諫)과 직언(直言)을 하는 데 머뭇거리지 않았으며 의롭게 행동하여 이름을 떨쳤다. 장공이 신하인 최저(崔杼)에게 살해당했을 때에도 두려워하지 않고 신하로서 도리를 다해 곡(哭)을 하며 문상(問喪)하는 용기를 보였다. 그와 관련된 기록은 『안자춘추(晏子春秋)』로 편찬되어 전해진다.

안자는 먼저 경공의 질문이 "좋다〔善〕"고 한 다음 천자와 제후의 정치하는 도리를 명쾌하게 설명한다. 그것은 맹자가 선공에게 해주고 싶은 말이었을 것이다. 먼저 천자가 거느리고 있는 제후들을 돌아보는 일을 순수(巡狩)라고 한다며 그 뜻을 풀이한다. 우리 역사에도 신라 때 진흥왕 순수비(巡狩碑)가 있다. 반면 제후들은 천자를 찾아와 자신들의 정사를 보고해야 한다. 그것이 술직(述職)이다. 중요한 것은 순수건 술직이건 둘 다 정치의 일〔政事〕이기 때문에 백성들의 농사 현황을 살피고 돌보는 것이 핵심이라는 점이다. 그것은 유람〔遊〕이면서 즐기는 것〔豫〕이기도 했다. 그래서 한 번 놀고 한 번 즐기는 것〔一遊一豫〕이 제후들의 법도가 되었다는 것이다. 여기서 '한 번 놀고 한 번 즐기는 것이 제후들의 법도가 되었구나!'를 하나라의 속담이 아니라 그 속담에 대한 안자의 논평으로 보기도 한다. 백성들과 더불어 함께 즐김〔與民同樂〕이 극에 이른 사례라고 할 수 있다.

맹자가 인용한 안자의 옛날과 지금[古今]의 비교가 계속 이어진다.

"지금은[今也] 그렇지가 않습니다[不然]. 군대를 데리고 다니면서 [師行] 양식을 먹어치워[糧食] 굶주린 자[飢者]가 먹지 못하고 지칠 대로 지친 자[勞者]가 쉬지를 못해 눈을 흘겨가며[睊睊] 서로[胥=相] 비방[讒]을 일삼아 백성들이 마침내 원망[慝]을 토해내는데도 천명을 거역하고[方命=抗命] 백성들을 못살게 굴면서 술 마시고 음식 먹는 것을 마치 물 흐르듯이 하며 유련황망(流連荒亡)하여 제후들의 근심 거리가 되고 있습니다.

물길을 따라 내려갔다가 되돌아옴[反]을 잊어버리는 것을 유(流)라 하고, 반대로 물길을 거슬러 위로 올라갔다가 되돌아옴을 잊어버리는 것을 연(連)이라 하고, 짐승을 쫓아 사냥하는 데 만족할 줄 모르는 것을 황(荒)이라 하고, 술을 즐겨 만족할 줄 모르는 것을 망(亡)이라 합니다. 선왕께서는 유련(流連)의 즐거움과 황망(荒亡)의 행태가 없으셨으니, (그것이 바로) 오직 임금이 행해야 할 바입니다."

유련황망(流連荒亡)은 한마디로 여민동락(與民同樂)과 정반대의 행태를 보이는 임금의 모습이라고 할 수 있다. 여기서 주희는 命을 王命으로 풀었는데 天命으로 푸는 것이 적합할 듯하다. 유련황망하는 자를 천자 아래에 있는 제후로 보고서 뒤에 나오는 제후 또한 억지로 부용국이나 현읍의 長으로 풀었는데 유련황망하는 자는 천자이다. 따라서 命도 天命이다. 이 점에 대해서는 정약용도 주희의 문제점을 강도 높게 비판한다.

결국 안자는 선왕의 경우 유련(流連)의 즐거움과 황망(荒亡)의 행태가 없으셨기 때문에 군왕으로서 선정을 펼칠 수 있었다고 결론 내린다. 이어지는 내용은 안자의 이 같은 직언에 경공이 실천으로써 화답하는 내용이다.

"경공은 기뻐하며 온 나라에 크게 경계(警戒)의 명을 내리고 교외로 나아가〔出〕 머물면서〔舍〕 이에〔於是〕 비로소〔始〕 창고를 열어〔興發〕 식량이 부족한 백성들을 도와주었고, 태사를 불러 말하기를 '나를 위해서 임금과 신하가 서로 좋아하는 내용의 음악을 지으라'고 하였으니 지금의 치소(徵招)와 각소(角招)가 바로 그것입니다. 그 시에 이르기를 '군주를 저지한 것이 어찌 잘못이랴'라고 하였으니 군주를 저지한 것〔畜君〕은 군주를 사랑한 것〔好君〕입니다."

주희에 따르면 창고의 문을 열어젖히는 것을 興發이라고 한다. 또 招는 순임금의 음악 韶다. 그래서 招를 '소'라고 읽는다. 角은 오성(五聲)의 세 번째, 徵는 네 번째이다. 오성이란 궁상각치우(宮商角徵羽)를 말한다. 徵를 이때는 '치'라고 읽는다.

주희는 '군주를 저지하다〔畜君〕'를 군주의 욕심을 저지하다로 풀이한다. 그냥 '군주를 저지하다'라고 하면 不忠의 혐의가 있기 때문일 것이다.

5

제나라 선왕이 물었다. "사람들은 다 내가 명당(明堂)을 부숴야 한다고 말한다. 그걸 부숴야 하는가? 그냥 둬야 하는가?"

맹자가 대답했다. "무릇 명당이라는 것은 임금의 당(堂)입니다. 임금께서 올바른 임금의 정사를 행하실 뜻이 있다면 결코 부수지 마십시오."

이에 제나라 선왕이 "올바른 임금의 정사에 대해 들어볼 수 있겠는가?"라고 하자 맹자는 이렇게 대답했다. "옛날에 문왕께서 주나라의 옛 땅인 기(岐) 땅을 다스릴 때 농사짓는 자에게는 9분의 1을 세금으로 받았고, 벼슬하는 자에게는 대대로 녹봉을 주었으며, 관문과 시장에 대해서는 살펴만 보고 세금을 걷지 않았고, 저수지를 파거나 고기잡이 하는 것을 금하지 않았으며, 죄인을 처벌할 때는 처자식은 벌하지 않았습니다. 늙어서 부인이 없는 사람이 홀아비요, 늙어서 지아비가 없는 사람이 과부요, 늙어서 자식이 없는 사람이 무의탁 노인이요, 어린데도 부모가 없는 사람이 고아입니다. 이 네 가지는 세상에서 가장 곤궁한 백성이자 어디 하소연할 데도 없는 자들입니다. (그래서) 문왕께서 힘써 정사를 행해 어짊[仁]을 베풀 때 반드시 이 네 부류의 사람들을 먼저 하였습니다. (그래서) 『시경』에 이르기를 '괜찮구나 부자들이여! 애처롭구나 외롭고 힘든 자들이여!'라고 했던 것입니다."

제나라 선왕이 "참 좋은 말이도다!"라고 하자 맹자는 "왕께서는 그처럼 좋다고 하시면서 왜 실행하시지는 않습니까?"라고 되물었다. 이에 제나라 선왕은 "과인에게는 병통이 있다. 과인은 지나치게 재물을 좋아한다"고 답했다.

이에 맹자는 이렇게 말한다. "옛날에 공유(公劉)도 재물을 좋아했습니다. 『시경』에 이르기를 '노적가리 쌓고 창고에 채우고 마른 양식을 싸서 전대와 자루에 넣고서 백성을 편안케 하고 나라를 빛낼 것을 생각하여 활과 화살을 펴놓으며, 창과 방패와 도끼를 들어 이에 비로소 길을 떠났구나!'라고 했습니다. 따라서 집에 머무는 자에게는 노적가리와 창고가 있고 길 떠난 자에게는 봇짐에 싼 양식이 있는 뒤에야 이에 비로소 길을 떠날 수 있는 것입니다. 왕께서 재물을 좋아하시거든 (이처럼) 백성들과 더불어 함께 좋아하신다면 제대로 왕 노릇 하는 데 무슨 어려움이 있겠습니까?"

제나라 선왕이 다시 "과인에게는 병통이 있다. 과인은 지나치게 여색을 좋아한다"고 말하자 맹자는 이렇게 답한다. "옛날에 태왕이 여색을 좋아하시어 그 왕비를 사랑하였습니다. 『시경』에 이르기를 '고공단보(태왕)가 아침에 말을 달려 서쪽 물가를 따라서 기산(岐山) 아래에 이르러 이에 강녀(姜女)와 더불어 와서 집터를 보았다'고 했습니다. 이런 상황에 처했는데도 안에서는 원망하는 여인이 없었고 밖에서는 (빼앗긴 여인을 돌려달라고) 비는 지아비가 없었습니다. 왕께서 여색을 좋아하시거든 (이처럼) 백성들과 더불어 함께하신다면 제대로 왕 노릇 하는 데 무슨 어려움이 있겠습니까?"

齊宣王問曰 人皆謂我毀明堂 毀諸 已乎
제 선왕 문왈 인개 위아 훼 명당 훼제 이호

孟子對曰 夫明堂者王者之堂也 王欲行王政則勿毀之矣
맹자 대왈 부 명당 자 왕자 지 당야 왕욕행 왕정 즉 물 훼 지 의

王曰 王政可得聞與
왕왈 왕정 가득 문 여

對曰 昔者文王之治岐也 耕者九一仕者世祿關市譏而不征澤梁無禁罪人
대왈 석자 문왕 지 치기 야 경자 구일 사자 세록 관시기 이 부정 택량 무금 죄인

不孥 老而無妻曰鰥老而無夫曰寡老而無子曰獨幼而無父曰孤 此四者天下
불노 노이무처왈환노이무부왈과노이무자왈독유이무부왈고 차사자천하

之窮民而無告者 文王發政施仁必先斯四者 詩云 哿矣富人 哀此煢獨
지 궁민이무고자 문왕발정시인필선사사자 시운 가의부인 애차경독

王曰 善哉言乎
왕왈 선재언호

曰 王如善之則何爲不行
왈 왕여선지즉하위불행

王曰 寡人有疾寡人好貨
왕왈 과인유질과인호화

對曰 昔者公劉好貨 詩云 乃積乃倉 乃裹餱糧 于橐于囊 思戢用光 弓矢
대왈 석자공유호화 시운 내적내창 내과후량 우탁우낭 사집용광 궁시

斯張 干戈戚揚 爰方啓行 故居者有積倉行者有裹糧也然後可以爰方啓行
사장 간과척양 원방계행 고거자유적창행자유과량야연후가이원방계행

王如好貨與百姓同之於王 何有
왕여호화여백성동지어왕 하유

王曰 寡人有疾寡人好色
왕왈 과인유질과인호색

對曰 昔者大王好色愛厥妃 詩云 古公亶父來朝走馬 率西水滸至於岐下
대왈 석자태왕호색애궐비 시운 고공단보 내조 주마 솔서 수호 지어기하

爰及姜女 聿來胥宇 當是時也内無怨女外無曠夫 王如好色與百姓同之 於
원급강녀 율래서우 당시시야내무원녀외무광부 왕여호색여백성동지어

王 何有
왕 하유

제나라 선왕이 물었다. "사람들은 다 내가 명당(明堂)을 부숴야 한다고 말한다. 그걸 부숴야 하는가? 그냥 둬야 하는가?"

맹자가 대답했다. "무릇 명당이라는 것은 임금의 당(堂)입니다. 임금 께서 올바른 임금의 정사〔王政〕를 행하실 뜻이 있다면 결코 부수지 마십시오."

주희는 명당(明堂)을 "태산에 있던 명당으로 주나라 천자가 동쪽 지방을 순수(巡狩)하면서 제후들에게 조회받던 곳"이라고 풀이한다. 또 사람들이 명당을 부수려 하는 이유에 대해서는 "(주나라 멸망 이후) 천자가 더 이상 순수하지 않았고 제후들은 그곳에 거처할 수 없었기 때문"이라고 풀이했다. 諸는 '之乎'의 줄임말이다. 毁之乎, 즉 그것을 부숴야 하는가라는 뜻이다. 己는 여기서 '이미'가 아니라 '말다', '그치다', '버려두다' 등의 뜻이다. 부수지 말고 그냥 내버려둔다는 말이다.

이에 대해 맹자는 흔히 예상하듯이 부수라고 말하지 않고 王政을 행할 의욕이나 자신이 있으면 부수지 말라고 답한다. 여기서 王政이란 임금다운 임금의 통치를 뜻한다. 중요한 것은 王政의 구현 여부이지 명당을 허물고 말고는 아니라는 것이다.

이에 제나라 선왕이 "올바른 임금의 정사[王政]에 대해 들어볼 수 있겠는가?"라고 하자 맹자는 이렇게 대답했다. "옛날에[昔者] 문왕께서 주나라의 옛 땅인 기(岐) 땅을 다스릴 때 농사짓는 자[耕者=農民]에게는 9분의 1[九一]을 세금으로 받았고, 벼슬하는 자[仕者]에게는 대대로 녹봉[祿]을 주었으며, 관문과 시장에 대해서는 살펴만 보고 세금을 걷지 않았고, 저수지를 파거나 고기잡이 하는 것을 금하지 않았으며, 죄인을 처벌할 때는 처자식[孥]은 벌하지 않았습니다. 늙어서 부인이 없는 사람이 홀아비[鰥]요, 늙어서 지아비가 없는 사람이 과부[寡]요, 늙어서 자식이 없는 사람이 무의탁 노인[獨]이요, 어린데도 부모가 없는 사람이 고아[孤]입니다. 이 네 가지는 세상에서 가장 곤궁한 백성이자 어디 하소연할 데도 없는 자들입니다. (그래서) 문왕께서 힘써 정사를 행해 어짊[仁]을 베풀 때 반드시 이 네 부류의 사람들을 먼저 하였습니다. (그래서) 『시경』에 이르기를 '괜찮구나 부자들이여!

애처롭구나 외롭고 힘든 자들이여!'라고 했던 것입니다."

문왕은 주나라를 세운 무왕(武王)의 아버지다. 따라서 엄격히 말하면 문왕은 주나라의 임금이 아니라 추존왕일 뿐이다. 문왕은 상나라 때 일개 제후로서 기(岐) 땅을 기반으로 해서 지지 세력을 확장해 아들 무왕에게 왕위를 전했고 마침내 무왕은 상나라 주왕(紂王)을 무너트리고 주나라를 세운다. 그러나 무왕이 이처럼 새 나라를 건국할 수 있었던 데는 문왕의 좋은 정치〔善政〕가 결정적인 밑거름이 되었다. 여기에는 그 좋은 정치의 기본 내용들이 나오고 있는 것이다.

문왕의 좋은 정치에 대한 이야기를 듣고는 제나라 선왕이 "참 좋은 말이로다!"라고 하자 맹자는 "왕께서는 그처럼 좋다고 하시면서 왜 실행하시지는 않습니까?"라고 되물었다. 좋은 것을 알기만 하고 행하지 않아서는 아무런 소용이 없기 때문이다. 이에 제나라 선왕은 (또 솔직하게 자신의 약점을 털어놓으며) "과인에게는 병통이 있다. 과인은 지나치게 재물을 좋아한다"고 답했다. 또 뒤에 가서는 지나치게 여색(女色)을 좋아한다고 말하기도 한다. 먼저 재물을 좋아한다〔好財〕는 말에 대해 맹자는 이렇게 말한다. "옛날에 공유(公劉)도 재물을 좋아했습니다. 『시경』에 이르기를 '노적가리〔露積〕 쌓고 창고에 채우고 마른 양식을 싸서 전대와 자루에 넣고서 백성을 편안케 하고 나라를 빛낼 것을 생각하여 활과 화살을 펴놓으며, 창과 방패와 도끼를 들어 이에 비로소 길을 떠났구나!'라고 했습니다. 따라서 집에 머무는 자〔居者〕에게는 노적가리와 창고가 있고 길 떠난 자〔行者〕에게는 봇짐에 싼 양식이 있는 뒤에야 이에 비로소 길을 떠날 수 있는 것입니다. 왕께서 재물을 좋아하시거든 (이처럼) 백성들과 더불어 함께 좋아하신다면 제대로 왕 노릇 하는 데 무슨 어려움이 있겠습니까?" 何有는 何難之有(무슨 어려움이 있겠습니까)의 줄임말이다. 이 표현은 뒤에도 종종 나온다.

(이번에는) 제나라 선왕이 (또다시 솔직하게 자신의 약점을 털어놓으며) "과인에게는 병통이 있다. 과인은 지나치게 여색을 좋아한다"고 말하자 맹자는 이렇게 답한다. "옛날에 태왕이 여색을 좋아하시어 그 왕비를 사랑하였습니다. 『시경』에 이르기를 '고공단보(태왕)가 아침에 말을 달려 서쪽 물가를 따라서 기산(岐山) 아래에 이르러 이에 강녀(姜女)와 더불어 와서 집터를 보았다'고 했습니다. 이런 상황[時]에 처했는데도 안에서는 원망하는 여인이 없었고 밖에서는 (빼앗긴 여인을 돌려달라고) 비는 지아비가 없었습니다. 왕께서 여색을 좋아하시거든 (이처럼) 백성들과 더불어 함께하신다면 제대로 왕 노릇 하는 데 무슨 어려움이 있겠습니까?"

6

맹자가 제나라 선왕에게 물었다. "만약에 왕의 신하 중에 자신의 처자를 친구에게 맡기고 초나라로 놀러 간 사람이 있는데 집으로 돌아왔더니 그 친구가 처자를 얼게 하고 굶주리게 하였다면 어떻게 하겠습니까?"

이에 왕은 "절교하겠다"고 답했다.

(다시) 맹자가 제나라 선왕에게 물었다. "만약에 옥관(獄官)이 부하 직원들을 제대로 다스리지 못한다면 어떻게 하겠습니까?"

이에 왕은 "내쫓겠다"고 답했다.

맹자는 물었다. "(왕께서 갖고 계신 동서남북) 네 경계 안이 다스려지지 않는다면 어떻게 하겠습니까?"

왕은 (대답은 안 하고) 좌우를 돌아보면서 딴 이야기를 했다.

孟子謂齊宣王曰 王之臣有託其妻子於其友而之楚遊者 比其反也則凍
맹자 위 제 선왕 왈 왕 지 신 유 탁 기 처자 어 기 우 이 지 초 유 자　비 기 반 야 즉 동

餒其妻子則如之何
뇌 기 처자 즉 여지하

王曰 棄之
왕 왈 기 지

曰 士師不能治士則如之何
왈 사사 불능 치 사 즉 여지하

王曰 已之
왕 왈 이 지

曰 四境之內不治則如之何
왈 사경지내 불치 즉 여지하

王顧左右而言他
왕 고 좌우 이 언 타

여기서는 제나라 선왕이 먼저 묻지 않고 맹자가 첫 질문을 던진다. 두 개의 가정법 질문이다. 우선, 맹자가 제나라 선왕에게 물었다. "만약에 왕의 신하 중에 자신의 처자를 친구에게 맡기고 초나라로 놀러 간 사람이 있는데 집으로 돌아왔더니 그 친구가 처자를 얼게 하고 굶주리게 하였다면 어떻게 하겠습니까?" 이에 왕은 "절교하겠다〔棄之〕"고 답했다. 지극히 당연한 답변이다. 여기서 주희는 比를 及으로 푼다. '~에 당하여'라는 뜻이다. 이를 감안해 풀이하자면 초나라에 갔다가 '돌아왔더니〔比其反也〕'라는 뜻이다.

(다시) 맹자가 제나라 선왕에게 물었다. 두 번째 가정법 질문이다. "만약에 옥관(獄官)이 부하직원들을 제대로 다스리지 못한다면 어떻게 하겠습니까?" 이에 왕은 "내쫓겠다〔已之〕"고 답했다. 주희는 士師를 옥관(獄官)으로 풀었다. 그 뜻은 옥을 다스리는 관리들의 우두머리라는 뜻이다.

(이런 두 가지 가정적 질문에 이어) 맹자는 이렇게 물었다. 이것이 원래 제나라 선왕에게 던지고 싶었던 핵심질문이다. "(왕께서 갖고 계신 동서남북) 네 경계 안〔四境之內-나라 안〕이 다스려지지 않는다면 어떻게 하겠습니까?" 왕은 (대답은 안 하고) 좌우를 돌아보면서 딴 이야기를 했다. 참으로 한심한 국왕이라 할 수 있다.

7

맹자가 제나라 선왕을 찾아뵙고 이렇게 말했다. "이른바 역사와 전통이 깊은 나라라는 것은 높게 자란 나무들이 많아서 그렇게 불리는 것이 아니라 여러 대에 걸쳐 나라에 기여한 뛰어난 신하들이 많아서 그렇게 불리는 것입니다. (그런데) 왕께서는 진정으로 몸과 마음을 바칠 수 있는 신하를 갖고 있지 못하십니다. (왕께서) 전에 등용한 자들 중에 지금은 없어져버린 자들이 있는데도 지금까지 그것을 모르고 계십니다."

이에 왕이 말했다. "내가 어떻게 그 사람들이 재주가 없다는 것을 (미리) 알고서 버리라는 것인가?"

맹자는 다음과 같이 말했다. "나라의 임금은 뛰어난 인재를 찾아내어 조정으로 나오게 하기를 마치 어쩔 수 없어서 그렇게 하는 듯이 해야 합니다. (이처럼 뛰어난 이를 발탁하는 것은) 장차 지위가 낮은 사람으로 하여금 높은 사람을 뛰어넘게 하고 가깝지 않은 사람으로 하여금 가까운 사람을 뛰어넘게 하는 것이니 삼가지 않을 수 있겠습니까?

(사람을 쓰고 버릴 때는) 좌우의 중신(重臣)들이 모두 '뛰어나다'고 말하더라도 그대로 받아들이지 말고, 여러 대부들이 모두 '뛰어나다'고 말하더라도 그대로 받아들이지 말고, 나라의 사람들이 다 '뛰어나다'고 말하는 것을 들은 연후에 그 사람의 됨됨이를 잘 살펴보아서 정말 뛰어난 점을 찾아낸 다음에 그 사람을 들어 써야 합니다. (반면에) 좌우의 중신들이 모두 '써서는 안 된다'고 말하더라도 들어주지 말고, 여러 대부들이 모두 '써서는 안 된다'고 말하더라도 듣지 말고, 나라의 사람들이 다 '써서는 안 된다'고 말하는 것을 들은 연후에 그 사람의 됨됨이를 잘 살펴보아서 정말 써서는 안 될 만한 점을 찾아낸 다음에 그 사람을

버려야 합니다.

　(사람을 죽일 때에도) 좌우의 중신들이 모두 '죽여야 한다'고 말하더라도 들어주지 말고, 여러 대부들이 모두 '죽여야 한다'고 말하더라도 듣지 말고, 나라의 사람들이 다 '죽여야 한다'고 말하는 것을 들은 연후에 그 사람의 됨됨이를 잘 살펴보아서 정말 죽여야 할 만한 점을 찾아낸 다음에 그 사람을 죽여야 합니다. 그래서 (예로부터 사형은 임금이 사사로이 죽인 것이 아니라) 나라의 사람들이 죽어 마땅한 사람을 죽인 것이라고 했습니다.

　이와 같이 (사람을 쓰고 버릴 때 그리고 형벌을 쓸 때 백성들의 뜻을 따라서) 해야 백성의 부모가 될 수 있습니다."

孟子見齊宣王曰 所謂故國者非謂有喬木之謂也有世臣之謂也 王無
맹자 현제 선왕 왈　소위 고국 자비위유 교목 지위 야유 세신 지위 야　왕무

親臣矣 昔者所進今日不知其亡也
친신 의　석자 소진 금일 부지 기망 야

王曰 吾何以識其不才而舍之
왕왈　오 하이 식기 부재 이사 지

曰 國君進賢如不得已 將使卑踰尊疏踰戚 可不愼與 左右皆曰賢未可
왈　국군 진현 여 부득이　장사 비유 존소 유척 가 불신 여　좌우 개왈 현 미가

也 諸大夫皆曰賢未可也 國人皆曰賢然後察之 見賢焉然後用之 左右皆曰
야　제 대부 개왈 현 미가 야　국인 개왈 현 연후 찰지　견현 언 연후 용지　좌우 개왈

不可勿聽 諸大夫皆曰不可勿聽 國人皆曰不可然後察之 見不可焉然後去
불가 물청　제 대부 개왈 불가 물청　국인 개왈 불가 연후 찰지　견 불가 언 연후 거

之 左右皆曰可殺勿聽 諸大夫皆曰可殺勿聽 國人皆曰可殺然後察之 見可
지　좌우 개왈 가살 물청　제 대부 개왈 가살 물청　국인 개왈 가살 연후 찰지　견 가

殺焉然後殺之 故曰 國人殺之也 如此然後可以爲民父母
살 언 연후 살지　고왈　국인 살지 야　여차 연후 가이 위민 부모

맹자가 제나라 선왕을 찾아뵙고 이렇게 말했다. "이른바 역사와 전통이 깊은 나라[故國]라는 것[者]은 높게 자란 나무[喬木]들이 많아서 그렇게 불리는 것이 아니라 여러 대에 걸쳐 나라에 기여한 뛰어난 신하들[世臣]이 많아서 그렇게 불리는 것입니다. (그런데) 왕께서는 진정으로 몸과 마음을 바칠 수 있는 신하[親臣]를 갖고 있지 못하십니다. (왕께서) 전에 등용한 자들 중에 지금은 없어져버린 자들[亡]이 있는데도 지금까지 그것을 모르고 계십니다."

여기서 故國은 우리가 흔히 말하는 자기 나라를 뜻하는 것이 아니라 오래되고 뿌리가 깊은 나라를 뜻한다. 그리고 그냥 명맥만 오래 유지한 나라가 아니라는 의미에서 높은 나무가 많은 나라가 아니라고 말한 것이다.

맹자의 말에는 약간의 설명이 필요하다. 주희의 풀이가 상세하다. "세신(世臣)은 여러 대에 걸친 훈구의 신하이니 국가와 더불어 좋고 나쁨을 함께 하는 신하들이요, 친신(親臣)은 군주가 친애하고 신임하는 신하이니 군주와 더불어 좋고 나쁨을 함께 하는 신하들이다. 이는 '높은 나무와 세신은 모두 고국에 마땅히 있어야 할 것이지만 진정으로 (고국이) 고국이 되는 이유는 이 세신에 있고 (세월이 오래된) 저 높은 나무에 있는 것은 아니다. 전에 등용한 자들 중에 달아나버려 지금은 없어져버린 자들이 있는데도 지금까지 그것을 알지 못한다면 이것은 진정으로 몸과 마음을 바칠 수 있는 신하[親臣]도 없는 것이니, 하물며 세신은 말할 것도 없다'는 뜻이다."

맹자의 말을 들은 제나라 선왕은 화가 났을 것이다. 그의 말에 짜증이 고스란히 묻어나온다. "내가 어떻게 그 사람들이 재주가 없다는 것을 (미리) 알고서 버리라는 것인가?"

이에 맹자는 다음과 같이 말했다. "나라의 임금은 뛰어난 인재[賢]

를 찾아내어 조정으로 나오게 하기를 마치 어쩔 수 없어서〔不得已〕 그 렇게 하는 듯이 해야 합니다. (이처럼 뛰어난 이를 발탁하는 것은) 장차 지위가 낮은 사람〔卑〕으로 하여금 높은 사람〔貴〕을 뛰어넘게 하고 가 깝지 않은 사람〔疏〕으로 하여금 가까운 사람〔戚〕을 뛰어넘게 하는 것 이니 삼가지 않을 수 있겠습니까?

　(사람을 쓰고 버릴 때는) 좌우의 중신(重臣)들이 모두 '뛰어나다〔賢〕' 고 말하더라도 그대로 받아들이지 말고, 여러 대부들이 모두 '뛰어나 다'고 말하더라도 그대로 받아들이지 말고, 나라의 사람들〔國人〕이 다 '뛰어나다'고 말하는 것을 들은 연후에 그 사람의 됨됨이를 잘 살펴보 아서 정말 뛰어난 점을 찾아낸 다음에 그 사람을 들어 써야 합니다. (반면에) 좌우의 중신들이 모두 '써서는 안 된다〔不可〕'고 말하더라도 들어주지 말고, 여러 대부들이 모두 '써서는 안 된다'고 말하더라도 듣 지 말고, 나라의 사람들이 다 '써서는 안 된다'고 말하는 것을 들은 연 후에 그 사람의 됨됨이를 잘 살펴보아서 정말 써서는 안 될 만한 점을 찾아낸 다음에 그 사람을 버려야 합니다.

　(사람을 죽일 때에도) 좌우의 중신들이 모두 '죽여야 한다〔可殺〕'고 말하더라도 들어주지 말고, 여러 대부들이 모두 '죽여야 한다'고 말하 더라도 듣지 말고, 나라의 사람들이 다 '죽여야 한다'고 말하는 것을 들은 연후에 그 사람의 됨됨이를 잘 살펴보아서 정말 죽여야 할 만한 점을 찾아낸 다음에 그 사람을 죽여야 합니다. 그래서 (예로부터 사형 은 임금이 사사로이 죽인 것이 아니라) 나라의 사람들이 죽어 마땅한 사람을 죽인 것이라고 했습니다.

　이와 같이 (사람을 쓰고 버릴 때 그리고 형벌을 쓸 때 백성들의 뜻을 따라서) 해야 백성의 부모가 될 수 있습니다."

8

제나라 선왕이 물었다. "탕왕이 걸왕을 내쫓고 무왕이 주왕을 정벌하였다고 하는데 실제로 그런 일이 있었는가?"

맹자가 대답했다. "옛 서적에 그런 내용이 있습니다."

왕이 물었다. "신하가 자신의 임금을 시해하는 일이 있을 수 있는가?"

맹자가 답했다. "어짊을 해치는 자는 일러 적(賊)이라고 하고, 의로움을 해치는 자를 일러 잔(殘)이라고 하며, 또 이 둘을 함께 행한 잔적(殘賊)을 일러 일부(一夫)라 하니, 일부에 지나지 않는 주(紂)를 베었다는 말은 들었어도 임금을 시해했다는 말은 듣지 못했습니다."

齊宣王問曰 湯放桀武王伐紂有諸
제 선왕 문왈 탕 방 걸 무왕 벌 주 유 제

孟子對曰 於傳有之
맹자 대왈 어 전 유 지

曰 臣弑其君可乎
왈 신 시 기 군 가 호

曰 賊仁者謂之賊 賊義者謂之殘 殘賊之人謂之一夫 聞誅一夫紂矣
왈 적 인 자 위 지 적 적 의 자 위 지 잔 잔 적 지 인 위 지 일 부 문 주 일 부 주 의

未聞弑君也
미 문 시 군 야

🌸　　　제나라 선왕이 물었다. "탕왕(湯)이 걸왕(桀)을 내쫓고 무왕(武王)이 주왕(紂)을 정벌하였다고 하는데 실제로 그런 일이 있었는가?" 탕왕은 하(夏) 나라의 걸왕을 패퇴시키고 상(商=殷) 나라를

창건했고, 무왕은 상나라의 주왕을 패퇴시키고 주(周) 나라를 세웠다. 放은 쫓아내다, 추방하다는 뜻이다. 有諸는 有之乎의 줄임말로 '그런 일(之)이 있었습니까[有~乎]'라는 뜻이다. 그래서 뒤에 맹자는 있었다는 의미로 有之라고 답한다.

맹자가 대답했다. "옛 서적[傳]에 그런 내용이 있습니다."

왕이 물었다. "신하가 자신의 임금을 시해하는 일이 있을 수 있는가?" 제나라 선왕은 그 정당성 여부를 물은 것이다. 여기서 바로 맹자의 역성혁명(易姓革命)의 이론적 기초가 나온다.

맹자가 답했다. "어짊을 해치는 자는 일러 적(賊)이라고 하고, 의로움을 해치는 자를 일러 잔(殘)이라고 하며, 또 이 둘을 함께 행한 잔적(殘賊)을 일러 일부(一夫)라 하니, 일부에 지나지 않는 주(紂)를 베었다는 말은 들었어도 임금을 시해했다는 말은 듣지 못했습니다."

어짊을 해치고 의로움을 해치는 자는 이미 임금으로서의 다움[德]을 잃었기 때문에 더 이상 임금이라고 할 수 없으니 그를 시해하는 것은 임금을 시해하는 것이 아니라 일개 사내를 죽인 데 불과하다는 말이다.

여기서 짚고 넘어가야 할 용어는 賊과 殘이다. 먼저 '어짊을 해치는 자'로서의 賊의 용례는 『논어』 '양화 13'에 나온다.

공자는 말했다. "시골에서 덕망이 있다는 소리를 듣는 사람[鄕原]은 (잘 알고 보면 대부분) 다움을 해치는 자이다."

이에 대해서는 먼저 주희의 풀이부터 살펴야 한다. "향(鄕)은 시골을 뜻한다. 원(原)은 원(愿-삼가다, 공손하다, 질박하다)과 같은 뜻이다. 따라서 향원(鄕原, 鄕愿)은 시골 사람 중에서 신망이 있고 후덕한 자이니, 시류와 동화하고 더러운 세상에 영합하여 세상 사람들에게 아첨한다. 이 때문에 시골 사람들 사이에서만 유독 후덕하다고 칭하는 것이다. 공자께서는 (이런 사람의 행태는) 다움[德]과 비슷하나 다움이 아니어서 도리어 다움을 어지럽힌다고 여기셨다. 그러므로 다움을 해치는 적(賊)이라고 말씀하여 매우 미워하신 것이다."

이에 대한 상세한 풀이는 뒤에 '진심 장구 하(盡心章句下)'에서 보게 될 것이다.

殘의 경우 『논어』 '자로 11'에 딱 한 번 등장하는데 참고할 만하다.

공자는 말했다. "(옛말에) '뛰어난 사람[善人]이 백 년 동안 나라를 다스려야 겨우 잔학한 자[殘]를 교화시키고, 사람을 살해하는 습속을 없앨 수 있을 것이다' 하더니 진실이로다, 이 말은!"

9

맹자가 제나라 선왕을 찾아뵙고 말했다. "(임금께서는) 큰 궁실을 조성하기 위해 반드시 공사 책임자로 하여금 큰 나무를 구하게 하실 것입니다. 공사 책임자가 큰 나무를 얻게 되면 왕께서는 기뻐하여 (이런 큰 나무면) 능히 그 임무를 감당할 수 있다고 여기실 것이고, (그 후) 장인(목수)이 (필요에 따라) 깎아서 작게 만들면 왕께서는 화를 내어 (이런 작은 나무로는) 능히 그 임무를 감당할 수 없다고 여기실 것입니다. 무릇 사람이 어릴 때 (뭔가를) 배우는 것은 장성했을 때 그것을 행하고자 해서인데, 왕께서 '우선 네가 배운 것을 버리고 나를 따르라'고 하신다면 어떻게 되겠습니까?

지금 여기에 천연 그대로의 큰 옥덩어리가 있다면 그것이 설사 수십만 냥 크기라 하더라도 (왕께서는) 반드시 옥을 다루는 공인으로 하여금 그것을 조탁(彫琢)하도록 하실 것입니다. (그런데 정작) 국가를 다스리는 데 이르러서 왕께서 '우선 네가 배운 것을 버리고 나를 따르라'고 명하신다면 이는 옥 공인에게 옥을 조탁하는 것을 가르치려 하는 것과 무엇이 다르겠습니까?"

孟子見齊宣王曰 爲巨室則必使工師求大木 工師得大木則王喜以爲能
맹자 현 제 선왕 왈 위 거실 즉 필 사 공사 구 대목   공사 득 대목 즉 왕 희 이위 능

勝其任也 匠人斲而小之則王怒以爲不勝其任矣 夫人幼而學之壯而欲行
승 기 임 야 장인 착 이 소 지 즉 왕 노 이위 불승 기 임 의 부 인 유 이 학 지 장 이 욕 행

之 王曰 姑舍女所學而從我則何如 今有璞玉於此 雖萬鎰必使玉人彫琢之
지 왕 왈 고 사 여 소학 이 종 아 즉 하여   금 유 박옥 어 차 수 만일 필 사 옥인 조탁 지

至於治國家則曰 姑舍女所學而從我則何以異於敎玉人彫琢玉哉
지 어 치 국가 즉 왈 고 사 여 소학 이 종 아 즉 하 이 이 어 교 옥인 조탁 옥 재

맹자가 제나라 선왕을 찾아뵙고〔見〕 말했다. 여기서 맹자는 먼저 나무와 귀중한 옥을 비교한 다음 그것을 국가통치에 비유하여 제나라 선왕을 일깨우고 있다.

"(임금께서는) 큰 궁실〔巨室〕을 조성하기 위해〔則〕 반드시 공사 책임자〔工師〕로 하여금 큰 나무〔大木〕를 구하게 하실 것입니다. 공사 책임자가 큰 나무를 얻게 되면 왕께서는 기뻐하여 (이런 큰 나무면) 능히 그 임무를 감당할 수 있다고 여기실 것이고, (그 후) 장인(목수)이 (필요에 따라) 깎아서 작게 만들면 왕께서는 화를 내어 (이런 작은 나무로는) 능히 그 임무를 감당할 수 없다고 여기실 것입니다. 무릇 사람이 어릴 때 (뭔가를) 배우는 것은 장성했을 때 그것을 행하고자 해서인데, 왕께서 '우선〔姑〕 네가〔汝〕 배운 것〔所學〕을 버리고〔舍〕 나를〔我〕 따르라〔從〕'고 하신다면 어떻게 되겠습니까?

지금 여기에 천연 그대로의 큰 옥덩어리〔璞玉〕가 있다면 그것이 설사 수십만 냥〔萬鎰〕 크기라 하더라도 (왕께서는) 반드시 옥을 다루는 공인으로 하여금 그것을 조탁(彫琢)하도록 하실 것입니다. (그런데 정작) 국가를 다스리는 데 이르러서 왕께서 '우선 네가 배운 것을 버리고 나를 따르라'고 명하신다면 이는 옥 공인에게 옥을 조탁하는 것을 가르치려 하는 것〔敎〕과 무엇이 다르겠습니까?"

위에서 則은 원래 '조성하려고 한다면'인데 문맥상 줄였기 때문에 '위해'가 된 것이다. 何如는 여기서 중립적 의미로 '어떻게 되겠습니까'라고 묻는 것이 아니라 그래서는 안 된다는 부정적 요청의 의미로 봐야 한다. 璞玉은 말 그대로 아직 가공하지 않은 큰 옥덩어리이며 鎰은 무게의 단위로 20냥 혹은 24냥을 말한다.

10

제나라 사람들이 연(燕) 나라를 쳐서 승리하였다.

제나라 선왕이 물었다. "어떤 자는 과인에게 연나라를 취하지 말라 이르고, 어떤 자는 과인에게 연나라를 취하라고 이른다. 만승(萬乘)의 나라(제나라)로 만승의 나라(연나라)를 정벌하는데 50일 만에 이루었으니 이는 사람의 힘으로는 이렇게 될 수가 없는 것이다. (그런데도) 만일 취하지 않는다면 반드시 하늘의 재앙이 있을 것이니 취하는 것이 어떻겠는가?"

이에 맹자가 답했다. "취했을 때 연나라 백성들이 기뻐할 것 같으면 취하십시오. 옛 선인 중에 이를 행한 분이 계시니 무왕(武王)이 바로 그분입니다. (그렇지 않고) 취했을 때 연나라 백성들이 기뻐하지 않을 것 같으면 취하지 마십시오. 옛 선인 중에 이를 행한 분이 계시니 문왕(文王)이 바로 그분입니다.

만승의 나라로 만승의 나라를 정벌하였는데 (연나라 백성들이) 대바구니에 밥을 담고 호리병에 물을 담아서 왕의 군대를 환영한 것이 어찌 다른 이유가 있어서이겠습니까? (연나라 민심은 진정 제나라를 환영한다기보다는) 물과 불을 피해보자는 것이니, 만일 (제나라가 통치하면서) 물이 더 깊어지고 불이 더 뜨거워진다면 또 다른 곳으로 향할 뿐입니다."

齊人伐燕勝之
제 인 벌 연 승 지

宣王問曰 或謂寡人勿取 或謂寡人取之 以萬乘之國伐萬乘之國五旬而
선왕 문왈 혹 위 과인 물 취 혹 위 과인 취 지 이 만승지국 벌 만승지국 오 순 이

擧之 人力不至於此 不取必有天殃 取之何如
거 지 인력 부 지 어 차 불 취 필 유 천앙 취 지 하 여

孟子對曰 取之而燕民悅則取之 古之人有行之者武王是也 取之而燕民
맹자 대왈 취 지 이 연 민 열 즉 취 지 고 지 인 유 행 지 자 무 왕 시 야 취 지 이 연 민

不悅則勿取 古之人有行之者文王是也 以萬乘之國伐萬乘之國 簞食壺漿以
불 열 즉 물 취 고 지 인 유 행 지 자 문 왕 시 야 이 만 승 지 국 벌 만 승 지 국 단 사 호 장 이

迎王師豈有他哉 避水火也 如水益深如火益熱 亦運而已矣
영 왕 사 기 유 타 재 피 수 화 야 여 수 익 심 여 화 익 열 역 운 이 이 의

제나라 사람들이 연(燕) 나라를 쳐서 승리하였다.

제나라 선왕이 물었다. "어떤 자[或]는 과인에게 연나라를 취하지
말라[勿取] 이르고[謂], 어떤 자는 과인에게 연나라를 취하라고 이른
다. 만승(萬乘)의 나라(제나라)로 만승의 나라(연나라)를 정벌하는데
50일 만에 이루었으니[擧] 이는 사람의 힘으로는 이렇게 될 수가 없는
것이다. (그런데도) 만일 취하지 않는다면[不取] 반드시[必] 하늘의 재
앙[天殃]이 있을[有] 것이니 취하는 것이 어떻겠는가[何如]?"

여기서 何如는 앞 장과 달리 말 그대로 중립적 의미에서 어떻게 하
면 좋은지를 묻고 있는 것이다.

이에 맹자가 답했다. "취했을 때 연나라 백성들이 기뻐할 것 같으면
취하십시오. 옛 선인 중[古之人]에 이를 행한 분[行之者]이 계시니[有]
무왕(武王)이 바로 그분입니다. (그렇지 않고) 취했을 때 연나라 백성
들이 기뻐하지 않을 것 같으면 취하지 마십시오. 옛 선인 중에 이를 행
한 분이 계시니 문왕(文王)이 바로 그 분입니다.

만승의 나라로 만승의 나라를 정벌하였는데 (연나라 백성들이) 대
바구니에 밥을 담고 호리병에 물을 담아서 왕의 군대[王師]를 환영한
것이 어찌[豈] 다른 이유[他]가 있어서[有]이겠습니까[哉]? (연나라 민

심은 진정 제나라를 환영한다기보다는) 물과 불(水火)을 피해보자는 것
이니, 만일(如) (제나라가 통치하면서) 물이 더 깊어지고 불이 더 뜨거
워진다면 또 다른 곳으로 향할 뿐입니다."

흔히 壺漿은 '호리병에 장을 담아서'로 번역하고 있는데 소스로서
의 장은 醬이다. 여기서 漿은 그냥 마실 것, 음료다. 따라서 簞食壺漿
은 간단히 들고 다닐 수 있는 식음료를 뜻하는 것이다. 오히려 대그릇
의 밥과 표주박의 물(簞食瓢飮)과 비슷한 뜻이다. 漿을 醬으로 착각
한 데서 온 오역으로 보인다. 여기서 水火는 백성들에게 고통을 주는
고통의 원천을 의미한다.

마지막 부분의 運은 흘러간다는 뜻으로 연나라의 민심이 다른 데로
흘러갈 것이라는 말이다. 而已矣는 '뿐'이라는 뜻으로 강조의 의미다.

11

제나라가 연나라를 정벌하여 지배하자 (다른) 제후들이 장차 연나라를 구하려고 도모하였다. 이에 제나라 선왕이 말했다. "제후들 중에 과인을 정벌하려고 도모하는 자들이 많으니 어떻게 이에 대처해야겠는가?"

맹자가 대답했다. "신이 듣기에 (사방) 70리 땅만 소유하고서도 천하에 정사를 행한 이가 있으니 바로 탕왕(湯王)이 그 사람이라 했습니다. (왕처럼 사방) 천 리 땅을 소유하고서 남을 두려워하는 사람에 대해서는 들어본 적이 없습니다.

『서경』에 이르기를 탕왕이 첫 번째 정벌을 (백성들에게 학정을 펼치던) 갈(葛) 나라를 치는 데서 시작하자 천하가 믿고 따르며, (이후에는) 동쪽을 정벌하면 서쪽 오랑캐들이 (자신들을 먼저 정벌해 주지 않는다고) 원망하고 남쪽을 정벌하면 북쪽 오랑캐들이 원망하며 말하기를 '어찌해서 우리나라는 뒤에 정벌하려 하는가' 하였습니다. 이처럼 백성들이 (탕왕이 어서 와서 자기 나라를 정벌해 주기를) 바라는 것이 마치 큰 가뭄에 구름과 무지개를 갈망하듯 하였습니다. 이에 (그 나라 백성들은 기대를 갖고서) 시장으로 가던 자는 멈추지 않고 앞다투어 시장으로 나아갔고 밭 갈던 자는 꿈쩍도 않고 계속 밭을 갈았습니다. (마침내 탕왕이) 포악한 군주를 주벌하고 백성들을 위로하시니 단비가 내린 듯이 백성들이 크게 기뻐하였다고 했습니다. 『서경』에서 '우리 임금을 기다리노라, 임금께서 오시기만 하면 우리도 소생하게 되리라'고 한 것은 바로 그런 뜻입니다.

이번에 연나라(군주)가 백성들을 학대하여 왕께서 가서 정벌하셨습니다. 이에 (연나라) 백성들은 장차 자신들을 물과 불의 한가운데서 구원해 줄 것이라고 여겨 대바구니에 밥을 담고 호리병에 물을 담아서 (서로 뛰어나와) 왕의 군대를 환영했던 것입니다. (그런데) 만약에 왕의 군사들이 그들의 아버지와 형제들을 죽이고 그 자식들을 옭아 넣고 그들의 종묘(宗廟)를 부수고 그들이 중히 여기는 기물들을 빼앗아온다면 어찌 (그것이) 가능한 일이겠습니까? (이미) 천하가 제나라의 강대함을 정말로 두려워하고 있습니다. (그런데도) 지금 또 땅을 배로 늘리려 하고 어진 정치를 행하지 않는다면 이는 곧 (제나라 군대를 제외한) 천하의 군대들을 격동시키는 것입니다.

왕께서 속히 명을 내리시어 늙은이와 어린이들을 돌려보내고 중요한 기물들을 빼앗아오던 것을 중지시키고 연나라 백성들과 의논하여 그들의 (새로운) 임금을 세워준 뒤에 떠나오신다면 전란이 일어나는 것을 (미리) 막을 수 있을 것입니다."

齊人伐燕取之 諸侯將謀救燕 宣王曰 諸侯多謀伐寡人者何以待之
제인 벌연 취지 제후 장모구연 선왕 왈 제후 다모벌 과인 자 하이 대지

孟子對曰 臣聞七十里爲政於天下者 湯是也 未聞以千里畏人者也 書
맹자 대왈 신문 칠십 리 위정 어 천하 자 탕시야 미문 이 천리 외인 자야 서

曰 湯一征自葛始 天下信之 東面而征西夷怨 南面而征北狄怨 曰 奚爲
왈 탕 일정 자갈 시 천하 신지 동면 이정 서이 원 남면 이정 북적 원 왈 해위

後我 民望之若大旱之雲霓也 歸市者不止 耕者不變 誅其君而弔其民 若
후아 민망 지약 대한 지 운예 야 귀시 자 부지 경자 불변 주기 군이 조기 민 약

時雨降 民大悅 書曰 徯我后 后來其蘇 今燕虐其民 王往而征之 民以爲將
시우 강 민 대열 서왈 혜아 후 후래 기소 금연 학기 민 왕왕 이정 지 민 이위 장

拯己於水火之中也 簞食壺漿以迎王師 若殺其父兄 係累其子弟 毀其宗廟
증 기어 수화 중 야 단사 호장 이영 왕사 약 살기 부형 계루 기 자제 훼 기 종묘

遷其重器 如之何其可也 天下固畏齊之彊也 今又倍地而不行仁政 是動
천 기 중기 여지하 기 가야 천하 고외 제지강 야 금 우 배지 이 불행 인정 시 동

天下之兵也 王速出令 反其旄倪 止其重器 謀於燕衆 置君而後去之則猶
천하지병 야 왕속 출령 반기 모예 지 기 중기 모 어 연 중 치 군 이 후 거 지 즉 유

可及止也
가급 지 야

앞 장에서 이어진다. 맹자에게 의견을 구하기는 했지만 결국 제나라 선왕은 연나라를 취했다. 제나라가 연나라를 정벌하여 지배하자 (다른) 제후들이 장차 연나라를 구하려고 도모하였다. 이에 제나라 선왕이 말했다. "제후들〔諸侯〕 중에 과인을 정벌〔伐〕하려고 도모〔謀〕하는 자(者)들이 많으니〔多〕 어떻게〔何以〕 이에〔之〕 대처해야겠는가〔待=對〕?" 待에는 기다리다 외에 대처하다, 방비하다 등의 뜻이 있다.

맹자가 대답했다. "신이 듣기에 (사방) 70리 땅만 소유하고서도 천하에 정사를 행한 이가 있으니 바로 탕왕(湯王)이 그 사람이라 했습니다. (왕처럼 사방) 천 리 땅을 소유하고서 남을 두려워하는 사람에 대해서는 들어본 적이 없습니다.

『서경』에 이르기를 탕왕이 첫 번째 정벌〔一征〕을 (백성들에게 학정을 펼치던) 갈(葛) 나라를 치는 데서 시작하자 천하가 믿고 따르며, (이후에는) 동쪽을 정벌하면 서쪽 오랑캐들이 (자신들을 먼저 정벌해 주지 않는다고) 원망하고 남쪽을 정벌하면 북쪽 오랑캐들이 원망하며 말하기를 '어찌해서 우리나라는 뒤에 정벌하려 하는가' 하였습니다. 이처럼 백성들이 (탕왕이 어서 와서 자기 나라를 정벌해 주기를) 바라는 것이 마치 큰 가뭄〔大旱〕에 구름과 무지개를 갈망하듯 하였습니다. 이에 (그 나라 백성들은 기대를 갖고서) 시장으로 가던 자〔歸市者〕는 멈

추지 않고 앞다투어 시장으로 나아갔고 밭 갈던 자는 꿈쩍도 않고 계속 밭을 갈았습니다. (마침내 탕왕이) 포악한 군주를 주벌하고 백성들을 위로하시니 단비가 내린 듯이 백성들이 크게 기뻐하였다고 했습니다. 『서경』에서 '우리 임금을 기다리노라, 임금께서 오시기만 하면 우리도 소생하게 되리라'고 한 것은 바로 그런 뜻입니다.

이번에〔今〕 연나라(군주)가 백성들을 학대하여 왕께서 가서 정벌하셨습니다. 이에 (연나라) 백성들은 장차 자신들을 물과 불의 한가운데서 구원해 줄 것이라고 여겨 대바구니에 밥을 담고 호리병에 물을 담아서 (서로 뛰어나와) 왕의 군대를 환영했던 것입니다. (그런데) 만약에 왕의 군사들이 그들의 아버지와 형제들을 죽이고 그 자식들을 옭아 넣고 그들의 종묘(宗廟)를 부수고 그들이 중히 여기는 기물〔重器〕들을 빼앗아온다면 어찌〔如之何〕 (그것이) 가능한 일이겠습니까? (이미) 천하가 제나라의 강대함을 정말로 두려워하고 있습니다. (그런데도) 지금 또 땅을 배로 늘리려 하고 어진 정치를 행하지 않는다면 이는 곧 (제나라 군대를 제외한) 천하의 군대들을 격동시키는 것입니다.

왕께서 속히 명을 내리시어 늙은이와 어린이들을 돌려보내고 중요한 기물들을 빼앗아오던 것을 중지시키고 연나라 백성들과 의논하여 그들의 (새로운) 임금을 세워준 뒤에 떠나오신다면 전란이 일어나는 것을 (미리) 막을〔止〕 수 있을 것입니다."

12

추(鄒) 나라가 노(魯) 나라와 싸웠을 때 (추나라 임금인) 목공(穆公)이 물었다. "내 신하로서 죽은 자가 33명이지만 우리 백성들 중에는 (그들을 구하기 위해) 죽은 자가 없었다. 이 백성들을 베려 하는데 (너무 많아서) 이루 다 벨 수가 없고, (그렇다고) 베지 않는다면 윗사람들의 죽음을 그냥 지켜만 보고 구원하지 않은 것을 어찌하면 좋겠는가?"

이에 맹자가 대답했다. "농사가 제대로 되지 않은 흉년이나 기근이 심하게 든 해에 왕의 백성들 중에서 노약자는 (먹을 것을 찾아) 이리저리 전전하다가 죽어서 도랑에 뒹굴고, 장성한 자들은 사방으로 뿔뿔이 흩어지니 그런 사람이 수천 명에 이릅니다. 그런데 왕의 곳간에는 곡식이 가득하고 부고(府庫-창고)에는 재화가 꽉 차 있는데도 왕의 신하들 중에 이를 왕께 아뢴 자가 없었습니다. 이는 윗사람이 나태하여 아랫사람들을 해치고 죽게 한 것입니다. 증자(曾子)께서는 '경계하고 또 경계하라. 너한테서 나온 것은 다시 너에게로 돌아간다'고 하였으니 무릇 백성들이 (신하들을 구원하지 않은 것은) 지금에서야 되갚아준 것입니다. 부디 왕께서는 (이를 이유로 백성들을) 허물하지 마십시오. 왕께서 어진 정치를 행한다면 이 백성들은 그 윗사람을 자기 몸과 같이 여겨 그를 위해 자신들의 목숨을 기꺼이 바칠 것입니다."

鄒與魯鬨 穆公問曰 吾有司死者三十三人而民莫之死也 誅之則不可勝
추 여 노 홍   목 공 문 왈   오 유 사 사 자 삼 십 삼 인 이 민 막 지 사 야   주 지 즉 불 가 승

誅 不誅則疾視其長上之死而不救如之何則可也
주   부 주 즉 질 시 기 장 상 지 사 이 불 구 여 지 하 즉 가 야

孟子對曰 凶年饑歲 君之民 老弱轉乎溝壑 壯者散而之四方者幾千人矣
맹 자 대 왈   흉 년 기 세   군 지 민   노 약 전 호 구 학   장 자 산 이 지 사 방 자 기 천 인 의

而君之倉廩實府庫充有司莫以告 是上慢而殘下也 曾子曰 戒之戒之 出乎
이 군 지 창름 실 부 고 충 유사 막 이 고 시 상 만 이 잔 하 야 증자 왈 계 지 계 지 출 호

爾者反乎爾者也 夫民今而後得反之也 君無尤焉 君行仁政斯民親其上死
이 자 반 호 이 자 야 부 민 금 이 후 득 반 지 야 군 무 우 언 군 행 인정 사민 친 기 상사

其長矣
기 장 의

추(鄒) 나라가 노(魯) 나라와〔與〕 싸웠을〔鬭=鬪〕 때 (추나
라 임금인) 목공(穆公)이 물었다. "내 신하〔有司〕로서 죽은 자가 33명
이지만 우리 백성들 중에는 (그들을 구하기 위해) 죽은 자가 없었다.
이 백성들을 베려 하는데 (너무 많아서) 이루 다 벨 수가 없고, (그렇다
고) 베지 않는다면 윗사람들〔長上〕의 죽음을 그냥 지켜만 보고 구원
하지 않은 것을 어찌하면〔如之何〕 좋겠는가?" 이에 대해서는 주희의
도움을 받아야 한다. "장상(長上)은 고위관리〔有司〕를 말한다. 백성들
이 그 장상을 원망하였다. 그래서 장상들이 죽는 것을 지켜만 보고 구
원하지 않았다." 목공의 말은 이에 대한 백성들의 책임을 묻겠다는 뜻
이었다.

이에 맹자가 대답했다. "농사가 제대로 되지 않은 흉년이나 기근이
심하게 든 해〔饑歲〕에 왕의 백성들 중에서 노약자는 (먹을 것을 찾아)
이리저리 전전하다가〔轉〕 죽어서 도랑〔溝壑〕에 뒹굴고, 장성한 자들
은 사방으로 뿔뿔이 흩어지니 그런 사람이 수천 명에 이릅니다. 그런
데〔而〕 왕의 곳간〔倉廩〕에는 곡식이 가득하고 부고(府庫-창고)에는 재
화가 꽉 차 있는데도 왕의 신하들〔有司〕 중에 이를 왕께 아뢴 자가 없
었습니다. 이는〔是〕 윗사람이 나태하여 아랫사람들을 해치고 죽게 한

것입니다. 증자(曾子)께서는 '경계하고 또 경계하라. 너(爾)한테서 나온
것은 다시 너에게로 돌아간다(反)'고 하였으니 무릇 백성들이 (신하들
을 구원하지 않은 것은) 지금에서야(今而後) 되갚아준 것입니다. 부디
왕께서는 (이를 이유로 백성들을) 허물하지(尤) 마십시오. 왕께서 어진
정치(仁政)를 행한다면 이 백성들은 그 윗사람을 자기 몸과 같이 여
겨(親) 그를 위해 자신들의 목숨을 기꺼이 바칠(死) 것입니다."

　백성들이 고위관리(有司)들을 위해 기꺼이 목숨을 바치지 않은 것
도 따지고 들어가면 결국은 임금의 잘못이라는 말이다.

등(滕) 나라 문공(文公)이 물었다. "우리 등나라는 작은 나라이며 (강대한) 제나라와 초나라 사이에 끼여 있으니 제나라를 섬겨야 하는가, 초나라를 섬겨야 하는가?"

맹자가 대답했다. "이런 큰 대책은 제가 제대로 (말을) 미칠(말할) 수 있는 바가 아닙니다. 하지만 굳이 말해야 한다면 한 가지가 있습니다. (성 주위에) 못을 깊이 파고 성을 높이 쌓아 백성들과 더불어 지키는데 백성들이 기꺼이 목숨을 바치면서도 성을 떠나려 하지 않는다면 그것은 한번 해볼 만한 대책입니다."

滕文公問曰 滕小國也間於齊楚 事齊乎事楚乎
등 문공 문왈 등 소국 야 간 어 제초 사 제 호 사 초 호

孟子對曰 是謀非吾所能及也 無已則有一焉 鑿斯池也築斯城也與民守
맹자 대왈 시 모 비 오 소능급 야 무 이 즉 유 일 언 착 사 지 야 축 사 성 야 여 민 수

之 效死而民弗去則是可爲也
지 효 사 이 민 불 거 즉 시 가위 야

등(滕) 나라 문공(文公)이 물었다. "우리 등나라는 작은 나라[小國]이며 (강대한) 제나라와 초나라 사이에 끼어 있으니 제나라를 섬겨야 하는가, 초나라를 섬겨야 하는가?"

맹자가 대답했다. "이런[是] 큰 대책[謀]은 제가[吾] 제대로[能] (말을) 미칠[及](말할) 수 있는 바[所]가 아닙니다[非]. 하지만 굳이 말해야 한다면[無已] 한 가지가 있습니다. (성 주위에) 못을 깊이 파고 성을

높이 쌓아 백성들과 더불어 지키는데 백성들이 기꺼이〔效〕목숨을 바
효
치면서도 성을 떠나려 하지 않는다면 그것은 한번 해볼 만한 대책입
니다."

　'양혜왕 장구 상(梁惠王章句上)'7장에서 주희는 無已를 無以와 같
　　　　　　　　　　　　　　　　　　　　　　　무 이 　　무 이
은 뜻으로 풀이한 바 있다. 둘 다 '~할 수 없다', '~하지 말라' 등의 뜻
을 갖고 있다. 그래서 다 풀이하자면 '들은 바가 없어 말씀드릴 게 없지
만 군이 말하라 하신다면'으로 길게 의역을 하여 앞부분을 생략한 것
이다. 여기서도 '군이 말해야 한다면〔無已〕'으로 옮겼다.
　　　　　　　　　　　　　　　　무 이

　즉 맹자는 백성들이 진심으로 (임금의 뜻과) 함께하려 할 때에만 길
이 열릴 수 있음을 역설하고 있다. 그러기 위해서는 먼저 여민동락(與
民同樂)하는 정치를 펼쳐야 한다는 것이다.

14

등나라 문공이 물었다. "제나라 사람들이 장차 (우리와 가까이에 있는) 설(薛) 나라 땅에 성을 축조하려 하니 내 심히 두렵다. 어떻게 하면 좋겠는가?"

이에 맹자가 대답했다. "옛날에 태왕(太王)이 빈(邠) 땅에 자리 잡고 있을 때 북쪽 오랑캐가 침략해 오자 그곳을 떠나 기산(岐山) 아래로 가서 자리를 잡은 적이 있습니다. 이는 기산을 가려서 선택한 것이 아니라 어쩔 수 없어서 그렇게 했던 것입니다.

(그런 어려운 처지에도 불구하고 왕께서) 만일 좋은 정치를 행한다면 후세 자손들 중에서 반드시 임금다운 임금이 나올 것입니다. 진정한 군주는 창업을 하고 좋은 전통을 세워 계속 이어져가게 해야 합니다. 성공하고 못하고는 하늘에 달려 있으니 왕께서 제나라 사람들을 어떻게 하겠습니까? 왕께서는 좋은 정치를 행하는 데에 힘을 쓰시기만 하면 됩니다."

滕文公問曰 齊人將築薛 吾甚恐如之何則可(也)
등 문공 문왈 제인 장축설 오심공 여지하 즉가 야

孟子對曰 昔者大王(太王)居邠 狄人侵之去之 岐山之下居焉 非擇而取
맹자 대왈 석자 태왕 태왕 거빈 적인 침지 거지 기산지하 거언 비택이취

之不得已也 苟爲善後世子孫必有王者矣 君子創業垂統爲可繼也 若夫
지 부득이 야 구위선 후세 자손 필유 왕자 의 군자 창업 수통 위가계 야 약부

成功則天也 君如彼何哉 彊爲善而已矣
성공 즉천 야 군여피하재 강위선 이이의

등나라 문공이 물었다. "제나라 사람들이 장차 (우리와 가까이에 있는) 설(薛) 나라 땅에 성을 축조하려 하니 내[吾] 심히[甚] 두렵다[恐]. 어떻게 하면 좋겠는가?" 강대국인 제나라가 자신의 인접국 설나라에 성을 축조하며 압박해 오는 상황에 대한 두려움을 표한 것이다.

이에 맹자가 대답했다. "옛날에[昔者] 태왕(太王)이 빈(邠) 땅에 자리 잡고 있을 때 북쪽 오랑캐[狄人]가 침략해 오자 그곳을 떠나 기산(岐山) 아래로 가서 자리를 잡은 적이 있습니다. 이는 기산을 가려서 선택한 것이 아니라 어쩔 수 없어서[不得已] 그렇게 했던 것입니다.

(그런 어려운 처지에도 불구하고 왕께서) 만일[苟] 좋은 정치[善(政)]를 행한다면 후세 자손들 중에서 반드시 임금다운 임금[王者]이 나올 것입니다. 진정한 군주[君子]는 창업을 하고 좋은 전통을 세워 계속 이어져가게 해야 합니다. 성공하고 못하고는 하늘에 달려 있으니 왕께서 제나라 사람들을 어떻게 하겠습니까? 왕께서는 좋은 정치를 행하는 데에 힘을 쓰시기만 하면 됩니다."

彊은 힘을 쓰다[强=勉]는 뜻이고, 而已矣는 '~할 뿐'이라는 뜻이다. 즉 요행을 바라지 말고 정도를 따라서 임금다운 임금이 되는 데 최선을 다하고 나머지는 하늘의 뜻에 맡기라는 말이다. 보다 상세한 내용은 바로 다음 장에 이어진다.

15

등나라 문공이 물었다. "등은 작은 나라라 온 힘을 다하여 큰 나라를 섬긴다 하더라도 (화를) 면할 길이 없으니 어떻게 하면 좋겠는가?"

맹자가 대답했다. "옛날에 태왕이 빈(邠) 땅에 자리 잡고 있을 때 북쪽 오랑캐가 침략해 오자 그들을 호랑이 가죽이나 비단처럼 (귀하게) 모셔도 (곤경이나 화를) 면하지 못했고, 개나 말이 주인을 대하듯 모셔도 면하지 못했고, 귀한 구슬처럼 여겨도 면하지 못했습니다. 이에 태왕은 원로들을 불러 모아놓고 '오랑캐들이 원하는 것은 나의 땅이다. 내들으니 군자는 사람을 길러내는 것(여기서는 땅)을 갖고서 사람을 해치지 않는다고 하였으니 여러분들은 어찌 임금이 없는 것을 걱정하는가? 내 장차 이곳을 떠나겠다'고 말한 다음 빈 땅을 버리고 양산(梁山)을 넘어 기산 아래에 도읍할 터를 만들어 자리를 잡았습니다. 이에 빈 땅 사람들이 말했습니다. '그분은 어진 사람이다. 놓쳐서는 안 된다.' 이후 태왕을 따르는 자들이 크게 늘어나 마치 (좋은 물건을 먼저 갖기 위해) 서로 시장에 먼저 가려고 앞을 다투는 형세와도 같았습니다. (물론 이에 대해) 어떤 이들은 '(군주의 땅은) 대대로 지켜온 것이니 임금이라 해서 자기 마음대로 할 수 있는 것은 아니다. 땅을 지키기 위해 기꺼이 목숨을 바쳐야지 떠나서는 안 된다'고 말하기도 합니다. 청하건대 왕께서는 이 두 가지 중에서 하나를 선택하시면 될 것입니다."

滕文公問曰 滕小國也竭力以事大國則不得免焉如之何則可
등 문공 문왈 등 소국 야 갈력 이사 대국 즉 부득 면 언 여지하 즉 가

孟子對曰 昔者大王(太王)居邠 狄人侵之 事之以皮幣不得免焉 事之以
맹자 대왈 석자 태왕 태왕 거빈 적인 침지 사지 이 피폐 부득 면 언 사지 이

犬馬不得免焉 事之以珠玉不得免焉 乃屬其耆老而告之曰 狄人之所欲者吾
견마 부득 면 언 사지 이 주옥 부득 면 언 내 속 기 기로 이 고 지 왈 적인 지 소욕 자 오

土地也 吾聞之也 君子不以其所以養人者害人 二三子何患乎無君 我將去
토지 야 오 문 지 야 군자 불 이 기 소이 양인 자 해인 이삼 자 하 환 호 무군 아 장 거

之 去邠踰梁山 邑于岐山之下居焉 邠人曰 仁人也 不可失也 從之者如歸市
지 거 빈 유 양산 읍 우 기산 지하 거 언 빈인 왈 인인 야 불가 실 야 종 지 자 여 귀 시

或曰 世守也 非身之所能爲也 效死勿去 君請擇於斯二者
혹 왈 세수 야 비 신 지 소능 위 야 효사 물 거 군 청 택 어 사 이자

등나라 문공이 물었다. "등은 작은 나라라 온 힘을 다하여〔竭力〕 큰 나라를 섬긴다 하더라도 (화를) 면할 길이 없으니 어떻게 하면〔如之何〕 좋겠는가?" 여기서 앞의 則은 '~하더라도'라는 뜻이고, 뒤의 則은 '~라면'이라는 뜻이다.

맹자가 대답했다. "옛날에 태왕이 빈(邠) 땅에 자리 잡고 있을 때 북쪽 오랑캐〔狄人〕가 침략해 오자 그들을 호랑이 가죽〔皮〕이나 비단〔幣〕처럼 (귀하게) 모셔도 (곤경이나 화를) 면하지 못했고, 개나 말〔犬馬〕이 주인을 대하듯 모셔도 면하지 못했고, 귀한 구슬〔珠玉〕처럼 여겨도 면하지 못했습니다. 이에〔乃〕 태왕은 원로〔耆老〕들을 불러 모아〔屬〕놓고 '오랑캐들이 원하는 것은 나의 땅이다. 내 들으니 군자는 사람을 길러 내는 것(여기서는 땅)을 갖고서 사람을 해치지 않는다고 하였으니 여러분들〔二三者〕은 어찌〔何〕 임금이 없는 것을 걱정하는가? 내 장차 이곳을 떠나겠다'고 말한 다음 빈 땅을 버리고 양산(梁山)을 넘어 기산 아래에 도읍할 터를 만들어 자리를 잡았습니다. 이에 빈 땅 사람들이 말했습니다. '그분은 어진 사람이다. 놓쳐서는 안 된다.' 이후 태왕을 따르는 자들이 크게 늘어나 마치 (좋은 물건을 먼저 갖기 위해) 서로 시

장에 먼저 가려고 앞을 다투는 형세〔歸市〕와도 같았습니다.
_{귀 시}

(물론 이에 대해) 어떤 이들은 '(군주의 땅은) 대대로 지켜온 것이니 임금이라 해서 자기 마음대로 할 수 있는 것은 아니다. 땅을 지키기 위해 기꺼이〔效〕목숨을 바쳐야지〔死〕떠나서는〔去〕안 된다〔勿〕'고 말하기도 합니다.

청하건대〔請〕왕께서는 이〔斯〕두 가지〔二者〕중에서 하나를 선택하시면 될 것입니다."

16

노나라 평공(平公)이 궐 밖으로 나가려 하는데 그가 총애하던 측근 장창(臧倉)(이라는 사람)이 와서 물었다. "다른 날에는 전하께서 외출하실 때면 반드시 해당 관리에게 가시는 곳을 일러주시더니 오늘은 군주용 수레를 끄는 말에 이미 멍에가 채워졌는데도 해당 관리는 전하께서 어디로 가시는지를 모르니 감히 (어디로 가시는 것인지 알기를) 청합니다."

평공이 "맹자를 만나보려고 한다"고 하자 장창은 이렇게 말했다. "어찌 그럴 수가 있습니까? 전하께서 몸을 가벼이 하여 이쪽에서 먼저 필부에게 나아가는 이유가 (혹시) 그를 뛰어난 자〔賢者〕라고 여겨서입니까? (무릇) 예(禮)와 의로움〔義〕은 뛰어난 자로부터 나온다고 했습니다. 그런데 맹자의 뒤 상〔後喪〕이 앞 상〔前喪〕을 뛰어넘었으니 전하께서는 그 사람을 만나보지 마소서."

이에 평공은 "(너의 청을) 받아들이겠다"고 말했다.

(이번에는 맹자의 제자인) 악정자(樂正子)가 평공을 찾아뵙고 "어찌하여 맹가(孟軻-맹자)를 만나지 않으셨습니까?"라고 묻자 평공은 "어떤 사람이 과인에게 고하기를 맹자의 뒤 상이 앞 상을 뛰어넘었다고 하길래 그 때문에 내가 그를 보러 가지 않았다"고 말했다.

이에 악정자는 다음과 같이 말했다. "어찌 그럴 수가 있습니까? (방금) 왕께서 이른바 '뛰어넘었다'고 하신 것은 (맹자가) 앞 상은 벼슬을 하지 못한 선비의 예로 하고 뒤 상은 벼슬한 대부(大夫)의 예로 하며, (또) 앞은 삼정(三鼎-선비의 제례)을 쓰고 뒤는 오정(五鼎-대부의 제례)을 쓴 것을 염두에 두신 것입니까?"

평공이 "아니다. 곁 관과 속 관, 옷과 이불의 아름다움을 말하는 것이다"고 하자 악정자는 이렇게 말했다. "아닙니다. 이것은 이른바 '뛰어넘었다'는 것이 아니라 앞 뒤 각각의 상을 당했을 때 빈부(貧富)가 같지 않았기 때문입니다."

악정자가 맹자를 찾아뵙고 말했다. "극(克-악정자의 이름)이 왕께서 (스승님을) 한번 찾아뵙기를 아뢰었더니 왕께서 (실제로) 와서 만나보려고 하셨는데 측근에 장창이라는 자가 있어 왕께서 찾아오는 것을 저지하였습니다. 왕께서는 이 때문에 결국 오시지 않았습니다."

이에 맹자는 다음과 같이 말했다. "길 떠나는 것도 혹 (누군가가) 시켜서이고 멈추는 것도 혹 (누군가가) 저지해서 그러는 것이겠지만 가거나 멈추는 것은 (실은) 사람이 할 수 있는 것이 아니다. 내가 노나라의 임금을 만나지 못하게 한 것은 하늘이니 장씨(臧氏)의 자식 따위가 어찌 나로 하여금 임금을 만나보지 못하게 할 수 있었겠는가?"

魯平公將出 嬖人臧倉者請曰 他日君出則必命有司所之 今乘輿已駕矣
노 평공 장 출 폐인 장창 자 청왈 타일 군 출 즉 필명 유사 소지 금 승여 이 가의

有司未知所之敢請
유사 미지 소지 감청

公曰 將見孟子
공왈 장견 맹자

曰 何哉 君所爲輕身以先於匹夫者 以爲賢乎 禮義由賢者出而孟子之
왈 하재 군 소위 경신 이 선어 필부 자 이위 현호 예의 유 현자 출 이 맹자 지

後喪踰前喪 君無見焉
후상 유 전상 군 무견 언

公曰 諾
공왈 낙

樂正子入見曰 君奚爲不見孟軻也
악정자 입현 왈 군 해위 불견 맹가 야

曰 或告寡人曰 孟子之後喪踰前喪 是以不往見也
왈 혹고 과인 왈 맹자지후상 유전상 시이 불 왕견 야

曰 何哉 君所謂踰者 前以士後以大夫 前以三鼎而後以五鼎與
왈 하재 군 소위 유자 전이사후이대부 전이 삼정 이후이 오정 여

曰 否 謂棺槨衣衾之美也
왈 부 위 관곽 의금 지 미 야

曰 非所謂踰也貧富不同也
왈 비 소위 유 야 빈부 부동 야

樂正子見孟子曰 克告於君 君爲來見也 嬖人有臧倉者沮君 君是以不果
악정자 현 맹자 왈 극고어군 군위래견야 폐인유 장창 자저군 군 시이 불과

來也
래 야

曰 行或使之 止或尼之 行止非人所能也 吾之不遇魯侯天也 臧氏之子
왈 행 혹 사 지 지혹 닐지 행지 비인 소능 야 오지 불우 노후 천야 장씨 지자

焉能使予不遇哉
언 능 사 여 불우 재

　　　노나라 평공(平公)이 궐 밖으로 나가려 하는데 그가 총
애하던 측근〔嬖人〕장창(臧倉)(이라는 사람)이 와서 물었다. 者는 '~라
는 자'로 풀 수 있지만 번거롭기 때문에 번역하지 않았다. "다른 날에
는 전하께서 외출하실 때면 반드시 해당 관리〔有司〕에게 가시는 곳
〔所之〕을 일러주시더니 오늘은 군주용 수레〔乘輿=御駕〕를 끄는 말에
이미 멍에가 채워졌는데도〔駕〕해당 관리는 전하께서 어디로 가시는
지를 모르니 감히 (어디로 가시는 것인지 알기를) 청합니다."

　　평공이 "맹자를 만나보려고 한다"고 하자 장창은 이렇게 말했다. "어
찌 그럴 수가 있습니까? 전하께서 몸을 가벼이 하여 이쪽에서 먼저 필
부에게 나아가는 이유가 (혹시) 그를 뛰어난 자〔賢者〕라고 여겨서입니

까? (무릇) 예(禮)와 의로움〔義〕은 뛰어난 자로부터 나온다고 했습니다. 그런데〔而〕 맹자의 뒤 상〔後喪〕이 앞 상〔前喪〕을 뛰어넘었으니〔踰〕 전하께서는 그 사람을 만나보지 마소서." 이에 평공은 "(너의 청을) 받아들이겠다"고 말했다.

이에 대해서는 약간의 풀이가 필요하다. 맹자는 아버지를 먼저 여의었고 뒤에 어머니를 잃었다. 앞 상은 부친상, 뒤 상은 모친상을 말한다. 그런데 맹자는 어머니의 상은 후하게 하였고 아버지의 상은 박하게 하였으니 그 점이 예를 잃은 것〔失禮〕이라 하여 장창이 이렇게 지적한 것이다. 뛰어넘었다〔踰〕는 말은 더 후하게 했다는 의미다.

(이번에는 맹자의 제자인) 악정자(樂正子)가 평공을 찾아뵙고 "어찌하여 맹가(孟軻-맹자)를 만나지 않으셨습니까?"라고 묻자 평공은 "어떤 사람이 과인에게 고하기를 맹자의 뒤 상이 앞 상을 뛰어넘었다고 하길래 그 때문에 내가 그를 보러 가지 않았다"고 말했다. 이에 악정자는 다음과 같이 말했다. "어찌 그럴 수가 있습니까? (방금) 왕께서 이른바 '뛰어넘었다〔踰〕'고 하신 것은 (맹자가) 앞 상은 벼슬을 하지 못한 선비〔士〕의 예로 하고 뒤 상은 벼슬한 대부(大夫)의 예로 하며, (또) 앞은 삼정(三鼎-선비의 제례)을 쓰고 뒤는 오정(五鼎-대부의 제례)을 쓴 것을 염두에 두신 것입니까?"

평공이 "아니다. 겉 관과 속 관, 옷과 이불의 아름다움을 말하는 것이다"고 하자 악정자는 이렇게 말했다. "아닙니다. 이것은 이른바 '뛰어넘었다'는 것이 아니라 앞 뒤 각각의 상을 당했을 때 빈부(貧富)가 같지 않았기 때문입니다."

악정자가 맹자를 찾아뵙고 말했다. "극(克-악정자의 이름)이 왕께서 (스승님을) 한번 찾아뵙기를 아뢰었더니 왕께서 (실제로) 와서 만나보려고 하셨는데 측근에 장창이라는 자가 있어 왕께서 찾아오는 것을 저지〔沮〕하였습니다. 왕께서는 이 때문에 결국 오시지 않았습니다."

이에 맹자는 다음과 같이 말했다. "길 떠나는 것〔行〕도 혹 (누군가가) 시켜서이고 멈추는 것〔止〕도 혹 (누군가가) 저지해서 그러는 것이겠지만 가거나 멈추는 것은 (실은) 사람이 할 수 있는 것이 아니다. 내가 노나라의 임금을 만나지 못하게 한 것은 하늘〔天〕이니 장씨(臧氏)의 자식 따위가 어찌〔焉〕 나로 하여금 임금을 만나보지 못하게 할 수 있었겠는가?"

이 장에 대한 주희의 촌평은 참고할 만하다. "빼어난 이나 뛰어난 이〔聖賢〕의 출처(出處)는 시운(時運)의 성쇠(盛衰)에 관계되니 바로 천명(天命)이 그리하는 것이요 인력(人力)으로 미칠 수 있는 것이 아님을 말씀하신 것이다."

공손추 장구 상

公孫丑章句上

1

(맹자의 제자인) 공손추(公孫丑)가 물었다. "스승님께서 제나라(처럼 큰 나라)에서 요직을 맡으신다면 관중(管仲)이나 안자(晏子)와 같은 공적을 다시 (이룰 수 있을 것으로) 기대할 수 있겠습니까?"

이에 맹자는 답한다. "그대는 참으로 어쩔 수 없이 제나라 사람이구나. 관중과 안자만을 알 뿐이구나.

어떤 사람이 (증자(曾子)의 손자인) 증서(曾西)에게 묻기를 '그대는 (공자의 제자인) 자로(子路)와 비교해서 누가 더 뛰어난가?'라고 하니 증서는 조심스러운 듯 '(자로는) 나의 조부께서 어려워하신 분이다'고 말했다.

어떤 사람이 (이번에는) '그렇다면 그대는 관중과 비교해서 누가 더 뛰어난가'라고 하니 증서는 발끈하면서 불쾌한 표정으로 '네 어찌 곧 나를 관중과 비교하는가? 관중이 군주의 신임을 얻은 것이 저와 같이 전폭적이었고 국정을 펼친 것이 저와 같이 오래되었는데도 그에 대한 후세의 평가는 저와 같이 낮은데 네 어찌 곧 나를 이런 사람(관중)과 비교하는가?'라고 말했다.

관중(과 비교하는 일)은 증서도 하지 않은 바이다. 그런데 그대는 (스승인) 나에게 그것을 원하는 것인가?"

공손추가 말했다. "관중은 자신의 군주로 하여금 천하의 패권을 쥐게 해주었고, 안자는 자신의 군주로 하여금 이름이 널리 드러나게 해주었습니다. 관중이나 안자(처럼 해보는 것)도 오히려 행하기에 부족하지 않을까요?"

맹자는 이렇게 말한다. "제나라에서 (재상은 말할 것도 없고 그 위의)

임금 노릇하는 것도 오히려 손바닥 뒤집듯 쉽다."

공손추가 다시 물었다. "만일 그렇다고 한다면 이 제자의 의구심은 더욱 심해질 수밖에 없습니다. 문왕(文王)께서는 빼어난 임금다움으로 (97세까지 살면서) 100년 가까이 통치한 후에 돌아가셨는데도 오히려 (도리가) 천하에 펼쳐짐이 충분치 못했습니다. (그러다가) 무왕(武王)과 주공(周公)이 그것을 이어받은 연후에야 비로소 (도리가) 크게 행해졌습니다. (그런데 스승님께서는) 지금 왕 노릇 하는 것이 마치 손바닥 뒤집듯 쉽다고 말씀하셨습니다. 그렇다면 문왕은 충분히 본받을 만한 인물이 못 된다는 것입니까?"

맹자가 답했다. "(내가) 문왕에 어찌 맞설 수 있겠는가? (은나라의) 탕왕(湯王)에서부터 무정(武丁)에 이르기까지 뛰어나고 빼어난 임금 예닐곱 명이 일어나 천하가 은나라로 돌아간 지가 오래되었으니 오래되면 쉽게 변하지 않는다. 무정은 제후들에게 조회를 받고 천하를 소유하여 마치 그것을 움직이기를 손바닥 뒤집듯 하였다. 주왕(紂王)은 무정의 시대로부터 (시간적 거리가) 오래지 않으니 그 훈구의 집안과 남은 풍속, 좋은 기풍과 훌륭한 정치가 전해지고 있었고 또 미자(微子), 미중(微仲), 왕자 비간(比干), 기자(箕子), 교격(膠鬲)(과 같은 신하들)이 있었는데 이들은 모두 뛰어난 인물들이었다. 이들은 서로 함께 도와서 주왕을 보좌하였으므로 오랜 시간이 흐른 뒤에야 나라를 잃었다. (그렇게 되기 전까지는) 한 자의 땅도 그의 소유가 아닌 것이 없었고 한 명의 백성도 그의 신하가 아닌 사람이 없었다. 이런 상황에서 문왕은 사방 100리의 (작은) 땅에서 (주왕에 맞서) 일어나셨으니 이것은 참으로 어려운 일을 해내신 것이다. 제나라 사람들의 속담에 '비록 (뛰어난) 지혜를 갖고 있다 해도 (일을 이루는 데는) 형세를 올라타는 것만 못하며, 비록 (좋은) 농기구를 갖추고 있다 해도 (농사를 잘 짓는 데는) 적기를 기다릴 줄 아는 것만 못하다'고 했으니 지금의 때가 바로 (일을 이루기가) 쉬운 때라고 할 수 있다.

하후(夏后)와 은나라, 주나라는 성세 때에도 땅이 사방 천 리를 넘은 적이 없었다. 반면에 제나라는 그만한 땅을 갖고 있고, (또) 수도에서 사방의 국경까지 (민가가 많아) 닭 울음과 개 짖는 소리가 서로 연이어 들릴 만큼 많은 백성을 갖고 있으니, 땅을 더 넓히지 않고 백성을 더 모으지 않더라도 어진 정치를 베풀어 왕다운 왕 노릇을 하고자 한다면 누구도 그것을 막지 못할 것이다. 게다가 임금다운 임금이 나오지 않은 것이 지금처럼 드문 적이 없고 백성들이 학정에 시달리어 지금처럼 초췌(憔悴)했던 적이 없으니, (지금이야말로) 굶주린 자에게 밥을 주기가 쉽고 목마른 자에게 물을 주기가 쉽다. 공자께서 말씀하시기를 '(임금의 임금)다움이 (백성들 사이에) 퍼져나가는 것은 역마(驛馬)로 명을 전하는 것보다 빠르다'고 하셨다. 지금의 이런 때를 당하여 (제나라와 같은) 만승(萬乘)의 나라가 어진 정치를 행한다면 백성들이 그것을 기뻐하는 정도는 마치 거꾸로 매달려 있는 것을 풀어준 것과 같다고 할 것이다. 그렇기 때문에 일은 옛 사람의 반만 하고 그 효과는 반드시 그 옛 사람이 이룩한 것의 배가 됨은 오직 지금 이때에만 그러할 것이다."

公孫丑問曰 夫子當路於齊 管仲晏子之功可復許乎
공손추 문왈 부자 당로 어 제 관중 안자 지공 가부 허호

孟子曰 子誠齊人也 知管仲晏子而已矣 或問乎曾西曰 吾子與子路孰賢
맹자왈 자성제인야 지관중안자이이의 혹문호증서왈 오자여자로숙현

曾西蹵然曰 吾先子之所畏也 曰 然則吾子與管仲孰賢 曾西艴然不悅 曰
증서 축연 왈 오 선자 지 소외 야 왈 연즉 오자여 관중 숙현 증서 불연 불열 왈

爾何曾比予於管仲 管仲得君如彼其專也 行乎國政如彼其久也 功烈如彼
이 하 증 비 여 어 관중　관중 득군 여피 기전 야　행호 국정 여피 기구 야　공렬 여피

其卑也 爾何曾比予於是 曰 管仲曾西之所不爲也而子爲我願之乎
기 비 야 이 하 증 비 여 어 시 왈 관중 증서 지 소불위 야 이 자 위 아 원 지 호

(公孫丑)曰 管仲以其君霸 晏子以其君顯 管仲晏子猶不足爲與
공손추　왈 관중 이 기 군 패 안자 이 기 군 현 관중 안자 유 부족 위 여

(孟子)曰 以齊 王 由(猶)反手也
맹자 왈 이 제 왕 유 유 반수 야

(公孫丑)曰 若是則弟子之惑滋甚 且以文王之德百年而後崩 猶未洽於
공손추　왈 약시 즉 제자 지 혹 자심 차 이 문왕 지 덕 백년 이후 붕 유 미흡 어

天下 武王周公繼之然後大行 今言王若易然 則文王不足法與
천하　무왕 주공 계 지 연후 대행　금언 왕 약 이연　즉 문왕 부족 법 여

(孟子)曰 文王何可當也 由湯至於武丁 賢聖之君六七作 天下歸殷久矣
맹자 왈 문왕 하 가당 야 유 탕 지어 무정 현성 지 군 육칠 작 천하 귀 은 구 의

久則難變也 武丁朝諸侯有天下 猶運之掌也 紂之去武丁未久也 其故家
구 즉 난 변 야　무정 조 제후 유 천하　유 운 지 장 야　주 지 거 무정 미구 야　기 고가

遺俗流風善政猶有存者 又有微子 微仲 王子比干 箕子 膠鬲 皆賢人也 相
유속 유풍 선정 유 유존 자　우 유 미자　미중　왕자 비간　기자　교격　개 현인 야　상

與輔相之 故久而後失之也 尺地莫非其有也 一民莫非其臣也 然而文王猶
여 보상 지　고 구 이후 실 지 야　척지 막비 기유 야　일민 막비 기신 야　연이 문왕 유

方百里起 是以難也 齊人有言曰 雖有知慧不如乘勢 雖有鎡基不如待時 今
방 백리 기　시이 난 야　제인 유언 왈　수 유 지혜 불여 승세　수 유 자기 불여 대시　금

時則易然也 夏后殷周之盛地未有過千里者也而齊有其地矣 雞鳴狗吠 相
시 즉 이연 야　하후 은 주 지 성 지 미유 과 천리 자 야 이 제 유 기지 의　계명 구폐　상

聞而達乎四境而齊有其民矣 地不改辟矣 民不改聚矣 行仁政而王 莫之
문 이 달호 사경 이 제 유 기민 의　지 불개 벽 의　민 불개 취 의　행 인정 이 왕　막 지

能禦也 且王者之不作未有疏於此時者也 民之憔悴於虐政未有甚於此時
능 어 야　차 왕자 지 부작 미유 소 어 차시 자 야　민 지 초췌 어 학정 미유 심 어 차시

者也 飢者易爲食 渴者易爲飲 孔子曰 德之流行速於置郵而傳命 當今之時
자 야　기자 이 위 식　갈자 이 위 음　공자 왈 덕 지 유행 속 어 치우 이 전명　당 금지 시

萬乘之國行仁政 民之悅之猶解倒懸也 故事半古之人功必倍之 惟此時爲然
만승 지국 행 인정　민 지 열 지 유 해 도현 야　고 사 반 고지 인 공 필 배 지　유 차시 위 연

맹자의 제자인 공손추(公孫丑)가 물었다. 여기서는 丑을 맺는다는 뜻의 추로 읽는다. 공손추는 제나라 사람이다. 참고로 맹자는 추(鄒) 나라 사람이다.

공손추가 맹자에게 물었다. "스승님〔夫子〕께서 제나라(처럼 큰 나라)에서 요직〔路〕을 맡으신다면〔當〕 관중(管仲)이나 안자(晏子)와 같은 공적〔功〕을 다시〔復〕 (이룰 수 있을〔可〕 것으로) 기대〔許〕할 수 있겠습니까?"

관중은 춘추시대 제나라 대부로 환공(桓公)을 보필하여 그를 제후들의 패자(覇者)로 만들어주었고 안자 또한 제나라 경공(景公) 때의 재상으로 관중 못지않은 국가발전을 이룩했다. 공손추는 맹자에게 '만일 스승께서 재상 자리에 앉는다면 관중이나 안자 같은 실질적인 업적을 이룩할 수 있느냐'고 묻고 있는 것이다.

이에 맹자는 답한다. "그대는〔子〕 참으로 어쩔 수 없이〔誠〕 제나라 사람이구나. 관중과 안자만을 알〔知〕 뿐이구나." 而已矣는 '뿐', '~만' 등을 뜻한다.

맹자의 말이 이어진다. "어떤 사람〔或〕이 (曾子의 손자인) 증서(曾西)에게〔乎〕 묻기를〔問~曰〕 '그대〔吾子〕는 (공자의 제자인) 자로(子路)와 비교해서〔與〕 누가〔孰〕 더 뛰어난가〔賢〕?'라고 하니 증서는 조심스러운 듯〔蹴然〕 '(자로는) 나의〔吾〕 조부〔先子-증자〕께서 어려워하신〔畏〕 분이다'고 말했다." 吾子는 직역하면 '나의 그대'이므로 친근하게 그대라고 부르는 것이다. 주희는 蹴을 조심하는 모습 혹은 편안치 못한 모습〔不安貌〕이라고 풀이한다.

다시 맹자의 말이 이어진다. "어떤 사람이 (이번에는) '그렇다면〔然則〕 그대는 관중과 비교해서 누가 더 뛰어난가'라고 하니 증서는 발끈하면서〔艴然〕 불쾌한 표정〔不悅〕으로 '네〔爾〕 어찌〔何〕 곧〔曾〕 나를 관중과 비교하는가? 관중이 군주의 신임을 얻은 것이〔得君〕 저와 같이〔如彼〕 전폭적이었고〔專〕 국정을 펼친 것이 저와 같이 오래〔久〕되었는데도 그에 대한 후세의 평가〔功烈〕는 저와 같이 낮은데 네 어찌 곧 나를 이런 사람〔是-관중〕과 비교하는가?'라고 말했다." 艴은 '발끈하다', '성내다' 등을 뜻한다.

이 같은 증서의 일화를 들려준 다음 맹자는 은근히 공손추를 꾸짖는다. "관중(과 비교하는 일)은 증서도 하지 않은 바이다. 그런데〔而〕 그대는 (스승인) 나〔我〕에게〔爲〕 그것(之-관중과 비교해 보기)을 원하는 것인가?" 여기서 爲는 '위해서'라기보다는 '~에게'로 보는 게 나을 듯하다.

공손추는 말귀가 어두웠는지 다시 이렇게 묻는다. "관중은 자신의〔其〕 군주〔君〕로 하여금〔以〕 천하의 패권〔霸〕을 쥐게 해주었고, 안자는 자신의 군주로 하여금 이름이 널리 드러나게〔顯〕 해주었습니다. 관중이나 안자(처럼 해보는 것)도 오히려〔猶〕 행하기〔爲〕에 부족하지 않을까요?" 여기서 以는 使와 같은 뜻으로 '~로 하여금 ~하게 만들다'는 뜻이다. 맨 마지막의 與는 추측이나 의문의 뜻을 갖는데 여기서는 둘 다 함의하는 것으로 볼 수 있다. 실은 좀 솔직한 질문이라 할 수 있다. 툭 까놓고 관중이나 안자처럼 되기도 쉽지 않은 것 아니냐고 묻고 있기 때문이다.

이에 대해 맹자는 면박을 주듯 이렇게 말한다. "제나라에서 (재상은 말할 것도 없고 그 위의) 임금 노릇 하는 것도 오히려 손바닥 뒤집듯〔反手〕 쉽다." 以는 흔히 '~를 갖고서', '~로써' 등의 뜻인데 여기서는 그냥 '~에서'라고 푸는 게 자연스럽다. 由는 猶로 보아 '오히려'라고 푼다. 反手는 손바닥을 뒤집는다는 말로 그만큼 쉽다는 뜻이다. 공손추는 공업(功業)을 이룬 관중이나 안자에도 미치는 것이 쉽지 않다고 여기는데 맹자는 아예 그것을 뛰어넘어 제나라 같은 데서는 제대로 된 임금 노릇 하는 것도 손바닥 뒤집기만큼이나 쉽다고 말한 것이다. 이건 아무리 맹자라지만 우리가 보아도 너무 많이 나간 것처럼 들린다. 공손추도 우리와 비슷한 심정이었을 것이다.

공손추가 다시 묻는다. "만일〔若〕 그렇다고 한다면〔是則〕 이 제자의 의구심〔惑〕은 더욱〔滋〕 심해질〔甚〕 수밖에 없습니다. 문왕(文王)께서는 빼어난 임금다움〔德〕으로 (97세까지 살면서) 100년 가까이 통치한 후에 돌아가셨는데도 오히려 (도리가) 천하에 펼쳐짐이 충분치 못했습니다. (그러다가) 무왕(武王)과 주공(周公)이 그것을 이어받은 연후에야 비로소 (도리가) 크게 행해졌습니다. (그런데 스승님께서는) 지금〔今〕 왕 노릇 하는 것〔王〕이 마치〔若〕 손바닥 뒤집듯 쉽다〔易然〕고 말씀하셨습니다. 그렇다면〔則=然則〕 문왕은 충분히 본받을〔法〕 만한 인물이 못 된다는 것입니까?" 여기서 且는 굳이 '또'라고 번역할 필요는 없고 어조사 정도로 받아들이면 된다.

공손추의 질문은 사실 우리 같은 사람들이 볼 때는 당연히 드는 의문이다. 이론에 능하다고 해서 반드시 실천에도 능한 것은 아니기 때문이다.

맹자가 답한다. "(내가) 문왕에 어찌 맞설 수〔可當〕 있겠는가? (은나라의) 탕왕(湯王)에서부터〔由=自〕 무정(武丁)에 이르기까지 뛰어나고 빼어난 임금 예닐곱 명이 일어나 천하가 은나라로 돌아간 지가 오래되었으니 오래되면 쉽게 변하지 않는다. 무정은 제후들에게 조회를 받고 천하를 소유하여 마치 그것을 움직이기를 손바닥 뒤집듯 하였다. 주왕(紂王)은 무정의 시대로부터 (시간적 거리가) 오래지 않으니 그 훈구의 집안과 남은 풍속, 좋은 기풍[流風]과 훌륭한 정치가 전해지고 있었고 또[又] 미자(微子), 미중(微仲), 왕자 비간(比干), 기자(箕子), 교격(膠鬲)(과 같은 신하들)이 있었는데 이들은 모두 뛰어난 인물들이었다. 이들은 서로 함께 도와서 주왕을 보좌하였으므로 오랜 시간이 흐른 뒤에야 나라를 잃었다. (그렇게 되기 전까지는) 한 자의 땅도 그의 소유가 아닌 것이 없었고 한 명의 백성도 그의 신하가 아닌 사람이 없었다. 이런 상황에서 문왕은 사방 100리의 (작은) 땅에서 (주왕에 맞서) 일어나셨으니 이것은 참으로 어려운 일을 해내신 것이다."

이에 대해서는 약간의 배경설명이 필요하다. 하(夏) 나라 걸왕(桀王)을 내쫓은 탕왕이 세운 은(殷=商) 나라는 무정에 이르기까지 연이어 뛰어난 임금이 나와 국가가 안정되었다. 이런 기반이 있었기에 무정으로부터 7세가 지난 주왕 때도 훌륭한 가문과 명신(名臣)들이 남아 있었고 국가의 기반이 비교적 튼튼했다. '오래되면 쉽게 변하지 않는다'는 말은 바로 그 점을 지적한다. 이처럼 기반이 든든한 상나라에 맞서 사방 100리를 기반으로 해서 훗날 주(周) 나라가 탄생할 수 있는 토대를 만든 인물이 문왕이기 때문에 그의 공덕을 높이 찬양하고 있다. 故家란 국가에 깊이 헌신한 집안, 즉 훈구(勳舊)의 가문을 말한다.

이제 맹자는 제나라의 속담을 인용하며 자신이 왜 제나라에서 왕 노릇 하는 것은 손바닥 뒤집기만큼 쉽다고 했는지를 설명해 간다. "제나라 사람들의 속담에 '비록 (뛰어난) 지혜를 갖고 있다 해도 (일을 이루는 데는) 형세[勢]를 올라타는 것만 못하며, 비록 (좋은) 농기구[鎡基]를 갖추고 있다 해도 (농사를 잘 짓는 데는) 적기[時]를 기다릴 줄 아는 것만 못하다'고 했으니 지금의 때가 바로 (일을 이루기가) 쉬운 때라고 할 수 있다."

그리고 맹자는 이어서 형세와 때의 중요성을 풀어서 보여준다. "하후(夏后)와 은나라, 주나라는 성세[盛] 때에도 땅이 사방 천 리를 넘은 적이 없었다. 반면에 제나라는 그만한 땅을 갖고 있고, (또) 수도에서 사방의 국경까지 (민가가 많아) 닭 울음과 개 짖는 소리가 서로 연이어 들릴 만큼 많은 백성을 갖고 있으니, 땅을 더 넓히지 않고 백성을 더 모으지 않더라도 어진 정치[仁政]를 베풀어 왕다운 왕 노릇을 하고자 한다면 누구도 그것을 막지 못할 것이다."

주희는 여기까지를 형세의 쉬움을 보여주는 내용으로 풀이한다. 땅이 이미 충분히 넓고 백성들도 조밀하다는 것이다.

다시 맹자의 말이다. "게다가[且] 임금다운 임금[王者]이 나오지 않은 것[不作]이 지금처럼 드문[疏] 적이 없고 백성들이 학정에 시달리어 지금처럼 초췌(憔悴)했던 적이 없으니, (지금이야말로) 굶주린 자[飢者]에게 밥을 주기가 쉽고 목마른 자[渴者]에게 물을 주기가 쉽다."

주희는 이 부분을 때의 쉬움을 보여주는 내용으로 풀이한다. 그만큼 당시 제나라의 학정이 심각했던 것이다. 그러니 평소보다 조금만 더 선정(善政)을 베풀어도 얼마든지 민심을 얻을 수 있다는 점을 강조하고 있다.

끝으로 맹자는 공자를 인용하면서 마무리한다. "공자께서 말씀하시기를 '(임금의 임금)다움[德]이 (백성들 사이에) 퍼져나가는 것[流行]은 역마(驛馬)로 명을 전하는 것보다 빠르다'고 하셨다. 지금의 이런 때를 당하여 (제나라와 같은) 만승(萬乘)의 나라가 어진 정치를 행한다면 백성들이 그것을 기뻐하는 정도[民之悅之]는 마치 거꾸로 매달려 있는 것을 풀어준 것과 같다고 할 것이다. 그렇기 때문에[故] 일[事]은 옛 사람의 반만 하고 그 효과[功]는 반드시 그 옛 사람이 이룩한 것의

배가 됨은 오직 지금 이때에만 그러할 것이다." 民之悅之에서 앞의 之
는 '~의', 뒤의 之는 '그것', 즉 어진 정치가 행해지는 것을 뜻한다. 그래
서 직역하면 '백성들의 그것을 기뻐함'인데 이를 '백성들이 그것을 기
뻐하는 정도'로 풀었다.

맨 마지막 문장이 핵심이다. 맹자가 말한 지금은 곧 당시의 제나라
정치 상황이다. 이런 때에는 형세와 때가 쉽기 때문에 조금만 임금다
움을 보이고 어진 정치를 행하면 그 파급효과는 엄청날 것이라는 말
이다.

2

공손추가 물었다. "스승님께서 제나라의 재상에 오르시어 도리를 구현할 수 있게 되신다면 비록 이로 말미암아 모시던 임금을 패권을 이루는 임금이나 임금다운 임금에 이르게 하더라도 이상하지 않을 것입니다. (다만) 이와 같이 될 경우 (임무와 책임이 너무 중차대하여) 마음이 흔들리겠습니까, 안 흔들리겠습니까?"

맹자는 말했다. "흔들리지 않을 것이다. 나는 마흔에 (외부의 일로 인하여) 마음이 동요하지 않게 되었다[不動心]."
부동심

공손추가 말했다. "만일 그러시다면 스승님께서는 (옛날 제나라의 유명한 역사(力士)인) 맹분(孟賁)을 크게 뛰어넘으신 것입니다."

이에 맹자는 말했다. "이것은 어렵지 않다. (맹자에게 수학한 바 있는) 고자(告子)도 나보다 먼저 부동심(不動心)에 이르렀다."

공손추가 "부동심에 이르는 (특별한) 길이 있습니까?"라고 묻자 맹자는 말했다. "있다. 북궁유(北宮黝)라는 사람이 용맹을 키운 것을 보면 살갗이 (날카로운 것에) 찔려도 꼼짝하지 않고 눈동자를 찌르려 해도 눈 하나 깜빡하지 않았다. (스스로) 생각하기를 털끝 하나라도 남들에게 모욕을 당하면 이를 마치 시장이나 조정과 같은 공개적인 장소에서 종아리를 맞는 개망신을 당한 것처럼 여겼다. 그래서 그는 필부에게도 (모욕을) 당하지 않았고, 또한 만승(萬乘)의 나라 군주에게도 (모욕을) 당하지 않았으며, 만승의 군주를 칼로 찔러 죽이기를 마치 필부를 찔러 죽이는 것과 같은 것으로 보았다. 그에게는 두려운 제후가 없었기에 자신에 대해 안 좋은 소리가 귀에 들어오면 반드시 되갚아주었다.

맹시사(孟施舍)는 자신이 용맹을 키운 방법에 대해 '이길 수 없는 상대와 마주쳤을 때도 이길 수 있는 상대를 대하듯이 한다. 적의 전력을 헤아린 이후에 (승산이 있다고 판단되면 그때서야) 전진하고, 이길 수 있다는 생각이 든 이후에야 맞붙는다면 이는 적의 삼군(三軍)을 두려워하는 것이다. 나라고 해서 어찌 반드시 이길 수만 있겠는가? 다만 최대한 두려움을 없앨 뿐이다'라고 말했다. 맹시사는 증자(曾子)와 비슷하고 북궁유는 자하(子夏)와 비슷하다. 이 두 사람의 용맹 혹은 용기 중 어느 쪽이 더 뛰어난지는 잘 모르겠다. 그러나 맹시사가 (마음을) 지킨 것이 (더) 다잡음이 있다.

옛날에 증자가 자신의 제자 자양(子襄)에게 말하기를 '그대는 용맹을 좋아하는가? 내 일찍이 공자께 큰 용맹을 들은 바 있다. 스스로 (나를) 돌이켜보아 곧지 못하다면 비록 필부라도 내 그를 두려워하지 않겠는가? (하지만) 스스로 (나를) 돌이켜보아 곧다면 비록 천만 명과 대적하더라도 내 (두려움 없이) 나아갈 것이다'고 하셨다. (두려워하지 않음으로써) 맹시사가 자기 한 몸의 기운을 지킨 것은 증자가 다잡음을 지킨 것에 못 미친다."

공손추가 물었다. "감히 묻겠습니다. 스승님의 부동심과 고자의 부동심(의 차이)에 대해 (스승님의 견해를) 들을 수 있겠습니까?"

(이에 맹자가 답했다.) "고자가 말하기를 '(상대방의) 말에서 납득할 수 없다고 해서 (자신의) 마음에서 그것을 (추정하여 알려고) 구하지 말고, 마음에서 납득할 수 없다고 해서 기운에서 그것을 구하지 말라'고 했다. 이 말은 (내가 생각할 때) '마음에서 납득할 수 없다고 해서 기운에서 그것을 구하지 말라'는 말은 맞다. (그러나) '말에서 납득할 수 없다고 해서 (자신의) 마음에서 그것을 (추정하여 알려고) 구하지 말라'는 말은 맞지 않다. (왜냐하면) 무릇 뜻은 기운의 장수요 기운은 몸을 꽉

채우고 있는 것이니 뜻이 가장 높고 기운은 그다음이다. 그래서 (누군가가) 말하기를 '그 뜻을 꽉 붙들고 그 기운을 마구잡이로 동하게 하지 말라'고 한 것이다."

(공손추가 또 물었다.) "이미 뜻이 가장 높고 기운은 그다음이라 하시고는 또 그 뜻을 꽉 붙들고 그 기운을 마구잡이로 동하게 하지 말라고 하시니 그것은 무슨 뜻입니까?"

맹자가 답했다. "뜻이 한결같으면 기운도 그것을 따라 움직이게 되고, 기운이 한결같으면 뜻도 그것을 따라 움직이게 된다. 지금 무릇 뛰고 달리는 자가 있다고 할 때 그것이 바로 기운이고 도리어 그 마음을 움직이게 만든다."

(공손추가 말했다.) "감히 묻겠습니다. 스승님에게는 어떤 점에서 (고자에 비해) 장점이 있는 것입니까?"

맹자가 말했다. "나는 말을 알며〔知言〕, 나는 나의 큰 기상〔浩然之氣〕을 잘 기른다. (이것이 내 장점이다.)"

(공손추가 말했다.) "감히 묻겠습니다. 무엇을 '큰 기상'이라고 합니까?"

이에 맹자는 말했다. "말로 하기 쉽지 않구나. 그것의 기운이 지극히 크고 지극히 강하니 곧음〔直〕으로써 잘 기르고 (그릇됨으로써 그것을) 해치지 않는다면 하늘과 땅 사이에 가득 차게 된다. (그런데) 그것의 기운이 의로움 및 도리와 함께 섞여야지 의로움과 도리가 없으면 (호연지기는 생기지 않고) 몸과 마음이 나약해진다. 이는 의로운 생각과 도리에 맞는 행동을 많이 쌓음으로써 (자연스럽게) 생겨나는 것이지 의리라는 게 갑자기 찾아와 그것을 취한다고 해서 생겨나는 것은 아니다. (의리를) 행하고 나서도 마음에 흡족함이 들지 않는다면 결국 큰 기상은 나약해진다. 내 그 때문에 말하기를 '고자는 일찍이 의리를 알지 못한다'

고 했던 것이니, 그는 의리를 마음 밖에 있다고 보았다.

반드시 (호연지기를 기르는 데) 온 마음을 쓰되 미리 그 효과를 기대해서는 안 되고 마음에 잊어서도 안 되며 억지로 조장해서도 안 된다. 이렇게 하면 마치 송(宋)나라 사람이 하는 꼴처럼 된다. (왜냐하면) 송나라 사람 중에 벼싹이 잘 자라지 않는다고 안달하여 그것을 뽑아놓은 사람이 있었다. 그 사람이 아무것도 모른 채 귀가하여 식구들에게 '오늘 많이 피곤하다. 내가 벼싹이 잘 자라도록 도움을 주었다'고 하자 그 아들이 달려가서 보았더니 벼싹은 다 말라 죽어가고 있었다. 천하에 벼싹이어서 자라도록 억지로 조장하지 않는 자는 적다. (호연지기가) 무익하다고 해서 (기르려 하지 않고) 내버려두는 자는 (비유컨대) 벼싹을 김매주지 않는 사람이요, (호연지기를) 억지로 조장하는 자는 (그 송나라 사람처럼) 벼싹을 뽑아놓는 사람이다. 벼싹을 뽑는 것은 한갓 유익하지 않은 데 그치는 것이 아니라 나아가 그것을 해치는 것이다."

(공손추가 물었다.) "어떠해야 '말을 안다'고 할 수 있습니까?"

이에 맹자가 말했다. "편벽된 말을 들었을 때 그것이 숨기고 있는 게 무엇인지를 알고, 방탕한 말을 들었을 때 그것이 어떤 함정에 빠져 있는지를 알고, 간사한 말을 들었을 때 그것이 실상과 얼마나 괴리되어 있는지를 알고, 둘러대며 회피하는 말을 들었을 때 그것이 얼마나 (논리적으로) 궁한지를 아는 것이다. (이 네 가지는 그 말하는 사람의) 마음에서 생겨나와 정사에 해를 끼치고 (그것이 정치에 반영되어) 정치(나 정책)로 구현되어 (나라의) 일에 해를 끼치게 되니 (공자와 같은) 빼어난 인물이 다시 나오신다 해도 (지언(知言)이 무엇인지에 대해서는) 반드시 내 견해를 따를 것이다."

(공손추가 물었다.) "(공자의 제자인) 재아(宰我)와 자공(子貢)은 말

과 글에 뛰어났고 염우(冉牛)와 민자(閔子), 안연(顏淵)은 덕행에 뛰어났는데 공자께서는 이 두 가지를 모두 겸하셨는데도 말씀하시기를 '나는 외교행정에는 능하지 못하다'고 하셨습니다. 그렇다면 지금 스승님께서는 (말을 아는 것과 큰 기상까지 갖추셨으니) 이미 성인(聖人)이신 것입니까?"

맹자가 말했다. "뭐라? 이게 무슨 말이냐? 옛날에 자공이 공자께 묻기를 '스승님은 빼어나신 것입니까?'라고 하자 공자는 '빼어나냐고 한다면 내 그렇지 못하다고 하겠지만 나는 (애씀을) 배우는 데 조금도 싫어함이 없고 (제자들에게 애씀, 바른 행실, 충직함, 신실함을) 가르치는 데 조금도 게으름이 없는 사람이라고는 할 수 있다'고 하셨다. 이에 자공은 말하기를 '배우는 데 싫어함이 없는 것이 사람을 아는 것이요, 가르치는 데 게으름이 없는 것이 어짊[仁]인데 (스승님께서는) 어질면서 사람을 (볼 줄) 아시니 이미 빼어나십니다'고 하였다. 무릇 빼어남은 공자도 자처하지 않으셨는데 (나보고 빼어나다니) 이게 무슨 말이냐."

(공손추가 물었다.) "옛날에 슬쩍 들어보니 (공자의 제자이신) 자공, 자유(子游), 자장(子張)은 모두 빼어난 이의 한 가지 면모는 갖고 있었고 염우, 민자, 안연의 경우에는 골고루 갖추기는 했으나 (공자에 비한다면) 미미했다고 했습니다. 감히 (스승님께서) 편안히 여기는 바를 묻겠습니다."

맹자는 말했다. "일단 이들(과 비교하는 일)은 제쳐두라."

(공손추가 말했다.) "백이나 이윤(과 비교해 보는 것)은 어떻습니까?"

맹자가 답했다. "도리란 한 가지가 아니다. 섬길 만한(그만한) 군주가 아니면 섬기지 않고, 부릴 만한(그만한) 백성이 아니면 부리지 않는다는 원칙으로 다스릴 만한 세상일 때는 나아가고 어지러워지면 물러나는 것이 백이(의 도리)였다. 어떤 분을 섬긴들 내 군주가 아니겠으며 어떤 사람을 부린들 내 백성이 아니겠는가라며 다스릴 만한 세상일 때도 나아가고 어지러워져도 나아가는 것이 이윤(의 도리)이었다. 도리가 달랐기 때문에 백이와 이윤의 나아가고 물러나는 도리도 달랐다. 벼슬할 수 있으면 벼슬하고 그만둘 만하면 그만두며, 오랫동안 (벼슬자리에) 있을 만하면 있고 속히 떠나야할 것 같으면 속히 떠나는 것이 공자(의 도리)이시다. 내 아직 행함에 있어 능하지 못하기는 하지만 내가 원하는 바는 곧 공자(의 도리)를 배우는 것이다."

(공손추가 물었다.) "(그렇다면) 백이와 이윤이 공자에 비견할 만하다는 것입니까?"

맹자가 답했다. "아니다. 사람이 생겨난 이래로 공자와 같은 분은 없었다."

(공손추가 물었다.) "그렇다면 (두 사람과 공자) 사이에 같은 점이 있습니까?"

맹자가 답했다. "있다. (사방) 100리의 땅을 얻어 임금 노릇을 한다면 (세 사람) 다 (그 땅을 기반으로 나라를 넓혀) 제후들로부터 조회를 받을 수 있고 천하를 소유할 수 있다. (반면에) 하나라도 의롭지 못한 일을 행하고 한 사람이라도 죄 없는 사람을 죽이면서까지 천하를 얻는 일은 (세 사람) 다 하지 않을 것이다. 이것이 곧 같은 점이다."

(공손추가 물었다.) "감히 그 다른 점이 무엇인지를 묻겠습니다."

맹자가 답했다. "(이 세 사람은) 사람을 알아보는 능력이 충분해서 어떤 사람이 빼어난 사람[聖人](인지 아닌지)임을 알 수 있었다. (설사) 지인능력이 낮다고 하더라도 그 좋아하는 사람(여기서는 공자)에게 아첨하는 지경에는 이르지 않았을 것이다. (그러니 그 세 사람의 말은 충분히 신빙성이 있다고 할 수 있다.) 재아는 '나로서는 스승님(공자)을 살펴보았을 때 그 뛰어남이 요임금과 순임금보다 훨씬 더하다'고 했다. 자공은 '(스승님께서는 어떤 나라에 가서) 그 국가제례를 보면 그 나라의 정치가 어떤 수준인지를 알 수 있고, (그 나라의) 국가음악을 들으면 그 나라 임금의 임금다움을 알 수 있다고 했다. (바로 그렇기 때문에 예악을 척도로) 백 세대가 지난 뒤에 그 백 세대의 임금들을 차등해서 평가할 때 거기서 벗어날 수 있는 임금은 아무도 없다. (그런 면에서 볼 때) 인간이 세상에 생겨난 이래로 스승님과 같은 분은 없었다'고 했다. 유약은 '어찌 사람만이 그렇겠는가? 달리는 짐승들 중에서는 기린(麒麟)이 가장 빼어나고 나는 새들 중에서는 봉황(鳳凰)이 그러하고, 언덕과 둑들 중에서는 태산(泰山)이 그러하고 흐르는 물들 중에서는 하해(河海)가 그러하다는 점에서 모두 같은 유(類)이다. (즉) 빼어난 사람이 사람들 중에서 가장 빼어난 것도 이와 같은 유(類)이다. 자신의 무리에서 가장 출중하고 다시 그 모인 것들 중에서 치솟아 올랐으니 인간이 생겨난 이래로 공자보다 그 다움[德]이 성대했던 분은 없었다'고 말했다."

公孫丑問曰 夫子加齊之卿相 得行道焉 雖由此霸王不異矣如此則動心
공손추 문왈 부자 가 제 지 경상 득 행도 언 수유차 패 왕 불이 의 여차 즉 동심

否乎
부 호

孟子曰 否 我四十不動心
맹자 왈 부 아 사십 부동심

曰 若是則夫子過孟賁遠矣
왈 약시 즉 부자 과 맹분 원 의

曰 是不難 告子先我不動心
왈 시 불난 고자 선 아 부동심

曰 不動心有道乎
왈 부동심 유도 호

曰 有 北宮黝之養勇也 不膚撓不目逃 思以一毫挫於人 若撻之於市朝
왈 유 북궁유 지 양용 야 불부요불목도 사 이 일호 좌어인 약 달 지 어 시조

不受於褐寬博 亦不受於萬乘之君 視刺萬乘之君 若刺褐夫 無嚴諸侯 惡聲
불수어갈 관박 역 불수 어 만승지군 시 척 만승지군 약 척 갈부 무엄 제후 악성

至必反之 孟施舍之所養勇也 曰 視不勝猶勝也 量敵而後進 慮勝而後會
지 필 반지 맹시사 지 소양용 야 왈 시 불승유승야 양 적 이후 진 여승이후 회

是畏三軍者也 舍豈能爲必勝哉 能無懼而已矣 孟施舍似曾子 北宮黝似
시 외 삼군 자야 사 기능 위 필승 재 능 무구 이이의 맹시사 사 증자 북궁유 사

子夏 夫二子之勇未知其孰賢 然而孟施舍守約也 昔者曾子謂子襄曰 子
자하 부 이자 지 용 미지 기 숙현 연이 맹시사 수약 야 석자 증자 위 자양 왈 자

好勇乎 吾嘗聞大勇於夫子矣 自反而不縮 雖褐寬博吾不惴焉 自反而縮 雖
호용 호 오 상문 대용 어 부자 의 자반 이 불축 수 갈 관박 오 불췌 언 자반 이 축 수

千萬人吾往矣 孟施舍之守氣 又不如曾子之守約也
천만인 오 왕 의 맹시사 지 수기 우 불여 증자 지 수약 야

曰 敢問夫子之不動心 與告子之不動心可得聞與
왈 감문 부자 지 부동심 여 고자 지 부동심 가득 문여

(孟子曰) 告子曰 不得於言勿求於心 不得於心勿求於氣 不得於心勿求
맹자 왈 고자 왈 부득 어언 물구 어심 부득 어심 물구 어기 부득 어심 물구

於氣 可 不得於言勿求於心 不可 夫志氣之帥也 氣體之充也 夫志至焉氣
어기 가 부득 어언 물구 어심 불가 부 지 기지수 야 기체지충야 부 지 지 언 기

次焉 故曰 持其志 無暴其氣
차 언 고왈 지기지 무포 기기

(公孫丑曰) 旣曰 志至焉 氣次焉 又曰 持其志 無暴其氣者 何也
공손추 왈 기왈 지지언 기차언 우왈 지기지 무포기기자 하야

曰 志壹則動氣 氣壹則動志也 今夫蹶者趨者 是氣也而反動其心
왈 지 일 즉 동기 기 일 즉 동지야 금부 궐자 추자 시 기야 이 반동 기심

(公孫丑曰) 敢問 夫子惡乎長
공손추 왈 감문 부자 오호장

曰 我知言 我善養吾浩然之氣
왈 아 지언 아 선양 오 호연지기

(公孫丑曰) 敢問 何謂浩然之氣
공손추 왈 감문 하위 호연지기

曰 難言也 其爲氣也至大至剛 以直養而無害則塞于天地之間 其爲氣也配
왈 난언 야 기위기야 지대 지강 이 직양 이 무해 즉 색 우 천지지간 기위기야 배

義與道 無是餒也 是集義所生者 非義襲而取之也 行有不慊於心則餒矣
의 여 도　무 시 뇌 야　시 집 의 소생 자　비 의 습 이 취 지 야　행 유 불 겸 어 심 즉 뇌 의

我故曰 告子未嘗知義以其外之也 必有事焉而勿正 心勿忘 勿助長也 無若
아 고 왈　고 자 미 상 지 의 이 기 외 지 야　필 유 사 언 이 물 정　심 물 망　물 조 장 야　무 약

宋人然 宋人有閔其苗之不長而揠之者 芒芒然歸謂其人曰 今日病矣 予助
송 인 연　송 인 유 민 기 묘 지 부 장 이 알 지 자　망 망 연 귀 위 기 인 왈　금 일 병 의　여 조

苗長矣 其子趨而往視之 苗則槁矣 天下之不助苗長者寡矣 以爲無益而舍
묘 장 의　기 자 추 이 왕 시 지　묘 즉 고 의　천 하 지 부 조 묘 장 자 과 의　이 위 무 익 이 사

之者不耘苗者也 助之長者揠苗者也 非徒無益而又害之
지 자 불 운 묘 자 야　조 지 장 자 알 묘 자 야　비 도 무 익 이 우 해 지

　(公孫丑曰) 何謂知言
　　공 손 추 왈　　하 위 지 언

　曰 詖辭知其所蔽 淫辭知其所陷 邪辭知其所離 遁辭知其所窮 生於其心害
　　왈　피 사 지 기 소 폐　음 사 지 기 소 함　사 사 지 기 소 리　둔 사 지 기 소 궁　생 어 기 심 해

於其政 發於其政害於其事 聖人復起必從吾言矣
어 기 정　발 어 기 정 해 어 기 사　성 인 부 기 필 종 오 언 의

　(公孫丑曰) 宰我 子貢 善爲說辭 冉牛 閔子 顏淵 善言德行 孔子兼之曰
　　공 손 추 왈　　재 아　자 공　선 위 설 사　염 우　민 자　안 연　선 언 덕 행　공 자 겸 지 왈

我於辭命則不能也 然則夫子旣聖矣乎
아 어 사 명 즉 불 능 야　연 즉 부 자 기 성 의 호

　曰 惡 是何言也 昔者子貢問於孔子曰 夫子聖矣乎 孔子曰 聖則吾不能
　　왈　오　시 하 언 야　석 자 자 공 문 어 공 자 왈　부 자 성 의 호　공 자 왈　성 즉 오 불 능

我學不厭而敎不倦也 子貢曰 學不厭智也 敎不倦仁也 仁且智 夫子旣聖矣
아 학 불 염 이 교 불 권 야　자 공 왈　학 불 염 지 야　교 불 권 인 야　인 차 지　부 자 기 성 의

夫聖孔子不居 是何言也
부 성 공 자 불 거　시 하 언 야

　(公孫丑曰) 昔者竊聞之 子貢 子游 子張 皆有聖人之一體 冉牛 閔子
　　공 손 추 왈　　석 자 절 문 지　자 공　자 유　자 장　개 유 성 인 지 일 체　염 우　민 자

顏淵則具體而微 敢問所安
안 연 즉 구 체 이 미　감 문 소 안

　曰 姑舍是
　　왈 고 사 시

　(公孫丑)曰 伯夷伊尹何如
　　공 손 추　왈 백 이 이 윤 하 여

　曰 不同道 非其君不事 非其民不使 治則進亂則退伯夷也 何事非君 何
　　왈　부 동 도　비 기 군 불 사　비 기 민 불 사　치 즉 진 난 즉 퇴 백 이 야　하 사 비 군　하

使非民 治亦進亂亦進伊尹也 可以仕則仕 可以止則止 可以久則久 可以速
사 비 민 치 역 진 난 역 진 이윤 야 가이 사 즉 사 가이 지 즉 지 가이 구 즉 구 가이 속

則速孔子也 皆古聖人也 吾未能有行焉 乃所願則學孔子也
즉 속 공자 야 개 고 성인 야 오 미 능 유 행 언 내 소원 즉 학 공자 야

(公孫丑曰) 伯夷 伊尹於孔子 若是班乎
공손추 왈 백이 이윤 어 공자 약시 반 호

曰 否 自有生民以來未有孔子也
왈 부 자유 생민 이래 미유 공자 야

(公孫丑曰) 然則有同與
공손추 왈 연즉 유 동 여

曰 有 得百里之地而君之 皆能以朝諸侯有天下 行一不義 殺一不辜而得
왈 유 득 백리지지 이 군 지 개 능 이 조 제후 유 천하 행 일 불의 살 일 불고 이 득

天下皆不爲也 是則同
천하 개 불위 야 시 즉 동

(公孫丑)曰 敢問其所以異
공손추 왈 감 문 기 소이이

曰 宰我 子貢 有若 智足以知聖人 汙不至阿其所好 宰我曰 以予觀於
왈 재아 자공 유약 지족 이 지 성인 오 부 지 아 기 소호 재아 왈 이 여 관 어

夫子 賢於堯舜遠矣 子貢曰 見其禮而知其政 聞其樂而知其德 由百世之後等
부자 현 어 요순 원 의 자공 왈 견 기 례 이 지 기 정 문 기 악 이 지 기 덕 유 백세 지 후 등

百世之王莫之能違也 自生民以來未有夫子也 有若曰 豈惟民哉 麒麟之於
백세 지 왕 막 지 능 위 야 자 생민 이래 미유 부자 야 유약 왈 기 유 민 재 기린 지 어

走獸 鳳凰之於飛鳥 泰山之於丘垤 河海之於行潦 類也 聖人之於民 亦類
주수 봉황 지 어 비조 태산 지 어 구질 하해 지 어 행료 유 야 성인 지 어 민 역 유

也 出於其類拔乎其萃 自生民以來 未有盛於孔子也
야 출 어 기 류 발 호 기 췌 자 생민 이래 미유 성 어 공자 야

앞 장에서 맹자에게 제나라의 요직을 맡는다면 관중(管
仲)이나 안자(晏子)와 같은 성취를 이룰 수 있는지를 물었다가 은근히
면박을 당했던 제자 공손추(公孫丑)가 이번에는 제나라의 경상(卿相)

이 되는 경우를 가정해서 질문을 던진다. 여기서 경상은 공(公), 경(卿), 대부(大夫)라고 할 때의 경(卿)이다. 공은 왕에 해당하고 경은 재상을 말한다.

"스승님께서 제나라의 재상에 오르시어〔加〕 도리〔道〕를 구현〔行〕할 수〔得=可〕 있게 되신다면 비록〔雖〕 이로〔此〕 말미암아〔由〕 모시던 임금을 패권을 이루는 임금〔霸〕이나 임금다운 임금〔王(왕도정치의 구현자)〕에 이르게 하더라도 이상〔異〕하지 않을 것입니다. (다만) 이와 같이〔如此〕 될 경우〔則〕 (임무와 책임이 너무 중차대하여) 마음이 흔들리겠습니까, 안 흔들리겠습니까?"

맹자는 말했다. "흔들리지 않을 것이다. 나는 마흔에 (외부의 일로 인하여) 마음이 동요하지 않게 되었다〔不動心〕." 이것은 공자가 40세에 이르렀다는 불혹(不惑)과 정확히 통한다. 40세와 관련된 주희의 풀이는 참고할 만하다. "40은 굳세다〔彊〕 하여 벼슬할 때이니 군자(君子)가 도리〔道〕를 밝게 알아서 군자다움〔德〕이 확립되는 때이다. 공자께서 40세에 불혹하신 것도 부동심(不動心)에 이른 것이다."

부동심(不動心), 즉 불혹(不惑)에 이르렀다는 것은 공자 식으로 말하자면 인자(仁者)는 아니어도 지자(知者)에는 이르렀다는 말이다. 지자는 인자보다는 낮지만 용자(勇者)보다는 윗길이다. 공손추는 "만일 그러시다면〔若是則〕 스승님께서는 (옛날 제나라의 유명한 역사(力士)인) 맹분(孟賁)을 크게〔遠〕 뛰어넘으신 것입니다"고 말했다. 힘쓰는 맹분과 연결 지었다는 것은 무엇보다 부동심에 이를 수 있는 용력(勇力)을 높이 평가한 것이다.

이에 맹자는 다음과 같이 답한다. "이것은 어렵지 않다. (맹자에게 수학한 바 있는) 고자(告子)도 나보다 먼저 부동심에 이르렀다." 고자는 중국 전국시대 제나라의 사상가로 성은 고(告), 이름은 불해(不害)다. 맹자와 같은 시대 사람이며 인성(人性)에 관하여 맹자와 논쟁을 벌여 "사람의 본성은 본래 좋은 것[善]도 아니고 나쁜 것[惡]도 아니며, 다만 교육하기 나름으로 그 어느 것으로도 될 수 있다"고 주장하였다. 맹자와의 논쟁은 『맹자』 '고자 장구(告子章句)'에 수록되어 있으며, 이를 통해서만 고자의 존재를 알 수 있을 뿐이다. 이 문제는 뒤에 보기로 한다.

이어 공손추가 "부동심에 이르는 (특별한) 길이 있습니까?"라고 묻자 맹자는 "있다[有]"고 답한다. 그리고 맹자의 긴 발언이 이어진다.

"북궁유(北宮黝)라는 사람이 용맹을 키운 것[養勇]을 보면 살갗이 (날카로운 것에) 찔려도 꼼짝하지 않고[不=不動] 눈동자를 찌르려 해도 눈 하나 깜빡하지 않았다. (스스로) 생각하기를[思] 털끝 하나[一毫]라도[以] 남들[人]에게[於] 모욕[挫]을 당하면 이를 마치[若] 시장이나 조정과 같은 공개적인 장소[市朝]에서 종아리를 맞는 개망신을 당한 것처럼 여겼다. 그래서 그는 필부[褐寬博]에게도 (모욕을) 당하지 않았고 또한 만승(萬乘)의 나라 군주에게도 (모욕을) 당하지 않았으며 만승의 군주를 칼로 찔러 죽이기를 마치 필부를 찔러 죽이는 것과 같은 것으로 보았다. 그에게는 두려운 제후가 없었기에 자신에 대해 안 좋은 소리가 귀에 들어오면 반드시 되갚아주었다."

일단 여기서 끊어 정리해 보자. 먼저 養勇이란 말에 주목할 필요가 있다. 그것은 부동심을 기르는 방법[道]을 물은 데 대한 대답으로 나온 것이기 때문이다. 不膚撓와 不目逃에 대해서는 주희의 도움을 받을 필요가 있다. 압축돼 있기 때문이다. 不膚撓는 살갗[膚]이 (찔림을 당하여도) 움츠러듦[撓]이 없는 것[不]이고, 不目逃는 (누가 눈을 찌르려 하여도) 눈동자〔目〕를 돌려 피하거나 눈을 감지〔逃〕 않는 것〔不〕이다.

褐寬博은 거친 소재〔褐〕로 만든 헐렁하고 큰 옷〔寬博〕을 뜻하며 천한 자의 의복이다. 그래서 그냥 필부라고 옮겼다.

문맥상으로 볼 때 북궁유는 유명한 자객(刺客)이었던 것 같다. 한마디로 북궁유는 마음속의 두려움을 깨끗이 지워버리는 방법으로 용맹스러움〔勇〕을 기른 인물이다. 그랬기 때문에 임금을 죽일 때나 필부를 죽일 때나 조금의 동요 없이 자신의 일을 할 수 있었다. 이어 맹자는 조금 다른 인물의 예를 든다.

"맹시사(孟施舍)는 자신이 용맹을 키운 방법에 대해 '이길 수 없는 상대와 마주쳤을 때도 이길 수 있는 상대를 대하듯이 한다. 적의 전력을 헤아린〔量〕 이후에 (승산이 있다고 판단되면 그때서야) 전진하고, 이길 수 있다는 생각이 든 이후에야 맞붙는다면 이〔是〕는 적의 삼군(三軍)을 두려워하는 것이다. 나라고 해서 어찌 반드시 이길 수만 있겠는가? 다만 최대한〔能〕 두려움〔懼〕을 없앨〔無〕 뿐이다〔而已矣〕'라고 말했다."

주희의 풀이에 따르면 북궁유는 반드시 이긴다는 생각으로 부동심에 이르렀고, 맹시사는 두려움을 없앰으로써 부동심에 이르렀다. 그리고 맹자는 이 두 사람을 공자의 두 제자와 비교하며 이렇게 말한다.

"맹시사는 증자(曾子)와 비슷하고 북궁유는 자하(子夏)와 비슷하다. 이〔夫〕 두 사람의 용맹 혹은 용기 중 어느 쪽이 더 뛰어난지〔賢〕는 잘 모르겠다. 그러나〔然而〕 맹시사가 (마음을) 지킨 것이〔守〕 (더) 다잡음〔約〕이 있다."

즉 둘 중에서 어느 쪽이 더 나은 용맹 혹은 용기라고 말할 수는 없지만 다른 사람들이 그것을 따라서 지키기에는 맹시사 쪽이 좀 더 마음을 지키는 바가 다부지다는 말이다. 그리고 주희는 두 사람을 각각 증자 및 자하와 비교한 이유에 대해서는 이렇게 풀이한다. "북궁유는 남과 대적하기에 힘썼고 맹시사는 자신을 지키는 데 힘썼다. 자하는 공자를 독실하게 믿었고 증자는 자신의 몸에 돌이켜서 (도리를) 찾았다. 그러므로 이 두 사람이 증자나 자하와 더불어 할 수 있는 동등한 무리는 아니지만 그 기운과 형세〔氣象〕를 논하면 각기 유사한 바가 있는 것이다."

다시 맹자의 말이 이어진다. "옛날에〔昔者〕 증자가 자신의 제자 자양(子襄)에게 말하기를 '그대〔子〕는 용맹을 좋아하는가? 내 일찍이〔嘗〕 공자〔夫子〕께〔於〕 큰 용맹〔大勇〕을 들은 바 있다. 스스로 돌이켜보아 곧지〔縮〕 못하다면 비록 필부〔褐寬博〕라도 내 그를 두려워하지〔惴〕 않겠는가? 스스로 돌이켜보아 곧다면 비록 천만 명과 대적하더라도 내 (두려움 없이) 나아갈 것이다'고 하셨다."

縮에 주의해야 한다. 원래 뜻대로 하자면 '움츠러들다', '수축하다', '오그라들다'이지만 여기서는 주희의 풀이대로 直〔곧음〕과 같은 뜻으로 풀어야 한다. 惴는 '두려워 벌벌 떨다'는 뜻이다. 맹자는 여기서 증자의 용맹〔勇〕을 보여준다. 앞서 증자와 맹시사를 비슷하다고 한 데 대한 보충설명이라고 할 수 있다.

중간결론을 내야 할 단계다. 맹자는 이렇게 말한다. '孟施舍之守氣 又不如曾子之守約也.' 치밀한 독해가 필요해 원문을 여기 가져다 놓았다. 우선 성백효의 번역이다. "맹시사의 지킴은 기(氣)이니 또 증자의 지킴이 요약함만 못하다." 옮겨는 놓았는데 정확히 무슨 의미인지를 알기가 힘들다. 먼저 '맹시사의 지킴〔守〕은 氣다'라는 부분부터 풀어보자. 이는 맹시사가 용맹〔勇〕을 기르고 지킨 방법은 자기 한 몸의 기운이라는 말이다. 이에 반해 방금 본 것처럼 증자는 자기 스스로

돌이켜보아 도리(道理=縮)에 맞느냐 아니냐에 따라 용맹(勇)을 기르고
지켰다.

관건은 約이다. 문장을 보더라도 맹시사가 기운(氣)을 지켰다면 증
자는 約을 지켰다는 것이다. 約은 무엇일까? 이것은 『논어』에도 여러
차례 등장하는 핵심용어다. 그런데 우리 동양학계는 단단히 잘못 알
고서 이를 해석하고 있다. 『논어』나 『맹자』에서나 뜻은 동일한데 우
리 학계에서는 지금도 그 뜻을 모른 채 『논어』에서는 이를 곤궁(困窮),
『맹자』에서는 요약으로 풀이하고 있다. 『논어』에서 約이 어떻게 사용
되는지를 짚어보자. 주희가 궁곤(窮困)으로 푼 때문인지 지금도 이런
풀이가 주류를 이루고 있는데 한마디로 오역이다. 먼저 『논어』 '이인 2'
를 보자.

　　공자는 말했다. "어질지 못한 사람은 (인이나 예를 통해 자신을)
　　다잡는 데(約) (잠시 처해 있을 수는 있어도) 오랫동안(久) 처해 있을
　　수 없고, 좋은 것을 즐기는 데(樂)에도 (조금 지나면 극단으로 흘러)
　　오랫동안 처해 있을 수 없다. 어진 자는 어짊을 편안하게 여기고 지
　　혜로운 자는 어짊을 이롭게 여긴다."

또 '이인 23'을 보자.

　　공자는 말했다. "(도나 인을 자기 몸에) 다잡음(約)으로써 그 일을
　　망치는 자는 드물다."

뒤에서 상세하게 보게 되겠지만 다잡음(約)은 도리(道)나 어짊

〔仁〕을 자기 몸에 체화시키는 것을 뜻한다. 그래서 이를 '다잡다'로 옮겼다. 정약용도 이렇게 말한다. "약(約)은 동여 묶는 것이다. 궁색한 데에 처해져 괴롭고 두려운 것이 마치 동여 묶인 듯한 것을 약(約)이라고 한다." 아마도 정약용도 주희가 約을 궁곤(窮困)이라고 풀어놓은 것을 의식한 때문인지 두루뭉술하다. 오히려 '이인 23'을 풀이하면서 주희가 인용해 놓은 사량좌(謝良佐)의 "잘난 체하여 스스로 방만해지지 않는 것을 약(約)이라 이른다"는 풀이나 윤돈(尹焞)의 "모든 일을 약(約)하면 실수가 적은 것이니, 다만 검약(儉約)만을 말한 것이 아니다"는 풀이가 이 장에도 그대로 해당된다. 참고로 約을 '다잡다'로 풀이해야 하는 다른 사례들도 소개한다.

공자는 말했다. "군자가 되고자 하는 사람은 문(文)을 통해 배움을 넓히고, 그 배운 바를 예(禮)로써 다잡아〔約〕몸에 익힌다면 이 또한 (인이나 도에서) 벗어나지 않을 것이다." ('옹야 25')

이는 '학이 1'의 學而時習을 풀이해 놓은 문장이라고 해도 과언이 아니다. 그런 점에서 約(약)은 곧 쉬지 않고 익히는 것〔時習〕이다. '자한 10'에서는 안연(顔淵)이 공자로부터 배운 바를 이야기하던 중 이렇게 말한다. "문으로써 나를 넓혀주시고 예로써 나를 다잡아주셨다〔博我以文約我以禮〕." '옹야 25'와 똑같다. 이처럼 세 곳에서 約의 의미가 '다잡다'로 명백하게 통하는데 굳이 '이인 2'에서만 뜬금없이 궁곤(窮困)으로 풀어야 할 이유는 없다. 게다가 곧 보게 되겠지만 여기서도 約을 '다잡다'로 풀어야만 이 장의 내용이 훨씬 공자의 말씀다워진다.

따라서 約을 곤궁으로 풀어서도 안 되고 요약으로 풀어서는 더더욱 안 된다. '다잡음'이다.

이제 맹자의 마지막 발언을 풀어서 옮겨보자. "(두려워하지 않음으로써) 맹시사가 자기 한 몸의 기운[氣]을 지킨 것은 증자가 다잡음[約]을 지킨 것에 못 미친다[不如]." 又는 여기서 굳이 번역할 필요가 없다.

어느 정도 이해가 되었는지 이번에는 공손추가 부동심에 대해 다시 질문을 던진다. "감히 묻겠습니다. 스승님의 부동심과 고자의 부동심(의 차이)에 대해 (스승님의 견해를) 들을 수 있겠습니까?" 可得은 可以와 같은 뜻으로 '~할 수 있다'는 뜻이다.

이에 맹자가 답한다. "고자가 말하기를 '(상대방의) 말에서 납득할 수 없다고 해서 (자신의) 마음[心]에서 그것을 (추정하여 알려고) 구하지 말고, 마음에서 납득할 수 없다고 해서 기운[氣]에서 그것을 구하지 말라'고 했다. 이 말은 (내가 생각할 때) '마음에서 납득할 수 없다고 해서 기운[氣]에서 그것을 구하지 말라'는 말은 맞다[可]. (그러나) '말에서 납득할 수 없다고 해서 (자신의) 마음[心]에서 그것을 (추정하여 알려고) 구하지 말라'는 말은 맞지 않다[不可]. (왜냐하면) 무릇[夫] 뜻[志]은 기운[氣]의 장수[帥]요 기운은 몸을 꽉 채우고 있는 것[體之充]이니 뜻이 가장 높고 기운은 그다음이다. 그래서[故] (누군가가) 말하기를 '그 뜻을 꽉 붙들고 그 기운을 마구잡이로 동하게 하지 말라[無暴]'고 한 것이다."

뒷부분이 조금 모호하다고 생각한 공손추가 다시 질문을 던진다. "이미 뜻이 가장 높고 기운은 그다음이라 하시고는 또[又] 그 뜻을 꽉 붙들고 그 기운을 마구잡이로 동하게 하지 말라고 하시니 그것은 무슨 뜻입니까?" 즉 뜻만 잡으면 저절로 기운이 잡힐 텐데 왜 뜻도 잡고 기운도 마구잡이로 동하게 하지 말라는 것인지를 물은 것이다.

이에 맹자는 다음과 같이 답한다. "뜻이 한결같으면 기운도 그것을 따라 움직이게 되고, 기운이 한결같으면 뜻도 그것을 따라 움직이게 된다. 지금 무릇 뛰고 달리는 자가 있다고 할 때 그것이 바로 기운[氣]이고 도리어[反] 그 마음을 움직이게 만든다."

여기에는 약간의 보충설명이 필요하다. 우선 蹶者와 趨者에 대한 기존의 번역들은 모호하다. '가다가 넘어지는 자는 이것이 기운[氣]이나 도리어 그 마음을 동요하게 된다.' 정약용은 『맹자요의』에서 蹶을 跳로 본다. 위를 향해 뛰어오른다는 뜻이다. "바야흐로 뛰고 달리는 자는 그 마음이 편안하고 안정될 수 없다. 그러므로 기운[氣]이 움직이고, 그렇기 때문에 마음이 또한 따라 움직이게 된다. '가다가 넘어지는 자'는 본래 기가 움직인 것이 아니고, 또 달리는 자와는 서로 대비가 되지 않으니 아마도 본래의 뜻이 아닌 듯하다." 정약용의 지적이 정확하다.

참고로 정명도(程明道)는 재미있는 지적을 하고 있다. "뜻이 기운을 동하게 하는 것은 열에 아홉이요, 기운이 뜻을 동하게 하는 것은 열에 하나이다." 참고할 만하다.

이에 공손추가 맹자의 장점이 고자와 비교해서 어떤 것인지를 좀 더 구체적으로 말해 줄 것을 청한다. "감히 묻겠습니다. 스승님에게는 어떤 점에서[惡] (고자에 비해) 장점이 있는 것입니까?"

맹자가 말했다. "나는 말을 알며[知言] 나는[我] 나의[吾] 큰 기상[浩然之氣]을 잘[善] 기른다. (이것이 내 장점이다.)"

맹자가 말한 말을 아는 것[知言]과 큰 기상[浩然之氣]은 이 책 전체에서도 대단히 중요한 비중을 갖는 말이다. 이어지는 문답은 바로 이 두 가지에 관한 것이다. 공손추가 먼저 큰 기상〔浩然之氣〕에 대해 묻는다. "감히 묻겠습니다. 무엇을 '큰 기상〔浩然之氣〕'이라고 합니까?" 이에 맹자는 "말로 하기 쉽지 않구나〔難言〕"라고 난색을 표한 다음 설명을 이어간다.

"그것의 기운이 지극히 크고〔至大〕 지극히 강하니〔至剛〕 곧음〔直〕으로써 잘 기르고 (그릇됨으로써 그것을) 해치지 않는다면 하늘과 땅 사이에 가득 차게〔塞〕 된다. (그런데) 그것의 기운이 의로움〔義〕 및 도리〔道〕와 함께 섞여야지 의로움과 도리가 없으면 (浩然之氣는 생기지 않고) 몸과 마음이 나약해진다〔餒〕.

이〔是-浩然之氣〕는 의로운 생각과 도리에 맞는 행동을 많이 쌓음으로써 (자연스럽게) 생겨나는 것이지 의리라는 게 갑자기 찾아와 그것을 취한다고 해서 생겨나는 것은 아니다. (의리를) 행하고 나서도 마음에 흡족함〔慊=足〕이 들지 않는다면 결국 큰 기상〔浩然之氣〕은 나약해진다. 내 그 때문에 말하기를 '고자는 일찍이 의리〔義〕를 알지 못한다'고 했던 것이니, 그는 의리〔義〕를 마음 밖〔外〕에 있다고 보았다.

반드시 (浩然之氣를 기르는 데) 온 마음을 쓰〔有事〕되 미리 그 효과를 기대해서는 안 되고 마음에 잊어서도 안 되며 억지로 조장해서도 안 된다. 이렇게 하면 마치 송(宋) 나라 사람이 하는 꼴처럼 된다. (왜냐하면) 송나라 사람 중에 벼싹이 잘 자라지 않는다고 안달하여〔閔〕 그것을 뽑아놓은 사람이 있었다. 그 사람이 아무것도 모른 채〔芒芒〕 귀가하여 식구들에게 '오늘 많이 피곤하다〔病〕. 내가 벼싹이 잘 자라도록 도움을 주었다'고 하자 그 아들이 달려가서 보았더니 벼싹은 다 말라 죽어가고 있었다. 천하에 벼싹이 어서 자라도록 억지로 조장하지 않는 자는 적다. (浩然之氣가) 무익하다고 해서 (기르려 하지 않

고) 내버려두는 자는 (비유컨대) 벼싹을 김매주지(耘) 않는 사람이요,

(浩然之氣를) 억지로 조장하는 자는 (그 송나라 사람처럼) 벼싹을 뽑

아놓는 사람이다. 벼싹을 뽑는 것은 한갓(徒) 유익하지 않은 데 그치

는 것이 아니라 나아가(又) 그것을 해치는 것이다."

有事에 대해서는 약간의 풀이가 필요하다. 여기서 有事란 종사(事)

해야 할 바(所=攸)가 있다(有)는 뜻이다. 즉 有所事를 줄인 것이다. 그

래서 직역하면 '(浩然之氣를 기르는 데) 반드시 종사해야 함이 있어야

한다'인데 조금 자연스럽게 옮겨보았다.

이로써 일단 큰 기상(浩然之氣)에 대한 풀이는 끝났다. 맹자는 앞에

서는 고자가 자기보다 먼저 부동심을 가졌다고 인정해 놓고서 큰 기

상을 이야기할 때는 줄곧 그에 대한 비판을 통해 자신은 큰 기상을

갖췄고 고자는 그렇지 못함을 비판한다.

이제 말을 아는 것(知言)의 문제로 넘어간다.

공손추가 물었다. "어떠해야 '말을 안다(知言)'고 할 수 있습니까?"

이에 맹자가 말했다. "편벽된 말(詖辭)을 들었을 때 그것이 숨기고 있

는 게 무엇인지를 알고, 방탕한 말(淫辭)을 들었을 때 그것이 어떤 함

정에 빠져 있는지(陷)를 알고, 간사한 말(邪辭)을 들었을 때 그것이 실

상과 얼마나 괴리되어 있는지를 알고, 둘러대며 회피하는 말(遁辭)을

들었을 때 그것이 얼마나 (논리적으로) 궁한지를 아는 것이다. (이 네

가지는 그 말하는 사람의) 마음(心)에서 생겨나와 정사(政)에 해를 끼

치고 (그것이 정치에 반영되어) 정치(나 정책)로 구현되어 (나라의) 일에

해를 끼치게 되니 (공자와 같은) 빼어난 인물(聖人)이 다시 나오신다

해도 (知言이 무엇인지에 대해서는) 반드시 내 견해를 따를 것이다."

이번에도 우리는 말을 아는 것(知言)을 매개로 해서 『논어』의 문맥

속으로 들어가보자. 그것은 워낙 중요한 문제이기 때문이다. 『논어』의 맨 마지막 편 중에서도 맨 마지막 장인 '요왈 3'에서 공자는 이렇게 말한다.

"명을 알지 못하면 군자가 될 수 없고, 예를 알지 못하면 설 수 없고, 말을 알지 못하면 사람을 알 수 없다."

이 셋 중에서 우리의 논의와 관련되는 것은 마지막 세 번째 구절이지만 앞의 둘도 어차피 논의하게 될 것이기 때문에 함께 풀어보자.

이 마지막 장은 『논어』 20편의 첫머리였던 '학이 1'만큼이나 중요하다. 공자의 세 가지 말씀이 결론이 되고 있다. 윤돈은 말한다. "다음 세 가지를 안다면 군자의 일이 갖추어진 것이다. 제자들이 이 말씀을 기록하여 이 편을 마쳤으니, 어찌 깊은 뜻이 없겠는가. 배우는 자가 어려서부터 이 책을 읽었으나 늙어서 한마디 말씀도 쓸 만하다는 것을 알지 못한다면 빼어난 이〔聖人〕의 말씀을 업신여기는 자에 가깝지 않겠는가." 그만큼 이 장이 중요하다는 뜻이다.

첫째, 천명〔命〕을 알지 못하면 군자가 될 수 없다. 정약용의 풀이다. "명(命)은 하늘이 사람에게 부여한 것이니, 본성〔性〕이 다움〔德〕을 좋아하는 그것이 명이며, 사생과 화복과 영욕도 또한 명이 있다. 명을 알지 못하면 좋음〔善〕을 즐기고 그 지위에 편안할 수 없다. 그러므로 군자가 될 수 없는 것이다." 평소 아주 치밀한 해설을 보여줬던 정약용과 달리 여기서는 풀이가 조금 추상적이다.

오히려 정이천(程伊川)의 풀이가 현실적이다. "명(命)을 안다는 것은 명이 있음을 알고서 믿는 것이다. 명을 알지 못하면, 해(害)를 보

면 반드시 피하고 이익을 보면 반드시 따를 것이니 어떻게 군자가

될 수 있겠는가?"

둘째, 예(禮)를 알지 못하면 설 수가 없다[不立]. 정약용의 풀이다.

불립

"예는 상하를 정하고 혐의(嫌疑)를 구분하는 것이니, 예를 알지 못

하면 (예가 아닐 때) '보지 말고 듣지 말고 말하지 말고 움직이지 말

고' 하는 것을 할 수 없다. 그러므로 그 몸을 세울 수 없는 것이다."

사람이 사람답게 서는 데 예는 결정적이다.

셋째, 말을 알지 못하면 그 사람을 알 수 없다. 정약용의 풀이다.

"말을 안다는 것은 남의 말을 듣고서 그 심술의 사악하고 바른 것

을 알게 됨을 이른다." 여기서는 맹자의 知言에 대한 언급이 이에 대

지언

한 정확한 풀이 역할을 하고 있다. 바로 그 때문에 우리는『맹자』는

풀지 않고 나머지『논어』『중용』『대학』을 틀로 삼아서 읽어가는 방

식을 택했던 것이다. 여기서도 마찬가지다. 말과 知人의 문제를 강조

지인

하며『논어』는 끝난다.

다시 우리의 문맥으로 돌아가자. 여기서 맹자는 말을 아는 것[知言]

지언

을 사람을 아는 것[知人]의 맥락에서 체계적으로 풀이하고 있다고 해

지인

도 과언이 아니다. 첫째, 맹자는 어떤 사람이 하는 편벽된 말[詖辭]을

피사

들었을 때 그가 그 말 뒤에 숨기고 있는 것이 무엇인지를 알 수 있다

면 말을 아는 것[知言]이라고 말한다. 詖는 치우치다, 기울다, 편파적

지언   피

이다 등을 뜻한다. 어떤 사람이 의도적이건 아니건 간에 치우친 이야

기를 할 때 그것을 곧바로 알아차린다면 그 사람은 말을 알아차릴 줄

아는[知言] 사람이다.

지언

둘째, 맹자는 어떤 사람이 하는 방탕한 말[淫辭]을 들었을 때 그것

음사

이 어떤 함정에 빠져 있는지[陷]를 알 수 있다면 말을 아는 것[知言]이
라고 한다. 방탕한 말이란 어디에 흠뻑 빠져들어 있는 데서 나오는 것
이다. 따라서 그 빠져 있는 곳이 어디인지를 분별해 낸다면 방탕한 말
에 현혹되는 일은 없다. 그래서 어떤 사람이 방탕한 말을 할 때 그 말
이 어디에 흠뻑 빠져서 나온 것인지를 곧장 분별해 낸다면 그 사람은
말을 아는[知言] 사람이다.

셋째, 맹자는 어떤 사람이 하는 간사한 말[邪辭]을 들었을 때 그
것이 실상과 얼마나 괴리되어 있는지를 알 수 있다면 말을 아는 것
[知言]이라고 한다. 간사한 말이란 뭔가 그릇된 쪽으로 끌고 가려는 의
도를 가진 말이다. 그 말은 실상에서 벗어나 있을 수밖에 없다. 그래서
어떤 사람이 간사한 말을 할 때 그 말이 실상에서 얼마나 벗어나 있는
지를 정확히 분별해 낸다면 그 사람은 말을 아는[知言] 사람이다.

끝으로 맹자는 어떤 사람이 하는, 둘러대며 회피하는 말[遁辭]을
들었을 때 그것이 얼마나 (논리적으로) 궁한지를 알 수 있다면 말을
아는 것[知言]이라고 한다. 회피하는 말이란 논리적으로 모순되는 것
임에도 불구하고 이리저리 둘러대는 말이다. 그래서 어떤 사람이 회피
하는 말을 할 때 그 말이 논리적으로 곤경에 처할 수밖에 없다는 것
을 꿰뚫어보는 사람이 있다면 그 사람은 말을 아는[知言] 사람이다.

사람을 살피고 판단하는 문제와 관련해 정명도는 아주 흥미로운
언급을 하고 있어 덧붙여둔다. "맹자의 知言은 바로 사람이 윗자리
[堂上]에 있어야 바야흐로 자리 아래[堂下] 사람의 굽음과 곧음[曲直]
을 구별할 수 있는 것과 같으니, 만일 자신이 아직도 자리 아래의 여
러 사람 속에 섞여 있음을 면치 못한다면 굽음과 곧음을 분별할 수
없는 것과 같다." 이는 곧 사람을 알아보는 것[知人]은 일정한 지위에

오를 때에야 가능함을 말한다.

말을 들으면 사람을 알 수 있다는 맹자의 말을 들은 공손추는 스승 맹자가 대단하다는 생각이 들었는지 이렇게 묻는다.

"(공자의 제자인) 재아(宰我)와 자공(子貢)은 말과 글에 뛰어났고 염우(冉牛)와 민자(閔子), 안연(顏淵)은 덕행에 뛰어났습니다. 공자께서는 이 두 가지를 모두 겸하셨는데도 말씀하시기를 '나는 외교행정 〔辭命〕에는 능하지 못하다'고 하셨습니다. 그렇다면 지금 스승님께서는 (말을 아는 것〔知言〕과 큰 기상〔浩然之氣〕까지 갖추셨으니) 이미〔既〕 빼어나신 것입니까?"

공자의 제자들의 유형별 장점에 대한 것은 『논어』 '선진 2'를 참고해야 한다.

덕행(德行)에는 안연(顏淵) 민자건(閔子騫) 염백우(冉伯牛) 중궁(仲弓)이요, 말(言語)에는 재아(宰我) 자공(子貢)이요, 정치(政事)에는 염유(冉有) 계로(季路)요, 문학(文學)에는 자유(子游) 자하(子夏)니라.

공손추의 질문에 맹자는 깜짝 놀란다. "뭐라〔惡〕? 이게〔是〕 무슨 말〔何言〕이냐? 옛날에〔昔者〕 자공이 공자께 묻기를〔問~曰〕 '스승님은 빼어나신 것입니까?'라고 하자 공자는 '빼어나냐〔聖〕고 한다면〔則〕 내〔吾〕 그렇지 못하다〔不能〕고 하겠지만 나는 (애씀〔文〕을) 배우는 데 조금도 싫어함이 없고〔不厭〕 (제자들에게 애씀〔文〕, 바른 행실〔行〕, 충직함〔忠〕, 신실함〔信〕을) 가르치는 데 조금도 게으름이 없는〔不倦〕 사람이라고는 할 수 있다'고 하셨다. 이에 자공은 말하기를 '배우는 데 싫어함이 없는 것이 사람을 아는 것〔智(知)〕이요, 가르치는 데 게으름이 없는 것이 어짊[仁]인데 (스승님께서는) 어질면서 사람을 (볼 줄) 아시니 이미 빼어나십니다'고 하였다. 무릇 빼어남은 공자도 자처[居]하지 않으셨는데 (나보고 빼어나다니) 이게 무슨 말이냐."

배우는 것이 智가 되고 가르치는 것이 仁이 되는 이유에 대해 주희는 "지(智)는 스스로 밝히는 것이요, 인(仁)은 남에게 미치는 것이다"고 풀이한다. 이와 직결되는 『논어』의 장은 '술이 2'다.

공자는 말했다. "마음속에 간직하고 내세우지 않는 것, 배움에 싫증을 내지 않는 것, 남을 일깨워 가르치는 데 게으름을 부리지 않는 것, 이 셋 중 어느 것이 나에게 있는가?"

공자는 다음 세 가지 중에서 어느 것이 자신에게 있는지를 묻는다. 물론 공자는 세 가지 다 갖추고 있었지만 겸양을 갖춰 묻는 것이다. 그것은 우회적으로 제자들에게 이 세 가지를 갖추도록 권면하고 있는 것이다.

첫째, '默而識之'는 말없이 옛 배움이나 도리[古學=古道=先王之道]를 익혀 마음속에 간직하고 내세우지 않는 것을 말한다. 識는 '알다', '지식' 등의 뜻일 때는 식, '기록(하다)', '표시(하다)', '적다' 등의 뜻일 때는 지, '깃발'의 뜻일 때는 치로 읽는다. 여기서는 말없이[默] 마음속에만 적어둔다는 뜻이므로 지로 읽는다. 『논어』 첫머리의 '남들이 알아주지 않더라도 속으로 서운한 마음을 갖지 않는 것[人不知而不慍]'과 통한다.

둘째, '學而不厭'은 배움에 싫증을 내지 않는다는 것이니 바로 '學而時習'과 통한다. 사실 배운다는 것은 누구에게나 지루하고 싫증나는 일이다. 그러나 그런 지루함과 싫증을 이겨내고 올바른 배움을 갖췄을 때 그 공효(功效)는 새로운 사람을 만들어주는 것이니 공자는 (애쓰는 법〔文〕을) 배우는 것을 꺼려하지 않았던 것이다.

셋째, 남을 일깨워 가르치는 것〔誨人〕을 게을리하지 않는 것〔不倦〕이다. 이는 '위정 11'의 '溫故而知新'과 통한다.

공자는 말했다. "옛것을 배워 익히고 그리하여 (그로부터) 새것을 알아내면 얼마든지 다른 사람의 스승이 될 수 있다."

동시에 '학이 1'의 "뜻이 같은 벗이 있어 먼 곳을 갔다가 돌아오면 또한 즐겁지 않겠는가?"와도 통한다고 할 수 있다. 먼 곳에 갔다 온 뜻이 같은 벗은 새로운 것을 보고 익혔기 때문에 배울 바가 있어 즐거운 것이기 때문이다. 이렇게 보면 순서는 달리하지만 이 장은 고스란히 '학이 1'과 통한다.

사실 이 셋은 군자(君子) 정도라면 다 할 수 있는 일인데 성인(聖人)의 반열에 오른 공자가 능하지 않을 리가 없다. 공자는 이런 질문들을 통해 자연스럽게 배움의 길이 어렵다는 것과 자신의 겸손을 동시에 드러내고 있다. 이런 표현은 '술이' 편에 반복해서 나타나는 겸양의 수사학이다.

사실 여기서 공자가 던진 물음에 대한 답은 '술이 33'에서 공자 스스로 하고 있다.

공자는 말했다. "빼어난 이의 경지와 어진 이의 경지에 대해서 말하게 될 경우 나는 감히 빼어난 이나 어진 이의 경지에 이르렀다고

자부할 수 있겠는가? 그러나 그런 행위를 하는 것은 싫어하지 않으며, 사람들을 일깨우는 것을 게을리하지 않는 점에서는 나는 그렇다고 말할 수 있을 뿐이다."

이에 공서화는 말했다. "바로 그 점이 우리 제자들이 결코 배울 수 없는 점입니다."

여기서 말하는 '그런 행위'란 다름 아닌 '默而識之'와 '學而不厭'이다.
　　　　　　　　　　　　　　　　　　　　　묵 이 지 지　　　　학 이 불염

공손추는 맹자가 단호하게 자신은 아직 빼어난 이의 경지에 이르지 못했다고 하자 이번에는 공자의 제자들을 끌어들여 질문을 던진다. 공자의 제자 자공이 사람을 비교하는 일〔方人〕에 관심을 두다가 공자에게 핀잔당하는 장면이 『논어』 '헌문 31'에 나온다. 거기서 공자는 자공에게 "자공은 참으로 나보다 나은가 보구나! 나는 그럴(너처럼 사람이나 비교하고 있을) 틈이 없다"고 말한다.

이런 맥락에서 보자면 공손추의 질문은 자칫 외람될 수가 있다. 아무리 스승을 빼어난 이로 높이기 위함이라지만 계속 스승을 비교의 대상으로 삼으면서 질문을 해가고 있기 때문이다. 아마도 공자 같았으면 한 번쯤은 들어주었겠지만 계속 이런 질문을 던졌다면 호통을 쳤을지 모른다. 이런 점을 감안하면서 공손추의 이어지는 질문과 이에 대한 맹자의 인내심 있는 답변을 따라가보자.

"옛날〔昔者〕에 슬쩍〔竊〕 들어보니 (공자의 제자이신) 자공, 자유(子
　　　　석자　　　　　　절
游), 자장(子張)은 모두〔皆〕 빼어난 이의 한 가지 면모〔一體=一肢〕는
　　　　　　　　　　　　개　　　　　　　　　　　　　　　일체　　일지
갖고 있었고 염우, 민자, 안연의 경우에는〔則〕 골고루 갖추기는 했으나
　　　　　　　　　　　　　　　　　　　　　　즉
(공자에 비한다면) 미미했다〔具體而微〕고 했습니다. 감히 (스승님께서)
　　　　　　　　　　　　　구체 이 미

편안히 여기는 바[所安]를 묻겠습니다."

소안

상당히 곤란한 질문이다. 게다가 所安의 정확한 의미를 안다면 공

소안

손추의 질문은 고약하기까지 하다. 적어도 두 가지 유형의 공자 제자

들 중에 스승님은 어디에 가까우냐고 묻고 있는 것이다. 특히 편안히

여기는 바[所安]를 특정하여 질문한 것은 예리하다면 예리한 것이고

소안

고약하다면 고약한 것이다. '감히' 묻겠다고 한 것을 보면 그도 이 물

음의 폭발성을 알고 있었다. 『논어』 '위정 10'에 그 폭발성에 대한 해

답이 있다.

　공자는 말했다. "(사람을 알고 싶을 경우) 먼저 그 사람이 행하는

바[所以]를 잘 보고[視], 이어 그렇게 하는 까닭이나 이유[所由]를

소이 　　　 시　　　　　　　　　　　　　　　　　 소유

잘 살피며[觀], 그 사람이 편안해하는 것[所安]을 꼼꼼히 들여다본

관　　　　　　　　　　　　 소안

다면[察] 사람들이 어찌 그 자신을 숨기겠는가? 사람들이 어찌 그

찰

자신을 숨기겠는가?"

이것만 독립해서 읽어도 무방하지만 역시 '위정 9'에 나오는

'省其私'를 풀어내는 대목으로 해독하는 것이 훨씬 자연스럽다. 즉

성기사

한 개인의 사람됨을 면밀하게 살피는[省其私] 방법으로 다음과 같

성기사

은 세 가지를 제시하고 있다고 보는 것이다. 이렇게 볼 때 省은 視,

성　　 시

觀, 察 세 가지를 모두 포괄하는 의미를 갖는다.

관 찰

먼저 省은 글자의 모양 자체가 아주 작은 것, 자세한 것[少]까지

성　　　　　　　　　　　　　　　　　　　　　　　　 소

살핀다[目]는 뜻을 품고 있다. 省에는 '살피다' 외에 '깨닫다', '명심하

목　　　　　　　　 성/생

다', '관청', '마을', '대궐', '덜다(생)', '허물(생)', '재앙(생)' 등의 뜻이 포

함된다. '省其私'의 省은 '두루두루 빈틈없이 자세하게 살펴본다'는

성기사 성

정도로 풀이하면 적확한 번역어라고 할 수 있다.

성기사(省其私)하는 방법적 절차〔觀人之法〕로 공자는 먼저 所以를 보라고 한다. 우리의 일상적 용어로 보자면 所以는 까닭이나 연유를 말한다. 그런데 주희의 뜻풀이대로 여기서 以는 爲로 보아야 뒤에 이어지는 내용과도 부합된다. 즉 所爲로 보아 '행하는 바'로 풀이하는 것이다. 이어 공자는 所由를 살펴보라고 한다. '행하는 바'의 까닭이나 연유를 살피라는 것이다. 행하는 바와 그 연유를 본 다음에는 所安을 들여다보라고 한다. 여기서 安은 여러 가지 해석가능성을 열어놓는다. 주희의 경우 安을 所樂으로 풀었다. 결국 '察其所安'은 '즐거워하는 바'를 보라는 것인데 쉽게 와서 닿지 않는다. 우선 무엇을 즐거워하는지를 보라는 것인지, 아니면 즐거워할 때의 모습을 보라는 것인지부터 불분명하다. 일단 즐거워한다는 것은 억지가 아니라 마음에서 우러나 즐거워하는 것을 뜻한다. 오히려 편안해하는 것 혹은 자연스러운 모습에 가까운 듯하다.

이런 맥락에서 주희가 觀은 視보다 더 상세하게 들여다보는 것이고, 察은 觀보다 더 자세하게 들여다보는 것이라고 했던 풀이는 대단히 적절한 보충설명으로 보인다.

이렇게 단계적으로 심화하면서 사람됨을 살필 경우 과연 사람들이 어떻게 자신의 본 모습을 숨길 수 있겠느냐고 묻는 것이 바로 '사람들이〔人〕어찌〔焉〕(자신의 본마음을) 숨길〔廋〕수 있겠는가〔哉〕?'이다. 결코 숨길 수 없다는 점을 강조하기 위해 공자는 '人焉廋哉'를 두 번이나 반복하고 있다. 여기서 廋는 '숨기다', '찾다' 등의 뜻을 갖고 있다. 결국 사람 보는 법을 제대로만 안다면 우리는 얼마든지 타인의 사람됨을 빈틈없이 알아볼 수 있다는 것을 의미한다.

즉 편안하게 여기는 바[所安]는 한마디로 사람을 보는[知人] 최고의
단계인데 제자가 스승에게 당신은 누구인지 가장 깊은 속을 말해 달
라고 청하고 있는 형국이다. 그래서 고약한 질문이라는 것이다.

당연히 맹자는 "일단[姑] 이들(과 비교하는 일)은 제쳐두라[舍]"고
우문현답을 한다. 姑는 주로 시어머니, 고모 등을 뜻하는데 여기서는
부사로 '일단', '우선' 등의 뜻이다.

그러자 공손추는 역사적 인물 두 사람과 스승을 견주어보려 한다.
한 명은 백이(伯夷), 또 한 명은 이윤(伊尹)이다. "백이나 이윤(과 비교
해 보는 것)은 어떻습니까[何如]?" 먼저 이 두 사람에 대한 주희의 설
명을 본 다음에 맹자의 대답을 들어보는 게 좋을 듯하다. 주희에 따르
면 백이는 고죽(孤竹)이라는 나라의 임금의 맏아들[長子]로, 숙제(叔
齊)라는 아우와 함께 (서로에게) 나라를 양보하다가 (상나라의 폭군)
주왕(紂王)을 피하여 숨어 살다가 문왕(文王)의 다움[德]이 뛰어나다
는 말을 듣고 문왕에게 귀의했는데 막상 (문왕의 아들인) 무왕(武王)
이 주왕을 정벌하자 (무왕이 세운) 주나라를 떠나 (숨어 지내다가) 굶
어 죽었다. 우리가 아는 백이숙제(伯夷叔齊)의 고사가 여기서 나온 것
이다.

이윤은 유신(有莘)이라는 나라의 처사로, (상나라, 즉 은나라를 세운)
탕왕(湯王)이 초빙하여 등용했고 (하나라 임금) 걸왕(桀王)에게 나아가
게 했으나 걸왕이 등용하지 않자 다시 탕왕에게 돌아왔는데 이렇게 두
임금 사이를 오가기를 다섯 번 하다가 마침내 탕왕을 도와 걸왕을 정
벌하였다. (이렇게 해서 하나라가 망하고 상나라가 건국될 수 있었다.)

맹자는 먼저 백이에 대해 이렇게 말한다. "도리[道]란 한 가지가 아
니다. 섬길 만한(그만한) 군주[其君]가 아니면 섬기지 않고, 부릴 만한

(그만한) 백성이 아니면 부리지 않는다는 원칙으로 다스릴 만한 세상일 때는 나아가고 어지러워지면 물러나는 것이 백이(의 도리)였다."

이어 조금 다른 도리의 사례로 이윤을 이야기한다. "어떤 분을 섬긴들 내 군주가 아니겠으며 어떤 사람을 부린들 내 백성이 아니겠는가라며 다스릴 만한 세상일 때도 나아가고 어지러워져도 나아가는 것이 이윤(의 도리)이었다." 도리〔道〕가 달랐기 때문에 백이와 이윤의 나아가고 물러나는 도리〔進退〕도 달랐다.

이어 맹자는 공자의 사례를 추가한다. 여기서 우리가 평소에 생각하는 것과는 상당히 다른 공자의 나아가고 물러가는 원칙〔進退觀〕이 나오는데 이는 실제로 『논어』에도 등장한다. 우선 맹자의 언급부터 보자.

"벼슬〔仕〕할 수〔可以〕 있으면〔則〕 벼슬하고 그만〔止〕둘 만하면〔可以〕 그만두며, 오랫동안〔久〕 (벼슬자리에) 있을 만하면 있고 속히〔速〕 떠나야 할 것 같으면 속히 떠나는 것이 공자(의 도리)이시다."

그리고 나서 맹자는 이 세 사람이 모두 옛날의 빼어난 이라고 평가한 다음 자신은 이 셋 중에서 공자를 닮고 싶다고 말한다. "내 아직 행함에 능하지 못하기는 하지만 내가 원하는 바는 곧 공자(의 도리)를 배우는 것이다."

어찌 보면 백이는 은둔자〔隱者〕의 길, 이윤은 경세가의 길, 공자는 배우는 자〔學人〕의 길인지 모른다. 그중에서 맹자는 공자의 길을 배우려 했던 것이다. 갑자기 공자까지 끌어들이니 공손추로서는 궁금증이 풀리기는커녕 더 깊어졌다.

공손추가 물었다. "(그렇다면) 백이와 이윤이 공자에〔於〕 비견〔班〕할 만하다는 것입니까?" 이에 맹자는 답했다. "아니다〔否〕. 사람〔民〕이 생겨난 이래로〔自~以來〕 공자와 같은 분은 없었다." 그러면 왜 세 사람올 한데 묶이 빼이닌 이라고 했는지가 궁금하지 않을 수 없다.

"그렇다면〔然則〕 (두 사람과 공자) 사이에〔與〕 같은 점〔同〕이 있습니까〔有〕?"
_{연즉} _여 _동
_유

"있다. (사방) 100리의 땅을 얻어 임금 노릇을 한다면 (세 사람) 다〔皆〕 (그 땅을 기반으로 나라를 넓혀) 제후들로부터 조회〔朝〕를 받을 수 있고〔能以=可以〕 천하를 소유할 수 있다. (반면에) 하나라도 의롭지 못한 일〔不義〕을 행하고 한 사람이라도 죄 없는 사람〔不辜〕을 죽이면서까지〔而〕 천하를 얻는 일은 (세 사람) 다 하지 않을 것이다. 이것이 곧 같은 점이다." 즉 세 사람 모두 왕위에 올랐다면 하나같이 임금다운 임금의 빼어남〔聖〕으로써 도리가 행해지는 세상〔治世〕을 열게 될 것이라는 점이 공통점이라는 것이다.

이제 공손추는 두 사람과 공자의 차이에 대해 묻는다. 그의 질문을 문자대로 옮기면 '감히〔敢〕 그〔其〕 다른 점〔異〕이 생겨나게 하는〔以〕 바〔所〕를 묻겠습니다〔問〕'이지만 간단히 "감히 그 다른 점이 무엇인지를 묻겠습니다"로 옮긴다.

이에 맹자는 공자의 제자 재아, 자공, 유약(有若)의 발언을 인용해 우회적으로 답을 한다. 그에 앞서 맹자는 이 세 사람은 "사람을 알아보는 능력〔智=知=知人〕이 충분해서 어떤 사람이 빼어난 사람(인지 아닌지)임을 알 수 있었다. (설사) 지인 능력이 낮다〔汗〕고 하더라도 그 좋아하는 사람(여기서는 공자)에게 아첨하는 지경에는 이르지 않았을 것이다(그러니 그 세 사람의 말은 충분히 신빙성이 있다고 할 수 있다)"고 말한 다음 한 명씩 인용을 한다. 汗는 汚와 같은 글자이며 주희는 이를 낮다는 뜻에서 下로 풀었다.

"재아는 '나로서는 스승님(공자)을 살펴보았을 때 그 뛰어남이 요임금과 순임금[堯舜]보다 훨씬 더하다'고 했다."

"자공은 '(스승님께서는 어떤 나라에 가서) 그 국가제례[禮]를 보면 그 나라의 정치[政事]가 어떤 수준인지를 알 수 있고, (그 나라의) 국가음악[樂]을 들으면 그 나라 임금의 임금다움[德]을 알 수 있다고 했다. (바로 그렇기 때문에 국가제례나 국가음악[禮樂]을 척도로) 백 세대[百世]가 지난 뒤에 그 백 세대[百世]의 임금들을 차등해서 평가를 할 때 거기서 벗어날 수 있는 임금은 아무도 없다. (그런 면에서 볼 때) 인간이 세상에 생겨난 이래로 스승님과 같은 분은 없었다'고 했다." 국가제례와 음악[禮樂]의 중요성을 공자만큼 정확하게 파악하고 강조했던 인물은 없었다는 뜻이다. 이에 대해서는 『논어』를 통한 보충이 필요하다. 먼저 맹자가 언급한 사례는 '위정 23'부터 봐야 한다.

자장이 물었다. "십 왕조 이후의 일도 알 수 있습니까?"

공자는 말했다. "은나라는 하나라의 예를 이어받았으니 은나라에 들어와 사라진 것과 새롭게 생겨난 것은 하나라와 비교해 보면 얼마든지 알 수 있고, 주나라는 은나라의 예를 이어받았으니 주나라에 들어와 사라진 것과 새롭게 생겨난 것은 은나라와 비교해 보면 얼마든지 알 수 있으니, 혹시라도 주나라를 계승하는 자가 있다면 비록 백 왕조 뒤의 일이라도 그 모습을 알 수 있을 것이다."

이런 맥락에서 '팔일 9'를 살펴보자.

공자는 말했다. "하나라의 예를 내가 말할 수 있으나 기나라에서는 족히 그것을 실증할 수 없고, 은나라의 예를 내가 말할 수 있으나 송나라에서는 족히 그것을 실증할 수 없다. 이는 문헌이 부족하기 때문이다. 문헌이 충분하다면 나는 내가 말한 것을 실증해 보일 수 있을 것이다."

지금까지는 예(禮)의 근본, 본질 등에 관한 다분히 추상적인 논의가 전개되었다면 이 장에서는 구체적인 사례를 중심으로 이야기가 전개된다. 공자가 말하는 예(禮)란 기본적으로는 국가제례(國家制禮)이다. 여기서도 공자는 자신이 하나라의 예를 말할 수는 있으나 하나라를 이은 기나라가 충분히 증명해 주지 못하고 은(殷)의 예에 대해서도 은나라를 뒤이은 송나라가 충분히 증명해 주지 못하는 데 대한 아쉬움을 이야기한 후 문헌(文獻)만 충분하다면 그는 얼마든지 자신의 말이 옳다는 것을 증명할 수 있다고 말한다. 그냥 지나칠 수도 있는 글 같지만 실은 그렇지 않다. 해석하기에 따라 여러 방향으로 읽어낼 수 있는 함축적 의미들이 고루 담겨 있기 때문이다.

그렇다면 이것은 문헌의 중요성을 역설하는 글일까? 그건 아닐 것이다. 오히려 강조점은 하나라나 은나라의 예제(禮制)에 대해 공자 자신이 "나는 능히 그것을 말할 수 있다〔吾能言之〕"고 역설하는 대목이다. 얼핏 보면 모순(矛盾)처럼 보인다. 한편으로는 능히 말할 수 있다고 하면서 다른 한편으로는 문헌이 부족하여 증명할 수는 없다고 말한다. 이 모순을 어떻게 풀어나가야 할 것인가?

공자가 말하려는 예(禮)는 겉치레 행사로서의 예가 아니라 근본정신〔道〕으로서의 예다. 기나라나 송나라에 남아 있는 문헌들은 겉치레 예제(禮制)에 관한 언급은 있으나 예의 근본정신은 망각해 버렸다. 공자는 바로 이 점을 여기서 강도 높게 비판하고 있다. 더불어 자신은 하나라나 은나라의 예의 근본정신을 알고 있다고 역설하고 있다. 이 점은 뒤에 이어지는 사례들에서 쉽게 확인된다.

『예기(禮記)』에 실린 공자의 말이 이 점을 좀 더 구체적으로 표현하고 있어 인용한다. "내가 하나라의 도를 보고 싶었다. 이 때문에 기나라에 찾아갔으나 족히 그것을 실증할 수 없었고 내가 거기에서 '하시(夏時)'라는 하나라의 책력을 얻었다. 내가 은나라의 도를 보고 싶었다. 이 때문에 송나라에 찾아갔으나 족히 그것을 실증할 수 없었고 내가 거기에서 '곤건(坤乾)'이라는 은나라의 점서를 얻었다."

『예기』에 실린 공자의 말을 감안해서 다시 풀이하자면 이렇게 된다. 하나라의 예는 그 후예인 기나라에 일부 전하였고 은나라의 예는 그 후예인 송나라에 일부 전하였다. 그러나 정작 기나라와 송나라의 예를 살필 수 있는 문헌이나 인물은 없었다. 그래서 이 두 나라에서는 실증할 수 없다고 말한 것이다.

이와 더불어 '이인 13'도 이런 문맥에 연결된다.

공자는 말했다. "예의와 겸양으로써 나라를 다스린다면 무슨 어려움이 있겠는가? 예의와 겸양으로써 나라를 다스릴 수 없다면 그런 예라는 것을 어디다 쓰겠는가?"

다시 맹자의 말이다. "유약은 '어찌〔豈〕 사람만이 그렇겠는가? 달리는 짐승〔走獸〕들 중에서는 기린(麒麟)이 가장 빼어나고 나는 새〔飛鳥〕들 중에서는 봉황(鳳凰)이 그러하고, 언덕과 둑〔丘垤〕들 중에서는 태산(泰山)이 그러하고 흐르는 물〔行潦〕들 중에서는 하해(河海)가 그러하다는 점에서 모두 같은 유(類)이다. (즉) 빼어난 사람이 사람들 중에서 가장 빼어난 것도 이와 같은 유(類)이다. 자신의 무리에서 가상 출중하고〔出〕다시 그 모인 것들 중에서 치솟아 올랐으니〔拔〕인간이 생겨난 이래로 공자보다 그 다움〔德〕이 성대했던 분은 없었다'고 말했다."

공자의 제자들의 입을 빌려 맹자는 왜 자신이 공자의 길을 배우려 하는지를 에둘러 보여준다. 그것은 오로지 공자가 가르쳤던 (인간으로서의 인간)다움〔德〕 때문이다.

3

맹자는 말했다. "힘으로써 어짊을 가장하는 자는 패자이니 패자는 반드시 큰 나라를 가지려 하지만, 임금다움으로써 어짊을 행하는 자는 왕자이니 임금다운 임금은 큰 나라가 되기를 기대하지 않는다. 탕왕(湯 王)은 사방 70리(를 기반으)로 (새 나라를) 이루셨고 문왕(文王)은 사방 100리(를 기반으)로 (새 나라를) 이루셨다. 힘으로써 상대방을 복종시키는 것은 상대방이 마음으로부터 복종하는 것이 아니고 힘이 부족해서다. 다움으로써 상대방을 복종시키는 것은 마음속 깊은 곳에서 기뻐하여 진정으로 복종하는 것이니 70인의 제자가 공자에게 복종한 것이 바로 그와 같은 것이다. 『시경』에 '서쪽으로부터 동쪽으로부터, 남쪽으로부터 북쪽으로부터 복종하지 않는 자가 없구나'라고 한 것은 바로 이것을 말하는 것이다."

孟子曰 以力假仁者覇 覇必有大國 以德行仁者王 王不待大 湯以七十里
맹자 왈 이 력 가 인 자 패 패 필 유 대 국 이 덕 행 인 자 왕 왕 부 대 대 탕 이 칠 십 리

文王以百里 以力服人者 非心服也力不贍也 以德服人者 中心悅而誠服也
문 왕 이 백 리 이 력 복 인 자 비 심 복 야 역 불 섬 야 이 덕 복 인 자 중 심 열 이 성 복 야

如七十子之服孔子也 詩云 自西自東自南自北 無思不服 此之謂也
여 칠 십 자 지 복 공 자 야 시 운 자 서 자 동 자 남 자 북 무 사 불 복 차 지 위 야

앞 장에 이어 다움[德]에 관한 맹자의 이야기가 계속된다. "힘으로써 어짊[仁]을 가장하는[假] 자는 패자[覇]이니 패자는 반드시 큰 나라[大國]를 가지려 하지만, 임금다움[德]으로써 어짊[仁]을

행하는 자는 왕자[王]이니 임금다운 임금[王]은 큰 나라가 되기를 기대하지[待] 않는다. 탕왕(湯王)은 사방 70리(를 기반으)로 (새 나라를) 이루셨고[以=行] 문왕(文王)은 사방 100리(를 기반으)로 (새 나라를) 이루셨다. 힘으로써 상대방을 복종시키는 것은 상대방이 마음으로부터 복종하는 것이 아니고 힘이 부족[不贍=不足]해서다. 다움[德]으로써 상대방을 복종시키는 것은 마음속 깊은 곳[中心]에서 기뻐하여 진정으로 복종하는 것이니 70인의 제자가 공자에게 복종한 것이 바로 그와 같은 것이다. 『시경』에 '서쪽으로부터 동쪽으로부터, 남쪽으로부터 북쪽으로부터 복종하지 않는 자가 없구나'라고 한 것은 바로 이것을 말하는 것이다."

왕도정치[王道]와 패도정치[覇道]의 차이는 결국 다움[德]을 쓰느냐 힘[力]을 쓰느냐에 달려 있다는 말이다. 이 점은 『논어』에서도 수없이 강조되는 바이지만 그중에서도 특히 활쏘기의 비유가 등장하는 '팔일 16'이 의미심장하다.

공자는 말했다. "(주나라 때의) 활쏘기는 가죽 뚫기로 승부를 가리지 않았다. 왜냐하면 힘이 사람마다 다 달랐기 때문이다. 이것이 옛날의 활 쏘는 예법이다."

이에 대해서는 주희의 설명이 분명하다. "옛날, 즉 주나라 때는 활쏘기가 다움과 행함[德行]을 관찰하는 하나의 방법이었다." 일종의 예(禮)였다는 말이다. 『예기(禮記)』에도 '射者所以觀盛德也'라는 구절이 있다. 활쏘기는 다움이 성대한지를 관찰하는 방법이라는 것이다. 그 후에도 활쏘기를 관덕(觀德)이라고 부르는 것은 그 때문이다.

제주도를 비롯한 국내 곳곳의 관덕정(觀德亭)은 대부분 활터이다. 문무를 함께 단련하는, 관덕으로서의 활쏘기는 힘자랑이 아니라 마음가짐의 경쟁이었다. 즉 가죽을 관통하는지의 여부가 아니라 가죽 과녁의 정중앙, 즉 정곡(正鵠)에 적중(的中)시키는지의 여부로만 승부를 가렸다. 그것은 주나라의 예법이자 문화였다. 이것은 '팔일 7'에서의 활쏘기 승부와 정확히 맥이 통한다.

공자는 말했다. "군자는 다투는 바가 없으나 반드시 활쏘기에서는 경쟁을 한다. 상대방에게 읍하고 사양하며 올라갔다가 내려와 술을 마시니 이러한 다툼이 군자다운 것이다."

그리고 '헌문 35'도 같은 맥락에서 풀이할 수 있다.

공자는 말했다. "우리가 어떤 말을 준마(駿馬)라고 부르는 것은 그 힘을 지칭해서가 아니라 그 다움[德]을 지칭해서다."
덕

물론 『논어』에서는 자기를 다스리는[修己] 차원에서 힘과 다움을 대비했고, 여기서는 나라를 다스리는[爲政] 차원에서 힘과 다움을 대비한다는 차이는 있지만 결국 수기(修己)와 위정(爲政)은 서로 통한다.

4

맹자는 말했다. "어질면 영예롭고 어질지 못하면 치욕을 당한다. 오늘날 (사람들은) 치욕 당하는 것은 싫어하면서도 어질지 못함에 머물러 있는데 이는 마치 습한 것은 싫어하면서도 (물가 근처) 낮은 곳에 머물러 있는 것과 같다. 만약에 치욕 당함을 싫어한다면 다음을 귀하게 여기고 선비를 존중하는 것만 못하니 뛰어난 사람이 (그에 어울리는) 자리에 있으며 유능한 사람이 (그에 어울리는) 직책에 있어 국가가 한가하거든 바로 이때에 미쳐 그 정사와 형벌을 밝힌다면 비록 큰 나라일지라도 반드시 그를 두려워할 것이다. 『시경』에 이르기를 '하늘이 음산하게 장시간 비 내리게 하지 않을 때에 미쳐서 저 뽕나무 뿌리를 거두어다가 창문을 칭칭 감는다면 지금 이 아래에 있는 사람들이 혹시라도 감히 나를 업신여기겠는가'라고 하였다. 공자께서 말씀하시기를 '이 시를 지은 자는 아마도 도리가 무엇인지를 아는 사람일 것이다. 자기 국가를 잘 다스린다면 누가 감히 업신여기겠는가?'라고 하였다.

오늘날 국가가 한가하니 이때에 미쳐 즐기고 태만하여 오만한 짓을 하니 이는 스스로 재앙을 부르는 것이다. 재앙과 행복은 자기 자신으로부터 구하지 않는 것이 없다. 『시경』에 이르기를 '길이 하늘의 명하는 바에 부합하는 것을 생각함이 스스로 많은 복을 구하는 것이다'라고 하였으며 『서경』 '태갑(太甲)'에 이르기를 '하늘이 지은 재앙은 오히려 피할 수 있으나 스스로 지은 재앙은 살아날 길이 없다'고 하였으니 바로 이것을 말한 것이다."

孟子曰 仁則榮不仁則辱 今惡辱而居不仁 是猶惡濕而居下也 如惡之
맹자 왈 인즉영 불인 즉욕 금오욕이거 불인 시유오습이거하야 여오지

莫如貴德而尊士 賢者在位能者在職 國家閒暇 及是時明其政刑 雖大國必
막여귀덕이존사 현자 재위 능자 재직 국가 한가 급시시명기 정형 수 대국 필

畏之矣 詩云 迨天之未陰雨 徹彼桑土 綢繆牖戶 今此下民 或敢侮予 孔子
외지의 시운 태천지미음우 철피상두 주무유호 금차하민 혹감모여 공자

曰 爲此詩者其知道乎 能治其國家誰敢侮之 今國家閒暇 及是時般樂怠敖
왈 위차시자기지도호 능치기국가수감모지 금국가 한가 급시시반락 태오

是自求禍也 禍福無不自己求之者 詩云 永言配命 自求多福 太甲曰 天作
시자구화야 화복무불자기구지자 시운 영언배명 자구다복 태갑왈 천작

孽猶可違 自作孽不可活 此之謂也
얼유가위 자작얼불가활 차지위야

🌸　　이 장은 앞장과 대구를 이룬다. 두 장을 하나로 보아도 무방할 정도다. 맨 끝에 『시경』을 인용하는 것도 똑같다. 역시 맹자의 말이 이어진다.

"어질면〔仁〕 영예롭고〔榮〕 어질지 못하면 치욕을 당한다〔辱〕. 오늘날 (사람들은) 치욕 당하는 것〔辱〕은 싫어하〔惡〕면서도〔而〕 어질지 못함에 머물러 있는데 이는〔是〕 마치〔猶〕 습한 것은 싫어하면서도 (물가 근처) 낮은 곳에 머물러 있는 것과 같다. 만약에〔如〕 치욕 당함을 싫어한다면 다움〔德〕을 귀하게 여기고 선비를 존중하는 것만 못하니 뛰어난 사람〔賢者〕이 (그에 어울리는) 자리에 있으며 유능한 사람〔能者〕이 (그에 어울리는) 직책에 있어 국가가 한가하거든 바로 이때에 미쳐〔及〕 그 정사와 형벌을 밝힌다면 비록 큰 나라일지라도 반드시 그를 두려워할 것이다.

『시경』에 이르기를 '하늘이 음산하게 장시간 비 내리게〔陰雨〕 하지

않을 때에 미쳐서〔迨=及〕 저〔彼〕 뽕나무 뿌리〔桑土〕를 거두어다가〔徹〕
　　　　　　태　급　　피　　　　　　　상두　　　　　　　　　　철
창문을 칭칭 감는다면 지금 이 아래에 있는 사람들이 혹시라도 감히
나를 업신여기겠는가'라고 하였다. 공자께서 말씀하시기를 '이 시를 지
은 자는 아마도〔其〕 도리가 무엇인지를 아는 사람일 것이다. 자기 국
　　　　　　　　기
가를 잘 다스린다면 누가 감히 업신여기겠는가?'라고 하였다.

　오늘날 국가가 한가하니 이때에 미쳐 즐기고 태만하여 오만한 짓을
하니 이는 스스로 재앙〔禍〕을 부르는 것이다. 재앙과 행복〔禍福〕은 자
　　　　　　　　　　화　　　　　　　　　　　　　　　　　화복
기 자신으로부터 구하지 않는 것이 없다.

　『시경』에 이르기를 '길이 하늘의 명하는 바〔天命〕에 부합하는 것을
　　　　　　　　　　　　　　　　　　　　　　천명
생각함이 스스로 많은 복을 구하는 것이다'라고 하였으며『서경』 '태
갑(太甲)'에 이르기를 '하늘이 지은 재앙〔孽〕은 오히려 피할〔違〕 수 있
　　　　　　　　　　　　　　　　　　　얼　　　　　　위
으나 스스로 지은 재앙은 살아날〔活〕 길이 없다'고 하였으니 바로 이
　　　　　　　　　　　　　　　활
것을 말한 것이다.'

　우선 '국가가 한가하다〔國家閒暇〕의 의미를 정확히 풀어야 한다. 뒤
　　　　　　　　　　국가　한가
에 이어지는 문맥으로 보면 정치가 안정되어 남는 힘〔餘力〕이 있다는
　　　　　　　　　　　　　　　　　　　　　　　여력
뜻으로 보는 게 좋을 듯하다. 즉 그런 여력이 있으면 '바로 이때에 미
쳐' 여러 가지 훌륭한 일을 해낼 수 있다는 말이다. 그냥 한가롭다고
하면 오해의 여지가 있다.

　『시경』의 시도 내용이 쉽지 않다. 陰雨란 오랫동안 계속해서 내리는
　　　　　　　　　　　　　　　　음우
음산한 비로 좋지 않은 상황이나 위험의 전조〔前兆〕 등을 뜻한다. 따
　　　　　　　　　　　　　　　　　　　　　전조
라서 '하늘이 陰雨하지 않을 때에 미쳐서'란 아직 재난이나 재앙이 닥
　　　　　음우
치기 전의 상황을 말한다. 뽕나무 뿌리로 창문을 칭칭 감는다는 것은
주희에 따르면 '칭칭 감아 집을 완전하게 만드는 것'이다. 즉 홍수 등에
대비하여 미리 철저한 대책을 세우는 것이다. 말 그대로 陰雨之備, 즉
　　　　　　　　　　　　　　　　　　　　　　　　　음우　지비

미리 위험에 대비하여 방비를 갖췄다는 것이다. 이 시의 작자는 주공(周公)이다. 주희의 풀이다. "주공은 새가 둥지를 만들기를 이와 같이 함을 가지고 군주가 나라를 다스림 또한 마땅히 재앙[禍]을 생각하여 미리 방비하여야 함을 비유하신 것이다. 공자는 이 시를 읽고 칭찬하시어 도리[道]를 안다고 말씀하셨다."

따라서 이어지는 구절은 나라에 여력이 있을 때 흥청거릴 것이 아니라 다가올 위험에 철저하게 대비해야 한다는 의미이다. 바로 그런 점에서 재앙과 행복[禍福]은 외부에서 오는 것이 아니라 스스로에게서 정해진다고 해도 과언이 아니다.

이어지는 『시경』과 『서경』은 이 점을 재확인시켜 주는 구절들이다. 言은 생각한다는 뜻이기 때문에 念이나 思와 같은 뜻으로 본다. 孽(蘖)은 禍를 뜻한다. 일반적으로는 庶蘖에서 자주 사용되는데 그때는 첩의 자식이 庶, 노비의 자식이 蘖이다.

5

맹자가 말했다. "뛰어난 사람을 높이고 유능한 사람을 부려서 재주와 다음이 남들보다 특출난 사람들이 그에 걸맞은 자리에 있게 된다면 천하의 선비들은 모두 기뻐하여 그 조정에서 벼슬을 하고 싶어 할 것이다. 시장에 대해 (일단) 자릿세만 받고 (거래물품에 대한) 세금은 받지 않고 (나아가) 법대로만 하고 자릿세도 받지 않으면 천하의 상인들이 모두 다 기뻐하여 그 시장에서 장사를 하고자 할 것이다. (국경의) 관문을 기찰하기만 하고 세금을 징수하지 않으면 천하의 여행객들이 모두 다 기뻐하여 그 길을 통해 나아가고자 할 것이다. 농사짓는 자들에게는 (공전(公田)을) 돕도록만 하고 세금은 징수하지 않는다면 천하의 농부들이 모두 다 기뻐하여 그 들에서 농사를 짓고 싶어 할 것이다. 사람들이 거주하는 곳에 노역전(勞役錢)이나 지세(地稅)를 징수하지 않는다면 천하의 백성들은 모두 기꺼이 그곳으로 옮겨와 살고자 할 것이다. 진실로 이 다섯 가지를 잘 시행한다면 이웃나라의 백성들이 그를 우러러보기를 마치 부모님을 대하듯이 할 것이니, 그런 자식들을 이끌고 가서 자기의 부모를 공격하는 일은 인간이 생겨난 이래 제대로 이루어진 적이 없다. 이와 같을진대 천하에 대적할 자가 없을 것이요, 천하에 대적할 자가 없는 자가 곧 하늘의 관리이니 이렇게 하고서도 왕 노릇을 제대로 하지 못하는 자는 없다."

孟子曰 尊賢使能俊傑在位則天下之士皆悅而願立於其朝矣 市廛而不
맹 자 왈 존 현 사 능 준 걸 재 위 즉 천 하 지 사 개 열 이 원 립 어 기 조 의 시 전 이 부

征法而不廛則天下之商皆悅而願藏於其市矣 關譏而不征則天下之旅皆
정 법 이 부 전 즉 천 하 지 상 개 열 이 원 장 어 기 시 의 관 기 이 부 정 즉 천 하 지 려 개

悅而願出於其路矣 耕者助而不稅則天下之農皆悅而願耕於其野矣 廛無
열 이 원 출 어 기 로 의　 경 자 조 이 불 세 즉 천 하 지 농 개 열 이 원 경 어 기 야 의　 전 무

夫里之布則天下之民皆悅而願爲之氓矣 信能行此五者則鄰國之民仰之若
부 리 지 포 즉 천 하 지 민 개 열 이 원 위 지 맹 의　 신 능 행 차 오 자 즉 인 국 지 민 앙 지 약

父母矣 率其子弟攻其父母 自生民以來未有能濟者也 如此則無敵於天下
부 모 의　 솔 기 자 제 공 기 부 모　 자 생 민 이 래 미 유 능 제 자 야　 여 차 즉 무 적 어 천 하

無敵於天下者天吏也 然而不王者未之有也
무 적 어 천 하 자 천 리 야　 연 이 불 왕 자 미 지 유 야

앞 장이 나라를 다스리는 기본정신에 관한 것이라면 여기서는 보다 구체적인 방안들이 단계적으로 언급된다. 역시 맹자의 언급이 이어진다. 앞서 잠깐 나온 뛰어난 사람[賢者], 유능한 사람[能者]을 그에 걸맞게 대우하는 일부터 시작한다.

"뛰어난 사람을 높이고[尊賢] 유능한 사람을 부려서[使能] 재주와 다움이 남들보다 특출난 사람들이 그에 걸맞은 자리에 있게 된다면[則] 천하의 선비들은 모두 기뻐하여 그 조정에서 벼슬을 하고[立] 싶어 할 것이다."

일단 이 문제를 보자. 이는 공자가 늘 강조했던 인사의 첫 번째 원칙이다. 『논어』 '위정 19'를 보자.

노나라 군주 애공이 물었다. "어떻게 하면 백성들이 복종을 하는가?"
공자가 대답했다. "곧은 사람을 뽑아서 쓰고, 나머지 굽은 사람들은 그에 맞는 자리에 두면 백성들이 마음에서 우러나서 따를 것이고, 그 반대가 되면 백성들은 복종하지 않을 것입니다."

애공(哀公)은 노나라의 임금으로 이름은 장(蔣)이다. 정공(定公)의 아들로 공자가 많은 기대를 걸었던 임금이다. 애공이 백성을 복종시킬 수 있는 방법에 대해 묻자, 공자는 곧은 사람[直]과 굽은 사람[枉]의 대조를 통해 간명하게 답한다. 곧은 사람을 뽑아서 쓰고 나머지 굽은 사람들은 그에 맞는 자리에 두면[錯] 백성들이 마음에서 우러나서 따를 것이고, 그 반대가 되면 백성들은 복종하지 않을 것이라는 말이다. 한마디로 인사(人事)가 만사(萬事)라는 뜻이다. 錯는 '어긋나다', '섞이다' 등일 때는 착으로 읽지만 여기서는 '두다', '버려두다', '올려놓다' 등의 뜻이므로 '조'로 읽는다. 그런데 주희는 錯를 사치(捨置), 즉 '내쳐 버려두다'로 풀이한 반면 정약용은 그냥 '두다'로 풀이했다. 어느 쪽이든 다 가능하지만 문맥을 보면 정약용의 풀이가 좀 더 나은 듯하다. 특히 바로 뒤에 '敎不能'이라 하여 무능한 자를 내치는 것이 아니라 가르쳐서 쓴다는 대목이 나오는 것으로 볼 때 정약용의 풀이를 따르는 것이 옳다.

그런데 흥미로운 것은 임금의 사람 보는[知人] 능력과 직접 관련되는 '擧直錯諸枉'이 '안연 22'에도 그대로 나온다는 점이다. 거기서 제자 번지(樊遲)가 어짊[仁]에 대해 묻자 공자는 짧게 사람을 사랑하는 것[愛人]이라고 답하고, 또 안다는 것[知]에 대해 묻자 사람을 아는 것[知人]이라고 말한다. 그런데도 번지가 미처 그 말의 뜻을 알아차리지 못하자 공자는 이렇게 풀이한다. "擧直錯諸枉 能使枉者直." 즉 곧은 사람을 뽑아서 쓰고 나머지 굽은 사람들은 그에 맞는 자리에 두게 되면 능히 굽은 사람들을 곧게 만들 수 있다는 것이다. 공자의 지인(知人)은 곧 어진 이를 알아보는 것, 즉 知仁者라 할 수 있다.

다시 맹자의 말이다. "시장에 대해 (일단) 자릿세[廛]만 받고 (거래물품에 대한) 세금은 받지 않고 (나아가) 법대로만 하고 자릿세도 받지 않으면 천하의 상인들이 모두 다 기뻐하여 그 시장에서 장사를 하고자 할 것이다." 여기서 征은 '세금을 걷다'는 뜻이다.

이에 대해서는 장횡거(張橫渠)의 풀이가 상세하다. "어떤 때는 그 시장의 자리에 세금만 거두고 화물에 대한 세금은 징수하지 않으며, 어떤 때는 시장관리[市官]의 법으로써 (분쟁을) 다스리기만 하고 자릿세도 받지 않는 것이니, 상공업을 따르는 자가 많으면 자릿세를 받아서 이를 억제하고 적으면 굳이 자릿세를 받지 않는 것이다."

다시 맹자의 말이다. "(국경의) 관문[關]을 기찰[譏]하기만 하고 세금을 징수하지 않으면 천하의 여행객들이 모두 다 기뻐하여 그 길을 통해 나아가고자 할 것이다."

'양혜왕 장구 하(梁惠王章句下)' 5장에서 제나라 선왕(宣王)이 왕도정치[王政]에 대해 묻자 맹자는 이렇게 답한 바 있다. "옛날[昔者]에 문왕께서 주나라의 옛 땅인 기(岐) 땅을 다스릴 때 농사짓는 자[耕者=農民]에게는 9분의 1을 세금으로 받았고, 벼슬하는 자[仕者]에게는 대대로 녹봉[祿]을 주었으며, 관문과 시장에는 살펴만 보고 세금을 걷지 않았고, 저수지를 파거나 고기잡이 하는 것을 금하지 않았으며, 죄인을 처벌할 때는 처자식[孥]은 벌하지 않았습니다."

다시 맹자의 말이다. "농사짓는 자들에게는 (나라의 땅[公田]을) 돕도록만 하고 세금은 징수하지 않는다면 천하의 농부들이 모두 다 기뻐하여 그 들에서 농사를 짓고 싶어 할 것이다." 즉 개인 땅[私田]에 대해서는 세금을 매기지 않는다는 말이다.

"사람들이 거주하는 곳[廛]에 노역전(勞役錢=夫)이나 지세(地稅=

里)를 징수하지 않는다면 천하의 백성들은 모두 기꺼이 그곳으로 옮겨와 살고자 할 것이다." 앞서와 달리 여기서 廛은 시장보다는 사람들이 거주하는 곳으로 넓게 풀이해야 문맥이 어울린다.

맹자는 이렇게 나라를 다스리는 다섯 가지 원칙을 제시한 다음 그 요지를 다음과 같이 정리한다. "진실로[信=誠] 이[此] 다섯 가지[五者]를 잘[能] 시행[行]한다면[則] 이웃나라의 백성들[鄰國之民]들이 그를[之] 우러러보기를[仰] 마치[若] 부모님[父母]을 대하듯이 할 것이니[矣], 그런 자식들을[其子弟] 이끌고 가서[率] 자기의[其] 부모[父母]를 공격하는 일[攻]은 인간이 생겨난 이래[自生民以來] 제대로[能] 이루어진[濟] 적이 없다[未有]. 이와 같을진대[如此則] 천하[天下]에[於] 대적할 자가 없을 것[無敵]이요, 천하에 대적할 자가 없는 자가 곧 하늘의 관리[天吏]이니 이렇게 하고서도[然而] 왕 노릇[王]을 제대로 하지 못하는[不] 자는 없다[未之有也]."

짤막하지만 주희의 논평이 정곡을 찌른다. "군주가 이런 왕도정치[王政]를 잘 행하면 오랑캐와 적이 (이 나라와) 부자간이 되고, 왕정을 행하지 않으면 자기 백성들[赤子]이 원수가 됨을 말씀한 것이다."

6

맹자는 말했다. "사람은 누구나 남에게 차마 모질게 하지 못하는 마음을 갖고 있다. (빼어난 선정을 베풀었던) 선왕들은 남에게 차마 모질게 하지 못하는 마음을 갖고서 이에 남에게 차마 모질게 하지 못하는 정사를 있게 하신 것이다. (따라서) 남에게 차마 모질게 하지 못하는 마음을 갖고서 남에게 차마 모질게 하지 못하는 정사를 행한다면 천하를 다스리는 일은 가히 손바닥 위에 놓고 움직이는 것과 같을 것이다. (내가) 사람은 누구나 남에게 차마 모질게 하지 못하는 마음을 갖고 있다고 말한 이유는 (만약에) 지금 당장 어떤 사람이 갑자기 어린 아기가 (뭘 모르고) 장차 우물로 들어가려는 것을 보았을 때 누구나 두려운 마음에 깜짝 놀라서 불쌍해하는 마음을 갖는다. (이런 마음을 갖는 이유는) 어린 아기의 부모와 (장차 반대급부를 기대하여) 가까운 친분을 맺으려 해서도 아니고, 주변 사람들이나 친구들로부터 명예를 얻기 위해서도 아니며, (피도 눈물도 없다는) 원성을 듣게 될 것을 싫어해서 그렇게 하는 것도 아니다.

이를 바탕으로 해서 살펴볼 때 불쌍해하는 마음이 없으면 사람이라 할 수 없고, (자신의 잘못을) 부끄러워하고 (남의 잘못을) 미워하는 마음이 없으면 사람이라 할 수 없고, 사양하고 남에게 넘겨주는 마음이 없으면 사람이라 할 수 없고, 옳고 그름을 제대로 가리는 마음이 없으면 사람이라 할 수 없다. 불쌍해하는 마음은 어짊의 실마리요, (자신의 잘못을) 부끄러워하고 (남의 잘못을) 미워하는 마음은 의로움의 실마리요, 사양하고 남에게 넘겨주는 마음은 예갖춤의 실마리요, 옳고 그름을 제대로 가리는 마음은 사람과 일을 아는 것의 실마리다. 사람이 이 네 가지 실마리를 갖고 있다는 것은 마치 사람이 사지를 갖고 있는 것과 같다고 할 수 있다. (그래서) 이 네 가지 실마리를 갖고 있으면서도 스스로 나는 (인의예지를 행하는 데) 능하지 않다고 말하는 자는 자기 자신을 해치는 사람이요, 자신의 군주가 (인의예지를 행하는 데) 능하지 않다고 말하는 자는 그 군주를 해치는 자이다. 무릇 네 가지 실마리가 나에게 있는 것을 모두 넓혀서 채워줄 줄 안다면 (이는) 마치 불이 처음 타오르는 것과 같고 또 샘이 처음에 솟아 나오는 것과 같다. 만일 능히 이 네 실마리를 잡아서 나를 채운다면 온 천하라 하더라도 감싸 안을 만큼 넓어질 것이고, 만일 (그것으로 나를) 제대로 채우지 못한다면 부모님도 제대로 섬기지 못할 것이다."

孟子曰 人皆有不忍人之心 先王有不忍人之心斯有不忍人之政矣 以
맹자 왈 인개유 불인 인지심 선왕 유 불인 인지심사유 불인 인지정의 이

不忍人之心行不忍人之政治天下可運之掌上 所以謂人皆有不忍人之心者今
불인 인지심 행불인 인지정치 천하 가운지 장상 소이 위인 개유 불인 인지심자금

人乍見孺子將入於井皆有怵惕惻隱之心 非所以內交於孺子之父母也 非
인사 견 유자 장입 어정개유 출척 측은지심 비 소이 내교 어유자 지부모 야 비

所以要譽於鄕黨朋友也 非惡其聲而然也 由是觀之無惻隱之心非人也 無
소이 요예 어 향당 붕우 야 비오기성 이연야 유시관지무 측은지심 비인야 무

羞惡之心非人也 無辭讓之心非人也 無是非之心非人也 惻隱之心仁之端
수오지심 비인야 무 사양지심 비인야 무 시비지심 비인야 측은지심 인지단

也 羞惡之心義之端也 辭讓之心禮之端也 是非之心知(智)之端也 人之有
야 수오지심 의지단야 사양지심 예지단야 시비지심 지 지 지단야 인지유

是四端也猶其有四體也 有是四端而自謂不能者自賊者也 謂其君不能者賊
시 사단 야유 기유 사체 야 유시 사단 이자 위 불능 자자 적자야 위기 군 불능 자적

其君者也 凡有四端於我者知皆擴而充之矣 若火之始然(燃)泉之始達 苟
기 군자야 범유 사단 어아자 지개 확이 충지 의 약화지시연 연 천지시달 구

能充之足以保四海 苟不充之不足以事父母
능 충지 족이 보 사해 구불 충지 부 족이 사 부모

여기서는 임금다운 임금의 길〔王道〕의 뿌리라 할 수 있는 어짊〔仁〕의 문제를 상세하게 논한다. 우리가 흔히 아는 네 가지 단서〔四端〕의 문제가 바로 여기서 논의된다. 공자와 구별되는, 맹자적인 면모가 확연히 드러나는 장이기도 하다. 맹자의 말을 하나씩 짚어보자.

"사람은〔人〕 누구나〔皆〕 남에게〔人〕 차마 모질게 하지 못하는〔不忍〕 마음〔心〕을 갖고 있다〔有〕. (빼어난 선정을 베풀었던) 선왕들은 남에게 차마 모질게 하지 못하는 마음을 갖고서 이에〔斯〕 남에게 차마 모질게 하지 못하는 정사〔政〕를 있게 하신 것이다. (따라서) 남에게 차마 모질게 하지 못하는 마음을 갖고서〔以〕 남에게 차마 모질게 하지 못하는 정사를 행한다면 천하를 다스리는 일은 가히 손바닥 위에 놓고 움직이는 것과 같을 것이다."

선왕(先王)은 그냥 선대의 임금들을 통칭한다기보다는 뛰어난 정치나 왕도정치를 펼친 모범이 될 만한 임금을 가리키는 것으로 봐야 한다. 忍은 '참다', '견디어내다', '용서하다'는 뜻과 더불어 '잔인하다', '동정심이 없다'와 같은 뜻도 갖고 있다. 여기서는 후자 쪽에서 뜻을 취하여 모질게 하다로 옮겼다.

맹자는 일단 사람은 타고나기를 '남에게 차마 모질게 하지 못하는 마음〔不忍人之心〕'을 갖고 있다고 본다. 그런데 주희의 지적대로 "외물에 대한 욕심〔物慾〕이 (이를) 해쳐서 (그 마음을 원래대로) 보존한 자가 적으므로 이것을 살피고 알아서 정치하는 과정에 이를 미루어 나가지 못한다."

이어 맹자는 자신이 왜 인간은 누구나 남에게 차마 모질게 하지 못하는 마음을 갖고 있다고 보는지 그 이유를 설명한다. 여기서 네 가지 단서〔四端〕가 등장한다. 네 가지 단서를 통해 인간이 왜 그런 마음을

갖고 있는지를 보여주기 때문이다. 端은 '바르다', '곧다', '옳다', '바로잡
다', '진실', '실마리' 등의 뜻을 갖고 있다.

이어 맹자는 왜 자신이 그렇게 생각하는지 그 이유를 쉬운 예로써
설명한다. 그 마음이 의도적인 것이 아니라 자연발생적임〔安〕을 보여주
기 위해서이다.

"(내가) 사람은 누구나 남에게 차마 모질게 하지 못하는 마음을 갖
고 있다고 말한〔謂〕 이유〔所以〕는 (만약에) 지금 당장〔今〕 어떤 사람이
갑자기〔乍〕 어린 아기〔孺〕가 (뭘 모르고) 장차〔將〕 우물〔井〕로〔於〕 들
어가려는〔入〕 것을 보았을〔見〕 때 누구나 두려운 마음에 깜짝 놀라서
〔怵惕〕 불쌍해하는 마음〔惻隱之心〕을 갖는다〔有〕. (이런 마음을 갖는
이유는) 어린 아기의 부모와 (장차 반대급부를 기대하여) 가까운 친분
〔內交=納交〕을 맺으려 해서도 아니고, 주변 사람들이나 친구들로부터
명예를 얻기 위해서도 아니며, (피도 눈물도 없다는) 원성〔聲〕을 듣게
될 것을 싫어해서〔惡〕 그렇게 하는 것〔然〕도 아니다." 주희는 惻隱을
각각 "惻은 서글퍼하기를 간절히 함이요, 隱은 아파하기를 깊이 함이
다"라고 풀이한다. 우리는 종합해서 불쌍한 마음, 불쌍해하는 마음으
로 옮겼다. 內交는 納交〔친분을 맺다〕와 같은 뜻인데 內는 의미를 살
펴 '가깝다'로 풀었다.

이 구절에 대해서는 주희가 인용한 사량좌(謝良佐)의 풀이가 명쾌하
다. "사람은 모름지기 진심(眞心=端)을 알아야 한다. 갑자기 어린 아기가
우물로 빠져 들어가는 것을 보았을 때에 그 마음이 깜짝 놀라는 것이
바로 진심이다. 이것은 생각하여 아는 것도 아니며 힘써서 맞추는 것도
아니니 하늘과도 같은 이치의 자연스러움이다. 교분을 맺기 위해서 하
고 명예를 구하기 위해서 하고 잔인하다는 원성을 싫어해서 그렇게 한

다면 이것은 바로 인간적 욕심〔人慾〕의 사사로움〔私=邪〕인 것이다."

결국 앞에서 맹자가 말했던 '남에게〔人〕 차마 모질게 하지 못하는 〔不忍〕 마음〔心〕'이 바로 측은지심(惻隱之心), 즉 진심으로 불쌍해하는 마음이다. 이를 단서〔端〕로 해서 맹자는 네 가지 진실된 마음을 도출해 낸다.

"이〔是〕를 바탕으로 해서〔由〕 살펴볼 때 불쌍해하는 마음〔惻隱之心〕이 없으면 사람이라 할 수 없고, (자신의 잘못을) 부끄러워하고 (남의 잘못을) 미워하는 마음〔羞惡之心〕이 없으면 사람이라 할 수 없고, 사양하고 남에게 넘겨주는 마음〔辭讓之心〕이 없으면 사람이라 할 수 없고, 옳고 그름을 제대로 가리는 마음〔是非之心〕이 없으면 사람이라 할 수 없다."

뒤집어 보자면 사람이라고 해서 다 사람이 아니고 측은지심(惻隱之心), 수오지심(羞惡之心), 사양지심(辭讓之心), 시비지심(是非之心)을 갖추고 그것을 제대로 실천할 때 '사람이 되어가는 것〔爲人〕'이다.

주희는 이 네 가지 단서를 풀이하면서 선악(善惡)의 개념을 동원하는데 필자는 이에 동의하기 힘들다. 그렇게 될 경우 협소한 도덕주의적 해석의 함정에 빠지기 때문이다.

羞惡之心의 羞와 惡는 『논어』의 도움을 받는 것이 가장 명확하다. 羞恥라는 말이 있듯이 羞는 곧 恥다. 수줍어서 부끄러워하는 것이 아니라 사람으로서의 도리를 다하지 못했을 때 그것을 부끄럽게 여기는 마음이 바로 羞, 恥, 廉恥다. 『논어』 '이인 22'를 중심으로 해서 恥의 문제를 짚어보자.

공자는 말했다. "옛날에 훌륭한 사람들이 말을 함부로 하지 않았던 것은 몸소 그 말을 실천하지 못하게 되는 것을 부끄러워해서 였다[恥]."

쉽게 말하면 언행일치(言行一致)에는 큰 어려움이 있으니 말을 쉽게 내뱉지 말라는 일깨움이다. 그런데 말을 내뱉었다고 해서 무조건 그것을 실천하려는 것 또한 군자의 도는 아니다.

범조우(范祖禹)의 풀이가 명확하다. "군자는 말에 있어 부득이한 뒤에 내는 것이니, 말하기가 어려운 것이 아니요 행하기가 어려운 것이다. 일반 사람들은 행하지 않는다. 이 때문에 가볍게 말하는 것이니, 말하는 것을 그 행실과 같이 하고 행실을 그 말한 것과 같이 한다면 말을 입에서 낼 때에 반드시 쉽게 하지 못할 것이다."

우리는 여기서 恥에 주목하고자 한다. 언행일치가 되지 않는 것을 부끄러워하면 군자이고, 그것을 전혀 부끄러워하지 않으면 소인이라고 볼 수 있기 때문이다. 즉 외형적으로 언행이 일치하느냐 하지 않느냐도 중요하지만 그보다는 그에 대한 부끄러움[恥]을 느끼느냐 아니냐가 훨씬 더 중요하다. 이는 어떤 사람이 군자인지 아닌지를 판별하는 중요한 기준을 제시한 것으로 볼 수도 있다.

여기서는 일단 언행불일치(言行不一致)에 대한 부끄러움을 의미하는 恥의 사례를 모아본다.

공자는 말했다. "교언영색을 너무 지나치게 하는 과공(過恭)을 옛날 좌구명이 부끄러워하였는데[恥] 나도 그것을 부끄러워한다." ('공야장 24')

공자는 말했다. "그 말하는 바를 부끄러워할〔怍=恥〕 줄 모른다면 그것을 실천하는 것은 어렵다." ('헌문 21')

공자는 말했다. "군자는 큰소리치는 것을 부끄러워하고〔恥〕 행실을 말보다 조금 더 나아가도록 처신한다." ('헌문 29')

여기서 보듯 '헌문' 편은 주로 군자의 말과 행동, 언행일치, 실천 등의 문제를 다각도로 다루고 있다. 이로써 우리는 언행불일치에 대한 부끄러움으로서 羞, 恥의 사례들을 살펴보았다.

이번에는 惡의 정확한 의미를 확정할 수 있는 『논어』의 관련구절을 짚어보자. '이인 3'이 바로 그것이다.

공자는 말했다. "오직 어진 사람만이 제대로 사람을 좋아할 수 있고, 제대로 사람을 미워할 수 있다〔惡〕."

공자는 "오직 어진 사람만이 제대로 사람을 좋아할 수 있고 제대로 사람을 미워할 수 있다"고 말한다. 누구나 타인들에 대해 好惡가 있다. 그러나 어진 이의 好惡와 어질지 못한 이의 好惡가 같을 수는 없다. 이해관계나 사심(私心)으로 어떤 사람을 좋아하고 싫어한다면 그것은 제대로 된 인간관계는 아니다. 그렇다고 모든 사람들과 이 같은 어진 이의 好惡에 바탕을 둔 관계를 맺어야 한다는 말은 아니다.

여기까지는 일반론적인 풀이다. 문맥 속에서 풀자면 일단 '오직〔惟〕'에 주목해야 한다. 그냥 멋으로 붙인 '오직'이 아니다. 그렇다. '이

인 2'에서 보았듯이 인자(仁者)의 바로 아래에까지 온 단계가 지자(知者)이다. 그래서 이 문장 앞에 다음과 같은 문장이 생략돼 있다고 봐도 된다. "(다른 사람들에 비해 인에 관심이 많고 인자를 좋아하려 애쓰는) 지자(知者)라도 제대로 사람을 좋아하거나 제대로 사람을 미워하지는 못한다." 그러고 나서 이 장을 읽어보라. 일반론적으로 풀이했을 때와는 전혀 다른 느낌이다.

지금 공자는 다소 추상적인 어짊(仁)에서 출발해 점점 구체적인 어짊으로 나아가려 한다. 그 첫걸음으로 사람을 좋아하고 싫어하는 (好惡) 문제를 제기하고 있는 것이다. 이런 범위에서 『논어』에 등장하는 관련구절들 몇몇을 뽑아보자.

사람을 좋아하려면 좋아할 만한 사람을 보는 눈이 있어야 하고, 사람을 미워하려면 미워할 만한 사람을 보는 눈이 있어야 한다. '학이 16'에서 공자가 **"사람들이 자신을 알아주지 않는 것을 걱정하지 말고, 오히려 자신이 남을 제대로 알아주지 못하는 것을 걱정하라"**고 말했던 것이 바로 그것이다. 우선 본인이 어진 마음을 갖춰야 한다. 그래서 공자는 이 장에서 "오직 어진 사람만이 제대로 사람을 좋아할 수 있고, 제대로 사람을 미워할 수 있다"고 말하고 있는 것이다. '학이 7'에서 자하(子夏)가 말한 '어진 이를 어질게 여기기를 여색을 좋아하는 마음과 바꿔서 한다(賢賢易色)'도 도움을 준다. 사람을 능히 좋아한다는 것은 그냥 좋은 사람을 알아보는 데 그치지 않고 여색을 밝히듯 좋아해야 한다는 뜻이기 때문이다. 그러면 어질지 못한 자를 미워하는 것도 여색을 밝히듯 열정적으로 해야 하는 것일까? 이에 대해서는 '태백 10'에서 공자가 하나의 시사점을 주고 있다.

"용맹을 좋아하고 가난을 싫어하는 것은 난을 일으키고, 배운 사람이면서 어질지 못한 것을 너무 미워하는 것도 난을 일으킨다."

너무 미워하는 것은 제대로 미워하는 것이 아니다. 마구 미워하면 화(禍)를 부를 수도 있다는 경고로 들린다. 공자가 '선진 15'에서 말한 과유불급(過猶不及)과 일맥상통한다.

이미 알아차렸겠지만 인자(仁者)가 좋아해야 할 사람은 군자(君子), 인자가 미워해야 할 사람은 소인(小人)이다. '술이 25'에서 공자는 이렇게 말한다.

"내가 만일 좋은 사람[善人]을 만나보는 것이 불가능하다면 일정하게 오래가는 마음[恒心]을 가진 자라도 만나보면 괜찮다. 아무것도 없으면서 있는 척하고, 텅 비어 있으면서 가득한 척하며, 보잘것없으면서 큰 척하면 항심(恒心)을 가졌다고 말하기 어려울 것이다."

실제로 군자(君子), 인자(仁者), 덕(德)을 좋아하는 사람을 만나기란 쉽지가 않다. 공자가 『논어』에서 극소수의 사람과 제자에 대해서만 "어질다[仁]"는 평을 내린 것도 그 때문이다. '자한 17'에서 공자는 이렇게 말한다. "나는 다움을 좋아하기를 여색을 좋아하듯이 하는 사람을 보지 못했다."

'선진 24'에는 공자가 제자 자로(子路)를 비판하는 대목이 나온다. 그런데도 자로가 잘못을 수긍하지 않고 교묘한 변명을 해대자 공자는 이렇게 말한다. "바로 이런 너 때문에 나는 말 잘하는 사람을 미워하는[惡] 것이다." 주희의 말대로 공자는 자로라는 인간 자체를 미워하는 게 아니라 그의 지나친 말재주를 미워한 것이다. 이것은 앞서 본 제대로 미워하는 것의 전형적인 사례라 할 수 있다. 공자는 제대로 좋아하지 못하고 제대로 미워하지 못하는 것을 혹(惑)이라고 했다. '안연 10'에서 자장(子張)이 공자에게 혹(惑)이 무엇인지 말해 달라고 하자 공자는 이렇게 말한다.

"누군가를 사랑할 때에는 (이미 죽은 사람인데도) 그를 살리고 싶어 하고 누군가를 미워할 때에는 그가 (버젓이 살아 있는 생명인데도) 죽기를 바라니, 이미 누군가를 살리려 하고 또 죽기를 바라는 것이 바로 혹이다. (혹에 빠지면) 진실로 다움이 왕성해지지도 못하고 다만 괴이함만을 취하게 될 뿐이다."

공자는 『논어』 전반에서 이런 혹(惑)에서 벗어난 불혹(不惑)을 지자(知者)의 경지로 여겼다. 여기서는 인자(仁者)는 이미 지자(知者)의 단계를 넘어서 있기 때문에 당연히 이런 경지도 포함한다는 뜻으로 보면 될 듯하다. 이 정도면 惡의 정확한 의미를 잡을 수 있을 것이다.

羞惡에 대한 주희의 풀이다. "수(羞)는 자신의 좋지 못함[不善]을 부끄러워함이요, 오(惡)는 남의 좋지 못함[不善]을 미워하는 것이다." 자신과 남을 나눠서 풀이한 것은 탁견이다.

辭讓之心도 그냥 사양하는 마음이라고 하기보다는 주희의 풀이대로 각각 나눠서 보는 게 좋다. "사(辭)는 풀어내어[解] 자기로부터 떠나가게 하는 것이요, 양(讓)은 미루어서[推] 남에게 주는 것이다." (자

신의 것을) 사양하고 (남에게) 넘겨주는 마음이 辭讓之心이다. 讓에
사양지심   양
대해서는 『논어』 '이인 13'이 도움을 준다.

공자는 말했다. "예의와 겸양으로써 나라를 다스린다면 무슨 어
려움이 있겠는가? 예의와 겸양으로써 나라를 다스릴 수 없다면 그
런 예라는 것을 어디다 쓰겠는가?"

이 장에서 공자는 군자의 도리〔道〕를 나라 다스리기〔爲政〕에 적용
도   위정
했을 경우 어떻게 될 것인가를 물음의 형식으로 제시한다. 맹자가
어짊〔仁〕과 왕도정치를 연결하여 논의하는 것과 맥락이 일치한다.
인
먼저 공자는 임금이 예의〔禮〕와 겸양〔讓〕으로써 나라를 다스린다
예   양
면 무슨 어려움이 있겠는가라고 묻는다. 이에 대한 정약용의 보충설
명이다. "제후들이 황제의 자리에 대한 찬탈을 자행하고 대부가 참
람한 짓을 하는 것은 능히 예의와 겸양으로써 나라를 다스리지 못
하는 것이다. 이와 같은 사람은 예를 시행하고자 하여도 예 같은 것
이 무슨 구실을 하겠는가? 이는 예를 쓸 수 없음을 말한 것이다."
『논어』에는 겸양〔讓〕을 통해 나라를 구한 인물이 소개돼 있다. '태
양
백 1'에 나온다.

공자는 말했다. "태백은 지덕(至德)한 인물이라고 부를 만하다. 세 번
천하를 사양하고도 백성들이 그 다움을 칭송할 수 없게 하였구나!"

여기서 '그 다움을 칭송할 수 없게 하였구나(혹은 그 다움을 칭송
할 수가 없구나)'는 자신의 흔적을 전혀 남기지 않았다(혹은 너무 그

다움이 크다)는 뜻이다. 다시 본문으로 돌아가보자. 이 장의 뒷부분
은 좀 더 정밀하게 볼 필요가 있다. '不能以禮讓爲國 如禮何'는 '예
의와 겸양으로써 나라를 다스릴 수 없다면 예(禮)라는 것을 어디다
쓰겠는가?' 정도의 뜻이다. 나라를 다스리는 데 근본이 될 만한 예
가 아니면 예라고 할 수 없다는 것이다. 즉 군자(君子)가 예를 구할
때는 이런 규모 있는 예를 추구해야 한다는 뜻으로 읽힌다.

　　是非之心은 말 그대로 옳고(是) 그름(非)을 제대로 가리는 마음이
다. 주희는 역시 다분히 도덕주의적으로 풀이한다. 참고삼아 인용한다.
"시(是)는 그 좋음을 알아서 옳게 여김이요, 비(非)는 그 나쁨을 알아
서 그르게 여기는 것이다." 이제 맹자는 이 네 가지를 仁義禮智와 각
각 연결 짓는다.
　　"불쌍해하는 마음(惻隱之心)은 어짊(仁)의 실마리(端)요, (자신의
잘못을) 부끄러워하고 (남의 잘못을) 미워하는 마음(羞惡之心)은 의로
움(義)의 실마리요, 사양하고 남에게 넘겨주는 마음(辭讓之心)은 예
갖춤(禮)의 실마리요, 옳고 그름을 제대로 가리는 마음(是非之心)은
사람과 일을 아는 것(知=智)의 실마리다." 知는 가능하면 앎이나 지혜
가 아니라 知人의 맥락에서 '사람과 일을 안다'는 뜻으로 보아야 한다.
　　이 구절에 대한 주희의 풀이. "측은(惻隱), 수오(羞惡), 사양(辭讓),
시비(是非)는 실상(情)이고 인의예지(仁義禮智)는 본성(性)이고 심(心)
은 성(性)과 정(情)을 합친 것이다." 그래서 우리는 종종 마음(心)을 성
정(性情)이라고도 하는 것이다. 이제 네 가지 단서(四端)에 대한 맹자
의 보충설명이 이어진다.
　　"사람이 이 네 가지 실마리를 갖고 있다는 것은 마치(猶) 사람(其)

이 사지[四體]를 갖고 있는 것과 같다고 할 수 있다. (그래서) 이 네 가지 실마리를 갖고 있으면서도 스스로 나는 (인의예지를 행하는 데) 능하지 않다고 말하는 자는 자기 자신을 해치는[賊] 사람이요, 자신의 군주가 (인의예지를 행하는 데) 능하지 않다고 말하는 자는 그 군주를 해치는 자이다.

무릇 네 가지 실마리가 나에게 있는 것을 모두 넓혀서 채워줄 줄 안다면 (이는) 마치[若] 불이 처음 타오르는 것과 같고 또 샘이 처음에 솟아 나오는 것과 같다. 만일 능히 이 네 실마리를 잡아서 나를 채운다면 온 천하[四海]라 하더라도 감싸 안을 만큼 넓어질 것이고, 만일 (그것으로 나를) 제대로 채우지 못한다면 부모님도 제대로 섬기지 못할 것이다."

우선 눈길을 줘야 하는 부분은 나를 넓히고 채우는 것을 '아는 것 [知]'이다. 여기서부터 제대로 되어야 불도 붙고 샘도 솟아날 수가 있기 때문이다. 주희가 인용한 정이천의 풀이를 읽으며 이 장을 끝낸다.

"사람들은 모두 어진 마음[仁心]은 갖고 있지만 오직 군자만이 그것을 넓혀서 채울 수 있다. 이렇게 하지 못하는 자는 모두 자포자기하는 것이다. 채우고 채우지 못하는 것은 자기 자신에게 달려 있을 뿐이다."

7

맹자는 말했다. "화살 만드는 사람이라고 해서 어찌 갑옷 만드는 사람보다 어질지 못하겠는가? 화살 만드는 사람은 오로지 사람을 상하게 하지 못하면 어떻게 하나 걱정하고, 갑옷을 만드는 사람은 오로지 사람이 상하면 어떻게 하나 걱정한다. 무당이나 관 만드는 목수도 역시 그러하다. 그렇기 때문에 생업을 선택함에도 삼가지 않으면 안 되는 것이다. 공자께서 말씀하시기를 '(사람과 마찬가지로) 마을은 어짊이 중요하니 가려서 어진 마을에 가서 살지 않는다면 어찌 사람을 보는 지혜를 가진 자이겠는가'라고 하였으니 무릇 어짊은 하늘이 내린 귀한 벼슬이요, 사람이 내린 편안한 집과 같은 것이다. (그러나) 이것(인을 행하는 것)을 막는 이가 없는데도 어질지 못하니 이는 사람을 아는 지혜라고 할 수 없다. 어질지 못하고 사람과 일을 알지 못하고 예 갖춤이 없고 의로움이 없다면 (사람이 아니라) 남의 노예일 뿐이다. (스스로 노력하지 않아 이미) 남의 노예가 되어 노예짓 하는 것을 창피스럽게 생각하는 것은 마치 활 만드는 사람이 활 만드는 것을 창피스러워하고 화살 만드는 사람이 화살 만드는 것을 창피스러워하는 것과 같다고 할 것이다. 만일 노예짓을 (진정) 창피스럽게 생각한다면 어짊을 행하는 것 외에 달리 (거기서 벗어날 수 있는) 길이 없다. 어진 행동을 하려는 자(의 자세)는 활쏘기와 같다. 활 쏘는 사람은 자기 자신을 바로잡은 뒤에 활을 쏘며, 쏜 화살이 과녁에 적중하지 않더라도 자신을 이긴 상대방을 원망하지 않고 자기 자신을 돌이켜보아 (과녁을 적중하지 못한 이유나 원인을) 찾을 뿐이다."

孟子曰 矢人豈不仁於函人哉 矢人惟恐不傷人 函人惟恐傷人 巫匠 亦然
맹자 왈 시인 기 불인 어 함인 재 시인 유공불상인 함인 유공상인 무장 역연

故術不可不愼也 孔子曰 里仁爲美 擇不處仁焉得智 夫仁天之尊爵也 人之
고술 불가 불신 야 공자왈 이인 위미 택불처인언득지 부인천지 존작 야 인지

安宅也 莫之禦而不仁 是不智也 不仁不智無禮無義人役也 人役而恥爲役
안택 야 막지어 이 불인 시부지야 불인 부지 무례 무의 인역 야 인역 이치위역

由(猶)弓人而恥爲弓 矢人而恥爲矢也 如恥之莫如爲仁 仁者如射 射者正
유 유 궁인 이 치위궁 시인 이 치위 시야 여 치지막 여 위인 인자 여사 사자 정

己而後發 發而不中 不怨勝己者 反求諸己而已矣
기 이후 발 발 이부중 불원 승기자 반구 제 기 이이의

여기서도 어짊〔仁〕의 문제가 핵심이다. 맹자는 말한다.

"화살 만드는 사람〔矢人〕이라고 해서 어찌〔豈〕 갑옷 만드는 사람〔函人〕보다 어질지 못하겠는가? 화살 만드는 사람은 오로지 사람을 상하게 하지 못하면 어떻게 하나 걱정하고, 갑옷을 만드는 사람은 오로지 사람이 상하면 어떻게 하나 걱정한다. 무당이나 관 만드는 목수도 역시 그러하다. 그렇기 때문에 생업〔術〕을 선택함에도 삼가지 않으면 안 되는 것이다."

생업에 대해서는 대부분의 사람들이 판단을 유보한다. 먹고살기 위해서라는 것이다. 그러나 맹자는 그런 생업에도 불쌍해하는 마음〔惻隱之心〕이 작동함을 보여준다.

아무래도 화살 만드는 사람은 가능하면 효율적으로 사람을 죽일 수 있는 화살을 궁구하게 되고, 갑옷 만드는 사람은 가능하면 최대한 사람의 죽음을 막을 수 있는 갑옷을 궁구하게 된다. 사람을 살리려는 무당과 한 명이라도 더 죽어야 생업이 활성화되는 관 만드는 목수의

관계도 마찬가지다. 맹자의 말이 이어진다.

"공자께서 말씀하시기를 '(사람과 마찬가지로) 마을은 어짊이 중요하니 가려서 어진 마을에 가서 살지 않는다면 어찌 사람을 보는 지혜를 가진 자이겠는가'라고 하였으니 무릇 어짊(仁)은 하늘이 내린 귀한 벼슬이요, 사람이 내린 편안한 집과 같은 것이다. (그러나) 이것(인을 행하는 것)을 막는 이가 없는데도 어질지 못하니 이는 사람을 아는 지혜라고 할 수 없다."

맹자의 이 말은 곧바로 『논어』 '이인 1'에 대한 풀이라 할 수 있다. 따라서 '이인 1'부터 살펴보아야 맹자의 진의를 정확히 알 수 있다.

공자는 말했다. "(사람과 마찬가지로) 마을은 어짊이 중요하니, 가려서 어진 마을에 가서 살지 않는다면 어찌 사람을 보는 지혜를 가진 자이겠는가?"

앞의 '팔일' 편에서 禮樂에 관한 기본적인 논의를 마친 후 이제 인간적 본바탕이라 할 수 있는 '어짊(仁)'으로 넘어왔다. 그런데 어짊은 예갖춤이나 음악(禮樂)보다는 좀 더 추상적이고 근본적인 개념이라 할 수 있다. 어짊이 있고 나서야 예악(禮樂)이 바로 설 수 있기 때문이다. 그러나 공자는 여기서 어짊은 추상적 개념으로 존재하는 것이 아니라 바로 우리 주변에 실재하고 있는 가장 구체적인 실천행위임을 보여준다. 마을의 '어짊' 혹은 '어진 마을'에 관한 글로 '이인' 편을 시작하는 것도 그 때문일 것이다.

그런데 우리는 시작하자마자 난관에 봉착한다. 옛날부터 이어져온 해석의 논란 때문이다. 우리는 학술적 논의를 하는 것이 아니기 때문에 가능한 한 이런 논란은 우리의 문맥주의 속에 녹여왔지만 여기서는 그렇게 하고 넘어갈 수가 없다. 어떤 해석을 선택하느냐에 따라 본질적인 내용이 크게 달라질 수 있기 때문이다. 조금은 번거롭겠지만 일단 각 해석의 장단점을 짚어보자.

첫째, 주희의 해석이다. 주희는 '里仁이 爲美하다'고 본다. 里仁은 '마을에 어진 풍속이 있는 것〔里有仁厚之俗〕'이라는 뜻이 된다. 이렇게 할 경우 전체적인 뜻은 이렇게 풀이할 수 있다. "마을에 어진 풍속이 있는 것이 아름다우니, 살게 될 마을을 택할 때 이런 어진 마을〔仁〕을 고르지 않는다면, 어찌 그런 선택을 지혜롭다고 하겠는가?"

둘째, 정약용의 해석이다. 주희가 里仁/爲美로 나눠 해석했다면 정약용은 里/仁爲美로 나눠 '사람이 거처하는 마을은 인(仁)이 아름다운 것이 된다'고 푼다. 인(仁)이 아름다운 것이 된다는 말은 살 곳을 고를 때 인을 중요시해야 한다는 말이다.

먼저 주희를 따를 경우 앞부분은 '마을의 인심이 인후(仁厚)한 것이 아름다우니'로 해석한다. 이렇게 해석할 경우, 뒤에는 '그 마을에 가서 살아라'는 문장이 나와야 한다. 선택하고 말고 할 것이 없기 때문이다. 그러나 뒷부분은 '가려서〔擇〕어진 마을에 가서 살지 않는다면'이다. 따라서 앞부분을 정약용의 풀이대로 "(사람과 마찬가지로) 마을은 어짊이 중요하니"로 해석해야 문맥이 자연스러워진다. 즉 마을에도 어진 마을과 그렇지 않은 마을이 있을 수 있으니 '가려서 어진 마을에 가서 살지 않는다면' 어찌 지혜롭다 할 수 있겠는가로 봐야 한다.

그렇다고 주희의 풀이를 틀렸다고 볼 수는 없다. 어떤 인후한 마을을 특별히 지목하여 "이 마을의 인심이 인후한 것이 아름다우니,

이런 인후한 마을을 택해 살지 않는다면 어찌 지혜롭다 하겠는가"
라고 옮길 수 있기 때문이다. 그러나 이렇게 하면 결과적으로는 정
약용의 풀이를 특정 사례에 적용한 것에 불과하다는 한계가 있다.
결국 정약용의 풀이가 매끄럽고 논리적이다.

　이 장에서 눈여겨봐야 하는 것은 어짊〔仁〕의 문제와 관련해 마을
〔里〕의 중요성을 지적한 놀라운 통찰이다. 사람처럼 마을에도 인심
이 박한 마을과 후한 마을이 있다. 어진 마을과 그렇지 못한 마을도
있다. 유유상종(類類相從). 어진 이들과 가까이 하면 어질어지고 그
렇지 못한 이들과 가깝게 지내면 어짊에서 멀어진다. 어짊은 사람의
마음속에 들어 있는 불변의 성질이나 성향이 아니라 끊임없는 노력
을 통해 만들어지는 것이다. '양화 2'는 그 점을 일깨워주는 기본적
인 명제다.

　공자는 말했다. "본성〔性〕은 서로 비슷하나 익히는 것〔習〕에 의해
서로 멀어지게 된다."

　맹자의 어머니가 맹자의 교육을 위해 여러 차례 이사를 다녔다는
맹모삼천지교(孟母三遷之敎)의 기본 바탕도 바로 이 같은 마을의 중
요성을 간파한 때문이다. 이는 자연스럽게 앞서 보았던 네 가지 단서
〔四端〕를 확충하는 문제와도 연결된다.

　知를 지혜롭다고 번역해도 되지만 여기서처럼 知人으로 해석해도
무방하다. 가려서 어진 마을에 가서 살지 않는다면 어찌 그런 사람을
'사람을 볼 줄 아는 사람'이라고 하겠는가라고 풀이할 수 있다. 왜냐하
면 사람을 볼 줄 모르는 사람은 어떤 마을이 어진 사람이 많은지 그

렇지 않은지를 가려낼 수 없기 때문이다. 仁과 知의 문제는 이처럼 긴
밀한 연관을 맺고 있으므로 주목해야 한다.

다시 맹자의 발언이다. "어질지 못하고 사람과 일을 알지 못하고 예
갖춤이 없고 의로움이 없다면 (사람이 아니라) 남〔人〕의 노예〔役〕일 뿐
이다. (스스로 노력하지 않아 이미) 남의 노예가 되어 노예짓 하는 것을
창피스럽게 생각하는 것은 마치〔由=猶〕 활 만드는 사람〔弓人〕이 활 만
드는 것을 창피스러워하고 화살 만드는 사람이 화살 만드는 것을 창
피스러워하는 것과 같다고 할 것이다. 만일〔如〕 노예짓을 (진정) 창피
스럽게 생각한다면 어짊〔仁〕을 행하는 것 외에 달리 (거기서 벗어날 수
있는) 길이 없다."

여기서 恥는 언행일치보다는 자신의 일에 대해 자긍심을 못 갖는다
는 의미이기 때문에 구별하여 '창피스러워하다'로 옮겼다. 주희의 보충
풀이다. "지(智), 의(義), 예(禮)를 말하지 않은 것은 인(仁)이 나머지 전
체를 포괄하니 능히 인을 행한다면 나머지 세 가지도 그 가운데에 있
기 때문이다."

결론 부분이다. "어진 행동을 하려는 자〔仁者〕(의 자세)는 활쏘기와
같다. 활 쏘는 사람은 자기 자신을 바로잡은〔正〕 뒤에 활을 쏘며, 쏜
화살이 과녁에 적중하지 않더라도 자신을 이긴 상대방을 원망하지 않
고 자기 자신을 돌이켜보아〔反〕 (과녁을 적중하지 못한 이유나 원인을)
찾을 뿐이다〔而已矣〕."

다움과 활쏘기의 비유에 대해서는 앞에서 살펴본 바 있다.

8

맹자는 말했다. "자로의 경우 사람들이 (그에게) 허물이 있다는 것을 일러주면 (화를 내기는커녕 오히려) 기뻐하였다. 우왕의 경우 (남들이 자신에게 해주는) 좋은 말을 들으면 절하셨다. 위대한 순임금의 경우 위대하다고 하는 바가 있었다. (왜냐하면) 좋은 일을 행함에 남들과 함께 똑같이 하여 자기를 버리고 남을 따랐고, 남에게서 (좋은 점을) 취하여 자신이 좋은 일을 행하는 것을 즐거워하셨다. 밭 갈고 곡식을 심고 질그릇 굽고 고기를 잡을 때부터 황제가 되어서까지 남들에게서 (좋은 점들을) 취하지 않는 것이 없으셨다. 남들에게서 (좋은 점을) 취하여 좋은 일을 행하는 것, 이것은 남들에게 좋은 일을 행하도록 해주는 것이다. 그러므로 군자에게는 남들로 하여금 좋은 일을 행하도록 해주는 것보다 더 큰 일은 없다."

孟子曰 子路人告之以有過則喜 禹聞善言則拜 大舜有大焉 善與人同
맹자 왈 자로 인 고 지 이 유 과 즉 희 우 문 선 언 즉 배 대 순 유 대 언 선 여 인 동

舍(捨)己從人 樂取於人以爲善 自耕稼陶漁以至爲帝 無非取於人者 取諸
사 사 기 종 인 낙 취 어 인 이 위 선 자 경 가 도 어 이 지 위 제 무 비 취 어 인 자 취 제

人以爲善 是與人爲善者也 故君子莫大乎與人爲善
인 이 위 선 시 여 인 위 선 자 야 고 군 자 막 대 호 여 인 위 선

여기서 맹자는 자로(子路), 우왕, 순임금의 사례를 통해 어짊[仁]을 행한다는 것이 무엇인지를 보여준다. 우선 맹자의 언급을 다 옮긴 후에 내용을 검토해 보기로 하자.

"자로의 경우 사람들이〔人〕 (그에게) 허물이〔過〕 있다〔有〕는 것을 일러주면〔告〕 (화를 내기는커녕 오히려) 기뻐하였다〔喜〕. 우왕의 경우 (남들이 자신에게 해주는) 좋은 말〔善言=昌言〕을 들으면 절하셨다. 위대한 〔大〕 순임금의 경우 위대하다고 하는 바가 있었다. (왜냐하면) 좋은 일〔善〕을 행함에 남들과 함께 똑같이 하여 자기를 버리고 남을 따랐고 남에게서 (좋은 점을) 취하여 자신이 좋은 일〔善〕을 행하는 것을 즐거워하셨다. 밭 갈고 곡식을 심고 질그릇 굽고 고기를 잡을 때부터〔自〕 황제가 되어서까지 남들에게서 (좋은 점들을) 취하지 않는 것이 없으셨다. 남들에게서 (좋은 점을) 취하여 좋은 일〔善〕을 행하는 것, 이것은 남들에게 좋은 일〔善〕을 행하도록 해주는 것이다. 그러므로 군자에게는 남들로 하여금 좋은 일〔善〕을 행하도록 해주는 것보다 더 큰 일은 없다."

자세히 들여다보면 자로보다는 우왕, 우왕보다는 순임금의 행함이 크다는 것을 알 수 있다. 첫째, 자로의 수준도 일반인들에 비하면 결코 낮다고 할 수 없다. 주희가 인용한 정명도의 말을 보자. "자로는 사람들이 그에게 허물이 있음을 말해 주면 기뻐하였으니, 이 또한 백세(百世)의 스승이라 할 만하다." 사실 공자의 제자들 중에서 자로는 충직 면에서는 첫손가락에 꼽히지만 뛰어남〔賢〕이란 면에서 보자면 안회(顏回)나 증자(曾子)는 말할 것도 없고 자공(子貢)에 비해서도 좀 뒤지는 제자이다. 그럼에도 불구하고 그는 '허물이 있으면 고치기를 꺼리지 않음〔過則勿憚改〕'을 아는 사람이었기 때문에 이런 높은 평가를 받을 수 있었다. 여기서는 일단 『논어』에 등장하는 '과즉물탄개(過則勿憚改)'와 관련된 구절들을 짚어본다. 먼저 '학이 8'이다.

공자는 말했다. "군자가 되려는 사람이 (내면적으로) 진중하지 못하면 (외면적으로) 위엄을 갖출 수 없고, 배우면 고집불통에 빠지지 않는다〔學則不固〕. (늘 진중하면서 배우려는 자세를 잃지 않으려면) (자기 자신에게) 최선을 다하고 (남들에게) 믿음을 주어야 하고, 자기보다 못한 사람과는 벗하지 말며, (자신에게) 허물이 있으면 고치기를 꺼려해서는 안 된다〔過則勿憚改〕."

'과즉물탄개(過則勿憚改)', 이것은 행실의 원칙이면서 동시에 배움의 길에서 반드시 명심해야 할 태도이다. 그래서 일부 주석에서는 '과즉물탄개'를 '행실에서 학문으로 넘어가는 관문(關門)'으로 보기도 한다. 그러나 공자의 학문은 결국 행실의 학문이기 때문에 행실과 학문을 엄격하게 나누는 것 자체가 무의미하다. 따라서 이런 주석은 행실 다음에 학문이 온다고 보는 점에서 지나치게 단선적인 듯하다. 결국 '과즉물탄개'는 행실에서 좋지 못한 점〔不善〕을 알았으면 속히 고쳐 좋음〔善〕으로 돌아가라는 것이고, 배우고 익히면서도 잘못을 저질렀으면 그것을 고치는 데 조금도 부끄러워해서는 안 된다는 뜻으로 보면 될 듯하다. '술이 3'도 이와 관련된다.

공자는 말했다. "다움을 제대로 닦지 못한 것이 아닌지, 배움이 충분히 익지 못한 것이 아닌지, 의로운 말을 듣고서도 능히 그것을 실천하지 못한 것이 아닌지, 좋지 못한 것을 고치지 못하는 것이 아닌지, 이 네 가지가 나의 걱정거리다."

우선 의로운 일을 듣고서도 능히 그것을 따르지 못할까 봐 걱정한

다는 것이다. 이는 용기 혹은 용맹〔勇〕의 문제와 닿는다. '위정 24'에
서 공자는 이렇게 말한 바 있다.

"의로움을 보고서도 행동하지 않는다면 그것은 용기라 할 수 없다."

그리고 이어서 자신의 좋지 못한 점을 고치지 못할까 봐 걱정한
다는 것이다. 스스로의 좋지 못함〔不善〕을 과감하게 고치지 못하는
것을 경계한다는 것인데 이미 알아차렸겠지만 '過則勿憚改'가 바로
그것이다. 이 구절이 나오는 '학이 8'은 묘하게도 '술이 3' 전체에 대
한 풀이로도 손색이 없다. '위령공 29'도 우리의 문맥과 관련된다.

공자는 말했다. "허물〔過〕이 있어도 고치지 않는 것, 이것이 (진
짜) 허물〔過〕이다."

이 구절은 그냥 '허물이 있어도 고치지 않는 것, 이것을 허물이라
한다'라는 일반적인 명제로 해석할 수도 있지만 앞의 문맥과 연결해
서 보자면 '(도리를) 넓히고 크게 하는 것〔弘〕'의 한 가지 방법이라
할 수 있다. 즉 허물이 있는데도 이를 고치지 않는 것이 바로 허물
이라 했다. 역으로 말하면 허물이 있을 때 즉각 고친다면 그것은 허
물이 아니라 자연스러운 것이고, 오히려 적극적으로 해석하자면 도
리를 넓히고 크게 하는 과정인 것이다. 시행착오를 통한 성장이라고
할까? 허물이 있는 것 자체는 탓할 수 없다는 것이 공자의 일관된
생각이다.

우선 주희의 풀이를 보자. "허물이 있으나 능히 고치면 허물이 없

는 데로 돌아올 수 있다. 오직 허물을 고치지 않으면 그 허물이 마침내 이루어져서 장차 고치지 못하게 될 것이다."

예상했겠지만 이 '위령공 29'는 '과즉물탄개(過則勿憚改)'와 연결된다. 그런데 정약용은 이를 조금 다른 각도에서 흥미롭게 풀이한다. 앞의 過는 지나침, 뒤의 過는 허물로 본 것이다. "지나침이란 중용(中庸)을 얻지 못한 것을 이름한 것이다. 지나쳐서 중용을 잃은 자가 고쳐서 중용을 얻으면 이를 '허물〔過〕'이라고 이르지 않는다. 그러나 만약 지나쳤는데도 고치지 않으면 이를 두고 죄과(罪過)라고 이른다." 이는 곧 중용을 구하는 군자론의 문제와 연결된다. 그런데 군자(君子)에 이르기가 어렵듯이 허물을 기꺼이 고치는 일 또한 쉽지 않다. '공야장 26'에서 공자는 이렇게 말한다.

공자는 말했다. "다 끝나버렸구나! 나는 아직 (나만큼) 자기 허물을 발견하여 마음속으로 송사를 하듯이 맹렬하게 하는 자를 보지 못하였다."

결국 허물이 있는데도, 혹은 자신의 허물을 알고서도 전혀 고치려 하지 않는 자가 바로 공자가 가장 비판적으로 생각하는 유형의 인간, 즉 고집불통〔固〕의 인간형이라 할 수 있다.

이처럼 과즉물탄개(過則勿憚改)하는 것이 쉽지 않기 때문에 자로의 그 같은 자세는 높은 평가를 받을 수 있었다. 이제 그보다 뛰어난 우왕의 수준을 알아볼 차례다. 말은 간단하다. "(남들이 하는) 좋은 말을 들으면 절하셨다"는 것이다. 이는 자기 안의 잘못을 고치는 소극적 단계를 뛰어넘어 남들의 좋은 말이나 좋은 점들을 통해 스스로를 고쳤다는 뜻이다. 자로보다는 한 단계 더 나아간 것이다. 이에 대해 주희는 "(자신에게) 허물이 생겨나기를 기다리지 않고 자신을 굽혀서 천하의 좋은 말들을 받아들인 것"이라고 풀이한다.

이제 그보다 훨씬 높은 경지를 위대한 순임금이 보여준다. 순임금은 남의 좋은 점을 그냥 받아들이는 데 그치지 않고 남과 더불어 그 좋은 점을 함께 행한 인물이다. 이렇게 함으로써 순임금은 자신은 물론이고 남들로 하여금 좋은 일(善)을 행하도록 해주었다. 군자로서 이보다 더 훌륭한 것은 있을 수가 없다는 것이 맹자의 결론이다. 실제로 이는 대단한 경지라 아니할 수 없다. 그래서 이름 앞에 '大'를 붙인 것이다. 『논어』 '옹야 28'은 정확히 이 문맥과 통한다.

자공이 말했다. "만일 백성들에게 은혜를 널리 베풀어 많은 사람들을 구제한다면 그것은 어떠합니까? 그것을 일러 어짊(仁)이라고 할 수 있습니까?"

공자는 말했다. "어찌 어짊에만 그치겠는가? 그것은 반드시 빼어난 이의 경지라 할 만하다. 요순도 오히려 그것을 (제대로 할 수 없음을) 근심으로 여겼다. 어진 자(仁者)는 자신이 서고자 함에 남도 서게 하며, 자신이 통달하고자 함에 남도 통달하게 하는 것이다. 능히 가까운 데서 취해 비유할 수 있다면 어짊을 행하는 방법이라 할 수 있다."

곧음(直)과 어짊(仁)을 기조 맥락으로 했던 '옹야' 편의 마지막 장이다. 수많은 사례들을 통해 누가 어진지 어질지 못한지를 살펴왔지만 정작 어짊이 무엇인가에 대해서는 거의 다루지 못했다. 바로 앞에서 공자는 슬쩍 중용(中庸)이라는 말을 통해 어짊의 한 가지 모습을 보여주기는 했다. 지금 보게 될 마지막 장도 결국은 어짊이란 무엇인가라는 물음을 둘러싸고 진행된다.

질문자로 자공(子貢)이 등장한다. 불혹(不惑)에는 이르렀으나 지천명(知天命)에는 이르지 못했고, 사람을 아는 자〔知者〕이기는 하나 어진 자〔仁者〕라고는 할 수 없는 그 자공이다. 그는 공자로부터 사리에 통달했다는 평도 들었고 말을 잘한다는 평도 얻었다.

자공이 묻는다. "만일〔如〕 백성들에게 은혜를 널리 베풀어〔博施〕 많은 사람들을 구제한다면 그것은 어떠합니까? 그것을 일러 어짊〔仁〕이라고 할 수 있습니까?" 뜻이 높고 정치적 야심이 컸던 자공은 어짊에 대해서도 이처럼 거창한 데서 실마리를 구하려 한 것이다.

공자는 먼저 "어찌 어짊에만 그치겠는가?"라고 말한다. 그것은 어질다〔仁〕는 정도를 넘어서서 빼어난 이의 경지에 이르렀다고 할 만하다는 것이다. 바꿔 말하면 거의 불가능한 일이라는 말이다. 그래서 "요순(堯舜)도 오히려 그것(백성들에게 은혜를 널리 베풀어〔博施〕 많은 사람들을 구제하는 것)을 (제대로 할 수 없음을) 근심〔病〕으로 여겼다"고 말한다.

공자의 대답 중 여기까지가 전반부다. 그건 스스로도 빼어난 이는커녕 인자(仁者)의 경지에도 이르지 못하고 겨우 지자(知者) 수준에 머물고 있는 자공 네가 논할 바가 아니라는 사실상의 면박이다. 자공은 늘 이것이 문제였다. '위정 13'에서 자공이 군자(君子)란 어떤 사람이냐고 묻자 공자가 말했다. "그 말하려는 바를 먼저 실행에 옮기고, 그런 연후에 그 실행한 바를 바탕으로 말을 하는 사람이 군자이다." 지금 우리가 살펴보고 있는 바로 그 맥락이다. 공자는 말이 앞서고 실행은 뒤처지는 자공을 질책한 것이다.

이어 공자는 인자(仁者)란 어떤 사람인지를 통해 자공에게 어짊[仁]의 세계를 살짝 보여준다. "어진 자[仁者]는 자신이 서고자 함에 남도 서게 하며, 자신이 통달하고자 함에 남도 통달하게 하는 것이다." 정약용은 세우다[立]를 "몸을 세우고 벼슬자리를 얻는 것"으로, 통달하다[達]를 "천성을 이루어 막힘이 없는 것"이라고 풀이한다. 결국 자신이 하고 싶은 것이 있다면 먼저 그것을 남에게 베푸는 서(恕)를 말하고 있다. 그런데 공자는 자공이 쉽게 서(恕)의 경지에 오르지 못할 것으로 보았다. 공자의 정신세계에서 인(仁)과 서(恕)는 거의 비슷한 경지다. 왜냐하면 인(仁)은 자신을 향한 충(忠)임과 동시에 남을 향한 서(恕)이기 때문이다.

앞의 '공야장 11'에서 자공이 공자에게 "다른 사람들이 저에게 가하기를 원하지 않는 일을 자연스럽게 저도 다른 사람들에게 가하지 않겠습니다"라고 말하자 공자는 매몰차게 대답했다. **"자공아, 그것은 네가 도달할 수 있는 경지가 아니다."** 그런 불가능한 것에 힘쓸 여력이 있거든 현실적으로 가능한 것부터 하나씩 하라는 충고였다.

끝으로 공자가 "능히 가까운 데서 취해 비유할 수 있다면 어짊[仁]을 행하는 방법이라 할 수 있다"고 한 말은 바로 이런 맥락에서 자공에게 어울리는 실현가능한 실천법을 제시한 것으로 볼 수 있다. '能近取譬', 즉 능히 가까운 데서 비유를 취하다의 뜻을 정약용은 이렇게 풀었다. "아랫사람에게서 비유를 취하여 윗사람을 섬기며, 왼쪽 사람에게서 비유를 취하여 오른쪽 사람을 사귀는 것이다. 공자는 '힘써서 서(恕)를 행하면 인(仁)을 구함이 이보다 가까운 것이 없다'고 하였다."

어짊을 가까이가 아니라 먼 데서 구하려는 폐단은 자공에게만 해당되는 것이 아니다. 그나마 어짊을 알고 좋아하는 대부분의 사람들도 사정은 비슷하다. 그래서 공자는 '술이 29'에서 이렇게 말하는 것이다.

"어짊[仁]이 먼 것이겠는가? 내가 어질고자 하면 이에 어짊이 다 가온다."

가깝다는 것은 공간적으로 내 주위가 아니라 바로 나의 하고자 함[意慾]에서 어짊이 생겨날 수도 있다는 것을 의미한다.

9

맹자는 말했다. "백이는 그 임금이 섬길 만하지 않으면 섬기지 않았고 벗이 사귈 만하지 않으면 사귀지 않았다. 또 나쁜 임금의 조정에는 서지 않았고 나쁜 사람과는 함께 말하지 않았다. 나쁜 임금의 조정에 서는 것과 나쁜 사람과 함께 말하는 것을 마치 조정의 의복을 입고서 진흙과 숯구덩이에 앉는 것처럼 여겼다. 또 나쁨을 미워하는 마음을 미루어 헤아리기를, 고향 사람들과 함께 서 있을 때 그 사람들의 관(冠)이 바르지 못하면 뒤도 돌아보지 않고 떠나가기를 마치 앞으로 자신을 더럽힐 듯이 여겼다. 이 때문에 제후들 중에서 비록 그 사명(辭命)을 잘하여 찾아오는 자가 있더라도 (사소한 문제가 있을 경우) 받아주지 않았다. 받아주지 않았다는 것은 이 또한 나아가 그들을 맞이하는 것을 좋게 여기지 않아서 그렇게 한 것이다. (노나라 대부이자 은둔자였던) 유하혜는 나쁜 임금을 섬기는 것도 부끄러워하지 않았고 낮은 벼슬을 맡았을 때에도 비루하게 여기지 않았다. 관직에 나아가서는 자신의 빼어난 능력을 숨기지 않고서 반드시 그 도리를 다하였고, 내침을 당해도 남을 원망하지 않았고 곤경에 처해도 근심하지 않았다. 그래서 그는 말하기를 '너는 너고 나는 나다. 네가 비록 내 곁에서 옷을 벗고 알몸을 드러내고 있다 한들 어찌 네가 나를 더럽힐 수 있겠는가'라고 했다. 그래서 그는 그런 사람들과 흔쾌히 함께 있으면서도 자기 자신의 도리를 잃은 적이 없었다. 억지로 당겨서 관직에 머물게 하면 머물러 있었다. 그렇게 한 이유는 이 또한 반드시 물러나야 할 필요도 없었기 때문이다."

맹자가 말했다. "백이는 도량이 좁았고 유하혜는 공손하지 못했으니 도량이 좁은 것이나 공손하지 못한 것 둘 다 군자가 행할 바는 아니다."

孟子曰 伯夷非其君不事非其友不友 不立於惡人之朝不與惡人言 立於
맹자 왈 백이 비 기군 불사 비 기우 불우 불립 어 악인 지조 불여 악인 언 입어

惡人之朝與惡人言 如以朝衣朝冠坐於塗炭 推惡惡之心 思與鄉人立其冠
악인 지조 여 악인 언 여 이 조의 조관 좌어 도탄 추 오악 지심 사 여 향인 립 기관

不正望望然去之 若將浼焉 是故諸侯雖有善其辭命而至者不受也 不受也
부정 망망연 거지 약 장 매언 시고 제후 수유 선 기 사명 이 지자 불수 야 불수 야

者 是亦不屑就已 柳下惠不羞汙君不卑小官 進不隱賢必以其道 遺佚而
자 시역 불설 취 이 유하혜 불수 오군 불비 소관 진불은 현필 이 기도 유일 이

不怨 阨窮而不憫 故曰 爾爲爾我爲我 雖袒裼裸裎於我側 爾焉能浼我哉
불원 액궁 이 불민 고왈 이 위이 아 위아 수 단석 나정 어 아측 이언능 매아 재

故由由然與之偕而不自失焉 援而止之而止 援而止之而止者 是亦不屑去已
고 유유연 여 지해 이 부자 실언 원 이 지지 이지 원 이 지지 이지자 시역 불설 거 이

孟子曰 伯夷隘 柳下惠不恭 隘與不恭 君子不由也
맹자 왈 백이 애 유하혜 불공 애 여 불공 군자 불 유 야

여기서 맹자는 백이(伯夷)와 유하혜(柳下惠) 두 사람의
부정적인 사례를 통해 군자가 가야 할 길이 무엇인지를 점검한다. 일
종의 결론인 셈이다.

먼저 맹자는 백이와 유하혜에 대해 말한다. "백이는 그 임금이 섬길
만하지 않으면 섬기지 않았고 벗이 사귈 만하지 않으면 사귀지 않았
다. 또 나쁜 임금의 조정에는 서지 않았고 나쁜 사람과는 함께 말하지
않았다. 나쁜 임금의 조정에 서는 것과 나쁜 사람과 함께 말하는 것을
마치(如) 조정의 의복을 입고서 진흙과 숯구덩이(塗炭)에 앉는 것처
럼 여겼다. 또 나쁨을 미워하는 마음(惡惡之心)을 미루어 헤아리기를
(推), 고향 사람(鄉人)들과 함께 서 있을 때 그 사람들의 관(冠)이 바
르지 못하면 뒤도 돌아보지 않고 떠나가기를 마치 앞으로 자신을 더
럽힐 듯이 여겼다. 이 때문에 제후들 중에서 비록 그 사명(辭命)을 잘

하여 찾아오는 자가 있더라도 (사소한 문제가 있을 경우) 받아주지 않았다. 받아주지 않았다는 것은 이 또한 나아가 그들을 맞이하는 것을 좋게 여기지 않아서 그렇게 한 것이다.

(노나라 대부이자 은둔자였던) 유하혜는 나쁜 임금을 섬기기는 것도 부끄러워하지 않았고 낮은 벼슬을 맡았을 때에도 비루하게 여기지 않았다. 관직에 나아가서는 자신의 빼어난 능력[賢]을 숨기지 않고서 반드시 그 도리를 다하였고, 내침[遺佚]을 당해도 남을 원망하지 않았고 곤경[阨窮]에 처해도 근심하지 않았다. 그래서 그는 말하기를 '너는 너고 나는 나다. 네가 비록 내 곁에서 옷을 벗고 알몸을 드러내고 있다 한들 어찌 네가 나를 더럽힐 수 있겠는가'라고 했다. 그래서 그는 그런 사람들과 흔쾌히[由由然=悠悠然] 함께 있으면서도 자기 자신의 도리를 잃은 적이 없었다. 억지로 당겨서 관직에 머물게 하면 머물러 있었다. 그렇게 한 이유는 이 또한 반드시 물러나야 할 필요도 없었기 때문이다."

백이와 유하혜는 상당히 극단적인 대조를 보인다. 한 사람은 지나치게 엄격하고, 또 한 사람은 너무나 유연하다.

맹자는 두 사람에 대해 이렇게 결론짓는다. "백이는 도량이 좁았고[隘] 유하혜는 공손하지[恭] 못했으니 도량이 좁은 것이나 공손하지 못한 것 둘 다 군자가 행할 바는 아니다." 한마디로 두 사람은 군자(君子)라고 하기에는 다소 극단적인 편향을 드러냈다는 평가로 보인다. 유하혜에 대해 내린 공손하지 못했다[不恭]는 평가와 관련해 주희는 不恭의 의미를 거칠고 거만하다[簡慢]라고 풀이한다. 유하혜에 대해서는 뒤에 가서 좀 더 상세하게 검토키로 한다. 다만 한 가지, 여기서 백이와 유하혜의 문제점을 지적한다고 해서 맹자가 이 두 사람에 대해 전반적으로 부정적인 평가를 내렸다고 판단해서는 안 된다.

공손추 장구 하

公孫丑章句下

1

   맹자는 말했다. "하늘의 때는 지리적 이점만 못하고 지리적 이점은 사람들의 화합됨만 못하다. 만일 (사방) 3리인 내성과 (사방) 7리인 외성이 있다고 할 때 (적군이) 그것을 포위하여 공격하여도 이길 수 없는 경우가 있다. 무릇 포위하여 공격하고 있다는 것은 (그만큼 유리하여) 분명 하늘의 때를 얻어 그렇게 된 것이라고 할 수 있다. 그런데도 이길 수 없는 경우가 있다는 것은 (결국은) 하늘의 때가 지리적 이점보다 못하기 때문에 그런 것이다. 성곽이 높지 않은 것이 아니고 해자가 깊지 않은 것이 아니며, 무기와 갑옷이 단단하고 예리하지 않은 것이 아니고 쌀과 곡식이 많지 않은 것이 아니다. (그런데도 적이 쳐들어오면) 성을 버리고 도망을 가니 이것이야말로 지리적 이점이 사람들의 화합됨보다 못하기 때문에 그런 것이다.

   그래서 (옛 사람이) 이르기를 '백성들이 사는 영역의 경계를 짓기 위해 (반드시) 국경선을 설치해야 하는 것은 아니며, 나라를 튼튼히 방어하기 위해 (반드시) 산천의 험준함에 의락해야 하는 것도 아니며, 천하에 위엄을 떨치기 위해 (반드시) 빼어난 무기를 써야 하는 것은 아니다'고 하였던 것이다. (백성을 다스리는) 도리를 얻은 자는 많은 이들이 와서 도울 것이고, 도리를 잃은 자를 돕는 이는 적을 것이다. (도리를 잃은 자의 경우) 돕는 이가 점점 더 줄어들어 극에 달할 경우 가장 가까운 친척들까지도 그를 배반할 것인 반면, (도리를 얻은 자의 경우) 돕는 이가 점점 더 늘어나 극에 달할 경우 천하의 백성들이 그를 따를 것이다. 천하가 따를 수밖에 없는 도리로서 친척까지도 배반할 수밖에 없는 이치를 공격한다(고 가정해 보라). 그러니 이런 다음을 갖춘 군주가 전쟁을 하지 않는다면 몰라도, (일단) 싸우면 반드시 승리하게 되는 것이다."

孟子曰 天時不如地利地利不如人和 三里之城七里之郭環而攻之而不勝
맹자왈 천시 불여 지리 지리 불여 인화 삼리 지성 칠리 지곽 환이 공지 이 불승

夫環而攻之必有得天時者矣 然而不勝者是天時不如地利也 城非不高也
부환 이공 지필 유득 천시 자의 연이 불승 자시 천시 불여 지리 야 성비 불고 야

池非不深也 兵革非不堅利也 米粟非不多也 委而去之 是地利不如人和也
지비 불심 야 병혁 비 불견 리야 미속 비부다 야 위이거지 시 지리 불여 인화 야

故曰 域民不以封疆之界 固國不以山谿之險 威天下不以兵革之利 得道者
고왈 역민 불이 봉강 지계 고국 불이 산계 지험 위 천하 불이 병혁 지리 득도자

多助 失道者寡助 寡助之至親戚畔之 多助之至天下順之 以天下之所順攻
다조 실도자 과조 과조지지 친척 반지 다조지지 천하 순지 이 천하 지 소순 공

親戚之所畔 故君子有不戰戰必勝矣
친척 지 소반 고 군자 유 부전 전 필승 의

　　　　　주희는 '공손추 장구 하(公孫丑章句下)'는 맹자 자신의
나아가고 물러나는〔進退〕 행실에 관한 기록이라고 말하고 있다. 그런
데 1장은 그보다는 맹자 자신의 원칙을 이야기한다. 일종의 서론 역할
을 하고 있는 것이다. 주희가 말한 진퇴(進退)에 관한 이야기는 2장부
터 이어진다.

　여기서 맹자는 하늘〔天〕, 땅〔地〕, 사람〔人〕 삼재(三才)의 우열을 논
하는데 결국 하늘의 때〔天時〕보다는 지리적 이점〔地利〕, 지리적 이점
보다는 사람들의 화합됨〔人和〕이 훨씬 중요한 것임을 전쟁의 사례를
들어 풀이한다.

　맹자는 말한다. "하늘의 때〔天時〕는 지리적 이점〔地利〕만 못하고 지
리적 이점은 사람들의 화합됨〔人和〕만 못하다."

하늘의 때는 하늘의 뜻[天命]과는 전혀 다른 의미다. 말 그대로 하늘의 때, 즉 전쟁을 앞두고서 계절과 날씨, 낮과 밤 등을 활용하는 것을 말한다. 지금도 어느 정도 영향을 주겠지만 고대의 전쟁에서는 하늘의 때를 읽는 것이 전쟁의 승패에 결정적인 영향을 미쳤다. 天文이 아니라 天時, 地理가 아니라 地利, 人間이 아니라 人和라는 점에도 주목할 필요가 있다.

정약용은 『예기』를 인용하여 하늘의 때[天時]를 이렇게 풀이한다. "초봄에는 전쟁을 일으켜서는 안 되고, 늦여름에는 군사를 일으키지 아니하며, 초가을에는 병사를 뽑고 병기를 갈아 불의한 자를 친다고 하였으니 이것이 하늘의 때에 관한 풀이다."

그러나 맹자는 이런 하늘의 때보다 전쟁의 승패에 더 큰 영향을 주는 것이 지리적 이점이라고 말한다. 이 말은 말 그대로 지형지물을 활용하는 능력이다. 그러나 이런 하늘의 때나 지리적 이점보다 더 중요한 것이 사람들의 화합됨이라고 덧붙인다. 그리고 맹자는 하나씩 비유적인 예를 들어 설명한다.

"만일 (사방) 3리인 내성[城]과 (사방) 7리인 외성[郭]이 있다고 할 때 (적군이) 그것을 포위하여 공격하여도 이길 수 없는 경우[不勝者]가 있다. 무릇 포위하여 공격하고 있다는 것은 (그만큼 유리하여) 분명 하늘의 때를 얻어 그렇게 된 것이라고 할 수 있다. 그런데도[然而] 이길 수 없는 경우[不勝者]가 있다는 것은 (결국은) 하늘의 때가 지리적 이점보다 못하기 때문에 그런 것이다."

우리는 종종 성곽(城郭)이라고 하는데 城과 郭은 각각 내성과 외성을 말한다. 주희는 사방 3리 내성과 사방 7리 외성은 작은 규모라고 말한다. 이런 작은 성을 사방으로 둘러싸[環] 오랫동안 공격하면 분명

하늘의 유리한 때를 얻어 승리할 가능성이 아주 높다. 그럼에도 불구하고 이기지 못하는 경우가 있음을 말한다. 그 이유를 지리적 이점이라고 말한 다음 지리적 이점이 있음에도 불구하고 또 이기지 못하는 경우는 왜 그런지를 또 다른 예로 설명한다.

"성곽이 높지 않은 것이 아니고 해자[池]가 깊지 않은 것이 아니며, 무기와 갑옷[兵革]이 단단하고 예리하지 않은 것이 아니고 쌀과 곡식[米粟]이 많지 않은 것이 아니다. (그런데도 적이 쳐들어오면) 성을 버리고[委=棄] 도망을 가니 이것이야말로[是] 지리적 이점이 사람들의 화합됨보다 못하기 때문에 그런 것이다." 높은 성곽과 깊은 해자는 일종의 지리적 이점이다. 여기에는 무기와 군량미까지 포함된다. 그런데도 도망치는 이유는 뭘까? 사람들의 화합됨이 이뤄지지 않았기 때문이라는 것이다. 이제 사람들의 화합됨을 살펴볼 차례다.

"그래서 (옛 사람이) 이르기를 '백성들이 사는 영역의 경계를 짓기 위해 (반드시) 국경선을 설치해야 하는 것은 아니며, 나라를 튼튼히 방어[固]하기 위해 (반드시) 산천의 험준함에 의탁해야 하는 것도 아니며, 천하에 위엄을 떨치기 위해 (반드시) 빼어난 무기[兵革之利]를 써야 하는 것은 아니다'고 하였던 것이다. (백성을 다스리는) 도리를 얻은 자[得道者]는 많은 이들이 와서 도울 것이고, 도리를 잃은 자[失道者]를 돕는 이는 적을 것이다. (失道者의 경우) 돕는 이가 점점 더 줄어들어 극에 달할 경우 가장 가까운 친척들까지도 그를 배반할 것인 반면, (得道者의 경우) 돕는 이가 점점 더 늘어나 극에 달할 경우 천하의 백성들이 그를 따를[順=從] 것이다."

이제 결론이다. 앞서 여러 차례 나왔던 여민동락(與民同樂)과 비슷한 문맥이라 할 수 있다.

"천하가 따를 수밖에 없는 도리로써 친척까지도 배반할 수밖에 없는 이치를 공격한다(고 가정해 보라). 그러니[故] 이런 다움을 갖춘 군주[君子]가 전쟁을 하지 않는다면 몰라도, (일단) 싸우면 반드시 승리하게 되는 것이다." 이런 군주는 무엇보다 사람들의 화합됨을 이루었기 때문이다. 새로운 장을 시작하면서 맹자는 사람들의 화합됨을 화두로 던지고 있다.

그렇다고 우리가 하늘의 때[天時]나 지리적 이점[地利]을 간과해도 좋다는 뜻은 결코 아니다. 사람들의 화합됨[人和]에 우선 힘쓰고, 이어 지리적 이점을 따지고 나아가 하늘의 때까지 살피는 자세를 견지한다면 그 사람이 하는 일은 잘될 수밖에 없다.

2

맹자가 장차 임금을 만나보려 하였는데, 때마침 임금이 사람을 보내어 이렇게 말했다. "과인이 마땅히 나아가 (그대를 만나) 보아야 하는 것이 옳은데 감기가 있어 바람을 쐴 수 없다. 아침에 장차 조회를 볼 것이니 거기서 혹시 볼 수 있을지 모르겠다."

이에 맹자는 (심부름 온 사람을 통해) 답했다. "불행하게도 (저 역시) 병이 있어 조회에 나아갈 수가 없습니다."

다음 날 맹자가 집을 나서 (제나라 대부) 동곽(東郭)의 집에 조문하려 하자 공손추가 물었다. "어제는 병이 있다 하여 (임금의 조회 요청을) 사양하시고 오늘은 (이렇게) 조문을 가시려 하는데, 잘은 몰라도 그렇게 해서는 안 될 것 같은데요?"

이에 맹자가 답했다. "어제는 병이 있었고 오늘은 다 나았다. 어찌 조문을 할 수 없겠는가?"

왕이 사람을 보내 맹자의 병에 대해 물은 다음 의원을 보냈다. (맹자의 사촌동생이자 제자이기도 한) 맹중자(孟仲子)가 답했다. "어제 (조정으로 나오라는) 왕명이 있었지만 땔나무도 할 수 없을 만큼 심한 병이 있어 나아가지 못했습니다. 오늘은 병이 조금 나아 서둘러 조정에 나아가신다고 했는데, (나아가셨는지는) 저는 알지 못합니다. 잘 도착하지 않았습니까?"

맹중자는 (비밀리에) 몇몇 사람을 시켜 길목을 지키고 있다가 (맹자에게) "반드시 집으로 돌아오지 말고 조정으로 나아가소서"라고 전하도록 했다.

(이 말을 전해 들은) 맹자는 어쩔 수 없이 (제나라 대부) 경추(景丑)의

집에 가서 묵었다. (전후 사정을 전해 들은) 경추는 이렇게 말했다. "집 안에 들어오면 아버지와 아들, 집 밖을 나서면 임금과 신하(의 관계)가 사람들 사이에서 가장 큰 윤리입니다. 부자(父子)는 은혜를 주로 하고 군신(君臣)은 삼감을 주로 한다고 했는데, 저는 왕께서 선생을 공경하는 것은 보았지만 선생께서 왕을 공경하는 모습은 보지 못했습니다."

맹자가 답했다. "아니, 이게 무슨 말입니까? 제나라 사람들 중에 어짊과 의로움의 도리로써 왕께 말씀을 올리는 사람은 아무도 없습니다. 어찌 (제나라 사람들이라고 해서) 어짊과 의로움의 도리로 (왕께) 말씀을 올리는 것을 좋지 않게 여기기 때문이겠습니까? 그들의 마음속에서는 '이 임금과 더불어 어찌 족히 어짊과 의로움의 도리를 말할 수 있겠는가'라고 여겨서일 것입니다. 그렇다면 공경하지 못함이 이보다 더 클 수 없습니다. 저는 요순의 도리가 아니면 감히 임금 앞에 진언드릴 수 없습니다. 따라서 제나라 사람들이 저만큼 임금을 공경하고 있다고 할 수 없습니다."

경추가 말했다. "아닙니다. (제가 말씀드린 것은) 이것을 말하려 했던 것이 아닙니다. 예서(禮書)에 이르기를 '아버지가 부르시면 곧바로 대답해야 하고 군주가 명하여 부르시면 말 멍에 매기를 기다리지도 않고 달려가야 한다'고 했으니, 진실로 장차 조회하려 하였는데 왕명을 듣고서는 도리어 그만두었으니, 이는 아무래도 예에서 말한 것과도 서로 같지 않은 듯합니다."

맹자가 답했다. "(내가 말한 것이) 어찌 이것을 말한 것이겠습니까? 증자(曾子)께서 말씀하시기를 '진나라와 초나라의 부유함은 (내가) 미칠 바가 못 되지만 그들이 부유함으로 할 수 있는 것을 나는 어진 행위로 할 수 있고, 그들이 작위로써 할 수 있는 것을 나는 의로움으로써 할 수 있으니 내가 어찌 그들만 못하겠습니까?'라고 하였습니다. 이 어찌 불의를 증자께서 말씀하셨겠습니까? 이것도 어쩌면 하나의 도리인 것입니다. 천하에 모두가 인정하는 귀함이 세 가지가 있으니 벼슬자리가 그하나요, 연로함이 또 하나요, 다음이 또 하나입니다. 조정에서는 벼슬자리만 한 것이 없고, 고향마을에서는 연로함이 가장 귀하고, 세상을 돕고 백성을 기르는 데는 다음만 한 것이 없습니다. 어찌 (임금이) 그 하나(인 지위)를 갖고 있다고 해서 (내가 가진) 나머지 둘(연로함과 다음)을 우습게 여길 수 있겠습니까?

그러므로 장차 큰일을 하게 될 임금은 반드시 앉아서 불러서는 안 되는 신하가 있게 마련이니, 뭔가를 (크게) 도모하려는 바가 있으면 (그 신하를 직접) 찾아가야 합니다. 다음이 있는 사람을 높이고 도리를 행하는 것을 즐기기를 이와 같이 하지 않으면 (그런 사람과) 함께 훌륭한 일을 할 수가 없는 것입니다. 그렇기 때문에 탕왕(湯王)은 이윤(伊尹)에게 가서 배운 뒤에야 그를 신하로 삼았습니다. 그래서 힘들이지 않고 임금다운 임금이 될 수 있었던 것입니다. (제나라) 환공(桓公)은 관중(管仲)에게 가서 배운 뒤에야 그를 신하로 삼았습니다. 그래서 힘들이지 않고 천하의 패권자가 될 수 있었던 것입니다.

지금의 천하를 보면 (크다는 나라들도) 영토가 다 그만그만하고 임금들의 임금다움도 엇비슷해서 어느 한 나라가 특히 뛰어나다고 할 수 없는데 이는 다른 이유 때문이 아니라 (이들 나라의 임금들이) 자신이 가르칠 수 있는 사람을 신하로 삼기를 좋아하고, 자신이 가르침을 받을 수 있는 사람을 신하로 삼기를 좋아하지 않기 때문입니다. 탕왕이 이윤에게 가고 환공이 관중에게 감에도 감히 불러들이지 못했습니다. (특히) 관중도 오히려 불러들일 수 없었는데 하물며 관중을 하찮게 여기는 자(맹자 자신)를 어떻게 블러들일 수 있단 말입니까?"

孟子將朝王 王使人來曰 寡人如就見者也 有寒疾不可以風 朝將視朝不識
맹자 장조왕 왕사인래왈 과인여취견자야 유한질 불가 이풍 조장 시조 불식

可使寡人得見乎
가사 과인 득견 호

對曰 不幸而有疾不能造朝
대왈 불행 이 유질 불능 조조

明日出弔於東郭氏
명일 출조 어 동곽 씨

公孫丑曰 昔者辭以病 今日弔 或者不可乎
공손추 왈 석자 사 이 병 금일 조 혹자 불가 호

曰 昔者疾今日愈 如之何不弔
왈 석자 질 금일 유 여지하 부조

王 使人問疾 醫來
왕 사인 문질 의 래

孟仲子對曰 昔者有王命 有采薪之憂不能造朝 今病小愈趨造於朝 我
맹중자 대왈 석자 유 왕명 유 채신지우 불능 조조 금병소유추조어조 아

不識能至否乎
불식 능지 부호

使數人要於路 曰 請必無歸而造於朝
사 수인 요 어 로 왈 청 필무귀이조어조

不得已而之景丑氏宿焉
부득이 이 지 경추 씨 숙언

景子曰 內則父子外則君臣 人之大倫也 父子主恩君臣主敬 丑 見王之敬
경자 왈 내즉 부자 외즉 군신 인지 대륜 야 부자 주은 군신 주경 추 견왕지경

子也 未見所以敬王也
자야 미견 소이 경왕야

曰 惡 是何言也 齊人無以仁義與王言者 豈以仁義爲不美也 其心曰是
왈 오 시 하언 야 제인 무이 인의 여왕언자 기이 인의 위불미 야 기심 왈 시

何足與言仁義也云爾 則不敬莫大乎是 我非堯舜之道不敢以陳於王前 故
하 족 여 언 인의 야 운 이 즉 불경 막대호시 아비 요순지도 불감 이진어왕전 고

齊人莫如我敬王也
제인 막여 아 경왕야

景子曰 否 非此之謂也 禮曰 父召無諾 君命召不俟駕 固將朝也 聞王命
경자 왈 부 비차지위야 예왈 부소무낙 군명소불사가 고장조야 문왕명

而遂不果 宜與夫禮 若不相似然
이 수불과 의여부례 약불 상사 연

曰 豈謂是與 曾子曰 晉楚之富不可及也 彼以其富我以吾仁 彼以其爵我
왈 기위시여 증자왈 진초지부불가급야 피이기부아이오인 피이기작아

以吾義 吾何慊乎哉 夫豈不義而曾子言之 是或一道也 天下有達尊三 爵
이오의 오하겸호재 부기 불의 이 증자 언지 시혹 일도 야 천하 유 달존 삼 작

一 齒一 德一 朝廷莫如爵 鄕黨莫如齒 輔世長民莫如德 惡得有其一以慢
일 치일 덕일 조정 막여작 향당 막여치 보세 장민 막여덕 오득유기일이만

其二哉 故將大有爲之君必有所不召之臣 欲有謀焉則就之 其尊德樂道不如
기 이재 고장대 유위 지군 필유소 불소 지신 욕유모언즉취지 기존덕 낙도 불여

是 不足與有爲也 故湯之於伊尹學焉而後臣之 故不勞而王 桓公之於管仲
시 부족여유위야 고탕지어 이윤 학언이후 신지 고 불노 이왕 환공 지어 관중

學焉而後臣之 故不勞而霸 今天下地醜德齊莫能相尙 無他 好臣其所敎而
학언이후 신지 고 불노 이패 금 천하 지추덕제 막능상상 무타 호신기소교 이

不好臣其所受敎 湯之於伊尹桓公之於管仲則不敢召 管仲且猶不可召而
불호 신기 소수교 탕지어 이윤 환공 지어 관중 즉 불감 소 관중 차유 불가 소 이

況不爲管仲者乎
황 불위 관중 자 호

맹자가 장차〔將〕 임금〔王〕을 만나보려〔朝〕 하였는데, 때
마침 임금이 사람을 보내어〔使~來〕 이렇게 말했다. "과인이 마땅히〔如=
宜=當〕 나아가〔就〕 (그대를 만나) 보아야 하는 것〔見者〕이 옳은데 감기
〔寒疾〕가 있어 바람을 쐴〔以〕 수 없다. 아침에 장차 조회를 볼 것이니
거기서 혹시 볼 수 있을지 모르겠다〔不識〕." 이에 맹자는 (심부름를 온
사람을 통해) 답했다. "불행하게도 (저 역시) 병이 있어 조회에 나아갈
〔造=進=就〕 수가 없습니다."

이 임금은 제(齊) 나라 임금이다. 여기에는 미묘한 신경전이 있다. 맹

자다운 면모다. 주희의 풀이부터 보자. "맹자께서는 본래 왕에게 조회하려고 하셨는데, 왕이 이를 모르고 병을 칭탁하여 맹자를 불렀다. 그러므로 맹자 또한 병을 핑계로 조회에 나아가는 것을 사양하신 것이다." 파문이 일 수밖에 없는 상황이다. 특히 맹자의 제자들로서는 안절부절못할 수밖에 없는 곤란한 상황이었다.

다음 날[明日] 맹자가 집을 나서[出] (제나라 대부) 동곽(東郭)의 집에 조문하려 하자 공손추가 물었다. "어제는 병이 있다 하여 (임금의 조회 요청을) 사양하시고 오늘은 (이렇게) 조문을 가시려 하는데, 잘은 몰라도[或者] 그렇게 해서는 안 될 것 같은데요?" 이에 맹자가 답했다. "어제는 병이 있었고 오늘은 다 나았다. 어찌[如之何] 조문을 할 수 없겠는가?" 맹자는 뭔가 단단히 화가 나 있다. 임금이 불렀는데도 병을 칭탁해 나아가지 않다가 다음 날 그 임금의 신하의 상가에는 '보란 듯이' 조문을 가려 하고 있다. 이에 대해 주희는 『논어』의 '양화 20'과 같은 맥락이라고 말한다. 자연스럽게 우리는 『논어』의 맥락을 짚어보게 된다.

유비가 공자를 만나보려고 하자 공자는 병을 핑계로 사양하고, 얼마 후 명을 전하러 온 자가 문밖으로 나가자, 비파를 가져다가 타면서 노래를 불러 그 사람으로 하여금 비파와 노래 소리를 듣도록 하였다.

유비(孺悲)는 공자와 같은 노(魯) 나라 사람이다. 유비에 대해 주희는 "일찍이 공자에게 예를 배웠는데, 이때에 분명 '어떤 일로' 죄를 얻었을 것이다"고 말한 다음 "그래서 공자께서 병이 있다고 사양하셨다"고 풀이한다.

유비가 공자를 만나보려고 하자 공자는 병(疾)을 핑계로(以) 사양
(辭)하고 얼마 후(將) 명을 전하러 온 자(命者)가 문밖으로 나가자
비파(瑟)를 가져다가 타면서 노래를 불러 그 사람(之)으로 하여금
(使) 비파와 노래 소리(之)를 듣도록 하였다. 만나기를 거부한 것이
실은 병 때문이 아님을 명확하게 알려주기 위해 비파를 타고 노래
를 불렀던 것이다.

이에 대해 정명도는 "이것이 맹자께서 말씀하신 不屑之教誨라는
것이니 그를 깊이 가르쳐주신 것이다"고 풀이한다. '不屑之教誨'란
『맹자』'고자 장구 하(告子章句下)'에 나오는 말로 상대방이 잘못이
있을 경우 그를 거절하고 만나주지 아니하여 그로 하여금 스스로
자신의 과오를 깨닫게 함을 이른다.

지금 맹자가 제나라 임금을 만나지 않으려는 것도 정확히 같은 취
지다. 당연히 임금은 불쾌했을 것이다. 그래서 일단 사람을 보내어 맹
자의 병이 무엇인지를 물은 다음 의원을 보내주었다. 의도는 맹자가
무슨 생각으로 자신의 조회를 회피하고 있는지를 탐문하기 위함이었
다. 이에 맹자의 사촌동생이자 제자이기도 한 맹중자(孟仲子)가 나서
서 대답을 한다. 어떤 식으로건 둘러대지 않으면 안 되는 상황이다.
"어제 (조정으로 나오라는) 왕명이 있었지만 땔나무도 할 수 없을 만큼
심한 병(采薪之憂)이 있어 나아가지 못했습니다. 오늘은 병이 조금 나
아 서둘러(趨) 조정에 나아가신다고 했는데, (나아가셨는지는) 저는 알
지 못합니다. 잘 도착하지 않았습니까?"

맹중자는 맹자가 조정에 나아가지 않았다는 것을 알면서도 사촌형

넘이자 스승인 맹자를 위해 거짓으로 둘러대고 있는 것이다. 이렇게 임시변통으로 둘러대는 말을 주희는 權辭라고 불렀다. 權에는 임시변통, 일시적인 등의 뜻이 있다.

조정에서 나온 의원에게 이렇게 둘러댄 맹중자는 (비밀리에) 몇몇 사람을 시켜 길목을 지키고 있다〔要於路〕가 (맹자에게) "반드시 집으로 돌아오지 말고 조정으로 나아가소서"라고 전하도록 했다.

(이 말을 전해 들은) 맹자는 어쩔 수 없이〔不得已〕 (제나라 대부) 경추(景丑)의 집에 가서 묵었다〔宿〕. (전후 사정을 전해 들은) 경자〔景子〕는 이렇게 말했다. "집 안에 들어오면 아버지와 아들, 집 밖을 나서면 임금과 신하(의 관계)가 사람들 사이에서 가장 큰 윤리〔倫〕입니다. 부자(父子)는 은혜〔恩〕를 주로 하고 군신(君臣)은 삼감〔敬〕을 주로 한다고 했는데, 저는 왕께서 선생을 공경하는 것은 보았지만 선생께서 왕을 공경하는 모습은 보지 못했습니다."

이에 맹자가 놀라며 답했다. "아니〔惡〕, 이게 무슨 말〔何言〕입니까? 제나라 사람들 중에 어짊과 의로움의 도리〔仁義〕로써〔以〕 왕께 말씀을 올리는〔言〕 사람은 아무도 없습니다. 어찌〔豈〕 (제나라 사람들이라고 해서) 어짊과 의로움의 도리로 (왕께) 말씀을 올리는 것을 좋지 않게 여기기 때문이겠습니까? 그들의 마음〔其心〕 속에서는 '이 임금과 더불어 어찌 족히 어짊과 의로움의 도리를 말할 수 있겠는가'라고 여겨서일 것입니다. 그렇다면〔則〕 공경하지 못함〔不敬〕이 이〔是〕보다〔乎〕 더 클〔大〕 수 없습니다〔莫〕. 저는 요순의 도리〔堯舜之道〕가 아니면 감히 임금 앞에 진언〔陳〕드릴 수 없습니다. 따라서 제나라 사람들이 저만큼 임금을 공경하고 있다고 할 수 없습니다."

이에 대한 주희의 짧막한 논평이다. "경추가 말한 것은 삼감〔敬〕의 작은 것이요, 맹자가 말씀하신 것은 삼감의 큰 것이다."

이에 경추〔景子〕가 반박한다. "아닙니다. (제가 말씀드린 것은) 이것을 말하려 했던 것이 아닙니다. 예〔禮書〕에 이르기를 '아버지가 부르시면 곧바로 대답해야 하고 군주가 명하여 부르시면 말 멍에 매기를 기다리지도 않고 달려가야 한다'(『예기』 '玉藻')고 했으니, 진실로〔固〕 장차 조회하려 하였는데 왕명을 듣고서는 도리어 그만두었으니, 이는 아무래도 예에서 말한 것과도 서로 같지 않은 듯합니다." 경추는 『예기』에 나오는 구절을 근거로 해서 맹자를 은근히 비판하고 있다. 諾은 '느리게 대답한다'는 뜻이다. 따라서 無諾이란 '재빨리 대답한다'는 말이다. 俟駕는 각각 '기다리다'와 '말 멍에를 매다'는 뜻이다. 따라서 말 멍에 매기를 기다리지 않는다, 즉 마차 준비를 하느라고 시간을 끌지 않고 최대한 빨리 나아간다는 말이다. 경추가 인용한 예의 논리에 따르면 맹자는 달려가기는커녕 어딘가로 숨어버렸으니 예를 범해도 크게 범한 것이 된다. 맹자의 답변이 궁금하다.

"(내가 말한 것이) 어찌 이것을 말한 것이겠습니까? 증자(曾子)께서 말씀하시기를 '진나라와 초나라의 부유함은 (내가) 미칠 바가 못 되지만 그들이 부유함으로 할〔以〕 수 있는 것을 나는 어진 행위〔仁〕로 할 수 있고 그들이 작위로써 할 수 있는 것을 나는 의로움〔義〕으로써 할 수 있으니 내가 어찌 그들만 못하겠습니까?'라고 하였습니다. 이〔夫〕 어찌〔豈〕 불의를 증자께서 말씀하셨겠습니까? 이것도 어쩌면〔或〕 하나의 도리인 것입니다. 천하에 모두가 인정하는 귀함〔達尊〕이 세 가지가 있으니 벼슬자리〔爵〕가 그 하나요, 연로함〔齒〕이 또 하나요, 다움〔德〕이 또 하나입니다. 조정에서는 벼슬자리만 한 것이 없고, 고향마을〔鄕黨〕에서는 연로함이 가장 귀하고, 세상을 돕고 백성을 기르는 데

〔輔世長民〕는 다움〔德〕만 한 것이 없습니다. 어찌 (임금이) 그 하나(인 지위)를 갖고 있다고 해서 (내가 가진) 나머지 둘(연로함과 다움)을 우습게 여길 수 있겠습니까?” 즉 맹자는 증자를 인용해 자신은 모두가 인정하는 세 가지 귀함〔達尊〕 중에 둘을 갖고 있고, 왕은 하나인 벼슬자리〔爵〕만을 갖고 있을 뿐이라고 반박한 것이다. 어쩌면 자신이 훨씬 더 존귀할 수 있다는 주장이다. 맹자는 계속해서 자신의 주장을 이어간다.

“그러므로 장차 큰〔大〕 일〔有爲〕을 하게 될 임금은 반드시 앉아서 불러서는 안 되는〔不召〕 신하가 있게 마련이니, 뭔가를 (크게) 도모하려는 바가 있으면 (그 신하를 직접) 찾아가야 합니다. 다움이 있는 사람을 높이고 도리를 행하는 것을 즐기기를 이와 같이 하지 않으면 (그런 사람과) 함께〔與〕 훌륭한 일〔有爲〕을 할 수가 없는 것입니다.

그렇기 때문에〔故〕 탕왕(湯王)은 이윤(伊尹)에게〔於〕 가서〔之〕 배운 뒤에야〔而後〕 그를 신하로 삼았습니다. 그래서 힘들이지 않고 임금다운 임금〔王=王者〕이 될 수 있었던 것입니다. (제나라) 환공(桓公)은 관중(管仲)에게 가서 배운 뒤에야 그를 신하로 삼았습니다. 그래서 힘들이지 않고 천하의 패권자〔覇=覇者〕가 될 수 있었던 것입니다.

지금의 천하를 보면 (크다는 나라들도) 영토〔土〕가 다 그만그만하고 〔醜〕 임금들의 임금다움〔德〕도 엇비슷해서〔齊〕 어느 한 나라가 특히 뛰어나다고 할 수 없는데 이는 다른 이유 때문이 아니라 (이들 나라의 임금들이) 자신이 가르칠 수 있는 사람〔所敎〕을 신하로 삼기를 좋아하고, 자신이 가르침을 받을 수 있는 사람〔所受敎〕을 신하로 삼기를 좋아하지 않기 때문입니다.

탕왕이 이윤에게 가고 환공이 관중에게 감〔之〕에도 감히 불러들이

지 못했습니다. (특히) 관중도〔且〕 오히려〔猶〕 불러들일 수 없었는데
         차   유
하물며〔況〕 관중을 하찮게 여기는〔不爲〕 자(맹자 자신)를 어떻게 불러
     황   불위
들일 수 있단 말입니까?”

   맨 마지막 문장에 맹자 자신의 본마음이 고스란히 드러난다. 왕도
가 아니라 패도의 도리를 가르친 관중도 임금으로부터 존중을 받았는
데 왕도를 가르치는 맹자 자신은 그보다 훨씬 윗길이므로 결코 부른
다고 해서 무조건 나아갈 수는 없다는 뜻이다. 게다가 임금 자신이 왕
도에 아무런 관심을 갖고 있지 않은 바에야 무슨 말을 하겠는가? 맹
자의 호연지기(浩然之氣)를 볼 수 있음과 동시에 조금은 위태롭기까지
하다.

3

진진(陳臻)이 물었다. "지난날 (스승님께서는) 제나라에 계실 때 왕이 양질의 금 일백 일(鎰)을 보내왔을 때 받지 않았습니다. (그런데 그 후) 송나라에서는 금 칠십 일을 보내주자 받으셨고, 설나라에 있을 때는 오십 일을 보내주자 받으셨습니다. 만일 (제나라에서) 받지 않으신 것이 옳다면 금일에 (송나라와 설나라에서) 받으신 것이 잘못이고, (반대로) 금일에 받으신 것이 옳다면 지난 날 (제나라에서) 받지 않은 것이 잘못일 것입니다. 스승님께서는 반드시 이 두 가지 중에서 하나에 해당하실 것입니다."

맹자는 말했다. "(제나라에서 안 받은 것이나 송나라, 설나라에서 받은 것이나) 다 옳다. 송나라에 있을 때에는 내가 장차 먼 길을 떠나기로 돼 있었는데 (예로부터) 길을 떠나는 사람에게 (임금이) 반드시 노자(路資=전별금)를 주어 전송하도록 돼 있다. 그래서 임금이 사람을 시켜 말하기를 '노자를 드립니다'라며 주니 내 어찌 안 받을 수 있겠느냐?

설나라에 있을 때에는 내가 (신변의 위협을 느껴) 경계심을 품고 있었는데 임금이 사람을 시켜 말하기를 '경계심을 품고 있다는 말을 들었기 때문에 (경호 차원에서) 무기나 군인을 사는 데 필요해 이 금을 드립니다'라며 주니 내 어찌 안 받을 수 있겠느냐?

그런데 제나라에 있을 때는 그런 사유가 없었다. 그만한 사유가 없는데 돈이나 금을 보내왔다면 이는 재물로 나를 매수하려는 것이다. 어찌 (내가) 군자라고 하면서 재물(의 유혹)에 넘어갈 수 있겠느냐?"

陳臻問曰 前日於齊王餽兼金一百而不受 於宋餽七十鎰而受 於薛餽
진진 문왈 전일 어제 왕궤 겸금 일백 이 불수 어송궤 칠십 일이수 어설궤

五十鎰而受 前日之不受是則今日之受非也 今日之受是則前日之不受非也
오십 일이수 전일 지 불수 시즉 금일 지 수 비야 금일 지 수 시즉 전일 지 불수 비야

夫子必居一於此矣
부자 필거 일 어차 의

孟子曰 皆是也 當在宋也予將有遠行 行者必以贐 辭曰 餽贐 予何爲
맹자 왈 개시야 당 재송 야 여 장유 원행 행자 필이신 사왈 궤신 여 하위

不受 當在薛也予有戒心 辭曰 聞戒故爲兵餽之 予何爲不受 若於齊則未有
불수 당 재설 야 여 유 계심 사왈 문계 고위병궤지 여 하위 불수 약 어제 즉 미유

處也 無處而餽之 是貨之也 焉有君子而可以貨取乎
처야 무처 이궤지 시 화지야 언유 군자 이 가이 화 취 호

진진(陳臻)은 맹자의 제자로 여기서 상당히 곤혹스러운
질문을 맹자에게 던지고 있다. "지난날 (스승님께서는) 제나라에 계실
때 왕이 양질의 금[兼金] 일백 일(鎰)을 보내왔을 때 받지 않았습니다.
(그런데 그 후) 송나라에서는 금 칠십 일을 보내주자 받으셨고, 설나라
에 있을 때는 오십 일을 보내주자 받으셨습니다. 만일 (제나라에서) 받
지 않으신 것이 옳다[是]면 금일에 (송나라와 설나라에서) 받으신 것이
잘못[非]이고, (반대로) 금일에 받으신 것이 옳다면 지난날 (제나라에
서) 받지 않은 것이 잘못일 것입니다. 스승님[夫子]께서는 반드시 이
두 가지 중에서 하나에 해당하실[居] 것입니다." 鎰은 금 24냥을 말한
다. 이에 대해 맹자는 짧게 말한 다음 설명을 이어간다. 먼저 맹자는
"(제나라에서 안 받은 것이나 송나라, 설나라에서 받은 것이나) 다[皆]
옳다[是]"고 말한다. 과연 맹자의 해명은 무엇일까? 맹자는 먼저 받을
수밖에 없었던 정황을 이야기한 다음 제나라에서는 받지 않아야 했

던 이유를 덧붙인다.

"송나라에 있을 때(를 당하여서는[當])에는 내가 장차 먼 길[遠行]을 떠나기로 돼 있었는데 (예로부터) 길을 떠나는 사람[行者]에게 (임금이) 반드시 노자(路資=전별금=贐)를 주어 전송하도록 돼 있다. 그래서 임금이 사람을 시켜 말하기를 '노자를 드립니다[餽贐]'라며 주니 내 어찌 안 받을 수 있겠느냐?

설나라에 있을 때에는 내가 (신변의 위협을 느껴) 경계심[戒心]을 품고 있었는데 임금이 사람을 시켜 말하기를 '경계심을 품고 있다는 말을 들었기 때문에 (경호 차원에서) 무기나 군인을 사는 데 필요해 이 금을 드립니다'라며 주니 내 어찌 안 받을 수 있겠느냐?

그런데[若] 제나라에 있을 때는 그런 사유[處]가 없었다. 그만한 사유가 없는데[無處] 돈이나 금을 보내왔다면 이는 재물로 나를 매수하려는 것[貨之]이다. 어찌 (내가) 군자라고 하면서[有] 재물(의 유혹)에 넘어갈[取=致] 수 있겠느냐?"

맹자의 취지에 대해서는 주희가 인용한 윤돈의 풀이가 정곡을 찌른다. "군자는 사양하고 받음과 취하고 줌을 오직 의리에 맞게 할 뿐임을 말씀한 것이다." 세 나라에서 맹자가 했던 것은 조금도 의리[義]에 반하는 행위가 아니었다는 말이다.

진진은 고지식하다고 할 수 있고 맹자는 상황에 따라 원칙을 적용하는 권도(權道)를 보여주고 있다고 할 수 있다.

4

맹자가 (제나라의 작은 읍) 평륙(平陸)에 가서 그곳을 다스리는 대부에게 물었다. "그대의 창을 담당하는 병사가 하루에 세 번 대오를 벗어난다면 죽이겠소? 내버려두겠소?"

그 대부는 답했다. "세 번까지 기다리지 않을 것입니다."

(맹자가 말했다.) "그렇다면 그대가 대오를 벗어난 것 또한 많소이다. 흉년과 기근으로 인해 그대의 백성 중에서 노약자들은 (식량을 찾아 헤매다가 굶어 죽어) 도랑과 구렁에 뒹굴고 있고 장성한 이들은 사방으로 흩어지고 있는데 그 수가 거의 천 명에 가깝소."

(이에 대부가) 말했다. "이것은 거심(距心-그 대부의 이름)이 할 수 있는 바가 아닙니다."

맹자가 말했다. "지금 남의 소와 양을 받아서 그 사람을 위해 소와 양을 길러주는 사람이 있다고 한다면 반드시 그를 위해 목장과 건초를 구해야 할 것이니 만일 목장과 건초를 구하다가 얻지 못하면 (소와 양을) 그 주인에게 되돌려주어야 하겠소? 아니면 그냥 서서 그것들이 죽어가는 것을 보고만 있어야겠소?"

대부는 말했다. "이는 곧 저 거심의 죄입니다."

얼마 후 다른 날에 맹자는 왕을 뵙고 "왕의 주요 읍을 다스리는 자를 신이 다섯 사람을 알고 있는데, 자신의 죄를 알고 있는 사람은 오직 공거심뿐이었습니다"고 말하고 공거심과의 대화 내용을 그대로 반복해 주었더니 왕은 "이것은 곧 과인의 죄다"라고 말했다.

孟子之平陸 謂其大夫曰 子之持戟之士 一日而三失伍則去之 否乎
맹자 지 평륙 위 기 대부 왈 자 지 지극 지 사 일일 이 삼 실 오 즉 거 지 부 호

曰 不待三
왈 부 대 삼

(孟子曰) 然則子之失伍也亦多矣 凶年饑歲子之民老羸轉於溝壑 壯者散
맹자 왈 연즉 자 지 실 오 야 역 다 의 흉년 기세 자 지 민 노리 전 어 구학 장자 산

而之四方者幾千人矣
이 지 사방 자 기 천인 의

曰 此非距心之所得爲也
왈 차 비 거심 지 소득 위 야

曰 今有受人之牛羊而爲之牧之者則必爲之求牧與芻矣 求牧與芻而
왈 금 유 수 인 지 우양 이 위 지 목 지 자 즉 필 위 지 구 목 여 추 의 구 목 여 추 이

不得則反諸其人乎 抑亦立而視其死與
부득 즉 반 제 기 인 호 억 역 입 이 시 기 사 여

曰 此則距心之罪也
왈 차 즉 거심 지 죄 야

他日見於王曰 王之爲都者臣知五人焉 知其罪者惟孔距心 爲王誦之 王
타일 현 어 왕 왈 왕 지 위 도 자 신 지 오 인 언 지 기 죄 자 유 공거심 위 왕 송 지 왕

曰 此則寡人之罪也
왈 차 즉 과인 지 죄 야

맹자가 제나라의 작은 읍 평륙(平陸)에 가서 그곳을 다스리는 대부(大夫-邑宰)에게 묻는다. "그대의 창(戟)을 담당하는 병사가 하루에 세 번 대오(伍)를 벗어난다면 죽이겠소? 내버려두겠소?" 이에 그 대부는 "세 번까지 기다리지 않을 것입니다"고 대답했다. 그 읍재는 맹자의 유도심문에 딱 걸려들었다. 기다렸다는 듯이 맹자의 말이 이어진다.

"그렇다면 그대가 대오를 벗어난 것 또한 많소이다. 흉년과 기근으로 인해 그대의 백성 중에서 노약자(老羸)들은 (식량을 찾아 헤매다가

굶어 죽어) 도랑과 구렁〔溝壑〕에 뒹굴고 있고 장성한 이들은 사방으로
흩어지고 있는데 그 수가 거의 천 명에 가깝소."

(이에 대부가) 말했다. "이것은 거심(距心-그 대부의 이름)이 할 수 있
는 바〔所得爲〕가 아닙니다." 읍을 다스리는 대부라면 마땅히 백성들의
곤궁함을 챙겨야 하는데 그것을 챙기지 않았으니 병사가 대오를 이탈
한 것과 뭐가 다르냐고 지적하자 그 대부는 자신의 권능의 범위를 넘
어서는 일이라고 발뺌을 한다. 맹자의 질타가 이어진다.

"지금 남〔人〕의 소와 양〔牛羊〕을 받아서〔受〕 그 사람〔之〕을 위해〔爲〕
소와 양〔之〕을 길러주는〔牧〕 사람〔者〕이 있다〔有〕고 한다면〔則〕 반드
시〔必〕 그를 위해〔爲之〕 목장〔牧〕과〔與〕 건초〔芻〕를 구해야〔求〕 할 것
이니〔矣〕 만일 목장과 건초를 구하다가 얻지 못하면〔不得〕 (소와 양을)
그 주인에게 되돌려주어야 하겠소? 아니면〔抑〕 그냥 서서 그것들이 죽
어가는 것을 보고만 있어야겠소?"

그때서야 이 대부는 "이는 곧 저 거심의 죄입니다"라고 말했다. 자신
이 아무것도 할 수 없다고 여기면서도 관직을 지키고 있는 것이 바로
대오에서 이탈한 것인 셈이다.

얼마 후 다른 날〔他日〕에 맹자는 왕을 뵙고 "왕의 주요 읍〔都〕을 다
스리는 자를 신이 다섯 사람을 알고 있는데, 자신의 죄를 알고 있는
사람은 오직 공거심뿐이었습니다"고 말하고 공거심과의 대화 내용을
그대로 반복해 주었더니 왕은 "이것은 곧 과인의 죄다"라고 말했다.

5

맹자가 (제나라 대부) 지와(蚳䵷)에게 말했다. "그대가 영구라는 읍을 책임지는 자리를 사양하고 (법령을 다스리는) 재판관을 맡겠다고 청한 것은 그런대로 잘했다고 할 수 있소. 그 때문에 (그대는 이제 임금에게) 간언할 수 있게 되었소. (그런데) 지금 이미 (재판관이 된 지) 수개월이 지났는데 간언할 수가 없었단 말이오?"

(그 후) 지와가 임금에게 간언을 했으나 받아들여지지 않자 신하 됨을 내버리고 물러났다.

(그러자) 제나라 사람들은 "지와를 생각해 준 것은 잘했다고 할 수 있지만 맹자 자신이 하고 있는 처사는 이해가 되지 않는다"라고 말했다.

이 말을 제자인 공도자(公都子)가 그대로 전해주자 맹자는 이렇게 말했다. "나도 그 말을 들었다. (하지만 옛말에) 관의 직책을 맡은 사람은 그 직책을 수행할 수 없으면 떠나야 하고, 언관의 책임을 맡은 사람은 간언을 제대로 할 수 없으면 떠나야 한다고 했다. 나는 맡은 관의 직책도 없고 언관의 책임도 없다. 그러니 내가 나아가고 물러나는 것이 어찌 여유만만 하지 않을 수 있겠느냐?"

孟子謂蚳䵷曰 子之辭靈丘而請士師似也 爲其可以言也 今旣數月矣未
맹자 위 지와 왈 자 지 사 영구 이 청 사사 사 야 위 기 가 이 언 야 금 기 수월 의 미

可以言與
가 이 언 여

蚳䵷諫於王而不用 致爲臣而去
지와 간 어 왕 이 불용 치 위 신 이 거

齊人曰 所以爲蚳蠅則善矣 所以自爲則吾不知也
제인 왈 소이 위 지와 즉선 의 소이 자위즉 오 부지 야

公都子以告 曰 吾聞之也 有官守者不得其職則去 有言責者不得其言則
공도자 이고 왈 오문지야 유 관수 자 부득 기 직즉거 유 언책 자 부득 기언 즉

去 我無官守我無言責也 則吾進退豈不綽綽然有餘裕哉
거 아 무 관수 아무 언책 야 즉오 진퇴 기부 작작연 유 여유 재

🌸　　　맹자가 제나라 대부 지와(蚳蠅)에게 이렇게 말했다. "그
대[子]가 영구라는 읍을 책임지는 자리를 사양하고 (법령을 다스리는)
재판관[士師]을 맡겠다고 청한 것은 그런대로 잘했다고 할 수 있소.
그[其] 때문에[爲] (그대는 이제 임금에게) 간언[言]할 수 있게 되었소.
(그런데) 지금 이미 (재판관이 된 지) 수개월이 지났는데 간언할 수가
없었단 말이오?"

(그 후) 지와가 임금에게 간언을 했으나 받아들여지지 않자[不用]
신하 됨을 내버리고[致-致仕] 물러났다.

(그러자) 제나라 사람들은 "지와를 생각해 준 것은 잘했다[善]고 할
수 있지만 맹자 자신이 하고 있는 처사는 이해가 되지 않는다"고 말했
다. 정작 남에게는 나아가고 물러남[進退]을 분명히 할 것을 권하면서
본인의 진퇴는 그다지 분명치 않은 것 아닌가 하는 의구심에서 나온
말이다. 주희는 "맹자가 도리[道]가 행해지지 않는데도 (제나라를) 떠
나가지 못함을 비난한 것"이라고 풀이한다.

이 말을 제자인 공도자(公都子)가 그대로 전해주자 맹자는 이렇
게 말한다. "나도 그 말을 들었다. (하지만 옛말에) 관의 직책[官守]을
맡은 사람은 그 직책을 수행할 수 없으면 떠나야 하고, 언관의 책임

〔言責〕을 맡은 사람은 간언을 제대로 할 수 없으면 떠나야 한다고 했다. 나는 맡은 관의 직책도 없고 언관의 책임도 없다. 그러니〔則〕 내가 나아가고 물러나는 것〔進退〕이 어찌 여유만만 하지 않을 수 있겠느냐?"

별도의 풀이가 필요 없다. 말 그대로다.

6

맹자가 제나라에서 경(卿)이 되어 등나라로 조문을 가게 됐다. 이때
임금이 합(蓋) 땅을 다스리던 대부 왕환(王驩)으로 하여금 보행(輔行=
副使)이 되어 맹자의 사신길을 보필토록 했다. 이에 왕환은 아침저녁으
로 맹자를 찾아뵈었지만 제나라에서 등나라를 왕복하는 동안 그와 더
불어 사신의 업무에 관해서는 한마디도 하지 않았다.

(이에) 공손추가 물었다. "제나라 경이라는 자리가 작지 않고 제나라
와 등나라를 오가는 길이 가깝지 않은데 거기를 오가며 사신의 업무에
관해서는 한마디도 하지 않으신 것은 어떤 연유 때문입니까?"

맹자가 답했다. "그것은 이미 누군가가 그것을 주관하였으니 내가 무
슨 할 말이 있었겠는가?"

孟子爲卿於齊出弔於滕 王使蓋大夫王驩爲輔行 王驩朝暮見 反齊滕之
맹자 위 경 어 제 출 조 어 등 왕 사 합 대부 왕환 위 보행 왕환 조 모 현 반 제 등 지

路未嘗與之言行事也
로 미상 여 지 언 행사 야

公孫丑曰 齊卿之位不爲小矣 齊滕之路不爲近矣 反之而未嘗與言行事 何也
공손추 왈 제 경 지 위 불위 소 의 제 등 지 로 불위 근 의 반 지 이 미상 여 언 행사 하 야

(孟子)曰 夫旣或治之 予何言哉
맹자 왈 부 기 혹 치 지 여 하 언 재

🌸　　　맹자가 제나라에서 경(卿)이 되었다. 기원전 318년의 일
로 맹자의 나이 55세이었다. 그러나 이듬해 모친상을 당하여 제나라

를 떠나 노나라로 돌아오게 된다. 쉽게 말해 卿은 조선시대 판서에 해
당하는 고위직이다. 公, 卿, 大夫의 그 卿이다.

　이때 맹자는 일종의 외교사절이 되어 등나라로 조문을 가게 된다.
그런데 임금이 합(蓋) 땅을 다스리던 대부 왕환(王驩)으로 하여금 보
행(輔行=副使)이 되어 맹자의 사신길[使行]을 보필토록 했다. 이에 왕
환은 아침저녁으로 맹자를 찾아뵈었지만 제나라에서 등나라를 왕복
[反]하는 동안 그[之]와 더불어 사신의 업무[行事]에 관해서는 한마
디도 하지 않았다.

　(이에) 공손추가 물었다. "제나라 경이라는 자리가 작지 않고 제나
라와 등나라를 오가는 길이 가깝지 않은데 거기를 오가며[反] 사신의
업무에 관해서는 한마디도 하지 않으신 것은 어떤 연유 때문입니까?"
맹자가 답했다. "그것은 이미 누군가가 그것을 주관하였으니[治] 내가
무슨 할 말이 있었겠는가?"

　왕환은 제나라 임금의 총애를 받는 사람이었고 이번 사신행차
[使行]에서도 정사(正使)는 형식적으로 맹자였지만 실질적인 일은 부
사인 왕환이 다 처리했다. 맹자는 그것이 싫었다. 여기서 누군가[或]라
고 한 것은 다름 아닌 왕환을 가리킨다. 말을 하지 않았던 것은 이 같
은 상황에 대한 맹자의 불편한 마음이 드러난 때문이다. 이에 대해 주
희는 "맹자께서 소인을 대함에 나쁘게 하지 않으면서도 엄격함이 이
와 같으셨다"고 했는데 조금은 과잉해석인 듯하다. 그냥 기분 나쁜 마
음이 드러난 것으로 보면 될 듯하다. 또 주희는 공손추의 질문에 나오
는 제나라 경을 왕환으로 보았지만, 맹자를 가리키는 것으로 보는 것
이 문맥에 적절한 듯하다.

7

맹자가 제나라로부터 (고국인) 노나라로 모친상을 치르러 갔다가 제나라로 돌아오던 중에 제나라 남쪽에 있는 영(嬴)이라는 읍에 머물게 되었다.

이때 제자 충우(充虞)가 말했다. "그때는 (스승님께서) 저의 모자람을 모르시어 저로 하여금 관곽을 만드는 일을 주관하도록 하셨습니다. (당시에는) 하도 급박하여 제가 감히 묻지 못하였는데 이제야 조심스레 묻고자 합니다. (당시 관곽에 사용된) 나무가 지나치게 아름다운 듯하였습니다."

맹자가 말했다. "아주 옛날에는 내관과 외관을 만드는 데 일정한 표준이나 한도가 없었다. 그러다가 중고(中古) 시대(주나라 때)에 와서 내관의 두께는 일곱 치로 정했고 외관도 그에 걸맞게 했으니 이는 위로는 천자로부터 아래로는 일반 서민에 이르기까지 다 똑같았다. (이렇게 정한 것은) 단지 외관을 아름답게 하기 위해서가 아니라 (그처럼 관을 두껍게 하고 외관도 잘 꾸민) 그런 연후에야 장사 지내는 자식의 마음을 다할 수 있기 때문이었다. (국가의 규제나 그 밖의 여러 이유로 인해 좋은 재목을) 구할 수가 없다고 한다면 (자식들의 마음은) 흡족할 수 없을 것이고, 재력이 안 되어 제대로 관과 널을 갖출 수 없다면 이 또한 흡족할 수 없을 것이다. 구할 수 있고 또 재력이 있으면 옛 사람들은 모두 다 그것을 썼으니 내 어찌 홀로 그렇게 하지 않겠느냐? 또 (좋은 관곽을 갖춤으로써) 돌아가신 분을 위하여 흙이 그분의 살갗에 직접 닿지 않도록 하는 것이 자식 된 자의 마음에도 흡족하지 않겠느냐? 내가 들은 바로는 '군자라면 천하의 비난이 있더라도 부모님을 위하는 일에 억지로 검박하게 해서는 안 된다'고 했다."

孟子自齊葬於魯 反於齊止於嬴
맹자 자 제 장 어 노 반 어 제 지 어 영

充虞請曰 前日不知虞之不肖使虞敦匠事 嚴虞不敢請 今願竊有請也 木
충 우 청왈 전일 부지 우 지 불초 사 우 돈 장사 엄 우 불감 청 금 원 절 유 청 야 목

若以美然
약 이 미 연

曰 古者棺槨無度 中古棺七寸槨 稱之 自天子達於庶人 非直爲觀美也
왈 고자 관곽 무도 중고 관 칠촌 곽 칭지 자 천자 달 어 서인 비 직 위 관 미야

然後盡於人心 不得不可以爲悅 無財不可以爲悅 得之爲有財 古之人 皆用
연후 진 어 인심 부득 불가이 위열 무재 불가이 위열 득 지위 유재 고지인 개용

之 吾何爲獨不然 且比化者 無使土親膚 於人心獨無恔乎 吾聞之也 君子
지 오 하 위 독 불연 차 비 화자 무 사 토 친 부 어 인심 독 무 교 호 오 문 지 야 군자

不以天下儉其親
불 이 천하 검 기 친

맹자가 제나라로부터〔自〕(고국인) 노나라로〔於〕 모친상
을 치르러 갔다가 제나라로 돌아오던 중에 제나라 남쪽에 있는 영(嬴)이
라는 읍에 머물게 되었다. 嬴은 원래 '차다', '가득 차다', '넘치다' 등을
뜻하는데 여기서는 그냥 지명이다. 맹자는 55세 때(기원전 318년) 제
나라에서 경이 되었고, 이듬해 모친상을 당해 노나라로 갔다가 2년 후
인 기원전 315년 노나라를 떠나 제나라로 오게 된다. 그 무렵의 이야
기다.

충우(充虞)는 맹자의 제자로 문맥상으로 보면 맹자 어머니의 관과
널〔棺槨〕을 만드는 책임을 맡았던 인물이다. 그래서 前日이란 맹자의

어머니가 돌아가신 직후 관과 널을 만들려 했던 그때를 말한다고 볼 수 있다.

맹자를 따라 제나라로 돌아오던 도중 영(贏) 읍에서 충우가 이렇게 말한다. "그때는 (스승님께서) 저의 모자람[不肖]을 모르시어 저[虞]로 하여금 관곽을 만드는 일[匠事]을 주관하도록[敦] 하셨습니다. (당시에는) 하도 급박하여[嚴=急] 제가 감히 묻지 못하였는데 이제야 조심스레[竊] 묻고자 합니다. (당시 관곽에 사용된) 나무가 지나치게[以=已] 아름다운 듯하였습니다."

충우는 지금 스승에게 하기 힘든 이야기를 하고 있다. 스승께서 어머니의 상을 치르면서 너무 지나쳤던 것은 아닌지를 묻고 있는 것이다. 조심스레[竊]라는 말이 와서 닿는다. 이에 맹자는 길게 답한다.

"아주 옛날에는 내관과 외관[棺椁]을 만드는 데 일정한 표준이나 한도가 없었다. 그러다가 중고(中古) 시대(주나라 때)에 와서 내관의 두께는 일곱 치[七寸]로 정했고 외관도 그에 걸맞게[稱] 했으니 이는 위로는 천자로부터 아래로는 일반 서민에 이르기까지 다 똑같았다. (이렇게 정한 것은) 단지[直] 외관을 아름답게 하기 위해서가 아니라 (그처럼 관을 두껍게 하고 외관도 잘 꾸민) 그런 연후에야 장사 지내는 자식의 마음[人心]을 다할 수 있기 때문이었다.

(국가의 규제나 그 밖의 여러 이유로 인해 좋은 재목을) 구할 수가 없다고 한다면 (자식들의 마음은) 흡족할 수 없을 것이고, 재력이 안 되어 제대로 관과 널[棺椁]을 갖출 수 없다면 이 또한 흡족할 수 없을 것이다. 구할 수 있고 또 재력이 있으면 옛 사람들은 모두 다 그것을 썼으니 내 어찌 홀로 그렇게 하지 않겠느냐?

또[且] (좋은 관과 널을 갖춤으로써) 돌아가신 분[化者=死者]을 위하

여[比] 흙이 그분의 살갗에 직접[親] 닿지 않도록 하는 것이 자식 된
자의 마음에도 흡족[恔]하지 않겠느냐?

　내가 들은 바로는 '군자라면 천하의 비난이 있더라도 부모님을 위하
는 일에 억지로 검박하게 해서는 안 된다'고 했다."

　주희는 마지막 부분을 부모님의 상사[喪]에 한정하여 풀이한다. 참
고할 만하다. "죽은 이를 장송하는 예절[禮]에 마땅히 할 수 있는데도
스스로 다하지 않는다면 이것은 천하를 위해서(때문에) 이 물건을 아
껴 내 어버이에게 박하게 하는 것이다."

　이 또한 별도의 풀이가 필요치 않을 듯하다. 그러나 소박한 장례를
강조했던 공자에 비한다면 조금은 지나치다는 인상을 지울 길이 없다.

8

　(제나라의 신하) 심동(沈同)이 개인적인 질문을 던졌다. "연(燕) 나라를 정벌할 수 있겠습니까?"

　맹자가 말했다. "괜찮소. (연나라 임금인) 자쾌(子噲)라 하더라도 다른 사람이나 다른 나라에 연나라를 넘겨줄 수 없고, (연나라 재상인) 자지(子之)라 하더라도 자쾌로부터 연나라를 넘겨받을 수 없소. 가령 여기에 어떤 벼슬하는 선비가 있다고 합시다. 그대가 그 사람을 (사사로이) 좋아하여 왕에게는 고하지도 않고서 사사로이 그대의 벼슬과 지위를 그에게 주고, 그 사람도 역시 왕의 임명도 받지 않은 채 사사로이 그대로부터 그 작록을 받는다면 이것이 과연 있을 수 있는 일이오? (자쾌가 자지에게 나라를 넘겨준 행위가) 어찌 이와 다르겠소?"

　제나라가 연나라를 정벌했다. 이에 어떤 제자가 (맹자에게) "제나라로 하여금 연나라를 정벌하도록 권했다고 하는데 정말 그런 일이 있었습니까?"라고 묻자 맹자는 말했다. "아니다. 심동이 '(지금 우리 제나라가) 연나라를 정벌할 수 있겠습니까?'라고 묻기에 '괜찮소'라고 답했을 뿐이다. 그가 (스스로 판단해 내 말을) 옳다고 여겨 정벌한 것이다. 그가 만일 '누가 연나라를 정벌할 수 있겠습니까?'라고 물었다면 나는 장차 '하늘의 명을 받아 행하는 자가 되어야만 연나라를 정벌할 수 있을 것이오'라고 답했을 것이다. 지금 여기에 사람을 죽인 자가 있다고 하자. 누가 묻기를 '저 살인자를 죽일 수 있습니까'라고 한다면 나는 장차 '괜찮다'고 말할 것이다. (그런데) 그 사람이 만일 '누가 그를 죽일 수 있겠습니까?'라고 한다면 나는 장차 '재판관이 되면 죽일 수 있을 것이오'라고 답할 것이다. 지금은 무도(無道)하기가 연나라와 똑같은 제나라가 연나라를 정벌한 것이니 내 어찌 그것을 권하였겠는가?"

沈同 以其私問曰 燕可伐與
심동 이기사문왈 연가벌여

孟子曰 可 子噲不得與人燕 子之不得受燕於子噲 有仕於此而子悅之
맹자왈 가 자쾌부득여인연 자지부득수연어자쾌 유사어차이자열지

不告於王而私與之吾子之祿爵 夫士也亦無王命而私受之於子則可乎
불고어왕이사여지오자지녹작 부사야역무왕명이사수지어자즉가호

何以異於是
하이이어시

齊人伐燕 或問曰 勸齊伐燕 有諸
제인벌연 혹문왈 권제벌연 유제

(孟子)曰 未也 沈同問 燕可伐與 吾應之曰 可 彼然而伐之也 彼如曰 孰
맹자 왈 미야 심동문 연가벌여 오응지왈 가 피연이벌지야 피여왈 숙

可以伐之則將應之曰 爲天吏則可以伐之 今有殺人者 或問之曰 人可殺與
가이벌지즉장응지왈 위천리즉가이벌지 금유살인자 혹문지왈 인가살여

則將應之曰 可 彼如曰 孰可以殺之則將應之曰 爲士師則可以殺之 今以
즉장응지왈 가 피여왈 숙가이살지즉장응지왈 위사사즉가이살지 금이

燕伐燕 何爲勸之哉
연벌연 하위권지재

    심동(沈同)은 제나라의 신하다. 그가 '그(其) 사적인 것
(私)으로써(以)', 즉 공적인 것이 아니라 개인적인 질문을 던진다. 주희
는 "개인적으로 물었다는 것은 왕명에 의한 것이 아님을 말한다"라고 풀
이한다. "연(燕) 나라를 정벌할 수 있겠습니까?" 與는 의문사다. 이 질문
은 유의해서 봐야 한다. 문맥에 따라 전쟁의 명분에 대한 질문일 수도
있고 무력의 차이로 인한 승패에 대한 질문일 수도 있기 때문이다.

맹자는 "괜찮소〔可〕"라고 말한 후 그 이유를 설명한다. "(연나라 임
금인) 자쾌(子噲)라 하더라도 다른 사람이나 다른 나라에 연나라를 넘
겨줄 수 없고, (연나라 재상인) 자지(子之)라 하더라도 자쾌로부터 연
나라를 넘겨받을 수 없소. (그런데 그렇게 했다.) 가령 여기에 어떤 벼
슬하는 선비〔仕〕가 있다고 합시다. 그대〔子〕가 그 사람〔之〕을 (사사로
이) 좋아하여〔悅〕 왕에게는 고하지도 않고서 사사로이 그대의 벼슬과
지위〔爵祿〕를 그에게 주고, 그 사람도 역시 왕의 임명도 받지 않은 채
사사로이 그대로부터 그 작록을 받는다면 이것이 과연 있을 수 있는
일이오? (자쾌가 자지에게 나라를 넘겨준 행위가) 어찌〔何以〕 이와 다
르겠소?"

이는 자쾌가 천자의 명도 없이 연나라를 자지한테 넘겨준 데 대한
맹자의 공분(公憤)을 제대로 알아야만 이해할 수 있는 장면이다.

마침내 제나라가 연나라를 쳐서 정벌했다. 이에 어떤 제자가 (맹자
에게) "제나라로 하여금 연나라를 정벌하도록 권했다고 하는데 정말
그런 일이 있었습니까?"라고 묻자 맹자는 말했다. "아니다〔未〕. 심동
이 '(지금 우리 제나라가) 연나라를 정벌할 수 있겠습니까?'라고 묻기에
'괜찮소〔可〕'라고 답했을 뿐이다. 그가 (스스로 판단해 내 말을) 옳다고
여겨〔然〕 정벌한 것이다. 그가 만일〔如〕 '누가 연나라를 정벌할 수 있
겠습니까?'라고 물었다면 나는 장차〔將〕 '하늘의 명을 받아 행하는 자
〔天吏〕가 되어야만 연나라를 정벌할 수 있을 것이오'라고 답했을 것이
다. 지금 여기에 사람을 죽인 자가 있다고 하자. 누가 묻기를 '저 살인
자를 죽일 수 있습니까?'라고 한다면 나는 장차 '괜찮다'라고 말할 것이
다. (그런데) 그 사람이 만일 '누가 그를 죽일 수 있겠습니까?'라고 한
다면 나는 장차 '재판관〔士師〕이 되면 죽일 수 있을 것이오'라고 답할

것이다. 지금은 무도(無道)하기가 연나라와 똑같은 제나라가 연나라를
정벌한 것이니 내 어찌 그것을 권하였겠는가?"

마지막 문장은 직역하면 '연나라로써 연나라를 정벌했다'인데 그 뜻
을 풀어서 이렇게 옮긴 것이다.

9

연나라 사람들이 반란을 일으켰다.

제나라 선왕(宣王)이 말했다. "나는 심히 맹자에게 부끄럽도다."

제나라 대부인 진가(陳賈)가 나서서 이렇게 말한다. "왕께서 걱정하실 것은 없습니다. 왕께서는 스스로 주공(周公)과 비교해 볼 때 누가 더 어질고 누가 더 사람을 볼 줄 안다 생각하십니까?"

왕이 말했다. "아니, 이게 무슨 말인가?"

진가가 말했다. "주공이 관숙(管叔)으로 하여금 (복속시킨) 은(殷)나라를 통치하도록 하였는데 관숙은 은나라 유민들을 거느리고 반란을 일으켰습니다. 주공이 (일이 이렇게 될 줄을) 알고서도 관숙에게 은나라의 통치를 맡겼다면 이는 어질지 못한 것이고, (일이 이렇게 될 줄을) 모르고서 그랬다면 이는 사람을 볼 줄 모르는 것입니다. 어짊과 사람을 아는 지혜로움은 주공도 미처 완벽하지 못했는데, 왕께서야 어찌 거기에 다다를 수 있겠습니까? 제가 맹자를 만나 뵙고 해명을 하겠습니다."

얼마 후 진가가 맹자를 찾아와서 묻는다. "주공은 어떤 사람입니까?"

이에 맹자는 "옛날의 빼어난 분이지요"라고 답했다.

이에 진가는 말했다. "주공이 관숙으로 하여금 (복속시킨) 은나라를 통치하도록 하였는데 관숙은 은나라 유민들을 거느리고 반란을 일으켰습니다. 그런 일이 있었지요?"

"그렇소."

"주공은 (관숙이) 장차 배반할 것을 알면서도 그 일을 맡긴 것입니까?"

"알지 못했소."

"그렇다면 빼어난 분도 허물이 있는 것입니까?"

"주공은 아우요, 관숙은 형이니 (아우인) 주공의 허물은 어쩌면 당연한 것 아니겠소? 또 옛날의 군자(君子)(여기서는 군주와 대신들로 봐야한다)는 허물이 있으면 그것을 고쳤는데 지금의 군자는 허물이 있으면 (고칠 생각은 않고) 그대로 쭉 이어가지요. 옛날의 군자는 그 허물이 마치 일식이나 월식과 같아서 온 백성들이 다 그것을 보았고, 허물을 고쳤을 때에는 온 백성들이 다 그것을 우러러보았소. (그런데) 지금의 군자는 어찌 다만 그대로 쭉 이어가기만 합니까? 설상가상으로 변명까지 하는구려."

燕人畔
연인 반

王曰 吾甚慚於孟子
왕 왈 오 심 참 어 맹자

陳賈曰 王無患焉 王自以爲與周公 孰仁且智
진가 왈 왕 무환 언 왕 자 이 위 여 주공 숙 인 차 지

王曰 惡是何言也
왕 왈 오 시 하 언 야

曰 周公使管叔監殷 管叔以殷畔 知而使之是不仁也 不知而使之是不智
왈 주공 사 관숙 감 은 관숙 이 은 반 지 이 사 지 시 불인 야 부지 이 사 지 시 부지

也 仁智 周公未之盡也而況於王乎 賈請見而解之
야 인지 주공 미 지 진 야 이 황 어 왕 호 가 청견 이 해지

見孟子問曰 周公何人也
견 맹자 문왈 주공 하인 야

(孟子)曰 古聖人也
맹자 왈 고 성인 야

(陳賈)曰 使管叔監殷 管叔以殷畔也 有諸
진가 왈 사 관숙 감 은 관숙 이 은 반 야 유 제

(孟子)曰 然
맹자 왈 연

(陳賈)曰 周公知其將畔而使之與
진가 왈 주공 지 기 장 반 이 사 지 여

(孟子)曰 不知也
맹자 왈 부지 야

(陳賈曰) 然則聖人且有過與
진가 왈 연즉 성인 차 유 과 여

(孟子)曰 周公弟也 管叔兄也 周公之過不亦宜乎 且古之君子過則改之
맹자 왈 주공 제 야 관숙 형 야 주공 지 과 불역 의 호 차 고 지 군자 과즉 개 지

今之君子過則順之 古之君子其過也如日月之食 民皆見之 及其更也 民皆
금 지 군자 과즉 순 지 고 지 군자 기 과 야 여 일월 지 식 민 개 견 지 급 기 경 야 민 개

仰之 今之君子豈徒順之 又從爲之辭
앙 지 금 지 군자 기 도 순 지 우 종 위 지 사

연나라 사람들이 반란(畔=叛)을 일으켰다. 이 말은 연나라 사람들이 자신들을 정벌한 제나라에 대해 반란을 일으켰다는 것이다. 주희의 풀이다. "제나라가 연나라를 격파한 지 2년 만에 연나라 사람들이 함께 태자 평(平)을 세워 왕으로 삼았다." 제나라의 연나라 정벌이 물거품이 된 것이다. 이 점은 바로 앞 장에서 맹자가 지적한 바 있다. 이에 제나라 임금 선왕(宣王)은 자괴하며 이렇게 말한다. "나는 심히 맹자에게 부끄럽도다."

그러자 제나라 대부인 진가(陳賈)가 나서서 이렇게 말한다. "왕께서 걱정하실 것은 없습니다. 왕께서는 스스로 주공(周公)과 비교(以=比)해 볼 때 누가 더 어질고(仁) 누가 더 사람을 볼 줄 안다(智)고 생각하십니까?" 왕이 말했다. "아니, 이게 무슨 말인가?" 진가가 말했다. "주공이 관숙(管叔)으로 하여금 (복속시킨) 은(殷) 나라를 통치(監)하도록 하였는데 관숙은 은나라 유민들을 거느리고 반란을 일으켰습니다. 주공이 (일이 이렇게 될 줄을) 알고서도 관숙에게 은나라의 통치를 맡

겄다면 이는 어질지 못한 것[不仁]이고, (일이 이렇게 될 줄을) 모르고서 그랬다면 이는 사람을 볼 줄 모르는 것[不智]입니다. 어짊[仁]과 사람을 아는 지혜로움[智]은 주공도 미처 완벽하지 못했는데, 왕께서야 어찌 거기에 다다를 수 있겠습니까? 제[賈]가 맹자를 만나 뵙고 해명을 하겠습니다."

주공과 관숙의 이야기에 대한 주희의 설명이다. "관숙은 이름이 선(鮮)이고 무왕(武王)의 아우이자 주공의 형이다. 무왕이 상(은)나라를 이기고 주왕(紂王)을 죽여 주왕의 아들 무경(武庚)을 (허수아비 임금으로) 세운 다음, 관숙으로 하여금 아우인 채숙(蔡叔), 곽숙(霍叔)과 함께 그 나라를 감독하게 했는데 무왕이 죽고 성왕(成王)이 어려 주공이 주나라를 섭정하자 관숙이 무경과 함께 배반하니 주공이 토벌하여 주살했다."

얼마 후 진가가 맹자를 찾아와서 묻는다. "주공은 어떤 사람입니까?" 이에 맹자는 "옛날의 빼어난 분[聖人]이지요"라고 답한다. 이에 진가는 자신이 왕 앞에서 했던 이야기를 늘어놓는다. "주공이 관숙으로 하여금 (복속시킨) 은나라를 통치[監]하도록 하였는데 관숙은 은나라 유민들을 거느리고 반란을 일으켰습니다. 그런 일이 있었지요?" "그렇소." "주공은 (관숙이) 장차 배반할 것을 알면서도 그 일을 맡긴 것입니까?" "알지 못했소." "그렇다면[然則] 빼어난 분도 허물[過]이 있는 것입니까?" "주공은 아우요, 관숙은 형이니 (아우인) 주공의 허물은 어쩌면 당연한[宜] 것 아니겠소?"

이렇게 말한 후 맹자는 허물 자체가 문제가 아니라 허물이 있으면 고치는 것이 군자다운 태도임을 강조한다. 이 점은 정확히 『논어』에서 말한 '허물이 있으면 고치기를 꺼리지 말라[過則勿憚改]'와 통한다. 먼저 맹자의 언급을 살핀 다음 '과즉물탄개(過則勿憚改)'와 비교 검토해 보자.

"또[且] 옛날의 군자(君子)(여기서는 군주와 대신들로 봐야 한다)는 허물이 있으면 그것을 고쳤는데 지금의 군자는 허물이 있으면 (고칠 생각은 않고) 그대로 쭉 이어가지요. 옛날의 군자는 그 허물이 마치 [如] 일식이나 월식과 같아서 온 백성들이 다 그것을 보았고, 허물을 고쳤을 때에는 온 백성들이 다 그것을 우러러보았소. (그런데) 지금의 군자는 어찌[豈] 다만[徒=但只] 그대로 쭉 이어가기만 합니까? 설상 가상으로[又] 변명[辭]까지 하는구려."

임금의 잘못을 간하기는커녕 아부하여 요설(饒舌)을 일삼는 진가에 대한 통렬한 비판이다. 허물이 있으면 고치는 것이 그만큼 쉽지 않다. 관련된 『논어』의 구절을 짚어보자. 먼저 '학이 8'이다.

공자는 말했다. "군자가 되려는 사람이 진중하지 못하면 위엄을 갖출 수 없고, 배우면 고집불통에 빠지지 않는다. (늘 진중하면서 배우려는 자세를 잃지 않으려면) (자기 자신에게) 최선을 다하고 (남들에게) 믿음을 주어야 하고, 자기보다 못한 사람과는 벗하지 말며, (자신에게) 허물이 있으면 고치기를 꺼려해서는 안 된다 [過則勿憚改]."

'과즉물탄개(過則勿憚改)'는 행실에서 잘못된 점[不善]을 알았으면 속히 고쳐 좋음[善]으로 돌아가라는 것이고, 배우고 익히면서도 잘못을 저질렀으면 그것을 고치는 데 조금도 부끄러워해서는 안 된다는 뜻이다. '위령공 29'는 이 점을 보다 심화시키고 있다.

공자는 말했다. "허물이 있어도 고치지 않는 것, 이것이 (진짜) 허물이다."

허물이 있는데도 이를 고치지 않는 것이 바로 (진정한) 허물이라 했다. 역으로 말하면 허물이 있어도 즉각 고친다면 그것은 허물이 아니라 자연스러운 것이고, 오히려 적극적으로 해석하자면 도리를 넓히고 크게 해가는 과정인 것이다. 시행착오를 통한 성장이라고 할까? 허물이 있는 것 자체는 탓할 수 없다는 것이 공자의 일관된 생각이다.

우선 주희의 풀이를 보자. "허물이 있으나 능히 고치면 허물이 없는 데로 돌아올 수 있다. 오직 허물을 고치지 않으면 그 허물이 마침내 이루어져서 장차 미처 고치지 못하게 될 것이다."

보다 상세한 내용은 앞에서 자세하게 살펴본 바 있다.

진가는 고집불통[固]을 넘어 요설을 통해 변명만 일삼았으니 맹자로부터 질타를 받을 수밖에 없었다.

10

맹자가 (제나라에서의) 신하 됨을 그만두고 고향으로 돌아가려 하자 제나라 임금이 직접 찾아와 맹자를 만나보고서 말했다. "지난번에 만나고 싶었는데 그렇게 할 수 없었다. (다행히) (제나라의 경(卿)으로) 모실 수 있게 되어 같은 조정에 있는 사람들이 매우 기뻐하였다. (그런데) 지금 또 이렇게 과인(寡人)을 버리고서 고향으로 돌아간다고 하니 앞으로도 만나볼 수 있을지 모르겠다."

이에 맹자가 말했다. "(그것은) 제가 감히 청할 수는 없는 것이지만 진정으로 원하는 바입니다."

얼마 후 임금은 신하인 시자(時子)를 불러 이렇게 말한다. "나는 수도 안에 맹자의 집을 마련해 주고 만 종(萬鍾-6만 4천 석)의 녹봉을 주어 제자들을 길러내도록 함으로써 우리 여러 대부들과 백성들이 모두 그를 공경하고 본받도록 하고 싶다. 그대가 나를 대신해서 그것을 맹자에게 말해 주도록 하라."

(임금의 명을 받은) 시자는 맹자의 제자인 진자(陳子-陳臻)에게 그 같은 내용을 맹자에게 고하도록 부탁했고 진자는 시자의 말을 맹자에게 고했다.

이에 대해 맹자는 다음과 같이 말했다. "그렇다. 무릇 저 시자 같은 자가 어찌 (내가) 그렇게 할 수 없는 까닭을 알겠느냐? 만일 내가 부자가 되고 싶었다면 (卿으로서 받던 祿) 10만 종을 사양하고 만 종을 받는 것, 이것이 부자가 되고 싶어서 그렇게 하는 것이겠는가? 계손(季孫)이라는 사람이 이런 말을 한 적이 있다. '자숙의(子叔疑)라는 사람은 참으로 특이하구나! 스스로 정사(政事)에 참여하려다가 기용되지 못하면 그만둘 일이지, 기어코 자기 자식을 경(卿)이 되게 하였다. 사람이라면 누군들 부자와 고위직을 원하지 않겠는가마는 홀로 부귀(富貴)를 누리면서도 농단(壟斷=龍斷)을 독점하려는 자가 있다.' 옛날에 시장에서 하는 일이란 자신이 소유하고 있는 것을 갖고서 자신이 소유하지 못한 것과 바꾸는 것이었다. (그래서) 시장을 담당하는 관리는 (별도의 세금은 거두지 않고 사고파는 사람들 사이에 분쟁이 생기지 않도록) 거래를 다스릴 뿐이었다. (그런데) 천한 장사꾼 한 사람이 있어 반드시 농단을 찾아서 그곳에 올라가 좌우를 살펴보면서 (가장 좋은 위치를 찾아내어) 시장의 이익을 쓸어가버렸다. 이 때문에 사람들은 모두 그를 천하게 여겼다. 그로 인해 이후부터 거래에 세금을 매겼으니 상업활동에 세금을 매기게 된 것은 바로 이 천한 장사꾼으로부터 시작되었다."

孟子致爲臣而歸 王就見孟子曰 前日願見而不可得 得侍 同朝甚喜 今又
맹자 치 위신 이 귀 왕 취 견 맹자 왈 전일 원견 이 불가 득 득 시 동조 심 희 금 우

棄寡人而歸 不識可以繼此而得見乎
기 과인 이 귀 불식 가이 계 차 이 득견 호

對曰 不敢請耳固所願也
대왈 불감 청 이 고 소원 야

他日王謂時子曰 我欲中國而授孟子室 養弟子以萬鍾 使諸大夫國人 皆
타일 왕 위 시자 왈 아 욕 중국 이 수 맹자 실 양 제자 이 만종 사 제 대부 국인 개

有所矜式 子盍爲我言之
유 소긍식 자 합 위 아 언 지

時子因陳子而以告孟子 陳子以時子之言告孟子
시자 인 진자 이 이 고 맹자 진자 이 시자 지 언 고 맹자

孟子曰 然 夫時子惡知其不可也 如使予欲富 辭十萬而受萬 是爲欲富
맹자 왈 연 부 시자 오 지 기 불가 야 여 사 여 욕 부 사 십만 이 수 만 시 위 욕 부

乎 季孫曰 異哉 子叔疑 使己爲政 不用則亦已矣 又使其子弟爲卿 人亦孰
호 계손 왈 이 재 자숙 의 사 기 위정 불용 즉 역 이 의 우 사 기 자제 위 경 인 역 숙

不欲富貴而獨於富貴之中 有私龍斷(壟斷)焉 古之爲市者(也)以其所有易
불욕 부귀 이독어 부귀지중 유사 농단 농단 언 고지 위시 자 야 이기 소유 역

其所無者 有司者治之耳 有賤丈夫焉必求龍斷(壟斷)而登之 以左右望而
기 소무 자 유사자 치지이 유천 장부 언필구 농단 농단 이등지 이 좌우 망이

罔市利 人皆以爲賤 故從而征之 征商自此賤丈夫始矣
망 시리 인개이 위천 고종이 정지 정상자차 천 장부 시 의

맹자가 (제나라에서의) 신하 됨[爲臣]을 그만두고[致=
致仕] 고향으로 돌아가려 하자 제나라 임금이 직접 찾아와[就] 맹자
를 만나보고서 말했다. 맹자가 떠나려는 이유에 대해 주희는 "맹자께
서 제나라에 오래 계셨으나 도리가 행해지지 않으므로 떠나시는 것이
다"고 풀이한다. 도리가 행해지지 않으면 그 나라를 떠나는 것은 공자
도 마찬가지였다.

이에 제나라 임금은 맹자에게 이렇게 말한다. "지난번에 만나고 싶
었는데 그렇게 할 수 없었다. (다행히) (제나라의 경(卿)으로) 모실 수
있게 되어 같은 조정에 있는 사람들이 매우 기뻐하였다. (그런데) 지금
또 이렇게 과인(寡人)을 버리고서 고향으로 돌아간다고 하니 앞으로
도[繼此] 만나볼 수 있을지 모르겠다[不識]." 이에 맹자가 말했다. "(그
것은) 제가 감히 청할 수는 없는 것이지만 진정으로[固] 원하는 바입
니다." 여기에 그 유명한 '不敢請 固所願'이라는 표현이 나온다.

얼마 후 제나라 임금은 신하인 시자(時子)를 불러 이렇게 말한다.
"나는 수도[臨淄] 안에 맹자의 집을 마련해 주고[授] 만 종(萬鍾-6만
4천 석)의 녹봉을 주어 제자들을 길러내도록 함으로써 우리 여러 대
부들과 백성들이 모두 그를 공경하고[矜] 본받도록[式] 하고 싶다. 그

대가 나를 대신해서 그것을 맹자에게 말해 주도록 하라." 파격적인 제
안이 아닐 수 없다. 盍은 '어찌~ 아니〔何~不〕'라는 뜻이다.
_합 _{하 불}

　(임금의 명을 받은) 시자는 맹자의 제자인 진자(陳子-陳臻)에게 그
_{진진}
같은 내용을 맹자에게 고하도록 부탁했고 진자는 시자의 말을 맹자에
게 고했다. 이에 대해 맹자는 다음과 같이 말한다. "그렇다. 무릇 저 시
자 같은 자가 어찌〔惡〕 (내가) 그렇게 할 수 없는 까닭을 알겠느냐? 만
_오
일〔如使=如若〕 내가 부자가 되고 싶었다면 (卿으로서 받던 祿) 10만
_{여사　　여약} _경 _녹
종을 사양하고 만 종을 받는 것, 이것이 부자가 되고 싶어서 그렇게
하는 것이겠는가?

　계손(季孫-어느 시기 사람인지 알 수 없음)이라는 사람이 이런 말을
한 적이 있다. '자숙의(子叔疑)라는 사람은 참으로 특이〔異〕하구나! 스
_이
스로 정사(政事)에 참여하려다가 기용되지 못하면 그만둘 일이지, 기
어코〔又〕 자기 자식을 경(卿)이 되게 하였다. 사람이라면 누군들 부자
_우
와 고위직〔富貴〕을 원하지 않겠는가마는 홀로 부귀(富貴)를 누리면서
_{부귀}
도 농단(龍斷=壟斷)을 독점하려는 자가 있다.'

　옛날에 시장에서 하는 일이란 자신이 소유하고 있는 것을 갖고서
자신이 소유하지 못한 것과 바꾸는 것이었다. (그래서) 시장을 담당하
는 관리는 (별도의 세금은 거두지 않고 사고파는 사람들 사이에 분쟁이
생기지 않도록) 거래를 다스릴 뿐이었다. (그런데) 천한 장사꾼〔丈夫〕
_{장부}
한 사람이 있어 반드시 농단을 찾아서 그곳에 올라가 좌우를 살펴보
면서 (가장 좋은 위치를 찾아내어) 시장의 이익을 쓸어가버렸다. 이 때
문에 사람들은 모두 그를 천하게 여겼다. 그로 인해 이후부터 거래에
세금을 매겼으니〔征〕 상업활동에 세금을 매기게 된 것〔征商〕은 바로
_정 _{정 상}
이 천한 장사꾼으로부터 시작되었다."

龍斷(壟斷)은 장터 주변의 구릉이 끊어진 곳으로 이곳에 올라가 시
농단   농단
장을 내려다보면 장사가 잘되는 곳이 어디인지 알 수 있다.

이에 대해서는 정이천의 풀이가 명쾌하다. "제나라 왕이 맹자에게
대처한 것이 불가하지 않았고, 맹자도 나라 사람들에게 존경받고 본받
음이 되기를 즐겨하지 않은 것은 아니었다. 다만 제나라 왕이 실제로
맹자를 높이려고 한 것이 아니요, 마침내 이익으로써 유인하고자 하
였다. 그러므로 맹자께서 거절하고 받지 않으신 것이다."

즉 맹자는 어차피 10만 종의 벼슬자리인 경도 사양했는데 만 종에
이끌려 제나라 임금의 제안을 받아들인다면 자신도 농단을 독점하려
는 자숙이나 천한 장사꾼과 다를 바가 없지 않겠느냐는 논지다.

11

맹자가 마침내 제나라 수도를 떠나 외곽에 있는 주(晝)라는 고을에서 유숙하게 되었다. (이때) 제나라 임금을 위해 맹자가 떠나가는 것을 만류하려는 자가 있었다. 그 사람이 무릎 꿇고 앉아서 말을 하는데 (맹자는) 대꾸도 안 하면서 안석에 기대어 자는 척했다.

이에 그 사람이 불쾌해하면서 말했다. "저는 목욕재계하고 하룻밤을 경건하게 보낸 다음에 (오늘에 와서야) 감히 (어렵게) 말씀을 드리려고 하는데 선생께서는 주무시는 척하면서 제 말씀은 들으려고도 아니하시니 다시는 감히 뵙자고 하지 않으렵니다."

맹자가 말했다. "앉으시게. 내 그대에게 분명하게 말해 주겠네. 옛날에 노나라의 목공(繆公)은 자사(子思)의 곁에 (자신의 뜻을 전달할) 사람이 없으면 (자사가 떠나버릴까 염려하여) 자사를 편안하게 여기지 못하였고, 설류(泄柳)와 신상(申詳)은 목공의 곁에 (보좌할 만한) 사람이 없으면 그 몸을 편안하게 여기지 못하였다. 그대가 이 늙은이를 위해서 걱정해 주기는 하지만 (목공이 염려해 주었던) 자사에는 미치지 못하니 그대가 이 늙은이를 거절한 것인가, 아니면 (그대가 생각하듯이) 이 늙은이가 그대를 거절한 것인가?"

孟子去齊宿於晝 有欲爲王留行者坐而言 不應隱几而臥
맹자 거 제 숙 어 주 유 욕 위 왕 유 행 자 좌 이 언 불 응 은 궤 이 와

客不悅曰 弟子齋宿而後敢言 夫子臥而不聽 請勿復敢見矣
객 불 열 왈 제 자 재 숙 이 후 감 언 부 자 와 이 불 청 청 물 부 감 견 의

(孟子)曰 坐 我明語子 昔者魯繆公無人乎子思之側則不能安子思 泄柳
맹자 왈 좌 아 명 어 자 석 자 노 목 공 무 인 호 자 사 지 측 즉 불 능 안 자 사 설 류

申詳 無人乎繆公之側則不能安其身 子爲長子慮而不及子思 子絶長子乎
신상 무인 호 목공 지 측 즉 불능 안 기 신   자 위 장자 려 이 불급 자사   자 절 장자 호

長子絶子乎
장자 절 자 호

맹자가 마침내 제나라 수도를 떠나 외곽에 있는 주(晝)라는 고을에서 유숙하게 되었다.

(이때) 제나라 임금을 위해 맹자가 떠나가는[行] 것을 만류[留]하려는 자가 있었다. 그 사람이 무릎 꿇고 앉아서[坐] 말을 하는데 (맹자는) 대꾸도 안 하면서 안석[几]에 기대어[隱] 자는 척[臥]했다. 臥는 '엎드리다', '자다' 외에 '거짓으로 자다'라는 뜻이 있다. 이렇게 한 이유는 곧바로 나온다.

이에 그 사람[客]이 불쾌해하면서[不悅] 말했다. "저[弟子]는 목욕재계하고 하룻밤을 경건하게 보낸[齋宿] 다음에[而後] (오늘에 와서야) 감히 (어렵게) 말씀을 드리려고 하는데 선생[夫子]께서는 주무시는 척하면서 제 말씀은 들으려고도 아니하시니 다시는 감히 뵙자고 하지 않으렵니다."

맹자가 말했다. "앉으시게. 내 그대[子]에게 분명하게 말해 주겠네. 옛날에[昔者] 노나라의 목공(繆公)은 자사(子思)의 곁에 (자신의 뜻을 전달할) 사람이 없으면 (자사가 떠나버릴까 염려하여) 자사를 편안하게 여기지 못하였고, 설류(泄柳)와 신상(申詳)은 목공의 곁에 (보좌할 만한) 사람이 없으면 그 몸을 편안하게 여기지 못하였다. 그대가 이 늙은이[長子]를 위해서 걱정해 주기는 하지만 (목공이 염려해 주었던) 자사에는 미치지 못하니 그대가 이 늙은이를 거절한

것인가, 아니면 (그대가 생각하듯이) 이 늙은이가 그대를 거절한 것
인가?"

12

맹자가 제나라를 떠나자 그 나라 사람인 윤사(尹士)가 사람들에게 말했다. "우리 임금이 탕왕(湯王)이나 무왕(武王)(같은 성군)이 될 수 없다는 것을 알지 못하고 이 땅에 왔었다면 이는 (맹자의 지혜가) 밝지 못한 것이요, 그렇게 될 수 없다는 것을 알고서도 왔다면 이는 혜택이나 은택을 구하려 한 것이다. 천 리 먼 길을 와서 왕을 알현하고 서로 뜻이 맞지 않아 떠나갔는데 사흘이나 주(晝) 땅에 머물다가 갔다고 했다. 어찌 이리도 오랫동안 지체한 것인가? 나[士]는 이 점을 흔쾌하게 생각지 않는다."

(이에 제나라 사람이면서 맹자의 제자인) 고자(高子)가 윤사의 말을 맹자에게 전하자 맹자는 다음과 같이 말한다. "저 윤사(따위)가 어찌 나를 알겠는가? 천 리 길을 와서 왕을 알현한 것, 이는 내가 하고자 했던 바이지만 서로 뜻이 맞지 않아 (제나라를) 떠나가는 것이 어찌 내가 하고자 했던 바이겠는가? 그건 나도 어쩔 수 없는 일이었다. 내 (윤사의 말대로) 사흘을 머문 뒤에 주 땅을 출발했다. (그러나) 내 마음으로는 오히려 너무 빨리 떠나는 것이라고 여겼다. 나는 왕께서 (자신의 허물을) 혹시라도 고치시기를 바랐다. 왕께서 만일 고치시기로 했다면 반드시 나를 되돌아오게 하셨을 것이다. (하지만) 내가 (사흘이나 머물다가) 주 땅을 떠나는데도 왕께서는 (사람을 보내어) 쫓아오지 않았으니 나는 그런 뒤에야 모든 것을 툭툭 털고서 고향으로 돌아가려고 했던 것이다. 내 비록 그렇다고 해도 어찌 왕을 포기할 수 있겠는가? 제나라 임금은 오히려 충분히 좋은 정치를 베풀 수 있다. 왕께서 만일 나를 기용하신다면 어찌 제나라 백성들만 평안하겠는가? 천하의 백성이 모두 평안해질

것이다. 바라건대 (아직도) 왕께서 허물들을 고치실지도 모른다. 나는 날마다 그것을 바라고 있다. 내 어찌 여느 소인배들처럼 할 수 있겠는가? 즉 임금에게 간했는데 받아주지 않는다고 해서 화가 나 씩씩거리는 것이 그 얼굴에 고스란히 드러난 채, 떠날 때는 (임금을 싹 잊고서) 하루 종일 최대한 갈 수 있는 힘을 다한 뒤에야 가던 길을 멈추고 유숙하는 것과 같은 그런 행동을 하란 말인가?"

윤사는 맹자의 이 말을 전해 듣고서 말했다. "나는 진실로 소인이구나."

孟子去齊 尹士語人曰 不識王之不可以爲湯武則是不明也 識其不可然
맹자 거 제 윤사 어 인 왈 불식 왕지 불가 이위 탕무 즉시 불명 야 식 기 불가 연

且至 則是干澤也 千里而見王 不遇故去 三宿而後出晝 是何濡滯也 士則
차 지 즉시 간 택 야 천리 이현 왕 불우 고 거 삼숙 이후 출주 시하 유체 야 사 즉

玆不悅
자 불열

高子以告 (孟子)曰 夫尹士惡知予哉 千里而見王是予所欲也 不遇故去
고자 이고 맹자 왈 부 윤사 오 지여 재 천리 이현 왕시 여 소욕 야 불우 고 거

豈予所欲哉 予不得已也 予三宿而出晝 於予心猶以爲速 王庶幾改之 王如
기 여 소욕 재 여 부득이 야 여 삼숙 이 출주 어여 심유 이위 속 왕 서기 개지 왕여

改諸則必反予 夫出晝而王不予追也 予然後浩然有歸志 予雖然豈舍王哉
개 제 즉필 반여 부 출주 이왕 불여 추 야 여 연후 호연 유귀 지 여 수연 기사 왕 재

王由(猶)足用爲善 王如用予則豈徒齊民安 天下之民擧安 王庶幾改之 予
왕 유 유 족용 위선 왕 여용 여 즉기 도 제민 안 천하 지민 거안 왕 서기 개지 여

日望之 予豈若是小丈夫然哉 諫於其君而不受則怒 悻悻然見於其面 去則
일 망지 여기 약시 소장부 연재 간 어기 군 이불 수 즉노 행행연 현 어기 면 거 즉

窮日之力而後宿哉
궁 일 지력 이후 숙 재

尹士聞之 曰 士誠小人也
윤사 문지 왈 사 성 소인 야

맹자가 제나라를 떠나자 그 나라 사람인 윤사(尹士)가 사람들에게 말했다. "우리 임금이 탕왕(湯王)이나 무왕(武王)(같은 성군)이 될 수 없다는 것을 알지 못하고 이 땅에 왔었다면 이는 (맹자의 사람 보는 지혜가) 밝지 못한 것이요, 그렇게 될 수 없다는 것을 알고서도 왔다면 이는 혜택이나 은택[澤]을 구하려 한 것이다. 천 리 먼 길을 와서 왕을 알현하고 서로 뜻이 맞지 않아 떠나갔는데 사흘이나 주(晝) 땅에 머물다가 갔다고 했다. 어찌 이리도 오랫동안 지체한 것인가? 나[士]는 이 점을 흔쾌하게 생각지 않는다." 濡滯는 지체(遲滯)와 같은 뜻이다. 윤사(尹士)는 맹자의 속마음을 의심하고 있다. 玆不悅은 不悅玆(此)의 도치다.

이에 제나라 사람이면서 맹자의 제자인 고자(高子)가 윤사의 말을 맹자에게 전하자 맹자는 다음과 같이 말한다.

"저[夫] 윤사(따위)가 어찌[惡] 나를 알겠는가? 천 리 길을 와서 왕을 알현한 것, 이는 내가 하고자 했던 바[所欲]이지만 서로 뜻이 맞지 않아[不遇] (제나라를) 떠나가는 것이 어찌 내가 하고자 했던 바이겠는가? 그건 나도 어쩔 수 없는 일[不得已]이었다.

내 (윤사의 말대로) 사흘을 머문 뒤에 주 땅을 출발했다. (그러나) 내 마음으로는 오히려[猶] 너무 빨리 떠나는 것[速]이라고 여겼다[以爲]. 나는 왕께서 (자신의 허물을) 혹시라도 고치시기를 바랐다[庶幾]. 왕께서 만일[如] 고치시기로 했다면 반드시 나를 되돌아오게 하셨을 것이다.

(하지만) 내가 (사흘이나 머물다가) 주 땅을 떠나는데도 왕께서는 (사람을 보내어) 쫓아오지 않았으니 나는 그런 뒤에야[然後] 모든 것을 툭툭 털고서[浩然] 고향으로 돌아가려고 했던 것이다.' 내 비록 그

렇다고 해도 어찌 왕을 포기할 수 있겠는가? 제나라 임금은 오히려 충분히 좋은 정치를 베풀 수 있다. 왕께서 만일 나를 기용하신다면 어찌 제나라 백성들만〔徒〕 평안하겠는가? 천하의 백성이 모두 평안해질 것이다. 바라건대 (아직도) 왕께서 허물들을 고치실지도 모른다. 나는 날마다 그것을 바라고 있다."

일단 맹자의 말을 여기서 끊어보자. 以……爲나 以爲……는 '~을 ~로 삼다', '~라고 생각하다'는 뜻이다. 庶幾는 '바라건대', '원컨대', '아마도', '어쩌면' 등을 뜻한다. 足用은 足以와 같은 뜻으로 '~할 수 있다'는 뜻이다.

왜 맹자가 제나라 임금을 포기하지 않고 이처럼 자신을 기용해 준다면 좋은 정치를 베풀 가능성이 여전히 남아 있다고 보았는지에 대해서는 양시(楊時)의 풀이가 도움이 된다. "제나라 임금은 타고난 자질이 질박〔朴〕하고 솔직했으며〔實〕, 용맹을 좋아하고 재물을 좋아하며, 여색을 좋아하고 세속의 음악을 좋아했는데 이런 것들을 맹자에게 모두 이야기하고 하나도 숨기지 않았다. 그러므로 충분히 좋은 일〔善〕을 행할 수 있는 것이다. 만일 그 마음은 그렇지 않으면서 거짓으로 큰소리를 쳐서 사람을 속인다면 이러한 사람은 끝내 요순(堯舜)의 도리〔道〕에 들어갈 수 없으니 어찌 좋은 일〔善〕을 행할 수 있겠는가?"

적어도 솔직담백한 임금이었기 때문에 고칠 수 있는 가능성은 있다는 것이다. 다시 맹자의 발언이 이어진다.

"내 어찌 여느 소인배〔小丈夫〕들처럼 할 수 있겠는가? 즉 임금에게 간했는데 받아주지 않는다고 해서 화가 나 씩씩거리는〔悻悻〕 것이 그 얼굴에 고스란히 드러난 채, 떠날 때는 (임금을 싹 잊고서) 하루 종일 최대한 갈 수 있는 힘을 다한 뒤에야 가던 길을 멈추고 유숙하는 것과 같은 그런 행동을 하란 말인가?"

맹자가 주 땅에 사흘간 유숙한 것은 뭔가 은택을 기대해서가 아니라 자신을 잡아 세우려는 왕의 뜻을 기다렸다는 말이다. 若是는 '만일 ~하다면', '마치 ~처럼' 등의 뜻이다.

윤사는 맹자의 이 말을 전해 듣고서야 깨닫는 바가 있어 "나[士]는 진실로[誠] 소인이구나"라고 말했다.

13

맹자가 제나라를 떠나갈 때 제자인 충우(充虞)가 길에서 조심스레 물었다. "스승님께서는 (지금) 뭔가 편치 않아 보이는 안색이십니다. 지난 날 스승님께서 '군자는 하늘을 원망하지 않고 남을 탓하지 않는다'고 하신 말씀을 들은 적이 있습니다."

맹자가 말했다. "그때는 그때이고 지금은 지금이다. 오백 년이면 반드시 임금다운 임금이 나왔고, 그 사이에도 반드시 세상에 이름을 떨칠 만한 자들이 나왔다. 주나라로부터 (지금까지) 칠백여 년이 흘렀으니 햇수만으로 보면 (이미 성군이 나와야 할 오백 년이) 지났고, 시대적 상황으로 보자면 (지금쯤) 빼어난 임금과 뛰어난 신하가 나타날 수 있다. 하늘이 천하를 태평하게 할 뜻이 없다면야 그렇지만(즉 어쩔 수 없겠지만), 만일 그럴 뜻이 있다면 지금의 세상을 당하여 나 말고 그 누가 천하를 태평하게 할 수 있겠는가? (내가 그런 기회를 가질 수 있는데) 내 어찌 마음이 편치 않겠는가?"

孟子去齊 充虞路問曰 夫子若有不豫色然 前日虞聞諸夫子 曰 君子不怨
맹자 거 제 충우 로 문왈 부자 약유 불예 색 연 전일 우 문 제 부자 왈 군자 불 원

天不尤人
천 불 우 인

(孟子)曰 彼一時此一時也 五百年必有王者興 其間必有名世者 由周
맹자 왈 피 일시 차 일시 야 오백년 필유 왕자 흥 기간 필유 명세 자 유주

而來七百有餘歲矣 以其數則過矣 以其時考之則可矣 夫天未欲平治天下
이래 칠백 유여 세 의 이 기 수 즉 과 의 이 기 시 고 지 즉 가 의 부 천 미욕 평치 천하

也 如欲平治天下 當今之世舍我其誰也 吾何爲不豫哉
야 여욕 평치 천하 당 금지세 사 아 기 수 야 오 하 위 불예 재

맹자가 제나라를 떠나 고향으로 돌아가는 이야기가 계속된다. 이때 제자인 충우(充虞)가 길에서〔路〕조심스레 묻는다. 충우는 앞서 7장에서 맹자 어머니가 돌아가셨을 때 관과 널〔棺槨〕을 만드는 책임을 맡았던 그 제자다. "스승님께서는 (지금) 뭔가 편치 않아 보이는 안색이십니다. 지난날 스승님께서 '군자는 하늘을 원망하지 않고 남을 탓하지 않는다'고 하신 말씀을 들은 적이 있습니다."

'군자는 하늘을 원망하지 않고 사람을 허물하지 않는다'는 공자의 말을 맹자가 인용하는 것을 충우가 들었다는 뜻이다. 7장에서와 마찬가지로 충우는 은근히 맹자에게 군자답지 못하십니다고 말하려 하는 것이다. 맹자의 대답이 궁금하다. 먼저 맹자는 "그때는 그때이고 지금은 지금이다"(혹은 "그때도 한때이고 지금도 한때이다")고 말한다. 얼핏 면피성 대답처럼 들린다. 그리고 이어서 이렇게 말한다.

"오백 년이면 반드시 임금다운 임금〔王者〕이 나왔고, 그 사이에도 반드시 세상에 이름을 떨칠 만한 자들이 나왔다. 주나라로부터 (지금까지) 칠백여 년이 흘렀으니 햇수만으로 보면 (이미 성군이 나와야 할 오백 년이) 지났고, 시대적 상황〔時〕으로 보자면 (지금쯤) 빼어난 임금〔聖君〕과 뛰어난 신하〔賢臣〕가 나타날 수 있다. 하늘이 천하를 태평하게 할 뜻이 없다면야 그렇지만(즉 어쩔 수 없겠지만), 만일〔如〕그럴 뜻이 있다면 지금의 세상을 당하여 나 말고 그 누가 천하를 태평하게 할 수 있겠는가? (내가 그런 기회를 가질 수 있는데) 내 어찌 마음이 편치 않겠는가?"

맹자의 마지막 문장은 미묘하다. 앞서 상호 모순처럼 보였던 "그때는 그때이고 지금은 지금이다"라는 말도 이 맥락에서 풀어지게 된다.

이는 자칫 자만처럼 보일 수도 있지만 그것은 자신의 시대적 소명에 대한 인식에서 나오는 당당함으로 볼 필요가 있다. 이는 특히 하늘의 뜻을 거론하는 면에서 공자의 자부심과 정확히 통한다. 『논어』 '자한 5'다.

공자께서 광이라는 곳에서 두려워하는 마음을 품었다. 그때 공자께서 말했다. "문왕이 이미 세상을 떠나셨으나 문(文)이 이 몸에 있지 않겠는가? 하늘이 아마도 이 문을 없애려 했다면 뒤에 죽는 사람(공자 자신)이 이 문을 체득하지 못했을 것이다. (그런데 이미 나는 이 문을 체득하였으니) 하늘이 이 문을 없애지 않으려 하니 광 땅 사람들이 나를 어찌하겠는가?"

공자는 광(匡)이라는 곳에서 두려워하는 마음〔畏〕을 품었다고 한다. 그 이유에 대해 주희는 사마천의 『사기(史記)』의 설명을 빌려 이렇게 풀이한다. "『사기』에 양호(陽虎)가 일찍이 광 땅에서 포악한 짓을 했었는데 공자의 모습이 양호와 비슷했으므로 광 땅 사람들이 공자를 양호로 오인하여 포위했다." 양호는 노(魯) 나라 계씨(季氏) 집안의 가신으로 광 땅을 다스리는 동안 온갖 악행을 저지른 것으로 알려져 있다.

죽음의 위기가 닥쳤으니 두려움이 밀려든 것은 어쩔 수 없는 일이다. 하지만 이런 두려움에도 불구하고 공자는 당당했다. 그 당당할 수 있는 이유를 공자는 이렇게 말한다. "문왕이 이미 세상을 떠나셨으나 문(文)이 이 몸〔玆〕에 있지 않은가?" 이어 공자는 다음과 같이 말한다.

"하늘이 아마도〔將〕이 문(文)을 없애려〔喪〕 한다면 뒤에 죽는 사람(공자 자신)이 이 문을 체득하지 못했을 것이다. (그런데 이미 나는 이 문을 체득하였으니) 하늘이 이 문을 없애지 않으려 하니 광 땅 사람들이 (아무리 나를 죽이려 한들) 나를 어찌 하겠는가?"

하늘의 뜻, 즉 도리(道)를 세상에 펼치려는 뜻이 온전하다는 굳건한 믿음을 기반으로 공자는 결코 광 땅 사람들이 자신을 해치지 못할 것이라고 주장한다. 이에 대해 주희는 다음과 같이 쉽게 풀어놓고 있다.

"하늘이 만약 이 문(文)을 없애려고 하셨다면 반드시 나로 하여금 이 문에 참여하지 못하게 하였을 것이나 이제 내가 이미 이 문에 참여(체화)하였으니, 그렇다면 이는 하늘이 아직 이 문을 없애려고 하지 않으신 것이다. 하늘이 이미 이 문을 없애려고 하지 않으셨다면 광 땅 사람들이 나를 어찌하겠는가라고 말씀하신 것이다. 이는 반드시 하늘의 뜻을 어기고 자신을 해칠 수 없음을 말씀하신 것이다."

이와 비슷한 공자의 모습은 '술이 22'에서도 확인할 수 있다.

"하늘이 나에게 덕을 주셨으니 (자신을 해치려 했던) 환퇴라 하더라도 나에게 어찌겠는가?"

따라서 맹자의 이 같은 자부심에 대해서는 주희의 풀이가 상세하고 명확하다. "'지금의 세상을 당하여 나로 하여금 제나라에서 뜻이 합하지 못하게 하니, 이것은 하늘이 천하를 태평하게 하고자 하지 않는 것이다. 그러나 하늘의 뜻은 알 수 없고 그 도구가 또한 나에게 있으니, 내 어찌하여 기뻐하지 않겠는가'라고 말씀하신 것이다. 그렇다면 맹자께서 비록 기쁘지 않은 기색이 있으신 듯하였으나 실제는 기뻐하지 않으신 것이 아니다."

14

맹자가 제나라를 떠나 휴(休) 땅에 머물고 있을 때 공손추가 물었다. "벼슬을 하면서 녹봉은 받지 않는 것이 옛날의 도리였습니까?"

맹자가 답했다. "그렇지 않다. 숭(崇) 땅에 있을 때 내가 제나라 임금을 만나 뵙고서 (뜻이 맞지 않아) 물러나와 (제나라를) 떠날 뜻을 가졌다. (그래서 객경(客卿)이라는 지위에 있으면서도) 떠나고자 하는 내 뜻을 바꾸지 않기 위해 녹봉을 받지 않았던 것이다. (그런데) 곧이어 군의 출동명령이 내려지는 등 나라에 전쟁이 있어 (물러나겠다는 뜻을) 청할 수 없었던 것이니, 내가 제나라에 오래 머물러 있었던 것은 나의 본뜻이 아니었다."

孟子去齊居休 公孫丑問曰 仕而不受祿古之道乎
맹자 거 제 거 휴　공손 추 문왈　사 이 불 수록　고 지 도 호

(孟子)曰 非也 於崇吾得見王 退而有去志不欲變 故不受也 繼而有師命
맹자 왈 비 야 어 숭 오 득 현 왕 퇴 이 유 거 지 불욕 변 고 불 수 야 게 이 유 사명

不可以請 久於齊非我志也
불가 이 청　구 어 제 비 아 지 야

🌸　　맹자가 제나라를 떠나 휴(休) 땅에 머물고 있을 때 공손추가 물었다. 그것은 예전에 맹자가 그런 모습을 보여주었기 때문에 그때를 떠올리며 물어본 것이다.

"벼슬을 하면서[仕] 녹봉은 받지 않는 것이 옛날의 도리[道]였습니까?"
　　　　　　사　　　　　　　　　　　　　　　　　　　도
맹자가 답한다. "그렇지 않다. 숭(崇) 땅에 있을 때 내가 제나라 임

금을 만나 뵙고서 (뜻이 맞지 않아) 물러나와 (제나라를) 떠날 뜻을 가졌다. (그래서 객경(客卿)이라는 지위에 있으면서도) 떠나고자 하는 내 뜻을 바꾸지 않기 위해 녹봉을 받지 않았던 것이다. (그런데) 곧이어 군의 출동명령[師命]이 내려지는 등 나라에 전쟁이 있어 (물러나겠다는 뜻을) 청할 수 없었던 것이니, 내가 제나라에 오래 머물러 있었던 것은 나의 본뜻이 아니었다."

이에 대해서는 공문중(孔文仲)의 풀이가 간명하다. "벼슬을 하면서 녹봉을 받는 것은 예(禮)요, 제나라와 같은 (무도한) 나라의 녹봉을 받지 않는 것은 의리[義]이니, 의리가 있는 곳에는 예가 때로 변할 수 있는 것이다. 그런데 공손추는 한 가지로써 재단하려 하였으니[一段裁之] 잘못이 아니겠는가?"

앞의 13장과 이 14장은 둘 다 권도(權道)의 문제를 이야기하고 있다는 점에서 『논어』에 나오는 공자와 연결된다. '옹야 26'을 실마리로 해서 공자의 권도 문제를 짚어보자.

공자가 남자(南子)를 만나고 오자 자로는 기뻐하지 않았다. 이에 공자는 맹세하며 말했다. "내 맹세코 잘못된 짓을 했다면 하늘이 나를 싫어할 것이리라, 하늘이 나를 싫어할 것이리라!"

공자가 위(衛) 나라 영공(靈公)의 부인 남자(南子)를 (단독으로) 만나고 오자 직설적인 성품의 제자 자로(子路)는 기뻐하지 않았다. 스승이라 화를 낼 수는 없고 해서 '기뻐하지 않았다[不說]'고 표현했지만 실은 대단히 기분 나빠하고 실망해서 언짢은 상태였다고 할 수 있다. 이에 공자는 맹세하며 말했다. "내 맹세코 잘못된 짓을 했다면 하늘이 나를 싫어할 것이리라, 하늘이 나를 싫어할 것이리라!"

분명 오해의 소지가 있음에도 불구하고 굳이 남자를 만나본 공자의 의도가 궁금하지 않을 수 없다. 공자가 문제의 여인네를 은밀하게 만나고 나왔으니 제자들 중에서도 특히 성미 급한 자로가 씩씩대지 않을 수 없었다.

먼저 공자를 빼어난 이〔聖人〕로 받들어 모시는 주희는 공자를 어떻게 변호하는지 살펴보자. "공자께서 위나라에 이르자 남자가 만나기를 청하니, 공자께서 사절하시다가 부득이 만나신 것이다. 옛날에는 그 나라에 벼슬하면 그 소군(小君-임금의 부인)을 뵙는 예가 있었는데 자로는 공자께서 이 음란한 사람을 만나보는 것을 치욕으로 여겼다. 그러므로 기뻐하지 않은 것이다."

정황 설명을 마친 주희는 본격적으로 변호에 나선다. "빼어난 이는 도리가 크고 다움이 온전하여 가능한 것도 없고 불가능한 것도 없으니, 악한 사람을 만나볼 적에 진실로 생각하기를 '나에게 만나볼 만한 예가 있다면 저 사람의 악행이 나와 무슨 상관이 있겠는가'라고 여기신다. 그러나 이것이 어찌 자로가 헤아릴 수 있는 것이겠는가? 그러므로 거듭 말씀하고 맹세하신 것이니, 그가 우선 이것을 믿고 깊이 생각하여 터득하게 하고자 하신 것이다."

공자가 그만큼 예(禮)를 중시했다는 설명이다. 그리고 공자 같은 빼어난 이는 이미 권도(權道)를 자유자재로 발휘할 수 있는 경지에 올랐는데, 자로 같은 인물은 그 점을 제대로 이해할 수 없다는 뜻이다. "빼어난 이는 도리가 크고 다움이 온전하여 가능한 것도 없고 불가능한 것도 없다"는 말이 그것이다.

등문공 장구 상

滕文公章句上

세자 시절의 등나라 문공(文公)이 한번은 초(楚) 나라로 가면서 송(宋) 나라를 지날 때 맹자를 찾아뵈었다. 맹자는 세자에게 성선(性善), 즉 사람이 타고난 본성은 마땅히 좋다는 가르침을 주면서 말할 때마다 반드시 요(堯) 임금과 순(舜) 임금을 사례로 들었다.

초나라에서 돌아온 세자는 다시금 맹자를 찾아뵈었다. 이때 맹자는 말했다. "세자께서는 내가 하는 말을 의심하십니까? 무릇 도리란 하나일 뿐입니다. (옛날에) 성간(成覵)이라는 사람이 제나라 경공(景公)에게 이르기를 '저도 장부이고 나도 장부이니 제가 어찌 저 성현(聖賢)을 두려워하겠습니까'라고 하였습니다. 또 (공자의 제자) 안연(顏淵)은 '순임금은 어떤 사람이고 나는 어떤 사람인가? 훌륭한 일을 하는 사람은 진실로 얼마든지 순임금과 같을 수 있다'라고 하였습니다. (노나라의 현인) 공명의(公明儀)는 '(주공께서) '문왕(文王)은 나의 스승이다'라고 하였으니 주공께서 어찌 나를 속였겠는가?'라고 하였습니다. 지금의 등나라를 긴 곳은 자르고 짧은 곳은 보충하면 대략 사방 50리 정도 되지만 (그렇게 작기 때문에 잘만 다스린다면) 오히려 (큰 나라들에 비해 훨씬 쉽게) 좋은 정치가 베풀어지는 좋은 나라가 될 수 있습니다. 『서경』에 이르기를 '만일 약을 먹었는데도 어지럼증이 없으면 그 질병은 낫지 않는다'고 했습니다."

滕文公爲世子將之楚過宋而見孟子 孟子道性善言必稱堯舜 世子自楚反
등 문공 위 세자 장 지 초 과 송 이 견 맹자　맹자 도 성선 언필칭 요순　세자 자 초 반

復見孟子
부 견 맹자

孟子曰 世子疑吾言乎 夫道一而已矣
맹자 왈 세자 의 오 언 호 부 도 일 이이의

成覸謂齊景公曰 彼丈夫也我丈夫也 吾何畏彼哉 顔淵曰 舜何人也予
성간 위 제 경공 왈 피 장부 야 아 장부 야 오 하 외 피 재 안연 왈 순 하인 야 여

何人也 有爲者亦若是 公明儀曰 文王我師也 周公豈欺我哉 今滕絶長補短
하인 야 유위자 역 약시 공명의 왈 문왕 아 사 야 주공 기 기 아 재 금 등 절 장 보 단

將五十里也猶可以爲善國 書曰 若藥不瞑眩 厥疾不瘳
장 오십 리 야 유 가이 위 선국 서 왈 약 약 불 명 현 궐 질 불 추

등(滕) 나라는 전국시대 초(楚) 나라와 제(齊) 나라 사이에 있는 아주 작은 나라였다. 그래서 등나라 문공(文公)은 맹자에게 자신들은 초나라를 섬겨야 하는지 제나라를 섬겨야 하는지를 물어봤던 것이다. ('양혜왕 장구 하(梁惠王章句下)' 13장에 자세한 내용이 나온다.)

세자 시절의 문공이 한번은 초나라로 가면서 송(宋) 나라를 지날 때 그곳에 머물고 있던 맹자를 찾아뵈었다. 이때 맹자는 세자에게 성선(性善), 즉 사람이 타고난 본성은 마땅히 좋다는 가르침을 주면서 말할 때마다 반드시 요임금과 순임금[堯舜]을 사례로 들었다. 사리사욕을 억제하고 공적인 도리, 임금다움[德]으로 나아가야 함을 요임금과 순임금의 경우를 들어가면서 가르쳤던 것이다.

초나라에서 돌아온 세자는 다시금 맹자를 찾아뵈었다. 이때 맹자는 말했다. "세자께서는 내가 하는 말을 의심하십니까? 무릇 도리[道]란 하나일 뿐[而已矣]입니다." 왜 맹자는 세자가 자신의 말을 의심하고 있다고 생각한 것일까?

주희의 풀이가 상세하다. "당시 사람들이 본성[性]은 본래 좋다는 것을 알지 못하여 성현의 도움을 받아도 미칠 수 없다고 여겼다. 그래서 세자가 맹자의 말씀에 대하여 의심을 품어 다시 와서 만나기를 요

구한 것이니, 별도로 비근하게 행하기 쉬운 말씀이 있을까 해서였다. 맹자께서는 세자의 이 같은 의도를 아셨기에 다만 말씀해 주시기를 이와 같이 하여 고금이나 성현이나 어리석은 사람이나 본래 다 똑같은 본성을 갖고 있으니, 지난번에 이미 말을 다하여 다시 다른 말을 할 것이 없음을 밝히신 것이다." 다시 맹자의 말이 이어진다.

"(옛날에) 성간(成覸)이라는 사람이 제나라 경공(景公)에게 이르기를 '저〔聖賢〕도 장부이고 나도 장부이니 제가 어찌 저 성현을 두려워하겠습니까'라고 하였습니다. 또 (공자의 제자) 안연(顔淵)은 '순임금은 어떤 사람이고 나는 어떤 사람인가? 훌륭한 일〔爲〕을 하는 사람은 진실로 얼마든지 순임금과 같을 수 있다'고 하였습니다. (노나라의 현인인) 공명의(公明儀)는 '(주공께서) '문왕(文王)은 나의 스승이다'고 하였으니 주공께서 어찌 나를 속였겠는가?'라고 하였습니다."

세자의 의심을 풀어주기 위해 맹자는 뛰어난 인물들조차 빼어난 사람〔聖人〕을 보고 닮으려는 의지에서 보자면 하나같이 열렬했음을 보여준다. 다시 맹자의 말이다.

"지금의 등나라를 긴 곳은 자르고 짧은 곳은 보충하면 대략〔將〕 사방 50리 정도 되지만 (그렇게 작기 때문에 잘만 다스린다면) 오히려 (큰 나라들에 비해 훨씬 쉽게) 좋은 정치〔善政〕가 베풀어지는 좋은 나라〔善國〕가 될 수 있습니다. 『서경』에 이르기를 '만일 약을 먹었는데도 어지럼증〔瞑眩〕이 없으면 그 질병은 낫지 않는다'고 했습니다."

올바른 나라를 만들기 위해서는 상당한 고통이 뒤따르더라도 바른 길〔正道〕을 향해 나아가야 함을 역설하고 있다. 그런데 그런 고통이 두려워 노력을 회피하면 결국 그 길을 갈 수 없다는 것이다.

2

등나라 정공(定公)이 세상을 떠나자 세자는 연우(然友)에게 이렇게 말했다. "(나는) 지난번에 맹자가 일찍이 송나라에서 나와 더불어 말했던 것들을 늘 마음에 두고서 잊지 못했는데 이번에 불행하게도 아버지의 상(喪)을 당했다. 그래서 나는 그대를 시켜서 맹자에게 물어본 다음에 장례를 행하려고 한다."

연우가 추(鄒) 나라에 가서 맹자에게 묻자 맹자는 이렇게 말했다. "역시 훌륭하십니다. 부모의 상은 진실로 스스로 모든 정성을 다해야 하는 것입니다. 증자(曾子)께서 말씀하시기를 '(부모님) 살아서는 섬기기를 예로써 하고, 돌아가셨을 때는 장례 지내기를 예로써 하고, (그 후에) 제사를 지내기를 예로써 하면 효(孝)라고 이를 수 있을 것'이라고 했습니다. 제후의 예는 내가 아직 배우지 않았습니다. 그러나 내 일찍이 들은 바가 있습니다. 삼년상에 거친 상복을 입고 미음과 죽을 먹는 것은 황제로부터 일반백성에 이르기까지, 그리고 하나라, 은나라, 주나라 삼대(三代)가 공통이었습니다."

맹자를 만난 연우가 세자에게 복명하여 삼년상을 행하기로 정하자 부형과 백관이 모두 그래서는 안 된다고 반대했다. "우리의 종주국인 노(魯) 나라의 선대 임금들이 삼년상을 행하지 않았고 우리나라의 선대 임금들도 삼년상을 행하지 않았습니다. (하필) 지금에 이르러 이것을 뒤집는 것은 불가합니다. 또 옛 기록에 이르기를 '상례(喪禮)와 제례(祭禮)는 선조의 법도를 따른다'고 하였으니 이는 곧 '우리에게는 우리가 물려받은 법도가 있다'는 말입니다."

세자는 다시 연우를 불렀다. "내가 지난날에 미처 학문을 제대로 하지 않고 말달리기와 검술만을 좋아했다. (그런데) 지금에 와서 족친과 백관들이 나를 못마땅하게 여기니 (나는) 큰일을 극진하게 치르지 못할까 두렵다. 그대는 나를 위하여 (다시 한 번) 맹자에게 가서 이 문제를 물어보도록 하라."

이에 연우가 다시 추나라에 가서 맹자에게 묻자 맹자가 말했다. "그럴 수 있습니다. (그러나 내가 삼년상을 해야 한다고 말했던 이유는) 다른 데서 굳이 찾을 것이 없습니다. 공자께서 말씀하시기를 '임금이 돌아가시면 (세자는) 총재에게 정사를 맡기고 죽을 마시면서 얼굴은 (슬픔으로) 짙은 흑색이 되어 상주의 자리에 나아가 곡을 하면 대소의 모든 관리들 중에 감히 슬퍼하지 않는 이가 없을 것이다. 이는 세자께서 솔선수범하기 때문이다. 윗사람이 (어떤 것을) 좋아함이 있으면 그 아래 사람들은 반드시 그것을 더 심하게 좋아하게 된다. 군주의 군자다움은 바람이요, 백성의 백성다움은 풀이니, 풀 위로 바람이 불면 풀은 반드시 (그 방향으로) 기울기 마련이다'라고 하셨으니 이번 일은 세자께서 어떻게 하느냐에 달려 있습니다."

연우가 맹자를 만나고 와서 세자에게 복명하자 세자는 이렇게 말했다. "그렇다. 그것은 진실로 나에게 달려 있다."

그러고 나서 세자는 5개월 동안 여막(廬幕)에 거처하면서 어명과 전교를 내리지 않았다. 이에 백관과 종친들이 다 말하기를 "(세자께서는 예를) 아신다"고 하였으며, 장례식에 닥쳐서는 사방에서 사람들이 찾아와 구경하였고, (이때) 세자의 안색에 드러나는 슬픔과 (세자가) 곡하고 울 때의 애통함으로 인해 조문 온 사람들은 크게 흡족해했다.

滕定公薨 世子謂然友曰 昔者孟子嘗與我言於宋於心終不忘 今也不幸
등 정공 훙 세자 위 연우 왈 석자 맹자 상 여 아 언 어 송 어 심 종 불망 금 야 불행

至於大故 吾欲使子問於孟子然後行事
지 어 대고 오 욕 사 자 문 어 맹자 연후 행사

然友之鄒問於孟子 孟子曰 不亦善乎 親喪固所自盡也 曾子曰 生事之以
연우 지 추 문 어 맹자 맹자 왈 불 역 선 호 친상 고 소 자 진 야 증자 왈 생 사 지 이

禮 死葬之以禮 祭之以禮 可謂孝矣 諸侯之禮吾未之學也 雖然吾嘗聞之
례 사 장 지 이 례 제 지 이 례 가 위 효 의 제후 지 례 오 미 지 학 야 수 연 오 상 문 지

矣 三年之喪齊疏之服飦粥之食 自天子達於庶人三代共之
의 삼년 지 상 자 소 지 복 전 죽 지 식 자 천자 달 어 서인 삼대 공 지

然友反命定爲三年之喪 父兄百官皆不欲曰 吾宗國魯先君莫之行 吾
연우 반명 정 위 삼년 지 상 부형 백관 개 불욕 왈 오 종국 노 선군 막 지 행 오

先君亦莫之行也 至於子之身而反之不可 且志曰 喪祭從先祖 曰 吾有所
선군 역 막 지 행 야 지 어 자 지 신 이 반 지 불가 차 지 왈 상제 종 선조 왈 오 유 소

受之也
수 지 야

謂然友曰 吾他日未嘗學問 好馳馬試劍 今也父兄百官不我足也 恐其
위 연우 왈 오 타일 미 상 학문 호 치마 시검 금 야 부형 백관 불 아 족 야 공 기

不能盡於大事 子爲我問孟子
불능 진 어 대사 자 위 아 문 맹자

然友復之鄒 問孟子 孟子曰 然 不可以他求者也 孔子曰 君薨聽於冢宰
연우 부 지 추 문 맹자 맹자 왈 연 불가 이 타 구 자 야 공자 왈 군 훙 청 어 총재

歠粥 面深墨 即位而哭 百官有司莫敢不哀 先之也 上有好者下必有甚焉者
철 죽 면 심묵 즉위 이 곡 백관 유사 막감 불 애 선 지 야 상 유 호자 하 필 유 심 언 자

矣 君子之德風也 小人之德草也 草尙之風必偃 是在世子
의 군자 지 덕 풍 야 소인 지 덕 초 야 초 상 지 풍 필 언 시 재 세자

然友反命 世子曰 然 是誠在我
연우 반명 세자 왈 연 시 성 재 아

五月居廬未有命戒 百官族人可謂曰知 及至葬四方來觀之 顔色之戚哭泣
오월 거 려 미유 명계 백관 족인 가위 왈 지 급 지 장 사방 내 관 지 안색 지 척 곡읍

之哀 弔者大悅
지 애 조자 대열

등나라 정공(定公)은 문공(文公)의 아버지다. 정공이 세상을 떠나자〔薨〕 당시 세자였던 문공은 자신의 사부〔傅〕인 연우(然友)에게 이렇게 말한다. "(나는) 지난번에 맹자가 일찍이〔嘗〕 송나라에서 나와 더불어 말했던 것들을 늘 마음에 두고서 잊지 못했는데 이번에 불행하게도 아버지의 상〔大故=大喪〕을 당했다. 그래서 나는 그대〔子〕를 시켜서 맹자에게 물어본 다음에 장례〔事〕를 행하려고 한다."

그래서 연우가 추(鄒) 나라에 가서 맹자에게 묻자 맹자는 이렇게 말했다. "역시 훌륭하십니다. 부모의 상(喪)은 진실로〔固〕 스스로 모든 정성을 다해야 하는 것입니다. 증자(曾子)께서 말씀하시기를 '(부모님) 살아서는 섬기기를 예로써 하고, 돌아가셨을 때는 장례 지내기를 예로써 하고, (그 후에) 제사를 지내기를 예로써 하면 효(孝)라고 이를 수 있을 것'이라고 했습니다. 제후의 예는 내가 아직 배우지 않았습니다. 그러나 내 일찍이 들은 바가 있습니다. 삼년상에 거친〔齊疏〕 상복을 입고 미음과 죽을 먹는 것은 황제〔天子〕로부터 일반백성〔庶民〕에 이르기까지, 그리고 하나라〔夏〕, 은나라〔殷〕, 주나라〔周〕 삼대(三代)가 공통이었습니다."

증자가 했다는 말은 실은 공자가 했던 말이다. 『논어』 '위정 5'를 보자.

맹의자가 효에 대해 묻자 공자는 말했다. "어기지 않는 것이다."
번지가 공자가 타는 수레를 몰고 있을 때였다. 이때 공자는 문득 맹의자와의 문답이 떠올랐다. 그래서 공자가 일러 말하기를 "맹의자가 효를 묻길래 답하기를 '어기지 않는 것'이라고 했노라"고 했다.
번지가 다시 "어기지 않는다는 것은 무슨 뜻입니까"라고 묻자 공자는 말했다. "아버지 살아 계실 적에는 예로써 섬기고, 돌아가시면

예로써 장사 지내고, 예로써 제사를 지내는 것을 말한다."

맹자를 만난 연우가 세자에게 복명하여 삼년상을 행하기로 정하자 부형과 백관이 모두 그래서는 안 된다고 반대했다. 여기서 부형(父兄)은 아버지와 형제들이 아니라 아버지의 형제들, 즉 가까운 왕실친족〔族親〕을 말한다고 봐야 한다. 주희는 "같은 성씨〔同姓〕의 늙은 신하들"로 푼다. 이들의 반대논리를 들어보자.

"우리의 종주국〔宗國〕인 노(魯) 나라의 선대 임금〔先君〕들이 삼년상을 행하지 않았고 우리나라의 선대 임금들도 삼년상을 행하지 않았습니다. (하필) 지금에 이르러 이것을 뒤집는 것은 불가합니다. 또 옛 기록에 이르기를 '상례(喪禮)와 제례(祭禮)는 선조의 법도를 따른다'고 하였으니 이는 곧 '우리에게는 우리가 물려받은 법도가 있다'는 말입니다."

이들은 강력하게 삼년상을 반대하고 있다. 이유는 자신들의 경우 종주국인 노나라에서는 물론이고 자기 나라에서도 삼년상을 하지 않았다는 것이다. 이에 대해서는 주희의 풀이를 참고할 필요가 있다. "등나라와 노나라는 모두 문왕(文王)의 후손인데 노나라의 시조인 주공(周公)이 맏이가 되니, 형제간에 그를 종주로 삼았다. 이 때문에 등나라가 노나라를 일러 종주국이라 한 것이다. 그러나 두 나라가 삼년상을 행하지 않았다고 말한 것은 바로 후세의 잘못이요, 주공의 법이 본래 그러한 것은 아니다."

족친과 신하들의 반대가 거세지자 세자는 다시 연우를 부른다. "내가 지난날에〔他日〕 미처 학문을 제대로 하지 않고〔未嘗〕 말달리기와 검술만을 좋아했다. (그런데) 지금에 와서 족친과 백관들이 나를 못마땅하게[不~足] 여기니 (나는) 큰일[大事]을 극진하게 치르지 못할까 두렵다. 그대는 나를 위하여[爲] (다시 한 번) 맹자에게 가서 이 문제를 물어보도록 하라."

여기서 중요한 것은 세자가 삼년상을 반대하는 백관과 족친들에게 원망을 돌리지 않고 자신이 학문을 등한시하고 말달리기와 검술에만 빠져 있었던 점을 반성하는 대목이다.

이에 연우가 다시 추나라에 가서 맹자에게 물었다. 맹자가 말했다. "그럴 수 있습니다. (그러나 내가 삼년상을 해야 한다고 말했던 이유는) 굳이 다른 데서 찾을 것이 없습니다. 공자께서 말씀하시기를 '임금이 돌아가시면 (세자는) 총재(冢宰=宰相)에게 정사를 맡기고 죽을 마시면서 얼굴은 (슬픔으로) 짙은 흑색이 되어 상주의 자리에 나아가 곡을 하면 대소의 모든 관리들 중에 감히 슬퍼하지 않는 이가 없을 것이다. 이는 세자께서 솔선수범하기 때문이다. 윗사람이 (어떤 것을) 좋아함이 있으면 그 아래 사람들은 반드시 그것을 더 심하게 좋아하게 된다. 군주[君子]의 군자다움은 바람이요, 백성[小仁]의 백성다움은 풀이니, 풀 위로 바람이 불면 풀은 반드시 (그 방향으로) 기울기 마련이다' 고 하셨으니 이번 일은 세자께서 어떻게 하느냐에 달려 있습니다." 여기서 풍동(風動)이란 말이 나왔고 그것은 감화된다는 뜻으로 사용되어 왔다.

공자의 발언과 관련된 대목은 『논어』 '헌문 43'에서 볼 수 있다.

자장이 물었다. "『서경』에 고종이 양암(諒陰)에서 삼 년 동안 말을 하지 않았다고 했는데 무슨 뜻입니까?"

공자는 말했다. "어찌 반드시 고종뿐이겠는가? 옛 사람들이 다 그러했으니 임금이 죽으면 백관들이 자신의 직책을 총괄하여 재상〔冢宰〕에게 명령을 들어 업무를 추진하기를 삼 년 동안 하였다."

먼저 정약용의 풀이다. "고종이란 이는 무정이며, 무정은 은나라의 어진 임금이다. 대를 이어 즉위하여 집상(執喪) 중에는 자애의 정성을 다하였다. 이때를 당하여 은나라가 쇠퇴해 있었으나 이를 부흥시키고, 예가 피폐해 있었으나 이를 다시 일으켰기 때문에 그를 칭찬한 것이다. 그를 칭찬하였기 때문에『서경』에 기재하여 그를 높였던 것이다. 그러므로 그를 이름하여 고종(高宗)이라 한 것이다."

호인(胡寅)의 풀이도 도움이 된다. "지위는 귀천이 있으나 부모에게서 태어남은 다름이 없다. 그러므로 삼년상은 천자로부터 서민까지 공통되는 것이다. 자장이 이것을 의심한 것이 아니요, 군주가 삼 년 동안 말하지 않으면 신하가 명령을 받을 곳이 없어서 화란(禍亂)이 혹 이로 말미암아 일어날까 의심한 것이다. 공자께서 총재에게 명령을 듣는다고 말씀해 주셨으니 그렇다면 화란은 걱정할 바가 아니다."

본문으로 돌아가자. 처음에 맹자가 "그럴 수 있습니다〔然〕"고 말한 것은 족친이나 백관들이 반대하는 것도 나름대로 일리가 있음을 인정하는 말이다. 여기서 결국 중요한 것은 세자 자신의 결정이다.

"연우가 맹자를 만나고 와서 세자에게 복명하자 세자는 이렇게 말한다. '그렇다. 그것은 진실로 나에게 달려 있다.' 그러고 나서 세자는 5개월 동안 여막(廬幕)에 거처하면서 어명과 전교를 내리지 않았다. 총재(재상)들이 정사를 주관했다는 뜻이다. 이에 백관과 종친들이 다 말하기를 '(세자께서는 예를) 아신다'고 하였으며, 장례식에 닥쳐서는 사방에서 사람들이 찾아와 구경하였고, (이때) 세자의 안색에 드러나는 슬픔과 (세자가) 곡하고 울 때의 애통함으로 인해 조문 온 사람들은 크게 흡족해했다."

　大悅을 여기서는 '크게 기뻐했다'로 옮겨서는 곤란한다. 상중이기 때문이다. 그래서 '마음속으로 흡족하게 여겼다'는 정도로 봐야 한다. 이렇게 함으로써 세자는 백관과 족친들로부터 마음속에서 우러나는 충심을 얻어낼 수 있었다.

3

등나라 문공이 나라를 다스리는 법에 대해 묻자 맹자가 말했다. "백성의 일은 (시기를) 늦춰서는 안 됩니다. 『시경』에 이르기를 '낮에는 풀을 베고 밤이면 새끼를 꼬아 서둘러 지붕을 올리고 (이듬해 봄이 오면) 비로소 온갖 곡식의 씨를 뿌리네'라고 하였습니다. 백성들이 살아가는 법이란 먹고살 만한 재산이 있으면 오래가는 마음을 가질 수 있고, 먹고살 만한 재산이 없으면 오래가는 마음을 가질 수 없는 것입니다. (이렇게 해서) 오래가는 마음을 갖지 못하면 몹쓸 짓을 거리낌 없이 해대고 어떤 나쁜 짓이건 마구 해대어 못할 짓이 없을 지경이 됩니다. (백성들이) 죄의 함정에 빠진 뒤에야 그들을 붙잡아서 처벌한다면 이는 백성을 (법이라는) 그물로 잡는 것이니 어찌 어진 사람들이 조정의 지위에 있으면서 백성들을 그물질할 수 있겠습니까?

이 때문에 현능한 임금은 반드시 공손하고 검소하여 신하들을 예로 대하였고 백성들로부터 세금을 거둬들임에도 일정한 제한이 있었던 것입니다. (노나라 때 계씨 집안의 가신이었던) 양호가 말하기를 '(통치자가) 부와 재산을 추구하면 어진 정치를 할 수 없고 어진 정치를 추구하면 부와 재산을 이룰 수 없다'고 했습니다. 하후(夏后) 씨는 50무(畝-6척 사방을 1보(步)라 하고 100보를 1무라고 한다)에 공법(貢法)을 썼고, 은나라 사람은 70무에 조법(助法)을 썼고, 주나라 사람은 100무에 철법(徹法)을 썼습니다. (그러나) 실제 내용을 보면 모두 다 10분의 1이니 철(徹)이라는 것은 두루 통했다 해서 철이고, 조(助)는 백성의 힘을 빌어 경작한다고 해서 조입니다.

(옛날의 뛰어난 이〔賢者〕인) 용자(龍子)가 말하기를 '토지를 다스리는

것은 조법보다 좋은 것이 없고 공법보다 좋지 못한 것이 없다'고 했습니다. (왜냐하면) 공법은 몇 년 동안의 중간치를 비교하여 일정한 양을 내게 하는 것입니다. 풍년에는 알곡들이 여기저기 굴러다닐 정도이므로 많이 거두더라도 가혹하다고 생각지 않을 것인데 오히려 적게 거두어갑니다. 흉년에는 (이듬해 경작을 위해) 비료값을 챙기기에도 그 수확량이 부족한데 반드시 일정량의 곡식을 꽉 채워서 거두어갑니다. 백성의 부모가 되어 백성들로 하여금 한을 품게 만들고, 장차 일 년 내내 고생하여 농사일을 하더라도 그 부모조차 봉양할 수 없게 하고, 심지어 빚을 내고 이자까지 물어가면서 (세금을 내게 만들어) 한 집안의 노인과 어린 아이들이 (먹을 것을 찾아 전전하다가 굶어 죽어 그들의 시체가) 도랑과 구렁에 굴러다니게 만든다면, 백성의 부모가 된 뜻은 도대체 어디에 있단 말입니까? (백성들에 대한 조세는 차치하고 일단) 관리들에게 주는 급료는 등나라가 진실로 잘 시행하고 있습니다. 『시경』에 말하기를 '비야, 우리 공전(公田)에 내려라, 그러고 나서 우리 땅에도 내려라'고 했습니다. 오직 (은나라의) 조법에만 공전이 있다고 했지만 이 시를 본다면 주나라에도 조법이 시행되었다는 것을 알 수 있습니다.

(옛날에는) 상(庠), 서(序), 학(學), 교(校)를 설치하여 백성들을 가르쳤습니다. 상(庠)은 (은나라와 주나라의 향학(鄕學)으로) 웃어른을 봉양하는 것을 가르치는 곳이요, 교(校)는 백성들을 (인륜으로써) 가르치는 곳이요, 서(序)는 활쏘기를 가르치는 곳입니다. 하나라에서는 (이런 교육기능을 통합하여) 교(校)라 했고, 은나라에서는 서(序)라 했고, 주나라에서는 상(庠)이라 했으며, 학(學)은 삼대에 공통된 것이었으니 모두 다 인륜을 밝히려는 것이었습니다. 윗사람들이 인륜에 밝아지면 아랫사람들도 서로를 제 몸과 같이 아끼고 사랑했습니다. (이런 식으로

왕께서 나라를 다스리신다면) 앞으로 임금다운 임금이 나타나게 될 때 반드시 이 나라에 와서 모범을 삼고자 할 것이니 이는 곧 왕께서 (후대의) 임금다운 임금의 스승이 되는 것입니다.『시경』에 말하기를 '주나라는 비록 오래된 나라이지만 그 명(命)은 새롭다'고 했으니 이는 문왕(文王)을 가리키는 것입니다. 왕께서도 이처럼 힘써 행하신다면 왕의 나라도 새롭게 될 것입니다."

(등나라 문공의 신하인) 필전(畢戰)으로 하여금 맹자에게 가서 정전법에 대해 묻도록 했다. 이에 대한 맹자의 대답이다. "그대의 임금이 장차 어진 정사를 행하려고 그대를 특별히 골라 보내셨으니 그대는 반드시 잘 배워야 할 것이오. 무릇 어진 정사라는 것은 반드시 (토지를) 경계 짓는 데서 시작하니 경계(經界)가 정확하지 않으면 정전(井田)이 고르지 못하고 (그로 인해) 녹봉으로 지급할 곡식의 수입도 공평함을 잃게 되오. 이 때문에 폭군이나 부패한 관리들은 반드시 경계 짓는 일을 태만히 했던 것이오. 경계 짓는 일이 이미 바로잡히면 논밭을 나누고 녹봉을 정하는 일은 가만히 앉아서도 얼마든지 할 수 있소이다. 무릇 등나라는 국토가 좁고 작으나 마땅히 그 안에는 벼슬살이할 사람도 있고, 마땅히 농업을 비롯한 생업에 종사할 사람도 있을 것이오. 벼슬살이할 사람이 없으면 생업에 종사할 사람을 다스릴 수 없고, 생업에 종사할 사람이 없으면 벼슬살이할 사람을 먹여 살릴 수 없소이다.

청컨대 (교외의) 들에는 9분의 1을 공전으로 하는 조법을 시행하고, 성 안의 토지에는 수입의 10분의 1을 내는 세법을 써서 스스로 세금을 내게 하시오. 경(卿) 이하는 반드시 규전(圭田)이 있었으니 규전은 50무였소. 그 밖의 장부에게는 25무를 주시오. (가족이) 죽거나 이사를 가더라도 고향 땅을 떠나는 백성은 없을 것이며, 같은 마을의 같은 정(井)

에서 (여덟 가족이) 함께 살다 보면 평소 나가고 들어올 때 서로 벗이 되어주고, 도둑을 지킬 때 서로 도와주며, 병이 나면 서로 돌보아줄 것이고, 그렇게 되면 백성들이 서로를 제 몸과 같이 여겨 화목하게 지내게 될 것이오. 사방 1리가 정(井)이고 정은 900무이니 그 가운데가 공전이 되는 것이요, 여덟 집에서 모두 100무를 사전으로 받아서 함께 공전을 일구어 공전의 일이 끝난 다음에 감히 사전의 일을 할 수 있는 것이니 이것이 곧 (관리들과) 일반 백성을 구별하는 방법이오. 이상이 정전(井田)에 관한 그 대략의 설명이니 이를 윤택하게 하는 문제에 대해서 말하자면 그것은 전적으로 임금과 그대에게 달려 있다고 할 수 있소이다."

滕文公問爲國 孟子曰 民事不可緩也 詩云 晝爾于茅 宵爾索綯 亟其乘
등문공 문 위국 맹자 왈 민사 불가 완야 시운 주이우모 소이삭도 극기승

屋 其始播百穀 民之爲道也 有恒產者有恒心 無恒產者無恒心 苟無恒心
옥 기시파백곡 민지위도 야 유 항산 자유 항심 무 항산 자무 항심 구무 항심

放辟邪侈無不爲已 及陷乎罪然後從而刑之 是罔民也 焉有仁人在位 罔民
방벽 사치 무 불위 이 급 함호죄 연후 종이형지 시 망민 야 언유 인인 재위 망민

而可爲也 是故賢君必恭儉 禮下 取於民有制 陽虎曰 爲富不仁矣 爲仁不
이 가위 야 시고 현군 필공검 예하 취어 민유제 양호 왈 위부 불인 의 위인 불

富矣 夏后氏五十而貢 殷人七十而助 周人百畝而徹 其實皆什一也 徹者
부 의 하후 씨 오십 이공 은인 칠십 이조 주인 백무 이철 기실 개 십일 야 철자

徹也 助者藉也 龍子曰 治地莫善於助莫不善於貢 貢者校數歲之中以爲常
철 야 조자 자야 용자 왈 치지 막선 어조 막 불선 어공 공자 교 수세 지중 이위상

樂歲粒米狼戾多取之而不爲虐則寡取之 凶年糞其田而不足則必取盈焉
낙세 입미 낭려 다 취지 이 불위 학즉 과 취지 흉년 분 기전 이 부족 즉필 취 영언

爲民父母使民盻盻然 將終歲勤動不得以養其父母 又稱貸而益之使老稚
위민 부모 사민 혜혜연 장 종세 근동 부득 이양 기부모 우 칭대 이 익지 사 노치

轉乎溝壑 惡在其爲民父母也 夫世祿滕固行之矣 詩云 雨我公田 遂及我
전호 구학 오 재기 위민 부모 야 부 세록 등 고행지 의 시운 우아 공전 수급 아

私 惟助爲有公田 由此觀之 雖周亦助也 設爲庠序學校以教之 庠者養也
사 유조위유공전 유차관지 수주역조야 설위 상서학교이교지 상자양야

校者教也 序者射也 夏曰校 殷曰序 周曰庠 學則三代共之皆所以明人倫
교자교야 서자사야 하왈교 은왈서 주왈상 학즉 삼대공지개 소이 명인륜

也 人倫明於上小民親於下 有王者起必來取法 是爲王者師也 詩云 周雖
야 인륜 명어상소민 친어하 유 왕자기필래 취법 시위 왕자사야 시운 주수

舊邦 其命維新 文王之謂也 子力行之亦以新子之國
구방 기명유신 문왕 지위야 자 역행지역이신 자지국

使畢戰問井地 孟子曰 子之君將行仁政選擇而使子 子必勉之 夫仁政必
사 필전문정지 맹자왈 자지군 장행인정 선택이사자 자필면지 부인정필

自經界始 經界不正井地不均穀祿不平 是故暴君汙吏必慢其經界 經界既
자 경계시 경계 부정정지불균 곡록 불평 시고 폭군 오리 필만기경계 경계기

正分田制祿可坐而定也 夫滕壤地褊小將爲君子焉將爲野人焉 無君子莫
정 분전 제록 가좌이정야 부등 양지 편소장 위 군자언장 위 야인언 무 군자막

治野人 無野人莫養君子 請野九一而助 國中什一使自賦 卿以下必有圭田
치 야인 무야인막양 군자 청야구일 이조 국중 십일 사자부 경이하필유 규전

圭田五十畝 餘夫二十五畝 死徙無出鄉 鄉田同井出入相友守望相助疾病
규전 오십무 여부 이십오무 사 사무 출향 향전 동정 출입 상우 수망 상조 질병

相扶持則百姓親睦 方里而井 井九百畝 其中爲公田 八家皆私百畝同養
상부지 즉 백성 친목 방리이정 정 구백무 기중위공전 팔 가개사 백무동양

公田 公事畢然後敢治私事 所以別野人也 此其大略也 若夫潤澤之則在君
공전 공사필 연후감치사사 소이 별 야인야 차기 대략 야 약부 윤택 지즉 재군

與子矣
여자의

🌸　　　　등나라 문공이 나라를 다스리는 법〔爲國〕에 대해 묻자
　　　　　　　　　　　　　　　　　　　　위국
맹자는 이렇게 답한다. 맹자의 말이 길기 때문에 나눠서 풀어보자.

　"백성의 일〔民事=農事〕은 (시기를) 늦춰서는 안 됩니다.『시경』에 이
　　　　　　민사　　농사
르기를 '낮에는 풀을 베고 밤이면 새끼를 꼬아 서둘러〔亟〕 지붕을 올
　　　　　　　　　　　　　　　　　　　　　　　　극
리고 (이듬해 봄이 오면) 비로소 온갖 곡식의 씨를 뿌리네'라고 하였습

니다." 爾는 여기서 특별한 의미가 없고, 于는 '가서 행하다'는 뜻이다.
宵는 夜이고, 綯는 '새끼', '노끈' 등을 뜻한다. 백성들이 하루하루 바쁘
게 살아가는 것을 이해하는 것이 나라를 다스리는 것의 출발점이 된
다는 말이다. 다시 맹자의 말이다.

"백성들이 살아가는 법이란 먹고살 만한 재산[恒産]이 있으면 오래
가는 마음[恒心]을 가질 수 있고, 먹고살 만한 재산이 없으면 오래가
는 마음을 가질 수 없는 것입니다. (이렇게 해서) 오래가는 마음을 갖
지 못하면 몹쓸 짓을 거리낌 없이 해대고 어떤 나쁜 짓이건 마구 해대
어 못할 짓이 없을 지경이 됩니다. (백성들이) 죄의 함정에 빠진 뒤에야
그들을 붙잡아서 처벌한다면 이는 백성을 (법이라는) 그물로 잡는 것
이니 어찌 어진 사람들이 조정의 지위에 있으면서 백성들을 그물질할
수 있겠습니까?

이 때문에 현능한 임금은 반드시 공손[恭]하고 검소[儉]하여 신하
들을 예로 대하였고[禮] 백성들로부터 세금을 거둬들임[取]에도 일정
한 제한[制]이 있었던 것입니다."

유명한 有恒産 有恒心, 無恒産 無恒心이 등장하는 대목이다. 임금
이 검소하지 않으면 세금을 거둬들이는 데 제한[制]이 없게 되고, 그
러면 백성들 중에 먹고살 만한 재산을 가진 백성[有恒産者]은 줄어들
어 오래가는 마음[恒心]을 가진 백성들도 줄어들 것이고, 그에 반하
여 먹고살 만한 재산이 없는 백성[無恒産者]은 늘어나 오래가는 마음
을 가진 백성들은 크게 줄어들 것이다. 그렇게 되면 임금과 관리들 사
이에 방탕[放辟]과 무절제한 사치[邪侈]가 범람하게 되면서 못할 짓이
없는 지경에 이르게 된다는 말이다.

이런 이치 때문에 현능한 임금은 신하들을 예로 대하고[禮待] 백성

들에게 세금을 거둘 때는 일정한 제한을 두어 검소한 생활을 유지했다는 말이다. 여기서 핵심은 군주의 검소함[儉]의 문제다. 다시 맹자의 말이 이어진다.

"(노나라 때 계씨 집안의 가신이었던) 양호(陽虎)가 말하기를 '(통치자가) 부와 재산[富]을 추구하면 어진 정치[仁]를 할 수 없고 어진 정치를 추구하면 부와 재산을 이룰 수 없다'고 했습니다.

하후(夏后) 씨는 50무(畝-6척 사방을 1보(步)라 하고 100보를 1무라고 한다)에 공법(貢法)을 썼고, 은나라 사람은 70무에 조법(助法)을 썼고, 주나라 사람은 100무에 철법(徹法)을 썼습니다. (그러나) 실제 내용을 보면[其實] 모두 다 10분의 1이니 철(徹)이라는 것은 두루 통했다 해서 철이고, 조(助)는 백성의 힘을 빌어 경작한다[藉]고 해서 조입니다."

우선 하은주(夏殷周) 삼대의 토지제도와 조세제도를 비교해서 살펴볼 필요가 있다. 하나라에서는 한 집에 토지 50무를 주어 농사를 짓게 한 다음 그 10분의 1인 5무에 해당하는 수확량을 세금으로 내게 하는 공법을 실시했다. 은나라에서는 처음으로 정전법(井田法)이 시행됐다. 주희의 풀이다. "630무의 토지를 갖고서 (井자 모양으로) 아홉 구역으로 나누니 한 구역이 70무였다. 한가운데는 공전(公田)이 되고 그 바깥은 여덟 집에 각기 한 구역을 주어 공동의 힘으로 공전을 도와 경작하게 하고 대신 각자의 사전(私田)에는 세를 내지 않게 하였다." 그래서 조법(助法)이라 한 것이다. 주희에 따르면 주나라는 좀 더 복잡하다. "주나라에서는 한 집이 토지 100무를 받는데 지방[鄕遂]에는 공법을 써서 10분의 1을 내도록 하였고, 도시[都鄙]에는 조법을 써서 여덟 집이 정(井)을 함께 하여 경작하게 되면 이랑 수를 계산하여 분배하였다. 그래서 두루 통한다고 철(徹)이라고 이른 것이다."

그러나 결과적으로 본다면 하나라의 공법, 은나라의 조법, 주나라의 철법은 모두 근본정신이 10분의 1에 있었고, 그 이상을 세금으로 내는 경우는 없었다. 다시 맹자의 발언이 이어진다.

"(옛날의 뛰어난 이[賢者]인) 용자(龍子)가 말하기를 '토지를 다스리는 것[治地]은 조법보다 좋은 것이 없고 공법보다 좋지 못한 것이 없다'고 했습니다. (왜냐하면) 공법은 몇 년 동안의 중간치[中]를 비교하여 일정한 양[常]을 내게 하는 것입니다. 풍년[樂歲]에는 알곡들이 여기저기 굴러다닐 정도이므로 많이 거두더라도 가혹[虐]하다고 생각지 않을 것인데 오히려 적게 거두어갑니다. 흉년에는 (이듬해 경작을 위해) 비료값을 챙기기에도 그 수확량이 부족한데 반드시 일정량의 곡식을 꽉 채워서 거두어갑니다. 백성의 부모가 되어 백성들로 하여금 한을 품게 만들고, 장차 일 년 내내 고생하여 농사일을 하더라도 그 부모조차 봉양할 수 없게 하고, 심지어[又] 빚을 내고 이자까지 물어가면서 (세금을 내게 만들어) 한 집안의 노인과 어린아이들이 (먹을 것을 찾아 전전하다가 굶어 죽어 그들의 시체가) 도랑과 구렁에 굴러다니게 만든다면, 백성의 부모가 된 뜻은 도대체 어디에 있단 말입니까?

(백성들에 대한 조세는 차치하고 일단) 관리들에게 주는 급료[世祿]는 등나라가 진실로 잘 시행하고 있습니다. 『시경』에 말하기를 '비야, 우리 공전(公田)에 내려라, 그리고 나서 우리 땅에도 내려라'고 했습니다. 오직 (은나라의) 조법에만 공전이 있다고 했지만 이 시를 본다면 주나라에도 조법이 시행되었다는 것을 알 수 있습니다."

마지막 문장에 대한 주희의 풀이다. "당시에 조법이 모두 폐지되어 전적(典籍)이 남아 있지 않았고, 오직 이 시가 있어 주나라 또한 조법을 쓴 것을 볼 수 있었다. 그러므로 이 시를 인용하신 것이다."

이제 주제가 백성을 가르치는 쪽으로 바뀐다. 이는 정확하게 『논어』 '자로 9'와 통한다.

공자가 위나라에 갈 때 염유가 수레를 몰았다. 공자가 "인민이 많구나!"라고 하자 염유는 "이미 인민이 많으면 또 무엇을 더해야 합니까?"라고 물었다. 공자는 "그들을 부유하게 해주어야 한다"고 답했다.

또 염유가 "이미 부유해지면 또 무엇을 더해야 합니까?"라고 묻자 공자는 "(예의와 염치를) 가르쳐야 한다"라고 답했다.

맹자는 말한다. "(옛날에는) 상(庠), 서(序), 학(學), 교(校)를 설치하여 〔設爲〕 백성들을 가르쳤습니다. 상(庠)은 (은나라와 주나라의 향학(鄕 學)으로) 웃어른을 봉양하는 것〔養〕을 가르치는 곳이요, 교(校)는 백성들을 (인륜으로써) 가르치는 곳이요, 서(序)는 활쏘기를 가르치는 곳입니다. 하나라에서는 (이런 교육기능을 통합하여) 교(校)라 했고, 은나라에서는 서(序)라 했고, 주나라에서는 상(庠)이라 했으며, 학(學)은 삼대에 공통된 것이었으니 모두 다 인륜을 밝히려는 것이었습니다. 윗사람들이 인륜에 밝아지면 아랫사람들도 서로를 제 몸과 같이 아끼고 사랑했습니다.

(이런 식으로 왕께서 나라를 다스리신다면) 앞으로 임금다운 임금 〔王者〕이 나타나게 될 때 반드시 이 나라에 와서 모범을 삼고자 할 것이니 이는 곧 왕께서 (후대의) 임금다운 임금의 스승이 되는 것입니다."

마지막 문장에 대한 주희의 풀이다. "등나라가 좁고 작아서 비록 어진 정치(仁政)를 행하더라도 반드시 큰 업적(王業)을 일으키지는 못할 것이다. 그러나 임금다운 임금(王者)의 (정신적인) 스승이 된다면 비록 천하를 소유하지는 못하더라도 그 은택이 또한 충분히 천하에 미칠 수 있다."

이 같은 취지를 맹자는 『시경』을 인용함으로써 다시 한 번 강조한다. 여기에 유신(維新)이 등장한다.

"『시경』에 말하기를 '주나라는 비록 오래된 나라이지만 그 명(命)은 오로지 새롭다(維新)'고 했으니 이는 문왕(文王)을 가리키는 것입니다. 왕(子)께서도 이처럼 힘써 행하신다면 왕의 나라도 새롭게 될 것입니다."

이에 대한 주희의 풀이다. "주나라가 비록 후직(后稷) 이래로 예로부터 제후가 되었으나 천명을 받아 천하를 소유한 것(천자의 나라가 된 것)은 문왕으로부터 시작되었음을 말한 것이다. 왕(子)은 문공을 가리킨 것이니 제후로서 즉위한 지 1년을 넘지 않은 자의 칭호이다." 여기서는 子를 그냥 왕으로 옮겼다.

이로써 백성의 먹는 문제와 교육문제에 대한 논의는 일단락되었다. 이제 토지제도에 대한 심도 있는 논의가 진행된다.

(등나라 문공의 신하인) 필전(畢戰)으로 하여금 맹자에게 가서 정전법(井地)에 대해 묻도록 했다. 이에 대한 맹자의 대답이다. "그대(子)의 임금이 장차 어진 정사(仁政)를 행하려고 그대를 특별히 골라 보내셨으니 그대는 반드시 잘 배워야 할 것이오. 무릇 어진 정사라는 것은 반드시 (토지를) 경계 짓는 데서 시작하니 경계(經界)가 정확하지 않으면 정전(井田)이 고르지(均) 못하고 (그로 인해) 녹봉으로 지급할 곡식의 수입도 공평함을 잃게 되오. 이 때문에 폭군이나 부패한 관리

〔汚吏〕들은 반드시 경계 짓는 일을 태만히 했던 것이오. 경계 짓는 일이 이미 바로잡히면 논밭을 나누고 녹봉을 정하는 일은 가만히 앉아서도 얼마든지 할 수 있소이다."

이에 대해 주희는 다음과 같이 풀이한다. "경계(經界)는 땅을 다스리고 토지를 나누어서 도랑과 길과 봉토의 경계를 구획하는 것을 말한다. 이 법이 닦여지지 못하면 토지가 일정한 나눔이 없어서 토호나 귀족들이 겸병(兼竝)할 수 있으므로 정전이 고르지 못함이 있고, 세금이 정한 법이 없어서 탐욕스럽고 포악한 자들이 많이 취할 수 있으므로 곡록(穀祿)에 공평하지 못함이 있는 것이니, 이는 어진 정사를 행하고자 하는 자가 반드시 이로부터 시작하는 까닭이다. 폭군이나 부패한 관리들은 반드시 태만히 하여 (바르게 경계 짓는 것을) 폐지하고자 하는 것이다. 이를 바로잡으면 토지를 나누어주고 녹봉〔祿〕을 제정하는 일은 수고롭지 않고서도 쉽게 정할 수 있을 것이다."

맹자의 말이 계속된다. "무릇〔夫〕 등나라는 국토〔壤地〕가 좁고〔褊〕작으나 마땅히〔將〕 그 안에는 벼슬살이할 사람〔君子〕도 있고, 마땅히 농업을 비롯한 생업에 종사할 사람〔野人〕도 있을 것이오. 벼슬살이할 사람이 없으면 생업에 종사할 사람을 다스릴 수 없고, 생업에 종사할 사람이 없으면 벼슬살이할 사람을 먹여 살릴 수 없소이다." 앞에서부터 토지제도와 녹봉제도를 함께 논의해 온 것도 각각 생업에 종사할 사람〔野人〕과 벼슬살이할 사람〔君子〕을 먹여 살려야 하기 때문이다. 여기서 將은 '장차'가 아니라 '마땅히'로 풀어야 한다.

"청컨대 (교외의) 들에는 9분의 1을 공전으로 하는 조법을 시행하고, 성 안의 토지에는 수입의 10분의 1을 내는 세법을 써서 스스로 세금을 내게 하시오."

이에 대한 주희의 풀이다. "이것은 토지를 나누어주고 녹봉[祿]을 녹
제정하는 떳떳한 법이니, 생업에 종사할 사람을 다스려 벼슬살이할 사
람을 먹여 살리게 하는 것이다. 야(野)는 교외의 땅이다. 9분의 1 조법
은 공전을 만들어 조법을 시행하는 것이다. 국중(國中)은 성문 안에
있는 땅이니 토지를 정전으로 만들어서 주지 않고 다만 도랑[溝洫]을 구혁
만들어서 10분의 1을 스스로 바치게 하니, 이는 공법을 쓴 것이다. 주
나라의 이른바 철법이라는 것이 이와 같았다. 이로써 미루어보면 (맹
자가 살던) 당시에 비단 조법이 시행되지 못했을 뿐만 아니라 공법 역
시 10분의 1에 그치지 않은 것이다."

다시 맹자의 말이다. "경(卿) 이하는 반드시 규전(圭田)이 있었으니 규
전은 50무였소." 경 이하의 관리들에게는 녹봉 외에 규전을 추가로 주어
후대했다는 말이다. 규전은 제사에 드는 비용을 장만하는 땅이다.

"그 밖의 장부에게는 25무를 주시오." 정이천에 따르면 한 사내 장
부[一夫]는 위로 부모가 있고 아래로 처자가 있어 (자식 넷을 가정할 일부
때) 모두 여덟 식구를 단위로 삼아 토지 100무를 받으니 만일 그 장부
에게 아우가 있으면 그가 나머지 장부[餘夫]가 된다. 나이 16세가 되면 여부
별도로 25무를 받고 장성하여 결혼을 하면 다시 ·100무를 받는다.

다시 맹자의 말이다. "(가족이) 죽거나 이사를 가더라도 고향 땅을
떠나는 백성은 없을 것이며, 같은 마을의 같은 정(井)에서 (여덟 가족
이) 함께 살다 보면 평소 나가고 들어올 때 서로 벗이 되어주고, 도둑
을 지킬 때 서로 도와주며, 병이 나면 서로 돌보아줄 것이고, 그렇게
되면[則] 백성들이 서로를 제 몸과 같이 여겨[親] 화목하게 지내게 될 즉 친
것이오.

사방[方] 1리가 정(井)이고 정은 900무이니 그 가운데가 공전이 되 방

는 것이요, 여덟 집에서 모두 100무를 사전으로 받아서 함께 공전을 일구어 공전의 일이 끝난 다음에 감히 사전의 일을 할 수 있는 것이니 이것이 곧 (관리들과) 일반 백성〔野人〕을 구별하는 방법이오.

이상이 정전(井田)에 관한 그 대략의 설명이니 이를 윤택하게 하는 문제에 대해서 말하자면〔若夫=至于〕 그것은 전적으로 임금과 그대에게 달려 있다고 할 수 있소이다."

토지제도의 근본정신에 대한 상세한 풀이다.

4

신농(神農) 씨의 말을 신봉하는 허행(許行)이라는 사람이 있었는데 그가 초나라로부터 등나라에 가서 대월문에 이르러 문공에게 아뢰었다. "먼 곳에 살던 사람이 임금께서 어진 정치를 행하신다는 말을 듣고서 한 뙈기 땅을 얻어 임금의 백성이 되고자 합니다."

문공이 그에게 거처할 곳을 주니 그의 무리 수십 명이 모두 거친 베옷을 입은 채 신발을 만들고 돗자리를 짜서 그것을 팔아 먹고살았다.

(이번에는 초나라의 유학자) 진량(陳良)의 제자인 진상(陳相)이 그의 아우 신(辛)과 함께 쟁기와 보습을 짊어지고서 송나라로부터 등나라에 가서 이렇게 말했다. "임금께서 빼어난 임금[聖人]의 정사를 행하신다는 말을 들었습니다. 이는 참으로 빼어난 임금이십니다. (저희들은) 빼어난 임금의 백성이 되기를 원합니다."

(얼마 후) 진상이 허행을 만나보고서 크게 기뻐하여 그동안 배웠던 것을 죄다 버리고 (허행의 학설을 새롭게) 배웠다. (그 후) 진상은 맹자를 만나보고서 허행으로부터 듣고 배운 바를 전하면서 이렇게 말했다. "등나라의 임금께서는 진실로 뛰어난 임금이시기는 하지만 아직 제대로 된 도리에 대해서는 들어보신 적이 없음이 분명합니다. 진정으로 뛰어난 이[賢者]라면 백성들과 더불어 함께 밭을 갈고 식사도 같이 하며, 아침밥과 저녁밥도 손수 지어 드시면서 통치해야 합니다. 그런데 지금 등나라에 곡식창고와 재물창고가 (따로) 있다면 이는 백성을 못살게 굴어서 자신의 배를 불리는 것이니 어찌 (등나라의 임금을) 진정으로 뛰어나다고 할 수 있겠습니까?"

맹자가 물었다. "허자(許子-허행)는 반드시 자기 손으로 곡식을 심어서 그것이 자라면 먹는가?"

진상이 답했다. "그렇습니다."

(맹자가 물었다.) "허자는 반드시 손수 천을 짜서 옷을 해 입는가?"

진상이 답했다. "아닙니다. 허자께서는 거친 베옷을 입으십니다."

(맹자가 물었다.) "허자는 관(冠)을 쓰는가?"

진상이 답했다. "관을 쓰십니다."

맹자가 물었다. "어떤 관을 쓰는가?"

진상이 답했다. "흰색 비단 관입니다."

맹자가 물었다. "손수 짜서 만드는가?"

진상이 답했다. "아닙니다. 곡식을 주고서 바꿉니다."

맹자가 물었다. "허자는 어째서 손수 관을 짜지 않는가?"

진상이 답했다. "농사짓는 데 방해가 되기 때문입니다."

맹자가 물었다. "그렇다면 허자는 솥과 시루로 밥을 짓고 쇠로 된 농기구로 밭을 가는가?"

진상이 답했다. "그렇습니다."

(맹자가 물었다.) "(솥이나 시루, 쇠로 된 농기구 등) 그것들도 손수 만드는가?"

(진상이 답했다.) "아닙니다. 곡식을 주고서 바꿉니다."

(맹자가 물었다.) "곡식을 주고서 (솥이나 시루 같은) 기계와 바꾼다고 해서 그것이 옹기장이나 대장장이에게 해를 끼치는 것이 아니라면, 옹기장이나 대장장이가 그들의 솥이나 시루, 쇠붙이 농기구 등을 주고서 곡식과 바꾸는 것 또한 어찌 농부에게 해를 끼치는 것이 되겠는가? 그리고 또 허자는 왜 손수 옹기를 굽고 쇠를 달구어 각종 그릇이나 기구들을 모두 집 안에 쌓아놓고 (필요할 때마다) 꺼내서 사용하지 않고 매번 번거

롭게 여러 장인들과 서로 맞바꾸는가? 왜 허자는 백공들과 교역하는 일을 전혀 꺼려하지 않는가?"

진상이 답했다. "여러 장인들의 일은 진실로 (너무 전문적이어서) 농사를 지으면서 동시에 할 수는 없는 것입니다."

(맹자는 말했다.) "그렇다면 천하를 다스리는 일은 유독 농사를 지으면서 동시에 할 수 있단 말인가? 위정자가 해야 할 일이 있고 백성이 해야 할 일이 있는 법이다. 또 한 사람이 살아가는 데는 백공이 만들어낸 온갖 물건들이 갖춰져 있어야 하는데, 만일 각자가 필요한 것은 반드시 각자가 만들어서 쓰도록 한다면 이는 곧 천하 사람들을 이리저리 끌고 다니면서 길에서 수고롭게 만드는 것이다. 그래서 (옛말에) 이르기를 '어떤 사람은 머리로 일하고 어떤 사람은 힘으로 일한다'고 했던 것이다. 머리로 일하는 사람은 남들을 다스리고, 힘으로 일하는 사람은 남들로부터 다스림을 받는다. 남들로부터 다스림을 받는 자는 남들을 먹을 수 있게 해주고, 남들을 다스리는 자는 남들에게 먹는 것을 의지하여 살아가는 것이 온 세상에 두루 통하는 의리이다.

요임금 시절에는 천하가 아직 평정되지 못해 큰물은 멋대로 흘러 천하가 범람하였고, 풀과 나무는 무성하고 날짐승과 길짐승은 마구 번식하여 들끓었으며, 오곡(五穀—벼, 기장, 피, 보리, 콩)은 제대로 여물지 못했고, 날짐승과 길짐승이 사람들을 쳐 짐승의 발자국과 새 발자국의 흔적이 중국(中國)에 어지러이 남아 있었다. 요임금께서 홀로 이를 근심하시다가 순임금을 뽑아 다스림을 펴게 하시니 순임금이 익(益)으로 하여금 불을 다스리는 일을 맡도록 하셨는데 익이 산택(山澤)에 불을 놓아 모조리 태워버림으로써 날짐승과 길짐승이 도망쳐 자취를 감췄다. 우왕은 아홉 개의 강물이 황하로 흘러들도록 하여 소통시켰고, 제수(濟

水)와 탑수(潔水)를 소통시켜 바다로 흘러들도록 했으며, 여수(汝水)와 한수(漢水)의 막힌 물줄기를 뚫었고, 회수(淮水)와 사수(泗水)의 물길을 터서 양자강으로 흘러들어가도록 하였다. 그런 후에야 중국은 (농사를 지어) 먹고살 수 있게 되었다. 이 당시 우왕은 (치수사업을 맡아) 8년 동안 집을 떠나 있으면서 세 번이나 자기 집 문 앞을 지나면서도 들어가지 않았다. 우왕이 밭이나 갈고자 했다면 (이런 거대한 역사(役事)가) 이뤄질 수 있었겠는가?

　(큰물을 다스릴 수 있게 된 다음에야) 후직(后稷)이 백성들에게 농사일을 가르쳐 오곡을 심고 가꾸게 하자 오곡이 무르익었고, 비로소 백성들을 먹여 살릴 수 있게 되었다. 사람에게 있는 마땅한 도리란 배불리 먹고 따뜻하게 입고 편안하게 거처하더라도 가르침이 없으면 짐승에 가까워진다. 이 때문에 성인(聖人-요임금)께서는 이를 근심하여 설(契)을 (백성의 교육을 책임지는) 사도(司徒)로 삼아 사람들 사이에 마땅히 지켜야 할 도리를 가르치게 하시니 그것이 바로 '부모와 자식 간에는 서로를 내 몸과 같이 여김이 있어야 한다', '임금과 신하 사이에는 의리가 있어야 한다', '남편과 아내 사이에는 구별하는 바가 있어야 한다', '윗사람과 아랫사람 사이에는 질서가 있어야 한다', '벗들 간에는 서로 믿음이 있어야 한다'이다. (일찍이) 요임금[放勳]이 말하기를 '(어려움에 빠진 백성들을) 위로하고 찾아오게 하라! 바로잡아주고 곧바로 펼 수 있도록 하라! (본성을 잃지 않도록) 도와주고 (마음을 키울 수 있도록) 도와주어 스스로 인륜을 갖출 수 있도록 하라! 더 나아가 구제해 주고 은혜를 베풀어주어라!'고 했다. (요임금이나 순임금과 같은) 빼어난 임금이 백성을 걱정하기를 이와 같이 하셨는데 어느 겨를에 농사를 지으라는 말인가?

요임금은 순과 같은 뛰어난 인재를 얻지 못하면 어떻게 하나를 자신의 걱정으로 삼았고, 순임금은 우나 고요(皐陶)와 같은 신하를 얻지 못하면 어떻게 하나를 자신의 걱정으로 삼았다. (반면) 100무의 농지에서 농사가 제대로 안되면 어떻게 하나를 자신의 걱정거리로 삼는 사람이 농부다. 사람들에게 재물을 나누어주는 것을 은혜라 하고, 사람들에게 좋음을 가르쳐주는 것을 진정〔忠〕이라 하고, 천하를 위하여 사람을 얻는 것을 어짊이라고 한다. 이래서 천하를 남에게 주기는 쉽고 천하를 위하여 사람을 얻는 것은 어렵다.

공자께서 말씀하시기를 '크도다, 요임금의 임금다움이여! 오직 하늘만이 크거늘 요임금께서 이를 본받으시어 그 다음은 너무도 크고 넓어 백성들이 그것을 칭송할 말을 찾을 수가 없도다! 참으로 임금다우시도다, 순임금이시여! 그 다음이 높고 커서 천하를 소유하셨으면서도 누리려 하지 않으셨도다.' 요임금과 순임금께서 천하를 다스림에 어찌 그 마음을 쓰는 일이 없으셨겠는가? 하지만 농사짓는 일에만 마음을 쓰지는 않으셨다.

나는 중국의 문화를 써서 오랑캐를 변화시켰다는 말은 들었어도 (중국이) 오랑캐 문화에 의해 변화되었다는 말은 못 들어봤다. (그대들의 스승인) 진량은 (중국의 남쪽에 있는) 초나라 태생으로 주공(周公)과 공자의 도리를 열렬히 좋아하여 북쪽에 있는 중국으로 가서 공부하였고, 북쪽의 학자들 중에서 어느 누구도 그를 앞선 자가 없었으니 그야말로 소위 대단한 선비였다. (그런데) 그들의 형제들이 수십 년간 모셔놓고는 스승이 죽자 마침내 배반하였구나!

옛날에 공자께서 돌아가시자 3년이 지난 후에 제자들이 각자 자신들의 짐을 챙겨서 장차 돌아가려고 했다. 이때 제자들은 (공자의 상례(喪

禮)를 주관하고 있던) 자공(子貢)에게 들어가서 인사를 한 후 서로 마주 보며 통곡하고, 모두 목이 쉰 뒤에야 겨우 각자의 길을 떠났다. 자공은 다시 돌아와서 공자의 묘소 옆에 여막(廬幕)을 짓고 홀로 3년을 더 보낸 후에 돌아갔다. 훗날 자하(子夏), 자장(子張), 자유(子游) 세 사람이 모여 유약(有若-有子)이 공자와 닮았다고 하여 공자를 섬기는 예로써 유약을 섬기기로 하고서 증자(曾子)에게도 이같이 해줄 것을 강권했다. 이에 증자는 다음과 같이 말했다. '안 된다. (스승님의 덕을 비유해서 말하자면) 장강과 한수의 (맑은) 물로 씻어내고 가을 뙤약볕을 쬐어 말린 듯 하얗게 빛나니 그 위에 조금이라도 더해서는 안 될 것이다.'

그런데 오늘날 남쪽 오랑캐의 꽥꽥거리는 왜가리 같은 소리를 내는 자(즉 허행)가 (그대의 스승이 따랐던) 선왕들의 도리를 비난하고 있는데 그대는 그대의 스승을 배반하고서 허행을 따르고 있으니 이는 아무래도 (스승을 향한) 증자의 태도와는 다르다.

나는 깊은 계곡에서 나와 높은 나무로 옮겨간다는 것은 들어보았어도 높은 나무에서 내려와 깊은 계곡으로 들어간다는 것은 들어보지 못했다. 『시경』 '노송(魯頌)'에 이르기를 '서쪽 오랑캐와 북쪽 오랑캐를 무찌르고 형(荊) 나라(초나라의 원래 이름)와 서(舒) 나라(초나라의 우방)를 징계하셨도다'라고 했다. 주공께서도 바야흐로 오랑캐를 응징하라 하셨거늘 자네는 도리어 그런 자에게 배우고 있으니, 그야말로 안 좋은 쪽으로만 변해가고 있구나!"

(진상이 말했다.) "허자의 도리를 따르게 되면 시장의 물건값은 여럿이 아니라 하나로 통일되어 온 나라 안에 속이는 일이 없어질 것입니다. 심지어 삼척동자를 시장에 보내더라도 그를 어떻게든 속이려는 사람은 전혀 없을 것입니다. 베나 비단이나 그 길고 짧음이 같으면 값이 서로

똑같으며, 삼과 실과 생사와 솜의 가볍고 무거움이 같으면 값이 똑같으며, 오곡의 많고 적음이 같으면 값이 똑같으며, 신발의 크고 작음이 같으면 값이 똑같습니다."

이에 맹자는 말한다. "무릇 물건마다 하나같이 균일하지 않음은 지극히 자연스러운 물건의 실상이다. (같은 물건이라도 품질에 따라) 어떤 것은 값이 두 배나 다섯 배, 또는 열 배나 백 배, 또는 천 배나 만 배로 차이가 날 수 있는 것이다. (그런데) 그대는 (품질의 차이는 무시한 채) 종류만 같으면 모두 똑같은 것으로 간주하니 이는 천하를 혼란에 빠트리는 것이다. 만약에 큰 (엉터리) 신발과 작은 (정성 들인) 신발이 같은 값이라면 누가 정성 들여 (정성 들인) 큰 신발을 만들려고 하겠는가? 허자의 도를 따르는 것은 사람들을 서로 거짓으로 이끄는 것이니, (그렇게 해서야) 어찌 나라를 제대로 다스린단 말인가?"

有爲神農之言者許行 自楚之滕踵門而告文公曰 遠方之人聞君行仁政
유 위 신농지언 자 허행 자초지등 종문 이 고 문공 왈 원방지인 문 군 행 인정

願受一廛而爲氓 文公與之處 其徒數十人皆衣褐捆屨織席以爲食
원 수 일전 이 위 맹 문공 여지처 기도 수십인 개 의 갈 곤구 직석 이 위 식

陳良之徒陳相與其弟辛負耒耜而自宋之滕 曰 聞君行聖人之政 是亦
진량 지 도 진상 여기제 신 부 뢰사 이 자 송 지 등 왈 문 군 행 성인지정 시 역

聖人也 願爲聖人氓
성인 야 원 위 성인 맹

陳相見許行而大悅 盡棄其學而學焉 陳相見孟子 道許行之言曰 滕君則
진상 견 허행 이 대열 진 기 기학 이 학 언 진상 견 맹자 도 허행 지언 왈 등군 즉

誠賢君也 雖然未聞道也 賢者與民並耕而食 饔飧而治 今也滕有倉廩府庫
성 현군 야 수연 미 문도 야 현자 여민 병경 이 식 옹손 이 치 금 야 등 유 창름 부고

則是厲民而以自養也 惡得賢
즉 시 여민 이 이 자양 야 오 득 현

孟子曰 許子必種粟而後食乎
맹자 왈 허자 필 종속 이후 식 호

曰 然
왈 연

(孟子曰) 許子必織布而後衣乎
맹자왈 허자필직포이후의호

曰 否 許子衣褐
왈 부 허자 의 갈

(孟子曰) 許子冠乎
맹자왈 허자관호

曰 冠
왈 관

(孟子)曰 奚冠
맹자 왈 해관

曰 冠素
왈 관소

(孟子)曰 自織之與
맹자 왈 자직지여

曰 否 以粟易之
왈 부 이율역지

(孟子)曰 許子奚爲不自織
맹자 왈 허자 해위불자직

曰 害於耕
왈 해어경

(孟子)曰 許子以釜甑爨 以鐵耕乎
맹자 왈 허자 이부증찬 이철경호

曰 然
왈 연

(孟子曰) 自爲之與
맹자왈 자위지여

曰 否 以粟易之
왈 부 이속역지

(孟子曰) 以粟易械器者不爲厲陶冶 陶冶亦以其械器易粟者 豈爲厲農夫
맹자왈 이속역계기 자불위여도야 도야역이기 계기역속자 기위여농부

哉 且許子 何不爲陶冶舍皆取諸其宮中而用之 何爲紛紛然與百工交易 何
재 차허자 하불위도야사개취제기공중이용지 하위 분분연 여 백공 교역 하

許子之不憚煩
허자지불탄번

326__

曰 百工之事固不可耕且爲也
왈 백공지사 고 불가 경차 위야

(孟子曰) 然則治天下獨可耕且爲與 有大人之事有小人之事 且一人之身
맹자 왈 연즉 치 천하 독 가 경차 위여 유 대인지사 유 소인지사 차 일인 지신

而百工之所爲備 如必自爲而後用之 是率天下而路也 故曰 或勞心 或勞力
이 백공 지 소위 비 여필자위 이후 용지 시솔 천하 이노야 고왈 혹 노심 혹 노력

勞心者治人 勞力者治於人 治於人者食人 治人者食於人 天下之通義也
노심 자 치인 노력 자 치어인 치 어인자 사인 치인 자 사어인 천하 지 통의 야

當堯之時天下猶未平 洪水橫流氾濫於天下 草木暢茂禽獸繁殖 五穀不登
당 요지시 천하 유 미평 홍수 횡류 범람 어 천하 초목 창무 금수 번식 오곡 부등

禽獸偪人 獸蹄鳥跡之道交於中國 堯獨憂之擧舜而敷治焉 舜使益掌火
금수 핍인 수제 조적 지도 교어 중국 요 독 우지 거순 이 부치 언 순 사 익 장화

益烈山澤而焚之禽獸逃匿 禹疏九河瀹濟漯而注諸海決汝漢 排淮泗而注
익 열 산택 이 분 지 금수 도닉 우 소 구하 약 제탑 이 주제 해 결 여한 배 회사 이 주

之江 然後中國可得而食也 當是時也禹八年於外三過其門而不入 雖欲耕
지강 연후 중국 가득 이 식야 당 시시 야 우 팔년 어 외 삼과 기문 이 불입 수욕경

得乎 后稷教民稼穡樹藝五穀五穀熟而民人育 人之有道也飽食煖衣逸居
득호 후직 교민 가색 수예 오곡 오곡 숙 이 민인 육 인 지 유도 야 포식 난의 일거

而無教則近於禽獸 聖人有憂之使契爲司徒 教以人倫 父子有親 君臣有義
이 무교 즉 근어 금수 성인 유 우지 사 설 위 사도 교이 인륜 부자유친 군신유의

夫婦有別 長幼有序 朋友有信 放勳曰 勞之來之 匡之直之 輔之翼之 使自
부부유별 장유유서 붕우유신 방훈 왈 노지래지 광지직지 보지익지 사자

得之 又從而振德之 聖人之憂民如此而暇耕乎 堯以不得舜爲己憂 舜以
득지 우종 이 진덕 지 성인 지 우민 여차 이 가경 호 요 이 부득 순 위기우 순 이

不得禹皐陶爲己憂 夫以百畝之不易爲己憂者農夫也 分人以財謂之惠 教
부득 우 고요 위기우 부 이 백무지 불이 위기우 자 농부 야 분인 이재 위지혜 교

人以善謂之忠 爲天下得人者謂之仁 是故以天下與人易 爲天下得人難
인 이선 위지충 위 천하 득인 자 위지인 시고 이 천하 여인 이 위 천하 득인 난

孔子曰 大哉堯之爲君 惟天爲大 惟堯則之 蕩蕩乎民無能名焉 君哉舜也
공자 왈 대재 요지 위군 유 천위대 유요 칙지 탕탕 호 민 무능 명언 군 재 순야

巍巍乎有天下而不與焉 堯舜之治天下 豈無所用其心哉 亦不用於耕耳 吾
외외 호 유 천하 이 불여 언 요순 지치 천하 기무 소용 기심 재 역 불용 어 경이 오

聞用夏變夷者 未聞變於夷者也 陳良楚產也 悅周公仲尼之道 北學於中國
문 용하 변이 자 미문 변 어 이자야 진량 초산 야 열 주공 중니지도 북학 어 중국

北方之學者未能或之先也 彼所謂豪傑之士也 子之兄弟事之數十年 師
북방 지 학자 미능 혹 지 선야 피 소위 호걸지사 야 자지 형제 사지 수십 년 사

死而遂倍之 昔者孔子沒三年之外 門人治任將歸 入揖於子貢相嚮而哭皆
사 이 수 배 지　석자 공자 몰 삼년 지 외　문인 치임 장 귀　입 읍 어 자공 상 향 이 곡 개

失聲然後歸 子貢反築室於場獨居三年然後歸 他日子夏子張子游 以有若似
실성 연후 귀　자공 반 축 실 어 장 독거 삼년 연후 귀　타일 자하 자장 자유　이 유약 사

聖人 欲以所事孔子事之彊曾子 曾子曰 不可 江漢以濯之秋陽以暴之皜皜
성인　욕 이 소사 공자 사 지 강 증자　증자 왈　불가　강한 이 탁 지 추양 이 폭 지 호호

乎不可尙已 今也南蠻鴃舌之人非先王之道 子倍之師而學之亦異於曾子
호 불가 상 이　금 야 남만 격설 지 인 비 선왕 지 도　자 배 지 사 이 학 지 역 이 어 증자

矣 吾聞出於幽谷遷于喬木者 未聞下喬木而入於幽谷者 魯頌曰 戎狄是膺
의　오 문 출 어 유곡 천 우 교목 자　미문 하 교목 이 입 어 유곡 자　노송 왈　융적 시 응

荊舒是懲 周公方且膺之 子是之學亦爲不善變矣
형서 시 징　주공 방 차 응 지　자 시 지 학 역 위 불선 변 의

(曰) 從許子之道則市賈不貳 國中無僞 雖使五尺之童適市 莫之或欺
왈　종 허자 지 도 즉 시 가 불이　국중 무위　수 사 오척 지 동 적 시　막 지 혹 기

布帛長短同則賈相若 麻縷絲絮輕重同則賈相若 五穀多寡同則賈相若 屨
포백 장단 동 즉 가 상 약　마루 사 서 경중 동 즉 가 상 약　오곡 다과 동 즉 가 상 약　구

大小同則賈相若
대소 동 즉 가 상 약

(孟子)曰 夫物之不齊物之情也 或相倍蓰或相什伯或相千萬 子比而同
맹자 왈　부 물 지 부제 물 지 정 야　혹 상 배 사 혹 상 십 백 혹 상 천만　자 비 이 동

之 是亂天下也 巨屨小屨同賈人豈爲之哉 從許子之道相率而爲僞者也 惡
지　시 난 천하 야　거구 소구 동가 인 개 위 지 재　종 허자 지 도 상 솔 이 위 위 자 야　오

能治國家
능 치 국가

🌸　　　（고대 중국에서 농사짓는 법을 가르쳤다고 하는 전설상의
인물) 신농(神農) 씨의 말을 신봉하는 허행(許行)이라는 사람이 있었
는데 그가 초나라로부터 등나라에 가서 대궐문에 이르러〔踵〕 문공에
게 아뢰었다. "먼 곳에 살던 사람이 임금께서 어진 정치〔仁政〕를 행하

신다는 말을 듣고서 한 뙈기 땅〔廛〕을 얻어 임금의 백성〔氓〕이 되고자
합니다." 문공이 그〔之〕에게 거처할 곳〔處〕을 주니〔與〕 그의 무리 수십
명이 모두 거친 베옷〔褐〕을 입은 채 신발을 만들고〔捆屨=綑屨〕 돗자리
를 짜서 그것을 팔아 먹고살았다. 氓은 백성 중에서도 다른 나라나 지
방에서 이주해 온 백성을 말한다. 여기서 어진 정치〔仁政〕라 한 것은
문공이 정전법을 시행하고 있음을 뜻한다고 한다.

(이번에는 초나라의 유학자) 진량(陳良)의 제자인 진상(陳相)이 그의
아우 신(辛)과 함께 쟁기와 보습〔耒耜〕을 짊어지고서〔負〕 송나라로부
터 등나라에 가서 이렇게 말했다. "임금께서 빼어난 임금〔聖人〕의 정
사를 행하신다는 말을 들었습니다. 이 또한 빼어난 임금이십니다. (저
희들은) 빼어난 임금의 백성〔氓〕이 되기를 원합니다."

(얼마 후) 진상이 허행을 만나보고서 크게 기뻐하여 그동안〔其〕 배
웠던 것을 죄다〔盡〕 버리고 (허행의 학설을 새롭게) 배웠다. (그 후) 진
상은 맹자를 만나보고서 허행으로부터 듣고 배운 바를 전하면서 이렇
게 말했다. "등나라의 임금께서는 진실로 뛰어난 임금〔賢君〕이시기는
하지만〔雖然〕 아직 제대로 된 도리〔道〕에 대해서는 들어보신 적이 없
음이 분명합니다. 진정으로 뛰어난 이〔賢者〕라면 백성들과 더불어 함
께 밭을 갈고 식사도 같이 하며, 아침밥과 저녁밥도 손수 지어 드시면
서 통치해야 합니다. 그런데 지금 등나라에 곡식창고〔倉廩〕와 재물창
고〔府庫〕가 (따로) 있다면 이는 백성을 못살게 굴어서〔厲〕 자신의 배
를 불리는 것이니 어찌〔惡〕 (등나라의 임금을) 진정으로 뛰어나다고 할
수 있겠습니까?" 饔은 아침밥, 飧(飱)은 저녁밥이다. 허행의 학설은 앞
장에서 본 맹자의 君子/野人 이분법을 근본적으로 부정하는 것이다.
마치 극단적인 공산주의 사상을 보는 듯하다. 지금부터 맹자와 진상

의 치열한 공방전이 이어진다.

맹자: "허자(許子-허행)는 반드시 자기 손으로 곡식을 심어서 그것이 자라면 먹는가?"

진상: "그렇습니다."

맹자: "허자는 반드시 손수 천을 짜서 옷을 해 입는가?"

진상: "아닙니다〔否〕. 허자께서는 거친 베옷〔褐〕을 입으십니다."

맹자: "허자는 관(冠)을 쓰는가?"

진상: "관을 쓰십니다."

맹자: "어떤〔奚〕 관을 쓰는가?"

진상: "흰색 비단 관입니다."

맹자: "손수 짜서 만드는가?"

진상: "아닙니다. 곡식을 주고서 바꿉니다."

맹자: "허자는 어째서 손수 관을 짜지 않는가?"

진상: "농사짓는 데 방해가 되기 때문입니다."

맹자: "그렇다면 허자는 솥〔釜〕과 시루〔甑〕로 밥을 짓고〔爨〕 쇠로 된 농기구〔鐵〕로 밭을 가는가?"

진상: "그렇습니다."

맹자: "(솥이나 시루, 쇠로 된 농기구 등) 그것들도 손수 만드는가?"

진상: "아닙니다. 곡식을 주고서 바꿉니다."

맹자: "곡식을 주고서 (솥이나 시루 같은) 기계〔械器〕와 바꾼다고 해서 그것이 옹기장이〔陶〕나 대장장이〔冶〕에게 해를 끼치는 것이 아니라면, 옹기장이나 대장장이가 그들의 솥이나 시루, 쇠붙이 농기구 등을 주고서 곡식과 바꾸는 것 또한 어찌 농부에게 해를 끼치는 것이 되겠는가? 그리고 또 허자는 왜 손수 옹기를 굽고 쇠를 달구어 각종 그릇

이나 기구들을 모두 집 안에 쌓아놓고 (필요할 때마다) 꺼내서 사용하지 않고 매번 번거롭게〔紛紛然〕 여러 장인들〔百工〕들과 서로 맞바꾸는가? 왜 허자는 백공들과 교역하는 일을 전혀 꺼려하지 않는가?"

진상: "여러 장인들의 일은 진실로 (너무 전문적이어서) 농사를 지으면서 동시에 할 수는 없는 것입니다."

이미 대화가 진상에게 불리하게 돌아가고 있다. 자연스럽게 맹자의 말이 길어진다. 맹자는 말한다. "그렇다면〔然則〕 천하를 다스리는 일은 유독 농사를 지으면서 동시에 할 수 있단 말인가? 위정자〔大人〕가 해야 할 일이 있고 백성〔小人〕이 해야 할 일이 있는 법이다. 또 한 사람이 살아가는 데는 백공이 만들어낸 온갖 물건들이 갖춰져 있어야 하는데, 만일 각자가 필요한 것은 반드시 각자가 만들어서 쓰도록 한다면 이는 곧 천하 사람들을 이리저리 끌고 다니면서 길에서 수고롭게 만드는 것〔路〕이다. 그래서 (옛말에) 이르기를 '어떤 사람은 머리로 일하고 어떤 사람은 힘으로 일한다〔或勞心 或勞力〕'고 했던 것이다. 머리로 일하는 사람은 남들을 다스리고, 힘으로 일하는 사람은 남들로부터 다스림을 받는다. 남들로부터 다스림을 받는 자는 남들을 먹을 수 있게 해주고, 남들을 다스리는 자는 남들에게 먹는 것을 의지하여 살아가는 것이 온 세상에 두루 통하는 의리〔義〕이다."

맹자의 발언에 대한 주희의 풀이다. "군자는 소인이 없으면 굶주리고, 소인은 군자가 없으면 어지러움〔亂〕에 빠지니 서로 교역함은 바로 농부와 도공 및 대장장이〔陶冶〕가 곡식과 기계를 가지고 서로 교역함과 같다. 이는 마침내 서로 구제하는 것이요, 서로 해롭게 하는 것이 아니다. 천하를 다스리는 자가 어찌 반드시 손수 밭을 갈면서 정치를 해야 하겠는가?"

이 점에 대해서는 『논어』 '자로 4'에서 공자와 제자 번지(樊遲)의 대화내용을 참조할 필요가 있다.

번지가 공자에게 농사일을 배울 것을 청하자 공자는 말했다. "나는 늙은 농부만도 못하다." 그러자 번지가 채소 가꾸는 것이라도 배울 것을 청한다. 이에 공자는 "나는 늙은 농군만도 못하다"고 답한다.

번지가 나가자 공자는 말했다. "소인이구나, 번지여." 그리고 이렇게 말했다. "윗사람이 예(禮)를 좋아하면 곧 백성들이 감히 불경을 행하는 이가 없고, 윗사람이 의(義)를 좋아하면 곧 백성들이 감히 복종하지 않는 이가 없고, 윗사람이 신(信)을 좋아하면 곧 백성들이 감히 실상에 맞지 않는 일을 하는 이가 없다. 이렇게 되면 사방의 백성들이 자식을 포대기에 업고서라도 올 것이니 어찌 내 능력을 농사짓는 데 쓰겠는가?"

'문제의 제자' 번지는 뜬금없이 공자에게 농사짓는 법을 배우고 싶다고 청한다. 정치하는 문제를 논하다가 왜 갑자기 농사일의 문제가 나온 것일까?

어떤 상황인지는 알 수 없지만 번지는 공자에게 농사일〔稼〕을 배우고 싶다고 청한다. 이건 누가 보아도 공자를 모독하는 짓이다. 이에 공자는 우회적으로 답한다. "나는 늙은 농부만도 못하다." 그런데도 번지는 그러면 채소 가꾸는 것〔圃〕이라도 배울 것을 청한다. 이에 공자는 "나는 늙은 농군만도 못하다"고 답한다. 할 수 없다는 뜻이다. 그런데 그 이유는 무엇일까?

먼저 공자는 번지가 나가자 다른 제자들을 향해 말한다. "소인이

구나, 번지여." 번지 앞에서는 직접 반박을 하지 못하고 에둘러 답하다가 막상 번지가 그 자리에서 사라진 다음에야 소인이라고 비판한다. 그렇다고 '소인'이 강한 비난의 의미를 담고 있는 것은 아니다. 그저 요즘 식으로 하자면 생계에 얽매인 소시민 정도로 볼 수 있다. 주희가 소인을 세민(細民)이라고 한 것은 서민(庶民)을 뜻하는 것이다. 그런데 예의를 배우기에 앞서 농포(農圃)를 먼저 배우겠다고 했기에 소인이라고 한 것이다.

이어 공자는 자신이 농사짓는 법을 가르치지 않아도 되는 이유를 설명한다. 그리고 공자는 자신의 사회적 역할, 즉 자신의 이름을 바로 하는 것[正名]이 무엇인지를 소상하게 설명한다.
                                          정명

"윗사람이 예(禮)를 좋아하면 곧 백성들이 감히 불경(不敬)을 행하는 이가 없고, 윗사람이 의(義)를 좋아하면 곧 백성들이 감히 복종하지 않는 이가 없고, 윗사람이 신(信)을 좋아하면 곧 백성들이 감히 실상[情]에 맞지 않는 일을 하는 이가 없다. 이렇게 되면 사방
                   정
의 백성들이 자식을 포대기에 업고서라도 올 것이니 어찌 농사짓는 데 쓰겠는가?"

이 장에 대해서는 정약용의 풀이가 균형이 잡혀 있다. "번지가 농사짓는 법을 배우려 한 것은 스스로 농업을 하려고 한 것이 아니다. 후직(后稷)이 몸소 농사를 지으면서 천하를 둔 것은 본래 또한 성문(聖門-유학자들의 세계)에서 높이 평가해 온 것인바, 이는 당시 일종의 학문으로서, 원래 신농(神農)의 설을 공부하여 생각을 순화시켜 순박한 데로 돌아가려고 하는 사람들이 있었던 것이다. 그런데 공자도 소시에는 미천하여 비루한 일에 능함이 많았다. 번지는 도가 행해지지 않는 것을 알고 농사짓는 법을 배워 사방의 백성들이 찾아

오게 하려고 하였으니, 이 또한 선왕의 도를 배우는 자가 널리 공부할 수 있는 것이다.

그런데 공자가 (농사짓고 채소 가꾸는 것을) 배척한 것은 예의를 먼저 하고 식화(食貨)를 뒤로 하고자 하는 것이었을 뿐이다. 번지의 이 하나의 질문이 어찌 반드시 큰 죄가 되겠는가? 『주례(周禮)』 '태재(太宰)'의 아홉 가지 직업에 '첫째는 삼농(三農)이니 아홉 곡식을 생산하고, 둘째는 원포(園圃)이니 초목을 기른다'고 하였다. 정현이 우(虞) 나라의 후직(后稷)을 천관(天官-하늘이 내려준 관직)이라 이른 것은 근거가 있는 말이다. 성인이 나라를 다스릴 때 반드시 농사의 이치에 훤히 밝은 자를 얻어 그로 하여금 농관으로 삼은 뒤에라야 그 직분을 다할 수 있는 것이다. 만약 한결같이 (농사와 채소 가꾸기를) 엄하게 배척한다면 사람이 어찌 농사를 짓겠는가? 번지는 공자의 뛰어난 제자〔高弟〕이니 정말로 노농을 찾아갈 리가 또한 없을 것인데, 어찌 한 번 공자의 거부를 당한 것으로써 갑자기 그의 평생을 공자와 끊을 수 있겠는가?"

'자장 7'은 공자의 의중을 훨씬 분명하게 보여준다.

자하는 말한다. "온갖 공인들이 공방에 있으면서 그 일을 이루듯이, 군자는 배워서 그 도리를 지극히 한다."

다시 맹자의 발언으로 돌아가자. "요임금〔堯〕 시절에는 천하가 아직 평정되지 못해 큰물〔洪水〕은 멋대로 흘러 천하가 범람하였고, 풀과 나무〔草木〕는 무성하고 날짐승과 길짐승〔禽獸〕은 마구 번식하여 들끓었으며, 오곡(五穀-벼, 기장, 피, 보리, 콩)은 제대로 여물지 못했고, 날짐승과 길짐승이 사람들을 쳐 짐승의 발자국과 새 발자국의 흔적이 중국(中國)에 어지러이 남아 있었다. 요임금께서 홀로 이를 근심하시다가 순임금〔舜〕을 뽑아 다스림을 펴게 하시니 순임금이 익(益)으로 하여금 불을 다스리는 일을 맡도록 하셨는데 익이 산택(山澤)에 불을 놓아 모조리 태워버림으로써 날짐승과 길짐승이 도망쳐 자취를 감췄다. 우왕〔禹〕은 아홉 개의 강물〔九河〕이 황하로 흘러들도록 하여 소통시켰고, 제수(濟水)와 탑수(濕水)를 소통시켜 바다로 흘러들도록 했으며, 여수(汝水)와 한수(漢水)의 막힌 물줄기를 뚫었고, 회수(淮水)와 사수(泗水)의 물길을 터서 양자강〔長江〕으로 흘러들어가도록 하였다. 그런 후에야 중국은 (농사를 지어) 먹고살 수 있게 되었다. 이 당시 우왕은 (치수사업을 맡아) 8년 동안 집을 떠나 있으면서 세 번이나 자기 집 문 앞을 지나면서도 들어가지 않았다. 우왕이 밭이나 갈고자 했다면 (이런 거대한 역사(役事)가) 이뤄질 수 있었겠는가?

(큰물을 다스릴 수 있게 된 다음에야) 후직(后稷)이 백성들에게 농사일〔稼穡〕을 가르쳐 오곡을 심고〔樹〕 가꾸게〔藝〕 하자 오곡이 무르익었고, 비로소 백성들을 먹여 살릴 수 있게 되었다. 사람에게 있는 마땅한 도리〔人之有道〕란 배불리 먹고 따뜻하게 입고 편안하게 거처하더라도 가르침이 없으면〔無敎〕 짐승〔禽獸〕에 가까워진다. 이 때문에 성인(聖人-요임금)께서는 이를 근심하여 설(契)을 (백성의 교육을 책임지는) 사도(司徒)로 삼아 사람들 사이에 마땅히 지켜야 할 도리〔人倫〕를 가르치게 하시니 그것이 바로 '부모와 자식 간에는 서로를 내 몸과 같이 여김이 있어야 한다〔父子有親〕', '임금과 신하 사이에는 의리가 있어야 한다〔君臣有義〕', '남편과 아내 사이에는 구별하는 바가 있어야 한다〔夫婦有別〕', '윗사람과 아랫사람 사이에는 질서가 있어야 한

다[長幼有序]', '벗들 간에는 서로 믿음이 있어야 한다[朋友有信]'이다.
(일찍이) 요임금[放勳-요임금의 호]이 말하기를 '(어려움에 빠진 백성
들을) 위로하고 찾아오게 하라! 바로잡아주고 곧바로 펼 수 있도록 하
라! (본성을 잃지 않도록) 도와주고 (덕을 키울 수 있도록) 도와주어 스
스로 인륜을 갖출 수 있도록 하라! 더 나아가[又] 구제해 주고 은혜를
베풀어주어라!'고 했다. (요임금이나 순임금과 같은) 빼어난 임금이 백
성을 걱정하기를 이와 같이 하셨는데 어느 겨를에 농사를 지으라는
말인가?"

여기서 우리는 때를 적중하는 것[時中], 즉 당대의 근본적인 과제
를 찾아내는 요임금과 순임금[堯舜]의 모습을 볼 수 있다. 주희의 풀
이대로 "물과 땅[水土]이 평정된 다음에 농사일[稼穡]을 가르칠 수 있
고, 입을 것과 먹을 것[衣食]이 풍족한 다음에 교화를 베풀 수 있음을
말한 것"이다. 동시에 이처럼 중대한 일을 하는 위정자를 향해 농사를
겸해야 한다고 주장하는 허자의 견해를 논리적으로 반박하고 있다.
다시 맹자의 말이 이어진다.

"요임금은 순과 같은 뛰어난 인재를 얻지 못하면 어떻게 하나를 자
신의 걱정으로 삼았고, 순임금은 우나 고요(皐陶)와 같은 신하를 얻
지 못하면 어떻게 하나를 자신의 걱정으로 삼았다. (반면) 100무의 농
지에서 농사가 제대로 안되면 어떻게 하나를 자신의 걱정거리로 삼는
사람이 농부다."

앞서 했던 이야기를 일단락 짓고 있다. 주희의 풀이다. "요순(堯舜)이
백성을 걱정한 것은 일마다 걱정한 것이 아니요, 먼저 해야 할 일을 급
히 했을 뿐이다. (그리고 그 일에 필요한 인재가 구해지지 않으면 어떻게
하나 걱정을 했을 뿐이다.) 백성을 걱정한 것이 그 큼이 이와 같다면 비

단 밭을 갈 겨를이 없을 뿐만 아니라 또한 굳이 밭을 갈 필요가 없는 것이다." 다시 맹자의 말이 이어진다.

"사람들에게 재물을 나누어주는 것을 은혜[惠]라 하고, 사람들에게 좋음[善]을 가르쳐주는 것을 진정[忠]이라 하고, 천하를 위하여 사람을 얻는 것을 어짊[仁]이라고 한다. 이래서 천하를 남에게 주기는 쉽고, 천하를 위하여 사람을 얻는 것은 어렵다."

이에 대한 주희의 풀이다. "사람들에게 재물을 나누어주는 것은 작은 은혜[小惠]일 뿐이요, 사람들에게 좋음을 가르쳐주는 것은 비록 백성을 사랑하는 실상은 있으나 미치는 바가 또한 한계가 있고 오래 지속하기가 힘들다. 오직 요가 순을 얻고 순이 우나 고요를 얻는 것과 같이 하여야 이른바 천하를 위하여 인재를 얻는다는 것이어서 그 은혜가 광대하고 교화가 무궁할 것이니, 이 때문에 어짊[仁]이 되는 것이다."

이제 맹자는 공자를 인용한 다음 다시 한 번 허자와 진상의 논리를 반박한다. "공자께서 말씀하시기를 '크도다, 요임금[堯]의 임금다움[爲君=德]이여! 오직 하늘만이 크거늘 요임금께서 이를 본받으시어 그 다움은 너무도 크고 넓어 백성들이 그것을 칭송할 말을 찾을 수가 없도다! 참으로 임금다우시도다, 순임금이시여! 그 다움이 높고 커서 천하를 소유하셨으면서도 누리려 하지 않으셨도다.' 요임금과 순임금[堯舜]께서 천하를 다스림에 어찌 그 마음을 쓰는 일이 없으셨겠는가? 하지만 농사짓는 일에만[耳] 마음을 쓰지는 않으셨다."

여기까지가 진상의 말에 대한 맹자의 논리적 반박이다. 인용된 공자의 언급은『논어』'태백 18, 19'에 나온다. 여기서 순임금이 천하를 소유[有]하면서도 누리려 하지[與] 않았다는 것은 진정한 의미의 위임통치를 구현했다는 뜻이다. 주희는 與를 상관하다로 보면서 不與를 "임금이라는 지위를 낙으로 삼지 않았다"고 풀이한다.

논박을 끝낸 맹자는 이제 진상 형제에 대한 정면비판을 가한다. "나는 중국의 문화[夏=中華]를 써서 오랑캐[夷]를 변화시켰다는 말은 들었어도 (중국이) 오랑캐 문화에 의해[於] 변화되었다는 말은 못 들어봤다. (그대들의 스승인) 진량은 (중국의 남쪽에 있는) 초나라 태생으로 주공(周公)과 공자의 도리를 열렬히 좋아하여 북쪽에 있는 중국으로 가서 공부하였고, 북쪽의 학자들 중에서 어느 누구도 그를 앞선 자가 없었으니 그야말로 소위 대단한 선비[豪傑之士]였다. (그런데) 그들의 형제들이 수십 년간 모셔놓고는 스승이 죽자 마침내 배반하였구나!"

한마디로 진상 형제는 스승을 저버린 배신자라는 것이다. 그런데 여기서 내용의 전개와는 별도로 우리가 주목해야 할 단어가 있다. 夏와 中國이 그것이다. 中國은 앞서 요임금이 통치를 막 시작할 때의 혼란상을 언급할 때도 등장한 바 있다. 도대체 中國은 무엇이고 또 여기서의 夏는 왜 하(夏) 나라가 아니라 중국의 문화[中華]로 번역해야 하는 것일까?

주희는 夏를 '諸夏의 예와 의로움[禮義]의 가르침'이라고 풀이한다. 여기서 諸夏란 고대 중국에서 사방(四方)의 오랑캐[夷狄]에 대비해서 중국(中國) 본토를 일컫는다. 대체적으로 그 범위는 지금의 중국 전체가 아니라 하은주(夏殷周) 삼대로 이어지는 종주국 중심의 세계관을 말한다. 일종의 자국중심주의적 세계관으로 이때의 諸夏는 夏華, 中華와 같은 뜻이며, 영토적 국가개념보다는 문화적 세계관 개념에 가깝다. 그래서 여기에 등장하는 중국(中國)은 하은주로 이어지는 종주국의 영토를 나타낼 때도 있고, 그에 기반한 중국의 문화[中華]를 나타낼 때도 있다. 결국 여기서 초나라의 경우 중국의 범위에 포함되지 않는다.

이 구절에 대한 주희의 풀이를 보자. "진량이 초나라에서 출생하였으니 중국의 남쪽에 있었다. 그러므로 북쪽으로 가서 중국에서 배운 것이다. 선(先)은 뛰어남이다. 호걸(豪傑)은 재주와 다움〔德〕이 출중한 칭호이니, 능히 스스로 시대의 흐름에서 대단했다는 것을 말한다. 배(倍)는 배(背)와 같다. 진량은 중국 문화〔中華〕의 가르침을 써서 오랑캐를 변화시켰는데 (그 제자인) 진상은 (오히려) 오랑캐에게 변화 당함을 말씀하신 것이다."

중국의 문화〔中華〕에 대한 자부심 그리고 중국(中國)과 관련된 공자의 중요성을 볼 수 있는 맹자의 언급이 계속된다.

"옛날〔昔者〕에 공자께서 돌아가시자 3년이 지난 후에 제자들이 각자 자신들의 짐〔任〕을 챙겨서 장차 돌아가려고 했다. 이때 제자들은 (공자의 상례(喪禮)를 주관하고 있던) 자공(子貢)에게 들어가서 인사〔揖〕를 한 후 서로 마주 보며 통곡하고, 모두 목이 쉰 뒤에야 겨우 각자의 길을 떠났다. 자공은 다시 돌아와서 공자의 묘소 옆에 여막(廬幕)을 짓고 홀로 3년을 더 보낸 후에 돌아갔다. 훗날〔他日〕 자하(子夏), 자장(子張), 자유(子游) 세 사람이 모여 유약(有若-有子)이 공자와 닮았다고 하여 공자를 섬기는 예로써 유약을 섬기기로 하고서 증자(曾子)에게도 이같이 해줄 것을 강권〔彊〕했다. 이에 증자는 다음과 같이 말했다. '안 된다. (스승님의 다움을 비유해서 말하자면) 장강과 한수〔江漢〕의 (맑은) 물로 씻어내고 가을 뙤약볕을 쬐어 말린 듯 하얗게 빛나니〔皜皜乎〕 그 위에 조금이라도 더해서는 안 될 것이다.'"

여기서 맹자가 말하고자 하는 핵심은 공자의 제자들조차 이처럼 현혹될 수 있지만 자공이나 증자는 조금도 변함없이 공자의 도를 이으려 애썼다는 점이다. 맹자의 말이 이어진다.

"그런데 오늘날 남쪽 오랑캐의 꽥꽥거리는 왜가리 같은 소리를 내는 자(즉 허행)가 (그대의 스승이 따랐던) 선왕들의 도리를 비난하고 있는데 그대는 그대의 스승을 배반하고서 허행을 따르고 있으니 이는 아무래도 (스승을 향한) 증자의 태도와는 다르다.

나는 깊은 계곡에서 나와 높은 나무로 옮겨간다는 것은 들어보았어도 높은 나무에서 내려와 깊은 계곡으로 들어간다는 것은 들어보지 못했다. 『시경』 '노송(魯頌)'에 이르기를 '서쪽 오랑캐(戎)와 북쪽 오랑캐(狄)를 무찌르고 형(荊) 나라(초나라의 원래 이름)와 서(舒) 나라(초나라의 우방)를 징계하셨도다'라고 했다. 주공께서도 바야흐로 오랑캐를 응징하라 하셨거늘 자네는 도리어 그런 자에게 배우고 있으니, 그야말로 안 좋은(不善) 쪽으로만 변해가고 있구나!"

그러나 여전히 허행의 주장에 깊이 빠져 있는 진상은 맹자의 질책은 안중에도 없이 오히려 허행을 역성 들고 나선다.

"허자의 도리를 따르게 되면 시장의 물건값은 여럿이 아니라 하나로 통일되어 온 나라 안에 속이는 일이 없어질 것입니다. 심지어 삼척동자를 시장에 보내더라도 그를 어떻게든 속이려는 사람은 전혀 없을 것입니다. 베나 비단이나 그 길고 짧음이 같으면 값이 서로 똑같으며, 삼과 실과 생사와 솜의 가볍고 무거움이 같으면 값이 똑같으며, 오곡의 많고 적음이 같으면 값이 똑같으며, 신발의 크고 작음이 같으면 값이 똑같습니다."

여기에는 양(量)의 같음만 있을 뿐 질(質)의 다름은 전혀 고려 대상이 아니다.

이에 맹자는 말한다. "무릇 물건마다 하나같이 균일하지 않음은 지

극히 자연스러운 물건의 실상〔情〕이다. (같은 물건이라도 품질에 따라)
어떤 것은 값이 두 배나 다섯 배, 또는 열 배나 백 배, 또는 천 배나 만
배로 차이가 날 수 있는 것이다. (그런데) 그대는 (품질의 차이는 무시
한 채) 종류만 같으면 모두 똑같은 것으로 간주하니 이는 천하를 어지
러움〔亂〕에 빠트리는 것이다. 만약에 큰 (엉터리) 신발과 작은 (정성 들
인) 신발이 같은 값이라면 누가 정성 들여 (정성 들인) 큰 신발을 만들
려고 하겠는가? 허자의 도를 따르는 것은 사람들을 서로 거짓으로 이
끄는 것이니, (그렇게 해서야) 어찌 나라를 제대로 다스린단 말인가?"

　　인류의 평등을 절대시했던 묵가(墨家)의 문제는 자연스럽게 다음으
로 이어진다.

5

묵가를 따르는 이지(夷之)라는 사람이 맹자의 제자 서벽(徐辟)을 통해 맹자를 만나 뵙기를 청하자 맹자는 이렇게 말했다. "나도 진실로 만나보고 싶지만 지금 내가 병중이다. 병이 낫거든 내가 장차 찾아가 만나볼 것이니, 이자(夷子 - 이지)는 들이지 말라."

다른 날에 다시 맹자를 만나보고 싶어 하자 맹자는 말했다. "내 지금은 얼마든지 만나볼 수 있다. (그러나) 내가 말을 곧게 다 할 수 없으면 도리가 드러날 수 없으니 내 우선 말을 곧게 다 해야겠다. 내가 듣기에 이자는 묵가를 따르는 사람이라 하니 묵가가 상(喪)을 치르는 것은 (후장(厚葬)이 아니라) 박장(薄葬)을 도리로 받아들인다고 했다. 이자는 (묵자를 자처하는 사람이므로) 이런 사상으로 천하(의 풍속)를 바꾸려 하니 (당연히) 박장이 아니면 옳지 못하고 비천한 짓이라고 생각할 것이다. 그런데도 이자는 그 부모의 상을 후하게 했으니 그렇다면 자신이 천하게 여기는 것으로 부모를 섬긴 것이나 마찬가지다."

서벽이 맹자의 이 같은 발언을 이자에게 전하자 이자는 이렇게 말한다. "유자들의 도리에 따르면 옛 임금들은 (백성들을) 마치 갓난아이 보살피듯 했다는 말이 있다. 이 말은 무엇을 뜻하는 것이겠는가? 내가 생각할 때는 사랑을 베풀 때 아무런 차별이나 차등이 없으며, 그 베풂은 어버이로부터 시작해야 한다는 뜻이다."

서벽이 이자의 이 같은 발언을 맹자에게 전하자 맹자는 이렇게 말한다. "그 이자라는 사람은 정말로 사람들이 그 친형의 아들을 사랑하는 것과 그 이웃의 갓난아이를 사랑하는 것이 똑같을 것이라고 생각하는 것인가? 이자가 끌어들인 그 말은 (원래) 이런 뜻이다. 갓난아이가 엉금엉금 기어서 장차 (그대로 둘 경우) 우물에 빠진다고 했을 때 그것은 그 아이의 죄가 아니라는 것이다. 또 하늘이 만물을 낳을 때 만물의 근본은 하나로 했다. 그런데 이자는 근본이 둘이라고 여기고 있다. 아주 먼 옛날에 일찍이 그 아버지가 죽자 장례를 행하지 않은 자가 있었다. 그 사람은 아버지가 죽자 시신을 들고 가서 산골짜기에 버렸다. 얼마 후 그 사람이 그곳을 지나게 되었는데 여우와 살쾡이가 아버지의 시신을 파먹고 파리, 모기떼가 몰려들어 뜯어먹고 있었다. 그 사람은 이마가 땀에 흥건히 젖어 차마 눈 뜨고 앞의 광경을 볼 수가 없었다. 그의 이마가 땀에 젖은 것은 남들이 볼까 봐 겁나서 그랬던 것이 아니라 속마음이 얼굴에 그대로 나타난 것이다. 그는 서둘러 집에 돌아와 삼태기와 삽을 가지고 가서 흙을 퍼다가 시신을 덮었다. 이처럼 시신을 흙으로 덮는 것이 진실로 옳다고 한다면, (후세의) 효자나 어진 이들이 그 부모를 (잘) 매장하는 것도 도리에 맞다고 할 것이다."

서벽이 맹자의 이 같은 발언을 전해주자 이자는 한참 동안 멍하니 있다가 이렇게 말했다. "나에게 귀한 가르침을 주셨다."

墨者夷之因徐辟而求見孟子 孟子曰 吾固願見今吾尙病 病愈我且往見
묵자 이지 인 서벽 이 구 견 맹자　맹자 왈　오 고 원 견 금 오 상 병　병 유 아 차 왕 견

夷子不來
이자 불 래

他日又求見孟子 孟子曰 吾今則可以見矣 不直則道不見 我且直之 吾聞
타일 우 구 견 맹자　맹자 왈　오 금 즉 가 이 견 의　부 직 즉 도 불 현　아 차 직 지　오 문

夷子墨者 墨之治喪也以薄爲其道也 夷子思以易天下 豈以爲非是而不貴
이자 묵자　묵 지 치 상 야 이 박 위 기 도 야　이자 사 이 역 천하　기 이 위 비 시 이 불 귀

也 然而夷子葬其親厚則是以所賤事親也
야　연이 이자 장 기 친 후 즉 시 이 소 천 사 친 야

徐子以告夷子 夷子曰 儒者之道 古之人若保赤子 此言何謂也 之則以爲
서자 이 고 이자   이자 왈   유자지도   고지인 약 보 적자   차 언 하위 야   지 즉 이 위

愛無差等施由親始
애 무 차등 시 유 친 시

徐子以告孟子 孟子曰 夫夷子信以爲人之親其兄之子 爲若親其鄰之
서자 이 고 맹자   맹자 왈   부 이자 신 이 위 인 지 친 기 형 지 자   위 약 친 기 린 지

赤子乎 彼有取爾也 赤子匍匐將入井非赤子之罪也 且天之生物也使之
적자 호   피 유 취 이 야   적자 포복 장 입 정 비 적자 지 죄 야   차 천 지 생물 야 사 지

一本而夷子二本故也 蓋上世嘗有不葬其親者 其親死則擧而委之於壑
일본 이 이자 이본 고 야   개 상세 상 유 부장 기 친 자   기 친 사 즉 거 이 위 지 어 학

他日過之 狐狸食之 蠅蚋姑嘬之 其顙有泚睍而不視 夫泚也非爲人泚 中心
타일 과 지   호 리 식 지   승 예 고 최 지   기 상 유 자 예 이 불 시   부 자 야 비 위 인 자   중심

達於面目 蓋歸反虆梩而掩之 掩之誠是也則孝子仁人之掩其親亦必有道矣
달 어 면목   개 귀 반 유 리 이 엄 지   엄 지 성 시 야 즉 효자 인인 지 엄 기 친 역 필 유 도 의

徐子以告夷子 夷子憮然爲間(間)曰 命之矣
서자 이 고 이자   이자 무연 위 간 한 왈 명 지 의

묵자(墨者)란 묵적(墨翟) 혹은 묵가(墨家)의 가르침을 따르는 사람이란 뜻이다. 묵적은 인간의 상호 평등[兼愛]을 강조한 사상가이다. 인륜의 질서를 강조하는 공자와 맹자[孔孟] 유의 유가(儒家)와는 충돌할 수밖에 없다.

이 묵가를 따르는 이지(夷之)라는 사람이 맹자의 제자 서벽(徐辟)을 통해 맹자를 만나 뵙기를 청하자 맹자는 이렇게 말한다. "나도 진실로[固] 만나보고 싶지만 지금 내가 병중이다. 병이 낫거든 내가 장차[且=將] 찾아가 만나볼 것이니, 이자(夷子-이지)는 들이지 말라." 맹자가 이자라고 부른 것을 보면 이지도 상당 수준에 이른 인물인 것은 분명해 보인다. 맹자가 이렇게 말한 이유에 대해 주희는 "병을 칭탁한 것

은 의심컨대 또한 말을 칭탁하여 그 뜻의 정성스럽고 정성스럽지 않음을 보려고 하신 듯하다"라고 풀이한다. 한번 떠보려고 그랬다는 것이다.

얼마 후 다른 날에 다시 맹자를 만나보고 싶어 하자 맹자는 말했다. "내 지금은 얼마든지 만나볼 수 있다. (그러나) 내가 말을 곧게 다 할 수 없으면 도리가 드러날 수 없으니 내 우선〔且〕 말을 곧게 다 해야겠다. 내가 듣기에 이자는 묵가를 따르는 사람이라 하니 묵가가 상(喪)을 치르는 것은 (후장(厚葬)이 아니라) 박장(薄葬)을 도리로 받아들인다고 했다. 이자는 (묵자를 자처하는 사람이므로) 이런 사상으로 천하(의 풍속)를 바꾸려 하니 (당연히) 박장이 아니면 옳지 못하고 비천한 짓이라고 생각할 것이다. 그런데도 이자는 그 부모의 상을 후하게 했으니 그렇다면 자신이 천하게 여기는 것〔厚葬〕으로 부모를 섬긴 것이나 마찬가지다."

다시 한 번 이자가 맹자를 만나보고 싶어 하자 맹자는 그에 앞서 그가 말하고 다니는 것과 실제로 행한 것의 모순부터 곧게 지적한다. 묵가는 박장을 중시하는데 정작 이자는 자신의 부모의 장례를 치르면서 (유가의 주장처럼) 후장을 했다는 점을 예리하게 지적한 것이다.

이번에도 서벽이 중간전달자로 나선다. 서벽〔徐子〕이 맹자의 이 같은 발언을 이자에게 전하자 이자는 이렇게 말한다. "유자들의 도리에 따르면 옛 임금들은 (백성들을) 마치〔若〕 갓난아이〔赤子〕 보살피듯〔保〕 했다는 말이 있다. 이 말은 무엇을 뜻하는 것이겠는가? 내가 생각할 때는 사랑을 베풀 때〔愛〕 아무런 차별이나 차등이 없으며, 그 베풂은 어버이로부터 시작해야 한다는 뜻이다."

맹자가 묵가의 겸애설에 입각한 박장론을 근거로 이자가 자신의 어버이에 대해서는 후장을 했던 점을 지적하자, 이자는 여기서 유가의 도리를 빌려 그것을 반박하려 한다. 이자가 인용한 말은 『서경』 '주서(周書)'에 나오는 말이다.

서벽이 이자의 이 같은 발언을 맹자에게 전하자 맹자는 이렇게 말한다. 맹자의 반박논리가 궁금하다. "그 이자라는 사람은 정말로 사람들이 그 친형의 아들을 사랑하는 것과 그 이웃의 갓난아이를 사랑하는 것이 똑같을 것이라고 생각하는 것인가? 이자가 끌어들인 그 말〔若保赤子〕은 (원래) 이런 뜻이다. 갓난아이가 엉금엉금〔匍匐〕 기어서 장차 (그대로 둘 경우) 우물에 빠진다고 했을 때 그것은 그 아이의 죄가 아니라는 것이다. 또 하늘이 만물을 낳을 때 만물의 근본은 하나로 했다. 그런데〔而〕 이자는 근본이 둘이라고 여기고 있다."

원래 '若保赤子'의 비유는 일반 백성들이 무지하여 범법행위를 하는 것이 마치 갓난아이가 무지하여 우물에 빠지는 것과 같음을 보여주는 것이다. 이 같은 본래의 취지를 살짝 외면한 채 이자는 그것의 표면적 의미만을 끌어들여 맹자를 반박하려 했던 것이다. 맹자의 발언이 이어진다.

"아주 먼 옛날〔上世〕에 일찍이 그 아버지가 죽자 장례를 행하지 않은 자가 있었다. 그 사람은 아버지가 죽자 시신을 들고 가서 산골짜기〔壑〕에 버렸다. 얼마 후 그 사람이 그곳을 지나게 되었는데 여우와 살쾡이가 아버지의 시신을 파먹고 파리, 모기떼가 몰려들어 뜯어먹고 있었다. 그 사람은 이마가 땀에 흥건히 젖어 차마 눈 뜨고 앞의 광경을 볼 수가 없었다. 그의 이마가 땀에 젖은 것은 남들이 볼까 봐 겁나서 그랬던 것이 아니라 속마음이 얼굴에 그대로 나타난 것이다. 그는 서둘러 집에 돌아와 삼태기와 삽을 가지고 가서 흙을 퍼다가 시신을 덮었다. 이처럼 시신을 흙으로 덮는 것이 진실로 옳다고 한다면, (후세의) 효자나 어진 이들이 그 부모를 (잘) 매장하는 것도 도리에 맞다고 할 것이다."

조금 심하기는 하지만 맹자는 묵가의 박장을 부모의 시신을 그냥 골짜기에 내팽개치는 것에 비유하며 이자의 주장을 반박하고 있다.

서벽이 맹자의 이 같은 발언을 전해주자 이자는 한참 동안 멍하니 〔憮然〕 있다가 이렇게 말했다. "나〔之〕에게 귀한 가르침을 주셨다." 주희는 命을 가르침〔敎〕으로 푼다. 그나마 이자는 본바탕에 유가적 성향이 있었던 인물이라 할 수 있다. 그랬기 때문에 맹자의 가르침을 기꺼이 수용할 수 있었다.

등문공 장구 하

滕文公章句下

(맹자의 제자인) 진대(陳代)가 말했다. "(스승님께서) 제후들을 만나보려 하지 않는 것은 의당 작은 데 얽매이는 것 같습니다. 지금이라도 한번 만나보시어 (만나는 제후가 어떤 인물이냐에 따라) 크게는 왕업을 이루시고 작게는 패업을 이루십시오. 옛 기록에도 '한 자를 굽혀 한 길을 편다'고 했습니다. (제후들이 부르지 않더라도 스승님께서 먼저 제후들을 만나보심은) 마땅히 해볼 만한 것 같습니다."

맹자가 말했다. "옛날에 (춘추시대의) 제나라 군주 경공(景公)이 사냥을 할 때 (사냥터를 관리하던) 우인(虞人)을 깃발로 부르자 오지 않았다. 이에 경공이 장차 우인을 죽이려 했다. (그러나 결국은 풀어주었다.) 공자께서는 '뜻있는 선비는 (뜻을 지키다가 혹시 죽더라도 자신의 시신이) 도랑이나 골짜기에 내버려지는 것을 두려워하지 않으며, 용기있는 선비는 (의리를 지키다가) 자신의 목이 날아가는 것도 두려워하지 않는다'며 우인을 칭찬하셨다. 공자께서는 우인의 어떤 점을 높이 평가하고 취하셨겠는가? 자신에게 걸맞지 않는 부름일 때는 가지 않았음을 취하신 것이다. (이처럼 사냥터 관리인도 부르는 법도가 예에 맞지 않으면 가지 않았는데) 만일 내가 제후들의 부름을 기다리지도 않고 나아간다면 어떻게 되겠는가? 또 '한 자를 굽혀 한 길을 편다'는 것은 이익을 척도로 삼아 말한 것이다. 만일 이처럼 이익을 척도로 삼아 말한다면 한 길을 굽혀 한 자를 펴서 이익을 얻는다고 한들 그것을 정말 할 수 있겠는가?

옛날에 (제나라의 대부였던) 조간자(趙簡子)가 (말몰이에 능한) 왕량(王良)으로 하여금 자신이 총애하는 가신 해(奚)와 함께 마차를 타고

가서 사냥을 하도록 했다. 그러나 종일토록 새 한 마리 잡지 못했다. 이에 폐신 해는 돌아와 복명하기를 '(왕량은) 천하에 별 볼 일 없는 말몰이꾼입니다'라고 했다. 어떤 사람이 이를 왕량에게 일러주자 왕량은 말했다. '내 다시 청해 보리라!' (그러나 처음에는 해가 그 청을 받아들이지 않았다.) 강청한 끝에 겨우 허락이 떨어졌다. (다시 해와 함께 사냥을 나갔는데 이번에는) 하루아침에 새 열 마리를 잡았다. 이에 폐신 해가 돌아와 복명하기를 '천하에 없는 뛰어난 말몰이꾼입니다'라고 했다. 이 말을 들은 조간자는 '내 왕량을 너의 전속 말몰이꾼으로 삼도록 해주겠다'라고 하고서는 이 말을 왕량에게 일러주었다. 그러나 왕량은 이 말을 거절하면서 이렇게 말했다. '제가 해를 위해 법도대로 최선을 다해 말을 몰았더니 하루 종일 새 한 마리 잡지 못했습니다. (그래서 말을 모는 법도를 어겨가면서) 그를 위해 부정한 방법으로 새 가까이로 마차를 몰아갔더니 하루아침에 열 마리를 잡았습니다. 『시경』에 이르기를 '말 모는 법도를 잃지 않으니 화살을 쏠 때마다 물건이 깨지듯 명중하도다'라고 했습니다. 저는 (법도대로 하면 한 마리도 못 잡는 그런) 소인을 위하여 마차를 모는 것은 익히지 못했으니 사양하도록 하겠습니다.' 말몰이꾼도 사냥하는 사람에게 아부하는 것을 수치스럽게 여겨 그런 자를 위해 짐승을 잡는 것은, 비록 산더미처럼 많이 잡는다고 하더라도, 결코 하지 않았다. 그런데 내가 나의 뜻을 굽혀 저 제후들을 따른다면 어찌 되겠는가? 그리고 또 그대가 잘못한 것이 있다. 자기를 굽힌 사람치고 남을 제대로 곧게 펴준 사람은 아직 없었다."

陳代曰 不見諸侯宜若小然 今一見之大則以王小則以霸 且志曰 枉尺而
진 대 왈   불 현 제 후 의 약 소 연   금 일 현 지 대 즉 이 왕 소 즉 이 패   차 지 왈   왕 척 이

直尋宜若可爲也
직 심 의 약 가 위 야

孟子曰 昔齊景公田 招虞人以旌不至將殺之 志士不忘在溝壑 勇士不忘
맹자 왈 석 제경공 전 초 우인 이정 부지 장 살 지 지사 불망 재 구학 용사 불망

喪其元 孔子奚取焉 取非其招不往也 如不待其招而往何哉 且夫枉尺而
상 기 원 공자 해 취 언 취 비 기 초 불왕 야 여 부대 기 초 이왕 하재 차 부 왕 척 이

直尋者以利言也 如以利則枉尋直尺而利亦可爲與 昔者趙簡子使王良與
직 심 자 이 리 언 야 여 이 리 즉 왕 심 직 척 이 리 역 가위 여 석 자 조간자 사 왕량 여

嬖奚乘 終日而不獲一禽 嬖奚反命曰 天下之賤工也 或以告王良 良曰 請
폐해 승 종일 이 불획 일금 폐해 반명 왈 천하 지 천공 야 혹 이 고 왕량 양 왈 청

復之 彊而後可 一朝而獲十禽 嬖奚反命曰 天下之良工也 簡子曰 我使掌
부 지 강 이후 가 일조 이획 십금 폐해 반명 왈 천하 지 양공 야 간자 왈 아 사 장

與女乘謂王良 良不可曰 吾爲之範我馳驅終日不獲一 爲之詭遇一朝而獲
여 여 승 위 왕량 양 불가 왈 오 위 지 범 아 치구 종일 불획 일 위 지 궤우 일조 이획

十 詩云 不失其馳 舍矢如破 我不貫與小人乘 請辭 御者且羞與射者比 比
십 시 운 불실 기 치 사 시 여 파 아 불관 여 소인 승 청사 어자 차 수 여 사자 비 비

而得禽獸 雖若丘陵弗爲也 如枉道而從彼何也 且子過矣 枉己者未有能直
이 득 금수 수 약 구릉 불 위 야 여 왕도 이종 피 하 야 차 자 과 의 왕기 자 미유 능 직

人者也
인 자 야

맹자의 제자인 진대(陳代)가 조심스레 스승 맹자에게 이
렇게 말한다. "(스승님께서) 제후들을 만나보려 하지 않는 것은 의당
〔宜〕 작은 데 얽매이는 것 같습니다. 지금이라도 한번 만나보시어 (만
나는 제후가 어떤 인물이냐에 따라) 크게는 왕업〔王〕를 이루시고 작게
는 패업〔覇〕을 이루십시오. 옛 기록〔志〕에도 '한 자를 굽혀 한 길〔尋-
여덟 자〕을 편다'고 했습니다. (제후들이 부르지 않더라도 스승님께서 먼
저 제후들을 만나보심은) 마땅히 해볼 만한 것 같습니다."

먼저 '한 자를 굽혀 한 길을 편다'에 대한 주희의 풀이부터 보자. "자

기 몸을 굽혀 한번 제후를 만나보면 왕도와 패도를 이룰 수 있는 것과 같으니 굽힌 것이 작고 편 것이 크다."

어쩌면 맹자의 제자들 중에 진대와 같은 생각을 하는 사람들이 적지 않았을지 모른다. 맹자가 제후와의 만남에 보다 적극적으로 나아간다면 자신들도 어느 정도 혜택을 입을 수 있을 것으로 보았기 때문이다. 이와 비슷한 장면을 『논어』 '위령공 1'에서도 공자와 자로 사이에서 볼 수 있다.

위나라 영공이 공자에게 진법에 관해 묻자 공자는 이렇게 말했다. "제사 지내는 일에 관해서는 일찍이 들어본 적이 있지만 군사를 다루는 일은 배우지 못했습니다." 그리고 다음 날 위나라를 떠났다.

진나라로 가서 머물렀는데 그때 먹을거리가 떨어졌다. 그 바람에 그를 따르던 제자들이 병이 들어 제대로 일어설 기력도 없었다.

자로가 불만이 가득한 얼굴로 말했다. "군자도 궁할 때가 있습니까?" 이에 공자는 말했다. "군자는 진실로 궁한 것이니 소인은 궁하면 넘친다."

자로(子路)의 입장에서는 스승 공자가 영공(靈公)에게 진법에 관해 한마디만 해주었더라도 이렇게 배를 곯는 일을 없었을 터인데 괜히 고집을 부려 대답을 거절하는 바람에 이런 고생을 하고 있다고 불만을 품었던 것이다. 그렇다고 직접 반발할 수는 없었기 때문에 결국 자로의 질문은 비꼬는 내용을 담은 비틀린 것이 될 수밖에 없었다. "군자(君子)도 궁할 때가 있습니까?" 당연히 공자도 자로의 이 같은 태도와 질문에 화가 났을 것이다. 그래서 대답이 더욱 강하다. "군자는 진실로 궁한 것이니, 소인(小人)은 궁하면 넘친다." 넘친다〔濫〕는 것은 어려움을 참지 못하고 나쁜 짓을 하게 된다는 뜻이다.

이에 맹자는 말한다. "옛날에 (춘추시대의) 제나라 군주 경공(景公)이 사냥〔田〕을 할 때 (사냥터를 관리하던) 우인(虞人)을 깃발〔旌〕로 부르자 오지 않았다. 이에 경공이 장차 우인을 죽이려 했다. (그러나 결국은 풀어주었다.) 공자께서는 '뜻있는 선비〔志士〕는 (뜻을 지키다가 혹시 죽더라도 자신의 시신이) 도랑이나 골짜기에 내버려지는 것을 두려워하지 않으며, 용기 있는 선비〔勇士〕는 (의리를 지키다가) 자신의 목〔元〕이 날아가는 것도 두려워하지 않는다'며 우인을 칭찬하셨다. 공자께서는 우인의 어떤 점을 높이 평가하고 취하셨겠는가? 자신에게 걸맞지 않는 부름〔招〕일 때는 가지 않았음을 취하신 것이다. (이처럼 사냥터 관리인도 부르는 법도가 예에 맞지 않으면 가지 않았는데) 만일 내가 제후들의 부름을 기다리지도 않고 나아간다면 어떻게 되겠는가?"

주희에 따르면 우인은 낮은 신분이기 때문에 가죽으로 만든 관〔皮冠〕으로 부를 때 나아가야 한다. 깃발〔旌〕은 대부(大夫)를 부를 때 사용한다. 우인은 겸손하게 예법을 따른 것이었다. 아마도 경공이 우인을 죽이기 위해 불렀을 때 우인은 자신이 나아오지 못한 이유를 이처럼 분명하게 제시했을 것이다. 그러자 경공이 오히려 감동을 받으면서 그를 살려주었을 것이다.

여기서 田은 '사냥〔獵〕'이다. 忘은 '잊다'로 풀이할 경우 문맥이 통하지 않으므로 '두려워하다'로 옮긴다. 따라서 不忘은 '잊지 않는다'라고 하기보다는 '두려워하지 않는다'로 옮기는 게 낫다. 맹자의 말이 이어진다.

"또 '한 자를 굽혀 한 길을 편다'는 것은 이익[利]을 척도로 삼아 [以] 말한 것이다. 만일[如] 이처럼 이익을 척도로 삼아 말한다면 한 길을 굽혀 한 자를 펴서 이익을 얻는다고 한들 그것을 정말 할 수 있겠는가?"

맹자는 제자 진대가 인용했던 옛 기록 또한 이익을 척도로 삼고 있는 것이기 때문에 반대로 한 길을 굽혀 한 자의 이익을 얻는다 하더라도 그렇게 해서는 안 된다고 강조한다. 이어지는 맹자의 말도 계속 이 문제를 지적한다.

"옛날에 (제나라의 대부였던) 조간자(趙簡子)가 말몰이에 능한 왕량(王良)으로 하여금 자신이 총애하는 가신[嬖臣] 해(奚)와 함께 마차를 타고 가서 사냥을 하도록 했다. 그러나 종일토록 새 한 마리 잡지 못했다. 이에 폐신 해는 돌아와 복명하기를 '(왕량은) 천하에 별 볼 일 없는 말몰이꾼입니다'라고 했다. 어떤 사람이 이를 왕량에게 일러주자 왕량은 말했다. '내 다시 청해 보리라!' (그러나 처음에는 해가 그 청을 받아들이지 않았다.) 강청한 끝에 겨우 허락이 떨어졌다. (다시 해와 함께 사냥을 나갔는데 이번에는) 하루아침에 새 열 마리를 잡았다. 이에 폐신 해가 돌아와 복명하기를 '천하에 없는 뛰어난 말몰이꾼입니다'라고 했다. 이 말을 들은 조간자는 '내 왕량을 너의 전속 말몰이꾼으로 삼도록 해주겠다'라고 하고서는 이 말을 왕량에게 일러주었다. 그러나 왕량은 이 말을 거절하면서 이렇게 말했다. '제가 해를 위해 법도대로 최선을 다해 말을 몰았더니[馳驅] 하루 종일 새 한 마리 잡지 못했습니다. (그래서 말을 모는 법도를 어겨가면서) 그를 위해 부정한 방법으로 새 가까이로 마차를 몰아갔더니 하루아침에 열 마리를 잡았습니다. 『시경』에 이르기를 '말 모는 법도를 잃지 않으니 화살을 쏠 때마다 물건이 깨지듯 명중하도다'라고 했습니다. 저는 (법도대로 하면 한 마리도 못 잡는 그런) 소인을 위하여 마차를 모는 것은 익히지〔貫=慣〕 못했으니 사양하도록 하겠습니다.'"

詭遇란 '속임수를 써서 만나게 한다'는 말이다. 『시경』에서 인용한 구절에 대해서는 주희의 풀이가 명쾌하다. '말 모는 자〔御者〕는 말 모는 법도를 잃지 않고, 사냥하는 사람〔射手〕은 화살을 쏨에 다 맞추고 힘차야 하는데 지금 폐신 해는 그렇지 못했음을 말한다." 다시 맹자의 말이 이어진다.

"말몰이꾼도 사냥하는 사람〔射者=奕〕에게 아부〔比〕하는 것을 수치스럽게 여겨 그런 자를 위해 짐승〔禽獸〕을 잡는 것은, 비록 산더미처럼 많이 잡는다고 하더라도, 결코 하지 않았다. 그런데 내가 나의 뜻을 굽혀 저 제후들을 따른다면 어찌 되겠는가? 그리고 또 그대가 잘못한 것이 있다. 자기를 굽힌 사람치고 남을 제대로 곧게 펴준 사람은 아직 없었다." 주희는 比를 당에 기대는 것〔阿黨-아부〕으로 풀이한다.

여기서 굽다〔枉〕와 곧다〔直〕는 뽑는 사람(임금)이 아니라 뽑히는 대상이 되는 사람의 마음자세를 이야기하고 있다. 이와 정확히 짝을 이룰 만한 이야기가 『논어』 '위정 19'에 나온다.

노나라 군주 애공이 물었다. "어떻게 하면 백성들이 복종을 하는가?"

공자가 대답했다. "곧은 사람을 뽑아서 쓰고, 나머지 굽은 사람들은 그에 맞는 자리에 두면 백성들이 마음에서 우러나서 따를 것이고, 그 반대가 되면 백성들은 복종하지 않을 것입니다."

애공(哀公)은 노나라의 임금으로 이름은 장(蔣)이다. 정공(定公)의 아들로 공자가 많은 기대를 걸었던 임금이다. 애공이 백성을 복종시킬 수 있는 방법에 대해 묻자, 공자는 곧은 사람[直]과 굽은 사람[枉]의 대조를 통해 간명하게 답한다. 곧은 사람을 뽑아서 쓰고 나머지 굽은 사람들은 그에 맞는 자리에 두면[錯] 백성들이 마음에서 우러나서 따를 것이고, 그 반대가 되면 백성들은 복종하지 않을 것이라는 말이다. 한마디로 인사(人事)가 만사(萬事)라는 뜻이다. 錯는 '어긋나다', '섞이다' 등일 때는 '착'으로 읽지만 여기서는 '두다', '버려두다', '올려놓다' 등의 뜻이므로 '조'로 읽는다. 그런데 주희는 錯를 사치(捨置), 즉 '내쳐 버려두다'로 풀이한 반면 정약용은 '그냥 두다'로 풀이했다. 어느 쪽이든 다 가능하지만 문맥을 보면 정약용의 풀이가 좀 더 나은 듯하다. 특히 바로 뒤에 '教不能'이라 하여 무능한 자를 내치는 것이 아니라 가르쳐서 쓴다는 대목이 나오는 것으로 볼 때 정약용의 풀이를 따르는 것이 옳다.

그런데 흥미로운 것은 임금의 사람 보는 능력[知人]과 직접 관련되는 '擧直錯諸枉'이 '안연 22'에도 그대로 나온다는 점이다. 거기서 제자 번지(樊遲)가 어짊[仁]에 대해 묻자 공자는 짧게 사람을 사랑하는 것[愛人]이라고 답하고, 또 안다는 것[知]에 대해 묻자 사람을 아는 것[知人]이라고 말한다. 그런데도 번지가 미처 그 말의 뜻을 알아차리지 못하자 공자는 이렇게 풀이한다. "擧直錯諸枉하면 能使枉者直이다." 즉 곧은 사람을 뽑아서 쓰고 나머지 굽은 사람들은 그에 맞는 자리에 두게 되면 능히 굽은 사람들을 곧게 만들 수 있다는 것이다. 공자의 지인(知人)은 곧 어진 이를 알아보는 것, 즉 지인자(知仁者)라 할 수 있다.

이런 점에서 본다면 윗사람이건 아랫사람이건 중요한 것은 스스로 곧음[直]에 다가가고 굽음[枉]에서 멀어지는 것이라 할 수 있다.

2

　(종횡가(縱橫家)를 신봉하는) 경춘(景春)이 말했다. "공손연(公孫衍)
과 장의(張儀)는 어찌 진실로 대장부가 아니겠습니까? 한번 노하면 제
후들이 두려워하고, 가만히 지내면 천하가 조용합니다."

　이에 맹자가 답했다. "이 어찌 대장부가 될 수 있겠는가? 그대는 예
(禮)를 배우지 않았는가? 사내아이가 (어른이 되어) 관례(冠禮)를 올릴
때는 그 아버지가 아들을 훈계하고, 여자아이가 (어른이 되어) 시집갈
때는 그 어머니가 딸을 훈계한다. 특히 시집갈 때 문에서 전송하며 이렇
게 경계했다. '시집에 가거든 반드시 공경하고 반드시 조심해서 남편의
뜻을 어기지 않도록 하여라.' 이처럼 순종을 정도로 삼는 것이 부녀자
의 도리이다. 천하에서 가장 넓은 집에서 살고, 천하에서 가장 바른 자
리에 서며, 천하에서 가장 큰 길을 가면서 뜻을 펼 수 있을 때는 백성들
과 더불어 그 길을 가고, 뜻을 펼 수 없을 때는 홀로 그 길을 가야 한다.
부와 명예는 (그 마음을) 어지럽히지 못하고, 가난과 천함은 지조를 바
꾸지 못하며, 위압과 무력도 그 뜻을 꺾을 수 없다. 이런 마음을 가진 사
람을 일러 대장부(大丈夫)라 하는 것이다."

景春曰 公孫衍張儀豈不誠大丈夫哉 一怒而諸侯懼 安居而天下熄
경춘 왈 공손연 장의 기 불 성 대장부 재 일 노 이 제후 구 안거 이 천하 식

孟子曰 是焉得爲大丈夫乎 子未學禮乎 丈夫之冠也父命之 女子之嫁
맹자 왈 시 언 득 위 대장부 호 자 미 학 예 호 장부 지 관 야 부 명 지 여자 지 가

也母命之 往送之門戒之曰 往之女(汝)家必敬必戒無違夫子 以順爲正者
야 모 명 지 왕 송 지 문 계 지 왈 왕 지 여 여 가 필 경 필 계 무 위 부자 이 순 위 정 자

妾婦之道也 居天下之廣居 立天下之正位 行天下之大道 得志與民由之 不
첩부 지 도 야 거 천하 지 광거 입 천하 지 정위 행 천하 지 대도 득지 여 민 유 지 부

得志獨行其道 富貴不能淫貧賤不能移威武不能屈 此之謂大丈夫
득지 독행 기 도 부귀 불능 음 빈천 불능 이 위무 불능 굴 차 지 위 대장부

경춘(景春)은 맹자 시대의 사람으로 종횡가(縱橫家)를 신봉하는 인물이다. 종횡가란 제자백가의 하나로 장의(張儀), 소진(蘇秦) 등이 주창했으며 제후국들의 합종연횡을 통해 권력을 장악하는 길을 제시한 학파이다. 경춘이 말했다. "공손연(公孫衍)과 장의는 어찌 진실로 대장부가 아니겠습니까? 한번 노하면 제후들이 두려워하고, 가만히 지내면 천하가 조용합니다."

주희는 공손연과 장의에 대해 "둘 다 위(魏) 나라 사람이다. 이들이 노하면 제후를 설득하여 서로 공격하고 정벌하게 하였다. 그러므로 제후들이 두려워한 것이다"라고 평한다.

이에 대해 맹자는 이렇게 답한다. "이 어찌 대장부가 될 수 있겠는가? 그대는 예(禮)를 배우지 않았는가? 사내아이가 (어른이 되어) 관례(冠禮)를 올릴 때는 그 아버지가 아들을 훈계[命]하고, 여자아이가 (어른이 되어) 시집[嫁]갈 때는 그 어머니가 딸을 훈계한다. 특히 시집 갈 때 문에서 전송하며 이렇게 경계했다. '시집에 가거든 반드시 공경하고 반드시 조심해서 남편의 뜻을 어기지 않도록 하여라.' 이처럼 순종을 정도로 삼는 것이 부녀자[妾婦]의 도리이다."

맹자는 왜 갑자기 부녀자의 도리를 들고 나온 것일까? 이에 대해서는 주희의 풀이가 명확하다. "두 사람[公孫衍과 張儀]은 아첨하고 구차스럽게 빌붙어 권세를 절취하였으니, 이것이 바로 부녀자의 순종하

는 도리요, 대장부의 일은 아니라고 말씀하신 것이다." 다시 맹자의 말이 이어진다. 대장부의 도리를 제시할 차례다.

"천하에서 가장 넓은 집[廣居-仁]에서 살고, 천하에서 가장 바른 자리[正位-禮]에 서며, 천하에서 가장 큰 길[大道-義]을 가면서 뜻을 펼수 있을 때는 백성들과 더불어 그 길을 가고, 뜻을 펼 수 없을 때는 홀로 그 길을 가야 한다. 부와 명예[富貴]는 (그 마음을) 어지럽히지 못하고 가난과 천함[貧賤]은 지조를 바꾸지 못하며 위압과 무력[威武]도 그 뜻을 꺾을 수 없다. 이런 마음을 가진 사람을 일러 대장부(大丈夫)라 하는 것이다."

앞서 묵가의 이지를 논박한데 이어 이번에는 외교적 방책으로 출세를 추구했던 종횡가를 논파한 것이다. 중국 전한 시대에 유향이 쓴 『전국책(戰國策)』은 이런 종횡가들의 언설과 주장들을 대거 담고 있다.

3

(위나라 사람) 주소(周霄)가 물었다. "옛날의 군자들은 벼슬을 하였습니까?"

이에 맹자가 답했다. "벼슬하였다. 전하는 바에 따르면 '공자께서는 3개월 동안 섬길 군주가 없으면 근심스러운 표정을 지으셨고, 국경을 나설 때는 반드시 폐백을 싣고 가셨다'고 했다. 또 공명의(公明儀)가 말하기를 '옛 사람들은 3개월 동안 섬길 군주를 찾지 못하는 사람이 있으면 그를 위문했다'고 했다."

(주소가 물었다.) "3개월 동안 섬길 만한 군주를 찾지 못하였다고 해서 그 사람을 위문까지 한다는 것은 지나치게 성급한 것 아닙니까?"

맹자가 답했다. "선비가 벼슬자리를 잃는 것은 마치 제후들이 나라를 잃는 것과 같다. 『예기』에 이르기를 '제후는 몸소 임금이 직접 경작하는 토지를 경작하여 제사에 쓸 곡식을 마련하고, 그 부인은 몸소 누에 치고 실을 뽑아 제사용 의복을 만든다. 제사에 쓸 소나 양이 튼실하지 못하고, 제사에 쓸 곡물도 정결하지 못하고, 제복도 갖춰지지 못하면 감히 제사를 올릴 수 없다. 선비도 제사용 토지가 없으면 역시 제사를 올릴 수 없다'고 했다. 이처럼 (선비가 벼슬자리를 잃어) 제사에 쓸 소나 양, 제기(祭器), 제복 등이 갖춰지지 못하면 감히 제사를 올릴 수 없고, 감히 (제사도 제대로 못 올린 상황에서 제사 후의) 잔치도 열 수 없으니 가서 위로해 줘야 하지 않겠는가?"

(주소가 물었다.) "(공자는) 왜 국경을 나설 때는 반드시 폐백을 싣고 갔습니까?"

맹자가 답했다. "선비가 벼슬을 하는 것은 마치 농부가 논밭을 경작하는 것과 같다. 농부가 어찌 국경을 나선다고 해서 쟁기와 보습을 버려두고 가겠는가?"

주소가 또 물었다. "진(晉) 나라 또한 가서 벼슬을 할 만한 나라이긴 하지만 나는 지금까지 그 나라에서 이처럼 급하게 벼슬한다는 말은 듣지 못하였습니다. 벼슬하기를 이처럼 급하게 여긴다면 군자가 벼슬하기를 어려워하는 것은 어째서입니까?"

맹자가 답했다. "남자가 태어나면 (장차) 그를 위한 아내가 있게 되기를 바라고, 여자가 태어나면 (장차) 그를 위한 집안(시댁)이 있게 되기를 바라는 것은 부모의 마음인지라 사람들이 모두 다 그런 마음을 갖고 있다. 그렇지만 부모의 명이나 중매쟁이의 말이 나오기를 기다리지 않고서 스스로 담장에 구멍을 뚫거나 문틈을 벌려 서로 엿보면서 담장을 뛰어넘어 서로 연애질을 한다면 부모는 물론이거니와 나라의 다른 사람들도 모두 그것을 천하게 여길 것이다. 옛 사람들도 일찍이 벼슬을 하려고 하지 않은 것은 아니지만 동시에 정당한 도리를 따르지 않고 벼슬을 하려는 것은 싫어하였다. 이처럼 정당한 도리를 따르지 않고 벼슬을 향해 나아가는 사람은 담장에 구멍을 뚫거나 문틈을 벌려 서로 만나려는 (천한) 부류와 같다고 할 것이다."

周霄問曰 古之君子仕乎
주소 문왈 고 지 군자 사 호

孟子曰 仕 傳曰 孔子三月無君則皇皇如也 出疆必載質 公明儀曰 古之人
맹자 왈 사 전왈 공자 삼월 무군 즉 황황 여 야 출강 필 재지 공명의 왈 고지인

三月無君則弔
삼월 무군 즉 조

三月無君則弔不以急乎
삼월 무군 즉 조 불 이 급 호

曰 士之失位也猶諸侯之失國家也 禮曰 諸侯耕助以供粢盛 夫人蠶繅以
왈 사 지 실위 야유 제후 지실 국가 야 예왈 제후 경조 이공 자성 부인 잠소 이

爲衣服 犧牲不成 粢盛不潔 衣服不備 不敢以祭 惟士無田則亦不祭 牲殺
위 의복 희생 불성 자성 불결 의복 불비 불감 이제 유사 무전 즉 역 부제 생살

器皿衣服不備 不敢以祭則不敢以宴 亦不足弔乎
기명 의복 불비 불감 이제 즉 불감 이연 역 부족 조호

出疆必載質何也
출강 필 재지 하야

曰 士之仕也猶農夫之耕也 農夫豈爲出疆舍其耒耜哉
왈 사 지사 야유 농부 지 경야 농부 기위 출강 사 기 뢰사 재

曰 晉國亦仕國也 未嘗聞仕如此其急 仕如此其急也 君子之難仕何也
왈 진국 역사 국야 미상 문사 여차 기급 사 여차 기급 야 군자 지 난사 하야

曰 丈夫生而願爲之有室 女子生而願爲之有家 父母之心人皆有之 不待
왈 장부 생 이원 위지 유실 여자 생 이원 위지 유가 부모 지심 인개 유지 부대

父母之命媒妁之言 鑽穴隙相窺踰牆相從則父母國人皆賤之 古之人未嘗
부모 지명 매작 지언 찬 혈극 상규 유장 상종 즉 부모 국인 개 천지 고지인 미상

不欲仕也 又惡不由其道 不由其道而往者與鑽穴隙之類也
불욕 사야 우오 불유 기도 불유 기도 이 왕자 여 찬 혈극 지류 야

위(魏) 나라 사람 주소(周霄)가 물었다. "옛날의 군자들
은 벼슬[仕]을 하였습니까?" 여기서 옛날의 군자는 문맥상 공자로 볼
수도 있고 일반적으로 옛날의 군자들로 볼 수도 있다.

이에 맹자가 답했다. "벼슬하였다. 전하는 바에 따르면 '공자께서는
3개월 동안 섬길 군주가 없으면 근심스러운 표정을 지으셨고, 국경을
나설 때는 반드시 폐백을 싣고 가셨다'고 했다. 또 공명의(公明儀)가
말하기를 '옛 사람들은 3개월 동안 섬길 군주를 찾지 못하는 사람이
있으면 그를 위문했다'고 했다."

주희는 無君에 대해 "벼슬하여 군주를 섬길 수 없음"을 뜻한다고 했
무군

다. 皇皇은 '구하려 했으나 결국 얻지 못했을 때의 걱정스러움'이라고
풀이한다. 국경을 나서는 것〔出疆〕에 대해서도 그냥 다른 나라로 가는
것이 아니라 '지위를 잃고서 떠나가는 것'으로 본다. 그래서 폐백〔質〕
을 싣고서 가는 이유도 장차 찾아가는 나라의 군주를 찾아뵙고 그를
섬기기 위해서라고 본다. 質는 곧 '폐백〔贄〕'이다.

이에 주소가 묻는다. 특히 공명의가 했던 말에 대한 문제제기다. "3개
월 동안 섬길 만한 군주를 찾지 못하였다고 해서 그 사람을 위문까지
한다는 것은 지나치게〔以=已=太〕 성급한 것 아닙니까?" 이에 맹자는
선비나 군자가 벼슬을 해야 하는 이유를 조목조목 설명한다.

"선비가 벼슬자리를 잃는 것은 마치〔猶〕 제후들이 나라를 잃는 것
과 같다. 『예기』에 이르기를 '제후는 몸소 임금이 직접 경작하는 토
지〔籍田〕를 경작하여 제사에 쓸 곡식을 마련하고, 그 부인은 몸소 누
에 치고 실을 뽑아 제사용 의복〔祭服〕을 만든다. 제사에 쓸 소나 양
〔犧牲〕이 튼실하지 못하고, 제사에 쓸 곡물도 정결하지 못하고, 제복
도 갖춰지지 못하면 감히 제사를 올릴 수 없다. 선비도 제사용 토지
〔圭田〕가 없으면 역시 제사를 올릴 수 없다'고 했다. 이처럼 (선비가 벼
슬자리를 잃어) 제사에 쓸 소나 양, 제기(祭器), 제복 등이 갖춰지지 못
하면 감히 제사를 올릴 수 없고, 감히 (제사도 제대로 못 올린 상황에
서 제사 후의) 잔치도 열 수 없으니 가서 위로해 줘야 하지 않겠는가?"
여기서는 『예기』의 원문을 그대로 인용하지 않고 내용을 요약했다.
粢盛은 '제사에 올리는 정성스러운 곡식'을 뜻한다. 조선에서도 종묘나
사직에 국왕이 직접 올리는 제사의 경우 국왕이 친경(親耕)하여 마련
한 粢盛을 준비했다. 蠶繅는 '누에를 키워 고치를 켜서 실을 뽑아내는
것'을 뜻한다. 不成은 '제대로 살찌지 못했다'는 뜻이다. 弔는 여기서는

'조문'이 아니라 '위문'이나 '위로'한다로 봐야 한다.

이에 주소가 거슬러 올라가서 공자가 왜 국경을 나설 때는 반드시 폐백[質]을 신고 갔는지를 묻자 맹자는 이렇게 답한다.

"선비가 벼슬을 하는 것은 마치 농부가 논밭을 경작하는 것과 같다. 농부가 어찌[豈] 국경을 나선다고 해서 쟁기[耒]와 보습[耜]을 버려두고 가겠는가?"

궁금증이 풀리지 않았는지 주소가 또 묻는다. "진(晉) 나라 또한 가서 벼슬을 할 만한 나라이긴 하지만 나는 지금까지 그 나라에서 이처럼 급하게 벼슬한다는 말은 듣지 못하였습니다. 벼슬하기를 이처럼 급하게 여긴다면 군자가 벼슬하기를 어려워하는 것은 어째서입니까?"

맹자가 답한다. "남자[丈夫]가 태어나면 (장차) 그를 위한 아내[室]가 있게 되기를 바라고, 여자가 태어나면 (장차) 그를 위한 집안(시댁)이 있게 되기를 바라는 것은 부모의 마음인지라 사람들이 모두 다 그런 마음을 갖고 있다. 그렇지만 부모의 명이나 중매쟁이의 말이 나오기를 기다리지 않고서 스스로 담장에 구멍을 뚫거나 문틈을 벌려 서로 엿보면서 담장을 뛰어넘어 서로 연애질을 한다면 부모는 물론이거니와 나라의 다른 사람들도 모두 그것을 천하게 여길 것이다. 옛 사람들도 일찍이 벼슬을 하려고 하지 않은 것은 아니지만 동시에[又] 정당한 도리를 따르지[由] 않고 벼슬을 하려는 것은 싫어하였다. 이처럼 정당한 도리를 따르지 않고 벼슬을 향해 나아가는 사람은 담장에 구멍을 뚫거나 문틈을 벌려 서로 만나려는 (천한) 부류와 같다고 할 것이다."

여기서는 벼슬을 추구하는 구체적인 방법이 쟁점이 되고 있다. 『논어』에서 이와 관련된 논의를 정리해 보면 맹자가 말하려고 하는 바를 보다 생생하게 이해할 수 있다. 먼저 '위정 18'을 보자.

자장이 벼슬자리를 구하는 법을 배우고 싶다고 하자 공자는 말했다. "많이 듣고서(듣되) 의심나는 것은 제쳐놓고〔多聞闕疑〕 그 나머지 것들에 대해서만 신중하게 이야기한다면 허물이 적을 것이요, 많이 보고서 위태로운 것은 제쳐놓고 그 나머지를 신중하게 행한다면 후회가 적을 것이니, 말에 허물이 적으며 행실에 후회할 일이 적으면 벼슬자리는 절로 따라오게 될 것이다."

자장(子張)은 진(陳) 나라 사람으로 공자의 제자이며 이름은 사(師)이다. 공자로부터 "(매사에) 지나치다"는 평을 들었을 만큼 다소 극단적이고 편벽된 인물이었다. 아마도 공자보다 48세나 어렸다고 하니 젊어서 보여준 병폐였을 것이다.

이 자리에서도 자장은 학문이나 앎의 문제보다는 대단히 현실적인 문제인 녹(祿)을 구하는 법을 알고 싶어 한다. 광의에서 보자면 이단(異端)에 관심을 쏟은 것이다. 여기서 자장의 질문은 벼슬자리, 관리의 길을 묻는 것이다. 좀 더 구체적으로 말하면 관리가 되는 길보다는 관리가 되어 좋은 자리〔顯達〕에 이르려면 어떻게 해야 하는지를 물은 것이다.

공자의 답은 우문현답(愚問賢答)의 전형이다. 어쩌면 자장은 출세의 요령을 물었는지도 모른다. 이에 대한 공자의 대답이 그리 간단치 않다. 闕은 '빼놓다'는 뜻이다. 공자는 '多聞闕疑', 즉 많이 듣고서 (듣되) 의심나는 것은 (말하지 말고) 제쳐놓고 그 나머지 것〔其餘〕들에 대해서만 신중하게 이야기한다면 허물〔尤〕이 적을 것이라고 충고한다. 이는 '위정 17'과 연결 지어볼 수 있다. 아는 것만 (신중하게) 안다고 하고 모르는 것에 대해서는 침묵하라는 뜻이기 때문이다. 그

다음은 문장구조가 동일하다. 결국 요약하자면 말에 허물이 적고 행동에 후회가 적으면 녹(벼슬)은 저절로 얻게 마련이라는 것이다. 뒤집어 말하면 관리로서 성공하려면 (윗사람과 동료들을 향한) 언행을 조심해야 한다는 것이니, 이는 곧 자장에 대한 충고다. '위정 13'과도 연결된다.

자공이 군자란 어떤 사람이냐고 묻자 공자가 말했다. "그 말하려는 바를 먼저 실행에 옮기고, 그런 연후에 그 실행한 바를 바탕으로 말을 하는 사람이 군자(君子)이다"

녹(祿)과 관련해서 공자는 '위령공 31'에서 이렇게 말한다.

"군자는 도리(道)를 도모하지 밥을 도모하지는 않는다. (일반인들의 경우 밥을 도모하기 위해) 밭을 갊에 굶주림이 그 가운데에 있고, (도리를 도모하기 위해) 배움에 벼슬이 그 가운데에 있으니 군자라면 (배움에) 도리를 근심하지 가난을 근심하지 않는다."

배움의 본질은 도리(道)를 구하는 것에 있지 벼슬(祿)을 구하는 것에 있지 않다는 뜻이다. 이것이야말로 공자가 자장에게 해주고 싶었던 본뜻인지도 모른다. '자한 12'에서는 공자 자신이 생각하는 벼슬에 나아가는 방법을 다룬다.

자공이 물었다. "여기에 아름다운 옥이 있다면 스승님께서는 그것을 궤 속에 넣어 가죽으로 싸서 고이 보관하시겠습니까? 좋은 값을 구하여 그것을 파시겠습니까?"

공자는 말했다. "팔아야지! 팔아야지! 그러나 나는 좋은 값을 기다리는 사람이다."

자공이 묻는다. "여기에 아름다운 옥이 있다면 스승님께서는 그것을 궤 속에 넣어 가죽으로 싸서 고이 보관하시겠습니까? 좋은 값을 구하여 그것을 파시겠습니까?" 아름다운 옥이란 사람에 비견한다면 뛰어난 사람〔賢人-仁者〕일 것이다. 자공은 공자에게 현인은 조용히 숨어 살아야 하는가, 아니면 적극적으로 나가서 벼슬을 해야 하는가를 묻고 있는 것이다. 어쩌면 자공은 스승님은 아름다운 옥처럼 도를 갖추신 분이면서 왜 세상으로 나아가 벼슬을 하지 않는 것이냐고 물은 것인지도 모른다.

이에 공자는 먼저 "팔아야지! 팔아야지!"라고 두 번 반복해서 말한다. 그만큼 노장(老莊) 식의 은둔하는 삶은 단호하게 부정하는 것이다. 그러나 구해 다니면서 파는 것에 대해서도 부정적이다. "그러나 나는 좋은 값을 기다리는 사람이다." 즉 자신의 가치를 정확히 알아주는 군주가 나올 때까지는 자신이 스스로 팔러 다니며 값을 떨어트리지는 않겠다는 의지를 밝힌 것이다. 벼슬을 대하는 태도와 관련된 공자의 생각이 드러나는 대목이다.

이에 대해서는 범조우의 설명이 정곡을 찌른다. "군자가 일찍이 벼슬하려고 하지 않는 것은 아니지만, 또 그 도리를 따르지 않음을 싫어하니 선비가 예(禮)를 기다림은 옥이 값을 기다리는 것과 같다."

이는 邦無道/有道의 처신과도 일치한다.

공자는 말했다. "독실하게 믿음을 갖고서 배우기를 좋아하며, 죽음으로써 지켜 도리를 잘 닦아 나아가야 한다. 위태로운 나라에는 들어가지 말고, 어지러운 나라에서는 살지 말라. 천하에 도리가 있으면 나타나고, 도리가 없으면 숨어야 한다. 나라에 도리가 있을 때에 가난하면서 또 천하기까지 한 것은 부끄러운 일이며, 나라에 도리가 없을 때에 부유하면서 또 귀하기까지 한 것도 부끄러운 일이다." ('태백 13')

4

(맹자의 제자) 팽경(彭更)이 물었다. "뒤따르는 수레 수십 대와 따르는 사람 수백 명을 데리고서 제후들에게 돌아가면서 밥을 얻어먹는 것은 너무 지나치지 않습니까?"

맹자는 이렇게 답했다. "정당한 도리가 아니면 한 대그릇의 밥이라도 남들에게서 받을 수 없다. 그러나 만일 정당한 도리일 경우라면 순임금께서도 요임금이 가지셨던 천하를 받고서도 지나치다고 여기지 않으셨다. 그대는 우리가 이렇게 하는 것을 지나치다고 여기는가?"

팽경이 말했다. "그런 뜻이 아닙니다. (제 뜻은 무릇) 선비라면 아무 일도 하지 않고서 밥을 (얻어) 먹어서는 안 된다는 것입니다."

맹자가 말했다. "그대가 (정신적인) 공력을 들여 각 분야 사람들이 하는 일을 서로 융통시켜서 (각 분야마다) 남는 것으로써 부족한 것을 보충해 주지 않는다면, (다른 분야 사람들은 굶주려도) 농사꾼은 곡식이 남아돌고 (다른 분야 사람들은 헐벗어도) 베 짜는 여인들은 옷감이 남아돌 것이다. (하지만) 그대가 만일 이 남는 것들을 융통시켜 주면 목수와 수레 만드는 사람들이 모두 그대에게서 먹을 것을 얻을 수 있을 것이다. 여기에 어떤 사람이 있다고 하자. 그 사람은 (공자의 길을 따라) 집에 들어와서는 부모에게 효도를 다하고, 집 밖에 나가서는 윗사람을 공손하게 섬기며 선왕의 도리를 지켜 후세의 학자를 길러내고 있지만 (일을 하고 있지 않다고 하여) 그대에게서 먹을 것을 얻지 못할 것이다. 그대는 어찌하여 목수와 수레 만드는 사람은 존중하면서 어짊과 의로움을 실천하는 선비는 가벼이 여기는가?"

팽경이 말했다. "목수와 수레 만드는 사람은 그 뜻이 장차 먹을 것을 구하는 데 있습니다. (그렇다면) 군자가 도리를 행하는 것도 그 뜻이 장차 먹을 것을 구하는 데 있다는 것입니까?"

맹자가 말했다. "그대는 어찌하여 그 뜻을 갖고서 따지는가? 그대에게 공력이 있어 먹을 것을 줄 만하면 먹을 것을 주는 것이다. 그리고 그대는 뜻을 보고서 먹을 것을 주는가? 공력을 보고서 먹을 것을 주는가?"

"뜻을 보고서 먹을 것을 줍니다."

"자, 여기에 한 사람이 있다고 하자. 그 사람이 지붕의 기왓장을 깨뜨리고 담장에 마구잡이로 그림을 그려도 그 뜻이 장차 먹을 것을 구하기 위해서였다면 그대는 그 사람에게 먹을 것을 주겠는가?"

"주지 않을 것입니다."

"그렇다면 그대는 뜻을 보고서 먹을 것을 주는 것이 아니라 공력을 보고서 먹을 것을 주는 것이다."

彭更問曰 後車數十乘從者數百人以傳食於諸侯不以泰乎
팽경 문왈 후거 수십 승 종자 수백 인 이 전식 어 제후 불 이 태호

孟子曰 非其道則一簞食不可受於人 如其道則舜受堯之天下不以爲泰
맹자 왈 비 기도 즉 일 단사 불가 수어 인 여 기도 즉 순 수 요 지 천하 불 이 위 태

子以爲泰乎
자 이 위 태호

曰 否 士無事而食不可也
왈 부 사 무사 이 식 불가 야

(孟子)曰 子不通功易事以羨補不足則農有餘粟女有餘布 子如通之則
맹자 왈 자 불 통공 역사 이 연보 부족 즉 농 유 여속 여 유 여포 자 여 통지 즉

梓匠輪輿皆得食於子 於此有人焉 入則孝出則悌守先王之道 以待後之
재장 윤여 개 득식 어 자 어차 유 인언 입 즉 효 출 즉 제 수 선왕지도   이 대후 지

學者而不得食於子 子何尊梓匠輪輿而輕爲仁義者哉
학자 이 부 득식 어 자 자 하 존 재장 윤여 이 경 위 인의 자 재

曰 梓匠輪輿其志將以求食也 君子之爲道也其志亦將以求食與
왈 재장 윤여 기 지 장 이 구 식 야 군자 지 위도 야 기 지 역 장 이 구 식 여

(孟子)曰 子何以其志爲哉 其有功於子可食而食之矣 且子食志乎 食功乎
맹자 왈 자 하 이 기 지 위 재 기 유 공 어 자 가 식 이 식 지 의 차 자 식 지 호 식 공 호

曰 食志
왈 식 지

(孟子)曰 有人於此毀瓦畫墁 其志將以求食也則子食之乎
맹자 왈 유 인 어 차 훼 와 획 만 기 지 장 이 구 식 야 즉 자 식 지 호

曰 否
왈 부

(孟子)曰 然則子非食志也食功也
맹자 왈 연 즉 자 비 식 지 야 식 공 야

맹자의 제자 팽경(彭更)이 묻는다. "뒤따르는 수레 수십 대와 따르는 사람〔從者〕수백 명을 데리고서〔以〕 제후들에게 돌아가면서 밥을 얻어먹는 것은 너무〔以=已=太〕지나치지 않습니까?" 성백효는 傳食을 전식(轉食)으로 보아 돌아가며 제후들에게 밥을 얻어먹는 것으로 풀이한다.

맹자는 이렇게 답한다. "정당한 도리가 아니면 한 대그릇의 밥이라도 남들에게서 받을 수 없다. 그러나 만일 정당한 도리일 경우라면 순임금〔舜〕께서도 요임금〔堯〕이 가지셨던 천하를 받고서도 지나치다고 여기지 않으셨다. 그대는 우리가 이렇게 하는 것을 지나치다고 여기는가?"

그것이 도리에 부합하느냐 아니냐가 군자나 선비의 행동원칙임을 강조하고 있다는 점에서 앞 장에 이어진다.

이에 팽경이 대답한다. "그런 뜻이 아닙니다. (제 뜻은 무릇) 선비라면 아무 일도 하지 않고서 밥을 (얻어) 먹어서는 안 된다는 것입니다."

요즘도 종종 제기되는 지식인의 무노동과 관련된 본격적인 논의다.

맹자의 대답이 궁금하다.

"그대가 (정신적인) 공력〔功〕을 들여 각 분야 사람들이 하는 일〔事〕을 서로 융통시켜서 (각 분야마다) 남는 것〔羨〕으로써 부족한 것을 보충해 주지 않는다면, (다른 분야 사람들은 굶주려도) 농사꾼은 곡식이 남아돌고 (다른 분야 사람들은 헐벗어도) 베 짜는 여인들은 옷감이 남아돌 것이다. (하지만) 그대가 만일 이 남는 것들을 융통시켜 주면 목수〔梓匠〕와 수레 만드는 사람〔輪輿〕들이 모두 그대에게서 먹을 것을 얻을 수 있을 것이다. 여기에 어떤 사람이 있다고 하자. 그 사람은 (공자의 길을 따라) 집에 들어와서는 부모에게 효도를 다하고, 집 밖에 나가서는 윗사람을 공손하게 섬기며 선왕의 도리를 지켜 후세의 학자를 길러내고 있지만 (일을 하고 있지 않다고 하여) 그대에게서 먹을 것을 얻지 못할 것이다. 그대는 어찌하여 목수와 수레 만드는 사람은 존중하면서 어짊과 의로움〔仁義〕을 실천하는 선비는 가벼이 여기는가?"

여기서 맹자가 말한 유학자의 모습('집에 들어와서는 부모에게 효도를 다하고, 집 밖에 나가서는 윗사람을 공손하게 섬기며 선왕의 도리를 지켜 후세의 학자를 길러낸다')은 『논어』 '학이 6'을 연상시킨다.

공자는 말했다. "어린 사람들은 집에 들어오면 효도하고 밖에 나가면 공순하며, 행실을 삼가고 말에는 믿음이 담겨야 하며, 널리 사람들을 사랑하되 어진 이를 가까이 (하는 것을 배우려) 해야 한다. 이런 일들을 몸소 익혀 행하면서도 남은 힘이 있거든 그때 가서 애쓰는 법〔文〕을 배우도록 하라."

그러나 팽경의 의문은 다 풀리지 않았다. "목수와 수레 만드는 사람은 그 뜻이 장차 먹을 것을 구하는 데 있습니다. (그렇다면) 군자가 도리를 행하는 것도 그 뜻이 장차 먹을 것을 구하는 데 있다는 것입니까?" 두 사람의 대화는 점점 합의점을 찾지 못하고 논쟁으로 비화된다. 눈앞에 조금씩 노기를 띠기 시작한 맹자의 모습이 보이는 듯하다.

"그대는 어찌하여 그 뜻을 갖고서 따지는가? 그대에게 공력이 있어 먹을 것을 줄 만하면 먹을 것을 주는 것이다. 그리고 그대는 뜻을 보고서 먹을 것을 주는가? 공력을 보고서 먹을 것을 주는가?"

"뜻을 보고서 먹을 것을 줍니다."

"자, 여기에 한 사람이 있다고 하자. 그 사람이 지붕의 기왓장을 깨뜨리고 담장에 마구잡이로 그림을 그려도 그 뜻이 장차 먹을 것을 구하기 위해서였다면 그대는 그 사람에게 먹을 것을 주겠는가?"

"주지 않을 것입니다."

"그렇다면[然則] 그대는 뜻을 보고서 먹을 것을 주는 것이 아니라
연즉
공력을 보고서 먹을 것을 주는 것이다."

5

만장(萬章)이 물었다. "송(宋) 나라는 소국이지만 지금 왕도정치를
행하려 합니다. (그 때문에 이웃의 강대국인) 제(齊) 나라와 초(楚) 나
라가 그것을 싫어하여 정벌하게 되면 어떻게 되겠습니까?"

맹자가 말했다. "탕왕(湯王)이 박(亳)이라는 읍에 머물러 계실 때 갈
(葛) 나라와 이웃하셨다. 그때 갈나라의 통치자가 방탕하여 제사도 안
지냈다. 탕왕이 사람을 시켜 묻기를 '어찌하여 제사를 안 지내는가'라
고 하자 갈나라의 백이 '희생(犧牲)으로 바칠 소와 양이 없기 때문입
니다'고 대답했다. 이에 탕왕이 사람을 시켜 (희생으로 쓸 수 있는) 소와
양을 보내주자 갈나라의 백이 그것을 잡아먹고서는 또 제사를 지내지
않았다. 상황이 이렇게 되자 탕왕은 다시 한 번 사람을 시켜 묻기를 '어
찌하여 제사를 지내지 않는가?'라고 하니 갈나라의 백이 '자성(粢盛)
으로 바칠 것이 없습니다'고 답하였다.

이 말을 들은 탕왕이 박의 백성들로 하여금 (갈나라에) 가서 밭을 갈
게 해주시니 노약자들이 밥을 얻어먹었다. 이에 갈나라의 백이 자신의
백성들을 거느리고서 술과 밥과 기장밥, 쌀밥을 내어온 자들을 가로막
고 빼앗되 내주지 않는 자를 죽였는데 어떤 어린아이가 기장밥과 고기
를 가지고 와서 밥을 먹이자 그 아이를 죽이고 기장밥과 고기를 빼앗
았다. 『서경』에 이르기를 '갈백(葛伯)이 밥을 먹이는 자를 원수로 삼았
다'고 하였으니 이것을 말한 것이다. (탕왕은 갈나라 백이) 이 어린아이
를 죽였기 때문에 갈나라를 정벌하셨다. 온 세상 사람들이 모두 말하기
를 '(탕왕은) 천하를 넓히기 위해서가 아니라 평범한 자기 백성들을 위
해 복수를 한 것이다'라고 했다. 탕왕이 갈나라를 시발로 해서 정벌사업

을 시작하여 열한 개 나라를 정벌하니 천하에 대적할 자가 없었다. 동쪽 나라를 정벌하면 서쪽의 오랑캐 백성들이 (자신들부터 정벌해 주지 않는 다고) 원망하고, 남쪽 나라를 정벌하면 북쪽의 오랑캐 백성들이 원망하 며 말했다. '왜 우리를 (다른 나라보다) 뒤에 정벌하시는가?' 주변 나라 백성들의 그 같은 간절한 바람은 마치 큰 가뭄에 비를 바라는 것과 같 아서 (탕왕의 군대가 나타나도) 시장으로 가는 (적국의) 사람들은 (조금 도 동요하지 않고) 시장으로 가서 사고팔기를 멈추지 않았고, 김매던 농 부들은 (도망치지 않고) 계속 김을 맸다. 임금을 주벌하고 그 나라의 백 성들을 위로하자 때 맞춰 내린 비를 반기듯 백성들은 크게 기뻐하였다. 『서경』에 이르기를 '우리의 임금을 기다렸네. 임금께서 오셨으니 이제 억울한 형벌에서 벗어나겠네'라고 하였으니 이것을 말한 것이다.

또 이런 말도 있다. '(무왕의) 신하가 되기를 거부하는 자(혹은 나라) 가 있어 동쪽으로 가 정벌하여 그 나라 남녀 백성들을 편안케 해주자 그 들은 검은색, 황색 비단을 폐백 광주리에 담아 예물로 바치면서 우리의 주나라 임금(무왕)을 뵙고 그 다음의 빼어남을 본 뒤에 큰 나라 주의 신 하가 되기를 염원했다.' 이처럼 그 나라 관리들은 검은색, 황색 비단을 광주리에 담아 폐백으로 바치며 주나라 관리들을 맞이하였고, 일반 백 성들은 대그릇에 밥을 담고 병에 마실 것을 담아 예물로 바치며 주나라 병사들을 맞이하였으니 그 이유는 무왕께서 그 백성들을 물과 불의 재 난으로부터 구원하고 잔악하고 포악한 임금을 제거할 뿐이었기 때문이 다. (그래서) 『서경』 '태서(太誓)' 편에 이르기를 '우리 무왕께서 위엄을 떨쳐 저 국경을 침략하여 그 잔학한 자를 제거하고 죽여야 할 자들을 모 두 죽였으니, 그 공은 탕왕보다 더하구나'라고 했다. 왕도정치를 행하 지 않는다면 그만이겠지만 만일 왕도정치를 행한다면 온 세상 백성들은 모두 목을 빼고 왕도정치를 갈망하면서 그런 임금을 자신들의 임금으로 삼고자 할 것이니, 제나라와 초나라가 비록 대국이라고는 하나 무엇이 두렵겠는가?"

萬章問曰 宋小國也 今將行王政 齊楚惡而伐之則如之何
만장 문왈 송 소국 야 금장행 왕정 제초오이벌지즉 여지하

孟子曰 湯居亳與葛爲鄰 葛伯放而不祀 湯使人問之曰 何爲不祀 曰 無以
맹자 왈 탕거박여갈위린 갈백 방이 불사 탕사인 문지왈 하위 불사 왈 무이

供犧牲也 湯使遺之牛羊 葛伯食之又不以祀 湯又使人問之曰 何爲不祀
공 희생 야 탕사유지 우양 갈백 식지우불이사 탕우사인 문지왈 하위 불사

曰 無以供粢盛也 湯使亳衆往爲之耕老弱饋食 葛伯帥(率)其民要其有酒
왈 무이공 자성 야 탕사 박중 왕위지경 노약 궤사 갈백 솔 솔 기민요기유주

食黍稻者奪之不授者殺之 有童子以黍肉餉殺而奪之 書曰 葛伯仇餉 此
사 서도자 탈지 불수 자 살지 유 동자 이서육 향살 이탈지 서왈 갈백 구향 차

之謂也 爲其殺是童子而征之 四海之內皆曰 非富天下也爲匹夫匹婦復讎
지 위야 위기 살시 동자 이정지 사해지내 개 왈 비부 천하 야위 필부필부 복수

也 湯始征 自葛載十一征而無敵於天下 東面而征西夷怨 南面而征北狄怨
야 탕시 정 자갈 재 십일 정이 무적 어 천하 동면 이정 서이 원 남면 이정 북적 원

曰 奚爲後我 民之望之若大旱之望雨也 歸市者弗止 芸(耕)者不變 誅其
왈 해 위후아 민지망 지약 대한 지 망우 야 귀시 자 불지 운 경 자 불변 주기

君弔其民如時雨降民大悅 書曰 徯我后 后來 其無罰 有攸不爲臣 東征綏
군조기 민여 시우 강민 대열 서왈 혜아 후 후래 기무벌 유유 불위신 동정 수

厥士女 匪厥玄黃紹我周王見休 惟臣附于大邑周 其君子實玄黃于匪以迎
궐 사녀 비 궐 현황 소아 주왕 견휴 유 신부 우 대읍 주 기 군자 실 현황 우비 이영

其君子 其小人簞食壺漿以迎其小人 救民於水火之中取其殘而已矣 太誓曰
기 군자 기 소인 단사 호장 이영기 소인 구민 어 수화지중 취기 잔 이이의 태서 왈

我武惟揚侵于之疆則取于殘殺伐 用張于湯有光 不行王政云爾 苟行王政
아 무유 양침 우지강 즉 취우 잔 살벌 용장우 탕유광 불행 왕정 운이 구행 왕정

四海之內皆擧首而望之欲以爲君 齊楚雖大何畏焉
사해지내 개 거수 이망 지욕 이위군 제초 수 대 하 외 언

이번에는 제자 만장(萬章)이 묻는다. "송(宋) 나라는 소국이지만 지금 왕도정치[王政]를 행하려 합니다. (그 때문에 이웃의 강대국인) 제(齊) 나라와 초(楚) 나라가 그것을 싫어하여 정벌하게 되면 어떻게 되겠습니까?" 작은 나라지만 왕도정치를 행할 경우 결국 백성들이 잘 따르고 나라가 융성해져서 결과적으로 주변의 패도정치를 행하는 나라에 부담을 주게 되니 미리 화근을 제거하기 위해 주변의 제나라나 초나라가 선제공격을 해올 수 있음을 우려한 것이다.

그런데 주희는 역사적 사실을 바탕으로 해서 정반대의 풀이를 내놓는다. "송나라 (임금) 언(偃)이 일찍이 등나라를 멸하고 설나라를 정벌하였으며 제나라, 초나라, 위나라의 군대를 패퇴시켜 천하의 패자(覇者)가 되려고 하였으니, 의심컨대 바로 이때인 듯하다." 의심컨대라고 한 것으로 볼 때 주희도 100퍼센트 확신을 갖고 있었던 것 같지는 않다. 이 문제는 이 정도로 해두고 맹자의 발언을 살펴보자.

"탕왕(湯王)이 박(亳)이라는 읍에 머물러[居] 계실 때 갈(葛) 나라와 이웃하셨다. 그때 갈나라의 통치자[伯]가 방탕하여[放] 제사도 안 지냈다. 탕왕이 사람[人]을 시켜[使] 묻기를 '어찌하여 제사를 안 지내는가'라고 하자 갈나라의 백이 '희생(犧牲)으로 바칠 소와 양이 없기 때문입니다'고 대답했다." 훗날 탕왕은 박을 도읍으로 해서 상(商) 나라를 세우게 된다. "이에 탕왕이 사람을 시켜 (희생으로 쓸 수 있는) 소와 양을 보내주자 갈나라의 백이 그것을 잡아먹고서는 또 제사를 지내지 않았다. 상황이 이렇게 되자 탕왕은 다시 한 번 사람을 시켜 묻기를 '어찌하여 제사를 지내지 않는가?'라고 하니 갈나라의 백이 '자성(粢盛)으로 바칠 것이 없습니다'고 답하였다." 粢盛이란 제사에 올리는 정성을 다한 곡식을 뜻한다.

"이 말을 들은 탕왕이 박의 백성들로 하여금 (갈나라에) 가서 밭을 갈게 해주시니 노약자들〔老弱〕이 밥을 얻어먹었다. 이에 갈나라의 백이 자신의 백성들을 거느리고서 술과 밥과 기장밥, 쌀밥을 내어온 자들을 가로막고〔要〕 빼앗되 내주지 않는 자를 죽였는데 어떤 어린아이〔童子〕가 기장밥과 고기를 가지고 와서 밥을 먹이자 그 아이를 죽이고 기장밥과 고기를 빼앗았다. 『서경』에 이르기를 '갈백(葛伯)이 밥을 먹이는 자를 원수로 삼았다'고 하였으니 이것을 말한 것이다."

일단 여기까지 끊어서 내용을 정리해 보자. 탕왕이 선의를 갖고서 갈나라를 도와주었으나 방탕한 갈나라의 백은 그마저 거부하고 심지어 어떤 어린아이가 자기 백성에게 먹을 것을 주었다고 그 아이마저 죽여버렸다는 것이다. 이에 탕왕은 응징을 결심한다. 다시 맹자의 이야기다.

"(탕왕은 갈나라 백이) 이 어린아이를 죽였기 때문에〔爲〕 갈나라를 정벌하셨다. 온 세상 사람들이 모두 말하기를 '(탕왕은) 천하를 넓히기 위해서가 아니라 평범한 자기 백성들을 위해 복수를 한 것이다'라고 했다." 탕왕의 정벌동기가 영토확장이 아니라 자기 백성을 보호하려는 깊은 뜻에서 나온 것임을 보여준다. 이런 상황에서 하나라 걸왕의 학정으로 백성들이 고통에 빠지자 탕왕은 정벌사업에 나선다. 이어지는 맹자의 이야기는 그런 맥락에서 봐야 한다.

"탕왕이 갈나라를 시발〔載=始〕로 해서 정벌사업을 시작하여 열한 개 나라를 정벌하니 천하에 대적할 자가 없었다〔無敵於天下〕. 동쪽 나라를 정벌하면 서쪽의 오랑캐〔西夷=西戎〕 백성들이 (자신들부터 정벌해 주지 않는다고) 원망하고, 남쪽 나라를 정벌하면 북쪽의 오랑캐〔北狄〕 백성들이 원망하며 말했다. '왜 우리를 (다른 나라보다) 뒤에 정벌하시는가?' 주변 나라 백성들의 그 같은 간절한 바람은 마치 큰 가뭄〔大旱〕에 비를 바라는 것과 같아서 (탕왕의 군대가 나타나도) 시장으로 가는 (적국의) 사람들은 (조금도 동요하지 않고) 시장으로 가서 사고팔기를 멈추지 않았고, 김매던 농부들은 (도망치지 않고) 계속 김을 맸다. 임금을 주벌하고 그 나라의 백성들을 위로〔弔〕하자 때 맞춰 내린 비를 반기듯 백성들은 크게 기뻐하였다. 『서경』에 이르기를 '우리의 임금을 기다렸네. 임금께서 오셨으니 이제 억울한 형벌에서 벗어나겠네'라고 하였으니 이것을 말한 것이다."

탕왕의 군사력과 무략(武略) 못지않게 피정벌 국가의 백성들이 이미 자기 나라 임금보다는 탕왕의 다움을 그리워하고 있었기 때문에 열한 개 나라에 이르는 정벌사업은 성공을 거둘 수 있었다는 말이다. 맹자는 다시 『서경』에 나오는 주나라의 건국자 무왕(武王)의 사례를 인용한다. 무왕이 주나라를 세울 때 끝까지 주나라에 투항하지 않고 상나라의 주(紂)를 따른 자가 있었다는 것이다. 이런 간략한 배경을 알고서 맹자의 이야기를 읽는 것이 이해에 도움이 된다.

"또 이런 말도 있다. '(무왕의) 신하가 되기를 거부하는 자(혹은 나라〔攸=所〕)가 있어 동쪽으로 가 정벌하여 그 나라 남녀 백성〔士女〕들을 편안케〔綏〕 해주자 그들은 검은색, 황색 비단을 폐백 광주리〔匪=篚〕에 담아 예물로 바치면서 우리의 주나라 임금(무왕)을 뵙고〔紹〕 그 다움의 빼어남〔休=善〕을 본 뒤에 큰 나라 주의 신하가 되기를 염원했다.' 이처럼 그 나라 관리〔君子〕들은 검은색, 황색 비단을 광주리에 담아 폐백으로 바치며 주나라 관리들을 맞이하였고, 일반 백성들〔小人〕은 대그릇에 밥을 담고 병에 마실 것을 담아 예물로 바치며 주나라 병사들을 맞이하였으니 그 이유는 무왕께서 그 백성들을 물과 불의 재난으로부터 구원하고 잔악하고 포악한 임금을 제거할 뿐이었기 때문이다.

　(그래서) 『서경』 '태서(太誓)' 편에 이르기를 '우리 무왕께서 위엄을 떨쳐 저 국경을 침략하여 그 잔학한 자를 제거하고 죽여야 할 자들을 모두 죽였으니, 그 공은 탕왕보다 더하구나'라고 했다.

　왕도정치(王政)를 행하지 않는다면 그만이겠지만(云爾) 만일 왕도정치를 행한다면 온 세상 백성들은 모두 목을 빼고 왕도정치를 갈망하면서 그런 임금을 자신들의 임금으로 삼고자 할 것이니, 제나라와 초나라가 비록 대국이라고는 하나 무엇이 두렵겠는가?"

　맹자가 말하고자 하는 취지가 맨 마지막 문장에 고스란히 들어 있다. 백성들의 마음(民心)을 얻는 것이 군사력(武力)보다 훨씬 중요하고 본질적이라는 것이다. 민심을 얻는다는 말은 곧 군왕이 백성들로부터 신뢰와 믿음을 얻는다는 뜻이다. 이런 흐름을 이해할 때 『논어』 '안연 7'에서 공자가 자공(子貢)에게 했던 말을 제대로 이해할 수 있다.

　자공이 바른 정치를 어떻게 해야 하느냐고 묻자 공자는 이렇게 말했다. "먹을 것을 풍족하게 하고, 군대를 강하게 하고, 백성들이 정치지도자들을 믿고 따르게 하는 것이다."

　이에 자공이 다시 물었다. "어쩔 수 없이 셋 중에 하나를 버려야 한다면 어떤 것을 먼저 버려야 하겠습니까?" 공자는 "군대(를 강하게 하는 일)를 버려야 한다"고 답했다.

　다시 자공이 물었다. "어쩔 수 없이 나머지 둘 중에 하나를 버려야 한다면 어떤 것을 먼저 버려야 하겠습니까?" 공자는 답했다. "양식을 버려야 한다. 예로부터 사람은 누구나 다 죽음이 있거니와 사람은 믿음이 없으면 설 수 없다."

6

맹자가 대불승(戴不勝)에게 물었다. "그대는 그대의 임금이 임금 노릇을 잘하기를 바라는가? 내가 그대에게 분명하게 일러주겠다. 여기에 초나라 대부가 있다고 하자. 그런데 그의 아들이 제나라 말을 잘할 수 있기를 바란다면 제나라 사람으로 하여금 아들을 가르치도록 하겠는가, 초나라 사람으로 하여금 아들을 가르치도록 하겠는가?"

대불승이 답했다. "(그야 당연히) 제나라 사람으로 하여금 가르치게 하겠지요."

"한 명의 제나라 선생이 가르친다고 해도 (주위에서) 수많은 초나라 사람들이 시끄럽게 초나라 말로 떠들어대면 비록 매일매일 회초리로 종아리를 때려가며 제나라 말을 하라고 요구하더라도 그 말을 할 수 없을 것이다. 그러나 만일 그 아들을 끌어다가 제나라 수도 임치(臨淄)에 있는 번화가인 장가(莊街)나 악리(嶽里)에서 여러 해 동안 살게 한다면 비록 매일매일 회초리로 종아리를 때려가며 초나라 말을 하라고 요구하더라도 진실로 그 말을 할 수 없을 것이다. 그대가 (같은 송나라 신하인) 설거주(薛居州)를 평하기를 좋은 선비라 하여 그로 하여금 왕의 측근에 머물 수 있게 하였다. (하지만) 왕의 측근에 있는 자들이 나이가 많고 적음이나 지위가 높고 낮음에 관계없이 모두 설거주 같은 (좋은) 사람이라면 왕께서 누구와 더불어 좋지 못한 짓을 할 것이며, 또 왕의 측근에 있는 자들이 나이가 많고 적음이나 지위가 높고 낮음에 관계없이 모두 설거주와 같은 (좋은) 사람이 아니라면 왕께서는 누구와 더불어 뛰어난 일을 할 수 있겠는가? 한 명의 설거주 혼자서 송나라 임금을 어떻게 하겠는가?"

孟子謂戴不勝曰 子欲子之王之善與 我明告子 有楚大夫於此 欲其子之
맹자 위 대불승 왈 자욕 자지왕 지선여 아명고자 유초 대부 어차 욕기자지

齊語也則使齊人傳諸 使楚人傳諸
제어 야 즉사 제인 부제 사 초인 부제

曰 使齊人傳之
왈 사 제인 부지

(孟子)曰 一齊人傳之 衆楚人咻之 雖日撻而求其齊也 不可得矣 引而置
맹자 왈 일 제인 부지 중 초인 휴지 수일 달 이 구기 제 야 불가 득 의 인 이 치

之莊嶽之間數年 雖日撻而求其楚 亦不可得矣 子謂薛居州善士也 使之
지 장악 지간 수년 수일 달 이 구기 초 역 불가 득 의 자위 설거주 선사 야 사 지

居於王所 在於王所者長幼卑尊皆薛居州也 王誰與爲不善 在王所者長幼
거 어 왕소 재 어 왕소 자 장유 비존 개 설거주 야 왕 수여 위 불선 재 왕소 자 장유

卑尊皆非薛居州也 王誰與爲善 一薛居州獨如宋王何
비존 개 비 설거주 야 왕 수여 위 선 일 설거주 독 여 송왕 하

대불승(戴不勝)은 송나라 신하다. 앞 장에서 보았던 그 작은 나라 송나라의 신하이다. 子는 여기서 '그대'라는 뜻이다. 맹자가 대불승에게 먼저 묻는다. "그대는 그대의 임금이 임금 노릇을 잘하기〔善〕를 바라는가? 내가 그대에게 분명하게 일러주겠다. 여기에 초나라 대부가 있다고 하자. 그런데 그의 아들이 제나라 말을 잘할 수 있기를 바란다면 제나라 사람으로 하여금 아들을 가르치도록〔傳〕 하겠는가, 초나라 사람으로 하여금 아들을 가르치도록 하겠는가?" 이에 대불승은 "(그야 당연히) 제나라 사람으로 하여금 가르치게 하겠지요"라고 답한다.

여기서 일단 주목해야 할 단어는 善이다. 善을 '착하다', '선하다'로 풀이해서는 우스워진다. '유능하고 뛰어나다'로 봐야 문맥에도 적합하다. 다시 맹자의 말이다.

"한 명의 제나라 선생이 가르친다고 해도 (주위에서) 수많은[衆] 초나라 사람들이 시끄럽게 초나라 말로 떠들어[咻]대면 비록 매일매일 회초리로 종아리를 때려가며 제나라 말을 하라고 요구하더라도 그 말을 할 수 없을 것이다. 그러나 만일 그 아들을 끌어다가[引] 제나라 수도 임치(臨淄)에 있는 번화가인 장가(莊街)나 악리(嶽里)에서 여러 해 동안 살게 한다면 비록 매일매일 회초리로 종아리를 때려가며 초나라 말을 하라고 요구하더라도 진실로 그 말을 할 수 없을 것이다."

주변에 어떤 사람이 있느냐에 따라 사람은 군자도 될 수 있고 소인도 될 수 있음을 일종의 비유를 통해 설명하고 있다. 이런 비유를 동원한 이유는 이제부터 나온다. 다시 맹자의 말이다.

"그대가 (같은 송나라 신하인) 설거주(薛居州)를 평하기를 좋은 선비[善士]라 하여 그로 하여금 왕의 측근에 머물 수 있게 하였다. (하지만) 왕의 측근에 있는 자들이 나이가 많고 적음이나 지위가 높고 낮음에 관계없이 모두 설거주 같은 (좋은) 사람이라면 왕께서 누구와 더불어 좋지 못한 짓을 할 것이며, 또 왕의 측근에 있는 자들이 나이가 많고 적음이나 지위가 높고 낮음에 관계없이 모두 설거주와 같은 (좋은) 사람이 아니라면 왕께서는 누구와 더불어 뛰어난 일을 할 수 있겠는가? 한 명의 설거주 혼자서 송나라 임금을 어떻게 하겠는가?"

이 장의 취지는 주희의 풀이 그대로다. "소인이 많고 군자가 혼자이면 임금을 바로잡는 공효[功]를 이룰 수 없음을 말씀하신 것이다." 이는 송나라 임금의 주위에 어질거나 뛰어난 인재들이 많지 않음을 지적한 것으로 볼 수 있다. 앞 장과 연결해서 보면 송나라 임금이 올바른 정치를 하려야 할 수 없음을 지적하는 글이라 할 수 있다.

7

공손추가 물었다. "스승님께서 먼저 제후들을 찾아가 만나보지 않는 것은 어떤 의리입니까?"

맹자가 말했다. "옛날에는 어떤 임금의 신하가 되지 않으면 임금을 만나보지 않았다. (위나라 문후(文侯) 때의 사람인) 단간목(段干木)은 (임금이 만나보려 하자) 담을 뛰어넘어 피해버렸고, (노나라 목공(繆公) 때의 사람인) 설류(泄柳)는 문을 닫아걸고서 (임금이) 자기 집에 들어오지 못하게 하였는데 이는 둘 다 너무 심했다. (임금이 만나보려는 마음이) 절박하면 이럴 경우 만나볼 수도 있는 것이다. 양화(陽貨)는 공자께서 자신을 만나보러 오게 하고 싶었으나 (공자를 부를 경우) 무례하다는 지적을 받게 되는 것이 싫었다. (당시 예법에 따르면) 대부(大夫)가 사(士)에게 선물을 보낼 경우 사가 (집에 없거나 해서) 집에서 선물을 받지 못하면 대부의 집으로 가서 그 문을 향해 절을 해야 했다. (그래서) 양화는 공자가 없을 때를 엿보아 공자께 삶은 돼지를 보냈다. 이에 공자께서도 양화가 없을 때를 엿보아 찾아가서 절을 하셨다. 이때 만일 양화가 (이 같은 편법을 쓰지 않고 예를 갖춰) 먼저 찾아갔다면 어찌 만나볼 수 없었겠는가? 증자(曾子)께서 말씀하셨다. '(공손한 척하기 위해) 어깨를 움츠리고 억지웃음을 짓는 것은 한여름 뙤약볕 아래 밭에서 일하는 것보다 더 힘들다.' 자로(子路)도 말했다. '뜻이 같지 않은 사람과 (아무렇지도 않다는 듯이 꾸미어) 말을 하는 사람들의 얼굴을 잘 살펴보면 (이미 스스로) 창피하여 벌겋다. 이런 짓을 하는 사람을 나는 도무지 이해할 수가 없다.' 이 두 사람의 말을 잘 살펴보면 군자가 자신의 군자다움을 어떻게 길렀는지를 알 수 있다."

公孫丑問曰 不見諸侯何義
공손추 문왈 불현 제후 하 의

孟子曰 古者不爲臣不見 段干木踰垣而辟之 泄柳閉門而不內 是皆已
맹자 왈 고자 불위 신 불현 단간목 유원 이 피지 설류 폐문 이 불내 시 개 이

甚 迫斯可以見矣 陽貨欲見孔子而惡無禮 大夫有賜於士不得受於其家則
심 박사 가이 현 의 양화 욕견 공자 이 오 무례 대부 유사 어 사 부득 수 어 기 가 즉

往拜其門 陽貨瞯孔子之亡也而饋孔子蒸豚 孔子亦瞯其亡也而往拜之 當
왕 배 기 문 양화 감 공자 지 무 야 이 궤 공자 증 돈 공자 역 감 기 무 야 이 왕 배 지 당

是時陽貨先豈得不見 曾子曰脅肩諂笑病于夏畦 子路曰 未同而言觀其色
시시 양화 선 기 득 불견 증자 왈 협견 첨소 병 우 하휴 자로 왈 미동 이 언 관 기 색

赧赧然 非由之所知也 由是觀之則君子之所養可知已矣
난난 연 비 유지소지 야 유 시 관 지 즉 군자 지 소양 가지 이 의

이번에는 공손추(公孫丑)가 물었다. "스승님께서 먼저 제후들을 찾아가 만나보지 않는 것은 어떤 의리입니까?"

이에 맹자는 다음과 같이 답한다. "옛날에는 어떤 임금의 신하가 되지 않으면 임금을 만나보지 않았다." 즉 일정한 벼슬을 하였을 때만 그 임금을 알현했다는 말이다. 맹자의 말이 이어진다.

"(위나라 문후(文侯) 때의 사람인) 단간목(段干木)은 (임금이 만나보려 하자) 담을 뛰어넘어 피해버렸고, (노나라 목공(繆公) 때의 사람인) 설류(泄柳)는 문을 닫아걸고서 (임금이) 자기 집에 들어오지 못하게 하였는데 이는 둘 다 너무[已=太] 심했다. (임금이 만나보려는 마음이) 절박하면[迫] 이럴 경우 만나볼 수도 있는 것이다." 두 임금이 만나보려 할 때 단간목이나 설류는 아직 위나라나 노나라의 관리가 되기 전이었다. 이어 맹자는 『논어』에 나오는 공자의 사례를 인용한다.

"양화(陽貨)는 공자께서 자신을 만나보러 오게 하고 싶었으나 (공자

를 부를 경우) 무례하다는 지적을 받게 되는 것이 싫었다. (당시 예법에 따르면) 대부(大夫)가 사(士)에게 선물을 보낼 경우 사가 (집에 없거나 해서) 집에서 선물을 받지 못하면 대부의 집으로 가서 그 문을 향해 절을 해야 했다. (그래서) 양화는 공자가 없을 때를 엿보아〔瞰〕공자께 삶은 돼지〔蒸豚〕를 보냈다. 이에 공자께서도 양화가 없을 때를 엿보아 찾아가서 절을 하셨다. 이때 만일 양화가 (이 같은 편법을 쓰지 않고 예를 갖춰) 먼저 찾아갔다면 어찌〔豈〕만나볼 수 없었겠는가?"

여기서 대부는 노나라 대부 계씨(季氏)의 가신이었던 양화이고 사는 공자다. 그래서 士를 선비라고 옮기지 않고 신분을 의미하는 사로 옮겼다. 이는 『논어』 '양화 1'의 전반부에 해당한다.

양화가 공자가 자신을 찾아와 만나보기를 원하였으나 공자가 만나기를 거부하자, 양화가 공자에게 (공자가 없는 틈을 타서) 삶은 돼지를 선물로 보냈는데 공자도 그가 없는 틈을 타서 사례를 하려고 가다가 길에서 만났다.

"이리 오라. 내 그대와 말을 하고 싶다. 훌륭한 보배를 품고서 나라를 어지럽게 하는 것을 어질다고 할 수 있겠는가?"

"할 수 없소."

"(공직에) 종사하기를 좋아하면서 자주 때를 놓치는 것을 지혜롭다 할 수 있겠는가?"

"할 수 없소."

"세월이 흘러가니, 세월은 나를 위하여 기다려주지 않는다."

"알겠소. 내 장차 벼슬을 할 것이오."

양화는 계씨의 가신으로 이름은 호(虎)다. 즉 양호(陽虎)다. 먼저 '자한 5'의 일화를 보자.

공자가 광이라는 곳에서 두려워하는 마음을 품었다. 그때 공자가 말했다. "문왕이 이미 세상을 떠나셨으나 문(文)이 이 몸에 있지 않겠는가? 하늘이 아마도 이 문을 없애려 했다면 뒤에 죽는 사람(공자 자신)이 이 문을 체득하지 못했을 것이다. (그런데 이미 나는 이 문을 체득하였으니) 하늘이 이 문을 없애지 않으려 하니 광 땅 사람들이 나를 어찌 하겠는가?"

공자가 광(匡)이라는 곳에서 두려워하는 마음(畏)을 품었던 이유를 주희는 사마천의 『사기』의 설명을 빌려 이렇게 풀이했다. "『사기』에 양호가 일찍이 광 땅에서 포악한 짓을 했었는데 공자의 모습이 양호와 비슷했으므로 광 땅 사람들이 공자를 양호로 오인하여 포위했다." 양호는 노나라 계씨 집안의 가신으로 광 땅을 다스리는 동안 온갖 악행을 저지른 것으로 알려져 있다. 원래 양화는 노나라 왕족인 맹씨(孟氏)인데, 계씨의 가신으로 있다가 신분이 상승해 대부가 되어 노나라의 국정을 좌우하게 된다.

바로 그 양화가 이때 자신의 주인이라 할 수 있는 계환자(季桓子)를 가두어놓고 나라의 정사를 마음대로 좌우하고 있었다. 이런 상황에서 양화는 (벼슬을 주기 위해) 공자를 만나고 싶어 했다. 아마도 여러 차례 불렀는데도 공자는 가지 않았을 것이다. 여기서 歸는 '돌아오다'가 아니라 '보내다'는 뜻이다. 공자에게 삶은 새끼돼지(豚)를 선물로 보냈다는 뜻이다. 공자는 이마저 거절할 수는 없었을 것이다. 당시 예법에 대부(大夫)가 사(士)에게 선물을 하였는데 사가 자기 집에서 직접 받지 못하였으면 대부의 집에 찾아가 사례하여야 한다고 돼 있었다. 양화는 바로 이 점을 노렸다. 일종의 강압이었다.

곤란한 상황이 된 공자는 묘안을 강구해 냈다. 가기는 가되 그가 집에 없는 때를 틈타 찾아가기로 한 것이다. 여기서 時(또는 矙)는 '틈타다', '엿보다'는 뜻이다. 공자는 그가 없는〔其亡〕 틈을 타서 찾아가〔往〕 사례〔拜〕하려 했는데, 가는 길〔諸塗〕에서 마침 양화와 마주치게 되었다.

이래저래 공자의 입장이 묘하게 됐다. 우리의 관심은 과연 공자가 이 곤경을 벗어날 수 있는가 하는 점이다. 우선 두 사람의 대화를 보자.

"이리 오라. 내 그대와 말을 하고 싶다. 훌륭한 보배를 품고서 나라를 어지럽게 하는 것을 어질다고 할 수 있겠는가?"

"할 수 없소."

"(공직에) 종사하기를 좋아하면서 자주 때를 놓치는 것을 지혜롭다 할 수 있겠는가?"

"할 수 없소."

"세월〔日月〕이 흘러가니, 세월은 나를 위하여 기다려주지 않는다."

"알겠소. 내 장차 벼슬을 할 것이오."

얼핏 보면 양화가 단계적 논리를 전개하여 결국 공자로 하여금 "내 장차 벼슬을 할 것이오"라는 긍정적 답변을 이끌어낸 것처럼 보인다. 양화가 "훌륭한 보배를 품고서 나라를 어지럽게 하는 것을 어질다고 할 수 있겠는가?"라고 말한 뜻을 주희는 이렇게 풀이한다. "도덕을 품고 감추어 나라의 혼란을 구원하지 않음을 이른다."

양화가 이런 식으로 세 차례에 걸쳐 공자에게 말을 던진 의도는 공자로 하여금 벼슬을 하게 하려고 한 것이다. 주희의 풀이다. "공자는 진실로 일찍이 이와 같지 않으셨고, 또한 벼슬하고자 하지 않은 것이 아니라, 다만 양화에게서 벼슬하지 않으려 하셨을 뿐이다. 그러므로 다만 이치에 의거하여 대답하고 다시 그와 변론하지 않으시어 마치 그의 뜻을 깨닫지 못한 것처럼 하신 것이다."

다시 맹자의 말이 이어진다. "증자(曾子)께서 말씀하셨다. '(공손한 척하기 위해) 어깨를 움츠리고 억지웃음을 짓는 것은 한여름 뙤약볕 아래 밭에서 일하는 것보다 더 힘들다.' 자로(子路)도 말했다. '뜻이 같지 않은 사람[未同]과 (아무렇지도 않다는 듯이 꾸미어) 말을 하는 사람들의 얼굴을 잘 살펴보면 (이미 스스로) 창피하여 벌겋다. 이런 짓을 하는 사람을 나[由]는 도무지 이해할 수가 없다.' 이 두 사람의 말을 잘 살펴보면 군자가 자신의 군자다움을 어떻게 길렀는지[所養]를 알 수 있다."

이에 대한 주희의 풀이가 정곡을 찌른다. "이 장은 빼어난 이[聖人]들이 보여준 예와 의로움[禮義]의 핵심[中正]이다. 이보다 지나친 자(단간목이나 설류)는 박절하여 도량이 넓지 못하고, (증자나 자로가 지적한 것처럼) 미치지 못하는 자는 더럽고 천한 데 빠져 부끄러울 뿐임을 말씀한 것이다." 즉 과유불급(過猶不及), 지나친 것이나 미치지 못하는 것이나 둘 다 문제임을 말하고 있는 것이다.

(송나라 대부인) 대영지(戴盈之)가 맹자에게 말했다. "10분의 1 세법과 관문 및 시장의 세금을 폐지하는 문제는 금년에 당장 시행하는 것이 어렵습니다. 청컨대 우선 세금을 줄여주고 내년을 기다린 뒤에 폐지하려 하는데 어떻게 생각하십니까?"

맹자가 말했다. "지금 한 사람이 매일 이웃집 닭을 한 마리씩 훔치고 있는데 어떤 사람이 그에게 '이것은 군자의 도리가 아니다'라고 하자 그 사람이 '청컨대 그 훔치는 수를 줄여 달마다 닭 한 마리를 훔치다가 내년을 기다린 뒤에 그만두겠다'라고 하는 것과 같다. 만일 지금 행하는 바가 의리가 아님을 안다면 속히 그만둘 일이지 어찌 내년을 기다린다고 하겠는가?"

戴盈之曰 什一 去關市之征 今玆未能 請輕之以待來年然後已何如
대영지 왈 십일 거 관시 지정 금자 미능 청경지 이대 내년 연후 이 하여

孟子曰 今有人日攘其鄰之鷄者 或告之曰 是非君子之道 曰 請損之 月
맹자 왈 금유인일양기린지계자 혹고지왈 시비 군자지도 왈 청손지 월

攘一鷄以待來年然後已 如知其非義斯速已矣何待來年
양 일 계 이 대 내년 연후 이 여지기비 의사속 이 의 하 대 내년

대영지(戴盈之)는 송나라 대부다. 그가 맹자에게 말한다. "10분의 1 세법〔什一-井田法〕과 관문 및 시장〔關市〕의 세금을 폐지하는 문제는 금년에 당장〔玆〕 시행하는 것이 어렵습니다. 청컨대 우선 세금을 줄여주고 내년을 기다린 뒤에 폐지하려 하는데 어떻게 생각하십니

까?" 己는 '그만두다', '폐지하다'는 뜻이다. 이에 대한 맹자의 대답이다.

"지금 한 사람이 매일 이웃집 닭을 한 마리씩 훔치고 있는데 어떤 사람이 그에게 '이것은 군자의 도리가 아니다'라고 하자 그 사람이 '청컨대 그 훔치는 수를 줄여 달마다 닭 한 마리를 훔치다가 내년을 기다린 뒤에 그만두겠다'고 하는 것과 같다. 만일 지금 행하는 바가 의리가 아님을 안다면 속히 그만둘 일이지 어찌 내년을 기다린다고 하겠는가?"

의리에 맞지 않는 일을 고치는 데는 머뭇거릴 이유가 없는 것이다. 그럼에도 많은 이들이 힘이 없다거나 능력 부족을 이유로 고쳐야 할 것을 고치려 하지 않는다. 역부족(力不足)이란 말도 이런 맥락에서 나온 것이다. 『논어』 '옹야 10'이 바로 그 내용이다.

> 염구가 "저는 스승님의 도를 열렬히 좋아하지 않는 것은 아니지만 그것을 향해 나아가기에는 힘이 딸립니다"고 말하자 공자는 말했다. "힘이 부족하다고 말하는 자는 대부분 중도에 포기하는 자인데, 지금 염구 너는 스스로 자신의 한계를 긋고 있는 것이다."

염구(冉求)는 공자로부터 예재(藝才)가 뛰어나다는 평을 받았던 제자이다. 그러나 염구는 『논어』에 묘사된 것만으로 볼 때는 그다지 출중한 인물은 아닌 것 같다. 계씨(季氏) 집안의 가신이었으며 뒤에 "곧지도 못했고 진실하지도 못했고 식견이 보잘것없었던" 인물로 등장한다. 군자와 소인의 중간쯤 되는 인물이라 할 수 있다.

염구는 공자에게 "저는 스승님의 도를 열렬히 좋아하지 않는 것은 아니지만 그것을 향해 나아가기에는 힘이 딸린다〔力不足〕"라고 말한다. 이에 대해 공자는 힘이 부족한 것이 아니라 의지가 부족한 것이라는 점을 일깨우며 흔히 "힘이 부족하다고 말하는 자는 대부분 중도에 포기하는 자인데 지금 염구 너는 스스로 자신의 한계를 긋고 있는 것"이라고 은근히 야단을 친다.

이에 대해서는 호인(胡寅)의 풀이가 참고가 되는데, 호인은 공자의 깊은 뜻을 이렇게 풀이한다. "가령 염구가 공자의 도를 좋아하기를 진실로 입이 고기를 좋아하듯이 하였다면 반드시 장차 힘을 다해 구했을 것이니 어찌 힘이 부족함을 걱정하겠는가? 한계를 긋고 나아가지 않으면 날로 후퇴할 따름이니 이는 염구가 재예(才藝)에 국한되어 벗어나지 못한 이유이다."

9

(제자인) 공도자(公都子)가 물었다. "외부 사람들은 하나같이 선생님께서는 논변을 좋아한다고 말합니다. 어째서 (그들이) 그러는지를 감히 묻겠습니다."

이에 맹자는 답했다. "내가 어찌 논변을 좋아하겠는가? 내 어쩔 수 없어서 그렇게 하는 것일 뿐이다. 천하의 백성들이 이 땅에 살아온 지 오래되었는데 한 차례 태평시대가 오면 한 차례 혼란기가 찾아왔다. 요임금 때에는 (물길이 막히는 바람에) 물이 거꾸로 흘러 온 중국에 범람하는 바람에 (땅 위에는) 뱀과 용이 우글거려 백성들이 정착하여 살 곳이 없었다. 낮은 지대에 사는 사람들은 새처럼 둥지를 만들어 거기서 살았고, 높은 지대에 사는 사람들은 토굴을 파서 그 안에서 살아야 했다. 『서경』에 이르기를 '홍수가 나를 경계하였다'고 하였으니 범람은 곧 큰물이다. (그래서 순임금이) 우(禹)에게 명하여 홍수를 다스리도록 했다. 이에 우는 땅을 파서 (물길을 내어 홍수가 나면 범람한) 물이 그 길을 타고서 바다로 흘러들어갈 수 있도록 하고 뱀과 용들은 수초가 우거진 늪지대로 쫓아버렸다. 이렇게 해서 물은 양쪽 둑 사이를 따라서 흘러가게 되니 장강, 회수, 황하, 한수가 바로 그것들이다. 지세가 험하거나 막히어 생겨났던 물의 범람이 드디어 없어지고, 새와 짐승들이 사람을 해치는 일이 사라진 후에야 사람들은 평지를 확보해 거기서 살게 되었다.

요임금과 순임금이 돌아가시고 나서 빼어난 이〔聖人〕의 도리는 쇠퇴했다. 포악한 임금들이 대를 이어 나타나서 백성들의 집을 때려 부수고 그 자리에 각종 연못을 파서 꾸미니 백성들이 편안히 쉴 곳이 없어졌고, 백성들의 논밭을 빼앗아 그 자리에 정원이나 사냥용 동산을 만드니 백성들이 입고 먹을 것을 구할 수 없었다. (이처럼 백성들의 삶이 팍팍해지니 백성들 사이에는) 온갖 허황한 주장이나 포악한 행위들이 (요순시대 이전처럼) 다시 생겨났고 정원과 사냥용 동산, 각종 연못과 늪지대들이 많아짐으로써 새와 짐승들이 (다시) 찾아와 들끓었다. (이런 식으로 이어져오던 상(商) 왕조는 마침내) 주왕(紂王)에 이르러 천하가 다시 큰 혼란에 빠져들었다. 이에 주공(周公)이 무왕(武王)을 도와 주왕을 주벌하고, (이어) (동쪽에 있는 나라로 주왕을 지원하던) 엄(奄) 나라 정벌에 나서 3년 만에 그 임금을 주토하고, 이어 (주왕이 총애하던 신하) 비렴(飛廉)을 바닷가로 몰아내어 죽이니 이때 멸망시킨 나라가 50개였고 호랑이, 표범, 물소, 코끼리 같은 맹수들을 멀리 내쫓아버리니 온 세상 백성들이 크게 기뻐하였다. 『서경』에 이르기를 '크고 빛나시도다, 문왕(文王)의 계책이여! 크게 이어받으셨도다, 무왕의 공훈이여! 우리 후손들을 도와주시고 깨우쳐주시면서 모두 정도로 하시고 어그러짐이 없으셨다'고 하였다.

세상이 쇠퇴하고 도리도 미미해지자 온갖 허황한 주장이나 포악한 행위들이 다시 일어나 신하로서 자신의 임금을 시해하는 자들이 생겨났고, 자식으로서 자신의 아버지를 죽이는 자들도 생겨났다. 공자께서는 (이런 일을) 두렵게 여겨 『춘추(春秋)』를 지으셨다. (원래) 춘추(春秋), 즉 역사서술은 천자(天子)만이 할 수 있는 일이다. 이 때문에 공자께서는 '내가 누구인지를 알아주는 사람이 있다면 그것은 아마 생각건대 『춘추』 때문일 것이며, 나를 비난하여 벌주자는 사람이 있다면 그것도 아마 생각건대 『춘추』 때문일 것이다'라고 말씀하셨다.

(공자 이후 지금에 이르기까지) 빼어난 임금[聖王]이 나타나지 않아 (그 아래에 있는) 제후들이 오만방자해져서 못하는 짓이 없고, 초야에

있는 선비라는 사람들은 제멋대로 온갖 주의 주장을 떠들어대고 있다. (그중에서도 특히) 양주(楊朱)와 묵적(墨翟)의 주장이 세상에 차고 넘쳐 세상의 주장들은 모두 양주를 따르지 않으면 묵적을 따르고 있다. (도가의) 양주의 주장은 자기 자신을 위주로 하니 이는 임금의 존재를 부정하는 것이요, 묵적의 주장은 천하의 모든 사람들을 다 똑같이 사랑한다고 하니 이는 부모가 특별한 존재임을 인정치 않는 것이다. (자신의 존재를 가능케 해준) 부모가 특별한 존재임을 인정치 않고 (국가와 사회의 근간이 되는) 임금의 존재를 부정하는 것은 곧 짐승과 다를 바 없다. (노나라의 현자) 공명의(公明儀)는 '(대궐에 있는) 푸줏간에는 살진 고기가 (가득) 있고 마구간에는 살찐 말들이 있는데 (정작) 백성들 사이에는 굶주린 기색이 역력하고 들판에는 굶어 죽은 시체가 (뒹굴고) 있다면 이는 짐승들을 몰아서 사람을 잡아먹게 하는 것이다'라고 말했다. 양주와 묵적의 학설이 없어지지 않는다면 공자의 도리는 세상에 드러나지 못할 것이다. 이는 그릇된 주장이나 학설이 백성들을 속여 백성들 사이에 사람을 사랑하고 의리를 지키는 도리가 퍼질 수 있는 길을 꽉 틀어막는 것이다. 사람을 사랑하고 의리를 지키는 도리가 꽉 막히면 짐승들을 몰아서 사람을 잡아먹게 하고, 추후에는 결국 사람들끼리 서로 잡아먹는 일까지 생길 것이다.

　나는 바로 이 때문에 (양묵(楊墨)의 학설이 만연돼 있는 현상황을) 염려하여 옛날의 빼어나거나 뛰어난 이〔聖賢-요순이나 주공 그리고 공자〕
　　　　　　　　　　　　　　　　　　　　　　성현
의 도리를 보호하여 지키고, 양묵의 학설의 그릇됨을 논파하며, 황당한 주장들을 추방함으로써 그릇된 주장을 하는 자들이 나올 수 없게 하려는 것이다. (그릇된 주장이) 어떤 사람의 마음에서 생겨나면 그 사람이 하는 일에 해를 끼치게 되고, 또 하는 일에서 그런 주장이 일어나면 정치에까지도 해를 끼치게 된다. 빼어난 이가 되살아나신다 해도 (그릇된 주장이 마음에서 일어나 개개인의 일을 거쳐 나라의 정사에까지 악영향을 끼칠 수 있다는) 나의 이 말은 바꾸지 못하실 것이다.

아주 옛날 우가 홍수를 다스리자 천하는 평온해졌고, 주공이 동쪽과 북쪽의 오랑캐들을 두루 흡수하고 통합하고 맹수들을 몰아내자 백성들은 안녕을 얻었고, 공자께서 『춘추』를 완성하자 반란을 일으킨 신하와 부모를 죽인 패륜아들이 비로소 두려워하게 되었다. 『시경』에 이르기를 '서쪽과 북쪽 오랑캐를 응징하고, 남쪽의 오랑캐를 무찔러, 우리에게 감히 대적할 자가 없어졌도다'라고 했으니 (양묵처럼) 임금도 없고 애비도 없는 자들은 주공께서도 응징하셨던 것이다. (그래서) 나도 (그릇된 주장이나 학설에 물든) 사람들의 마음을 바로잡아 그릇된 학설을 사라지게 하고 한쪽으로 쏠린 행실을 막으며 허황한 말들을 추방해서 세 빼어난 분(의 뜻)을 계승하려는 것이다. 어찌 내가 논변 자체를 좋아해서이겠는가? 내 어쩔 수 없어서 그렇게 하는 것일 뿐이다. (나만 그런 것이 아니라) 양주와 묵적을 막아내야 한다고 당당하게 말을 하는 사람이 있다면 그 사람도 (나나 우리처럼) 빼어난 이들의 도리를 따르는 무리라 할 수 있을 것이다."

公都子曰 外人皆稱夫子好辯 敢問何也
공도자 왈 외인 개 칭 부자 호변 감문 하 야

孟子曰 予豈好辯哉 予不得已也 天下之生久矣一治一亂 當堯之時水
맹자왈 여기 호변 재 여 부득이 야 천하 지생구의 일치 일난 당 요 지시 수

逆行氾濫於中國 蛇龍居之民無所定 下者爲巢上者爲營窟 書曰 洚水警
역행 범람 어 중국 사룡 거지 민무 소정 하자 위소 상자 위영굴 서왈 홍수 경

余 洚水者洪水也 使禹治之 禹掘地而注之海 驅蛇龍而放之菹 水由地中
여 홍수 자 홍수 야 사 우 치지 우굴 지 이 주지 해 구 사룡 이 방지 저 수 유 지중

行江淮河漢是也 險阻旣遠鳥獸之害人者消然後人得平土而居之 堯舜旣
행 강 회 하 한 시 야 험조 기 원 조수 지 해인 자 소 연후 인 득 평토 이 거 지 요순 기

沒聖人之道衰 暴君代作壞宮室以爲汙池民無所安息 棄田以爲園囿使民
몰 성인지도 쇠 폭군 대작 괴 궁실 이 위 오지 민무 소안식 기 전 이 위 원유 사 민

不得衣食 邪說暴行又作 園囿汙池沛澤多而禽獸至 及紂之身天下又大亂
부득 의식 사설 폭행 우 작 원유 오지 패택 다 이 금수 지 급 주지신 천하 우 대란

周公相武王誅紂 伐奄三年討其君 驅飛廉於海隅而戮之 滅國者五十 驅
주공 상 무왕 주 주 벌 엄 삼년 토 기 군 구 비렴 어 해우 이 육 지 멸 국 자 오십 구

虎豹犀象而遠之天下大悅 書曰 丕顯哉 文王謨 丕承哉 武王烈 佑啓我
호표서상 이 원지 천하 대열 서왈 비현재 문왕 모 비승재 무왕 열 우 계 아

後人 咸以正無缺 世衰道微邪說暴行有作 臣弑其君者有之 子弑其父者
후인 함이 정무결 세쇠도미 사설 폭행 유작 신시 기군 자유지 자시 기부자

有之 孔子懼作春秋 春秋天子之事也 是故孔子曰 知我者其惟春秋乎 罪
유지 공자 구 작 춘추 춘추 천자 지 사 야 시고 공자 왈 지아 자 기 유 춘추 호 죄

我者其惟春秋乎 聖王不作諸侯放恣處士橫議 楊朱墨翟之言盈天下 天下
아 자 기 유 춘추 호 성왕 부작 제후 방자 처사 횡의 양주 묵적 지 언 영 천하 천하

之言不歸楊則歸墨 楊氏爲我是無君也 墨氏兼愛是無父也 無父無君是
지 언 불귀 양 즉 귀묵 양씨 위 아 시 무군 야 묵씨 겸애 시 무부 야 무부 무군 시

禽獸也 公明儀曰 庖有肥肉廐有肥馬 民有饑色野有餓莩 此率獸而食人也
금수 야 공명 의 왈 포유 비육 구유 비마 민 유기색 야 유 아표 차 솔 수 이 식인 야

楊墨之道不息 孔子之道不著 是邪說誣民充塞仁義也 仁義充塞則率獸食人
양묵지도 불식 공자지도 부저 시 사설 무민 충색 인의 야 인의 충색 즉 솔 수 식인

人將相食 吾爲此懼閑先聖之道距楊墨 放淫辭邪說者不得作 作於其心
인 장 상식 오 위 차 구 한 선성지도 거 양묵 방 음사 사설 자 부득 작 작 어 기심

害於其事 作於其事害於其政 聖人復起不易吾言矣 昔者禹抑洪水而天下
해 어 기사 작 어 기사 해 어 기정 성인 부기 불역 오언 의 석자 우 억 홍수 이 천하

平 周公兼夷狄驅猛獸而百姓寧 孔子成春秋而亂臣賊子懼 詩云 戎狄是膺
평 주공 겸 이적 구 맹수 이 백성 녕 공자 성 춘추 이 난신적자 구 시운 융적 시용

荊舒是懲則莫我敢承 無父無君是周公所膺也 我亦欲正人心息邪說距詖行
형서 시 징 즉 막 아 감 승 무부 무군 시 주공 소응 야 아 역 욕 정 인심 식 사설 거 피행

放淫辭以承三聖者 豈好辯哉 予不得已也 能言距楊墨者聖人之徒也
방 음사 이 승 삼 성자 기 호변 재 여 부득이 야 능언 거 양묵 자 성인 지 도 야

제자인 공도자(公都子)가 이번에는 다소 껄끄러운 질문을 던진다. "외부 사람들은 하나같이〔皆〕 선생님께서는 논변〔辯〕을 좋아한다고 말합니다. 어째서 (그들이) 그러는지를 감히 묻겠습니다."

이에 맹자는 답한다. "내가 어찌 논변을 좋아하겠는가? 내〔予〕 어쩔 수 없어서〔不得已〕 그렇게 하는 것일 뿐이다. 천하의 백성들이 이 땅에 살아온 지 오래되었는데 한 차례 태평시대〔治世〕가 오면 한 차례 혼란기〔亂世〕가 찾아왔다. 요임금〔堯〕 때에는 (물길이 막히는 바람에) 물이 거꾸로 흘러 온 중국에 범람하는 바람에 (땅 위에는) 뱀과 용이 우글거려 백성들이 정착하여〔定〕 살 곳이 없었다. 낮은 지대에 사는 사람들은 새처럼 둥지를 만들어 거기서 살았고, 높은 지대에 사는 사람들은 토굴을 파서〔爲〕 그 안에서 살아야 했다. 『서경』에 이르기를 '홍수(洚水)가 나를 경계하였다'고 하였으니 범람〔洚水〕은 곧 큰 물〔洪水〕이다.

(그래서 순임금이) 우(禹)에게 명하여 홍수를 다스리도록 했다. 이에 우는 땅을 파서〔掘〕 (물길을 내어 홍수가 나면 범람한) 물이 그 길〔之〕을 타고서 바다로 흘러들어갈 수 있도록 하고 뱀과 용들은 수초가 우거진 늪지대〔菹〕로 쫓아버렸다. 이렇게 해서 물은 양쪽 둑 사이〔地中〕를 따라서〔由〕 흘러가게 되니 장강〔江〕, 회수〔淮〕, 황하〔河〕, 한수〔漢〕가 바로 그것들이다. 지세가 험하거나 막히어 생겨났던 물의 범람〔險阻〕이 드디어〔旣〕 없어지고, 새와 짐승들이 사람을 해치는 일이 사라진 후에야 사람들은 평지를 확보해 거기서 살게 되었다."

일단 여기까지 끊어보자. 菹는 '채소 절임', 즉 김치를 뜻하기도 하는데 여기서는 '수초 지역'이나 '늪'을 뜻한다. 주희는 우의 치수사업이 성공하여 다스림이 있게 된 것을 '한 번 다스려짐〔一治〕'이라고 부른다.

이제 맹자는 태평시대 이후의 혼란기[亂世]를 이야기한다.

"요임금과 순임금이 돌아가시고 나서 빼어난 이[聖人]의 도리[道]는 쇠퇴했다. 포악한 임금들이 대를 이어 나타나서[作] 백성들의 집을 때려 부수고[壞] 그 자리에 각종 연못을 파서 꾸미니 백성들이 편안히 쉴 곳이 없어졌고, 백성들의 논밭을 빼앗아 그 자리에 정원이나 사냥용 동산[囿]을 만드니 백성들이 입고 먹을 것을 구할 수 없었다. (이처럼 백성들의 삶이 팍팍해지니 백성들 사이에는) 온갖 허황한 주장이나 포악한 행위들이 (요순시대 이전처럼) 다시[又] 생겨났고 정원과 사냥용 동산, 각종 연못과 늪지대[沛澤]들이 많아짐으로써 새와 짐승들이 (다시) 찾아와 들끓었다. (이런 식으로 이어져오던 상(商) 왕조는 마침내) 주왕(紂王)에 이르러 천하가 다시 큰 혼란에 빠져들었다.

이에 주공(周公)이 무왕(武王)을 도와[相] 주왕을 주벌하고[誅], (이어) (동쪽에 있는 나라로 주왕을 지원하던) 엄(奄) 나라 정벌에 나서 3년 만에 그 임금을 주토[討]하고, 이어 (주왕이 총애하던 신하) 비렴(飛廉)을 바닷가로 몰아내어 죽이니 이때 멸망시킨 나라가 50개였고 호랑이, 표범, 물소, 코끼리 같은 맹수들을 멀리 내쫓아버리니 온 세상 백성들이 크게 기뻐하였다. 『서경』에 이르기를 '크고 빛나시도다, 문왕(文王)의 계책[謨]이여! 크게 이어받으셨도다, 무왕의 공훈[烈]이여! 우리 후손들을 도와주시고 깨우쳐주시면서 모두[咸] 정도[正]로 하시고 어그러짐이 없으셨다'고 하였다."

주희는 이에 대해 다시 '한 번 다스려짐[一治]'이라고 평한다. 또 한 번 다스려짐이 있었다는 말이다. 그러나 태평시대가 끝나자 다시 혼란기[亂世]가 찾아온다.

"세상이 쇠퇴하고 도리[道]도 미미해지자 온갖 허황한 주장이나 포악한 행위들이 다시 일어나 신하로서 자신의 임금을 시해하는 자들이 생겨났고, 자식으로서 자신의 아버지를 죽이는 자들도 생겨났다.

공자께서는 (이런 일을) 두렵게 여겨 『춘추(春秋)』를 지으셨다. (원래) 춘추(春秋), 즉 역사서술은 천자(天子)만이 할 수 있는 일이다. 이때문에 공자께서는 '내가 누구인지를 알아주는 사람이 있다면 그것은 아마〔其〕 생각건대〔惟〕 『춘추』 때문일 것이며, 나를 비난하여 벌주자는 사람이 있다면 그것도 아마 생각건대 『춘추』 때문일 것이다'고 말씀하셨다."

이에 대한 주희의 풀이다. "내가 생각건대 공자께서는 『춘추』를 지어 난신적자(亂臣賊子)들을 (책으로써나마) 토벌하셨으니 다스림을 이루는 법이 만세에 드리워질 수 있었다. 이 또한 '한 번 다스려짐〔一治〕'이다."

일단 이를 통해 우리는 세 차례의 다스려진 시대〔治世〕를 볼 수 있었다. 요순시대가 첫 번째고, 주공의 시대가 두 번째고, 공자가 세 번째다. 이는 공자의 역사철학임과 동시에 유학자들의 일반적인 세계관이다. 이제 맹자는 자신의 시대와 직면한다. 어쩌면 네 번째 다스림을 꿈꾸고 있는 장면인지도 모른다.

"(공자 이후 지금에 이르기까지) 빼어난 임금〔聖王〕이 나타나지 않아 (그 아래에 있는) 제후들이 오만방자해져서 못하는 짓이 없고, 초야에 있는 선비〔處士〕라는 사람들은 제멋대로〔橫〕 온갖 주의주장을 떠들어 대고 있다. (그중에서도 특히) 양주(楊朱)와 묵적(墨翟)의 주장〔言〕이 세상에 차고 넘쳐〔盈〕 세상의 주장들은 모두 양주를 따르지 않으면 묵적을 따르고 있다. (도가의) 양주의 주장은 자기 자신〔我〕을 위주로 하니 이는 임금의 존재를 부정하는 것〔無君〕이요, 묵적의 주장은 천하의 모든 사람들을 다 똑같이 사랑한다〔兼愛〕고 하니 이는 부모가 특별한 존재임을 인정치 않는 것〔無父〕이다. (자신의 존재를 가능케 해준) 부모가 특별한 존재임을 인정치 않고 (국가와 사회의 근간이 되는) 임금의 존재를 부정하는 것은 곧 짐승과 다를 바 없다. (노나라의 현자) 공명의(公明儀)는 '(대궐에 있는) 푸줏간〔庖〕에는 살진 고기가 (가득) 있고 마구간〔廐〕에는 살찐 말들이 있는데 (정작) 백성들〔民〕 사이에는 굶주린 기색이 역력하고 들판〔野〕에는 굶어 죽은 시체가 (뒹굴고) 있다면 이는 짐승들을 몰아서 사람을 잡아먹게 하는 것이다'고 말했다. 양주와 묵적의 학설이 없어지지 않는다면 공자의 도리〔道〕는 세상에 드러나지 못할 것이다. 이는 그릇된 주장이나 학설〔邪說〕이 백성들을 속여 백성들 사이에 사람을 사랑하고 의리를 지키는 도리〔仁義〕가 퍼질 수 있는 길을 꽉〔充〕 틀어막는 것이다. 사람을 사랑하고 의리를 지키는 도리가 꽉 막히면 짐승들을 몰아서 사람을 잡아먹게 하고, 추후에는 결국 사람들끼리 서로 잡아먹는 일까지 생길 것이다."

공명의가 했다는 이 말은 '양혜왕 장구 상(梁惠王章句上)' 4장에서 맹자 자신의 발언으로 인용된 바 있다. 맹자는 여기서 보다 구체적으로 도가사상인 양주의 학설과 묵가사상인 묵적의 학설의 근본적인 문제점을 지적한다. 양주의 경우에는 국가와 사회의 존재를 부정하는 극단적인 자기중심주의를 문제점으로 보고, 묵적의 경우에는 사해동포주의 같은 극단적인 이타주의를 문제점으로 본다. 어느 쪽이건 사회가 혼란할 때는 많은 사람들의 지지를 받을 수 있는 이론적 매력을 나름대로 갖고 있는 것 또한 사실이다. 계속 맹자의 언급이 이어진다.

"나는 바로 이 때문에〔爲〕 (양묵(楊墨)의 학설이 만연돼 있는 현상황을) 염려하여 옛날의 빼어나거나 뛰어난 이〔聖賢-요순이나 주공 그리고 공자)의 도리[道]를 보호하여 지키고[閑] 양묵의 학설의 그릇됨을 논파하며[距] 황당한 주장들을 추방함으로써 그릇된 주장을 하는 자들이 나올 수 없게 하려는 것이다. (그릇된 주장이) 어떤 사람의 마음[心]에서 생겨나면 그 사람이 하는 일[事]에 해를 끼치게 되고, 또 하는 일에서 그런 주장이 일어나면 정치에까지도 해를 끼치게 된다. 빼어난 이가 되살아나신다 해도 (그릇된 주장이 마음에서 일어나 개개인의 일을 거쳐 나라의 정사에까지 악영향을 끼칠 수 있다는) 나의 이 말은 바꾸지 못하실 것이다."

우리는 상당히 중요한 지점에 서 있다. 맹자의 공자 옹호, 혹은 유학의 도리에 대한 옹호는 곧 다른 학설의 부정이기 때문이다. 학술적 논쟁이라 문제가 없겠지만 그것이 이데올로기 비판으로 비화될 경우 자칫 사상의 억압이라는 비판을 받을 수 있다. 성리학의 나라 조선을 거쳐온 역사를 가진 우리로서는 이 문제에 민감할 수밖에 없다.

주희의 풀이는 그런 점에서 주목할 만하다. "맹자께서 비록 당대에는 뜻을 이루지 못하셨으나 양묵의 폐해가 이로부터 멸식되어 임금과 신하[君臣]와 부모와 자식[父子]의 도리가 그에 힘입어 실추되지 않았으니 이 또한 '한 번 다스려짐[一治]'이다." 이후 주희는 이를 기반으로 해서 자신의 성리학(性理學)을 정립해 나가게 된다. 어찌 보면 우리 역사에까지 깊은 영향을 준 구절이라고도 할 수 있다.

특히 맹자가 여기서 맨 마지막에 했던 발언은 조선시대 때도 유학자들이 자기주장의 확신을 내세울 때 종종 인용하곤 했던 것이다. 하지만 그것은 자칫 독선으로 흐를 위험성도 있다는 점만 지적해 둔다. 물론 이때의 빼어난 이란 공자를 염두에 둔 것이다.

이제 맹자는 그동안 자신이 했던 이야기를 총정리하며 마무리를 한다.

"아주 옛날 우가 홍수를 다스리자[抑] 천하는 평온해졌고, 주공이 동쪽과 북쪽의 오랑캐[夷狄]들을 두루 흡수하고 통합하고[兼] 맹수들을 몰아내자 백성들은 안녕을 얻었고, 공자께서 『춘추』를 완성하자 반란을 일으킨 신하[亂臣]와 부모를 죽인 패륜아[賊子]들이 비로소 두려워하게 되었다.

『시경』에 이르기를 '서쪽과 북쪽 오랑캐를 응징하고, 남쪽의 오랑캐를 무찔러, 우리에게 감히 대적할[承] 자가 없어졌도다'라고 했으니 (양묵처럼) 임금도 없고 애비도 없는 자들은 주공께서도 응징하셨던 것이다. (그래서) 나도 (그릇된 주장이나 학설에 물든) 사람들의 마음[人心]을 바로잡아 그릇된 학설[邪說]을 사라지게 하고 한쪽으로 쏠린 행실을 막으며 허황한 말들을 추방해서 세 빼어난 분(의 뜻)을 계승하려는 것이다. 어찌 내가 논변 자체를 좋아해서이겠는가? 내 어쩔 수 없어서 그렇게 하는 것일 뿐이다. (나만 그런 것이 아니라) 양주와 묵적[楊墨]을 막아내야 한다[距]고 당당하게[能] 말을 하는 사람이 있다면 그 사람도 (나나 우리처럼) 빼어난 이들의 도리[道]를 따르는 무리[徒]라 할 수 있을 것이다."

10

(제나라 사람) 광장(匡章)이 말했다. "진중자(陳仲子)야말로 어찌 참으로 청렴한 선비가 아니겠습니까? 그가 오릉(於陵)이란 곳에 살 때 사흘 동안 아무것도 먹지를 못해 귀도 들리지 않고 눈도 보이지 않을 정도였습니다. 마침 우물가에 오얏(자두) 열매가 있었는데 굼벵이가 반 이상 파먹은 것이었습니다. 진중자는 엉금엉금 기어가서 그것을 집어 먹었는데 세 입을 삼킨 뒤에야 귀가 들렸고 눈이 보였다고 합니다."

맹자가 말했다. "나는 반드시 제나라의 선비들 중에 중자(仲子)를 큰 엄지손가락이라고 생각한다. 그렇지만 중자를 어찌 결백하다고 할 수 있겠는가? 중자가 보여준 지조를 채워 나가려면 지렁이로 변해야만 가능할 것이다. 무릇 지렁이는 땅 위에 있을 때는 마른 흙을 먹고, 땅 아래에서는 누런 샘물을 먹으며 살아간다. (사람이 이처럼 살 수 있겠는가?) 중자가 사는 집은 백이(伯夷)(와 같은 청렴결백한 이)가 지은 것인가, 아니면 도척(盜跖)(과 같은 큰 도둑놈)이 지은 것인가? (또) 중자가 먹는 곡식은 백이가 심은 것인가, 아니면 도척이 심은 것인가? 이는 아무도 알 수 없는 것이다."

광장이 말했다. "그것이 무슨 상관이겠습니까? 그는 몸소 짚신을 삼고 아내는 길쌈을 해서 (그 신발과 옷감으로) 곡식을 바꿔 먹습니다."

맹자가 말했다. "중자는 제나라에서 대대로 벼슬을 한 명문가 출신이다. 그의 형 대개(戴蓋)의 땅에서 받는 녹봉이 만 종임에도 형의 녹봉을 의롭지 못한 녹봉이라고 여겨 그것을 먹지 않고, 형의 집을 의롭지 못한 집이라고 여겨 거기서 살지 않으면서 형을 피하고, 어머니를 떠나서 오릉에서 살았다. 그 후 어느 날 형의 집에 돌아갔을 때 마침 그 형에게 살아 있는 거위를 선물한 자를 보게 되었다. 이에 그는 이마를 잔뜩 찌푸린 채로 말했다. '도대체 이 꽥꽥거리는 것을 어디에다 쓰려는 것인가?' 얼마 후 어머니가 이 거위를 잡아서 음식을 만들어주자 중자가 그것을 먹고 있는데 마침 그의 형이 출타했다가 돌아와서 (중자에게) 말했다. '이것이 바로 그 꽥꽥거리던 것의 고기다.' 이에 그는 밖으로 나가서 그것을 다 토해버렸다. (자! 보자.) 어머니가 해준 (거위고기) 음식은 먹지 않고 아내가 해주는 것은 먹고, (의롭지 않다 하여) 형의 집에서는 살지 않고 오릉(에는 작은 집이나마 지어서 그곳)에서는 살았으니 이러고서도 과연 그 결백한 지조를 능히 채워갈 수 있겠는가? 중자와 같은 자는 지렁이로 변한 뒤에라야 그 지조를 채워갈 수 있을 것이다."

匡章曰 陳仲子豈不誠廉士哉 居於陵三日不食耳無聞目無見也 井上有
광장 왈 진중자 기불성염사 재 거 오릉 삼일 불식 이 무문 목 무견 야 정상 유

李螬食實者過半矣 匍匐往將食之三咽然後耳有聞目有見
리조식실자 과반 의 포복 왕 장식 지 삼연 연후 이 유문 목 유견

孟子曰 於齊國之士吾必以仲子爲巨擘焉 雖然仲子惡能廉 充仲子之操
맹자 왈 어제국 지사 오필 이 중자 위 거벽 언 수연 중자 오능 렴 충 중자 지조

則蚓而後可者也 夫蚓上食槁壤下飮黃泉 仲子所居之室伯夷之所築與 抑
즉 인 이후 가자 야 부 인 상식 고양 하음 황천 중자 소거 지실 백이 지 소축 여 억

亦盜跖之所築與 所食之粟伯夷之所樹與 抑亦盜跖之所樹與 是未可知也
역 도척 지 소축 여 소식 지속 백이 지 소수 여 억역 도척 지 소수 여 시 미가 지야

曰 是何傷哉 彼身織屨妻辟纑以易之也
왈 시하 상재 피신 직구 처벽 로이 역지 야

(孟子)曰 仲子齊之世家也 兄戴蓋祿萬鍾 以兄之祿爲不義之祿而不食也
맹자 왈 중자 제지 세가 야 형대 합록 만종 이 형지록 위 불의 지록 이 불식 야

以兄之室爲不義之室而不居也 辟兄離母處於於陵 他日歸則有饋其兄生鵝
이 형지실 위 불의 지실 이 불거 야 피형 이모 처 어 오릉 타일 귀즉 유궤 기형 생아

者 己頻顣曰 惡用是鶃鶃者爲哉 他日其母殺是鵝也 與之食之其兄自外至
자 기 빈축 왈 오용 시 예예 자 위재 타일 기모 살 시 아야 여지 식지 기형 자외 지

曰 是蜺蜺之肉也 出而哇之 以母則不食以妻則食之 以兄之室則弗居 以
왈 시 예예 지 육 야   출 이 와 지   이 모 즉 불식 이 처 즉 식 지   이 형 지 실 즉 불 거   이

於陵則居之 是尙爲能充其類也乎 若仲子者蚓而後充其操者也
오릉 즉 거 지   시 상 위 능 충 기 류 야 호   약 중자 자 인 이후 충 기 조 자 야

광장(匡章)과 진중자(陳仲子)는 제나라 사람이다. 광장이
진중자에 대해 이렇게 평한다. "진중자야말로 어찌〔豈〕 참으로〔誠〕 결
백한 선비〔廉士〕가 아니겠습니까? 그가 오릉(於陵)이란 곳에 살 때 사
흘 동안 아무것도 먹지를 못해 귀도 들리지 않고 눈도 보이지 않을 정
도였습니다. 마침 우물가에 오얏(자두) 열매가 있었는데 굼벵이가 반
이상 파먹은 것이었습니다. 진중자는 엉금엉금 기어가서〔匍匐〕 그것을
집어 먹었는데〔將食〕 세 입을 삼킨 뒤에야 귀가 들렸고 눈이 보였다고
합니다." 將食은 '집어 먹는다'는 뜻이다. 咽은 '목구멍'일 때는 '인', '삼
키다'일 때는 '연'으로 읽는다.

이에 대한 맹자의 대답이 궁금하다. "나는 반드시 제나라의 선비들
중에 중자(仲子)를 큰 엄지손가락〔巨擘〕이라고 생각한다〔以~ 爲~〕. 그
렇지만〔雖然〕 중자를 어찌〔惡〕 결백하다고 할 수 있겠는가? 중자가 보
여준 지조를 채워나가려면 지렁이로〔蚓〕 변해야만 가능할 것이다. 무
릇 지렁이는 땅 위에 있을 때는 마른 흙〔槁壤〕을 먹고, 땅 아래에서는
누런 샘물〔黃泉〕을 먹으며 살아간다. (사람이 이처럼 살 수 있겠는가?)
중자가 사는 집은 백이(伯夷)(와 같은 청렴결백한 이)가 지은 것인가, 아
니면〔抑〕 도척(盜跖)(과 같은 큰 도둑놈)이 지은 것인가? (또) 중자가 먹
는 곡식은 백이가 심은 것인가, 아니면 도척이 심은 것인가? 이는 아무
도 알 수 없는 것이다."

백이는 백이숙제(伯夷叔齊)의 고사에도 나오는 인물로 청렴결백의 상징적인 인물이다. 반면 도척은 춘추시대의 유명한 도적이다.

광장이 맹자의 말을 못 알아들었는지 다시 한 번 진중자를 옹호한다. "그것이 무슨 상관이겠습니까? 그는 몸소〔身〕 짚신을 삼고 아내는 길쌈을 해서 (그 신발과 옷감으로) 곡식을 바꿔 먹습니다."

맹자가 말한다. "중자는 제나라에서 대대로 벼슬을 한 명문가〔世家〕 출신이다. 그의 형 대개(戴蓋)의 땅에서 받는 녹봉이 만 종임에도 형의 녹봉을 의롭지 못한 녹봉이라고 여겨 그것을 먹지 않고, 형의 집을 의롭지 못한 집이라고 여겨 거기서 살지 않으면서 형을 피하고, 어머니를 떠나서 오릉에서 살았다. 그 후 어느 날 형의 집에 돌아갔을 때 마침 그 형에게 살아 있는 거위를 선물한 자를 보게 되었다. 이에 그는 이마를 잔뜩 찌푸린 채로 말했다. '도대체 이 꽥꽥거리는 것을 어디에다 쓰려는 것인가?' 얼마 후 어머니가 이 거위를 잡아서 음식을 만들어주자 중자가 그것을 먹고 있는데 마침 그의 형이 출타했다가 돌아와서 (중자에게) 말했다. '이것이 바로 그 꽥꽥거리던 것의 고기다.' 이에 그는 밖으로 나가서 그것을 다 토해버렸다.

(자! 보자.) 어머니가 해준 (거위고기) 음식은 먹지 않고 아내가 해주는 것은 먹고, (의롭지 않다 하여) 형의 집에서는 살지 않고 오릉(에는 작은 집이나마 지어서 그곳)에서는 살았으니 이러고서도 과연〔尚〕 그 결백한 지조를 능히 채워갈 수 있겠는가? 중자와 같은 자는 지렁이로 변한 뒤에라야 그 지조를 채워갈 수 있을 것이다."

이 장에 대해서는 주희가 인용한 범조우의 풀이가 명확하다. "하늘이 내고 땅이 기르는 것들 중에서 오로지 사람만이 위대하다. 사람이 위대한 까닭은 인륜(人倫)이 있기 때문이다. 중자는 형을 피하고 어머니를 떠나 친척과 군신(君臣) 상하(上下)가 없었으니 이는 인륜이 없는 것이다. 어찌 인륜이 없는데 결백할 수 있겠는가?"

진중자는 양묵(楊墨)과는 조금 다른 유형의 인간으로 인륜을 버린 채 홀로 깨끗한 척하려는 사람에 불과하다는 비판이다. 이와 비슷한 비판을 공자도 『논어』에서 한 적이 있다. 은둔자를 비판하는 '미자 6' 이다.

장저와 걸익이 나란히 밭을 갈고 있는데 공자가 그 옆을 지나다가 자로로 하여금 가서 나루터가 어디인지를 묻게 하였다.

장저가 말하기를 "수레의 고삐를 잡고 있는 저분은 누구인가?" 라고 하자 "공구입니다"라고 답했다. 다시 장저가 "저 사람이 노나라의 공구인가?"라고 묻자 자로가 그렇다고 답했다. 그러자 장저는 "저 사람은 나루를 알고 있다"고 말했다.

자로가 이번에는 걸익에게 물었다. 이에 걸익은 자로에게 "그대는 누구인가?"라고 물었고 자로는 "중유라고 합니다"라고 답했다. 그러자 걸익은 "그대가 노나라 공구의 제자 무리인가?"라고 물었고 자로는 그렇다고 답했다. 이에 걸익은 다음과 같이 말했다. "한 번 흘러가서 돌아오지 못하는 것은 천하(의 이치)가 모두 그러하다는 것이다. 누구와 더불어 그것을 뒤집겠는가? 또 그대는 사람을 피하는 선비를 따르기보다는 세상을 피하는 선비를 따르는 것이 어떻겠는가?" 그리고 나서는 씨를 뿌린 다음 흙을 덮는 써레질을 하며 그치질 않았다.

자로가 돌아와서 그 내용을 고하자 공자는 멍하니 있다가 이렇게 말했다. "짐승과는 함께 무리지어 살 수 없는 법이다. 내가 사람의 무리와 함께 하지 않고 누구와 함께 하겠는가? 천하에 도리가 있으면 내 더불어 뒤집으려 하지 않을 것이다."

여기서 공자는 은둔자를 '짐승'과 같은 존재로 보고 있다. 맹자가 진중자를 지렁이에 비교한 것과 맥이 통한다.

이루 장구 상

離婁章句上

맹자는 말했다. "이루(離婁)의 눈 밝음과 공수자(公輸子)의 빼어난 솜씨도 원을 그리는 십자형 자와 방형을 그리는 기역자(ㄱ)형 자를 사용하지 않으면 방형과 원형을 제대로 그릴 수 없고, 사광(師曠)의 귀 밝음도 여섯 가지 표준음을 사용하지 않고서는 오음(五音-궁, 상, 각, 치, 우)을 바로잡지 못하듯 요순(堯舜)의 도리도 어진 정치를 베풀지 않고서는 천하를 제대로 다스릴 수 없다. 지금 (임금들 가운데) 어진 마음을 갖고 있고 인자하다는 평판을 듣는 임금이 있지만 (정작) 백성들이 그 은택을 입지 못하고 (또 그들이) 후세 사람들에게 모범이 될 수 없는 것은 옛 임금들의 도리를 행하지 않기 때문이다. 그러므로 (옛 사람들이) 말하기를 '한갓 좋은 마음만으로는 제대로 된 정사를 베풀 수 없고, 한갓 법과 제도만으로는 저절로 행해지지 않는다'고 했다. (또)『시경』에 이르기를 '허물을 짓지 않고 (올바른 길을) 망각하지 않는 것은 옛 법대로 따르기 때문이리라'고 하였으니 옛 성왕들의 법과 제도를 삼가 따르고서 허물을 짓는 자는 없다. 빼어난 이〔聖人〕는 눈의 힘, 즉 시력을 남김없이 다 쓰시고 이어서 십자형 자와 기역자형 자, 수준기와 먹줄을 사용하여 네모와 원, 평평함과 곧음을 갖춘 각종 기물들을 만들었기 때문에 그것들은 이루 다 쓸 수 없을 만큼 많아졌다. 또 빼어난 이는 귀의 힘, 즉 청력을 남김없이 다 쓰시고 이어서 12음 율려를 사용하여 궁상각치우 오음을 바로잡으니 (온갖 음악들이) 이루 다 쓸 수 없을 만큼 많아졌다. 또 빼어난 이는 어진 마음과 사려 깊음을 다 쓰시고 이어서 백성들에게 어진 정사를 사용하시니 어짊이 온 천하를 덮게 되었다.

그래서 옛말에 '높은 대(臺)를 만들려면 반드시 언덕을 이용해야 하고, 깊은 연못을 만들려면 반드시 소택지를 이용해야 한다'고 한 것이니 정치를 함에도 (언덕이나 소택지와 같은) 옛날의 빼어난 임금들의 법과 제도를 이용하지 않는다면 어찌 지혜롭다고 할 수 있겠는가? 이 때문에 어진 자만이 높은 자리에 있어야 한다. 어질지 못한 자가 높은 자리에 있게 되면 이는 백성들에게 죄의 씨앗을 뿌리는 것이다. 윗자리에 있는 사람이 도의로 헤아리지 않고 아랫자리에 있는 사람이 법을 지키지 않으며, 고위관리들이 도의를 믿지 않고 하위관리들이 법도를 믿지 않으며, 군자가 의리를 범하고 소인이 법을 범하는데도 나라가 존속하는 것은 참으로 요행이다. 그러므로 옛말에 '성곽이 완전치 못하고 군사와 무기가 충분치 못한 것은 나라의 재앙이 아니고, 논밭이 (충분히) 개간되지 않고 재화(財貨)가 (충분히) 쌓이지 않은 것은 나라의 재해가 아니다'라고 했다. 고위직에 있는 사람이 예의를 모르고 하위직에 있는 사람이 (법도를) 배우지 않아 세상을 어지럽히는 백성이 일어나게 되면 (나라가) 망하는 것은 하루도 안 걸릴 것이다. 『시경』에 이르기를 '하늘이 바야흐로 (주나라 왕실을) 뒤집으려 하니 그렇게 게으르고 느슨하게 뒷말이나 해대지 말라'고 했다. '예예(泄泄-게으르고 느슨하게 뒷말이나 해대다)'는 답답(沓沓)과 같은 말이다. 임금을 섬김에 의리가 없고, 관직에 나아가고 물러가는 데 예의가 없으며, 입만 벌리면 옛날의 빼어난 임금의 도리를 비방하는 것이 바로 답답(沓沓)이다. 그래서 임금에게 어려운 일을 하도록 만드는 것은 직분을 다한다는 의미에서 공(恭)이라 하고, 바른 길을 보여주고 그릇된 길을 막는 것은 (임금을) 정중하게 일깨워준다는 의미에서 경(敬)이라 이르고, 자기 임금은 (옆에서 아무리 일깨워줘도 왕도정치나 선정(善政)을) 행할 능력이 없다고 하(고서는 나서서 아무 말도 하지 않)는 것은 (임금과 도리 모두를) 해친다는 의미에서 적(賊)이라고 한다."

孟子曰 離婁之明公輸子之巧不以規矩不能成方員(圓) 師曠之聰不以
맹자 왈 이루 지명 공수자 지교 불이 규구 불능 성방원 원 사광 지총 불이

六律不能正五音 堯舜之道不以仁政不能平治天下 今有仁心仁聞而民不
육률 불능 정오음 요순지도 불이 인정 불능 평치 천하 금유 인심 인문 이민 불

被其澤不可法於後世者不行先王之道也 故曰 徒善不足以爲政 徒法不能
피 기 택 불가 법어 후세자 불행 선왕지도 야 고왈 도선 부족 이 위정 도법 불능

以自行 詩云 不愆不忘 率由舊章 遵先王之法而過者未之有也 聖人 旣竭
이 자행 시운 불건 불망 솔유 구장 준 선왕지법 이 과자 미지유 야 성인 기갈

目力焉繼之以規矩準繩以爲方員平直不可勝用也 旣竭耳力焉繼之以六律
목력 언 계지 이 규구준승 이위 방원평직 불가 승용 야 기갈 이력 언 계지 이 육률

正五音不可勝用也 旣竭心思焉繼之以不忍人之政而仁覆天下矣 故曰 爲
정 오음 불가 승용 야 기갈 심사 언 계지 이 불인 인지정 이 인부 천하 의 고왈 위

高必因丘陵 爲下必因川澤 爲政不因先王之道 何謂智乎 是以惟仁者宜
고 필 인 구릉 위하 필 인 천택 위정 불인 선왕지도 하 위지 호 시이 유 인자 의

在高位不仁而在高位是播其惡於衆也 上無道揆也下無法守也 朝不信道
재 고위 불인 이 재 고위 시 파 기악 어 중야 상무 도규 야 하무 법수 야 조 불신 도

工不信度 君子犯義小人犯刑 國之所存者幸也 故曰 城郭不完兵甲不多
공 불신 도 군자 범 의 소인 범 형 국지 소존 자행 야 고왈 성곽 불완 병갑 부다

非國之災也 田野不辟貨財不聚非國之害也 上無禮下無學賊民興喪無日
비 국지재 야 전야 불벽 화재 불취 비 국지해 야 상 무례 하 무학 적민 흥상 무일

矣 詩曰 天之方蹶 無然泄泄 泄泄猶沓沓也 事君無義 進退無禮 言則非
의 시왈 천지 방궤 무연 예예 예예 유 답답 야 사군 무의 진퇴 무례 언즉 비

先王之道者猶沓沓也 故曰 責難於君謂之恭 陳善閉邪謂之敬 吾君不能 謂
선왕지도 자유 답답 야 고왈 책 난어 군위 지공 진선 폐사 위지경 오군 불능 위

之賊
지 적

꽃 　　　'이루 장구 상(離婁章句上)' 편은 대부분 맹자의 어록을
모아놓은 것이다. 그래서 제자나 다른 사람들과의 대화보다는 맹자가
일방적으로 이야기하는 것들이 많다.

맹자는 흥미로운 비유를 통해 말문을 연다. "이루(離婁)의 눈 밝음〔明〕과 공수자(公輸子)의 빼어난 솜씨〔巧〕도 원을 그리는 십자형 자〔規〕와 방형을 그리는 기역자(ㄱ)형 자〔矩〕를 사용하지〔以=用〕 않으면 방형〔方〕과 원형〔員=圓〕을 제대로 그릴 수 없고, 사광(師曠)의 귀 밝음〔聰〕도 여섯 가지 표준음〔六律〕을 사용하지 않고서는 오음(五音-궁, 상, 각, 치, 우)을 바로잡지 못하듯 요순(堯舜)의 도리〔道〕도 어진 정치〔仁政〕를 베풀지 않고서는 천하를 제대로 다스릴 수 없다."

이루는 중국의 전설시대인 황제(黃帝) 때의 사람으로 백 걸음 떨어져서도 새털의 끝부분까지 볼 수 있었다고 한다. 이것은 말 그대로 눈이 밝은〔明〕 것이다. 공수자는 공자의 고국인 노(魯) 나라의 뛰어난 장인이었다고 한다. 사광은 진(晉) 나라의 뛰어난 악사(樂師)다. 따라서 그의 귀는 대단히 민감했을 것이다. 귀가 밝았다〔聰〕는 말이다.

그러나 눈대중으로 아무리 원이나 사각형을 그리려 해도 자를 쓰는 것만 못하며 귀대중으로 아무리 음을 바로잡는다 해도 표준음〔六律〕을 사용해 바로잡는 것을 따라갈 수가 없다.

맹자는 이 같은 비유를 통해 요순(堯舜)의 도리〔道〕를 행하겠다는 어진 마음을 갖고 있다고 하더라도 구체적으로 어진 정치라는 제도적 방법을 쓰지 않고서는 천하를 다스릴 수 없다고 말한다. 이에 관한 내용이 계속 이어진다.

"지금 (임금들 가운데) 어진 마음〔仁心〕을 갖고 있고 인자하다는 평판〔仁聞〕을 듣는 임금이 있지만 (정작) 백성들이 그 은택을 입지 못하고 (또 그들이) 후세 사람들에게 모범〔法〕이 될 수 없는 것〔者〕은 옛 임금들〔先王〕의 도리〔道〕를 행하지 않기 때문이다."

이 부분에 대해서는 범조우가 든 사례가 명확하다. '제(齊) 나라 선왕(宣王)은 (희생으로 사용되는) 한 마리 소가 죽는 것을 차마 보지 못하여 양으로써 바꾸게 하였으니 어진 마음이 있다고 할 만하고, 양(梁) 나라 무제(武帝)는 하루에 한 번 소식(素食)을 먹고 종묘(宗廟)에는 밀가루로 희생을 만들어 썼으며 사형을 결단함에는 반드시 그를 위하여 눈물을 흘려서 천하가 그의 인자함을 알고 있었으니 인자하다는 평판이 있다고 할 만하였다. 그러나 선왕 때에 제나라가 잘 다스려지지 못하였고, 무제 말기에는 강남(江南)이 크게 혼란하였으니 그 이유는 어째서인가? (두 사람에게는) 어진 마음과 인자하다는 평판은 있었으나 옛 임금들[先王]의 도리[道]는 행하지 않았기 때문이다."

따라서 맹자는 어진 마음[仁心]과 어진 정치[仁政]가 병행되어야 함을 옛 글을 인용해 강조한다.

"그러므로 (옛 사람들이) 말하기를 '한갓[徒] 좋은 마음만으로는 제대로 된 정사를 베풀 수 없고, 한갓 법과 제도만으로는 저절로 행해지지 않는다'고 했다.

(또) 『시경』에 이르기를 '허물을 짓지 않고[不愆] (올바른 길을) 망각하지 않는 것[不忘]은 옛 법[章]대로 따르기 때문이리라'라고 하였으니 옛 성왕들의 법과 제도를 삼가 따르고서 허물을 짓는 자는 없다."

이어 맹자는 요순과 같은 옛 뛰어난 임금[聖君]들은 어떻게 통치를 했는지를 이야기한다.

"뛰어난 이[聖人]는 눈의 힘[目力], 즉 시력을 남김없이[旣] 다 쓰시고 이어서[繼之] 십자형 자와 기억자형 자, 수준기와 먹줄[規矩準繩]을 사용하여[以] 네모와 원, 평평함과 곧음을 갖춘 각종 기물들[方員平直]을 만들었기 때문에 그것들은 이루 다 쓸 수 없을 만큼 많아졌다. 또 뛰어난 이는 귀의 힘[耳力], 즉 청력을 남김없이 다 쓰시고 이어서 12음 율려[六律]를 사용하여 궁상각치우 오음을 바로잡으니 (온갖 음악들이) 이루 다 쓸 수 없을 만큼 많아졌다. 또 빼어난 이는 어진 마음과 사려 깊음[心思]을 다 쓰시고 이어서 백성들에게 어진 정사[不忍人之政]를 사용하시니 어짊[仁]이 온 천하를 덮게[覆] 되었다.

그래서 옛말에 '높은 대(臺)를 만들려면 반드시 언덕을 이용해야[因] 하고, 깊은 연못[下]을 만들려면 반드시 소택지를 이용해야 한다'고 한 것이니 정치를 함에도 (언덕이나 소택지와 같은) 옛날의 빼어난 임금들의 법과 제도를 이용하지 않는다면 어찌 지혜롭다고 할 수 있겠는가?"

충분한 비유와 설명이 나오기 때문에 내용 이해의 어려움은 없을 것이다. '이루 다 쓸 수 없을 만큼 많아졌다[不可勝用也]'라는 표현은 '양혜왕 장구 상(梁惠王章句上)' 3장에서도 본 바 있다. 不可勝食也는 이루 다 먹을 수 없을 만큼 많다는 뜻이었고, 不可勝用也는 그때도 뜻이 똑같았다.

다만 한 가지 '백성들에게 어진 정사[不忍人之政]' 부분은 약간의 보충설명이 필요하다. 왜냐하면 不忍의 번역 때문이다. 不忍은 크게 보면 정반대의 두 가지 뜻을 갖고 있다. 忍 자체가 '참아내다', '용서하다'는 긍정적 의미와 함께 '잔인하다', '가차 없다'는 부정적 의미를 동시에 갖고 있기 때문이다. 어느 쪽으로 풀어낼 것인지는 문맥에 따를 수밖에 없다. 예를 들어 不忍之心은 차마 (심하게) 하지 못하는 마음이 되어 어진 마음[仁心]과 통한다. 반면 不忍之政은 아주 잔혹하여 차마 볼 수 없는 잔혹한 정치[虐政]을 뜻한다. 눈 뜨고 못 보아주겠다는 목불인견(目不忍見)도 같은 경우다. 여기서는 전자와 통한다. 그래서 不忍人之政을 '백성들에게[人] 어진[不忍] 정사[政]'로 옮겼다.

이렇게 해서 이 장의 한 단락이 마무리된다. 주희는 추호(鄒浩)의 풀이를 인용하여 이렇게 말한다. "서두부터 여기까지는 인심(仁心)과 인문(仁聞)으로써 옛 임금들의 도리를 행하는 것을 말씀하셨다." 이제 내용이 조금 바뀐다. 맹자의 말이 이어진다.

"이 때문에(是以) 어진 자(仁者)만이(惟) 높은 자리에 있어야 한다. 어질지 못한 자가 높은 자리에 있게 되면 이는 백성들(衆)에게 죄의 씨앗을 뿌리는 것이다. 윗자리에 있는 사람이 도의(道)로 헤아리지 않고 아랫자리에 있는 사람이 법을 지키지 않으며, 고위관리들이 도의를 믿지 않고 하위관리들이 법도(度)를 믿지 않으며, 군자가 의리(義)를 범하고 소인이 법을 범하는데도 나라가 존속하는 것은 참으로 요행이다."

맹자의 이 말은 주희의 풀이대로 어질지 못한 자가 윗자리에 있을 때의 재앙(禍)을 말한 것이다. 맹자의 말이 이어진다.

"그러므로 옛말에 '성곽이 완전치 못하고 군사와 무기가 충분치 못한 것은 나라의 재앙(災)이 아니고, 논밭이 (충분히) 개간되지 않고 재화(財貨)가 (충분히) 쌓이지 않은 것은 나라의 재해(害)가 아니다'라고 했다. 고위직에 있는 사람이 예의(禮)를 모르고 하위직에 있는 사람이 (법도를) 배우지 않아 세상을 어지럽히는 백성(賊民)이 일어나게 되면 (나라가) 망하는 것(喪)은 하루도 안 걸릴 것이다."

이 구절은 『논어』의 '안연 7'을 연상시킨다.

자공이 바른 정치를 하려면 어떻게 해야 하느냐고 묻자 공자는 이렇게 답했다. "먹을 것을 풍족하게 하고, 군대를 강하게 하고, 백성들이 정치지도자들을 믿고 따르게 하는 것이다."

이에 자공이 다시 물었다. "어쩔 수 없이 셋 중에 하나를 버려야 한다면 어떤 것을 먼저 버려야 하겠습니까?" 공자는 "군대(를 강하게 하는 일)를 버려야 한다"고 답했다.

다시 자공이 물었다. "어쩔 수 없이 나머지 둘 중에 하나를 버려야 한다면 어떤 것을 먼저 버려야 하겠습니까?" 공자는 답했다. "양식을 버려야 한다. 예로부터 사람은 누구나 다 죽음이 있거니와 사람은 믿음이 없으면 설 수 없다."

자공(子貢)이 바른 정치를 하려면, 혹은 정치를 바르게 하려면 어떻게 해야 하느냐고 묻자 공자는 세 가지를 들어 답한다. "먹을 것을 풍족하게 하고, 군대를 강하게 하고, 백성들이 정치지도자들을 믿고 따르게 하는 것이다." 일부에서는 '足食, 足兵, 民信之' 부분을 3개의
족식   족병   민 신 지
열거로 보지 않고 '足食, 足兵이면 民이 信之矣'라고 번역한다. 하
족식   족병   민   신지 의
지만 그럴 경우 바로 다음에서 三者라는 표현과 충돌한다. 그래서
삼자
足食, 足兵, 民信之를 각각 독립된 것으로 해석했다.
족식   족병   민 신 지
자공이 먼저 어쩔 수 없이 셋 중에 하나를 버려야 한다면 어떤 것을 먼저 버려야 하느냐고 묻자 공자는 兵을 버리고 그다음에 食을
병   식
버리고 民信之는 끝까지 남겨둔다. 이는 하나의 국가가 국가로서 성립
민 신 지
하기 위한 최후 그리고 최종의 근거는 백성들의 신뢰라는 것을 보여준
다. 이 점을 공자는 民無信不立이라는 표현을 통해 다시 한 번 강조
민 무신 불립
한다.

『논어』에서 人은 공경사대부, 즉 지배계급이고 民은 일반백성, 즉
인   민
피지배계급이다. '태백 9'에서 공자가 "백성[民]은 도리를 따르게 할
민
수 있어도, 그 도리를 알게 할 수는 없다"고 했던 것도 같은 맥락이다.

『논어』에서 信은 통상 개인의 신의나 말의 신뢰와 관련되어 논의됐지만 여기서는 정치하는 요체의 차원에서 언급되고 있다는 점에 주목해야 한다. 공자는 군자(君子)가 되려면 충신(忠信)을 주로 하여야 한다고 했고, 가르칠 때는 文行忠信으로 했다고 한다. ('술이 24')

그러면 왜 공자는 兵, 食, 信의 순서로 버림으로써 信을 가장 강조한 것일까? 이에 대해서는 정약용의 풀이가 명쾌하다. "입(立)이란 흥기하여 위로 지향하며, 마음을 단속하여 명령을 듣는다는 뜻이니, 백성이 위를 믿는 마음〔民信之=信於上〕이 없으면 무너지고 흩어져, 결속하여 서 있을 만한 형체가 없는 것이다. 백성에게 신임을 잃으면 어떻게 그들을 꾸짖을 수 있겠는가?"

이어 맹자는 자신의 말을 『시경』한 구절로 요약한다. "『시경』에 이르기를 '하늘이 바야흐로 (주나라 왕실을) 뒤집으려 하니 그렇게 게으르고 느슨하게 뒷말이나 해대지 말라'고 했다. '예예(泄泄-게으르고 느슨하게 뒷말이나 해대다)'는 답답(沓沓)과 같은 말이다. 임금을 섬김에 의리〔義〕가 없고, 관직에 나아가고 물러가는 데 예의〔禮〕가 없으며, 입만 벌리면〔言則〕 옛날의 빼어난 임금의 도리를 비방하는〔非〕 것이 바로 답답(沓沓)이다.

그래서 임금에게 어려운 일〔難〕을 하도록 만드는 것은 직분을 다한다는 의미에서 공(恭)이라 하고, 바른 길〔善〕을 보여주고 그릇된 길〔邪〕을 막는 것은 (임금을) 정중하게 일깨워준다는 의미에서 경(敬)이라 이르고, 자기 임금은 (옆에서 아무리 일깨워줘도 왕도정치나 선정(善政)을) 행할 능력이 없다고 하(고서는 나서서 아무 말도 하지 않)는 것은 (임금과 도리 모두를) 해친다는 의미에서 적(賊)이라고 한다."

이에 대해서는 『논어』의 도움이 필수적이다. 첫째, '어려운 일〔難〕'이 무엇인지를 알아보자. '옹야 20'에 관련 구절이 나온다.

번지가 어질다는 것〔仁〕에 대해 묻자 공자는 말했다. "어진 사람은 어려운 일〔難〕을 먼저 하고 얻는 것〔獲〕을 뒤에 하니, (네가) 이렇게 한다면 어질다고 할 수 있다."

번지(樊遲)가 어짊 혹은 어질다는 것〔仁〕에 관해 묻자 공자는 답한다. "어진 사람은 어려운 일〔難〕을 먼저 하고 얻는 것〔獲〕을 뒤에 하니 이렇게 한다면 어질다고 할 수 있다." 주희는 "이는 반드시 번지의 결함에 따라 말씀해 주신 것일 것"이라고 풀이한다. 그렇다면 '안연 21'을 먼저 끌어와서 비교해 보자.

번지가 공자를 따라 기우제를 지내는 단에 갔다가 그 아래에서 물었다. "감히 덕을 높이고 사특함을 깎아 없애고 혹(惑)을 분별하는 법에 대해 묻겠습니다."
공자는 먼저 "좋구나! 그 질문이여!"라고 화답한 다음 각각의 물음에 대해 답했다. "일을 먼저 하고 이득은 뒤로 하는 것이 다움을 높이는 것 아니겠는가? 자신 안에 있는 악을 다스리고 남의 악을 다스리지 않는 것이 사특함을 없애는 것 아니겠는가? 하루아침의 분노로 자신을 망각해 그 (화가) 부모에게까지 미치게 하는 것이 혹(惑) 아니겠는가?"

번지는 '안연 21'에서 다움〔德〕을 높이는 법과 혹(惑)을 분별해 내

는 법을 물었다. 여기서 눈길이 가는 것은 다움을 높이는 것〔崇德〕
과 관련해 공자가 "일을 먼저 하고 이득은 뒤로 하는 것〔先事後得〕
이 다움을 높이는 것 아니겠는가?"라고 답하는 대목이다. 번지가 인
(仁)에 관해 물었을 때의 답변, "어진 사람은 어려운 일〔難〕을 먼저
하고, 얻는 것〔獲〕을 뒤에 하니〔先難而後獲〕 이렇게 한다면 어질다고
할 수 있다"와 같은 뜻이다.

둘째, "자기 임금은 (옆에서 아무리 일깨워줘도 왕도정치나 선정을) 행
할 능력이 없다고 하(고서는 나서서 아무 말도 하지 않)는 것은 (임금과
도리 모두를) 해친다는 의미에서 적(賊)이라고 한다"에 대한 보충이다.
여기서 핵심은 아무 말도 하지 않는 것이다. '계씨 6'을 보자.

　공자는 말했다. "군자를 모심에 있어 세 가지 허물이 있으니, 말씀
이 미치지 않았는데 먼저 말하는 것을 조급함이라 하고, 말씀이 미
쳤는데도 말하지 않는 것을 숨김〔隱〕이라 하고, 안색을 보지 않고
말하는 것을 눈뜬장님이라 한다."

　적(賊)은 은(隱)과 일맥상통한다. 임금〔君子〕의 말이 미쳤는데도
그에 관한 자신의 솔직한 마음을 전혀 이야기하지 않는 것을 숨김
〔隱〕이라고 하는데 이는 결국 임금과 도리를 모두 해치는 짓이다. 임
금에게 간(諫)하는 일은 그만큼 어려운 일임을 보여주는 구절이기
도 하다.

2

맹자는 말했다. "십자형 자와 기억자형 자가 사각형과 원의 척도라면 뺴어난 이는 인륜의 척도이다. (임금다운) 임금이 되려고 한다면 임금의 도리를 다해야 하고, (신하다운) 신하가 되고자 한다면 신하의 도리를 다해야 한다. 이 두 가지는 모두 요임금과 순임금을 본받기만 하면 된다. 순임금이 요임금을 섬기던 바대로 임금을 섬기지 않는다면 (그것은) 자신의 임금을 삼가지 않는 것이요, 요임금이 백성을 다스리던 바로써 백성을 다스리지 않는다면 (그것은) 자신의 백성을 해치는 것이다. 공자께서 말씀하시기를 '길에는 두 가지가 있으니 어진 길과 어질지 못한 길뿐이다'라고 하셨다. (임금이) 백성을 포악스럽게 통치하는 것이 심할 경우에는 자신은 시해를 당하고 나라는 망하게 되며, 설사 심하지 않더라도 (어진 정치에 이르지 못할 경우) 자신은 위험에 빠지고 나라는 쇠약해진다. 이렇게 되면 (죽어서) 시호에 유(幽)나 여(厲)가 붙게 되어 설사 그의 뒤를 이어 효성이 지극한 자손이 나오고 백 세대가 흐르더라도 그 악명을 고치는 것은 불가능하다. 『시경』에서 '은나라를 비추는 거울은 멀리 있지 않으니 하(夏) 왕조의 시대가 그것이라네'라고 했던 것은 바로 그것을 말한 것이다."

孟子曰 規矩方員之至也 聖人人倫之至也 欲爲君盡君道 欲爲臣盡臣道
맹자 왈 규구 방원 지지야 성인 인륜 지지야 욕 위군 진 군도 욕 위신 진 신도

二者皆法堯舜而已矣 不以舜之所以事堯事君 不敬其君者也 不以堯之
이자 개 법 요순 이이의 불 이 순 지 소이 사 요 사군 불경 기 군 자야 불 이 요 지

所以治民治民 賊其民者也 孔子曰 道二仁與不仁而已矣 暴其民甚則身弑
소이 치민 치민 적 기 민 자야 공자 왈 도 이 인 여 불인 이이의 폭 기 민 심 즉 신 시

國亡 不甚則身危國削 名之曰幽厲 雖孝子慈孫百世不能改也 詩云 殷鑑
국망 불심 즉신위국삭 명지왈유려 수효자 자손 백세 불능 개야 시운 은 감

不遠 在夏后之世 此之謂也
불원 재 하후 지세 차지위 야

크게 보면 내용은 앞 장에 이어진다. 맹자의 말이다. "십자형 자와 기역자형 자〔規矩〕가 사각형과 원의 척도〔至〕라면 빼어난 이〔聖人〕는 인류의 척도이다.

(임금다운) 임금이 되려고 한다면 임금의 도리를 다해야 하고, (신하다운) 신하가 되고자 한다면 신하의 도리를 다해야 한다. 이 두 가지는 모두 요임금과 순임금〔堯舜〕을 본받기만 하면 된다. 순임금이 요임금을 섬기던 바〔所以〕대로 임금을 섬기지 않는다면 (그것은) 자신의 임금을 삼가지〔敬〕 않는 것이요, 요임금이 백성을 다스리던 바로써 백성을 다스리지 않는다면 (그것은) 자신의 백성을 해치는〔賊〕 것이다. 공자께서 말씀하시기를 '길에는 두 가지가 있으니 어진 길〔仁〕과 어질지 못한 길〔不仁〕뿐이다'라고 하셨다.

(임금이) 백성을 포악스럽게 통치하는 것이 심할 경우에는 자신은 시해를 당하고 나라는 망하게 되며, 설사 심하지 않더라도 (어진 정치에 이르지 못할 경우) 자신은 위험에 빠지고 나라는 쇠약해진다. 이렇게 되면 (죽어서) 시호〔名〕에 유(幽)나 여(厲)가 붙게 되어 설사 그의 뒤를 이어 효성이 지극한 자손이 나오고 백 세대〔百世〕가 흐르더라도 그 악명을 고치는 것은 불가능하다. 『시경』에서 '은나라를 비추는 거울은 멀리 있지 않으니 하(夏) 왕조의 시대가 그것이라네'라고 했던 것은 바로 그것을 말한 것이다."

여기서 주목해야 하는 것은 어진 길과 어질지 못한 길 외에 제3의 길은 없음을 강조하고 있다는 사실이다. 따라서 나쁜 시호가 붙게 되는 것은 덜 심한 경우에 한정되어야 한다. 시해당하고 나라가 망해버리는 경우에는 아예 시호가 없기 때문이다. 인(仁)의 이야기가 계속된다.

참고로 유왕(幽王)은 주나라 제12대 왕으로 주색에 빠져 정사를 돌보지 않았고, 서쪽 이민족 견융의 침략 때 여산에서 살해되었다. 여왕(厲王)은 주나라 제10대 왕이며 국인폭동(國人暴動-경(卿), 대부(大夫) 등의 사족(士族)들의 반란)으로 왕위에서 쫓겨남으로써 주나라가 쇠락하는 계기가 되었다.

3

맹자는 말했다. "하은주(夏殷周) 삼대(三代)가 천하를 얻은 것은 어짊을 통해서였고, 천하를 잃은 것은 어질지 못함을 통해서였다. 제후국이 망하고 흥하는 이유도 역시 그러하다. 천자가 어질지 못하면 온 세상을 보존할 수 없고, 제후가 어질지 못하면 사직을 보존할 수 없고, 경(卿) 및 대부(大夫)가 어질지 못하면 종묘를 보존할 수 없고, 선비와 백성이 어질지 못하면 자기 한 몸도 보존할 수 없다. 오늘날에는 죽고 망하는 것은 싫어하면서도 어질지 못함은 즐기니, 이는 마치 취하는 것은 싫어하면서 억지로 술을 퍼마시는 것과 같다."

孟子曰 三代之得天下也以仁 其失天下也以不仁 國之所以廢興存亡者
맹자 왈 삼대 지 득 천하 야 이 인 기 실 천하 야 이 불인 국 지 소이 폐흥 존망 자

亦然 天子不仁不保四海 諸侯不仁不保社稷 卿大夫不仁不保宗廟 士庶人
역 연 천자 불인 불보 사해 제후 불인 불보 사직 경 대부 불인 불보 종묘 사 서인

不仁不保四體 今惡死亡而樂不仁 是猶惡醉而强酒
불인 불보 사체 금 오 사망 이 낙 불인 시 유 오 취 이 강주

이 장에서 우리는 어짊[仁]이라는 것은 임금부터 일반 백성[庶人]에 이르기까지 누구에게나 적용될 수 있음을 보게 된다. 맹자가 말한다. "하은주(夏殷周) 삼대(三代)가 천하를 얻은 것은 어짊[仁]을 통해서였고, 천하를 잃은 것은 어질지 못함[不仁]을 통해서였다. 제후국[國]이 망하고 흥하는 이유[者]도 역시 그러하다. 천자가 어질지 못하면 온 세상[四海]을 보존할 수 없고, 제후가 어질지 못하면

사직(社稷)을 보존할 수 없고, 경(卿) 및 대부(大夫)가 어질지 못하면 종묘(宗廟)를 보존할 수 없고, 선비[士]와 백성[庶人]이 어질지 못하면 자기 한 몸[四體=四肢]도 보존할 수 없다. 오늘날[今]에는 죽고 망하는 것은 싫어하면서도 어질지 못함은 즐기니 이는 마치 취하는 것은 싫어하면서 억지로[强] 술을 퍼마시는 것과 같다."

이는 주희의 지적대로 앞 장에 나온 공자의 발언에 대한 보충이다.

4

맹자는 말했다. "다른 사람을 사랑함에도 서로 간에 내 몸같이 여김이 생겨나지 않거든 (나의) 어진 마음이 부족한 것은 아닌지를 반성하고, 사람을 다스림에도 제대로 다스려지지 않거든 (나의) 사람을 아는 능력이 부족한 것은 아닌지를 반성하고, 아랫사람을 예로 대함에도 상대가 그에 상응하는 답례를 해오지 않거든 (나의) 삼가는 마음이 부족한 것은 아닌지를 반성해야 한다. (사람을 사랑하고 남을 다스리고 아랫사람을 예로 대하는 등의 일을) 행하였음에도 (자신이 원하는 바를) 얻지 못하였다면 이는 모두 다 (그 이유나 원인을 상대방이 아니라) 자신에게 돌이켜 찾아내야 한다. (이렇게 해서) 자기 자신을 바로잡으면 천하는 그런 사람에게로 돌아오게 된다. 『시경』에 이르기를 '영원토록 하늘의 짝이 되고자 하셨으니 스스로 많은 복을 얻는 길이로다'라고 한 것이 바로 그 뜻이다."

孟子曰 愛人不親反其仁 治人不治反其智 禮人不答反其敬 行有不得者
맹자 왈 애인 불친 반기 인 치인 불치 반기 지 예인 부답 반기 경 행유 부득 자

皆反求諸己 其身正而天下歸之 詩云 永言配命 自求多福
개 반구 제 기 기신 정 이 천하 귀 지 시운 영언 배명 자구 다복

오랜만에 맹자가 공자의 핵심사상에 다가가는 구절이다. 평소와 달리 다변(多辯)이 아닌 것 또한 공자에 가깝다. 먼저 맹자의 말부터 풀어보자.

"다른 사람을 사랑함에도 서로 간에 내 몸과 같이 여김〔親〕이 생겨
나지 않거든 (나의) 어진 마음〔仁〕이 부족한 것은 아닌지를 반성하고,
사람을 다스림에도 제대로 다스려지지 않거든 (나의) 사람을 아는 능
력〔智=知人〕이 부족한 것은 아닌지를 반성하고, 아랫사람을 예로 대
함에도 상대가 그에 상응하는 답례를 해오지 않거든 (나의) 삼가는
마음〔敬〕이 부족한 것은 아닌지를 반성해야 한다."

여기서 중요한 것은 남이 아니라, 나 자신에게서 문제의 원인을 찾
는 자세이다. 그것은 포괄적으로 막연하게 '내 탓'을 하는 것이 아니라
정확하게 나의 부족한 어진 마음〔仁〕, 사람을 아는 능력〔智〕, 삼가는
마음〔敬〕에서 찾는 것이다. 맹자의 이 말은 그대로 공자의 말이라고
해도 과언이 아닐 정도이다. 평소 인의(仁義)를 중시하는 맹자가 인지
(仁智=仁知)를 중시하는 공자를 따르고 있다는 점에서 특히 그렇다.

여기서 맹자는 인(仁)을 사람을 사랑하는 문제, 지(智)를 사람을 아
는 문제로 보고 있다.『논어』'안연 22'를 보자.

번지가 먼저 어질다는 것〔仁〕이 무엇이냐고 묻자 공자는 "사람을
사랑하는 것〔愛人〕"이라고 답한다. 이어 안다는 것〔知〕은 무엇이냐
고 묻자 "사람을 아는 것〔知人〕"이라고 말한다. 그런데 번지가 이 말
을 미처 이해하지 못하자 공자는 말했다. "곧은 사람을 들어 쓰고
모든 굽은 사람은 제자리에 두면, 굽은 자로 하여금 곧아지게 할 수
있다."

번지는 공자 앞을 물러나와 자하를 찾아가 물었다. "지난번에 내
가 부자를 뵙고서 안다는 것〔知〕이 무엇인지 묻자 부자께서는 '곧
은 사람을 들어 쓰고 모든 굽은 사람은 제자리에 두면, 굽은 자로

하여금 곧아지게 할 수 있다'고 하셨다. 무엇을 말함인가?"

자하는 이미 공자의 말뜻을 알아차렸다는 듯이 "풍부하도다! 그 말씀이여!"라고 말한 다음 구체적인 사례를 들어 번지의 궁금증을 풀어주었다. "순임금이 천하를 소유함에 여러 사람 중에서 선발하여 고요(皐陶)를 들어 쓰시니 어질지 못한 자들이 멀리 사라졌고, 탕왕이 천하를 소유함에 여러 사람 중에서 선발하여 이윤(伊尹)을 들어 쓰시니 어질지 못한 자들이 멀리 사라졌다."

智를 知人, 즉 治人의 문제로 풀어야 하는 이유를 명확하게 보여주고 있다.

세 번째로 예(禮)가 겉〔文〕이면 삼가는 마음〔敬〕은 속〔質〕이다. 문질(文質)이 조화되지 못했기 때문에 상대방의 답례가 소홀해진 것은 아닌지 살펴보라는 것이다. 이 또한 공자의 핵심사상이라는 점에서 『논어』의 관련구절을 살펴봐야 한다. '양화 11'이다.

공자는 말했다. "예다, 예다 하지만 그것이 옥과 비단을 말하는 것이겠는가? 악이다, 악이다 하지만 그것이 종과 북을 말하는 것이겠는가?"

공자는 말한다. "예(禮)(가 중요하)다, 예(가 중요하)다 하지만 그것이 옥(玉)과 비단〔帛〕을 말하는 것이겠는가? 악(樂)(이 중요하다)이다, 악(이 중요하다)이다 하지만 그것이 종(鍾)과 북〔鼓〕을 말하는 것이겠는가?"

이에 대한 주희의 간략한 풀이부터 보자. "삼가면서〔敬〕 옥과 비단으로 받들면 예가 되고, 조화〔和〕로우면서 종과 북으로 나타내면 음악〔樂〕이 된다. 근본을 빠트리고 오로지 그 끝만을 일삼는다면 어찌 예악(禮樂)이라 할 수 있겠는가?" 결국 여기서는 근본과 곁가지〔本末〕가 함께 가야지 겉치레만 중시하고 본질은 망각하는 우를 범해서는 안 된다는 점을 강조한다.

이에 대한 정약용의 풀이다. "예악의 근본은 인(仁)에 있으니 인이란 인륜의 지극한 것이다. 삼가(三家)가 불충하고 불효하여 예악을 참람하게 자행해서, 그들의 마음에는 다만 옥과 비단을 갖추어 받드는 것이 예이고, 다만 종과 북으로 연주하는 것이 악인 줄로만 여기고 있었기 때문에 공자가 이를 논변하였다." '팔일 3'은 결국 이와 같은 내용이다.

공자는 말했다. "사람이 어질지 못한데 예를 행한들 무엇할 것이며, 사람이 어질지 못한데 음악을 행해서 무엇할 것인가?"

이에 대해서는 정이천의 풀이가 보다 상세하다. "예는 하나의 질서〔序〕일 뿐이며 악은 하나의 조화〔和〕일 뿐이니, 다만 서(序)와 화(和) 이 두 글자가 많은 의리를 함축하고 있다. 천하에는 한 가지 사물도 예악이 없는 것이 없다. 우선 예를 들면 여기에 두 개의 의자가 놓여 있을 때에 하나가 바르지 않으면 곧 질서가 없고, 질서가 없으면 괴리되고, 괴리되면 조화롭지 못하게 된다. 또 도적들이 지극히 부도(不道)하나 그들에게도 예악이 있으니, 반드시 수령과 부하가 서로 명령을 들어 따라야만 도적질을 할 수가 있고, 그렇지 않으면 반란하여 기강이 없어서 단 하루도 서로 모여 도적질을 할 수가 없다. 예악은 어느 곳이든 없는 곳이 없으니, 배우는 자들은 반드시 알아야 할 것이다."

인(仁)을 매개로 해서 시(詩)와 예악(禮樂)을 이야기한다는 점에서는 '팔일 8'이 바로 이 문맥에 속한다.

자하가 물었다. "예쁜 웃음에 보조개가 뚜렷하고 아름다운 눈에 눈동자가 선명하도다. 하얀 본바탕에 화려한 꾸밈이 가해져 더욱 빛나는구나!'라는 시는 무슨 뜻입니까?"

공자는 말했다. "그림 그리는 일은 흰 비단을 마련한 후에 이뤄진다."

자하가 말했다. "예가 (인이나 충신보다는) 뒤에 있겠군요."

공자는 말했다. "나를 흥기시키는 자는 자하이구나! 이제 비로소 너와 더불어 시를 논할 수 있겠다."

넓게 보면 문(文)과 질(質)이 조화를 이뤄야 한다는 문질빈빈(文質彬彬)의 문맥으로도 볼 수 있다. 문은 예(禮), 인(仁)은 질이기 때문이다. 그런데 대부분 겉만 번지레하고 속은 볼품이 없다.

다시 맹자의 발언으로 돌아가자. 앞서 자신이 했던 말이 어떤 취지에서 나온 것인지를 풀어내고 있다. "(사람을 사랑하고 남을 다스리고 아랫사람을 예로 대하는 등의 일을) 행하였음에도 (자신이 원하는 바를) 얻지 못하였다면 이는 모두 다 (그 이유나 원인을 상대방이 아니라) 자신에게 돌이켜 찾아내야 한다. (이렇게 해서) 자기 자신을 바로잡으면 천하는 그런 사람에게로 돌아오게 된다."

이 말은 앞의 3장에서 말한 '어짊[仁]으로써 천하를 얻었다'에 대한 상세한 풀이다. 이는 『논어』 '위령공 20'과 정확히 통한다.

> 공자는 말했다. "군자는 자신에게서 찾고 소인은 남에게서 찾는다."

여기서는 군자(君子)와 소인(小人)을 대비시켜 간명하게 말한다. "군자는 자신에게서 찾고 소인은 남에게서 찾는다." 이에 대해서는 양시(楊時)의 풀이가 상세하다. "군자는 비록 남이 자신을 알아주지 않음을 병으로 여기지 않으나 또한 종신토록 이름이 일컬어지지 않음을 싫어하며, 비록 종신토록 이름이 일컬어지지 않음을 싫어하나 찾는 것은 또한 자기 몸에 돌이키는 것일 뿐이다. 소인은 남에게서 찾는다. 그러므로 도(道)를 어기고 명예를 구하여 못하는 짓이 없는 것이다. 이 세 가지는 글이 서로 이어지지 않으나 뜻이 실로 서로 보충되니, 또한 공자의 말씀을 기록한 자의 뜻이다." 공자의 말씀을 기록한 자란 『논어』의 편찬자를 말한다.

이것은 곧 군자론이며 인(仁)의 문제이다. 이런 맥락에서 정약용이 이 장을 '안연 1'과 연결 지은 것은 적절하다.

> 안연이 어짊[仁]에 관해 묻자 공자는 말했다. "자기(의 사사로운 바)를 이겨내고 예로 돌아가는 것이 곧 어짊(을 행하는 것)이니, 단 하루라도 극기복례를 행한다면 천하도 그런 사람을 어질다고 인정해 줄 것이다. 어짊을 행하는 것은 자기 자신에서 비롯되는 것이지 어찌 남에게서 비롯되겠는가?"

안연은 이 점에 대해 보다 구체적인 사항들을 쉽게 설명해 줄 것을 정중하게 청한다. 이에 공자는 다음과 같이 말했다. "예가 아니면 '절대' 보지도[視] 말고 듣지도[聽] 말며 말하지도[言] 말고 움직여서도[動] 안 된다." 이에 안연이 말했다. "회(안연)가 비록 불민하지만 그 말씀을 따르도록 노력하겠습니다."

그리고 정약용은 쉬운 예를 든다. "남의 자식이 된 자로서 부모가 착하지 못하기 때문에 효자가 될 수 있다고 여기면 장차 우순(虞舜-순임금) 같은 효자가 어떻게 있겠으며, 남의 신하가 된 자로서 임금이 어질지 못하기 때문에 충신이 될 수 없다고 여기면 장차 비간(比干) 같은 충신이 어떻게 있겠는가? 형제에게 우애하고 벗에게 신의를 지키는 것도 모두 이와 같다."

또한 몸을 바로잡는 문제[修身]와 천하를 다스리는 문제[平天下]를 직접 연결 짓고 있다는 점에서는 『대학』의 근본정신과 통한다. 이 점은 바로 다음 장을 통해 확인된다. 끝으로 맹자는 『시경』을 인용한다. "『시경』에 이르기를 '영원토록 하늘[命=天命=天]의 짝이 되고자 하셨으니 스스로 많은 복을 얻는 길이로다'라고 한 것이 바로 그 뜻이다."

5

맹자는 말했다. "사람들이 누구나 쉽게 하는 말 중에 천하니 나라니 집안이니 하는 것들이 있다. (그러나 사람들이 그것들 간의 근본적인 관계를 알고 있는지는 모르겠다.) 천하의 근본은 나라에 있고, 나라의 근본은 집안에 있고, 집안의 근본은 (가장의) 몸에 있다."

孟子曰 人有恒言皆曰 天下國家 天下之本在國 國之本在家 家之本在身
맹자 왈 인 유 항언 개 왈 천하 국 가 천하 지본 재국 국 지본 재 가 가 지본 재 신

앞 장에 이어진다. 맹자는 말한다. "사람들이 누구나 쉽게 하는 말 중에 천하(天下)니 나라(國)니 집안(家)이니 하는 것들이 있다. (그러나 사람들이 그것들 간의 근본적인 관계를 알고 있는지는 모르겠다.) 천하의 근본은 나라에 있고, 나라의 근본은 집안에 있고, 집안의 근본은 (가장의) 몸에 있다."

별도의 풀이가 필요 없다. 『대학』의 '수신제가치국평천하(修身齊家治國平天下)'를 풀어내고 있는 것이다.

6

맹자는 말했다. "나라를 다스린다는 것은 그다지 어려운 일이 아니다. (바로 아래에 있는) 대대로 명망이 있는 신하나 대가 집안으로부터 원망을 사지 않으면 된다. (백성과 신하들로부터 존경과 신망을 받고 있는) 대신들이 간절히 원하는 바를 그 나라도 간절히 바랄 것이고, 한 나라가 간절히 원하는 바를 천하도 간절히 바랄 것이다. 그렇게 하면 다움과 가르침이 큰물이 흘러가듯 온 세상에 넘쳐흐를 것이다."

孟子曰 爲政不難 不得罪於巨室 巨室之所慕一國慕之 一國之所慕天下
맹자 왈 위정 불난 부득 죄 어 거실 거실 지 소모 일국 모지 일국 지 소모 천하
慕之 故沛然德教溢乎四海
모 지 고 패연 덕교 일 호 사해

맹자는 말한다. "나라를 다스린다〔爲政〕는 것은 그다지
          위정
어려운 일이 아니다. (바로 아래에 있는) 대대로 명망이 있는 신하나 대
가 집안〔巨室〕으로부터 원망을 사지 않으면 된다. (백성과 신하들로부
        거실
터 존경과 신망을 받고 있는) 대신들이 간절히 원하는 바를 그 나라도
간절히 바랄 것이고, 한 나라가 간절히 원하는 바를 천하도 간절히 바
랄 것이다. 그렇게 하면 다움과 가르침이 큰물이 흘러가듯 온 세상에
넘쳐흐를 것이다."

주희는 巨室을 世臣과 大家로 풀이한다. 世臣은 대대로 왕실을 보
        거실 세신   대가   세신
필해 온 명문가 집안 출신의 신하를 말하고, 大家 또한 왕실을 든든하
                        대가

게 뒷받침하는 당대의 권문세가(權門勢家)를 뜻한다. 여기서 罪란 임금이 신하들로부터 받게 되는 원망이나 분노 정도로 봐야 한다. 慕는 '진실로 원하여 따르고자 하는 바'라고 풀이한다. 임금이 좋은 정치〔善政〕를 베풀어달라는 간절한 소망이라고 할 수 있다.

이에 대해서는 주희가 인용한 임지기(林之奇)의 풀이가 명확하다. "전국시대에 제후들이 다움을 잃어 명문대가〔巨室〕가 권력을 멋대로 행사하여 병폐가 심했다. 그러나 어떤 제후가 그 근본(몸)을 닦지 않고 (그들에 맞서) 갑자기 이기려고 한다면 반드시 이기지 못하고 다만 재앙〔禍〕을 입을 뿐이다. 그러므로 맹자께서 근본을 미루어 말씀하시기를 '오직 다움을 닦아 그 마음을 복종시키기를 힘써야 하니, 저들이 이미 기뻐하고 복종한다면 나의 다움과 가르침〔德敎〕은 멈추고 막히는 바가 없어 천하에 미칠 수 있다'고 하신 것이다."

7

맹자는 말했다. "천하에 도리가 (살아) 있을 때에는 다음이 작은 자가 다음이 큰 자의 부림을 받고, 덜 뛰어난 자가 크게 뛰어난 자의 부림을 받는 반면 천하에 도리가 (죽어) 없어지면 작은 자가 큰 자의 부림을 받고, 약자가 강자의 부림을 받는다. 이 두 가지는 하늘의 이치이니 하늘의 이치를 따르는 자는 살아남고 거스르는 자는 패망한다. 제나라 경공(景公)은 '이미 (아래로) 명령을 내릴 수 없고 또 (위로부터) 명령을 받지 못하니 이는 세상과 끊어진 것이로다'라면서 눈물을 흘리며 자기 딸을 (오랑캐 나라인) 오(吳) 나라에 시집보냈다. 오늘날에는 약소국이 강대국을 본받으면서도 명령을 받는 것은 수치스러워한다. 이는 마치 제자가 (자신이 본받고 있는) 스승으로부터 명령을 받는 것을 수치스러워하는 것과 같다. 만일 정말로 그것을 수치스러워 한다면 (주나라) 문왕(文王)을 스승으로 삼아 (정치하는 법을) 배워보도록 하라. 문왕을 본받게 되면 큰 나라는 5년이면 반드시 천하를 얻어 (천하를 상대로 하는) 정치를 펼칠 수 있게 되고, 작은 나라도 7년이면 천하를 얻어 (천하를 상대로 하는) 정치를 펼칠 수 있게 될 것이다. 『시경』에 이르기를 '상(은)나라 왕실의 자손들, 그 수가 십만을 넘었어도 하늘이 이미 (주나라에) 명을 내리시니 주나라의 신하가 되었네. (그들이) 주나라의 신하가 된 것은 천명이 무상함을 보여주노라. 은나라 선비들 멋지고 총명하나 주나라 서울을 찾아 주나라 강신제에서 술 따르는 일을 돕는구나'라고 했다. 공자께서도 '어짊은 다수의 무리를 짓는다고 해서 이룰 수 있는 것이 아니다. 무릇 임금이 진실로 어짊을 좋아한다면 천하에 대적할 자가 없게 된다'라고 하셨다. 오늘날에는 임금들이 천하무적이 되기를 바라면서도 어진 정치를 행하지 않으니, 이는 마치 뜨거운 물건을 손에 쥐려 하면서 그에 앞서 손을 찬물에 적시지 않는 것과 같다. 『시경』에 이르기를 '아! 도대체 누가 뜨거운 것을 쥐려 하면서 먼저 손을 찬물에 적시지 않는가'라고 했다."

孟子曰 天下有道小德役大德小賢役大賢 天下無道小役大弱役强 斯
맹자 왈 천하 유도 소덕 역 대덕 소현 역 대현 천하 무도 소역 대약 역강 사

二者天也 順天者存逆天者亡 齊景公曰 旣不能令又不受命是絶物也 涕出
이자 천야 순천자 존 역천자 망 제 경공 왈 기 불능 령우 불 수명 시 절물 야 체출

而女於吳 今也小國師大國而恥受命焉 是猶弟子而恥受命於先師也 如恥
이 여어 오 금 야 소국 사 대국 이 치 수명 언 시유 제자 이 치 수명 어 선사 야 여치

之莫若師文王 師文王大國五年小國七年必爲政於天下矣 詩云 商之孫子
지 막약 사 문왕 사 문왕 대국 오년 소국 칠년 필 위정 어 천하 의 시운 상지 손자

其麗不億 上帝旣命 侯于周服 侯服于周 天命靡常 殷士膚敏 祼將于京
기 려 불억 상제 기명 후우 주복 후복 우주 천명 미상 은사 부민 관장 우경

孔子曰 仁不可爲衆也 夫國君好仁天下無敵 今也欲無敵於天下而不以仁
공자 왈 인 불가 위중 야 부 국군 호인 천하무적 금 야 욕 무적 어 천하 이 불 이인

是猶執熱而不以濯也 詩云 誰能執熱 逝不以濯
시유 집열 이불 이탁 야 시운 수능 집열 서 불이 탁

천하에 도리〔道〕가 제대로 있느냐 없느냐의 문맥이다.
도
『논어』에도 여러 차례 등장하는 나라에 도리가 없고 있고〔邦無道/
방무도
邦有道〕, 천하에 도리가 있고 없고〔天下有道/天下無道〕의 맥락이다. 맹
방유도   천하 유도 천하 무도
자의 말부터 살펴보자.

"천하에 도리가 (살아) 있을 때에는 다움이 작은 자가 다움이 큰 자
의 부림을 받고, 덜 뛰어난 자가 크게 뛰어난 자의 부림을 받는 반면

천하에 도리가 (죽어) 없어지면 작은 자가 큰 자의 부림을 받고, 약자가 강자의 부림을 받는다. 이 두 가지는 하늘의 이치[天=天理]이니 하늘의 이치를 따르는 자는 살아남고[存] 거스르는 자는 패망한다."

천하에 도리가 있으면 다움[德]이 표준이 되고, 도리가 없으면 힘[力]이 표준이 된다. 이때 중요한 것은 특정시기가 도리가 있는 세상인지 없는 세상인지를 판단하는 일이다. 그에 따라 행동방식도 달라질 것이기 때문이다. 다움과 힘의 이분법은 공자의 어법이기도 하다. 이와 관련된 『논어』의 구절을 보자. '태백 13'은 정확히 우리의 문맥과 통한다.

공자는 말했다. "독실하게 믿음을 갖고서 배우기를 좋아하며, 죽음으로써 지켜 도리를 잘 닦아 나아가야 한다. 위태로운 나라에는 들어가지 말고, 어지러운 나라에서는 살지 말라. 천하에 도리가 있으면 나타나고, 도리가 없으면 숨어야 한다. 나라에 도리가 있을 때에 가난하면서 또 천하기까지 한 것은 부끄러운 일이며, 나라에 도리가 없을 때에 부유하면서 또 귀하기까지 한 것도 부끄러운 일이다."

공자는 말한다. "(군자가 되고자 한다면) 독실하게 믿음을 갖고서 배우기를 좋아하며, 죽음으로써 지켜 도리를 잘 닦아 나아가야 한다." '태백 12'와 연결 지어 풀이하자면 이렇다. '삼 년을 배우고 나서도 녹봉에 뜻을 두지 않는 그런 사람이 되려고 한다면 독실하게 믿음을 갖고서 배우기를 좋아하며, 죽음으로써 그 뜻을 지켜 도리를 잘 닦아 나아가야 한다.'

이 첫 구절에 대한 주희의 풀이가 정교하다. "독실하게 믿지 않으면 배움을 좋아하지 못한다. 그러나 독실하게 믿기만 하고 배움을 좋아하지 않으면 믿는 바가 혹 바른 도리〔正道〕가 아닐 수 있으며, 죽음으로써 그 뜻을 지키지 않으면 도리〔道〕를 제대로 닦지 못한다. 그러나 죽음으로써 지키기만 하고 도리를 잘 닦지 못하면 이 또한 헛된 죽음이 될 뿐이다. 죽음으로써 지키는 것은 독실히 믿는 효과〔功效〕이고, 도리를 잘 닦는 것은 배움을 좋아한 결과〔功效〕이다."

그리고 天下有/無道와 邦有道/無道가 함께 등장한다. 공자의 말이 이어진다. 크게 보면 세 가지로 나눠서 볼 수 있다.

첫째, "위태로운 나라에는 들어가지 말고 어지러운 나라에서는 살지 말라." 이는 우선 개인이 나라를 선택할 수 있는 여건이 될 때나 가능한 일이다. 위태로운 나라〔危邦〕란 한마디로 곧 망하려고 하는 나라이다. 어지러운 나라〔亂邦〕는 그보다는 조금 사정이 나은 나라이다. 이에 대한 주희의 풀이다. "군자는 위태로움을 보면 목숨을 바치니〔見危授命〕, 그렇다면 위태로운 나라에서 벼슬하는 자는 떠날 수 있는 의리가 없으나 밖에 있을 경우에는 들어가지 않는 것이 옳다. 어지러운 나라는 위태롭진 않으나 형정(刑政)과 기강이 문란한 것이다. 그러므로 그 몸을 깨끗이 하고 떠나는 것이다."

둘째, "천하에 도리가 있으면 나타나고, 도리가 없으면 숨어야 한다." 이에 대한 주희의 풀이는 흥미롭다. "천하는 온 세상을 들어 말한 것이니, 도리가 없으면 자기 몸을 숨기고 나타나지 않는 것이다. 이는 오직 독실하게 믿으면서도 배움을 좋아하고, 죽음으로 지키면서도 도리를 잘 닦는 자만이 능할 수 있는 것이다."

셋째, "나라에 도리가 있을 때에 가난하면서 (출세를 못하여) 또 천하기까지 한 것은 부끄러운 일이며, 나라에 도리가 없을 때에 부유하면서 (출세까지 하여) 또 귀하기까지 한 것도 부끄러운 일이다."

주희의 풀이다. "세상이 다스려지는데도 (세상으로 나아가) 행할 만한 도리가 없고, 세상이 어지러운데도 지킬 만한 절개(도)가 없으면 보잘것없는 사람이어서 선비가 될 수 없으니, 매우 부끄러운 일이다." 군자의 다움〔德〕이 무엇인지를 강조하고 있는 대목이다.

맹자의 말이 이어진다. "제나라 경공(景公)은 '이미 (아래로) 명령을 내릴 수 없고 또 (위로부터) 명령을 받지 못하니 이는 세상〔物〕과 끊어진 것이로다'라면서 눈물을 흘리며 자기 딸을 (오랑캐 나라인) 오(吳)나라에 시집보냈다."

이에 대해서는 주희의 풀이가 적확하다. "이를 인용하여 (천하에 도가 없어) 작은 자가 큰 자의 부림을 받고, 약자가 강자의 부림을 받아야 하는 상황을 말씀한 것이다. 令은 '명령을 내어 남을 부리는 것'이요, 受命은 '남에게 명령을 듣는 것'이다. 物은 '남들', '세상 사람들〔人〕'과 같다. 女는 '딸을 남에게 준다'는 뜻이다. 오나라는 오랑캐 나라였으므로 경공이 그와 혼인하는 것을 부끄러워하였으나 오나라의 강함을 두려워하였다. 이 때문에 (나라를 보존하기 위해) 눈물을 흘리면서 딸을 준 것이다." 여기서 맹자는 경공의 행위를 부정적으로 보는 것이 아니라 지혜로운 것으로 보고 있다. 현실주의자인 맹자의 진면목을 살필 수 있는 대목이다. 이 점은 바로 뒤의 언급을 통해 더욱 분명해진다. 다시 맹자의 말이다.

"오늘날에는 약소국〔小國〕이 강대국〔强國〕을 본받으면서도〔師=法〕명령을 받는 것〔受命〕은 수치스러워한다. 이는 마치 제자가 (자신이 본받고 있는) 스승으로부터 명령을 받는 것을 수치스러워하는 것과 같다."

본받는다〔師〕와 관련해 약간의 보충이 필요하다. 주희의 풀이다. "약 소국은 다툼을 닦아 스스로 강하게 하지 않고 즐겁게 놀며 태만히 행동하는 것을 모두 강대국이 하는 것처럼 똑같이 하고 본받으면서 유독 강대국에게 가르침과 명령 받기를 수치스러워하는 것은 있을 수 없는 일이다."

다시 맹자의 말이다. "만일 정말로 그것을 수치스러워한다면 (주나라) 문왕(文王)을 스승으로 삼아 (정치하는 법을) 배워보도록 하라. 문왕을 본받게 되면 큰 나라는 5년이면 반드시 천하를 얻어 (천하를 상대로 하는) 정치를 펼칠 수 있게 되고, 작은 나라도 7년이면 천하를 얻어 (천하를 상대로 하는) 정치를 펼칠 수 있게 될 것이다.

『시경』에 이르기를 '상(은)나라 왕실의 자손들, 그 수〔麗=數〕가 십만〔億〕을 넘었어도 하늘〔上帝〕이 이미 (주나라에) 명을 내리시니 주나라의 신하가 되었네. (그들이) 주나라의 신하가 된 것은 천명이 무상함을 보여주노라. 은나라 선비들 멋지고 총명하나 주나라 서울을 찾아 주나라 강신제에서 술 따르는 일을 돕는구나'라고 했다. 공자께서도 '어짊〔仁〕은 다수의 무리를 짓는다고 해서 이룰 수 있는 것이 아니다. 무릇임금이 진실로 어짊을 좋아한다면 천하에 대적할 자가 없게 된다'라고 하셨다.

오늘날에는 임금들이 천하무적이 되기를 바라면서도 어진 정치〔仁政〕를 행하지〔以〕 않으니, 이는 마치 뜨거운 물건을 손에 쥐려 하면서 그에 앞서 손을 찬물에 적시지 않는 것과 같다. 『시경』에 이르기를 '아! 도대체 누가 뜨거운 것을 쥐려 하면서 먼저 손을 찬물에 적시지 않는가'라고 했다." 逝는 여기서 어조사로 특별한 뜻은 없다.

8

맹자는 말했다. "어질지 못한 자와 함께 말을 할 수가 있겠는가? 그들은 위태로운 것을 편안히 여기고 재앙이 될 것을 이롭게 여겨 (장차 나라와 집안과 자기 자신을) 망하게 만들 일들만 좋아한다. 만약에 어질지 못한 자이기는 하지만 함께 말을 할 수 있다면, 어찌 나라가 망하고 집안이 내려앉는 일이 있겠는가? 어린아이가 노래하기를 '창랑(滄浪)의 물이 맑거든 나의 (소중한) 갓끈을 씻을 수 있고, 창랑의 물이 흐리거든 나의 (더러운) 발을 씻을 수 있네'라고 했다. (이 노래를 들은) 공자는 (제자들을 향해) 말했다. '자네들, 저 노래를 들어보게. 물이 맑으면 갓끈을 씻고, 물이 흐리면 발을 씻는다고 하네. 이는 (사람이 그렇게 하는 것이 아니라) 물이 스스로 그렇게 하는 것이라네.' 무릇 사람이란 반드시 그 자신이 스스로를 업신여긴 뒤에야 남들이 그를 업신여기며, 한 집안도 반드시 스스로를 엉망으로 만든 뒤에야 남들이 그 집안을 엉망으로 만들며, 나라도 반드시 스스로 정벌한 뒤에야 다른 나라들이 그 나라를 공격한다. 그래서 『서경』'태갑(太甲)'에 이르기를 '하늘이 내린 재앙은 오히려 피할 수 있지만 스스로 불러들인 재앙은 (피하여) 살 수가 없다'고 하였으니 바로 이것을 말한 것이다."

孟子曰 不仁者可與言哉 安其危而利其菑(災)樂其所以亡者 不仁而可
맹자 왈 불인자 가 여 언재 안 기 위 이 이 기 재 재 낙 기 소 이 망자 불 인 이 가

與言則何亡國敗家之有 有孺子歌曰 滄浪之水淸兮可以濯我纓 滄浪之水
여 언 즉 하 망국 패가 지 유 유 유자 가왈 창랑 지 수 청혜 가 이 탁 아 영 창랑 지 수

濁兮可以濯我足 孔子曰 小子聽之 淸斯濯纓濁斯濯足矣自取之也 夫人必
탁혜 가 이 탁 아 족 공자 왈 소자 청지 청사 탁영 탁사 탁족 의 자취 지 야 부인 필

自侮然後人侮之 家必自毀而後人毀之 國必自伐而後人伐之 太甲曰 天作
자모 연후 인모지 가 필 자 훼 이후 인 훼 지 국 필 자 벌 이후 인 벌 지 태 갑 왈 천 작

孽猶可違 自作孽不可活 此之謂也
얼 유 가 위 자 작 얼 불 가 활 차 지 위 야

이제 좀 더 구체적으로 어질지 못한 자[不仁者]의 문제
점을 짚어나간다. 여기서 어질지 못한 자란 주로 어질지 못한 임금을
염두에 둔 것이다. 먼저 맹자의 말이다.

"어질지 못한 자와 함께[與] 말을 할 수가 있겠는가? 그들은 위태로
운 것[危]을 편안히 여기고[安] 재앙이 될 것[災]을 이롭게 여겨[利]
(장차 나라와 집안과 자기 자신을) 망하게 만들 일들만 좋아한다. 만약
에 어질지 못한 자이기는 하지만 함께 말을 할 수 있다면, 즉 귀에 거
슬리는 말을 하더라도 참고 들어줄 줄 아는 그릇만 있다면 어찌 나라
가 망하고 집안이 내려앉는 일이 있겠는가?"

뉘앙스를 고려하여 상당히 세심하게 풀이해야 하는 글이다. 여기서
는 일단 어질지 못한 자를 임금으로 봐야 한다. 그렇게 되면 함께 말
을 한다는 것은 다름 아닌 곧은 말[直言] 혹은 바른 간언[直諫]을 할
수 있다는 뜻이다. 그런데 어질지 못한 임금의 경우에는 원칙적으로
보자면 곧은 말이나 바른 간언을 받아들이지 않기 때문에 제대로 된
대화를 하는 것이 불가능하다는 말이다. 왜냐하면 그런 임금은 당장
은 좋을지 모르지만 장차 자신을 위태롭게 만들 것이 분명한 사람과
일들을 편안하게 여기고, 장차 자신을 재앙에 빠트릴 것이 분명한 사
람과 일들을 이롭게 여겨 결국은 자신을 패망시킬 것이 분명한 사람과
일을 좋아하기 때문이다.

먼저 주목해야 할 단어는 安, 利이다. 이에 대해서는 『논어』의 도움이 필수적이다. 먼저 安과 利를 살펴야 한다. 어짊[仁]을 편안하게 여기는 것[安]은 인자(仁者)이고, 어짊[仁]을 이롭게 여기는 것[利]은 지자(知者)이다. 공자는 '이인 2'에서 이렇게 말한다.

"어질지 못한 사람은 (인이나 예를 통해 자신을) 다잡는 데 오랫동안 처해 있을 수 없고, 좋은 것을 즐기는 데에도 오랫동안 처해 있을 수 없다. 어진 자는 어짊을 편안하게 여기고, 지혜로운 자는 어짊을 이롭게 여긴다."

맹자는 安과 利를 통해 仁者와 不仁者를 대비시키고 있는 것이다. 다시 맹자의 말이다.

"어린아이[孺子=童子]가 노래하기를 '창랑(滄浪)의 물이 맑거든 나의 (소중한) 갓끈[纓]을 씻을 수 있고, 창랑의 물이 흐리거든 나의 (더러운) 발을 씻을 수 있네'라고 했다. (이 노래를 들은) 공자는 (제자들을 향해) 말했다. '자네들, 저 노래를 들어보게. 물이 맑으면 갓끈을 씻고, 물이 흐리면 발을 씻는다고 하네. 이는 (사람이 그렇게 하는 것이 아니라) 물이 스스로 그렇게 하는 것이라네.'

무릇 사람이란 반드시 그 자신이 스스로를 업신여긴 뒤에야 남들이 그를 업신여기며, 한 집안도 반드시 스스로를 엉망으로 만든 뒤에야 남들이 그 집안을 엉망으로 만들며, 나라도 반드시 스스로 정벌한 뒤에야 다른 나라들이 그 나라를 공격한다. 그래서 『서경』 '태갑(太甲)'에 이르기를 '하늘이 내린 재앙은 오히려 피할 수 있지만 스스로 불러들인 재앙은 (피하여) 살 수가 없다'고 하였으니 바로 이것을 말한 것이다."

9

맹자는 말했다. "(하나라의 마지막 임금) 걸(桀)과 (은나라의 마지막 임금) 주(紂)가 천하를 잃은 까닭은 그 백성을 잃었기 때문이고, 그 백성을 잃은 까닭은 백성들의 마음을 잃었기 때문이다. 천하를 얻는 데는 (일정하게 정해진) 길이 있다. 백성을 얻으면 천하를 얻게 되는 것이다. 백성을 얻는 데도 길이 있다. 백성의 마음을 얻는 것이 곧 백성을 얻는 것이다. 백성의 마음을 얻는 데도 길이 있다. 백성들이 원하는 바를 (알아서) 백성들을 위해 모아주고, 백성들이 싫어하는 바를 (알아서) 베풀지 않으면 된다. (이렇게 하면) 백성들이 어진 정치를 따르고 스스로도 어질어지려 노력할 것이다. 이는 마치 물이 아래로 내려가고 짐승들이 넓은 들판으로 달려가는 것과 같다. 그러므로 연못을 위해 물고기를 몰아주는 것은 수달이고, 무성한 숲을 위해 참새들을 몰아주는 것은 새매라면 탕왕(湯王)과 무왕(武王)을 위해 백성들을 몰아준 것은 걸과 주였다. 오늘날 천하의 군주들 중에 어짊을 좋아하는 자가 있다면 제후들은 모두 그를 위해 (백성들을) 몰아줄 것이다. 이렇게 되면 비록 그가 천자(天子)가 되고 싶어 하지 않더라도 아니할 수 없을 것이다. 오늘날 천하의 임금이 되고 싶어 하는 자는 마치 7년 된 병에 3년 말린 약쑥을 구하려는 것과 같다. 만일 (평소에 약쑥을 캐서 말려) 비축해 두지 않는다면 (7년 지병에 사용할 만큼의 많은 약쑥은) 평생 찾아다녀도 얻지 못할 것이다. (이와 마찬가지로 천하를 제패하고자 하는 뜻을 가진 군주가) 만일 어진 정치에 뜻을 두지 않는다면 일생을 근심과 치욕 속에 보내다가 죽음에 이르고 말 것이다. 『시경』에 이르기를 '그 어찌 잘될 리가 있겠는가. 함께 물속에 빠져 죽으리라' 하였으니 바로 이것을 말한 것이다."

孟子曰 桀紂之失天下也失其民也 失其民者失其心也 得天下有道 得其
맹자 왈 걸 주 지 실 천하 야 실 기 민 야 실 기 민 자 실 기 심 야 득 천하 유 도 득 기

民斯得天下矣 得其民有道 得其心斯得民矣 得其心有道 所欲與之聚之
민 사 득 천하 의 득 기 민 유 도 득 기 심 사 득 민 의 득 기 심 유 도 소 욕 여 지 취 지

所惡勿施爾也 民之歸仁也 猶水之就下獸之走壙也 故爲淵敺(驅)魚者獺
소 오 물 시 이 야 민 지 귀 인 야 유 수 지 취 하 수 지 주 광 야 고 위 연 구 구 어 자 달

也 爲叢敺爵(雀)者鸇也 爲湯武敺民者桀與紂也 今天下之君有好仁者則
야 위 총 구 작 작 자 전 야 위 탕 무 구 민 자 걸 여 주 야 금 천하 지 군 유 호 인 자 즉

諸侯皆爲之敺矣 雖欲無王不可得已 今之欲王者猶七年之病求三年之艾也
제후 개 위 지 구 의 수 욕 무 왕 불 가 득 이 금 지 욕 왕 자 유 칠년 지 병 구 삼년 지 애 야

苟爲不畜終身不得 苟不志於仁終身憂辱以陷於死亡 詩云 其何能淑 載胥
구 위 불 축 종신 부득 구 부 지 어 인 종신 우 욕 이 함 어 사망 시 운 기 하 능 숙 재 서

及溺 此之謂也
급 닉 차 지 위 야

이번에는 앞 장과 반대로 어진 정치〔仁政〕의 요체가 무
엇인지를 하나하나 설명한다. 맹자의 말이다.

"(하나라의 마지막 임금) 걸(桀)과 (은나라의 마지막 임금) 주(紂)가
천하를 잃은 까닭은 그 백성을 잃었기 때문이고, 그 백성을 잃은 까닭
은 백성들의 마음을 잃었기 때문이다. 천하를 얻는 데는 (일정하게 정
해진) 길〔道〕이 있다. 백성을 얻으면 천하를 얻게 되는 것이다. 백성을
얻는 데도 길이 있다. 백성의 마음을 얻는 것이 곧 백성을 얻는 것이
다. 백성의 마음을 얻는 데도 길이 있다. 백성들이 원하는 바를 (알아
서) 백성들을 위해〔與=爲〕 모아주고, 백성들이 싫어하는 바〔爾=그것=
之〕를 (알아서) 베풀지 않으면 된다. (이렇게 하면) 백성들이 어진 정치
를 따르고 스스로도 어질어지려 노력할 것이다. 이는 마치 물이 아래
로 내려가고 짐승들이 넓은 들판〔壙〕으로 달려가는 것과 같다. 그러므

로 연못을 위해 물고기를 몰아주는〔敺=驅〕 것은 수달〔獺〕이고, 무성한 숲〔叢〕을 위해 참새들을 몰아주는 것은 새매〔鸇〕라면 탕왕(湯王)과 무왕(武王)을 위해 백성들을 몰아준 것은 걸과 주였다."

마지막 문장에 대한 주희의 풀이는 정리에 참고가 된다. "백성들이 이곳을 떠나가는 까닭은 그들이 원하는 바가 저곳에 있고 두려워하는 바가 이곳에 있기 때문임을 말씀한 것이다."

다시 맹자의 말이다. "오늘날 천하의 군주들 중에 어짊〔仁〕을 좋아하는 자가 있다면 제후들은 모두 그를 위해 (백성들을) 몰아줄 것이다. 이렇게 되면 비록 그가 천자(天子)가 되고 싶어 하지 않더라도 아니할 수 없을 것이다. 오늘날 천하의 임금이 되고 싶어 하는 자는 마치 7년 된 병에 3년 말린 약쑥〔艾〕을 구하려는 것과 같다."

약간의 풀이가 필요하다. 지금 이 문단의 맥락에 의하면 여러 제후들 중에 아직 천하를 통일한 천자는 없는 상황이다. 이런 가운데 어떤 제후가 다른 제후들을 설복시키고서 천자의 자리에 오를 것인가를 이야기하고 있다. 약쑥은 오래 말릴수록 좋은 것이다.

"만일〔苟〕 (평소에 약쑥을 캐서 말려) 비축해 두지 않는다면 (7년 지병에 사용할 만큼의 많은 약쑥은) 평생〔終身〕 찾아다녀도 얻지 못할 것이다. (이와 마찬가지로 천하를 제패하고자 하는 뜻을 가진 군주가) 만일 어진 정치〔仁政〕에 뜻을 두지 않는다면 일생을 근심과 치욕 속에 보내다가 죽음에 이르고 말 것이다. 『시경』에 이르기를 '그 어찌 잘될 리가 있겠는가. 함께 물속에 빠져 죽으리라' 하였으니 바로 이것을 말한 것이다."

맹자는 말했다. "자신을 해치는 자와는 함께 (도리를) 말할 수 없고, 자신을 버리는 자와는 함께 (도리를) 행할 수 없다. 말로써 예와 의로움을 비난하는 것을 일러 자신을 해치는 것이라 하고, 자신의 몸이 어짊에 머물 수 없고 의리를 따를 수 없는 것을 일러 자신을 버리는 것이라 한다. 어짊은 사람이 살아야 하는 편안한 집이요, 의리는 사람이 가야 하는 바른 길이다. (그런데) 편안한 집은 비워두고 살지 않으며 바른 길은 버려두고 가지 않으니, 애달프구나!"

孟子曰 自暴者不可與有言也 自棄者不可與有爲也 言非禮義謂之自暴
맹자 왈 자포 자 불가 여유 언 야 자기 자 불가 여유 위 야 언비 예의 위 지 자포

也 吾身不能居仁由義謂之自棄也 仁人之安宅也 義人之正路也 曠安宅而
야 오신 불능 거 인 유 의 위 지 자기 야 인 인 지 안택 야 의 인 지 정로 야 광 안택 이

弗居舍正路而不由哀哉
불거 사 정로 이 불유 애제

❀　　　맹자는 여기에서 본인의 고유한 주제라 할 수 있는 어짊과 의리[仁義]를 이야기한다. "자신을 해치는[自暴] 자와는 함께 (도리를) 말할 수 없고, 자신을 버리는[自棄] 자와는 함께 (도리를) 행할 수 없다. 말로써 예의[禮]와 의리[義]를 비난하는 것을 일러 자신을 해치는 것[自暴]라 하고, 자신의 몸이 어짊[仁]에 머물 수 없고 의리[義]를 따를 수 없는 것을 일러 자신을 버리는 것[自棄]이라 한다."

이에 대한 주희의 풀이다. "스스로 그 몸을 해치는 자는 예와 의로

움〔禮義〕이 아름답다는 것을 알지 못하여 비난하니 비록 그와 더불어 말을 하더라도 반드시 믿어주지 않을 것이요, 스스로 그 몸을 버리는 자는 오히려 어짊과 의리〔仁義〕가 아름답다는 것을 알지만 게으름에 빠져 반드시 행할 수 없다고 스스로 말할 것이니 비록 그와 더불어 행하더라도 반드시 힘쓰지 못할 것이다.”

다시 맹자의 말이 이어진다. “어짊〔仁〕은 사람이 살아야 하는 편안한 집〔安宅〕이요, 의리〔義〕는 사람이 가야 하는 바른 길〔正路〕이다. (그런데) 편안한 집은 비워두고 살지 않으며 바른 길은 버려두고 가지 않으니, 애달프구나!”

결국 이 장은 도리〔道〕에 관한 언급이며 다음 장에도 이어진다. 『논어』 ‘양화 3’이 이와 연결되는 내용이다.

공자는 말했다. “오직 지극히 지혜로운 자와 지극히 어리석은 자만이 변화하지 않는다.”

우선 직역해 보자. 공자는 “오직 지극히 지혜로운 자〔上智〕와 지극히 어리석은 자〔下愚〕만이 변화하지 않는다”라고 말한다. 이와 관련해서는 정이천의 풀이가 상세하다. “사람의 본성〔性〕이 본래 좋은데〔善〕 변화시킬 수 없는 것이 있음은 어째서인가? 그 본성을 말하면 모두 좋고, 그 재주〔才〕를 말한다면 지극히 어리석은 자〔下愚〕로서 변화시킬 수 없는 자가 있는 것이다. 이른바 지극히 어리석은 자라는 것은 두 가지가 있으니 자포(自暴)와 자기(自棄)이다. 사람이 진실로 좋음으로써 자신을 다스린다면 변화시킬 수 없는 자가 없으니, 비록 지극히 어둡고 어리석은 자라 하더라도 모두 차츰 연마하

여 나아갈 수 있다. 다만 자신을 해치는〔自暴〕자는 거절하여 믿지
않고, 자신을 버리는〔自棄〕자는 체념하여 아무것도 하지 않는다.
자포와 자기는 비록 빼어난 이가 함께 거처하더라도 변화하여 들어
갈 수가 없으니, 공자께서 말씀하신 하우(下愚)라는 것이다. 그러나
그 기질이 반드시 어둡고 어리석은 것은 아니며, 왕왕 매우 강하고 사
나워서 재주의 힘〔才力〕이 남보다 뛰어난 자가 있으니 신(辛-주왕(紂
王)의 이름)이 그런 사람이다. 빼어난 이께서 자기 스스로 좋은 것들
을 끊는다 하여 이를 일러 하우라고 하신 것이다. 그러나 그 귀결을
살펴보면 참으로 어리석다."

11

맹자는 말했다. "도리는 가까운 곳에 있는데 그것을 멀리서 구하고, 일은 쉬운 데 있는데 그것을 어려운 데서 구한다. 사람 사람마다 자신들의 부모나 친족을 내 몸과 같이 여기고 자신들의 연장자나 윗사람을 어른으로 모신다면 천하는 평안해질 것이다."

孟子曰 道在爾(邇)而求諸遠 事在易而求諸難 人人親其親長其長而
맹자 왈 도재 이 이 이구제원 사재이이구제난 인인 친기 친장기장이

天下平
천하 평

맹자는 말한다. "도리〔道〕는 가까운 곳〔爾=邇〕에 있는데 그것을〔諸〕 멀리서 구하고, 일〔事〕은 쉬운 데 있는데 그것을 어려운 데서 구한다. 사람 사람마다〔人人〕 자신들의 부모나 친족〔親〕을 내 몸과 같이 여기고〔親〕 자신들의 연장자나 윗사람〔長〕을 어른으로 모신다면〔長〕 천하는 평안해질 것이다."

도리〔道〕를 구함이나 어짊〔仁〕을 실천하는 문제와 관련해 그것이 멀리 있는 것이 아니라 바로 내 주변에 있는 것임을 강조하는 내용은 『논어』에 수없이 등장한다. 그중 한 대목만 살펴보자. '술이 29'에서 공자는 말한다.

"어짊이 먼 것이겠는가? 내가 어질고자 하면 이에 어짊이 다가온다."

12

맹자는 말했다. "아래 지위에 있으면서 윗사람에게서 신임을 얻지 못한다면 백성들을 제대로 얻어 다스릴 수 없다. 윗사람에게서 신임을 얻는 데는 길이 있다. 벗들에게 신뢰를 얻지 못하면 윗사람에게서도 신임을 얻지 못한다. 벗들에게 신뢰를 얻는 데도 길이 있다. 부모님을 잘 섬겨 기쁘게 해드리지 못한다면 벗들에게도 신뢰를 얻지 못한다. 부모님을 기쁘게 해드리는 데도 길이 있다. 스스로 자신의 몸을 돌이켜보아 열렬함이 없다면 부모님을 기쁘게 해드릴 수 없다. 자신의 몸을 열렬하게 하는 데도 길이 있으니, 좋음이 무엇인지를 밝게 알지 못하면 몸을 열렬하게 할 수 없다. 이래서 열렬함이라는 것은 하늘의 도리요, 열렬함을 다하려고 애쓰는 것은 사람의 도리다. 열렬함을 최대한 다하고서 (다른 사람을) 감동시키지 못하는 것은 없다. (반면) 열렬하지 못하면서 제대로 (다른 사람을) 감동시키는 일도 없다."

孟子曰 居下位而不獲於上民不可得而治也 獲於上有道 不信於友 弗獲
맹자 왈 거 하위 이 불획 어 상민 불가 득 이 치야 획 어 상 유도 불신 어 우 불획

於上矣 信於友有道 事親弗悅弗信於友矣 悅親有道 反身不誠不悅於親矣
어 상의 신어우유도 사친 불열 불신 어우의 열친 유도 반신 불성 불열 어 친 의

誠身有道 不明乎善不誠其身矣 是故誠者天之道也 思誠者人之道也 至誠
성신 유도 불명 호선 불성 기신 의 시고 성자 천지도 야 사성 자 인지도 야 지성

而不動者未之有也 不誠未有能動者也
이 부동 자 미지유 야 불성 미유 능동 자야

이제 맹자는 보다 실제적인 문제를 다룬다. 윗사람, 예를 들면 군주로부터 신임을 얻는 법에 관해 말하고 있다. 실은 이 장의 취지 또한 앞 장과 마찬가지로 먼 데서 찾지 말고 가까운 데서 찾으라는 것이다. 맹자의 말이다.

"아래 지위[下位]에 있으면서 윗사람에게서 신임을 얻지 못한다면 백성들을 제대로 얻어 다스릴 수 없다. 윗사람에게서 신임을 얻는 데는 길이 있다. 벗들에게 신뢰를 얻지 못하면 윗사람에게서도 신임을 얻지 못한다. 벗들에게 신뢰를 얻는 데도 길이 있다. 부모님을 잘 섬겨 기쁘게 해드리지 못한다면 벗들에게도 신뢰를 얻지 못한다. 부모님을 기쁘게 해드리는 데도 길이 있다. 스스로 자신의 몸을 돌이켜보아 열렬함[誠]이 없다면 부모님을 기쁘게 해드릴 수 없다. 자신의 몸을 열렬하게 하는 데도 길이 있으니, 좋음[善]이 무엇인지를 밝게 알지 못하면 몸을 열렬하게 할 수 없다."

윗사람의 신임을 받는 문제가 뿌리를 거슬러 열렬함[誠]과 좋음[善]의 문제에까지 이르렀다. 다시 맹자의 말이다.

"이래서 열렬함[誠]이라는 것은 하늘의 도리요, 열렬함을 다하려고 애쓰는 것[思]은 사람의 도리다. 열렬함을 최대한[至] 다하고서 (다른 사람을) 감동[動]시키지 못하는 것은 없다. (반면) 열렬하지 못하면서 제대로 (다른 사람을) 감동시키는 일도 없다."

열렬함[誠]이 주제가 되고 있다는 점에서 이 장은 『논어』보다는 『중용』과 더 밀접하다. 주희도 이 점을 지적한다. "이 장은 『중용』에 있는 공자의 말씀을 서술한 것이다. 열렬하게 애쓰는 것[思誠]은 몸을 닦는 것[修身]의 근본이 되고, 좋음을 밝히는 것[明善]은 다시 열렬하게 애쓰는 것[思誠]의 근본이 됨을 볼 수 있다. 이는 바로 자사(子思)가 증자(曾子)에게 들은 것이요, 맹자가 자사에게 전수받은 것이다. 또한 『대학』과 서로 겉과 속[表裏]이 되니, 배우는 자가 마땅히 마음에 깊이 담아두어야 할 것이다."

13

맹자는 말했다. "백이(伯夷)는 (은나라의) 주왕(紂王)(의 폭정)을 피해 북쪽 바다의 끝자락에 숨어 살다가 문왕(文王)이 일어났다는 소식을 듣고서 이렇게 말했다. '어찌 그에게 가지 않으리오! 내가 듣기에 서백(西伯-문왕)은 나이 든 사람을 잘 돌본다고 한다.' 태공(太公)도 주왕을 피해 동쪽 바다의 끝자락에 숨어 살다가 문왕이 일어났다는 소식을 듣고서 이렇게 말했다. '어찌 그에게 가지 않으리오! 내가 듣기에 서백은 나이 든 사람을 잘 돌본다고 한다.' 이 두 노인은 세상이 알아주는 큰 원로인데 문왕에게 귀의했다. 이는 세상의 아버지가 (문왕에게) 귀의한 것이다. 세상의 아버지가 귀의했으니 그 자식들은 어디로 가겠는가? (만일) 제후들이 문왕과 같은 (어진) 정치를 행한다면 7년 안에 반드시 천하를 호령할 수 있을 것이다."

孟子曰 伯夷辟(避)紂居北海之濱聞文王作興 曰 盍歸乎來 吾聞西伯
맹자 왈   백이 피 피 주 거 북해지빈 문 문왕 작흥 왈 합귀호래 오문 서백

善養老者 太公辟紂居東海之濱聞文王作興 曰 盍歸乎來 吾聞西伯善養
선양 노자 태공 피주거 동해지빈 문 문왕 작흥 왈 합귀호래 오문 서백 선양

老者 二老者天下之大老也而歸之 是天下之父歸之也 天下之父歸之其子
노자 이 로자 천하 지 대로 야 이 귀지 시 천하 지부 귀지 야 천하 지부 귀지 기 자

焉往 諸侯有行文王之政者七年之內必爲政於天下矣
언왕 제후 유행 문왕 지 정자 칠년 지 내 필 위정 어 천하 의

비슷한 문맥이 이어진다. 맹자의 말이다. "백이(伯夷)는

(은나라의) 주왕(紂王)(의 폭정)을 피해 북쪽 바다〔北海〕의 끝자락〔濱〕에 숨어 살다가 문왕(文王)이 일어났다〔作興=興起〕는 소식을 듣고서 이렇게 말했다. '어찌 그에게 가지 않으리오! 내가 듣기에 서백(西伯-문왕)은 나이 든 사람을 잘 돌본다〔養〕고 한다.' 태공(太公)도 주왕을 피해 동쪽 바다〔東海〕의 끝자락에 숨어 살다가 문왕이 일어났다는 소식을 듣고서 이렇게 말했다. '어찌 그에게 가지 않으리오! 내가 듣기에 서백은 나이 든 사람을 잘 돌본다고 한다.'" 盍은 덮다는 뜻 외에 '어찌~아니'라는 의문사로 사용된다. 來는 여기서 특별한 뜻은 없고 '그' 정도로 옮긴다. 西伯은 말 그대로 당시 文王의 지위가 公侯伯의 伯이었기 때문에 이렇게 불렀다. 그러나 伯은 넓은 의미에서의 제후에 포함되기도 했다. 太公은 우리가 아는 그 姜太公이다.

문왕의 시책에 대한 주희의 풀이는 참고할 만하다. "당시 문왕은 정사를 행함에 반드시 홀아비〔鰥〕, 과부〔寡〕, 고아〔孤〕, 노인이나 무의탁자〔獨〕를 우선적으로 챙겼고, 평민층의 노인들도 얼어 죽거나 굶주리는 자가 없도록 최선을 다했다." 당시 원로였던 백이나 태공은 바로 이 점을 높이 평가하여 문왕을 돕기로 결심한 것이다. 다시 맹자의 말이다.

"이 두 노인〔老者〕은 세상이 알아주는 큰 원로〔大老〕인데 문왕에게 귀의했다. 이는 세상의 아버지가 (문왕에게) 귀의한 것이다. 세상의 아버지가 귀의했으니 그 자식들은 어디로 가겠는가? (만일) 제후들이 문왕과 같은 (어진) 정치를 행한다면 7년 안에 반드시 천하를 호령할 수 있을 것이다."

마지막 문장이 중요하다. 제후가 문왕의 어진 정치〔仁政〕를 제대로 펼친다면 7년 정도면 백성과 다른 제후들의 마음을 얻어 황제〔天子〕

의 자리에도 오를 수 있다는 것이다. 이에 주희는 다음과 같이 덧붙인다. "7년은 작은 나라의 제후를 기준으로 말한 것이고, 큰 나라의 제후는 5년이면 가능하다."

여기서 우리는 『논어』의 관련 대목을 살펴볼 필요가 있다. '자로 10'에서 공자는 이렇게 말한다.

"만일 나를 등용해 주는 사람이 있다면 한 달만 되더라도 어느 정도 성과가 나올 것이고, 삼 년이면 충분한 이루어짐이 있게 될 것이다."

한 달이라는 것은 나라를 다스릴 수 있는 최소한의 사태파악과 기강확립을 말하는 것이고, 그것이 3년 정도면 효과를 내기 시작하리라는 의미다. 다시 '자로 29'에서 공자는 이렇게 말한다.

"유능한 이〔善人〕가 백성 가르치기를 7년 하면 진실로 백성으로 하여금 전쟁터에 나가 싸우게 할 수 있을 것이다."

맹자가 7년을 언급한 것도 이처럼 하여 백성들이 나라를 위해 기꺼이 목숨을 바칠 각오를 하게 되면 그 나라는 부강해질 수밖에 없다고 보았기 때문이다.

14

맹자는 말했다. "염구(冉求)가 계씨(季氏)의 가신이 되어 자신의 다음을 제대로 키워가며 고치지 못하고, (백성들로부터) 세금을 받아내는 것이 예전보다 배가 늘어나자 공자께서 말씀하셨다. '(염구는) 우리 무리가 아니니, 소자들아! 북을 울려 다스리더라도 괜찮을 것이다.' 이를 통해 살펴볼 때 임금이 어진 정사를 행하지 않는데도 그의 부를 더 늘려주는 자들은 모두 공자로부터 버림을 받을 자들이다. 하물며 (어진 정사를 행하지 않는) 임금을 위해 무리하게 전쟁을 벌이는 것은 두말 할 필요도 없다. 땅을 빼앗기 위해 벌인 전쟁으로 인해 죽은 사람들이 들판에 가득하고, 성을 빼앗기 위해 벌인 전쟁으로 인해 죽은 사람들이 성안에 가득하니, 이는 이른바 토지를 끌고 가서 사람 고기를 먹게 하는 꼴이니 그 죄는 죽음으로도 용서받지 못할 만큼 크다. 그러므로 전쟁을 중시하는 자는 극형을 받아야 하고, 제후들의 합종연횡을 주장하는 자는 그다음 형벌을 받아야 하고, 황무지를 개간하여 (백성들에게 더 많은 농사를 짓도록) 토지를 떠맡기는 자는 그다음 형벌을 받아야 한다."

孟子曰 求也爲季氏宰無能改於其德而賦粟倍他日 孔子曰 求非我徒也
맹자 왈 구 야 위 계씨 재 무능 개 어 기 덕 이 부속 배 타일   공자 왈   구 비 아 도 야

小子鳴鼓而攻之可也 由此觀之君不行仁政而富之皆棄於孔子者也 況於
소자 명고 이 공지 가야   유 차 관 지 군 불행 인정 이 부 지 개 기 어 공자 자 야   황 어

爲之强戰 爭地以戰殺人盈野 爭城以戰殺人盈城 此所謂率土地而食人肉
위 지 강전   쟁지 이 전 살인 영야   쟁성 이 전 살인 영성   차 소위 솔 토지 이 식 인육

罪不容於死 故善戰者服上刑 連諸侯者次之 辟草萊任土地者次之
죄 불용 어 사   고 선전 자 복 상형   연 제후 자 차 지   벽 초래 임 토지 자 차 지

맹자는 『논어』 '선진 16'에 등장하는 이야기를 인용한 다음 그것을 풀이한다. 맹자의 말이다. "염구(冉求)가 계씨(季氏)의 가신〔宰〕이 되어 자신의 다움을 제대로 키워가며 고치지 못하고, (백성들로부터) 세금을 받아내는 것이 예전보다 배가 늘어나자 공자께서 말씀하셨다. '(염구는) 우리 무리가 아니니, 소자들아! 북을 울려 다스리더라도 괜찮을 것이다.'"

먼저 이 구절을 『논어』 자체의 맥락에서 풀어보자.

계씨(季氏)는 제후의 고위관리〔卿〕인 계강자(季康子)이고, 주공(周公)은 왕실의 지친(至親)이다. 주공은 왕실에 큰 공이 있었기 때문에 당연히 부유했는데 제후의 고위관리인 계씨가 주공보다 더 부유했다. 이에 대해 주희는 "군주의 것을 빼돌리고 백성들에게서 긁어모으지 않았다면 어찌 이것을 얻을 수 있었겠는가"라고 말한다. 그만큼 계씨는 포악하고 부도덕한 고위관리였던 셈이다.

그런데도〔而〕 구(求), 즉 염유(冉有)는 계씨를 위해 세금을 악착같이 많이 거두어〔聚斂〕 계씨의 재산을 더 늘려주었다. 염유는 십철(十哲) 중 한 명으로 정사(政事)에 능한 이로 꼽혔다. 그런데 그런 염유가 가신이 되어 무도한 계강자의 '주구(走狗)' 역할을 하니 공자는 크게 개탄하지 않을 수 없었다. 사실상의 파문 선언이었다.

다시 맹자의 언급이다. "이를 통해 살펴볼 때 임금이 어진 정사를 행하지 않는데도 그의 부를 더 늘려주는 자들은 모두 공자로부터 버림을 받을 자들이다. 하물며〔況〕 (어진 정사를 행하지 않는) 임금을 위해 무리하게 전쟁을 벌이는 것은 두말 할 필요도 없다. 땅을 빼앗기 위해 벌인 전쟁으로 인해 죽은 사람들이 들판에 가득하고, 성을 빼앗기 위해 벌인 전쟁으로 인해 죽은 사람들이 성 안에 가득하니, 이는 이른 바〔所謂〕 토지를 끌고 가서〔率〕 사람 고기를 먹게 하는 꼴이니 그 죄는 죽음으로도 용서받지 못할 만큼 크다."

'토지를 (마치 개나 맹수를 끌고 가듯이) 끌고 가서 사람 고기를 먹인다'는 표현에 대한 주희의 풀이다. "땅 때문에 사람을 죽여 간과 뇌를 땅에 바르게 한다면 이는 토지를 끌고 가서 사람의 고기를 먹이는 것과 다를 바 없다."

다시 맹자의 말이다. "그러므로 전쟁을 중시하는〔善〕 자는 극형을 받아야 하고, 제후들의 합종연횡을 주장하는 자는 그다음 형벌을 받아야 하고, 황무지〔草萊〕를 개간〔辟〕하여 (백성들에게 더 많은 농사를 짓도록) 토지를 떠맡기는 자는 그다음 형벌을 받아야 한다."

이 세 부류, 즉 병가(兵家), 종횡가(縱橫家), 농가(農家)는 모두 어진 정치〔仁政〕에는 관심이 없고 부국강병을 위한다면서 백성들을 사지로 몰아넣기 때문에 맹자가 비판한 것이다. 그중에서 얼핏 보면 농민을 위하는 듯한 농가를 비판한 이유는 맹자의 지적대로 없는 땅까지 개간해서 농민들에게 강제로 농사를 짓도록 한 다음 전비(戰費)를 마련하려 했기 때문이다.

15

맹자는 말했다. "사람을 살펴보는 것 중에 눈동자(를 보는 것)만큼 좋은 것은 없다. 눈동자는 그 사람의 나쁜 점을 숨기지 못한다. 마음이 바르면 눈동자는 밝고, 마음이 바르지 못하면 눈동자는 흐리다. 그 사람이 하는 말을 가려서 듣고, 그 사람의 눈동자를 제대로 본다면 그 사람이 어찌 (자신의 본마음을) 숨기겠는가?"

孟子曰 存乎人者莫良於眸子 眸子不能掩其惡 胸中正則眸子瞭焉 胸中
맹자 왈 존호인자막량어모자 모자 불능 엄기악 흉중 정즉 모자 료언 흉중

不正則眸子眊焉 聽其言也觀其眸子 人焉廋哉
부정 즉 모자 모언 청기언야관기모자 인언수재

맹자는 아주 드물게 사람 보는 법(知人)을 이야기한다. 存의 의미를 먼저 살피고 맹자의 말을 들어보는 게 좋다. 存에는 우리가 흔히 쓰는 '있다', '존재하다', '보존하다' 외에 '살아 있다', '안부를 묻다', '위로하다', '문안하다(弔)', '보살피다', '살펴보다', '편안하다', '관장하다', '그리워하다', '가엽게 여기다', '향하다', '세우다', '도달하다' 등 참으로 많은 뜻이 있다. 여기서 存은 '살펴보다(省=觀)'는 뜻이다. 맹자의 말이다.

"사람을 살펴보는 것 중에 눈동자(眸子)(를 보는 것)만큼 좋은(良) 것은 없다. 눈동자는 그 사람의 나쁜 점(惡)을 숨기지 못한다. 마음이 바르면 눈동자는 밝고(瞭), 마음이 바르지 못하면 눈동자는 흐리다

〔眸〕. 그 사람이 하는 말을 가려서 듣고, 그 사람의 눈동자를 제대로
본다면 그 사람이 어찌 (자신의 본마음을) 숨기겠는가?"

　가장 직접적인 사람 보는 법〔知人〕을 설명하고 있다. 여기서 우리는
공자의 사람 보는 법〔觀人之法＝知人之鑑〕과 맹자의 그것을 잠깐 비교
해 볼 필요가 있다. 『논어』 '위정 10'을 보자.

　　공자는 말했다. "(사람을 알고 싶을 경우) 먼저 그 사람이 행하는
　　바를 잘 보고, 이어 그렇게 하는 까닭이나 이유를 잘 살피며, 그 사
　　람이 편안해하는 것을 꼼꼼히 들여다본다면 그 사람이 어찌 그 자
　　신을 숨기겠는가? 그 사람이 어찌 그 자신을 숨기겠는가?"

　한 개인의 사람됨을 면밀하게 살피는〔省其私〕 방법으로 세 가지를
제시하고 있다. 우리는 이 문제에 대해서 '공손추 장구 상(公孫丑章句
上)' 2장에서 자세히 살펴본 바 있다.

　'사람이 어찌 자신의 속마음을 숨길 수 있겠는가〔人焉瘦哉〕'라는 표
현까지 겹친다는 점에서 공자와 맹자의 사람 보는 법을 비교하기에 적
절한 구절이라 할 수 있다. 어느 쪽이 나은지는 독자들의 판단에 맡긴다.

16

맹자는 말했다. "공손한 마음을 가진 사람은 남을 업신여기지 않고 검박한 사람은 남의 것을 빼앗지 않는다. (따라서) 남을 업신여기고 남의 것을 빼앗는 임금은 오직 백성들이 자기에게 순종하지 않을까 봐만을 두려워한다. (이런 임금은 일시적으로 필요에 따라 공손하고 검소한 척할 수는 있지만) 어찌 진정으로 공손하고 검소할 수 있겠는가? 공손함과 검소함을 어찌 낮은 소리와 웃는 낯으로 꾸밀 수 있겠는가?"

孟子曰 恭者不侮人 儉者不奪人 侮奪人之君惟恐不順焉 惡得爲恭儉
맹자 왈 공자 불모 인 검자 불탈 인 모탈 인지 군 유공 불순 언 오 득 위 공검

恭儉豈可以聲音笑貌爲哉
공검 기 가이 성음 소모 위 재

🌸 역시 속마음과 겉으로 드러나는 모습의 관계를 이야기한다. 맹자의 말이다. "공손한 마음을 가진 사람[恭者]은 남을 업신여기지 않고, 검박한 사람[儉者]은 남의 것을 빼앗지 않는다. (따라서) 남을 업신여기고 남의 것을 빼앗는 임금은 오직 백성들이 자기에게 순종하지 않을까 봐만을 두려워한다. (이런 임금은 일시적으로 필요에 따라 공손하고 검소한 척할 수는 있지만) 어찌[惡] 진정으로 공손하고 검소할 수 있겠는가? 공손함과 검소함을 어찌[豈] 낮은 소리와 웃는 낯[聲音笑貌]으로 꾸밀 수 있겠는가?"

'聲音笑貌'는 巧言令色과 같은 뜻이다. 聲音은 결국 정교한 말솜씨

라 할 수 있다. 앞서 본 공자의 사람 보는 법에 따르면 겉으로 드러나

는 행동[所以=所爲]이 일시적으로 공손하고 검소해 보이더라도 그 연
　　　소이　소위

유[所由]를 살피고 그 편안해 하는 바[所安]까지 살필 경우 임금이 진
　소유　　　　　　　　　　　　소안

정으로 공손하고 검박[恭儉]한 사람인지 백성의 순종하지 않음만을
　　　　　　　　공검

두려워하는 사람인지 가려낼 수 있을 것이다.

17

(언변이 뛰어났던 제나라 사람) 순우곤(淳于髡)이 물었다. "남녀 간에 물건을 주고받으면서 손이 닿지 않도록 하는 것이 예(禮)입니까?"

맹자가 "예다"라고 하자 순우곤이 되물었다. "(그렇다면) 형수나 제수가 물에 빠졌을 때 손을 써서 구해주어야 합니까?"

이에 맹자는 다음과 같이 답했다. "형수나 제수가 물에 빠졌는데도 (손을 써서) 구해주지 않는다면 이는 승냥이나 이리와 다를 바 없다. 남녀 간에 물건을 주고받으면서 손이 닿지 않도록 하는 것은 예이고, 형수나 제수가 물에 빠졌을 때 손을 써서 구해주는 것은 권도이다."

순우곤이 물었다. "지금 천하 백성들이 물에 빠져 죽게 생겼는데 선생께서 구해주지 않은 이유는 무엇입니까?"

이에 맹자가 말했다. "천하 백성들이 도탄에 빠졌을 때는 선왕의 도리로써 그들을 구하고, 형수나 제수가 물에 빠졌을 때는 손으로 구하는 것이다. 그대는 지금 손으로 세상을 구하려 하는가?"

淳于髡曰 男女授受不親禮與
순우곤 왈 남녀 수수 불친 예 여

孟子曰 禮也
맹자 왈 예 야

曰 嫂溺則援之以手乎
왈 수 익 즉 원 지 이 수 호

(孟子)曰 嫂溺不援是豺狼也 男女授受不親禮也 嫂溺援之以手者權也
맹자 왈 수 익 불원 시 시랑 야 남녀 수수 불친 예야 수 익 원 지 이 수 자 권 야

曰 今天下溺矣夫子之不援何也
왈 금 천하 익 의 부자 지 불원 하 야

(孟子)曰 天下溺援之以道 嫂溺援之以手 子欲手援天下乎
맹자 왈 천하 익 원 지 이 도 수 익 원 지 이 수 자 욕 수 원 천하 호

(언변이 뛰어났던 제나라 사람) 순우곤(淳于髡)이 물었다. "남녀 간에 물건을 주고받으면서 손이 닿지 않도록〔不親〕하는 것이 예(禮)입니까?"

맹자가 "예다"라고 하자 순우곤이 되물었다. 여기서 그의 언변을 보게 된다. "(그렇다면) 형수나 제수〔嫂〕가 물에 빠졌을 때 손을 써서 구해주어야 합니까?" 일종의 유도성 질문이다. 이에 맹자는 다음과 같이 답했다. "형수나 제수가 물에 빠졌는데도 (손을 써서) 구해주지 않는다면 이는 승냥이나 이리와 다를 바 없다. 남녀 간에 물건을 주고받으면서 손이 닿지 않도록 하는 것은 예이고, 형수나 제수가 물에 빠졌을 때 손을 써서 구해주는 것은 권도〔權〕이다."

다시 순우곤의 유도 질문이 기다리고 있다. "지금 천하 백성들이 물에 빠져 죽게 생겼는데 선생께서 구해주지 않은 이유는 무엇입니까?"

이에 대한 주희의 풀이는 읽어둘 만하다. "지금 천하가 크게 혼란하여 백성들이 함정에 빠지고 물에 빠져 있으니 마땅히 권도를 따라 이들을 구해야 할 것이요, 선왕의 도만을 고집해서는 안 된다는 말이다."

이에 맹자는 다음과 같이 말한다. "천하 백성들이 도탄에 빠졌을 때는 선왕의 도리〔道〕로써 그들을 구하고, 형수나 제수가 물에 빠졌을 때는 손으로 구하는 것이다. 그대는 지금 손으로 세상을 구하려 하는가?"

다시 주희의 풀이다. "자신을 곧게 하고 도리를 지키는 것이 세상을

구제하는 것이니, 도리를 굽혀 남을 따르는 것은 다만 자신의 지조를 잃음이 됨을 말씀한 것이다."

이 장은 『논어』 '옹야 24'에 대한 맹자 식의 풀이라 할 수 있다. 여기서 공자에게 질문을 던지는 재아(宰我)는 공자의 제자로 순우곤과 마찬가지로 언변에 뛰어났으나 행실이 바르지 못해 공자의 미움을 받았던 사람이다.

재아가 물었다. "어진 사람은 비록 (누가 와서) 사람이 함정에 빠져 있다고 말해 주더라도 (두려워 말고 곧장) 따라 들어가야겠습니다."

공자는 말했다. "어찌 그렇게 하겠는가? 군자를 (함정까지) 가게 할 수는 있으나 빠지게 할 수는 없으며, 속일 수는 있으나 옭아 넣을 수는 없다."

문제의 인물인 재여(宰予), 즉 재아(宰我)다. 긴장하지 않을 수 없다. 그의 질문은 늘 예리하다기보다는 어딘가 비틀려 있고, 공자를 곤경에 빠트려보려는 의도를 담고 있다. 그 점은 여기서도 마찬가지다.

재아는 '위령공 8'에 등장하는 공자의 말을 듣고서 이 곤란한 질문을 해야겠다고 생각했을지도 모른다. 거기서 공자는 이렇게 말한다.

"뜻있는 선비〔志士〕와 어진 사람〔仁人〕은 목숨을 구걸하려고 어짊〔仁〕을 해치는 일이 없고, 몸을 죽여 어짊을 이루는 경우는 있다."

먼저 재아의 질문을 꼼꼼하게 살펴야 한다. 복잡하기도 하지만 교

묘한 유도성 질문이기 때문이다. "어진 사람〔仁者〕은 비록〔雖〕(누가 와서) 사람〔人〕이 함정〔井=穽=陷〕에 빠져 있다고 말해 주더라도〔告之〕(두려워하거나 도망치지 않고) 따라 들어가(구해)야겠습니다." 끝부분을 그냥 "들어가야 합니까?"라고 의문형으로 풀이하는 경우도 있으나 재아의 평소 성품을 본다면 유도하려는 의도가 담긴 종결형 의문문으로 번역하는 것이 더 나을 듯하다.

풀자면 "누가 와서 우물이나 함정에 사람이 빠져 있다고 한다면 살신성인(殺身成仁)의 정신으로 무장한 뜻있는 선비나 어진 사람은 곧장 달려가서 우물이나 함정 속으로 따라 들어가 곤경에 처한 사람을 구해줘야 하는 것 아닙니까?"라고 묻고 있다.

공자는 이미 재아의 질문 자체가 하나의 함정이라는 것을 간파하고 있다. 일단 "어찌〔何〕그렇게〔其然〕하겠는가〔爲~也〕?"라며 선을 긋는다. 그리고 대구와 대조를 주로 사용하는 전형적인 공자식 어법으로 간명하게 말한다. "군자를 (함정까지) 가게〔逝〕할 수는 있으나 빠지게〔陷〕할 수는 없으며 (이치가 닿는 말로 군자를 잠깐) 속일〔欺〕수는 있으나 (터무니없는 말로 군자를) 옭아 넣을〔罔〕수는 없다." 욕이 목구멍까지 올라왔지만 참고 있는 공자의 모습이 눈앞에 보이는 듯하다.

공자의 대답을 주희의 장인인 류면지(劉勉之)는 이렇게 풀이한다. "몸이 우물(함정) 곁에 있어야 우물 안에 빠진 사람을 구제할 수 있는 것이니, 만일 함께 우물로 따라 들어간다면 다시는 구제할 수 없는 것이다. 이 이치가 매우 명백하여 사람이 깨닫기 쉬우니, 인자(仁者)가 비록 사람을 구제하려는 마음이 간절하여 자기 몸을 돌보지 않으나 응당 이와 같이 어리석지는 않을 것이다."

'속인다'는 뜻은 같지만 欺가 말 그대로 '속이다'라면 罔은 '어처구
니없게 만들다'라는 뜻에 가깝다. 흔히 '옭아 넣다'라고 할 때의 속이
다가 罔이다.

18

공손추(公孫丑)가 물었다. "군자가 자식을 (직접) 가르치지 않는 것은 어떤 이유에서입니까?"

맹자가 말했다. "세(勢)가 행해지지 않기 때문이다. 가르친다는 것은 반드시 바름으로 행해야 한다. 그런데 바름으로 가르치는데도 (자식이 그 가르침을) 행하지 못하면 (부모는) 이어서 화를 내게 되고, (이처럼 부모가) 이어서 화를 내게 되면 도리어 (자식의 감정을) 상하게 된다. (자식이 생각하기를) '당신께서는 바름으로 저를 가르치면서 정작 당신께서는 바름에 입각해 행하지 않으시는가'라고 한다면 이는 아버지와 자식이 서로 (감정을) 상하게 하는 것이다. 아버지와 자식이 서로 (감정을) 상하면 그것은 나쁜 것이다. 옛날에 (군자들은) 자식을 서로 바꿔서 가르쳤다. 아버지와 자식 사이에는 좋은 쪽으로 이끌기 위해 나무라지 않는다. 그런 식으로 나무라다 보면 서로 멀어지게 되고 서로 멀어지게 되면 이보다 좋지 못한 일도 없다."

公孫丑曰 君子之不敎子何也
공손추 왈 군자 지 불 교 자 하 야

孟子曰 勢不行也 敎者必以正 以正不行繼之以怒 繼之以怒則反夷矣
맹자 왈 세 불행 야 교 자 필 이 정 이 정 불행 계 지 이 노 계 지 이 노 즉 반 이 의

夫子敎我以正 夫子未出於正也 則是父子相夷也 父子相夷則惡矣 古者易
부자 교 아 이 정 부자 미 출 어 정 야 즉 시 부자 상 이 야 부자 상 이 즉 악 의 고 자 역

子而敎之 父子之間不責善 責善則離離則不祥莫大焉
자 이 교 지 부자 지 간 불 책 선 책 선 즉 리 이 즉 불 상 막 대 언

공손추(公孫丑)가 물었다. "군자가 자식을 (직접) 가르치지 않는 것은 어떤 이유에서입니까?"

이에 맹자는 먼저 "세(勢)가 행해지지 않기(不行) 때문"이라고 말한다. 그런데 이게 무슨 말인가? 이는 勢不得已란 말과 같은 것이다. 즉 일의 형편(事勢)상 그럴 수가 없다는 것이다. 다시 말해 자식교육이라는 일의 성격상 직접 가르치는 것은 해서는 안 된다는 말이다. 그 이유를 맹자는 다음과 같이 말한다.

"가르친다(教)는 것(者)은 반드시 바름(正)으로 행해야 한다. 그런데 바름으로 가르치는데도 (자식이 그 가르침을) 행하지 못하면 (부모는) 이어서(繼之) 화를 내게 되고, (이처럼 부모가) 이어서 화를 내게 되면 도리어(反) (자식의 감정을) 상하게(夷=傷=痍) 된다. (자식이 생각하기를) '당신(夫子)께서는 바름으로 저를 가르치면서 정작 당신께서는 바름에 입각해 행하지 않으시는가'라고 한다면 이는 아버지와 자식이 서로 (감정을) 상하게 하는 것이다. 아버지와 자식이 서로 (감정을) 상하면 그것은 나쁜 것이다.

옛날에 (군자들은) 자식을 서로 바꿔서 가르쳤다. 아버지와 자식 사이에는 좋은 쪽으로 이끌기 위해 나무라지 않는다. 그런 식으로 나무라다 보면 서로 멀어지게 되고 서로 멀어지게 되면 이보다 좋지 못한(不祥) 일도 없다."

마지막 부분은 약간의 오해가 있을 수 있다. 책선(責善)은 보다 구체적인 행위에 한정된다. 주희는 책선을 벗들 간의 도리라고 본다. 부모와 자식 사이에 행해질 수 있는 도리가 아니라는 말이다. 주희가 인용한 왕면(王勉)의 풀이가 도움이 된다. "아버지에게 간하는 자식이 있다는 말은 무슨 뜻인가? 이른바 간(諫)한다는 것은 책선이 아니요, 의

롭지 못한 일〔不義〕을 당했을 때 간할 뿐이다. 그러면 아버지는 자식
에 대하여 어떻게 해야 하는가? (마찬가지로 자식이) 의롭지 못한 일을
당했을 때 그것을 경계할 뿐이다. (그 이상 개입할 경우 부모와 자식 사
이는 멀어진다.)"

이와 관련해서는 『논어』 '이인 18'과 '이인 26'의 본문을 읽어둘 필요
가 있다.

공자는 말했다. "부모를 섬기되 (부모의 잘못이 있을 때) 조심조심
간해야 하니, 부모의 뜻이 내 말을 따르지 않음을 보더라도 더욱 공경
하고 어기지 않으며, 수고로워도 원망하지 않아야 한다." ('이인 18')

자유는 말했다. "임금을 섬기면서 자주 간하면 욕을 당하게 되
고, 붕우 사이에 자주 충고를 하면 서로 소원해진다." ('이인 26')

19

맹자는 말했다. "누구를 섬기는 것이 가장 중요하겠는가? 부모를 섬기는 것이 가장 중요하다. 무엇을 지키는 것이 가장 중요하겠는가? 자신의 몸을 지키는 것이 가장 중요하다. 자기 자신(몸)을 잃지 않으면서 제대로 그 부모를 섬기는 사람에 대해서는 내가 들어본 바 있지만 자기 자신을 잃고서 제대로 그 부모를 섬기는 사람에 대해서는 내가 들어본 바 없다. 누군들 섬길 수 없겠냐만 부모를 섬기는 것이 모든 섬김의 근본이요, 무엇을 지킬 수 없겠냐만 자기 자신을 지키는 것이 모든 지킴의 근본이다. 증자가 아버지 증석(曾晳)을 봉양할 때 (밥상에) 반드시 술과 고기를 올렸다. 그리고 밥상을 물리려 할 때에는 반드시 (남은 음식을) 누구에게 줄 것인지를 청하였고, (증석이) 남은 것이 있느냐고 물으면 반드시 있다고 말했다. 증석이 세상을 떠나고 증원(曾元)이 아버지 증자를 봉양할 때 (밥상에) 반드시 술과 고기를 올렸다. 그리고 밥상을 물리려 할 때 누구에게 줄 것인지를 청하지 않았고, (증자가) 남은 것이 있느냐고 물으면 없다고 말했다. (이는) 남은 음식을 다음 밥상에 다시 올리기 때문에 그런 것이었다. 이것이 바로 (부모의) 입과 몸만을 봉양한다는 말이다. 증자처럼 해야만 부모의 뜻을 봉양한다고 할 수 있을 것이다. 부모 섬기기는 증자처럼 해야, 효도를 다했다고 할 수 있을 것이다."

孟子曰 事孰爲大 事親爲大 守孰爲大 守身爲大 不失其身而能事其親
맹자 왈 사 숙 위 대 사 친 위 대 수 숙 위 대 수 신 위 대 불 실 기 신 이 능 사 기 친

者吾聞之矣 失其身而能事其親者吾未之聞矣 孰不爲事 事親事之本也 孰
자 오 문 지 의 실 기 신 이 능 사 기 친 자 오 미 지 문 의 숙 불 위 사 사 친 사 지 본 야 숙

不爲守 守身守之本也 曾子養曾晳必有酒肉 將徹必請所與 問有餘必曰有
불위 수 수신수지본야 증자 양 증석 필유 주육 장철필청 소여 문유여필왈유

曾晳死曾元養曾子必有酒肉 將徹不請所與 問有餘曰亡矣 將以復進也 此
증석 사 증원 양 증자 필유 주육 장철불청 소여 문유여왈무 의 장이부진야 차

所謂養口體者也 若曾子則可謂養志也 事親若曾子者可也
소위 양구체 자야 약 증자 즉 가위 양지 야 사친 약 증자 자 가야

앞 장에 이어 아버지와 아들, 부모와 자식〔父子〕의 문제
가 다뤄진다. 맹자의 말이다.

"누구〔孰〕를 섬기는〔事〕 것이 가장 중요〔大〕하겠는가? 부모를 섬기
는 것〔事親〕이 가장 중요하다. 무엇을 지키는 것이 가장 중요하겠는가?
자신의 몸을 지키는 것〔守身〕이 가장 중요하다. 자기 자신(몸)을 잃지
않으면서 제대로 그 부모를 섬기는 사람에 대해서는 내가 들어본 바
있지만 자기 자신을 잃고서 제대로 그 부모를 섬기는 사람에 대해서
는 내가 들어본 바 없다. 누군들 섬길 수 없겠냐만 부모를 섬기는 것
이 모든 섬김의 근본이요, 무엇을 지킬 수 없겠냐만 자기 자신을 지키
는 것이 모든 지킴의 근본이다."

여기서 몸을 지킨다〔守身〕는 것은 몸을 닦는다〔修身〕와 같은 말이
다. 이 점을 제대로 보여주기 위해 맹자는 증자(曾子)의 사례를 든다.

"증자가 아버지 증석(曾晳)을 봉양할 때 (밥상에) 반드시 술과 고기
를 올렸다. 그리고 밥상을 물리려〔徹=撤〕 할 때에는 반드시 (남은 음식
을) 누구에게 줄 것인지를 청하였고, (증석이) 남은 것이 있느냐고 물
으면 반드시 있다고 말했다. 증석이 세상을 떠나고 증원(曾元)이 아버
지 증자를 봉양할 때 (밥상에) 반드시 술과 고기를 올렸다. 그리고 밥

상을 물리려 할 때 누구에게 줄 것인지를 청하지 않았고, (증자가) 남은 것이 있느냐고 물으면 없다고 말했다. (이는) 남은 음식을 다음 밥상에 다시 올리기 때문에 그런 것이었다. 이것이 바로 (부모의) 입과 몸〔口體〕만을 봉양한다는 말이다. 증자처럼 해야만 부모의 뜻을 봉양한다〔養志〕고 할 수 있을 것이다. 부모 섬기기는 증자처럼 해야, 효도를 다했다고 할 수 있을 것이다."

이와 관련해서는 『논어』 '위정 5~8'을 순차적으로 살펴볼 필요가 있다. 같은 효도〔孝〕라고 하더라도 어떻게 하느냐에 따라 효도의 차원과 깊이는 완전히 달라질 수 있기 때문이다.

맹의자가 효에 대해 묻자 공자는 말했다. "어기지 않는 것이다."

번지가 공자가 타는 수레를 몰고 있을 때였다. (이때 공자는 문득 맹의자와의 문답이 떠올랐다.) 그래서 공자가 일러 말하기를 "맹의자가 효를 묻길래 답하기를 '어기지 않는 것'이라고 했노라"고 한다.

번지가 다시 "어기지 않는다는 것은 무슨 뜻입니까"라고 묻자 공자는 말했다. "아버지 살아 계실 적에는 예로써 섬기고, 돌아가시면 예로써 장사 지내고, 예로써 제사를 지내는 것을 말한다." ('위정 5')

맹무백이 효에 관해 묻자 공자는 말했다. "부모는 오로지 자식이 병들면 어떻게 하나라는 것만을 걱정하신다." ('위정 6')

자유가 효에 관해 묻자 공자는 말했다. "오늘날의 효라는 것은 물질적으로 잘하는 것에만 그치고 있다. 개나 말도 모두 그런 정도는 챙길〔養〕 줄 안다. 봉양하는 데만 힘쓰고 공경하는 마음이 없다면

무엇으로써 (개나 말과) 구별하겠는가?" ('위정 7')

　자하가 효에 관해 묻자 공자는 이렇게 답한다. "얼굴빛을 온화하게 갖는 것이 어렵다. 힘든 일이 생겼을 때는 아랫사람(자식)이 그 수고로움을 떠맡아 하고, 술과 밥이 있으면 윗사람(부모)에게 잡수시도록 하는 것은 (너무나도 당연한 것인데) 일찍이 그것을 일러 효라고 할 수 있겠는가?" ('위정 8')

여기서 우리는 단계적으로 심화되는 효도의 모습을 볼 수 있다.

20

맹자는 말했다. "(인재 등용을 잘못해서 등용된) 사람들을 (임금과) 더불어 잘못했다고 충분히 지적할 수 없다. 오직 대인(大人)만이 임금의 잘못된 마음을 제대로 바로잡아줄 수 있다. (이렇게 해서) 임금이 어진 마음을 갖게 되면 (나라 안의 모든 사람이) 어질지 않을 수가 없고, 임금이 의로운 마음을 갖게 되면 (나라 안의 모든 사람이) 의롭지 않을 수가 없으며, 임금이 바른 마음을 갖게 되면 (나라 안의 모든 사람이) 바른 마음을 갖지 않을 수가 없다. 일단 임금을 바로잡게 되면 (나라 안의 모든 사람이 바른 마음을 갖게 됨으로써) 나라도 안정된다."

孟子曰 人不足與適也政不足間也 惟大人爲能格君心之非 君仁莫不仁
맹자 왈 인 부족 여 적 야 정 부족 간 야 유 대인 위 능 격 군 심 지 비 군 인 막 불인

君義莫不義君正莫不正 一正君而國定矣
군 의 막 불의 군 정 막 부정 일 정 군 이 국 정 의

맹자의 첫 번째 말을 그냥 풀이하면 대략 이렇다. '사람들을〔人〕더불어〔與〕잘못했다고 지적할〔適〕수 없고, 정사가 잘못되었다고 흠잡을〔間〕수 없다.' 不足은 '충분히 ~할 수 없다'는 뜻이다. 여기서 適과 間은 둘 다 '흠잡다', '잘못을 지적하다'는 뜻이다. 그러나 이렇게 옮겨가지고는 도대체 무슨 뜻인지 알 수가 없다.

일단 여기서 人은 관직에 등용된 小人으로 본다. 그러면 이렇게 풀수 있다. "(인재 등용을 잘못해서 등용된) 사람들을 (임금과) 더불어 잘

못했다고 충분히 지적할 수 없다." 즉 잘못된 인재등용에 대해 그 사람이나 임금을 지적하는 것만으로는 충분치 못하다는 것이다. 이유는 바로 다음에 나온다. 정치의 경우도 마찬가지다. 정치가 엉망이라고 해서 그 정치를 비판해 봐야 실은 아무 소용없다는 것이다. 그것은 원인진단이 잘못되었기 때문이다. 이어지는 맹자의 말은 바로 이 같은 인사정책과 정치의 실패에 대한 원인진단이다.

"오직 대인(大人)만이 임금의 잘못된 마음을 제대로[能] 바로잡아줄[格] 수 있다. (이렇게 해서) 임금이 어진 마음을 갖게 되면 (나라 안의 모든 사람이) 어질지 않을 수가 없고, 임금이 의로운 마음을 갖게 되면 (나라 안의 모든 사람이) 의롭지 않을 수가 없으며, 임금이 바른 마음을 갖게 되면 (나라 안의 모든 사람이) 바른 마음을 갖지 않을 수가 없다. 일단 임금을 바로잡게[正=格] 되면 (나라 안의 모든 사람이 바른 마음을 갖게 됨으로써) 나라도 안정된다."

이 장을 풀이하는 관건은 대인이다. 그러면 도대체 대인은 누구인가? 주희는 "대인은 큰 다움을 가진 사람으로 자기 몸을 바르게 함으로써 남들도 바르게 만들어주는 자"라고 풀이한다. 문맥으로 보자면 임금의 잘못을 바로잡을 용기와 식견을 가진 다움을 갖춘 고위급 신하[大臣]로 보아도 무방하다.

21

맹자는 말했다. "(사람이 살아가다 보면) 전혀 예상치 못한 칭찬을 받는 일도 있고, 최선을 다하려다가 오히려 비방을 받는 일도 있다."

孟子曰 有不虞之譽有求全之毁
맹자 왈 유 불우지예 유 구전지훼

맹자는 말했다. "(사람이 살아가다 보면) 전혀 예상치 못한 칭찬을 받는 일도 있고, 최선을 다하려다가 오히려 비방을 받는 일도 있다." 虞는 '헤아리다', '염려하다'는 뜻으로 不虞는 '예기치 못한'이라고 풀 수 있다.

말 자체를 이해하기 어려운 것은 아니다. 오히려 왜 이 문맥에서 이 말이 등장하느냐가 중요하다. 주희의 풀이는 결정적인 도움을 준다. "비방이나 칭찬이 반드시 다 진실된 것은 아니다. 몸을 닦는 자〔修己者〕는 비방이나 칭찬〔毁譽〕으로써 너무 쉽게 근심하거나 기뻐해서는 안 될 것이요, 사람을 관찰하는 자〔觀人者〕는 비방이나 칭찬〔毁譽〕으로써 너무 쉽게 남을 높이 평가하거나 물리쳐서는 안 된다는 것을 말씀한 것이다."

22

맹자는 말했다. "사람들이 말을 너무 쉽게 함부로 하는 것은 책임과 관련된 꾸짖음을 받아보지 않았기 때문이다."

孟子曰 人之易其言也無責耳矣
맹자 왈 인 지 이 기 언 야 무 책 이 의

맹자는 말했다. "사람들이 말을 너무 쉽게〔易〕 함부로 하는 것은 책임과 관련된 꾸짖음을 받아보지 않았기 때문이다."

지금 맹자는 주변에서 사람들이 흔히 저지르는 병폐를 짤막짤막하게 열거한다. 이것도 그중 하나로 보면 된다.

23

맹자는 말했다. "사람들의 병폐는 다른 사람들의 스승이 되기를 좋아하는 데 있다."

孟子曰 人之患在好爲人師
맹자 왈 인 지 환 재 호 위 인 사

맹자는 말했다. "사람들의 병폐(患)는 다른 사람들의 스승(師)이 되기(爲)를 좋아하는 데(好) 있다."

주희는 왕면(王勉)의 풀이를 인용한다. "학문이 뛰어나 남들이 자기에게 물어오거든 부득이하여 응하는 것은 가능하지만, 만일 남의 스승이 되기를 좋아한다면 스스로 만족하게 여겨 다시는 진전이 없을 것이니, 이것이 바로 사람들의 큰 병통이다."

24

(맹자의 제자) 악정자(樂正子)가 (제나라 대부인) 왕환(王驩)을 따라 제나라에 갔다. 이때 악정자가 (당시 제나라에 머물고 있던) 맹자를 찾아뵙자 맹자는 이렇게 말했다. "자네도 나를 찾아올 줄 아는가?"

악정자가 "스승님께서는 어찌 이런 말씀을 하십니까?"라고 되묻자 맹자는 이렇게 말했다. "자네가 이곳에 온 지 며칠이나 되었는가?"

악정자가 "어제 왔습니다"고 답하자 맹자는 "어제라면 내가 이런 말을 하는 것도 당연하지 않은가?"라고 말했다. 악정자가 "머물 숙소를 정하지 못해 늦었습니다"라고 답하자 맹자는 "그대는 머물 숙소를 정한 후에 웃어른을 찾아뵙는다고 들었는가?"라고 말했다.

악정자는 말했다. "제가 (스승님께) 죄를 지었습니다."

樂正子從於子敖之齊 樂正子見孟子
악정자 종 어 자오 지 제 악정자 현 맹자

孟子曰 子亦來見我乎
맹자 왈 자 역 래 현 아 호

曰 先生何爲出此言也
왈 선생 하위 출차 언 야

(孟子)曰 子來幾日矣
맹자 왈 자 래 기일 의

曰 昔者
왈 석자

(孟子)曰 昔者則我出此言也 不亦宜乎
맹자 왈 석자 즉 아 출차 언 야 불역 의 호

曰 舍館未定
왈 사관 미정

(孟子)曰 子聞之也 舍館定然後求見長者乎
맹자 왈 자 문 지 야 사관 정 연후 구 현 장자 호

曰 克有罪
왈 극 유죄

🍃　　　(맹자의 제자) 악정자(樂正子)가 (제나라 대부인) 왕환(王
驩-子敖)을 따라 제나라에 갔다〔之〕. 이때 악정자가 (당시 제나라에
머물고 있던) 맹자를 찾아뵙자〔見〕 맹자는 이렇게 말한다. "자네도 나
를 찾아올 줄 아는가?" 뭔가 비꼬는 듯한 어조다. 이때 왕환은 사신이
되어 노나라를 방문하고 제나라로 돌아왔다.

　　맹자의 말에 당황한 악정자가 "스승님〔先生〕께서는 어찌 이런 말씀
을 하십니까?"라고 되묻자 맹자는 이렇게 말한다. "자네가 이곳에 온
지 며칠이나 되었는가?" 이에 악정자가 "어제〔昔者=前日〕 왔습니다"고
답하자 맹자는 "어제라면 내가 이런 말을 하는 것도 당연하지〔宜〕 않
은가?"라고 면박을 주듯 말한다. 다시 악정자가 "머물 숙소〔舍館〕를
정하지 못해 늦었습니다"라고 답하자 맹자는 "그대는 머물 숙소를 정
한 후에 웃어른〔長者〕을 찾아뵙는다고 들었는가?"라고 말했다. 악정
자는 그때서야 자신의 잘못을 인정하고 "제〔克〕가 (스승님께) 죄를 지
었습니다"고 말했다.

　　그러나 여기서는 맹자가 단순히 숙소를 정하기 전에 자신을 찾아오
지 않은 것으로 악정자를 야단치고 있는 것 같지는 않다. 주희의 풀이
다. "왕환은 맹자가 더불어 말씀하시지 않는 자이니 그것으로써 그의
사람됨을 알 수 있다. 그런데 악정자가 그를 따라왔으니 몸의 지조를
잃은 죄가 크며, 또 일찍 웃어른을 찾아뵙지 않았으니 그 죄가 또한
심하다." 다만 악정자가 늦게라도 잘못을 인정한 점은 높이 평가할 만

하다. 과즉물탄개(過則勿憚改)의 사례라 할 수 있다. 악정자의 이야기
는 다음 장에도 이어진다. 그것을 보면 왜 맹자가 화를 냈는지 그 진
짜 이유를 알 수 있다.

25

맹자가 악정자에게 말했다. "그대가 자오(子敖)를 따라 (제나라에)
온 것은 단지 잘 먹고 마시기 위함이다. 나는 그대가 옛 도리를 배우고
서 (그것을) 먹고 마시는 데 쓰리라고는 생각지도 못했네."

孟子謂樂正子曰 子之從於子敖來徒餔啜也 我不意子學古之道而以
맹자 위 악정자 왈　자 지 종 어 자오 래 도 포철 야　아 불의 자 학 고지도 이 이

餔啜也
포철 야

🌱　　　내용이 앞 장에 이어진다. 맹자가 악정자에게 말한다.
"그대가 자오(子敖)를 따라 (제나라에) 온 것은 단지(徒) 잘 먹고 마시
기 위함이다. 나는 그대가 옛 도리를 배우고서 (그것을) 먹고 마시는
데 쓰리라고(以=用)는 생각(意)지도 못했네." 餔는 '새참을 먹다', 啜은
'마시다', '맛보다'는 뜻이다. 앞 장에서 맹자가 유난스러울 만큼 엄격하
게 악정자를 꾸짖은 이유는 바로 이것이었다.

26

맹자는 말했다. "불효(不孝)에는 세 가지가 있다. (그중에서) 후손이 없는 것이 가장 큰 불효다. 순임금이 (부모에게 고하지도 않고서) 요임금의 딸들을 아내로 맞아들인 것은 후손이 없을까 봐 두려워해서였다. 그래서 군자들은 '이는 부모에게 고한 것이나 마찬가지'라고 했던 것이다."

孟子曰 不孝有三 無後爲大 舜不告而娶爲無後也 君子以爲猶告也
맹자 왈 불효 유삼 무후 위 대 순 불고 이 취 위 무후 야 군자 이위 유 고 야

맹자는 주제를 바꿔 효도에 대해 이야기한다. 효에 관한 이야기는 28장까지 계속 이어진다.

"불효(不孝)에는 세 가지가 있다. (그중에서) 후손이 없는 것(無後)이 가장 큰 불효다. 순임금이 (부모에게 고하지도 않고서) 요임금의 딸들을 아내로 맞아들인 것은 후손이 없을까 봐 두려워해서였다. 그래서 군자들은 '이는 부모에게 고한 것이나 마찬가지(猶告)'라고 했던 것이다."

이에 대해서는 약간의 보충풀이가 필요하다. 먼저 주희는 세 가지 불효에 대해 조기(趙岐)의 풀이를 인용한다. "예법(禮)에 따르면 불효에는 세 가지가 있다. 부모의 뜻에 아첨하고 곡진히 따르기만 해서 어버이를 의롭지 못한 일(不義)에 빠뜨림이 첫째요, 집이 가난하고 어버

이가 늙었는데도 녹봉(祿)을 받기 위한 벼슬을 하지 않음이 둘째요, 장가들지 않아 자식이 없어서 조상(先祖)의 제사를 끊음이 셋째이니, 이 세 가지 중에서 후손이 없는 것(無後)이 가장 큰 불효다."

그리고 주희는 순임금이 부모에게 아뢰지 않은 행위의 정당성 여부에 대해서는 이렇게 풀이한다. "순임금이 부모에게 고했으면 장가들 수 없어 자식이 없는 것(無後)으로 끝났을 것이다. 따라서 고하는 것은 예(禮)요, 고하지 않은 것은 권도(權)이다. 저울질하여(權道를 행하여) 중도(中道)에 맞으면 바른 길(正道)에서 벗어나지 않는다."

범조우의 풀이도 도움이 된다. "천하의 도리(道)에는 바른 길(正道)과 권도가 있으니, 바른 길은 만세의 떳떳함이요, 권도는 일시의 운용이다. 상도(常道=正道=經道)는 사람들이 다 지킬 수 있으나 권도는 도리(道)를 몸에 체화하여 행할 줄 아는 사람이 아니면 쓰지 못한다. 권도는 부득이한 데서 나오는 것이니 만일 아버지가 (순임금의 아버지인) 고수(瞽瞍)처럼 나쁜 아버지가 아니요, 아들이 순임금처럼 큰 효자(大孝)가 아니면서 고하지 않고서 장가들려 한다면 천하의 죄인이 된다."

27

맹자는 말했다. "인(仁)의 핵심은 어버이를 섬기는 것, 이것이요, 의 (義)의 핵심은 형(이나 윗사람)을 순종하여 따르는 것, 이것이요, 지 (智=知)의 핵심은 어버이 섬기는 것과 윗사람을 따르는 것 두 가지를 잘 알아서 거기서 벗어나지 않는 것, 이것이요, 예(禮)의 핵심은 그 두 가지를 절도에 맞게 애써가며 행하는 것, 이것이요, 음악의 핵심은 이 두 가지를 즐거워하는 것이다. 즐거워하면 (절로 그런 마음이) 생겨날 것이니, 생겨난다면 어찌 (그런 행실을) 그만두겠는가? 그만둘 수 없는 지경에까지 이르게 된다면 자신도 모르게 발을 구르고 손으로 춤을 추게 될 것이다."

孟子曰 仁之實事親是也 義之實從兄是也 智之實知斯二者弗去是也
맹자 왈 인 지 실 사친 시 야 의 지 실 종형 시 야 지 지 실 지 사 이자 불 거 시 야

禮之實節文斯二者是也 樂之實樂斯二者 樂則生矣 生則惡可已也 惡可已
예 지 실 절 문 사 이자 시 야 악 지 실 낙 사 이자 낙 즉 생 의 생 즉 오 가 이 야 오 가 이

則不知足之蹈之手之舞之
즉 부지 족 지 도 지 수 지 무 지

맹자는 여기서 인의예지(仁義禮智) 그리고 음악〔樂〕의 본질〔實〕에 관해 간략한 통찰을 제시한다.

"인(仁)의 핵심은 어버이를 섬기는 것, 이것이요, 의(義)의 핵심은 형 (이나 윗사람)을 순종하여 따르는 것, 이것이요, 지(智=知)의 핵심은 어버이 섬기는 것〔事親〕과 윗사람을 따르는 것〔從兄〕 두 가지를 잘 알아

서 거기서 벗어나지 않는 것, 이것이요, 예(禮)의 핵심은 그 두 가지를 절도에 맞게〔節〕애써가며〔文〕행하는 것, 이것이요, 음악〔樂〕의 핵심은 이 두 가지를 즐거워하는〔樂=安〕것이다. 즐거워하면 (절로 그런 마음이) 생겨날 것이니, 생겨난다면 어찌〔惡〕(그런 행실을) 그만두겠는가? 그만둘 수 없는 지경에까지 이르게 된다면 자신도 모르게〔不知〕발을 구르고 손으로 춤을 추게 될 것이다."

특별한 풀이는 필요 없다. 어버이를 잘 모시는 것과 윗사람을 공경하여 잘 따르는 것이 모든 도리〔道〕의 근원임을 강조하고 있다.

맹자는 말했다. "천하의 사람들이 크게 기뻐하며 장차 자신에게 돌아오려 하는데, 천하 사람들이 기뻐하여 자신에게 돌아오는 것을 마치 지푸라기 보듯 한 것은 오직 한 사람, 순임금만이 그리하셨다. (순임금은) 어버이의 마음에 들지 못하면 사람이라고 할 수 없고, 어버이의 뜻을 순종하여 따르지 못하면 자식이라고 할 수 없다(고 생각했다). 순임금이 어버이를 모시는 도리를 다하자 마침내 (아들 학대를 일삼던) 고수(瞽瞍)도 기뻐하지 않을 수 없게 되었다. 고수가 마침내 (아들 순임금의 효도에 감복하여) 기뻐하게 되자 천하의 풍속도 좋은 쪽으로 바뀌었고, 고수도 마침내 기뻐하게 되자 천하에 부자간의 도리도 확립되었으니 이 것을 일러 큰 효자라고 하는 것이다."

孟子曰 天下大悅而將歸己 視天下悅而歸己猶草芥也 惟舜爲然 不得乎
맹자 왈 천하 대열 이 장 귀기 시 천하 열 이 귀기 유 초개 야 유 순위연 부득 호

親不可以爲人 不順乎親不可以爲子 舜盡事親之道而瞽瞍底豫 瞽瞍底豫
친 불가이 위 인 불순 호 친 불가이 위 자 순진 사친지도 이 고수 저 예 고수 저 예

而天下化 瞽瞍底豫而天下之爲父子者定 此之謂大孝
이 천하 화 고수 저 예 이 천하 지 위 부자 자정 차 지 위 대효

순임금의 효심[孝]에 대한 맹자의 찬사로 '이루 장구 상(離婁章句上)'은 끝을 맺는다.

"천하의 사람들이 크게 기뻐하며 장차 자신에게 돌아오려 하는데, 천하 사람들이 기뻐하여 자신에게 돌아오는 것을 마치 지푸라기

〔草芥〕 보듯 한 것은 오직 한 사람, 순임금만이 그리하셨다. (순임금은) 어버이〔親〕의 마음에 들지 못하면 사람이라고 할 수 없고, 어버이의 뜻을 순종하여 따르지 못하면 자식이라고 할 수 없다(고 생각했다).

순임금이 어버이를 모시는 도리를 다하자 마침내〔底〕 (아들 학대를 일삼던) 고수(瞽瞍)도 기뻐하지 않을 수 없게 되었다. 고수가 마침내 (아들 순임금의 효도에 감복하여) 기뻐하게 되자 천하의 풍속도 좋은 쪽으로 바뀌었고, 고수도 마침내 기뻐하게 되자 천하에 부자간의 도리도 확립되었으니 이것을 일러 큰 효자〔大孝〕라고 하는 것이다."

큰 효자〔大孝〕에는 자기 자신의 효에 그치지 않고 온 천하의 자식들에게도 영향을 주어 효도의 길로 이끌었다는 뜻이 포함돼 있다. 사서(四書)의 문맥에서는 흔히 요임금을 빼어난 이〔聖人〕, 순임금을 큰 효자〔大孝〕라고 한다. 이와 관련된 내용은 『논어』에는 없지만 『중용』 제17장에 공자의 언급으로 나온다.

공자는 말했다. "순임금은 아마도 큰 효심을 가졌던 분이라 할 수 있을 것이다. (임금)다움은 빼어난 이〔聖人〕의 경지에 올랐고, 그 존귀함은 천자(天子)에 이르렀으며, 그 부는 사해(四海) 안의 모든 것을 소유하여 (죽은 뒤에는) 종묘의 제사를 받았고 자손들도 그 제사를 대대로 이어갈 수 있었다. 바로 그렇기 때문에 (순임금처럼) 큰 다움을 닦으면 반드시 그에 어울리는 지위를 얻을 것이고, 반드시 그에 어울리는 작록(爵祿)을 얻을 것이며, 반드시 그에 어울리는 이름을 얻고, 반드시 그에 어울리는 수명을 얻는다. 또 바로 그렇기 때문에 하늘이 사물이나 사람을 낼 때는 반드시 그 바탕과 재질에 맞춰 돈독하게 해준다. 그래서 (하늘은) 심은 것을 (잘 자라도록) 북돋

위주고, 기울어진 것은 엎어버린다. 『시경』에 이르기를 '아름답고 화락한 군자여! 그 훌륭한 다움이 빛나게 드러나는도다! 백성들에게 화순하게 하고 관리들에게도 화순하게 하는구나. 작록은 하늘로부터 받거늘 하늘이 돕고 도와서 명(命)을 내리고 하늘로부터 거듭 돌봄을 받는구나!'라고 하였다. 그래서 큰 다움을 쌓는 사람은 반드시 (하늘로부터) 명을 받게 된다."

이루 장구 하

離婁章句下

맨 위에 세로선 아이콘

맹자는 말했다. "순임금은 제풍(諸馮)에서 나시고 부하(負夏)로 옮기셨다가 명조(鳴條)에서 흥하셨으니 동이(東夷) 사람이셨다. 문왕은 기주(岐周)에서 나시고 필영(畢郢)에서 흥하셨으니 서쪽 오랑캐 사람이셨다. (두 임금이 나고 살았던) 지역은 서로 천 리도 넘게 떨어져 있고, 문왕이 순임금보다 시대적으로 뒤에 있는 것도 천 년이 넘는다. (그러나) 뜻을 이루어 중국에 (어진 정치를) 행함을 보면 두 사람은 마치 부절(符節)을 합친 것처럼 딱 들어맞는다. 옛날의 빼어난 사람〔聖人〕이나 그보다 후대의 빼어난 사람이나 그 헤아리는 바는 똑같았다."

孟子曰 舜生於諸馮遷於負夏卒於鳴條東夷之人也 文王生於岐周卒於
맹자 왈 순 생 어 제풍 천 어 부하 졸 어 명조 동이 지 인 야 문왕 생 어 기주 졸 어

畢郢西夷之人也 地之相去也千有餘里 世之相後也千有餘歲 得志行乎
필영 서이 지 인 야 지 지 상거 야 천 유 여 리 세 지 상후 야 천 유 여 세 득지 행 호

中國若合符節 先聖後聖其揆一也
중국 약 합 부절 선성 후성 기 규 일 야

꽃 아이콘　맹자는 여기서 순(舜) 임금과 주나라 문왕(文王)을 비교한다. 맹자는 먼저 순임금의 탄생과 이력 그리고 죽음을 다음과 같이 간략하게 요약한다.

"순임금은 제풍(諸馮)에서 나시고 부하(負夏)로 옮기셨다가 명조(鳴條)에서 흥하셨으니 동이(東夷) 사람이셨다." 주희는 제풍, 부하, 명조 모두 지명으로 동방의 이복(夷服) 땅에 있다고 보았다. 이복이란 오랑

캐가 사는 지역을 말한다. 고대에는 구복(九服)이나 오복(五服)의 제도가 있었다. 성백효는 『주례』에 나오는 구복의 제도를 다음과 같이 풀이했다. "구복의 나라를 구별함에 天子의 직할구역인 사방 천 리를 王畿라 하고, 그다음의 500리를 侯服, 그다음의 500리를 甸服, 그다음을 男服, 그다음을 采服, 그다음을 衛服, 그다음을 蠻服, 그다음을 夷服, 그다음을 鎭服, 그 다음을 藩服이라 한다." 이에 따르면 순임금은 동쪽 오랑캐〔東夷〕중에서도 아주 떨어진 곳 출신이었다는 뜻이다.

이어 맹자는 문왕에 대해 다음과 같이 요약한다. "문왕은 기주(岐周)에서 나시고 필영(畢郢)에서 훙하셨으니 서쪽 오랑캐〔西夷〕사람이셨다."

이에 대한 주희의 풀이를 보자. "기주는 기산(岐山) 아래에 있는 주나라의 옛 도읍이니 견이(畎夷=犬夷=西戎)와 가깝다. 필영은 풍(豐)과 호(鎬-주나라 무왕이 도읍으로 정한 곳)에 가까우니 지금 문왕의 묘가 이곳에 있다." 호경(鎬京)은 중국 산시 성(陝西省) 창안 현(長安縣) 남서부에 있었으며 지금도 유적이 남아 있다. 서주(西周)의 무왕(武王)이 도읍하여 동천할 때까지 왕도(王都)였으며 지금의 시안(西安) 근처다. 이제 맹자는 이처럼 순임금과 문왕은 각각 동쪽과 서쪽 끝에서 났음에도 불구하고 두 임금이 정치하는 도리는 일치했음을 강조한다.

"(두 임금이 나고 살았던) 지역은 서로 천 리도 넘게 떨어져 있고, 문왕이 순임금보다 시대적으로 뒤에 있는 것도 천 년이 넘는다. (그러나) 뜻을 이루어〔得志〕중국에 (어진 정치〔仁政〕를) 행함을 보면 두 사람은 마치 부절(符節)을 합친 것처럼 딱 들어맞는다. 옛날의 빼어난 사람〔聖人〕이나 그보다 후대의 빼어난 사람이나 그 헤아리는 바〔揆=道〕는 똑같았다."

별도의 풀이가 필요 없을 만큼 내용이 명확하다. 바른 이치에는 지역과 시대의 구별〔東西古今〕이 따로 있을 수 없다는 말이다.
동서고금

2

　자산(子産)이 정(鄭) 나라의 정사를 책임지고 있을 때 자신이 타고 다니는 수레로 진수(溱水)와 유수(洧水)에서 사람들을 건너게 해주었다.

　맹자는 말했다. "(자산은) 은혜로운 사람이기는 하지만 정치하는 도리는 알지 못했다. (해마다) 11월에는 사람들이 건너다닐 수 있는 도보용 작은 다리를 놓아주고, 12월에는 수레용 큰 다리를 놓아주면 백성들은 강 건너는 일을 걱정하지 않을 것이다. 군자가 정치를 공평무사하게 잘한다면 자신이 행차할 때 백성들을 피해 있도록 하는 것도 전혀 문제될 바 없다. 어떻게 사람 사람마다 건건이 자신의 수레로 건너게 해줄 수 있단 말인가? 따라서 위정자가 매 사람마다 기쁘게 해주려 한다면 매일매일 그 일만 하여도 시간이 모자랄 것이다."

　　　子産 聽鄭國之政以其乘輿濟人於溱洧
　　　자산 청 정국 지정 이 기 승여 제 인 어 진 유

　　　孟子曰 惠而不知爲政 歲十一月徒杠成 十二月輿梁成 民未病涉也 君子
　　　맹자 왈 혜 이 부지 위정 세 십일월 도강 성 십이월 여량 성 민 미 병 섭 야 군자

　平其政行辟人可也 焉得人人而濟之 故爲政者每人而悅之日亦不足矣
　평 기 정 행 벽 인 가 야 언 득 인인 이 제 지 고 위정자 매인 이 열 지 일 역 부족 의

　　🌸　　자산(子產)은 공자가 살았던 춘추시대 정(鄭) 나라의 대부 공손교(公孫僑)로 『논어』에 등장하는 인물이다. 『논어』 '공야장 15'를 먼저 보고 나면 이 장은 그것에 대한 맹자 식의 풀이임을 확인하게 된다.

공자는 자산을 이렇게 평했다. "(그가 보여준) 군자의 도는 네 가지다. 첫째는 몸가짐이 공손했고, 둘째는 윗사람을 섬김에 삼감을 잃지 않았으며, 셋째는 백성을 기름에 은혜를 베풀었고, 넷째는 백성을 부림에 의리(義)를 지켰다."

공손교는 관맹상제(寬猛相濟), 즉 관대한 정책과 엄벌주의를 병행하여 국가를 일신시킨 인물로 역사에 그려진다. 이런 공손교에 대해 공자는 간접적인 평을 하고 있다. 군자의 도에는 네 가지가 있는데 먼저 몸가짐[行己]이 공손해야 하고, 둘째는 윗사람을 섬기는 데〔事上〕삼감을 잃지 않아야 하며, 셋째는 백성을 기름에〔養民〕은혜로움으로 해야 하고, 넷째는 백성을 부림에〔使民〕의(義)로써 해야 한다. 공손교는 바로 이 네 가지를 갖춘 군자(君子)에 가까운 인물이었다는 것이다.

공손교에 대해서는 이런 저런 평이 가능하겠지만 엄밀하게 보아서 몸가짐, 섬김, 기름, 부림 등만 놓고 본다면 분명 군자의 도에 가까웠다고 할 수 있다는 말이다. 자산의 일화는 '헌문 10'에서도 볼 수 있다.

어떤 사람이 자산의 사람됨에 관해 묻자 공자는 말했다. "은혜를 베풀 줄 아는 사람이다."

넷 중에서 惠를 설명하고 있다. 이를 통해 우리는 일단 핵심이 자산이란 인물과 惠의 문제임을 알 수 있다.

여기서도 먼저 자산이 정나라의 정사를 책임지고〔聽=聽斷=聽政〕
있을 때 자신이 타고 다니는 수레로 진수(溱水)와 유수(洧水)에서 사람들을 건너게 해준 일화를 소개한 다음 그것에 대한 맹자의 평가가
나온다.

"(자산은) 은혜로운 사람이기는 하지만 정치하는 도리〔爲政〕는 알지
못했다. (해마다) 11월에는 사람들이 건너다닐 수 있는 도보용 작은 다
리〔徒杠〕를 놓아주고, 12월에는 수레용 큰 다리〔輿梁〕를 놓아주면 백
성들은 강 건너는 일을 걱정하지 않을 것이다."

주희의 지적대로 "은혜〔惠〕는 사사로운 은혜와 작은 이익을 뜻하고,
정사〔政〕는 공평 정대한 체통과 기강, 법도의 베풂을 의미한다." 스케
일이 작았다는 말이다. 공자는 그래도 긍정적인 평을 한 데 반해 맹자
의 평가는 냉정하다. 맹자의 결론이 이어진다.

"군자가 정치를 공평무사하게 잘한다면 자신이 행차할 때 백성들을
피해 있도록 하는 것〔辟=辟除〕도 전혀 문제될 바 없다. 어떻게 사람
사람마다 건건이 자신의 수레로 건너게 해줄 수 있단 말인가? 따라서
위정자가 매 사람마다 기쁘게 해주려 한다면 매일매일 그 일만 하여
도 시간이 모자랄 것이다."

자산의 뜻 자체가 잘못된 것은 아니지만 공직(公職)의 도리가 될 수
는 없다는 말이다. 공자의 뜻은 무엇이었고, 또 맹자의 뜻은 무엇인지
깊게 생각해 볼 필요가 있는 장이다.

3

맹자가 제(齊) 나라 선왕(宣王)에게 아뢰었다. "임금이 신하를 손과 발처럼 여기면 신하는 임금을 배와 심장처럼 여길 것이고, 임금이 신하를 개나 말처럼 여기면 신하는 임금을 길거리에서 오다가다 만난 사람처럼 여길 것이고, 임금이 신하를 (마구 짓밟을 수 있는) 흙이나 지푸라기처럼 여기면 신하는 임금을 원수처럼 여길 것입니다."

선왕이 물었다. "예법에 따르면 죽은 임금을 위해 (관직을 떠난 신하들까지도) 상복을 입는다고 했다. (내가) 어떻게 해야 (관직을 떠난) 신하들이 이런 상복을 입겠는가?"

맹자가 말했다. "(첫째) 어떤 신하가 간(諫)하면 그것이 행해지고 좋은 말을 하면 임금이 그것을 듣고 받아들여 그 은택이 저 아래 백성들에게까지 미치고, (둘째) 무슨 문제가 생겨 그 나라를 떠나게 되면 임금이 사람을 시켜 그가 국경 밖으로 잘 나갈 수 있도록 인도하고 또한 (잘 정착할 수 있도록) 그가 가는 곳에 먼저 기별하며, (셋째) 나라를 떠난 지 삼 년이 되어도 돌아오지 않은 후에야 그에게 내려주었던 땅과 집을 회수한다고 했습니다. 이를 일러 (임금이 신하를 대하는) 세 가지 예(禮)가 있다고 하는 것입니다. 신하에게 이렇게 대한다면 그 신하는 옛 임금을 위해 상복을 입을 것입니다. 지금은 (첫째, 당신의) 신하가 되어 간해도 그것이 행해지지 않고 좋은 말을 해도 그것을 듣고 받아들여주지 않아 백성들에게는 아무런 은택이 미치지 못하고, (둘째) 무슨 문제가 생겨 그 나라를 떠나려 하면 임금은 그를 잡아 가두고 (혹시라도 어렵사리 국경을 빠져나가더라도) 그가 간 곳까지 따라가서 못살게 굴고, (셋째) 그가 떠나는 날 그 즉시 땅과 집을 환수하니 이를 일러 원수라고 하는 것입니다. (그 사람이) 원수를 위해 어떻게 상복을 입는 일이 있겠습니까?"

孟子告齊宣王曰 君之視臣如手足則臣視君如腹心 君之視臣如犬馬則
맹자 고 제 선왕 왈 군 지 시 신 여 수족 즉 신 시 군 여 복심 군 지 시 신 여 견마 즉

臣視君如國人 君之視臣如土芥則臣視君如寇讎
신 시 군 여 국인 군 지 시 신 여 토개 즉 신 시 군 여 구수

王曰 禮爲舊君有服 何如斯可爲服矣
왕 왈 예 위 구군 유복 하여 사 가위 복 의

(孟子)曰 諫行言聽膏澤下於民 有故而去則君使人道(導)之出疆 又先
맹자 왈 간 행 언 청 고택 하 어 민 유고 이 거 즉 군 사 인 도 도 지 출강 우 선

於其所往 去三年不反然後收其田里 此之謂三有禮焉 如此則爲之服矣 今
어 기 소왕 거 삼년 불 반 연후 수 기 전리 차 지 위 삼 유 례언 여차 즉 위 지 복 의 금

也爲臣 諫則不行 言則不聽 膏澤不下於民 有故而去則君搏執之 又極之
야 위 신 간 즉 불행 언 즉 불청 고택 불 하 어 민 유고 이 거 즉 군 박 집 지 우 극 지

於其所往 去之日遂收其田里 此之謂寇讎 寇讎何服之有
어 기 소왕 거 지 일 수 수 기 전리 차 지 위 구수 구수 하 복 지 유

맹자가 제(齊) 나라 선왕(宣王)에게 아뢰었다. "임금이 신하를 손과 발〔手足〕처럼 여기면 신하는 임금을 배와 심장〔腹心〕처럼 여길 것이고, 임금이 신하를 개나 말처럼 여기면 신하는 임금을 길거리에서 오다가다 만난 사람〔國人=路人〕처럼 여길 것이고, 임금이 신하를 (마구 짓밟을 수 있는) 흙이나 지푸라기처럼 여기면 신하는 임금을 원수〔寇讎〕처럼 여길 것입니다."

제나라 선왕은 앞서 본 바와 같이 신하를 예나 은혜로 대하는 것이 약해지면서 과거에 자신이 등용한 자가 지금은 도망가고 없는 것조차 모르는 지경에 이른 임금이다. 그래서 맹자의 말이 다소 과격한 것이다.

이에 무슨 미련이 남았는지 선왕은 맹자에게 이렇게 묻는다. "예법
〔禮〕에 따르면 죽은 임금을 위해 (관직을 떠난 신하들까지도) 상복을
입는다고 했다. (내가) 어떻게 해야 (관직을 떠난) 신하들이 이런 상복
을 입겠는가?"

이에 맹자는 다음과 같이 답한다. "(첫째) 어떤 신하가 간(諫)하면
그것이 행해지고 좋은 말을 하면 임금이 그것을 듣고 받아들여 그 은
택〔膏澤〕이 저 아래 백성들에게까지 미치고, (둘째) 무슨 문제가 생겨
그 나라를 떠나게 되면 임금이 사람을 시켜 그가 국경 밖으로 잘 나
갈 수 있도록 인도하고 또한 (잘 정착할 수 있도록) 그가 가는 곳에 먼
저 기별하며, (셋째) 나라를 떠난 지 삼 년이 되어도 돌아오지 않은 후
에야 그에게 내려주었던 땅과 집을 회수한다고 했습니다. 이를 일러 (임
금이 신하를 대하는) 세 가지 예(禮)가 있다고 하는 것입니다. 신하에게
이렇게 대한다면 그 신하는 옛 임금을 위해 상복을 입을 것입니다."

세 가지 예에 대한 주희의 풀이가 예리하다. "인도하여 국경 밖으로
나가게 하는 것은 도적의 노략질을 막기 위함이다. 그가 가는 곳에 먼
저 기별하는 것은 그의 어짊을 칭찬하여 그를 (그곳에서라도) 거두어
쓰기를 바라는 것이다. 삼 년이 된 뒤에야 그의 땅과 집을 회수하는
것은 그전까지는 혹시라도 그가 돌아오기를 바라는 것이다."

맹자는 이제 당대의 현실을 적나라하게 고발한다. "지금은 (첫째, 당
신의) 신하가 되어 간해도 그것이 행해지지 않고 좋은 말을 해도 그것
을 듣고 받아들여주지 않아 백성들에게는 아무런 은택이 미치지 못하
고, (둘째) 무슨 문제가 생겨 그 나라를 떠나려 하면 임금은 그를 잡아
가두고 (혹시라도 어렵사리 국경을 빠져나가더라도) 그가 간 곳까지 따
라가서 못살게 굴고, (셋째) 그가 떠나는 날 그 즉시 땅과 집을 환수하

니 이를 일러 원수라고 하는 것입니다. (그 사람이) 원수를 위해 어떻게 상복을 입는 일이 있겠습니까?"

여기서 맹자는 임금이 신하를 예로 대해야 한다〔禮待〕는 문제를 정반대의 사례를 통해 격렬하게 보여주고 있다. 한편 『논어』 '팔일 19'에는 예대(禮待)와 관련된 공자의 생각이 나온다. 여기서도 우리는 간접적으로 맹자의 어법과 공자의 어법을 비교해 볼 수 있다.

정공이 물었다. "임금은 신하를 어떻게 부려야 하고, 신하는 임금을 어떻게 섬겨야 하는가?"

공자가 대답했다. "임금은 신하를 예로써 부리고, 신하는 군주를 충으로 섬겨야 합니다."

정공(定公)은 공자의 고국인 노(魯) 나라 임금으로 소공(昭公)의 아우이다. 공자를 중용했던 거의 유일한 임금도 정공이다. 그 정공이 공자에게 임금과 신하〔君臣〕의 바람직한 관계가 뭐냐고 묻는다. 정공이 이런 질문을 던진 데는 그만한 이유가 있었다. 태재순(太宰純)은 이렇게 풀이했다. "계환자(季桓子)가 소공을 축출하였는데, 소공이 건후에서 죽었으니 계환자의 신하답지 못함이 극에 달한 것이다. 정공은 아우로서 소공의 뒤를 계승하여 스스로 그 지위에 대해 불안해하였으므로 이러한 질문이 있었던 것이다."

이에 대해 공자는 임금은 신하를 예(禮)로써 부리고, 신하는 임금을 충(忠)으로써 섬겨야 한다고 답한다. 공자의 말대로 충은 예를 다하는 것〔盡禮〕이다. 이는 부모가 자식에게 자애〔慈〕를 다하고, 자식은 부모에게 효도〔孝〕를 다해야 하는 것과 같은 것이다. 예와 충,

자와 효는 상호윤리인 것이다.

여대림(呂大臨)의 풀이는 책임을 각각 자신에게 돌리고 있다는 점에서 눈여겨볼 만하다. "군주가 신하를 부림에는 신하가 충성하지 않을까 봐 걱정하지 말고 자신의 예가 지극하지 못할까 봐 걱정해야 하며, 신하가 군주를 섬김에는 군주가 예가 없을까 봐 걱정하지 말고 자신의 충성이 부족할까 봐 걱정해야 한다."

그렇다면 신하를 예로써 대하지〔禮待〕않는 임금에 대해서는 어떻게 해야 하는가? 이는 자애를 보이지 않는 부모에게는 어떻게 해야 하는가라는 질문만큼이나 답이 쉽지 않은 물음이다.

『논어』를 풀면서 던졌던 이 물음은 『맹자』를 읽고 있는 지금도 그대로 유효하다. 제나라 선왕 같은 인물은 어떻게 해야 하는가? 이에 대한 약간의 암시가 바로 다음 장에 나온다.

4

맹자는 말했다. "만일 (임금이 포악하여) 아무런 죄도 없는데 하급관리를 죽이면 그 위의 대부들은 (자신에게 닥칠 위험을 예감하고서) 그 나라를 떠나갈 수 있다. 또 아무런 죄도 없는데 백성들을 죽이면 하급관리도 다른 나라로 옮겨갈 수 있다."

孟子曰 無罪而殺士則大夫可以去 無罪而戮民則士可以徙
맹자 왈 무죄 이 살 사 즉 대부 가이 거 무죄 이 육 민 즉 사 가이 사

여기서 사(士)는 선비가 아니라 대부(大夫) 아래의 신분, 즉 사대부(士大夫)라고 할 때의 그 士로 '하급관리'를 뜻한다. 맹자는 말한다. "만일 (임금이 포악하여) 아무런 죄도 없는데 하급관리를 죽이면 그 위의 대부들은 (자신에게 닥칠 위험을 예감하고서) 그 나라를 떠나갈 수 있다. 또 아무런 죄도 없는데 백성들을 죽이면 하급관리도 다른 나라로 옮겨갈 수 있다."

여기서는 可以, 즉 '~할 수 있다'는 대목이 중요하다. 기존의 번역들은 이에 주목하지 않아 대부분 '떠나가게 될 것이다', 혹은 '떠나가야 한다'로 옮기고 있다. 그러나 可以라는 말의 뜻이나 문맥으로 보건대, 그런 지경이 되면 떠나가도 무방하다, 즉 그런 지경이 되어 나라를 떠나는 것은 의리(義理)를 해치는 것이 아니라고 풀이해야 적합할 듯하다. 특히 '떠나가야 한다'는 풀이는 원문과도 맞지 않을뿐더러 맹자의 입에서 나올 수 있는 말도 아니다.

5

맹자는 말했다. "임금이 어질면 (온 세상에) 어질지 않음이 없고, 임금이 의로우면 (온 세상에) 의롭지 않음이 없다."

孟子曰 君仁莫不仁 君義莫不義
맹자 왈 군 인 막 불인 군 의 막 불의

🌸 　　　　맹자는 말했다. "임금이 어질면 (온 세상에) 어질지 않음이 없고, 임금이 의로우면 (온 세상에) 의롭지 않음이 없다." 그만큼 임금의 태도가 중요하다.

6

맹자는 말했다. "(얼핏 보면 예(禮)처럼 보이지만 실은) 예가 아닌 예
와 의로움이 아닌 의로움을 대인(大人)은 행하지 않는다."

孟子曰 非禮之禮 非義之義 大人弗爲
맹자 왈 비례 지 례 비 의 지 의 대인 불위

맹자는 말했다. "(얼핏 보면 예(禮)처럼 보이지만 실은) 예
가 아닌 예와 의로움이 아닌 의로움을 대인(大人)은 행하지 않는다."

여기서부터는 앞서 잠깐 보았던 대인이 어떤 사람인지를 집중적으로
살펴보게 된다. 주희의 풀이를 참고해 보자. "대인은 일에 따라 이치를
따르고, 때에 맞게 마땅하게 처리하니 어찌 이런 짓을 하겠는가?"
『논어』'계씨 8'을 참조할 만하다.

공자는 말했다. "군자에게는 두려워해야 할 것 세 가지가 있다. 천
명을 두려워해야 하고, 대인을 두려워해야 하고, 빼어난 이의 말씀
을 두려워해야 한다. 소인은 천명을 알지 못하기 때문에 천명을 두
려워하지 않는다. 게다가 대인을 (알아보지 못하고) 함부로 대하며
빼어난 이의 말씀을 우습게 여긴다."

이 또한 군자가 군자다움[德]을 닦고 쌓아가는 길이다. 여기서 공
덕

자는 군자라면 마땅히 두려워해야 할 것 세 가지를 말한다. "천명(天命)을 두려워해야 하고, 대인(大人)을 두려워해야 하고, 빼어난 이〔聖人〕의 말씀을 두려워해야 한다." 그런데 앞의 장들과 달리 여기서는 소인(小人)을 등장시켜 약간의 보충설명을 가한다.

"소인은 천명을 알지 못하기 때문에 천명을 두려워하지 않는다. 게다가 대인을 (알아보지 못하고) 함부로 대하며 빼어난 이〔聖人〕의 말씀을 우습게 여긴다."

여기서 대인은 소인과 대비되는 군자라고 보면 될 것이다.

7

맹자는 말했다. "중도에 이른 사람은 그렇지 못한 사람을 길러주어야 하고, 뛰어난 재능을 가진 사람은 그렇지 못한 사람을 길러주어야 한다. 그렇기 때문에 사람들은 훌륭한 부모형제를 갖는 것을 좋아한다. 만일 중도에 이른 사람이 그렇지 못한 사람을 (길러주기는커녕 오히려) 버리고, 훌륭한 재능을 가진 사람이 그렇지 못한 사람을 버린다면 뛰어난 사람과 못난 사람 사이의 거리는 그 간격이 한 치도 안 될 것이다."

孟子曰 中也養不中 才也養不才 故人樂有賢父兄也 如中也棄不中 才也
맹자 왈 중야양 부중 재야양 부재 고인요유 현 부형 야 여중야기 부중 재야

棄不才則賢不肖之相去 其間 不能以寸
기 부재 즉 현 불초 지 상거 기간 불능 이 촌

中은 여러 가지 풀이가 가능하다. 여기서는 일단 '중도(中중道)에 이른 사람'으로 풀려고 한다. 그러면 맹자의 말은 이렇게 옮길 수 있다.

"중도에 이른 사람[中중]은 그렇지 못한 사람을 길러주어야 하고, 뛰어난 재능을 가진 사람[才재]은 그렇지 못한 사람을 길러주어야 한다. 그렇기 때문에 사람들은 훌륭한 부모형제[父兄부형]를 갖는 것을 좋아한다. 만일 중도에 이른 사람이 그렇지 못한 사람을 (길러주기는커녕 오히려) 버리고, 훌륭한 재능을 가진 사람이 그렇지 못한 사람을 버린다면 뛰어난 사람과 못난 사람[不肖불초] 사이의 거리는 그 간격이 한 치도 안 될

것이다."

이는 곧 중도에 이르지 못한 사람을 길러주는 것이 곧 중도에 이르는 것이고, 훌륭한 재능을 갖지 못한 사람을 길러주는 것이 곧 훌륭한 재능임을 역설적으로 강조하고 있다. 이 또한 넓은 의미에서 대인(大人)의 문제를 다루고 있다.

8

맹자는 말했다. "사람이 하지 않는 바가 있는 후에야 해야 하는 바를
할 수 있다."

孟子曰 人有不爲也而後可以有爲
맹자 왈 인 유 불위 야 이후 가이 유위

상당히 함축적인 표현이다. 맹자는 말한다. 우선 직역해
보자. "사람이 하지 않는 바(不爲)가 있는 후에야 해야 하는 바(有爲)
를 할 수 있다." 可以는 여기서 '~할 수 있다'는 뜻이다.

하지 않는 바가 있다는 것은 그 자신의 의지로 어질지 못하거나 의
롭지 못하거나 바르지 못한 것을 행하지 않는다는 뜻이다. 그리고 그
런 의지가 있기 때문에 훌륭한 일은 아무리 힘들어도 할 수 있다는
것이다.

이 말은 표현을 뒤집어보면 훨씬 쉽게 이해된다. "사람이 하지 않는
바(절제)가 없으면 아무리 나쁜 짓이라도 못할 것이 없게 된다."

9

맹자는 말했다. "다른 사람의 좋지 못한 점을 말하다가 후환이라도 닥치면 어쩌려는가?"

孟子曰 言人之不善當如後患 何
맹자 왈 언 인 지 불선 당 여 후환 하

맹자는 말한다. "다른 사람[人]의 좋지 못한 점[不善=缺點]을 말하다가 후환이라도[如-같은 것이] 닥치면[當] 어쩌려는가?"

다른 사람의 결점을 이야기한다는 것은 자칫 그 사람에게 원망[怨]을 갖게 할 수 있기 때문이다. 그것은 대인(大人)과 대비되는 전형적인 소인배의 행태다. 『논어』 '공야장 4'가 간접적으로 도움을 준다.

어떤 이가 말하기를 "염옹은 어질기는 하나 말재주가 없습니다."

이에 공자는 말했다. "말재주 부리는 것을 어디에다 쓰겠는가? 말재주로 남의 말을 막아서 자주 남에게 미움만 받게 될 뿐이니, 그가 어진지는 모르겠으나 말재주 부리는 것을 어디에다 쓰겠는가?"

10

맹자는 공자에 대해 이렇게 말했다. "공자께서는 (어떤 문제에서건) 너무 심하게는 하지 않으셨다."

孟子曰 仲尼不爲已甚者
맹자 왈 중니 불위 이심자

맹자는 공자에 대해 이렇게 말한다. "공자〔仲尼〕께서는 (어떤 문제에서건) 너무〔已=太〕 심하게는 하지 않으셨다."

공자의 이 같은 면모는 『논어』에서 수없이 목격할 수 있다. 앞서 보았던 자산(子産)에 대한 공자와 맹자의 평가를 비교해 보아도 쉽게 알 수 있다. 맹자가 여기서 공자를 언급한 이유는 공자를 대인(大人)의 한 전형으로 보고 있기 때문이다. 계속 대인의 이야기가 이어진다.

11

맹자는 말했다. "대인이란 어떤 말을 했다고 해서 반드시 지켜 믿음을 줘야 하는 것도 아니고, 어떤 일을 행한다고 해서 반드시 결과를 보아야 하는 것도 아니다. 말과 행동이 의로움과 합치되는지만을 살필 뿐이다."

孟子曰 大人者言不必信行不必果 惟義所在
맹자 왈 대인 자 언 불필 신 행 불필 과 유 의 소재

맹자는 대인(大人)을 이렇게 정의한다. 조심스레 번역해야 하는 대목이다. "대인이란 어떤 말을 했다고 해서 반드시 지켜 믿음을 줘야 하는 것도 아니고, 어떤 일을 행한다고 해서 반드시 결과를 보아야 하는 것도 아니다. 말과 행동이 의로움(義)과 합치되는지만을 살필 뿐이다."

공자나 맹자 자신이 말과 행동에 대해 언급한 것들과는 통상적으로 차이가 있다. 그러나 이는 말과 행동보다 의로움(義)이 더 중요하다는 것을 강조하기 위함이지 결국 말을 지키지 않아도 되고 행동의 결과를 보려고 하지 않아도 된다는 것은 아니다. 다만 말이나 행동이 경우에 따라 의로움에 부합되지 않을 경우에는 말과 행동을 수정할 수도 있다는 뜻이다. 주희가 인용한 윤돈의 풀이는 이 점을 날카롭게 지적한다.

"의로움〔義〕을 주장하면 믿음〔信〕과 결과〔果〕가 그 가운데에 있지
만 믿음과 결과만을 내세울 경우에는 그것이 반드시 의로움에 부합되
는 것은 아니다." 뉘앙스를 고려해 조심스레 읽어야 진의를 파악할 수
있는 장이다. 그 단서는 7장의 중(中)이다. 8장부터는 대인에 대한 풀
이임과 동시에 중(中)에 대한 맹자 자신의 풀이임을 염두에 둘 필요가
있다. 이런 문맥은 다음 장으로도 이어진다.

12

맹자는 말했다. "대인이란 순진무구한 어린아이의 마음과도 같은 것을 잃지 않는 자이다."

孟子曰 大人者不失其赤子之心者也
맹자 왈 대인 자 불 실 기 적자지심 자 야

맹자는 다시 한 번 대인(大人)을 이야기한다. "대인이란 순진무구한 어린아이[赤子]의 마음과도 같은 것을 잃지 않는 자이다." 이에 대해서는 주희의 풀이가 명확하다. "대인의 마음은 온갖 변화에 두루 통달한 반면 어린아이의 마음은 순수[純一]하여 거짓이라고는 전혀 없다. 그러나 대인이 대인이 되는 까닭은 바로 외부의 일[外物]에 이끌리지 않아서 순수하고 또 거짓이 없는 본연의 마음을 온전히 유지하기 때문이다." 그래서 대인은 어린아이의 마음을 가진 자라고 한 것이다.

13

맹자는 말했다. "살아 계신 부모님을 봉양하는 것은 큰일에 해당한다
고 간주하기에는 충분치 못하다. 돌아가신 부모님을 잘 보내드리는 것
이라야 큰일에 해당할 수 있다."

孟子曰 養生者不足以當大事 惟送死可以當大事
맹자 왈 양생 자 부족 이 당 대사 유 송사 가이 당 대사

여기서 養生이란 '살아 있는 부모님을 봉양하는 것'을 말
한다. 맹자의 말을 일단 직역해 보자. "살아 계신 부모님[生]을 봉양하
[養]는 것[者]은 큰일[大事]에 해당한다[當]고 간주하기에는[以] 충분
치 못하다[不足]. 돌아가신 부모님[死]을 잘 보내드리는 것[送=葬送]
이라야[惟] 큰일에 해당할 수 있다[可以]."

살아 계신 부모님을 경애하며 잘 모시는 것은 사람이라면 마땅히
해야 하는 것이니 별도의 큰일이라고 할 수는 없다는 것이다. 부모님
의 돌아가심은 사람으로서 겪어야 하는 큰 변고에 해당한다. 그러므
로 이때 자식이 자신의 모든 힘을 다해 장례(葬禮)를 치르는 것이야말
로 그만큼 중요하다는 말이다. 공자는 장례 못지않게 제사도 정성을
다해 치르는 것이 중요하다고 강조했다.

14

맹자는 말했다. "군자가 (다른 방법이 아니라) 도리를 따라서 깊은 경지로 나아가려는(혹은 이르려는) 것은 (남의 도움을 얻지 않고) 스스로 체득하고자 하기 때문이다. 스스로 체득하게 되면 (그것을 얻기 위해 애쓸 때뿐만 아니라) 평소에도 편안하며, 평소에도 편안한 경지에 이르면 매사에 응용할 수 있는 능력이 깊어지고, 매사에 응용할 수 있는 능력이 깊어지면 주변의 그 어떤 것에서도 이치를 볼 수 있어 (마침내) 그 근원을 만나볼 수 있게 된다. 바로 그렇기 때문에 군자는 스스로 체득하려고 애를 쓰는 것이다."

孟子曰 君子深造之以道欲其自得之也 自得之則居之安 居之安則資之
맹자 왈 군자 심조 지 이 도 욕 기 자득 지 야   자득 지 즉 거 지 안   거 지 안 즉 자 지
深 資之深則取之左右 逢其原 故君子欲其自得之也
심 자 지 심 즉 취 지 좌우 봉 기 원 고 군자 욕 기 자득 지 야

여전히 중도(中)와 대인(大人)을 이야기하는 문맥 속에 있다고 할 수 있다. 이번에는 군자(君子)를 등장시켜 이 문제를 논의한다. 맹자의 말이다.

"군자가 (다른 방법이 아니라) 도리(道)를 따라서 깊은 경지(深)로 나아가려는(혹은 이르려는)(造=詣=至=致) 것은 (남의 도움을 얻지 않고) 스스로 체득하고자(自得) 하기 때문이다. 스스로 체득하게 되면 (그것을 얻기 위해 애쓸 때뿐만 아니라) 평소(居)에도 편안(安)하며, 평소

에도 편안한 경지에 이르면 매사에 응용할 수 있는 능력[資=籍]이 깊
어지고, 매사에 응용할 수 있는 능력이 깊어지면 주변의 그 어떤 것
[左右]에서도 이치를 볼 수 있어 (마침내) 그 근원[道]을 만나볼 수 있
게 된다. 바로 그렇기 때문에 군자는 스스로 체득하려고 애를 쓰는
[欲] 것이다."

스스로 체득하고자[自得] 하는 이유에 대한 명쾌한 설명이다. 도리
에 이르는 길은 남이 가는 것이 아니라 자신이 가는 것임을 극명하게
보여주는 공자의 발언을 보자.『논어』'자한 18'이다.

공자는 말했다. "비유컨대 산을 만들 때 한 삼태기의 흙을 더 붓
지 않아 산을 이루지 못하고 그만두는 것도 내가 그만두는 것이다.
비유컨대 산을 평평하게 만들기 위해 한 삼태기의 흙을 쏟아붓고
나아가는 것도 내가 나아가는 것이다."

『논어』'자한 20'에서 공자는 이 장에 언급된 그만두는 것과 나아가
는 것을 연결시켜 수제자 안회(顏回)가 도리에 임하는 자세를 이렇게
극찬한다.

공자는 안연을 평하여 이렇게 말했다. "애석하구나! 나는 그가
나아가는 것만 보았고, 멈추어 서는 것은 보지 못했다."

15

맹자는 말했다. "널리 배우고 그 배운 바를 구석구석 파고드는 것은 장차 (내 몸에) 돌이킴으로써 (그 배운 바를 내 몸에) 풀어내어 다잡으려는 것이다."

孟子曰 博學而詳說之將以反說約也
맹 자 왈 박 학 이 상 설 지 장 이 반 설 약 야

그동안 사서(四書) 풀이 작업을 하면서 가능한 한 기존 번역의 문제점을 지적하는 일은 최대한 자제했다. 그러나 이 장은 보다 정확한 번역을 위해 기존의 번역들을 인용하지 않을 수 없기 때문에 어쩔 수 없이 이미 나와 있는 몇몇 번역들의 문제점을 짚어보고자 한다. 맹자의 발언 부분만 옮겨보자. 구체적으로 그들의 이름을 거명하는 것은 삼가겠다.

가. "널리 배우고 상세히 말함은 장차 돌이켜서 요약함을 말하고자 해서이다."

나. "폭넓게 배우고 그 배운 바를 상세하게 해설하는 것은, 그것을 바탕으로 대의(大義)를 간략하게 설명할 수 있는 경지로 돌아가기 위해서이다."

다. "널리 배우고 상세히 풀어 밝히는 것은 장차 돌이켜 그 뜻을 요

약해 말하려는 것이다."

우선 결론부터 말하면 약간의 차이는 보이지만 이 세 번역 모두 約약 의 의미를 놓쳤다. 그 때문에 배운 것을 요약한다는 수준의 풀이가 나오는 것이다. 맹자의 이 말이 『논어』에 여러 차례 등장하는 한 구절에 대한 풀이임을 안다면 이렇게 번역해서도 안 되고 이런 식으로 번역할 수도 없다.

『논어』 '자한 10'에서 공자의 수제자 안회(顔回−顔淵)는 공자가 자안연 신을 이끌어준〔道=導〕 방법을 이렇게 말한다.
                              도 도

"문(文)으로써 나를 넓혀주시고 예(禮)로써 나를 다잡아주셨다."

그리고 공자 자신도 '옹야 25'와 '안연 15'에서 이렇게 말한다.

"문(文)을 통해 널리 배우고, 그 배운 바를 예(禮)로써 다잡는다."

이 말은 곧 학이시습(學而時習)에 대한 풀이다. 그러면 約은 도대체약 어떤 뜻일까? 이 점을 제대로 이해하려면 『논어』 '이인 2'를 상세하게 살펴야 한다.

공자는 말했다. "어질지 못한 사람은 (어짊이나 예를 통해 자신을) 다잡는 데〔約〕 (잠시 처해 있을 수는 있어도) 오랫동안〔久〕 처해 있을약   구 수 없고, 좋은 것을 즐기는 데〔樂〕에도 (조금 지나면 극단으로 흘러)낙 오랫동안〔長〕 처해 있을 수 없다. 어진 자는 어짊을 편안하게 여기장고, 사람을 볼 줄 아는 자는 어짊을 이롭게 여긴다."

　문장 구조가 상당히 중층적이다. 먼저 어질지 못한 자〔不仁者〕
이하와 어진 자〔仁者〕 이하가 대조를 이루고 있다. 어질지 못한 자
〔不仁者〕 이하에 두 가지 내용이, 어진 자〔仁者〕 이하에도 두 가지
내용이 나온다. 만만치 않은 구절을 만났다고 할 수 있다. 일단 핵심
단어가 어짊〔仁〕이라는 점을 염두에 두면서 그 어려움을 단계단계
넘어보자.

　먼저 공자는 어질지 못한 자〔不仁者〕의 행동방식에 대해 말한다.
어질지 못한 자는 約에 오래 머물지 못하고 樂에도 오래 머물지 못
한다는 것이다. 주희는 約을 '궁곤(窮困)'으로 풀이했다. 결국 어질지
못한 사람은 어려움에 처하면 얼마 못 가서 자신의 본성에서 벗어
난 행동을 하게 되고, 또 즐거움을 만나면 오랫동안 적절하게 즐기
지 못하고 본성에서 벗어나 흠뻑 빠져들게 된다는 것이다. 어려움이
건 즐거움이건 중도(中道)를 찾지 못하고 극단으로 빠져든다는 지적
이다. 오랫동안〔久/長〕은 仁者의 특성이기도 하다.

　그런데 이 같은 約의 풀이에 이견을 붙이고자 한다. 約을 '궁핍'
내지 '궁곤(窮困)'으로 풀이한 것은 주희의 일방적인 주장이다. 만일
『논어』에 이 장에 어울리는 約의 의미가 등장하지 않는다면 어쩔
수 없이 탁월한 언어학자인 주희의 풀이를 따라야 하겠지만 다행스
럽게도 『논어』에는 이 장에 딱 어울리는 의미의 約이 여러 차례 등
장한다. 그렇다면 約의 뜻을 『논어』에서 취해야지 주희의 일방적인
풀이를 따라야 할 이유는 없다. 이것이 바로 '논어로 논어를 푸는
방법〔以論解論〕'의 힘이다. 먼저 '이인 23'을 보자.

공자는 말했다. "(도나 인을 자기 몸에) 다잡음[約]으로써 그 일을 망치는 자는 드물다."

뒤에서 상세하게 보게 되겠지만 約은 도리[道]나 어젊[仁]을 자기 몸에 체화시키는 것을 뜻한다. 그래서 이 책에서는 이를 '다잡다'로 옮겼다. 정약용도 이렇게 말한다. "약(約)은 동여 묶는 것이다. 궁색한 데에 처해져 괴롭고 두려운 것이 마치 동여 묶인 듯한 것을 약(約)이라고 한다." 아마도 정약용도 주희가 約을 궁곤이라고 풀어놓은 것을 의식한 때문인지 두루뭉술하다. 오히려 '이인 23'을 풀이하면서 주희가 인용해 놓은 사량좌(謝良佐)의 "잘난 체하여 스스로 방만해지지 않는 것을 약(約)이라 이른다"는 풀이나 윤돈의 "모든 일을 약(約)하면 실수가 적은 것이니, 다만 검약(儉約)만을 말한 것이 아니다"는 풀이가 이 장에도 그대로 해당된다. 참고로 '다잡다'로 풀이해야 하는 다른 사례들도 소개한다.

공자는 말했다. "군자가 되고자 하는 사람은 문(文)을 통해 배움을 넓히고, 그 배운 바를 예(禮)로써 다잡아[約] 몸에 익힌다면 이 또한 (어젊이나 도리에서) 벗어나지 않을 것이다"('옹야 25')

이는 學而時習을 풀이해 놓은 문장이라고 해도 과언이 아니다. 그런 점에서 約은 곧 時習이다. '자한 10'에서는 안연(顏淵)이 공자로부터 배운 바를 이야기하던 중 이렇게 말한다. "문으로써 나를 넓혀주시고 예로써 나를 다잡아주셨다[博學於文 約之以禮]." '옹야 25'와 똑같다. 이처럼 세 곳에서 約의 의미가 '다잡다'로 명백하게 통하는데 군이 이 장에서만 뜬금없이 궁곤(窮困)으로 풀어야 할 이유는 없다. 게다가 곧 보게 되겠지만 여기서도 約을 '다잡다'로 풀어야만 이 장의 내용이 훨씬 공자의 말씀다워진다. 우선 전반부를 옮겨놓고 후반부로 넘어가자.

"어질지 못한 사람은 (인이나 예를 통해 자신을) 다잡는 데 (잠시 처해 있을 수는 있어도) 오랫동안 처해 있을 수 없고, 좋은 것을 즐기는 데에도 (조금 지나면 극단으로 흘러) 오랫동안 처해 있을 수 없다."

후반부로 넘어가 보자. 문제는 지금부터다. 不仁者에 대한 설명을 뒤집으면 仁者는 어떠해야 하는지에 대한 단서는 나온다. 즉 자신을 다잡는 데에도 '오랫동안' 참고 머물며, 즐거움을 만나서도 극단으로 치우치지 않고 '오랫동안' 즐거움을 즐길 수 있어야 어진 사람〔仁者〕이다.

여기서 공자는 한 걸음 더 나아간다. 인자(仁者)와 지자(知者/智者)의 이분법을 끌어들인 것이다. 여기서는 仁과 知, 둘을 대립시키기보다는 仁者를 좀 더 구체적으로 설명하기 위해 知者를 끌어들이고 있다. 이 점을 분명히 이해하기 위해서는 『논어』에서 공자가 사용한 '仁者/知者'의 이분법 사례를 좀 더 살펴보는 게 도움이 될 것이다.

그런데 知者는 앞 장에서도 잠깐 언급했지만 두 가지 해석이 가능하다. 지혜와 지식을 갖춘 자와 사람을 보는 눈을 가진 자가 그것이다. '옹야 18'에서 공자는 "(도리나 이치를) 아는 자〔知者〕는 그것을 좋아하는 자〔好者〕만 못하고, 좋아하는 자는 즐기는 자〔樂者〕만 못하다"고 말한다. 이때의 知는 뭔가를 알다는 뜻이다. 하지만 여기서는 이 두 가지 뜻을 다 갖고 있다고 보아도 무방하다. 도를 아는 자가 곧 지혜로운 자이기 때문이다.

이제부터 仁/知에 관한 사례를 좀 더 살펴보자. '옹야 20'에서 제자 번지(樊遲)가 知(智)에 관해 묻자 공자는 이렇게 답한다. "사람이라면 마땅히 지켜야 할 바에 힘쓰고 귀신의 존재는 공경하는 마음으로 인정하면서도 그 실체를 알려고 애쓰지는 않는다면 인간사를 아는 경지에 이르렀다고 할 수 있다." 연이어 仁에 관해 묻자 공자는 이렇게 답한다. "어려운 일을 먼저 하고 얻는 것을 뒤에 하니, 이렇게 한다면 어질다(仁)고 할 수 있다." 이것은 일단 知에 관한 공자의 생각을 전한 다음 知보다는 한 단계 뛰어난 仁을 설명하는 방식이라고 볼 수 있다. 즉 知는 분별력이기 때문에 높이 평가할 만하지만 '얻는 것'을 우선으로 하는 반면 仁은 쉽고 어려움을 가리지 않고 오히려 어려운 일도 얼마든지 감수하는 태도라는 것이다. 이 부분은 그대로 이 장의 후반부에 대한 풀이가 된다.

다시 '안연 22'에서 번지가 仁에 관해 묻자 공자는 "사람을 사랑하는 것(愛人)"이라고 답하고 知에 관해 묻자 "사람을 아는 것(知人)"이라고 답한다. 그리고 '옹야 21'에는 그 유명한 구절이 나온다.

子曰 知者樂水 仁者樂山 知者動 仁者靜 知者樂 仁者壽
자왈 지자 요수 인자 요산 지자 동 인자 정 지자 락 인자 수

이 문장에는 이 장의 해석과 관련해 중요한 실마리들이 대거 들어 있다. 먼저 번역문을 보자. '공자는 말했다. 아는 사람은 물을 좋아하고 어진 사람은 산을 좋아한다. 아는 사람은 움직이고 어진 사람은 고요하다. 아는 사람은 즐거워할 줄 알고 어진 사람은 오래간다.' 특히 주목해야 할 점은 '아는 사람은 즐거워할 줄 안다(知者樂)'
지자 락

고 한 대목이다. 知와 樂은 밀접한 관계를 갖고 있는 것이다. 그렇게 볼 때 이 장의 '不可以長處樂'은 知와 서로 조응하는 것으로 해석해야 한다. 그러면 자연스럽게 '不可以久處約'은 仁과 조응하는 것으로 봐야 한다. 오랫동안 자신을 다잡음에 처할 수 있다면 仁者이고 오랫동안 즐거움에 처할 수 있다면 知者이다. 不仁者는 仁者뿐만 아니라 知者의 반대이기도 하다. 주희가 約을 궁곤(窮困)이라고 하는 바람에 그동안 이 문장이 얼마나 엉망으로 풀이되어 왔는지를 선명하게 알 수 있다. 동시에 논어로 논어를 풀어내는 방법〔以論解論〕의 장점을 분명하게 보여준 사례라 할 것이다. 이렇게 되면 번역도 전혀 달라진다.

다시 仁과 知의 관계로 돌아가보자. '자한 28'에서 공자는 "(사람을 볼 줄) 아는 사람은 (사리를 알기 때문에) 불혹하고, 어진 사람은 (세상 이치를 알아 사리사욕에 꺾이지 않으니) 근심하지 않는다〔知者不惑 仁者不憂〕"고 말한다. 같은 내용은 '헌문 30'에도 나온다.

'위령공 32'에서 공자는 보다 구체적으로 둘의 관계를 설명한다.

"앎〔知〕이 도리〔道〕에 미치더라도 어짊〔仁〕이 그것을 뒷받침해 줄 수 없다면 설사 도를 얻었다 하더라도 결국 자기 것이 되지 못하고 반드시 잃게 된다."

安仁과 利仁의 차이와 관련해서 주희는 이렇게 말한다. "도(道)와 하나가 되어 간격이 없음이 安仁이고, 利仁은 이런 경지에 이르지 못하여 억지로 힘써야 한다." 앞으로 여러 차례 보게 되겠지만 공자의 제자 안회(顔回-顔淵)가 바로 安仁의 경지에 이른 사람이다. 오랫동안 자신을 다잡으면서도 힘들어하지 않고 오히려 마음속으로부터 편안하게 받아들인 인물이기 때문이다. 다시 한 번 約과 仁이 통한다는 것을 확인할 수 있다. 반면에 利仁은 仁이 좋다는 것을 알고 仁者를 찾아 애쓰지만 아직 仁을 자기 몸에 다잡는 데[約] 오랫동안 처하지 못하고 편안하지도 않은 단계이다. 어진 마을을 가려서 그곳에 가서 살아야 한다고 했던 '이인 1'이 바로 利仁하는 전형적인 사례이다. 제자 자공(子貢)이 바로 그런 단계에 이른 인물이다. 그래서 안회와 자공의 차이는 어진 이[仁者]와 사람을 볼 줄 아는 이[知者]의 차이이기도 하다.

이 같은 『논어』의 도움을 빌려 이제 맹자의 말을 정확하게 풀어보자. 約은 해결됐다. 이제 여기서 조심해서 풀어야 할 단어는 (詳)說이다. 說의 다양한 의미를 살펴보자. 그냥 '말하다', '이야기하다'로 풀어서는 안 된다. 詳說은 '자세히 이야기하다'보다는 '하나하나까지 파고든다'로 봐야 한다. 구석구석까지 풀어낸다는 뜻이다. 說明의 說로 풀어야 하는 것이다. 즉 널리 배운 다음 그 하나하나의 이치를 구석구석까지 파고든다는 의미다. 이렇게 되면 이미 詳說은 約과 통한다. 그러나 '이야기하다'로 풀면 그것은 約이 아니라 오히려 그 반대가 된다. 널리 배운 것을 자기 것으로 체화하는 과정은 말하는 것이기보다는 침묵하며 내면화하는 것이어야 한다.

이는 주희의 풀이와도 맥이 닿는다. '문에서 널리 배우고 그 이치[理]를 깊이 규명하는[說] 까닭[所以博學於文而詳說其理者].' 그런데 주희의 이 말 또한 기존의 번역서는 '글을 널리 배우고 그 이치를 상세히 말하는 까닭'이라고 옮겨놓았다. 文은 글이 아니고 說 또한 말하는 것이 아니다. 그러니 이렇게 번역된 주희의 해설을 보아도 맹자의 말이 무슨 뜻인지 알 길이 없었던 것이다. 이제 맹자의 말을 풀어보자.

"(文_문을/文_문에서) 널리 배우고 그 배운 바를 구석구석 파고드는 것은 장차 (내 몸에) 돌이킴〔反_반〕으로써〔以_이〕 (그 배운 바를 내 몸에) 풀어내어 다잡으려는 것이다." 여기서 文_문은 文_문質_질의 文_문으로 '애쓰다', '애쓰는 법'을 뜻한다.

16

맹자는 말했다. "잘함(혹은 좋음)을 내세워 다른 사람을 복종시키려는 자들 중에 제대로 다른 사람을 복종시키는 자는 없다. 잘함을 통해 다른 사람을 길러준 다음에야 능히 온 세상 사람들을 복종케 할 수 있다. 온 세상 사람들이 마음속으로 복종하지 않는데도 제대로 임금 노릇하는 자는 없다."

孟子曰 以善服人者未有能服人者也 以善養人然後能服天下 天下不心
맹자 왈 이 선 복 인 자 미 유 능 복 인 자 야 이 선 양 인 연 후 능 복 천 하 천 하 불 심
服而王者未之有也
복 이 왕 자 미 지 유 야

맹자는 말한다. "잘함(혹은 좋음)〔善〕을 내세워 다른 사람을 복종시키려는 자들 중에 제대로〔能〕 다른 사람을 복종시키는 자는 없다. 잘함을 통해 다른 사람을 길러준〔養〕 다음에야 능히 온 세상 사람들〔天下〕을 복종케 할 수 있다. 온 세상 사람들이 마음속으로 복종하지 않는데도 제대로 임금 노릇하는 자〔王者〕는 없다." 이와 관련해서는 『논어』 '옹야 28'의 〈 〉부분을 읽어보는 것이 도움을 준다.

자공이 말했다. "만일 백성들에게 은혜를 널리 베풀어 많은 사람들을 구제한다면 그것은 어떠합니까? 그것을 일러 어짊〔仁〕이라고 할 수 있습니까?"

공자는 말했다. "어찌 어짊에만 그치겠는가? 그것은 반드시 빼어난 이의 경지라 할 만하다. 요순도 오히려 그것을 근심으로 여겼다. 무릇 어진 자〔仁者〕는 〈자신이 서고자 함에 남도 서게 하며, 자신이 통달하고자 함에 남도 통달하게 하는 것〉이다. 능히 가까운 데서 취해 비유할 수 있다면 어짊을 행하는 방법이라 할 수 있다."

17

맹자는 말했다. "말에 실질적 내용이 없으면 좋은 징조라고 할 수 없다. 안 좋은 징조의 핵심은 (무엇보다) 뛰어난 인물을 가려 그의 등용을 가로막는 것이라 할 수 있다."

孟子曰 言無實不祥 不祥之實蔽賢者當之
맹자 왈 언 무실 불상 불상 지 실 폐 현자 당 지

상당한 논란이 있는 문장이다. 주희도 이에 대해서는 두 가지 풀이가 가능하다면서 뭔가가 빠진 문장으로 보인다고 말한다. 일단 맹자의 말부터 풀어보자.

"말에 실질적 내용(實)이 없으면 좋은 징조라고 할 수 없다. 안 좋은 징조(不祥)의 핵심(實)은 (무엇보다) 뛰어난 인물(賢者)을 가려 그의 등용을 가로막는 것(當)이라 할 수 있다." 즉 낭설이나 거짓말을 통해 뛰어난 인물의 등용을 가로막는 것은 곧 안 좋은 일이 생길 수 있다는 징조나 마찬가지라는 뜻이다. 크게 문제가 없어 보인다.

그런데 주희는 어떤 사람(或者)의 상반된 두 가지 시각을 소개하는데 그것은 言無實不祥을 言無/實/不祥으로 끊을 것인지 우리의 풀이처럼 言/無實/不祥으로 끊을 것인지에 따른 해석의 차이다. 言無/實/不祥으로 끊을 경우 그 풀이는 다음과 같다. "천하의 말에 실제로(實) 상서롭지 못한 것(不祥)이 없으니(無), 오직 뛰어난 인물을 은폐함이 상서롭지 못함의 실제가 된다." 그러나 맹자의 문장은 實을 매개로 해서 풀어나가고 있기 때문에 여기서처럼 實을 그냥 '실제로'라고 가볍게 풀어서는 안 된다. 無實과 實이 서로 연관을 맺으며 대조적인 표현을 이끌어내고 있기 때문이다. 우리는 言/無實/不祥에 입각한 풀이를 따른다.

이 내용은 내실 있는 말의 중요성을 강조하는 것이다.

18

(맹자의 제자) 서자(徐子)가 맹자에게 물었다. "공자님께서는 종종 물을 칭찬하시면서 '물이여, 물이여'라고 하셨습니다. 도대체 물에서 무엇을 취하셨기 때문에 이처럼 물을 칭찬한 것입니까?"

맹자는 말했다. "근원이 있는 샘은 용솟음쳐올라 밤낮없이 그치질 않는다. 그리하여 웅덩이를 꽉 채운 뒤에야 다시 흘러 사해(四海)에 이르게 된다. 근본이 있는 자는 이와 같으니 (공자께서는) 물에서 이 점을 취하여 물을 칭찬하신 것이다.

만일 (샘의) 근본이 없다면 (장마철인) 7월과 8월 사이에 빗물이 모여 크고 작은 도랑이 모두 물로 가득 차겠지만 (비가 그치면) 그것이 말라버리는 것은 잠깐 서서 기다리는 것만으로도 족할 것이다. 그렇기 때문에 명성이 실상보다 지나친 것을 군자는 부끄러워하는 것이다."

徐子曰 仲尼亟稱於水曰水哉水哉 何取於水也
서자 왈 중니 기 칭 어 수 왈 수 재 수 재 하 취 어 수 야

孟子曰 原泉混混不舍晝夜 盈科而後進放乎四海 有本者如是是之取爾 苟
맹자 왈 원천 혼혼 불 사 주야 영 과 이후 진 방 호 사해 유본자 여 시 시 지 취 이 구

爲無本七八月之間雨集溝澮皆盈 其涸也可立而待也 故聲聞過情 君子恥之
위 무본 칠팔월 지 간 우 집 구회 개 영 기 학 야 가 립 이 대 야 고 성문 과 정 군자 치 지

🌼   앞서 나온 바 있는 맹자의 제자 서자(徐子-徐辟)가 맹자
에게 아주 흥미로운 질문을 던진다. "공자님(仲尼)께서는 종종(亟=數)
물(水)을 칭찬하시면서 '물이여, 물이여'라고 하셨습니다. 도대체 물에

540___

서 무엇을 취하셨기 때문에 이처럼 물을 칭찬한 것입니까?"

맹자의 대답을 듣기에 앞서 『논어』에서 실제로 공자가 물[水]에 대해 언급하는 구절들을 살펴보는 것이 맹자의 대답을 정확하게 이해하는 데 도움이 될 것이다. 먼저 『논어』 '옹야 21'부터 보자.

공자는 말했다. "(어진 사람을 볼 줄) 아는 사람은 물[水]을 좋아하고, 어진 사람은 산(山)을 좋아한다. (어진 사람을 볼 줄) 아는 사람은 움직이고, 어진 사람은 맑고 고요하다. (어진 사람을 볼 줄) 아는 사람은 즐거워할 줄 알고, 어진 사람은 오래간다."

앞에서 이미 나온 知와 仁의 대비를 비유법을 통해 좀 더 상세하게 논의한다. 공자는 먼저 물과 산을 대비하며 知者는 樂水요, 仁者는 樂山이라고 말한다. 이때의 물이란 맹자의 말대로 가만히 있는 물이 아니라 흘러가는 물, 즉 流水를 말한다. 그래서 주희는 "지자(知者)는 사리에 통달하여 두루 흐르고 정체하는 바가 없어 물과 비슷하니 물을 좋아한다"고 풀이한다. 이어 인자(仁者)가 좋아하는 산과 관련해서는 "원칙을 지키듯 제자리에 머물러 진중하고 옮기지 않아서 산과 비슷함이 있으므로 산을 좋아한다"고 풀이했다.

그 뒤에 이어지는 구절에 대해서도 주희의 풀이가 명쾌하다. "움직임[動]과 고요함[靜]은 형체[體]로써 말한 것이고, 즐거움[樂]과 오래가는 것[壽]은 효과[效]로써 말한 것이다. 움직여[動] 맺히지 않으므로 즐거워하고[樂], 고요히 머물러[靜] 일정함이 있으므로 오래가는 것[壽]이다."

우리는 '이인 2'에서 "어질지 못한 사람은 (어짊이나 예를 통해 자신을) 다잡는 데〔約〕 (잠시 처해 있을 수는 있어도) 오랫동안 처해 있을 수 없고, 좋은 것을 즐기는 데〔樂〕에도 (조금 지나면 극단으로 흘러) 오랫동안 처해 있을 수 없다. 어진 자는 어짊을 편안하게 여기고 지혜로운 자는 어짊을 이롭게 여긴다"라는 점을 이미 확인한 바 있다. 壽는 '장수한다'는 뜻이 아니라 '오래간다〔久〕'로 풀어야 한다.

어진 이〔仁者〕의 고요함〔靜〕에 대해 정약용은 이렇게 풀이한다. "어진 이〔仁者〕는 힘써서 서(恕)를 행하기 때문에 자식에게 바라는 바로써 아비를 섬기고, 아우에게 바라는 바로써 형을 섬기고, 신하에게 바라는 바로써 임금을 섬기고, 벗에게 바라는 바로써 벗에게 먼저 베푼다. 이것은 자신이 다른 사람에게 요구하지 않고 먼저 나로부터 베풀어나가는 것이니, 그 기상이 후한 덕으로 만물에 혜택을 주는 것이므로 정(靜-고요하다, 맑다)이라고 한 것이다."

또 知者樂에 대해서는 이렇게 풀이한다. "지(知)라는 것은 사람이 해야 할 일을 가려서 어짊〔仁〕에 머물고 이치에 순하여 자신을 행하며 밝게 이해(利害)를 구분하여 막히는 바가 없다. 그리하여 아무 데나 들어가도 자득(自得)하지 않음이 없기 때문에 즐거워한다."

知者와 水를 연결 지었다는 점에 주목할 필요가 있다. '자한 16'도 물〔水〕에 관한 것이다.

공자는 시냇가에 있으면서 이렇게 말했다. "(세월이) 흘러가는 것이 이와(이 물과) 같구나. 밤낮없이 그치질 않는구나."

이 구절은 워낙 함축적이라 다양한 해석이 나온다. 그러나 전후 맥락이 어짊〔仁〕과 다움〔德〕임을 잊어서는 안 된다. 그래야만 해석의 다양성이라는 혼란에 빠지지 않고 본질적 맥락을 짚어낼 수 있다.

먼저 공자는 시냇가에 있으면서 이렇게 말한다. "흘러가는 것이 이와 같구나. 밤낮없이 그치질 않는구나."

여기서 궁금한 것은 왜 이 함축적인 구절을 어짊〔仁〕과 다움〔德〕을 이야기하는 맥락 속에 배치했는가 하는 것이다. 어쩌면 그로부터 이 구절의 의미를 잡아낼 수 있는 실마리를 얻어낼 수 있을지 모른다. 흘러가는 것〔逝者〕이 저 시냇물과도 같다. 그리고 공자는 그 시냇물이 밤낮없이 그치질 않는다는 점을 거론한다. 즉 공자는 흘러가면서도 늘 한결같은 모습을 시냇물에서 보았던 것이다. 不舍는 쉼이 없다는 점에서 不息과 통하며, 다시 學而時習과도 연결된다. 부단히 노력한다는 뜻이다.

이와 관련된 여러 풀이 중에 정명도의 풀이가 핵심을 찌른다. "한나라 이래로 유학자들은 모두 이 뜻을 알지 못하였다. 이는 성인(聖人-공자)의 마음의 순수함이 또한 그침이 없음을 볼 수 있으니, 순수함이 또한 그침이 없음은 바로 하늘의 다움〔德〕이다. 하늘의 다움이 있어야 왕도(王道)를 말할 수 있으니, 그 요점은 오직 근독(謹獨)에 있을 뿐이다." 삼가는 마음으로 홀로 차분하게 세계를 관조하고 성찰하는 경지에 이르러야 공자와 같은 통찰을 조금이라도 이해할 수 있을 것이라는 뜻이다.

정약용의 풀이도 참고할 만하다. "오직 우리들 인생은 한 걸음 한 걸음 길게 걸어가며 한순간의 간단(間斷)도 없는 것이다. 이는 마치 가벼운 수레를 타고 비탈길을 내려가면서 물이 흐르듯이 쉴 수 없는 것과 같다. 군자가 안으로 다움〔德〕에 나아가고, 밖으로 공업(功

業)을 닦는 데 노력하는 것은 그때그때에 이르러 진퇴(進退)를 잘 하고자 하기 위한 것인데, 배우는 이들은 항상 이러한 기미를 잊고 있으므로 공자가 이를 경계한 것이다."

정명도나 정약용 모두 다움〔德〕의 문맥에서 이 구절을 풀이하고 있다는 점에 주목할 필요가 있다. 그것은 한마디로 열렬하게 그리고 쉼 없이 노력하는 것이다.

물의 맑음〔淸明〕과 흐르는 물의 쉼 없음이 공자가 물을 통해 얻은 지혜인 것이다. 이 점을 고려하면서 맹자의 대답을 들어보자.

"근원〔原〕이 있는 샘은 용솟음쳐 올라 밤낮없이 그치질 않는다〔不 舍晝夜〕. 그리하여 웅덩이〔科〕를 꽉 채운 뒤에야 다시 흘러 사해(四海)에 이르게〔放〕 된다. 근본〔本〕이 있는 자는 이와 같으니 (공자께서는) 물에서 이 점을 취하여 물을 칭찬한 것이다."

不舍晝夜라는 표현이 공자의 그것과 겹치는 데서 알 수 있듯이 맹자의 대답은 '자한 16'에 대한 풀이로 봐도 무방하다. 다만 근원이나 근본에 좀 더 강조점을 두는 점에서 맹자의 특이성이 드러난다. 다시 맹자의 보충설명이다.

"만일 (샘의) 근본〔本〕이 없다면 (장마철인) 7월과 8월 사이에 빗물이 모여 크고 작은 도랑〔溝澮〕이 모두 물로 가득 차겠지만 (비가 그치면) 그것이 말라버리는 것〔涸〕은 잠깐 서서 기다리는 것만으로도 족할 것이다. 그렇기 때문에 명성〔聲聞〕이 실상〔情〕보다 지나친 것을 군자는 부끄러워하는〔恥〕 것이다."

공자는 늘 행동보다 말이 앞서는 것을 부끄러워 했다〔恥〕. 같은 맥락이다. 그리고 명실상부(名實相符)를 강조하고 있다는 점에서 앞의

17장과 직접 연결된다. 이 장은 여러 면에서 『논어』와 연결이 된다. 근본〔本〕과 관련해서는 『논어』 '학이 2'와 직접 연결이 된다.

유자가 말했다. "그 사람됨이 효도하고 공경하면서 윗사람을 범하기를 좋아하는 자는 드물다. (또) 윗사람을 범하기를 좋아하지 않으면서 난을 일으키기를 좋아하는 자는 없다. 군자는 근본에 힘쓰니, 근본이 서야 도리〔道〕가 생겨난다. 효와 제라는 것은 어짊을 행하는 근본이라 할 만하다!"

그리고 주희가 인용한 추호(鄒浩)의 풀이에서도 지적하고 있듯이 명성과 실상의 문제에 대해서 공자는 『논어』 '안연 20'에서 소문〔聞〕과 통달〔達〕의 차이를 통해 설명하고 있다.

자장이 물었다. "선비는 어떠해야 경지에 이르렀다〔達〕 할 수 있습니까?"
공자가 되물었다. "무슨 말인가? 네가 말하는 달(達)이란 것이."
자장이 답했다. "나라에 있어도 반드시 그의 명예에 관한 소문〔聞〕이 나며, 집 안에 있어도 반드시 소문이 나는 것입니다."
공자는 말했다. "그것은 소문이 나는 것이지 통달한 것이 아니다. 무릇 통달한 사람이란 바탕이 곧고 의리를 좋아하며, 남의 말을 가만히 살피고 얼굴빛을 관찰하며, 사려 깊게 몸을 낮추는 것이니 나라에 있어도 반드시 이르게 되고, 집 안에 있어도 반드시 이르게 된다. (이에 반해) 무릇 소문만 요란한 사람이란 얼굴빛은 어진 듯하나 행실이 어질지 못하고, 머물러 있으며 자신의 행실에 대해 아무런 의문도 던지지 않으니 나라에 있어도 반드시 소문이 나고, 집 안에 있어도 반드시 소문이 난다."

맹자는 聲聞이라 하여 聞을 언급했고, 공자는 達과 대비시키면서
      성문   문   달
聞을 언급하고 있다.
문

맹자는 말했다. "사람이 짐승과 구별되는 점은 참으로 몇 가지 안 되는데 보통 사람들은 그것들을 버리는 반면 군자는 그것을 지켜 보존한다. (예를 들면 군자 중의 군자라 할 수 있는) 순임금은 두루 사리에 밝았고 인륜(人倫)을 깊이 살펴서 정통했으니 (너무도 자연스럽게) 어짊과 의로움(의 도리)을 따라서 행했을 뿐이요, (생각하고 계산해서 억지로) 어짊과 의로움을 행한 것은 아니다."

孟子曰 人之所以異於禽獸者幾希 庶民去之君子存之 舜明於庶物察於
맹자 왈 인 지 소 이 이 어 금수 자 기희 서민 거 지 군자 존 지 순 명 어 서물 찰 어

人倫 由仁義行非行仁義也
인륜 유 인 의 행 비 행 인 의 야

🌸　　사람의 근본[本]에 대한 이야기가 이어진다. 맹자의 말이다.
"사람이 짐승과 구별되는 점은 참으로 몇 가지 안 되는데[幾希] 보통 사람들[庶民]은 그것들을 버리는 반면 군자는 그것을 지켜 보존한다. (예를 들면 군자 중의 군자라 할 수 있는) 순임금은 두루 사리[物]에 밝았고 인륜(人倫)을 깊이 살펴서 정통했으니[察] (너무도 자연스럽게) 어짊과 의로움[仁義](의 도리)을 따라서[由] 행했을 뿐이요, (생각하고 계산해서 억지로) 어짊과 의로움을 행한 것은 아니다."

우선 순임금 부분에 대한 주희의 풀이를 보자. "어짊과 의로움을 따라서 행했을 뿐이요, 어짊과 의로움을 행한 것은 아니라는 말은 어짊

과 의로움이 이미 마음속에 뿌리내리고 있어 행하는 바가 모두 이로부터 나온 것이요, 어짊과 의로움을 아름답다고 여긴 다음에 억지로 힘써 행한 것은 아니니 이른바 편안하게 여겨 그것을 행한다〔安而行之〕는 것이다."

여기서 우리가 알아둬야 할 것은 앞서 보았던 安과 利의 이분법이다. 어진 이〔仁者〕는 어짊〔仁〕을 편안하게 받아들여 행하는 사람〔安仁〕이요, 사람 보는 지혜를 가진 사람〔知者〕은 어짊〔仁〕을 이롭게 여겨 행하려고 애쓰는 사람〔利仁〕이다. 순임금은 지자(知者)를 뛰어넘은 인자(仁者)였다는 말이다. 그래서 빼어난 이〔聖人〕라고 하는 것이고, 지자(知者) 정도만 되어도 군자의 반열에는 오를 수 있다. 어짊을 이롭게 여기는 것〔利仁〕을 부정적으로 봐서는 안 된다.

다만 여기서는 庶民(小人)과 君子의 이분법이기 때문에 순임금을 (빼어난 이가 아닌) 군자의 범주에 포함시킨 것이다.

20

맹자는 말했다. "우왕(禹王)은 맛있는 술을 싫어하고 좋은 말을 듣는 것을 좋아했다. 탕왕(湯王)은 중화(中和=中道)를 잡아 굳게 지키면서 뛰어난 인재들을 등용해 쓰는 데 있어 그 부류에 구애됨이 없었다. 문왕(文王)은 백성들을 마치 (조금이라도 잘못하면 크게 생겨날 수 있는) 상처를 대하듯이 하였고, 도리를 바라보면서도 (마치) 아직 도리를 보지 못한 것처럼 하면서 세상에 (보다 나은) 도의(道義)를 행하기 위해 부단히 애를 썼다. 무왕(武王)은 가까운 이들을 막 대하지 않았고, 멀리 있는 자들을 결코 잊지 않았다. 주공(周公)은 삼왕(三王)(의 德)을 겸함으로써 네 가지 사업을 베풀겠다고 생각했다. (이를 실천함에) 삼왕(三王) 사사(四事)의 원칙에 적합하지 않는 것이 있으면 하늘을 우러러 밤낮으로 고심에 고심을 거듭하였고, 다행히 그 해결방안을 얻게 되면 (조금이라도 빨리 그것을 실천해 백성들에게 큰 유익함을 주고자 하는 마음에서) 자리에 앉아서 날이 새기를 손꼽아 기다렸다."

孟子曰 禹惡旨酒而好善言 湯執中立賢無方 文王視民如傷望道而未之
맹자 왈 우 오 지주 이 호 선언 탕 집중 입현 무방 문왕 시 민 여 상 망 도 이 미 지

見 武王不泄邇不忘遠 周公思兼三王以施四事 其有不合者 仰而思之夜以
견 무왕 불 설 이 불 망 원 주공 사 겸 삼왕 이 시 사사 기 유 불합 자 앙 이 사 지 야 이

繼日 幸而得之坐以待旦
계 일 행 이 득 지 좌 이 대 단

앞장에서 순임금이 군자다운 이유를 설명했고, 여기서

는 공자 등에 의해 높은 평가를 받는 임금들이 군자다운 이유를 짤막하지만 예리하게 지적하고 있다. 먼저 우왕(禹王)에 대한 평이다.

"우왕은 맛있는 술(旨酒)을 싫어하고, 좋은 말(善言=昌言)을 듣는 것을 좋아했다." 성품이 검소했고 신하들의 간하는 말(諫言)에 귀를 열었다는 뜻이다. 우왕의 두 가지 다움(德)에 대해 주희는 각각 이렇게 풀이한다. "『전국책』 '위책(魏策)'에 이르기를 '의적(儀狄)이 술을 만들자 우왕은 그 술을 마셔보고 맛있게 여기며 말씀하시기를 '후세에 반드시 술 때문에 나라를 망칠 자가 있을 것이다'라고 하시고는 마침내 의적을 멀리하고 맛있는 술을 끊었다'고 하였다." "『서경』에 이르기를 '우왕은 좋은 말(昌言=善言)에 절하였다'고 하였다." 여기서 검소함과 좋은 말 듣기를 좋아하는 우왕을 알 수 있다.

이어 탕왕(湯王)에 대해 평한다. "탕왕은 중화(中和=中道)를 잡아 굳게 지키면서(執) 뛰어난 인재(賢)들을 등용해 쓰는 데 있어 그 부류(方=類)에 구애됨이 없었다."

부류란 출신 지역이나 신분 등을 말한다. 그런데 이 문장은 두 개로 나눠 중화를 잡고 인재등용에 구애됨이 없었다는 식으로 풀면 곤란하다. 하나로 합쳐야 한다. 왜냐하면 그 부류에 구애됨이 없는 인재등용의 원칙은 초지일관 집중(執中), 즉 중화를 잡아 굳게 지키는 데서 비롯되기 때문이다. 원래 집중은 요임금이 순임금에게 천자의 자리(帝位)를 물려주면서 반드시 명심해야 할 통치의 핵심 사항(要訣)을 이야기할 때 나온다. 『논어』 '요왈 1'의 일부다. 거기에는 탕왕의 발언도 포함돼 있으니 함께 살펴보자.

요임금이 말했다. "아! 너 순(舜)아. 하늘의 뜻이 마침내 너에게 있으니, (너는 왕위에 올라) 진실로 중화(中和)를 잡도록 하라. 만백성이 곤궁에 빠지면 하늘의 녹(祿) 또한 영원히 끊어질 것이다." 순임금 또한 이 말씀으로써 우왕을 일깨웠다.

(탕왕이) 말했다. "나 소자 이(履)는 검은 희생을 써서 감히 거룩하신 상제께 밝게 아룁니다. 죄지은 자[有罪]를 감히 (내 마음대로) 용서하지 못하며, 상제의 신하를 제가 감히 숨길 수 없으니, 인물을 간택하는 것은 (내 마음대로 하는 것이 아니라) 상제의 마음에 있는 것입니다." (또 제후들에게 말씀하셨다.) "내 몸에 죄가 있음은 만방(萬方) 때문이 아니요, 만방에 죄가 있음은 그 책임이 내 몸에 있다."

다시 정리하면 첫째, 요임금은 양위(讓位)의 방식으로 자식이 아닌 뛰어난 자를 골랐다[擇賢]. 그것이 천명(天命-하늘의 曆數)이라는 것이다. 둘째, 통치를 할 때 執中, 즉 지극한 정성을 다하는 중화(中和)의 길을 잃어서는 안 된다는 점을 분명히 했다. 執中은 우리가 흔히 쓰는 集中과는 다른 뜻이다. 한군데로 모으는 것이 아니라 '온몸과 마음의 정성을 다 바쳐 끊임없이 노력하는 것'이다. 셋째, 결국 정치의 요체는 백성을 먹여 살리는 데 있다는 점을 잊어서는 안 된다는 점을 분명히 했다.

거꾸로 말하면 천명이 따르지 않거나 중화를 지키지 못하거나 백성 구제에 실패하면 언제든지 왕의 자리에서 굴러떨어질 수 있다는 것을 강조한 것이다.

후반부는 하(夏) 나라 걸왕(桀王)을 내쫓고 상(商) 나라를 세운 탕왕이 상제(上帝)와 여러 제후들에게 하는 말이다. 履는 탕왕의 이름이다. 먼저 탕왕은 상제께 걸왕을 내쫓은 변고를 고한다. "나

〔予〕소자 이(履)는 감히〔敢〕검은 희생〔玄牡〕을 사용하여 거룩하신〔皇皇〕상제(上帝)께 밝게〔昭〕고합니다." 자신을 소자(小子)라 한 것은 상제 앞에서 자신을 낮춘 것이다. 또 주희는 여기서 "검은 희생을 쓴 것은 하나라가 검은색을 숭상하였는데 아직 그 예를 바꾸지 않은 것"이라고 풀이한다. 그만큼 조심하고 삼가는 모습을 보여주고 있는 것이다.

이어 탕왕은 말한다. "죄지은 자〔有罪〕를 감히 (내 마음대로) 용서하지 못하며 상제의 신하〔帝臣〕를 제가 감히 숨길 수 없으니 인물을 간택하는 것〔簡〕은 (내 마음대로 하는 것이 아니라) 상제의 마음〔帝心〕에 있는 것입니다." 주희는 여기서 죄지은 자를 걸왕으로 한정하고 있지만 일반적인 의미에서의 죄인으로 보아도 무방하다. 죄가 있고 없고〔有無罪〕를 가리기는 하겠지만 그 기준을 내 마음대로 하는 것이 아니라 상제의 뜻이 무엇인지를 미루어 정하겠다는 마음자세의 표출로 볼 수 있기 때문이다. 이런 뜻은 인재선발에도 그대로 적용된다. 상제의 신하란 그런 신하가 실제 있다는 것이 아니라 뛰어난 인재를 말한다. 그런 인재가 있으면 내 뜻과 맞고 맞지 않고를 떠나 상제의 선택이라 생각하고 뽑아서 쓰도록 노력하겠다는 것이다. 이는 임금이라고 내 뜻대로 할 수 있다는 작은 마음조차 갖지 않겠다는 다짐으로 보인다. 그것은 곧 나를 버리고 공적인 차원〔公〕으로 나아가겠다는 다짐이다.

이어 제후를 비롯한 아랫사람들에게 다짐한다. "나〔朕〕에게 궁극적으로 죄가 있다면 그것은 세상〔萬方〕때문이 아니요, 세상에 죄가 있다면 그 죄는 궁극적으로 나에게 있다." 자신에게는 엄정하고 남에게는 관대하겠다는 군주로서의 다짐이다.

이제 맹자는 주나라 건국의 토대를 마련한 문왕(文王)을 평한다. "문왕은 백성들을 마치 (조금이라도 잘못하면 크게 생겨날 수 있는) 상처를 대하듯이 하였고, 도리[道]를 바라보면서도 (마치) 아직 도리를 보지 못한 것처럼 하면서 세상에 (보다 나은) 도의(道義)를 행하기 위해 부단히 애를 썼다."

우선 이에 대한 주희의 풀이부터 보자. 아주 명쾌하다. "백성들은 이미 편안했지만 이런 백성들을 보기를 오히려 다칠 듯이 여겼고, 도리가 이미 지극하나 바라보기를 오히려 (아직) 도리를 보지 못한 듯이 여겼으니, 빼어난 이가 백성을 사랑하기를 깊이 하고 도리를 구하기를 간절히 함이 이와 같았다. 이는 스스로 만족스럽게 여기지 않아 종일토록 부지런히 힘쓰는 마음[乾乾之心]이다."

'부지런히 힘쓰는 마음[乾乾之心]'이 관건이다. 문왕이 문(文)이라는 시호를 받을 수 있었던 것도 어떤 성취를 했느냐의 여부를 떠나 최선을 다하는 이 같은 자세를 평가받은 때문이다.

필자는 졸저 『논어로 논어를 풀다』 첫머리에서 學而時習의 배움[學]이 무엇을 배우는 것이냐는 문제를 제기한 바 있다. 결론부터 이야기하면 그것은 文을 배우는 것이고 이때의 文을 우리말로 하면 '애쓰다', '애쓰는 법'이다. 애쓰는 법, 애쓰는 마음이란 다름 아닌 부지런히 힘쓰는 마음이다. 문왕의 文, 즉 '부지런히 힘쓰는 마음[乾乾之心]'이나 문질(文質)의 文은 결국 애쓰고 최선을 다하는 마음, 즉 열렬함[誠]인 것이다. 그리고 이 같은 文이나 誠이 일정한 절차를 통해 나름대로 빠짐없이 갖추는 것, 그것이 바로 禮다. 禮를 동사로 풀이하면 '갖추다'이다. 빈틈없이 다 갖추는 것이 바로 禮다. 그것은 곧 애씀의 일종이다. 이 문제는 일단 이 정도에서 그칠까 한다.

이번에는 무왕(武王)이다. 맹자의 말이다. "무왕은 가까운 이들을 막 대하지[泄=狎] 않았고, 멀리 있는 자들을 결코 잊지 않았다."

친압한다[泄]는 것은 아랫사람이 윗사람을 깔보고 윗사람이 아랫사람을 막 대하는 것을 의미한다. 무왕은 아랫사람을 막 대하지 않아[禮待] 아랫사람들이 흥기할 수 있었고, 멀리 있는 자들을 결코 잊지 않아 멀리서도 찾아올 수 있게 하였다는 말이다. 가까운 이는 조정의 신하들, 멀리 있는 자는 제후들로 풀이할 수도 있다.

이제 사실상의 결론에 해당하는 주공(周公)에 대한 맹자의 평이 나온다. "주공은 삼왕(三王)(의 다움[德])을 겸함으로써 네 가지 사업[四事]을 베풀겠다고 생각했다[思]. (이를 실천함에) 삼왕(三王) 사사(四事)의 원칙에 적합하지 않는 것이 있으면 하늘을 우러러 밤낮으로[夜以繼日] 고심에 고심을 거듭하였고[思] 다행히 그 해결방안을 얻게 되면 (조금이라도 빨리 그것을 실천해 백성들에게 큰 유익함을 주고자 하는 마음에서) 자리에 앉아서 날이 새기[旦]를 손꼽아 기다렸다."

삼왕은 우왕, 탕왕, 문(무)왕 세 임금을 가리키기도 하고 이들이 세운 하은주(夏殷周) 왕실을 가리키기도 한다. 여기서는 어느 쪽으로 봐도 무방하다. 사사는 지금 말했던 우왕, 탕왕, 문왕, 무왕의 네 가지 통치 지혜를 말한다. 주공은 이들 모두로부터 지혜를 배워 그것을 실행하는 데 부지런히 힘쓰는 마음[乾乾之心]을 잃지 않았던 것이다. 참고로 주공의 이름은 단(旦)이다.

21

맹자는 말했다. "제대로 임금다운 임금의 행적이 더 이상 이어지지 않고 끝나자 시(詩)도 함께 쇠퇴해 버렸다. 이처럼 시가 쇠퇴한 이후에 (공자께서)『춘추(春秋)』를 지으셨다. 진(晉) 나라의『승(乘)』, 초(楚) 나라의『도올(檮杌)』, 노(魯) 나라의『춘추(春秋)』는 모두 (자국의 역사책으로) 똑같은 것이다. 거기에 기록된 일들은 제나라 환공(桓公), 진나라 문공(文公)의 업적에 관한 것들이며, 그 서술방식과 문체는 사관(史官)의 문체였다. 공자께서 말씀하셨다. '(사관들이 역사책을 쓰는) 그 의리의 정신을 나는 슬쩍 빌려다 썼다.'"

孟子曰 王者之跡熄而詩亡 詩亡然後春秋作 晉之乘 楚之檮杌 魯之春秋
맹자 왈 왕자 지 적 식 이 시 망 시 망 연후 춘추 작 진 지 승 초 지 도올 노 지 춘추

一也 其事則齊桓晉文 其文則史 孔子曰 其義則丘竊取之矣
일 야 기 사 즉 제환 진문 기 문 즉 사 공자 왈 기 의 즉 구 절취 지 의

주(周) 나라는 평왕(平王) 대에 이르러 국력이 쇠퇴하여 나라를 동쪽으로 옮겨가게〔東遷〕되고, 천자의 권위가 떨어져 제후들을 제대로 통제할 수 없는 지경에 이른다. '임금다운 임금〔王者〕의 행적〔跡〕이 끝났다〔熄〕'는 맹자의 말은 이 같은 역사적 사실을 염두에 둔 표현이다. 이제 맹자의 말을 풀어보자.

"제대로 임금다운 임금의 행적이 더 이상 이어지지 않고 끝나자 시(詩)도 함께 쇠퇴해 버렸다. 이처럼 시가 쇠퇴한 이후에 (공자께서)『춘

추(春秋)』를 지으셨다."

이 말은 간단히 풀이하고 지나가서는 안 된다. 너무나도 중대한 전환점을 지적하고 있기 때문이다. 여기서 우리는 시(詩)와 역사(史), 보다 구체적으로는『시경』과『춘추』의 관계를 추출해 낼 수 있다. 그러면 여기서 말하는 시(詩)란 무엇인가? 도대체 어떤 의미에서의 시를 말하기에 임금다운 임금(王者=聖君)의 행적이 끊어지자 시도 함께 망해버렸다고 말하는 것일까?

먼저 여기서 말하는 시의 발단부터 살피는 것이 올바른 순서다.『서경』'하서(夏書)'에는 기(夔)가 음악을 짓고 순임금이 가사를 붙이는 대목이 나온다. 일반적으로 이것을 시의 출발점으로 본다. 이렇게 해서 고대 중국에서 시는 빼어난 임금(聖君)의 통치행위와 밀접하게 연결돼 시작됐다. 그 후 천자는 제후국들을 순행하면서 그때마다 각 지방의 풍속과 행정을 보살폈고, 이를 위한 수단의 하나로 지방별 민심이 담긴 시가(詩歌)를 수집하여 편찬했다. 그중에서 고르고 고른 것이 바로『시경』이다. 따라서 왕실의 권위가 땅에 떨어지고 천자가 더 이상 제후국들을 순회할 수 없게 되면서 시가를 수집하는 일도 불가능하게 되었다. '시가 쇠퇴했다(詩亡)'는 것은 곧 천자의 권위가 땅에 떨어지면서 세상(天下)에 도리(道)가 없어졌다는 뜻이다.

이처럼 세상에 도리가 없는(天下無道) 상황에서 도리를 회복하기 위한 수단으로 공자가 주목한 것이 다름 아닌 역사(春秋)다. 천하에 도리가 살아 있음(天下有道)에 시가(詩)요, 천하에 도리가 없음(天下無道)에 역사(春秋)인 것이다. 공자의 역사책『춘추』에 시대비판 정신이 담기게 된 것도 바로 이런 연유에서 비롯된다. 이런 흐름을 감안하면서 맹자의 말을 계속 들어보자.

"진(晉) 나라의 『승(乘)』, 초(楚) 나라의 『도올(檮杌)』, 노(魯) 나라의 『춘추(春秋)』는 모두 (자국의 역사책으로) 똑같은 것이다. 거기에 기록된 일들은 제나라 환공(桓公), 진나라 문공(文公)의 업적에 관한 것들이며, 그 서술방식과 문체〔文〕는 사관(史官)의 문체였다. 공자께서 말씀하셨다. '(사관들이 역사책을 쓰는) 그 의리의 정신을 나는 슬쩍〔竊〕빌려다 썼다.'"

사관의 문체란 다름 아닌 역사서술문체〔春秋筆法〕를 말한다. 시문(詩文)의 문체가 아니라 진나라의 승, 초나라의 도올, 노나라의 춘추에 담긴 역사서술문체를 기본으로 해서 자신의 『춘추』를 지었다는 말이다.

『춘추정의소(春秋正義疏)』의 저자인 공영달(孔穎達)은 이렇게 풀이한다. "춘추란 말은 원래 각국의 역사책〔史書〕을 가리키는 보통명사였다. 즉 연(燕) 나라에는 연의 『춘추』가 있었고, 송(宋) 나라에는 송의 『춘추』가 있었다. 진나라의 『춘추』를 '승'이라고 부른 이유는 거기에는 좋은 일이든 나쁜 일이든 간에 무엇이나 다 실어서 기록해 두었다는 뜻에서 붙여진 이름이고, 초나라의 『춘추』를 '도올'이라고 불렀던 것은, 도올은 원래 못된 짐승의 이름으로서 나쁜 일들을 기록해 둠으로써 나쁨을 경계하고 좋음을 지키려는 의도에서 붙여진 명칭이다. 한편 한 나라의 역사서를 '춘추'라 부른 까닭은 일 년에 춘하추동(春夏秋冬)의 사계절이 있으며 이 사계절 안에는 만물의 생육번성 등 일어나지 않는 일이 없는 것처럼, 한 나라의 역사에도 모든 일들이 다 일어나기 때문이다. 이처럼 역사와 사계절의 유사성을 표현하기 위하여 그것을 春(夏)秋(冬), 즉 春秋라 불렀던 것이다."

도올은 우리나라에서 전 고려대 교수 김용옥 씨가 자신의 호로 삼아 널리 알려져 있다. 도올은 고대 중국에서 역사서 외에 두 가지 뜻으로 사용됐다. 하나는 성질이 못된 짐승〔惡獸〕을 뜻하고, 또 하나는 사람들이 가르쳐도 되지 않고 말을 해도 알아듣지 못하는 재주 없는 인간〔不才者〕을 욕하며 불렀던 말이다.

22

맹자는 말했다. "군자가 남긴 아름다운 유풍도 다섯 세대가 지나면 끊어지고, 소인의 나쁜 유풍도 (마찬가지로) 다섯 세대가 지나면 끊어진다(고 했다). 나는 (직접적으로) 공자의 제자가 될 수는 없었지만 여러 사람들을 통해 개인적으로 배울 수 있었다."

孟子曰 君子之澤五世而斬 小人之澤五世而斬 予未得爲孔子徒也 予
맹자 왈 군자 지 택 오세 이 참 소인 지 택 오세 이 참 여 미득 위 공자 도 야 여

私淑諸人也
사숙 제 인 야

맹자는 공자의 손자이자 제자이면서 『중용』을 지은 자사(子思)의 제자들에게 배웠다. 따라서 주희는 여러 사람들〔諸人〕을 자사의 제자들로 본다. 맹자의 말을 풀어보자.

"군자가 남긴 아름다운 유풍도 다섯 세대가 지나면 끊어지고, 소인의 나쁜 유풍도 (마찬가지로) 다섯 세대가 지나면 끊어진다(고 했다). 나는 (직접적으로) 공자의 제자가 될 수는 없었지만 여러 사람들을 통해 개인적으로 배울 수 있었다."

한 세대를 30년으로 볼 경우 다섯 세대면 150년이다. 공자와 맹자의 차이는 대략 100년이다. 그러므로 맹자는 공자의 유풍〔澤〕이 없어지기 전에 사숙을 통해서나마 공자의 도리〔道〕를 배웠기 때문에 나름대로 공자의 도리를 제대로 이었다고 자부하고 있는 것으로 볼 수 있다.

앞장에서는 공자가 『춘추』를 지어 삼왕(三王)의 정신을 이으려 했고, 여기서는 맹자가 사숙을 통해서나마 공자의 정신을 이으려 노력하고 있음을 보여준다.

23

맹자는 말했다. "얼핏 보았을 때는 취할 만하지만 자세히 살펴보았을 때 취해서는 안 되는데도 굳이 취하게 되면 청렴을 잃게 되고, 얼핏 보았을 때는 줄 만하지만 자세히 살펴보았을 때 줘서는 안 되는데도 굳이 주게 되면 은혜를 손상하게 되고, 얼핏 보았을 때는 죽을 만하지만 자세히 살펴보았을 때 죽어서는 안 되는데도 굳이 죽는 길을 택하게 되면 용기를 손상하게 된다."

孟子曰 可以取可以無取取傷廉 可以與可以無與與傷惠 可以死可以無死
맹자 왈　가이 취 가이 무취 취 상렴　가이 여 가이 무여 여 상혜　가이 사 가이 무사

死傷勇
사 상용

🌸　　　맹자는 여기서 상당히 함축적인 문장을 말하고 있다. 아마도 앞장에 이어 풀이하자면 맹자가 사숙을 통해 배운 공자의 가르침〔道〕의 일부나마 보여주려는 것 같다.

먼저 직역을 한 다음에 풀어보자. 可以는 '~할 수 있다', '~할 만하다', '~해도 된다' 등의 뜻을 갖는다. 취할 수도 있고 취하지 않아도 되는데 (굳이) 취하면 청렴이나 염치〔廉〕를 해치고, 줄 수도 있고 주지 않아도 되는데 (굳이) 주면 (오히려) 은혜〔惠〕를 해치고, 죽을 수도 있고 죽지 않아도 되는데 (굳이) 죽는 길을 택한다면 그것은 용기〔勇〕를 해치는 것이다.

주희가 인용한 임지기(林之奇)의 풀이를 보면 『논어』 '옹야 3'에서 그 전형적인 사례를 구하여 앞의 두 가지를 설명하고, 또 공자가 제 명에 죽지 못할 것이라고 예언했던 제자 자로(子路)의 경우를 통해 용기를 해치는 문제를 풀이한다. 먼저 '옹야 3'을 보자.

공서적이 제나라에 사신으로 가게 되었다. 이때 염자가 나서서 공자에게 공서적의 어머니를 위해 곡식을 줄 것을 청했다. 이에 공자는 1부(釜)를 주라고 허락했다. 염자는 더 줄 것을 청했다. 공자는 그렇다면 1유(庾)를 주라고 허락했다. 그런데 염자는 (공자의 명을 무시하고) 임의대로 5병(秉)을 공서적의 어머니에게 전했다.

(이를 알게 된) 공자는 말했다. "공서적이 제나라에 갈 때 보니 살찐 말과 가벼운 갖옷을 갖추고 갔다. 내 들으니 모름지기 군자란 곤궁함에 빠진 사람을 돌보아주는 것이고 부유한 자에게 계속 대주지는 않는다고 했다."

이에 대한 임지기의 풀이다. "공서적이 5병의 곡식을 받은 것은 청렴을 손상한 것이요, 염자가 준 것은 은혜를 손상한 것이다." 청렴이나 은혜를 손상했다는 말은 진정한 의미의 청렴이나 은혜와는 동떨어진 행위라는 것이다.

이와 비슷한 예는 『논어』에 여러 차례 나오는데 그중에 '공야장 23'의 곧음[直]을 살펴보자.
직

공자는 말했다. "누가 미생고를 곧다고 하는가? 어떤 사람이 식초를 빌리려 하자 그의 이웃집에서 빌려다가 주는구나."

이 또한 얼핏 보면 미생고는 곧은 사람처럼 보인다. 그러나 곰곰이 생각해 보면 이는 곧음과는 거리가 멀다. 자기 집에 식초가 없으면 없다고 하는 것이 곧음이다. 이런 맥락에서 맹자의 말에 대한 주희의 풀이는 숨어 있는 뉘앙스까지 정확히 읽어낸 탁견이다.

"먼저 '가이(可以)'라고 말한 것은 대충 보고서 스스로 허여한 말이요, 뒤에 '가이무(可以無)'라고 말한 것은 깊이 살펴본 다음 스스로 의심하여 한 말이다. 지나치게 취함은 진실로 청렴에 손상되고, 지나치게 주는 것도 또한 은혜를 손상하고, 지나치게 죽는 것도 또한 용기에 손상되니 지나침(過)이 모자람(不及)과 같다는 것은 이런 뜻이다."

자로의 경우 일개 가신으로 있으면서 의리를 망각하고 주군에게 충신을 다한다며 목숨을 바쳤다. 그런데 공자는 이미 그가 죽기 전에 비판적인 의견을 보인 바 있다. 『논어』 '선진 12'다.

> 민자건은 공자를 옆에서 모실 적에 온화하였고, 자로는 굳세었고, 염유와 자공은 강직하니 공자께서 (뛰어난 자질을 갖춘 다양한 제자들과 강학을 함께하는 것을) 즐거워하셨다.
>
> (그러던 어느 날) 공자는 말했다. "자로는 제대로 죽지 못할 것이다."

이상의 풀이를 종합해 맹자의 말을 옮겨보자. "얼핏 보았을 때는 취할 만하지만 자세히 살펴보았을 때 취해서는 안 되는데도 굳이 취하게 되면 청렴을 잃게 되고, 얼핏 보았을 때는 줄 만하지만 자세히 살펴보았을 때 줘서는 안 되는데도 굳이 주게 되면 은혜를 손상하게 되고, 얼핏 보았을 때는 죽을 만하지만 자세히 살펴보았을 때 죽어서는 안 되는데도 굳이 죽는 길을 택하게 되면 용기를 손상하게 된다."

24

방몽(逢蒙)이 예(羿-后羿)에게 활쏘기를 배워 예의 솜씨를 다 익히
자 세상에서 오직 예만이 자기보다 활을 잘 쏜다고 생각하였다. 이에 예
를 시해하였다.

맹자는 말했다. "이렇게 된 데는 예에게도 죄가 있다."

이에 공명의(公明儀)가 "아마도 (예에게는) 죄가 없는 것 같습니다"
라고 말하자 맹자는 "죄가 (방몽보다는) 박할지언정 어찌 아무 죄가 없
다고 할 수 있겠는가?"라며 다음과 같이 말했다. "(옛날에) 정(鄭) 나
라에서 자탁유자(子濯孺子)로 하여금 위(衛) 나라를 침공하도록 했다.
(그러나 공격은 실패로 돌아갔고 자탁유자는 후퇴를 해야 했다.) 이에 위
나라에서는 유공(庾公) 사(斯)로 하여금 자탁유자의 군대를 추격토록
했다. (그때) 자탁유자가 '오늘 나는 병이 나서 활을 잡을 수 없으니 꼼
짝없이 죽게 생겼구나'라고 말하면서 자신의 전차를 모는 마부에게 '나
를 추격해 오는 자는 누구인가?'라고 물었다. 마부가 '유공 사입니다'
라고 말하자 그는 '나는 살 수 있겠구나'라고 말했다. 이에 그 마부가
'유공 사는 위나라에서 활을 잘 쏘는 사람인데 주인님께서는 '나는 살
수 있겠구나'라고 말씀하시니 무슨 뜻인지요?'라고 묻자 자탁유자는
이렇게 말했다. '유공 사는 윤공(尹公) 타(他)에게 활쏘기를 배웠고, 윤
공 타는 나에게 활쏘기를 배웠다. 윤공 타는 (내가 알기에) 진실한 사람
이니 벗을 삼음에도 반드시 진실하게 했을 것이다. (그러니 그로부터 활
쏘기를 배운 유공 사도 모르긴 해도 진실한 사람이 아니겠는가? 그러니 나
는 살 수 있을 것이다.)' 마침내 유공 사가 다 쫓아와서 '선생께서는 왜
활을 잡지 않으십니까?'라고 묻자 자탁유자는 '지금 나는 병이 나서 활

을 잡을 수가 없소이다'라고 답했다. 이에 유공 사는 '저는 윤공 타에게 활쏘기를 배웠고, 그는 선생께 배웠으니 저는 차마 스승의 솜씨로 선생을 해칠 수는 없습니다. 그럼에도 불구하고 오늘의 일은 국가의 일이라 저는 감히 그만둘 수가 없습니다'라고 말한 다음 (활통에서) 화살을 뽑아 수레바퀴에 대고 탁탁 두드려서 쇠화살촉을 제거한 다음 네 대의 화살을 쏜 다음에 위나라로 돌아갔다."

逢蒙學射於羿 盡羿之道 思天下惟羿爲愈己於是殺羿
방몽 학사 어예 진 예지도 사 천하 유예위유기 어 시 살예

孟子曰 是亦羿有罪焉
맹자 왈 시 역 예 유죄 언

公明儀曰 宜若無罪焉
공명의 왈 의약 무죄 언

(孟子)曰 薄乎云爾惡得無罪 鄭人使子濯孺子侵衛 衛使庾公之斯追之
맹자 왈 박호 운이 오득 무죄 정인 사 자탁유자 침위 위사 유공 지사 추지

子濯孺子曰 今日我疾作不可以執弓吾死矣夫 問其僕曰 追我者誰也 其僕
자탁유자 왈 금일 아 질작 불 가이 집궁 오사 의부 문 기복 왈 추아 자 수야 기복

曰 庾公之斯也 曰 吾生矣 其僕曰 庾公之斯衛之善射者也 夫子曰 吾生
왈 유공 지사 야 왈 오생 의 기복 왈 유공 지사 위지 선사 자야 부자 왈 오생

何謂也 曰 庾公之斯學射於尹公之他 尹公之他學射於我 夫尹公之他端人
하위 야 왈 유공 지사 학사 어 윤공 지타 윤공 지타 학사 어 아 부 윤공 지타 단인

也其取友必端矣 庾公之斯至 曰 夫子何爲不執弓 曰 今日我疾作 不可以
야 기 취우 필 단의 유공 지사 지 왈 부자 하위 부 집궁 왈 금일 아 질작 불 가이

執弓 曰 小人學射於尹公之他 尹公之他學射於夫子 我不忍以夫子之道反
집궁 왈 소인 학사 어 윤공 지타 윤공 지타 학사 어 부자 아 불인 이 부자 지 도 반

害夫子 雖然今日之事君事也 我不敢廢 抽矢扣輪去其金發乘矢而後反
해 부자 수연 금일 지사 군사 야 아 불감 폐 추시 구륜 거기 금 발 승시 이후 반

逢은 '막다', '사람의 성(姓)'을 뜻한다. 방몽(逢蒙)은 하
방

(夏) 나라의 제후국인 유궁국(有窮國)의 제후 예(羿-后羿)의 가신이다. 첫 문장은 당시 일어났던 사건을 설명하고 있다.

방몽이 명궁으로 이름이 높았던 자신의 주군 예에게 활쏘기를 배워 예의 솜씨[道]를 다 익히자 세상에서[天下] 오직[惟] 예만이 자기[己]보다 활을 잘 쏜다[愈]고 생각하였다[思]. 이에 예를 시해하였다.

맹자는 말했다. "이렇게 된 데는 예에게도[亦] 죄가 있다." 이에 공명의(公明儀)가 "아마도[宜] (예에게는) 죄가 없는 것 같습니다[若]"라고 말하자 맹자는 "죄가 (방몽보다는) 박할지언정 어찌[惡] 아무 죄가 없다고 할 수 있겠는가?"라고 답했다. 앞의 '등문공 장구 상(滕文公章句上)' 1장에 나온 공명의는 노(魯) 나라의 현인(賢人)이었다. 시대적으로 맹자보다 한참 윗시대의 사람인 것이다. 약간의 논란이 있지만 우리는 일단 문맥을 중시하여 공명의를 동명이인으로 보아 풀어나가고자 한다.

이어 맹자는 자신이 왜 예에게도 죄(혹은 책임)가 있다고 생각하는지를 하나의 사례를 들어 길게 설명한다.

"(옛날에) 정(鄭) 나라에서 자탁유자(子濯孺子)로 하여금 위(衛) 나라를 침공하도록 했다. (그러나 공격은 실패로 돌아갔고 자탁유자는 후퇴해야 했다.) 이에 위나라에서는 유공(庚公) 사(斯)로 하여금 자탁유자의 군대를 추격토록 했다. (그때) 자탁유자가 '오늘 나는 병이 나서[作] 활을 잡을 수 없으니 꼼짝없이 죽게 생겼구나'라고 말하면서 자신의 전차를 모는 마부[僕]에게 '나를 추격해 오는 자는 누구인가?'라고 물었다. 마부가 '유공 사입니다'라고 말하자 그는 '나는 살 수 있겠구나'라고 말했다. 이에 그 마부가 '유공 사는 위나라에서 활을 잘[善] 쏘는 사람인데 주인님[夫子]께서는 '나는 살 수 있겠구나'라고 말씀하시니 무슨 뜻인지요?'라고 묻자 자탁유자는 이렇게 말했다. '유공 사는 윤공(尹公) 타(他)에게 활쏘기를 배웠고 윤공 타는 나에게 활쏘기를 배웠다. 윤공 타는 (내가 알기에) 진실한 사람[端人]이니 벗을 삼음에도 반드시 진실하게[端] 했을 것이다. (그러니 그로부터 활쏘기를 배운 유공 사도 모르긴 해도 진실한 사람이 아니겠는가? 그러니 나는 살 수 있을 것이다.)'

유공 사가 마침내 다 쫓아와서[至] '선생께서는 왜 활을 잡지 않으십니까?'라고 묻자 자탁유자는 '지금 나는 병이 나서 활을 잡을 수가 없소이다'라고 답했다. 이에 유공 사는 '저[小人]는 윤공 타에게 활쏘기를 배웠고, 그는 선생께 배웠으니 저는 차마 스승의 솜씨[道]로 선생을 해칠 수는 없습니다. 그럼에도 불구하고[雖然] 오늘의 일은 국가의 일[君事]이라 저는 감히 그만둘 수가 없습니다'라고 말한 다음 (활통에서) 화살을 뽑아[抽] 수레바퀴에 대고 탁탁 두드려서[扣] 쇠화살촉[金]을 제거한 다음 네 대의 화살[乘矢]을 쏜 다음에 위나라로 돌아갔다."

자탁유자를 죽이지 않은 것이다. 승시(乘矢)란 예전(禮箭)이라고도 하는데 총으로 치자면 공포탄과 비슷한 것이다.

유공 사는 자탁유자의 예상대로 스승의 도리를 지켜 목숨을 구해주었다. 그러나 국가에 대한 공적 의리[公義]는 저버렸다고 할 수 있다. 여기서 맹자가 이 일화를 끌어들인 이유는 주희가 말한 대로 "가령 예가 자탁유자가 윤공 타를 얻어서 가르친 것과 같이 (사람됨을 먼저 보았다면) 반드시 방몽으로부터 화를 입지 않았을 것"임을 일깨우기 위함이다.

그러나 여기에 등장하는 예나 방몽 등은 모두 윗사람의 자리를 찬탈하거나 윗사람을 시해한 참람한 인물들이라는 점에서 썩 유쾌한 사례는 아니라는 게 주희의 지적이다. 또 "유공 사는 비록 (스승의 스승에 대한) 사사로운 은혜는 온전히 하였으나 공적 의리(公義)를 폐하였으니 논할 만한 것이 못 된다"는 지적 또한 새겨들을 만하다.

25

맹자는 말했다. "서시(西施) 같은 절세미인도 더러운 것을 입거나 덮어쓰고 있으면 사람들이 모두 코를 막고 지나간다. (반면에) 아무리 못생긴 사람이라도 재계하고 목욕하여 깨끗이 하면 하늘을 위한 제사도 지낼 수 있다."

孟子曰 西子蒙不潔則人皆掩鼻而過之 雖有惡人齊戒沐浴則可以祀上帝
맹자 왈 서자 몽 불결 즉 인 개 엄비 이 과지 수 유 악인 재계 목욕 즉 가이 사 상제

여기서 蒙은 '입다', '덮어쓰다'는 뜻이다. 맹자는 말한다.
"서시(西施) 같은 절세미인도 더러운 것을 입거나 덮어쓰고 있으면 사람들이 모두 코를 막고 지나간다. (반면에) 아무리 못생긴 사람이라도 재계하고 목욕하여 깨끗이 하면 하늘[上帝]을 위한 제사도 지낼 수 있다."

여기서 아름다움과 추함[美醜]은 비유이다. 오히려 이 장의 의미는 아무리 행실이 뛰어난 자라도 한 번 더럽히면 모든 사람들이 천하게 여길 것이고, 반면에 추악한 행동을 일삼던 자라도 자신의 허물을 뉘우치고 스스로 새로워질 경우 하늘도 섬길 수 있다는 뜻으로 풀어야 한다.

26

맹자는 말했다. "세상 사람들이 본성을 말한다면 (그것은 다름 아닌 그렇게 드러나는) 자취뿐일 것이다. 자취라는 것은 자연스러운 흐름을 근본으로 삼는다. (군자가) 머리만 빠른 사람을 미워하는 이유는 (이치를 추론하지 않고) 잔 지식만을 파고들기 때문이다. 만일 머리만 빠른 사람이 (머리 쓰는 방향을 전환하여) 우왕이 (치수사업을 통해) 물이 (순조롭게) 흘러갈 수 있도록 하신 것처럼만 한다면 굳이 그들의 빠른 머리를 미워할 이유는 없다. 우왕의 치수사업은 그것이 물의 본성에 아무런 해를 끼치지 않고 물의 본성에 맞추어 행하신 것이다. 만일 머리만 빠른 사람도 이처럼 일의 본성에 아무런 해를 끼치지 않는 방식으로 행한다면 그 지혜 또한 커질 것이다. 하늘이 높고 별들이 멀리 있지만 만일 그 자취를 잘 관찰하(여 그 본성이나 이치를 찾아낸다)면 천 년 후의 동지가 언제인지 제자리에 앉아서 (추산(推算)하여) 알아낼 수 있다."

孟子曰 天下之言性也則故而已矣 故者以利爲本 所惡於智者爲其鑿也
맹자 왈 천하 지 언 성 야 즉 고 이이의   고 자 이 리 위 본 소오 어 지자 위 기 착 야

如智者若禹之行水也則無惡於智矣 禹之行水也行其所無事也 如智者亦
여 지자 약 우 지 행수 야 즉 무 오 어 지 의 우 지 행수 야 행 기 소무사 야 여 지자 역

行其所無事則智亦大矣 天之高也星辰之遠也 苟求其故千歲之日至可坐
행 기 소무사 즉 지 역 대 의 천 지 고 야 성신 지 원 야 구 구 기 고 천세 지 일 지 가 좌

而致也
이 치 야

이야기가 조금씩 어려워진다. 먼저 맹자의 첫 번째 발언을 보자. 이는 앞서 본 바 있는 근원이나 근본[本]의 문제와 연결된다.

"세상 사람들이 본성[性]을 말한다면 (그것은 다름 아닌 그렇게 드러나는) 자취[故]뿐일 것이다. 자취라는 것은 자연스러운 흐름[利]을 근본으로 삼는다." 利는 여기서는 '순조롭다[順]'는 뜻이다. 본성[性]은 이치이고, 자취[故]는 겉으로 드러나는 것이다. 그렇다고 해서 우리가 자취만 보고 이치를 보지 못해서는 안 된다. 자취를 보면 그 근원이자 근본인 본성을 미루어 알 수 있어야 한다. 그것이 미루어 헤아림[推論]이고 미루어 판단함[推斷]이다. 사각형의 한쪽을 보여주면 나머지 세 구석을 자연스럽게 아는 것이 바로 추론(推論)이고 추단(推斷)이다. 우리 눈에는 사각형의 네 구석(자취)만 눈에 들어오지만 그것을 통해 우리는 사각형의 이치(네 각의 합은 360도)를 미루어 짐작할 수 있는 것이다. 다시 맹자의 말이 이어진다.

"(군자가) 머리만 빠른 사람[智者]을 미워하는 이유는 (이치를 추론하지 않고) 잔 지식만을 파고들기[鑿] 때문이다. 만일[如] 머리만 빠른 사람이 (머리 쓰는 방향을 전환하여) 우왕이 (치수사업을 통해) 물이 (순조롭게) 흘러갈 수 있도록 하신 것처럼만 한다면 굳이 그들의 빠른 머리[智]를 미워할 이유는 없다. 우왕의 치수사업[行水]은 그것이 물의 본성에 아무런 해[事=害]를 끼치지 않고 물의 본성에 맞추어 행하신 것이다. 만일 머리만 빠른 사람도 이처럼[亦] 일의 본성에 아무런 해를 끼치지 않는 방식으로 행한다면 그 지혜 또한 커질 것이다.

하늘이 높고 별들이 멀리 있지만 만일 그 자취를 잘 관찰하(여 그 본성이나 이치를 찾아낸)다면 천 년 후의 동지[日至=冬至]가 언제인지[度數] 제자리에 앉아서 (추산(推算)하여) 알아낼 수 있다."

이는 곧 우리 주변의 일 또한 그 자취를 잘 살펴 본성을 찾아내려 한다면 얼마든지 할 수 있는데도 사람들이 엉뚱한 데 공력을 쏟고 있음을 비판적으로 지적하고 있는 것이다. 맹자는 우리가 알아야 할 본성이나 근본을 다름 아닌 옛 임금의 도리〔先王之道〕나 공자의 가르침〔道〕으로 받아들이고 있다.

27

공항자(公行子)가 아들의 상(喪)을 당했을 때 우사(右師)인 왕환(王驩)이 조문하러 가서 문에 들어서려 하는데 (그의 앞으로) 나아와 왕환과 말하는 자가 있었고, (왕환이 자리에 나아가자) 왕환의 자리로 나아와서 그와 말하는 자가 있었다.

(그런데) 맹자는 왕환과 말을 하지 않았는데 이에 왕환은 기분 나빠 하면서 사람들에게 이렇게 말했다. "여러 군자들이 다 나와 말을 하는데 맹자만이 홀로 나와 말을 하지 않으니 이는 나를 소홀히 하는 것이다."

이를 전해 들은 맹자는 이렇게 말했다. "예법에 따르면 조정에서는 남의 자리를 지나서 서로 말을 하지 않으며, 서열을 뛰어넘어 서로 읍하지 않는다고 한다. 나는 그저 예를 행하려고 했을 뿐인데 자오(子傲-왕환의 자)는 그것을 갖고서 내가 소홀히 했다고 하니 참으로 이상하지 않은가?"

公行子有子之喪 右師往弔入門 有進而與右師言者 有就右師之位而與
공항자 유 자 지 상 우사 왕 조 입문 유 진 이 여 우사 언 자 유 취 우사 지 위 이 여

右師言者 孟子不與右師言右師不悅曰 諸君子皆與驩言 孟子獨不與驩言
우사 언 자 맹자 불 여 우사 언 우사 불열 왈 제 군자 개 여 환 언 맹자 독 불 여 환 언

是簡驩也
시 간 환 야

孟子聞之曰 禮 朝廷不歷位而相與言 不踰階而相揖也 我欲行禮子傲以
맹자 문 지 왈 예 조정 불 역 위 이 상 여 언 불 유 계 이 상 읍 야 아 욕 행례 자오 이

我爲簡 不亦異乎
아 위 간 불 역 이 호

공항자(公行子)는 제(齊) 나라 대부이고, 우사(右師)는 앞서 나왔던 왕환(王驩)이다. 공항자가 아들의 상(喪)을 당했을 때 우사인 왕환이 조문하러 가서 문에 들어서려 하는데 (그의 앞으로) 나아와 왕환과 말하는 자가 있었고, (왕환이 자리에 나아가자) 왕환의 자리로 나아와서 그와 말하는 자가 있었다.

(그런데) 맹자는 왕환과 말을 하지 않았는데 이에 왕환은 기분 나빠 하면서〔不悅〕 사람들에게 이렇게 말했다. "여러 군자들이 다 나와 말을 하는데 맹자만이 홀로 나와 말을 하지 않으니 이는 나를 소홀히〔簡〕 하는 것이다."

이를 전해 들은〔聞之〕 맹자는 이렇게 말했다. "예법〔禮〕에 따르면 조정에서는 남의 자리를 지나서〔歷〕 서로 말을 하지 않으며, 서열〔階〕을 뛰어넘어〔踰〕 서로 읍하지 않는다고 한다. 나는 그저 예를 행하려고 했을 뿐인데 자오(子敖-왕환의 자)는 그것을 갖고서〔以〕 내가 소홀히 했다고 하니 참으로〔亦〕 이상하지 않은가?"

이에 대해서는 주희의 전형적인 풀이가 명쾌하다. "이때에 제나라 경대부(卿大夫)들이 군주의 명에 따라 조문 가서 각각 서열이 있었으니 『주례(周禮)』에 '모든 봉작(封爵)이 있는 자의 상례(喪禮)에는 직상(職喪-상의 담당자)이 그 자리에 가서 금령(禁令)을 맡아 그 일을 주관한다'는 것과 같은 것이다. 그래서 조정(朝廷)이라고 말한 것이다. 역(歷)은 지나감이고, 위(位)는 다른 사람의 자리다. 우사가 아직 자리에 나아가지 않았는데 나아가서 그와 더불어 말한다면 이는 우사가 자기 자리를 지나간 것이 되고, 우사가 이미 자기 자리로 나아갔는데 찾아가서 그와 더불어 말한다면 이는 자기가 우사의 자리를 지나간 것이 된다. 맹자와 우사의 지위는 또 계급이 같지 않았으니 맹자가 감히 이 예(禮)를 잃을 수 없었으므로 우사와 더불어 말씀하시지 않은 것이다."

28

　맹자는 말했다. "군자(君子)가 일반 사람들과 차이가 나는 까닭은 그 마음을 지키는 바(가 다르기) 때문이다. 군자는 어짊[仁]으로 마음을 지키고, 또 예(禮)로 마음을 지킨다. (그래서) 어진 사람은 다른 사람을 사랑하고, 예를 갖춘 사람은 다른 사람을 공경한다. (그 결과) 다른 사람을 사랑하는 사람은 남들이 항상 그를 사랑하고, 다른 사람을 공경하는 사람은 남들이 항상 그를 공경한다.

　여기에 어떤 사람이 있다. 그 사람이 누군가에게 마구잡이로 거칠게 대할 경우, 그 누군가가 군자라면 반드시 그 자신을 이렇게 돌아볼 것이다. '내가 분명 어질지 못했거나 무례했을 것이다. (그렇지 않고서야) 이런 일이 어찌 나에게 일어날 수 있겠는가.' 그리고 그 자신을 돌이켜보아 분명 어질었고 또 자신을 돌이켜보아 예를 갖췄는데도 그 같은 마구잡이 행태가 전과 같을 경우, 그 누군가가 군자라면 반드시 그 자신을 이렇게 돌아볼 것이다. '내가 분명 인(仁)과 예(禮)를 행함에 나 자신을 위해 온 마음을 다하는 것처럼 하지는 못했을 것이다.' 자신을 돌이켜보아 최선의 마음을 다하였음에도 그 망나니 같은 짓이 여전하다면 군자의 경우 이렇게 말할 것이다. '이는 참으로 쓸데없는 인간일 따름이다. 이처럼 해댄다면 짐승과 무슨 차이가 있겠는가? (결국) 짐승을 향해 더이상 무엇을 질책하겠는가?'

　바로 이 때문에 군자는 평생토록 가져가는 근심은 있어도 하루아침의 일시적인 걱정거리는 없는 것이다. 이에 근심해야 할 것으로는 이런 것이 있다. 순임금도 사람이고 나도 역시 사람이다. (그런데) 순임금은 만천하에 모범이 되셨고 앞으로 후세에까지도 전할 만한데 나는 여전히 촌놈 신세를 못 면하고 있으니 이것이야말로 근심할 만한 것이다. 진정 (걱정이 아니라) 근심을 한다면 어떻게 해야 할까? 순임금처럼 하는 것뿐이다. 군자로 말하면 걱정해야 할 것은 없다. 인(仁)이 아니면 하지 않으면 되고, 예(禮)가 아니면 행하지 않으면 된다. 설사 하루아침의 일시적인 걱정거리가 있다고 하더라도 (그것은 어차피 내 자신에서 비롯된 걱정은 아니기 때문에) 군자는 걱정하지 않는다."

孟子曰 君子所以異於人者以其存心也 君子以仁存心以禮存心 仁者
맹자 왈 군자 소이 이 어 인 자 이 기 존심 야 군자 이인 존심 이 례 존심 인자

愛人 有禮者敬人 愛人者人恒愛之 敬人者人恒敬之 有人於此 其待我以
애인 유 례 자 경인 애인 자 인 항 애지 경인 자 인 항 경지 유인 어차 기 대 아 이

橫逆則君子必自反也 我必不仁也必無禮也 此物奚宜至哉 其自反而仁矣
횡역 즉 군자 필 자반 야 아 필 불인 야 필 무례 야 차 물 해 의 지 재 기 자반 이 인 의

自反而有禮矣 其橫逆由(猶)是也 君子必自反也 我必不忠自反而忠矣 其
자반 이 유 례 의 기 횡역 유 유 시야 군자 필 자반 야 아 필 불충 자반 이 충 의 기

橫逆由(猶)是也 君子曰 此亦妄人也已矣 如此則與禽獸奚擇哉 於禽獸又
횡역 유 유 시야 군자 왈 차 역 망인 야 이 의 여차 즉 여 금수 해 택 재 어 금수 우

何難焉 是故君子有終身之憂無一朝之患也 乃若所憂則有之 舜人也我亦
하난 언 시고 군자 유 종신 지 우 무 일조 지 환 야 내 약 소우 즉 유지 순 인 야 아 역

人也舜爲法於天下可傳於後世 我由(猶)未免爲鄕人也 是則可憂也 憂之
인 야 순 위 법 어 천하 가 전 어 후세 아 유 유 미 면 위 향인 야 시 즉 가우 야 우지

如何 如舜而已矣 若夫君子所患則亡矣 非仁無爲也非禮無行也 如有一朝
여하 여 순 이 이 의 약부 군자 소환 즉 무 의 비인 무위 야 비례 무행 야 여 유 일조

之患則君子不患矣
지 환 즉 군자 불환 의

🌸 여기서 맹자는 군자(君子)란 어떠해야 하는지를 인(仁)

과 예(禮)의 관점에서 접근한다. 먼저 맹자는 이렇게 말한다.

"군자가 일반 사람들과 차이가 나는 까닭〔所以~者〕은 그 마음을 지키는〔存〕 바(가 다르기) 때문〔以〕이다. 군자는 어짊〔仁〕으로 마음을 지키고, 또 예(禮)로 마음을 지킨다. (그래서) 어진 사람〔仁者〕은 다른 사람을 사랑하고, 예를 갖춘 사람〔有禮者〕은 다른 사람을 공경한다. (그 결과) 다른 사람을 사랑하는 사람은 남들이 항상 그를 사랑하고, 다른 사람을 공경하는 사람은 남들이 항상 그를 공경한다."

인(仁)과 예(禮)는 베풀면 똑같이 되돌려 받을 수 있다는 뜻이다. 그런데 우리는 여기에 주목할 필요가 있다. 인(仁)을 사람을 사랑하는 것〔愛人〕이라고 풀이한 장본인은 맹자가 아니라 공자다. 『논어』 '안연 22'에서 제자 번지(樊遲)가 인(仁)이란 무엇이냐고 묻자 공자는 간단히 愛人이라고 답했다. 인(仁)이란 곧 사람을 사랑하는 것이라는 뜻이다. 또 지(知)가 무엇이냐고 묻자 역시 간단하게 知人이라고 답한다. 사람을 볼 줄 아는 것이라는 뜻이다. 그런데 여기서 맹자는 知人 대신 有禮者를 끌어들여 인(仁)과 지(知)가 아니라 인(仁)과 예(禮)의 문제를 묻고 있는 것이다. 맹자의 말이 이어진다.

"여기에〔於此〕 어떤 사람이 있다. 그 사람〔其〕이 누군가에게 마구잡이로 거칠게〔橫逆〕 대할 경우, 그 누군가가 군자라면 반드시 그 자신을 이렇게 돌아볼 것이다. '내가 분명〔必〕 어질지 못했거나 무례했을 것이다. (그렇지 않고서야) 이런 일〔物〕이 어찌 나에게 일어날 수 있겠는가.'

그리고 그 자신을 돌이켜보아 분명 이질었고 또 자신을 돌이켜보아 예를 갖췄는데도 그 같은 마구잡이 행태가 전과 같을 경우, 그 누군가가 군자라면 반드시 그 자신을 이렇게 돌아볼 것이다. '내가 분명 인(仁)과 예(禮)를 행함에 나 자신을 위해 온 마음을 다하는 것〔忠〕처럼 하지는 못했을 것이다.'"

한 단계 더 들어가 충(忠)에 문제가 없었는지를 돌아보라는 것이다. 이는 『논어』 '학이 4'에서 공자의 제자 증자(曾子)가 매일 자신을 돌아보던 세 가지 질문과도 상통한다.

증자는 말했다. "나는 매일 세 가지로 내 자신을 살핀다. 남을 위하여 일을 도모함에 최선의 마음[忠]을 다하지 못한 것은 없는가? 벗과 사귐에 믿음[信]을 주지 못한 것은 없는가? 스승으로부터 전수받은 것을 제대로 익히지[習] 못한 것은 아닌가?"

넓게 보면 인(仁)은 믿음, 예(禮)는 익힘, 충(忠)은 최선의 마음과 겹친다고 할 수 있다. 다시 맹자의 말이 이어진다.

"자신을 돌이켜보아 최선의 마음을 다하였음에도 그 망나니 같은 짓이 여전하다면 군자의 경우 이렇게 말할 것이다. '이는 참으로[亦] 쓸데없는 인간[妄人]일 따름이다. 이처럼 해댄다면 짐승과 무슨 차이가 있겠는가? (결국) 짐승을 향해 더 이상[又] 무엇을 질책[難=詰難]하겠는가?'

바로 이 때문에[是故] 군자는 평생토록[終身] 가져가는 근심[憂]은 있어도 하루아침의 일시적인 걱정거리[患]는 없는 것이다. 이에 근심해야 할 것[所憂]으로는 이런 것이 있다. 순임금도 사람이고 나도 역시 사람이다. (그런데) 순임금은 만천하에 모범[法]이 되셨고 앞으로 후세에까지도 전할 만한데 나는 여전히 촌놈[鄕人] 신세를 못 면하고 있으니 이것이야말로 근심할 만한 것이다. 진정 (걱정이 아니라) 근심을 한다면 어떻게 해야 할까? 순임금처럼 하는 것뿐이다. 군자로 말하면

〔若夫~則〕 걱정해야 할 것〔所患〕은 없다. 인(仁)이 아니면 하지 않으면
되고, 예(禮)가 아니면 행하지 않으면 된다. 설사 하루아침의 일시적인
걱정거리가 있다고 하더라도 (그것은 어차피 내 자신에게서 비롯된 걱
정은 아니기 때문에) 군자는 걱정하지 않는다.”

　여기서 맹자는 군자의 근심〔憂〕과 소인의 걱정〔患〕을 명확히 구분
하여 이야기하고 있다. 이 주제는 『논어』의 곳곳에 퍼져 있는데 그것
을 다음과 같이 정리할 수 있다. 『논어』 ‘술이 3’에는 공자 자신의 ‘평
생토록 가져가는 근심’이 나온다.

　　공자는 말했다. “다움을 제대로 닦지 못한 것이 아닌지, 배움이
　충분히 익지 못한 것이 아닌지, 의로운 말을 듣고서도 능히 그것을
　실천하지 못한 것이 아닌지, 좋지 못한 것을 고치지 못한 것이 아닌
　지, 이 네 가지가 나의 걱정〔憂〕이다.”

　공자의 근심과 맹자의 근심을 비교해 볼 수 있는 대목이다. 여기
서 공자는 반드시 피해야 할 네 가지를 제시한 다음 과연 자신이 그
것을 잘 피하고 있는지가 자신의 걱정〔憂〕이라고 말한다.
　이 구절은 누가 봐도 공자가 제자들을 앞에 두고 하는 말이다. 그
러면 이 말은 공자가 자신의 경우를 예로 들어 제자들에게 그쪽 방
향으로 정진할 것을 촉구하는 것으로 봐야 할 것이다.
　첫째, 다움〔德〕이 닦아지지 못했을까 봐 걱정한다고 했다. 여기서
우리는 한 가지 의문을 던져볼 수 있다. 다움은 왜 나면서부터 갖추
지 못하고 늘 닦아야만〔修〕 하는 것일까? 이에 대해서는 정약용의
풀이가 도움이 된다. “다움이란 본심의 바르고 곧은 것이며, 한때

허물어졌던 것을 다시 손질하는 것을 수(修)라 한다." 다음은 처음에는 가능태로나마 사람들 각자에게 들어 있기는 하지만 별다른 노력을 하지 않을 경우 허물어져 내리는 것이라고 보았기 때문에 그것을 다시 손질하여 현실태로 세우려고 노력해야 한다는 것이다.

둘째, 학문이 제대로 다져지지 못했을까 봐 걱정한다고 했다. 講은 '외우다', '배우다', '익히다', '풀이하다', '화해하다' 등의 뜻을 갖고 있는데 여기서는 '익히다'의 의미를 발전시켜 풀이하면 좋을 듯하다. 학문이 충분히 익었는지를 걱정한다는 것이다. 그러면 '학문이 익는다'는 것은 무슨 뜻인가? 學而時習이 그것이다.

셋째, 의로운 일을 듣고서도 능히 그것을 따르지 못할까 봐를 걱정한다는 것이다. 이는 勇의 문제와 닿는다. '위정 24'에서 공자는 이렇게 말한 바 있다.

"의로움을 보고서도 행동하지 않는다면 그것은 용기라 할 수 없다."

넷째, 자신의 좋지 못한 점을 고치지 못할까 봐 걱정한다는 것이다. 스스로의 좋지 못한 점(不善)을 과감하게 고치지 못하는 것을 경계한다는 것인데 이미 알아차렸겠지만 '過則勿憚改'가 바로 그것이다. 이 구절이 나오는 '학이 8'은 묘하게도 이 장 전체에 대한 풀이로도 손색이 없다.

공자는 말했다. "군자가 되려는 사람이 진중하지 못하면 위엄을 갖출 수 없고, 배우면 고집불통에 빠지지 않는다. (사람을 대하거나

어떤 일을 함에) 최선을 다하고〔忠〕 믿음〔信〕을 주어야 하고, 자기보
다 못한 사람과는 벗하지 말며, (자신에게) 허물이 있으면 고치기를
꺼려해서는 안 된다.”

이 장에 언급된 사항들 또한 공자는 이미 넘어선 경지이지만 제
자들을 일깨우기 위해 이렇게 말하고 있다. 그만큼 수양의 길이 어
렵다는 것을 일깨움과 동시에 끝까지 겸손함을 잃지 않는 태도를
보이고 있는 것이다.

여기서 우리는 근심〔憂〕에도 주목해야 한다. 『논어』에서 근심은
두 가지 의미로 사용되고 있기 때문이다. 하나는 긍정적 의미의 근
심〔終身之憂〕이고, 또 하나는 부정적 의미의 걱정〔一朝之患〕이다. 먼
저 부정적 의미의 근심일 때는 그런 근심을 하지 않는 것〔不憂〕이
군자(君子)요 인자(仁者)이다. ‘자한 28’이 바로 그런 경우다.

“사람을 볼 줄 아는 사람〔知者〕은 (사리를 알기 때문에) 불혹(不
惑)하고, 어진 사람〔仁者〕은 (세상 이치를 알아 사리사욕에 꺾이지 않
으니) 근심하지 않는다〔不憂〕.”

이런 의미의 憂는 ‘안연 4’와 ‘헌문 30’에도 똑같이 나온다. ‘어진
사람은 근심하지 않는다〔仁者不憂〕’라는 것이다.

그러나 군자라면 혹은 군자가 되려고 하는 사람이라면 반드시 걱
정해야 할 것으로서의 憂 혹은 憂患도 중요하다. 흔히 군자는 우환
(憂患)의식을 가져야 한다고 할 때의 憂가 바로 그런 뜻이기 때문이
다. 그것은 이 장의 의미와도 같다는 점에서 주목해 볼 필요가 있다.

공자는 말했다. "남이 자신을 알아주지 않음을 걱정하지 말고, 자신의 능하지 못함을 걱정해야 한다." ('헌문 32')

'위령공 31'의 憂는 이 장의 憂와 정확히 통하며 이 장을 요약해 준다.

공자는 말했다. "군자는 도를 도모하지 밥을 도모하지 않는다. 밭을 갊에 굶주림이 그 가운데에 있고, 배움에 벼슬이 그 가운데에 있으니 군자라면 (마땅히) 도리를 근심하지 가난을 근심하지 않는다〔憂道不憂貧〕."

군자는 도리〔道〕를 듣거나 얻지 못할까 봐 근심한다는 것이다. 그리고 공자가 말하는 도리란 다움을 제대로 닦는 것, 배움이 충분히 익는 것, 의로운 말을 들으면 능히 실천하는 것, 좋지 못한 것을 기꺼이 고치는 것이라 할 수 있다.

29

우왕(禹王)과 후직(后稷)은 태평한 세월을 당했는데도 세 차례나 자기 집 문 앞을 지나면서 (공무로 인하여) 들어가지 못하였다. 공자는 두 사람을 뛰어나다고 했다. (공자의 수제자인) 안자(顔子-顔回, 顔淵)는 난세(亂世)를 당하여 허름한 동네에 살면서 하나의 대그릇에 담은 밥과 하나의 표주박에 담은 음료만으로 지냈다. 다른 사람들은 그런 근심을 감당하지 못하는데 안자는 그 속에서도 (도리를) 즐기는 것을 전혀 바꾸지 않았다. 공자는 그를 어질다고 했다.

맹자는 말했다. "우왕과 후직과 안회의 도리〔道〕는 똑같다. 우왕은 백성들 중에 물에 빠진 자가 있으면 마치 자신이 그를 빠트린 것처럼 생각했고, 후직은 백성들 중에 굶주리는 자가 있으면 마치 자신이 그를 굶주리게 만든 것처럼 생각했다. 이 때문에 (집에도 못 들어가고 공무를 위해 그냥 지나칠 정도로) 이렇게 급급해했던 것이다. 우왕과 후직과 안회는 (각자 처한 처지가 달랐을 뿐) 서로의 처지를 바꾸면 다 그렇게 하였을 것이다. 지금 같은 집에 사는 사람들 중에 싸우는 사람이 있다고 하자. (그러면 우왕이나 후직처럼) 이를 말리기 위해 설사 머리를 풀어헤치고 갓끈만 맨 채로 달려가서 말리더라도 아무런 문제가 안 된다. 동네에서 이웃들끼리 싸우는 사람이 있다고 하자. 그런데 당장 머리를 풀어헤치고 갓끈만 맨 채로 달려가서 싸움을 말린다면 그것은 잘못된 것이다. (그럴 때는) 그냥 (안자처럼) 집에서 문을 닫고 가만히 머물러 있어도 아무런 문제가 안 된다."

禹稷當平世三過其門而不入 孔子賢之 顏子當亂世居於陋巷一簞食 一
우 직 당 평 세 삼 과 기 문 이 불 입 공 자 현 지 안 자 당 난 세 거 어 누 항 일 단 사 일

瓢飮 人不堪其憂顏子不改其樂 孔子賢之
표 음 인 불 감 기 우 안 자 불 개 기 락 공 자 현 지

孟子曰 禹稷顏回同道 禹思天下有溺者由己溺之也 稷思天下有飢者 由
맹 자 왈 우 직 안 회 동 도 우 사 천 하 유 익 자 유 기 익 지 야 직 사 천 하 유 기 자 유

己飢之也 是以如是其急也 禹稷顏子 易地則皆然 今有同室之人鬪者 救之
기 기 지 야 시 이 여 시 기 급 야 우 직 안 자 역 지 즉 개 연 금 유 동 실 지 인 투 자 구 지

雖被髮纓冠而救之可也 鄕鄰有鬪者 被髮纓冠而往救之則惑也雖閉戶可也
수 피 발 영 관 이 구 지 가 야 향 린 유 투 자 피 발 영 관 이 왕 구 지 즉 혹 야 수 폐 호 가 야

하(夏) 나라 우왕(禹王) 임금과 주(周) 나라 왕실의 시조(始祖)이자 요(堯) 임금 때 농사를 주관하는 책임자〔農師〕였고 순(舜) 임금 때 제후가 된 후직(后稷)은 세상에 도리〔道〕가 행해지던 태평한 세월〔平世〕을 당했는데도 세 차례나 자기 집 문 앞을 지나면서 (공무로 인하여) 들어가지 못하였다. 공자는 두 사람을 뛰어나다〔賢〕고 했다. 이에 관한 내용은 '등문공 장구 상(滕文公章句上)' 4장에 나온다.

공자의 수제자인 안자(顏子 - 顏回, 顏淵)는 난세(亂世)를 당하여 허름한 동네〔陋巷〕에 살면서 하나의 대그릇에 담은 밥과 하나의 표주박에 담은 음료만으로 지냈다. 다른 사람들은 그런 근심을 감당하지 못하는데 안자는 그 속에서도 (도리를) 즐기는 것을 전혀 바꾸지 않았다. 공자는 그를 어질다고 했다. 이에 관한 내용은 『논어』 '옹야 9'에 그대로 나온다.

공자는 말했다. "어질구나, 안회여! 하나의 대그릇에 담은 밥과 하

나의 표주박에 담은 음료만으로 누추한 삶을 살아갈 경우 일반 사람들은 그 근심을 견뎌내지 못하는데 안회는 늘 한결같아 마음의 즐거움을 조금도 바꾸려 하지 않는다. 어질구나, 안회여!"

이제 맹자의 발언이 시작된다.

"우왕과 후직과 안회의 도리[道]는 똑같다. 우왕은 백성들 중에 물에 빠진 자가 있으면 마치 자신이 그를 빠트린 것처럼 생각했고, 후직은 백성들 중에 굶주리는 자가 있으면 마치 자신이 그를 굶주리게 만든 것처럼 생각했다. 이 때문에 (집에도 못 들어가고 공무를 위해 그냥 지나칠 정도로) 이렇게[如是] 급급해했던 것이다. 우왕과 후직과 안회는 (각자 처한 처지가 달랐을 뿐) 서로의 처지를 바꾸면[易地] 다 그렇게 하였을 것이다."

주희의 보충풀이다. "가령 우왕과 후직이 안자의 처지에 있었다면 그들도 안자처럼 (가난 속에서도) 도리를 즐겼을 것이고, 가령 안자가 우왕이나 후직의 책임을 맡았다면 그도 두 사람처럼 능히 급급해하며 (백성들을 살리려고) 근심했을 것이다."

다시 맹자의 말이다. "지금 같은 집에 사는 사람들 중에 싸우는 사람이 있다고 하자. (그러면 우왕이나 후직처럼) 이를 말리기 위해[救之] 설사 머리를 풀어헤치고 갓끈만 맨 채로 달려가서 말리더라도 아무런 문제가 안 된다.

동네에서 이웃들끼리 싸우는 사람이 있다고 하자. 그런데 당장 머리를 풀어헤치고 갓끈만 맨 채로 달려가서 싸움을 말린다면 그것은 잘못[惑]된 것이다. (그럴 때는) 그냥 (안자처럼) 집에서 문을 닫고 가만히 머물러 있어도 아무런 문제가 안 된다."

이것이 권도(權道)다. 같은 어진 이(賢者)라 하더라도 처한 상황에
따라 처신하는 바가 이처럼 차이가 난다. 공자가 자신을 평하면서 "가
능한 것도 없고 불가능한 것도 없다"라고 말한 것이 바로 권도다. 중요
한 것은 時, 즉 상황이다. 그래서 공자는 시중(時中), 즉 때에 맞춰 그
사안에 맞게 모든 열성을 다하는 것을 중요하게 여겼던 것이다. 그런
점에서 시중이 곧 권도다.

30

제자인 공도자(公都子)가 묻는다. "(제나라 장수인) 광장(匡章)은 온 나라 사람들이 모두 다 불효자라고 부르는데 스승님께서는 그와 더불어 교유하시고 게다가 깍듯이 예의까지 갖추시니 감히 묻겠습니다. 왜 그러시는지요?"

맹자가 답했다. "세속에서 이른바 불효자라고 하는 것은 다섯 가지다. 자신의 육신을 게을리하여 부모의 봉양을 제대로 하지 않는 것이 그 첫 번째 불효요, 장기와 바둑에 빠져 술 마시기를 좋아하여 부모의 봉양을 제대로 하지 않는 것이 그 두 번째 불효요, 재물을 좋아하고 처자식만 챙기느라 부모의 봉양을 제대로 하지 않는 것이 그 세 번째 불효요, 향락을 좋아하여 그 때문에 부모를 욕되게 하는 것이 그 네 번째 불효요, 만용을 부리며 싸움질이나 하고 다녀 부모의 마음을 두렵게 만드는 것이 그 다섯 번째 불효다. 장자(章子-匡章)는 이 다섯 가지 중에서 어느 하나에라도 해당하는 것이 있는가? 저 장자의 경우에는 자식으로서 아버지의 잘못을 책하다가 서로 뜻이 맞지 않은 것이다. 잘못을 책하는 것은 뜻이 맞는 벗들 간의 도리일 뿐이니 자식이 아버지의 잘못을 책하는 것은 부모로부터 받은 큰 은혜를 해치는 것이다. 저 장자가 어찌 처자식과 함께 단란하게 살고 싶지 않겠냐만 아버지에게서 죄를 얻었기 때문에 가까이 할 수 없었던 것이다. (그래서 장자는 자신의 봉양을 받지 못하는 아버지를 생각하며) 부인을 내보내고 자식들을 물리쳐서 죽을 때까지 스스로도 봉양을 받지 못했다. 그 스스로 마음속으로 생각하기를 '만일 이렇게라도 하지 않는다면 이는 더 큰 죄가 될 것이다'고 여겼으니 장자는 바로 이런 사람이었다."

公都子曰 匡章通國皆稱不孝焉 夫子與之遊又從而禮貌之 敢問何也
공도자 왈 광장 통국 개 칭 불효 언 부자 여 지 유 우 종 이 예모 지 감문 하 야

孟子曰 世俗所謂不孝者五 惰其四肢不顧父母之養一不孝也 博奕好
맹자 왈 세속 소위 불효 자 오 타 기 사지 불고 부모 지양 일 불효 야 박혁 호

飮酒不顧父母之養二不孝也 好貨財私妻子不顧父母之養三不孝也 從耳目
음주 불고 부모지양 이 불효 야 호 화재 사 처자 불고 부모지양 삼 불효 야 종 이목

之欲以爲父母戮四不孝也 好勇鬪狠以危父母五不孝也 章子有一於是乎
지 욕 이 위 부모 륙 사 불효 야 호용 투 한 이 위 부모 오 불효 야 장자 유 일 어 시 호

夫章子子父責善而不相遇也 責善朋友之道也 父子責善賊恩之大者 夫章子
부 장자 자부 책선 이 불 상우 야 책선 붕우 지도 야 부자 책선 적 은 지 대 자 부 장자

豈不欲有夫妻子母之屬哉 爲得罪於父不得近 出妻屛子終身不養焉 其設
기 불욕 유 부처 자모 지 속 재 위 득죄 어 부 부득 근 출 처 병 자 종신 불양 언 기 설

心以爲不若是 是則罪之大者 是則章子已矣
심 이 위 불 약시 시 즉 죄 지 대 자 시 즉 장자 이 의

제자인 공도자(公都子)가 묻는다. "(제나라 장수인) 광장(匡章)은 온 나라 사람들이 모두 다 불효자라고 부르는데 스승님께서는 그와 더불어 교유하시고 게다가〔又〕 깍듯이〔從〕 예의까지 갖추시니 감히 묻겠습니다. 왜 그러시는지요?" 맹자의 대답이 궁금하다.

"세속에서 이른바 불효자〔不孝〕라고 하는 것은 다섯 가지다. 자신의 육신을 게을리 하여 부모의 봉양을 제대로 하지 않는 것이 그 첫 번째 불효요, 장기〔博〕와 바둑〔奕〕에 빠져 술 마시기를 좋아하여 부모의 봉양을 제대로 하지 않는 것이 그 두 번째 불효요, 재물을 좋아하고 처자식만 챙기느라 부모의 봉양을 제대로 하지 않는 것이 그 세 번째 불효요, 향락〔聲色〕을 좋아하여 그 때문에 부모를 욕되게 하는 것이 그 네 번째 불효요, 만용을 부리며 싸움질이나 하고 다녀 부모의 마음을 두렵게 만드는 것이 그 다섯 번째 불효다. 장자(章子-匡章)는 이 다섯

가지 중에서 어느 하나에라도 해당하는 것이 있는가?

저 장자의 경우에는 자식으로서 아버지의 잘못을 책하다가 서로 뜻이 맞지 않은 것이다. 잘못을 책하는 것〔責善〕은 뜻이 맞는 벗들 간의 도리일 뿐이니 자식이 아버지의 잘못을 책하는 것은 부모로부터 받은 큰 은혜를 해치는 것이다.

저 장자가 어찌〔豈〕 처자식과 함께 단란하게 살고 싶지 않겠냐만 아버지에게서 죄를 얻었기 때문〔爲〕에 가까이 할 수 없었던 것이다. (그래서 장자는 자신의 봉양을 받지 못하는 아버지를 생각하며) 부인을 내보내고 자식들을 물리쳐서 죽을 때까지 스스로도 봉양을 받지 못했다. 그 스스로 마음속으로 생각하기를〔設心〕 '만일 이렇게라도 하지 않는다면 이는 더 큰 죄가 될 것이다'고 여겼으니 장자는 바로 이런 사람이었다."

이 장은 정확히 『논어』 '자로 24'의 두 번째 부분에 대한 사례풀이라 할 수 있다.

자공이 "마을 사람들이 모두 (어떤 이를) 좋아하는 것은 어떻습니까?"라고 묻자 공자는 "안 된다"라고 말한다.

다시 자공이 "마을 사람들이 모두 (그를) 싫어하는 것은 어떻습니까?"라고 묻자 공자는 말했다. "안 된다. (모두 좋아하거나 모두 싫어하는 것은) 마을 사람 중에 좋은 자가 좋아하고 좋지 않은 자가 미워하는 것만 못하다."

광장과는 반대로 모든 사람들이 좋아하지만 실제로는 조심해야 할 사람이 있다. 향원(鄕愿=鄕原)이 바로 그런 사람이다. 향원이란 사람이름이 아니라 보통명사로 자기가 속한 동네나 집단에서 모든 사람들로부터 칭송을 받지만 알고 보면 전혀 그렇지 못한 사람을 말한다. 향원은 『논어』 '양화 13'에 등장한다.

공자는 말했다. "시골에서 덕망이 있다는 소리를 듣는 사람〔鄕原향원〕은 (잘 알고 보면 대부분) 다움을 해치는 자이다."

향원에 관한 보다 상세한 풀이는 이 책의 맨 뒷부분인 '진심 장구 하(盡心章句下)'에 나온다.

31

증자가 (노나라의 도시인) 무성(武城)에 머물고 있을 때 월(越) 나라의 침략이 있었다. 이때 어떤 사람이 말했다. "침략군이 다다랐는데 어찌 떠나가지 않습니까?"

이에 증자가 (하인에게) 말했다. "내 집에 아무도 들어와 살지 못하게 하고, 땔감과 나무에도 전혀 손대지 못하게 하여라." (그러고 나서 피신하였다.) 피신처에서 적이 퇴각하리라는 소식을 접하고서 증자는 (하인에게) "우리 집의 담장과 방들을 수리하라. 내 곧 돌아갈 것이다"라고 말했다. (마침내) 적이 퇴각하고 증자가 집으로 돌아오자 증자의 제자들이 말했다. "우리가 선생님을 대한 것은 이토록 충성과 공경을 다한 것이었다. (그런데도) 적이 도달하려고 하자 선생님께서는 남보다 먼저 떠나감으로써 백성들이 (잘못) 본받게 하셨고, 적이 물러가자 곧바로 돌아오셨는데 아무리 그래도 이래서는 안 되는 것이다." 이에 (증자의 제자인) 심유행(沈猶行)이 말했다. "이번에 선생께서 보여주신 일은 그대들이 알 수 있는 바가 아니다. 예전에 부추(負芻)라는 자가 난리를 일으켜 우리 집에 쳐들어온 적이 있는데 (그때 우리 집에 머무시던 선생은 일찍 제자들을 데리고 떠났기 때문에) 제자 70명 중에서 단 한 명도 그 난에 관여하지 않았다."

자사가 위(衛) 나라에 머물고 있을 때 제(齊) 나라의 침략이 있었다. 어떤 사람이 말했다. "침략군이 도달했는데 어찌 떠나가지 않습니까?" 이에 자사가 답했다. "만일 내가 떠나버리면 임금께서는 누구와 더불어 이 나라를 지키겠는가?"

(이에 대해) 맹자가 말했다. "증자와 자사는 그 도리가 똑같다. 증자

는 스승이자 부형(父兄)이었던 반면 자사는 신하이자 한미한 사람이었을 뿐, 증자와 자사가 서로 처지를 바꾼다면 다 그렇게 하였을 것이다."

曾子居武城有越寇 或曰 寇至盍去諸 曰 無寓人於我室 毁傷其薪木 寇
증자 거 무성 유 월 구　혹왈　구지합거제　왈　무우인어아실　훼상기신목　구

退則曰 修我牆屋 我將反 寇退曾子反左右曰 待先生如此其忠且敬也 寇
퇴즉왈 수아장옥 아장반 구퇴증자반좌우왈 대 선생 여차 기 충 차 경 야 구

至則先去以爲民望 寇退則反殆於不可 沈猶行曰 是非汝所知也 昔沈猶有
지 즉 선 거 이 위 민 망 구퇴즉반태어불가 심유행왈 시비여소지야 석 심 유 유

負芻之禍從先生者七十人未有與焉
부추 지 화 종 선생 자 칠십 인 미유 예 언

子思居於衛有齊寇 或曰 寇至盍去諸 子思曰 如伋去君誰與守
자사 거 어 위 유 제 구　혹왈　구지합거제　자사 왈　여 급 거 군 수 여 수

孟子曰 曾子子思同道 曾子師也父兄也 子思臣也微也曾子子思易地則
맹자 왈 증자 자사 동도 증자 사 야 부형 야 자사 신 야 미 야 증자 자사 역지 즉

皆然
개 연

여기서는 증자(曾子)의 일화를 소개한다. 맹자에게는 스승들의 스승〔子思〕의 스승이다. 맹자가 자사(子思)의 문인들에게 배우
자사
면서 공자를 사숙했기 때문이다. 공자—증자—자사—맹자는 유학의 정통 흐름〔道統〕을 형성하기도 한다. 이야기를 시작해 보자.
도통
증자가 (노나라의 도시인) 무성(武城)에 머물고 있을 때 월(越) 나라의 침략〔寇〕이 있었다. 이때 어떤 사람이 말했다. "침략군이 다다랐는
구
데 어찌 떠나가지 않습니까?" 盍은 '어찌~아니'라는 뜻이다.
합
이에 증자가 (하인에게) 말했다. "내 집에 아무도 들어와 살지〔寓〕 못
우

하게 하고, 땔감과 나무에도 전혀 손대지 못하게 하여라." (그리고 나서 피신하였다.) 피신처에서 적이 퇴각하리라는 소식에 접하고서 증자는 (하인에게) "우리 집의 담장과 방들을 수리하라. 내 곧 돌아갈 것이다"라고 말했다. (마침내) 적이 퇴각하고 증자가 집으로 돌아오자 증자의 제자들[左右]이 말했다. "우리가 선생님을 대한 것은 이토록 충성과 공경을 다한 것이었다. (그런데도) 적이 도달하려고 하자 선생님께서는 남보다 먼저 떠나감으로써 백성들이 (잘못) 본받게 하셨고[望], 적이 물러가자 곧바로 돌아오셨는데 아무리 그래도[殆] 이래서는 안 되는 것[不可]이다." 이에 (증자의 제자인) 심유행(沈猶行)이 말했다. "이번에 선생께서 보여주신 일[是]은 그대들이 알 수 있는 바가 아니다. 예전에 부추(負芻)라는 자가 난리를 일으켜 우리 집에 쳐들어온 적이 있는데 (그때 우리 집에 머무시던 선생은 일찍 제자들을 데리고 떠났기 때문에) 제자 70명 중에서 단 한 명도 그 난에 관여하지 않았다."

'관여[與]'를 연루되어 희생되는 것으로 풀이해도 무방하다.

이번에는 자사의 일화를 이야기한 다음 맹자가 해명한다. 자사가 위(衛) 나라에 머물고 있을 때 제(齊) 나라의 침략이 있었다. 어떤 사람이 말했다. "침략군이 도달했는데 어찌 떠나가지 않습니까?" 이에 자사가 답했다. "만일 내[伋]가 떠나버리면 임금께서는 누구와 더불어 이 나라를 지키겠는가?" 얼핏 보면 증자와 자사의 처신은 정반대처럼 보인다. 이에 대한 맹자의 풀이다.

"증자와 자사는 그 도리[道]가 똑같다. 증자는 스승[師]이자 부형(父兄)이었던 반면 자사는 신하이자 한미한 사람이었을 뿐, 증자와 자사가 서로 처지를 바꾼다면 다 그렇게 하였을 것이다."

즉 이 장은 앞 장인 29장과 같은 문맥임을 알 수 있다. 이 또한 권도

(權道)의 문제다. 그 점에서는 주희가 인용한 공문중(孔文仲)의 풀이가 도움이 된다. "옛 성현들은 말과 행동[言行]이 똑같지 않고 하는 일 또한 달랐으나 그 도리[道]는 일찍이 같지 않은 적이 없었다. 배우는 자들이 이것을 안다면 만나는 바에 따라 대응하기를 저울로 물건을 다는 것과 같이 하여 (저울추의) 오르내림이 여러 번 변하지만 결국은 같게 되어 아무런 영향을 미치지 못할 것이다."

결론적으로 보자면 아랫사람들을 챙겨야 할 책임이 있는 증자의 처신과 윗분만을 모시면 되는 자사의 처신이 같을 수 없지만 두 사람을 일관하는 도리는 똑같다는 것이다.

32

　　(제나라 사람) 저자(儲子)가 말했다. "임금께서 사람을 시켜 선생을 몰래 살펴보게 한 적이 있지요. 과연 선생께서는 다른 사람들과 차이가 나는 점이 있는지요?"

　　맹자가 답했다. "(같은 사람인데 나라고 해서) 다른 사람들과 무슨 차이나는 점이 있겠소? 요순(堯舜)도 보통 사람들과 똑같았을 뿐이오."

儲子曰 王使人瞷夫子 果有異於人乎
저자 왈　왕 사 인 간 부자　과 유 이 어 인 호

孟子曰 何以異於人哉 堯舜與人同耳
맹자 왈　하 이 이 어 인 재　요순 여 인 동 이

　　저자(儲子)는 제(齊) 나라 사람이다. 그가 말한다. "임금께서 사람을 시켜 선생[夫子]을 몰래 살펴보게[瞷] 한 적이 있지요. 과연 선생께서는 다른 사람들과 차이가 나는 점이 있는지요?"

　　맹자가 답했다. "(같은 사람인데 나라고 해서) 다른 사람들과 무슨 차이나는 점이 있겠소? 요순(堯舜)도 보통 사람들과 똑같았을 뿐이오."

　　인간의 본성은 모두 같다는 것이 공자의 견해이자 맹자의 생각이다. 배움이나 익힘[習]에 따라 사람마다 달라질 뿐이다. 『논어』 '양화 2'다.

　　공자는 말했다. "(타고난) 본성은 서로 비슷하나 익히는 것에 의해 서로 멀어지게 된다."

공자는 性은 서로 가깝고, 習은 서로 멀다고 말한다. 우선 性을 본성으로 이해할 것인지 성질로 볼 것인지부터 판단해야 한다. 주희나 정이천은 후자의 뜻으로 본다. 즉 기질의 性으로 본 것이다. 그래서 주희는 "기질의 성은 본래 좋고 나쁨이 차이는 있지만 그 처음을 가지고 말한다면 모두 서로 크게 멀지 않다. 다만 선을 익히면 선해지고, 악을 익히면 악해져서, 이에 비로소 서로 멀어지게 되는 것이다"라고 풀이한다.

정이천도 같은 맥락에서 이렇게 말한다. "이는 기질의 성을 말한 것이요, 본연의 성을 말한 것이 아니다. 만약 본연을 말한다면 성은 곧 이(理)요, 이(理)는 선하지 않음이 없으니, 맹자가 말한 성선(性善)이 바로 이것이다. 어찌 서로 비슷함이 있겠는가?"

하지만 두 사람의 해석은 이미 성리학적 견해가 그 바탕에 깔려 있는 것 아닐까? 오히려 정약용의 풀이가 현실적으로 와 닿는다. "다움을 좋아하고 나쁨을 부끄러워하는 본성(性)은 성인이나 범인이나 모두 같으니 이 때문에 본래 서로 가까우며, 어진 이와 친하고 소인을 업신여기는 습성(習)은 사람마다 다름이 있으니 이 때문에 마침내 서로 멀어진다."

본성으로 보는 것이 더 정확하다는 것을 이해했으리라 본다.

33

제나라 사람 중에 한 명의 아내와 한 명의 첩을 한 집에 데리고 사는 자가 있었다. 그 남편이란 자는 출타하면 반드시 술과 고기를 배불리 먹고서 귀가했다. 그의 아내가 누구와 함께 먹고 마셨느냐고 물어보면 하나같이 돈 많고 출세한 사람들이었다. 한번은 그 아내가 첩에게 말했다. "바깥양반은 출타하면 반드시 술과 고기를 배불리 먹고서 귀가한다. 그래서 내가 누구와 함께 먹고 마셨느냐고 물어보면 하나같이 돈 많고 출세한 사람들이라고 한다. 그런데 지금까지 그렇게 현달한 자가 우리 집에 오는 것을 본 적이 없다. 내 장차 남편이 어디로 가는지를 몰래 살펴봐야겠다."

다음 날 아침 일찍 일어나 남편이 가는 곳을 멀찍이 떨어져서 따라가 보니 온 성안을 두루두루 다니기는 하는데 더불어 서서 이야기를 나누는 자가 없었다. 마침내 동쪽 성 밖의 무덤 사이에서 제사를 지내는 자에게 가서 남은 음식을 구걸하고, 그것도 모자라면 다시 둘러보아 다른 곳으로 갔으니 이것이 그가 배불리 먹고 마시는 방법이었다. 그 아내는 집에 돌아와 첩에게 전후사정을 다 전해준 다음 "남편이란 평생 우러러 봐야 할 사람인데 지금 저 모양이다"라며 첩과 함께 마당 한가운데서 남편을 욕하며 울고 있는데 그 남편은 아무것도 모른 채 의기양양하게 밖에서 들어와 그 처첩을 무시하며 잘난 척했다.

(맹자가 말했다.) "군자(君子)의 입장에서 볼 때 (지금의) 사람들이 부귀와 영화를 구하는 것들을 그 처첩이 본다면 부끄러워서 서로 울지 않을 자가 거의 없을 것이다."

齊人有一妻一妾而處室者 其良人出則必饜酒肉而後反 其妻問 所與
제인 유 일처 일첩 이 처실 자 기 양인 출 즉 필 염 주육 이후 반 기 처 문 소 여

飮食者則盡富貴也 其妻告其妾曰 良人出則必饜酒肉而後反 問其與飮食
음식 자 즉 진 부귀 야 기 처 고 기 첩 왈 양인 출 즉 필 염 주육 이후 반 문 기 여 음식

者盡富貴也而未嘗有顯者來 吾將瞷良人之所之也
자 진 부귀 야 이 미상 유 현자 래 오 장 간 양인 지 소지 야

蚤起施從良人所之徧國中無與立談者 卒之東郭墦間之祭者 乞其餘
조 기 이 종 양인 소지 편 국중 무 여립 담자 졸 지 동곽 번간 지 제자 걸 기 여

不足又顧而之他 此其爲饜足之道也 其妻歸告其妾曰 良人者所仰望而
부족 우 고 이 지 타 차 기 위 염족 지 도 야 기 처 귀 고 기 첩 왈 양인 자 소 앙망 이

終身也 今若此與其妾訕其良人而相泣於中庭而良人未之知也 施施從
종신 야 금 약차 여 기 첩 산 기 양인 이 상 읍 어 중정 이 양인 미 지 지 야 시시 종

外來驕其妻妾
외래 교 기 처첩

(孟子曰) 由君子觀之則人之所以求富貴利達者 其妻妾不羞也而不相泣
맹자 왈 유 군자 관 지 즉 인 지 소이 구 부귀 이달 자 기 처첩 불 수 야 이 불 상 읍

者 幾希矣
자 기희 의

이제 '이루 장구 하'의 마지막 장이다. 먼저 여기서는 제 나라 사람의 일화를 길게 소개한 다음 맹자의 촌평이 나온다.

제나라 사람 중에 한 명의 아내와 한 명의 첩을 한 집에 데리고 사는 자가 있었다. 그 남편〔良人〕이란 자는 출타하면 반드시 술과 고기를 배불리 먹고서 귀가했다. 그의 아내가 누구와 함께 먹고 마셨느냐고 물어보면 하나같이〔盡〕돈 많고 출세한 사람들이었다. 한번은 그아내가 첩에게 말했다. "바깥양반은 출타하면 반드시 술과 고기를 배불리 먹고서 귀가한다. 그래서 내가 누구와 함께 먹고 마셨느냐고 물어보면 하나같이 돈 많고 출세한 사람들이라고 한다. 그런데 지금까지

그렇게 현달한 자[顯者]가 우리 집에 오는 것을 본 적이 없다. 내 장차 남편이 어디로 가는지를 몰래 살펴봐야[瞯]겠다."

다음 날 아침 일찍 일어나 남편이 가는 곳을 멀찍이 떨어져서 따라가보니 온 성안을 두루두루 다니기는 하는데 더불어 서서 이야기를 나누는 자가 없었다. 마침내[卒] 동쪽 성 밖의 무덤 사이에서 제사를 지내는 자에게 가서[之] 남은 음식을 구걸하고, 그것도 모자라면 다시[又] 둘러보아 다른 곳으로 갔으니 이것이 그가 배불리 먹고 마시는 방법이었다. 그 아내는 집에 돌아와 첩에게 전후사정을 다 전해준 다음 "남편이란 평생 우러러봐야 할 사람인데 지금 저 모양이다"라며 첩과 함께 마당 한가운데서 남편을 욕하며 울고 있는데 그 남편은 아무 것도 모른 채 의기양양하게 밖에서 들어와 그 처첩을 무시하며 잘난 척했다.

일단 여기까지는 맹자의 말로 봐도 되고, 아니면 이 책의 편찬자가 소개한 것으로 본 다음에 이어지는 말만 맹자의 발언으로 봐도 된다. 여기서는 일단 후자를 따른다. 맹자의 말이다.

"군자(君子)의 입장에서 볼 때 (지금의) 사람들이 부귀와 영화를 구하는 것들을 그 처첩이 본다면 부끄러워서 서로 울지 않을 자가 거의 없을 것[幾希]이다."

주희가 인용한 조기(趙岐)의 풀이가 핵심을 찌른다. "지금 부귀를 구하는 자들이 모두 부정한 방법으로 어두운 밤중에 애걸하여 그것을 구하고는 백일하에 사람들에게 교만하게 하고 있으니, 이 사람과 어찌 다르겠는가 하고 말씀하신 것이다."

읽기에 따라서는 출세하지 못하는 자신의 신세타령으로도 읽힌다. 특히 28장에서 자신을 순임금과 비교했던 맹자의 심정을 떠올리며 다시 읽어보면 의미가 새롭게 와 닿는다.

이로써 '이루 장구 상하'가 끝났다.

만장 장구 상

萬章章句上

제자 만장(萬章)이 묻는다. "순(舜) 임금이 밭에 가시어 하늘을 향해 울부짖으셨다고 했습니다. (빼어난 이로 추앙받는 순임금 같은 분께서) 어찌 그처럼 울부짖으셨던 것입니까?"

맹자가 답했다. "원망과 그리움 때문이셨다."

만장이 다시 물었다. "부모가 자식을 사랑하시면 기뻐하고 잊어서는 안 되며, 부모가 미워하시면 수고로워도 원망해서는 안 된다고 했습니다. 그러면 순임금은 (부모를) 원망하셨던 것입니까?"

맹자가 말했다. "(제자) 장식(長息)이 (자신의 스승이자 증자(曾子)의 제자인) 공명고(公明高)에게 묻기를 '순임금이 밭에 가신 것은 제가 이미 그 의미를 들어서 알고 있지만 하늘을 향해, 그리고 부모를 향해 울부짖었다는 것은 제가 알지 못합니다'라고 말했다. 이에 공명고는 '이는 네가 알 수 있는 바가 아니다'라고 답했다. 무릇 공명고는 '효자의 마음이라면 이처럼 무관심할 수가 없다. 나는 온 힘을 다해 밭을 갈아 공경하는 마음으로 자식의 직분을 다할 뿐이니 부모께서 나를 사랑하지 않는 것은 나에게 무슨 문제가 있는 것인가'라고 순임금께서는 생각하셨을 것이라고 여겼던 것이다. 요(堯) 임금은 자신의 9남 2녀 자식들로 하여금 모든 관리와 (희생에 쓸) 소와 양과 창름(倉廩)을 갖추어 밭의 가운데에서 (순임금을) 섬기게 하니 세상의 선비들 중에서 그의 앞으로 나아가는 자들이 많았다. 요임금이 장차 천하를 살펴보고서 천자의 자리를 물려주려 하셨는데 순(임금)은 부모의 사랑을 받지 못하여 마치 의지할 데 없는 사람과도 같았다.

세상의 선비들이 (자신을) 좋아해주는 것은 사람들이 다 원하는 것이지만 (그러나) 그것은 근심을 풀어주기에는 충분치 않았고, 여색을 좋아하는 것도 사람들이 원하는 것이어서 요임금의 두 딸을 맞아들였지만 (그러나) 그것은 근심을 풀어주기에는 충분치 않았으며, 부유함은 사람들이 원하는 것이지만 순임금께서는 온 천하를 다 가지셨음에도 (그러나) 그것은 근심을 풀어주기에 충분치 않았고, 존귀하게 되는 것은 사람들이 원하는 것이지만 순임금께서는 천자에 오르실 만큼 귀해지셨음에도 (그러나) 그것은 근심을 풀어주기에 충분치 않았다. 세상 사람들이 자신을 좋아해주는 것도, 여색과 부귀를 좋아하는 것도 (순임금의) 근심을 없애주기에는 부족하였으므로 오직 부모에게서 사랑을 받는 것만이 근심을 없애줄 수 있다. (흔히) 사람들은 어릴 때는 부모를 그리워하다가도 여색을 좋아할 나이가 되면 젊고 예쁜 여인을 그리워하고, 처자식을 두게 되면 처자식을 그리워하고, 벼슬길에 나서면 임금을 그리워하고, (벼슬길에 나서) 임금의 신임을 얻지 못하면 마음속에 조급증이 일어 속을 태운다. (그러나) 큰 효자는 평생토록 부모만을 그리워하니 나이 50세가 되어서도 부모를 그리워한 사람을 나는 이 위대한 순임금에게서 보았다."

萬章問曰 舜往于田號泣于旻天 何爲其號泣也
만장 문왈 순 왕 우전 호읍 우 민천 하위 기 호읍 야

孟子曰 怨慕也
맹자 왈 원모 야

萬章曰 父母愛之喜而不忘 父母惡之勞而不怨 然則舜怨乎
만장 왈 부모 애 지희 이 불망 부모 오지노 이 불원 연즉 순 원호

(孟子)曰 長息問於公明高曰 舜往于田則吾旣得聞命矣 號泣于旻天于
맹자 왈 장식 문 어 공명고 왈 순 왕 우전 즉 오 기 득문 명 의 호읍 우 민천 우

父母則吾不知也 公明高曰 是非爾所知也 夫公明高以孝子之心爲不若是
부모 즉 오 부지 야 공명고 왈 시 비 이 소지 야 부 공명고 이 효자지심 위불 약시

懇 我竭力耕田共(恭)爲子職而已矣 父母之不我愛於我何哉 帝使其子
괄 아 갈력 경전 공 공 위 자직 이 이의　부모 지 불 아 애 어 아 하재　제 사 기 자

九男二女百官牛羊倉廩備以事舜於畎畝之中 天下之士多就之者 帝將胥
구남이녀 백관 우양 창름 비 이 사 순 어 견무 지중　천하 지 사 다 취 지 자　제 장 서

天下而遷之焉 爲不順於父母如窮人無所歸 天下之士悅之人之所欲也
천하 이 천지 언　위 불순 어 부모 여 궁인 무 소귀　천하 지 사 열 지 인 지 소욕 야

而不足以解憂 好色人之所欲妻帝之二女而不足以解憂 富人之所欲富有
이 부족 이 해우　호색 인 지 소욕 처 제 지 이 녀 이 부족 이 해우　부인 지 소욕 부유

天下而不足以解憂 貴人之所欲貴爲天子而不足以解憂 人悅之 好色富貴
천하 이 부족 이 해우　귀 인 지 소욕 귀 위 천자 이 부족 이 해우　인 열 지　호색 부귀

無足以解憂者 惟順於父母可以解憂 人少則慕父母 知好色則慕小艾 有
무족 이 해우 자　유 순 어 부모 가이 해우　인 소즉 모 부모　지 호색 즉 모 소애　유

妻子則慕妻子 仕則慕君不得於君則熱中 大孝終身慕父母 五十而慕者予
처자 즉 모 처자　사 즉 모 군 부득 어 군 즉 열중　대효 종신 모 부모　오십 이 모 자 여

於大舜見之矣
어 대순 견 지 의

순(舜) 임금의 큰 효심〔大孝〕에 대해서는 이미 '이루 장
구 상' 28장에서 살펴본 바 있다. 제자 만장(萬章)이 묻는다. "순임금
이 밭에 가시어 하늘〔旻天〕을 향해 울부짖으셨다〔號泣〕고 했습니다.
(빼어난 이로 추앙받는 순임금 같은 분께서) 어찌 그처럼 울부짖으셨던
것입니까?"

만장의 이 말은 『서경』 제2권 '우서(虞書)' 1편〔大禹謨〕 21장에 나오
는 다음과 같은 구절을 거론한 것이다. "순임금께서 애초에 역산에 계
실 때 밭에 가시어 날마다 하늘과 부모님께 울부짖으며 모든 죄를 자
신이 떠안고 온갖 허물을 자신의 탓으로 돌리시면서 자식 된 도리를
잃지 않고 공경하는 마음으로 아버지 고수(瞽瞍)를 뵈었는데 그때마

다 두려워하듯 공손하게 모시니 (포악하기 그지없던) 고수도 마침내 순임금을 믿고 따랐습니다."

이에 맹자가 답했다. "원망과 그리움〔怨慕〕 때문이셨다."
_{원모}

그런데 아무래도 원망〔怨〕이 걸린다. 만장이 다시 묻는다. "부모가
_원
자식을 사랑하시면 기뻐하고 잊어서는 안 되며, 부모가 미워하시면 수고로워도 원망해서는 안 된다고 했습니다. 그러면〔然則〕 순임금은 (부
_{연즉}
모를) 원망하셨던 것입니까?"

만장의 말은 본인의 생각이 아니라 『논어』 '이인 18'에서 공자가 말한 부모를 섬기는 법〔事父母〕을 풀어서 인용한 것이다.
_{사 부모}

공자는 말했다. "부모를 섬기되 (부모의 잘못이 있을 때) 조심조심 간해야 하니, 부모의 뜻이 내 말을 따르지 않음을 보더라도 더욱 공경하고 어기지 않으며, 수고로워도 원망하지 않아야 한다."

'수고로워도 원망해서는 안 된다〔勞而不怨〕.' 정확히 같은 표현을 사
_{노 이 불원}
용하고 있다. 이 말만 놓고 보자면 순임금은 원망을 했으니 불효(不孝)를 저지른 것이 아니냐는 게 만장의 질문이다. 이에 대한 맹자의 대답이 길게 이어진다.

"(제자) 장식(長息)이 (자신의 스승이자 증자(曾子)의 제자인) 공명고(公明高)에게 묻기를 '순임금이 밭에 가신 것은 제가 이미 그 의미〔命〕
_명
를 들어서 알고 있지만 하늘을 향해, 그리고 부모를 향해 울부짖었다는 것은 제가 알지 못합니다'라고 말했다. 이에 공명고는 '이는 네〔爾〕
_이
가 알 수 있는 바〔所知〕가 아니다'라고 답했다. 무릇〔夫〕 공명고는 '효
_{소지} _부
자의 마음이라면 이처럼〔若是〕 무관심할〔恝〕 수가 없다. 나는 온 힘을
_{약시} _괄

다해〔竭力〕 밭을 갈아 공경하는 마음으로〔共=恭〕 자식의 직분을 다할
뿐〔而已矣〕이니 부모께서 나를 사랑하지 않는 것은 나에게 무슨 문제
가 있는 것인가'라고 순임금께서는 생각하셨을 것이라고 여겼던 것이
다." 이런 상황에서도 순임금은 혹시라도 자신에게 부족한 바가 있어
부모가 자신을 사랑하지 않는 것은 아닌지를 반성했다는 뜻이다. 앞
서 보았던 군자(君子)의 태도와도 통한다. 다시 맹자는 요(堯) 임금을
인용한다.

"요임금은 자신의 9남 2녀 자식들로 하여금 모든 관리〔百官〕와 (희
생에 쓸) 소와 양〔牛羊〕과 창름(倉廩)을 갖추어 밭〔畎畝〕의 가운데에
서 (순임금을) 섬기게 하니 세상의 선비들 중에서 그의 앞으로 나아가
는〔就〕 자들이 많았다. 요임금이 장차 천하를 살펴보고서 천자의 자
리〔帝位〕를 물려주려〔遷〕 하셨는데 순(임금)은 부모의 사랑을 받지 못
하여〔不順〕 마치 의지할 데〔歸〕 없는 사람과도 같았다.

세상의 선비들이 (자신을) 좋아해주는 것은 사람들이 다 원하는 것
〔所欲〕이지만 (그러나) 그것은 근심을 풀어주기에는 충분치 않았고, 여
색을 좋아하는 것〔好色〕도 사람들이 원하는 것이어서 요임금의 두 딸
을 맞아들였지만 (그러나) 그것은 근심을 풀어주기에는 충분치 않았
으며, 부유함〔富〕은 사람들이 원하는 것이지만 순임금께서는 온 천하
를 다 가지셨음에도 (그러나) 그것은 근심을 풀어주기에 충분치 않았
고, 존귀하게 되는 것〔貴〕은 사람들이 원하는 것이지만 순임금께서는
천자에 오르실 만큼 귀해지셨음에도 (그러나) 그것은 근심을 풀어주
기에 충분치 않았다. 세상 사람들이 자신을 좋아해주는 것도, 여색과
부귀를 좋아하는 것도 (순임금의) 근심을 없애주기에는 부족하였으므
로 오직 부모에게서 사랑을 받는 것만이 근심을 없애줄 수 있다."

일단 여기까지 끊어서 주희의 풀이를 들어보자. "맹자께서 순임금의 마음을 미루어 헤아려서〔推〕 이처럼 윗글의 뜻을 풀이하신 것이다. '천하 사람들이 모두 이루고자 하는 바를 순임금께서는 다 이루셨으나 끝내 근심을 다 풀 수 없었고, 오직 부모에게서 사랑을 받고서야 근심을 풀 수 있었다'고 하셨으니 맹자께서는 순임금의 (깊은) 마음을 제대로 아신 것이다." 다시 맹자의 말이 이어진다.

"(흔히) 사람들은 어릴 때는 부모를 그리워하다가〔慕〕도 여색을 좋아할 나이가 되면 젊고 예쁜〔艾〕 여인을 그리워하고, 처자식을 두게 되면 처자식을 그리워하고, 벼슬길에 나서면 임금을 그리워하고, (벼슬길에 나서) 임금의 신임을 얻지 못하면 마음속에 조급증이 일어 속을 태운다. (그러나) 큰 효자는 평생토록 부모만을 그리워하니 나이 50세가 되어서도 부모를 그리워한 사람을 나는 이 위대한 순임금에게서 보았다."

먼저 나이 50세의 의미부터 짚어보자. 주희의 풀이다. "50세라고 말한 것은 순임금이 (요임금의 명을 받아) 섭정할 때의 나이가 50세이었기 때문이다. 50세가 되어서도 그리워했다면 평생토록 그리워했다는 것을 알 수 있다." 공자나 맹자 모두 순임금의 경우 무엇보다 빼어난 점으로 큰 효심〔大孝〕을 든다. 따라서 공자가 순임금의 큰 효심〔大孝〕을 어떻게 평했는지를 살펴보면 이 장과의 비교도 되고 보충도 될 것이다. 『중용』 제17장이다.

공자는 말했다. "순임금은 아마도 큰 효심을 가졌던 분이라 할 수 있을 것이다. (임금)다움은 빼어난 이〔聖人〕의 경지에 올랐고, 그 존귀함은 천자(天子)에 이르렀으며, 그 부는 사해(四海) 안의 모든 것을 소유하여 (죽은 뒤에는) 종묘의 제사를 받았고 자손들도 그 제사를 대대로 이어갈 수 있었다. 바로 그렇기 때문에 (순임금처럼) 큰 다움을 닦으면 반드시 그에 어울리는 지위를 얻을 것이고, 반드시 그에 어울리는 작록(爵祿)을 얻을 것이며, 반드시 그에 어울리는 이름을 얻고, 반드시 그에 어울리는 수명을 얻는다. 또 바로 그렇기 때문에 하늘이 사물이나 사람을 낼 때는 반드시 그 바탕과 재질에 맞춰 돈독하게 해준다. 그래서 (하늘은) 심은 것을 (잘 자라도록) 북돋워주고, 기울어진 것은 엎어버린다. 『시경』에 이르기를 '아름답고 화락한 군자여! 그 훌륭한 다움이 빛나게 드러나는도다! 백성들에게 화순하게 하고 관리들에게도 화순하게 하는구나. 작록은 하늘로부터 받거늘 하늘이 돕고 도와서 명(命)을 내리고 하늘로부터 거듭 돌봄을 받는구나!'라고 하였다. 그래서 큰 다움을 쌓는 사람은 반드시 (하늘로부터) 명을 받게 된다."

사마천의 『사기』에 의하면, 순임금은 전욱(顓頊)의 6세손으로 그의 아버지 고수(瞽瞍)는 장님이었다. 일설에 따르면 실제 장님이라기보다는 하는 짓이 하도 포악스럽고 무지해 눈뜬장님과 같다고 해서 그렇게 표현했다고도 한다. 순(舜)이 어린 나이에 어머니가 죽자 아버지는 후처를 얻었다. 순은 계모와 이복동생 상(象)의 미움을 사여러 가지 방법으로 살해당할 뻔했지만 이를 슬기롭게 극복하며 효를 다하였다.

당시 임금이던 요(堯)는 순의 평판을 듣고 자신의 두 딸인 아황(娥皇)과 여영(女英)을 순에게 출가시켜 그를 등용하였다. 요임금이 두 딸을 준 이유는 자매의 갈등을 어떻게 다스리는지를 살펴 왕위를 전할지를 결정하기 위함이었다. 순이 가정을 잘 다스리자 일단 권한을 넘겨 섭정(攝政)토록 하였다. 요가 죽자 순은 요의 아들 단주(丹朱)를 즉위시키려 하였으나 천하의 인심이 이미 순에게 기울어졌기 때문에 마침내 순이 제위에 올랐다. 요와 마찬가지로 순이 통치하였던 치세에도 태평성대를 누렸으며 치수사업을 성공시켜 홍수 피해를 막았다. 순에게는 상균(商均)이라는 아들이 있었는데 현명하지 못하였기에 순은 아들에게 제위를 물려주지 않고 치수사업에 공적이 큰 우(禹)에게 이양하였다. 연이은 현자 발탁[擇賢]에 의한 선위(禪位)였다. 그 후 순은 지방을 순행하다가 병을 얻어 죽었다고 한다. 만일 순이 무리하게 능력이 모자란 아들에게 왕위를 넘겼다면 권력은 다른 데로 넘어가 순임금도 종묘의 제향을 받지 못했을 것이고, 아들 손자들도 제 명을 누리지 못했을 것이다. 공자의 말은 바로 이런 내용을 담고 있다.

이처럼 순임금의 큰 효도[大孝]에 대한 공자와 맹자의 언급을 비교해 보는 것도 의미가 있다.

2

만장이 물었다. "『시경』에 이르기를 '아내를 얻으려면 어찌해야 하는가? 반드시 부모님께 아뢰어야 한다'고 했습니다. 이 말이 맞다면 순임금처럼 하지 않는 것이 당연할 것입니다. (대체) 순임금께서 (부모님께) 아뢰지도 않고 장가를 든 이유는 무엇입니까?"

맹자가 말했다. "아뢰었다면 아내를 얻을 수 없었을 것이다. 남녀가 (혼인하여) 한 집에 산다는 것은 사람으로서 반드시 지켜야 할 도리다. 만일 아뢰었다면 사람으로서 반드시 지켜야 할 도리를 저버리는 결과가 되어 이로써 부모를 원망했을 수도 있다. 이 때문에 아뢰지 않은 것이다."

만장이 다시 물었다. "순임금께서 부모에게 아뢰지 않고 아내를 맞아들인 것에 대해서는 제가 이제 그 뜻을 알아들을 수 있었습니다. (그런데) 요임금께서 두 딸을 순에게 시집보내면서 순의 부모에게 알리지 않으신 이유는 무엇입니까?"

맹자가 답했다. "요임금께서도 알리게 되면 혼인이 성사될 수 없음을 아셨기 때문이다."

다시 만장이 물었다. "(전하는 바에 따르면) 아버지와 계모는 순으로 하여금 곳간을 손보도록 해놓고는 (순이 수리를 위해 곳간 지붕에 올라가자) 사다리를 치워버리고 아버지 고수(瞽瞍)가 곳간에 불을 질렀습니다. (이때 순은 미리 준비해 간 대삿갓을 이용해 안전하게 뛰어내려 목숨을 구했다.) (또 그 부모는) 순에게 우물을 파라고 하고는 (순이 일을 마치고) 나오려 할 때 (이미 순이 몰래 파놓은 다른 구멍으로) 벗어난 줄도 모르고 우물을 흙으로 메워버렸습니다. (아버지와 계모 사이에서 난 이복동생) 상(象)은 이렇게 말했습니다. '형님을 우물에 생매장시키는 꾀는 온전히 나의 공로이니, (그동안 순이 길렀던) 소와 양 그리고 곳간은 부모님께 드리고 (순이 사용하던) 방패와 창, 거문고와 활은 모두 내 것이며, 두 형수도 내가 데리고 살 것이다.' (그러고 나서) 상은 (자신이 말한 것들을 가지러) 순이 거처하던 집으로 갔는데 그때 순은 평상에 앉아 거문고를 타고 있었습니다. (죽은 줄 알았던 형이 버젓하게 살아 있으니 당연히 깜짝 놀란) 상은 '마음도 답답하고 울적해서 형님 생각이 나길래'라며 둘러댔으나 자신도 모르게 부끄러워하는 모습이 역력했습니다. (그런데 정작) 순은 '나는 이 신하와 백성들을 (어떻게 하면 잘 다스릴 수 있는지를) 생각하고 있었다. 너는 나의 다스림에 기여하도록 해라'라고 말하였습니다. 저는 잘 모르겠습니다. 당시 순임금은 상이 자신을 죽이려 했다는 것을 알지 못했습니까?"

맹자가 답했다. "어찌 알지 못했겠는가? (다만 상은 이복(異腹)이라 할지라도 아버지가 같은 자신의 동생이었기 때문에) 상이 근심하면 자신도 근심하셨고, 상이 기뻐하면 자신도 기뻐하셨던 것이다."

만장의 질문이 이어진다. "그렇다면 순은 거짓으로 기뻐한 것입니까?"

맹자가 대답했다. "그렇지 않다. 옛날에 정(鄭) 나라의 (현자인) 자산(子產)에게 살아 있는 물고기를 선물한 사람이 있었다. 자산이 연못지기를 시켜 그것을 연못에 놓아 키우라고 했는데 그 연못지기는 그것을 삶아 먹고는 와서 이렇게 보고했다. '처음에 물고기를 놓아주었을 때는 비실비실하더니 조금 있다가는 파닥파닥 살아나서 유유히 사라졌습니다.' 이에 자산은 '제자리를 찾아갔구나, 제자리를 찾아갔어'라고 말했다. 연못지기는 자산으로부터 물러나와 (사람들에게) 말하기를 '누가 자산을 지혜롭다고 하는가? 내가 이미 물고기를 잡아먹었는데도 그는 '제자리를 찾아갔구나, 제자리를 찾아갔어'라고 말하지 않는가?' 이처럼 군자(君子)는 도리로써 속일 수는 있어도 도리가 아닌 것으로써 옭아 넣기는 어려운 것이다. 저 상이 형을 사랑하는 도리로써 찾아왔기 때문에 순도 진실로 그런 줄 알고서 기뻐하였던 것이지, 어찌 거짓으로 기뻐한 것이겠는가?"

萬章問曰 詩云 娶妻如之何 必告父母 信斯言也宜莫如舜 舜之不告而娶
만장 문왈 시운 취처 여지하 필고 부모 신 사언 야 의 막여 순 순지 불고 이 취

何也
하야

孟子曰 告則不得娶 男女居室人之大倫也 如告則廢人之大倫以懟父母
맹자 왈 고 즉 부득 취 남녀 거실 인지대륜 야 여 고 즉 폐 인지대륜 이 대 부모

是以不告也
시이 불고 야

萬章曰 舜之不告而娶則吾旣得聞命矣 帝之妻舜而不告何也
만장 왈 순지 불고 이 취 즉 오 기 득문 명 의 제지 처 순 이 불고 하야

(孟子)曰 帝亦知告焉則不得妻也
맹자 왈 제 역지 고 언 즉 부득 처 야

萬章曰 父母使舜完廩捐階瞽瞍焚廩 使浚井出從而揜之 象曰 謨蓋都君
만장 왈 부모 사 순 완름 연 계 고수 분름 사 준정 출 종 이 엄지 상왈 모개 도군

咸我績 牛羊父母 倉廩父母 干戈朕琴朕弤朕 二嫂使治朕棲 象往入舜宮
함아적 우양 부모 창름 부모 간과 짐금 짐 저짐 이수 사 치 짐서 상왕입 순궁

舜在牀琴 象曰 鬱陶思君爾忸怩 舜曰 惟茲臣庶 汝其于予治 不識 舜不知
순 재상 금 상왈 울도 사 군 이육니 순 왈 유자 신서 여기 우 여 치 불식 순 부지

象之將殺己與
상 지 장 살 기 여

(孟子)曰 奚而不知也 象憂亦憂象喜亦喜
맹자 왈 해 이 부지 야 상우 역우 상희 역희

(萬章)曰 然則舜僞喜者與
만장 왈 연즉 순 위 희자 여

(孟子)曰 否 昔者有饋生魚於鄭子産 子産使校人畜之池 校人烹之反命
맹자 왈 부 석자 유궤 생어 어 정 자산 자산 사 교인 흑지 지 교인 팽지 반명

曰 始舍之圉圉焉 少則洋洋焉 攸然而逝 子産曰 得其所哉 得其所哉 校人
왈 시 사 지 어어 언 소 즉 양양 언 유연 이 서 자산 왈 득기소재 득기소재 교인

出曰 孰謂子產智 予旣烹而食之 曰 得其所哉 得其所哉 故君子可欺以其
출왈 숙위 자산 지 여기팽이식지 왈 득기소재 득기소재 고 군자 가기이기

方難罔以非其道 彼以愛兄之道來 故誠信而喜之 奚僞焉
방난망이비기도 피이 애형지도 래 고 성신 이희지 해위언

먼저 만장(萬章)이 『시경』을 인용하며 묻는다. "『시경』에 이르기를 '아내를 얻으려면 어찌해야 하는가? 반드시 부모님께 아뢰어야 한다'고 했습니다. 이 말〔斯言〕이 맞다〔信〕면 순임금처럼 하지 않는 것〔莫〕이 당연할〔宜〕 것입니다. (대체) 순임금께서 (부모님께) 아뢰지도 않고 장가를 든 이유는 무엇입니까?"

이 문제는 앞서 '이루 장구 상' 26장에서 잠깐 살펴본 바 있다. 거기서 맹자는 순임금이 그렇게〔不告〕 한 이유에 대해 (또 다른 불효인) 후손이 끊어지는 것〔無後〕을 피하기 위해서라고 말한 바 있다. 이제 맹자의 대답을 들어보자.

"아뢰었다면 아내를 얻을 수 없었을 것이다. 남녀가 (혼인하여) 한 집에 산다는 것〔居室〕은 사람으로서 반드시 지켜야 할 도리〔大倫〕다. 만일〔如〕 아뢰었다면〔則〕 사람으로서 반드시 지켜야 할 도리를 저버리는〔廢〕 결과가 되어 이로써 부모를 원망〔懟〕했을 수도 있다. 이 때문에 아뢰지 않은 것이다."

후손이 끊어지는 것〔無後〕보다 조금 더 강하게 부모에 대한 원망이 생길 수 있음을 지적하고 있다. 이에 만장이 다시 묻는다.

"순임금께서 부모에게 아뢰지 않고 아내를 맞아들인 것에 대해서는 제가 이제 그 뜻을 알아들을 수 있었습니다. (그런데) 요임금〔帝〕께서 두 딸을 순에게 시집보내면서 순의 부모에게 알리지 않으신 이유는 무

엇입니까?" 맹자는 간단하게 답한다. "요임금께서도 알리게 되면 혼인이 성사될 수 없음을 아셨기 때문이다."

다시 만장이 묻는다. "(전하는 바에 따르면) 아버지와 계모는 순으로 하여금 곳간을 손보도록 해놓고는 (순이 수리를 위해 곳간 지붕에 올라가자) 사다리를 치워버리고 아버지 고수(瞽瞍)가 곳간에 불을 질렀습니다. (이때 순은 미리 준비해 간 대삿갓을 이용해 안전하게 뛰어내려 목숨을 구했다.) (또 그 부모는) 순에게 우물을 파라고 하고는 (순이 일을 마치고) 나오려 할 때 (이미 순이 몰래 파놓은 다른 구멍으로) 벗어난〔從〕 줄도 모르고 우물을 흙으로 메워버렸습니다〔揜〕. (아버지와 계모 사이에서 난 이복동생) 상(象)은 이렇게 말했습니다. '형님〔都君〕을 우물에 생매장시키는 꾀는 온전히〔咸〕 나의 공로이니, (그동안 순이 길렀던) 소와 양 그리고 곳간은 부모님께 드리고 (순이 사용하던) 방패와 창, 거문고와 활은 모두 내 것이며, 두 형수도 내가 데리고 살〔棲〕 것이다.' (그리고 나서) 상은 (자신이 말한 것들을 가지러) 순이 거처하던 집으로 갔는데 그때 순은 평상〔牀〕에 앉아 거문고를 타고 있었습니다. (죽은 줄 알았던 형이 버젓하게 살아 있으니 당연히 깜짝 놀란) 상은 '마음도 답답하고 울적해서〔鬱陶〕 형님 생각이 나길래'라며 둘러댔으나 자신도 모르게 부끄러워하는 모습〔忸怩〕이 역력했습니다. (그런데 정작) 순은 '나는 이 신하와 백성들〔臣庶〕을 (어떻게 하면 잘 다스릴 수 있는지를) 생각하고 있었다. 너는 나의 다스림에 기여하도록〔其=寄〕 해라'고 말하였습니다. 저는 잘 모르겠습니다. 당시 순임금은 상이 자신을 죽이려 했다는 것을 알지 못했습니까?" 이에 맹자가 답했다. "어찌 알지 못했겠는가? (다만 상은 이복(異腹)이라 할지라도 아버지가 같은 자신의 동생이었기 때문에) 상이 근심하면 자신도 근심하셨고, 상이 기뻐하면 자신도 기뻐하셨던 것이다." 알고서도 모른 척하면서 자신의 집에 참으로 오랜만에 찾아온 상의 행위만을 긍정적으로 취하여 장차 자신과 함께 여러 신하들을 다스리는 일을 하자고 말했던 것이다. 그러면 자신을 죽이려 했던 상의 행위에 대한 순의 반응은 어떻게 되는가?

만장의 질문이 이어진다. "그렇다면 순은 거짓으로〔僞〕 기뻐한 것입니까?" 맹자의 답이 길게 이어진다.

"그렇지 않다. 옛날에 정(鄭)나라의 (현자인) 자산(子産)에게 살아 있는 물고기를 선물한 사람이 있었다. 자산이 연못지기〔校人〕를 시켜 그것을 연못에 놓아 키우라고 했는데 그 연못지기는 그것을 삶아 먹고는 와서 이렇게 보고했다. '처음에 물고기를 놓아주었을 때는 비실비실〔圉圉〕하더니 조금 있다가는 파닥파닥〔洋洋〕 살아나서 유유히〔悠然〕 사라졌습니다.' 이에 자산은 '제자리를 찾아갔구나, 제자리를 찾아갔어'라고 말했다. 연못지기는 자산으로부터 물러나와 (사람들에게) 말하기를 '누가 자산을 지혜롭다고 하는가? 내가 이미 물고기를 잡아먹었는데도 그는 '제자리를 찾아갔구나, 제자리를 찾아갔어'라고 말하지 않는가?' 이처럼 군자(君子)는 도리〔方=道〕로써 속일〔欺〕 수는 있어도 도리가 아닌 것〔非道〕으로써 옭아 넣기〔罔〕는 어려운 것이다. 저 상이 형을 사랑하는 도리〔愛兄之道〕로써 찾아왔기 때문에 순도 진실로 그런 줄 알고서 기뻐하였던 것이지, 어찌 거짓으로 기뻐한 것이겠는가?"

주희의 지적대로 "순은 인륜(人倫)의 변을 만났으나 하늘과도 같은 이치〔天理〕의 떳떳함을 잃지 않으셨다."

이 장은 사실상 『논어』 '옹야 24'에 대한 풀이라 할 수 있다.

재아가 물었다. "어진 사람은 비록 (누가 와서) 사람이 함정에 빠져 있다고 말해 주더라도 따라 들어가야겠습니다."

공자는 말했다. "어찌 그렇게 하겠는가? 군자를 (함정까지) 가게 할 수는 있으나 빠지게 할 수는 없으며, 속일〔欺〕수는 있으나 옭아 넣을〔罔〕수는 없다."

3

만장이 물었다. "상(象)은 날마다 순을 죽이는 것을 자신의 일로 삼았는데 (훗날 순이) 그 지위가 천자(天子)가 되어 (죽이지 않고) 유배를 보낸 것은 어떤 이유 때문입니까?"

맹자가 말했다. "(순임금께서는) 그를 (지방의 제후로) 봉해주셨다. (그런데 사람들은 잘못 알고서) 어떤 사람들은 유배를 보낸 것이라고 하는 것이다."

만장이 물었다. "순임금께서 (요임금을 대신해 섭정을 하고 있을 때 각종 기물의 제작을 맡아보던) 공공(共工)을 북쪽의 유주(幽州)로 유배 보내셨고, (그 공공과 가까웠던) 환도(驩兜)를 남쪽의 숭산(崇山)으로 추방하고, (오늘날 묘족의 뿌리인 남쪽의 부족국) 삼묘(三苗)의 임금은 서쪽 삼위(三危)에서 죽였고, (우왕의 아버지로 홍수대책을 제대로 마련하지 못한) 곤(鯀)은 동쪽 우산(羽山)에서 사형에 처함으로써 사흉을 벌하자 천하 사람들이 다 복종하게 된 것은 바로 어질지 못한 자를 처벌하셨기 때문입니다. 상이야말로 참으로 어질지 못한데 (오히려 그를) 유비(有庳) 땅에 봉하여주셨으니 유비에 사는 사람들은 무슨 죄입니까? (순임금처럼) 어진 사람도 진실로 이와 같은 처사를 합니까? 남이라고 해서 가차 없이 처벌하면서 동생에게는 (오히려) 봉해주는 것이 과연 어진 처사인지요?"

맹자가 답했다. "어진 사람이 동생을 대함에는 노여움을 가슴속에 간직하지 않고, 원망도 가슴속에 묻어두지 않고, 그저 동생을 내 몸처럼 사랑할 뿐이다. 동생을 내 몸과 같이 여긴다면 동생이 귀하게 되기를 바랄 것이요, 동생을 사랑한다면 동생이 부유하게 되기를 바랄 것이니, 동생 상에게 유비를 봉하신 것은 그를 부유하고 귀하게 만들려 하신 것이다. 자신은 천자가 되었는데 아우는 일개 평민으로 남아 있다면 (그것을 두고서 진실로) 아우를 내 몸과 같이 사랑했다고 말할 수 있겠는가?"

만장이 또 물었다. "감히 묻겠습니다. (그처럼 사정이 명백한데도) 일부 사람들이 '유배를 보냈다'고 하는 것은 어째서입니까?"

맹자가 말했다. "(순임금께서는) 상이 그 나라를 직접 다스릴 수 없도록 조처를 취한 다음 천자(순임금)께서 직접 관리를 파견하여 그 나라를 다스리고 거기서 나오는 공물과 세금만 (상에게) 바치게 해주셨다. 그 때문에 '유배를 보냈다'고 하는 것이다. (이렇게 해놓았으니 상이) 어찌 그 백성들에게 포악한 짓을 할 수 있었겠는가? 그럼에도 불구하고 항상 (형제간의 우애로써) 상을 만나보고 싶어 하여 수시로 들어오게 하였다. (옛글에) '조공할 시기가 아직 아닌데도 정사(政事)를 구실로 유비의 제후를 접견하였다'는 말은 바로 이것을 가리키는 것이다."

萬章問曰 象日以殺舜爲事 立爲天子則放之何也
만장 문왈 상 일 이 살 순 위사 입 위 천자 즉 방 지 하야

孟子曰 封之也 或曰放焉
맹자 왈 봉 지 야 혹 왈 방 언

萬章曰 舜流共工于幽州 放驩兜于崇山 殺三苗于三危 殛鯀于羽山 四罪
만장 왈 순 유 공공 우 유주 방 환도 우 숭산 살 삼묘 우 삼위 극 곤 우 우산 사 죄

而天下咸服誅不仁也 象至不仁封之有庳 有庳之人奚罪焉 仁人固如是乎
이 천하 함복 주 불인 야 상 지 불인 봉 지 유비 유비 지 인 해 죄 언 인인 고 여시 호

在他人則誅之在弟則封之
재 타인 즉 주 지 재 제 즉 봉 지

(孟子)曰 仁人之於弟也不藏怒焉不宿怨焉 親愛之而已矣 親之欲其貴
맹자 왈 인인 지 어 제 야 부장 노 언 불숙 원 언 친애 지 이 이의 친 지 욕 기 귀

也 愛之欲其富也 封之有庳富貴之也 身爲天子弟爲匹夫可謂親愛之乎
야 애 지 욕 기 부 야 봉 지 유비 부귀 지 야 신 위 천자 제 위 필부 가위 친애 지 호

敢問 或曰放者何謂也
감문 혹왈 방자 하위 야

(孟子)曰 象不得有爲於其國 天子使吏治其國而納其貢稅焉 故謂之放
맹자 왈 상 부득 유위 어기국 천자 사리 치기국 이 납기 공세 언 고 위지방

豈得暴彼民哉 雖然欲常常而見之 故源源而來 不及貢以政接于有庳 此之
기득 폭 피 민 재 수연 욕 상상 이 견지 고 원원 이 래 불급 공 이 정 접 우 유비 차 지

謂也
위 야

　　이야기가 앞 장에 이어진다. 만장(萬章)이 물었다. "상 (象)은 날마다〔日〕순을 죽이는 것을 자신의 일로 삼았는데 (훗날 순이) 그 지위가 천자(天子)가 되어 (죽이지 않고) 유배〔放〕를 보낸 것은 어떤 이유 때문입니까?" 우선 맹자는 만장의 질문을 바로잡아준다. "(순임금께서는) 그〔之〕를 (지방의 제후로) 봉해주셨다. (그런데 사람들은 잘못 알고서) 어떤 사람들은 유배를 보낸 것이라고 하는 것이다."

　　다시 만장이 묻는다. "순임금께서 (요임금을 대신해 섭정을 하고 있을 때 각종 기물의 제작을 맡아보던) 공공(共工)을 북쪽의 유주(幽州)로 유배〔流〕보내셨고, (그 공공과 가까웠던) 환도(驩兜)를 남쪽의 숭산(崇山)으로 추방하고, (오늘날 묘족의 뿌리인 남쪽의 부족국) 삼묘(三苗)의 임금은 서쪽 삼위(三危)에서 죽였고, (우왕의 아버지로 홍수대책을 제대로 마련하지 못한) 곤(鯀)은 동쪽 우산(羽山)에서 사형에 처함으로써 사흉〔四〕을 벌하자 천하 사람들이 다 복종하게 된 것은 바로 어질지 못한 자〔不仁=不仁者〕를 처벌하셨기 때문입니다.

　　상이야말로 참으로〔至〕어질지 못한데 (오히려 그를) 유비(有庳) 땅에 봉하여주셨으니 유비에 사는 사람들은 무슨 죄입니까? (순임금처

럼) 어진 사람도 진실로 이와 같은 처사를 합니까? 남이라고 해서 가차 없이 처벌하면서 동생에게는 (오히려) 봉해주는 것이 과연 어진 처사인지요?" 얼핏 보면 만장의 말은 지극히 옳다. 따라서 맹자의 대답이 궁금하다.

"어진 사람이 동생을 대함에는 노여움을 가슴속에 간직하지 않고, 원망도 가슴속에 묻어두지 않고, 그저 동생을〔之〕 내 몸처럼 사랑〔親愛〕할 뿐이다〔而已矣〕. 동생을 내 몸과 같이 여긴다면 동생이 귀하게 되기를 바랄 것이요, 동생을 사랑한다면 동생이 부유하게 되기를 바랄 것이니, 동생 상에게 유비를 봉하신 것은 그를 부유하고 귀하게 만들려 하신 것이다. 자신은 천자가 되었는데 아우는 일개 평민〔匹夫〕으로 남아 있다면 (그것을 두고서 진실로) 아우를 내 몸과 같이 사랑했다고 말할 수 있겠는가?"

親親, 즉 '친족들을 내 몸같이 여기라는 것'은 바로 이런 맹자의 풀이를 두고 하는 말이다. 이 점에 대해서는 공자의 생각도 다르지 않았다. 『논어』 '자로 18'은 바로 이 점과 연결된다.

섭공이 공자에게 말한다. "우리 당에 정직하게 행동하는 궁이라는 사람이 있으니 그의 아버지가 양을 훔치자 그는 아버지가 훔쳤다는 것을 증언하였습니다."

이에 공자는 말했다. "우리 당의 정직한 자는 이와는 다릅니다. 아버지는 자식을 위하여 숨겨주고, 자식은 아버지를 위하여 숨겨주니 곧음이란 바로 이 가운데 있는 것입니다."

초(楚) 나라 사람으로 섭(葉)이라는 지방 관리이면서 임금〔公〕을 참칭했던 섭공(葉公)이 공자에게 자랑스레 이야기한다. "우리 당(黨)에 정직하게 행동하는 궁이라는 사람〔直躬者-直躬이라는 이름을 가진 자로 풀이하기도 한다〕이 있으니 그의 아버지가 양을 훔치자 아들이 그 훔친 것을 증언〔證〕하였습니다." 여기서 당(黨)은 마을이나 공동체를 뜻한다.

얼핏 보면 그 아들의 행동은 공적인 의리에 맞는다고 할 수 있다. 아버지라 하더라도 잘못된 일을 했을 때는 지적하는 것이 옳다고 할 수 있기 때문이다. 그런데 이런 섭공의 자랑에 공자는 이렇게 답한다.

"우리 당의 정직한 자는 이와는 다릅니다. 아버지는 자식을 위하여 숨겨주고, 자식은 아버지를 위하여 숨겨주니 곧음〔直〕이란 바로 이 가운데 있는 것입니다."

사실 이는 쉽지 않은 문제다. 이에 대해서는 사량좌(謝良佐)의 풀이가 시사하는 바가 많다. "이치를 따르는 것〔順理〕이 곧 곧음〔直〕이니, 아버지가 자식을 위하여 숨겨주지 않고, 자식이 아버지를 위하여 숨겨주지 않는다면 (인간으로서의) 이치를 따르는 것이라 할 수 있겠는가? 순임금의 아버지인 고수(瞽瞍)가 사람을 죽이면 순임금은 고수를 몰래 업고 도망쳐 바닷가를 따라가 살았을 것이다. 이때를 당하여 부모를 사랑하는 마음이 우세하니 자신의 행동이 곧은가 곧지 않은가를 어느 겨를에 따지겠는가?"

사량좌의 풀이는 이복동생 상에게도 그대로 적용된다. 그래도 납득이 되지 않았는지 만장이 또 물었다. "감히 묻겠습니다. (그처럼 사정이 명백한데도) 일부 사람들이 '유배를 보냈다〔放〕'고 하는 것은 어째서입니까?" 이제 맹자는 그 이유를 명백하게 밝힌다.

"(순임금께서는) 상이 그 나라[有庳]를 직접 다스릴[有爲] 수 없도록 [不得] 조처를 취한 다음 천자(순임금)께서 직접 관리를 파견하여 그 나라를 다스리고 거기서 나오는 공물과 세금[貢稅]만 (상에게) 바치게 해주셨다. 그 때문에 '유배를 보냈다'고 하는 것이다. (이렇게 해놓았으니 상이) 어찌 그 백성들에게 포악한 짓을 할 수 있었겠는가? 그럼에도 불구하고[雖然] 항상 (형제간의 우애로써) 상을 만나보고 싶어 하여 수시로[源源] 들어오게 하였다. (옛글에) '조공할 시기가 아직 아닌데도 정사(政事)를 구실로 유비의 제후[象]를 접견하였다'는 말은 바로 이것을 가리키는 것이다."

전반적인 뜻은 주희가 인용한 오역(吳棫)의 짤막한 풀이가 정곡을 찌른다. "빼어난 이[聖人-순임금]는 공적인 의리[公義]로써 사사로운 은혜[私恩]를 폐하지 않고, 또한 사사로운 은혜로써 공적인 의리를 해치지 않음을 (맹자께서) 말씀하셨으니, 순이 상에 대하여 사랑하는 마음[仁]이 지극하고 의리[義]를 다하신 것이다."

4

(맹자의 제자인) 함구몽(咸丘蒙)이 물었다. "전하는 말에 따르면 '다음〔德〕이 성할 대로 성한 선비는 임금이라도 그를 신하로 삼을 수 없으며 아비라도 그를 자식으로 삼을 수 없다'고 합니다. (그런데 섭정할 당시) 순임금이 남쪽을 바라보고 서 있으면 요임금은 제후들을 거느리고 (신하의 예를 갖추듯) 북쪽을 바라보고 조정회의에 임하셨고, (아버지인) 고수(瞽瞍)도 북쪽을 바라보고 조회하였는데 순임금이 고수를 보실 때는 그 모습이 위축되고 불안해하는 바가 있었습니다. 공자께서도 '이때는 천하가 안정되지 못하여 위태위태했다'고 하셨는데 (그 이유를) 저는 잘 모르겠는데 정말로 이랬던 것입니까?"

맹자가 답했다. "아니다. 그것은 군자들이 하는 말이 아니고 제(齊)나라 동쪽의 야만인들이 하는 말이다. 요임금이 연로해지시자 순임금이 대리청정을 하신 것이다. 『서경』 '요전(堯典)'에 따르면 '(대리청정을 한 지) 28년 되던 해에 요임금께서 드디어 세상을 떠나시자 백성들은 친부모를 잃었을 때처럼 삼년상을 치렀고, 온 나라의 백성들까지도 음악을 그치고 근신하였다'고 돼 있다. 공자께서도 '하늘에 태양은 둘일 수 없고 백성들에게 임금은 둘일 수 없다'고 하셨다. 순임금이 (요임금이 세상을 떠나기도 전에) 이미 천자(天子)가 되었고, 나아가 제후들을 통솔하면서 (동시에) 요임금을 위하여 삼년상을 입었다고 한다면 이는 천자가 둘이었다는 말이다."

함구몽이 물었다. "순임금께서 요임금을 신하로 대하지 않았다는 것에 대해서는 제가 이제 그 뜻을 알아들을 수 있었습니다. 『시경』에 이르기를 '온 천하에 천자의 땅 아님이 없고, 이 땅 끝까지 가더라도 천자의 신하 아닌 자가 없구나'라고 하였습니다. (그렇다면) 이미 순은 천자의 자리에 올랐는데 감히 묻겠습니다. 아버지 고수를 신하의 예로 대하지 않았다는 것은 무슨 말입니까?"

맹자가 답했다. "이 시는 그런 뜻이 아니다. (이 시를 지은 사람 자신이) 나랏일에 바빠서 부모 봉양을 할 수 없어서 '이 모든 일이 나랏일이 아닌 것이 하나도 없건만 왜 나 홀로 뭐가 잘났다고 이 고생인가'라고 탄식한 것이다. 따라서 시를 풀이하는 사람은 글자 한 자 한 자에 얽매여 시구를 잘못 풀이해서도 안 되고, 또 시구 하나 하나에 얽매여 시 전체의 뜻을 손상시켜서도 안 된다. 자신이 생각하는 바를 갖고서 역으로 그 (시의 작자의) 뜻까지 거슬러 올라갔을 때 비로소 시는 알 수 있는 것이다. 예를 들어 그냥 시구에만 얽매인다면 (즉 작자의 뜻에까지 거슬러 올라가지 못한다면) 『시경』에 나오는 '은하수'라는 시의 '주(周) 나라의 살아남은 백성, 한 명도 없도다'라는 부분을 시구에 얽매여 풀이할 경우 정말로 주나라에 백성이 단 한 명도 없었다는 말이 된다. 효자가 된다는 것의 극치로는 부모를 귀하게 높이는 것보다 큰 것이 없고, 부모를 귀하게 높이는 것의 극치로는 온 천하 사람들이 봉양하게 하는 것만큼 큰 것이 없다. (고수는) 천자의 아버지가 되었으니 존귀함이 극에 이르렀고, (순임금은) 천하로써 봉양하였으니 봉양함이 극에 이르렀다. 『시경』에 이르기를 '길이 효도를 다 해야지. 효도야말로 영원한 법칙이도다'라고 했으니 바로 이를 두고 한 말이다. 『서경』에 이르기를 '(순임금이) 공경히 섬기는 자세로 고수를 뵈었고, (그때마다) 공경하고 삼가며 늘 조심하자 고수도 마침내 (마음을 바꿔 순을) 믿고 따랐다'고 했으니 이것이 바로 '아비라도 그를 자식으로 삼을 수 없다'는 말이다."

咸丘蒙問曰 語云 盛德之士君不得而臣父不得而子 舜南面而立堯帥
함구몽 문왈 어운 성덕 지사군 부득 이신부부득 이자 순 남면 이립요솔

諸侯北面而朝之 瞽瞍亦北面而朝之 舜見瞽瞍其容有蹙 孔子曰 於斯時也
제후 북면 이조지 고수 역북면 이조지 순견 고수 기용 유축 공자왈 어 사시 야

天下殆哉岌岌乎 不識 此語誠然乎哉
천하 태재 급급 호 불식 차어 성연호재

　孟子曰 否 此非君子之言齊東野人之語也 堯老而舜攝也 堯典曰 二十
　맹자 왈 부 차비 군자지언 제동 야인지어 야 요로 이순섭야 요전왈 이십

有八載放勳乃徂落 百姓如喪考妣三年 四海遏密八音 孔子曰 天無二日 民
유 팔재 방훈 내 조락 백성 여상 고비 삼년 사해 알밀 팔음 공자왈 천무이일 민

無二王 舜旣爲天子矣又帥天下諸侯以爲堯三年喪 是二天子矣
무이 왕 순기 위 천자 의우솔 천하 제후 이위요 삼년상 시 이 천자 의

　咸丘蒙曰 舜之不臣堯則吾旣得聞命矣 詩云 普天之下莫非王土 率
　함구몽 왈 순지 불신 요즉 오기 득문 명의 시운 보 천지하 막비 왕토 솔

土之濱莫非王臣而舜旣爲天子矣 敢問瞽瞍之非臣 如何
토지빈 막비 왕신 이순기 위 천자 의 감문 고수 지비신 여하

　(孟子)曰 是詩也非是之謂也 勞於王事而不得養父母也 曰 此莫非王事
　맹자 왈 시시야 비시 지위야 노어 왕사 이 부득 양부모 야 왈 차 막비 왕사

我獨賢勞也 故說詩者不以文害辭不以辭害志以意逆志是爲得之 如以辭
아 독현로야 고 설시 자불이 문해사 불이 사해지 이의 역지 시위득지 여이사

而已矣雲漢之詩曰 周餘黎民靡有孑遺 信斯言也 是周無遺民也 孝子之至
이이의 운한 지시 왈 주여 여민 미유 혈유 신 사언야 시주무 유민 야 효자 지지

莫大乎尊親 尊親之至莫大乎以天下養 爲天子父尊之至也以天下養養之
막대 호 존친 존친 지지 막대호 이 천하 양 위 천자 부존지 지야 이 천하 양양지

至也 詩曰 永言孝思 孝思維則 此之謂也 書曰 祗載見瞽瞍 夔夔齊栗 瞽瞍
지야 시왈 영언 효사 효사 유칙 차지 위야 서왈 지재현 고수 기기 재율 고수

亦允若 是爲父不得而子也
역 윤약 시위부 부득 이자야

　　　　　맹자의 제자인 함구몽(咸丘蒙)이 묻는다. "전하는 말[語]
　　　　　　　　　　　　　　　　　　　　　　　　　　어
에 따르면 '다움[德]이 성할 대로 성한 선비는 임금이라도 그를 신하
　　　　　덕

로 삼을 수 없으며, 아비라도 그를 자식으로 삼을 수 없다'고 합니다. (그런데 섭정할 당시) 순임금이 남쪽을 바라보고〔南面〕 서 있으면 요임금은 제후들을 거느리고〔師=率〕 (신하의 예를 갖추듯) 북쪽을 바라보고〔北面〕 조정회의에 임하셨고, (아버지인) 고수(瞽瞍)도 북쪽을 바라보고 조회하였는데 순임금이 고수를 보실 때는 그 모습이 위축되고 불안해하는 바가 있었습니다. 공자께서도 '이때는 천하가 안정되지 못하여 위태위태〔岌岌〕했다'고 하셨는데 (그 이유를) 저는 잘 모르겠는데 정말로 이랬던 것입니까?"

맹자가 답한다. "아니다. 그것은 군자들이 하는 말이 아니고 제(齊)나라 동쪽의 야만인들이 하는 말이다. 요임금이 연로해지자 순임금이 대리청정〔攝〕을 하신 것이다. 『서경』 '요전(堯典)'에 따르면 '(대리청정을 한 지) 28년 되던 해에 요임금〔放勳〕께서 드디어〔乃〕 세상을 떠나시자〔徂落=殂落〕 백성들은 친부모를 잃었을 때처럼 삼년상을 치렀고, 온 나라〔四海〕의 백성들까지도 음악〔八音〕을 그치고 근신하였다'고 돼 있다. 공자께서도 '하늘에 태양은 둘일 수 없고 백성들에게 임금은 둘일 수 없다'고 하셨다. 순임금이 (요임금이 세상을 떠나기도 전에) 이미 천자(天子)가 되었고, 나아가 제후들을 통솔하면서 (동시에) 요임금을 위하여〔爲〕 삼년상을 입었다고 한다면 이는 천자가 둘이었다는 말이다."

함구몽의 질문대로 하자면 순임금은 외람되게도 요임금이 아직 생존해 있는데도 천자의 자리를 차지했다는 말이 된다. 참람(僭濫)이다. 그러면서도 임금의 권위를 지키지 못한 채 아버지 고수와 눈이라도 마주치면 쩔쩔맸다는 것이다. 맹자는 우선 참람과 관련된 부분을 반박하고 있는 것이다. 자연스레 나머지 부분에 대한 대화가 이어진다. 함구몽이 묻는다.

"순임금께서 요임금을 신하로 대하지 않았다는 것에 대해서는 제가 이제 그 뜻을 알아들을 수 있었습니다. 『시경』에 이르기를 '온 천하에 천자의 땅 아님이 없고, 이 땅 끝까지 가더라도 천자의 신하 아닌 자가 없구나'라고 하였습니다. (그렇다면) 이미 순은 천자의 자리에 올랐는데, 감히 묻겠습니다, 아버지 고수를 신하의 예로 대하지 않았다〔非臣〕는 것은 무슨 말입니까?"

맹자의 대답이 궁금하다. "이 시는 그런 뜻이 아니다. (이 시를 지은 사람 자신이) 나랏일〔王事=國事〕에 바빠서 부모 봉양을 할 수 없어서 '이 모든 일이 나랏일이 아닌 것이 하나도 없건만 왜 나 홀로 뭐가 잘났다고 이 고생인가'라고 탄식한 것이다. 따라서 시를 풀이하는 사람은 글자〔文〕 한 자 한 자에 얽매여 시구〔辭〕를 잘못 풀이해서도 안 되고, 또 시구 하나 하나에 얽매여 시 전체의 뜻〔志〕을 손상시켜서도 안 된다. 자신이 생각하는 바〔意〕를 갖고서 역으로 그 (시의 작자의) 뜻〔志〕까지 거슬러 올라갔을 때 비로소 시는 알 수 있는 것이다. 예를 들어 그냥 시구〔辭〕에만 얽매인다면 (즉 작자의 뜻에까지 거슬러 올라가지 못한다면) 『시경』에 나오는 '은하수〔雲漢〕'라는 시의 '주(周) 나라의 살아남은 백성, 한 명도 없도다'라는 부분을 시구에 얽매여 풀이할 경우 정말로 주나라에 백성이 단 한 명도 없었다는 말이 된다."

맨 마지막 부분에 대한 주희의 풀이다. "오직 보는 자의 뜻〔意〕으로써 작자의 뜻〔志〕을 맞춰보면 이 시를 지은 자의 뜻이 가뭄을 걱정하는 데 있지 실제로 살아남은 백성이 하나도 없다는 것이 아님을 알게 될 것이다."

이제 맹자는 본격적으로 고수에 대한 순임금의 처신을 둘러싼 논란을 풀어내면서 이 장을 맺는다. "효자가 된다는 것의 극치〔至〕로는 부모를 귀하게 높이는 것〔尊親〕보다 큰 것이 없고, 부모를 귀하게 높이는 것의 극치로는 온 천하 사람들이 봉양하게 하는 것만큼 큰 것이 없다. (고수는) 천자의 아버지가 되었으니 존귀함이 극에 이르렀고 (순임금은) 천하로써 봉양하였으니 봉양함이 극에 이르렀다. 『시경』에 이르기를 '길이 효도를 다 해야지. 효도야말로 영원한 법칙이도다'라고 했으니 바로 이를 두고 한 말이다.

『서경』에 이르기를 '(순임금이) 공경히 섬기는 자세로 고수를 뵈었고, (그때마다) 공경하고 삼가며 늘 조심하자 고수도 마침내 (마음을 바꿔 순을) 믿고〔允〕 따랐다〔若=順〕'고 했으니 이것이 바로 '아비라도 그를 자식으로 삼을 수 없다'는 말이다." 맨 앞부분에 나왔던 말로 이 장을 끝맺었다.

마지막 문장에 대한 주희의 풀이다. "맹자께서 이 글을 인용하고 말씀하시기를 '고수가 좋지 못함〔不善〕으로써 자기 아들에게 영향을 미치지 못하고, 도리어 자기 아들에게 교화를 당하였으니 이것이 이른바 '아비라도 그를 자식으로 삼을 수 없다'는 것이요, 함구몽이 말한 것과 같은 것이 아니다.""

5

만장이 물었다. "요임금께서 천하를 순임금께 주었다는데 정말 그런 일이 있었습니까?"

맹자가 답했다. "아니다. 천자(天子)라고 해서 (자기 마음대로) 천하를 남에게 줄 수는 없다."

"그러면 순임금께서는 천하를 소유하셨는데 누가 그것을 (순임금께) 주었습니까?"

"하늘이 주셨다."

"하늘이 주셨다는 것은 구체적으로 이것저것 짚어가면서 순에게 명을 내린 것입니까?

"그건 아니다. 하늘은 말이 없다. 행함[行]과 일[事]로써 하늘의 뜻을 보여줄 뿐이다."

"행함과 일로써 하늘의 뜻을 보여줄 뿐이라는 것은 어떠한 것입니까?"

"천자는 하늘에 사람을 천거할 수는 있으나 하늘로 하여금 그에게 천하를 주게 할 수는 없다. (이는 마치) 제후(諸侯)는 천자에게 다른 사람을 천거할 수는 있으나 천자로 하여금 그에게 제후의 자리를 주게 할 수는 없고, 대부가 제후에게 다른 사람을 천거할 수는 있으나 제후로 하여금 그에게 대부의 자리를 주게 할 수는 없는 것과 같은 이치다. 옛날에 요임금께서 순을 (자신의 후임으로) 하늘에 천거하시니 하늘이 그를 받아들였고, 백성들에게 그를 드러내 보였더니 백성들이 그를 받아들였다. 그 때문에 '하늘은 말이 없다. 행함과 일로써 하늘의 뜻을 보여줄 뿐이다'라고 말했던 것이다."

"감히 묻겠습니다. 하늘에 천거하시니 하늘이 그를 받아들였고, 백성들에게 그를 드러내 보였더니 백성들이 그를 받아들였다고 하셨는데 무슨 뜻입니까?"

　맹자가 답했다. "그로 하여금 (나라의 각종) 제사들을 주관토록 하였더니 온갖 귀신들이 그것을 흠향하였으니 이를 일러 '하늘이 그를 받아들였다'는 것이요, 국사를 주관토록 하였더니 나라가 잘 다스려져서 온 백성들이 그를 만족스럽게 대하니 이를 일러 '백성들이 그를 받아들였다'는 것이다. (따라서 천자의 자리는) 하늘이 주신 것이고 백성들이 준 것이다. 그 때문에 '천자라고 해서 (자기 마음대로) 천하를 남에게 줄 수는 없다'고 말했던 것이다. 순임금이 (섭위(攝位)에 올라 대리청정하면서) 요임금을 도운 것이 28년이다. 이는 사람의 힘으로 능히 할 수 있는 것이 아니요, 하늘의 뜻이다. 요임금이 붕어하시자 삼년상을 마친 순임금은 요임금의 아들을 피해 남하(南河)의 남쪽으로 가셨다. (단주의 즉위를 위한 배려였다.) (그럼에도 불구하고) 천자에게 알현하러 가는 천하의 제후들은 요임금의 아들에게 가지 않고 순임금에게 갔고, 송사를 다투는 자들도 요임금의 아들에게 가지 않고 순임금에게 갔으며, 공덕을 찬양하는 자들도 요임금의 아들이 아니라 순임금을 찬양하였다. 그래서 '하늘의 뜻'이라 말한 것이다. 일이 이렇게 되고 나서야 순임금은 도읍으로 가시어 천자의 자리에 오르셨다. 만일 (요임금의 사망 직후부터) 요임금의 궁궐에 머물러 있으면서 요임금의 아들을 핍박했다면 이는 제위를 찬탈한 것이지 하늘이 주신 것이라 할 수 없다. 『서경』 '태서(太誓)'에 이르기를 '하늘이 보는 것은 곧 우리 백성들이 보는 것이요, 하늘이 듣는 것은 곧 우리 백성들이 듣는 것이다'라고 한 것은 바로 이를 말하는 것이다."

萬章曰 堯以天下與舜有諸
만장 왈 요 이 천하 여 순 유제

孟子曰 否 天子不能以天下與人
맹자 왈 부 천자 불능 이 천하 여인

(曰) 然則舜有天下也孰與之
왈 연즉 순유 천하 야 숙 여지

(孟子)曰 天與之
맹자 왈 천 여지

(曰) 天與之者諄諄然命之乎
왈 천 여지 자 순순 연 명 지호

(孟子)曰 否 天不言 以行與事示之而已矣
맹자 왈 부 천 불언 이행 여 사 시 지 이이의

曰 以行與事示之者如之何
왈 이 행 여 사 시 지 자 여지하

(孟子)曰 天子能薦人於天不能使天與之天下 諸侯能薦人於天子不能使
맹자 왈 천자 능 천인 어 천 불능 사 천 여지 천하 제후 능 천인 어 천자 불능 사

天子與之諸侯 大夫能薦人於諸侯不能使諸侯與之大夫 昔者堯薦舜於天而
천자 여지 제후 대부 능 천인 어 제후 불능 사 제후 여지 대부 석자 요 천 순 어 천 이

天受之 暴之於民而民受之 故曰 天不言 以行與事示之而已矣
천 수지 폭 지 어 민 이 민 수지 고왈 천 불언 이행 여 사 시 지 이이의

曰 敢問薦之於天而天受之 暴之於民而民受之如何
왈 감문 천 지 어 천 이 천 수지 폭 지 어 민 이 민 수지 여하

(孟子)曰 使之主祭而百神享之 是天受之 使之主事而事治百姓安之 是民
맹자 왈 사 지 주제 이 백신 향지 시 천 수지 사 지 주사 이 사치 백성 안지 시 민

受之也 天與之人與之 故曰 天子不能以天下與人 舜相堯二十有八載非人
수지 야 천 여지 인 여지 고왈 천자 불능 이 천하 여인 순 상 요 이십 유 팔 재 비인

之所能爲也天也 堯崩三年之喪畢舜避堯之子於南河之南 天下諸侯朝覲者
지 소능위 야 천야 요 붕 삼년 지 상 필 순 피 요지자 어 남하 지 남 천하 제후 조근 자

不之堯之子而之舜 訟獄者不之堯之子而之舜 謳歌者不謳歌堯之子而謳歌
부지 요지자 이 지순 송옥 자 부지 요지자 이 지순 구가 자 불 구가 요지자 이 구가

舜 故曰 天也 夫然後之中國踐天子位焉 而(如)居堯之宮逼堯之子 是簒也
순 고왈 천야 부 연후 지 중국 천 천자 위언 이 여 거 요지궁 핍 요지자 시 찬야

非天與也 太誓曰 天視自我民視 天聽自我民聽 此之謂也
비 천여야 태서 왈 천시 자아 민시 천청 자아 민청 차 지위 야

이 장도 앞 장에 바로 연결되는 것으로 봐도 무방하다. 만장(萬章)이 묻는다. "요임금께서 천하를 순임금께 주었다[與]는데 정말 그런 일이 있었습니까?"

맹자가 답하면서 두 사람의 문답이 이어진다. "아니다. 천자(天子)라고 해서 (자기 마음대로) 천하를 남에게 줄 수는 없다."

"그러면 순임금께서는 천하를 소유하셨는데 누가 그것을 (순임금께) 주었습니까?"

"하늘이 주셨다."

"하늘이 주셨다는 것은 구체적으로 이것저것 짚어가면서[諄諄然] 순에게 명을 내린 것입니까?

"그건 아니다. 하늘은 말이 없다. 행함[行]과 일[事]로써 하늘의 뜻을 보여줄 뿐이다."

"행함[行]과 일[事]로써 하늘의 뜻을 보여줄 뿐이라는 것은 어떠한 것입니까?"

"천자는 하늘에 사람을 천거할 수는 있으나 하늘로 하여금 그에게 천하를 주게 할 수는 없다. (이는 마치) 제후(諸侯)는 천자에게 다른 사람을 천거할 수는 있으나 천자로 하여금 그에게 제후의 자리를 주게 할 수는 없고, 대부가 제후에게 다른 사람을 천거할 수는 있으나 제후로 하여금 그에게 대부의 자리를 주게 할 수는 없는 것과 같은 이치다. 옛날에 요임금께서 순을 (자신의 후임으로) 하늘에 천거하시니 하늘이 그를 받아들였고, 백성들에게 그를 드러내 보였더니[暴] 백성들이 그를 받아들였다. 그 때문에 '하늘은 말이 없다. 행함[行]과 일[事]로써 하늘의 뜻을 보여줄 뿐이다'라고 말했던 것이다."

"감히 묻겠습니다. 하늘에 천거하시니 하늘이 그를 받아들였고, 백성들에게 그를 드러내 보였더니 백성들이 그를 받아들였다고 하셨는데 무슨 뜻입니까?"

이제 맹자의 마무리 답변이 길게 이어진다. "그(之=舜)로 하여금 (나라의 각종) 제사들을 주관토록 하였더니 온갖 귀신들(百神)이 그것을 흠향(享)하였으니 이를 일러 '하늘이 그를 받아들였다'는 것이요, 국사를 주관토록 하였더니 나라가 잘 다스려져서 온 백성들(百姓)이 그를 만족스럽게(安) 대하니 이를 일러 '백성들이 그를 받아들였다'는 것이다. (따라서 천자의 자리는) 하늘이 주신 것이고 백성들이 준 것이다. 그 때문에 '천자라고 해서 (자기 마음대로) 천하를 남에게 줄 수는 없다'고 말했던 것이다. 순임금이 (섭위(攝位)에 올라 대리청정하면서) 요임금을 도운 것이 28년이다. 이는 사람의 힘으로 능히 할 수 있는 것이 아니요, 하늘의 뜻(天=天命)이다.

요임금이 붕어(崩)하시자 삼년상을 마친 순임금은 요임금의 아들 (丹朱)을 피해 남하(南河)의 남쪽으로 가셨다. (단주의 즉위를 위한 배려였다.) (그럼에도 불구하고) 천자에게 알현(朝覲)하러 가는 천하의 제후들은 요임금의 아들에게 가지(之) 않고 순임금에게 갔고, 송사를 다투는 자(訟獄者)들도 요임금의 아들에게 가지 않고 순임금에게 갔으며, 공덕을 찬양하는 자들도 요임금의 아들이 아니라 순임금을 찬양하였다. 그래서 '하늘의 뜻(天)'이라 말한 것이다.

일이 이렇게 되고 나서야 순임금은 도읍(中國)으로 가시어 천자의 자리에 오르셨다. 만일 (요임금의 사망 직후부터) 요임금의 궁궐에 머물러 있으면서 요임금의 아들을 핍박했다면 이는 제위를 찬탈한 것(篡)이지 하늘이 주신 것이라 할 수 없다. 『서경』 '태서(泰誓)'에 이르기를 '하늘이 보는 것은 곧 우리 백성들이 보는 것이요, 하늘이 듣는 것은 곧 우리 백성들이 듣는 것이다'라고 한 것은 바로 이를 말하는 것이다."

이에 대해서는 별도의 풀이가 필요 없다. 사양하는 다움[辭讓之德]
이 주제어다. 따라서 『논어』의 관련구절을 짚어보는 것으로 풀이를 대신한다. '학이 10'이다.

> 자금이 자공에게 물었다. "공자께서는 찾아간 나라에 이르셔서 반드시 그 정사(政事)를 들으시니 그분이 (정치에 관심이 많아) 그렇게 하려고 구해서 그런 것입니까? 아니면 제후가 먼저 공자에게 청해서 그렇게 된 것입니까?"
>
> 자공은 이렇게 답했다. "공자께서는 온화하고 반듯하고 공손하고 검소하고 겸손한 성품과 태도를 통해 그것, 즉 정치참여의 기회나 지위를 얻은 것이니 설사 그것을 그분이 먼저 구해서 얻었다고 하더라도 다른 사람들이 그것을 구하는 것과는 근본적으로 다를 것이네."

자금(子禽)이 스승인 자공(子貢)에게 묻는다. "공자께서는 찾아간 나라에 이르셔서 반드시 그 정사(政事)를 들으시니 그분이 (정치에 관심이 많아) 그렇게 하려고 해서 그런 것입니까? 아니면 제후가 먼저 공자에게 청해서 그렇게 한 것입니까?" 실제로 공자의 현실정치 참여의지는 남다른 데가 있었다. 다소 비판적인 입장에서 보면 마치 권력을 구걸하는 듯이 비칠 수도 있었다. 제자이거나 제자의 제자인 자금이 젊은 눈으로 볼 때는 아무래도 그 점이 꺼림칙했기 때문에 이런 질문을 던졌을 것이다.

자금의 쉽지 않은 질문에 자공은 이렇게 답한다. "공자께서는 온

화하고〔溫〕 반듯하고〔良〕 공손하고〔恭〕 검소하고〔儉〕 양보하는〔讓〕
성품과 태도를 통해 그것, 즉 정치참여의 기회나 지위〔聞政〕를 얻
은 것이니 설사 그것〔聞政〕을 그분이 먼저 구해서 얻었다고 하더라
도 다른 사람들〔人〕이 그것을 구하는 것과는 근본적으로 다를 것이
네." 우문현답(愚問賢答)으로 볼 수도 있고, 공자를 위한 제자 자공
의 당연한 변호로 볼 수도 있다.

자공은 성이 단목(端木)이요, 이름은 사(賜)로 위(衛) 나라 사람이
며 공문십철(孔門十哲) 중 한 명이다. 또 다른 제자 재아(宰我)와 더
불어 언어에 뛰어났으며, 제(齊) 나라가 노(魯) 나라를 치려고 할 때,
공자의 허락을 받고 오(吳) 나라와 월(越) 나라를 설득하여 노나라
를 구함과 동시에 월나라를 패왕(霸王)으로 하여 네 나라의 세력관
계에 새로운 국면을 개척한 현실감각의 소유자였다. 또 이재(理財)
에 밝아 공문(孔門)의 번영은 그의 재력에 크게 의존했다고 한다. 공
자가 죽은 뒤 노나라를 떠나 위나라에 가서 벼슬하였으며, 제나라
에서 죽었다. 공자의 제자 중에서 보기 드문 정객(政客)이다.

두 사람의 문답이 전하고자 하는 메시지는 여기 있는 그대로이다.
같이 정치에 참여하거나 제후의 자문에 응하더라도 공자의 그것은
권력욕이나 출세를 위한 일반 사람들의 그것과는 차원이 다르다는
것이다. 공자와 일반 사람들이 다른 근본이유는 공자의 경우 溫·良·
恭·儉·讓의 다섯 가지 덕목〔五德〕을 갖추고 있었기 때문이다.

공자는 이 오덕을 이미 갖추고 있었다. 그리고 이 오덕은 적어도
유학자로서 정치에 관여하고자 한다면 반드시 갖춰야 할 덕목이라
고 확대해서 해석할 수도 있다. 물론 군자나 선비〔士〕(가 되려는 사
람)도 오덕을 갖추려 노력해야 한다.

그런데 정약용은 오덕이 아니라 사덕(四德)이라고 주장한다. 讓은
溫良恭儉에 붙는 것이 아니라 讓以得之라 하여 따로 떼서 읽어야
한다는 것이다. 이렇게 되면 해석도 '공자께서는 온화하고[溫] 반듯
하고[良] 공손하고[恭] 검소하여[儉], 겸양함으로써[讓以] 그것을 얻
을 수 있었다'고 풀이해야 한다. 이에 대해서는 정약용이 워낙 단호
하게 주장하고 있어 그의 주장을 인용한다. "자공이 공자의 다움을
찬미하면서 하필이면 다섯 글자로써 구절을 만들었을 리가 있겠는
가? 자금은 공자가 요구하여 얻었을 것으로 의심하였기 때문에 자공
이 '공자는 겸양함으로써 그것을 얻을 수 있었다'고 하여 바로 그의
의혹을 깨트려 주었으니 '양(讓)' 자를 위로 붙여 읽어서는 안 된다."

순임금의 양보하는 마음을 살피는 이 장에서는 정약용의 풀이가 훨
씬 설득력 있게 보인다. 게다가 溫良恭儉은 고스란히 왕위에 오르기 전
순임금이 지녔던 덕목을 지적하고 있다는 점에서 이 장과 '학이 10'은
여러 가지로 밀접하다. 이로써 일단 순임금에 대한 논의를 마치고 다
음 장부터는 그 이후의 인물들을 중심으로 이야기가 전개된다.

6

만장이 물었다. "사람들이 하는 말 중에 '우왕(禹王)에 이르러 임금의 임금다움[德]이 쇠퇴하는 바람에 (천자의 자리가) 뛰어난 인물에게 전해지지 않고 자식에게 전해지게 되었다'는 말이 있는데 정말 그런 일이 있었습니까?"

맹자가 말했다. "아니다. 그렇지 않다. 하늘은 (천자의 자리를) 뛰어난 인물에게 줄 만하면 뛰어난 인물에게 주고, 자식에게 줄 만하면 자식에게 준다. 옛날에 순임금이 우를 하늘에 천거하고 17년이 지나 순임금이 붕어하자 삼년상을 마친 우왕은 순임금의 아들을 피해 양성(陽城)으로 가셨는데 만백성들이 따르기를 마치 요임금이 붕어한 뒤에 모두가 요임금의 아들을 따르지 않고 순임금을 따르듯이 하였다. 우왕이 하늘에 익(益)을 천거하시고 7년이 지나 우왕이 붕어하자 삼년상을 마친 익은 우왕의 아들을 피해 기산(箕山)의 북쪽으로 갔는데 알현하거나 송사를 다투는 자들이 익에게 가지 않고 계(啓)에게 가면서 말하기를 '우리 임금의 아들이시다'라고 했고, 공덕을 찬양하는 자들도 익을 찬양하지 않고 계를 찬양하며 말하기를 '우리 임금의 아들이시다'라고 했다. (요임금의 아들) 단주(丹朱)는 뛰어나지 못했고, 순임금의 아들 역시 뛰어나지 못했던 반면 순임금이 요임금을 곁에서 보필한 것과 우왕이 순임금을 곁에서 보필한 것은 그 햇수가 많아서 백성들에게 은택을 베푼 기간이 오래되었다. (그러나) (우왕의 아들) 계는 뛰어나 아버지 우왕의 도리를 능히 삼가며 계승하였던 반면 익이 우왕을 보필한 햇수는 그다지 많지 않아 백성들에게 은택을 베푼 기간이 오래지 않았다. 순과 우와 익이 각자 자신들의 임금을 대신해서 나라를 다스린 기간이 길고 짧은 차이가 있고, 그 아들들도 누구는 뛰어나고 누구는 뛰어나지 못했으니 이 모든 게 다 하늘의 뜻이지 사람의 능력으로 어떻게 할 수 있는 것은 아니다. 누구도 그렇게 하려고 하지 않았는데도 일이 그렇게 되어 간다면 그것은 하늘의 뜻이요, 아무도 불러들이지 않았는데도 찾아오는 사람이나 일이 있다면 그것은 하늘의 명이다.

일개 필부로서 천하를 소유하려면 (즉 천자의 자리에 오르려면) 그 천자다움이 반드시 순임금이나 우왕과 같아야 하고, 거기에 또 천자가 그를 천거해 주는 일이 있어야 한다. 바로 이 (후자) 때문에 공자께서는 천하를 소유하시지 못했던 것이다. (반대로) 대를 이어 (천자의 자리를 물려받아) 천하를 소유했음에도 하늘이 내쳐버린 경우는 반드시 걸(桀)이나 주(紂) 같은 (포악한) 자들이다. 이 때문에 익이나 이윤(伊尹), 주공(周公)은 (천자다움이 컸음에도 불구하고 포악한 임금을 만나지 않아) 천하를 소유하지 못한 것이다. 이윤이 탕왕(湯王)을 곁에서 보필하여 천하에 왕 노릇을 하였다. 탕왕이 붕어하자 (태자인) 태정(太丁)은 제위에 올라보지도 못하고 죽었고, (태정의 아우) 외병(外丙)은 즉위하여 2년 만에, (외병의 아우인) 중임(仲壬)은 즉위하여 4년 만에 세상을 떠났다. (그 뒤를 이어 태정의 아들인 태갑이 제위에 올랐다. 그러나) 태갑이 탕왕의 법도를 뒤집어엎자 (탕왕 때의 명재상인) 이윤이 태갑을 동(桐) 땅으로 3년 동안 유배를 보냈다. 태갑이 잘못을 뉘우쳐 스스로를 원망하고 스스로를 다스려 동 땅에서 어진 마음을 갖추고 의리를 행하는 데 힘쓰기를 3년 동안 이어갔다. 이는 이윤이 자신에게 준 가르침을 따른 결과였고, 마침내 수도인 박읍(亳邑)으로 돌아올 수 있었다. (만일 3년의 기회를 주었는데도 태갑이 개과천선(改過遷善)을 하지 않고 포악무도를 일삼았다면 이윤이 천자의 자리에 오를 수 있었을지도 모른다. 그러나 그렇지 않았기 때문에 결국 이윤은 그 자리에 오르지 못했다.) 주공이 천하를 소유할 수 없었던 이유도 익이 하나라에서 그랬던 것이나 이윤이 은나라에서 그랬던 것과 같다. 공자는 말씀하셨다. '요임금과 순임금은 어진 사람에게 넘겨주었고, 하후(夏后)와 은나라, 주나라는 자손에게 물려주었으나 그 의리는 똑같다.'"

萬章問曰 人有言 至於禹而德衰不傳於賢而傳於子有諸
만장 문왈 인유언 지어 우이 덕 쇠 부전 어현 이전 어자 유제

孟子曰 否 不然也 天與賢則與賢 天與子則與子 昔者舜薦禹於天十有
맹자 왈 부 불연야 천여현즉여현 천여자즉여자 석자 순천우어천 십유

七年舜崩三年之喪畢禹避舜之子於陽城 天下之民從之若堯崩之後 不從
칠년 순 붕 삼년 지상 필 우 피 순지자 어 양성 천하지민 종지약 요붕지후 부종

堯之子而從舜也 禹薦益於天七年禹崩三年之喪畢益避禹之子於箕山之陰
요지자 이 종 순야 우천익어천 칠년 우붕 삼년 지상 필 익 피 우지자 어 기산 지음

朝覲訟獄者不之益而之啓 曰 吾君之子也 謳歌者不謳歌益而謳歌啓 曰
조근 송옥 자 부지익 이지계 왈 오군 지자야 구가 자 불 구가 익 이 구가 계 왈

吾君之子也 丹朱之不肖 舜之子亦不肖 舜之相堯 禹之相舜也 歷年多 施澤
오군 지자야 단주 지 불초 순지자 역 불초 순지상요 우지상순야 역년 다 시택

於民久 啓賢能敬承繼禹之道 益之相禹也歷年少 施澤於民 未久 舜禹益
어민구 계현능경 승계 우지도 익지상우야 역년 소 시택 어민 미구 순우익

相去久遠 其子之賢不肖皆天也 非人之所能爲也 莫之爲而爲者天也 莫
상거 구원 기자지현불초개천야 비인지 소능위 야 막지위이위자 천야 막

之致而至者命也 匹夫而有天下者德必若舜禹而又有天子薦之者 故仲尼
지치 이 지자 명야 필부 이 유 천하 자 덕 필약 순우 이 우유 천자 천지자 고 중니

不有天下 繼世以有天下天之所廢必若桀紂者也 故益伊尹周公不有天下
불유 천하 계세 이유 천하 천지 소폐 필약 걸주자야 고 익 이윤 주공 불유 천하

伊尹相湯以王於天下 湯崩太丁未立 外丙二年仲壬四年 太甲顚覆湯之典刑
이윤 상탕 이 왕어 천하 탕봉 태정 미립 외병 이년 중임 사년 태갑 전복 탕지전형

伊尹放之於桐三年 太甲悔過自怨自艾 於桐處仁遷義三年 以聽伊尹之訓己
이윤 방지어동 삼년 태갑 회과 자원 자예 어동 처인 천의 삼년 이청 이윤 지훈기

也 復歸于亳 周公之不有天下猶益之於夏伊尹之於殷也 孔子曰 唐虞禪
야 복귀 우박 주공 지불유 천하 유익 지어 하 이윤 지어 은야 공자 왈 당우 선

夏后殷周繼 其義一也
하후 은 주 계 기 의 일 야

🌸　　　만장이 묻는다. "사람들이 하는 말 중에 '우왕에 이르러 임금의 임금다움[德]이 쇠퇴하는 바람에 (천자의 자리가) 뛰어난 인물[賢者]에게 전해지지 않고 자식에게 전해지게 되었다'는 말이 있는데 정말 그런 일이 있었습니까?" 이후 맹자의 긴 역사 강의가 이어진다.

맹자가 말했다. "아니다. 그렇지 않다. 하늘은 (천자의 자리를) 뛰어난 인물에게 줄 만하면 뛰어난 인물에게 주고, 자식에게 줄 만하면 자식에게 준다. 옛날에 순임금이 우를 하늘에 천거하고 17년이 지나 순임금이 붕어하자 삼년상을 마친 우왕은 순임금의 아들[舜之子]을 피해 양성(陽城)으로 가셨는데 만백성들이 따르기를 마치[若] 요임금이 붕어한 뒤에 모두가 요임금의 아들을 따르지 않고 순임금을 따르듯이 하였다.

우왕이 하늘에 익(益)을 천거하시고 7년이 지나 우왕이 붕어하자 삼년상을 마친 익은 우왕의 아들[禹之子]을 피해 기산(箕山)의 북쪽[陰]으로 갔는데 알현하거나 송사를 다투는 자들이 익에게 가지 않고 (우왕의 아들) 계(啓)에게 가면서 말하기를 '우리 임금의 아들이시다'라고 했고, 공덕을 찬양하는 자들도 익을 찬양하지 않고 계를 찬양하며 말하기를 '우리 임금의 아들이시다'라고 했다.

(요임금의 아들) 단주(丹朱)는 뛰어나지 못했고[不肖], 순임금의 아들 역시 뛰어나지 못했던 반면 순임금이 요임금을 곁에서 보필한 것

〔相〕과 우왕이 순임금을 곁에서 보필한 것은 그 햇수가 많아서 백성들에게 은택을 베푼 기간이 오래되었다. (그러나) 계는 뛰어나〔賢〕 아버지 우왕의 도리〔道〕를 능히 삼가며 계승하였던 반면 익이 우왕을 보필한 햇수는 그다지 많지 않아 백성들에게 은택을 베푼 기간이 오래지 않았다. 순과 우와 익이 각자 자신들의 임금을 대신해서 나라를 다스린 기간이 길고 짧은 차이가 있고, 그 아들들도 누구는 뛰어나고 누구는 뛰어나지 못했으니 이 모든 게 다 하늘의 뜻〔天〕이지 사람의 능력으로 어떻게 할 수 있는 것은 아니다. 누구도 그렇게 하려고 하지 않았는데도 일이 그렇게 되어간다면 그것은 하늘의 뜻〔天〕이요, 아무도 불러들이지〔致〕 않았는데도 찾아오는〔至〕 사람이나 일이 있다면 그것은 하늘의 명〔命〕이다."

마지막 문장에 대한 주희의 풀이다. "이치〔理〕로 말하면 하늘〔天〕이라 하고, 사람〔人〕으로 말하면 명(命)이라 하나 그 실상은 같은 것이다."

다시 맹자의 이야기가 이어지는데 먼저 그는 공자가 천자의 다움〔德〕을 갖고 있음에도 불구하고 결국 그 자리에 오르지 못한 이유를 지적하는 것으로 시작한다.

"일개 필부로서 천하를 소유하려면 (즉 천자의 자리에 오르려면) 그 천자다움〔德〕이 반드시 순임금이나 우왕과 같아야 하고, 거기에 또〔又〕 천자가 그를 천거해 주는 일이 있어야 한다. 바로 이 (후자) 때문에 공자〔仲尼〕께서는 천하를 소유하시지 못했던 것이다.

(반대로) 대를 이어 (천자의 자리를 물려받아) 천하를 소유했음에도 하늘이 내쳐버린 경우는 반드시 걸(桀)이나 주(紂) 같은 (포악한) 자들이다. 이 때문에 익이나 이윤(伊尹), 주공(周公)은 (천자다움〔德〕이 컸음에도 불구하고 포악한 임금을 만나지 않아) 천하를 소유하지 못한 것

이다."

후반부에 대해서는 약간의 보충이 필요하다. 주희의 풀이다. "계와 태갑(太甲)과 성왕(成王) 같은 이는 비록 익과 이윤과 주공의 어짊과 빼어남에 미치지 못했지만 선대의 업을 그런대로 지키면 하늘이 또한 내쳐버리지 않은 것이다." 천자의 자리에 오르려면 다움[德]도 갖춰야 하고 시대적인 명운[時運]도 따라줘야 하는 것이다. 맹자의 이야기가 이어진다.

"이윤이 탕왕(湯王)을 곁에서 보필하여[相] 천하에 왕 노릇을 하였다. 탕왕이 붕어하자 (태자인) 태정(太丁)은 제위에 올라보지도 못하고 죽었고, (태정의 아우) 외병(外丙)은 즉위하여 2년 만에, (외병의 아우인) 중임(仲壬)은 즉위하여 4년 만에 세상을 떠났다. (그 뒤를 이어 태정의 아들인 태갑이 제위에 올랐다. 그러나) 태갑이 탕왕의 법도를 뒤집어엎자 (탕왕 때의 명재상인) 이윤이 태갑을 동(桐) 땅으로 3년 동안 유배를 보냈다. 태갑이 잘못을 뉘우쳐 스스로를 원망하고 스스로를 다스려[艾=乂] 동 땅에서 어진 마음[仁]을 갖추고 의리[義]를 행하는 데 힘쓰기를 3년 동안 이어갔다. 이는 이윤이 자신에게 준 가르침을 따른 결과였고, 마침내 수도인 박읍(亳邑)으로 돌아올 수 있었다. (만일 3년의 기회를 주었는데도 태갑이 개과천선(改過遷善)을 하지 않고 포악무도를 일삼았다면 이윤이 천자의 자리에 오를 수 있었을지도 모른다. 그러나 그렇지 않았기 때문에 결국 이윤은 그 자리에 오르지 못했다.)

주공이 천하를 소유할 수 없었던 이유도 익이 하나라에서 그랬던 것이나 이윤이 은나라에서 그랬던 것과 같다. 공자는 말씀하셨다. '요임금[唐]과 순임금[虞]은 뛰어난 사람에게 넘겨주었고[禪] 하후(夏后)와 은나라, 주나라는 자손에게 물려주었으나[繼] 그 의리[義]는 똑같다.'"

맹자는 공자의 말을 인용함으로써 앞부분에서 자신이 했던 말을 다시 한 번 분명히 한다. 선위(禪位)건 혈통승계(承繼)건 다 하늘의 뜻이요, 명(天命)이라는 것이다.

7

만장이 물었다. "사람들이 하는 말 중에 '이윤은 탁월한 요리솜씨를 이용해 탕왕(湯王)에게 등용되고자 하였다'는 말이 있는데 정말 그런 일이 있었습니까?"

맹자는 답했다. "아니다. 그렇지 않다. 이윤은 신나라의 들판에서 농사를 지으면서도 요임금과 순임금의 도리를 (배우고 실천하는 것을) 좋아하여 의리가 아니고 도리가 아닌 일을 하라고 하면 천하의 모든 재물을 녹봉으로 준다고 하여도 돌아보지 않고, 말 4천 마리를 (주려고) 매어놓아도 쳐다보지 않았다. 또 의리가 아니고 도리가 아니면 지푸라기 하나도 남에게 주지 않았고, 지푸라기 하나도 남에게서 받지 않았다. (이윤의 이름을 듣게 된) 탕왕이 사람을 시켜 폐백을 갖고 가서 (예를 갖춰) 이윤을 초빙하자 그는 무욕의 경지에 오른 사람처럼 느긋하게 말했다. '내 탕왕이 초빙을 목적으로 보낸 폐백을 어디다 쓰겠는가? (탕왕의 초빙을 받아들인다면) 내 어찌 밭에서 농사나 지으며 이렇게 요순의 도리를 즐기는 것보다 더 낫겠는가?' (그럼에도) 탕왕이 세 번이나 사람을 보내 초빙하자 얼마 후 갑자기 마음을 고쳐먹었다. '내 밭에서 농사나 지으며 이렇게 요순의 도리를 즐기는 것보다는 내가 이 임금으로 하여금 요순과 같은 임금이 되게 하는 것이 어찌 더 낫지 않겠는가? (내 밭에서 농사나 지으며 이렇게 요순의 도리를 즐기는 것보다는) 내가 이 백성들로 하여금 요순의 백성들처럼 되게 하는 것이 어찌 더 낫지 않겠는가? (내 밭에서 농사나 지으며 이렇게 요순의 도리를 즐기는 것보다는) 내가 (이 세상에 요순의 도리를 실현하여) 내 몸으로 직접 요순의 도리가 실현된 세상을 보는 것이 어찌 더 낫지 않겠는가? 하늘이 이 백성(사람)을 낳은 이유(중 하나)는 먼저 알게 된 사람으로 하여금 뒤에 알게 될 사람을 깨우쳐주고, 또 먼저 깨우친 사람으로 하여금 뒤늦게 깨우치는 사람을 깨우쳐주려는 데 있다. (그렇다면) 나는 하늘이 낳은 백성들 중에서 먼저 깨달은 자이니 나는 장차 이 도리로써 이 백성들을 깨우쳐줘야 한다. 내가 그들을 깨우치지 않는다면 누가 하겠는가?' (이윤은) 천하의 백성들 중에서 (심지어) 일반 남녀백성들이라도 요순(시대와 같은 어진 정치)의 혜택을 입지 못하는 사람이 있으면 마치 자신이 그들을 떠밀어 도랑 한가운데로 처넣은 듯이 생각했다. 천하의 중책을 스스로 자신의 일로 떠맡는 자세가 이와 같았으니 (마침내) 탕왕에게 나아가 그를 설득함으로써 하나라를 정벌하고 (걸왕에게 고통 받던) 백성들을 구해냈던 것이다.

나는 아직까지 자신을 굽히고서 남들을 바로잡아주었다는 것을 들어본 적이 없다. 하물며 자신을 욕되게 함으로써 천하를 바로잡는다고? 빼어난 이〔聖人〕의 (겉으로 드러나는) 행위는 같지 않아서 때로는 (임금으로부터) 멀거나 가까울 수 있고, 때로는 (임금의 곁을) 떠나거나 떠나지 않을 수 있지만 결국 하나로 귀착되는 점은 그 몸을 깨끗이 하는 것뿐일 것이다. 나는 요순의 도리로써 탕왕에게 등용되기를 바랐다는 말은 들었어도 빼어난 요리솜씨로써 그랬다는 말은 들어보지 못했다. (이윤이 태갑(太甲)을 일깨우기 위해 썼다는) 『서경』의 '이훈(伊訓)'에 이르기를 '하늘의 (하나라를 없애버리려는) 주벌(誅罰)은 (걸왕이 살았던) 목궁(牧宮)에서부터 공격을 시작하였고, 나는 박(亳) 땅에서 (걸왕에 대한 주벌을) 시작했다'고 하였다."

萬章問曰 人有言 伊尹以割烹要湯有諸
만장 문왈 인유언 이윤 이 할팽 요탕 유제

孟子曰 否 不然也 伊尹耕於有莘之野而樂堯舜之道焉 非其義也非其
맹자 왈 부 불연 야 이윤 경어 유신 지야이락 요순지도 언 비기 의야 비기

道也 祿之以天下弗顧也 繫馬千駟弗視也 非其義也非其道也 一介不以與
도야 녹지 이 천하 불고 야 계마 천사 불시 야 비기 의야 비기도야 일개 불이 여

人 一介不以取諸人 湯使人以幣聘之囂囂然曰 我何以湯之聘幣爲哉 我
인 일개 불이 취 제인 탕사 인이 폐빙 지효효 연왈 아하이 탕지빙폐 위재 아

豈若處畎畝之中 由是以樂堯舜之道哉 湯三使往聘之旣而幡然改曰 與我
기 약처 견무 지중 유 시이 락 요순지도 재 탕 삼사 왕빙 지기 이 번연 개왈 여아

處畎畝之中 由是以樂堯舜之道 吾豈若使是君爲堯舜之君哉 吾豈若使是
처 견무 지중 유 시이 락 요순지도 오기 약사 시군 위 요순 지군재 오기 약사 시

民爲堯舜之民哉 吾豈若於吾身親見之哉 天之生此民也使先知覺後知 使
민 위 요순 지민 재 오기 약어 오신 친견 지재 천지생 차민 야사 선지 각 후지 사

先覺覺後覺也 予天民之先覺者也予將以斯道覺斯民也 非予覺之而誰也
선각 각후각 야 여 천민 지 선각자 야여장 이 사도 각 사민 야 비여 각지 이 수야

思天下之民匹夫匹婦有不被堯舜之澤者 若己推而內(納)之溝中 其自任以
사 천하지민 필부필부 유불피 요순지택 자 약기 퇴 이내 납 지 구중 기 자임 이

天下之重如此 故就湯而說之以伐夏救民 吾未聞枉己而正人者也況辱己
천하 지중 여차 고 취 탕 이세 지 이벌 하 구민 오 미문 왕기 이 정인 자야 황 욕기

以正天下者乎 聖人之行不同也 或遠或近或去或不去 歸潔其身而已矣 吾
이 정 천하 자호 성인 지행 부동 야 혹원 혹근 혹거 혹 불거 귀결 기신 이이의 오

聞其以堯舜之道要湯 未聞以割烹也 伊訓曰 天誅造攻自牧宮 朕載自亳
문기 이 요순지도 요 탕 미문 이 할팽 야 이훈 왈 천주 조공 자 목궁 짐 재 자박

여기서는 이윤(伊尹)의 문제를 보다 집중적으로 다룬다. 만
장(萬章)이 여기서도 다른 사람들의 말이라며 이렇게 묻는다. "사람들이
하는 말 중에 '이윤은 탁월한 요리솜씨를 이용해 탕왕(湯王)에게 등용되
고자 하였다'는 말이 있는데 정말 그런 일이 있었습니까?" 要는 求다.
                                                                    요 구
이에 대해서는 주희의 도움을 받을 필요가 있다. 사람들이 하는 말

과 관련해 주희는 사마천의 『사기』를 인용해 이렇게 말한다. "은나라 본기〔殷本紀〕'를 상고해 보면 '이윤이 도리〔道〕를 행하여 훌륭한 임금을 만들고자 하였으나 방법이 없자 궁리 끝에 유신씨(有莘氏)의 총애 받는 신하가 되어 솥과 도마를 지고 맛있는 음식으로 탕왕을 설득하여 왕도에 이르게 하였다'고 하였으니 전국시대에 이런 말을 하는 자들이 있었다." 割은 칼로 베어내는 것이고, 烹은 삶은 것이다. 따라서 割烹이라고 하면 '요리를 한다'는 뜻이다. 만장의 질문에 맹자는 이렇게 답한다.

"아니다. 그렇지 않다. 이윤은 신나라〔有莘〕의 들판에서 농사를 지으면서도 요임금과 순임금의 도리〔堯舜之道〕를 (배우고 실천하는 것을) 좋아하여 의리〔義〕가 아니고 도리〔道〕가 아닌 일을 하라고 하면 천하의 모든 재물을 녹봉〔祿〕으로 준다고 하여도 돌아보지 않고, 말 4천 마리〔千駟〕를 (주려고) 매어놓아도 쳐다보지 않았다. 또 의리〔義〕가 아니고 도리〔道〕가 아니면 지푸라기 하나도 남에게 주지 않았고, 지푸라기 하나도 남에게서 받지 않았다.

(이윤의 이름을 듣게 된) 탕왕이 사람을 시켜 폐백〔幣〕을 갖고 가서 (예를 갖춰) 이윤을 초빙하자 그는 무욕의 경지에 오른 사람처럼 느긋하게〔囂囂然〕 말했다. '내 탕왕이 초빙을 목적으로 보낸 폐백을 어디다 쓰겠는가? (탕왕의 초빙을 받아들인다면) 내 어찌 밭에서 농사나 지으며 이렇게〔是以〕 요순의 도리를 즐기는 것보다 더 낫겠는가?'

(그럼에도) 탕왕이 세 번이나 사람을 보내 초빙하자 얼마 후〔既而〕 갑자기〔幡然〕 마음을 고쳐먹었다. '내 밭에서 농사나 지으며 이렇게 요순의 도리를 즐기는 것보다〔與〕는 내가 이 임금으로 하여금〔使〕 요순과 같은 임금이 되게 하는 것이 어찌 더 낫지 않겠는가? (내 밭에서 농

사나 지으며 이렇게 요순의 도리를 즐기는 것보다는) 내가 이 백성들로 하여금 요순의 백성들처럼 되게 하는 것이 어찌 더 낫지 않겠는가? (내 밭에서 농사나 지으며 이렇게 요순의 도리를 즐기는 것보다는) 내가 (이 세상에 요순의 도리를 실현하여) 내 몸으로 직접 요순의 도리가 실현된 세상을 보는 것이 어찌 더 낫지 않겠는가?

하늘이 이 백성(사람)을 낳은〔生〕 이유(중 하나)는 먼저 알게 된 사람〔先知〕으로 하여금 뒤에 알게 될 사람〔後知〕을 깨우쳐주고 또 먼저 깨우친 사람〔先覺〕으로 하여금 뒤늦게 깨우치는 사람〔後覺〕을 깨우쳐주려는 데 있다. (그렇다면) 나는 하늘이 낳은 백성들 중에서 먼저 깨달은 자〔先覺者〕이니 나는 장차 이 도리〔斯道＝堯舜之道〕로써 이 백성들을 깨우쳐줘야 한다. 내가 그들을 깨우치지 않는다면 누가 하겠는가?'

(이윤은) 천하의 백성들 중에서 (심지어) 일반 남녀백성〔匹夫匹婦〕들이라도 요순(시대와 같은 어진 정치)의 혜택을 입지 못하는 사람이 있으면 마치〔若〕 자신〔己〕이 그들을 떠밀어 도랑 한가운데로 처넣은 듯이 생각했다. 천하의 중책〔重〕을 스스로 자신의 일로 떠맡는 자세〔自任〕가 이와 같았으니 (마침내) 탕왕에게 나아가 그를 설득〔說＝誘說〕함으로써 하나라를 정벌하고 (걸왕에게 고통 받던) 백성들을 구해냈던 것이다.

나는 아직까지 자신을 굽히고서 남들을 바로잡아주었다는 것을 들어본 적이 없다. 하물며〔況〕 자신을 욕되게 함으로써 천하를 바로잡는다고? 빼어난 이〔聖人〕의 (겉으로 드러나는) 행위는 같지 않아서 때로는 (임금으로부터) 멀거나 가까울 수 있고, 때로는 (임금의 곁을) 떠나거나 떠나지 않을 수 있지만 결국 하나로 귀착되는 점은 그 몸을 깨끗이 하는 것뿐일 것이다. 나는 요순의 도리〔堯舜之道〕로써 탕왕에게 등

용되기를 바랐다[求]는 말은 들었어도 빼어난 요리솜씨[割烹]로써 그
랬다는 말은 들어보지 못했다. (이윤이 태갑(太甲)을 일깨우기 위해 썼
다는) 『서경』의 '이훈(伊訓)'에 이르기를 '하늘의 (하나라를 없애버리
려는) 주벌(誅罰)은 (걸왕이 살았던) 목궁(牧宮)에서부터 공격을 시작
[造]하였고, 나[朕]는 박(亳) 땅에서 (걸왕에 대한 주벌을) 시작[載]했
다'고 하였다."

'이훈(伊訓)'에 대해서는 약간의 풀이가 필요하다. 이는 이윤이 탕왕
의 초빙을 받아들인 이유가 바로 (자신의 출세가 아니라) 백성들에게
학정을 일삼는 하나라 걸왕을 주벌하기 위함이었음을 보여준다.

조금 길기는 하지만 맹자의 말 자체가 풀이 역할을 하고 있어 별도의
풀이는 필요 없다. 다만 빼어난 이나 군자가 벼슬을 구하는[求] 방식과
관련해 이 장은 5장에서 본 바 있는 『논어』 '학이 10'과 그대로 통한다.

　　자금이 자공에게 물었다. "공자께서는 찾아간 나라에 이르셔서
반드시 그 정사(政事)를 들으시니 그분이 (정치에 관심이 많아) 그렇
게 하려고 구해서 그런 것입니까? 아니면 제후가 먼저 공자에게 청
해서 그렇게 된 것입니까?"
　　자공은 이렇게 답했다. "공자께서는 온화하고 반듯하고 공손하고
검소하고 겸손한 성품과 태도를 통해 그것, 즉 정치참여의 기회나 지
위를 얻은 것이니 설사 그것을 그분이 먼저 구해서 얻었다고 하더라
도 다른 사람들이 그것을 구하는 것과는 근본적으로 다를 것이네."

이에 대한 풀이는 5장에서 상세하게 보았기 때문에 여기서는 생략
한다.

8

만장이 물었다. "어떤 이가 말하기를 '공자께서는 위(衛) 나라에 머무실 때 (임금의 종기를 치료하는 어의(御醫)인) 옹저(癰疽)의 집에 거처하시면서 그를 주인으로 모셨고, 제(齊) 나라에서는 내시인 척환(瘠環)의 집에 거처하시면서 그를 주인으로 모셨다'고 했습니다. 그런 일이 정말로 있었습니까?"

맹자가 답했다. "아니다. 그렇지 않다. 일 만들기를 좋아하는 자들이 지어낸 말이다. 위나라에 머무실 때에는 (그 나라의 어진 대부인) 안수유(顔讎由)의 집에 거처하시면서 그를 주인으로 모셨다. (당시 위나라 영공의 총애를 받던) 미자하(彌子瑕−彌子)의 아내와 (공자의 제자인) 자로(子路)의 아내는 자매간이었다. (그때) 미자하가 자로에게 말하기를 '만일 공자께서 나의 집에 거처하시면서 나를 주인으로 모신다면 위나라의 경(卿) 자리는 얻을 수 있을 것이다'라고 했다. 자로가 이 말을 전하자 공자는 말했다. '(모든 일에는) 천명이 있다.' 공자께서는 (항상) 예(禮)로써 (벼슬길에) 나아가고 의리로써 (벼슬길에서) 물러났으니, 벼슬자리를 얻고 못 얻고는 (미자하의 뜻에 달려 있는 것이 아니라) '천명에 달려 있다'고 말씀하신 것이다. 만일 (공자께서) 옹저나 내시 척환의 집에 거처하시면서 그들을 주인으로 모셨다면 그것은 의리도 아니고 천명도 아니다.

공자께서는 노(魯) 나라와 위나라에서는 (군주들로부터 환영을 받지 못하자) 서운했다. (그래서 송(宋) 나라로 가셨는데 도중에) 송나라의 대부인 사마(司馬) 환(桓)이 장차 공자를 맞이하여 살해하려는 상황을 당하게 되자 변장까지 하고서 겨우 송나라를 빠져나오신 일이 있었다. 이

때에 공자께서는 곤경을 당하자 (진(陳) 나라에 당도하시어) 진나라 후 (侯)인 주(周)라는 자의 신하이던 사성정자(司城貞子)의 집에 거처하시면서 그를 주인으로 모신 적이 있다. 내가 듣기에 '조정에서 중요한 벼슬을 하고 있는 신하의 사람됨을 살필 때는 그의 집에 거처하면서 그를 주인으로 모시는 사람들이 누구인지를 척도로 삼고, 멀리서 와서 벼슬을 하는 신하의 사람됨을 살필 때는 그가 거처하면서 주인으로 모시는 사람이 누구인지를 척도로 삼는다'고 했다. 만일 공자께서 (원신(遠臣)의 처지가 되시어) 옹저나 내시 척환의 집에 거처하시면서 그들을 주인으로 모셨다면 무엇으로써 (지금 우리가 성인으로 모시는) 공자라고 칭송하겠는가?"

萬章問曰 或謂孔子於衛主癰疽 於齊主侍人瘠環有諸乎
만장 문왈 혹 위 공자 어 위 주 옹저 어 제 주 시인 척환 유제 호

孟子曰 否 不然也 好事者爲之也 於衛主顏讎由 彌子之妻與子路之妻
맹자 왈 부 불연 야 호사자 위지 야 어 위 주 안수유 미자 지 처 여 자로 지 처

兄弟也 彌子謂子路曰 孔子主我衛卿可得也 子路以告 孔子曰 有命 孔子
형제 야 미자 위 자로 왈 공자 주아 위경 가득 야 자로 이고 공자 왈 유명 공자

進以禮退以義 得之不得曰有命 而(如)主癰疽與侍人瘠環 是無義無命
진 이 례 퇴 이 의 득지 부득 왈 유명 이 여 주 옹저 여 시인 척환 시 무의 무명

也 孔子不悅於魯衛 遭宋桓司馬將要而殺之微服而過宋 是時孔子當阨 主
야 공자 불열 어 노위 조 송환 사마 장요 이 살지 미복 이 과송 시시 공자 당액 주

司城貞子爲陳侯周臣 吾聞觀近臣以其所爲主 觀遠臣以其所主 若孔子主
사성정자 위 진후 주 신 오문 관 근신 이 기 소위주 관 원신 이 기 소주 약 공자 주

癰疽與侍人瘠環何以爲孔子
옹저 여 시인 척환 하이 위 공자

만장(萬章)의 엇박자 질문이 계속 이어진다. "어떤 이가 말하기를 '공자께서는 위(衛) 나라에 머무실 때 (임금의 종기를 치료하는 어의(御醫)인) 옹저(癰疽)의 집에 거처하시면서 그를 주인으로 모셨고, 제(齊) 나라에서는 내시인 척환(瘠環)의 집에 거처하시면서 그를 주인으로 모셨다'고 했습니다. 그런 일이 정말로 있었습니까?"

맹자가 답했다. "아니다. 그렇지 않다. 일 만들기를 좋아하는[好事] 자들이 지어낸 말이다. 위나라에 머무실 때에는 (그 나라의 어진 대부인) 안수유(顔讎由)의 집에 거처하시면서 그를 주인으로 모셨다. (당시 위나라 영공의 총애를 받던) 미자하(彌子瑕-彌子)의 아내와[與] (공자의 제자인) 자로(子路)의 아내는 자매간이었다. (그때) 미자하가 자로에게 말하기를 '공자께서 만일 나의 집에 거처하시면서 나를 주인으로 모신다면 위나라의 경(卿) 자리는 얻을 수 있을 것이다'고 했다. 자로가 이 말을 전하자 공자는 말했다. '(모든 일에는) 천명[命]이 있다.' 공자께서는 (항상) 예(禮)로써 (벼슬길에) 나아가고 의리[義]로써 (벼슬길에서) 물러났으니, 벼슬자리를 얻고 못 얻고는 (미자하의 뜻에 달려 있는 것이 아니라) '천명에 달려 있다'고 말씀하신 것이다. 만일 (공자께서) 옹저나 내시 척환의 집에 거처하시면서 그들을 주인으로 모셨다면 그것은 의리[義]도 아니고 천명[命]도 아니다.

공자께서는 노(魯) 나라와 위나라에서는 (군주들로부터 환영을 받지 못하자) 서운했다[不悅]. (그래서 송(宋) 나라로 가셨는데 도중에) 송나라의 대부인 사마(司馬) 환(桓)이 장차 공자를 맞이하여[要] 살해하려는 상황을 당하게[遭=當] 되자 변장[微服]까지 하고서 겨우 송나라를 빠져나오신 일이 있었다. 이때에 공자께서는 곤경[阨]을 당하자 (진(陳) 나라에 당도하시어) 진나라 후(侯)인 주(周)라는 자의 신하이던 사성정자(司城貞子)의 집에 거처하시면서 그를 주인으로 모신 적이 있다."

공자가 송나라에서 사마 환 혹은 환사마로부터 당한 사건은 워낙 유명해서 『논어』 '술이 22'에도 그 일과 관련된 공자의 언급이 나온다.

　　공자는 말했다. "하늘이 나에게 다움을 주셨으니 (자신을 해치려 했던) 환퇴라 하더라도 나에게 어쩌겠는가?"

사마천의 『사기』에도 환사마, 즉 사마 상퇴(向魋)에 관한 이야기가 짧게 나온다. 사마 상퇴는 나무 뒤에 숨었다가 송나라를 찾아오던 공자를 죽이려 했던 인물이다. 그 집안의 뿌리가 환공(桓公)에서 비롯되었기 때문에 환퇴(桓魋)로 불리기도 한다.

문맥으로 볼 때 사성정자가 아주 뛰어난 인물인지는 모르겠으나 적어도 소인(小人)은 아닌 것으로 보인다. 위기상황에서도 어느 정도 사람을 골라가며 자신을 의탁했다는 의미 정도로 받아들이면 될 듯하다.

다시 맹자의 말이다. "내가 듣기에 '조정에서 중요한 벼슬을 하고 있는 신하(近臣)의 사람됨을 살필 때는 그의 집에 거처하면서 그를 주인으로 모시는 사람들이 누구인지를 척도로(以) 삼고, 멀리서 와서 벼슬을 하는 신하(遠臣)의 사람됨을 살필 때는 그가 거처하면서 주인으로 모시는 사람이 누구인지를 척도로 삼는다'고 했다. 만일 공자께서 (원신(遠臣)의 처지가 되시어) 옹저나 내시 척환의 집에 거처하시면서 그들을 주인으로 모셨다면 무엇으로써(何以) (지금 우리가 성인으로 모시는) 공자라고 칭송하겠는가?"

마지막 부분은 사람 보는(知人) 문제가 약간 포함된다. 먼저 주희의 풀이다. "군자와 소인은 각기 그 부류(類)를 따른다. 그러므로 그 주인

된 바와 주인 삼는 바를 보면 그 사람됨을 알 수 있는 것이다."

『논어』 '학이 13'은 주인 삼는 문제에 관한 지침이라 할 수 있다.

유자는 말했다. "개인적 차원의 약속이 (공적인 차원의) 의리(義理)에 가까울 경우 약속했을 때의 말은 이행될 수 있다. 공손한 태도가 예에 가까우면 치욕을 당할 일은 멀어진다. 그리하여 그 주변의 친지를 잃지 않는다면 진정 그 사람을 종주(宗主)로 삼을 수 있다."

9

만장이 물었다. "어떤 이가 말하기를 '(우(虞) 나라의 뛰어난 신하) 백리해(百里奚)는 진(秦) 나라에서 희생(犧牲)으로 쓸 소나 양을 키우는 사람에게 다섯 마리 양가죽에 자신을 팔아서 (그 집에 들어가) 소를 먹이면서 진나라 목공(穆公)에게 등용되려 했다'고 합니다. 정말입니까?"

맹자가 말했다. "아니다. 그렇지 않다. 일 만들기를 좋아하는 자들이 지어낸 말이다. 백리해는 우나라 사람이었다. (한번은) 진(晉) 나라가 수극(垂棘) 땅에서 나는 귀한 옥과 굴산(屈産) 땅에서 나는 네 필의 좋은 말을 선물로 바치면서 우나라의 길을 빌려 괵(虢) 나라를 치려고 했다. (진나라의 의도는 괵나라뿐만 아니라 우나라도 집어삼키려는 데 있음을 간파한 우나라 대신) 궁지기(宮之奇)는 임금에게 (길을 내줘서는 안 된다고) 간했고, 백리해는 간하지 않았다. (백리해는) 우나라의 임금은 간해도 소용없는 인물임을 알고 있었기에 우나라를 떠나 진나라로 갔는데 이때 그의 나이 이미 70세였다. 만일 그 나이가 될 때까지 소를 먹이면서 진나라 목공에게 등용되기를 바라는 것이 자신을 더럽히는 짓임을 몰랐다면 (어찌) 지혜롭다고 할 수 있겠는가? 간해도 소용없기에 간하지 않았으니 (어찌) 지혜롭지 않다고 할 수 있겠는가? 우나라 임금이 장차 패망할 것을 알고서 미리 그를 떠나버렸으니 (어찌) 지혜롭지 않다고 할 수 있겠는가? 이때 진나라에서 등용되어 (백리해는) 목공이 더불어 일을 해볼 만한 사람인 것을 알아보고서 그를 도왔으니 (어찌) 지혜롭지 않다고 할 수 있겠는가? 진나라를 도와서 그 임금을 천하에 드러나게 하고 후세에까지 전해질 수 있게 했으니 뛰어나지 않으면서 (어찌) 그렇게 할 수 있었겠는가? 스스로를 팔아서 그 임금을 (천하에) 드러내는 일은 촌구석에서 조금이라도 자존심이 있는 사람이라면 하지 않는 일이거늘 뛰어나다고 하는 (백리해 같은) 사람이 (어찌) 그런 짓을 했겠는가?"

萬章問曰 或曰 百里奚自鬻於秦養牲者五羊之皮食牛以要秦穆公信乎
만장 문왈 혹왈 백리해 자륙어진 양생자 오 양지피 사우이요진 목공 신호

孟子曰 否 不然 好事者爲之也 百里奚虞人也 晉人以垂棘之璧與屈産之
맹자 왈 부 불연 호사자 위지야 백리해 우인야 진인 이 수극 지 벽여 굴산 지

乘 假道於虞以伐虢 宮之奇諫百里奚不諫 知虞公之不可諫而去之秦 年已
승 가도 어우이벌괵 궁지기간 백리해 불간 지 우공 지 불가 간 이 거지진 연 이

七十矣 曾不知以食牛干秦穆公之爲汙也 可謂智乎 不可諫而不諫可謂不智
칠십 의 증 부지 이사우 간 진 목공 지 위 오야 가위 지호 불가 간 이 불간 가위 부지

乎 知虞公之將亡而先去之不可謂不智也 時擧於秦知穆公之可與有行也
호 지 우공 지 장망 이 선거 지 불가 위 부지 야 시 거어진 지 목공 지 가여 유행 야

而相之可謂不智乎 相秦而顯其君於天下可傳於後世不賢而能之乎 自鬻
이 상지 가위 부지 호 상진 이 현 기군 어 천하 가전 어 후세 불현 이 능지 호 자륙

以成其君鄕黨自好者不爲而謂賢者爲之乎
이 성 기군 향당 자호자 불위 이 위 현자 위지 호

여기서도 '어떤 이〔或〕'의 말을 인용한 만장(萬章)의 엇박자 질문이 이어진다. 내용은 7장에서 본 이윤(伊尹)의 일화를 연상시킨다. "어떤 이가 말하기를 '(우(虞) 나라의 뛰어난 신하) 백리해(百里奚)는 진(秦) 나라에서 희생(犧牲)으로 쓸 소나 양을 키우는 사람에게 다섯 마리 양가죽에 자신을 팔아서〔鬻=賣〕 (그 집에 들어가) 소를 먹이면서 진나라 목공(穆公)에게 등용되려 했다〔要〕'고 합니다. 정말〔信〕입니까?"

有諸나 有之乎 대신 이번에는 그냥 信乎라고 했다. 같은 뜻이다. 이

에 맹자가 답한다.

"아니다. 그렇지 않다. 일 만들기를 좋아하는[好事] 자들이 지어낸
말이다. 백리해는 우나라 사람이었다. (한번은) 진(晉) 나라가 수극(垂
棘) 땅에서 나는 귀한 옥[璧]과 굴산(屈産) 땅에서 나는 네 필[乘]의
좋은 말을 선물로 바치면서[以] 우나라의 길을 빌려[假道] 괵(虢) 나라
를 치려고 했다. (진나라의 의도는 괵나라뿐만 아니라 우나라도 집어삼
키려는 데 있음을 간파한 우나라 대신) 궁지기(宮之奇)는 임금에게 (길
을 내줘서는 안 된다고) 간했고 백리해는 간하지 않았다.

(백리해는) 우나라의 임금은 간해도 소용없는[不可諫] 인물임을 알
고 있었기에[知] 우나라를 떠나[去] 진나라로 갔는데 이때 그의 나이
이미[已] 70세이었다. 만일 그 나이가 될 때까지[曾] 소를 먹이면서 진
나라 목공에게 등용되기를 바라는 것[干]이 자신을 더럽히는 짓임을
몰랐다면 (어찌) 지혜롭다고 할 수 있겠는가? 간해도 소용없기에 간하
지 않았으니 (어찌) 지혜롭지 않다고 할 수 있겠는가? 우나라 임금이
장차 패망할 것을 알고서 미리 그를 떠나버렸으니 (어찌) 지혜롭지 않
다고 할 수 있겠는가? 이때 진나라에서 등용[擧]되어 (백리해는) 목공
이 더불어 일을 해볼 만한 사람인 것을 알아보고서[知] 그를 도왔으
니 (어찌) 지혜롭지 않다고 할 수 있겠는가? 진나라를 도와서 그 임금
을 천하에 드러나게 하고 후세에까지 전해질 수 있게 했으니 뛰어나지
[賢] 않으면서 (어찌) 그렇게 할 수 있었겠는가? 스스로를 팔아서[自
鬻] 그 임금을 (천하에) 드러내는 일은 촌구석에서 조금이라도 자존심
이 있는 사람[自好者]이라면 하지 않는 일이거늘 뛰어나다[賢]고 하
는 (백리해 같은) 사람이 (어찌) 그런 짓을 했겠는가?"

여기서 맹자가 말하고자 하는 바는 7장과 거의 일치한다.

만장 장구 하

萬章章句下

맨 위에 세로 선 표시가 있음

맹자는 말했다. "백이(伯夷)는 눈으로는 나쁜 색을 보지 않았고 귀로는 나쁜 소리를 듣지 않았다. 또 그 임금이 섬길 만하지 않으면 섬기지 않았고, 그 백성이 부릴 만하지 않으면 부리지 않았다. 치세면 (벼슬길에) 나아갔고 난세면 물러났다. 무도한 정치가 행해지는 곳과 무도한 백성들이 거주하는 곳에는 차마 살지 못했다. 무례하기 그지없는 촌사람들과 함께 있는 것을 마치 조정의 의관을 쓴 채로 진흙이나 잿더미에 앉아 있는 것처럼 여겼다. (은나라) 주왕(紂王)이 통치하던 때에는 북해(北海)의 바닷가에 살면서 세상이 맑아지기를 기다렸다. 그래서 백이의 풍도를 듣게 되는 사람은 (그것만으로도) 악질적인 사람도 청렴해지고 심약한 사람도 뜻을 세우게 되었다.

이윤(伊尹)은 늘 말하기를 '어느 사람인들 섬기면 군주가 아니겠는가? 어느 사람인들 부리면 백성이 아니겠는가?'라고 했다. 그래서 치세에도 (벼슬길에) 나아갔고 난세에도 나아갔다. 그는 말했다. '하늘이 이 백성(사람)을 낳은 이유(중 하나)는 먼저 알게 된 사람으로 하여금 뒤에 알게 될 사람을 깨우쳐주고, 또 먼저 깨우친 사람으로 하여금 뒤늦게 깨우치는 사람을 깨우쳐주려는 데 있다. (그렇다면) 나는 하늘이 낳은 백성들 중에서 먼저 깨달은 자이니 나는 장차 이 도리로써 이 백성들을 깨우쳐줘야 한다.' 그리고 그는 천하의 백성들 중에서 (심지어) 일반 남녀백성들이라도 요순(시대와 같은 어진 정치)의 혜택을 입지 못하는 사람이 있으면 마치 자신이 그들을 떠밀어 도랑 한가운데로 처넣은 듯이 생각하였으니 천하의 중책을 스스로 자신의 일로 떠맡는 자세가 이와 같았던 것이다.

유하혜(柳下惠)는 더러운 임금을 (섬기는 것을) 전혀 수치로 생각지 않았고, 미관말직이라도 사양하지 않았다. (벼슬에) 나아가면 자신의 뛰어남을 결코 숨기지 않았고 반드시 도리에 따라 매사를 처리하였으며, (벼슬자리에서) 내침을 당해도 원망하지 않았고 곤궁한 상황에 빠져도 번민하지 않았다. (백이와 달리) 무례하기 그지없는 촌사람들과 함께 있으면서도 여유롭게 어울렸고, 차마 뿌리치고 일어나지 못했다. 그는 말했다. '너는 너고 나는 나다. (네가) 비록 내 옆에서 옷을 걸어 올리고 홀딱 벗는다고 한들 네가 어찌 나를 더럽힐 수 있겠는가?' 그래서 유하혜의 풍도를 듣게 되는 사람은 (그것만으로도) 졸렬한 사람도 너그러워지고 각박한 사람도 인후해진다.

공자께서는 제(齊) 나라를 떠나실 때 밥을 짓기 위해 씻은 쌀까지 건져서 (서둘러) 떠나셨는데 (고국인) 노(魯) 나라를 떠나실 때는 이렇게 말씀하셨다. '천천히 천천히 가자!' 바로 이것이 조국을 떠나는 도리이다. 빨리 가야 할 것 같으면 빨리 가고, 오래 머물러야 할 것 같으면 오래 머물고, 벼슬에서 떠나 있어야 할 것 같으면 떠나 있고, 벼슬해야 할 것 같으면 벼슬하신 분이 공자이시다."

(다시) 맹자는 말했다. "백이는 빼어난 이〔聖人〕 중에서도 맑디맑은 분이요, 이윤은 빼어난 이 중에서도 책임감이 투철한 분이요, 유하혜는 빼어난 이 중에서도 제대로 어울릴 줄 아는 분이요, 공자는 빼어난 이 중에서도 때를 잘 알아서 그 일에 딱 맞도록 풀어갈 줄 아는 분이시다. (그래서) 공자를 일러 '모아서 크게 이룬 분〔集大成〕'이라고 부른다. 원래 집대성(集大成)이라는 것은 (하나의 음악을 연주할 때) 쇠로 만든 종으로 소리를 퍼뜨리고 옥으로 만든 경으로 거두어들이는 것이다. 쇠종으로 소리를 퍼뜨리는 것은 음악 연주를 시작하는 것이고, 옥경으로 거두

어들이는 것은 음악 연주를 끝내는 것이다. 연주를 (잘) 시작하는 것은 지(智)의 소관이고, 연주를 (잘) 끝내는 것은 성(聖-빼어남)의 소관이다. 비유컨대 지(智)는 (훈련으로 키울 수 있는) 기교요, 성(聖)은 (타고난) 힘이다. 만일 백 보 떨어진 거리에서 활을 쏘았을 때 그 과녁에 도달하는 것은 너의 힘이지만 과녁에 적중하는 것은 너의 힘이 아니(라 너의 기교이)다."

孟子曰 伯夷目不視惡色耳不聽惡聲 非其君不事非其民不使 治則進
맹자 왈 백이 목 불시 악색 이 불청 악성 비기군 불사 비기민 불사 치즉진

亂則退 橫政之所出橫民之所止不忍居也 思與鄕人處如以朝衣朝冠坐於
난즉퇴 횡정 지 소출 횡민 지 소지 불인 거 야 사 여 향인 처 여 이 조의 조관 좌 어

塗炭也 當紂之時居北海之濱以待天下之淸也 故聞伯夷之風者頑夫廉
도탄 야 당 주지시 거 북해 지빈 이 대 천하지청 야 고 문 백이 지풍 자 완부 렴

懦夫有立志 伊尹曰 何事非君何使非民 治亦進亂亦進 曰 天之生斯民也
나부 유 입지 이윤 왈 하사 비군 하사 비민 치역진 난역진 왈 천지 생 사민 야

使先知覺後知使先覺覺後覺 予天民之先覺者也 予將以此道覺此民也 思
사 선지 각 후지 사 선각 각 후각 여 천민 지 선각자 야 여장 이 차도 각 차민 야 사

天下之民匹夫匹婦有不與被堯舜之澤者 若己推而內(納)之溝中 其自任
천하지민 필부필부 유 불 예 피 요순 지택자 약 기퇴 이 내 납 지 구중 기 자임

以天下之重也 柳下惠不羞汙君不辭小官 進不隱賢必以其道 遺佚而不怨
이 천하 지중 야 유하혜 불수 오군 불사 소관 진 불은 현필 이 기도 유일 이 불원

阨窮而不憫 與鄕人處由由然不忍去也 爾爲爾我爲我 雖祖裼裸裎於我側
액궁 이 불민 여 향인 처 유유 연 불인 거 야 이위이 아위아 수 단석 나정 어 아측

爾焉能浼我哉 故聞柳下惠之風者 鄙夫寬薄夫敦 孔子之去齊接淅而行 去
이 언 능 매 아 재 고 문 유하혜 지풍 자 비부 관 박부 돈 공자 지거 제 접석 이 행 거

魯曰 遲遲吾行也 去父母國之道也 可以速而速可以久而久 可以處而處
로 왈 지지 오 행 야 거 부모 국 지도 야 가이 속 이 속 가이 구 이 구 가이 처 이 처

可以仕而仕 孔子也
가이 사 이 사 공자 야

孟子曰 伯夷聖之淸者也 伊尹聖之任者也 柳下惠聖之和者也 孔子聖之
맹자 왈 백이 성지 청자 야 이윤 성지 임자 야 유하혜 성지 화자 야 공자 성지

時者也 孔子之謂集大成 集大成也者金聲而玉振之也 金聲也者始條理也
시자 야 공자 지위 집대성 집대성 야자 금성 이 옥 진지야 금성 야자 시 조리 야

玉振之也者終條理也 始條理者智之事也 終條理者聖之事也 智譬則巧也
옥 진지 야자 종 조리 야 시 조리 자 지지사 야 종 조리 자 성지사 야 지비 즉 교야

聖譬則力也 由(猶)射於百步之外也 其至爾力也 其中非爾力也
성 비 즉 력야 유 유 사 어 백보 지외 야 기 지 이 력야 기 중 비 이 력야

맹자의 말이 일방적인 강의처럼 길게 이어진다. 이야기
가 백이(伯夷), 이윤(伊尹), 유하혜(柳下惠) 그리고 공자에 관해 각각
언급하고 있기 때문에 그것을 단위로 잘라서 내용을 살펴보자. 먼저
백이에 관한 언급이다.

"백이는 눈으로는 나쁜 색을 보지 않았고 귀로는 나쁜 소리를 듣지
않았다. 또 그 임금이 섬길 만하지 않으면〔非〕 섬기지 않았고〔不事〕,
그 백성이 부릴 만하지 않으면 부리지 않았다〔不使〕. 치세〔治〕면 (벼슬
길에) 나아갔고 난세〔亂〕면 물러났다. 무도한〔橫〕 정치가 행해지는 곳
과 무도한 백성들이 거주하는 곳에는 차마〔不忍〕 살지 못했다. 무례하
기 그지없는 촌사람〔鄕人〕들과 함께 있는 것을 마치 조정의 의관〔朝服
朝冠〕을 쓴 채로〔以〕 진흙이나 잿더미〔塗炭〕에 앉아 있는 것처럼 여겼
다〔思〕. (은나라) 주왕(紂王)이 통치하던 때에는 북해(北海)의 바닷가
에 살면서 세상이 맑아지기를 기다렸다. 그래서 백이의 풍도〔風〕를 듣
게 되는 사람은 (그것만으로도) 악질적인 사람〔頑夫〕도 청렴해지고 심
약한 사람〔懦夫〕도 뜻을 세우게 되었다."

이와 관련된 내용은 '공손추 장구 상(公孫丑章句上)' 2장에서 살펴
본 바 있다. 거기서 공손추(公孫丑)는 백이와 이윤을 비교하고 싶어

했는데 마침 이어지는 맹자의 이야기가 바로 이윤에 관한 것이다.

　"이윤은 늘 말하기를 '어느 사람인들 섬기면 군주가 아니겠는가? 어느 사람인들 부리면 백성이 아니겠는가?'라고 했다. 그래서 치세에도 (벼슬길에) 나아갔고 난세에도 나아갔다. 그는 말했다. '하늘이 이 백성(사람)을 낳은〔生〕이유(중 하나)는 먼저 알게 된 사람〔先知〕으로 하여금 뒤에 알게 될 사람〔後知〕을 깨우쳐주고, 또 먼저 깨우친 사람〔先覺〕으로 하여금 뒤늦게 깨우치는 사람〔後覺〕을 깨우쳐주려는 데 있다. (그렇다면) 나는 하늘이 낳은 백성들 중에서 먼저 깨달은 자〔先覺者〕이니 나는 장차 이 도리〔斯道=堯舜之道〕로써 이 백성들을 깨우쳐줘야 한다.' 그리고 그는 천하의 백성들 중에서 (심지어) 일반 남녀백성〔匹夫匹婦〕들이라도 요순(시대와 같은 어진 정치)의 혜택을 입지 못하는 사람이 있으면 마치〔若〕 자신〔己〕이 그들을 떠밀어 도랑 한가운데로 처넣은 듯이 생각하였으니 천하의 중책〔重〕을 스스로 자신의 일로 떠맡는 자세〔自任〕가 이와 같았던 것이다."

　이윤에 대해서는 '만장 장구 상' 7장에서 살펴본 그대로다. 이제 맹자는 '공손추 장구 상' 9장에 나왔던 유하혜에 관해 이야기한다.

　"유하혜는 더러운 임금을 (섬기는 것을) 전혀 수치로 생각지 않았고, 미관말직〔小官〕이라도 사양하지 않았다. (벼슬에) 나아가면 자신의 뛰어남〔賢〕을 결코 숨기지 않았고 반드시 도리에 따라 매사를 처리하였으며〔以=行〕, (벼슬자리에서) 내침을 당해도〔遺佚〕 원망하지 않았고 곤궁한 상황에 빠져도 번민하지 않았다. (백이와 달리) 무례하기 그지없는 촌사람〔鄕人〕들과 함께 있으면서도 여유롭게〔由由=悠悠〕 어울렸고, 차마 뿌리치고 일어나지 못했다. 그는 말했다. '너는 너고 나는 나다. (네가) 비록 내 옆에서 옷을 걷어 올리고 홀딱 벗는다고 한들 네가 어찌〔焉〕 나를 더럽힐〔浼〕 수 있겠는가?' 그래서 유하혜의 풍도〔風〕를 듣게 되는 사람은 (그것만으로도) 졸렬한 사람〔鄙夫〕도 너그러워지고 각박한 사람〔薄夫〕도 인후해진다." 유하혜의 이야기는 하나 건너 백이와 상응하는 문장구조를 보인다. 바로 공자의 이야기로 넘어가자. "공자께서는 제(齊) 나라를 떠나실 때 밥을 짓기 위해 씻은 쌀〔淅〕까지 건져서〔接〕 (서둘러) 떠나셨는데 (고국인) 노(魯) 나라를 떠나실 때는 이렇게 말씀하셨다. '천천히 천천히〔遲遲〕 가자!' 바로 이것이 조국〔父母國〕을 떠나는 도리이다. 빨리 가야 할 것 같으면 빨리 가고, 오래 머물러야 할 것 같으면 오래 머물고, 벼슬에서 떠나 있어야 할 것 같으면 떠나 있고, 벼슬해야 할 것 같으면 벼슬하신 분이 공자이시다."

이것이 바로 빼어난 이의 경지에 오른 공자의 권도(權道)임은 앞에서 살펴본 바 있다. 이제 맹자는 이 장을 마무리하는 발언을 한다. "백이는 빼어난 이 중에서도 맑디맑은 분〔淸者〕이요, 이윤은 빼어난 이 중에서도 책임감이 투철한 분〔任者〕이요, 유하혜는 빼어난 이 중에서도 제대로 어울릴 줄 아는 분〔和者〕이요, 공자는 빼어난 이 중에서도 때〔時〕를 잘 알아서 그 일에 딱 맞도록〔中=的中〕 풀어갈 줄 아는 분〔時者〕이시다."

결국 공자는 상황에 따라 백이의 선택을 할 수도 있고, 이윤의 선택을 할 수도 있고, 유하혜의 선택을 할 수도 있다는 점에서 가장 높은 평가를 받고 있다. 이야기가 자연스럽게 공자에게로 모아진다. 맹자의 말이 이어진다.

"(그래서) 공자를 일러 '모아서 크게 이룬 분〔集大成〕'이라고 부른다. 원래 집대성(集大成)이라는 것은 (하나의 음악을 연주할 때) 쇠로 만든 종〔金〕으로 소리를 퍼트리고〔聲〕, 옥으로 만든 경〔玉=玉磬〕으로 거두어들이는 것[振]이다. 쇠종으로 소리를 퍼트리는 것은 음악 연주 [條理]를 시작하는 것이고, 옥경으로 거두어들이는 것은 음악 연주를 끝내는 것이다. 연주를 (잘) 시작하는 것은 지(智)의 소관이고, 연주를 (잘) 끝내는 것은 성(聖)의 소관이다. 비유컨대 지(智)는 (훈련으로 키울 수 있는) 기교[巧]요, 성(聖)은 (타고난) 힘[力]이다. 만일 백 보 떨어진 거리에서 활을 쏘았을 때 그 과녁에 도달하는 것[其至]은 너의 힘이지만 과녁에 적중하는 것[其中]은 너의 힘이 아니(라 너의 기교이)다."

그런데 여기서 조심해야 할 것은 성(聖)과 힘을 좋은 것, 지(智)와 기교를 그렇지 못한 것으로 보려는 것이다. 그러나 여기서 성(聖)과 힘은 기본바탕[質]이 되고, 거기에 지(智)와 기교가 열렬한 애씀[文]을 통해 갖춰져야 한다. 문(文)과 질(質)의 이분법으로 풀어야 하는 것이다. 우선 주희의 풀이를 보자. "공자는 기교와 힘이 모두 갖춰져서 성(聖)과 지(智)를 겸비하셨고, 다른 세 사람은 힘은 남아돌지만 기교가 부족하였다. 이 때문에 특정한 한 부분은 비록 성(聖-빼어남)에 이르렀으나 지(智)가 시중(時中)에 미칠 수 없음을 나타낸 것이다."

사실 활쏘기의 비유를 통해 이 점을 자주 언급한 장본인이 바로 공자다. 『논어』 '팔일 16'이다.

공자는 말했다. "(주나라 때의) 활쏘기는 가죽 뚫기로 승부를 가리지 않았다. 왜냐하면 힘이 사람마다 다 달랐기 때문이다. 이것이 옛날의 활 쏘는 예법이다."

강하게 뚫고 나가느냐의 여부를 가리는 힘은 바탕[質]이다. 여기서 말하는 성(聖)이 그것이다. 그러나 과녁의 정중앙[正鵠]을 맞추느냐

아니냐를 가리는 것은 애씀〔文〕이다. 가죽을 뚫고 나가느냐보다는 정
곡을 맞추느냐가 바로 군자의 활쏘기이다. 이것이 바로 바탕과 애씀이
하나로 어우러진 문질빈빈(文質彬彬)이다.

2

(위(衛) 나라 사람) 북궁기(北宮錡)가 맹자에게 물었다. "주(周) 나라 왕실이 작위과 녹봉의 서열체계를 갖춘 것은 어떠했습니까?"

맹자는 말했다. "그 상세한 내용은 나도 얻어 들을 수 없었다. (왜냐하면) 제후들은 그것이 (있을 경우) 자신들에게 해가 된다고 해서 싫어하여 그 전적들을 모두 다 없애버렸다. 그렇지만 (다행스럽게도) 내가 일찍이 그 대략을 들어본 바 있다. 천자(天子)가 한 등급(제1등급)이요, 그다음으로 공(公)이 한 등급(제2등급)이요, 그다음으로 후(侯)가 한 등급(제3등급)이요, 그다음으로 백(伯)이 한 등급(제4등급)이요, 그다음으로 자(子)와 남(男)이 동등한 한 등급(제5등급)이니 모두 해서 다섯 등급이다. 군(君)이 한 등급(제1등급)이요, 그다음으로 경(卿)이 한 등급(제2등급)이요, 그다음으로 대부(大夫)가 한 등급(제3등급)이요, 그다음으로 상사(上士)가 한 등급(제4등급)이요, 그다음으로 중사(中士)가 한 등급(제5등급)이요, 그다음으로 하사(下士)가 한 등급(제6등급)이니 모두 해서 여섯 등급이다.

천자가 통괄하는 땅은 사방 1천 리, 공과 후는 둘 다 사방 100리, 백은 70리, 자와 남은 50리로 모두 해서 네 등급이다. 사방 50리가 안 되는 작은 나라는 천자와 직접 닿을 수 없고 제후(諸侯)에게 붙어서 부용국이라 한다. 천자의 경이 땅을 받는 것은 후에 준하고, 대부가 땅을 받는 것은 백에 준하고, 원사(元士＝上士)가 땅을 받는 것은 자와 남에 준한다. (이어) 큰 나라는 땅이 사방 100리니 군은 경의 녹봉의 10배요, 경의 녹봉은 대부의 4배요, 대부는 상사의 두 배요, 상사는 중사의 두 배요, 중사는 하사의 두 배요, 하사와 서인(庶人)이면서 관직에 있는 자는 녹봉이 같으니 그 (하사와 관직에 있는 서인의) 녹봉은 그들이 직접 농사를 지어서 얻을 수 있는 수입을 대신하기에 충분하다.

큰 나라 다음의 나라는 땅이 사방 70리니 군은 경의 녹봉의 10배요, 경의 녹봉은 대부의 3배요, 대부는 상사의 두 배요, 상사는 중사의 두 배요, 중사는 하사의 두 배요, 하사와 서인이면서 관직에 있는 자는 녹봉이 같으니 그 녹봉은 그들이 직접 농사를 지어서 얻을 수 있는 수입을 대신하기에 충분하다. 작은 나라는 땅이 사방 50리니 군은 경의 녹봉의 10배요, 경의 녹봉은 대부의 두 배요, 대부는 상사의 두 배요, 상사는 중사의 두 배요, 중사는 하사의 두 배요, 하사와 서인이면서 관직에 있는 자는 녹봉이 같으니 그 (하사와 관직에 있는 서인의) 녹봉은 그들이 직접 농사를 지어서 얻을 수 있는 수입을 대신하기에 충분하다. 농사짓는 사람의 소득은 한 장정이 100무를 받으니 그 땅에 거름을 주어 농사를 지어서 상(上) 농부는 9명을 먹여 살리고, 중상(中上) 농부는 8명, 중(中) 농부는 7명, 중하(中下) 농부는 6명, 하(下) 농부는 5명을 먹여 살리고, 관직에 있는 서인의 녹봉도 이에 준하여 차등을 두었다."

北宮錡問曰 周室班爵祿也如之何
북궁기 문왈 주실 반 작록 야 여지하

孟子曰 其詳不可得而聞也 諸侯惡其害己也而皆去其籍 然而軻也嘗聞
맹자 왈 기상 불가 득 이 문 야　제후 오 기 해 기 야 이 개 거 기 적　연이 가 야 상 문

其略也
기 략 야

天子一位 公一位 侯一位 伯一位 子男同一位 凡五等也 君一位 卿一位
천자 일위　공 일위　후 일위　백 일위　자 남 동 일위　범 오등 야　군 일위　경 일위

大夫一位 上士一位 中士一位 下士一位 凡六等 天子之制地 方千里 公侯
대부 일위　상사 일위　중사 일위　하사 일위　범 육등　천자 지 제 지　방천리　공 후

皆方百里 伯七十里 子男五十里 凡四等 不能五十里不達於天子附於諸侯
개 방백리 백 칠십리 자남 오십리 범 사등 불능 오십리 부달 어 천자 부 어 제후

曰附庸 天子之卿受地視侯 大夫受地視伯 元士受地視子男 大國地方百里
왈 부용 천자 지경 수지 시후 대부 수지 시백 원사 수지 시자남 대국 지 방백리

君十卿祿 卿祿四大夫 大夫倍上士 上士倍中士 中士倍下士 下士與庶人
군 십 경록 경록 사 대부 대부 배 상사 상사 배 중사 중사 배 하사 하사 여 서인

在官者同祿 祿足以代其耕也 次國地方七十里 君十卿祿 卿祿三大夫
재관 자 동록 녹 족이 대 기경야 차국 지 방칠십 리 군 십 경록 경록 삼 대부

大夫倍上士 上士倍中士 中士倍下士 下士與庶人在官者同祿 祿足以代其
대부 배 상사 상사 배 중사 중사 배 하사 하사 여 서인 재관 자 동록 녹 족이 대기

耕也 小國地方五十里 君十卿祿 卿祿二大夫 大夫倍上士 上士倍中士 中士
경야 소국 지 방오십 리 군 십 경록 경록 이 대부 대부 배 상사 상사 배 중사 중사

倍下士 下士與庶人在官者同祿 祿足以代其耕也 耕者之所獲一夫百畝 百
배 하사 하사 여 서인 재관 자 동록 녹 족이 대 기경야 경자 지 소획 일부 백무 백

畝之糞上農夫食九人 上次食八人 中食七人 中次食六人 下食五人 庶人
무 지 분 상 농부 사 구인 상차 사 팔인 중사 칠인 중차 사 육인 하사 오인 서인

在官者 其祿以是爲差
재관 자 기록 이 시 위 차

위(衛) 나라 사람 북궁기(北宮錡)가 맹자에게 묻는다. 나누다는 뜻으로 쓰이는 班은 여기서는 '서열을 갖추다'라는 뜻이다. "주(周) 나라 왕실이 작위[爵]와 녹봉[祿]의 서열체계를 갖춘 것[班]은 어떠했습니까?"

이에 맹자의 긴 설명이 이어진다. 먼저 서두부터 옮겨보자. "그 상세한 내용은 나도 얻어 들을[得而聞] 수 없었다. (왜냐하면) 제후들은 그것이(있을 경우)[其] 자신들[己]에게 해가 된다고 해서 싫어하여[惡] 그 전적들[籍]을 모두 다[皆] 없애버렸다[去]. 그렇지만[然而] (다행스럽게도) 내[軻=孟軻]가 일찍이[嘗] 그 대략[略]을 들어본 바 있다."

주희의 풀이다. "당시 제후들은 겸병하고 참람한 짓을 자행했다. 그래서 주나라의 제도가 자신들이 하려는 바에 방해가 됐기 때문에 싫어했던 것이다."

하지만 맹자는 그 골격을 알고 있다며 다음과 같이 풀어낸다. 다소 지루할 수 있지만 일종의 중국 고대사나 사상사를 위한 기초상식이라 생각하고 일독해 보기를 권한다. 이후 관련서적들을 읽을 때 큰 도움이 되기 때문이다. 맹자의 발언이 이어진다.

"천자(天子)가 한 등급〔一位-제1등급〕이요, 그다음으로 공(公)이 한 등급(제2등급)이요, 그다음으로 후(侯)가 한 등급(제3등급)이요, 그다음으로 백(伯)이 한 등급(제4등급)이요, 그다음으로 자(子)와 남(男)이 동등한 한 등급(제5등급)이니 모두 해서〔凡〕 다섯 등급이다." 이 다섯 등급은 주희에 따르면 "천하에 공통된다." 이어 나라별 등급이다.

"군(君)이 한 등급〔一位-제1등급〕이요, 그다음으로 경(卿)이 한 등급(제2등급)이요, 그다음으로 대부(大夫)가 한 등급(제3등급)이요, 그다음으로 상사(上士)가 한 등급(제4등급)이요, 그다음으로 중사(中士)가 한 등급(제5등급)이요, 그다음으로 하사(下士)가 한 등급(제6등급)이니 모두 해서 여섯 등급이다."

나라별 등급은 지금도 군대에서 응용되고 있다. 군은 장군, 경은 영관급, 대부는 위관급 그리고 나머지(상사, 중사, 하사)는 준사관에 해당한다. 이것이 주나라의 작위이다. 이제 나라별 규모와 녹봉〔祿〕을 살필 차례다.

"천자가 통괄하는 땅은 사방〔方〕 1천 리, 공과 후는 둘 다 사방 100리, 백은 70리, 자와 남은 50리로 모두 해서 네 등급이다. 사방 50리가 안 되는〔不能=不足〕 작은 나라〔小國〕는 천자와 직접 닿을 수 없고, 제후

(諸侯)에게 붙어서〔附〕부용국〔附庸〕이라 한다."

이어 신하들의 녹봉〔祿〕을 이야기한다. "천자의 경이 땅을 받는 것은 후에 준하고〔視=比=準〕, 대부가 땅을 받는 것은 백에 준하고, 원사(元士=上士)가 땅을 받는 것은 자와 남〔子男〕에 준한다.

(이어) 큰 나라〔大國=公과 侯의 나라〕는 땅이 사방 100리니 군은 경의 녹봉의 10배요, 경의 녹봉은 대부의 4배요, 대부는 상사의 두 배요, 상사는 중사의 두 배요, 중사는 하사의 두 배요, 하사와 서인(庶人)이면서 관직에 있는 자는 녹봉이 같으니 그 (하사와 관직에 있는 서인의) 녹봉은 그들이 직접 농사를 지어서 얻을 수 있는 수입을 대신하기에 충분하다."

주희의 풀이다. "서인으로서 관직에 있을 수 있는 것은 아전들이다." 하사와 관직을 맡은 서인들이 받는 녹봉은 100무(畝)로 5~9명을 (1년간) 먹일 수 있는 수준에 해당한다는 말이다. 따라서 '그 녹봉'은 하사와 관직을 맡은 서인에만 걸리는 표현이다. 뒤에 나오는 '그 녹봉'도 마찬가지다.

맹자의 발언이 계속된다. "큰 나라 다음의 나라〔次國〕는 땅이 사방 70리니 군은 경의 녹봉의 10배요, 경의 녹봉은 대부의 3배요, 대부는 상사의 두 배요, 상사는 중사의 두 배요, 중사는 하사의 두 배요, 하사와 서인이면서 관직에 있는 자는 녹봉이 같으니 그 녹봉은 그들이 직접 농사를 지어서 얻을 수 있는 수입을 대신하기에 충분하다."

이렇게 되면 경의 녹봉이 대국에 비해서는 4분의 1이 줄어들기 때문에 군의 녹봉도 그만큼 줄어 나라의 규모에 대략 일치하게 된다. 대부 이하는 대국이나 그다음 나라나 동일하다. 일종의 하후상박(下厚上薄)의 정신이 적용되었다고 할 수 있다.

맹자의 발언이 계속된다. "작은 나라(小國)는 땅이 사방 50리니 군
은 경의 녹봉의 10배요, 경의 녹봉은 대부의 두 배요, 대부는 상사의
두 배요, 상사는 중사의 두 배요, 중사는 하사의 두 배요, 하사와 서인
이면서 관직에 있는 자는 녹봉이 같으니 그 (하사와 관직에 있는 서인
의) 녹봉은 그들이 직접 농사를 지어서 얻을 수 있는 수입을 대신하기
에 충분하다."

여기서도 마찬가지다. 경의 녹봉이 대국에 비해 절반으로 줄어 군
의 녹봉도 그만큼 줄어 나라의 규모에 일치한다. 큰 나라(大國)는 공
과 후(公侯)의 나라, 그다음 나라는 백의 나라, 작은 나라(小國)는 자
와 남(子男)의 나라다. 그러나 여기서 나라(國)는 국가라는 의미에서
의 나라가 아니라 봉토라는 의미에서의 나라일 뿐이다.

주희는 먼저 서도(徐度)의 말을 인용한다. "큰 나라(大國)는 군주의
토지가 3만 2천 무(畝)이니 그 수입이 2,880명을 먹일 수 있고, 경의
토지는 3천 200무이니 288명을 먹일 수 있고, 대부의 토지는 800무
이니 72명을 먹일 수 있고, 상사의 토지는 400무이니 36명을 먹일 수
있고, 중사의 토지는 200무이니 18명을 먹일 수 있고, 하사와 관직에
있는 서인의 토지는 100무이니 5명에서 9명을 먹일 수 있다." 조금씩
다르기는 한데 6척 사방을 1보(步)라 하고 100보가 1무다. 여기서 언
급된 토지는 조법(助法)에 따른 공전(公田)의 크기로서 그곳에서 다른
농부들의 힘을 빌려 경작하여 그 수확을 갖게 되는 것이다. 그러면 실
제 농사를 짓는 사람들의 소득규모를 아는 것이 중요하다. 맹자의 말
이 이어진다.

"농사짓는 사람(耕者=農民)의 소득은 한 장정(一夫)이 100무를 받
으니 그 땅에 거름을 주어 농사를 지어서 상(上) 농부는 9명을 먹여

살리고, 중상(中上) 농부는 8명, 중(中) 농부는 7명, 중하(中下) 농부는 6명, 하(下) 농부는 5명을 먹여 살리고, 관직에 있는 서인의 녹봉도 이에 준하여 차등을 두었다."

다만 주희는 맹자의 이 같은 기억에 의한 진술이 『주례』나 『예기』에 나와 있는 내용과 합치되지 않는 부분들이 많음을 지적하며 "(맹자가) 빼먹은 것들이 있을 것"이라고 말한다.

3

만장이 물었다. "감히 벗을 사귀는 자세나 도리에 대해 말씀해 주시겠습니까?"

맹자가 말했다. "(사귀려는 사람의) 나이가 많고 적음을 따지지 말고, 귀천을 따지지 말고, 그 사람의 형제(가 부귀한지)를 따지지 말고 벗을 삼아야 한다. 벗한다고 하는 것은 그 사람의 다움을 벗하는 것이니 (사귀기에 앞서 이것저것) 따지는 마음이 있어서는 된다. (노나라의 어진 대부) 맹헌자(孟獻子)는 경대부(卿大夫)의 집안이었다. 그에게는 다섯 명의 벗이 있었는데 그중 두 사람은 악정구(樂正裘)와 목중(牧仲)이고, 나머지 세 사람의 이름은 내가 잊어버렸다. 맹헌자가 이들 다섯 친구와 벗을 삼음에 그 자신은 자신의 집안이 경대부 집안이라는 점을 전혀 의식하지 않았다. 만약에 이 다섯 친구들이 맹헌자의 집안을 (조금이라도) 의식했다면 그는 이들과 더불어 벗을 삼지 않았을 것이다.

(맹헌자처럼) 경대부의 집안 사람만 이러했던 것이 아니다. 작은 나라의 군주라 하더라도 또한 그처럼 했다. 비(費) 나라의 혜공(惠公)이 말했다. '나는 자사(子思)는 스승으로 대하고, 안반(顔般)은 벗으로 대한다. (하지만) 왕순(王順)과 장식(長息)은 나를 섬기는 자일 뿐이다. (비나라 혜공처럼) 작은 나라의 군주만 이러했던 것이 아니다. 큰 나라의 군주라 하더라도 또한 그처럼 했다. 진(晉) 나라 평공(平公)은 (그 나라의 현인이었던) 해당(亥唐)의 (누추한) 집에 찾아갔을 때 해당이 들어오라고 해야 들어갔고, 앉으라고 해야 앉았고, 먹으라고 해야 먹었으며, (식단이라 해봐야) 거친 밥과 나물국뿐이었지만 한번도 배불리 먹지 않은 적이 없으니 이는 감히 배불리 먹지 않을 수 없어서 그랬던 것이다.

그렇지만 (평공이 해당을 벗으로 사귀는 것은) 이것으로 끝일 뿐이었다. 그와 더불어 임금의 자리를 함께 하지 않았고, 그와 더불어 신하들을 다스리지 않았으며, 그에게 국가의 녹봉을 주지 않았다. 이는 평공이 일개 선비의 자격으로 뛰어난 이를 높인 것[尊賢]이지, 임금의 자격으로 뛰어난 이를 높인 것은 아니다. 순(舜)이 (요임금의 사위가 되어 처음으로) 위로 올라가 요임금을 알현했을 때 요임금은 자신의 사위를 별궁에 머무르게 하고는 (순에게 음식과 술을 대접하고) 또한 순에게 음식과 술을 대접받음으로써 서로 번갈아가며 손님과 주인이 되었다. 이는 천자(天子)로서 필부(匹夫)와 진정으로 벗하는 도리다.

아랫사람이 윗사람을 공경하는 것을 귀한 사람을 존귀하게 여기는 것이라 하고, 윗사람이 아랫사람을 공경하는 것은 뛰어난 사람을 존중하는 것이라 하는데 귀한 사람을 존귀하게 여기는 것이나 뛰어난 사람을 존중하는 것이나 그 의리는 똑같은 것이다."

萬章問日 敢問友
만장 문왈 감문 우

孟子日 不挾長 不挾貴 不挾兄弟而友 友也者友其德也 不可以有挾也
맹자 왈 불협 장 불협 귀 불협 형제 이우 우 야 자우 기 덕 야 불 가이 유 협 야

孟獻子百乘之家也 有友五人焉 樂正裘 牧仲 其三人則予忘之矣 獻子之與
맹헌자 백승지 가 야 유우 오인 언 악정구 목중 기 삼인 즉 여망 지 의 헌자 지 여

此五人者友也無獻子之家者也 此五人者亦有獻子之家則不與之友矣 非
차 오인 자우 야 무 헌자 지 가자 야 차 오인 자 역유 헌자 지 가즉 불 여지우 의 비

惟百乘之家爲然也 雖小國之君亦有 費惠公日 吾於子思則師之矣 吾於
유 백승지가 위 연 야 수 소국 지군 역유 지 비 혜공 왈 오어 자사 즉 사지 의 오어

顔般則友之矣 王順長息則事我者也 非惟小國之君爲然也 雖大國之君亦
안반 즉 우지 의 왕순 장식 즉 사 아자 야 비유 소국 지군 위 연 야 수 대국 지군 역

有之 晉平公之於亥唐也 入云則入 坐云則坐 食云則食 雖疏食菜羹未嘗
유지 진 평공 지어 해당 야 입 운즉 입 좌 운즉 좌 식 운즉 식 수 소사 채갱 미상

不飽蓋不敢不飽也 然終於此而已矣 弗與共天位也 弗與治天職也 弗與
불포개 불감 불포 야 연종어차 이이의 불여공 천위 야 불여치 천직 야 불여

食天祿也 士之尊賢者也非王公之尊賢也 舜尙見帝帝館甥于貳室亦饗舜
식 천록 야 사지 존현 자야비 왕공 지 존현 야 순 상현 제제관 생우 이실 역 향순

迭爲賓主 是天子而友匹夫也 用下敬上謂之貴貴 用上敬下謂之尊賢 貴貴
질 위 빈주 시 천자 이 우 필부 야 용 하경 상위 지 귀귀 용 상경 하위 지 존현 귀귀

尊賢其義一也
존현 기 의 일 야

다시 만장(萬章)이 등장했다. 이번에는 벗을 사귀는 도리
[友]에 대해 묻는다. "감히 벗을 사귀는 자세나 도리에 대해 말씀해 주
시겠습니까?"

이에 맹자는 우선 원칙적인 답변을 제시한다. 挾이란 주희에 따르면
'어떤 것을 중시하며 의지한다'는 뜻이다. 그래서 여기서 말하는 不挾
은 不問에 가깝다.

"(사귀려는 사람의) 나이가 많고 적음을 따지지 말고, 귀천을 따지지
말고, 그 사람의 형제(가 부귀한지)를 따지지 말고 벗을 삼아야[友] 한
다. 벗한다[友]고 하는 것은 그 사람의 다움[德]을 벗하는 것이니 (사
귀기에 앞서 이것저것) 따지는 마음[挾]이 있어서는 된다."

물론 맹자가 말하는 벗 사귐[友]은 군자(君子)의 벗 사귐이라 할 수
있다. 맹자는 구체적인 사례를 든다. "(노나라의 어진 대부) 맹헌자(孟
獻子)는 경대부(卿大夫)의 집안[百乘之家]이었다. 그에게는 다섯 명의
벗이 있었는데 그중 두 사람은 악정구(樂正裘)와 목중(牧仲)이고, 나머
지 세 사람의 이름은 내가 잊어버렸다. 맹헌자가 이들 다섯 친구와 벗
을 삼음에 그 자신은 자신의 집안이 경대부 집안이라는 점을 전혀 의

식하지 않았다. 만약에 이 다섯 친구들이 맹헌자의 집안을 (조금이라도) 의식했다면 그는 이들과 더불어 벗을 삼지 않았을 것이다."

결국 맹헌자나 다섯 친구나 모두 다움(德) 이외에 다른 요인들을 고려하지 않기에 진정한 벗함이 가능했던 것이다.

"(맹헌자처럼) 경대부의 집안 사람만 이러했던 것이 아니다. 작은 나라(小國)의 군주라 하더라도 또한 그처럼 했다. 비(費) 나라의 혜공(惠公)이 말했다. '나는 자사(子思)는 스승으로 대하고, 안반(顔般)은 벗으로 대한다. (하지만) 왕순(王順)과 장식(長息)은 나를 섬기는(事) 자일 뿐이다." 자사나 안반이나 왕순, 장식 모두 혜공이 가까이 했던 사람들이지만 그들의 다움(德)에 따라 이처럼 마음속으로 달리 대했던 것이다. 다시 맹자의 말이 이어진다. 경대부에서 작은 나라(小國)의 군주를 거쳐 큰 나라(大國)의 군주로 이야기의 단계가 점차 높아지고 있다.

"(비나라 혜공처럼) 작은 나라의 군주만 이러했던 것이 아니다. 큰 나라의 군주라 하더라도 또한 그처럼 했다. 진(晉) 나라 평공(平公)은 (그 나라의 뛰어난 사람이었던) 해당(亥唐)의 (누추한) 집에 찾아갔을 때 해당이 들어오라고 해야 들어갔고, 앉으라고 해야 앉았고, 먹으라고 해야 먹었으며, (식단이라 해봐야) 거친 밥과 나물국뿐이었지만 한 번도 배불리 먹지 않은 적이 없으니 이는 감히 배불리 먹지 않을 수 없어서 그랬던 것이다. 그렇지만 (평공이 해당을 벗으로 사귀는 것은) 이것으로 끝일 뿐이었다. 그와 더불어 임금의 자리를 함께 하지 않았고, 그와 더불어 신하들을 다스리지 않았으며, 그에게 국가의 녹봉을 주지 않았다. 이는 평공이 일개 선비의 자격으로서 뛰어난 이를 높인 것이지 임금의 자격(王公)으로 뛰어난 이를 높인 것은 아니다."

만일 임금(王公)의 자격으로 뛰어난 이를 높이려 했다면 자리도 주고 녹봉도 주어야 한다. 평공은 스스로도 임금으로 의식하지 않았고, 한 명의 선비로서 해당을 높인 것이다. 이제 맹자는 요임금과 순임금〔堯舜〕의 일화를 언급하며 벗을 삼는 도리〔友〕에 관한 이야기를 맺는다.

"순(舜)이 (요임금의 사위가 되어 처음으로) 위로 올라가 요임금을 알현했을 때 요임금은 자신의 사위〔甥〕를 별궁〔貳室〕에 머무르게 하고는 (순에게 음식과 술을 대접하고) 또한 순에게 음식과 술을 대접받음으로써 서로 번갈아〔迭〕가며 손님과 주인이 되었다. 이는 천자(天子)로서 필부(匹夫)와 진정으로 벗하는 도리다.

아랫사람이 윗사람을 공경하는 것을 귀한 사람을 존귀하게 여기는 것〔貴貴〕이라 하고, 윗사람이 아랫사람을 공경하는 것은 뛰어난 이를 존중하는 것〔尊賢〕이라 하는데 귀한 사람을 존귀하게 여기는 것〔貴貴〕이나 뛰어난 이를 존중하는 것〔尊賢〕이나 그 의리는 똑같은 것이다."

4

만장이 물었다. "다른 사람과 교제할 때는 어떤 마음으로 해야 합니까?"

맹자는 "공손함이다"라고 답했다.

다시 만장이 물었다. "거듭해서 물리치는 것은 공손하지 못함이라고 했는데 어째서 그렇습니까?"

맹자가 말했다. "자기보다 나이나 신분이나 벼슬이 높은 사람이 예물을 보냈을 때 '그분은 이 물건을 취하기를 정당하게 한 것인지 의롭지 못하게 (빼앗는 등) 한 것인지'를 따져본 연후에 (정당하다고 생각될 경우에만) 그 예물을 받는다면 이것은 공손하지 못한 것이 된다. 그 때문에 (윗사람이 교제를 청하면서 예물을 보내오면) 물리치지 않는 것이다."

"또 질문을 청합니다. 말로는 '못 받겠습니다'라고 하지 않되 마음속으로 생각하기를 '이것은 여러 백성들로부터 빼앗은 의롭지 못한 물건이다'라고 하면서 다른 핑계를 대어 받지 않는 것은 안 되겠습니까?"

"윗사람이 도리에 따라 교제를 청해오고 또 예로써 대우해 줄 때는 공자께서도 그 예물을 (정당한지 아닌지를 굳이 따지지 않고) 받으셨다."

"(예를 들면) 지금 도성 밖에서 지나가는 사람들을 막아 세우고 죽이거나 빼앗는 어떤 사람이 도리에 맞게 교제를 청해오고, 또 예에 맞게 예물을 보내온다면 그 도둑질한 물건이라도 받을 수 있습니까?"

"받아서는 안 된다. 『서경』 '강고(康誥)'에 이르기를 '사람을 죽이고 그의 재물을 빼앗고도 뻔뻔스럽게 사형을 당하는 것을 두려워하지 않는 사람을 평범한 백성이라면 죽도록 미워하지 않을 사람이 없다'고 하였으니 이는 굳이 국왕의 명을 기다릴 필요도 없이 주살해야 하는 것이다.

그런 법을 은나라는 하나라에서 전수받았고, 주나라는 은나라에서 물려받은 것으로 굳이 심문조차 하지 않고 시행했다. 그리고 지금에 와서는 더욱 엄격하게 시행되고 있다. 사정이 이러한데 어찌 예물을 받을 수 있겠는가?"

"오늘날 제후들이 백성들로부터 빼앗는 것을 보면 마치 사람을 저지하여 죽이고, 그 재물을 빼앗는 것과 조금도 다를 바가 없습니다. 그런데도 (스승님께서는) 예를 잘 갖춰서 교제를 할 경우에는 군자라도 그것을 받는다고 하시니 감히 그것은 무슨 이야기인지 묻지 않을 수 없습니다."

"그렇다면 그대는 지금 임금다운 임금이 일어나신다면 장차 지금의 제후들을 몽땅 죽여버릴 것 같은가, 아니면 일단 가르쳐보고, 그래도 잘못을 고치지 않을 때에는 죽여버릴 것 같은가? 무릇 자신의 것이 아닌데도 그것을 취하는 것을 도둑이라고 하는 것은, 어느 하나의 유형이나 범주를 계속 확대하여 그 본질에 도달하려는 추론을 너무 지나치게 적용한 것이라 할 수 있다. 공자께서 노나라에서 벼슬을 하실 적에 사람들이 사냥시합을 하니 공자께서도 (마지못해) 사냥시합에 참가하시었다. 이처럼 (공자 같은 성인도) 사냥시합을 할 수 있는데 (출처가 불분명하다고 해서) 예물을 받는 것이야 더 이상 무슨 말을 하겠는가?"

"그렇다면 공자가 벼슬하신 것은 도리를 행하는 것을 위주로 하는 것에 위배되는 것 아닙니까?"

"도리를 행하는 것을 위주로 하신 것이다."

"도리를 행하는 것을 주로 삼으셨다면서 어찌 사냥시합을 할 수 있습니까?"

"공자께서는 그에 앞서 공식문서로 제사에 필요한 그릇의 수와 제수품의 종류를 바로잡아서 사방의 (귀한) 음식과 물품이 (제사상에 올라

오는 일을 원천적으로 차단하여) 제사에 사용되지 않게끔 하셨다."

"그런데 공자께서는 어찌하여 (즉각) 벼슬을 그만두지 않았습니까?"

"(공자께서는 어떤 일을 시작하기에 앞서 늘) 먼저 조짐을 살피셨다. 조짐으로 봐서 충분히 도리가 행해질 만한데도 결국 행해지지 않는 것을 최종적으로 확인한 연후에 떠나셨다. 이 때문에 공자께서는 일찍이 (어느 한 나라에 가시어) 3년이나 되도록 머무신 적이 없었던 것이다. 공자께서는 도리가 행해질 것으로 보여 벼슬을 맡으신 적도 있고, (군주와의) 교제(交際) 때문에 벼슬을 맡으신 적도 있고, 임금이 (노인 혹은 어진 이를) 잘 모시는 것을 좋게 여겨 벼슬을 맡으신 적도 있다. (공자께서 노나라의 실력자) 계환자(季桓子) 밑에서 벼슬을 한 것은 도리가 행해질 것으로 보여서였고, 위나라 영공(靈公)에게서 벼슬을 한 것은 (자신을 잘 대우해 주는) 교제 때문이었고, 위나라 효공(孝公) 때 벼슬을 한 것은 효공이 (노인이나 어진 이를) 잘 모시는 것을 좋게 여겼기 때문이다."

萬章問曰 敢問交際何心也
만장 문왈 감문 교제 하심 야

孟子曰 恭也
맹자 왈 공 야

曰 卻之卻之爲不恭何哉
왈 각 지 각 지 위 불공 하재

(孟子)曰 尊者賜之 曰 其所取之者義乎不義乎而後受之 以是爲不恭 故
맹자 왈 존자 사지 왈 기 소취지 자 의호 불의 호 이후 수지 이 시 위 불공 고

弗卻也
불 각 야

曰 請無以辭卻之以心卻之 曰 其取諸民之不義也而以他辭無受不可乎
왈 청무이사각지이심각지 왈 기취제민지불의야이이타사무수불가호

(孟子)曰 其交也以道 其接也以禮 斯孔子受之矣
맹자 왈 기교야이도 기접야이례 사 공자 수지 의

萬章曰 今有禦人於國門之外者其交也以道其餽也以禮 斯可受禦與
만장 왈 금유어인어 국문지외 자기교야이도기궤야이례 사 가 수어 여

(孟子)曰 不可 康誥曰 殺越人于貨閔不畏死 凡民罔不譈 是不待教而誅
맹자 왈 불가 강고왈 살월인우화민불외사 범민망부대 시 부대 교이주

者也 (殷受夏周受殷所不辭也 於今爲烈) 如之何其受之
자야 은 수하주수은소 불사 야 어금위열 여지하 기수지

曰 今之諸侯取之於民也猶禦也 苟善其禮際矣斯君子受之 敢問何說也
왈 금지제후 취지어민야유어야 구선기예제 의사 군자 수지 감문 하설 야

(孟子)曰 子以爲有王者作將比今之諸侯而誅之乎 其教之不改而後誅之
맹자 왈 자이위유 왕자작장비금지 제후 이주지호 기교지 불개 이후주지

乎 夫謂非其有而取之者盜也 充類至義之盡也 孔子之仕於魯也 魯人獵較
호 부위비기유이 취지자도야 충류지의 지진야 공자지사 어로야 노인 엽교

孔子亦獵較獵較猶可而況受其賜乎
공자 역 엽교 엽교 유 가 이황수기사호

曰 然則孔子之仕也非事道與
왈 연즉 공자 지사야 비 사도 여

(孟子)曰 事道也
맹자 왈 사도 야

(曰) 事道奚獵較也
왈 사도 해 엽교 야

(孟子)曰 孔子先簿正祭器不以四方之食供簿正
맹자 왈 공자 선 부정 제기 불이 사방지식 공 부정

曰 奚不去也
왈 해 불거 야

(孟子)曰 爲之兆也 兆足以行矣而不行而後去 是以未嘗有所終三年淹也
맹자 왈 위지조야 조 족이행의이 불행 이후 거 시이 미상유소종 삼년 엄야

孔子有見行可之仕 有際可之仕 有公養之仕 於季桓子見行可之仕也 於衛
공자 유견 행가지사 유제 가지사 유공 양지사 어 계환자 견행 가지·사 야 어 위

靈公際可之仕也 於衛孝公公養之仕也
영공 제 가지 사 야 어 위효공 공양 지 사 야

벗 사귐[友]을 다룬 앞 장에 이어서 읽을 수 있다. 교제(交際)는 다만 그 범위가 벗 사귐보다는 좀 더 확대된다. 주희는 교제를 좀 더 엄밀하게 "예의와 폐백을 갖춰서 서로 만나는 것"이라고 풀이한다. 조금은 격식 있는 만남이라는 의미다.

만장(萬章)이 다른 사람과 교제할 때는 어떤 마음으로 해야 하는지를 묻자 맹자는 "공손함[恭]"이라고 말한다.

다시 만장이 묻는다. 卻은 '물리치다', '물러나다' 등을 뜻한다. 여기서는 사양하다[讓]와 통한다. "거듭해서 물리치는 것은 공손하지 못함[不恭]이라고 했는데 어째서 그렇습니까?" 卻之를 반복한 것은 거듭해서 물리쳤다는 뜻이다. 중국 고대의 예법에 따르면 다른 사람들에게 교제를 청할 때는 반드시 예물[幣帛]을 보냈다. 이와 관련된 사례하나를 『논어』 '양화 1'에서 볼 수 있다.

양화가 공자가 자신을 찾아와 만나보기를 원하였으나 공자가 만나기를 거부하자, 양화가 공자에게 (공자가 없는 틈을 타서) 삶은 돼지를 선물로 보냈는데[歸] 공자도 그가 없는 틈을 타서[時] 사례를 하려고 가다가 길에서 만났다.

양화(陽貨)는 노나라 왕족인 맹씨(孟氏)인데 계씨(季氏)의 가신으로 있다가 신분이 상승해 대부가 되어 노나라의 국정을 좌우하게 된다. 바로 그 양화가 이때 자신의 주인이라 할 수 있는 계환자(季桓子)를 가두어놓고 나라의 정사를 마음대로 좌우하고 있었다. 이런 상황에서 양화는 (벼슬을 주기 위해) 공자를 만나고 싶어 했다. 여기서 歸는 '돌아오다'가 아니라 '보내다'는 뜻이다. 공자에게 삶은 새끼 돼지(豚)를 선물로 보냈다는 뜻이다. 공자는 이마저 거절할 수는 없었을 것이다. 당시 예법에 대부가 선비(士)에게 선물을 하였는데 선비가 자기 집에서 직접 받지 못하였으면 대부의 집에 찾아가 사례하여야 한다고 돼 있었다. 양화는 바로 이 점을 노렸다. 일종의 강압이었다.

곤란한 상황이 된 공자는 묘안을 강구해 냈다. 가기는 가되 그가 집에 없는 때를 틈타 찾아가기로 한 것이다. 여기서 時란 '틈타다'는 뜻이다. 즉 공자는 그가 없는(其亡) 틈을 타서 찾아가(往) 사례(拜)하려 했는데 가는 길(諸塗)에 마침 양화와 마주치게 되었다.

여기서 우리는 공자에게 교제를 청하며 예물(새끼 돼지)을 보낸 양화와 거듭해서 거절하지 못해 묘한 편법까지 동원하려는 공자의 모습을 볼 수 있다. 이 사례를 염두에 두면서 맹자의 말을 들어보자.

"자기보다 나이나 신분이나 벼슬이 높은 사람(尊者)이 예물을 보냈을 때 '그분은 이 물건을 취하기를 정당하게 한 것인지 의롭지 못하게 (빼앗는 등) 한 것인지'를 따져본(曰) 연후에(而後) (정당하다고 생각될 경우에만) 그 예물을 받는다면 이것은 공손하지 못한 것(不恭)이 된다. 그 때문에 (윗사람이 교제를 청하면서 예물을 보내오면) 물리치지 않는 것이다."

우리가 생각하는 맹자의 모습과는 조금 다른 답변이라 당황스럽다. 당황스럽기는 만장도 마찬가지였는지 이렇게 되묻는다. "또 질문을 청합니다. 말(辭)로는 '못 받겠습니다(卻之)'라고 하지 않되 마음속(心)으로 생각하기(曰)를 '이것은 여러 백성들로부터 빼앗은 의롭지 못한 물건이다'라고 하면서 다른 핑계(辭)를 대어 받지 않는 것은 안 되겠습니까?"

"윗사람이 도리에 따라 교제를 청해오고 또 예로써 대우〔接〕해 줄 때는 공자께서도 그 예물을 (정당한지 아닌지를 굳이 따지지 않고) 받으셨다." 주희도 양화가 주는 새끼 돼지를 받은 공자의 사례가 바로 여기에 해당한다고 지적하고 있다. 그러나 맹자의 대답은 여전히 만장의 궁금증을 풀어주지 못하고 있다. 그 예물의 정당성〔義/不義〕 문제다. 그래서인지 만장은 보다 직설적인 질문을 던진다.

"(예를 들면) 지금 도성〔國門〕 밖에서 지나가는 사람들을 막아 세우고 죽이거나 빼앗는 어떤 사람이 도리에 맞게 교제를 청해오고, 또 예에 맞게 예물을 보내온다면 그 도둑질한 물건〔禦〕이라도 받을 수 있습니까?" 禦는 원래 '막아서다'는 뜻이지만, 주희는 이를 의역하여 '저지하여 죽이고 또 그 재물을 빼앗다'고 풀이한다. 그 예물의 출처는 불문으로 하고 무조건 받아서는 의롭다고 할 수 없는 것 아니냐는 물음이다. 이제 맹자의 대답이 궁금하다.

"받아서는 안 된다. 『서경』 '강고(康誥)'에 이르기를 '사람을 죽이고 그의 재물을 빼앗고도 뻔뻔스럽게〔閔〕 사형을 당하는 것을 두려워하지 않는 사람을 평범한 백성이라면 죽도록 미워하지〔譈〕 않을 사람이 없다'고 하였으니 이는 군이 국왕의 명〔敎〕을 기다릴 필요도 없이 주살해야 하는 것이다. 그런 법을 은나라는 하나라에서 전수받았고 주나라는 은나라에서 물려받은 것으로 군이 심문조차 하지 않고 시행했다. 그리고 지금에 와서는 더욱 엄격하게 시행되고 있다. 사정이 이러한데 어찌〔如之何〕 예물을 받을 수 있겠는가?"

이렇게 말하니 만장의 의문은 더욱 증폭될 수밖에 없다. 그렇다면 언제는 받아도 되고 언제는 받아서는 안 되는 것인가?

"오늘날 제후들이 백성들로부터 빼앗는 것을 보면 마치 사람을 저지하여 죽이고 그 재물을 빼앗는 것과 조금도 다를 바가 없습니다. 그런데도 (스승님께서는) 예를 잘 갖춰서 교제를 할 경우에는 군자라도 그것을 받는다고 하시니 감히 그것은 무슨 이야기인지 묻지 않을 수 없습니다." 과연 맹자는 어떻게 대답할 것인가?

"그렇다면 그대는 지금 임금다운 임금[王者]이 일어나신다면 장차 지금의 제후들을 몽땅[比] 죽여버릴 것 같은가, 아니면 일단 가르쳐보고, 그래도 잘못을 고치지 않을 때에는 죽여버릴 것 같은가? 무릇 자신의 것이 아닌데도 그것을 취하는 것을 도둑[盜]이라고 하는 것은, 어느 하나의 유형이나 범주[類]를 계속 확대[充]하여 그 본질[義]에 도달하려는[至] 추론을 너무 지나치게 적용한 것[盡]이라 할 수 있다. 공자께서 노나라에서 벼슬을 하실 적에 사람들이 사냥시합[獵較]을 하니 공자께서도 (마지못해) 사냥시합에 참가하시었다. 이처럼 (공자 같은 성인도) 사냥시합을 할 수 있는데 (출처가 불분명하다고 해서) 예물을 받는 것이야 더 이상 무슨 말을 하겠는가?"

사실 맹자가 이 정도 이야기하면 그 뜻을 알아들어야 정상이다. 그런데 만장은 엉뚱하게도 그렇다면 공자의 그런 행위가 문제가 아니냐는 질문을 던진다.

"그렇다면 공자가 벼슬하신 것은 도리를 행하는 것을 위주로 하는 것에 위배되는 것 아닙니까?" 이에 대한 맹자의 대답은 단호하다. "도리를 행하는 것을 위주로 하신 것이다." 다시 만장이 따지듯 묻는다. "도리를 행하는 것을 주로 삼으셨다면서 어찌[奚] 사냥시합을 할 수 있습니까?"

"공자께서는 그에 앞서[先] 공식문서[簿]로 제사에 필요한 그릇의

수와 제수품의 종류를 바로잡아서〔正〕 사방의 (귀한) 음식과 물품이
(제사상에 올라오는 일을 원천적으로 차단하여) 제사에 사용되지 않게
끔 하셨다.”

조금은 모호하다. 심지어 주희조차도 先簿正祭器가 무슨 뜻인지 분
명치 않다〔未詳〕고 말한다. 그러나 다른 주석자들의 풀이를 참고할 때
대체적으로 이런 내용이라 할 수 있다. 공자도 어쩔 수 없이 제사에
쓸 귀한 먹을거리를 마련하기 위한 사냥시합에 동원됐다. 그러나 공자
는 사냥시합을 반대하지 않고, 그 뿌리로 가서 제사의 올바른 방법을
규정하여 너무 귀하거나 사치한 음식은 아예 제사상에 올라갈 수 없
도록 함으로써 궁극적으로는 제수용품 마련을 위한 사냥시합이 없어
지게 만들려 했다는 것이다. 상당한 의역이다.

사실 나라에서 사냥시합을 할 지경이 되면 그 나라는 도리가 땅에
떨어진 것이다. 『논어』에서 공자가 말하는 나라에 도리가 사라진〔邦
無道〕 상황이다. 공자는 나라에 도리가 없으면 그 나라를 떠나라〔去=
行〕고 가르쳤다. 또 벼슬에 나아갔다가 군주가 도리를 실천할 뜻이 없
어도 관직을 버리라 했다. 이어지는 만장의 질문은 이런 맥락에서 나
온 것이다. “그런데 공자께서는 어찌하여 (즉각) 벼슬을 그만두지 않았
습니까?”

“(공자께서는 어떤 일을 시작하기에 앞서 늘) 먼저 조짐〔兆=占〕을 살
피셨다. 조짐으로 봐서 충분히 도리〔道〕가 행해질 만한데도 결국 행해
지지 않는 것을 최종적으로 확인한 연후에 떠나셨다. 이 때문에 공자
께서는 일찍이 (어느 한 나라에 가시어) 3년이나 되도록 머무신〔淹〕 적
이 없었던 것이다.” 공자의 결단은 신중하기는 하되 단호했음을 역설
하고 있는 것이다. 맹자의 말이 이어진다.

"공자께서는 도리가 행해질 것으로 보여 벼슬을 맡으신 적도 있고, (군주와의) 교제(交際) 때문에 벼슬을 맡으신 적도 있고, 임금[公]이 (노인 혹은 어진 이를) 잘 모시는 것을 좋게 여겨 벼슬을 맡으신 적도 있다. (공자께서 노나라의 실력자) 계환자(季桓子) 밑에서 벼슬을 한 것은 도리가 행해질 것으로 보여서였고, 위나라 영공(靈公)에게서 벼슬을 한 것은 (자신을 잘 대우해 주는) 교제 때문이었고, 위나라 효공(孝公) 때 벼슬을 한 것은 효공이 (노인이나 어진 이를) 잘 모시는 것을 좋게 여겼기 때문이다."

이 사례는 오히려 공자의 권도(權道=時中)하는 도리와 모습을 살피는 데 도움을 준다. 이런 점을 고려하지 않았을 때 만장과 같은 의문을 갖게 되기 때문이다. 그래서 이야기는 교제에서 출발해 공자의 권도로 끝을 맺고 있다.

5

맹자는 말했다. "벼슬하는 것이 가난 때문은 아니지만 때로는 (그 때문에) 그래야 하는 경우도 있고, 아내를 얻는 것이 (부모의) 봉양을 위해서는 아니지만 때로는 (그 때문에) 그래야 하는 경우도 있다. (그래서 특히) 가난 때문에 벼슬하는 자는 높은 자리는 사양하고 낮은 자리에 있어야 하며, 많은 녹봉은 사양하고 적은 녹봉에 만족해야 한다. 높은 자리는 사양하고 낮은 자리에 있어야 하며, 많은 녹봉은 사양하고 적은 녹봉에 만족하려면 어디가 적당한가? 관문지기나 야경꾼 같은 미관말직 정도면 족하다. 공자께서도 일찍이 (가난 때문에) 창고지기를 하신 적이 있는데 이때 '(양곡이 들고 나는) 계산을 정확하게 하는 데에만 전념했을 따름'이라고 말했고, 또 일찍이 목장지기를 할 때는 '소와 양이 튼실하게 자라도록 하는 데에만 전념했을 따름'이라고 말했다. (따라서) 지위가 낮으면서 (고담준론이나 조정의 중요업무 같은) 중대사를 입에 담는 것은 (자신의 직분을 뛰어넘는) 죄를 짓는 것이요, 나라의 조정에서 관직을 맡고 있으면서 (자신의 직분을 다하지 않아) 도리를 행하지 않는 것은 수치스러운 일이다."

孟子曰 仕非爲貧也而有時乎爲貧 娶妻非爲養也而有時乎爲養 爲貧者
맹자 왈 사 비 위 빈 야 이 유 시 호 위 빈 취처 비위 양 야 이 유 시 호 위 양 위 빈 자

辭尊居卑辭富居貧 辭尊居卑辭富居貧惡乎宜乎 抱關擊柝 孔子嘗爲委吏
사 존 거 비 사 부 거 빈 사 존 거 비 사 부 거 빈 오 호 의 호 포관 격탁 공자 상 위 위리

矣 曰 會計當而已矣 嘗爲乘田矣 曰 牛羊茁壯長而已矣 位卑而言高罪也
의 왈 회계 당 이 이 의 상 위 승전 의 왈 우양 촬 장 장 이 이 의 위 비 이 언 고 죄 야

立乎人之本朝而道不行恥也
입 호 인 지 본조 이 도 불행 치 야

앞 장에 이어 벼슬함의 문제를 좀 더 이야기한다. 맹자의 말이다.

"벼슬하는 것〔仕〕이 가난 때문〔爲〕은 아니지만 때로는 (그 때문에) 그래야 하는 경우도 있고, 아내를 얻는 것〔娶妻〕이 (부모의) 봉양을 위해서는 아니지만 때로는 (그 때문에) 그래야 하는 경우도 있다. (그래서 특히) 가난 때문에 벼슬하는 자는 높은 자리는 사양하고 낮은 자리에 있어야 하며, 많은 녹봉은 사양하고 적은 녹봉에 만족해야 한다. 높은 자리는 사양하고 낮은 자리에 있어야 하며, 많은 녹봉은 사양하고 적은 녹봉에 만족하려면 어디〔惡〕가 적당〔宜〕한가? 관문지기〔抱關〕나 야경꾼〔擊柝〕 같은 미관말직 정도면 족하다.

공자께서도 일찍이〔嘗〕 (가난 때문에) 창고지기〔委吏〕를 하신 적이 있는데 이때 '(양곡이 들고 나는) 계산을 정확하게 하는 데에만 전념했을 따름〔而已矣〕'이라고 말했고, 또 일찍이 목장지기〔乘田〕를 할 때는 '소와 양이 튼실하게〔茁〕 자라도록 하는 데에만 전념했을 따름〔而已矣〕'이라고 말했다. (따라서) 지위가 낮으면서 (고담준론이나 조정의 중요업무 같은) 중대사를 입에 담는 것은 (자신의 직분을 뛰어넘는) 죄를 짓는 것이요, 나라의 조정에서 관직을 맡고 있으면서 (자신의 직분을 다하지 않아) 도리〔道〕를 행하지 않는 것은 수치스러운 일이다."

특별히 어려운 내용은 아니다. 『논어』에서 이와 관련된 구절을 잠깐 살펴보는 것으로 풀이를 대신한다.

공자는 말했다. "그 지위에 있지 않으면 (그에 해당하는) 정사를 도모해서는 안 된다." ('태백 14', '헌문 27')

증자는 말했다. "군자는 생각하는 바가 그 지위를 벗어나서는 안 된다." ('헌문 28')

6

만장이 물었다. "(아직 벼슬하지 않은) 선비는 제후들에게 의탁하지 않는다고 했는데 무슨 뜻인지요?"

맹자는 답했다. "감히 해서는 안 되는 짓이다. 제후가 나라를 잃고서 다른 제후에게 의탁하는 것은 예에 어긋나지 않지만 (벼슬도 없는) 선비가 제후에게 의탁하는 것은 예가 아니다."

"임금이 (먼저) 곡식을 주면 (선비는) 받아도 됩니까?"

"받아도 된다."

"(그렇게 해서) 받는 것은 어떤 의리입니까?"

"군주는 (난을 피해) 다른 나라에서 온 백성은 당연히 챙겨주어야 한다."

"챙겨주는 것은 받고 하사해 주는 것은 받지 않는다는 것은 무슨 뜻입니까?"

"(하사해 주는 것은) 감히 받아서는 안 된다."

"감히 묻겠습니다. 감히 받아서는 안 되는 이유는 무엇입니까?"

"관문지기나 야경꾼은 모두 정해진 직무를 갖고 있어서 윗사람으로부터 녹봉을 받는다. 반면 정해진 직무도 없이 윗사람이 하사해 준다고 해서 그것을 받는 것은 공손치 못함이 되기 때문이다."

"임금이 챙겨주기 위해 양식을 주면 받는다고 했는데 항상 그렇게 해도 되는 것인지를 (저는) 잘 모르겠습니다."

"(노나라) 목공(繆公)이 자사(子思)를 대한 것을 보면, 자주 문안을 하고 자주 삶은 고기를 보내주자 자사께서는 언짢아했고, 결국에는 고기 심부름을 온 사자에게 손사래를 쳐서 대문 밖으로 내보내시고는 (임금이 계신) 북쪽을 바라보고 머리를 조아려 두 번 절한 다음 이렇게 말씀하셨다. '이제서야 임금께서 나를 개나 말처럼 기르고 있다는 것을 알았습니다.' 그 이후로 심부름꾼이 예물을 갖고 오는 일은 없어졌다. 뛰어난 이를 좋아하기만 하고 능히 들어 쓰지 못하고, 나아가 제대로 대우하여 모실 줄도 모른다면 (이를 어찌) 뛰어난 이를 좋아한다고 하겠는가?"

"감히 묻겠습니다. 임금이 군자를 잘 대우하여 모시고자 할 때 어떻게 해야 잘 대우하여 모시는 것이라고 할 수 있겠습니까?"

"(맨 처음에 심부름꾼이) 임금의 명령에 따라 예물을 가져오면 (받는 사람은) 두 번 절하고 머리를 조아려 그것을 받는다. 그러고 나서부터는 (별도로) 임금의 명이 없어도 창고책임자가 계속 곡식을 대어주고, 주방책임자도 계속 고기를 대어준다. (그렇게 하면 곡식이나 고기를 받을 때마다 머리를 조아리고 두 번 절하지 않아도 된다. 그런데 목공은 그렇게 하지 않고 매번 자신의 명으로 삶은 고기를 하사하는 바람에) 자사는 생각하기를 삶은 고기로 인해 자신이 번거롭게 황공해하면서 수시로 절을 하게 만드니, (그것은) 군자를 잘 대우하여 모시는 도리가 아니라고 보았던 것이다. 요임금이 순임금을 대한 것을 보면, 아홉 아들들로 하여금 순을 섬기도록 했고, 두 딸을 아내로 주었으며, 모든 관리와 (희생에 쓰이는) 소, 양 그리고 양곡창고를 모두 갖추어줌으로써 시골 땅에서 농사짓던 순을 잘 대우하여 모셨으며, 그 후에 순을 발탁하시어 높은 자리에 올려놓으셨다. 그래서 사람들은 '바로 이것이야말로 임금의 자리에 있는 사람이 뛰어난 이를 높이는 올바른 방법이다'라고 말하는 것이다."

萬章曰 士之不託諸侯何也
만장 왈 사 지 불탁 제후 하야

孟子曰 不敢也 諸侯失國而後託於諸侯禮也 士之託於諸侯非禮也
맹자 왈 불감 야 제후 실국 이후 탁 어 제후 예야 사 지 탁 어 제후 비례 야

萬章曰 君餽之粟則受之乎
만장 왈 군 궤 지 속 즉 수 지 호

(孟子)曰 受之
맹자 왈 수 지

(曰) 受之何義也
왈 수 지 하의 야

(孟子)曰 君之於氓也固周之
맹자 왈 군 지 어 맹 야 고 주 지

曰 周之則受賜之則不受何也
왈 주 지 즉 수 사 지 즉 불수 하야

(孟子)曰 不敢也
맹자 왈 불감 야

曰 敢問其不敢何也
왈 감문 기 불감 하야

(孟子)曰 抱關擊柝者皆有常職以食於上 無常職而賜於上者以爲不恭也
맹자 왈 포관 격탁 자개유 상직 이 식 어 상 무 상직 이사 어 상 자 이 위 불공 야

曰 君餽之則受之 不識可常繼乎
왈 군 궤 지 즉 수 지 불식 가 상 계 호

(孟子)曰 繆公之於子思也 亟問亟餽鼎肉 子思不悅 於卒也摽使者出諸
맹자 왈 목공 지 어 자사 야 기문 기 궤 정육 자사 불열 어 졸 야 표 사자 출 제

大門之外 北面稽首再拜而不受 曰 今而後知君之犬馬畜伋 蓋自是臺無餽
대문 지 외 북면 계수 재배 이 불수 왈 금 이후 지 군 지 견마 축 급 개 자시 대 무 궤

也 悅賢不能擧又不能養也 可謂悅賢乎
야 열 현 불능 거 우 불능 양 야 가위 열 현 호

曰 敢問 國君欲養君子 如何斯可謂養矣
왈 감문 국군 욕 양 군자 여하 사 가위 양 의

(孟子)曰 以君命將之再拜稽首而受 其後廩人繼粟庖人繼肉不以君命將
맹자 왈 이 군명 장 지 재배 계수 이 수 기후 늠인 계 속 포인 계 육 불이 군명 장

之 子思以爲鼎肉使己僕僕爾亟拜也 非養君子之道也 堯之於舜也使其子
지 자사 이위 정육 사 기 복복 이 기 배 야 비 양 군자 지 도 야 요 지 어 순 야 사 기 자

九男事之 二女女焉 百官牛羊倉廩備以養舜於畎畝之中後 擧而加諸上位
구남 사 지 이여 여 언 백관 우양 창름 비 이 양 순 어 견무 지 중 후 거 이 가 제 상위

故曰 王公之尊賢者也
고 왈 왕공 지 존 현자 야

내용이 앞 장에 이어진다. 만장(萬章)이 먼저 질문을 던진다. "(아직 벼슬하지 않은) 선비[士]는 제후들에게 의탁하지 않는다고 했는데 무슨 뜻인지요?"

주희는 의탁[託]을 "벼슬은 하지 않으면서 그 녹봉[祿]을 먹는 것"이라고 풀이한다. "옛날에 제후가 다른 나라로 달아나 그 나라 창고의 곡식을 먹는 것을 기공(寄公)이라고 했다. 선비는 작위와 토지가 없어 제후에게 견줄 수가 없으니 벼슬하지 않으면서 녹봉을 먹는다면 그것은 예가 아니다." 이 풀이는 이어지는 맹자의 말을 이해하는 데 도움이 된다.

만장의 질문에 맹자는 다음과 같이 답한다. "감히 해서는 안 되는 짓[不敢]이다. 제후가 나라를 잃고서 다른 제후에게 의탁하는 것은 예에 어긋나지 않지만 (벼슬도 없는) 선비가 제후에게 의탁하는 것은 예가 아니다."

이제 본격적으로 스승과 제자의 문답이 이어진다.

"임금이 (먼저) 곡식을 주면 (선비는) 받아도 됩니까?"

"받아도 된다."

"(그렇게 해서) 받는 것은 어떤 의리입니까?"

"군주는 (난을 피해) 다른 나라에서 온 백성[氓]은 당연히[固] 챙겨[周]주어야 한다."

"챙겨주는 것은 받고 하사해 주는 것은 받지 않는다는 것은 무슨 뜻입니까?"

"(하사해 주는 것은) 감히 받아서는 안 된다."

"감히 묻겠습니다. 감히 받아서는 안 되는 이유는 무엇입니까?"

"관문지기나 야경꾼은 모두 정해진 직무를 갖고 있어서 윗사람으로

부터 녹봉[食]을 받는다. 반면 정해진 직무도 없이 윗사람이 하사해
준다고 해서 그것을 받는 것은 공손치 못함[不恭]이 되기 때문이다."

"임금이 챙겨주기 위해 양식을 주면 받는다고 했는데 항상 그렇게
해도 되는 것인지를 (저는) 잘 모르겠습니다."

"(노나라) 목공(繆公)이 자사(子思)를 대한 것을 보면, 자주[亟] 문안
을 하고 자주 삶은 고기[鼎肉]를 보내주자 자사께서는 언짢아했고, 결
국에는 고기심부름을 온 사자에게 손사래를 쳐서 대문 밖으로 내보
내시고는 (임금이 계신) 북쪽을 바라보고[北面] 머리를 조아려 두 번
절한 다음 이렇게 말씀하셨다. '이제서야[今而後] 임금께서 나[伋-자
사의 이름]를 개나 말처럼 기르고 있다는 것을 알았습니다.' 그 이후로
심부름꾼[臺]이 예물을 갖고 오는 일은 없어졌다. 뛰어난 이[賢者]를
좋아하기만 하고 능히 들어 쓰지 못하고, 나아가 제대로 대우하여 모
실 줄도 모른다면 (이를 어찌) 뛰어난 이를 좋아한다고 하겠는가?"

목공은 애씀[文]이 없는 군주였던 것이다. 열과 성을 다하여 어진
이를 모시려 해야 하는데 그런 정성은 없이 그냥 범범하게 대충대충
일처리를 하는 군주였던 것이다. 다시 만장이 묻는다.

"감히 묻겠습니다. 임금이 군자를 잘 대우하여 모시고자 할 때 어떻
게 해야 잘 대우하여 모시는 것이라고 할 수 있겠습니까?"

"(맨 처음에 심부름꾼이) 임금의 명령[命]에 따라 예물을 가져오면
(받는 사람은) 두 번 절하고 머리를 조아려 그것을 받는다. 그러고 나
서부터는 (별도로) 임금의 명이 없어도 창고책임자[廩人]가 계속 곡식
을 대어주고, 주방책임자[庖人]도 계속 고기를 대어준다. (그렇게 하면
곡식이나 고기를 받을 때마다 머리를 조아리고 두 번 절하지 않아도 된
다. 그런데 목공은 그렇게 하지 않고 매번 자신의 명으로 삶은 고기를 하

사하는 바람에) 자사는 생각하기를 삶은 고기로 인해 자신이 번거롭게 황공해하면서〔僕僕〕수시로 절을 하게 만드니, (그것은) 군자를 잘 대우하여 모시는 도리가 아니라고 보았던 것이다.

요임금이 순임금을 대한 것을 보면, 아홉 아들들로 하여금 순을 섬기도록 했고, 두 딸을 아내로 주었으며, 모든 관리〔百官〕와 (희생에 쓰이는) 소, 양 그리고 양곡창고를 모두 갖추어〔備〕줌으로써 시골 땅에서 농사짓던 순을 잘 대우하여 모셨으며〔養〕, 그 후에 순을 발탁하시어 높은 자리에 올려놓으셨다. 그래서 사람들은 '바로 이것이야말로 임금의 자리에 있는 사람〔王公〕이 뛰어난 이〔賢者〕를 높이는 올바른 방법이다'라고 말하는 것이다."

7

만장이 물었다. "감히 묻겠습니다. (벼슬에 오르지 못한 선비가) 제후를 찾아뵙지 않는 것은 어떤 의리를 따른 것입니까?"

맹자가 답했다. "(선비들 중에서) 도성에 사는 자를 시정의 신하들이라 하고, 초야에 있는 자를 초야의 신하들이라고 하는데 이들은 모두 일반 백성이다. 일반 백성들은 (처음 만날 때 올리게 되어 있는) 예물을 올려 신하가 되지 않고서는 감히 제후를 찾아뵙지 않는 것이 예다."

"(그러면) 일반 백성들은 (임금이) 명하여 부역을 시키면 가서 부역을 해야 하는데, 임금이 (일반 백성인) 선비를 보고 싶어서 명했는데 찾아가 뵙지 않는 것은 무슨 까닭입니까?"

"가서 부역하는 것은 당연한 의무이고 가서 만나 뵙는 것은 군주에 대한 예의가 아니기 때문이다. (아까 말한 것 중에) 임금이 선비를 보고 싶어 한다고 했는데 어째서 그런다는 말인가?"

"(만나고 싶어 하는 선비가) 견문이 많고 덕행이 뛰어나기 때문입니다."

"(그 사람이 정말로) 견문이 많다면 천자(天子)도 그런 스승과 같은 인물은 (자신이 직접 찾아가지) 부르지 않는다. 하물며 제후는 말할 것도 없다. 덕행이 뛰어난 경우라면, 나는 아직 임금이 덕행이 뛰어난 자가 보고 싶어서 불렀다는 말을 들어보지 못했다. (노나라) 목공(繆公)이 자주 자사(子思)를 불러보고서 말하기를 '옛날에는 제후의 나라 임금이면서도 선비와 벗 삼았다고 하는데 어떻게 생각하는가'라고 묻자 자사는 불쾌한 기분으로 이렇게 답했다고 한다. '옛 사람들이 했던 말 중에 '섬겼다고 해야지, 어찌 벗 삼았다고 하는가'라는 게 있습니다.' 자사께서 불쾌했던 이유는 '지위〔位〕로 보자면 당신〔子〕은 임금이고 나는 신하인데 어찌 감히 임금과 벗 삼을 수 있으며, 다음[德]으로 보자면 당신은 나를 (스승으로) 섬겨야 할 자인데 어찌 나와 벗이 될 수 있겠는가'라고 생각하신 때문일 것이다. 제후도 자사와 더불어 벗이 되고자 하였으나 그렇게 하지 못했는데 하물며 함부로 부를 수 있겠는가?

제(齊) 나라 경공(景公)이 사냥을 할 때 군주를 상징하는 깃발을 사용해 수렵장 관리인을 불렀는데도 그가 오지 않자 장차 그를 죽이려 했다. (그러나 결국은 풀어주었다.) 공자께서는 '뜻있는 선비는 (뜻을 지키다가 혹시 죽더라도 자신의 시신이) 도랑이나 골짜기에 내버려지는 것을 두려워 않으며, 용기 있는 선비는 (의리를 지키다가) 자신의 목이 날아가는 것도 두려워하지 않는다'며 그 수렵장 관리인을 칭찬하셨다. 공자께서는 그 관리인의 어떤 점을 높이 평가하고 취하셨겠는가? 자신에게 걸맞지 않는 부름일 때는 가지 않았음을 취하신 것이다."

"감히 묻겠습니다. 수렵장 관리인을 부를 때는 무엇을 사용해야 합니까?"

"가죽으로 만든 관을 사용해야 한다. 일반 백성을 부를 때는 깃대가 구부정한 비단 깃발을 사용하고, 선비는 방울을 단 붉은 깃발, 대부를 부를 때는 새의 깃털로 장식한 깃발을 사용한다. (그러니) 대부를 부르는 깃발로 일개 백성에 불과한 수렵장 관리인을 불렀으니 그는 죽는 한이 있어도 감히 갈 수 없었던 것이다. 선비를 부르는 깃발로 일반 백성을 부른다면 (제대로 된) 백성이 어찌 감히 갈 수 있겠는가? 하물며 뛰어나지 못한 자를 부를 때 쓰는 방법으로 뛰어난 이를 불렀으니. (임금이) 뛰어난 이를 만나보려 하면서 올바른 도리[道]를 따르지 않는 것은 마치 문에 들어가려 하면서 문을 닫는 것과 같다. 무릇 의로움[義]이란 길이요, 예(禮)는 문이다. 군자라야 이 길을 제대로 따라서 가고 이 문을 제

대로 출입할 수 있다. 『시경』에 이르기를 '큰 길은 숫돌처럼 평탄하고 화
살처럼 곧도다. 군자는 그 길을 걸어가고 소인은 그것을 쳐다보기만 하
는구나!'라고 했다."

"공자께서는 임금의 부르는 명이 있으면 수레를 말에 맬 틈도 기다리지
않고서 달려가셨습니다. 그렇다면 공자께서는 잘못을 범하신 것입니까?"

"공자께서는 그 당시 관직을 맡고 계셨기 때문에 그 관직에 의거하여
불렀던 것이다."

萬章曰 敢問不見諸侯何義也
만장 왈 감문 불현 제후 하의 야

孟子曰 在國曰市井之臣 在野曰草莽之臣 皆謂庶人 庶人不傳質爲臣
맹자 왈 재국 왈 시정지신 재야 왈 초망지신 개위 서인 서인 부전 지위 신

不敢見於諸侯禮也
불감 현어 제후 예야

萬章曰 庶人召之役則往役 君欲見之召之則不往見之何也
만장 왈 서인 소지 역즉 왕역 군욕 견지 소지 즉 불왕 현지 하야

(孟子)曰 往役義也 往見不義也 且君之欲見之也何爲也哉
맹자 왈 왕역 의야 왕현 불의 야 차 군 지 욕 견지 야 하위 야 재

曰 爲其多聞也爲其賢也
왈 위기 다문 야 위기 현야

(孟子)曰 爲其多聞也則天子不召師而況諸侯乎 爲其賢也則吾未聞欲
맹자 왈 위기 다문 야즉 천자 불소 사 이황 제후 호 위기 현야 즉 오 미문 욕

見賢而召之也 繆公亟見於子思曰 古千乘之國以友士何如 子思不悅曰
견현 이소 지야 목공 기견 어 자사 왈 고 천승지국 이우 사 하여 자사 불열 왈

古之人有言 曰 事之云乎 豈曰友之云乎 子思之不悅也豈不曰 以位則子
고지인 유언 왈 사지 운호 기왈 우지 운호 자사 지 불열 야 기불 왈 이위 즉 자

君也 我臣也 何敢與君友也 以德則子事我者也 奚可以與我友 千乘之君
군 야 아 신 야 하감 여군 우야 이덕 즉 자사 아 자야 해 가이 여 아 우 천승지군

求與之友而不可得也而況可召與 齊景公田招虞人以旌不至 將殺之 志士
구 여지 우 이 불가 득 야 황 가 소여 제 경공 전초 우인 이정 부지 장살 지 지사

704__

不忘在溝壑 勇士不忘喪其元 孔子奚取焉 取非其招不往也
불망 재 구학 용사 불망 상 기원 공자 해 취 언 취 비 기 초 불왕 야

曰 敢問招虞人何以
왈 감문 초 우인 하이

(孟子)曰 以皮冠 庶人以旃 士以旂 大夫以旌 以大夫之招招虞人 虞人死
맹자 왈 이 피관 서인 이전 사 이기 대부 이정 이 대부 지초 초 우인 우인 사

不敢往 以士之招招庶人 庶人豈敢往哉 況乎以不賢人之招招賢人乎 欲見
불감 왕 이 사지초 초 서인 서인 기 감 왕 재 황 호 이 불현인 지초 초 현인 호 욕견

賢人而不以其道 猶欲其入而閉之門也 夫義路也 禮門也 惟君子能由是路
현인 이 불이 기도 유욕 기입 이폐 지문 야 부 의로 야 예문 야 유 군자 능 유 시로

出入是門也 詩云 周道如底 其直如矢 君子所履 小人所視
출입 시문 야 시운 주도 여저 기직 여시 군자 소리 소인 소시

萬章曰 孔子 君命召不俟駕而行 然則孔子非與
만장 왈 공자 군 명소 불사 가 이행 연즉 공자 비 여

(孟子)曰 孔子當仕有官職而以其官召之也
맹자 왈 공자 당사 유 관직 이 이기 관 소 지 야

내용은 계속 앞 장에 이어진다. 만장이 묻는다. "감히 묻겠습니다. (벼슬에 오르지 못한 선비가) 제후를 찾아뵙지 않는 것은 어떤 의리를 따른 것입니까?" 이에 맹자는 답했다. "(선비들 중에서) 도성〔國=國中=都城〕에 사는 자를 시정의 신하들〔市井之臣〕이라 하고, 초야에 있는 자를 초야의 신하들〔草莽之臣〕이라고 하는데 이들은 모두 일반 백성〔庶人〕이다. 일반 백성들은 (처음 만날 때 올리게 되어 있는) 예물〔質=贄〕을 올려〔傳〕 신하가 되지 않고서는 감히 제후를 찾아뵙지 않는 것이 예다."

만장이 묻는다. "(그러면) 일반 백성들은 (임금이) 명하여 부역을 시키면 가서 부역을 해야 하는데, 임금이 (일반 백성인) 선비를 보고 싶

어서 명했는데 찾아가 뵙지 않는 것은 무슨 까닭입니까?"

"가서 부역하는 것(往役)은 당연한 의무(義)이고 가서 만나 뵙는 것〔往見〕은 군주에 대한 예의가 아니기 때문이다." 이에 대한 주희의 간략한 풀이다. "가서 부역하는 것은 일반 백성의 일이요, 가서 만나 뵙지 않는 것은 선비의 예다."

그리고 맹자는 한 가지를 묻는다. '(아까 말한 것 중에) 임금이 선비를 보고 싶어 한다고 했는데 어째서 그런다는 말인가?" 이에 만장은 "(만나고 싶어 하는 선비가) 견문이 많고 덕행이 뛰어나기〔賢〕 때문입니다"라고 답한다.

맹자의 말이 길게 이어진다. "(그 사람이 정말로) 견문이 많다면 천자(天子)도 그런 스승과 같은 인물〔師〕은 (자신이 직접 찾아가지) 부르지 않는다. 하물며 제후는 말할 것도 없다. 덕행이 뛰어난 경우라면, 나는 아직 임금이 덕행이 뛰어난 자가 보고 싶어서 불렀다는 말을 들어보지 못했다. (노나라) 목공(繆公)이 자주 자사(子思)를 불러 보고서 말하기를 '옛날에는 제후의 나라〔千乘之國〕 임금이면서도 선비와 벗을 삼았다고 하는데 어떻게 생각하는가'라고 묻자 자사는 불쾌한 기분으로 이렇게 답했다고 한다. '옛 사람들이 했던 말 중에 '섬겼다고 해야지 어찌〔豈〕 벗을 삼았다고 하는가'라는 게 있습니다.' 자사께서 불쾌했던 이유는 '지위〔位〕로 보자면 당신〔子〕은 임금이고 나는 신하인데 어찌 감히 임금과 벗을 삼을 수 있으며, 다움〔德〕으로 보자면 당신은 나를 (스승으로) 섬겨야 할 자인데 어찌 나와 벗이 될 수 있겠는가'라고 생각하신 때문일 것이다. 제후도 자사와 더불어 벗이 되고자 하였으나 그렇게 하지 못했는데 하물며 함부로 부를 수 있겠는가?

제(齊) 나라 경공(景公)이 사냥을 할 때 군주를 상징하는 깃발〔旌〕

을 사용해 수렵장 관리인〔虞人〕을 불렀는데도 그가 오지 않자 장차 그를 죽이려 했다. (그러나 결국은 풀어주었다.) 공자께서는 '뜻있는 선비〔志士〕는 (뜻을 지키다가 혹시 죽더라도 자신의 시신이) 도랑이나 골짜기에 내버려지는 것을 두려워하지 않으며, 용기 있는 선비〔勇士〕는 (의리를 지키다가) 자신의 목〔元〕이 날아가는 것도 두려워하지 않는다'며 그 수렵장 관리인을 칭찬하셨다. 공자께서는 그 관리인의 어떤 점을 높이 평가하고 취하셨겠는가? 자신에게 걸맞지 않는 부름〔招〕일 때는 가지 않았음을 취하신 것이다."

수렵장 관리인의 일화는 '등문공 장구 하' 1장에 나온 바 있다. 만장이 묻는다. "감히 묻겠습니다. 수렵장 관리인〔虞人〕을 부를 때는 무엇을 사용해야 합니까?"

"가죽으로 만든 관〔皮冠〕을 사용해야 한다. 일반 백성을 부를 때는 깃대가 구부정한 비단 깃발〔旃〕을 사용하고, 선비는 방울을 단 붉은 깃발〔旂〕, 대부를 부를 때는 새의 깃털로 장식한 깃발〔旌〕을 사용한다. (그러니) 대부를 부르는 깃발로 일개 백성에 불과한 수렵장 관리인을 불렀으니 그는 죽는 한이 있어도 감히 갈 수 없었던 것이다. 선비를 부르는 깃발로 일반 백성을 부른다면 (제대로 된) 백성이 어찌 감히 갈 수 있겠는가? 하물며 어질지 못한 자를 부를 때 쓰는 방법으로 어진 이를 불렀으니." 여기서 마지막 문장은 경공이 아니라 목공을 비판하는 것으로 읽어야 문맥이 통한다. 다시 맹자의 말이다.

"(임금이) 뛰어난 이〔賢者〕를 만나보려 하면서 올바른 도리〔道〕를 따르지 않는 것은 마치 문에 들어가려 하면서 문을 닫는 것과 같다. 무릇 의로움〔義〕이란 길이요, 예〔禮〕는 문이다. 군자라야 이 길을 제대로 따라서 가고 이 문을 제대로 출입할 수 있다. 『시경』에 이르기를 '큰 길

〔周道〕은 숫돌처럼 평탄하고 화살처럼 곧도다. 군자는 그 길을 걸어가
고 소인은 그것을 쳐다보기만 하는구나!'라고 했다."

　마지막까지 만장의 질문이 이어진다. "공자께서는 임금의 부르는 명
이 있으면 수레를 말에 맬 틈도 기다리지 않고서 달려가셨습니다. 그
렇다면 공자께서는 잘못을 범하신 것입니까?"

　맹자의 답이다. "공자께서는 그 당시 관직을 맡고 계셨기 때문에 그
관직에 의거하여 불렀던 것이다." 즉 일개 선비로서의 공자를 부른 것
은 아니라는 말이다.

맹자가 만장에게 일러줬다. "한 고을의 좋은 선비가 되고서야 한 고을의 좋은 선비와 벗할 수 있고, 한 나라의 좋은 선비가 되고서야 한 나라의 좋은 선비와 벗할 수 있고, 천하의 좋은 선비가 되고 나서야 천하의 좋은 선비와 벗할 수 있다. 천하의 좋은 선비와 벗하는 것으로 만족하지 못하면 또 옛 (빼어나거나 뛰어난) 사람들에게서 배워나간다. 어떤 사람이 쓴 시를 읊고 그 사람이 쓴 책을 읽더라도 그 사람을 모를 수 있지 않겠는가? 이 때문에 그 사람이 처해 있었던 시대적 상황을 논하는 것이다. 이것이 바로 위로 거슬러 올라가서 벗을 삼는 것이다."

孟子謂萬章曰 一鄕之善士斯友一鄕之善士 一國之善士斯友一國之善士
맹자 위 만장 왈 일향 지 선사 사우 일향 지 선사　일국 지 선사 사우 일국 지 선사

天下之善士斯友天下之善士 以友天下之善士爲未足又尙論古之人 頌其
천하 지 선사 사우 천하 지 선사　이우 천하 지 선사 위 미족 우 상론 고지인　송 기

詩讀其書不知其人 可乎 是以論其世也 是尙友也
시 독 기 서 부지 기 인　가 호　시 이 논 기 세 야　시 상 우 야

맹자가 만장에게 일러준다.

"한 고을의 좋은 선비(善士)가 되고서야 한 고을의 좋은 선비와 벗할 수 있고, 한 나라의 좋은 선비가 되고서야 한 나라의 좋은 선비와 벗할 수 있고, 천하의 좋은 선비가 되고 나서야 천하의 좋은 선비와 벗할 수 있다. 천하의 좋은 선비와 벗하는 것으로 만족하지 못하면 또 옛 (빼어나거나 뛰어난) 사람들(古之人)에게서 배워나간다. 어떤

사람이 쓴 시를 읊고 그 사람이 쓴 책을 읽더라도 그 사람을 모를 수 있지 않겠는가? 이 때문에 그 사람이 처해 있었던 시대적 상황[世= 當世]을 논하는 것이다. 이것이 바로 위로 거슬러 올라가서[尚] 벗을 삼는 것이다."

별도의 풀이가 필요 없이 뜻 그대로다. 이것은 맹자 자신의 공부법이자 공자의 공부법이기도 했다. 핵심은 옛 (빼어나거나 뛰어난) 사람들에게서 배우고 나아가 그 시대적 상황을 점검하는 것이다.

9

제나라 선왕이 "경(卿)은 어떠해야 하는가"라고 묻자 맹자는 "왕께서는 어떤 경을 물으시는 겁니까"라고 반문한다.

"경이면 다 똑같은 것 아닌가?"

"똑같지 않습니다. 왕실과 친인척인 경이 있고 왕실과 동족이 아닌 경이 있지요."

"청하여 묻겠노라. 왕실과 친인척인 경에 대해 말해 달라."

"임금께서 큰 잘못을 범하면 간해야 하고, 반복해서 간하는데도 (임금께서) 들으려 하지 않으면 임금의 자리를 바꿔야 합니다."

선왕이 발끈하며 얼굴색이 변했다. 이에 맹자는 말한다. "왕께서는 달리 생각하지 마십시오. 왕께서 신하에게 물었으니 신하인 저로써는 감히 정직한 대답을 하지 않을 수 없었습니다."

선왕은 얼굴색이 정상으로 돌아온 뒤에야 동족이 아닌 경에 대해 질문을 던졌다. 이에 대한 맹자의 대답이다.

"임금이 잘못을 범하면 간해야 하고, 반복해서 간하는데도 들으려 하지 않으면 본인이 관직을 버리고 떠나야 합니다."

齊宣王問卿
제선왕 문 경

孟子曰 王何卿之問也
맹자 왈 왕 하 경 지 문 야

王曰 卿不同乎
왕왈 경 부동 호

(孟子)曰 不同 有貴戚之卿有異姓之卿
맹자 왈 부동 유 귀척 지 경 유 이성 지 경

王曰 請問貴戚之卿
왕왈 청문 귀척 지 경

(孟子)曰 君有大過則諫 反覆之而不聽則易位
맹자 왈 군유 대과 즉간 반복 지이 불청 즉 역위

王勃然變乎色
왕 발연 변호 색

(孟子)曰 王勿異也 王問臣臣不敢不以正對
맹자 왈 왕물 이야 왕문 신신 불감 불이 정대

王色定然後請問異姓之卿
왕 색정 연후 청문 이성 지경

(孟子)曰 君有過則諫 反覆之而不聽則去
맹자 왈 군유 과즉간 반복 지이 불청 즉 거

제(齊) 나라 선왕(宣王)이 "경(卿)은 어떠해야 하는가"라고 묻자 맹자는 "왕께서는 어떤 경을 물으시는 겁니까"라고 반문한다.

"경이면 다 똑같은 것 아닌가?"

"똑같지 않습니다. 왕실과 친인척인 경이 있고 왕실과 동족이 아닌 경이 있지요."

"청하여 묻겠노라. 왕실과 친인척인 경에 대해 말해 달라."

"임금께서 큰 잘못〔大過〕을 범하면 간해야 하고, 반복해서 간하는데도 (임금께서) 들으려 하지 않으면 임금의 자리를 바꿔야 합니다."

선왕이 발끈하며〔勃然〕 얼굴색이 변했다. 이에 맹자는 말한다. "왕께서는 달리 생각하지 마십시오. 왕께서 신하에게 물었으니 신하인 저로써는 감히 정직한 대답〔正對〕을 하지 않을 수 없었습니다."

선왕은 얼굴색이 정상으로 돌아온 뒤에야 동족이 아닌 경에 대해 질문을 던졌다. 이에 대한 맹자의 대답이다. "임금이 잘못을 범하면 간

해야 하고, 반복해서 간하는데도 들으려 하지 않으면 본인이 관직을
버리고 떠나야 합니다."

고자 장구 상

告子章句上

고자(告子)가 말했다. "사람의 본성은 키버들나무와 같고, 의리는 그 것을 휘어서 만든 술잔들과 같습니다. (그래서) 사람의 본성을 어짊과 의로움을 행하도록 인도하는 것은 마치 키버들나무를 이용해 술잔들을 만드는 것과 같다고 할 수 있습니다."

맹자가 말했다. "그대는 키버들나무의 본성(혹은 성질)을 그대로 둔 채 (즉 나무를 살려둔 채) 술잔을 만드는가? 그렇지 않으면 키버들나무 (의 본성)를 해친 뒤에야 술잔을 만드는가? 만일 키버들나무(의 본성)를 해쳐서 술잔을 만든다면, 사람도 역시 죽이거나 해쳐서 어짊과 의로움 을 행하도록 인도할 것인가? 세상 모든 사람들을 끌고 다니면서 어짊과 의로움을 해치는 것이 있다면 그것은 반드시 그대의 이 말일 것이다."

告子曰 性猶杞柳也 義猶桮棬也 以人性爲仁義猶以杞柳爲桮棬
고자 왈 성유 기류 야 의유 배권 야 이 인성 위 인의 유 이 기류 위 배권

孟子曰 子能順杞柳之性而以爲桮棬乎 將戕賊杞柳而後以爲桮棬也 如
맹자 왈 자 능 순 기류 지 성 이 이 위 배권 호 장 장적 기류 이후 이 위 배권 야 여

將戕賊杞柳而以爲桮棬則亦將戕賊人以爲仁義與 率天下之人而禍仁義者
장 장적 기류 이 이 위 배권 즉 역 장 장적 인 이 위 인의 여 솔 천하 지 인 이 화 인의 자

必子之言夫
필 자 지 언 부

고자(告子)라는 인물에 대해서는 '공손추 장구 상' 2장 에서 호연지기(浩然之氣)를 다룰 때 살펴본 바 있다. 중국 전국시대 제

(齊) 나라의 사상가로 성은 고(告), 이름은 불해(不害)다. 맹자와 같은 시대 사람이며 한때 맹자로부터 배우기도 했던 그는 인성(人性)에 관하여 맹자와 논쟁을 벌여 "사람의 본성은 본래 선도 아니고 악도 아니며, 다만 교육하기 나름으로 그 어느 것으로도 될 수 있다"고 주장하였다. 여기서부터 바로 이 본성〔性〕의 문제를 집중적으로 살펴보게 된다. 그는 여러 가지 점에서 성악설(性惡說)을 주장했다고 전해지는 순자(荀子)에 가깝다. 먼저 고자가 말한다.

"사람의 본성〔性〕은 키버들나무〔杞柳〕와 같고 의리〔義〕는 그것을 휘어서 만든 술잔들〔桮棬〕과 같습니다. (그래서) 사람의 본성을 어짊과 의로움〔仁義〕을 행하도록 인도하는 것은 마치 키버들나무를 이용해 술잔들을 만드는 것과 같다고 할 수 있습니다."

이에 대한 맹자의 통렬한 반박이 이어진다. "그대는 키버들나무의 본성(혹은 성질)을 그대로 둔 채 (즉 나무를 살려둔 채) 술잔을 만드는가? 그렇지 않으면〔將=抑〕 키버들나무(의 본성)를 해친 뒤에야 술잔을 만드는가? 만일〔如〕 키버들나무(의 본성)를 해쳐서 술잔을 만든다면, 사람도 역시 죽이거나 해쳐서 어짊과 의로움〔仁義〕을 행하도록 인도할 것인가? 세상 모든 사람들을 끌고 다니면서 어짊과 의로움을 해치는 것이 있다면 그것은 반드시 그대의 이 말일 것이다."

맹자의 말에 대한 주희의 풀이다. "(고자의 주장대로 하자면) 세상 모든 사람들이 다 인의(仁義)가 사람의 본성을 해친다고 여겨서 즐겨 행하지 않을 것이니, 이는 그대의 이 말로 인하여 인의의 재앙〔禍〕이 된다고 말씀하신 것이다."

2

고자가 말했다. "인간의 본성은 물살이 거센 여울과 같습니다. 그것을 동쪽으로 터주면 동쪽으로 흐르고, 서쪽으로 터주면 서쪽으로 흐릅니다. 사람의 본성에 좋음과 좋지 못함의 구분이 없는 것은 마치 흐르는 물 자체에는 동쪽과 서쪽이 없는 것과 같습니다."

맹자가 말했다. "물은 진실로 동서의 구분이 없다. 그러나 위아래의 구분도 없는가? 인간의 본성이 좋은 것은 마치 물이 아래로 흘러내려가는 것과 같다. (원래) 사람치고 선량하지 않은 사람은 없고, 물치고 아래로 흘러내려가지 않는 물은 없다. 지금 (손바닥으로) 물을 내리쳐서 튀어 오르게 한다면 사람의 이마 위로도 넘어가게 할 수 있고, 물을 가로막아 역류케 하면 물을 산 위로도 끌어올릴 수 있겠지만 이것이 어찌 물의 본성이라 하겠는가? 그 형세 때문에 그렇게 되는 것이다. 사람도 (상황에 따라) 좋지 못한 짓을 할 수 있겠지만 그 본성은 역시 물의 본성과 같다."

告子曰 性猶湍水也 決諸東方則東流 決諸西方則西流 人性之無分於善
고자 왈 성 유 단수 야 결 제 동방 즉 동류 결 제 서방 즉 서류 인성 지 무분 어 선

不善也猶水之無分於東西也
불선 야 유 수 지 무분 어 동서 야

孟子曰 水信無分於東西 無分於上下乎 人性之善也猶水之就下也 人無
맹자 왈 수 신 무분 어 동서 무분 어 상하 호 인성 지 선 야 유 수 지 취하 야 인 무

有不善水無有不下 今夫水搏而躍之可使過顙 激而行之可使在山 是豈水
유 불선 수 무유 불하 금 부 수 박 이 약 지 가 사 과 상 격 이 행 지 가 사 재산 시 기 수

之性哉 其勢則然也 人之可使爲不善 其性亦猶是也
지 성 재 기 세 즉 연 야 인 지 가 사 위 불선 기 성 역 유 시 야

다시 본성(性)에 관한 고자(告子)의 언급과 이에 대한 맹자의 논리적 반박이 이어진다. 먼저 고자의 말이다. "인간의 본성(性)은 물살이 거센 여울(湍水)과 같습니다. 그것(諸)을 동쪽으로 터주면 동쪽으로 흐르고, 서쪽으로 터주면 서쪽으로 흐릅니다. 사람의 본성(人性)에 좋음(善)과 좋지 못함(不善)의 구분이 없는 것은 마치 흐르는 물 자체에는 동쪽과 서쪽이 없는 것과 같습니다."

1장에서는 고자가 다분히 성악설(性惡說) 쪽이었는데 여기서는 본성은 아직 좋음(善)과 좋지 못함(不善)이 본격적으로 드러나지 않은 것으로 본다. 그래서 주희는 이 주장은 오히려 "사람의 본성은 좋음과 나쁨이 뒤섞여 있어 좋음을 닦으면 좋은 사람이 되고 나쁨을 행하면 나쁜 사람이 된다"고 주장한 양자(楊子)에 가깝다고 말한다. 이에 대한 맹자의 반박이다.

"물은 진실로 동서의 구분이 없다. 그러나 위아래(上下)의 구분도 없는가? 인간의 본성이 좋은 것은 마치 물이 아래로 흘러내려가는 것과 같다. (원래) 사람치고 선량하지 않은 사람은 없고, 물치고 아래로 흘러내려가지 않는 물은 없다. 지금 (손바닥으로) 물을 내리쳐서 튀어 오르게 한다면 사람의 이마 위로도 넘어가게 할 수 있고, 물을 가로막아 역류케 하면 물을 산 위로도 끌어올릴 수 있겠지만 이것이 어찌 물의 본성이라 하겠는가? 그 형세(勢) 때문에 그렇게 되는 것이다. 사람도 (상황에 따라) 좋지 못한 짓을 할 수 있겠지만 그 본성은 역시 물의 본성과 같다." 즉 사람의 본성은 좋고, 물의 본성은 위에서 아래로 내려가는 것이며, 본성은 바뀌지 않는다는 것이다.

3

고자가 말했다. "타고난 것이 바로 본성입니다."

맹자가 말했다. "타고난 것이 본성이라는 말은 흰색을 흰색이라고 하는 것과 같은 것인가."

"그렇습니다."

"흰 깃털의 흰색은 흰 눈의 흰색과 같고, 흰 눈의 흰색은 흰 옥의 흰색과 같은 것인가?"

"그렇습니다."

(맹자가 말했다.) "그렇다면 개의 본성은 소의 본성과 같고, 소의 본성은 사람의 본성과 같단 말인가?"

告子曰 生之謂性
고자 왈 생지위성

孟子曰 生之謂性也猶白之謂白與
맹자 왈 생 지 위 성 야 유 백 지 위 백 여

曰 然
왈 연

白羽之白也猶白雪之白 白雪之白猶白玉之白與
백우 지 백 야 유 백 설 지 백 백 설 지 백 유 백 옥 지 백 여

曰 然
왈 연

然則犬之性猶牛之性 牛之性猶人之性與
연즉 견 지 성 유 우 지 성 우 지 성 유 인 지 성 여

 고자가 말했다. "타고난 것이 바로 본성[性]입니다."
성

맹자가 말했다. "타고난 것이 본성이라는 말은 흰색을 흰색이라고 하는 것과 같은 것인가."

고자가 답했다. "그렇습니다."

맹자가 말했다. "흰 깃털의 흰색은 흰 눈의 흰색과 같고, 흰 눈의 흰색은 흰 옥의 흰 색과 같은 것인가?"

고자가 답했다. "그렇습니다."

(맹자가 말했다.) "그렇다면 개의 본성은 소의 본성과 같고, 소의 본성은 사람의 본성과 같단 말인가?"

고자는 더 이상 말이 없었다. 맹자의 반박에 할 말을 잃어버린 것이다.

4

고자가 말했다. "식욕과 색욕은 본성입니다. 어짊은 (사람의) 안에 있지 밖에 있지 않고, 의로움은 밖에 있지 안에 있지 않습니다."

맹자가 말했다. "(그대는) 무슨 근거로 어짊은 안에 있고, 의로움은 밖에 있다고 말하는가?"

"저 사람이 나보다 연장자일 때 나는 그를 윗사람으로 공경합니다. (그것이 의리다.) 그렇다고 (원래부터) 나에게 윗사람에 대한 공경심이 있었던 것은 아닙니다. 이는 마치 사람들이 흰색이라고 하므로 나도 그것을 흰색으로 생각하게 되어 밖에 있는 그 흰색을 나도 (흰색으로 여기고서) 따르게 되는 것과 같습니다."

"흰 말의 흰색과 흰 피부를 가진 사람의 흰색은 (희다는 점에서) 다를 것이 없을 것이다. (하지만) 모르긴 해도 늙은 말을 불쌍하게 여기는 마음과 늙은 사람을 공경하는 마음에 아무런 차이가 없다는 말인가? 그리고 (그대는) 늙은이를 일러 의로움[義]이라고 하는가, 아니면 늙은이를 공경하는 마음을 의로움이라고 하는가?"

"나의 아우는 사랑하지만 멀리 떨어져 있는 진(秦) 나라 사람의 아우는 사랑하지 않습니다. (동생을 사랑하는 것은 어짊[仁]이다.) 이는 내가 기쁨의 주체가 되는 것입니다. 그래서 (어짊은) 안에 있다고 한 것입니다. 그러나 멀리 떨어져 있는 초(楚) 나라의 노인도 윗사람으로 공경하고(공경은 의로움이다) 나의 어른도 역시 공경하니 이는 (내가 아니라) 어른이 기쁨의 주체가 되는 것입니다. 그래서 의로움은 밖에 있다고 한 것입니다."

"진나라 사람이 만든 불고기를 좋아하는 것이나 내가 만든 불고기를 좋아하는 것이나 (좋아한다는 점에서는) 서로 다를 바가 없고, 무릇 다른 사물들도 역시 마찬가지다. 그렇다면 불고기를 좋아하는 것도 역시 (불고기가 나의 밖에 있다고 하여) 밖에 있는 것인가?"

告子曰 食色性也 仁內也非外也 義外也非內也
고자 왈 식색 성 야 인 내 야 비 외 야 의 외 야 비 내 야

孟子曰 何以謂仁內義外也
맹자 왈 하 이 위 인 내 의 외 야

曰 彼長而我長之 非有長於我也 猶彼白而我白之從其白於外也 故謂之
왈 피 장 이 아 장 지 비 유 장 어 아 야 유 피 백 이 아 백 지 종 기 백 어 외 야 고 위 지

外也
외 야

(孟子)曰 異於白馬之白也無以異於白人之白也 不識長馬之長也無以異
맹자 왈 이 어 백마 지 백 야 무 이 이 어 백 인 지 백 야 불 식 장 마 지 장 야 무 이 이

於長人之長與 且謂長者義乎長之者義乎
어 장 인 지 장 여 차 위 장 자 의 호 장 지 자 의 호

曰 吾弟則愛之秦人之弟則不愛也 是以我爲悅者也 故謂之內 長楚人之
왈 오 제 즉 애 지 진 인 지 제 즉 불 애 야 시 이 아 위 열 자 야 고 위 지 내 장 초 인 지

長 亦長吾之長 是以長爲悅者也 故謂之外也
장 역 장 오 지 장 시 이 장 위 열 자 야 고 위 지 외 야

(孟子)曰 耆(嗜)秦人之炙無以異於耆吾炙 夫物則亦有然者也 然則耆炙
맹자 왈 기 기 진 인 지 자 무 이 이 어 기 오 자 부 물 즉 역 유 연 자 야 연 즉 기 자

亦有外與
역 유 외 여

🌸　　　이번에는 고자(告子)가 조금은 특이한 주장을 편다. 주희에 따르면 고자는 사람이 지각하고 운동하는 것을 본성이라고 생각했다. 그러나 맹자는 사람의 본성은 인의예지(仁義禮智)라고 여겼다. 이

점을 염두에 두면서 두 사람의 논쟁을 따라가보자.

고자가 말했다. "식욕과 색욕〔食色〕은 본성입니다. 어짊은 (사람의) 안에 있지 밖에 있지 않고, 의로움은 밖에 있지 안에 있지 않습니다."

맹자가 말했다. "(그대는) 무슨〔何〕 근거〔以〕로 어짊은 안에 있고, 의로움은 밖에 있다고 말하는가?"

고자가 말했다. "저 사람이 나보다 연장자일 때 나는 그를 윗사람으로 공경합니다. (그것이 의로움이다.) 그렇다고 (원래부터) 나에게 윗사람에 대한 공경심이 있었던 것은 아닙니다. 이는 마치 사람들이 흰색이라고 하므로 나도 그것을 흰색으로 생각하게 되어 밖에 있는 그 흰색을 나도 (흰색으로 여기고서) 따르게 되는 것과 같습니다."

맹자가 말했다. "흰 말의 흰색과 흰 피부를 가진 사람의 흰색은 (희다는 점에서) 다를 것이 없을 것이다. (하지만) 모르긴 해도〔不識〕 늙은 말〔長馬〕을 불쌍하게 여기는 마음〔長〕과 늙은 사람〔長人=老人〕을 공경하는 마음〔長〕에 아무런 차이가 없다는 말인가? 그리고 (그대는) 늙은이를 일러 의로움〔義〕이라고 하는가, 아니면 늙은이를 공경하는 마음을 의로움이라고 하는가?" 당연히 후자가 의로움이다. 그렇다면 의로움은 밖〔外〕에 있는 것이 아니라 마음〔內〕에 있다.

이에 대해 고자는 다음과 같이 변명한다. "나의 아우는 사랑하지만 멀리 떨어져 있는 진(秦) 나라 사람의 아우는 사랑하지 않습니다. (동생을 사랑하는 것은 어짊이다.) 이는 내가 기쁨의 주체가 되는 것입니다. 그래서 (어짊은) 안에 있다고 한 것입니다. 그러나 멀리 떨어져 있는 초(楚) 나라의 노인〔楚人之長〕도 윗사람으로 공경〔長〕하고(공경은 의로움이다) 나의 어른도 역시 공경하니 이는 (내가 아니라) 어른이 기쁨의 주체가 되는 것입니다. 그래서 의로움은 밖에 있다고 한 것입니다."

맹자가 말했다. "진나라 사람이 만든 불고기〔炙〕를 좋아하는 것이나
내가 만든 불고기를 좋아하는 것이나 (좋아한다〔耆=嗜〕는 점에서는)
서로 다를 바가 없고, 무릇 다른 사물들도 역시 마찬가지다. 그렇다면
불고기를 좋아하는 것〔食〕도 역시 (불고기가 나의 밖에 있다고 하여)
밖에 있는 것인가?"

일단 이로써 고자와 맹자의 논쟁은 끝이 났다. 맹자는 색욕〔色〕과
식욕〔食〕의 사례를 들어 고자의 주장이 모순된 것임을 보여줌으로써
완승을 거둔다. 맹자는 결국 어짊과 의로움〔仁義〕은 사람의 본성에 속
하는 것이기 때문에 안과 밖〔內外〕을 나누어보려는 고자의 주장을 받
아들일 수 없었다.

한 가지 염두에 둘 점은 공자는 본성〔性〕에 대해 특별한 언급은 하
지 않았다는 것이다. 그래서 맹자가 고자와 논쟁을 하는 과정에서도
공자를 끌어들이는 일은 없었다. 먼저 『논어』 '공야장 12'에서 공자의
제자 자공은 이렇게 말한다.

자공이 다른 사람에게 말했다. "스승의 문장은 알아들을 수 있지
만 본성〔性〕과 천도(天道)에 대해 말씀하신 것은 알아들을 수 없다."

공자는 본성이나 천도는 쉽게 말로 할 수 있는 것이 아니었다고
본 것이다. 그나마 '양화 2'에서 공자는 이렇게 말한다.

"(타고난) 본성은 서로 비슷하나 익히는 것에 의해 서로 멀어지게
된다."

이에 대한 정약용의 풀이가 현실적으로 와서 닿는다. "다움을 좋아하고 나쁨을 부끄러워하는 본성〔性〕은 성인이나 범인이나 모두 같으니 이 때문에 본래 서로 가까우며, 어진 이와 친하고 소인을 업신여기는 습성〔習〕은 사람마다 다름이 있으니 이 때문에 마침내 서로 멀어진다."

결국 이 문제는 맹자와 순자가 같은 유학자이면서도 서로 다른 길을 가는 기로가 됐다. 학술적인 논쟁은 학계에 맡긴다.

5

맹계자(孟季子)가 공도자에게 물었다. "어째서 의로움은 (밖이 아니라) 안에 있다고 하셨는가?"

이에 공도자는 말했다. "내 (마음속에 있는) 삼가는 마음을 (드러내어) 행하는 것이니 안에 있다고 하신 것이다."

다시 맹계자가 물었다. "같은 동네 사람이 자네의 맏형보다 나이가 한 살 더 많으면 누구에게 더 삼가는 마음을 갖겠는가?"

"우리 형님에게 더 삼가는 마음을 갖는다."

"술을 마시게 될 경우 누구에게 먼저 술잔을 따르겠는가?"

"형보다 한 살 위인 동네 사람에게 먼저 따른다."

"(그렇다면) 마음속으로 삼가는 것은 여기(맏형)에 있고, 윗사람으로 받드는 것은 저기(동네 사람)에 있으니 (의로움이 내 마음이 아니라 밖에 있는 사람에 따라 달라지는 것을 보니) 과연 (의로움은 고자의 말대로) 밖에 있는 것이지 안에서 비롯되는 것은 아니구나."

공도자는 더 이상 답을 하지 못하고 맹자를 찾아가서 자초지종을 이야기했다. 이에 맹자가 말했다.

"(다음에 맹계자에게 이렇게 물어보아라.) '숙부에게 삼가는 마음을 갖는가? 아우에게 삼가는 마음을 갖는가?' 그러면 그는 '숙부에게 삼가는 마음을 갖는다'고 답할 것이다. 그러면 다시 '아우가 시동(尸童-제사 지낼 때 신주 대신 신위에 앉아 제사를 받는 아이)이 되면 누구에게 더 삼가는 마음을 갖겠는가?'라고 물어보아라. 그는 '아우에게 더 삼가는 마음을 갖는다'라고 할 것이다. 그러면 자네는 또 '숙부에게 더 삼가는 마음을 갖는다더니 어찌된 일인가?'라고 물어보아라. 그는 장차

'(아우가 시동의) 자리에 있기 때문이다'라고 답할 것이다. 이때 자네는 이렇게 말해 주도록 하게. '(동네 사람에게 먼저 술을 따라주는 것은) 그가 (손님의) 자리에 있기 때문이다.' 늘 삼가야 하는 쪽은 형이고, (상황에 따라) 잠시 삼가야 하는 쪽은 동네 사람이다."

맹계자가 그것을 전해 듣고는 이렇게 말했다. "숙부에게 삼가는 마음을 갖는 것도 삼가는 것이고, 아우에게 삼가는 마음을 갖는 것도 삼가는 것이라 하니 과연 (의로움은) 밖에 있는 것이지 안에서 비롯되는 것은 아니구나."

공도자는 말했다. "겨울날에는 뜨거운 물을 마시고 여름날에는 찬물을 마신다. 자네의 논리대로라면 먹고 마시는 것도 밖에서 일어나는 것이란 말인가?"

孟季子問公都子曰 何以謂義內也
맹계자 문 공도자 왈 하이 위 의 내 야

曰 行吾敬故謂之內也
왈 행 오 경 고 위 지 내 야

(孟季子曰) 鄕人長於伯兄一歲則誰敬
맹계자 왈 향인 장 어 백형 일세 즉 수 경

曰 敬兄
왈 경 형

(孟季子曰) 酌則誰先
맹계자 왈 작 즉 수 선

曰 先酌鄕人
왈 선 작 향인

(孟季子曰) 所敬在此所長在彼 果在外非由內也
맹계자 왈 소경 재 차 소장 재 피 과 재 외 비 유 내 야

公都子不能答以告孟子
공도자 불능 답 이 고 맹자

孟子曰 敬叔父乎敬弟乎 彼將曰敬叔父 曰弟爲尸則誰敬 彼將曰敬弟
맹자 왈 경 숙부 호경제 호 피 장 왈 경 숙 부 왈 제 위 시 즉 수 경 피 장 왈 경 제

子曰 惡在其敬叔父也 彼將曰在位故也 子亦曰 在位故也 庸敬在兄 斯須
자 왈 오 재 기 경 숙부 야 피 장 왈 재 위 고 야 자 역 왈 재 위 고 야 용 경 재 형 사 수

之敬在鄕人
지 경 재 향 인

季子聞之曰 敬叔父則敬 敬弟則敬 果在外 非由內也
계 자 문 지 왈 경 숙부 즉 경 경 제 즉 경 과 재 외 비 유 내 야

公都子曰 冬日則飮湯 夏日則飮水 然則飮食 亦在外也
공 도 자 왈 동 일 즉 음 탕 하 일 즉 음 수 연 즉 음 식 역 재 외 야

맹계자(孟季子)에 대해서는 정보가 거의 없다. 주희도 그냥 앞서 나왔던 맹중자(孟仲子)의 아우로 추정한다. 그가 맹자의 제자인 공도자(公都子)와의 대화를 통해 앞에서 다뤘던 주제를 이어나간다. 맹계자가 묻는다. 맹자가 말했던 바에 대한 보충질의다.

"어째서 의로움[義]은 (밖이 아니라) 안에 있다고 하셨는가?"

이에 공도자는 "내 (마음속에 있는) 삼가는 마음[敬]을 (드러내어) 행하는 것이니 안에 있다고 하신 것이다"고 스승의 발언을 풀어준다. 참고로 敬은 내면, 恭은 외면과 연결된다. 그래서 적어도 사서(四書)의 맥락에서는 敬을 '삼가는 마음', 恭을 '공손한 모습'으로 보면 크게 틀리지 않는다. 다시 맹계자와 공도자의 대화가 이어진다.

맹계자가 묻는다. "같은 동네 사람이 자네의 맏형보다 나이가 한 살 더 많으면 누구에게 더 삼가는 마음을 갖겠는가?"

"우리 형님에게 더 삼가는 마음을 갖는다."

"술을 마시게 될 경우 누구에게 먼저 술잔을 따르겠는가?"

"형보다 한 살 위인 동네 사람에게 먼저 따른다."

"(그렇다면) 마음속으로 삼가는 것[所敬]은 여기(맏형)에 있고, 윗사람으로 받드는 것[所長]은 저기(동네 사람)에 있으니 (의로움이 내 마음이 아니라 밖에 있는 사람에 따라 달라지는 것을 보니) 과연[果] (의로움은 고자의 말대로) 밖에 있는 것이지 안에서 비롯되는 것은 아니구나."

공부가 부족했던지 맹계자의 이 말에 공도자는 더 이상 답을 하지 못하고 맹자를 찾아가서 자초지종을 이야기했다. 이에 맹자가 말한다.

"(다음에 맹계자에게 이렇게 물어보아라.) '숙부에게 삼가는 마음을 갖는가? 아우에게 삼가는 마음을 갖는가?' 그러면 그는 '숙부에게 삼가는 마음을 갖는다'라고 답할 것이다. 그러면 다시 '아우가 시동(尸童-제사 지낼 때 신주 대신 신위에 앉아 제사를 받는 아이)이 되면 누구에게 더 삼가는 마음을 갖겠는가?'라고 물어보아라. 그는 '아우에게 더 삼가는 마음을 갖는다'라고 할 것이다. 그러면 자네는 또 '숙부에게 삼가는 마음을 갖는다더니 어찌된 일인가?'라고 물어보아라. 그는 장차 '(아우가 시동의) 자리[位=神位]에 있기 때문이다'라고 답할 것이다. 이때 자네는 이렇게 말해 주도록 하게. '(동네 사람에게 먼저 술을 따라주는 것은) 그가 (손님의) 자리[位=賓位]에 있기 때문이다.' 늘 삼가야 하는 쪽은 형이고, (상황에 따라) 잠시[須] 삼가야 하는 쪽은 동네 사람이다." 즉 敬은 어떤 상황이건 간에 마음속[內]에서 나온다는 것이다.

계자(季子-맹계자)가 그것을 전해 듣고는 이렇게 말했다. "숙부에게 삼가는 마음을 갖는 것도 삼가는 것이고, 아우에게 삼가는 마음을 갖는 것도 삼가는 것이라 하니 과연 (의로움은) 밖에 있는 것이지 안에서 비롯되는 것은 아니구나."

앞서 공도자는 비슷한 주장 앞에서 답을 하지 못했으나 맹자로부터 받은 깨우침 덕분에 이번에는 자신 있게 비유까지 들어 반박한다.

"겨울날에는 뜨거운 물〔湯〕을 마시고 여름날에는 찬물을 마신다. 자네의 논리대로라면〔然則〕 먹고 마시는 것도 밖에서 일어나는 것이란 말인가?"

이 장은 앞의 4장에 대한 일종의 보충으로 볼 수 있다. 연계해서 읽으면 도움이 된다.

6

공도자가 말했다. "고자(告子)는 '본성은 좋음도 없고 좋지 않음도 없다'고 했습니다. 또 어떤 사람은 '본성은 좋을 수도 있고 좋지 않을 수도 있다. 그러므로 문왕(文王)과 무왕(武王)이 일어나면 백성들은 좋음을 좋아할 것이고, 유왕(幽王)과 여왕(厲王)이 일어나면 백성들은 포악함을 좋아할 것이다'라고 했습니다. 그리고 또 다른 어떤 사람은 '본성이 좋은 사람도 있고 본성이 좋지 않은 사람도 있다. 그러므로 요(堯)임금이 다스릴 때에도 (자기 형 순(舜)을 죽이려 했던) 상(象)과 같은 나쁜 자가 있고, 고수(瞽瞍)와 같은 나쁜 아버지에게서 순임금이 있었고, 주왕(紂王)을 형의 아들로 두고서 또 그를 임금으로 모셨는데도 미자(微子) 계(啓)와 왕자(王子) 비간(比干)(같은 좋은 사람)이 있었다'고 했습니다. 지금 (스승님께서는) 말씀하시기를 본성은 좋다고 말씀하셨습니다. 그렇다면 저들은 모두 틀렸습니까?"

맹자가 말했다. "그 제반 사정으로 보면 좋게 될 수 있다는 것으로, 이것이 내가 인간의 본성은 좋다고 하는 이유다. 어떤 사람이 좋지 못한 짓을 하게 되는 것은 그 사람의 타고난 근본바탕이 잘못돼서가 아니다. 불쌍해하는 마음은 모든 사람들이 다 갖고 있고, (자신의 잘못을) 부끄러워하고 (남의 잘못을) 미워하는 마음도 모든 사람들이 다 갖고 있고, 윗사람을 공경하는 마음도 모든 사람들이 다 갖고 있고, 옳고 그름을 제대로 가리는 마음도 모든 사람들이 다 갖고 있다. 불쌍해하는 마음은 인(仁)에 속하고, (자신의 잘못을) 부끄러워하고 (남의 잘못을) 미워하는 마음은 의(義)에 속하고, 윗사람을 공경하는 마음은 예(禮)에 속하고, 옳고 그름을 제대로 가리는 마음은 지(智)에 속한다. 인의예지

(仁義禮智)는 외부에서 나에게 파고든 것이 아니라 내가 원래 갖고 있는 것인데 (사람들이) 미처 생각하지 못했을 뿐이다. 그렇기 때문에 '구하면 얻고 버리면 잃는다'고 말하는 것이다. (구하는 사람과 버리는 사람) 이 둘의 차이는 두 배, 다섯 배 또는 셀 수 없을 만큼 커지게 되는데 그 이유는 자신의 타고난 바탕을 온전히 다 발휘하지 않기 때문이다. 『시경』에 이르기를 '하늘이 뭇 백성을 낳으셨으니 일과 사물이 있으면 그 법도가 있도다. 백성들은 마음속에 오래가는 도리를 갖고 있기에 이 아름다운 다움을 좋아하는도다'라고 했다. 공자는 말했다. '이 시를 지은 사람은 아마도 도리를 아는 사람이었나 보다. 일과 사물이 있으면 반드시 그 법도가 있고 백성들은 마음속에 오래가는 도리를 갖고 있으니 이 때문에 이 아름다운 다움을 좋아하게 된다.'"

公都子曰 告子曰 性無善無不善也 或曰 性可以爲善 可以爲不善 是故
공도자 왈 고자 왈 성 무선 무 불선 야 혹왈 성 가이 위선 가이 위 불선 시고

文武興則民好善 幽厲興則民好暴 或曰 有性善有性不善 是故以堯爲君而
문무 흥즉 민 호선 유려 흥즉 민 호포 혹왈 유 성선 유 성 불선 시고 이 요 위 군 이

有象 以瞽瞍爲父而有舜 以紂爲兄之子 且以爲君而有微子啓王子比干 今
유상 이 고수 위부 이 유순 이 주 위 형지자 차 이 위 군 이 유 미자 계 왕자 비간 금

曰 性善然則彼皆非與
왈 성선 연즉 피개 비 여

孟子曰 乃若其情則可以爲善矣 乃所謂善也 若夫爲不善非才之罪也
맹자 왈 내약 기정 즉 가이 위선 의 내 소위 선 야 약부 위 불선 비 재지죄 야

惻隱之心人皆有之 羞惡之心人皆有之 恭敬之心人皆有之 是非之心人皆
측은지심 인개 유지 수오지심 인개 유지 공경지심 인개 유지 시비지심 인개

有之 惻隱之心仁也 羞惡之心義也 恭敬之心禮也 是非之心智也 仁義禮智
유지 측은지심 인 야 수오지심 의 야 공경지심 예 야 시비지심 지 야 인의예지

非由外鑠我也我固有之也弗思耳矣 故曰 求則得之舍則失之 或相倍徙而
비유 외삭 아 야 아 고 유지 야 불 사 이의 고 왈 구 즉 득지 사 즉 실지 혹 상 배 사 이

無算者不能盡其才者也 詩曰 天生蒸民 有物有則 民之秉夷(彛=彛) 好是
무산 자 불능 진 기 재 자 야 시왈 천생 증민 유물유칙 민 지 병이 이 이 호시

懿德 孔子曰 爲此詩者其知道乎 故有物必有則 民之秉夷也 故好是懿德
의덕 공자 왈 위 차 시 자 기 지 도 호 고 유 물 필 유 칙 민 지 병이 야 고 호 시 의덕

공도자(公都子)가 맹자의 성선설(性善說)에 반대하는 여러 가지 학설을 한꺼번에 인용하며 스승 맹자에게 질문을 던진다. 앞에서 나온 것들을 총정리한다고 보면 된다.

"고자(告子)는 '본성은 좋음도 없고 좋지 않음도 없다'고 했습니다. 또 어떤 사람은 '본성은 좋을 수도 있고 좋지 않을 수도 있다. 그러므로 문왕(文王)과 무왕(武王)이 일어나면 백성들은 좋음을 좋아할 것이고, 유왕(幽王)과 여왕(厲王)이 일어나면 백성들은 포악함을 좋아할 것이다'라고 했습니다. 그리고 또 다른 어떤 사람은 '본성이 좋은 사람도 있고 본성이 좋지 않은 사람도 있다. 그러므로 요(堯) 임금이 다스릴 때에도 (자기 형 순(舜)을 죽이려 했던) 상(象)과 같은 나쁜 자가 있고, 고수(瞽瞍)와 같은 나쁜 아버지에게서 순임금이 있었고, 주왕(紂王)을 형의 아들로 두고서 또 그를 임금으로 모셨는데도 미자(微子) 계(啓)와 왕자(王子) 비간(比干)(같은 좋은 사람)이 있었다'고 했습니다.

지금 (스승님께서는) 말씀하시기를 본성은 좋다고 말씀하셨습니다. 그렇다면[然則] 저들은 모두 틀렸습니까[非]?"
연즉   비

미자와 비간에 대해서는 『논어』에 잠깐 언급이 나온다. 주희의 지적대로 미자는 주왕의 숙부가 아니라 이복형이다. '미자 1'이다.

미자는 떠나가고, 기자는 종이 되고, 비간은 간하다가 죽임을 당

했다. 이에 공자는 말했다. "은나라에 세 명의 어진 사람이 있었다."

상(商, 殷)나라가 망한 것은 주지하는 대로 주왕의 패악질 때문이었다. 미자는 주왕의 이복형[庶兄]이고, 기자(箕子)와 비간은 주왕의 숙부들이다. 우선 직역을 해보자.

'미자는 떠나가고, 기자는 종이 되고, 비간은 간하다가 죽임을 당했다. 이에 공자는 '은나라에 세 명의 어진 사람이 있었다'고 말한다.'

먼저 앞 문장에 대한 주희의 풀이다. "미자는 주왕이 무도한 것을 보고 떠나가서 종사(宗祀)를 보존하였고, 기자와 비간은 모두 간하였는데 주왕이 비간은 죽이고, 기자는 가두어 종으로 삼으니 기자는 그로 인하여 거짓으로 미친 체하고 욕을 당했다."

공도자의 물음에 대한 맹자의 대답이 길게 이어진다. 乃若은 발어사로 특별한 뜻은 없다. 다음 문장의 若夫도 마찬가지다.
"그 제반 사정[情]으로 보면 좋게 될 수 있다는 것으로, 이것이 내가 인간의 본성은 좋다고 하는 이유다. 어떤 사람이 좋지 못한 짓을 하게 되는 것은 그 사람의 타고난 근본바탕이 잘못[罪]돼서가 아니다." 이에 대한 주희의 풀이다. "사람이 좋지 못한 짓을 하게 되는 것은 물욕(物慾)에 빠져서 그런 것이지 근본바탕이 잘못돼서 그런 것이 아니다." 다시 맹자의 말이다. 그의 유명한 네 가지 실마리[四端]가 등장한다.
"불쌍해하는 마음[惻隱之心]은 모든 사람들이 다 갖고 있고, (자신의 잘못을) 부끄러워하고 (남의 잘못을) 미워하는 마음[羞惡之心]

도 모든 사람들이 다 갖고 있고, 윗사람을 공경하는 마음〔恭敬之心=공경지심=辭讓之心-사양하고 남에게 넘겨주는 마음〕도 모든 사람들이 다 갖고 있고, 옳고 그름을 제대로 가리는 마음〔是非之心〕도 모든 사람들이 다 갖고 있다. 불쌍해하는 마음은 인(仁)에 속하고, (자신의 잘못을) 부끄러워하고 (남의 잘못을) 미워하는 마음은 의(義)에 속하고, 윗사람을 공경하는 마음은 예(禮)에 속하고, 옳고 그름을 제대로 가리는 마음은 지(智)에 속한다. 인의예지(仁義禮智)는 외부에서 나에게 파고든〔鑠=삭銷〕 것이 아니라 내가 원래 갖고 있는 것인데 (사람들이) 미처 생각하지 못했을 뿐〔耳矣=而已矣〕이다. 그렇기 때문에 '구하면 얻고 버리면 잃는다'고 말하는 것이다. (구하는 사람과 버리는 사람) 이 둘의 차이는 두 배, 다섯 배 또는 셀 수 없을 만큼 커지게 되는데 그 이유는 자신의 타고난 바탕〔才=情〕을 온전히 다 발휘〔盡〕하지 않기 때문이다."

여기서 우리는 공자가 『논어』 '양화 2'에서 말한 본성〔性〕과 익힘〔習〕에 관한 언급을 다시 한 번 상기해 보자.

공자는 말했다. "(사람마다 타고난) 본성은 서로 비슷하나 익히는 것에 의해 서로 멀어지게 된다."

이제 맹자의 말이 결론부에 이르렀다. "『시경』에 이르기를 '하늘이 뭇 백성을 낳으셨으니 사물이 있으면 그 법도〔則〕가 있도다. 백성들은 마음속에 오래가는 도리를 갖고 있기에 이 아름다운 다움을 좋아하는도다'라고 했다. 공자는 말했다. '이 시를 지은 사람은 아마도〔其〕 도리〔道〕를 아는 사람이었나 보다. 사물이 있으면 반드시 그 법도〔則〕가 있고, 백성들은 마음속에 오래가는 도리를 갖고 있으니 이 때문에 이 아름다운 다움을 좋아하게 된다.'"

　즉 사물에게도 법도가 있고, 백성들도 떳떳한 도리를 갖고 있으니 법도와 도리가 만나 합일되는 것은 자연스러운 결과다. 그 결과가 바로 백성들이 아름다운 다움을 좋아하게 되는 것이다.

7

맹자는 말했다. "풍년이 든 해에는 젊은이들이 많이들 나태해지고, 흉년이 든 해에는 젊은이들이 많이들 포악해진다. (같은 젊은이들이 풍흉(豊凶)에 따라 이처럼 달라지는 것은) 하늘이 (이들에게) 내린 기본 바탕이 이처럼 달라서가 아니라 그들의 마음을 (그런 방향으로) 빠지게 만드는 것(환경이나 처지 혹은 상황)이 그렇기 때문이다. 자, 보리농사를 예로 들어보자. 씨를 뿌리고서 곰방메로 흙을 덮어줄 경우, 그 땅이 같고 심은 때 역시 같다면 보리는 무럭무럭 자라서 하지 때쯤이면 다 익는다. 비록 (수확시기나 수확량에서) 차이가 생긴다 하더라도 그것은 토질이 비옥한가 척박한가, 비나 이슬이 얼마나 도움을 주었는가, 농사일을 부지런히 했는가 그렇지 않았는가 등에서 생겨나는 것이다. 따라서 일체의 같은 종류인 것은 대부분 서로 거의 같다. (그런데) 어찌 유독 사람의 경우에만 (이처럼 본성은 같은 것이라는 사실에) 의심을 품어야 하겠는가? (그런 점에서 보자면) 빼어난 사람〔聖人〕이라 하더라도 나와 같은 동류의 사람이다. (따라서 빼어난 사람이나 나의 본성은 같다.)

그렇기 때문에 (옛날의 뛰어난 사람〔賢者〕인) 용자(龍子)는 '(설사) 발(의 크기나 모양)을 알지 못한 채로 짚신을 삼아도 나는 그것이 삼태기가 되지는 않으리라는 것을 안다'고 했다. 짚신들이 서로 거의 같은 이유는 세상 사람의 발들이란 (크기나 모양에서 차이가 난다 하더라도 결국) 서로 비슷하기 때문이다. 입이 맛을 느끼는 데도 똑같은 기호가 있다. (옛날 제나라 환공(桓公)의 요리사였던) 역아(易牙)는 우리의 입이 좋아하는 바를 먼저 알고 있었다. 만일 입이 맛을 느끼는 데 있어 그 본성이 사람마다 달라서 마치 개나 말이 우리 인간과 다른 종류인 것처럼 입맛도 다르다면, 세상 사람들이 어떻게 역아가 만들어낸 요리의 맛을 모두 즐길 수 있겠는가? 맛에 관한 한 세상 사람들이 역아의 요리에서 (모두 똑같이 최고의 맛을) 기대할 수 있는 이유는 (요리솜씨는 달라도) 세상 사람들의 입(맛)은 서로 비슷하기 때문이다.

귀도 마찬가지다. 소리에 관한 한 세상 사람들이 (옛날 진나라 평공 (平公)의 악관이었던) 사광(師曠)의 연주에서 (모두 똑같이 최고의 음악을) 기대할 수 있는 이유는 세상 사람들의 귀가 서로 비슷하기 때문이다. 눈도 마찬가지다. (미남으로 유명했던) 자도(子都)에 관한 한 세상 사람들 모두 그의 잘생김을 알고 있었다. 자도가 잘생겼다는 것을 몰랐다면 (십중팔구) 그 사람은 눈이 없는 사람이었을 것이다.

그래서 '입맛에는 같은 미각이 있고, 귀가 소리를 듣는 데는 같은 청각이 있고, 눈이 얼굴 생김새를 보는 데는 같은 미감(美感)이 있다'고 하는 것이다. (그런데 어찌) 마음에 있어서만 똑같이 옳게 여기는 바가 없겠는가? 마음이 똑같이 옳게 여기는 바란 무엇인가? 그것은 이치요 의리다. 뻬어난 사람들은 우리의 마음이 똑같이 옳게 여기는 바를 먼저 아셨다. 그렇기 때문에 이치와 의리가 우리의 마음을 기쁘게 해주는 것은 마치 소나 양, 개나 돼지의 고기 요리가 우리의 입을 즐겁게 해주는 것과 같다."

孟子曰 富歲子弟多賴 凶歲子弟多暴 非天之降才爾殊也 其所以陷溺其
맹자 왈 부세 자제 다뢰 흉세 자제 다포 비천지강 재 이수야 기 소이 함닉 기

心者然也 今夫麰麥 播種而耰之其地同 樹之時又同浡然而生至於日至之
심 자연 야 금부 모맥 파종 이우지기지동 수지시 우동 발연 이 생 지어 일지 지

時皆熟矣 雖有不同則地有肥磽 雨露之養 人事之不齊也 故凡同類者舉
시 개 숙 의 수유 부동 즉 지유 비교 우로 지양 인사 지 부제 야 고 범 동류 자 거

相似也 何獨至於人而疑之 聖人與我同類者 故龍子曰 不知足而爲屨我知
상사 야 하 독 지어 인 이 의지 성인 여 아 동류 자 고 용자 왈 부지 족 이 위 구 아 지

其不爲蕢也 屨之相似天下之足同也 口之於味有同耆也 易牙先得我口之
기 불위 괴 야 구 지 상사 천하지족 동 야 구 지어 미 유 동기 야 역아 선 득 아 구 지

所耆者也 如使口之於味也 其性與人殊 若犬馬之與我不同類也則天下何
소기 자 야 여사 구 지어 미 야 기성 여 인 수 약 견마 지여 아 부 동류 야 즉 천하 하

耆皆從易牙之於味也 至於味天下期於易牙 是天下之口相似也 惟耳亦然
기 개 종 역아 지어 미 야 지어 미 천하 기어 역아 시 천하지구 상사 야 유 이 역연

至於聲天下期於師曠 是天下之耳相似也 惟目亦然至於子都 天下莫不知
지어 성 천하 기어 사광 시 천하지이 상사 야 유 목 역연 지어 자도 천하 막 부지

其姣也不知子都之姣者無目者也 故曰 口之於味也有同耆焉 耳之於聲也
기 교 야 부지 자도 지교 자무 목 자 야 고 왈 구 지어 미 야 유 동기 언 이 지어 성 야

有同聽焉 目之於色也有同美焉 至於心獨無所同然乎 心之所同然者何也
유 동청 언 목 지어 색 야 유 동미 언 지어 심 독무 소동연 호 심지 소동연 자 하야

謂理也義也 聖人先得我心之所同然耳 故理義之悅我心猶芻豢之悅我口
위 리 야 의 야 성인 선 득 아 심지 소동연 이 고 이의 지 열 아 심 유 추환 지 열 아 구

맹자의 말이 길게 이어진다. 富歲는 풍년이 든 해, 凶歲
부세   흉세
는 흉년이 든 해다.

"풍년이 든 해에는 젊은이들〔子弟〕이 많이들 나태해지고, 흉년이 든
자제
해에는 젊은이들이 많이들 포악해진다. (같은 젊은이들이 풍흉(豊凶)에
따라 이처럼 달라지는 것은) 하늘이 (이들에게) 내린 기본바탕〔才=性〕
재 성
이 이처럼〔爾=如此〕 달라서〔殊〕가 아니라 그들의 마음을 (그런 방향으
이 여차 수
로) 빠지게 만드는 것(환경이나 처지 혹은 상황)이 그렇기 때문이다." 여
기서 賴를 '나태해지다'로 풀었는데 약간의 논란이 있을 수 있다. 주희
뢰
는 그것을 '의지하다', '의뢰하다'는 의미에서 藉로 푼다. 그러나 오히려
자
賴에 마음 忄변을 붙인 懶와 같은 뜻으로 봐야 문맥이 자연스럽다.
뢰 심 나

여기서 우리는 『논어』 '양화 2'에 나오는 공자의 말을 또다시 읽고 다음으로 넘어가 보자.

공자는 말했다. "(사람마다 타고난) 본성〔性〕은 서로 비슷하나 익히는 것〔習〕에 의해 서로 멀어지게 된다."

맹자는 이 이야기를 씨 뿌리고 거두는 농사에 비유하여 다시 한 번 설명한다. 今夫는 그냥 문장 첫머리에 쓰이는 어조사로 구체적인 사례를 언급할 때 주로 사용된다. 무릇〔夫〕과 같은 것으로 보면 된다.

"자〔今夫〕, 보리농사〔麰麥〕를 예로 들어보자. 씨를 뿌리고서 곰방메로 흙을 덮어줄 경우, 그 땅이 같고 심은 때〔樹之時〕 역시 같다면 보리는 무럭무럭〔浡然〕 자라서 하지〔日至〕 때쯤이면 다 익는다. 비록 (수확시기나 수확량에서) 차이〔不同〕가 생긴다 하더라도 그것은 토질이 비옥한가 척박한가, 비나 이슬이 얼마나 도움을 주었는가, 농사일〔人事〕을 부지런히 했는가 그렇지 않았는가〔不齊〕 등에서 생겨나는 것이다.

따라서 일체의 같은 종류인 것은 대부분〔擧〕 서로 거의 같다. (그런데) 어찌 유독 사람의 경우에만 (이처럼 본성은 같은 것이라는 사실에) 의심을 품어야 하겠는가? (그런 점에서 보자면) 빼어난 사람〔聖人〕이라 하더라도 나와 같은 동류의 사람이다. (따라서 빼어난 사람이나 나의 본성은 같다.)

그렇기 때문에 (옛날의 뛰어난 사람〔賢者〕인) 용자(龍子)는 '(설사) 발(의 크기나 모양)을 알지 못한 채로 짚신〔履〕을 삼아도 나는 그것이 삼태기〔蕢〕가 되지는 않으리라는 것을 안다'고 했다. 짚신들이 서로 거의 같은 이유는 세상 사람〔天下〕의 발들이란 (크기나 모양에서 차이가 난다 하더라도 결국) 서로 비슷하기 때문이다.

입이 맛을 느끼는 데도 똑같은 기호〔耆=嗜好〕가 있다. (옛날 제나라 환공(桓公)의 요리사였던) 역아(易牙)는 우리의 입이 좋아하는 바〔所耆〕를 먼저 알고 있었다. 만일〔如〕 입이 맛을 느끼는 데 있어 그 본성이 사람마다 달라서 마치〔若〕 개나 말이 우리 인간과 다른 종류인 것처럼 입맛도 다르다면, 세상 사람들이 어떻게 역아가 만들어낸 요리의 맛을 모두 즐길 수 있겠는가? 맛에 관한 한 세상 사람들이 역아의 요리에서 (모두 똑같이 최고의 맛을) 기대할 수 있는 이유는 (요리솜씨는 달라도) 세상 사람들의 입(맛)은 서로 비슷하기 때문이다.

귀도 마찬가지다. 소리에 관한 한 세상 사람들이 (옛날 진나라 평공(平公)의 악관이었던) 사광(師曠)의 연주에서 (모두 똑같이 최고의 음악을) 기대할 수 있는 이유는 세상 사람들의 귀가 서로 비슷하기 때문이다.

눈도 마찬가지다. (미남으로 유명했던) 자도(子都)에 관한 한 세상 사람들 모두 그의 잘생김〔姣〕을 알고 있었다. 자도가 잘생겼다는 것을 몰랐다면 (십중팔구) 그 사람은 눈이 없는 사람이었을 것이다.

그래서 '입맛에는 같은 미각이 있고, 귀가 소리를 듣는 데는 같은 청각이 있고, 눈이 얼굴 생김새를 보는 데는 같은 미감(美感)이 있다'고 하는 것이다. (그런데 어찌) 마음에 있어서만 똑같이 옳게 여기는 바가 없겠는가? 마음이 똑같이 옳게 여기는 바란 무엇인가? 그것은 이치〔理〕요 의리〔義〕다. 빼어난 사람들은 우리의 마음이 똑같이 옳게 여기는 바를 먼저 아셨다. 그렇기 때문에 이치와 의리〔理義〕가 우리의 마음을 기쁘게 해주는 것은 마치 소나 양〔芻〕, 개나 돼지〔豢〕의 고기 요리가 우리의 입을 즐겁게 해주는 것과 같다."

마지막 부분에 대한 정이천의 풀이다. "사물에 있는 것을 이치[理]라 하고, 사물에 대처하는 것을 의리[義]라 한다." 그리고 빼어난 사람들은 우리와 비교할 때 무슨 특별한 능력이 있는 것이 아니라 다만 먼저[先] 안 정도의 차이만이 있을 뿐임을 지적하며 일반인들의 분발을 촉구한다.

8

맹자는 말했다. "(제(齊) 나라 수도의 남쪽에 있는) 우산(牛山)의 나무들은 일찍이 아름다웠는데 큰 도시의 교외에 있었기 때문에 (사람들이) 도끼로 그 나무들을 마구 베어대니 (어찌) 무성할 수 있겠는가? 이 산에서는 밤낮으로 자라나게 해주고 비와 이슬이 촉촉이 적셔주어 새로운 (나무의) 싹과 움이 트지 않는 것은 아니겠지만 소와 양들을 그곳에 풀어 (그나마) 다 뜯어먹게 하는 바람에 결국 그 산은 민둥민둥하게 돼버렸다. 사람들은 그 산이 민둥민둥한 것만 보고서 (그 산에는) '일찍이 좋은 재목이 없었구나'라고 하는데 이것이 어찌 산의 본래 모습이겠는가?

비록 사람의 본성에도 어찌 인의(仁義)의 마음이 없겠냐마는, 사람이 자신의 그런 선량한 마음을 놓아버리는 것이 가령 도끼로 나무들을 마구 베어대는 것과 같으니, 아침마다 그것을 베어대면 (어찌) 무성할 수 있겠는가? (그리고 선량한 마음을 놓아버린 사람에게도) 밤낮으로 (그런 마음을) 자라나게 해주는 바가 있고, 새벽녘의 맑은 기운이 있겠지만 그가 좋아하고 싫어하는 바가 다른 사람들과 비슷한 것이 아주 드문 이유는 그가 낮에 하는 (잘못된) 소행들이 선량한 마음을 가두어 없애버리기 때문이다. (이는 마치 소와 양들이 그나마 남은 싹과 움을 뜯어먹어버리는 것과 같다.) 그리고 이처럼 가두기를 반복하게 되면 밤사이의 기운도 점점 부족해지고, 밤의 기운이 부족해지면 짐승과의 차이도 멀지 않게 된다. 사람들은 이런 금수 같은 모습만 보고서 그 사람에게는 '일찍이 훌륭한 자질이 없었구나'라고 하는데 이것이 어찌 그 사람의 본래 모습이겠는가?

그렇기 때문에 만일 제대로 된 자양분만 얻는다면 잘 자라지 않을 것이 없고, 그것을 얻지 못한다면 소멸해 버리지 않을 것이 없다. 공자께서 '(선량한 마음을) 잘 잡고 있으면 보존되고 놓으면 사라진다. (선량한 마음이) 생겨나고 사라지는 데는 정해진 때가 없고, 그것이 어디로 갈지 알 수 없다'고 하셨는데 이는 분명 사람의 마음을 두고 하신 말씀일 것이다."

孟子曰 牛山之木嘗美矣 以其郊於大國也斧斤伐之可以爲美乎 是其
맹자 왈 우산 지목상미 의 이 기교 어 대국 야 부근 벌지 가이 위 미호 시기

日夜之所息雨露之所潤非無萌蘖之生焉 牛羊又從而牧之是以若彼濯濯也
일야 지 소식 우로 지 소윤 비무 맹얼 지 생언 우양 우종 이목지 시이 약 피 탁탁 야

人見其濯濯也以爲未嘗有材焉 此豈山之性也哉 雖存乎人者豈無仁義之心
인견 기 탁탁 야 이위 미상 유재언 차기 산지성 야재 수존 호인 자기무 인의지심

哉 其所以放其良心者亦猶斧斤之於木也 旦旦而伐之可以爲美乎 其日夜
재 기 소이 방기 양심 자역 유부 근 지어 목야 단단 이 벌지 가이 위미호 기 일야

之所息平旦之氣 其好惡 與人相近也者幾希則其旦晝之所爲 有梏亡之矣
지 소식 평단지기 기 호오 여인 상근 야자 기희 즉기 단주 지 소위 유 곡망 지 의

梏之反覆則其夜氣不足以存 夜氣不足以存則其違禽獸不遠矣 人見其禽獸
곡지 반복 즉기 야기 부족 이존 야기 부족 이존 즉기 위 금수 불원 의 인견 기 금수

也而以爲未嘗有才焉者 是豈人之情也哉 故苟得其養無物不長 苟失其養
야 이 이위 미상 유 재언자 시기 인지정 야재 고구 득기 양무물 부장 구 실 기양

無物不消 孔子曰 操則存舍則亡 出入無時 莫知其鄕(向)惟心之謂與
무 물 불소 공자 왈 조 즉존 사 즉망 출입 무시 막지 기향 향 유 심 지 위 여

역시 맹자의 말이 길게 이어진다. 계속 본성〔性〕의 문제
                                                    성
를 다룬다.

"(제(齊) 나라 수도의 남쪽에 있는) 우산(牛山)의 나무들은 일찍이 아름다웠는데 큰 도시〔大國=國中〕의 교외에 있었기 때문에〔以〕 (사람들
          대국 국중   이

이) 도끼〔斧斤〕로 그 나무들을 마구 베어대니 (어찌) 무성할〔美〕 수 있 겠는가? 이 산〔是〕에서는 밤낮〔日夜〕으로 자라나게 해주고〔息=生長〕 비와 이슬이 촉촉이 적셔주어 새로운 (나무의) 싹과 움이 트지 않는 것은 아니겠지만 소와 양들을 그곳에 풀어〔從〕 (그나마) 다 뜯어먹게 하는 바람에 결국 그 산은 민둥민둥하게〔濯濯〕 돼버렸다. 사람들은 그 산이 민둥민둥한 것만 보고서 (그 산에는) '일찍이 좋은 재목이 없었 구나'라고 하는데 이것이 어찌〔豈〕 산의 본래 모습〔性〕이겠는가?"

여기까지는 나무의 비유다. 주희의 풀이는 참고할 만하다. "산의 나 무가 비록 베어지더라도 다시 싹이 나오는데 소와 양들이 그나마도 해 친다."

이제 맹자는 이 비유를 사람에게 적용한다. "비록 사람의 본성〔存〕 에도 어찌 인의(仁義)의 마음이 없겠냐마는, 사람이 자신의 그런 선량 한 마음〔良心〕을 놓아버리는 것〔放〕이 가령〔亦〕 도끼로 나무들을 마 구 베어대는 것과 같으니, 아침마다〔旦旦〕 그것을 베어대면 (어찌) 무 성할 수 있겠는가? (그리고 선량한 마음을 놓아버린 사람에게도) 밤낮 〔日夜〕으로 (그런 마음을) 자라나게 해주는 바가 있고, 새벽녘〔平旦〕의 맑은 기운이 있겠지만 그가 좋아하고 싫어하는 바〔好惡〕가 다른 사람 들과 비슷한 것이 아주 드문〔幾希〕 이유는 그가 낮에 하는 (잘못된) 소행들이 선량한 마음을 가두어 없애버리기〔梏亡〕 때문이다. (이는 마 치 소와 양들이 그나마 남은 싹과 움을 뜯어먹어버리는 것과 같다.) 그리 고 이처럼 가두기를 반복하게 되면 밤사이의 기운도 점점 부족해지고, 밤의 기운이 부족해지면 짐승〔禽獸〕과의 차이도 멀지 않게 된다. 사람 들은 이런 금수 같은 모습만 보고서 그 사람에게는 '일찍이 훌륭한 자 질이 없었구나'라고 하는데 이것이 어찌 그 사람의 본래 모습〔情=實情=

實狀=本性=性)이겠는가?
실상 본성 성

그렇기 때문에 만일 제대로 된 자양분〔養〕만 얻는다면 잘 자라지
양
않을 것이 없고, 그것을 얻지 못한다면 소멸해 버리지 않을 것이 없다.
공자께서 '(선량한 마음〔良心〕을) 잘 잡고 있으면 보존되고 놓으면 사라
양심
진다. (선량한 마음이) 생겨나고 사라지는 데〔出入〕는 정해진 때가 없
출입
고, 그것이 어디로〔鄕=向〕 갈지 알 수 없다'고 하셨는데 이는 분명〔惟〕
향 향   유
사람의 마음〔心〕을 두고 하신 말씀일 것이다."
심

여기서 우리는 『논어』 '양화 2'에 나오는 공자의 말을 다시 한 번 읽
어보지 않을 수 없다.

공자는 말했다. "(사람마다 타고난) 본성〔性〕은 서로 비슷하나 익
성
히는 것〔習〕에 의해 서로 멀어지게 된다."
습

여기서 주목해야 할 점은 본성 쪽보다는 익힘〔習〕 쪽이다.
습

9

맹자는 말했다. "임금이 지혜롭지 못하다고 해서 이상하게 생각할 것은 없다. 아무리 세상에서 쉽게 잘 자라는 식물이 있다고 해도 하루만 햇볕을 쬐고 열흘 동안은 춥게 하면 제대로 자랄 수 있는 것은 없다. 내가 임금을 뵙는 일이 아주 드물고, 내가 물러나 있는 동안 임금을 춥게 만드는 자들이 그득하니 임금에게 (선량한 마음의) 싹이 있다고 해도 난들 어떻게 하겠는가?

자, (바둑을 예로 들어보자.) 바둑의 기술이라는 것은 하찮은 기술이다. (그러나) 수를 생각할 때 온 마음을 쓰고, 뜻을 다하지 않으면 원하는 수를 얻을 수 없다. 혁추(弈秋)는 온 나라를 통틀어 바둑을 가장 잘 두는 사람이다. 그런데 혁추로 하여금 (동시에) 두 사람에게 바둑을 가르치게 했을 때, 한 사람은 온 마음을 쓰고 뜻을 다하여 오로지 혁추가 하는 말을 하나도 놓치지 않고 다 듣는데 반해 다른 한 사람은 비록 듣기는 하지만 마음 한구석에서는 고니가 장차 날아오르면 실을 매단 화살을 당겨서 쏘아 그것을 맞출 궁리만 하고 있다고 하자. 그러면 뒤에 말한 사람은 비록 함께 (바둑을) 배우더라도 앞에 말한 사람만큼 되지 못한다. 이는 뒷사람이 앞사람만큼 지혜가 없어서인가? 내 단언컨대 그렇지 않다."

孟子曰 無或(惑)乎王之不智也 雖有天下易生之物也 一日暴之十日寒
맹자 왈 무혹 혹 호왕지부지 야 수유 천하 이 생지물야 일일 폭지 십일 한

之未有能生者也 吾見亦罕矣吾退而寒之者至矣 吾如有萌焉何哉 今夫弈
지 미유 능 생 자 야 오 현역 한 의 오 퇴 이 한 지자 지 의 오 여 유 맹 언 하재 금부 혁

之爲數小數也 不專心致志則不得也 奕秋通國之善奕者也 使奕秋誨二人
지 위 수 소 수 야 부 전심 치지 즉 부득 야 혁추 통국 지선 혁자 야 사 혁추 회 이인

奕 其一人專心致志 惟奕秋之爲聽 一人雖聽之 一心以爲有鴻鵠將至 思援
혁 기 일인 전심 치지 유 혁추 지위청 일인 수청지 일심 이위 유 홍곡 장지 사 원

弓繳而射之 雖與之俱學弗若之矣 爲是其智弗若與 曰 非然也
궁작 이 석지 수여지구 학 불약지의 위시 기 지 불약 여 왈 비연 야

이 또한 주변 환경의 중요성을 이야기한다는 점에서 앞의 내용에 이어진다. 다만 보다 현실적으로 임금의 사례를 끌어들이고 있다는 점에서 주목할 필요가 있다.

맹자가 말했다. "임금이 지혜롭지 못하다고 해서 이상하게 생각할 것은 없다." 주희는 여기서 임금은 제(齊) 나라 임금을 특정해서 가리키는 듯하다고 풀이한다. 즉 제나라 임금이 지혜롭지 못하다(不智)는 지적이 있음에도 맹자가 그 점을 제대로 일깨워주지 못하는 데 대한 비판을 의식하여 맹자가 이렇게 말하고 있는 것으로 볼 수 있다.

맹자의 말이 이어진다. "아무리 세상에서 쉽게 잘(易) 자라는 식물이 있다고 해도 하루만 햇볕을 쬐고 열흘 동안은 춥게 하면 제대로(能) 자랄 수 있는 것은 없다. 내가 임금을 뵙는 일이 아주 드물고, 내가 물러나 있는 동안 임금을 춥게 만드는 자들이 그득하니(至) 임금에게 (선량한 마음의) 싹이 있다고 해도 난들 어떻게 하겠는가?

자(今夫), (바둑을 예로 들어보자.) 바둑(弈)의 기술(數)이라는 것은 하찮은 기술이다. (그러나) 수를 생각할 때 온 마음을 쓰고, 뜻을 다하지 않으면 원하는 수를 얻을 수 없다. 혁추(奕秋)는 온 나라를 통틀어 바둑을 가장 잘 두는 사람이다. 그런데 혁추로 하여금 (동시에) 두 사람에게 바둑을 가르치게 했을 때, 한 사람은 온 마음을 쓰고 뜻을 다하여 오로지 혁추가 하는 말을 하나도 놓치지 않고 다 듣는데 반해

다른 한 사람은 비록 듣기는 하지만 마음 한 구석에서는 고니〔鴻鵠〕가
_{홍곡}
장차 날아오르면 실을 매단 화살〔弓繳〕을 당겨서〔援〕 쏘아 그것을 맞
_{궁작}　　　　　　　_원
출 궁리만 하고 있다고 하자. 그러면 뒤에 말한 사람은 비록 함께〔俱〕
_구
(바둑을) 배우더라도 앞에 말한 사람〔之〕만큼〔若〕 되지 못한다〔弗〕. 이
_지　　_약　　　　　　_불
는 뒷사람이 앞사람만큼 지혜가 없어서인가? 내 단언컨대〔曰〕 그렇지
_왈
않다."

범조우의 풀이는 험난한 현실을 보여준다는 점에서 참고할 필요가
있다. "어진 사람은 (임금에게) 소원하기 쉽고, 소인은 친근하기 쉽다. 이
때문에 적은 사람(즉 어진 사람들)이 많은 사람을 이기지 못하고, 정직
한 자가 사악한 자를 이기지 못하는 것이니, 예로부터 국가가 다스려지
는 날이 항상 적고 혼란한 날이 항상 많은 것은 이 때문이다."

맹자는 말했다. "생선 요리도 먹고 싶고 곰 발바닥 요리도 먹고 싶은데, 이 둘을 겸해서 가질 수 없다면 (당연히) 생선을 포기하고 곰 발바닥 요리를 택할 것이다. 생명이나 삶도 내가 원하는 바요, 의리도 내가 원하는 바인데 이 둘을 겸해서 가질 수 없다면 생명을 버리고 의리를 택할 것이다. 생명도 내가 원하는 바이지만 진정 원하는 바로 생명보다 더 간절한 것이 있기 때문에 구차스럽게 생명을 구걸하지 않으며, 죽음도 내가 싫어하는 바이지만 진정 싫어하는 바로 죽음보다 더 심한 것이 있기 때문에 굳이 피하지 않는 환란이 있는 것이다. 만일 사람들이 원하는 바 중에서 생명보다 더 간절한 것이 없다면 결국 목숨을 얻기 위해서는 어떤 방법이건 쓰지 않겠는가? 만일 사람들이 싫어하는 바 중에서 죽음보다 더 심한 것이 없다면 (죽음에 이를 수 있는) 환란을 피하기 위해서는 어떤 짓이든 못할 것이 있겠는가? (그런데 사람들은) 이렇게 하면 살 수 있는데도 그 방법을 쓰지 않고, 저렇게 하면 환란을 피할 수 있는데도 그것을 하지 않는 경우가 있다. 바로 이 때문에 진정 원하는 바로 생명보다 더 간절한 것이 있고, 진정 싫어하는 바로 죽음보다 더 심한 것이 있다는 것을 알 수 있다. 이런 마음은 오직 뛰어난 자만이 갖고 있는 것은 아니고, 사람이라면 다 갖고 있지만 뛰어난 자는 능히 그것을 잃어버리지 않을 뿐이다.

한 (대)그릇의 밥과 한 (나무)그릇의 국을 얻어먹으면 살고, 얻어먹지 못하면 죽는 상황에 처한 사람이 있다고 하자. 그런데 주는 사람이 호통을 치면서 그것을 준다면 허기진 행인도 그것을 받지 않을 것이며, 그것을 발로 차서 준다면 거지도 기분 나빠한다. (그런데) 만 종(萬鍾)의 녹봉을 주겠다고 하면 (대부분의 사람들은) 예와 의리를 가리지도 않고 덥석 받는다. 그 많은 만 종의 녹봉이 나에게 무엇을 보태주겠는가. 집을 호화롭게 꾸미고, 처첩의 시중을 받고, 나와 알고 지내는 궁핍한 자들이 나를 알아주게 하기 위해서인가? 앞의 경우에는 자기 몸을 위해서는 죽어도 받지 않아 놓고서 이번에는 집을 호화롭게 꾸미기 위해 (녹봉을) 받고, 앞의 경우에는 자기 몸을 위해서는 죽어도 받지 않아 놓고서 이번에는 처첩의 시중을 받기 위해 받고, 앞의 경우에는 자기 몸을 위해서는 죽어도 받지 않아 놓고서 이번에는 나와 알고 지내는 궁핍한 자들이 나를 알아주게 하기 위해서 그 짓을 한다면 이것이 과연 그만둘 수 없는 일인가? 이런 것을 일러 그 본래 마음을 잃었다고 하는 것이다."

孟子曰 魚我所欲也 熊掌亦我所欲也 二者不可得兼舍魚而取熊掌者
맹자 왈 어아 소욕 야 웅장 역아 소욕 야 이자 불가 득겸사어 이취 웅장 자

也 生亦我所欲也 義亦我所欲也 二者不可得兼舍生而取義者也 生亦我
야 생역아 소욕 야 의역아 소욕 야 이자 불가 득겸사생 이취 의자 야 생역아

所欲 所欲有甚於生者 故不爲苟得也 死亦我所惡 所惡有甚於死者 故患
소욕 소욕 유심어생자 고불위 구득 야 사역아 소오 소오 유심어사자 고환

有所不辟(避)也 如使人之所欲莫甚於生則凡可以得生者何不用也 使人之
유 소불피 피 야 여사 인지 소욕 막심어 생 즉범 가이 득생 자하 불용 야 사인지

所惡莫甚於死者則凡可以辟患者何不爲也 由是則生而有不用也 由是則
소오 막심어 사 자 즉범 가이 피환자 하 불위 야 유시 즉생 이유 불용 야 유시 즉

可以辟患而有不爲也 是故所欲有甚於生者 所惡有甚於死者 非獨賢者有
가이 피환 이유 불위 야 시고 소욕 유심어생자 소오 유심어사자 비독 현자유

是心也 人皆有之賢者能勿喪耳
시심야 인개유지 현자 능물 상이

一簞食一豆羹得之則生 弗得則死嘑爾而與之行道之人弗受 蹴爾而與
일 단사 일 두갱 득지 즉생 불득 즉사 호이 이여지 행도지인 불수 축이 이여

之乞人不屑也 萬鍾則不辨禮義而受之 萬鍾於我何加焉 爲宮室之美 妻妾
지 걸인 불설 야 만종 즉 불변 예의 이수지 만종 어아 하가 언 위 궁실 지미 처첩

之奉 所識窮乏者得我與 鄕(響)爲身死而不受 今爲宮室之美爲之 鄕(響)
지봉 소식 궁핍 자득 아여 향 향 위신사이불수 금위궁실지미위지 향 향

爲身死而不受 今爲妻妾之奉爲之 鄕(響)爲身死而不受 今爲所識窮乏者
위신사이불수 금위 처첩 지봉위지 향 향 위신사이불수 금위 소식 궁핍 자

得我而爲之 是亦不可以已乎 此之謂失其本心
득 아 이 위 지 시 역 불 가 이 이 호 차 지 위 실 기 본심

맹자가 말한다. "생선 요리도 먹고 싶고 곰 발바닥 요리
도 먹고 싶은데 이 둘을 겸해서 가질 수 없다면 (당연히) 생선을 포기
하고 곰 발바닥 요리를 택할 것이다. 생명이나 삶〔生〕도 내가 원하는
바요, 의리〔義〕도 내가 원하는 바인데 이 둘을 겸해서 가질 수 없다면
생명을 버리고 의리를 택할 것이다."

조금은 날카롭고 상당히 과격하다. 만일 공자라면 이 말을 듣고서
맹자에게 뭐라고 했을까? 물론 공자도 살신성인(殺身成仁)을 이야기했
지만 생명에 대해서는 이처럼 쉽고 단호하게 말한 적이 없다. 오히려
지나치게 용맹을 내세워 목숨을 쉽게 버리려는 제자 자로(子路)를 '제
명에 죽지 못할 것'이라고 꾸짖을 정도였다. 물론 맹자가 자로처럼 맹
목적인 의리를 주장하는 것은 아니지만 분명 공자와 비교할 때 지나
친 점이 있는 것은 사실이다. 일단 이런 점을 염두에 두면서 맹자의 발
언을 세심하게 읽어보자.

"생명도 내가 원하는 바이지만 진정 원하는 바로 생명보다 더 간절
한〔甚〕 것이 있기 때문에 구차스럽게〔苟〕 생명을 구걸〔得〕하지 않으며,
죽음도 내가 싫어하는 바이지만 진정 싫어하는 바로 죽음보다 더 심
한 것이 있기 때문에 굳이 피하지 않는 환란이 있는 것이다.

만일〔如使=如若〕 사람들이 원하는 바 중에서 생명보다 더 간절한
것이 없다면 결국 목숨을 얻기 위해서는 어떤 방법이건 쓰지 않겠는
가? 만일 사람들이 싫어하는 바 중에서 죽음보다 더 심한 것이 없다
면 (죽음에 이를 수 있는) 환란을 피하기 위해서는 어떤 짓이든 못할
것이 있겠는가? (그런데 사람들은) 이렇게 하면〔由是〕 살 수 있는데도
그 방법을 쓰지 않고 저렇게 하면〔由是〕 환란을 피할 수 있는데도 그
것을 하지 않는 경우가 있다.

바로 이 때문에〔是故〕 진정 원하는 바로 생명보다 더 간절한〔甚〕 것
이 있고, 진정 싫어하는 바로 죽음보다 더 심한 것〔不義〕이 있다는 것
을 알 수 있다. 이런 마음은 오직 뛰어난 자〔賢者〕만이 갖고 있는 것은
아니고, 사람이라면 다 갖고 있지만 뛰어난 자는 능히 그것을 잃어버
리지〔喪〕 않을〔勿〕 뿐〔耳=而已矣〕이다.

한 (대)그릇의 밥과 한 (나무)그릇의 국을 얻어먹으면 살고, 얻어먹
지 못하면 죽는 상황에 처한 사람이 있다고 하자. 그런데 주는 사람이
호통을 치면서〔嘑〕 그것을 준다면 허기진 행인도 그것을 받지 않을 것
이며, 그것을 발로 차서 준다면 거지도 기분 나빠한다.

(그런데) 만 종(萬鍾)의 녹봉을 주겠다고 하면 (대부분의 사람들은)
예와 의리를 가리지도 않고 덥석 받는다. 그 많은 만 종의 녹봉이 나에
게 무엇을 보태주겠는가. 집을 호화롭게 꾸미고, 처첩의 시중을 받고,
나와 알고 지내는 궁핍한 자들이 나를 알아주게 하기 위해서인가?

앞의 경우에는〔鄕=曏〕 자기 몸을 위해서는 죽어도 받지 않아 놓고
서 이번에는〔今〕 집을 호화롭게 꾸미기 위해 (녹봉을) 받고, 앞의 경우
에는 자기 몸을 위해서는 죽어도 받지 않아 놓고서 이번에는 처첩의
시중을 받기 위해 받고, 앞의 경우에는 자기 몸을 위해서는 죽어도 받

지 않아 놓고서 이번에는 나와 알고 지내는 궁핍한 자들이 나를 알아
주게 하기 위해서 그 짓을 한다면 이것이 과연〔亦〕 그만둘 수 없는 일
인가? 이런 것을 일러 그 본래 마음〔本心〕을 잃었다고 하는 것이다."
　주희의 풀이대로 이 장은 수오지심(羞惡之心)을 다루고 있다.

맹자는 말했다. "어짊〔仁〕은 사람의 마음이요, 의로움〔義〕은 사람이 걸어가야 할 길이다. 그 길을 버리고 따라갈 생각도 않으며, 그 마음을 놓아버리고는 찾을 줄도 모르니 슬프도다! 사람들은 자신들이 기르던 닭이나 개를 잃어버리면 그것을 찾을 줄 알면서도, 마음을 놓아버리고 서는 찾을 줄을 모른다. 배우고 묻는 길은 다른 게 없고, 오직 놓아버린 마음을 (다시) 찾는 데 있을 뿐이다."

孟子曰 仁人心也 義人路也 舍其路而不由放其心而不知求哀哉 人有
맹자 왈 인 인심 야 의 인로 야 사 기 로 이 불유 방 기 심 이 부지 구 애재 인 유

鷄犬放則知求之有放心而不知求 學問之道無他求其放心而已矣
계견 방 즉 지 구 지 유 방심 이 부지 구 학문지도 무타 구 기 방심 이이의

인의(仁義)에 관한 내용이 계속 이어진다. 맹자는 말한다.

"어짊〔仁〕은 사람의 마음〔人心〕이요, 의로움〔義〕은 사람이 걸어가야 할 길〔人路〕이다. 그 길을 버리고 따라갈 생각도 않으며, 그 마음을 놓아버리고는 찾을 줄도 모르니 슬프도다! 사람들은 자신들이 기르던〔有〕 닭이나 개를 잃어버리면 그것을 찾을 줄 알면서도, 마음을 놓아버리고서는 찾을 줄을 모른다. 배우고 묻는 길〔學問之道〕은 다른 게 없고, 오직 놓아버린 마음〔放心〕을 (다시) 찾는 데 있을 뿐이다."

우선 여기서 조심해야 할 용어는 人心이다. 통상 人心은 道心과 대비되어 다소 부정적 의미로 사용된다. 私慾에 가까운 것을 人心이라

고 한다. 그러나 여기서는 좋은 의미로 인간 본연의 마음이라는 의미의 人心이다.

우리가 이 장에서 짚고 넘어가야 할 사항은 맹자의 인의와 공자의 인지(仁知=仁智)를 대비해서 보는 시야의 문제다. 『맹자』의 양대축이 인의라면 『논어』의 양대축은 인지다. 그리고 맹자는 여기서 바로 그 인의를 아주 함축적으로 보여주었다. 사람의 마음과 사람이 걸어가야 할 길이 바로 그것이다. 공자도 『논어』 '안연 22'에서 인지를 대단히 함축적으로 표현하고 있다.

번지가 먼저 어질다는 것(仁)이 무엇이냐고 묻자 공자는 "사람을 사랑하는 것(愛人)"이라고 답한다. 이어 안다는 것(知)은 무엇이냐고 묻자 "사람을 아는 것(知人)"이라고 말한다. 그런데 번지가 이 말을 미처 이해하지 못하자 공자는 말했다. "곧은 사람을 들어 쓰고 모든 굽은 사람은 제자리에 두면, 굽은 자로 하여금 곧아지게 할 수 있다."

번지는 공자 앞을 물러나와 자하를 찾아가 물었다. "지난번에 내가 부자를 뵙고서 안다는 것(知)이 무엇인지 묻자 부자께서는 '곧은 사람을 들어 쓰고 모든 굽은 사람은 제자리에 두면, 굽은 자로 하여금 곧아지게 할 수 있다'라고 하셨다. 무엇을 말함인가?"

자하는 이미 공자의 말뜻을 알아차렸다는 듯이 "풍부하도다! 그 말씀이여!"라고 말한 다음 구체적인 사례를 들어 번지의 궁금증을 풀어준다. "순임금이 천하를 소유함에 여러 사람 중에서 선발하여 고요(皐陶)를 들어 쓰시니 어질지 못한 자들이 멀리 사라졌고, 탕왕이 천하를 소유함에 여러 사람 중에서 선발하여 이윤(伊尹)을 들어 쓰시니 어질지 못한 자들이 멀리 사라졌다."

　공자는 仁을 愛人으로 풀었고, 맹자는 仁을 人心으로 풀었다. 일단
이 점만 지적해 둔다.

12

맹자는 말했다. "지금 어떤 사람의 약손가락이 굽혀져 펴지지가 않는다고 하자. 그리고 당장 통증이 있거나 일에 방해가 되지 않는다고 하자. 그런데도 사람들은 그것을 잘 펼 수 있게 해줄 사람이 있다(는 소문을 들으)면 그 멀고 먼 진(秦) 나라나 초(楚) 나라에 이르는 길을 멀다 않으니 (그들이 이렇게 하는 이유는) 약손가락이 남들의 그것과 같지 않아서이다. (요즘 사람들이란) 손가락 하나가 남들과 같지 않아도 그것을 싫어할 줄 알면서 마음이 남들과 같지 않아도 싫어할 줄을 모르니, 이를 일러 사안의 경중(輕重)과 완급(緩急)을 모르는 것이라고 한다."

孟子曰 今有無名之指屈而不信(伸) 非疾痛害事也 如有能信之者則
맹자 왈 금 유 무명 지 지 굴 이 불신 신   비 질통 해사 야 여유 능 신 지 자 즉

不遠秦楚之路 爲指之不若人也 指不若人則知惡之 心不若人則不知惡
불원 진 초 지 로 위 지 지 불약 인 야 지 불약 인 즉 지 오 지 심 불약 인 즉 부지 오

此之謂不知類也
차 지 위 부지 류 야

🍃　　　앞 장과 이어진다. 사람들이 무엇이 중요하고 무엇이 덜 중요한지를 구분하지 못하는 것에 대해 맹자가 답답함을 토로하는 장면이라 할 수 있다. 앞 장의 경우엔 사람의 마음이 훨씬 중한데도 사람들은 닭과 개보다 못한 것으로 취급하고 있는 것을 비판했다고 할 수 있다.

맹자가 말한다. "지금 어떤 사람의 약손가락[無名指=藥指]이 굽혀
　　　　　　　　　　　　　　　　　　　　무명지　약지

져 펴지지가 않는다고 하자. 그리고 당장 통증이 있거나 일에 방해가 되지 않는다고 하자. 그런데도 사람들은 그것을 잘 펼 수 있게 해줄 사람이 있다(는 소문을 들으)면 그 멀고 먼 진(秦) 나라나 초(楚) 나라에 이르는 길을 멀다 않으니〔不遠〕(그들이 이렇게 하는 이유는) 약손가락이 남들의 그것과 같지 않아서〔不若〕이다. (요즘 사람들이란) 손가락 하나가 남들과 같지 않아도 그것을 싫어할 줄 알면서 마음이 남들과 같지 않아도 싫어할 줄을 모르니, 이를 일러 사안의 경중(輕重)과 완급(緩急)을 모르는 것〔不知類〕이라고 한다."

손가락 중에서 특히 네 번째 손가락을 예로 든 것은 의미가 있다. 그 손가락은 이름 없는 손가락〔無名指〕으로 불릴 만큼 평소에는 주목을 받지 못하는 손가락이다. 그것을 약손가락이라고 하는 것도 평소에는 거의 소용이 없다가 약의 맛을 볼 때나 쓰인다고 해서 약지(藥指)라고 불렀기 때문이다.

不若은 '~와 같지 않다'고 해서 남들과 다름〔異〕에 중점을 두고서 풀이했다. '~만큼 못 되다'고 해서 남들보다 못함〔劣〕에 중점을 둔 풀이도 가능할 것이다. 그때그때의 문맥이 중요하다.

13

맹자는 말했다. "한두 움큼으로 쥘 수 있는 작은 오동나무나 가래나무도 만일 사람들이 살리고자 한다면 모두들 그것을 어떻게 키워야 하는지를 알고 있으면서 정작 자기 몸에 대해서는 어떻게 키워야 하는지를 모르고 있다. (그렇다고 해서) 어찌 (사람들이) 자기 몸을 사랑하는 것이 오동나무나 가래나무를 사랑하는 것보다 못해서이겠는가? 자기 몸을 사랑하려고 애쓰는 마음이 없어도 너무 없기 때문에 그런 것이다."

孟子曰 拱把之桐梓人苟欲生之皆知所以養之者 至於身而不知所以養
맹 자 왈 　공 파 지 동 재 인 구 욕 생 지 개 지 소 이 양 지 자 　 지 어 신 이 부 지 소 이 양

之者 豈愛身不若桐梓哉 弗思甚也
지 자 기 애 신 불 약 동 재 재 불 사 심 야

　　　　　내용은 앞 장과 비슷하다. 얼핏 보면 반복되는 듯하지만 꼼꼼하게 읽어보면 사안이 조금씩 진행되고 있음을 알 수 있다.

　"한두 움큼(拱把)으로 쥘 수 있는 작은 오동나무나 가래나무도 만일(苟) 사람들이 살리고자 한다면 모두들 그것을 어떻게 키워야 하는지를 알고 있으면서 정작 자기 몸에 대해서는 어떻게 키워야 하는지를 모르고 있다. (그렇다고 해서) 어찌 (사람들이) 자기 몸을 사랑하는 것이 오동나무나 가래나무를 사랑하는 것보다 못해서(不若)이겠는가? 자기 몸을 사랑하려고 애쓰는 마음(思)이 없어도 너무 없기 때문에 그런 것이다."

한마디로 외물에는 집착하면서 정작 자신의 마음을 가꾸려는 데는 인색하기 그지없는 사람들의 문제점을 지적한다. 이 또한 앞에서 살펴본 사안의 경중(輕重)과 완급(緩急)을 모르는 것〔不知類〕에 대한 비판과 맥을 같이 한다.

14

맹자는 말했다. "(원래는) 사람이 자기 몸에 대해서는 구석구석 사랑하는 바를 겸하여 갖추고 있다. 구석구석 사랑하는 바를 겸하여 갖추고 있다는 말은 곧 구석구석 기르고 보살피는 바를 겸하여 갖추고 있다는 뜻이다. (즉 그래서) 한 자, 한 치의 살갗을 사랑하지 않음이 없다는 것은 한 자, 한 치의 살갗을 기르지 않는 바가 없다는 뜻이(어어야 한)다. 따라서 자신의 몸을 잘 기르고 있는지 못 기르고 있는지를 살펴보는 방법이 어찌 다른 데 있겠는가? 자기 자신에게서 그것을 취할 뿐이다. 몸에는 귀한 부분과 그렇지 못한 부분, 큰 부분과 작은 부분이 있다. 작은 부분으로 큰 부분을 해쳐서는 안 되고, 그렇지 못한 부분으로 귀한 부분을 해쳐서는 안 된다. 그 작은 (그리고 귀하지 못한) 부분을 기르는 자는 소인배가 되고, 큰 (그리고 귀한) 부분을 기르는 자는 대인배가 된다. 지금 한 정원관리 책임자가 있다고 하자. 만일 그가 (귀중한) 오동나무나 가래나무는 버리고, 키가 작은 멧대추나무나 가시나무 같은 싸구려 나무를 기른다면 그는 하잘것없는 정원관리 책임자가 되고 말 것이다. (어깨와 등에서 비롯된) 손가락 하나를 고치는 데만 신경을 쓰고 정작 어깨와 등은 망가져가는데도 그것을 모른다면 이는 정말로 병을 고칠 줄 모르는 사람이 되고 만다. 먹고 마시기만 좋아하는 사람은 남들이 천시한다. 작은 부분을 기르는 데만 신경을 씀으로써 큰 부분을 잃어버리기 때문이다. (반면에) 먹고 마시기를 좋아하는 사람이라 하더라도 (큰 부분을) 잃어버림이 없다면 그 먹고 마시는 것이 어찌 다만 한 자, 한 치의 살갗만 되겠는가?"

孟子曰 人之於身也兼所愛 兼所愛則兼所養也 無尺寸之膚不愛焉則無
맹자 왈 인 지 어 신 야 겸 소 애   겸 소 애 즉 겸 소 양 야   무 척 촌 지 부 불 애 언 즉 무

尺寸之膚不養也 所以考其善不善者豈有他哉 於己取之而已矣 體有貴賤
척 촌 지 부 불 양 야   소 이 고 기 선 불 선 자 기 유 타 재   어 기 취 지 이 이 이   체 유 귀 천

有小大 無以小害大無以賤害貴 養其小者爲小人 養其大者爲大人 今有
유 소 대   무 이 소 해 대 무 이 천 해 귀   양 기 소 자 위 소 인   양 기 대 자 위 대 인   금 유

場師 舍其梧檟養其樲棘則爲賤場師焉 養其一指而失其肩背而不知也則
장 사   사 기 오 가 양 기 이 극 즉 위 천 장 사 언   양 기 일 지 이 실 기 견 배 이 부 지 야 즉

爲狼疾人也 飮食之人則人賤之矣 爲其養小以失大也 飮食之人無有失也
위 낭 질 인 야   음 식 지 인 즉 인 천 지 의   위 기 양 소 이 실 대 야   음 식 지 인 무 유 실 야

則口腹 豈適爲尺寸之膚哉
즉 구 복 기 적 위 척 촌 지 부 재

앞 장이 사안의 경중(輕重)과 완급(緩急)을 모르는 것
〔不知類〕에 대한 비판이었다면 이 장에서는 맹자가 그 대안을 제시하
고 있다.

"(원래는) 사람이 자기 몸〔身〕에 대해서는 구석구석 사랑하는 바
〔所愛〕를 겸하여 갖추고 있다. 구석구석 사랑하는 바를 겸하여 갖추
고 있다〔兼所愛〕는 말은 곧 구석구석 기르고 보살피는 바〔所養〕를 겸
하여 갖추고 있다는 뜻이다. (즉 그래서) 한 자, 한 치의 살갗을 사랑하
지 않음이 없다는 것은 한 자, 한 치의 살갗을 기르지 않는 바가 없다
는 뜻이(이어야 한)다. 따라서 자신의 몸을 잘 기르고 있는지 못 기르
고 있는지〔善不善〕를 살펴보는 방법이 어찌 다른 데 있겠는가? 자기
자신에게서 그것을 취할 뿐이다.

몸〔體〕에는 귀한 부분과 그렇지 못한 부분, 큰 부분과 작은 부분이
있다. 작은 부분으로 큰 부분을 해쳐서는 안 되고, 그렇지 못한 부분

으로 귀한 부분을 해쳐서는 안 된다. 그 작은 (그리고 귀하지 못한) 부분을 기르는 자는 소인배〔小人〕가 되고, 큰 (그리고 귀한) 부분을 기르는 자는 대인배〔大人〕가 된다."

주희는 말한다. "하찮고 작은 부분은 입과 배요, 귀하고 큰 부분은 마음의 뜻〔心志〕이다." 여기서 대인배는 군자(君子)와 같은 뜻이다. 다시 맹자의 말이 이어진다.

"지금 한 정원관리 책임자〔場師〕가 있다고 하자. 만일 그가 (귀중한) 오동나무나 가래나무는 버리고, 키가 작은 멧대추나무〔樲〕나 가시나무〔棘〕 같은 싸구려 나무를 기른다면 그는 하잘것없는〔賤〕 정원관리 책임자가 되고 말 것이다."

다시 맹자의 말이다. "(어깨와 등에서 비롯된) 손가락 하나를 고치는 데만 신경을 쓰고, 정작 어깨와 등은 망가져가는데도 그것을 모른다면 이는 정말로 병을 고칠 줄 모르는 사람〔狼疾人〕이 되고 만다.

먹고 마시기만 좋아하는 사람〔飲食之人〕은 남들이 천시한다. 작은 부분을 기르는 데만 신경을 씀으로써 큰 부분을 잃어버리기 때문이다. (반면에) 먹고 마시기를 좋아하는 사람이라 하더라도 (큰 부분을) 잃어버림이 없다면 그 먹고 마시는 것이 어찌〔豈〕 다만〔適〕 한 자, 한 치의 살갗만 되겠는가?"

즉 큰 부분을 잃지만 않는다면 오히려 먹고 마시는 것도 결국은 몸과 생명을 기르는 일이기 때문에 도움을 줄 수는 있다는 말이다. 다만 일반적으로 볼 때 작은 것에 신경을 쓰는 사람은 큰 것을 소홀히 하는 경향이 있기 때문에 "먹고 마시기만 좋아하는 사람은 남들이 천시한다"고 말했다고 할 수 있다.

15

공도자가 말했다. "다 같은 사람인데 누구는 대인이 되고 누구는 소인이 되니 무엇 때문입니까?"

이에 맹자가 답했다. "매사에 크고 귀중한 부분을 (중시하여 그것을) 따르면 대인이 되고, 작고 하찮은 부분을 (중시하여 그것을) 따르면 소인이 된다."

"다 같은 사람인데 누구는 대체를 따르고 누구는 소체를 따르니 무엇 때문입니까?"

"귀나 눈과 같은 기관은 생각을 할 줄 모르고 외물에 가리워진다. 그래서 외물은 귀나 눈과 같은 것과 만나는 순간 그것을 끌어당겨버릴 뿐이다. (그러나) 마음이라는 기관은 생각을 한다. 생각을 하면 (끌어당겨지는 것이 아니라 오히려) 얻는다. 반면 생각하지 않으면 얻지 못한다. 이는 하늘이 우리 인간에게 부여해 준 것이다. 우선 큰 것을 바로 세워놓으면 그 작은 것들은 빼앗아갈 수 없다. 대인이 되는 것은 그뿐이다."

公都子問曰 鈞是人也或爲大人或爲小人何也
공도자 문왈 균 시 인 야 혹 위 대인 혹 위 소인 하야

孟子曰 從其大體爲大人 從其小體爲小人
맹자 왈 종 기 대체 위 대인 종 기 소체 위 소인

曰 鈞是人也 或從其大體或從其小體何也
왈 균 시 인 야 혹 종 기 대체 혹 종 기 소체 하야

(孟子)曰 耳目之官不思而蔽於物 物交物則引之而已矣 心之官則思 思
맹자 왈 이목 지관 불사 이 폐 어 물 물 교 물 즉 인 지 이 이 의 심 지 관 즉 사 사

則得之不思則不得也 此天之所與我者 先立乎其大者則其小者不能奪也
즉 득 지 불사 즉 부득 야 차 천 지 소여 아 자 선 립 호 기 대자 즉 기 소자 불능 탈 야

此爲大人而已矣
차 위 대인 이이의

이번에는 제자 공도자(公都子)가 먼저 질문을 던진다.
"다 같은〔鈞〕 사람인데 누구는 대인이 되고, 누구는 소인이 되니 무엇
때문입니까?"

앞에 이어졌던 맹자의 긴 이야기들을 듣고 있노라면 자연스럽게 드는
의문을 공도자가 물어본 것이다. 이에 맹자가 다음과 같이 짧게 답한다.
"매사에 크고 귀중한 부분〔大體〕을 (중시하여 그것을) 따르면 대인이 되
고, 작고 하찮은 부분〔小體〕을 (중시하여 그것을) 따르면 소인이 된다."

앞의 문맥에서 보자면 크고 귀중한 부분〔大體〕은 마음의 뜻〔心志〕
이 되고, 작고 하찮은 부분〔小體〕은 입과 배〔口腹〕나 귀와 눈〔耳目〕이
된다. 맹자의 대답이 분명치 않다고 생각했는지 공도자는 말꼬리를 잡
으며 다시 묻는다.

"다 같은〔鈞〕 사람인데 누구는 대체를 따르고, 누구는 소체를 따르
니 무엇 때문입니까?"

"귀나 눈과 같은 기관은 생각을 할 줄 모르고 외물에 가리워진다.
그래서 외물〔物〕은 귀나 눈과 같은 것〔物〕과 만나는 순간 그것을 끌어
당겨 버릴 뿐이다. (그러나) 마음이라는 기관은 생각을 한다. 생각을
하면 (끌어당겨지는 것이 아니라 오히려) 얻는다. 반면 생각하지 않으면
얻지 못한다. 이는 하늘이 우리 인간에게 부여해 준 것이다. 우선 큰
것〔大體=大者=心〕을 바로 세워놓으면 그 작은 것들〔小體=耳目〕은 빼
앗아갈 수 없다. 대인이 되는 것은 그뿐이다."

16

맹자는 말했다. "하늘이 내려주는 작위라는 게 있고, 사람이 내려주는 작위라는 게 있다. 어짊, 의리, 성심, 신의 및 좋음을 즐김과 부지런함은 하늘이 내려주는 작위이고 공(公), 경(卿), 대부(大夫)는 사람이 내려주는 작위이다. 옛 사람들은 하늘의 작위를 닦는 데 전념했는데 (그러고 나면) 사람의 작위가 (자연스럽게) 따라왔다. (그런데) 지금 사람들은 사람의 작위를 추구하기 위해 하늘의 작위를 닦고, 일단 사람의 작위를 얻고 나면 하늘의 작위를 내팽개치니 어리석음이 이처럼 심할 수 있을까? 결국에는 그 사람의 작위도 잃어버리고 말 뿐인 것을."

孟子曰 有天爵者有人爵者 仁義忠信樂善不倦此天爵也 公卿大夫此
맹자 왈 유 천작 자유 인작 자 인의 충신 낙선 불권 차 천작 야   공경대부 차

人爵也 古之人脩其天爵而人爵從之 今之人脩其天爵以要人爵既得人爵而
인작 야 고지인 수 기 천작 이 인작 종지   금지인 수 기 천작 이 요 인작 기득 인작 이

棄其天爵則惑之甚者也 終亦必亡而已矣
기 기 천작 즉 혹 지 심 자 야 종 역 필 망 이 이의

맹자의 말이 이어진다. "하늘이 내려주는 작위〔爵〕라는
작
게 있고, 사람이 내려주는 작위라는 게 있다. 어짊, 의리, 성심, 신의
〔仁義忠信〕 및 좋음을 즐김〔樂善〕과 부지런함〔不倦=無倦=無逸〕은 하
인의 충신   낙선   불권 무권 무일
늘이 내려주는 작위이고 공(公), 경(卿), 대부(大夫)는 사람이 내려주는 작위이다.

옛 사람들은 하늘의 작위〔天爵〕를 닦는 데 전념했는데 (그러고 나
천작

면) 사람의 작위〔人爵〕가 (자연스럽게) 따라왔다. (그런데) 지금 사람들은 사람의 작위를 추구하기 위해 하늘의 작위를 닦고, 일단 사람의 작위를 얻고 나면 하늘의 작위를 내팽개치니 어리석음이 이처럼 심할 수 있을까? 결국에는 그 사람의 작위도 잃어버리고 말 뿐인 것을."

오랜만에 이와 비슷하면서도 공자적인 어법과 맹자적인 어법의 차이를 볼 수 있는 『논어』의 관련구절을 살펴보자. '위정 18'이다.

자장이 벼슬자리를 구하는 법을 배우고 싶다고 하자 공자는 말했다. "많이 듣고서(듣되) 의심나는 것은 제쳐놓고 그 나머지 것들에 대해서만 신중하게 이야기한다면 허물이 적을 것이요, 많이 보고서 위태로운 것은 제쳐놓고 그 나머지를 신중하게 행한다면 후회가 적을 것이니, 말에 허물이 적으며 행실에 후회할 일이 적으면 벼슬자리는 절로 따라오게 될 것이다."

여기서 자장이 구하고자 하는 벼슬자리가 바로 맹자가 말하는 사람의 작위〔人爵〕이다. 그리고 그 사람의 작위를 얻기 위해 어떻게 해야 하는지를 공자가 열거하고 있는데 그것이 바로 사람들이 반드시 갈고 닦아야 할 하늘의 작위〔天爵〕라 할 수 있다.

17

맹자는 말했다. "귀하게 되고 싶어 하는 것은 사람이라면 다 같은 마음이다. 사람마다 자기 자신에게 귀한 것이 있는데 그것을 생각하지 못할 뿐이다. 다른 사람이 (자신을) 귀하게 해주는 것은 양질의 귀함이 아니다. (진(晉) 나라 권력자인) 조맹(趙孟)이 귀하게 해준 것은 조맹이 얼마든지 천하게 할 수도 있다. 『시경』에 이르기를 '이미 술에 취했고, 이미 다음으로 배가 부르다'고 하였다. 이는 인의(仁義)로 배가 부르기 때문에 다른 사람들의 산해진미가 조금도 부럽지 않다는 뜻이며, 또 이는 내 몸에 좋은 평판과 널리 퍼진 명예가 베풀어져 있기 때문에 다른 사람들의 화려한 비단옷 따위는 부럽지 않다는 뜻이다."

孟子曰 欲貴者人之同心也 人人有貴於己者弗思耳 人之所貴者非良貴
맹자 왈 욕 귀자 인지 동심 야 인인 유귀 어 기자 불사 이 인 지 소귀 자비 양귀

也 趙孟之所貴趙孟能賤之 詩云 旣醉以酒 旣飽以德 言飽乎仁義也所以
야 조맹 지 소귀 조맹 능 천지 시운 기 취 이주 기포 이덕 언포 호 인의 야 소이

不願人之膏粱之味也 令聞廣譽施於身所以不願人之文繡也
불원 인 지 고량지미 야 영문 광예 시 어신 소이 불원 인지 문수 야

🌸 　　　앞 장에 이어진다. 맹자는 말한다. "귀하게 되고 싶어 하는 것은 사람이라면 다 같은 마음이다. 사람마다 자기 자신에게 귀한 것〔天爵〕이 있는데 그것을 생각하지 못할 뿐이다. 다른 사람이 (자신을) 귀하게 해주는 것은 양질의 귀함〔良貴〕이 아니다. (진(晉) 나라 권력자인) 조맹(趙孟)이 귀하게 해준 것은 조맹이 얼마든지〔能〕 천하게 할

수도 있다.

『시경』에 이르기를 '이미 술에 취했고, 이미 다움〔德〕으로 배가 부르다'고 하였다. 이는 인의(仁義)로 배가 부르기 때문에 다른 사람들의 산해진미가 조금도 부럽지 않다는 뜻이며, 또 이는 내 몸에 좋은 평판과 널리 퍼진 명예가 베풀어져 있기 때문에 다른 사람들의 화려한 비단옷 따위는 부럽지 않다는 뜻이다."

윤돈의 촌평이 인상적이다. "나에게 있는 것이 중하게 여겨지면 외물은 가벼워짐을 말씀한 것이다." 그런데도 사람들은 귀한 것, 즉 마음의 뜻〔心志〕과 인의를 먼 데서 구하려 한다. 공자는 『논어』 '술이 29'에서 이렇게 말한다.

"어짊〔仁〕이 먼 것이겠는가? 내가 어질고자 하면 이에 어짊이 다가온다."

'자장 6'에서 자하(子夏)가 하는 말도 같은 맥락이다.

자하는 말한다. "널리 배우고 뜻을 독실히 하며, 절실하게 묻고 가까이에서 생각하면 어짊은 그 가운데에 있다."

18

맹자는 말했다. "어짊[仁]이 어질지 못함을 이기는 것은 물이 불을 이기는 이치와 같다. 요즘에 어짊을 행한다는 사람들은 마치 한 잔의 물로 한 수레에 가득 실은 장작에 타오르는 불을 끄려고 하는 것과 같다. 그러고 나서 불이 꺼지지 않으면 말하기를 '물이 불을 이길 수 없다'고 한다. 이런 말은 심지어 어질지 못한 자를 더 도와주는 꼴이다. (그 바람에 이 사람에게 그나마 남아 있던 어진 마음도) 결국 완전히 사라지게 할 뿐이다."

孟子曰 仁之勝不仁也猶水勝火 今之爲仁者猶以一杯水救一車薪之火
맹자 왈 인 지 승 불인 야 유 수 승 화 금 지 위인 자 유 이 일배 수 구 일거 신 지 화

也不熄則謂之水不勝火 此又與於不仁之甚者也 亦終必亡而已矣
야 불식 즉 위 지 수 불승 화 차 우 여 어 불인 지 심 자 야 역 종 필 망 이 이 의

역시 비슷한 문맥이다. 맹자는 말한다. "어짊[仁]이 어질지 못함[不仁]을 이기는 것은 물이 불을 이기는 이치와 같다. 요즘에 어짊[仁]을 행한다는 사람들은 마치 한 잔의 물로 한 수레에 가득 실은 장작에 타오르는 불을 끄려고 하는 것과 같다. 그러고 나서 불이 꺼지지 않으면 말하기를 '물이 불을 이길 수 없다'고 한다. 이런 말은 심지어[又] 어질지 못한 자[不仁者]를 더[甚] 도와주는 꼴이다. (그 바람에 이 사람에게 그나마 남아 있던 어진 마음도) 결국 완전히 사라지게 할 뿐이다."

어설프게 어진 사람이 실상에 없는 말을 하는 바람에 결국은 어질지 못한 자로 하여금 어질고자 하려는 노력마저 근절시켜 버린다는 뜻이다.

맹자는 말했다. "오곡(五穀)이라는 것은 (곡식들 중에서도) 종자가 우수한 것들이지만 만일 익지 않으면 그것은 피만도 못하다. 어짊(仁)도 그것을 성숙하게 했을 때에만 어짊이라 할 수 있다."

孟子曰 五穀者種之美者也 苟爲不熟不如荑稗 夫仁亦在乎熟之而已矣
맹자 왈 오곡 자종지미자 야 구위 불숙 불여 이패 부인역 재호숙지 이이의

맹자는 말한다. "오곡(五穀)이라는 것은 (곡식들 중에서도) 종자가 우수한 것들이지만 만일 익지 않으면 그것은 피만도 못하다. 어짊(仁)도 그것을 성숙하게 했을 때에만 어짊이라 할 수 있다."

즉 어짊은 머물러 있는 것이 아니니 사람이 그것을 부지런히 갈고닦을 때라야 존재할 수 있다. 윤돈의 풀이는 이런 의미다. "날로 새롭게 하고 그치지 않아야 성숙해진다."

맹자는 말했다. "(하(夏) 나라 때의 제후이자 명궁이었던) 예(羿)는 사람들에게 활쏘기를 가르칠 때 반드시 화살을 끝까지 잡아당기는 것을 가장 중요하게 여겼다. 그래서 배우는 사람들도 화살을 끝까지 잡아당기는 것을 가장 중요하게 생각하게 되었다. 큰 목수는 사람들에게 목공을 가르칠 때 반드시 규구(規矩-자)를 사용했다. 그래서 목공을 배우는 사람들도 반드시 규구를 사용했다."

孟子曰 羿之教人射必志於彀 學者亦必志於彀 大匠誨人必以規矩 學者
맹자 왈 예지 교인 사 필 지 어 구   학자 역 필 지 어 구   대장 회인 필 이 규구   학자

亦必以規矩
역 필 이 규구

🌸 성숙이나 익힘〔熟=習〕의 맥락이 이어진다. '고자 장구 상
　　　숙　습
(告子章句上)'의 마지막 장이기도 하다. 맹자는 말한다.

"(하(夏) 나라 때의 제후이자 명궁이었던) 예(羿)는 사람들에게 활쏘기를 가르칠 때 반드시 화살을 끝까지 잡아당기는 것〔彀〕을 가장 중요
　　　　　　　　　　　　　　　　　　　　　　　구
하게 여겼다. 그래서 배우는 사람들도 화살을 끝까지 잡아당기는 것을 가장 중요하게 생각하게 되었다.

큰 목수〔大匠〕는 사람들에게 목공을 가르칠 때 반드시 규구(規矩-
　　　　대장
자)를 사용했다. 그래서 목공을 배우는 사람들도 반드시 규구를 사용했다."

이에 대한 주희의 풀이다. "일이란 반드시 일정한 법식[法]이 있은 뒤에야 이루어질 수 있다. 스승이 이것을 버리면 가르칠 수 없고, 제자가 이것을 버리면 배울 수 없음을 말씀하신 것이다. 이런 기예를 배우는 데도 그러한데 하물며 빼어난 이[聖人]의 도리[道]를 전하고 배우는 데에야 무슨 말을 하겠는가?"

고자 장구 하

告子章句下

1

임(任) 나라 사람이 맹자의 제자 옥려자(屋廬子)에게 질문이 있다며 말했다. "예(禮)와 밥 중에서 어느 것이 더 중한가?"

옥려자가 답했다. "예가 더 중하다."

"(그러면) 여색과 예 중에서는 어느 것이 더 중한가?"

"예가 더 중하다."

그러자 그 사람이 질문했다. "만일 예를 지켜가며 먹을 것을 구할 경우 굶어 죽게 되고, 예를 지키지 않고서 먹을 것을 구할 경우 먹을 수 있게 된다고 할 때 반드시 예를 지켜야 하는가? 또 친영(親迎-신랑이 직접 신부의 집에 가서 신부를 맞아오는 일)(이라는 예)을 하면 아내를 얻을 수 없고, 친영을 무시할 경우에만 아내를 얻을 수 있다고 할 때 반드시 친영을 해야 하는가?"

이에 옥려자는 대답을 하지 못하고 다음 날 추(鄒) 나라에 가서 맹자에게 이 이야기를 고했다.

맹자는 말했다. "이것을 답하는 데 무슨 어려움이 있었느냐? 그 (아래의 뿌리인) 근본을 미루어 헤아리지 못하고 그 (위의) 끝만 잰다면 두께가 한 치밖에 안 되는 나무토막도 높은 누각의 뾰족한 꼭대기보다 높게 할 수 있다. 쇠가 깃털보다 무겁다는 것은 (그 말이) 어찌 한 혁대고리만 한 쇠와 한 수레의 깃털보다 더 무겁다는 말이겠는가? 먹는 것의 중요한 측면과 예의 가벼운 측면을 비교한다면 어찌 먹는 일이 더 중요하다 뿐이겠는가? 여색의 중요한 측면과 예의 가벼운 측면을 비교한다면 어찌 여색이 더 중요하다 뿐이겠는가? 그에게 가서 이렇게 말해 주어라. '형의 팔을 비틀어서 그가 먹고 있는 밥을 빼앗으면 먹을 것을 얻을 수 있고, 비틀지 않으면 밥을 먹을 수 없다고 하더라도 장차 형의 팔을 비틀겠는가? 동쪽 집의 담장을 뛰어넘어가서 그 집의 처녀를 (강제로) 데리고 오면 아내를 얻을 수 있고, 그렇게 해서라도 데리고 오지 않으면 아내를 얻을 수 없다고 하더라도 장차 (강제로) 데리고 오겠는가?'"

任人有問屋廬子曰 禮與食孰重
임인 유문 옥려자 왈 예여 식숙중

曰 禮重
왈 예중

(任人曰) 色與禮孰重
임인 왈 색여예숙중

曰 禮重
왈 예중

(任人)曰 以禮食則飢而死不以禮食則得食必以禮乎 親迎則不得妻不
임인 왈 이례식즉기이사 불이례식즉 득식 필이례호 친영즉부득 처불

親迎則得妻必親迎乎
친영 즉득처 필 친영 호

屋廬子不能對 明日之鄒以告孟子
옥려자 불능 대 명일 지추이고 맹자

孟子曰 於答是也何有 不揣其本而齊其末方寸之木可使高於岑樓 金重
맹자왈 어답 시야 하유 불췌 기본 이제 기 말 방촌지목 가사 고어 잠루 금중

於羽者豈謂一鉤金與一輿羽之謂哉 取食之重者與禮之輕者而比之奚翅
어 우자 기위 일구 금여 일여 우지 위재 취식 지중자여 예지경자 이비지해 시

食重 取色之重者與禮之輕者而比之奚翅色重 往應之曰 紾兄之臂而奪之
식중 취색 지중자여 예지경자 이비지해 시색중 왕응지왈 진형지비 이탈지

食則得食不紾則不得食則將紾之乎 踰東家牆而摟其處子則得妻 不摟則不
식즉 득식 부진 즉부 득식 즉장 진지호 유동가 장이루 기처자 즉 득처' 불루 즉부

得妻則將摟之乎
득처 즉장 루지호

임(任) 나라 사람이 맹자의 제자 옥려자(屋廬子)에게 질문이 있다며 말했다. "예(禮)와 밥〔食〕 중에서 어느 것이 더 중한가?"

옥려자가 답했다. "예가 더 중하다."

"(그러면) 여색〔色〕과 예 중에서는 어느 것이 더 중한가?"

"예가 더 중하다."

그러자 그 사람은 옥려자를 상당히 곤란하게 만드는 질문을 던진다. "만일 예를 지켜가며 먹을 것을 구할 경우 굶어 죽게 되고, 예를 지키지 않고서 먹을 것을 구할 경우 먹을 수 있게 된다고 할 때 반드시 예를 지켜야 하는가? 또 친영(親迎-신랑이 직접 신부의 집에 가서 신부를 맞아오는 일)(이라는 예)을 하면 아내를 얻을 수 없고 친영을 무시할 경우에만 아내를 얻을 수 있다고 할 때 반드시 친영을 해야 합니까?"

이에 옥려자는 대답을 하지 못하고 다음 날 추(鄒) 나라에 가서 맹자에게 이 이야기를 고했다. 이에 맹자는 "이것을 답하는 데 무슨 어려움이 있었느냐"라며 이렇게 말한다.

"그 (아래의 뿌리인) 근본을 미루어 헤아리지〔揣〕 못하고, 그 (위의) 끝만 잰다면 두께가 한 치밖에 안 되는 나무토막도 높은 누각의 뾰족한 꼭대기〔岑樓〕보다 높게 할 수 있다."

이에 대한 주희의 풀이부터 보자. "한 치밖에 안 되는 나무토막은 지극히 낮으니 밥과 여색〔食色〕을 비유한 것이고, 누각의 꼭대기〔岑樓〕는 누대가 높고 뾰족하여 산과 같은 것으로 지극히 높으니 예를 비유한 것이다." 그런데도 아래쪽〔本〕은 보지도 않고 나무토막을 누각꼭대기보다 위에 놓고서 다짜고짜 비교할 경우 누각 꼭대기가 낮아 보일 것이다. 이 점을 지적한 것이다. 다시 맹자의 말이다.

"쇠가 깃털보다 무겁다는 것은 (그 말이) 어찌 한 혁대고리〔鉤〕만 한

쇠와 한 수레의 깃털보다 더 무겁다는 말이겠는가? 먹는 것〔食〕의 중
요한 측면과 예의 가벼운 측면을 비교한다면 어찌 먹는 일이 더 중요
하다 뿐〔翅〕이겠는가? 여색의 중요한 측면과 예의 가벼운 측면을 비교
한다면 어찌 여색이 더 중요하다 뿐이겠는가?

　그에게 가서 이렇게 말해 주어라. ‘형의 팔을 비틀어서〔紾〕 그가 먹
고 있는 밥을 빼앗으면 먹을 것을 얻을 수 있고, 비틀지 않으면 밥을
먹을 수 없다고 하더라도 장차〔將〕 형의 팔을 비틀겠는가? 동쪽 집의
담장을 뛰어넘어가서 그 집의 처녀를 (강제로) 데리고 오면〔摟〕 아내를
얻을 수 있고, 그렇게 해서라도 데리고 오지 않으면 아내를 얻을 수 없
다고 하더라도 장차 (강제로) 데리고 오겠는가?”

　즉 맹자는 같은 선상에서 비교를 해야지 전혀 다른 조건하에서 비
교해서 가볍고 무거움〔輕重〕을 가리는 것은 의미가 없다는 것을 전제
로 하는 강력한 반박의 논리를 옥려자에게 제시해 준 것이다.

2

조교(曹交)가 맹자에게 물었다. "사람은 누구나 요순(堯舜)처럼 (빼어난 사람이) 될 수 있다고 하는데 정말 그런 말이 있습니까?"

이에 맹자는 답했다. "그렇습니다."

다시 조교가 물었다. "제가 듣기로 문왕(文王)은 키가 열 자였고, 탕왕(湯王)은 아홉 자라고 했습니다. 지금 저는 키가 아홉 자 네 치나 되는데 양식만 축내고 있을 뿐이니 어떻게 하면 되겠습니까?"

"(요순처럼 되는 문제가) 어찌 거기에 달려 있겠습니까? 다만 (요순의 도리를) 힘써 행하기만 하면 됩니다. 여기에 어떤 사람이 있는데 그 사람이 (스스로) 힘으로 한 마리 오리새끼를 제압할 수 없다(고 생각한다)면 그는 무력한 사람이 되는 것입니다. (그런데) 이제 말하기를 삼천 근이라도 들겠다고 말하면 그는 곧 힘센 사람이 됩니다. 그렇다면 (옛날 진(秦) 나라 무왕(武王) 때의 천하장사) 오확(烏獲)이 들었던 무게의 짐을 든다면 그 역시 오확이 될 뿐입니다. 무릇 사람들은 어찌 해낼 수 없음을 걱정합니까? (진정 걱정해야 할 것은) 시도조차 하지 않으려는 것뿐입니다. 천천히 걸어서 어른보다 뒤에 가는 것을 공순하다 하고, 빨리 걸어서 어른보다 앞서 가는 것을 공순치 못하다고 합니다. 그런데 천천히 걸어가는 것이 어찌 사람이 능히 할 수 없는 것이겠습니까? 하지 않은 것입니다. 요순의 도리는 효도와 공순일 뿐입니다. 당신께서 만일 요임금의 옷을 입고 요임금이 했던 말을 달달 외워서 하고, 요임금이 했던 행실을 그대로 한다면 당신이 곧 요임금이요, 당신께서 걸왕(桀王)의 옷을 입고 걸왕이 했던 말을 달달 외워서 하고, 걸왕이 했던 행실을 그대로 한다면 당신이 곧 걸왕입니다."

조교가 맹자에게 말했다. "제가 (맹자의 고국인) 추(鄒) 나라의 군주를 뵈올 수 있게 되면 숙소를 빌릴 수 있을 것 같은데 (그리 되면) 거기서 머물면서 선생의 문하에서 수업을 받고 싶습니다."

맹자는 답했다. "무릇 도리[道]는 큰길과 같으니 어찌 찾기가 어렵겠
도
습니까? 사람들의 고질병은 도를 구하려 하지 않는 것뿐입니다. 당신이 돌아가서 구하려고만 한다면 스승은 얼마든지 있을 것입니다."

曹交問曰 人皆可以爲堯舜有諸

조교 문왈 인개 가이 위 요순 유제

孟子曰 然

맹자 왈 연

交聞 文王十尺湯九尺 今交九尺四寸以長食粟而已如何則可

교 문 문왕 십척 탕 구척 금교 구척 사촌 이장 식속 이이 여하 즉 가

曰 奚有於是 亦爲之而已矣 有人於此力不能勝一匹(鳴)雛則爲無力人矣

왈 해유어시 역 위지 이이의 유인 어차 역 불능 승 일필 필 추즉 위 무력인 의

今日擧百鈞則爲有力人矣 然則擧烏獲之任是亦爲烏獲而已矣 夫人 豈以

금 왈 거 백균 즉위 유력인 의 연즉 거 오확 지임 시 역위 오확 이이의 부인 기이

不勝爲患哉 弗爲耳 徐行後長者謂之弟 疾行先長者謂之不弟 夫徐行者豈

불승 위환 재 불위 이 서행 후장 자위 지제 질행 선장 자위 지부제 부 서행 자기

人所不能哉所不爲也 堯舜之道孝弟而已矣 子服堯之服誦堯之言行堯之行

인 소불능 재 소불위 야 요순지도 효제 이이의 자복 요지복 송 요지언 행 요지행

是堯而已矣 子服桀之服誦桀之言行桀之行是桀而已矣

시 요 이이의 자복 걸지복 송 걸지언 행 걸지행 시 걸 이이의

曰 交得見於鄒君可以假館 願留而受業於門

왈 교 득현 어 추군 가이 가관 원류 이 수업 어문

曰 夫道若大路然豈難知哉 人病不求耳 子歸而求之有餘師

왈 부 도약 대로 연기 난 지재 인병 불구 이 자귀 이 구지 유여사

주희는 조기(趙岐)의 말을 인용해 조교(曹交)는 조(曹) 나라 임금의 아우라고 풀이한다. 그 조교가 맹자에게 묻는다. "사람은 누구나〔皆〕요순(堯舜)처럼 (빼어난 사람이) 될 수 있다고 하는데 정말 그런 말이 있습니까?"

이에 맹자는 "그렇습니다〔然〕"라고 답한다. 왕의 아우라면 맹자도 어느 정도 예우해 주었을 것이기 때문에 맹자의 말도 (대부와의 대화에 준해) 상호 존칭으로 옮긴다.

조교가 인용한 말은 그가 다른 데서 들은 것일 수도 있고, 맹자가 했던 말을 전해 들은 것일 수도 있다. 그러나 뒤의 문맥을 보면 다른 데서 들은 것으로 보는 게 무난할 듯하다.

다시 조교가 묻는다. "제가 듣기로 문왕(文王)은 키가 열 자〔尺〕이 었고, 탕왕(湯王)은 아홉 자라고 했습니다. 지금 저는 키가 아홉 자 네 치〔寸〕나 되는데 양식〔粟〕만 축내고 있을 뿐〔而已=而已矣〕이니 어떻게 하면 되겠습니까?"

"(요순처럼 되는 문제가) 어찌 거기에 달려 있겠습니까? 다만〔亦〕 (요 순의 도리를) 힘써 행하기만 하면 됩니다. 여기에〔於此〕 어떤 사람이 있 는데 그 사람이 (스스로) 힘으로 한 마리 오리새끼〔雛〕를 제압할 수 없다(고 생각한다)면 그는 무력한 사람이 되는 것입니다. (그런데) 이제 말하기를 삼천 근〔百鈞〕이라도 들겠다고 말하면 그는 곧 힘센 사람이 됩니다. 그렇다면 (옛날 진(秦) 나라 무왕(武王) 때의 천하장사) 오확(烏 獲)이 들었던 무게의 짐을 든다면 그 역시 오확이 될 뿐입니다. 무릇 사람들은 어찌 해낼 수 없음〔不勝〕을 걱정합니까? (진정 걱정해야 할 것은) 시도조차 하지 않으려는 것〔弗爲〕뿐입니다.

천천히 걸어서 어른보다 뒤에 가는 것을 공순〔弟〕하다 하고, 빨리 걸어서 어른보다 앞서 가는 것을 공순치 못하다고 합니다. 그런데 천천히 걸어가는 것이 어찌 사람이 능히 할 수 없는 것이겠습니까? 하지 않은 것입니다. 요순의 도리는 효도와 공순〔孝弟〕일 뿐입니다.

당신께서 만일 요임금의 옷을 입고 요임금이 했던 말을 달달 외워서 하고, 요임금이 했던 행실을 그대로 한다면 당신이 곧 요임금이요, 당신께서 걸왕(桀王)의 옷을 입고 걸왕이 했던 말을 달달 외워서 하고, 걸왕이 했던 행실을 그대로 한다면 당신이 곧 걸왕입니다.”

이에 조교가 맹자에게 배움을 청한다. “제가 (맹자의 고국인) 추(鄒)나라의 군주를 뵈올 수 있게 되면 숙소〔館〕를 빌릴 수 있을 것 같은데 (그리 되면) 거기서 머물면서 선생의 문하에서 수업을 받고 싶습니다.”

이 문장에 대해 주희는 비판적이다. “숙소〔館舍〕를 빌린 뒤에 수업을 받으려 하였으니 도리〔道〕를 구하는 것이 돈독하지 못함을 볼 수 있다.” 즉 배우고자 한다면 그 자리에서 당장 앞뒤 사정을 고려하지 않고서 청했어야 한다는 말이다. 이에 대한 맹자의 답이다.

“무릇 도리〔道〕는 큰길과 같으니 어찌 찾기가 어렵겠습니까? 사람들의 고질병은 도를 구하려 하지 않는 것뿐입니다. 당신이 돌아가서 구하려고만 한다면 스승은 얼마든지 있을 것입니다.”

결국 맹자는 우회적인 말을 통해 조교를 제자로 받아들일 수 없음을 밝힌 것이다. 조교는 여러모로 역부족(力不足)의 전형이었다. 그런데 바로 이 역부족이란 말은 『논어』에 등장한다. ‘옹야 10’이다.

염구가 “저는 스승님의 도리를 열렬히 좋아하지 않는 것은 아니지만 그것을 향해 나아가기에는 힘이 딸립니다”고 말하자 공자는 말했다. “힘이 부족하다고 말하는 자는 대부분 중도에 포기하는 자인데, 지금 염구 너는 스스로 자신의 한계를 긋고 있는 것이다."

염구(冉求)는 공자로부터 예재(藝才)가 뛰어나다는 평을 받았던 제자이다. 그러나 염구는 『논어』에 묘사된 것만으로 볼 때 그다지 출중한 인물은 아닌 것 같다. 계씨(季氏) 집안의 가신이었으며 또 "곧지도 못했고 진실하지도 못했고 식견이 보잘것없었던" 인물로 등장한다.

염구는 공자에게 "저는 스승님의 도리를 열렬히 좋아하지 않는 것은 아니지만 그것을 향해 나아가기에는 힘이 딸립니다[力不足]"라고 말한다. 이에 대해 공자는 힘이 부족한 것이 아니라 의지가 부족하다는 점을 일깨우며 흔히 "힘이 부족하다고 말하는 자는 대부분 중도에 포기하는 자인데, 지금 염구 너는 스스로 자신의 한계를 긋고 있는 것"이라고 은근히 야단을 친다.

공자는 염구의 이런 단점을 일찍부터 알고 있었기 때문에 이런 방향에서 염구를 타이른 것이다. 물론 공자는 염구가 그런 한계에서 벗어나기 어렵다는 점도 알고 있었기 때문에 스스로 한계를 긋는 것이라고 지적했다.

그런 점에서 조교와 염구는 여러모로 비슷하다. 도리가 좋다는 것은 알지만 힘써 행하기를 스스로 꺼리고 있는 것이다.

3

공손추가 고자(高子)의 말이라며 이렇게 전한다. "『시경』 '소아(小雅)' 편에 나오는 시 '소반(小弁)'은 소인의 시라고 했습니다."

맹자가 물었다. "고자는 뭣 때문에 그렇다고 말하던가?" 이에 공손추는 "원망 때문이라고 했습니다"라고 답했다.

맹자가 말했다. "고수(高叟)의 시 풀이는 참으로 앞뒤가 꽉 막힌 것이다. 지금 여기 한 사람이 있는데 (오랑캐 나라인) 월(越) 나라 사람이 활을 당겨 자신을 쏘려 한다면 웃는 얼굴로 살려달라고 청할 것이다. (웃는 얼굴을 하는) 이유는 다름 아니라 두 사람의 관계가 멀기 때문이다. (하지만) 그 형이 활을 당겨 자신을 쏘려 한다면 눈물을 철철 흘리며 살려달라고 청할 것이다. 이유는 다름 아니라 두 사람의 관계가 가깝기 때문이다. 시 '소반'에 담긴 원망은 부모 형제를 내 몸같이 여기는 것〔親親〕이고, 이처럼 친친(親親)하는 것은 곧 어짊이다. (그런데 이 점을 보지 못했으니) 고수의 시 풀이는 참으로 앞뒤가 꽉 막힌 것이다."

공손추가 물었다. "(또 다른 시) '개풍(凱風)'에는 어찌하여 원망함이 없습니까?"

맹자가 답했다. "시 '개풍'은 어머니의 과실이 작은 경우요, 시 '소반'은 아버지의 과실이 큰 경우다. 어버이의 과실이 큰데도 원망하지 않는다면 이는 어버이와의 사이를 더 소원하게 하는 것이요, 어버이의 과실이 작은데도 원망한다면 이는 어버이에게 너무 쉽게 욱해서 감히 건드리지 못하게 하는 짓이다. 더 소원하게 만드는 것도 불효요, 어버이로 하여금 자신을 건드리지 못하게 하는 짓도 불효다. 공자께서 말씀하셨다. '순임금께서는 50세까지도 부모를 사모하였으니 참으로 지극한 효심을 가졌다고 할 만하다.'"

公孫丑問曰 高子曰 小弁小人之詩也
공손추 문왈 고자 왈 소반 소인 지시 야

孟子曰 何以言之
맹자 왈 하이 언 지

曰 怨
왈 원

(孟子)曰 固哉高叟之爲詩也 有人於此越人關弓(彎弓)而射之則己談笑
맹자 왈 고 재 고수 지 위시 야 유인 어차 월인 관궁 만궁 이 석지 즉 기 담소

而道之 無他疏之也 其兄關弓(彎弓)而射之則己垂涕泣而道之 無他戚之
이 도지 무타 소지야 기형 관궁 만궁 이 석지 즉 기 수 체읍 이도 지 무타 척지

也 小弁之怨親親也 親親仁也 固矣夫高叟之爲詩也
야 소반 지원 친친 야 친친 인야 고 의부 고수 지 위시 야

曰 凱風何以不怨
왈 개풍 하이 불원

(孟子)曰 凱風親之過小者也 小弁親之過大者也 親之過大而不怨是
맹자 왈 개풍 친지 과 소자 야 소반 친지 과 대자 야 친지 과 대이 불원 시

愈疏也 親之過小而怨是不可磯也 愈疏不孝也 不可磯亦不孝也 孔子曰 舜
유소 야 친 지 과소 이원 시 불가 기야 유소 불효 야 불가 기역 불효 야 공자 왈 순

其至孝矣 五十而慕
기 지효 의 오십 이 모

공손추(公孫丑)가 고자(高子)의 말이라며 이렇게 전한
다. "『시경』 '소아(小雅)' 편에 나오는 시 '소반(小弁)'은 소인의 시라고
했습니다."

먼저 이 시에 대한 주희의 풀이를 보자. "주나라 유왕(幽王)이 신후
(申后)를 얻어 태자 의구(宜臼)를 낳고, 또 포사(襃姒)를 얻어 백복(伯

服)을 낳고 나서는 신후를 축출하고 의구를 폐위하였다. 이에 의구의 사부가 그를 위해 이 시를 지어서 그 애통하고 절박한 심정을 노래한 것이다."

여기서 우리는 일단 '소반'이라는 시를 살펴봐야 한다.

즐거이 나는 저 갈가마귀들, 둥지를 향해 떼 지어 날아가고[弁彼鸒
斯 歸飛提提]
반 피 여
사 귀 비 시시

백성들 모두 즐거이 살아가건만, 나 홀로 근심에 싸여 있구나[民莫
不穀 我獨于罹]
민 막
불곡 아 독우리

하늘에 무슨 변고 있어 나는 어찌 죄를 짓게 되었을까[何辜于天 我
罪伊何]
하 고 우 천 아
죄 이 하

내 마음의 시름이여, 이 어찌할거나[心之憂矣 云如之何]
심 지 우 의 운 여 지 하

탄탄대로 저 큰길도 막히면 잡초 무성하게 되고[蹤蹤周道 鞠爲茂草]
척 척 주 도 국 위 무 초

내 마음의 근심과 상처, 서글픔이 방아 찧듯 하는구나[我心憂傷 惄
焉如擣]
아 심 우 상 녁
언 여 도

옷도 벗지 못한 채 누워 길이 탄식하니 근심으로 다 늙어가고[假寐
詠嘆 維憂用老]
가 매
영 탄 유 우 용 로

내 마음의 시름이여, 머리가 깨질 듯이 깊어가는구나[心之憂矣 疢如
疾首]!
심 지 우 의 진 여
질 수

뽕나무와 가래나무도 반드시 거기에 공경하는 뜻이 담겨 있는데[維
桑與梓 必恭敬止]
유
상 여 재 필 공 경 지

아버지 말고 누구를 우러르고 어머니 말고 누구를 의지하겠는가

〔靡瞻匪父 靡依匪母〕
미 첨 비 부 미 의 비 모

(그런데 난) 터럭도 물려받지 않았던가, 마음속에 걸리지도 않았던가〔不屬于毛 不離于裏〕
불 속 우 모 불 리 우 리

하늘이 나를 낳으면서 어찌 하필이면 이때 낳았단 말인가〔天之生我
천 지 생 아
我辰安在〕
아 신 안 재

울창한 저 버드나무에 매미들이 맴맴 울어대고〔菀彼柳斯 鳴蜩嘒嘒〕
울 피 류 사 명 조 혜 혜

깊은 연못에 물억새가 많고도 많도다〔有漼者淵 萑葦淠淠〕
유 최 자 연 환 위 비 비

저 정처 없이 흘러가는 조각배처럼 네 쉴 곳은 어디인가〔譬彼舟流
비 피 주 류
不知所屆〕
부 지 소 계

내 마음의 시름이여, 옷을 벗을 겨를도 없구나〔心之憂矣 不遑假寐〕
심 지 우 의 불 황 가 매

사슴은 도망칠 적에도 발걸음이 느릿느릿하고〔鹿斯之奔 維足伎伎〕
녹 사 지 분 유 족 기 기

장끼가 아침에 울어댈 때도 오히려 그 까투리를 찾는다네〔稚之朝雊
치 지 조 구
尙求基雌〕
상 구 기 자

비유컨대 저 병든 나무와 같이 병들어 가지가 없음과 같으니〔譬彼
비 피
懷木 疾用無枝〕
회 목 질 용 무 지

내 마음의 시름이여, 아무도 알아주는 이 없네〔心之憂矣 寧莫之知〕!
심 지 우 의 영 막 지 지

저 쫓기다 달려드는 토끼도, 달아날 수 있는 놈이 있고〔相彼投兎 尙
상 피 투 토 상
或先之〕
혹 선 지

길 가다가 죽은 행인도, 묻힐 수가 있는 법인데〔行有死人 尙或墐之〕
행 유 사 인 상 혹 근 지

내 님의 마음 쓰심은 어찌 그리도 잔인한가〔君子秉心 維其忍之〕?
군 자 병 심 유 기 인 지

마음속 근심이여, 눈물만 비 오듯이 쏟아지네〔心之憂矣 涕旣隕之〕!
심 지 우 의 체 기 운 지

내 님은 헐뜯는 소리를, 술잔 돌리는 듯 즐겨 하고〔君子信讒 如或酬之〕
군자신참 여혹수지

내 님은 헤아리지도, 살펴보지도 않네〔君子不惠 不舒究之〕
군자불혜 불서구지

나무를 베는 데도 먹줄을 치며, 장작을 패는 데도 결을 보거늘〔伐
벌
木掎矣 析薪杝矣〕
목기의 석신이의

저 죄 있는 자는 놓아두시고, 제게만 모든 탓을 돌리시네〔舍彼有罪
사피유죄
予之佗矣〕!
여지타의

높지 않은 것은 산이 아니며, 깊지 않으면 샘이 아닌가〔莫高匪山 莫
막고비산 막
浚匪泉〕?
준비천

내 님께서는 한 말을 바꾸지 마시오! 저 담에도 귀가 있다오〔君子無
군자무
易由言 耳屬于垣〕
이유언 이속우원

내 어살에 가까이 오지 말고, 내 통발을 꺼내지 말라 했거늘〔無逝我
무서아
梁 無發我笱〕
량 무발아구

이 내 몸조차 용납되지 않으니, 뒷일을 걱정할 겨를도 없네〔我躬不
아궁불
閱 遑恤我後〕!
열 황휼아후

고자는 왜 이런 시를 소인의 시라고 폄하한 것일까? 맹자는 공손추에게 묻는다. "고자는 뭣 때문에〔何以〕 그렇다고 말하던가?" 이에 공
하이
손추는 "원망〔怨〕 때문이라고 했습니다"고 답한다.
원

맹자의 대답이 궁금하다. "고수(高叟)의 시 풀이〔爲詩=治詩〕는 참으
위시 치시
로 앞뒤가 꽉 막힌 것〔固〕이다. 지금 여기〔於此〕 한 사람이 있는데 (오
고 어차
랑캐 나라인) 월(越) 나라 사람이 활을 당겨 자신을 쏘려 한다면 웃는
얼굴로 살려달라고 청할〔道〕 것이다. (웃는 얼굴을 하는) 이유는 다름
도
아니라 두 사람의 관계가 멀기〔遠=疎遠〕 때문이다. (하지만) 그 형이
원 소원

활을 당겨 자신을 쏘려 한다면 눈물을 철철 흘리며 살려달라고 청할 것이다. 이유는 다름 아니라 두 사람의 관계가 가깝기〔戚=親=近〕 때문이다. 시 '소반에 담긴 원망〔怨〕은 부모 형제를 내 몸같이 여기는 것〔親親〕이고, 이처럼 친친(親親)하는 것은 곧 어짊〔仁〕이다. (그런데 이 점을 보지 못했으니) 고수의 시 풀이는 참으로 앞뒤가 꽉 막힌 것〔固〕이다."

고집불통〔固〕과 관련해서는 『논어』의 도움이 필수적이다. 공자가 배워야 한다〔學〕고 수도 없이 강조할 때 그 반대쪽에 있는 것이 바로 고집불통이다. 공자는 바로 이 고집불통에 머물러 단 한 걸음도 앞으로 나아가려 하지 않는 것을 걱정하여 배우고 또 배울 것을 강조했다. 먼저 '학이 8'에서 공자는 이렇게 말한다.

공자는 말했다. "군자가 되려는 사람이 진중하지 못하면 위엄을 갖출 수 없고, 배우면 고집불통에 빠지지 않는다〔學則不固〕. (늘 진중하면서 배우려는 자세를 잃지 않으려면)(자기 자신에게) 최선을 다하고〔忠〕(남들에게) 믿음〔信〕을 주어야 하고, 자기보다 못한 사람과는 벗하지 말며, (자신에게) 허물이 있으면 고치기를 꺼려해서는 안 된다."

'술이 8'도 도저히 가르칠 수 없는 유형〔固〕의 인간을 제시한 것이다.

공자는 말했다. "스스로 힘쓰고 분발하지 않거든 굳이 일깨워 열어 밝혀주지 않았고, 뭔가 표현하려고 진정 애를 태우지 않거든 그 사람의 말문이 터지도록 해주지 않았으며, 네 귀퉁이가 있는 물건을 갖고서 한 귀퉁이를 들어 보여주었을 때 나머지 세 귀퉁이를 미루어 알아차리지 못한다면 다시 반복해서 가르쳐주지 않았다."

'자한 4'에서는 이렇게 말한다.

공자는 네 가지를 끊었으니, 억측을 하지 않았고, 일을 함에 무리하지 않았으며, 고집스러운 태도[固]를 버렸고, 아집에 사로잡히지 않았다.

'헌문 34'에서는 공자보다 나이가 많고 다움도 높다는 평을 들은 것으로 보이는 미생묘(微生畝)가 공자의 이름을 부르면서 "구는 어찌하여 이다지도 분주하게 세상을 돌아다니는 것인가? 아첨하려는 것 아닌가?"라고 말하자 공자는 이렇게 답한다.

"감히 말재주로 아첨하려는 것이 아니라 고루하고 편벽됨[固]을 미워해서 그럴 뿐입니다."

'양화 24'에서는 이렇게 말한다.

자공이 공자에게 묻는다. "군자도 미워함이 있습니까?"
공자는 말했다. "미워함이 있다. 다른 사람의 나쁜 점을 말하는 자를 미워하고, 아래에 있으면서 윗사람을 헐뜯는 자를 미워하며, 용맹하기는 하되 예(禮)가 없는 사람을 미워하고, 과감하기만 하고 앞뒤가 꽉 막힌 자[窒=固]를 미워한다."

따라서 고집불통[固]에 대한 공자의 미워함이 어느 정도인지 충분
히 알았을 것이다. 이런 태도는 당연히 맹자에게도 이어졌을 것이다.
주희도 이를 "꽉 막혀서 통하지 않는 것[執滯不通]"으로 풀이한다.

원망과 관련해 충분히 납득이 되지 않았는지 공손추는 또 다른 시
'개풍(凱風)'에는 어찌하여 원망함이 없는지를 묻는다. 이 시에 대해
주희는 "위(衛) 나라에 일곱 아들을 둔 어머니가 그 집을 편안히 여기
지 못하자 일곱 아들이 이 시를 지어 자책한 것"이라고 풀이한다.

맹자의 말이다. "시 '개풍'은 어머니의 과실이 작은 경우요, 시 '소반'
은 아버지의 과실이 큰 경우다. 어버이[親]의 과실이 큰데도 원망하지
않는다면 이는 어버이와의 사이를 더 소원하게 하는 것[愈疏]이요, 어
버이의 과실이 작은데도 원망한다면 이는 어버이에게 너무 쉽게 욱해
서 감히 건드리지 못하게 하는 짓[不可磯]이다. 더 소원하게 만드는 것
도 불효요, 어버이로 하여금 자신을 건드리지 못하게 하는 짓도 불효
다. 공자께서 말씀하셨다. '순임금께서는 50세까지도 부모를 사모하였
으니 참으로 지극한 효심[至孝]을 가졌다고 할 만하다.'"

磯는 물가에 나와 있는 돌이라는 뜻이다. 물이 흘러가다가 이 돌에
부딪히게 되면 물살이 급격해진다. 그래서 이는 부모가 조금만 잘못해
도 자식이 버럭 화를 내어 부모가 감히 건드리지 못하게[不可] 하는
짓이라고 풀었다. 공자의 말이 전체의 결론을 이룬다. 주희의 풀이다.
"순임금도 오히려 원망하고 사모하였으니 시 '소반'의 원망은 불효가 되
지 않음을 말씀하신 것이다."

4

(송나라의 저명한 학자인) 송경(宋牼)이 한번은 초(楚) 나라로 가려는데 그 도중에 석구(石丘)에서 맹자와 마주쳤다.

맹자가 물었다. "선생께서는 어디로 가시는 길이십니까?"

송경이 답했다. "내가 듣기에 진(秦) 나라와 초나라 사이에 전쟁이 벌어졌다고 합니다. 그래서 장차 초나라 임금을 찾아뵙고 잘 설득하여 싸움을 그만두게 하되, 만일 초나라 임금이 불쾌해하면 다시 진나라 임금을 찾아뵙고 잘 설득하여 싸움을 그만두게 하도록 할 작정입니다. 두 임금 중에 마땅히 내 뜻과 합치되는 바가 있을 것입니다."

맹자가 말했다. "저는 (두 임금에게 말씀하시고자 하는 바의) 그 세부적인 것을 묻고 싶지는 않습니다만, 개략적인 뜻이라도 듣고 싶습니다. 설득을 하신다고 했는데 어떻게 하실 것입니까?"

"나는 마땅히 (지금처럼 전쟁을 했을 때의) 그 이롭지 못한 것들을 말해 줄 것입니다."

"(전쟁을 중단시키려는) 선생의 뜻은 참으로 훌륭합니다만 (그들을 설득함에) 선생이 내세우는 명분은 가능성이 없는 듯합니다. 선생께서 이익이나 이로움을 명분으로 삼아 진나라와 초나라의 임금을 설득하시면 두 임금은 이익이 된다고 하니 기뻐하면서 모든 군사행동을 중단할 것이고, 이는 모든 군사들로 하여금 종전(終戰)을 환영하여 이익됨을 기뻐하게 만들 것입니다. 신하 된 자가 이익을 마음에 품고서 그 임금을 모시고, 자식 된 자가 이익을 마음에 품고서 그 아버지를 섬기고, 동생 된 자가 이익을 마음에 품고서 그 형을 섬긴다면, 이는 임금과 신하, 아버지와 자식, 형과 동생이 마침내 어짊과 의로움[仁義]을 내팽개치고 이익을 마음에 품고서 서로 상대하게 될 것이니 그러고서도 (나라나 가정이) 망하지 않은 것은 없었습니다.

(반면에) 선생께서 어짊과 의로움을 명분으로 삼아 진나라와 초나라의 임금을 설득하시면 두 임금은 어짊과 의로움을 기뻐하면서 모든 군사행동을 중단할 것이고, 이는 모든 군사들로 하여금 종전을 환영하여 어짊과 의로움을 기뻐하게 만들 것입니다. 신하 된 자가 어짊과 의로움을 마음에 품고서 그 임금을 모시고, 자식 된 자가 어짊과 의로움을 마음에 품고서 그 아버지를 섬기고, 동생 된 자가 어짊과 의로움을 마음에 품고서 그 형을 섬긴다면, 이는 임금과 신하, 아버지와 자식, 형과 동생이 마침내 이익을 따지는 심사를 버리고 어짊과 의로움을 마음에 품고서 서로 상대하게 될 것이니 그러고서도 임금다운 임금이 되지 못한 자는 없었습니다. 하필이면 (설득의 명분으로) 이익이나 이득을 말씀하십니까?"

宋牼將之楚 孟子遇於石丘
송경 장지 초 맹자 우 어 석구

(孟子)曰 先生將何之
맹자 왈 선생 장 하지

曰 吾聞秦楚構兵 我將見楚王說而罷之 楚王不悅我將見秦王說而罷之
왈 오문진초 구병 아장현 초왕 세 이 파지 초왕 불열 아 장현 진왕 세 이 파지

二王我將有所遇焉
이왕 아 장유 소우 언

(孟子)曰 軻也請無問其詳願聞其指 說之將如何
맹자 왈 가야청무문기상원문기지 세지장 여하

曰 我將言其不利也
왈 아장언기 불리 야

(孟子)曰 先生之志則大矣 先生之號則不可 先生以利說秦楚之王 秦楚
맹자 왈 선생지지 즉대의 선생지호 즉불가 선생 이리세진초지왕 진초

之王悅於利以罷三軍之師 是三軍之士樂罷而悅於利也 爲人臣者懷利以
지 왕 열 어 리 이 파 삼군지사   시 삼군지사 낙 파 이 열 어 리 야   위 인신 자 회 리 이

事其君 爲人子者懷利以事其父 爲人弟者懷利以事其兄 是君臣父子兄弟
사 기 군   위 인자 자 회 리 이 사 기 부   위 인제 자 회 리 이 사 기 형   시 군신 부자 형제

終去仁義懷利以相接 然而不亡者未之有也 先生以仁義說秦楚之王 秦楚
종 거 인의 회 리 이 상접   연 이 불망 자 미지유 야   선생 이 인의 세 진 초 지 왕   진 초

之王悅於仁義而(以)罷三軍之師 是三軍之士樂罷而悅於仁義也 爲人臣者
지 왕 열 어 인의 이 이 파 삼군지사   시 삼군지사 낙 파 이 열 어 인의 야   위 인신 자

懷仁義以事其君 爲人子者懷仁義以事其父 爲人弟者懷仁義以事其兄 是
회 인의 이 사 기 군   위 인자 자 회 인의 이 사 기 부   위 인제 자 회 인의 이 사 기 형   시

君臣父子兄弟去利懷仁義以相接也 然而不王者未之有也 何必曰利
군신 부자 형제 거 리 회 인의 이 상접 야   연 이 불왕자 미지유 야   하필 왈 리

❀ (송(宋) 나라의 저명한 학자인) 송경(宋牼)이 한번은[將]
장
초(楚) 나라로 가려는데 그 도중에 석구(石丘)에서 맹자와 마주쳤다.

맹자가 물었다. "선생께서는 어디로 가시는[之] 길이십니까?"
지
이에 송경이 답한다. "내가 듣기에 진(秦) 나라와 초나라 사이에 전
쟁이 벌어졌다[構兵]고 합니다. 그래서 장차 초나라 임금을 찾아뵙
구병
고 잘 설득하여[說] 싸움을 그만두게 하되, 만일 초나라 임금이 불쾌해
세
하면 다시 진나라 임금을 찾아뵙고 잘 설득하여 싸움을 그만두게 하도
록 할 작정입니다. 두 임금 중에 마땅히[將] 내 뜻과 합치되는 바[所遇=
장   소우
所合]가 있을 것입니다."
소합
이에 맹자가 말했다. "저[軻]는 (두 임금에게 말씀하시고자 하는 바
가
의) 그 세부적인 것을 묻고 싶지는 않습니다만, 개략적인 뜻이라도 듣
고 싶습니다. 설득을 하신다고 했는데 어떻게 하실 것입니까?"

"나는 마땅히 (지금처럼 전쟁을 했을 때의) 그 이롭지 못한 것들

〔不利〕을 말해 줄 것입니다."

"(전쟁을 중단시키려는) 선생의 뜻은 참으로 훌륭합니다만 (그들을 설득함에) 선생이 내세우는 명분은 가능성이 없는 듯합니다." 맹자가 볼 때 명분은 이로움〔利〕/이롭지 못함〔不利〕이 아니라 어짊과 의로움〔仁義〕이어야 한다는 것이다. 그런 점에서 이어지는 맹자의 말은 맨 앞에서 보았던 '양혜왕 장구 상' 1장을 떠올린다.

"선생께서 이익이나 이로움〔利〕을 명분으로 삼아〔以〕 진나라와 초나라의 임금을 설득하시면 두 임금은 이익이 된다고 하니 기뻐하면서 모든 군사행동을 중단〔罷〕할 것이고, 이는 모든 군사들〔三軍之士〕로 하여금 종전(終戰)을 환영하여 이익됨〔利〕을 기뻐하게 만들 것입니다. 신하 된 자가 이익을 마음에 품고서 그 임금을 모시고, 자식 된 자가 이익을 마음에 품고서 그 아버지를 섬기고, 동생 된 자가 이익을 마음에 품고서 그 형을 섬긴다면, 이는 임금과 신하, 아버지와 자식, 형과 동생이 마침내〔終〕 어짊과 의로움을 내팽개치고 이익을 마음에 품고서 서로 상대하게 될 것이니 그러고서도〔然而〕 (나라나 가정이) 망하지 않은 것은 없었습니다.

(반면에) 선생께서 어짊과 의로움을 명분으로 삼아 진나라와 초나라의 임금을 설득하시면 두 임금은 어짊과 의로움을 기뻐하면서 모든 군사행동을 중단할 것이고, 이는 모든 군사들로 하여금 종전을 환영하여 어짊과 의로움을 기뻐하게 만들 것입니다. 신하 된 자가 어짊과 의로움을 마음에 품고서 그 임금을 모시고, 자식 된 자가 어짊과 의로움을 마음에 품고서 그 아버지를 섬기고, 동생 된 자가 어짊과 의로움을 마음에 품고서 그 형을 섬긴다면, 이는 임금과 신하, 아버지와 자식, 형과 동생이 마침내 이익을 따지는 심사를 버리고 어짊과 의로움

을 마음에 품고서 서로 상대하게 될 것이니 그리고서도 임금다운 임

금[王者]이 되지 못한 자는 없었습니다. 하필이면 (설득의 명분으로)

이익이나 이득을 말씀하십니까?"

5

맹자가 추(鄒) 나라에 머물고 있을 때 (임(任) 나라 임금의 아우) 계임 (季任)이 (추나라와 이웃해 있는) 임나라의 처수(處守)가 되자 예물을 보내어 교분을 맺으려 했으나 (맹자는) 예물만 받고 답례는 하지 않았 다. 또 맹자가 (제(齊) 나라의) 평륙(平陸)이란 곳에 머물고 있을 때 저 자(儲子)가 정승이 되자 예물을 보내어 교분을 맺으려 했으나 역시 (맹 자는) 예물만 받고 답례는 하지 않았다.

그 후 어느 날 맹자가 추나라에 있다가 임나라에 갔을 때 계자(季子- 계임)를 만나보았는데 제나라에 갔을 때는 저자를 만나보지 않았다. 이 에 옥려자(屋廬子)가 (내심) 기뻐하면서 "제가 (드디어 스승님의) 허점 을 보았습니다"라며 이렇게 물었다. "스승님께서는 임나라에 가서는 계 자를 만나보셔 놓고 제나라에 가서는 저자를 만나보지 않으셨습니다. 그것이 혹시 (임금의 자리를 대신한 계자보다 지위가 낮을 수밖에 없는 저 자가) 정승이 된 데 불과하기 때문이었습니까?"

"아니다. 『서경』에 이르기를 '윗사람에게 예물을 보내어 교제를 청하 는 향견례는 의식과 절차를 중하게 여겨야 한다. (그래서) 의식과 절차 가 예물의 귀중함에 못 미칠 경우에는 향견례를 하지 않은 것이다. 그것 은 보내는 사람의 정성과 뜻이 그 예물에 담겨 있지 않기 때문이다'라고 했다. (내가 저자를 만나보지 않았던 것은) 그의 예물은 향견례의 의식과 절차를 제대로 다 갖추지 못했기 때문이었다."

그제서야 상황을 이해한 옥려자가 (진심으로) 기뻐하자 어떤 사람이 (미처 이해를 하지 못하고서) "뭘 그리 기뻐하느냐"라고 물었다. 이에 옥 려자는 다음과 같이 답했다. "계자는 (스승님이 계신) 추나라를 찾아갈 수 없었던 반면 저자는 (마음만 먹었다면 같은 나라 안에 있던) 평륙으로 (스승님을) 찾아뵐 수 있었다."

孟子居鄒季任爲任處守以幣交 受之而不報 處於平陸儲子爲相以幣交
맹자 거 추 계임 위 임 처수 이 폐교 수지 이 불보 처 어 평륙 저자 위 상 이 폐교

受之而不報
수 지 이 불보

他日由鄒之任見季子 由平陸之齊不見儲子 屋廬子喜曰 連得間矣問曰
타일 유 추 지 임 견 계자 유 평륙 지 제 불견 저자 옥려자 희왈 연 득 간 의 문왈

夫子之任見季子 之齊不見儲子 爲其爲相與
부자 지 임 견 계자 지 제 불견 저자 위 기 위 상 여

(孟子)曰 非也 書曰 享多儀 儀不及物 曰 不享 惟不役志于享 爲其不成
맹자 왈 비 야 서왈 향 다 의 의 불급 물 왈 불향 유 불 역지 우 향 위 기 불성

享也
향 야

屋廬子悅 或問之 屋廬子曰 季子不得之鄒 儲子得之平陸
옥려자 열 혹 문 지 옥려자 왈 계자 부득 지 추 저자 득 지 평륙

맹자가 추(鄒) 나라에 머물고 있을 때 (임(任) 나라 임금의 아우) 계임(季任)이 (추나라와 이웃해 있는) 임나라의 처수(處守)가 되자 예물[幣]을 보내어 교분을 맺으려 했으나 (맹자는) 예물만 받고 답례[報]는 하지 않았다. 주희에 따르면 처수는 군주가 이웃나라에 조회를 갔을 때 그를 대신하여 임금 자리를 지키는 것을 말한다. 일종의 임시 군주이다.

또 맹자가 (제(齊) 나라의) 평륙(平陸)이란 곳에 머물고 있을 때 저자(儲子)가 정승이 되자 예물을 보내어 교분을 맺으려 했으나 역시 (맹

자는) 예물만 받고 답례는 하지 않았다.

그 후 어느 날 맹자가 추나라에 있다가 임나라에 갔을 때 계자(季子
계임)를 만나보았는데 제나라에 갔을 때는 저자를 만나보지 않았다.
由~ 之~는 '~에서 ~로 가다'는 뜻이다. 이에 옥려자(屋廬子)가 (내심)
기뻐하면서 "제(連)가 (드디어 스승님의) 허점(間-틈)을 보았습니다"라
며 이렇게 물었다. 옥려자는 그동안은 스승 맹자가 일을 처리함에 반
드시 의리(義理)에 따랐는데 뭔가 의리에 맞지 않는 듯한 행동을 보이
니 내심 기뻤던 것이다.

"스승님께서는 임나라에 가서는 계자를 만나보셔 놓고 제나라에 가
서는 저자를 만나보지 않으셨습니다. 그것이 혹시 (임금의 자리를 대신
한 계자보다 지위가 낮을 수밖에 없는 저자가) 정승이 된 데 불과하기
때문이었습니까?" 한마디로 정승도 대단하지만 임금을 대신하는 처수
보다는 낮다고 여겨서 누구는 만나보고 누구는 만나보지 않은 것이
냐고 따져 묻고 있는 것이다. 이에 맹자는 단호하게 부정한다.

"아니다.『서경』에 이르기를 '윗사람에게 예물을 보내어 교제를 청하
는 향견례(享=享見禮)는 의식과 절차(儀)를 중하게(多) 여겨야 한다.
(그래서) 의식과 절차가 예물의 귀중함에 못 미칠 경우에는 향견례를
하지 않은 것이다(不享). 그것은 보내는 사람의 정성과 뜻이 그 예물
에 담겨 있지 않기 때문이다'라고 했다. (내가 저자를 만나보지 않았던
것은) 그의 예물(其)은 향견례의 의식과 절차(享)를 제대로 다 갖추지
못했기(不成) 때문(爲)이었다."

그제서야 상황을 이해한 옥려자가 (진심으로) 기뻐하자 어떤 사람
이 (미처 이해를 하지 못하고서) "뭘 그리 기뻐하느냐"라고 물었다. 이에
옥려자는 다음과 같이 답했다.

"계자는 (스승님이 계신) 추나라를 찾아갈 수 없었던 반면 저자는 (마음만 먹었다면 같은 나라 안에 있던) 평륙으로 (스승님을) 찾아뵐 수 있었다." 즉 계자는 형을 대신해서 통치해야 했기 때문에 다른 나라인 추나라에 있던 맹자를 찾아올 수 없었지만, 저자는 제나라의 도시인 평륙에 머물고 있던 맹자를 직접 찾아와 예를 갖추지 않았기 때문에 맹자도 그를 찾아보지 않았다는 것을 옥려자가 뒤늦게 깨달았던 것이다.

6

　(제나라의 유명한 달변가) 순우곤(淳于髡)이 맹자에게 물었다. "명예와 공적을 앞세우는 자는 남을 위하고, 명예와 공적을 뒤로하는 자는 자기 자신을 위한다고 했습니다. 선생께서는 (제나라) 삼경(三卿) 중의 한 명으로 계시면서도 명예와 공적을 위로는 임금께, 아래로는 백성들에게 제대로 이룩하지도 못한 채 떠나려 하십니다. (선생처럼) 어진 사람들은 원래 이런 식으로 하는 것입니까?"

　맹자가 답했다. "낮은 지위에 있으면서도 자신의 뛰어남으로 못난 임금을 섬기려 하지 않았던 사람이 백이(伯夷)였고, 다섯 번이나 탕왕(湯王)에게 나아가고 또 다섯 번이나 걸왕(桀王)에게 나아갔던 사람이 이윤(伊尹)이었고, 더러운 임금을 싫어하지 않고 미관말직이라도 사양하지 않은 사람이 유하혜(柳下惠)였다. 이 세 사람이 취한 길은 달랐지만 그 방향은 하나였다. 그 같은 방향이라는 게 무슨 뜻이겠는가? 셋 다 어짊이었다. 군자란 진실로 어질면 그만이지 어찌 방향까지 반드시 같아야 하는가?"

　"노(魯) 나라 목공(繆公)이 통치할 때 (뛰어나다는 소리를 들었던) 공의자(公儀子)가 (정승이 되어) 정사를 맡았고, 자류(子柳)와 자사(子思)가 신하가 되어 (폭군에 가까운) 목공을 보필했지만 국토를 침탈당한 것이 심하였습니다. 이처럼 뛰어난 이는 나라에 아무런 득이 되지 못합니다."

　"우(虞) 나라는 백리해(百里奚)를 쓰지 않아 망했고, 진(秦) 나라 목공(穆公)은 그를 써서 천하의 주인이 되었다. 뛰어난 자를 쓰지 않으면 이처럼 나라가 망하는데 어찌 땅 좀 빼앗기는 정도에서 끝날 수 있겠는가?"

"옛날에 (위(衛) 나라의 명창으로 유명했던) 왕표(王豹)가 기수(淇水)가에서 사니 주변 지역 사람들이 모두 노래를 잘하게 되었고, (제나라의 명창으로 유명했던) 면구(綿駒)가 고당(高唐)이란 마을에서 사니 제나라 서쪽 지역 사람들이 모두 노래를 잘하게 되었으며, (둘 다 제나라 사람이면서 전쟁터에 나가 세상을 떠난) 화주(華周)와 기량(杞梁)의 아내들이 그들의 남편을 위해 곡을 애달프게 잘 부르니 나라의 풍속이 바뀌었습니다. (이처럼) 안에 있는 것은 반드시 겉으로 모습을 드러냅니다. 어떤 일을 했는데 그 공적이 없다는 것을 저는 아직 본 적이 없습니다. 이렇기 때문에 (지금 세상에는) 뛰어난 이가 없는 것입니다. 만일 있다면 제가 반드시 그를 알아볼 것입니다."

"공자께서 노나라의 사구(司寇-오늘날의 법무장관이나 검찰총장)로 계실 때 (자신의 뜻이) 쓰여지지 않았고, 이어서 나라에 제사가 있었는데 (끝난 후에 당연히 오게 돼 있는) 제사고기가 자신에게는 오지 않자 면류관을 쓴 채로 떠나셨다. (당시에) 전후 사정을 모르는 자는 고기 때문에 그렇게 하셨다고 하고, 사정을 아는 자들도 무례(無禮) 때문에 그렇게 하셨다고 하였다. 그러나 공자께서는 사소한 죄를 구실 삼아 떠나려 하신 것인데 이는 구차스럽게 떠나려 하지 않아서 그렇게 하신 것이다. 군자가 행하는 바는 원래 일반대중들은 알 수가 없는 것이다."

淳于髡曰 先名實者爲人也 後名實者自爲也 夫子在三卿之中名實未加
순우곤 왈 선 명실 자 위인 야 후 명실 자 자위 야 부자 재 삼경 지 중 명실 미가

於上下而去之 仁者固如此乎
어 상하 이 거 지 인자 고 여차 호

孟子曰 居下位不以賢事不肖者伯夷也 五就湯五就桀者伊尹也 不惡
맹자 왈 거 하위 불 이 현 사 불초자 백이 야 오 취 탕 오 취 걸 자 이윤 야 불오

汗君不辭小官者柳下惠也 三子者不同道其趨一也 一者何也 曰 仁也 君子
오군 불사 소관 자 유하혜 야　삼자 자부 동도 기 추일 야　일자 하야　왈 인야　군자

亦仁而已矣何必同
역 인 이이의 하필 동

　曰 魯繆公之時公儀子爲政 子柳子思爲臣 魯之削也滋甚 若是乎賢者之
　왈 노 목공 지시 공의자 위정　자류 자사 위신　노 지삭 야 자심　약시 호 현자 지

無益於國也
무익 어 국 야

　(孟子)曰 虞不用百里奚而亡 秦穆公用之而霸 不用賢則亡削何可得與
　맹자 왈 우 불용 백리해 이망　진목공 용지이 패　불용 현즉 망삭 하 가득 여

　曰 昔者王豹處於淇而河西善謳 綿駒處於高唐而齊右善歌 華周杞梁之
　왈 석자 왕표 처어 기이 하서 선구　면구 처어 고당 이 제우 선가　화주 기량 지

妻善哭其夫而變國俗 有諸內必形諸外 爲其事而無其功者髡未嘗覩之也
처 선곡 기 부이 변 국속　유제 내필 형제 외　위 기사 이무 기공 자곤 미상 도지 야

是故無賢者也 有則髡必識之
시고 무 현자 야　유즉 곤 필식 지

　(孟子)曰 孔子爲魯司寇不用 從而祭燔肉不至不稅(脫)冕而行 不知者
　맹자 왈 공자 위로 사구 불용　종이 제 번육 부지 불세　탈 면이 행　부지 자

以爲爲肉也 其知者以爲爲無禮也 乃孔子則欲以微罪行不欲爲苟去 君子
이위 위육 야　기 지자 이위 위 무례 야　내 공자 즉욕 이 미죄 행 불욕 위구 거　군자

之所爲衆人固不識也
지 소위 중인 고 불식 야

🐾　　　　(제(齊) 나라의 유명한 달변가) 순우곤(淳于髡)이 맹자에

게 따지듯이 묻는다. 순우곤은 앞에서 형수나 제수가 물에 빠졌을 때

손을 내밀어 구해야 하느냐면서 권도(權道)의 문제를 제기했던 장본인

이다. 이번에도 질문이 간단치 않다.

　"명예와 공적[名實]을 앞세우는 자는 남을 위하고 명예와 공적을 뒤
　　　　　　　　　명실

로하는 자는 자기 자신을 위한다고 했습니다. 선생께서는 (제나라) 삼

경(三卿) 중의 한 명으로 계시면서도 명예와 공적을 위로는 임금께, 아래로는 백성들에게 제대로 이룩하지도 못한 채 떠나려 하십니다. (선생처럼) 어진 사람들은 원래 이런 식으로 하는 것입니까?"

맹자가 답한다. "낮은 지위에 있으면서도 자신의 뛰어남[賢]으로[以] 못난[不肖] 임금을 섬기려 하지 않았던 사람이 백이(伯夷)였고, 다섯 번이나 탕왕(湯王)에게 나아가고[就] 또 다섯 번이나 걸왕(桀王)에게 나아갔던 사람이 이윤(伊尹)이었고, 더러운 임금을 싫어하지 않고 미관말직이라도 사양하지 않은 사람이 유하혜(柳下惠)였다. 이 세 사람이 취한 길[道]은 달랐지만 그 방향[趣]은 하나였다. 그 같은 방향이라는 게 무슨 뜻이겠는가? 셋 다 어짊[仁]이었다. 군자란 진실로[亦] 어질면 그만이지 어찌 방향까지 반드시 같아야 하는가?"

'그 같은 방향이라는 게 무슨 뜻이겠는가?' 부분은 별도로 분리하여 순우곤의 물음으로 봐도 무방하다.

백이와 이윤 그리고 유하혜의 같은 뜻, 다른 길에 관한 이야기는 '공손추 장구 상' 2장과 9장, '만장 장구 하' 1장에 나온 바 있다.

맹자가 역사적 사례를 통해 자신의 주장을 반박하자 순우곤도 반박이 될 만한 역사적 사례를 끌어들인다. 물러서지 않겠다는 뜻이었다.

"노(魯) 나라 목공(繆公)이 통치할 때 (현능하다는 소리를 들었던) 공의자(公儀子)가 (정승이 되어) 정사를 맡았고, 자류(子柳-泄柳)와 자사(子思)가 신하가 되어 (폭군에 가까운) 목공을 보필했지만 국토를 침탈당한 것이 심하였습니다. 이처럼 뛰어난 이[賢者]는 나라에 아무런 득[益]이 되지 못합니다."

결국 맹자에게 당신도 자리를 버리지 않고 남아 있어봤자 특별한 명예와 공적[名實]을 남기기 어려운 것 아니냐는 은근한 반박이다.

여기서 일단 우리는 '공손추 장구 하' 11장에서 어떤 사람이 질문을 하자 이에 대해 맹자가 답한 내용을 먼저 살펴보고, 다시 맹자의 답을 들어보기로 하자. 여기서 어떤 사람의 질문은 그다지 중요치 않으니 맹자의 대답만 보자.

"앉으시게. 내 그대[子]에게 분명하게 말해 주겠네. 옛날[昔者]에 노나라의 목공은 자사의 곁에 (자신의 뜻을 전달할) 사람이 없으면 (자사가 떠나버릴까 염려하여) 자사를 편안하게 여기지 못하였고, 설류(자류)와 신상(申詳)은 목공의 곁에 (보좌할 만한) 사람이 없으면 그 몸을 편안하게 여기지 못하였다. 그대가 이 늙은이[長子]를 위해서 걱정해 주기는 하지만 (목공이 염려해 주었던) 자사에는 미치지 못하니 그대가 이 늙은이를 거절한 것인가, 아니면 (그대가 생각하듯이) 이 늙은이가 그대를 거절한 것인가?"

목공과 세 명의 뛰어난 자[賢者]의 관계를 보여주는 언급이다. 이제 순우곤의 은근한 반박에 대한 맹자의 답을 들어보자. 맹자는 다시 한 번 역사적 사례로 재반박한다. "우(虞) 나라는 백리해(百里奚)를 쓰지 않아 망했고, 진(秦) 나라 목공(穆公)은 그를 써서 천하의 주인[覇者]이 되었다. 뛰어난 자를 쓰지 않으면 이처럼 나라가 망하는데 어찌 땅 좀 빼앗기는 정도에서 끝날 수 있겠는가?"

백리해의 사례는 '만장 장구 상' 9장에서 살펴본 바 있다. 달변가 순우곤도 물러서지 않는다.

"옛날에 (위(衛) 나라의 명창으로 유명했던) 왕표(王豹)가 기수(淇水) 가에서 사니 주변 지역[河西] 사람들이 모두 노래를 잘하게 되었고, (제나라의 명창으로 유명했던) 면구(綿駒)가 고당(高唐)이란 마을에서 사니 제나라 서쪽 지역[齊右] 사람들이 모두 노래를 잘하게 되었으며,

(둘 다 제나라 사람이면서 전쟁터에 나가 세상을 떠난) 화주(華周)와 기량(杞梁)의 아내들이 그들의 남편을 위해 곡을 애달프게 잘 부르니 나라의 풍속이 바뀌었습니다. (이처럼) 안에 있는 것은 반드시 겉으로 모습을 드러냅니다. 어떤 일을 했는데 그 공적이 없다는 것을 저〔髡〕는 아직 본〔覩〕 적이 없습니다. 이렇기 때문에〔是故〕 (지금 세상에는) 뛰어난 이〔賢者〕가 없는 것입니다. 만일 있다면〔有則〕 제가 반드시 그를 알아볼 것입니다."

이야기의 정도가 조금은 지나치다는 느낌이다. 맹자는 뛰어난 이가 아니라는 식의 인신공격까지 하고 있기 때문이다. 더더욱 맹자의 답이 궁금하다. 맹자는 분을 누르면서 공자의 사례를 인용한다.

"공자께서 노나라의 사구(司寇-오늘날의 법무장관이나 검찰총장)로 계실 때 (자신의 뜻이) 쓰여지지 않았고, 이어서〔從〕 나라에 제사가 있었는데 (끝난 후에 당연히 오게 돼 있는) 제사고기가 자신에게는 오지 않자 면류관을 쓴 채로 떠나셨다. (당시에) 전후 사정을 모르는 자는 고기 때문에〔爲〕 그렇게 하셨다〔以爲〕고 하고, 사정을 아는 자들도 무례(無禮) 때문에 그렇게 하셨다고 하였다. 그러나〔乃〕 공자께서는 사소한 죄〔微罪〕를 구실 삼아 떠나려 하신 것인데 이는 구차스럽게 떠나려 하지 않아서 그렇게 하신 것이다. 군자가 행하는 바는 원래 일반대중들은 알 수가 없는 것이다."

맹자의 마지막 발언은 상당한 배경설명이 필요하다. 그렇지 않으면 그 말이 궁색하여 마치 논리상으로는 순우곤에게 밀린 듯한 인상을 준다. 조금 길지만 주희가 사마천의 『사기』를 바탕으로 정리한 다음과 같은 내용을 알고서 다시 읽어봐야 문맥이 정확히 이해된다. 그래야 맹자의 진의도 알 수 있다.

"『사기』를 상고해 보면 공자가 노나라 사구가 되어 정승의 일을 대행하시니, 제나라 사람들이 이를 듣고 두려워하였다. 이에 미모의 여자 무희〔女樂〕를 노나라 군주에게 보내주었다. 계환자가 노나라 군주와 함께 가서 이를 구경하고는 정사에 태만하니, 자로가 '스승님, 떠나셔야겠습니다'고 말했다. 공자께서 말씀하시기를 '노나라가 지금 장차 교제(郊祭)를 지낼 것이니 만일 제사고기를 대부(大夫-여기서는 공자 자신)에게 가져다준다면 내 오히려 발걸음을 멈출 수 있다'고 하셨는데 계환자가 마침내 제나라의 여자 무희를 받고, 또 교제에 제사고기를 대부에게 주지 않자 공자께서는 마침내 떠나셨다고 한다.

맹자께서 말씀하시기를 '고기 때문이라고 한 자들은 진실로 말할 것도 없고, 무례하기 때문이라고 말한 자들도 또한 공자를 깊이 아는 자가 될 수 없다. 공자는 부모의 나라에 대해서 그 군주와 재상의 과실을 드러내고자 하지 않으셨고, 또 특별한 이유 없이 구차스럽게 떠나려고 하지 않으셨다. 그러므로 여악 때문에 떠나지 않으셨고, 제사고기를 구실 삼아 떠나셨으니 그 기미를 보고서 밝게 결단하였으며 뜻을 쓰는 것이 충후(忠厚)하니 진실로 일반대중들은 알 수가 없는 것이다'라고 하신 것이다. 그렇다면 맹자께서 하신 바를 어찌 순우곤이 알 수 있겠는가?"

7

맹자는 말했다. "패도로 천하를 쥔 다섯 임금은 (왕도(王道)의 길을 가르쳐준) 세 명의 임금다운 임금의 죄인이요, 지금의 제후들은 다섯 패왕(霸王)의 죄인이요, 지금의 대부들은 지금의 제후들의 죄인이다. 천자가 제후들을 방문하려 하는 것을 순수(巡狩)라 하고, 제후가 천자에게 조회하러 가는 것을 술직(述職)이라고 한다. (천자의 순수란) 봄에는 밭 갈고 씨 뿌리는 상황을 살펴보아 (종자나 농기구 등이) 부족한 것을 채워주고, 가을에는 수확상황을 살펴 (수확량이) 부족한 자들의 곳간을 채워준다. (순수에 나서 방문하는 제후국의) 국경에 들어가서 토지가 잘 개간되고 논밭이 잘 다스려져 있으며, 노인을 잘 봉양하고 뛰어난 이는 존경하며 쟁쟁한 인재들이 조정의 자리에 있으면 그 제후에게 땅을 상으로 내려주었다. (반대로) 국경에 들어가서 토지가 버려져 황무지나 다름없으며, 노인은 방치되고 뛰어난 이는 등용되지 않고, 백성 수탈을 일삼는 자들이 조정의 자리에 있으면 그 제후를 문책했다. (그리고 술직의 경우) 한 번 조회를 하지 않으면 그 작위를 낮췄고, 두 번 조회를 하지 않으면 그 내려준 땅을 삭감했고, 세 번 조회를 하지 않으면 육군(六軍-천자의 군대)을 동원하여 그 제후를 바꿔버렸다. 이렇기 때문에 천자가 군대를 동원하는 것은 토죄라고 하지 정벌이라고 하지 않는 반면, 제후가 군대를 동원하면 정벌이라 하지 토죄라고 하지 않는 것이다. 그런데 다섯 패자는 (천자의 육군이 아니라) 다른 제후들을 이끌고 가서 제후들을 정벌하였다. 그래서 (나는) 패도로 천하를 쥔 다섯 임금은 (왕도의 길을 가르쳐준) 삼왕(三王)의 죄인이라고 말했던 것이다.

오패(五霸) 중에서는 (제나라) 환공이 가장 번성했다. 한번은 그가 주도한 규구(葵丘)의 동맹회의에서 제후들이 희생 제물을 묶어놓은 다음 (그 위에) 맹약서를 올려놓고 피를 마시는 의식은 생략한 채 다음과 같은 다섯 가지 명을 공표했다. 첫째, 부모에게 불효를 범한 자는 주살하고 책봉을 받은 태자나 세자는 바꾸지 않으며 첩을 본처로 삼지 않는다. 둘째, 뛰어난 이를 높이고 인재를 길러서 다움을 갖춘 이들을 널리 드러내도록 한다. 셋째, 노인을 공경하고 어린이를 사랑하며 손님과 나그네를 (잘 모셔야 함을) 잊어서는 안 된다. 넷째, 선비에게 대를 이어 관직을 주지 말고 관청의 일을 (다른 개인적인 직업과) 겸직하도록 하지 말며, 선비를 쓸 때는 반드시 능력을 갖춘 이를 뽑고 대부(大夫)는 자기 마음대로 죽여서는 안 된다. 다섯째, 제방을 마구잡이로 쌓아서는 안 되며 (흉년이 든 나라가) 쌀을 사들이는 것을 막지 말고 대부에게 봉토를 주면 반드시 (제후들의 맹주(盟主)인 나에게) 고하도록 하라. 그러고 나서 (환공은 이렇게) 말했다. '무릇 동맹을 맺은 우리들은 일단 맹약을 한 이후에는 우호관계로 돌아간다.' 그런데 지금의 제후들은 모두 다 이 다섯 가지 금령(禁令)을 어기고 있으니 (나는 앞에서) '지금의 제후들은 다섯 패왕의 죄인이요'라고 말했던 것이다. 임금의 악행을 (사후에) 더 키우는 것은 (그나마) 그 죄가 작지만 임금의 악행을 (사전에) 유도해 내는 것은 그 죄가 크다. 지금의 대부들은 모두 다 임금의 악행을 유도하고 있으니 이 때문에 (나는 앞에서) '지금의 대부들은 지금의 제후들의 죄인이다'라고 말했던 것이다."

孟子曰 五覇者三王之罪人也 今之諸侯五覇之罪人也 今之大夫今之諸侯
맹자 왈   오패자 삼왕 지 죄인 야   금 지 제후 오패 지 죄인 야   금 지 대부 금 지 제후

之罪人也 天子適諸侯曰巡狩諸侯朝於天子曰述職 春省耕而補不足秋省斂
지 죄인 야   천자 적 제후 왈 순수 제후 조 어 천자 왈 술직   춘 성 경 이 보 부족 추 성 렴

而助不給 入其彊土地辟田野治養老尊賢俊傑在位則有慶慶以地 入其彊
이 조 불급 입 기 강 토지 벽 전야 치 양로 존현 준걸 재위 즉 유경경 이지 입 기 강

土地荒蕪遺老失賢掊克在位則有讓 一不朝則貶其爵 再不朝則削其地 三
토지 황무 유로 실현 부극 재위 즉 유양 일 부조 즉 폄기작 재 부조 즉 삭 기 지 삼

不朝則六師移之 是故天子討而不伐諸侯伐而不討 五覇者摟諸侯以伐諸侯
부조 즉 육사 이 지 시고 천자 토이 불벌 제후 벌 이 불토 오패자 누제후 이벌 제후

者也 故曰 五覇者三王之罪人也 五覇桓公爲盛 葵丘之會諸侯束牲載書
자 야 고 왈 오패자 삼왕 지 인 야 오패 환공 위성 규구 지 회 제후 속 생 재 서

而不歃血 初命曰 誅不孝無易樹子無以妾爲妻 再命曰 尊賢育才以彰有德
이 불 삽혈 초명 왈 주 불효 무역 수자 무이 첩 위처 재명 왈 존현 육재 이 창 유덕

三命曰 敬老慈幼無忘賓旅 四命曰 士無世官官事無攝取士必得無專殺
삼명 왈 경로 자유 무망 빈려 사명 왈 사 무세 관 관사 무섭 취사 필득 무 전 살

大夫 五命曰 無曲防 無遏糴無有封而不告 曰 凡我同盟之人旣盟之後言歸
대부 오명 왈 무 곡방 무 알적무 유봉 이 불고 왈 범아 동맹지인 기 맹 지후 언귀

于好 今之諸侯皆犯此五禁 故曰 今之諸侯五覇之罪人也 長君之惡其罪小
우호 금 지 제후 개 범 차 오금 고 왈 금 지 제후 오패 지 죄인 야 장 군지악 기 죄 소

逢君之惡其罪大 今之大夫皆逢君之惡 故曰 今之大夫今之諸侯之罪人也
봉 군지악 기 죄 대 금 지 대부 개 봉 군지악 고 왈 금 지 대부 금 지 제후 지 죄인 야

맹자의 말이 길게 이어진다. "패도로 천하를 쥔 다섯 임금〔五覇者〕은 (왕도(王道)의 길을 가르쳐준) 세 명의 임금다운 임금〔三王〕의 죄인이요, 지금의 제후들은 다섯 패왕(覇王)의 죄인이요, 지금의 대부들은 지금의 제후들의 죄인이다."

오패자

삼왕

먼저 오패(五覇)는 제(齊) 나라 환공(桓公), 진(晉) 나라 문공(文公), 진(秦) 나라 목공(穆公), 송(宋) 나라 양공(襄公), 초(楚) 나라 장공(莊公) 다섯 왕을 말한다. 삼왕(三王)은 하(夏) 나라 우왕(禹王), 상(商=殷) 나라 탕왕(湯王), 주(周) 나라 문왕(文王) 세 왕을 말한다. 오패에 대해서는 약간의 다른 견해도 있지만 이것이 일반적이다.

은

그러면 다섯 패왕이 삼왕의 죄인이라는 것은 무슨 뜻인가? 어진 정치[仁政]나 임금다운 도리[王道]와는 상반되는 패도[霸道]를 통해 천하를 움켜쥐었으니 인(仁)의 맥락에서 볼 때는 오히려 패권주의를 세상에 만연케 했다는 점에서 죄를 지은 것이나 마찬가지라는 말이다. 앞서 여러 차례 보았던 이익[利]과 인의(仁義)의 대비는 곧 패도와 왕도의 대비와 맞아떨어진다.

그런데 지금의 제후들은 (그나마 통일된 질서를 이룩했던) 다섯 패왕에 비한다면 세상에 혼란을 부추기고 있다는 점에서 역시 죄인이라 할 수 있다는 것이다. 지금의 대부들은 그만 못하니 역시 지금의 제후들에게 죄인이나 마찬가지라는 것이다. 이에 관한 보다 상세한 풀이가 이제 맹자 자신의 언급을 통해 이루어진다. 맹자는 먼저 왜 패도로 천하를 쥔 다섯 임금이 세 명의 임금다운 임금의 죄인이 되는지를 일목요연하게 밝힌다.

"천자가 제후들을 방문하려 하는 것을 순수(巡狩)라 하고, 제후가 천자에게 조회하러 가는 것을 술직(述職)이라고 한다. (천자의 순수란) 봄에는 밭 갈고 씨 뿌리는[耕種] 상황을 살펴보아 (종자나 농기구 등이) 부족한 것을 채워주고, 가을에는 수확상황을 살펴 (수확량이) 부족한 자들의 곳간을 채워준다.

(순수에 나서 방문하는 제후국의) 국경에 들어가서 토지가 잘 개간되고[辟] 논밭[田野]이 잘 다스려져 있으며, 노인을 잘 봉양하고 뛰어난 이는 존경하며, 쟁쟁한 인재[俊傑]들이 조정의 자리에 있으면 그 제후에게 땅을 상[慶=賞]으로 내려주었다.

(반대로) 국경에 들어가서 토지가 버려져 황무지나 다름없으며, 노인은 방치되고 뛰어난 이는 등용되지 않고, 백성 수탈을 일삼는 자들

이 조정의 자리에 있으면 그 제후를 문책〔讓〕했다.
　　（그리고 술직의 경우） 한 번 조회를 하지 않으면 그 작위를 낮췄고, 두 번 조회를 하지 않으면 그 내려준 땅을 삭감했고, 세 번 조회를 하지 않으면 육군（六軍-천자의 군대）을 동원하여 그 제후를 바꿔버렸다. 이렇기 때문에 천자가 군대를 동원하는 것은 토죄〔討〕라고 하지 정벌〔伐〕이라고 하지 않는 반면, 제후가 군대를 동원하면 정벌〔伐〕이라고 하지 토죄〔討〕라고 하지 않는 것이다.
　　그런데 다섯 패자는 （천자의 육군이 아니라） 다른 제후들을 이끌고 가서〔摟＝牽＝引＝率〕 제후들을 정벌하였다. 그래서 （나는） 패도로 천하를 쥔 다섯 임금〔五覇者〕은 （왕도의 길을 가르쳐준） 삼왕의 죄인이라고 말했던 것이다.”
　　여기까지는 천자와 제후의 도리에 관한 풀이다. 다시 맹자의 말이 이어진다. “오패 중에서는 （제나라） 환공이 가장 번성〔盛〕했다. 한번은 그가 주도한 규구（葵丘）의 동맹회의〔會＝會盟〕에서 제후들이 희생 제물〔牲＝犧牲〕을 묶어놓은〔束〕 다음 （그 위에） 맹약서〔書〕를 올려놓고 피를 마시는 의식〔歃血〕은 생략한 채 다음과 같은 다섯 가지 명을 공표했다. 첫째〔初命〕, 부모에게 불효를 범한 자는 주살〔誅〕하고 책봉을 받은 태자나 세자〔樹子〕는 바꾸지 않으며 첩을 본처로 삼지 않는다. 둘째〔再命〕, 뛰어난 이를 높이고 인재를 길러서 다움을 갖춘 이들을 널리 드러내도록 한다. 셋째〔三命〕, 노인을 공경하고 어린이를 사랑하며 손님과 나그네를 （잘 모셔야 함을） 잊어서는 안 된다. 넷째〔四命〕, 선비에게 대를 이어〔世〕 관직을 주지 말고 관청의 일〔官事〕을 （다른 개인적인 직업과） 겸직하도록 하지 말며, 선비를 쓸 때는 반드시 능력을 갖춘 이〔得〕를 뽑고 대부（大夫）는 자기 마음대로〔專〕 죽여서는 안 된다.

다섯째〔五命〕, 제방을 마구잡이로 쌓아서는 안 되며 (흉년이 든 나라가) 쌀을 사들이는 것〔糴〕을 막지〔遏〕 말고〔無〕 대부에게 봉토를 주면 반드시 (제후들의 맹주(盟主)인 나에게) 고하도록 하라. 그러고 나서 (환공은 이렇게) 말했다. '무릇 동맹을 맺은 우리들은 일단 맹약을 한 이후에는 우호관계로 돌아간다.'

그런데 지금의 제후들은 모두 다 이 다섯 가지 금령(禁令)을 어기고 있으니 (나는 앞에서) '지금의 제후들은 다섯 패왕의 죄인이다'라고 말했던 것이다."

제방을 마구잡이로 쌓으면 다른 나라에 본의 아니게 악영향을 끼치기 때문에 이렇게 말한 것이다. 다시 맹자의 말이 이어진다. "임금의 악행을 (사후에) 더 키우는〔長〕 것은 (그나마) 그 죄가 작지만 임금의 악행을 (사전에) 유도해 내는〔逢〕 것은 그 죄가 크다. 지금의 대부들은 모두 다 임금의 악행을 유도하고 있으니 이 때문에 (나는 앞에서) '지금의 대부들은 지금의 제후들의 죄인이다'라고 말했던 것이다."

이 장에서는 맹자 자신이 대부분 그 이유를 풀이하고 있어 별도의 풀이는 필요 없다.

8

노나라가 (제나라를 치기 위해) 신자(愼子)를 장군으로 삼고 싶어 했다. 이에 맹자는 신자에게 다음과 같이 말했다. "백성을 가르치지 않고서 (전쟁터에 내보내 병사로) 그들을 쓰는 것을 일러 백성들에게 재앙을 내리는 것이라고 했으니 백성에게 재앙을 내리는 자는 요순(堯舜)의 시대에는 결코 용납되지 못했을 것이다. 단 한 번의 전쟁으로 제나라를 이겨마침내 남양(南陽)을 차지하더라도, 그래도 전쟁을 해서는 안 된다."

이에 신자가 발끈하면서 불쾌하다는 듯이 말했다. "이것은 저로서는 알지 못하는 바입니다."

이에 맹자는 다음과 같이 말한다. "내 그대에게 분명히 말해 주겠네. 천자(天子)의 땅이 사방 천 리인 것은 천 리가 못 되면 제후(諸侯)를 대접하는 데 부족하기 때문이다. 제후의 땅이 사방 백 리인 것은 백 리가 못 되면 종묘(宗廟)의 전적(典籍)들을 지키는 데 부족하기 때문이다. 주공(周公)을 노나라에 (제후로) 봉할 때 (그 땅은) 사방 백 리였다. (주나라 땅이 커서 주공에게 줄 수 있는) 땅이 부족하지 않았는데도 사방 백 리가 넘지 않게 했던 것이다. 태공(太公)을 제나라에 봉할 때도 사방 백 리였다. 땅이 부족하지 않았는데도 사방 백 리가 넘지 않게 했던 것이다. (반면에) 지금의 노나라는 (주변 나라를 합병함으로써) 사방 백 리의 땅이 다섯이나 된다. 그대가 생각하기에 만일 지금 임금다운 임금이 나오신다면 노나라는 (땅을) 덜어내야 할 쪽인가, 더해야 할 쪽인가? 한갓 (사람을 죽이지 않으면서) 저 여러 나라들에서 (땅을) 떼어다가 이 나라에 주는 것조차도 어진 자라면 (그것이 옳지 않기 때문에) 하지 않는 것인데 하물며 (전쟁을 해서) 사람을 죽여가면서까지 땅을 얻으려 하는

가? 군자가 임금을 (올바르게) 섬긴다는 것은 다름 아니라 자신의 임금

을 힘써 이끌어 도리에 합당하도록 하여 (그 임금이 매사를 행함에) 어짊

에 뜻을 두도록 하는 것일 뿐이다."

魯欲使愼子爲將軍
노 욕 사 신자 위 장군

孟子曰 不教民而用之謂之殃民 殃民者不容於堯舜之世 一戰勝齊遂有
맹자 왈 불교 민 이 용 지 위 지 앙민   앙민 자 불용 어 요순지세   일전 승 제 수유

南陽然且不可
남양 연차 불가

愼子勃然不悅曰 此則滑釐所不識也
신자 발연 불열 왈 차 즉 골리 소불식 야

(孟子)曰 吾明告子 天子之地方千里不千里不足以待諸侯 諸侯之地方
맹자 왈 오명고자   천자지지 방 천리 불 천리 부 족 이 대 제후   제후지지 방

百里不百里不足以守宗廟之典籍 周公之封於魯爲方百里也 地非不足而
백리 불 백리 부 족 이 수 종묘지전적   주공 지 봉 어 로 위 방 백리 야   지 비 부족 이

儉於百里 太公之封於齊也亦爲方百里也 地非不足也而儉於百里 今魯方
검 어 백리   태공 지 봉 어 제 야 역 위 방 백리 야   지 비 부족 야 이 검 어 백리   금 로 방

百里者五 子以爲有王者作則魯在所損乎在所益乎 徒取諸彼以與此然且
백리 자 오   자 이위 유 왕자 작 즉 노 재 소손 호 재 소익 호   도 취 제피 이 여 차 연차

仁者不爲況於殺人以求之乎 君子之事君也務引其君以當道志於仁而已
인자 불위 황 어 살인 이 구 지 호   군자 지 사군 야 무 인 기 군 이 당 도 지 어 인 이이

🌸　　　이 장은 앞 장에서 말한 '지금의 대부들은 지금의 제후

들의 죄인이다'의 한 사례로 읽을 수 있다.

노나라가 (제나라를 치기 위해) 신자(愼子)를 장군으로 삼고 싶어 했

다. 이에 맹자는 신자에게 다음과 같이 말했다. "백성을 가르치지 않

고서 (전쟁터에 내보내 병사로) 그들을 쓰는 것을 일러 백성들에게 재앙을 내리는 것이라고 했으니 백성에게 재앙을 내리는 자〔殃民者〕는 요순(堯舜)의 시대에는 결코 용납되지 못했을 것이다. 단 한 번의 전쟁으로 제나라를 이겨 마침내〔遂〕 남양(南陽)을 차지〔有〕하더라도, 그래도〔然且〕 전쟁을 해서는 안 된다."

우선 맹자가 인용한 구절은 『논어』 '자로 29, 30'을 합친 것이다.

공자는 말했다. "뛰어난 이가 백성 가르치기를 칠 년 하면 진실로 백성으로 하여금 전쟁터에 나가 싸우게 할 수 있을 것이다."('자로 29')

공자는 말했다. "가르치지 않은 백성으로 하여금 전쟁터에 나아가게 하면 이를 일러 백성을 버리는 것이라고 한다."('자로 30')

이에 신자가 발끈하면서〔勃然〕 불쾌하다는 듯이 말했다. "이것은 저〔滑釐〕로서는 알지 못하는 바〔所不識〕입니다."

이에 맹자는 다음과 같이 말한다. "내 그대〔子〕에게 분명히〔明〕 말해 주겠네〔告〕. 천자(天子)의 땅이 사방 천 리인 것은 천 리가 못 되면 제후(諸侯)를 대접하는 데 부족하기 때문이다. 제후의 땅이 사방 백리인 것은 백 리가 못 되면 종묘(宗廟)의 전적(典籍)들을 지키는 데 부족하기 때문이다."

종묘의 전적에 대해 주희는 "제사하고 회동하는 제도"라고 말한다. 즉 제사에 들어가는 각종 비용을 뜻한다. 다시 맹자의 말이다.

"주공(周公)을 노나라에 (제후로) 봉할 때 (그 땅은) 사방 백 리였다. (주나라 땅이 커서 주공에게 줄 수 있는) 땅이 부족하지 않았는데도 사

방 백 리가 넘지 않게[儉=不過] 했던 것이다. 태공(太公)을 제나라에
봉할 때도 사방 백 리였다. 땅이 부족하지 않았는데도 사방 백 리가
넘지 않게 했던 것이다. (반면에) 지금의 노나라는 (주변 나라를 합병함
으로써) 사방 백 리의 땅이 다섯이나 된다. 그대가 생각하기에 만일 지
금 임금다운 임금[王者=聖君]이 나오신다면 노나라는 (땅을) 덜어내
야 할 쪽[所損]인가, 더해야 할 쪽[所益]인가?

한갓[徒] (사람을 죽이지 않으면서) 저 여러 나라들에서 (땅을) 떼어
다가 이 나라에 주는 것조차도[然且] 어진 자라면 (그것이 옳지 않기
때문에) 하지 않는 것인데 하물며 (전쟁을 해서) 사람을 죽여가면서까
지 땅[之]을 얻으려 하는가? 군자가 임금을 (올바르게) 섬긴다는 것은
다름 아니라 자신의 임금을 힘써 이끌어 도리[道]에 합당하도록 하여
(그 임금이 매사를 행함에) 어짊[仁]에 뜻을 두도록 하는 것일 뿐[而已=
而已矣=耳]이다."

'도리에 합당하도록[當道] 하여'는 當道라고 하여 마땅한 도리로 풀
어도 뜻에는 큰 차이가 없다. 이럴 경우 번역은 '마땅한 도리로 자신의
임금을 힘써 이끌어'가 된다.

9

맹자는 말했다. "오늘날 임금을 섬기는 자는 '나는 능히 임금을 위해 (백성을 노역에 동원함으로써) 토지를 개간하고, (세금을 많이 거둬들여) 국고를 가득 채울 수 있다'고 말한다. (이처럼) 오늘날의 이른바 좋은 신하는 옛날의 이른바 백성을 해치는 자이다. 임금이 도리를 향하지 않아 어짊에 뜻을 두지 않았는데도 임금을 부유하게 해주려는 것은 다름 아닌 걸왕(桀王)(같은 폭군)을 부유하게 해주는 것과 같다. (또 이들은) '나는 능히 임금을 위해 동맹국과 조약을 맺어 전쟁을 하면 반드시 승리한다'고 말한다. (이처럼) 오늘날의 이른바 좋은 신하는 옛날의 이른바 백성을 해치는 자이다. 임금이 도리를 향하지 않아 어짊에 뜻을 두지 않았는데도 임금을 위해 억지로 전쟁을 벌이려 하는 것은 다름 아닌 걸왕(같은 폭군)을 도와주는 것과 같다. 지금의 길을 따라가기를 고수하여 지금의 그릇된 습속을 고치지 않는다면, 설사 그에게 천하를 준다고 하더라도, 단 하루 아침나절도 제대로 그 자리를 지킬 수 없을 것이다."

孟子曰 今之事君者曰 我能爲君辟土地充府庫 今之所謂良臣古之所謂
맹자 왈 금지 사군 자왈 아 능 위군벽 토지 충 부고 금지 소위 양신 고지 소위

民賊也 君不鄕(向)道不志於仁而求富之 是富桀也 我能爲君約與國戰必
민적 야 군 불향 향 도 부지 어 인 이 구 부 지 시 부 걸 야 아 능 위 군 약 여 국 전 필

克 今之所謂良臣古之所謂民賊也 君不鄕(向)道不志於仁而求爲之强戰
극 금지 소위 양신 고지 소위 민적 야 군 불향 향 도 부지 어 인 이 구 위 지 강 전

是輔桀也 由今之道無變今之俗 雖與之天下不能一朝居也
시 보 걸 야 유 금지 도 무변 금지 속 수 여 지 천하 불능 일조 거 야

🍂　　내용이 임금을 섬기는 문제여서 앞 장에 이어진다. 맹자는 말한다.

"오늘날 임금을 섬기는 자는 '나는 능히 임금을 위해 (백성을 노역에 동원함으로써) 토지를 개간하고[辟=闢] (세금을 많이 거둬들여) 국고[府庫]를 가득 채울 수 있다'고 말한다. (이처럼) 오늘날의 이른바 좋은 신하[良臣]는 옛날의 이른바 백성을 해치는 자[民賊]이다. 임금이 도리를 향하지[鄕=向] 않아 어짊[仁]에 뜻을 두지 않았는데도 임금을 부유하게 해주려는 것은 다름 아닌 걸왕(桀王)(같은 폭군)을 부유하게 해주는 것과 같다." 백성의 삶과 무관하게 임금이나 권력자를 부유하게 해주려는 행위에 대한 비판은 공자의 정신이기도 하다. 『논어』 '선진 16'이다.

　　계강자가 주공보다 부유한데도 염유가 그를 위해 많은 세금을 거두어들여 재산을 더 늘려주었다.
　　공자는 말했다. "우리 무리가 아니니, 소자들아! 북을 울려 다스리더라도 괜찮을 것이다."

　　'북을 울려 성토하라'는 것은 일종의 군법에 회부하라는 뜻이다. 정약용의 풀이다. "염구의 죄는 백성을 해친 죄에 해당하는 조목을 범하였기 때문에 공자가 군려(軍旅)의 법으로써 그를 다스려야 한다면서 '그의 죄는 『주례』에서 바로 명고(鳴鼓)의 율에 해당하는 것이다'라고 한 것이다." 정치에 관심을 둔 나머지 염유는 너무 멀리[過] 나아갔던 것이다.

맹자의 말이 이어진다. "(또 이들은) '나는 능히 임금을 위해 동맹국 〔與國〕과 조약을 맺어 전쟁을 하면 반드시 승리한다'고 말한다. (이처럼) 오늘날의 이른바 좋은 신하〔良臣〕는 옛날의 이른바 백성을 해치는 자〔民賊〕이다. 임금이 도리를 향하지〔鄕=向〕 않아 어짊〔仁〕에 뜻을 두지 않았는데도 임금〔之〕을 위해〔爲〕 억지로〔强〕 전쟁을 벌이려 하는 것은 다름 아닌 걸왕(같은 폭군)을 도와주는 것과 같다.

지금의 길을 따라가기〔由〕를 고수하여 지금의 그릇된 습속〔俗=陋俗〕을 고치지 않는다면, 설사 그〔之〕에게 천하를 준다〔與〕고 하더라도, 단 하루 아침나절도〔一朝〕 제대로 그 자리를 지킬 수 없을 것이다."

맨 마지막 말에 대한 주희의 풀이다. "반드시 싸움질을 일삼다가 패망하게 될 것이다."

앞 장과 하나로 합쳐도 될 정도로 긴밀하게 연결돼 있음을 알 수 있다.

10

백규(白圭)가 말했다. "나는 (백성들로부터 세금을) 20분의 1만 취하려고 하는데 어떻겠습니까?"

맹자가 말했다. "그대의 방법은 (북방 오랑캐인) 맥(貉=貊) 나라의 세금정책이다. 인구가 1만 호인 나라에서 단 한 사람만 질그릇을 굽는다면 가능한 일이겠는가?"

"불가능합니다. 그릇이 모자랄 것입니다."

"저 맥나라에서는 (땅이 척박하여) 오곡(五穀)이 자라지 못하고 오직 기장만 자라고, 성곽도 궁실도 종묘도 제사의 예절도 없으며, 제후들이 서로 예물을 보내거나 향연을 베풀어 대접하는 일도 없으며, 중앙의 관청이나 해당 부서들도 갖춰져 있지 않다. 그러니 20분의 1만 취하여도 충분한 것이다. 지금 중국에서 인륜(人倫)을 폐기하고 (국가를 지탱하는 데 중추역할을 하는) 관리들을 없앤다면 어떻게 국가가 운영될 수 있겠는가? 질그릇이 너무 부족해도 나라를 다스릴 수 없는 판에 하물며 관리들이 없다면이야(무슨 말을 하겠는가)? (10분의 1이었던) 요순(堯舜)의 세금정책보다 세금을 더 가볍게 하려는 것은 결국 큰 맥나라나 작은 맥나라 군주와 다름없고, (반대로) 요순의 세금정책보다 더 무겁게 하려는 것은 결국 큰 걸왕(桀王)이나 작은 걸왕과 다름없다."

白圭曰 吾欲二十而取一何如
백규 왈 오 욕 이십 이 취 일 하여

孟子曰 子之道貉道也 萬室之國 一人陶則可乎
맹자 왈 자 지 도 맥도 야 만실지국 일인 도 즉 가 호

曰 不可 器不足用也
왈 불가 기 부족 용 야

(孟子)曰 夫貊五穀不生惟黍生之 無城郭宮室宗廟祭祀之禮 無諸侯幣帛
맹자 왈 부맥 오곡 불생 유서 생지 무 성곽 궁실 종묘 제사지례 무 제후 폐백

饔飧 無百官有司 故二十取一而足也 今居中國去人倫無君子 如之何其可
옹손 무 백관 유사 고 이십 취일 이족 야 금 거 중국 거 인륜 무 군자 여지하 기 가

也 陶以寡且不可以爲國況無君子乎 欲輕之於堯舜之道者大貊小貊也 欲
야 도 이 과 차 불가이 위국 황무 군자 호 욕 경지어 요순지도 자 대맥 소맥 야 욕

重之於堯舜之道者大桀小桀也
중 지 어 요순지도 자 대걸 소걸 야

백규(白圭)는 주(周) 나라 사람으로 이름은 단(丹)이다. 이 장과 다음 장의 사례만 보아도 경거망동에 가까운 행동을 보여주는 인물이다. 먼저 백규가 이렇게 말한다. "나는 (백성들로부터 세금을) 20분의 1만 취하려고 하는데 어떻겠습니까?"

통상 10분의 1이 정상적인 세율인데 그보다 훨씬 낮춰서 세금을 거두겠다고 말하는 것이다. 맹자는 단칼에 자른다. "그대의 방법[道]은 (북방 오랑캐인) 맥(貊=貉) 나라의 세금정책[道]이다. 인구가 1만 호인 나라에서 단 한 사람만 질그릇을 굽는다면 가능한 일이겠는가?"

"불가능합니다. 그릇이 모자랄 것입니다."

"저 맥나라에서는 (땅이 척박하여) 오곡(五穀)이 자라지 못하고 오직[惟] 기장[黍]만 자라고, 성곽도 궁실도 종묘도 제사의 예절도 없으며, 제후들이 서로 예물[幣帛]을 보내거나 향연을 베풀어 대접하는 일도 없으며, 중앙의 관청이나 해당 부서들도 갖춰져 있지 않다. 그러니 20분의 1만 취하여도 충분한 것이다."

한마디로 국가를 운영하는 데 필요한 제도가 제대로 갖춰져 있지 않아 세금의 소요도 그만큼 적다는 뜻이다.

"지금 중국에서 인륜(人倫)을 폐기하고 (국가를 지탱하는 데 중추역할을 하는) 관리들[君子-百官과 有司]을 없앤다면 어떻게[如之何] 국가가 운영될 수 있겠는가? 질그릇이 너무[以=已] 부족해도 나라를 다스릴 수 없는 판에 하물며 관리들이 없다면이야(무슨 말을 하겠는가)?

(10분의 1이었던) 요순(堯舜)의 세금정책[道]보다 세금을[之] 더 가볍게 하려는 것은 결국 큰 맥나라나 작은 맥나라 군주와 다름없고, (반대로) 요순의 세금정책보다 더 무겁게 하려는 것은 결국 큰 걸왕(桀王)이나 작은 걸왕과 다름없다."

10분의 1을 골자로 하는 세법인 정전(井田) 제도를 조금도 손보려 해서는 안 된다는 것이다.

백규가 말했다. "저의 치수사업은 우왕(禹王)보다 낫습니다."

맹자가 말했다. "그대는 (참으로) 지나치다. (무엇보다) 우왕의 치수는 물의 길을 따라가는 것이었다. 이렇게 해서 우왕은 사해(四海)를 물받는 큰 저수지로 삼아 모든 물이 사해로 흘러들어가도록 치수를 했는데 지금 그대는 (멋대로 제방만 높이 쌓아) 주변 나라들을 저수지로 삼는 바람에 넘친 물들이 이웃나라로 흘러들어가 범람을 이루게 했을 뿐이다. 물이 거꾸로 흐르는 것을 일러 범람이라고 하는데 범람이라는 것이 곧 큰물이니 어진 사람이라면 당연히 싫어하는 바다. (그런데 자네는 둑을 막아 물을 역행하게 함으로써 오히려 홍수를 일으키고, 이웃나라에도 피해를 입혀놓고서는 우왕보다 낫다고 생각한다니) 그대는 참으로 지나치다."

白圭曰 丹之治水也愈於禹
백규 왈 단 지 치수 야 유 어 우

孟子曰 子過矣 禹之治水水之道也 是故禹以四海爲壑 今吾子以鄰國爲
맹자 왈 자 과 의 우 지 치수 수지도 야 시고 우 이 사해 위 학 금 오자 이 인국 위

壑 水逆行謂之洚水 洚水者洪水也仁人之所惡也 吾子過矣
학 수 역행 위 지 홍수 홍수 자 홍수 야 인인 지 소오 야 오자 과 의

🌸　　또 백규(白圭)가 말한다. "저〔丹〕의 치수사업은 우왕(禹王)보다 낫습니다."

주희는 조기(趙岐)의 풀이를 인용한다. "당시 제후국에 작은 홍수〔小水〕가 있었는데 백규가 제방을 쌓아 물을 막음으로써 다른 나라로 물이 흐르게 했다." 『서경』에 소개돼 있는 우왕의 치수사업을 보면 믿기 힘들 정도로 그 규모가 방대했다. 백규의 치수사업은 거기에 비할 바가 못 된다. 그런데도 이렇게 큰소리를 치고 있는 것이다. 당연히 맹자는 정면으로 반박한다.

"그대는 (참으로) 지나치다. (무엇보다) 우왕의 치수는 물의 길을 따라가는 것〔水之道〕이었다." 주희는 水之道를 "물의 성질을 순조롭게 한 것"이라고 풀이한다.

다시 맹자의 말이다. "이렇게 해서 우왕은 사해(四海)를 물 받는 큰 저수지〔壑〕로 삼아 모든 물이 사해로 흘러들어가도록 치수를 했는데 지금 그대는 (멋대로〔曲〕 제방만 높이 쌓아) 주변 나라들을 저수지로 삼는 바람에 넘친 물들이 이웃나라로 흘러들어가 범람을 이루게 했을 뿐이다."

이것이 바로 7장에서 제환공이 말했던, '제방을 마구잡이로 쌓아서는 안 되는〔無曲防〕' 이유다. 이제 맹자의 마무리 발언이다.

"물이 거꾸로 흐르는 것을 일러 범람〔洚水〕이라고 하는데 범람이라는 것이 곧 큰물〔洪水〕이니 어진 사람〔仁人〕이라면 당연히 싫어하는 바〔所惡〕다. (그런데 자네는 둑을 막아 물을 역행하게 함으로써 오히려 홍수를 일으키고, 이웃나라에도 피해를 입혀놓고서는 우왕보다 낫다고 생각한다니) 그대는 참으로 지나치다."

12

맹자는 말했다. "군자가 (그 바탕이) 어질지 못하면 어찌 (무슨 일인들) 제대로 다부지게 잡아서 할 수 있겠는가?"

孟子曰 君子不亮惡乎執
맹자 왈 군자 불량 오호 집

앞 장에서 말한 어진 사람[仁人]에 이어지는 일종의 보
충설명이다.

맹자가 말한다. "군자가 (그 바탕이) 어질지[良=仁=信] 못하면 어찌
[惡] (무슨 일인들) 제대로 다부지게 잡아서[執] 할 수 있겠는가?" 기
본바탕이 잘못되어 있으면 아무리 갈고닦아도 소용없다는 말이다.

백규(白圭)에 대한 비판이다. 결국 10, 11, 12장은 하나로 연결해서
읽어야 의미가 더 잘 통한다.

13

노(魯) 나라(군주)가 악정자(樂正子)에게 정사를 맡기려 했다. 이 소식을 접한 맹자는 이렇게 말한다. "내가 그것을 듣고서 너무 기뻐서 잠을 이루지 못했다."

이에 공손추가 물었다. "악정자는 (의지가) 강하다고 할 수 있습니까?"

"아니다."

"(그러면) 사람을 보는 지혜와 일을 꿰뚫어 보는 사려 깊음이 있습니까?"

"없다."

"(그렇다면) 견문과 지식이 많습니까?"

"아니다."

"그렇다면 어찌하여 너무 기뻐서 잠을 이루지 못하셨던 것입니까?"

"그 사람됨이 (나쁨[惡]보다는) 좋음[善]을 좋아하기 때문이다."

"(정녕) 좋음을 좋아하는 것이 (너무 기뻐서 잠을 못 이루신 이유의) 전부입니까?"

"좋음을 좋아하는 것은 천하를 다스리고도 남음이 있는데 하물며 노나라쯤이야 잘 다스리지 못하겠는가? 무릇 좋음(좋은 일을 듣는 것)을 좋아하면 온 세상 사람들이 모두 다 장차 천 리 길도 멀다 않고 기꺼이 찾아와서 선한 일들을 말해 줄 것이다. (반면에) 무릇 좋음(좋은 일을 듣는 것)을 좋아하지 않으면 사람들은 장차 (그에 대해) 말하기를 '으쓱 대면서 '나도 이미 그 정도는 다 알고 있어'라고 할 거야'라고 말할 것이다. 이렇게 되면 으쓱대는 목소리와 얼굴색이 (온 세상에 전파되어) 천 리 밖에서 (좋은 말을 해주고 싶어 하는) 사람들의 발길을 막는다. 그리하여 좋은 선비들이 천 리 밖에서 발걸음을 멈추게 되면 남을 헐뜯고 아

첨하고 면전에서 비벼대는 자들이 모여들게 될 것이니 (임금이나 정사를
책임지는 사람이) 남을 헐뜯고 아첨하고 면전에서 비벼대는 자들과 함께
정사를 해나간다면 나라가 제대로 다스려지기를 바란다 한들 가능한
일이겠는가?"

魯欲使樂正子爲政
노 욕 사 악정자 위정

孟子曰 吾聞之喜而不寐
맹자 왈 오 문 지 희 이 불매

公孫丑曰 樂正子强乎 (孟子)曰 否
공손추 왈 악정자 강호 맹자 왈 부

(曰) 有知(智)慮乎 (孟子)曰 否
왈 유지 지 려호 맹자 왈 부

(曰) 多聞識乎 (孟子)曰 否
왈 다문식 호 맹자 왈 부

(曰) 然則奚爲喜而不寐
왈 연즉 해 위 희 이 불매

(孟子)曰 其爲人也好善
맹자 왈 기 위인 야 호선

(曰) 好善足乎
왈 호선 족 호

(孟子)曰 好善優於天下而況魯國乎 夫苟好善而四海之內皆將輕千里而
맹자 왈 호선 우어 천하 이 황 노국 호 부구 호선 이 사해지내 개 장경 천리 이

來告之以善 夫苟不好善則人將曰訑訑予旣已知之矣 訑訑之聲音顏色距
래 고 지 이 선 부구 불호 선즉 인 장 왈 이이 여 기 이 지 지 의 이이 지 성음 안색 거

人於千里之外 士止於千里之外則讒諂面諛之人至矣 與讒諂面諛之人居
인 어 천리 지 외 사 지 어 천리 지 외즉 참 첨 면유 지 인지 의 여 참 첨 면유 지 인 거

國欲治可得乎
국 욕 치 가득 호

먼저 문맥을 소개하는 글이 나온다. 노(魯) 나라(군주)가 악정자(樂正子)에게 정사를 맡기려 했다. 악정자는 맹자의 제자다. 이 소식을 접한 맹자는 이렇게 말한다. "내가 그것을 듣고서 너무 기뻐서 잠을 이루지 못했다〔不寐〕."
                                                       불매

이에 다른 제자인 공손추(公孫丑)가 스승이 잠이 오지 않을 정도로 기뻐한 이유가 무엇인지 궁금해 맹자에게 질문을 던진다. "악정자는 (의지가) 강하다〔強〕고 할 수 있습니까?"
                        강

"아니다."

"(그러면) 사람을 보는 지혜〔知＝智＝知人之鑑〕와 일을 꿰뚫어 보는
              지 지 지인지감
사려 깊음〔慮〕이 있습니까?
      려

"없다."

"(그렇다면) 견문과 지식이 많습니까?"

"아니다."

일단 이 세 차례의 문답은 주희의 풀이를 참고할 필요가 있다. "이 세 가지는 모두 당시에 사람들이 숭상하는 것이었지만 실은 악정자에 게는 모자라는 것들이었다. 그래서 공손추가 의심스러워하면서 하나 하나 캐물은〔歷問〕 것이다."
            역문

다시 두 사람의 문답이 이어진다. "그렇다면〔然則〕 어찌하여 너무 기
                                 연즉
뻐서 잠을 이루지 못하셨던 것입니까?"

"그 사람됨이 (나쁨〔惡〕보다는) 좋음〔善〕을 좋아하기 때문이다."
                       악   선

"(정녕) 좋음을 좋아하는 것〔好善〕이 (너무 기뻐서 잠을 못 이루신 이
                         호선
유의) 전부입니까?"

"좋음을 좋아하는 것은 천하를 다스리고도 남음〔優－넉넉함〕이 있
                                          우
는데 하물며 노나라쯤이야 잘 다스리지 못하겠는가? 무릇 좋음(좋은

일을 듣는 것)을 좋아하면 온 세상 사람들이 모두 다 장차 천 리 길도 멀다 않고 기꺼이〔輕=不遠〕찾아와서 좋은 일들을 말해 줄 것이다. (반면에) 무릇 좋음(좋은 일을 듣는 것)을 좋아하지 않으면 사람들은 장차 (그에 대해) 말하기를 '으쓱대면서〔訑訑〕'나도 이미 그 정도는 다 알고 있어'라고 할 거야'라고 말할 것이다. 이렇게 되면 으쓱대는 목소리와 얼굴색이 (온 세상에 전파되어) 천 리 밖에서 (좋은 말을 해주고 싶어 하는) 사람들의 발길을 막는다. 그리하여 좋은 선비〔士=善士〕들이 천 리 밖에서 발걸음을 멈추게 되면 남을 헐뜯고 아첨하고 면전에서 비벼대는 자들이 모여들게 될 것이니 (임금이나 정사를 책임지는 사람이) 남을 헐뜯고 아첨하고 면전에서 비벼대는 자들과 함께 정사를 해나간다면〔居〕나라가 제대로 다스려지기를 바란다 한들 가능한 일이겠는가?"

이 장의 내용을 주희는 단 한 문장으로 압축한다. "정사를 맡는다〔爲政〕는 것은 한낱 자기 하나의 장점을 쓰는 데 있지 않고 천하의 좋은 사람과 좋은 말들이 자신에게 오도록 하는 것을 중요하게 여기는 것〔貴〕임을 말씀하신 것이다."

14

진자가 물었다. "옛날의 군자(君子)는 어떠할 때면 관직에 나아갔습니까?"

맹자가 답했다. "나아가는 경우가 셋이고, 떠나는 경우가 셋이었다. (첫째, 임금이 군자를) 맞아들이기를 지극히 공경스럽게 함으로써 예를 갖추고, 또 말하기를 장차 그 군자가 말하는 바를 실행에 옮기겠다고 말하면 관직에 나아갔고, (이런 경우에도 임금이 군자를 대함에) 예로써 대함은 전과 다름없으면서도 그 말한 바가 실행에 옮겨지지 않으면 관직을 떠났다. 그다음에 군자가 말하는 바를 실행에 옮기겠다고는 말하지 않았어도 맞아들이기를 지극히 공경스럽게 함으로써 예를 갖출 경우에는 관직에 나아갔고, (이런 경우에는) 예로써 대함이 전과 달리 쇠해지면 관직을 떠났다. 끝으로 (군자가) 아침도 못 먹고 저녁도 굶어 배고픔으로 인해 문밖으로 나갈 수도 없을 때 임금이 이를 전해 듣고서 말하기를 '내 크게는 그의 도리를 능히 행할 수 없고, 또 그 말을 따를 수도 없지만 (어쨌거나 나름의 도리를 가진 군자를) 내 나라 땅에서 굶주리게 하는 것은 나의 수치다'라고 하면서 주선해 준다면 이 경우 또한 (관직 제의를) 받아들여도 된다. (그러나 이런 식의 관직 수락은 아무것도 할 수 없으니 겨우) 죽음만 면한 상태일 뿐이다."

陳子曰 古之君子何如則仕
진자 왈 고 지 군자 하여 즉 사

孟子曰 所就三所去三　迎之致敬以有禮言將行其言也則就之　禮貌未衰
맹자 왈　소취 삼 소거 삼　영 지 치경 이 유례 언 장 행 기 언 야 즉 취지　예모 미 쇠

言弗行也則去之　其次　雖未行其言也　迎之致敬以有禮則就之　禮貌衰則
언 불행 야 즉 거지　기차　수 미행 기 언 야　영 지 치경 이 유례 즉 취지　예모 쇠 즉

去之 其下 朝不食夕不食飢餓不能出門戶 君聞之 曰 吾大者不能行其道又
거 지 기 하 조 불 식 석 불 식 기 아 불 능 출 문 호 군 문 지 왈 오 대 자 불 능 행 기 도 우

不能從其言也 使飢餓於我土地吾恥之周之亦可受也 免死而已矣
불 능 종 기 언 야 사 기 아 어 아 토 지 오 치 지 주 지 역 가 수 야 면 사 이 이 의

진자(陳子)는 '공손추 장구 하' 10장에 등장한 바 있는 맹자의 제자다. 진자가 묻는다. "옛날의 군자(君子)는 어떠할 때면 관직에 나아갔습니까?"

앞 장과 연결되는 문맥이다. 이에 맹자는 다음과 같이 명쾌하게 정리한다. "나아가는 경우〔所就〕가 셋이고, 떠나는 경우〔所去〕가 셋이었다." 따라서 就去는 進退와 같은 말이다.

"(첫째, 임금이 군자를) 맞아들이기를 지극히 공경스럽게 함으로써 예를 갖추고, 또 말하기를 장차 그 군자가 말하는 바를 실행에 옮기겠다고 말하면 관직〔之〕에 나아갔고, (이런 경우에도 임금이 군자를 대함에) 예로써 대함〔禮貌=禮待〕은 전과 다름없으면서도 그 말한 바가 실행에 옮겨지지 않으면 관직을 떠났다.

그다음에〔其次〕 군자가 말하는 바를 실행에 옮기겠다고는 말하지 않았어도 맞아들이기를 지극히 공경스럽게 함으로써 예를 갖출 경우에는 관직에 나아갔고, (이런 경우에는) 예로써 대함〔禮貌〕이 전과 달리 쇠해지면 관직을 떠났다.

끝으로〔其下〕 (군자가) 아침도 못 먹고 저녁도 굶어 배고픔으로 인해 문밖으로 나갈 수도 없을 때 임금이 이를 전해 듣고서 말하기를 '내 크게는〔大者〕 그의 도리〔道〕를 능히 행할 수 없고, 또 그 말을 따를 수도 없지만 (어쨌거나 나름의 도리〔道〕를 가진 군자를) 내 나라 땅

에서 굶주리게 하는 것은 나의 수치다'라고 하면서 주선해〔周〕 준다면^주 이 경우 또한 (관직 제의를) 받아들여도 된다. (그러나 이런 식의 관직 수락은 아무것도 할 수 없으니 겨우) 죽음만 면한 상태일 뿐이다." 실은 세 번째의 경우는 살아도 산 것이 아니라는 말과도 통한다. 『논어』 '옹 야 17'에서 공자는 이렇게 말한다.

> "사람을 사람이게 해주는 것은 곧음〔直〕이니, 곧음이 없는 삶은^직 요행히 (죽음을) 면한 것에 불과하다."

아마도 이 장은 공자의 이 말에 대한 맹자 식의 풀이라고 보아도 과 언이 아닐 것이다. 그리고 주희는 이 세 가지 경우를 '만장 장구 하(萬 章章句下)' 4장에 나오는 다음 구절과 연결시켜 풀이하고 있다.

"공자께서는 도리가 행해질 것으로 보여 벼슬을 맡으신 적도 있고, (군주와의) 교제(交際) 때문에 벼슬을 맡으신 적도 있고, 임금이 (노인 혹은 어진 이를) 잘 모시는 것을 좋게 여겨 벼슬을 맡으신 적도 있다. (공자께서 노나라 실력자) 계환자(季桓子) 밑에서 벼슬을 한 것은 도리 가 행해질 것으로 보여서였고, 위나라 영공(靈公)에게서 벼슬을 한 것 은 (자신을 잘 대우해 주는) 교제 때문이었고, 위나라 효공(孝公) 때 벼 슬을 한 것은 효공이 (노인이나 어진 이를) 잘 모시는 것을 좋게 여겼 기 때문이다."

첫째가 도리가 행해질 것으로 보아서〔見行可之仕〕이고, 둘째가 교제^{견 행 가 지 사} 가 있었기 때문〔有際可之仕〕이고, 셋째가 어른을 잘 모셨기 때문〔有公^{유 제 가 지 사} 養之仕〕이다. 정확히 상응한다. 번거롭더라도 '만장 장구 하' 4장을 다^{양 지 사} 시 한 번 읽어보기를 권한다.

15

맹자는 말했다. "순(舜) 임금은 (산골의) 밭이랑 한가운데서 (농사를 짓다가 30세에) 일어났고, 부열(傅說)은 (부암(傅巖)이라는 곳에서) 담이나 제방 쌓던 일을 하다가 (은나라 무정(武丁)에 의해) 발탁되었고, 교격(膠鬲)은 생선과 소금 장사를 하고 있다가 (주나라 문왕(文王)에 의해) 발탁되었고, 관중은 감옥에 갇혀 있다가 (제나라 환공(桓公)에 의해) 발탁되었고, 손숙오(孫叔敖)는 바닷가에 숨어 살다가 (초나라 장왕(莊王)에 의해) 발탁되었고, 백리해(百里奚)는 도시의 시장에서 (진나라 목공(穆公)에 의해) 발탁되었다. 따라서 하늘이 장차 이 사람들에게 큰일을 내리려 했을 때는 반드시 먼저 그 사람들의 마음을 힘들게 했고, 그들의 육체를 고달프게 했으며, 그의 배를 굶주리게 했고, 그 몸을 곤궁하게 만들었으며, 하는 일마다 어긋나고 뒤엉키게 만들었다. (하늘이) 그렇게 한 이유는 마음을 분발케 하고, 타고난 본성이나 성질을 강인하게 만들어, 그들의 부족한 능력을 키워주기 위함이었다. 사람은 늘 잘못을 범하지만 그 후에는 능히 고칠 수 있고, 마음이 고초에 시달리고 심한 번민을 겪은 이후에는 (심기일전하여) 더욱 분발하며, 그런 번민이 얼굴에 나타나고 목소리에서 드러난 이후에야 남들에게도 전해지게 된다. (개인뿐만 아니라 나라의 경우에도 마찬가지여서) 대내적으로 법도를 세워주는 집안과 탁월한 보필을 하는 신하가 없고, 대외적으로 적국(敵國)이나 외환(外患)이 없으면 그런 나라는 늘 망한다. (따라서 개인이건 나라건 시련을 겪은) 이후에야 우환(憂患)에서는 살 수가 있고, 안락(安樂)에 머물다가는 결국 죽는다는 것을 알게 된다."

孟子曰 舜發於畎畝之中 傳說擧於版築之間 膠鬲擧於魚鹽之中 管夷吾
맹자 왈 순 발 어 견무 지 중 부열 거 어 판축 지 간 교격 거 어 어염 지 중 관이오

擧於士 孫叔敖擧於海 百里奚擧於市 故天將降大任於是人也必先苦其
거 어 사 손숙오 거 어 해 백리해 거 어 시 고 천 장 강 대임 어 시 인 야 필 선 고 기

心志勞其筋骨餓其體膚空乏其身行拂亂其所爲 所以動心忍性曾(增)益其
심지 노 기 근골 아 기 체부 궁핍 기 신 행 불 란 기 소위 소 이 동심 인성 증 증 익 기

所不能 人恒過然後能改 困於心衡(橫)於慮而後作 徵於色發於聲而後喩
소불능 인 항 과 연후 능 개 곤 어 심 형 횡 어 려 이후 작 징 어 색 발 어 성 이후 유

入則無法家拂士出則無敵國外患者國恒亡 然後知生於憂患而死於安樂也
입즉 무 법가 불사 출즉 무 적국 외환 자 국 항 망 연후 지 생 어 우환 이 사 어 안락 야

앞 장에 이어지면서 보다 큰 인물이 등용되는 경우를 살핀다. 맹자는 말한다.

"순(舜) 임금은 (산골의) 밭이랑 한가운데서 (농사를 짓다가 30세에) 일어났고[發=發身], 부열(傅說)은 (부암(傅巖)이라는 곳에서) 담이나 제방 쌓던 일을 하다가 (은나라 무정(武丁)에 의해) 발탁되었고, 교격(膠鬲)은 생선과 소금 장사를 하고 있다가 (주나라 문왕(文王)에 의해) 발탁되었고, 관중[管夷吾]은 감옥[士=士官=獄官]에 갇혀 있다가 (제나라 환공(桓公)에 의해) 발탁되었고, 손숙오(孫叔敖)는 바닷가에 숨어 살다가 (초나라 장왕(莊王)에 의해) 발탁되었고, 백리해(百里亥)는 도시의 시장에서 (진나라 목공(穆公)에 의해) 발탁되었다.

따라서 하늘이 장차 이 사람들에게 큰일[大任]을 내리려 했을 때는 반드시 먼저 그 사람들의 마음[心志]을 힘들게 했고, 그들의 육체[筋骨]를 고달프게 했으며, 그의 배[體膚]를 굶주리게 했고, 그 몸[身]을 곤궁하게 만들었으며, 하는 일마다 어긋나고[拂] 뒤엉키게[亂] 만

들었다. (하늘이) 그렇게 한 이유〔所以〕는 마음을 분발케〔動〕하고 타고난 본성이나 성질〔性〕을 강인하게 만들어 그들의 부족한 능력을 키워주기 위함이었다.

　사람은 늘 잘못을 범하지만 그 후에는 능히 고칠 수 있고, 마음이 고초에 시달리고 심한 번민을 겪은 이후에는 (심기일전하여) 더욱 분발하며, 그런 번민이 얼굴에 나타나고 목소리에서 드러난 이후에야 남들에게도 전해지게 된다. (개인뿐만 아니라 나라의 경우에도 마찬가지여서) 대내적으로 법도를 세워주는 집안〔法家=世臣〕과 탁월한 보필을 하는 신하〔拂士=弼士〕가 없고, 대외적으로 적국(敵國)이나 외환(外患)이 없으면 그런 나라는 늘 망한다. (따라서 개인이건 나라건 시련을 겪은) 이후에야 우환(憂患)에서는 살 수가 있고, 안락(安樂)에 머물다가는 결국 죽는다는 것을 알게 된다."

　개인이나 국가나 발전과정에서 시련의 불가피성을 알기 쉽게 설명하고 있다고 할 수 있다.

16

맹자는 말했다. "가르치는 데도 많은 방법이 있다. 내가 (어떤 사람을) 가르치는 것을 탐탁지 않게 여김으로써 (그에게 가르치는 것을 거절하여) 그를 일깨워주는 것, 이 또한 그 사람을 가르치는 것일 뿐이다."

孟子曰 敎亦多術矣 予不屑之敎誨也者 是亦敎誨之而已矣
맹자 왈 교 역 다술 의 여 불설 지 교회 야자 시 역 교회 지 이이의

이제 '고자 장구 하'를 마무리하는 장이다. 맹자는 말한다. "가르치는 데도 많은 방법이 있다. 내가 (어떤 사람을) 가르치는 것을 탐탁지 않게 여김으로써 (그에게 가르치는 것을 거절하여) 그를 일깨워주는 것[也者], 이 또한 그 사람을 가르치는 것일 뿐이다."
야자

'~也者'는 잠시 쉬었다가 다음 말을 이어갈 때 사용되는 일종의 숨
야자
고르기 조사다. 여기서 맹자가 제시한, '가르치는 것을 탐탁지 않게 여김으로써 (그에게 가르치는 것을 거절하여) 그를 일깨워주는 것[不屑之
불설 지
敎誨]'의 사례로 딱 맞아떨어지는 내용을 『논어』에서 찾아볼 수 있다.
교회
'양화 20'이다.

유비가 공자를 만나보려고 하자 공자는 병을 핑계로 사양하고, 얼마 후 명을 전하러 온 자가 문밖으로 나가자, 비파를 가져다가 타면서 노래를 불러 그 사람으로 하여금 비파와 노래 소리를 듣도록 하였다.

유비(儒悲)는 공자와 같은 노(魯) 나라 사람이다. 유비에 대해 주희는 "일찍이 공자에게 예를 배웠는데, 이때에 분명 '어떤 일로' 죄를 얻었을 것이다. 그래서 공자께서 병이 있다고 사양하셨다"라고 풀이한다.

유비가 공자를 만나보려고 하자 공자는 병[疾]을 핑계로[以] 사양[辭]하고 얼마 후[將] 명을 전하러 온 자[命者]가 문밖으로 나가자 비파[瑟]를 가져다가 타면서 노래를 불러 그 사람[之]으로 하여금[使] 비파와 노래 소리[之]를 듣도록 하였다. 만나기를 거부한 것이 실은 병 때문이 아님을 명확하게 알려주기 위해 비파를 타고 노래를 불렀던 것이다.

이에 대해 정명도는 "이것은 맹자께서 말씀하신 불설지교회(不屑之教誨)라는 것이니 그를 깊이 가르쳐주신 것이다"라고 풀이한다. 이로써 '고자 장구 하'를 마감하고 '진심 장구 상'으로 넘어간다.

진심 장구 상

盡心章句上

맹자는 말했다. "그 마음을 다해야만 그 본성을 알게 되고, 그 본성을 알아야만 하늘(의 뜻)을 알게 된다. 그 마음을 잘 지키고 그 본성을 잘 기르는 것이 하늘을 섬기는 이치다. 일찍 죽거나 장수하거나 하는 것에 마음이 흔들리지 않고, 내 몸을 닦음으로써 (하늘의 뜻을) 기다리는 것이 명(命)을 세우는 이치다."

孟子曰 盡其心者知其性也 知其性則知天矣 存其心養其性所以事天也
맹 자 왈 진 기 심 자 지 기 성 야 지 기 성 즉 지 천 의 존 기 심 양 기 성 소 이 사 천 야
殀壽不貳脩身以俟之所以立命也
요 수 불 이 수 신 이 사 지 소 이 입 명 야

이 장구의 서두에서 맹자는 하늘의 명[天命]에 관한 자신의 생각을 일목요연하게 정리하여 보여준다. 하늘의 명은 공자가 50세에 이르렀다는 지천명(知天命)의 문제이며, 동시에 『논어』 일부 및 『중용』의 핵심사상이라는 점에서 주목을 요한다.

者는 '~하는 사람'이나 '~하는 것'보다는 '~하면'으로 풀이하는 것이 낫다. 그래야 뒷부분과도 자연스럽게 연결된다. 여기서 맹자의 말은 크게 세 부분으로 되어 있으므로 우선 그 세 가지를 개략적으로 옮겨본 다음 상세한 풀이에 들어가보자.

"그 마음[心]을 다해야만 그 본성[性]을 알게 되고, 그 본성을 알아야만 하늘(의 뜻)을 알게 된다." 그 마음과 그 본성이란 사람의 마음

〔人心〕과 사람의 본성〔人性〕이다.

"그 마음을 잘 지키고〔存〕 그 본성을 잘 기르는 것〔養〕이 하늘을 섬기는〔事天〕 이치〔所以〕다." 앞의 문장과 心, 性, 天이 서로 조응하고 있음을 알 수 있다.

"일찍 죽거나 장수하거나〔夭壽〕 하는 것에 마음이 흔들리지 않고〔不貳〕, 내 몸을 닦음으로써 (하늘의 뜻을) 기다리는 것이 명(命)을 세우는 이치다." 이 또한 살고 죽는 것〔生死〕이나 오랫동안 사는 것〔長壽〕 여부에 마음이 흔들리지 않아야 하는 것은 마음을 잘 지키는 것〔存心〕에 해당하고, 내 몸을 닦음으로 기다리는 것은 그 본성을 잘 기르는 것〔養性〕에 해당하고, 명을 세우는 것은 하늘을 섬기는 것〔事天〕에 해당한다.

다시 처음 문장으로 돌아가자. 우선 盡의 의미를 살펴보자. 그 마음을 '다한다〔盡〕'는 것은 온 힘을 다 쏟는다는 말이다. 이는 어떤 것에 도달하기 위해 모든 힘을 다한다는 말이다. 그렇게 할 때 우리는 사람의 본성〔性〕을 알게 된다. 뒤집어 말하면 사람의 본성은 가만히 있는다고 해서 절로 그 본모습을 드러내는 것은 아니라는 말이다. 그리고 이렇게 해서 맹자가 생각하는 '본성은 좋다〔性善〕'는 것을 알게 된다면 그것이 바로 하늘(의 뜻)을 아는 것이다.

문장을 잘 들여다보면 이는 두 단계가 아니라 사실상 한 단계다. 즉 마음을 다하게 되면 사람의 본성은 좋다는 것을 알게 되고, 그것이 곧 하늘의 뜻을 아는 것이 되기 때문이다.

그런데 마음이란 요동치는 것이다. 그렇기 때문에 그 다한〔盡〕 마음을 지키는 것〔存〕이 중요해진다. 그런 마음을 지킬 때 자연스럽게 본성은 더욱 좋은 쪽으로 길러질 것〔養〕이고, 그것이 곧 하늘을 (제대로)

섬기는 것[事天]이 된다.

　결국 한편으로는 마음을 다해야 하고, 다른 한편으로는 그 다한 마음을 지켜내야 한다. 여기서 우리는 『논어』의 도움을 받을 필요가 있다. '옹야 27'에서 공자는 이렇게 말한다.

　　공자는 말했다. "중하고 용하는 것[中庸]이 다움[德]을 이루어냄이 지극하구나! (그런데) 사람들 가운데는 중하고 용하는 것을 오래 지속하는 이가 드물다."

　우선 공자는 다움[德]을 이루어내는 것이 '중용'이라고 말한다. 다움을 이루어낸다는 것은 임금이 임금다워지고, 신하가 신하다워지고, 부모가 부모다워지고, 자식이 자식다워지는 것이다. 크게 말해 사람이 사람다워지는 것이 바로 그 다움을 이루는 것이다.

　여기서 우리는 질문을 던져야 한다. '지나치거나 치우침이 없음'이 어떻게 해서 다움을 이뤄낼 수 있을까? '적절한 균형을 잡는다'고 해서 임금이 임금다워지고, 신하가 신하다워질까? 이래서는 무슨 말인지 알 길이 없다. 그래서 일반인들은 이 단계에 이르면 '아, 내가 한문이 약해서 이해를 못 하는구나'라며 지레 포기하고 만다.

　결론부터 말하면 중용(中庸)은 한 단어가 아니라 '중하고[中] 용하다[庸]'는 두 단어다. 게다가 명사가 아니라 동사다. 중(中)은 가운데 운운하는 것과는 전혀 상관이 없고 적중(的中), 관중(貫中)하다고 할 때의 그 '중'이다. 즉 뭔가 사안의 본질이나 핵심에 닿기 위해 갖은 애를 다 쓰는 것이 바로 '중하는 것[中]'이다.

　용(庸)도 흔히 번역하듯이 떳떳함과는 상관이 없고 오래 지속하는 것이다. 즉 중하게 된 것을 가능한 한 오래 유지하는 것이 바로 '용하는 것〔庸〕'이다.

이제 '옹야 27'을 다시 읽어보자. 임금이 절로 임금이 되는 것이 아니다. 관대함, 판단력, 위엄 등을 조금씩 조금씩 갖춰나감으로써 처음에는 어설펐던 임금도 훗날 임금다운 임금이 될 수 있다. 그러면 어떻게 해야 하겠는가? 임금의 임금다움을 배우고 익혀 최대한 자기 몸에 남도록 해야 한다. 즉 다움의 가치〔德〕를 찾아내어〔中〕 내 몸에 익혀야〔庸〕한다.

아마도 눈 밝은 독자라면 벌써 눈치챘으리라 본다. 그렇다. 중하고 용하는 것은 『논어』 '학이 1'에 나오는 '學而時習'과 정확히 통한다. 각자 자신이 갖춰야 할 다움〔德〕 혹은 애쓰는 법〔文〕을 배워서 그것을 시간 나는 대로 열심히 몸에 익히는 것이 바로 중하고 용하는 것〔中庸〕이다.

여기까지 이해한 다음에 『논어』 '태백 17'을 읽어보자.

공자는 말했다. "배움은 마치 내가 (거기에) 못 미치면 어떡하나 하는 마음으로 해야 하고, 또 (그것에 미쳤을 때는) 오히려 그것을 잃으면 어떡하나 두려워하는 마음으로 해야 한다."

여기서 자연스럽게 배움과 중하고 용하는 것이 만나고 있다. '내가 거기에 못 미치면 어떡하나 하는 마음으로 하는 것'이 중하는 것〔中〕이고, '그것을 잃으면 어떡하나 두려워하는 마음으로 하는 것'이 용하는 것〔庸〕이다.

결국 중하는 것이나 용하는 것이나 전심전력을 기울여야 조금만 방심해도 중하지 못하고, 설사 중했다 하더라도 그것을 잃어서 용하지 못하는 것이다.

적어도 이 정도까지는 이해가 되어야 『논어』 '옹야 27'에서 공자가 말한 뒷부분은 쉽게 이해할 수 있다.

"(그런데) 사람들 가운데는 중하고 용하는 것을 오래〔久〕 지속하는 이가 드물다."

이제 핵심은 '오래〔久〕'이다. 순간적으로는 누구나 중할 수 있고 용할 수도 있다. 그러나 그것을 오래 끌고 가는 것은 쉽지 않은 것이다.

결국 마음을 다하는 것〔盡心〕이 중하는 것〔中〕이고, 그 마음을 (오래) 지키는 것〔存心〕이 바로 용하는 것〔庸〕이다.

명(命)에 대한 후반부의 문장은 별도의 풀이가 필요 없이 말 그대로 이해하면 된다. 명의 문제는 바로 뒷장에 이어진다.

2

맹자는 말했다. "(이 세상에는) 명(命)이 아닌 것이 없으니 그 (명의) 바름을 순리대로 받아들여야 한다. 이 때문에 명을 아는 자는 깎아지른 듯한 (위험한) 담장 아래에 (제 발로) 가서 서는 일은 없다. 그 (명의) 도리를 다하고 죽는 것이 바른 명이요, (도리에서 벗어나) 죄나 짓다가 죽는 것은 바른 명이 아니다."

孟子曰 莫非命也順受其正 是故知命者不立乎巖牆之下 盡其道而死者
맹자 왈 막비 명 야 순수 기 정 시고 지명자 불립 호 암장 지 하 진 기 도 이 사 자

正命也 桎梏死者非正命也
정명 야 질곡 사 자 비 정명 야

1장의 끝 부분 '명을 세우다[立命]'에 이어진다. 주희도
                                              입명
"아마도 1장과 동시에 한 말로 마지막 부분이 미진하다 하여 그 뜻을 풀어내기 위한 것인 듯하다"라고 말하고 있다. 맹자의 말이다.

"(이 세상에는) 명(命)이 아닌 것이 없으니 그 (명의) 바름[正]을 순리
                                                    정
대로 받아들여야 한다. 이 때문에 명을 아는 자는 깎아지른 듯한 (위험한) 담장 아래에 (제 발로) 가서 서는 일은 없다. 그 (명의) 도리를 다하고 죽는 것이 바른 명[正命]이요, (도리에서 벗어나) 죄나 짓다가[桎
                              정명
梏] 죽는 것은 바른 명이 아니다."
질곡

주희는 명을 천명(天命) 혹은 앞 장에 나온 하늘의 뜻[天]으로 본
                                                      천
다. "사람과 생물의 삶에 길흉화복은 모두 다 하늘이 명한 바[天命]다.
                                                      천명

그러니 오직 이를 (억지로) 이르게 하지 않아도 다가오는 것이 바로 바른 명[正命]이다. 따라서 군자가 몸을 닦음[修身]으로써 명을 기다리는 것은 그것을 순리대로 받아들이려 하기 때문이다." 즉 앞 장에서 말한 마음을 다하는 것[盡心]과 그 마음을 (오래) 지키는 것[存心]이 주희가 말한 몸을 닦음[修身]이다. 正命은 '바른 명'이라고 풀어도 되고 '명을 바르게 하다'로 풀어도 상관없다.

이 구절은 누가 보아도 『논어』 '위정 4'에서 공자가 50세에 이르렀다는 천명을 아는 단계[知天命]와 밀접하게 연결된다.

"쉰 살에 천명을 알았다[五十而知天命]."

'쉰 살에 천명을 알게 되었다'는 것은 보편적인 진리를 찾아냈다는 뜻이라기보다는 자기 자신에게 천명이 내려주는 것, 즉 자신에게 주어진 운명(運命)을 제대로 알고서 담담하게 받아들이게 됐다는 뜻으로 보인다. 그만큼 사람들은 쉰을 넘기고서도 자신에게 주어진 운명이나 팔자를 제대로 알지 못한 채 이리저리 방황하기 쉽다. 이는 바꿔 말하면 나이 50세가 되어서도 자신이 살아온 길을 받아들이지 못하고 부질없이 청춘의 꿈을 좇아 새로운 길을 찾아나서는 사람에 대해 무모(無謀)하다고 비판하는 것이라 할 수 있다. 여기서는 일단 天命 혹은 命과 관련된 몇몇 구절들만 살펴보겠다. 앞서 잠깐 본 바 있는 '공야장 12'부터 살펴보자.

자공이 다른 사람에게 말했다. "스승의 문장은 알아들을[聞] 수 있지만 성(性)과 천도(天道)에 대해 말씀하신 것은 알아들을 수 없다."

여기서 우선 문장(文章)이 무슨 뜻인지부터 확인해야 한다. 이것은 오늘날 우리가 흔히 말하는 그런 문장이 아니다. 文과 章이 각각 독자적인 의미를 갖는다. 주희는 文章을 다움[德]이 겉으로 드러난 것이라고 말한다. 그래서 문사(文辭)와 위의(威儀)가 각각 文과 章의 뜻이라고 풀이했다. 쉽게 말하면 文은 말과 글이고, 章은 겉으로 풍기는 품위요, 분위기라고 할 수 있다.

한편 정약용은 문장을 『시경』『서경』, 예와 악 등을 두루 포괄하는 공자의 학문으로 본다. 여기서 聞은 그냥 듣는다는 뜻보다 안다에 가깝다. 결국 우리는 공자의 말과 글 그리고 위엄은 눈으로 봐서 알 수 있지만 공자가 말하는 인간의 참된 본성[性]과 하늘의 참된 본성[天道]은 겉으로 드러나는 것은 아니어서 직접 알기 힘들다는 것이다. '자한 1'에서도 공자는 천명[命]이나 어짊[仁]에 대해 드물게 이야기했다는 증언이 나온다.

우리의 맥락을 고려하면 오히려 이 장의 풀이는 쉽다. 자공(子貢)이 이해할 수 있는 경지는 지자(知者)의 경지, 즉 배워서 알 수 있는 경지이다. 그러나 자공이 알아들을 수 없는 경지는 인자(仁者)의 경지다. 본성[性]이나 하늘의 뜻[天道=天命=仁]의 경지이며, 공자의 생애로 보자면 50세에 도달한 지천명(知天命)의 경지이다. 40세 불혹(不惑)을 자로(子路)는 넘지 못했고 자공은 넘어섰다. 그리고 이번에는 50세 지천명의 경계를 자공은 넘지 못했으나 어진 이 안회(顔回)와 증자(曾子)는 넘어섰다. '선진 18'에서 공자는 이렇게 말한다.

"안회는 도리에 가까운 삶을 살았으나 누차 끼니를 걸렀다. 자공은 천명(天命)을 받아들이지 않고 재화를 늘렸으나 그의 억측이 자주 중화(中和)에 이르렀다."

공자는 안회에 대해서는 "도에 가깝고〔庶〕누차 끼니〔饋〕를 걸렀
다"고 말한다. 물론 공자는 군자가 가난해야 한다고 생각지는 않았
다. 대신 가난하면서도 부를 추구하지 않고 도를 추구하는 자세는
더 높이 평가했다. 안회가 바로 그런 경우다. 말 그대로 안빈낙도(安
貧樂道)했던 인물이다.

반면 제자 자공에 대해 공자는 이렇게 평한다. "천명〔命〕을 받아들
이지 않고 재산을 늘렸으나 그의 생각함은 중화〔中〕에 이른다." 어찌
보면 안회와는 정반대임에도 도리에 근접하곤 했다는 뜻이다.

대체적으로 이 두 구절에 대한 해석에서는 자공이 비판의 대상이
된다. 전형적인 도덕주의 내지 윤리적인 해석이다. 그러나 중립적으
로 해석할 경우, 공자 내지 『논어』를 보는 전체적인 견해도 달라질
수 있다. 안회의 길도 가능하고, 자공의 길도 가능한 것으로 보는 것
이다. 지금 우리는 이 길을 걷고 있다. 물론 안회가 자공보다 윗길임
은 앞에서 확인한 바 있다. 그러면 이번에는 '자한 1'을 살펴보자.

공자는 이익〔利〕과 천명〔命〕, 그리고 어짊〔仁〕에 대해서는 아주 드
물게만 언급하셨다.

이에 대해서는 정약용의 풀이가 명료하다. "이(利)는 백성을 이롭
게 한다〔利民〕거나 나라를 이롭게 한다〔利國〕고 할 때의 이를 뜻한
다. 명(命)은 천명(天命)이며, 인(仁)이란 인류의 성덕(成德)이다. 이
를 자주 말하면 의(義)를 상하게 하며, 명을 자주 말하면 하늘을 모

욕하게 되며, 인을 자주 말하면 몸소 실행하는 것이 미치지 못하게 되니 이것이 드물게 말한 까닭이다."

결국 이 세 가지를 통해 우리는 이상적인 군자상(君子像)을 구성할 수 있다. 利는 멀리하고 命은 따르며 仁은 가까이하려 해야 군자가 될 수 있다는 말이다. 그리고 이 세 가지, 즉 멀리 하는 것, 따르는 것, 가까이하려는 것은 공통적으로 말〔言〕로 되는 것이 아니라 행함〔行〕으로써 되는 것들이다. 정약용의 풀이는 자연스럽게 '요왈 3'의 전반부에 대한 풀이도 겸한다.

공자는 말했다. "명(命)을 알지 못하면 군자가 될 수 없고, 예(禮)를 알지 못하면 설 수 없고, 말을 알지 못하면 사람을 알 수 없다."

3

맹자는 말했다. "구하면 얻고 버리면 잃는다. 이렇게 구한다는 것은 뭔가를 얻어낸다는 점에서 더해짐이 있다. 왜냐하면 그 같은 구함은 자기 안에 있기 때문이다. 구함에 일정한 도리가 있고, 얻음에 일정한 명이 있다. 이렇게 구한다는 것은 뭔가를 얻어낸다는 점에서 더해짐이 없다. 왜냐하면 그 같은 구함은 자기 밖에 있기 때문이다."

孟子曰 求則得之舍則失之 是求有益於得也 求在我者也 求之有道得之
맹자 왈 구 즉 득 지 사 즉 실 지 시 구 유 익 어 득 야 구 재 아 자 야 구 지 유 도 득 지

有命 是求無益於得也 求在外者也
유 명 시 구 무 익 어 득 야 구 재 외 자 야

먼저 맹자는 "구하면 얻고 버리면 잃는다"라고 말한다. 이 부분은 '고자 장구 상(告子章句上)' 6장에서 잠깐 살펴본 바 있다.

그런데 이것만 놓고 보면 너무 뻔한 말 아닌가? 다행히 곧바로 보충풀이가 이어진다. "이렇게 구한다는 것(求)은 뭔가를 얻어낸다는 점에서 더해짐이 있다. 왜냐하면 그 같은 구함은 자기 안에 있기 때문이다."

이어 맹자는 "구하면 얻고 버리면 잃는다"와 대비를 이루는 명제를 제시한다. "구함에 일정한 도리(有道)가 있고, 얻음에 일정한 명(有命)이 있다." 이에 대한 보충풀이다. "이렇게 구한다는 것은 뭔가를 얻어낸다는 점에서 더해짐이 없다. 왜냐하면 그 같은 구함은 자기 밖에 있

기 때문이다."

흥미롭게도 조기(趙岐)는 이 장을 다음과 같이 풀이하고 있다. "어짊을 행하는 것은 자기 자신[己]으로부터 비롯되고, 부귀는 하늘에 달려 있는 것이니 만일 부귀가 구한다고 해서 구할 수 없는 것이라면 내가 좋아하는 것을 따르겠다."

다소 뜬금없어 보이는 이 말은 실은 『논어』에서 따온 말이다.

안연이 어짊에 관해 묻자 공자는 말했다. "자기(의 사사로운 바)를 이겨내고 예로 돌아가는 것이 곧 인(을 행하는 것)이니, 단 하루라도 극기복례를 행한다면 천하도 그런 사람을 어질다고 인정해 줄 것이다. 어짊을 행하는 것은 자기 자신에서 비롯되는 것이지 어찌 남에게서 비롯되겠는가?" ('안연 1')

공자는 말했다. "부(富)가 구해서 될 수 있는 것이라면 나는 말채찍을 잡는 자의 일이라도 기꺼이 하겠지만, 억지로 구해서 되는 것이 아니라면 나는 내가 좋아하는 바를 따르겠다." ('술이 11')

그러나 조기의 말은 전반적인 취지에 대한 풀이일 뿐 이 장을 철저하게 읽어내는 데 도움을 주는 말은 아니다. 보다 정확한 내용을 파악하려면 먼저 "구하면 얻고 버리면 잃는다[求則得之舍則失之]"는 부분을 풀어내야 한다. 이 부분만 풀리면 나머지는 저절로 풀리게 돼 있다.

얻고 잃는 것이 결과라면 각각 그에 앞서 자기의 의지에 따른 구함과 버림이 있어야 한다. 구하려 해야 하고 버리지 않으려 해야 한다. 그것도 온 정성을 다해 구하려 해야 하고, 온 힘을 다해 버리지 않으려고 애써야 한다. 그래야 얻어지고 잃지 않을 수 있다. 이 정도 푼 다음에 『논어』 '태백 17'을 보자.

공자는 말했다. "배움은 마치 내가 못 미치면 어떡하나 하는 마음으로 해야 하고, 또 오히려 그것을 (얻었다 하더라도 다시) 잃으면 어떡하나 두려워하는 마음으로 해야 한다."

공자에게 배움(學) 혹은 배운다는 것은 단순한 학문연마가 아니라 옛 도리(道)를 배워 다움(德)을 갖추는 일이다. 배움을 좋아함(好學)과 다움을 닦음(修德)이 하나로 통합돼 있다.

배움은 마치 못 미치면 어떡하나(不及) 안달하는 마음으로, 또 그것을 혹시 얻었다고 하더라도 다시 그것을 잃으면(失之) 어떡하나 두려워하는 마음으로 하라는 것이다. '술이 19'는 공자 자신이 어떻게 배움에 임했는지를 보여준다.

공자는 말했다. "나는 나면서부터 (어짊을) 아는 자가 아니라 옛 것을 좋아하여 민첩하게 그것을 구한 자이다."

4

맹자는 말했다. "(결국) 만물은 모두 내 (밖이 아니라) 안에 갖춰져 있다. (왜냐하면 첫째) 내 몸에 돌이켜 열렬함을 다하면 (도를 즐기는) 즐거움이 이보다 더 클 수가 없다. (둘째) 서(恕)에 힘써 이를 잘 행하면 인(仁)을 구하는 데 그보다 가까운 것이 없다."

孟子曰 萬物皆備於我矣 反身而誠樂莫大焉 强恕而行求仁莫近焉
맹자 왈 만물 개 비 어 아 의　반신 이 성 낙 막대 언　강 서 이 행 구 인 막 근 언

이는 앞 장에서 바로 이어진다. 맹자의 말이다. "(결국) 만물은 모두 내 (밖이 아니라) 안에 갖춰져 있다. (왜냐하면 첫째) 내 몸에 돌이켜 열렬함[誠]을 다하면 (도를 즐기는) 즐거움[樂=樂道]이 이보다 더 클 수가 없다. (둘째) 서(恕)에 힘써 이를 잘 행하면 인(仁)을 구하는 데 그보다 가까운 것이 없다."

즉 만물이 내 안에 갖춰져 있다고 말한 이유 두 가지가 각각 제시되어 있다. 여기서 맹자는 하나는 열렬함[誠]을 말하고, 또 하나는 서(恕)를 말한다. 誠은 盡心이나 忠과 통하며 자기 자신과의 사안이고, 恕는 다른 사람과의 관계[仁=愛人]이다.

먼저 '내 몸에 돌이켜 정성을 다하면 즐거움이 이보다 더 클 수가 없다'는 부분부터 보자. 이 문장은 사실상 『논어』 '학이 1'의 첫 문장을 풀고 있다. '내 몸에 돌이켜 정성을 다하다'가 곧 '學而時習'이고, '즐거

움이 이보다 더 클 수가 없다'가 바로 '不亦說乎'다.
불역 열 호

　공자는 말했다. "배워서 그것을 늘 쉬지 않고 (몸에) 익히면 진실로 기쁘지 않겠는가?"

　우리는 이미 앞에서 '배운다〔學〕'는 것은 애씀/애쓰는 법〔文〕을 배
　　　　　　　　　　　　　　　　학　　　　　　　　　　　　문
운다는 뜻으로 풀이한 바 있다. 그러면 애쓰다〔文〕는 정성을 다하다
　　　　　　　　　　　　　　　　　　　　　문
〔誠〕와 통한다. 그리고 내 몸에 돌이키는 것이 바로 다잡는 것〔習=
　성
約〕이다.
약

　이것이 이뤄지고 나면 이제 서(恕)에 힘써야 한다. 서에 대해서는 앞에서도 살펴본 바 있다. 그것은 도리를 구하는 법〔求道〕임과 동시에 어
　　　　　　　　　　　　　　　　　　　　　　　　구도
짊을 구하는 법〔求仁〕이다. 이에 대해서는 '공손추 장구 상' 8장을 참
　　　　　　구인
고하면 된다.

5

맹자는 말했다. "첫째는 (어짊이나 도리를) 행하고서도 (그 이치를) 드러낼 만큼 알고 있지 못하고, 둘째는 (어짊이나 도리를) 자기 몸에 익히면서도 (왜 그렇게 해야 하는지를) 깊이 살피지 못하고, 셋째는 종신토록 그것으로 말미암아 행하고 살아왔으면서도 그 도리를 모르는 자가 많구나."

孟子曰 行之而不著焉 習矣而不察焉 終身由之而不知其道者衆也
맹 자 왈 행 지 이 부 저 언 습 의 이 불 찰 언 종 신 유 지 이 부 지 기 도 자 중 야

🌸 이 또한 앞 장에 이어지는 것으로 보고서 풀어야 한다. 맹자는 세 가지 잘못된 부류를 지적하고 있다.

"첫째는 (어짊[仁]이나 도리[道]를) 행하고서도 (그 이치를) 드러낼 만큼 알고 있지 못하고, 둘째는 (어짊이나 도리를) 자기 몸에 익히면서도 (왜 그렇게 해야 하는지를) 깊이 살피지 못하고, 셋째는 종신토록 그것으로 말미암아[由之] 행하고 살아왔으면서도 그 도리[道]를 모르는 자가 많구나."

衆은 많다[多]는 뜻이다. 첫째와 둘째 문장 때문에 셋째 문장이 성립하는 구조다. 즉 이 장을 이해하는 핵심은 어떤 행위나 일이 그렇게 되는 이치와 까닭[所以然]을 알거나 살피지 못하는 데 있다는 것이다.

우선 첫 번째 문장을 보자. '행하고서도 드러낼 만큼 알고 있지 못한다[不著].' 행한다는 것은 도리를 행한다는 것이다. 그러나 그것은 우

연히 그러한 것이다. 열렬한 배움이 뒷받침되지 않으면 그 행함은 어느새 도리에 반할 수도 있다는 의미다.

著를 그냥 '두드러지다'라고 하지 않고 '드러내어 알지 못한다'고 번역한 것은 주희의 풀이를 참고했기 때문이다. 주희는 著를 '밝게 아는 것[知之明]'으로 푸는데 설득력이 있다. 『논어』를 통해 이 문장을 본격적으로 풀어보자.

'학이 7'에서 공자의 제자 자하(子夏)는 이렇게 말한다.

"벗과 사귀기를 일단 말을 하면 반드시 책임을 져 믿음을 주는 식으로 하는 사람이 있다면 그 사람이 비록 배우지 않았더라도 나는 반드시 그 사람이 배웠다고 말할 것이다."

즉 아직 도리나 애씀[文]을 배우지 않았더라도 이미 (벗들과의 사귐을) 행함에 신의를 지킨다면 그 사람은 사실상 도리나 애씀을 배운 사람이나 마찬가지라는 뜻이다. 그러나 여기서 그치면 공자나 맹자의 사상이 성립할 공간이 없다. 그 도리나 애씀을 열심히 몸에 익혀야만[學而時習] 다음에도 역시 도리에 맞게 행할 것이기 때문이다. 공자가 배우기를 좋아함[好學]을 강조하는 것도 그 때문이다. '학이 14'다.

"일을 할 때는 민첩하게 하고 말은 신중하게 하며, 이어 도리를 갖추고 있는 사람에게 찾아가 잘잘못과 옳고 그름을 바로잡는 것을 배운다면 (설사 그가 애쓰는 법[文]을 아직 배우지 않은 사람이라 하더라도 애쓰는 법을) 배우기를 좋아하는 사람이라고 이를 수 있다."

즉 첫 번째 문장의 메시지는 도리를 배우기를 좋아하라는 것이다. 이런 점에서는 '위령공 30'도 도움을 준다.

공자는 말했다. "내가 일찍이 낮에는 밥도 먹지 않고 밤에는 밤새도록 잠도 자지 않고 생각만 해보았지만 얻는 것이 없었다. 배우는 것만 못하다."

이제 두 번째 문장을 보자. '자기 몸에 익히면서도 (왜 그렇게 해야 하는지를) 깊이 살피지 못한다.' 첫 번째 문장을 통해 자기 몸에 (도리나 애쓰는 법을) 익혔다고 하더라도 그것으로 끝나는 것이 아니다. 깊이 살펴야 한다(察)는 것이다. 察의 정확한 의미는 『논어』 '위정 10'을 한문 원문과 함께 비교할 때 정확히 알 수 있다.

공자는 말했다. "(사람을 알고 싶을 경우) 먼저 그 사람이 행하는 바를 잘 보고[視其所以], 이어 그렇게 하는 까닭이나 이유를 잘 살피며[觀其所由], 그 사람이 편안해 하는 것을 꼼꼼히 들여다본다면[察其所安] 사람들이 어찌 그 자신을 숨기겠는가[人焉瘦哉]? 사람들이 어찌 그 자신을 숨기겠는가[人焉瘦哉]?"

이것만 독립해서 읽어도 무방하지만 역시 '위정 9'에 나오는 '省其私'를 풀어내는 대목으로 해독하는 것이 훨씬 자연스럽다.

공자는 말했다. "(초창기에) 내가 안회와 더불어 하루 종일 이야기를 나누었으나 내 말과 뜻을 어기는 바가 없어서 어리석은 듯이 보였다. 하지만 그가 물러간 뒤에 그의 사사로운 생활을 면밀하게 살펴보니〔省其私〕 오히려 충분하게 내가 말하고자 하는 바를 제대로 드러내어 실행하고 있었다. 안회는 결코 어리석지 않았다."

두 번째 문장의 메시지는 마음속을 꿰뚫어 정말로 마음속 깊은 곳에서부터 편안해하는 단계에까지 이르지 않으면 안 된다는 말이다.

이처럼 행하되 이치를 알고, 몸에 익히되 진실로 편안하게 받아들여야 하는데 그것이 여간 어려운 일이 아니다. 마지막 문장 "종신토록 그것으로 말미암아〔由之〕 행하고 살아왔으면서도 그 도리〔道〕를 모르는 자가 많구나"는 그 점을 강조하고 있는 것이다.

6

맹자는 말했다. "사람이 후안무치해서는 안 된다. 부끄러워할 줄 모르는 것을 부끄러워하는 것이야말로 진정한 의미에서 부끄럽지 않은 것이다."

孟子曰 人不可以無恥 無恥之恥無恥矣
맹자 왈 인 불가이 무치 무치 지 치 무치 의

恥의 뉘앙스에 조심해야 한다. 不可以는 '~해서는 안 된다'이므로 첫 문장은 "사람이 후안무치해서는 안 된다"는 뜻이다. 부끄러워할 것은 부끄러워할 줄 알아야 한다는 말이다.

이어 "부끄러워할 줄 모르는 것을 부끄러워하는 것이야말로 진정한 의미에서 부끄럽지 않은 상태"라고 강조한다.

부끄러움(恥)에 대해서는 '공손추 장구 상' 6장에서 수오지심(羞惡之心)을 다룰 때 『논어』에 나오는 부끄러움의 사례들을 통해 상세하게 검토한 바 있다.

7

맹자는 말했다. "사람에게 부끄러움이란 큰 문제다. 그래서 기기묘묘한 사술(詐術)을 일삼는 자에게는 수치가 아무 소용이 없다. 부끄러워하지 않는 바가 남들과 같지 않다면 도대체 무엇인들 남들과 같음이 있겠는가?"

孟子曰 恥之於人大矣 爲機變之巧者無所用恥焉 不恥不若人何若人有
맹자 왈 치 지 어 인 대 의 위 기변지교 자 무 소용 치 언 불치 불약 인 하약 인 유

앞 장에 이어 부끄러움(恥)의 문제가 이어진다. 맹자는 말한다. "사람에게 부끄러움(恥)이란 큰 문제다. 그래서 기기묘묘한 사술(詐術)을 일삼는 자에게는 수치가 아무 소용이 없다. 부끄러워하지 않는 바(不恥)가 남들과 같지 않다면 도대체 무엇인들 남들과 같음이 있겠는가?"

도리를 추구하는 자에게 부끄러워해야 할 것은 크게 두 가지다. 첫째는 도리를 행하지 못하는 것을 부끄러워해야 하고, 둘째는 도리에서 벗어나는 것을 행하는 것을 부끄러워해야 한다. 부끄러움은 행함이나 신뢰의 문제와 관련돼 있다.

맹자는 말했다. "옛날의 뛰어난 임금들은 좋은 일을 하는 것을 좋아하 느라고 자신의 권세는 잊어버렸다. 그런데 옛날의 뛰어난 선비들이라고 해서 어찌 유독 그렇지 않을 수 있었겠는가? (마찬가지로 그들도) 그 도 리를 (행하기를) 즐기느라 남들의 권세는 잊어버렸다. 그랬기 때문에 임 금이라 할지라도 삼가서 그 예를 극진히 다하지 않으면 뛰어난 선비들을 자주 만나보기 어려웠다. 만나보는 것조차 오히려 자주 할 수가 없었는 데 하물며 그런 사람을 얻어서 신하로 삼는 일이야. (말할 필요 없이 어려 웠다.)"

孟子曰 古之賢王好善而忘勢 古之賢士何獨不然 樂其道而忘人之勢 故
맹자 왈 고 지 현왕 호선 이 망세 고 지 현사 하 독 불연 낙 기 도 이 망 인지세 고

王公不致敬盡禮則不得亟見之 見且猶不得亟而況得而臣之乎
왕공 불치 경 진례 즉 부득 기 견지 견 차 유 부득 기 이 황 득 이 신 지 호

먼저 맹자의 말부터 풀어보자. "옛날의 뛰어난 임금들 〔賢王〕은 좋은 일〔善=善政〕을 하는 것을 좋아하느라고 자신의 권세 〔勢〕는 잊어버렸다. 그런데 옛날의 뛰어난 선비들〔賢士〕들이라고 해서 어찌 유독 그렇지 않을 수 있었겠는가? (마찬가지로 그들도) 그 도리를 (행하기를) 즐기느라 남들의 권세는 잊어버렸다. 그랬기 때문에 임금 〔王公〕이라 할지라도 삼가서〔敬〕 그 예를 극진히 다하지 않으면 뛰어 난 선비들을 자주 만나보기 어려웠다. 만나보는 것〔見〕조차 오히려 자

주 할 수가 없었는데 하물며 그런 사람을 얻어서 신하로 삼는 일이야. (말할 필요 없이 어려웠다.)"

상하가 도리를 통한 만남과 사귐을 추구해야 한다는 말이다. 이와 관련된 사례들은 앞서 여러 차례 살펴본 바 있다.

그러나 맹자의 이 말은 공자보다는 좀 더 나아간 느낌을 준다.

9

맹자가 송구천(宋句踐)이라는 사람에게 말을 건넸다. "그대가 유세하는 것을 좋아한다고? 내 유세의 요령을 그대에게 말해 줌세. 사람들이 알아주어도 아무렇지도 않은 듯하고, 사람들이 몰라주어도 아무렇지도 않은 듯하면 된다."

송구천이 물었다. "어떻게 하면 말씀하신 것처럼 아무렇지도 않은 듯할 수 있겠습니까?"

맹자가 답했다. "다움을 높이고 의리를 즐길 줄 알면 아무렇지도 않은 듯할 수 있다. 그래서 (다움을 쌓아 높인) 선비는 궁벽한 상황에서도 의리를 잃지 않는 것이고, 현달했다고 해서 도리를 떠나지 않는 것이다. 궁벽한 상황에서도 의리를 잃지 않으니 그런 선비는 자신을 지켜내고, 현달했다고 해서 도리를 떠나지 않으니 백성들이 (그에 대한) 기대를 버리지 않는 것이다. 옛 선비들은 뜻을 얻으면 (즉 관직에 오르면) 백성들에게 은택을 베풀었고, 뜻을 얻지 못해도 자신을 갈고닦음으로써 자신을 세상에 드러냈다. (그래서 선비는) 궁벽하면 홀로 자신의 몸을 좋게 하고, 현달하면 자신뿐만 아니라 천하를 함께 좋게 하는 것이다."

孟子謂宋句踐曰 子好遊乎 吾語子遊 人知之亦囂囂 人不知亦囂囂
맹자 위 송구천 왈 자 호유 호 오 어 자 유 인 지 지 역 효효 인 부지 역 효효

曰 何如斯可以囂囂矣
왈 하여 사 가이 효효 의

曰 尊德樂義則可以囂囂矣 故士窮不失義達不離道 窮不失義故士得己
왈 존덕 낙의 즉 가이 효효 의 고 사 궁 부실 의 달 불이 도 궁 부실 의 고 사 득 기

焉 達不離道故民不失望焉 古之人得志澤加於民 不得志修身見於世 窮則
언 달 불이 도 고 민 부실 망 언 고 지 인 득지 택 가 어 민 부득 지 수신 현 어 세 궁 즉

獨善其身達則兼善天下
독 선 기 신 달 즉 겸 선 천 하

맹자가 송구천(宋句踐)이라는 사람에게 말을 건넨다. 송구천이 어떤 사람인지에 대한 정보는 없다.

"그대가 유세〔遊=遊說〕하는 것을 좋아한다고? 내 유세의 요령을 그대에게 말해 줌세. 사람들이 알아주어도 아무렇지도 않은 듯〔囂囂〕하고, 사람들이 몰라주어도 아무렇지도 않은 듯하면 된다." 遊說란 말 그대로 세상 사람들을 향해 자신의 생각을 설파하는 것이다. 이에 송구천이 묻는다. "어떻게 하면 말씀하신 것〔斯〕처럼 아무렇지도 않은 듯할 수 있겠습니까?"

맹자가 답한다. "다움〔德〕을 높이고 의리〔義〕를 즐길 줄 알면 아무렇지도 않은 듯할 수 있다. 그래서 (다움을 쌓아 높인) 선비〔士=賢士〕는 궁벽한 상황에서도 의리를 잃지 않는 것이고, 현달했다고 해서 도리〔道〕를 떠나지 않는 것이다. 궁벽한 상황에서도 의리를 잃지 않으니 그런 선비는 자신을 지켜내고〔得=存〕, 현달했다고 해서 도리를 떠나지 않으니 백성들이 (그에 대한) 기대를 버리지 않는 것이다.

옛 선비들〔古之人〕은 뜻을 얻으면 (즉 관직에 오르면) 백성들에게 은택을 베풀었고, 뜻을 얻지 못해도 자신을 갈고닦음〔修身〕으로써 자신을 세상에 드러냈다〔見=現〕. (그래서 선비는) 궁벽하면 홀로 자신의 몸을 좋게 하고, 현달하면 자신뿐만 아니라 천하를 함께 좋게 하는 것이다."

'尊德樂道'는 '공손추 장구 하' 2장에도 나온 바 있다. 참조하기 바
존덕 낙도

란다. 그런데 여기서 맹자와 송구천의 문답은 정확히 『논어』 '안연 20'
과 통한다.

자장이 물었다. "선비는 어떠해야 경지에 이르렀다〔達〕할 수 있습
니까?"

공자가 되물었다. "무슨 말인가? 네가 말하는 달(達)이란 것이."

자장이 답했다. "나라에 있어도 반드시 그의 명예에 관한 소문이
나며, 집 안에 있어도 반드시 소문이 나는 것입니다."

공자는 말했다. "그것은 소문이 나는 것〔聞〕이지 통달한 것이 아
니다. 무릇 통달한 사람이란 바탕이 곧고 의리를 좋아하며, 남의 말
을 가만히 살피고 얼굴빛을 관찰하며, 사려 깊게 몸을 낮추는 것이
니 나라에 있어도 반드시 이르게 되고, 집 안에 있어도 반드시 이르
게 된다. (이에 반해) 무릇 소문만 요란한 사람이란 얼굴빛은 어진
듯하나 행실이 어질지 못하고, 머물러 있으며 자신의 행실에 아무
런 의문도 던지지 않으니 나라에 있어도 반드시 소문이 나고, 집 안
에 있어도 반드시 소문이 난다."

헛된 명예 추구에 대한 비판이다.

10

맹자는 말했다. "문왕(文王)(과 같은 성군)이 나오기를 기다린 연후에야 흥기하는 자는 평범한 백성이다. 만일 호걸 같은 선비라면 설사 문왕 같은 빼어난 임금이 없어도 오히려 흥기한다."

孟子曰 待文王而後興者凡民也 若夫豪傑之士雖無文王猶興
맹자 왈 대 문왕 이후 흥자 범민 야 약부 호걸지사 수 무 문왕 유 흥

맹자는 말한다. "문왕(文王)(과 같은 성군)이 나오기를 기다린 연후에야 흥기하는 자는 평범한 백성〔凡民〕이다. 만일〔若夫〕호걸 같은 선비〔豪傑之士〕라면 설사 문왕 같은 빼어난 임금이 없어도 오히려〔猶〕흥기한다."

즉 남에게 의존하여 도리를 향해 나아가는 유형과 스스로의 힘으로 도리를 향해 나아가는 유형을 구분하여 말하고 있다. 여기서 호걸(豪傑)은 우리가 흔히 떠올리는 그런 영웅호걸의 호걸이라기보다는 말 그대로 뛰어나다는 정도의 의미로 보면 된다. 즉 다움이 뛰어난 선비〔賢士〕다.

11

맹자는 말했다. "한(韓)이나 위(魏) 같은 큰 부잣집을 덤으로 주겠다고 하는데도 만일 이를 그냥 대수롭지 않게 여긴다면 이는 남들보다 크게 뛰어난 자라고 할 수 있다."

孟子曰 附之以韓魏之家如其自視欲然則過人遠矣
맹자 왈 부 지 이 한위지가 여 기 자 시 감연 즉 과 인 원 의

한(韓)과 위(魏)는 주희에 따르면 진(晉) 나라 고위관리〔卿〕로 큰 부잣집이다. 맹자는 말한다. "한(韓)이나 위(魏) 같은 큰 부잣집을 덤으로 주겠다고 하는데도 만일 이를 그냥 대수롭지 않게 여긴다면 이는 남들보다 크게 뛰어난 자라고 할 수 있다."

欲然은 아무렇지도 않게 여긴다는 뜻이다. 欲은 원래 '시름에 겨워하다', '서운하다', '구멍' 등등의 뜻이 있는데 여기서는 '텅 비어 있는 듯이 여긴다'는 뜻이다. 그것은 9장에서 보았던 '아무렇지도 않은 듯〔囂囂〕'과 통한다. 따라서 이 장은 9장에 대한 일종의 보충으로 보면 될 듯하다.

12

맹자는 말했다. "백성을 편안하게 해주는 도리에 입각해 백성을 부릴 경우, 백성들은 수고로워도 원망하지 않는다. (또 같은 맥락에서 취지 자체가) 백성을 살리고자 하는 도리로써 불가피하게 백성을 죽일 경우, 백성들은 설사 죽게 되더라도 자신을 죽게 만든 사람들을 원망하지 않는다."

孟子曰 以佚道使民雖勞不怨 以生道殺民雖死不怨殺者
맹자 왈 이 일도 사민 수 로 불원 이 생도 살민 수사 불원 살자

먼저 佚道는 백성을 편안하게 해주는 도리(道)를 말한다. 맹자는 말한다. "백성을 편안하게 해주는 도리(道)에 입각해 백성을 부릴 경우, 백성들은 수고로워도(勞) 원망하지 않는다. (또 같은 맥락에서 취지 자체가) 백성을 살리고자 하는 도리로써 불가피하게 백성을 죽일 경우, 백성들은 설사 죽게 되더라도 자신을 죽게 만든 사람들〔殺者〕을 원망하지 않는다."

『논어』에도 '수고로워도 원망하지 않는다'는 문장이 나오는데 일단 문맥은 조금 다르다. '이인 18'이다.

"부모를 섬기되 (부모의 잘못이 있을 때) 조심조심 간해야 하니, 부모의 뜻이 내 말을 따르지 않음을 보더라도 더욱 공경하고 어기지

않으며, 수고로워도 원망하지 않아야 한다."

　부모를 모실 때는 당연히 그렇게 하는 것이 하늘과도 같은 이치 〔天理〕다. 그러나 임금이나 윗사람이 부모와 같을 수는 없다. 의리로 맺는 관계이기 때문이다. 그러니 수고롭게 하면 원망을 하기 마련이다. 그런데 백성을 편안케 해주는 도리〔佚道=安道〕로 부릴 경우에는 백성들은 수고로워도 원망하지 않는다는 말이다. 그래서 공자는 누차에 걸쳐 백성을 부려야 할 경우에는 때에 맞게〔時〕, 즉 농번기를 피해 백성을 부려야 한다고 말한다. 『논어』에는 이보다 더 구체적인 사례가 나온다. '자로 9'다.

　　공자가 위나라에 갈 때 염유가 수레를 몰았다. 공자가 "인민이 많구나!"라고 하자 염유는 "이미 인민이 많으면 또 무엇을 더해야 합니까?"라고 물었다. 공자는 "그들을 부유하게 해주어야 한다"고 답했다.
　　또 염유가 "이미 부유해지면 또 무엇을 더해야 합니까?"라고 묻자 공자는 "(예의와 염치를) 가르쳐야 한다"고 답했다.

　이렇게 부유하게 해주고 예의와 염치를 가르칠 때 백성들은 수고로워도 원망하지 않는 것이다. 그리고 이어지는 문장, "백성을 살리고자 하는 도리로써 불가피하게 백성을 죽일 경우, 백성들은 설사 죽게 되더라도 자신을 죽게 만든 사람들〔殺者〕을 원망하지 않는다"는 말은 곧 '자로' 29와 30을 차례로 읽어보는 것만으로 충분하다.

공자는 말했다. "뛰어난 이가 백성 가르치기를 칠 년 하면 진실로 백성으로 하여금 전쟁터에 나가 싸우게 할 수 있을 것이다." ('자로 29')

공자는 말했다. "가르치지 않은 백성으로 하여금 전쟁터에 나아가게 하면 이를 일러 백성을 버리는 것이라고 한다." ('자로 30')

이 장은 다음 장에 바로 이어진다.

13

맹자는 말했다. "힘으로 정치를 하는 임금의 백성들은 뭔가 꾸며대지 않을 수 없었던 환우(驩虞)와 같다. (반면에) 왕도로 정치를 하는 임금의 백성들은 매사가 자연스럽고 밝다. 그래서 죽여도 원망함이 없고, 이롭게 해주어도 자신들이 잘나서라고 하지 않는다. (이리하여) 백성들은 날로 선하게 바뀌어가면서도 누가 그렇게 했는지는 모른다. 무릇 군자는 그가 지나가는 곳치고 교화를 입지 않는 곳이 없고, 또 마음을 두어 일을 주관하면 신묘하지 않은 것이 없어 아래위와 하늘땅이 함께 어우러져 흘러가니 이 어찌 소소한 보탬이라 하겠는가?"

孟子曰 霸者之民驩虞如也 王者之民皥皥如也 殺之而不怨利之而不庸
맹 자 왈   패 자 지 민 환 우 여 야   왕 자 지 민 호 호 여 야   살 지 이 불 원 이 지 이 불 용

民日遷善而不知爲之者 夫君子所過者化 所存者神 上下與天地同流豈曰
민 일 천 선 이 부 지 위 지 자   부 군 자 소 과 자 화   소 존 자 신   상 하 여 천 지 동 류 기 왈

小補之哉
소 보 지 재

이 장은 앞 장의 내용을 보다 상세하게 풀이하고 있다. 맹자는 말한다. "힘으로 정치를 하는 임금[覇者]의 백성들은 뭔가 꾸며대지 않을 수 없었던 환우(驩虞)와 같다. (반면에) 왕도로 정치를 하는 임금[王者]의 백성들은 매사가 자연스럽고 밝다[皥皥]. 그래서 죽여도 원망함이 없고 이롭게 해주어도 자신들이 잘나서[庸]라고 하지 않는다. (이리하여) 백성들은 날로 선하게 바뀌어가면서도 누가 그렇게

했는지는 모른다.

무릇 군자는 그가 지나가는 곳치고 교화를 입지 않는 곳이 없고, 또 마음을 두어 일을 주관하면 신묘하지 않은 것이 없어 아래위와 하늘땅이 함께 어우러져 흘러가니 이 어찌 소소한 보탬〔小補〕이라 하겠는가?"
_{소보}

이와 관련해서는 『논어』 '자로 3'이 결정적인 해답을 준다. 여기서 자로는 정치에 관해 질문을 던지는데 공자는 '이름을 바로잡겠다〔正名〕'고 말한다. 자로와 공자는 각각 패권정치와 왕도정치를 대변한다.
_{정명}

자로가 물었다. "위나라 군주가 스승님을 기다려 정치에 참여시키려고 하니 선생님께서는 정치를 하시게 될 경우 무엇을 우선시하시렵니까?"

공자는 말했다. "반드시 이름부터 바로잡겠다."

이에 자로가 말했다. "이러하시다니! 스승님의 우활하심이여! (그렇게 해서야) 어떻게 (정치를) 바로잡으시겠습니까?"

이에 공자는 말했다. "한심하구나, 유여! 군자는 자기가 알지 못하는 것은 비워두고서 말을 하지 않는 법이다. 이름이 바르지 못하면 말이 순하지 못하고, 말이 순하지 못하면 일이 이루어지지 못하고, 일이 이루어지지 못하면 예악이 흥하지 않고, 예악이 흥하지 못하면 형벌이 알맞지 못하고, 형벌이 알맞지 못하면 백성들이 손발을 둘 곳이 없게 된다. 고로 군자가 이름을 붙이면 반드시 말할 수 있고, 말할 수 있으면 반드시 행할 수 있는 것이니 군자는 그 말에 구차히 함이 없을 뿐이다."

자로는 스승에게 비현실적이라는 의미에서 우활하다고 하였고, 공자는 자로가 왕도의 현실주의적 이치를 깨닫지 못했다는 의미에서 한심하다고 맞받았다. 특히 왕도정치가 단계별로 어떤 공효를 이루게 되는지를 차근차근 설명하는 공자의 대답이 핵심이 된다.

14

맹자는 말했다. "어진 말은 어진 소리가 사람들 속으로 깊이 들어가는 것만 못하다. 좋은 정치는 좋은 교화가 백성을 얻는 것만 못하다. 좋은 정치는 백성들이 그것을 두려워해서 따르지만 좋은 교화는 백성들이 그것을 사랑해서 따른다. 또 좋은 정치는 (세금을 통해) 백성들의 재물만을 얻지만 좋은 교화는 백성들의 마음을 얻는다."

孟子曰 仁言不如仁聲之入人深也 善政不如善教之得民也 善政民畏之
맹자 왈 인언 불여 인성 지입인심 야 선정 불여 선교 지 득민 야 선정 민 외 지

善教民愛之 善政得民財善教得民心
선교 민 애 지 선정 득 민재 선교 득 민심

　　　내용이 쉽지 않다. 먼저 맹자는 말한다. "어진 말〔仁言〕은 어진 소리〔仁聲〕가 사람들 속으로 깊이 들어가는 것만 못하다." 일단 어진 소리가 어진 말보다는 훨씬 감동의 깊이가 강하다는 뜻이다. 그러면 어진 말〔仁言〕과 어진 소리〔仁聲〕는 어떻게 다른가? 그리고 왜 맹자는 이 둘을 비교하는 것인가?

　정이천에 따르면 어진 말은 백성에게 직접 가서 닿는 것이고, 어진 소리는 간접적으로 가서 닿는 것이다. "어진 말은 어질고 도타운 말로써 백성에게 가해지는 것이요, 어진 소리는 어질다는 소문으로 (임금이 어진 일을 행한) 어진 실상이 있어 백성들로부터 칭찬의 말을 듣는 것을 이른다. 어진 소리는 어진 덕이 더욱 밝게 드러남을 볼 수 있는

것이어서 사람들을 감동시킴이 더 깊다."

그래서 맹자는 간접적인 것이 직접적인 것보다 훨씬 울림이 강함을 역설하고 있는 것이다.

어진 말과 어진 소리의 차이는 이어지는 문장에서 좋은 정치〔善政〕선정 와 좋은 교화나 가르침〔善敎〕선교의 차이로 인해 훨씬 분명해진다. 맹자의 말이다. "좋은 정치〔善政〕선정는 좋은 교화〔善敎〕선교가 백성을 얻는 것만 못하 다. 좋은 정치는 백성들이 그것을 두려워해서 따르지만 좋은 교화는 백성들이 그것을 사랑해서 따른다. 또 좋은 정치는 (세금을 통해) 백성 들의 재물만을 얻지만 좋은 교화는 백성들의 마음〔民心〕민심을 얻는다."

『논어』 '위정 20'도 함께 읽어보면 도움이 된다.

계강자가 물었다. "어떻게 하면 백성들이 윗사람을 공경하고 나 라와 군주에 충성을 다하도록 권면할 수 있겠습니까?"

공자가 말했다. "백성을 대할 때 정령(政令)을 경솔하거나 거만하 게 내리지 않으면 공경하게 되고, 스스로 부모에게 효도하고 자식 을 사랑하는 모습을 보이면 백성들은 나라(군주)에 충성하게 되며, 잘하는 자를 공직에 쓰고 능력이 없는 자는 교화를 통해 일깨운다 면 절로 경충(敬忠)에 힘쓰게 될 것입니다."

15

맹자는 말했다. "사람이 배우지 않고서도 능히 할 수 있는 것은 타고 난 능력이요, 깊이 사려하지 않고서도 알 수 있는 것은 타고난 지성이다. 두세 살짜리 어린아이라도 그 부모를 사랑할 줄 모르는 자가 없으며, 커서는 그 윗사람을 존경할 줄을 모르는 자는 없다. 부모를 내 몸같이 여기는 것은 어짊이요, 윗사람을 삼가는 것은 의리다. 이 둘은 다름 아닌 천하를 두루 통하는 것(진리)이다."

孟子曰 人之所不學而能者其良能也 所不慮而知者其良知也 孩提之童無
맹자 왈 인 지 소불학 이 능자 기 양능 야 소불려 이 지자 기 양지 야 해제지동 무

不知愛其親者 及其長也無不知敬其兄也 親親仁也 敬長義也 無他達之天下也
부지 애 기 친자 급 기 장 야 무 부지 경 기 형 야 친친 인 야 경장 의 야 무타 달 지 천하 야

맹자는 말했다. "사람이 배우지 않고서도 능히 할 수 있는 것은 타고난 능력[良能]이요, 깊이 사려하지 않고서도 알 수 있는 것은 타고난 지성[良知]이다. 두세 살짜리 어린아이라도 그 부모를 사랑할 줄 모르는 자가 없으며, 커서는 그 윗사람을 존경할 줄을 모르는 자는 없다. 부모를 내 몸같이 여기는 것[親親]은 어짊[仁]이요, 윗사람을 삼가는 것[敬長]은 의리[義]다. 이 둘은 다름 아닌 천하를 두루 통하는 것(진리)이다."

말 그대로다. 피를 나눈 부모형제는 내 몸과 같이 여겨야 하고[親], 상하의 질서는 의리에 따라야 한다는 것이다.

16

맹자는 말했다. "순(舜) 임금은 (임금에 오르기 전) 깊은 산 속에 살면서 목석(木石)과 함께 지내고 사슴이나 돼지와 함께 놀았기 때문에 깊은 산 속의 촌사람들과 다를 바가 거의 없었다. (그러면서도) 좋은 말 한마디를 듣고 좋은 행동 하나를 보기라도 하면 마치 강이나 냇물을 탁 터놓은 듯하여 그것을 막을 사람이 아무도 없었다."

孟子曰 舜之居深山之中與木石居與鹿豕遊其所以異於深山之野人者
맹자 왈 순 지 거 심산 지 중 여 목석 거 여 녹시 유 기 소이 이 어 심산 지 야인 자

幾希 及其聞一善言見一善行 若決江河沛然莫之能禦也
기희 급 기 문 일 선언 견 일 선행 약 결 강하 패연 막 지 능 어 야

🐚 　　맹자는 말했다. "순(舜) 임금은 (임금에 오르기 전) 깊은 산 속에 살면서 목석(木石)과 함께 지내고 사슴이나 돼지〔鹿豕〕와 함께 놀았기 때문에 깊은 산 속의 촌사람들〔野人〕과 다를 바가 거의 없었다. (그러면서도) 좋은 말〔善言=昌言〕 한마디를 듣고 좋은 행동 하나를 보기라도 하면 마치 강이나 냇물을 탁 터놓은 듯하여 그것을 막을 사람이 아무도 없었다."

즉 순임금은 세상의 바른 도리〔道=仁=文〕를 스승이나 책에서 배운 것이 아니라 주변 모든 것에서 배워 그렇게 되었다는 말이다. 우선『논어』'이인 16'을 보자.

공자는 말했다. "군자는 의리에서 깨닫고, 소인은 이익에서 깨닫는다."

즉 순임금은 누가 가르쳐주지 않아도 의리에 뜻을 두고 있었기 때문에 세상에서 이뤄지는 의로운 일이 있으면 거기서 의로움을 스스로 깨우쳤다는 말이다. 이런 점에서는 공자도 크게 다르지 않다. '자장 22'다.

위나라의 공손조가 자공에게 물었다. "공자는 어떻게 배웠는가?"

자공은 다음과 같이 답한다. "문왕과 무왕의 도리는 아직 땅에 떨어지지 않아 사람들에게 (남아) 있다. 어진 자는 그 큰 것을 기억해 알고 있고, 그보다 못한 자도 그 작은 것을 기억해 알고 있어 문왕과 무왕의 도리가 여전히 남아 있으니, 공자께서 어찌 배우지 않으시며 또한 어찌 정해진 스승이 계시겠는가?"

순임금이 배워가는 방법을 공자도 그대로 배웠다고 할 수 있다.

맹자는 말했다. "해서 안 되는 것은 하지 않고, 욕심부려서 안 되는 것은 욕심부리지 않는다. 이렇게 할 뿐이다."

孟子曰 無爲其所不爲無欲其所不欲如此而已矣
맹자 왈 무위 기 소불위 무욕 기 소불욕 여차 이이의

　　　　맹자는 말했다. "해서 안 되는 것은 하지 않고, 욕심부려서 안 되는 것은 욕심부리지 않는다. 이렇게 할 뿐이다."

말 그대로 하지 않는 바[所不爲]가 있다는 뜻이다. 조심하고 삼가는 바가 있다는 의미로 다음 장은 이에 대한 보충이다.

맹자는 말했다. "사람 중에 다음의 슬기로움과 전문 지식을 가진 자는 항상 어렵고 힘든 상황에 놓이게 된다. (왜냐하면) 오직 (임금의 총애를 받지 못하는) 먼 신하와 (부모의 사랑을 받지 못하는) 천한 자식만이 (항상 어려움과 힘든 상황을 겪게 되어) 마음가짐을 조심하기를 위태로울 정도로 하고, 환난을 염려하기를 깊게 하니 (그 때문에) 다음의 슬기로움과 전문 지식에 통달하게 되는 것이다."

孟子曰 人之有德慧術知者恒存乎疢疾 獨孤臣孽子其操心也危其慮患也
맹자 왈 인 지 유 덕혜 술지 자항 존 호 진질 독 고신 얼자 기 조심 야 위 기 여 환 야

深 故達
심 고 달

　　맹자는 말했다. "사람 중에 다음의 슬기로움[德慧]과 전문 지식[術知]을 가진 자는 항상 어렵고 힘든 상황[疢疾]에 놓이게 된다. (왜냐하면) 오직[獨] (임금의 총애를 받지 못하는) 먼 신하[孤臣=遠臣]와 (부모의 사랑을 받지 못하는) 천한 자식[孽子]만이 (항상 어려움과 힘든 상황을 겪게 되어) 마음가짐을 조심하기를 위태로울 정도로 하고, 환난을 염려하기를 깊게 하니 (그 때문에) 다음의 슬기로움과 전문 지식에 통달하게 되는 것이다."

이는 말 그대로 시련이 인간을 단련시켜 준다는 의미다. 시련에 놓일 때 사람됨과 사물의 이치가 드러나기 때문일 것이다.

맹자는 말했다. "임금을 섬기는 자라는 자가 있으니 이 임금을 섬기면 자신을 받아주는 것을 즐거움으로 삼는 자이다. 사직을 편안케 해주는 신하라는 자가 있으니 사직을 편안케 하는 것으로 즐거움을 삼는 자이다. 하늘의 백성이라는 자가 있으니 통달함을 천하에 행할 수 있는 다음에야 그것을 행하는 자이다. 큰 사람이라는 자가 있으니 자신을 바로잡으면서 외부의 사람과 일도 바로잡는 자이다."

孟子曰 有事君人者事是君則爲容悅者也 有安社稷臣者以安社稷爲悅
맹자 왈 유 사군인 자사시 군 즉 위 용 열 자야 유 안 사직 신 자 이 안 사직 위 열

者也 有天民者達可行於天下而後行之者也 有大人者正己而物正者也
자 야 유 천민 자 달 가 행 어 천하 이후 행 지 자 야 유 대인 자 정 기 이 물 정 자 야

맹자는 말했다. "임금을 섬기는 자〔事君人〕라는 자가 있으니 이 임금을 섬기면 자신을 받아주는 것〔容〕을 즐거움으로 삼는 자이다. 사직을 편안케 해주는 신하〔安社稷臣〕라는 자가 있으니 사직을 편안케 하는 것으로 즐거움을 삼는 자이다. 하늘의 백성〔天民〕이라는 자가 있으니 통달함을 천하에 행할 수 있는 다음에야 그것을 행하는 자이다. 큰 사람〔大人〕이라는 자가 있으니 자신을 바로잡으면서 외부의 사람과 일도 바로잡는 자이다."

이야기가 좀 더 구체화되면서 일종의 처세의 원칙처럼 보이기도 한다. 여기서는 4단계 인물론이 전개된다. 첫째는 아첨을 일삼는 자이고,

둘째는 큰 포부는 없이 고위직에 있으면서 기능적으로만 자리를 지키려는 자이다.

중요한 것은 셋째와 넷째다. 하늘의 백성이란 무슨 뜻일까? 이에 대해서는 주희의 풀이를 참고한다. "하늘과도 같은 이치[天理]를 온전히 다하므로 이에 하늘의 백성이며, 그 때문에 천민(天民)이라고 부르는 것이다. 틀림없이 그 도리가 천하에 행할 만한 연후에 이를 행하며, 그렇지 않으면 차라리 세상이 끝날 때까지 알려지지 못하더라도 후회함이 없는 것이다." 즉 하늘의 백성은 도리를 따를 줄 아는 사람을 말한다. 큰 사람[大人]은 큰 지도자라고 옮기면 된다. 대인(大人)에 대해서는 '이루 장구 상(離婁章句上)' 20장에서 살펴본 바 있다. 관련되는 부분만 다시 보자.

"오직 대인(大人)만이 임금의 잘못된 마음을 제대로 바로잡아줄 수 있다. (이렇게 해서) 임금이 어진 마음을 갖게 되면 (나라 안의 모든 사람이) 어질지 않을 수가 없고, 임금이 의로운 마음을 갖게 되면 (나라 안의 모든 사람이) 의롭지 않을 수가 없으며, 임금이 바른 마음을 갖게 되면 (나라 안의 모든 사람이) 바른 마음을 갖지 않을 수가 없다. 일단 임금을 바로잡게 되면 (나라 안의 모든 사람이 바른 마음을 갖게 됨으로써) 나라도 안정된다."

관건은 대인이다. 그러면 대인은 도대체 누구인가? 주희는 "대인은 큰 다움을 가진 사람으로 자기 몸을 바르게 함으로써 남들도 바르게 만들어주는 자"라고 풀이한다. 문맥으로 보자면 임금의 잘못을 바로잡을 용기와 식견을 갖춘 고위급 신하[大臣]로 보아도 무방하다.

20

맹자는 말했다. "군자에게는 세 가지 즐거움이 있다. 그러나 천하의 임금이 되는 것은 여기에 포함되지 않는다. 부모님이 함께 생존해 계시고, 형제들에게 아무 탈 없는 것이 첫 번째 즐거움이다. 하늘을 우러러 한 점 부끄러움이 없고, 남들을 굽어보아 한 점 부끄러움이 없는 것이 두 번째 즐거움이다. 천하의 영재를 얻어 이들을 가르치고 기르는 것이 세 번째 즐거움이다. 군자에게는 세 가지 즐거움이 있다. 그러나 천하의 임금이 되는 것은 여기에 포함되지 않는다."

孟子曰 君子有三樂而王天下不與存焉 父母俱存兄弟無故一樂也 仰
맹자 왈 군자 유 삼락 이 왕 천하 불 예 존 언 부모 구존 형제 무고 일락 야 앙

不愧於天俯不怍於人二樂也 得天下英才而敎育之三樂也 君子有三樂而王
불괴 어 천 부 부작 어 인 이락 야 득 천하 영재 이 교육 지 삼락 야 군자 유 삼락 이 왕

天下不與存焉
천하 불 예 존 언

맹자는 군자(君子)에게는 세 가지 즐거움[樂]이 있다며 그것을 하나씩 풀이한다. "군자에게는 세 가지 즐거움[三樂]이 있다. 그러나 천하의 임금이 되는 것은 여기에 포함되지 않는다. 부모님이 함께[俱] 생존해 계시고, 형제들에게 아무 탈 없는 것이 첫 번째 즐거움이다. 하늘을 우러러 한 점 부끄러움[愧]이 없고, 남들을 굽어보아 한 점 부끄러움[怍]이 없는 것이 두 번째 즐거움이다. 천하의 영재를 얻어 이들을 가르치고 기르는 것[敎育]이 세 번째 즐거움이다. 군자에

게는 세 가지 즐거움〔三樂〕이 있다. 그러나 천하의 임금이 되는 것은
여기에 포함되지 않는다."

참고로 공자는 『논어』 '계씨 5'에서 유익함을 주는 세 가지 즐거움
이 있다고 말한다.

"예악(禮樂)으로 절제하는 것을 좋아하고, 사람의 좋음을 이끌어
내는 것을 좋아하고, 어진 벗이 많음을 좋아하는 것이 유익한 세 가
지이다."

맹자의 세 가지 즐거움과는 하나만 겹친다. 즉 사람의 좋음을 이끌
어내는 것과 천하의 영재를 얻어 이들을 가르치고 기르는 것이다.

오히려 우리가 주목해야 할 것은 세 가지 즐거움보다는 두 번에 걸
쳐 반복하는 다음 문장, 즉 '천하의 임금이 되는 것은 여기에 포함되
지 않는다'는 말이다. 군자가 군자다움〔德〕을 갖추는 데 정치권력은 부
차적이라는 말이다.

21

맹자는 말했다. "땅을 넓혀 백성들을 많이 끌어모으는 일은 군자가 원하는 바이기는 하지만 즐거워할 바에 속하는 것은 아니다. 천하의 가운데에 서서 온 세상의 백성들을 안정시키는 일은 군자가 즐거워할 바이기는 하지만 본성에 속하는 것은 아니다. 군자의 본성은, 비록 크게 행하더라도 거기에 더 보태지 않고, 비록 궁벽한 데 처하더라도 거기에서 덜어내지 않으니, 본분이 정해져 있기 때문이다. 군자의 본성은, 인의예지(仁義禮智)가 마음에 뿌리를 내리고 있어 그것이 겉으로 드러날 때에는 조금의 꾸밈도 없이 얼굴에 그대로 나타나고 뒷모습에도 가득하며 팔다리에까지도 퍼져 굳이 팔다리가 말하지 않아도 이미 남들을 알아차린다."

孟子曰 廣土衆民君子欲之所樂不存焉 中天下而立定四海之民君子樂
맹자 왈 광토 중민 군자 욕지 소락 부존 언 중 천하 이 립정 사해지민 군자 락

之所性不存焉 君子所性雖大行不加焉雖窮居不損焉分定故也 君子所性
지 소성 부존 언 군자 소성 수 대행 불가 언 수 궁거 불손 언분 정 고 야 군자 소성

仁義禮智根於心 其生色也睟然見於面 盎於背施於四體 四體不言而喩
인의예지 근 어 심 기 생색 야 수연 현 어 면 앙 어 배 시 어 사체 사체 불언 이 유

🌸　　　앞 장에 이어 군자론이 계속된다. 맹자는 말한다. "땅을 넓혀 백성들을 많이 끌어모으는 일은 군자가 원하는 바이기는 하지만 즐거워할〔樂〕 바에 속하는 것은 아니다. 천하의 가운데에 서서 온 세상〔四海〕의 백성들을 안정시키는 일은 군자가 즐거워할 바이기는 하

지만 본성(性)에 속하는 것은 아니다. 군자의 본성은, 비록 크게 행하더라도 거기에 더 보태지 않고, 비록 궁벽한 데 처하더라도 거기에서 덜어내지 않으니, 본분(分-분수)이 정해져 있기 때문이다. 군자의 본성은, 인의예지(仁義禮智)가 마음에 뿌리를 내리고 있어 그것이 겉으로 드러날 때에는 조금의 꾸밈도 없이 얼굴에 그대로 나타나고 뒷모습에도 가득하며 팔다리에까지도 퍼져 굳이 팔다리가 말하지 않아도 이미 남들을 알아차린다."

별도의 설명이 필요치 않다.

22

맹자는 말한다. "백이(伯夷)는 (은나라의) 주왕(紂王)(의 폭정)을 피해 북쪽 바다의 끝자락에 숨어 살다가 문왕(文王)이 일어났다는 소식을 듣고서 이렇게 말했다. '어찌 그에게 가지 않으리오! 내가 듣기에 서백(西伯-문왕)은 나이 든 사람을 잘 돌본다고 한다.' 태공(太公)도 주왕을 피해 동쪽 바다의 끝자락에 숨어 살다가 문왕이 일어났다는 소식을 듣고서 이렇게 말했다. '어찌 그에게 가지 않으리오! 내가 듣기에 서백은 나이 든 사람을 잘 돌본다고 한다.' 천하에 노인을 잘 봉양하는 자가 있으면 어진 이는 자신이 가야 할 곳이 그곳이라고 여긴다. 다섯 밭이랑을 가진 집 담장 아래에 뽕나무를 심게 한다면 일반사람들도 누에를 쳐서 (50세가 된) 노인들도 충분히 비단옷을 입을 수 있고, 어미 닭다섯 마리와 어미 돼지 두 마리를 키우며 그 새끼 칠 때를 잃지 않게 한다면 70세 된 노인이 고기 없이 밥 먹는 경우가 없을 것이고, 백 이랑의 땅에 필부가 (농사철을 빼앗기지 않고서) 부지런히 농사를 짓는다면 여덟 식구가 굶주리지 않을 수 있다. 이른바 서백(西伯-문왕)이 노인을 잘 봉양했다는 것은 그 농지를 가지런하게 정리하고, 뽕나무를 심고 가축 기르는 일을 가르치며, 그 처자를 잘 이끌고 다스림으로써 그 부모님들을 잘 봉양했다는 뜻이다. 50세에는 비단옷이 아니면 따뜻할 수가 없고, 70세에는 고기가 아니면 배가 부를 수 없다. 따뜻이 입지도 못하고 배불리 먹지도 못하는 것을 일러 '춥고 배고프다'라고 한다. 서백(문왕)의 백성 중에 춥고 배고픈 노인들이 없었다는 것은 이를 두고 말한 것이다."

孟子曰 伯夷辟(避)紂居北海之濱聞文王作興 曰 盍歸乎來 吾聞西伯
맹자 왈 백이 피 피 주거 북해지빈 문 문왕 작흥 왈 합귀호래 오문 서백

善養老者 大公(太公)辟紂居東海之濱聞文王作興 曰 盍歸乎來 吾聞西伯
선양 노자 태공 (태공) 피주거 동해지빈 문 문왕 작흥 왈 합귀호래 오문 서백

善養老者 天下有善養老則仁人以爲己歸矣 五畝之宅樹牆下以桑 匹夫蠶
선양 노자 천하 유선 양로 즉 인인 이위 기 귀의 오무 지택 수 장하 이상 필부 잠

之 則老者足以衣帛矣 五母鷄二母彘無失其時老者足以無失肉矣 百畝
지 즉 노자 족이 의백 의 오 모계 이 모체 무실 기시 노자 족이 무 실육 의 백무

之田匹夫耕之八口之家可以無饑矣 所謂西伯善養老者制其田里敎之樹
지전 필부 경지 팔구지가 가이 무기 의 소위 서백 선양 노자 제기 전리 교지 수

畜(慉)導其妻子使養其老 五十非帛不煖七十非肉不飽 不煖不飽謂之凍餒
휵 휵 도 기 처자 사 양기로 오십 비백 불난 칠십 비육 불포 불난 불포 위지 동뇌

文王之民無凍餒之老者此之謂也
문왕 지 민 무 동뇌 지 로 자 차 지위 야

여전히 군자론의 문맥이다. 맹자는 말한다. "백이(伯夷)는 (은나라의) 주왕(紂王)(의 폭정)을 피해 북쪽 바다〔北海〕의 끝자락〔濱〕에 숨어 살다가 문왕(文王)이 일어났다〔作興=興起〕는 소식을 듣고서 이렇게 말했다. '어찌 그에게 가지 않으리오! 내가 듣기에 서백(西伯=문왕)은 나이 든 사람을 잘 돌본다〔養〕고 한다.' 태공(太公)도 주왕을 피해 동쪽 바다〔東海〕의 끝자락에 숨어 살다가 문왕이 일어났다는 소식을 듣고서 이렇게 말했다. '어찌 그에게 가지 않으리오! 내가 듣기에 서백은 나이 든 사람을 잘 돌본다고 한다.'"

여기까지는 이미 '이루 장구 상' 13장에 그 내용이 똑같이 나온 바 있다. 이에 대한 맹자의 평이다. "천하에 노인을 잘 봉양하는 자가 있으면 어진 이는 자신이 가야 할 곳이 그곳이라고 여긴다."

다시 이에 대한 맹자의 풀이다. 그런데 이 풀이 중 일부분은 '양혜왕

장구 상(梁惠王章句上)' 3에 나온 내용이다. "다섯 밭이랑을 가진 집 담장 아래에 뽕나무를 심게 한다면 일반사람들도〔匹夫〕누에를 쳐서 (50세가 된) 노인들도 충분히 비단옷을 입을 수 있고, 어미 닭 다섯 마리와 어미 돼지 두 마리를 키우며 그 새끼 칠 때를 잃지 않게 한다 면 70세 된 노인이 고기 없이 밥 먹는 경우가 없을 것이고, 백 이랑의 땅에 필부가 (농사철을 빼앗기지 않고서) 부지런히 농사를 짓는다면 여 덟 식구가 굶주리지 않을 수 있다."

이어 맹자는 자신의 발언을 다음과 같이 정리한다. "이른바 서백(西 伯-문왕)이 노인을 잘 봉양했다는 것은 그 농지〔田里〕를 가지런하게 정리하고, 뽕나무를 심고 가축 기르는 일을 가르치며, 그 처자를 잘 이끌고 다스림으로써 그 부모님들을 잘 봉양했다는 뜻이다. 50세에는 비단옷이 아니면 따뜻할 수가 없고, 70세에는 고기가 아니면 배가 부 를 수 없다. 따뜻이 입지도 못하고 배불리 먹지도 못하는 것을 일러 '춥고 배고프다〔凍餒〕'라고 한다. 서백(문왕)의 백성 중에 춥고 배고픈 노인들이 없었다는 것은 이를 두고 말한 것이다."

『맹자』의 텍스트 자체만으로 풀이가 이뤄진 셈이다.

23

맹자는 말했다. "논밭의 경계를 잘 다스리고 그 세금 거두기를 가볍게 한다면 백성들을 부유하게 해줄 수 있다. (백성들로부터 가벼운 세율로 거둬들인 것이라 하더라도) 임금이 때에 맞게 먹고, 예에 벗어나지 않도록 쓴다면 (거둬들인) 재물은 이루 다 쓸 수 없을 것이다. 백성들은 물과 불이 없으면 살아갈 수가 없다. 황혼 무렵 다른 사람의 집 문을 두드려 물이나 불을 달라고 할 때 주지 않는 이가 없는 것은 (물과 불이) 충분히 풍족하기 때문이다. 빼어난 이[聖人]가 천하를 다스리면 (백성들이) 식량을 물과 불처럼 (누구나 여유롭게) 가질 수 있도록 하고자 한다. 그리하여 식량이 물이나 불과 같다면 백성들이 어찌 어질어지지 않을 수 있겠는가?"

孟子曰 易其田疇薄其稅斂民可使富也 食之以時用之以禮財不可勝用
맹자 왈 이 기 전주 박 기 세렴 민 가 사 부 야   식 지 이 시 용 지 이 례 재 불 가 승 용

也 民非水火不生活 昏暮叩人之門戶求水火 無弗與者至足矣 聖人治天下
야   민 비 수 화 불 생 활   혼 모 고 인 지 문 호 구 수 화   무 불 여 자 지 족 의   성 인 치 천 하

使有菽粟如水火 菽粟如水火而民焉有不仁者乎
사 유 숙 속 여 수 화   숙 속 여 수 화 이 민 언 유 불 인 자 호

맹자는 말한다. "논밭의 경계[疇]를 잘 다스리고[易=治] 그 세금 거두기를 가볍게[薄] 한다면 백성들을 부유하게 해줄 수 있다."

여기서 우리 같은 현대인들에게는 한 가지 의문이 든다. 왜 논밭의 경계를 잘 다스리는 것이 백성들의 부를 늘려주는 것일까? 논밭의 경

계가 흐려지는 이유는 무엇이며, 또 경계가 흐려질 경우 백성들은 구체적으로 어떤 고통을 받게 되는가?

먼저 疇의 뜻을 알아보자. 우리는 흔히 카테고리, 즉 범주(範疇)라고 할 때 疇 자를 사용한다. 그러나 疇의 대표적인 의미는 갈아놓은 밭의 한 두둑〔場〕과 한 고랑을 아울러 이르는 밭이랑이다. 그밖에 밭, 무리, 떼, 짝, 세습, 식물의 뿌리를 감싸고 있는 흙을 돋우다 등의 뜻이 있고, 여기서 사용되는 경계라는 의미도 있다. 田疇 외에 논밭의 경계를 뜻하는 말로는 經界, 疆埸 등이 있다.

나라에서 논밭의 경계를 잘 다스려야 하는 이유는 크게 두 가지다. 하나는 범람이 일어난 후 논밭의 모습이 완전히 바뀌므로 객관적인 측량방법을 통해 농민들 간의 분쟁을 사전에 예방해야 하기 때문이다. 또 하나는 같은 토질인데도 수확량이 다를 경우 농민들이 싸울 수 있는데 이때에도 합리적인 해결방안을 제시해야 한다. 『한비자』에는 이런 내용이 나온다.

"(순임금이 제위에 오르기 전에 살았던) 역사(歷山)의 농민들이 논밭의 경계 때문에 싸우게 되었다. 순임금(당시는 농민이었다)이 그곳에 나가 함께 농사를 지은 결과 1년 만에 논밭의 경계가 올바로 정해졌다." 순임금의 이 같은 행동이 바로 '논밭의 경계를 잘 다스린' 전형적인 경우다.

논밭의 경계가 잘 다스려져야 농민들이 편안하게 농사에 전념해 소득이 늘어날 수 있다. 그리고 동시에 세금을 가볍게 해줌으로써 농민들의 살림살이는 넉넉해진다. 여기서 富란 부자가 된다는 뜻이 아니라 의식주가 넉넉해진다 정도의 뜻으로 봐야 한다.

이어지는 발언에서는 食之와 用之의 '之'가 무엇을 가리키는지를 아는 것이 관건이다. '백성들에게 세금으로 거둬들인 것'을 뜻하는 것으로 보는 게 문맥상 적절하다. "(백성들로부터 가벼운 세율로 거둬들인 것이라 하더라도) 임금이 때에 맞게 먹고, 예에 벗어나지 않도록 쓴다면 (거둬들인) 재물은 이루 다〔勝〕 쓸 수 없을 것이다."

임금이 이런 검소함을 견지할 경우 자연스럽게 백성의 생활은 윤택해질 수밖에 없다. 맹자의 말이 이어진다. "백성들은 물과 불이 없으면 살아갈 수가 없다. 황혼 무렵 다른 사람의 집 문을 두드려〔叩〕 물이나 불을 달라고 할 때 주지 않는 이가 없는 것은 (물과 불이) 충분히 풍족하기 때문이다. 빼어난 이〔聖人〕가 천하를 다스리면 (백성들이) 식량을 물과 불처럼 (누구나 여유롭게) 가질 수 있도록 하고자 한다. 그리하여 식량이 물이나 불과 같다면 백성들이 어찌〔焉〕 어질어지지 않을 수 있겠는가?"

전반적인 내용은 『논어』 '자로 9'를 연상시킨다.

공자가 위나라에 갈 때 염유가 수레를 몰았다. 공자가 "인민이 많구나!"라고 하자 염유는 "이미 인민이 많으면 또 무엇을 더해야 합니까?"라고 물었다. 공자는 "그들을 부유하게 해주어야 한다"고 답했다.

또 염유가 "이미 부유해지면 또 무엇을 더해야 합니까?"라고 묻자 공자는 "(예의와 염치를) 가르쳐야 한다"고 답했다.

여기서 부유하게 해준다는 것은 부자를 만들어준다는 뜻이 아니라 넉넉해진다 정도로 봐야 한다.

공자가 위(衛) 나라에 갈 때 제자 염유(冉有)가 말을 몰았다. 공자가 위나라로 가는 길에 백성들이 많음을 보고 일단 긍정적으로 평가한다. "(백성들이) 많구나!" 당시 상황에서 백성들이 많다는 것은 일단 통치의 기본은 이루어지고 있음을 의미한다.

이에 염유는 "백성들이 이미 많은 연후에는 (통치자는) 무엇을 더해야 합니까"라고 묻는다. 이에 공자는 부유하게 해주어야 한다고 말한다. 당시에 백성들을 부유하게 해주는 길은 두 가지가 있었다. 하나는 토지와 집을 마련할 수 있도록 해주는 것이고, 또 하나는 세금을 가볍게 해주는 것이다.

다시 염유는 부유해지고 나면 무엇을 더해야 하느냐고 물었다. 공자는 "가르쳐야 한다"고 답한다. 이때 가르친다는 것은 사람으로서의 기본, 즉 예의(禮義)를 가르치는 것이라고 할 수 있다. 정치의 핵심은 결국 사람들을 모이게 하고, 잘 살게 하고, 예의염치를 가르치는 데 있다.

24

맹자는 말했다. "공자께서는 (노(魯) 나라 동쪽에 있는) 동산(東山=蒙山)에 오르시어 노나라를 작다고 여기셨고, 태산(太山)에 오르셔서는 천하가 작다고 여기셨다. 그래서 바다를 본 자는 냇물 정도로는 감동을 주기 어렵고, 빼어난 이의 문하에서 놀아본 자는 어떤 말로도 감동을 주기 어렵다. 물 구경을 하는 데도 요령이 있으니 반드시 그 물결침을 보아야 하고, 해와 달에게는 밝음이 있어 조그만 틈만 있어도 빛은 반드시 그곳을 비추어준다. 흐르는 물이 그처럼 흐를 수 있는 것은 웅덩이를 다 채우지 않고서는 더 이상 나아갈 수 없는 것에 있듯이, 군자가 도리에 뜻을 두는 것도 문장(文章)을 이루지 못하면 (도리나 어짊에) 도달할 수가 없다."

孟子曰 孔子登東山而小魯 登太山而小天下 故觀於海者難爲水 遊於
맹자 왈 공자 등 동산 이 소로 등 태산 이 소 천하 고 관 어 해 자 난 위 수 유 어

聖人之門者難爲言 觀水有術必觀其瀾 日月有明容光必照焉 流水之爲物
성인지문 자 난 위 언 관 수 유 술 필 관 기 란 일월 유 명 용 광 필 조 언 유수 지 위물

也不盈科不行 君子之志於道也不成章不達
야 불영 과 불행 군자 지 지 어도 야 불성 장 부달

맹자는 말한다. "공자께서는 (노(魯) 나라 동쪽에 있는) 동산(東山=蒙山)에 오르시어 노나라를 작다고 여기셨고, 태산(太山)에 오르셔서는 천하가 작다고 여기셨다. 그래서 바다를 본 자는 냇물 정도로는 감동을 주기 어렵고, 빼어난 이〔聖人〕의 문하에서 놀아본

자는 어떤 말로도 감동을 주기 어렵다.

물 구경을 하는 데도 요령이 있으니 반드시 그 물결침을 보아야 하고, 해와 달에게는 밝음이 있어 조그만 틈만 있어도 빛은 반드시 그곳을 비추어준다. 흐르는 물이 그처럼 흐를 수 있는 것〔爲物〕은 웅덩이〔科〕를 다 채우지 않고서는 더 이상 나아갈 수 없는 것에 있듯이, 군자가 도리에 뜻을 두는 것도 문장(文章)을 이루지 못하면 (도리나 어짊에) 도달〔達〕할 수가 없다.”

達은 앞에서 이미 여러 번 살펴본 바 있다. 문장(文章)을 이룬다는 것은 안에서 이루어진 수양의 결과가 겉으로 위엄 있고 장중하게 드러나게 된다는 말이다.

결국 이 장은 도리에 이르는 데도 여러 단계가 있고, 그중에서도 특히 군자가 되려고 할 때는 위의나 위엄이 필수적임을 강조한다. 그런데 이 같은 외적인 위의나 위엄은 내면적인 다움이나 어짊이 갖춰졌을 때 절로 뿜어져 나오는〔文〕 것이다. 『논어』 ‘학이 8’이다.

공자는 말했다. “군자가 되려는 사람이 진중하지 못하면 위엄을 갖출 수 없다〔不重則不威〕.”

重은 크게 세 가지 정도의 해석이 가능하다. 진중(鎭重), 신중(愼重), 중후(重厚)가 그것이다. 그런데 여기서는 重이 일단 행실과 관련된다는 점에서 외모와 관련 있는 중후는 일단 배제한다. 공자는 진중과 신중 중에서라면 어느 쪽을 중시했을까? 이와 관련해 공자가 직접 이야기한 대목이 있다. ‘태백 7’에서 증자(曾子)는 선비〔士〕에 관해 이야기하면서 “어짊〔仁〕을 자신의 맡은 바로 삼으니 참으로

무겁지〔重〕 않겠는가"라고 말한다. 여기서의 重이란 자신에게 주
어진 바를 중하게 여기는 자세를 말한다고 할 수 있다. 반면 '공
야장 19'에서는 계문자(季文子)라는 사람이 늘 세 번 생각〔思〕한 이
후에 행동에 옮겼다고 하자, 공자는 간단하게 "두 번이면 된다"고
말한다. 지나치게 신중한 것 또한 좋은 것은 아니라는 뜻이다. 그래
서 일단 여기서는 重을 진중함〔鎭重〕으로 풀이하고자 한다.

25

맹자는 말했다. "닭이 울면 일어나 부지런히 좋은 일을 행하는 자는
순임금의 무리요, 닭이 울면 일어나 부지런히 이익에 힘쓰는 자는 도척
(盜蹠)의 무리다. 순임금과 도척을 나누는 차이를 알고 싶은가? (그것
은) 다름 아닌 이익과 좋은 일의 아주 작은 차이에 지나지 않는다."

孟子曰 鷄鳴而起孳孳爲善者舜之徒也 鷄鳴而起孳孳爲利者蹠之徒也 欲
맹 자 왈 계 명 이 기 자 자 위선 자 순지도 야 계 명 이 기 자 자 위리 자 척지도 야 욕

知舜與蹠之分 無他利與善之間也
지 순 여 척 지 분 무 타 이 여 선 지 간 야

이 장부터는 도리의 방향성과 관련된 언급들이 나온다.
애써 힘쓰는 것은 좋지만 그 방향을 정확히 알고서 올바른 방향으로
애써 힘써야[文] 한다는 것이다.
문

맹자는 말한다. "닭이 울면 일어나 부지런히 좋은 일을 행하는 자는
순임금의 무리요, 닭이 울면 일어나 부지런히 이익에 힘쓰는 자는 도
척(盜蹠)의 무리다. 순임금과 도척을 나누는 차이[分]를 알고 싶은가?
분
(그것은) 다름 아닌 이익[利]과 좋은 일[善]의 아주 작은 차이[間]에
이   선   간
지나지 않는다."

얼핏 보면 우리는 순임금의 길과 도척의 길이 서로 아주 멀다고 생
각할는지 모른다. 그러나 맹자의 이 말은 두 길의 차이가 생각만큼 멀
지 않고, 오히려 이익에 대한 개인적인 욕심과 타인을 생각하는 좋은

마음이라는 (마음속에서 일어나는) 아주 미세한 차이에서 비롯됨을 의미한다. 間이라고 한 것도 그 때문이다. 주희가 인용한 양시(楊時)의 풀이도 바로 이 점을 지적한다. "순임금과 도척은 그 거리가 멀지만 그 구분은 이익[利]과 좋은 일[善](혹은 맹자가 좋아하는 의리[義])의 간격일 뿐이다. 이 어찌 삼가지 않을 수 있겠는가? 그러나 이를 강구하기가 숙달되지 않으면 이를 보는 것이 분명하지 못해 이익[利]이 의리[義]라고 착각하지 않을 자가 없으니 진실로 배우는 자라면 깊이 살펴야 할 것이다."

　도척은 중국 춘추시대의 큰 도둑으로 공자와 같은 노나라 사람이다. 『논어』에도 등장하는 뛰어난 사람 유하혜의 아우로 도당 9천 명과 떼지어 온 나라를 휩쓸고 다녔다.

26

맹자는 말했다. "양자(楊子)는 자기 몸을 위하는 것만 챙겨서 자신의 털 한 오라기만 뽑아도 세상을 이롭게 할 수 있다 한들 결코 하지 않는다. 묵자(墨子)는 모두를 똑같이 사랑한다는 겸애(兼愛)만을 고수해 이마에서 발끔치까지 다 닳아 없어지더라도 세상을 이롭게 할 수 있다면 반드시 하고야 만다. (노나라의 현자인) 자막(子莫)은 중도(中道)를 잡는다. 그런데 이처럼 중도를 잡는 것은 그나마 그것에 가깝지만 중도를 잡고 있기만 하고 권도를 발휘할 수 없다면 이는 결국 (양끝을 살펴서 핵심을 잡고 있는 것이 아니라) 한쪽만을 잡고 있는 것과 마찬가지다. 한쪽만을 잡고 있는 자를 미워하는 이유는 그것이 도리를 해치기 때문이다. 왜냐하면 하나만을 들 경우 백 가지를 없애는 것이 된다."

孟子曰 楊子取爲我拔一毛而利天下不爲也 墨子兼愛摩頂放踵利天下
맹자 왈 양자 취 위 아 발 일모 이 이 천하 불위 야 묵자 겸애 마 정 방 종 이 천하

爲之 子莫執中執中爲近之 執中無權猶執一也 所惡執一者爲其賊道也 擧
위 지 자막 집중 집중 위 근 지 집중 무 권 유 집일 야 소 오 집일 자 위 기 적 도 야 거

一而廢百也
일 이 폐 백 야

🌸　　　이번에는 노장이나 묵가의 사상을 비판한다. 이와 관련된 깊이 있는 논쟁은 앞서 살펴본 바 있는데, 여기서는 일종의 결론이라 하겠다.

맹자는 말한다. "양자(楊子)는 자기 몸을 위하는 것만 챙겨서〔取〕
취

자신의 털 한 오라기만 뽑아도 세상을 이롭게 할 수 있다 한들 결코 하지 않는다. 묵자(墨子)는 모두를 똑같이 사랑한다는 겸애(兼愛)만을 고수해 이마에서 발꿈치까지 다 닳아 없어지더라도 세상을 이롭게 할 수 있다면 반드시 하고야 만다.

(노나라의 현자인) 자막(子莫)은 중도(中道)를 잡는다. 그런데 이처럼 중도를 잡는 것[執中]은 그나마 그것[道]에 가깝지만 중도를 잡고 있기만 하고 권도[權=權道]를 발휘할 수 없다면 이는 결국 (양끝을 살펴서 핵심을 잡고 있는 것이 아니라) 한쪽만을 잡고 있는 것과 마찬가지다. 한쪽만을 잡고 있는 자를 미워하는 이유는 그것이 도리[道]를 해치기 때문이다. 왜냐하면 하나만을 들 경우 백 가지를 없애는 것이 된다."

여기서 맹자는 양자와 묵자를 잠깐 언급한 다음 자막을 끌어들여 중하고 용해야 하는[中庸] 중도[中]의 문제를 제기한다. 상당히 중요하면서도 어려운 문제가 바로 中이다.

먼저 주희는 中을 이야기하기에 앞서 양주(楊朱-楊子)와 묵적(墨翟-墨子)을 끌어들인 이유를 이렇게 풀이한다. "(자막은) 이 두 사람이 중도(中道)를 잃었음을 알았기 때문에 그 양극단을 헤아려 중도[中]를 잡은 것이다. 근(近)은 도(道)에 가깝다는 뜻이다. 권(權)은 저울과 추로써 물건의 경중을 재어 그 맞음을 취하는 것이다. 중간을 잡았다고 해서 저울질을 하지 않으면 하나로 정해진 중앙에 고착되어 변화를 모르게 된다. (그렇기 때문에) 이 역시 (양주나 묵적과 마찬가지로) 하나만 잡은 것일 따름이다." 그래서 공자는 그냥 중도[中]가 아니라 시중(時中)을 강조했던 것이다.

여기서 맹자는 무엇보다 양자나 묵자를 일방적으로 비판하기보다는 중용의 논리에 따라 둘을 각각 비판한 다음 자신의 방향을 제시하는 논리를 전개하고 있다. 중용에 대해서는 앞에서 여러 차례 짚어본 바 있다.

27

맹자는 말했다. "굶주린 자는 (무슨 음식이든) 달게 먹고 목마른 자는 (어떤 음료건) 달게 마신다. 이렇게 되면 먹고 마시는 것의 본맛을 알 수 없다. 굶주림과 목마름이 그 본맛을 방해하기 때문이다. 어찌 입과 배만이 이처럼 굶주리고 목마른 기갈(饑渴)의 해를 입겠는가? 사람의 마음에도 똑같이 그 같은 해가 있다. 사람이 기갈의 해로 인해 마음의 상처를 능히 받지 않을 수 있다면, 남에게 미치지 못하는 것을 걱정거리로 여기지 않는다."

孟子曰 饑者甘食渴者甘飮 是未得飮食之正也 饑渴害之也 豈惟口腹有
맹자 왈 기자 감 식 갈자 감 음 시 미득 음식지정 야 기갈 해지야 기유 구복 유

饑渴之害 人心亦皆有害 人能無以饑渴之害爲心害則不及人不爲憂矣
기갈지해 인심 역 개 유 해 인 능 무 이 기갈지해 위 심해 즉 불급인 불위 우 의

🌸　　　이 장 역시 중하고 용하는 문맥, 즉 중용(中庸)의 문맥이다. 맹자는 말한다. "굶주린 자는 (무슨 음식이든) 달게 먹고, 목마른 자는 (어떤 음료건) 달게 마신다. 이렇게 되면〔是〕 먹고 마시는 것의 본맛〔正〕을 알 수 없다.

어찌 입과 배만이 이처럼 굶주리고 목마른 기갈(饑渴)의 해를 입겠는가? 사람의 마음에도 똑같이 그 같은 해가 있다. 사람이 기갈의 해로 인해 마음의 상처를 능히 받지 않을 수 있다면, 남에게 미치지 못하는 것〔不及人〕을 걱정거리로 여기지 않는다."

마지막 문장에 대한 주희의 풀이다. "능히 빈천(貧賤)을 이유로 그 마음이 동요되지 않을 수 있다면 그 사람은 남보다 월등히〔遠〕뛰어난 것이다." 이는 부귀(富貴)에도 그대로 적용된다. 부귀나 빈천에 따라 마음이 동요되어서는 안 된다는 의미다. 『논어』에는 이와 관련된 구절들이 수없이 나온다. '이인 5'를 단서로 해서 풀어본다.

공자는 말했다. "부유함과 고귀함, 이 둘은 사람이라면 누구나 얻고자 하는 바이지만 그 도리로써 얻은 것이 아니라면 그것을 편안하게 받아들여서는 안 되고, 가난과 천함, 이 둘은 비록 사람들이라면 누구나 싫어하는 것이지만 그 도리로써 얻지 않았다고 하더라도 버리지 말아야 한다. 이 같은 어진 태도〔仁〕를 버린다면 어찌 군자라는 이름값을 하겠는가? 군자라면 밥을 먹을 때도, 구차한 때에도, 위급한 때에도 늘 어짊과 함께 하려고 노력해야만 어짊이 떠나지 않고 곁에 남아 있게 되는 것이다."

이 장은 '진실로 어짊에 뜻을 두는'('이인 4') 문제를 부귀빈천(富貴貧賤)이라는 가장 세속적인 사안과 결부시켜 언급하고 있다. '이인' 4와 5는 그렇게 연결된다. 어짊〔仁〕에 뜻을 두었으면 그다음 단계는 어짊을 체화하여 내 것으로 만드는 것이다. 어짊을 체화하는 문제는 이미 '이인 2'에서 다룬 바 있다. 그래서 이 장은 '이인 2'에 대한 설명으로 읽을 수 있다. '이인 2'는 상당히 난해하다는 평을 듣는 이 장 '이인 5'를 명료하게 풀어낼 수 있는 결정적인 단서들을 제공한다.

공자는 말했다. "어질지 못한 사람은 (어짊이나 예를 통해 자신을)

다잡는 데 (잠시 처해 있을 수는 있어도) 오랫동안 처해 있을 수 없고, 좋은 것을 즐기는 데에도 (조금 지나면 극단으로 흘러) 오랫동안 처해 있을 수 없다. 어진 자는 어짊을 편안하게 여기고[安人] 사람을 아는 자는 어짊을 이롭게 여긴다[利人]."

　먼저 이 장의 첫 문장을 개략적으로 옮겨보면 이런 뜻이다. '부유함과 고귀함, 이 둘은 사람들이라면 누구나 얻고자 하는 바이지만 그 도리로써 얻은 것이 아니라면 그것을 편안하게 받아들여서는 안 되고[不處], 가난과 천함, 이 둘은 사람들이라면 누구나 싫어하는 것이지만 그 도리로써 얻지 않았다고 하더라도 버리지 말아야 한다.' 사실 일반인이라면 쉽게 받아들이기 힘든 문장이다. 여기서는 맨 마지막에 '그러해야 군자(君子)이니라'라는 문장이 빠져 있다고 보면 된다. 소인들은 이런 식으로 행동하기 힘들기 때문이다.

　공자는 일단 군자가 부귀(富貴)와 빈천(貧賤)을 대하는 태도를 제시했다. 먼저 부귀와 빈천에 대한 공자의 생각들을 정리할 필요가 있다. 전통적이고 상투적인 해석과 달리 공자는 부(富) 자체를 부정적으로 생각지 않았다. '술이 11'에서 공자는 이렇게 말한다.

　"부(富)가 구해서 될 수 있는 것이라면 나는 말채찍을 잡는 자의 일이라도 기꺼이 하겠지만, 억지로 구해서 되는 것이 아니라면 나는 내가 좋아하는 바를 따르겠다."

　빈부는 일종의 운명[命]이니 거기에 억지로 힘을 쓰지 않는다는 것이지 부 자체를 거부하는 것은 아니다. '안연 5'에서 공자의 제자 자하(子夏)는 이 점을 보다 분명하게 말한다. "죽고 사는 것은 이미 정해진 숙명에 달려 있고 부귀는 하늘에 달려 있다〔生死有命 富貴在天〕." 흔히 유학이나 성리학에 빠진 사람들이 저지르는 오류를 공자나 자하는 범하지 않고 있는 것이다.

우리가 논의하는 맥락과 보다 가까운 구절은 '술이 15'이다. 공자는 말한다.

"거친 밥을 먹고 맹물을 마시며 팔을 굽혀 베고 지내더라도 즐거움이 또한 그 가운데 있으니 (그것이 군자 아니겠는가?) 의롭지 못하면서 부귀(富貴)를 누린다는 것은 나에게는 뜬구름과 같다."

분명한 것은 공자가 부귀 자체가 아니라 '의롭지 못한〔不義〕부귀'를 뜬구름처럼 여기고 있다는 점이다. 이 점은 '태백 13'에서 더욱 분명해진다. 공자는 말한다.

"나라에 도리〔道〕가 있을 때에 가난하면서 또 천하기까지 한 것〔貧賤〕은 부끄러운 일이며, 나라에 도리가 없을 때 부유하면서 또 귀하기까지 한 것〔富貴〕도 부끄러운 일이다."

'자로 9'에서 공자는 부에 대해 보다 적극적인 입장을 보인다.

공자가 위나라에 갈 때 염유가 수레를 몰았다. 공자가 "인민이 많구나!"라고 하자 염유는 "이미 인민이 많으면 또 무엇을 더해야 합니까?"라고 물었다. 공자는 "그들을 부유하게 해주어야 한다"고 답했다. 또 염유가 "이미 부유해지면 또 무엇을 더해야 합니까?"라고 묻자 공자는 "(예의와 염치를) 가르쳐야 한다"고 답했다.

공자는 가난한 자의 마음자세, 부유한 자의 마음자세에 대해서는 늘 구체적인 지침을 준다. '헌문 11'에서 공자는 이렇게 말한다.

"가난하지만 원망하지 않는 것은 어렵고, 부유하면서도 교만하지 않기는 쉽다."

이 또한 우리의 논의맥락과 일맥상통한다. '이인 3'에서 사람을 좋아하고 싫어하는 문제의 척도로 어짊〔仁〕을 이야기했다면 여기서는 富貴과 貧賤을 대하는 척도로 어짊을 이야기했다.

그런데 만일 군자가 어짊, 즉 여기서 말하는 부귀를 탐하지 않고 빈천을 싫어하지 않음에서 떠나버린다면〔去仁〕 어찌〔惡〕 군자라 할 수 있겠는가? 어짊이란 어느 한순간에 깨달으면 노력하지 않아도 절로 몸에 남아 있는 것이 아니다. 밥을 먹을 때도, 구차한 때〔造次〕에도, 위급한 때〔顚沛〕에도 늘 함께 하려고 노력해야만 떠나지 않고 곁에 남아 있게 되는 것이다. 그것이 바로 '오랫동안 다잡는 데에 처하는 것〔久處約〕'이며, 그것이 바로 어짊이기도 하다. 즉 부귀와 빈천에 대한 태도를 정하는 순간에만 어짊이 나타나서는 안 된다는 것이다. 추상적인 어짊이 아니라 일상생활 속의 어짊이 점차 강조되고 있다.

그래서 '이인 5'의 핵심문장은 富貴貧賤을 논하는 첫 문장이 아니라 바로 그 다음 문장, 즉 "이 같은 어진 태도〔仁〕를 버린다면 어찌 군자라는 이름값을 하겠는가?"이다.

28

맹자는 말했다. "유하혜는 삼공(三公)의 벼슬자리로도 자신의 뜻을
바꾸지 않았다."

孟子曰 柳下惠不以三公易其介
맹자 왈　유하혜 불이 삼공 역 기 개

🐚　　맹자는 말한다. "유하혜는 삼공(三公-조선시대의 3정승)
의 벼슬자리로도 자신의 뜻[介]을 바꾸지 않았다."

노나라의 뛰어난 이였던 유하혜의 이 같은 처신에 대해서는 '만장
장구 하' 1장에 관련구절이 나온다. "유하혜는 더러운 임금을 (섬기는
것을) 전혀 수치로 생각지 않았고, 미관말직이라도 사양하지 않았다.
(벼슬에) 나아가면 자신의 빼어남을 결코 숨기지 않았고, 반드시 도리
에 따라 매사를 처리하였으며, (벼슬자리에서) 내침을 당해도 원망하
지 않았고, 곤궁한 상황에 빠져도 번민하지 않았다. (백이와 달리) 무
례하기 그지없는 촌사람들과 함께 있으면서도 여유롭게 어울렸고 차
마 뿌리치고 일어나지 못했다. 그는 말했다. '너는 너고 나는 나다. (네
가) 비록 내 옆에서 옷을 걷어 올리고 홀딱 벗는다고 한들 네가 어찌
나를 더럽힐 수 있겠는가?' 그래서 유하혜의 풍도를 듣게 되는 사람
은 (그것만으로도) 졸렬한 사람도 너그러워지고 각박한 사람도 인후
해진다."

주희는 "유하혜는 조화로우면서도〔和〕 더러운 세상과 결탁〔流〕하지
는 않았음을 말한 것으로 공자가 논한 '공야장'에 나오는 백이숙제의
구악(舊惡)과 통한다"고 풀이한다. 『논어』의 관련구절을 찾아보자. '공
야장 22'다.

공자는 말했다. "백이와 숙제는 구악을 마음에 두지 않았다. 이
때문에 그들은 서로에 대해 원망함이 거의 없었다."

공자가 말하기를 "백이(伯夷)와 숙제(叔齊)는 과거에 저지른 악
행은 염두에 두지 않았다. 그 때문에 원망하는 소리가 드물었다
〔希=稀〕"고 하였다. 백이와 숙제는 고죽국(孤竹國) 임금의 두 아들
이었다.

이 장에 대한 일반적인 풀이는 '백이와 숙제는 만일 사람들이 개
과천선(改過遷善)할 경우에는 과거의 일을 전혀 탓하지 않았기 때
문에 사람들로부터 원망을 듣지 않을 수 있었다'이다. 주희도 크게
다르지 않다.

그러나 정약용은 구악(舊惡)을 일반 사람들이 저지르는 것이 아
니라 두 형제와 부자 사이에 있었던 옛 악행으로 본다. 그런 악행을
주고받았으나 두 사람은 끝내 그것을 마음에 두지 않았기 때문에
옛 악행과 관련한 원망함이 거의 없었다는 것이다. 번역은 일단 정
약용을 따른다.

원망의 문제로 유하혜와 백이숙제가 연결되고 있는 셈이다. 주희의
풀이다. "유하혜는 벼슬에 나아가서는 어짊을 숨기지 아니하되 반드시

그 도리로써 하며, 내침을 당해도 원망하지 않으며, 곤궁에 처해도 괴로워하지 않았고, 곧은 도리로써 남을 섬겨 세 번이나 축출 당함에 이르렀다. 이것이 바로 그의 절개〔介〕다."
개

맹자는 말했다. "뭔가 뜻을 갖고서 행하는 자는 비유하자면 마치 우물을 파는 것과 같다. 우물을 아홉 길까지 팠으나 샘이 솟아나지 않(는다고 해서 더 이상 파지 않)으면 이는 버려진 폐정이 되는 셈이다."

孟子曰 有爲者辟(譬)若掘井 掘井九軔而不及泉猶爲棄井也
맹자 왈 유위자 비 비 약 굴정 굴정 구인 이 불급 천 유위 기정 야

맹자는 말한다. "뭔가 뜻을 갖고서 행하는 자〔有爲者〕는 비유하자면 마치 우물을 파는 것과 같다. 우물을 아홉 길까지 팠으나 샘이 솟아나지 않(는다고 해서 더 이상 파지 않)으면 이는 버려진 폐정이 되는 셈이다."

有爲者는 도리를 향해 나아가며 행하는 자다. 즉 도리를 추구하는 자라고 할 수 있다. 軔(仞)은 길이의 단위로 팔 척이며, 대략 성인의 신장과 같다. 이 장은 정확히 『논어』 '자한 18'과 맞아떨어진다.

공자는 말했다. "비유컨대 산을 만들 때 한 삼태기의 흙을 더 붓지 않아 산을 이루지 못하고 그만두는 것도 내가 그만두는 것이다. 비유컨대 산을 평평하게 만들기〔平地〕 위해 한 삼태기의 흙을 쏟아붓고 나아가는 것도 내가 나아가는 것이다."

譬는 '비유하다'이다. 簣는 '삼태기'다. '자한 17'과 연결해서 보면 다음을 좋아하여[好德] 어짊[仁]을 이루는 일을 산을 이루는 일[爲山]에 비유하고 있다. '한 삼태기 흙으로 인해 산을 이루지 못한다[未成一簣]'는 좀 더 풀어낼 필요가 있다. 흙 한 삼태기만 더 부으면 산이 이루어지는데 그것을 하지 않아 산을 이루지 못한다는 뜻이다.

여기서부터 중요하다. 그렇게 해서 산을 이루지 못하고 중지할 경우 그것은 다른 누구도 아닌 나 자신이 중지의 책임을 져야 한다는 것이다. 그런데 왜 목전에서 그만두는가? 열렬함이 식어 부단함을 더 이상 유지하지 못하기 때문이다. '자한 16, 17'과 곧장 이어진다.

平地는 두 가지 해석이 가능하다. 하나는 말 그대로 '평평한 땅'이며, 또 하나는 平을 동사로 보아 '(산 따위를) 평평하게 하는 것'이다. 爲山에 대응시키자면 후자가 어울린다. 따라서 산을 평평하게 하는 일에 비유하자면 비록 흙 한 삼태기만 날라도 그 나아감은 내가 나아가는 것이라는 뜻이 된다.

여기에는 두 가지 일깨움이 있다. 하나는 모든 책임이 남이 아니라 자기 자신에게 있다는 것이고, 또 하나는 조금씩 꾸준히 나아갈 때 진척을 보게 되는 것이니 중도에 그만두게 되면 그간의 노력은 그나마 남는 것이 아니라 허사로 돌아간다는 것이다. 이런 맥락에서 공자의 이 말을 읽어보면 새삼 그 뜻이 와 닿을 것이다.

"흘러가는 것이 이와 같구나. 밤낮없이 그치질 않는구나." ('자한 16)

관건은 열렬함[文=誠]이다. '옹야 10'은 공자의 제자조차도 공자가 제시하는 길을 따라가는 것이 쉽지 않았음을 보여준다.

염구가 "저는 스승님의 도리를 열렬히 좋아하지 않는 것은 아니지만 그것을 향해 나아가기에는 힘이 딸립니다〔力不足〕"고 말하자 공자는 말했다. "힘이 부족하다고 말하는 자는 대부분 중도에 포기하는 자인데 지금 염구 너는 스스로 자신의 한계를 긋고 있는 것이다."

한편 주희의 풀이는 자신의 책임에 중점을 둔다. "배우는 자가 스스로 힘쓰고 쉬지 않으면 작은 것을 쌓아 많은 것을 이루고, 중도에 그만두면 예전의 공력이 모두 허사가 된다. 그 중지함과 그 나아감이 모두 자신에게 달려 있고 남에게 달려 있지 않다."

30

맹자는 말했다. "요(堯) 임금과 순(舜) 임금은 본성이 가는 대로 한 것이요, 탕왕(湯王)과 무왕(武王)은 몸이 가는 대로 한 것이요, 오패 (五覇)는 그 겉만 빌려서 한 것이다. 오랫동안 빌리고서 되돌려주지 않으니 어찌 그것이 자기 자신의 것이 아님을 알겠는가?"

孟子曰 堯舜性之也 湯武身之也 五覇假之也 久假而不歸惡知其非有也
맹자 왈 요순 성지 야 탕무 신지 야 오패 가지 야 구 가 이 불귀 오 지기 비유 야

맹자는 말한다. "요(堯) 임금과 순(舜) 임금은 본성[性]이 가는[之] 대로 한 것이요, 탕왕(湯王)과 무왕(武王)은 몸[身]이 가는 대로 한 것이요, 오패(五覇)는 그 겉만 빌려서 한 것이다. 오랫동안 빌리고서 되돌려주지 않으니 어찌 그것이 자기 자신의 것이 아님을 알겠는가?"

먼저 오패에 대해서는 '고자 장구 하' 7장에 살펴본 바 있다. 오패는 춘추시대 제(齊) 나라 환공(桓公), 진(晉) 나라 문공(文公), 진(秦) 나라 목공(穆公), 송(宋) 나라 양공(襄公), 초(楚) 나라 장공(莊公) 다섯 왕을 말한다. 삼왕(三王)은 하(夏) 나라 우왕(禹王), 상(商=殷) 나라 탕왕(湯王), 주(周) 나라 문왕(文王) 세 왕을 말한다. 오패에 대해서는 약간의 다른 견해도 있지만 이것이 일반적이다.

그러면 다섯 패왕이 삼왕의 죄인이라는 것은 무슨 뜻인가? 어진 정

치나 임금다운 도리와는 정반대되는 패도를 통해 천하를 움켜쥐었으니 인(仁)의 맥락에서 볼 때는 오히려 패권주의를 세상에 만연케 했다는 점에서 죄를 지은 것이나 마찬가지라는 말이다. 앞서 여러 차례 보았던 이익과 인의(仁義)의 대비는 곧 패도와 왕도의 대비와 맞아떨어진다.

性, 身, 假의 차이를 규명하면 이 글은 거의 해명된다. 性은 타고나
기를 그러해서 별도의 배움이 필요 없었다는 뜻이고, 身은 도리를 배
워 진실로 몸에 익혔다는 뜻이며, 假는 몸에 익히지 못하고 그저 외형
적으로만 몸에 걸치듯 했다는 뜻이다.

31

공손추가 물었다. "이윤(伊尹)이 '나는 불순한 자에게는 함부로 하지 않는다'고 말하면서 태갑(太甲)을 동(桐) 땅으로 추방하자 백성들이 크게 기뻐했습니다. 태갑이 훗날 정신을 차려 다시 도읍으로 돌아오자 백성들은 (이번에도) 크게 기뻐했습니다. 뛰어난 이가 신하가 되었는데 그 임금이 뛰어나지 못하다면 진실로 (이처럼) 임금을 내쫓을 수 있는 것입니까?"

맹자가 답했다. "이윤이 마음속에 품었던 뜻과 같은 것을 갖고 있다면 내쫓을 수 있다. 그러나 그런 뜻이 없이 내쫓는다면 그것은 왕위 찬탈이다."

公孫丑曰 伊尹曰 予不狎于不順放太甲于桐民大悅 太甲賢又反之民
공손추 왈 이윤 왈 여 불압 우 불순 방 태갑 우 동 민 대열 태갑 현 우 반 지 민

大悅 賢者之爲臣也其君不賢則固可放與
대열 현자 지 위신 야 기 군 불현 즉 고 가 방 여

孟子曰 有伊尹之志則可 無伊尹之志則簒也
맹자 왈 유 이윤 지 지 즉 가 무 이윤 지 지 즉 찬 야

제자 공손추(公孫丑)가 묻는다. "이윤(伊尹)이 '나는 불순한 자에게는 함부로 하지 않는다'고 말하면서 태갑(太甲)을 동(桐) 땅으로 추방하자 백성들이 크게 기뻐했습니다. 태갑이 훗날 정신을 차려[賢] 다시 도읍으로 돌아오자 백성들은 (이번에도) 크게 기뻐했습니다. 뛰어난 이[賢者]가 신하가 되었는데 그 임금이 뛰어나지 못하다

면 진실로 (이처럼) 임금을 내쫓을 수 있는 것입니까?"

맹자가 답했다. "이윤이 마음속에 품었던 뜻과 같은 것을 갖고 있다면 내쫓을 수 있다. 그러나 그런 뜻이 없이 내쫓는다면 그것은 왕위찬탈[篡]이다."

이윤이 마음속에 품었던 뜻이란 태갑을 내쫓겠다는 것이 아니라 그를 개과천선(改過遷善)시키겠다는 것이었다. 그래서 맹자가 이렇게 말한 것이다. '만장 장구 상' 6장에 관련내용이 나온다. "이윤이 탕왕(湯王)을 곁에서 보필하여 천하에 왕 노릇을 하였다. 탕왕이 붕어하자 (태자인) 태정(太丁)은 제위에 올라보지도 못하고 죽었고, (태정의 아우) 외병(外丙)은 즉위하여 2년 만에, (외병의 아우인) 중임(仲壬)은 즉위하여 4년 만에 세상을 떠났다. (그 뒤를 이어 태정의 아들인 태갑이 제위에 올랐다. 그러나) 태갑이 탕왕의 법도를 뒤집어엎자 (탕왕 때의 명재상인) 이윤이 태갑을 동 땅으로 3년 동안 유배를 보냈다. 태갑이 잘못을 뉘우쳐 스스로를 원망하고 스스로를 다스려 동 땅에서 어진 마음을 갖추고 의리를 행하는 데 힘쓰기를 3년 동안 이어갔다. 이는 이윤이 자신에게 준 가르침을 따른 결과였고, 마침내 수도인 박읍으로 돌아올 수 있었다. (만일 3년의 기회를 주었는데도 태갑이 개과천선을 하지 않고 포악무도를 일삼았다면 이윤이 천자의 자리에 오를 수 있었을지도 모른다. 그러나 그렇지 않았기 때문에 결국 이윤은 그 자리에 오르지 못했다.)"

32

공손추가 물었다. "『시경』에 이르기를 '밥만 축낼 사람이 아니도다!'라고 했는데 군자가 농사는 짓지 않으면서 밥을 먹을 수 있는 것은 어째서입니까?"

맹자가 답했다. "군자가 한 나라에 살게 되어 임금이 그를 등용하여 쓰게 되면 나라는 평안해지고 부유해지고 국위가 올라가고 번영하게 되고, 그 나라의 자제들이 군자의 가르침을 따르면 효도하고 공순하고 진실하고 믿음을 소중히 하게 된다. '밥만 축낼 사람이 아니도다!'라고 했으니 이보다 더 큰 것이 어디 있겠느냐?"

公孫丑曰 詩曰 不素餐兮 君子之不耕而食可也
공손추 왈 시왈 불 소찬 혜 군자 지 불경이식 가야

孟子曰 君子居是國也 其君用之則安富尊榮 其子弟從之則孝弟忠信 不
맹자 왈 군자 거 시국 야 기군 용지 즉 안 부 존 영 기 자제 종지 즉 효제충신 불

素餐兮孰大於是
소찬 혜 숙 대 어 시

이번에는 공손추(公孫丑)가 『시경』을 인용하여 묻는다. "『시경』에 이르기를 '밥만 축낼 사람이 아니도다!'라고 했는데 군자가 농사는 짓지 않으면서 밥을 먹을 수 있는 것은 어째서입니까?"

이 시는 '위풍(魏風)' 편의 '벌단(伐檀)'이다. 素餐은 기여함(功)도 없이 나라의 녹을 받아먹는다는 뜻이다. 군자의 사회적 지위와 관련된 질문이다. 이런 질문은 공자도 제자들로부터 종종 받곤 했었다. 우선

맹자의 답부터 들어보자.

"군자가 한 나라에 살게 되어 임금이 그를 등용하여 쓰게 되면 나라는 평안〔安〕해지고 부유〔富〕해지고 국위〔尊〕가 올라가고 번영〔榮〕하게 되고, 그 나라의 자제들이 군자의 가르침을 따르면 효도〔孝〕하고 공순〔弟〕하고 진실〔忠〕하고 믿음〔信〕을 소중히 하게 된다. '밥만 축낼 사람이 아니도다!'라고 했으니 이보다 더 큰 것이 어디 있겠느냐?"

이미 앞서 맹자는 '등문공 장구 상' 4장과 '등문공 장구 하' 4장에서 각각 진상과 팽경에게 같은 취지의 말을 한 바 있다. 이제 공자의 경우를 살펴보자. 『논어』 '자로 4'가 바로 이에 해당한다.

번지가 공자에게 농사일을 배울 것을 청하자 공자는 말했다. "나는 늙은 농부만도 못하다." 그러자 번지가 채소 가꾸는 것이라도 배울 것을 청한다. 이에 공자는 "나는 늙은 농군만도 못하다"고 답한다.

번지가 나가자 공자는 말했다. "소인이구나, 번지여." 그리고 이렇게 말했다. "윗사람이 예를 좋아하면 곧 백성들이 감히 불경을 행하는 이가 없고, 윗사람이 의리를 좋아하면 곧 백성들이 감히 복종하지 않는 이가 없고, 윗사람이 믿음을 좋아하면 곧 백성들이 감히 실상에 맞지 않는 일을 하는 이가 없다. 이렇게 되면 사방의 백성들이 자식을 포대기에 업고서라도 올 것이니 어찌 내 능력을 농사짓는 데 쓰겠는가?"

정확히 같은 문맥이다.

　(제(齊) 나라) 왕자 점(墊)이 물었다. "선비는 무슨 일을 하는 사람들이오?"

　맹자는 말했다. "뜻을 숭상합니다."

　다시 왕자 점이 물었다. "뜻을 숭상한다는 게 도대체 무슨 말이오?"

　맹자가 답했다. "어짊과 의로움을 숭상할 뿐입니다. (아무리 임금이라고 해도) 죄 없는 사람을 단 한 명이라도 죽이면 어짊이 아니요, (아무리 임금이라고 해도) 자신의 것이 아닌 것을 빼앗으면 의로움이 아닙니다. 자, 그러면 어디에 머물러야 할까요? 어짊에 머물러야지요. 어떤 길로 가야 할까요? 의로움의 길을 가야지요. 어짊에 머물고 의로움을 따라 간다면 큰 사람의 일은 갖춰지는 것입니다."

王子墊 問曰 士何事
왕자 점 문왈 사 하 사

孟子曰 尙志
맹자 왈 상 지

曰 何謂尙志
왈 하위 상 지

曰 仁義而已矣 殺一無罪非仁也 非其有而取之非義也 居惡在仁是也 路
왈 인 의 이 이 의 　살 일 무죄 비인 야 　비 기 유 이 취 지 비 의 야 　거 오 재 인 시 야 　노

惡在義是也 居仁由義大人之事備矣
오 재 의 시 야 　거 인 유 의 대인지사 비 의

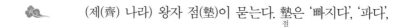

　　　(제(齊) 나라) 왕자 점(墊)이 묻는다. 墊은 '빠지다', '파다',
　　　　　　　　　　　　　　　　　　　　점

'땅이 낮다' 등의 뜻이다. "선비(士)는 무슨 일을 하는 사람들이오?"

앞의 32장과 바로 연결된다. 군자(君子)가 뭐하는 사람인지, 즉 뭘 하길래 나라에서 녹을 받아먹을 자격이 있는 것인지를 물었던 것과 거의 같은 질문이다. 맹자는 짤막하게 답한다. "뜻을 숭상합니다."

뜻(志)을 언급한 점에서는 31장에 나온 이윤(伊尹)의 뜻과도 연결된다. 이윤은 그냥 자리를 탐하는 정객이 아니라 뜻이 있는 군자였던 것이다. 다시 왕자 점이 묻는다. "뜻을 숭상한다(尙志)는 게 도대체 무슨 말이오?"

이에 맹자가 답한다. "어짊(仁)과 의로움(義)을 숭상할 뿐입니다. (아무리 임금이라고 해도) 죄 없는 사람을 단 한 명이라도 죽이면 어짊이 아니요, (아무리 임금이라고 해도) 자신의 것이 아닌 것을 빼앗으면 의로움이 아닙니다. 자, 그러면 어디에(惡) 머물러야 할까요? 어짊에 머물러야지요. 어떤 길로 가야 할까요? 의로움의 길을 가야지요. 어짊에 머물고 의로움을 따라 간다면 큰 사람(大人)의 일은 갖춰지는 것입니다."

결국 선비의 일이란 어짊과 의로움(仁義)을 높이는 것이라는 게 맹자의 답이다. 은근히 선비는 바로 임금을 그런 방향으로 인도하는 것을 자신의 일(事)로 삼는 사람들이라고 답하고 있다.

참고로 『논어』에 등장하는 선비(士)에 관한 언급을 모아본다.

공자는 말했다. "선비라 자처하는 사람이 말로는 도에 뜻을 두었다고 하면서 행동 면에서는 나쁜 옷과 나쁜 음식을 입고 먹는 것을 부끄럽게 생각한다면 그런 자와 더불어 아무것도 의논할 수 없다." ('이인 9')

증자는 말했다. "선비는 도량이 넓고 뜻이 굳세지 않으면 안 되니 맡은 바가 무겁고 가야 할 길이 멀기 때문이다. 어짊[仁]을 자신의 맡은 바로 삼으니 참으로 무겁지 않겠습니까? (그 길은) 죽은 뒤에라야 끝나니 참으로 멀지 않겠습니까?" ('태백 7')

자로가 "어찌하여야 선비라 이를 수 있습니까?"라고 묻자 공자는 말했다. "간곡히 꾸짖음이 장엄하며 화순(和順)한 모습을 가져야 선비라 이를 만하다. 친구에게는 간곡히 꾸짖음이 장엄하며, 형제에게는 화순한 모습을 가져야 한다." ('자로 28')

공자는 말했다. "뜻있는 선비와 어진 사람은 삶을 구하기 위해 어짊[仁]을 해침은 없고, 몸을 죽여 어짊을 이루는 경우는 있다." ('위령공 8')

자장이 말했다. "선비가 위태로움을 보고서 목숨을 바치고, 이득을 보고서 의로움을 생각하고, 제사를 지낼 때 공경함을 생각하고, 상을 치를 때 슬픔을 생각한다면 괜찮다." ('자장 1')

34

맹자는 말했다. "중자는 (누군가가) 그에게 제(齊) 나라를 준다 해도 그것이 의롭지 않은 방식에 의한 것이라면 받지 않을 것이라고 모든 사람들은 믿고 있다. 그러나 이것이야말로 한 그릇의 밥과 한 그릇의 국을 포기하는 의로움일 뿐이다. 인간에게는 친척과 군신, 상하관계를 저버리는 것보다 큰 죄는 없다. 작은 것을 내보이면서 크다고 믿으라 하니 이 어찌 있을 수 있는 일이겠는가?"

孟子曰 仲子 不義與之齊國而弗受人皆信之 是舍簞食豆羹之義也 人莫
맹자 왈 중자 불의 여 지 제국 이 불수 인 개 신 지 시사 단사두갱 지 의 야 인 막

大焉亡(無)親戚君臣上下 以其小者信其大者奚可哉
대 언 무 무 친척 군신 상하 이 기 소자 신 기 대자 해 가 재

중자(仲子)는 오릉중자(於陵仲子)로 '등문공 장구 하(滕文公章句下)' 10장에 등장한 바 있다. 맹자는 중자를 이렇게 비판한다. "중자는 (누군가가) 그[之]에게 제(齊) 나라를 준다 해도 그것이 의롭지 않은 방식에 의한 것이라면 받지 않을 것이라고 모든 사람들은 믿고 있다. 그러나 이것이야말로 한 그릇의 밥과 한 그릇의 국을 포기하는[舍] 의로움일 뿐이다. 인간에게는 친척과 군신, 상하관계[上下＝尊卑]를 저버리는 것보다 큰 죄는 없다. 작은 것을 내보이면서 크다고 믿으라 하니 이 어찌 있을 수 있는 일이겠는가?"

주희는 중자가 불의한 방식으로는 설사 제나라를 준다 해도 받지

않을 것이라고 사람들이 믿고 있는 것에 대해 "그것은 어짊[仁]이 아니라 작은 청렴[小廉]일 뿐"이라고 비판한다. 남을 생각지 않고 자신만을 생각하는 청렴에 대해서는 공자도 어질다[仁]고 하지 않았다. 『논어』 '공야장 18'이다.

자장이 물었다. "최자가 제나라 군주 장공을 시해하자 진문자가 말 십 승(말 사십 필)을 소유하고 있었는데 그것을 미련 없이 버리고 제나라를 떠나 다른 나라에 이르렀습니다. 진문자는 다른 나라에 이르러 말하기를 '이 사람도 우리나라 대부 최자와 같구나'라며 그곳을 떠났고, 다시 또 다른 나라에 이르러서 말하기를 '이 사람도 우리나라 대부 최자와 같구나' 하고 떠나갔으니 진문자를 어떻게 생각하십니까?"

공자는 말했다. "깨끗하다[淸]."

이에 자장이 "어질다고 할 만합니까"라고 묻자 공자는 말했다. "모르겠다. 어찌 그것만으로 인[仁]이 될 수 있겠는가?"

반면 중자는 자신의 형을 피하고 어머니를 떠나며 임금의 녹을 먹지 않았으니('등문공 장구 하' 10장) 사람으로서 지켜야 할 큰 도리를 어김이 이보다 더 큰 것은 없다고 본다. 즉 어찌 작은 청렴이 있다 하여 그것을 큰 도의[大節]라고 믿으라 하는 것이냐는 것이다. 맹자는 큰 도의는커녕 큰 죄를 지은 것이라고 비판한다.

35

(맹자의 제자) 도응(桃應)이 물었다. "순(舜) 임금이 천자가 되고, 고요(皐陶)가 재판관이라고 할 때 (순임금의 아버지) 고수(瞽瞍)가 사람을 죽였다면 어떻게 되었을까요?"

맹자가 답했다. "법대로 집행했을 뿐이다."

"그러면 순임금이 막지 않았겠습니까?"

"아무리 순임금이라고 해도 어찌 그것을 막을 수 있었겠는가? 무릇 (요(堯) 임금으로부터) 전수받은 바가 있는데."

"그러면 순임금은 어떻게 했을까요?"

"순임금은 천하를 포기하는 것을 마치 다 헤진 짚신 버리는 것 정도로 여겼을 것이다. 몰래 아버지를 업고서 도망쳐 먼 바닷가를 따라 살면서 평생토록 흔연히 여기며 즐겁게 천하를 잊었을 것이다."

桃應問曰 舜爲天子皐陶爲士 瞽瞍殺人則如之何
도응 문왈 순 위 천자 고요 위사 고수 살인 즉 여지하

孟子曰 執之而已矣
맹자 왈 집지 이이의

(曰) 然則舜不禁與
왈　연즉 순 불금 여

曰 夫舜惡得而禁之 夫有所受之也
왈 부순 오득 이 금지 부유 소수지 야

(曰) 然則舜如之何
왈　연즉 순 여지하

曰 舜視棄天下猶棄敝蹝也 竊負而逃遵海濱而處 終身訢然樂而忘天下
왈 순 시 기 천하 유기 폐사 야 절부 이 도준 해빈 이처 종신 흔연 낙 이 망 천하

맹자의 제자 도응(桃應)이 하나의 상황을 가정해서 묻는다. "순(舜) 임금이 천자가 되고, 고요(皐陶)가 재판관[士]이라고 할 때 (순임금의 아버지) 고수(瞽瞍)가 사람을 죽였다면 어떻게 되었을까요?"

맹자가 답했다. "법대로[之] 집행했을 뿐이다."

"그러면 순임금이 막지 않았겠습니까?"

"아무리 순임금이라고 해도 어찌[惡] 그것을 막을 수 있었겠는가? 무릇 (요(堯) 임금으로부터) 전수받은 바가 있는데."

"그러면 순임금은 어떻게 했을까요?"

"순임금은 천하를 포기하는 것을 마치 다 헤진 짚신 버리는 것 정도로 여겼을 것이다. 몰래 아버지를 업고서 도망쳐 먼 바닷가를 따라 살면서 평생토록 흔연히 여기며 즐겁게 천하를 잊었을 것이다."

중자가 제 한 몸만을 생각하고 임금은 물론 부모 형제까지도 안중에 없는 것과 대조를 이룬다. 이런 대조의 핵심을 이해하려면 『논어』 '자로 18'에 나오는 곧음[直]의 의미를 음미해 볼 필요가 있다.

섭공이 공자에게 말한다. "우리 당에 정직[直]하게 행동하는 궁이라는 사람이 있으니 그의 아버지가 양을 훔치자 그는 아버지가 훔쳤다는 것을 증언하였습니다."

이에 공자는 말했다. "우리 당의 정직한 자는 이와는 다릅니다. 아버지는 자식을 위하여 숨겨주고, 자식은 아버지를 위하여 숨겨주니 곧음[直]이란 바로 이 가운데 있는 것입니다."

곧음[直]의 의미에 대해서는 앞에서 여러 차례 살펴보았기 때문에 풀이는 생략한다.

36

맹자가 (위(魏) 나라와 제(齊) 나라 사이에 있는 요충지인) 범(范) 땅으로부터 제나라(도읍)로 가서 제나라 왕자를 멀리서 보고서는 휴우 하며 탄식을 내지르고는 이렇게 말했다. "거처하는 곳이 사람의 기운을 바꾸고, 영양이 사람의 몸을 바꾼다. 참으로 중요하도다, 그 거처하는 곳이여! 무릇 (왕자도) 결국은 사람의 자식이 아니겠는가?"

맹자는 말했다. "왕자가 거처하는 대궐, 타고 다니는 마차, 입고 다니는 옷들이 남들과 다른 바가 별로 없음에도 불구하고 왕자가 저와 같은 것은 (결국은) 그 거처하는 곳이 그렇게 만든 것이리라. 하물며 천하(天下)라는 광대한 거처에 사는 자는 어떻겠는가? (옛날에) 노(魯) 나라 임금이 송(宋) 나라에 갔을 때 성문 질택(垤澤)에서 크게 소리치자 그곳의 문지기가 말했다. '이는 우리 임금이 아닌데 어찌 그 목소리는 우리 임금의 그것과 흡사한가?' 이는 다름이 아니라 두 임금의 거처하는 방식이 서로 비슷한 때문이었다."

孟子自范之齊望見齊王之子喟然嘆曰 居移氣養移體 大哉居乎 夫非盡
맹자 자 범 지 제 망 견 제 왕 지 자 위 연 탄 왈 거 이 기 양 이 체 대 재 거 호 부 비 진

人之子與
인 지 자 여

孟子曰 王子宮室車馬衣服多與人同而王子若彼者其居使之然也 況居
맹자 왈 왕자 궁실 거마 의복 다 여 인 동 이 왕자 약 피 자 기 거 사 지 연 야 황 거

天下之廣居者乎 魯君之宋呼於垤澤之門守者曰 此非吾君也何其聲之似
천하 지 광거 자 호 노군 지송 호 어 질택 지문 수자 왈 차 비 오군 야 하 기 성 지 사

我君也 此無他居相似也
아군 야 차 무타 거 상사 야

맹자가 (위(魏) 나라와 제(齊) 나라 사이에 있는 요충지인) 범(范) 땅으로부터 제나라(도읍)로 가서 제나라 왕자를 멀리서 보고서는 휴우 하며〔喟然〕 탄식을 내지르고는 이렇게 말했다. "거처하는 곳〔居〕이 사람의 기운〔氣〕를 바꾸고, 영양〔養〕이 사람의 몸을 바꾼다. 참으로 중요하도다, 그 거처하는 곳이여! 무릇 (왕자도) 결국은〔塵〕 사람의 자식이 아니겠는가?"

맹자는 말했다. (사실 이 부분은 필요가 없다. 계속 맹자의 말이 이어지기 때문이다. 이처럼 불필요하게 중복되는 문장을 衍文이라 한다. 필요 없는 문장이라는 뜻이다.) "왕자가 거처하는 대궐〔宮室〕, 타고 다니는 마차〔車馬〕, 입고 다니는 옷〔衣服〕들이 남들과 다른 바가 별로 없음에도 불구하고 왕자가 저와 같은〔若彼=如彼〕 것〔者〕은 (결국은) 그 거처하는 곳이 그렇게 만든〔使〕 것이리라. 하물며 천하(天下)라는 광대한 거처에 사는 자는 어떻겠는가? (옛날에) 노(魯) 나라 임금이 송(宋) 나라에 갔을 때 성문 질택(垤澤)에서 크게 소리치자 그곳의 문지기가 말했다. '이는 우리 임금이 아닌데 어찌 그 목소리는 우리 임금의 그것과 흡사한가?' 이는 다름이 아니라 두 임금의 거처하는 방식이 서로 비슷한 때문이었다."

이는 사람이 어떤 환경에서 자라고 살아가느냐의 중요성을 이야기한다. 『논어』 '이인 1'이 바로 그 이야기다.

공자는 말했다. "(사람과 마찬가지로) 마을은 어짊이 중요하니, 가려서 어진 마을에 가서 살지 않는다면 어찌 사람을 보는 지혜를 가진 자이겠는가?"

37

맹자는 말했다. "먹여주되 사랑을 주지 않는 것은 (상대방을) 돼지로 여겨 그를 대접하는 것이요, 사랑하되 삼감을 보이지 않는 것은 (상대방을) 가축으로 여겨 그를 기르는 것일 뿐이다. 공경이라고 하는 것은 예물을 올리기 전에 미리 갖춰져 있어야 하는 것이다. 또 공경하되 그 실상이 없으면 군자(君子)는 그런 헛된 것에 얽매어서는 안 된다."

孟子曰 食而弗愛豕交之也 愛而不敬獸畜之也 恭敬者幣之未將者也
맹 자 왈 사 이 불 애 시 교 지 야 애 이 불 경 수 축 지 야 공 경 자 폐 지 미 장 자 야

恭敬而無實君子不可虛拘
공 경 이 무 실 군 자 불 가 허 구

맹자는 말한다. "먹여주되 사랑을 주지 않는 것은 (상대방을) 돼지로 여겨〔豕〕 그를 대접하는 것이요, 사랑하되 삼감을 보이지 않는 것은 (상대방을) 가축으로 여겨〔獸〕 그를 기르는 것일 뿐이다. 공경이라고 하는 것은 예물을 올리기 전에 미리 갖춰져 있어야 하는 것이다. 또 공경하되 그 실상이 없으면 군자(君子)는 그런 헛된 것에 얽매어서는 안 된다."

주희는 맹자의 발언 후반부를 이렇게 풀이한다. "공경은 예물 자체에 있는 것이 아니라 이미 예물을 보내기 전부터 갖춰져 있어야 진정한 공경이 될 수 있고, 또 예물로 공경을 표한다고 하더라도 군자의 좋은 말을 행하려는 의지 등과 같은 실상이 없다면 군자는 굳이 임금의

예물과 공경에 끌릴 필요는 없다."

먼저 예의 본질과 관련된 공자의 언급부터 살펴보자. 『논어』 '양화 11'이다.

공자는 말했다. "예다, 예다 하지만 그것이 옥과 비단을 말하는 것이겠는가? 악이다, 악이다 하지만 그것이 종과 북을 말하는 것이겠는가?"

이 질문에 대해 공자는 다음과 같이 답한다.

공자는 말했다. "사람이 어질지 못한데 예를 행한들 무엇할 것이며, 사람이 어질지 못한데 음악을 행해서 무엇할 것인가?" ('팔일 3')

임방이 공자에게 예의 근본을 물었다. 공자는 그 질문이 훌륭하다고 칭찬한 다음 이렇게 말했다. "예제를 행할 때 사치스럽게 하기보다는 차라리 검박하게 하는 것이 낫고, 상제를 행할 때도 형식적인 겉치레에 치우치느니 차라리 진심으로 슬퍼함이 낫다." ('팔일 4')

그리고 앞부분은 효의 문제와 관련하여 『논어』의 다음 장들과 조응을 이룬다.

자유가 효에 관해 묻자 공자는 말했다. "오늘날의 효라는 것은 물질적으로 잘하는 것에만 그치고 있다. 개나 말도 모두 그런 정도는 챙길 줄 안다. 봉양하는 데만 힘쓰고 공경하는 마음이 없다면 무엇

으로써 (개나 말과) 구별하겠는가?" ('위정 7')

자하가 효에 관해 묻자 공자는 이렇게 답한다. "얼굴빛을 온화하게 갖는 것이 어렵다. 힘든 일이 생겼을 때는 아랫사람(자식)이 그 수고로움을 떠맡아 하고, 술과 밥이 있으면 윗사람(부모)에게 잡수시도록 하는 것은 (너무나도 당연한 것인데) 일찍이 그것을 일러 효라고 할 수 있겠는가?" ('위정 8')

안팎이 함께 조응해야 한다는 것이다.

38

맹자는 말했다. "사람의 형체와 색깔은 하늘이 내려준 본성이지만 오직 빼어난 이[聖人]의 경지에 이른 연후라야 형체를 실천하여 제대로 충실하게 구현할 수 있다."

孟子曰 形色天性也 惟聖人然後可以踐形
맹자 왈 형색 천성 야 유 성인 연후 가이 천 형

맹자는 말한다. "사람의 형체와 색깔은 하늘이 내려준 본성[天性]이지만 오직 빼어난 이[聖人]의 경지에 이른 연후라야 형체를 실천하여 제대로 충실하게 구현할 수 있다."

먼저 주희의 풀이다. "대체로 일반 사람들은 이런 형체는 가지고 있으나 그 이치를 능히 그 끝까지 다하지 못한다. 그 때문에 그 형체를 실천하지 못하는 것이다. 오직 빼어난 이만이 이런 형체가 있고, 또한 능히 그 이치를 끝까지 다하여 그런 연후에 가히 그 형체를 실천하여 부족함이 없는 것이다."

이런 풀이에도 불구하고 형체와 색깔[形色]이 정확히 무엇을 의미하는지는 모호하다. 오히려 양시(楊時)의 짧은 풀이가 많은 것을 시사한다. "하늘이 이 백성을 내리셨으니 물건이 있으면 법칙이 있기 마련이다. 물건이란 형(形)과 색(色)이요, 법칙이란 본성[性]이다. 각기 그 법칙에 진력하면 가히 (잠재되어 있던 형체와 색깔을) 실천하여 구현할 수 있다." 이제 조금 구체화되고 있다.

　이는 결국 겉으로 드러남의 문제와 관련이 있다. 본성이 법칙처럼 안에 있는 것이라면 형체와 색깔은 그것이 겉으로 드러나는 것이다. 앞 장에서 본 안색을 갖추는 것 등이 바로 그런 것이다. 그런데도 사람들은 이런 안색 갖추기를 가벼이 생각하거나 무시한다. 이 점을 맹자는 다시 한 번 지적하고 있는 것이다. 이처럼 진실 된 속마음〔質〕을 절절하게 드러내는 것이 바로 공자나 맹자가 말하는 애씀〔文〕이다. 문질의 문맥에서 문(文)의 중요성을 강조하고 있다. 이렇게 풀이하면 뒷 장과도 자연스럽게 이어진다.

39

제나라 선왕(宣王)이 상기(喪期)를 단축하고 싶어 했다. (이 이야기를 접한) 제자 공손추가 맹자에게 물었다. "일년상이라도 하는 것이 그나마 여기서 중단하는 것보다는 나은 것입니까?"

맹자가 답했다. "이는 마치 어떤 사람이 그의 형의 팔뚝을 비트는 것을 보고서 그대가 '(아프니까) 천천히 하라!'라고 말하는 것과 같다. 그런 자에게는 진실로 부모에게 효도하고 형에게 공순할 것을 가르칠 뿐이다."

왕자들 중에 그 어머니가 돌아가신 왕자가 있었다. (그래서) 그 왕자의 스승이 왕자가 상기를 여러 달 동안 지킬 것을 (임금에게) 청했다. (이번에도 이 이야기를 접한) 공손추가 맹자에게 물었다. "이와 같은 경우에는 어떻게 해야 합니까?"

"이는 왕자가 삼년상을 다 마치고 싶어 해도 할 수 없는 일이다. (이런 경우에는) 비록 정해진 날보다 하루만 더 하더라도 그것이 그냥 중단하는 것보다는 낫다. 앞서 제나라 선왕의 경우는 무릇 아무도 금지하지 않았는데도 스스로 알아서 하지 않으려는 자를 두고 한 말이었다."

齊宣王欲短喪
제 선왕 욕 단상

公孫丑曰 爲朞之喪猶愈於已乎
공손추 왈 위 기지상 유유어 이 호

孟子曰 是猶或紾其兄之臂 子謂之姑徐徐云爾 亦敎之孝弟而已矣
맹자 왈 시유혹진 기 형지비 자위지고 서서 운이 역교지 효제 이이의

王子有其母死者 其傅爲之請數月之喪
왕자 유기 모사 자 기부위지청 수월 지상

公孫丑曰 若此者何如也
공손추 왈 약차자 하여 야

(孟子)曰 是欲終之而不可得也 雖加一日 愈於已 謂夫莫之禁而弗爲者也
맹자 왈 시 욕 종 지 이 불 가 득 야 수 가 일 일 유 어 이 위 부 막 지 금 이 불 위 자 야

제(齊) 나라 선왕(宣王)이 상기(喪期)를 단축하고 싶어 했다. 삼년상을 일년상으로 줄여서 치르고 싶었던 것이다. 이 이야기를 접한 제자 공손추(公孫丑)가 맹자에게 물었다. "일년상[朞之喪]이라도 하는 것이 그나마[猶] 여기서 중단하는 것[已]보다는 나은 것입니까?"

이에 맹자는 다음과 같이 답한다. "이는 마치[猶] 어떤 사람[或]이 그의 형의 팔뚝을 비트는 것을 보고서 그대[子]가 '(아프니까) 천천히 하라!'라고 말하는 것과 같다. 그런 자[之]에게는 진실로 부모에게 효도하고 형에게 공순할 것을 가르칠 뿐이다."

(이번에는 다른 이야기다.) 왕자들 중에 그 어머니가 돌아가신 왕자가 있었다. (그래서) 그 왕자의 스승이 왕자가 상기를 여러 달 동안 지킬 것을 (임금에게) 청했다. 이번에도 이 이야기를 접한 공손추가 맹자에게 물었다. "이와 같은 경우에는 어떻게 해야 합니까?"

"이는 왕자가 삼년상을 다 마치고 싶어 해도 할 수 없는 일이다. (이런 경우에는) 비록 정해진 날보다 하루만 더 하더라도 그것이 그냥 중단하는 것보다는 낫다. 앞서 제나라 선왕의 경우는 무릇 아무도 금지하지 않았는데도 스스로 알아서 하지 않으려는 자를 두고 한 말이었다."

왕자의 사례에 대해서는 약간의 보충풀이가 필요하다. 여기에는 일단 적서(嫡庶)의 차별 문제가 개입되어 있기 때문이다. 진양(陳暘)의 풀이다. "왕자를 낳은 어머니가 죽자 적모(嫡母)에게 눌려 감히 상을 다 마칠 수 없었다. 그 스승이 그를 위하여 왕에게 몇 개월의 상기를

행할 수 있도록 해줄 것을 청한 것이다. 당시 마침 이 일이 있어 공손 추가 이와 같은 경우에 시시비비(是是非非)가 어떠한지를 질문한 것이다."

여기서 맹자는 26장에서 보았던 집중(執中)과 시중(時中)을 각각 보여주고 있다.

40

맹자는 말했다. "(공자와 같은) 군자(君子)가 (제자나 남들을) 가르쳐주는 바는 (다음의) 다섯 가지다. (첫째는) 때 맞춰 내리는 비처럼 제자나 남들을 키워내는 것이다. (둘째는) 다움을 이루어주는 것이다. (셋째는) 재능을 통달하게 해주는 것이다. (넷째는) 물음에 답을 주는 것이다. (다섯째는) 몰래 맑고 깨끗하게 다스리는 것이다. 이 다섯 가지가 군자가 (제자나 남들을) 가르쳐주는 바이다."

孟子曰 君子之所以教者五 有如時雨化之者 有成德者 有達財(材)者 有
맹자 왈 군자 지 소이교 자오 유여 시우 화지자 유 성덕 자 유 달재 재 자 유

答問者 有私淑艾者 此五者君子之所以教也
답문 자 유 사숙예 자 차 오자 군자 지 소이교 야

맹자가 말한다. "(공자와 같은) 군자(君子)가 (제자나 남들을) 가르쳐주는 바는 (다음의) 다섯 가지다. (첫째는) 때 맞춰 내리는 비〔時雨〕처럼 제자나 남들〔之〕을 키워내는 것이다."

첫 조목에 대한 주희의 풀이가 상세하다. "초목이 태어나 파종하고 북돋우어 주어 사람의 힘이 지극한데도 도리어 스스로 화육하지 못한다면, 부족한 바는 바로 비와 이슬의 도움뿐이다. 이때에 딱 맞게 비가 내리면 그 화육이 빨라진다. 사람을 가르치는 신묘함도 역시 이와 같아 이를테면 공자가 안회(顏回)와 증자(曾子)를 가르친 것이 이와 같았을 뿐이다."

가장 뛰어난 제자들에게 가르치는 교육방법이다. 『논어』 '자한 10'에서 안회는 스승 공자가 자신을 어떻게 가르쳐주었는지를 이렇게 말한다.

"공자의 도리는 우러러볼수록 더 높고 뚫으려 할수록 더 견고하며, 바라볼 때는 앞에 있더니 홀연히 뒤에 있도다. 공자께서는 차근차근 사람들을 잘 이끄시어 문으로써 나를 넓혀주시고 예로써 나를 다잡아주셨다(博我以文約我以禮). 그래서 공부를 그만두고자 해도 그만둘 수 없다. 이미 나의 재능을 다하고 보니 (공자의 도리가 내 앞에) 우뚝 서 있는 듯한데, 비록 이를 따르고자 하나 어디부터 시작해야 할는지 모르겠다."

다시 맹자의 말이다. "(둘째와 셋째는) 다움을 이루어주고 재능을 통달하게 해주는 것이다." 이에 대한 주희의 풀이다. "재(財)는 재(材)와 같다. 이는 각각 그 뛰어난 바에 따라 가르치는 것이다. 다움을 이루는 것(成德)은 공자가 염백우(冉伯牛), 민자건(閔子騫)을 가르친 것과 같고, 재주를 갈고닦아주는 것(達財)은 공자가 자로(子路)와 자공(子貢)을 가르친 것과 같은 것이다."

다시 맹자의 말이다. 점점 가르침의 수준이 낮아지고 있다. "(넷째는) 물음에 답을 주는 것이다." 이에 대한 주희의 풀이다. "그 질문에 맞추어 답하는 것으로 공자가 번지(樊遲)에게, 맹자가 만장(萬章)에게 한 것과 같다."

다시 맹자의 말이다. "(다섯째는) 몰래 맑고 깨끗하게 다스리는 것이다." 이에 대한 주희의 풀이다. "사람이 혹시 그 문하에서 직접 수업을 받지 못하여도 다만 군자의 도를 남에게 듣고 혼자서 그 몸을 잘 다스린다면 이 역시 군자의 가르치고 일깨움〔敎誨〕이 미친 것이다. 이를테면 공자가 진항에게, 맹자가 이지(夷之)에게 한 것이 이것이다."

간접적으로 배웠다는 의미다. 맹자 역시 "나는 공자의 무리가 되지는 못하였으나 남에게 사숙하기는 했다"고 말한다. ('이루 장구 하' 22장)

이제 맹자가 결론을 내린다. "이 다섯 가지가 군자가 (제자나 남들을) 가르쳐주는 바이다."

결론적으로 주희는 이 장 전체에 대해 다음과 같이 평한다. "빼어난 이와 뛰어난 이의 가르침을 베푸는 방식은 각기 그 재질에 따라 작은 것은 작게 이루게 하고, 큰 것은 크게 이루게 해주어 사람을 포기함은 없다."

물론 도저히 안 되는 경우도 있다. 공자의 제자 재아(宰我)가 그런 인물이다. 이런 인물은 배워도 되지 않는 고집불통형〔固〕이었다.

41

공손추가 물었다. "도리[道]라고 하면 아득히 높고도 너무 아름다워서 당연히 마치 하늘에 오르는 것처럼 거기에 미치지 못할 듯합니다. (그런데도) 어찌 거기에 미치지 못할 이유가 거의 없다시면서 매일매일 부지런히 힘쓰라고 하십니까?"

맹자가 답했다. "큰 목수는 서툰 목수의 말 때문에 먹줄을 바꾸거나 버리지 않는다. 명궁 예(羿)는 서툰 궁사의 말 때문에 자신의 활 당기는 법을 바꾸지 않는다. 군자는 (마음의 활시위를) 최대한 당기되 쏘지 않아도 곧 날아갈 것처럼 하듯이 도리에 적중하여 예로써 자신을 세우게 될 경우 도리에 적극적인 사람은 그것을 따르게 될 것이다."

公孫丑曰 道則高矣美矣宜若登天然似不可及也 何不使彼爲可幾及而
공손추 왈 도즉고 의 미 의 의 약 등천 연 사 불가급 야 하 불사 피 위 가 기 급 이

日孳孳也
일 자자 야

孟子曰 大匠不爲拙工改廢繩墨 羿不爲拙射變其彀率 君子引而不發躍
맹자 왈 대장 불위 졸공 개폐 승묵 예 불위 졸사 변 기 구율 군자 인 이 불발 약

如也 中道而立能者從之
여 야 중도 이 립 능자 종 지

먼저 공손추가 맹자에게 묻는다. "도리[道]라고 하면 아득히 높고도 너무 아름다워서 당연히 마치 하늘에 오르는 것처럼 거기에 미치지 못할 듯합니다. (그런데도) 어찌 거기에 미치지 못할 이유

가 거의 없다시면서 매일매일 부지런히 힘쓰라고 하십니까?"

맹자가 답했다. "큰 목수〔大匠〕는 서툰 목수의 말 때문에〔爲〕먹줄을 바꾸거나 버리지 않는다. 명궁 예(羿)는 서툰 궁사의 말 때문에 자신의 활 당기는 법〔彀率〕을 바꾸지 않는다."

그리고 나서 우리는 상당한 난관에 봉착하게 된다. '引而不發 躍如 中道而立 能者從之.' 우선 '당기되 쏘지 않는다〔引而不發〕'를 실제의 활 쏘기 준비로 볼 것인지 일종의 비유로 볼 것인지가 풀이의 갈림길이다. 뒤에 이어지는 내용을 보면 그것은 일종의 비유로 봐야 한다. 즉 中道와 관련된 비유인 것이다. '~처럼〔如〕'이 있기 때문에 더욱 그러하다. 그러면 引은 실제의 활시위를 당긴다는 것이 아니라 (도리를 표적으로 하여) 마음의 시위를 당긴다는 의미다.

그러면 여기서 핵심은 中道而立이 된다. 이게 무슨 뜻인가? 여기서부터 『논어』의 도움이 필수적이다. '자로 21'을 보자.

공자는 말했다. "중도를 행하는 사람을 얻어 함께할 수 없다면, 반드시 광자(狂者)나 견자(狷者)와 함께 하겠노라! 광자는 진취가 있고, 견자는 삼가며 하지 않는 바가 있다."

여기서 공자는 취재(取才), 즉 인재를 구하는 문제를 이야기한다. 정사(政事)의 핵심 중 하나가 인재를 얻는 것이기 때문이다. 올바른 취재를 위한 필수적인 선행조건은 말할 것도 없이 지인(知人)이다. 사람을 제대로 볼 줄 알아야 한다.

공자는 일관되게 중항(中行), 즉 중도와 중화(中和)의 정신을 갖춘 인재를 최고로 여겼다. 그러나 현실적으로 그런 인재를 구하기란 요

원하다. 그래서 공자는 차선책으로 광자(狂者)와 견자(狷者)의 문제를 논의한다.

먼저 공자는 도리에 적중하는 중도(中道)의 인재를 구할 수 없다면 (그 다음으로) '반드시' 광자와 견자를 취할 것이라고 말한다. 적어도 이 두 가지 유형은 중도의 인재 바로 다음의 인재라는 것을 알 수 있다. 여기서 광자란 미친 사람이란 뜻이 아니다. 공자의 말대로 진취(進取), 즉 앞으로 나아가려는 사람이다. 제자리에 머물러 있으려는 사람(固-고집불통)은 도리에 이르게 할 수 없다는 뜻이다. 여기서 광자란 요즘 식으로 풀이하자면 대단한 열정을 가진 사람이라고 할 수 있다. 이런 사람은 방향만 제대로 잡아주면 얼마든지 도에 이를 수 있다는 것이 공자의 생각이다.

이어 견자를 논한다. 狷은 고집스럽다는 뜻이다. 견자에 대한 공자의 풀이, 즉 삼가며 하지 않는 바가 있다는 것과 통한다. 여기서는 어떤 일에 대한 지조와 굳셈이 있는 인물을 뜻한다. 이런 사람을 잘 일깨워 도리를 향해 나아가도록 한다면 한눈팔지 않고 마침내 도리에 이를 수 있다는 것이 공자의 생각이다.

맹자는 중도의 인물 다음으로 광자와 견자를 나란히 세우지 않고 중도, 광자, 견자의 서열을 설정했다. "공자께서 어찌 중도의 사람을 구하려고 하지 않으셨겠는가마는 반드시 얻을 수가 없었다. 이 때문에 그다음의 인물을 생각하신 것이니 금장(琴張), 증석(曾晳), 목피(牧皮)와 같은 자가 공자께서 말씀하신 광자이다. 이들은 뜻이 커서 말하기를 '옛날 분들이여, 옛날 분들이여!' 하고 말하지만 평소에 그 행실을 살펴보면 행실이 말을 따라가지 못하는 자들이다. 또 광자를 얻을 수 없으면 불결(不潔)함을 달갑게 여기지 않는 선비를 얻어 가르치려고 하였다. 이것이 견자이니 이는 또 그다음이다."('진심 장구 하' 37장) 여기서 불결함을 달갑게 여기지 않는 선비란 자신의 신념만을 고집하여 현실에 몸담으려 하지 않는 꼿꼿한 성품의 인물을 말한다.

결국 중요한 것은 중하고〔中〕 용하는 것〔庸〕이다. 다시 中道而立이다. 조선시대 때 이황과 이이는 이 부분에 대해 서로 다른 번역을 내놓았다. 이황은 '中道도 서게 되거든'이라고 옮겼고, 이이는 '道에 중하여 서게 되거든'이라고 옮겼다. 우리의 문맥에서 보자면 이이가 정곡을 찌른 번역을 하고 있다. 도리에 적중하는 것이 바로 '道에 중하는 것'이다. 그리고 그렇게 될 경우 서게 된다〔立〕는 것이다.

서게 된다는 것은 말할 것도 없이 예로써 자신을 세운다는 말이다. 『논어』에 나오는 '서다〔立〕'의 용례들을 살펴보자. '옹야 28'에서 공자는 어짊〔仁〕과 관련된 자공(子貢)의 질문을 받고서 이렇게 말한다.

"인자(仁者)는 자신이 서고자 함에 남도 서게 한다〔夫仁者己欲立而立人〕."

뭔가 파편처럼 돼 있는 而立이라는 말은 己欲立而立人의 축약인지도 모른다는 생각도 든다. 나 혼자 일어서는 것이 아니라 남도 함께 일어서게 해준다는 것이다. 그래야 '而'라는 연결사도 보다 구체적인 의미를 가질 수 있다.

'태백 8'에서 공자는 "예(禮)에서 선다〔立於禮〕"라고 말한다. 이번에는 立이 禮와 관계되는 것이다. 즉 공자가 立이라고 할 때는 仁

이나 禮의 세계를 체득했다는 뜻이다. 이렇게 되면 『논어』에 나오는 안연(顔淵)의 말이 쉽게 이해된다. 그는 공자가 자신을 이끌어준〔道〕 방법을 '자한 10'에서 이렇게 말한다.

"문(文)으로써 나를 넓혀주시고 예(禮)로써 나를 다잡아주셨다〔博我以文約我以禮〕."

즉 공자는 자신이 열다섯 살 때와 서른 살 때 깨우친 바를 제자의 교육방법으로 삼았던 것이다. 실제로 공자 자신도 '옹야 25'와 '안연 15'에서 "군자가 되고자 하는 사람은 문(文)을 통해 널리 배우고, (그 배운 바를) 예로써 다잡는다"고 말하고 있다.

이번에는 '안연 1'에서 안연이 공자에게 어짊〔仁〕을 묻자 극기복례(克己復禮)라고 대답한 대목을 짚어볼 필요가 있다. 선다는 것은 이처럼 사사로움을 벗어나〔克己〕 공적인 예(禮)로 돌아가는 것이고, 그것이 바로 인(仁)을 행하는 것〔爲仁〕이다. 克己는 곧 자신을 (예로써) 세우는 것〔立己〕이다.

공자는 『논어』의 결론에 해당하는 '요왈 3'에서 이를 다음과 같이 요약한다.

"예(禮)를 모르면 결코 설 수 없다〔不知禮 無以立也〕."

이제 能者를 풀이할 차례다. 능하다는 것은 도리에 대해 보다 적극적인 관심을 가진 사람 정도로 풀이하면 될 듯하다. 능동의 能으로 보는 것이다. 이제 최종적으로 번역할 차례다.

"군자는 (마음의 활시위를) 최대한 당기되 쏘지 않아도 곧 날아갈 것처럼 하듯이 도리에 적중하여 예로써 자신을 세우게 될 경우 도리에 적극적인 사람[能者]은 그것을 따르게 될 것이다."
능자

맹자는 말했다. "천하에 도리가 행해질 때에는 도리가 자신의 몸을 따르게 하고, 천하에 도리가 행해지지 않을 때에는 자신의 몸이 도리를 따르게 해야 한다. 나는 아직까지 도리로써 남을 따른다는 이야기를 들어보지 못했다."

孟子曰 天下有道以道殉身 天下無道以身殉道 未聞以道殉乎人者也
맹자 왈 천하 유도 이 도 순 신 천하 무도 이 신 순 도 미문 이 도 순 호 인 자 야

맹자는 말한다. "천하에 도리가 행해질 때에는 도리〔道〕가 자신의 몸을 따르게 하고, 천하에 도리가 행해지지 않을 때에는 자신의 몸이 도리〔道〕를 따르게 해야 한다. 나는 아직까지 도리로써 남을 따른다는 이야기를 들어보지 못했다."

공자도 『논어』에서 邦無道/邦有道나 天下無道/天下有道에 대해 여러 차례 언급한다.
방무도 방유도 천하 무도 천하 유도

"나라에 도리가 있을 때는 등용될 것이고, 나라에 도리가 없을 때는 형벌을 면할 것이다〔邦有道不廢 邦無道免於刑戮〕."('공야장 1')
방유도 불폐 방무도 면 어 형륙

'공야장 20'에서 공자는 영무자(甯武子)라는 인물에 대해 이렇게 평한다.

"영무자는 나라에 도리가 있을 때는 지혜로웠고 도리가 없을 때는 어리석었다 하니, 그 지혜는 따를 수 있으나 그 어리석음에는 미칠 수 없다."

여기서는 강조점이 어리석음에 있다. 때에 따라서는 다르게 행동해야 할 경우도 있다는 것이다.

'태백 13'은 오히려 일반론에 가깝다. 아마도 군자(君子)라면 그러해야 한다는 당위를 제시한 것으로 보인다.

"독실하게 믿음을 갖고서 배우기를 좋아하며, 죽음으로써 지켜 도를 잘 닦아 나아가야 한다. 위태로운 나라에는 들어가지 말고, 어지러운 나라에서는 살지 말라. 천하에 도리가 있으면 나타나고, 도리가 없으면 숨어야 한다. 나라에 도리가 있을 때에 가난하면서 또 천하기까지 한 것은 부끄러운 일이며, 나라에 도리가 없을 때에 부유하면서 또 귀하기까지 한 것도 부끄러운 일이다."

공자는 말했다. "천하에 도리가 (살아) 있다면 예악시행과 대외정벌(의 주도권)은 천자(황제)로부터 나오고 도리가 없다면 천자가 아닌, 그 아래의 제후로부터 나온다. 제후로부터 명이 나오게 되면 십대 안에 정권을 잃지 않는 경우가 드물고, 그 아래 대부로부터 나오면 오대 안에, 그리고 가신이 나라의 명을 잡으면 삼대 안에 잃지 않는 경우가 드물다. 천하에 도리가 살아 있다면 정사(의 주도권)가 대부에게 있지 않고, 천하에 도리가 살아 있다면 (정사가 제대로 될 것이므로) 아랫사람들이 함부로 정사에 대해 의논하지 않는다." ('계씨 2')

43

공도자가 물었다. "(등(滕) 나라 임금의 동생인) 등갱(滕更)이 스승님의 제자로 있을 때 예우해야 할 바가 있었을 법도 한데 (그가 질문을 해도) 대답을 않으셨습니다. 그 이유가 무엇입니까?"

맹자가 답했다. "자신이 귀한 신분임을 의식하면서 묻거나, 자신이 현자임을 의식하면서 묻거나, 자신이 연장자임을 의식하면서 묻거나, 자신이 나에게 뭔가 은혜를 베풀었음을 의식하면서 묻거나, 무슨 저의를 갖고서 물을 때에는 모두 다 대답해 주지 않아도 된다. 등갱은 이중에서 두 가지를 갖고 있었다."

公都子曰 滕更之在門也若在所禮而不答何也
공도자 왈 등갱 지 재문 야약 재 소례 이 부답 하야

孟子曰 挾貴而問 挾賢而問 挾長而問 挾有勳勞而問 挾故而問 皆
맹자왈 협귀이문 협현이문 협장이문 협 유훈로 이문 협고이문 개

所不答也 滕更有二焉
소부답 야 등갱 유이 언

공도자(公都子)가 물었다. "(등(滕) 나라 임금의 동생인) 등갱(滕更)이 스승님의 제자로 있을 때 예우해야 할 바(所禮)가 있었을 법도 한데 (그가 질문을 해도) 대답을 않으셨습니다. 그 이유가 무엇입니까?"

맹자가 답했다. "자신이 귀한 신분임을 의식하면서 묻거나, 자신이 현자임을 의식하면서 묻거나, 자신이 연장자임을 의식하면서 묻거나,

자신이 나에게 뭔가 은혜를 베풀었음을 의식하면서 묻거나, 무슨 저의〔故〕를 갖고서 물을 때에는 모두 다 대답해 주지 않아도 된다. 등갱은 이중에서 두 가지를 갖고 있었다."

조기(趙岐)의 풀이에 따르면 그 두 가지란 남을 끼고서 귀한 척하는 것〔挾貴〕과 남을 끼고서 잘난 척하는 것〔挾賢〕이다. 즉 등갱은 왕의 아우라는 귀한 신분 외에 스스로를 상당히 뛰어나다〔賢〕고 자부했던 인물이었던 것이다.

이는 무엇보다 묻는 자, 배우는 자의 묻고 배우려는 태도나 뜻이 열렬하지 못함에 대한 맹자의 비판이라고 할 수 있다. 이 점에서는 공자의 가르치는 정신을 이어받았다고 할 수 있다. 공자 또한 스스로 애태울 정도로 배우려는 강렬함이 없는 사람은 굳이 가르치려 하지 않았다. 『논어』 '위령공 15'다.

공자는 말했다. "어떻게 할까 어떻게 할까라고 말하지 않는 사람은 나도 어떻게 할 도리가 없다."

44

맹자는 말했다. "그만두어서는 안 되는데 (기필코) 그만두는 사람은 그만두지 못할 바가 없으며, 후하게 해주어야 할 사람을 박대한다며 박대하지 않을 사람이 없을 것이다. 나아감이 지나치게 빠른 사람은 그 물러남도 빠르다."

孟子曰 於不可已而已者無所不已 於所厚者薄無所不薄也 其進銳者其
맹 자 왈   어 불 가 이 이 이 자 무 소 불 이   어 소 후 자 박 무 소 불 박 야   기 진 예 자 기

退速
퇴 속

맹자는 말한다. "그만두어서는 안 되는데 (기필코) 그만두는 사람은 그만두지 못할 바가 없으며, 후하게 해주어야 할 사람을 박대한다며 박대하지 않을 사람이 없을 것이다. 나아감[進]이 지나치게 빠른 사람은 그 물러남[退]도 빠르다."

이에 대한 주희의 총평은 참고할 만하다. "세 가지의 병폐는 이치[理]와 형세[勢]에서 필연적인 것이니 비록 지나치거나 모자람[過不及]이 똑같지는 않더라도 결국은 (이렇게 하는 사람들은 매사에) 흐지부지되고 만다."

이는 역부족(力不足)과 과욕(過慾)의 문제를 동시에 지적하고 있다. 특히 역부족과 관련해서는 『논어』 '옹야 10'을 참조할 필요가 있다.

염구가 "저는 스승님의 도리를 열렬히 좋아하지 않는 것은 아니지만 그것을 향해 나아가기에는 힘이 딸립니다〔力不足〕"고 말하자
_{역부족}
공자는 말했다. "힘이 부족하다고 말하는 자는 대부분 중도에 포기하는 자인데, 지금 염구 너는 스스로 자신의 한계를 긋고 있는 것이다."

맹자는 말했다. "군자(君子)가 외부의 사물이나 일을 대하는 태도를 보면 아껴주기만 하지 사랑하지는 않는다. 백성(혹은 사람)을 대함에는 사랑하기만 하지 내 몸과 같이 여기지는 않는다. (결국 군자가 내 몸과 같이 여기는 것은 부모 형제와 친족이다.) 부모 형제와 친족을 내 몸과 같이 여긴 후라야 백성을 사랑할 수 있고, 백성을 사랑한 후라야 사물을 아껴줄 수 있다."

孟子曰 君子之於物也愛之而弗仁 於民也仁之而弗親 親親而仁民 仁民
맹자 왈 군자 지 어 물 야 애 지 이 불인　어 민 야 인 지 이 불친　친친 이 인 민　인 민

而愛物
이 애 물

맹자는 말한다. "군자(君子)가 외부의 사물이나 일〔物〕을 대하는 태도를 보면 아껴주기만〔愛〕 하지 사랑하지는〔仁〕 않는다. 백성(혹은 사람)을 대함에는 사랑하기만 하지 내 몸과 같이 여기지는〔親〕 않는다. (결국 군자가 내 몸과 같이 여기는 것은 부모 형제와 친족이다.) 부모 형제와 친족을 내 몸과 같이 여긴〔親親〕 후라야 백성을 사랑할 수 있고, 백성을 사랑한 후라야 사물을 아껴줄 수 있다."

공자도 이 같은 서열, 즉 親, 人民, 物에 대해서는 엄격하다. 그렇기에 이 점이 공자나 맹자의 사상의 핵심적인 부분을 형성한다고 해도 과언이 아니다.

맹자는 말했다. "아는 자는 모르는 것이 없어야겠지만 무엇보다 마땅히 힘써야 할 (근본적인) 일을 먼저 해야 하고, 어진 자는 사랑하지 않는 바가 없어야겠지만 무엇보다 현자를 내 몸과 같이 여기는 일을 먼저 해야 한다. 요순(堯舜)의 지혜로도 모든 사물을 다 두루두루 알지는 못했으니 우선 먼저 해야 할 일을 서둘렀고, 요순의 어짊으로도 모든 사람을 다 두루두루 사랑하지 못했으니 뛰어난 이를 내 몸과 같이 여기는 일을 먼저 했던 것이다.

삼년상도 제대로 하지 못하면서 (삼개월상에 입는) 시마복(緦麻服)이나 (오개월상에 입는) 소공복(小功服)이 옳니 그르니 하며 살피고 따지는 것, (어른들 앞에서) 밥을 마구 퍼먹고 국을 소리 내어 후루룩 마시면서 말린 고기는 이빨로 끊어 먹어서는 안 된다고 따지는 것, 이런 것을 두고서 우선적으로 힘써야 할 것이 무엇인지를 모른다고 하는 것이다."

孟子曰 知者無不知也當務之爲急 仁者無不愛也急親賢之爲務 堯舜之
맹자 왈 지자 무 부지 야 당무 지위급 인자 무 불애 야급 친현 지위무 요순 지

知而不徧物急先務也 堯舜之仁不徧愛人急親賢也 不能三年之喪而緦小功
지이 불편 물급 선무 야 요순 지인 불편 애인 급 친현 야 불능 삼년 지상 이시 소공

之察 放飯流歠以問無齒決 是之謂不知務
지찰 방반 류철 이문 무 치결 시지위 부지 무

🌸　　　내용이 앞에서 이어진다. 맹자는 말한다. "아는 자〔知者〕
지자
는 모르는 것이 없어야겠지만 무엇보다 마땅히 힘써야 할 (근본적인)

일을 먼저 해야 하고, 어진 자〔仁者〕는 사랑하지 않는 바가 없어야겠지
만 무엇보다 뛰어난 이를 내 몸과 같이 여기는 일〔親賢〕을 먼저 해야
한다.

요순(堯舜)의 지혜〔知〕로도 모든 사물을 다 두루두루 알지는 못했
으니 우선 먼저 해야 할 일을 서둘렀고〔急先務〕, 요순의 어짊〔仁〕으로
도 모든 사람을 다 두루두루 사랑하지 못했으니 현자를 내 몸과 같이
여기는 일을 먼저 했던 것이다.

삼년상〔三年之喪〕도 제대로〔能〕 하지 못하면서 (삼개월상에 입는) 시
마복(緦麻服)이나 (오개월상에 입는) 소공복(小功服)이 옳니 그르니
하며 살피고 따지는 것, (어른들 앞에서) 밥을 마구 퍼먹고 국을 소리
내어 후루룩 마시면서 말린 고기는 이빨로 끊어 먹어서는 안 된다고
따지는 것, 이런 것을 두고서 우선적으로 힘써야 할 것〔先務〕이 무엇인
지를 모른다고 하는 것이다."

『대학』 '경 1장'이다.

모든 사물에는 근본과 곁가지〔本末〕가 있고, 모든 일에는 끝과 시
작〔終始〕이 있으니 먼저 해야 할 것과 뒤에 해야 할 것〔先後〕을 잘
알고 있다면 도리에 가깝다.

진심 장구하

盡心章句下

1

맹자는 말했다. "어질지 못하구나, 위나라 혜왕이여! 어진 이는 자신이 사랑하는 바로 인해 사랑하지 않는 바에까지 그 사랑이 미치게 하는 반면에 어질지 못한 자는 자신이 사랑하지 않는 바로 인해 사랑하는 것에까지 그 사랑하지 않는 마음이 미치게 한다."

공손추가 물었다. "그게 무슨 말씀이신지요?"

(맹자가 말했다.) "위나라 혜왕은 땅을 (더 차지하겠다는) 이유로 백성들을 살이 문드러지고 피가 터지도록 전란으로 내몰아 대패하자, 장차 다시 싸우려 하였는데 (이번에도) 이기지 못할까 봐 두려워서 그 사랑하는 바 자식과 동생을 전쟁터로 내몰아 죽음에 이르게 했다. 이를 일러 '자신이 사랑하지 않는 바로 인해 사랑하는 것에까지 그 사랑하지 않는 마음이 미치게 한다'고 한 것이다."

孟子曰 不仁哉梁惠王也 仁者以其所愛及其所不愛 不仁者以其所不愛
맹자 왈 불인 재 양혜왕 야 인자 이 기 소애 급 기 소불애 불인자 이 기 소불애

及其所愛
급 기 소애

公孫丑曰 何爲也
공손추 왈 하위 야

(孟子曰) 梁惠王以土地之故 靡爛其民而戰之大敗將復之恐不能勝 故
맹자 왈 양혜왕 이 토지 지고 미란 기민 이 전지 대패 장 부지 공 불능 승 고

驅其所愛子弟以殉之 是之謂 以其所不愛及其所愛也
구 기 소애 자제 이 순지 시지위 이 기 소불애 급 기 소애 야

먼저 문맥에 대한 주희의 풀이를 잠깐 살펴보자. "이 장은 전편 마지막 세 장('진심 장구 상' 44장, 45장, 46장)의 뜻을 이어서 어진 이〔仁人〕의 은혜는 안으로부터 밖에 미치고, 어질지 못한 자〔不仁者〕의 화는 소원함(밖)으로부터 친족(안)에게 미치는 것을 말씀한 것이다."

여기서 맹자는 위나라 혜왕(惠王)에 대해 혹평을 가한다. "어질지 못하구나, 위나라 혜왕이여!"

그리고 나서 그 이유를 원론적으로 밝힌다. "어진 이〔仁者〕는 자신이 사랑하는 바〔所愛〕로 인해〔以〕 사랑하지 않는 바〔所不愛〕에까지 그 사랑이 미치게 하는 반면에 어질지 못한 자〔不仁者〕는 자신이 사랑하지 않는 바로 인해 사랑하는 것에까지 그 사랑하지 않는 마음이 미치게 한다."

주희의 풀이가 도움이 된다. "친족을 내 몸과 같이 여긴 후에 다른 사람들을 사랑하고, 다른 사람들을 사랑한 연후에 사물을 사랑하는 것이 이른바 사랑하는 바로 인해 사랑하지 않는 바에까지 (그 사랑이) 미친다는 것이다."

사랑에도 그 서열이 있고 사랑하지 않는 바도 마찬가지다. 여기서 우리는 공자가 어짊〔仁〕을 '사람을 사랑하는 것〔愛人〕'으로 풀이했다는 점을 상기해 둘 필요가 있다.

그런데 공손추(公孫丑)는 어짊〔仁〕과 어질지 못함〔不仁〕에 대한 맹자의 이 같은 언급이 위나라 혜왕의 어질지 못함과 정확히 어떻게 연결되는지를 미처 이해하지 못한 듯 이렇게 묻는다. "그게 무슨 말씀이신지요?"

"위나라 혜왕은 땅을 (더 차지하겠다는) 이유로 백성들을 살이 뭉드

러지고 피가 터지도록〔糜爛〕 전란으로 내몰아 대패하자, 장차 다시 싸
미란
우려 하였는데 (이번에도) 이기지 못할까 봐 두려워서 그 사랑하는 바
〔所愛〕 자식과 동생을 전쟁터로 내몰아 죽음에 이르게 했다. 이를 일
소애
러〔是之謂〕 '자신이 사랑하지 않는 바로 인해 사랑하는 것에까지 그
시지위
사랑하지 않는 마음이 미치게 한다'고 한 것이다."

2

맹자는 말했다. "(공자가 쓴) 『춘추』에 의로운 전쟁은 없고, 저 나라가 이 나라보다 나은 경우는 있다. 정벌이라고 하는 것은 윗사람이 아랫사람을 토벌할 때에 쓰는 말이니 격이 대등한 나라들끼리는 서로 정벌하지 못한다."

孟子曰 春秋無義戰彼善於此則有之矣 征者上伐下也敵國不相征也
맹자 왈 춘추 무 의전 피 선 어 차 즉 유지의 정자 상 벌 하 야 적국 불 상정 야

앞 장에 이어 전쟁의 문제를 다룬다. 핵심은 의로운 전쟁〔義戰〕이라는 것이 있을 수 있는가 하는 것이다. 맹자는 말한다. "(공자가 쓴) 『춘추』에 의로운 전쟁〔義戰〕은 없고, 저 나라가 이 나라보다 나은 경우는 있다."

주희는 저 나라가 이 나라보다 나은 경우와 관련해 다음과 같이 말한다. "예를 들면 소릉(召陵)의 군대〔師〕와 같은 유가 이것이다." 소릉의 군대〔召陵之師〕란 노(魯) 나라 희공(僖公) 4년, 초(楚) 나라가 천자의 나라인 주(周) 나라에 공물을 바치지 않았다는 이유로 제(齊) 나라 환공(桓公)이 군대를 거느리고 가서 초나라를 정벌해 승리한 다음 초나라 장수 굴완(屈完)과 소릉(召陵)에서 회맹했던 일을 말한다. 이 경우, 명분이라는 측면에서 보자면 제나라가 초나라보다 나은〔善〕 경우라고 할 수 있다.

맹자의 말이 이어진다. "정벌(征)이라고 하는 것은 윗사람(上-天子)
이 아랫사람(下-諸侯)을 토벌(伐)할 때에 쓰는 말이니 격이 대등한
나라들(敵國)끼리는 서로 정벌하지 못한다." 즉 제후국들끼리 싸우는
것은 명분 없는 싸움일 뿐 바로잡는다(征=正)는 의미에서의 정벌이
될 수는 없다는 말이다.

3

맹자는 말했다. "『서경』에 나온 것이라고 해서 모조리 다 믿는다면 (이는 차라리) 『서경』이 없느니만도 못하다. 나는 '무성(武成)'편의 경우 두세 쪽만 믿고서 취할 뿐이다. 어진 사람에게는 천하에 대적할 자가 없는 법이다. 어진 임금이 지극한 인(仁)을 명분으로 내세워 지극히 어질지 못한 자를 정벌하였는데 어찌 전쟁에서 죽은 자들이 흘린 피에 절구공이(혹은 방패)가 떠내려가는 일이 있을 수 있었겠는가?"

孟子曰 盡信書則不如無書 吾於武成取二三策而已矣 仁人無敵於天下
맹자 왈 진신서 즉 불여 무서 오 어 무성 취 이삼 책 이이의　인인 무적 어 천하
以至仁伐至不仁而何其血之流杵也
이 지인 벌 지불인 이 하 기 혈 지 류 저 야

　　여기서 맹자는 옛 전거(典據)나 전적(典籍)에 대한 맹목적인 추종을 경계하면서 비판적인 태도를 강조한다. 전형적으로 맹자적인 기개가 드러나는 장이라고 할 수 있다. 우선 맹자는 과감하게 『서경』의 사실성을 비판한다. "『서경』에 나온 것이라고 해서 모조리 다〔盡〕 믿는다면 (이는 차라리) 『서경』이 없느니만도 못하다. 나는 '무성 (武城)'편의 경우 두세 쪽〔策〕만 믿고서 취할 뿐이다."

'무성' 편은 무왕(武王)이 상나라 주왕(紂王)을 정벌하고 돌아와 그 사실을 기재한 글이다. 그중에 믿기 어려운 내용들이 많이 들어 있다는 뜻이다. 그래서 정이천은 두세 쪽과 관련해 이렇게 풀이한다. "하늘

을 받들어 포악한 사람을 정벌한 뜻과 정사를 (暴政에서 仁政으로) 돌
이켜 인(仁)을 베푼 법만을 취할 뿐이다."

이제 맹자가 그렇게 비판한 이유를 살펴볼 차례다. 맹자의 말이다.
"어진 사람〔仁人〕에게는 천하에 대적할 자가 없는 법이다. 어진 임금이
지극한 인(仁)을 명분으로 내세워〔以〕지극히 어질지 못한 자를 정벌
하였는데 어찌 전쟁에서 죽은 자들이 흘린 피에 절구공이(혹은 방패)
가 떠내려가는 일이 있을 수 있었겠는가?" 한마디로 이는 과장된 표현
이라 믿을 수 없다는 것이다.

『서경』에서 이와 관련된 내용은 다음과 같다. "무왕이 주(紂)를 정벌
할 때 주의 군대의 선두에 있던 무리들이 창의 방향을 돌려 뒤에 있
던 자기편을 공격하여 패배시켰는데 이때 피가 흘러 절구공이가 떠내
려갈 정도였다." 맹자는 이처럼 잔인했겠느냐는 의문을 던지고 있는
것이다. 그에 대해 주희는 "『서경』의 본래 뜻은 바로 상나라 사람들이
자기들끼리 서로 죽였음을 말했을 뿐이요, 무왕이 그들을 죽였다고
말한 것은 아니다"고 맹자를 반박한다.

하지만 이런 논란을 떠나 이 장에서 중요한 것은 경서(經書)라는 이유
로 무조건 받들어 달달 외우려는 태도를 비판하는 맹자의 정신이다.

4

　맹자는 말했다. "만일 어떤 사람이 '나는 진(陳＝陣)을 잘 치고 전쟁도 잘한다'고 말한다면 그 사람은 큰 죄인이다. 나라의 임금이 어짊〔仁〕을 좋아할 경우 천하에 대적할 자가 없다. (『서경』에 따르면 탕왕(湯王)이) 남쪽을 정벌하면 북쪽 오랑캐들이 (자신들을 먼저 정벌해 주지 않는다고) 원망하고, 동쪽을 정벌하면 서쪽 오랑캐들이 원망하며 말하기를 '어찌해서 우리나라는 뒤에 정벌하려 하는가' 하였다. 무왕이 은(殷)나라를 정벌할 때 전차는 삼백 대였고, 용맹한 군사는 삼천 명이었다. (그러나) 무왕이 (은나라 백성들을 향해) '두려워 말라! 너희를 평안케 해주려고 왔지, 너희 백성들과 대적하려고 하는 것이 아니다'라고 말하자 (은나라 백성들이 절을 하기를) 마치 산이 무너지듯 이마가 땅에 닿을 정도로 머리를 조아렸다. 정(征)이라는 말은 바로잡는다는 뜻이다. 백성들 한 명 한 명이 다 (어진 임금이 와서) 자기 나라를 바로잡아주기를 바라는데 어찌 전쟁을 할 필요가 있겠는가?"

孟子曰 有人曰 我善爲陳(陣) 我善爲戰 大罪也 國君好仁天下無敵焉
맹자 왈 유인 왈 아선위진 진 아선위전 대죄 야 국군 호인 천하 무적 언

南面而征北狄怨 東面而征西夷怨 曰 奚爲後我 武王之伐殷也革車三百兩
남면 이정 북적 원 동면 이정 서이 원 왈 해위 후아 무왕 지벌 은 야 혁거 삼백 량

虎賁三千人 王曰 無畏寧爾也非敵百姓也 若崩厥角稽首 征之爲言正也 各
호분 삼천 인 왕왈 무외 영이 야비 적 백성 야 약붕 궐각 계수 정지 위언 정야 각

欲正己也焉用戰
욕 정기 야 언용 전

전쟁에 대한 비판적 견해가 이어진다. 더불어 앞 장과는 『서경』에 나오는 무왕(武王)의 이야기를 매개로 해서 연결되고 있다. 맹자가 말한다. "만일 어떤 사람이 '나는 진(陳=陣)을 잘 치고 전쟁도 잘한다'고 말한다면 그 사람은 큰 죄인(大罪)이다. 나라의 임금이 어짊(仁)을 좋아할 경우 천하에 대적할 자가 없다.

(『서경』에 따르면 탕왕(湯王)이) 남쪽을 정벌하면 북쪽 오랑캐들이 (자신들을 먼저 정벌해 주지 않는다고) 원망하고, 동쪽을 정벌하면 서쪽 오랑캐들이 원망하며 말하기를 '어찌해서 우리나라는 뒤에 정벌하려 하는가' 하였다."

그리고 문제의 구절, 즉 무왕과 관련된 맹자의 언급이 나온다. "무왕이 은(殷=商) 나라를 정벌할 때 전차(革車)는 삼백 대(兩)였고 용맹한 군사는 삼천 명이었다. (그러나) 무왕이 (은나라 백성들을 향해) '두려워 말라! 너희(爾)를 평안케 해주려고 왔지, 너희 백성들과 대적하려고 하는 것이 아니다'고 말하자 (은나라 백성들이 절을 하기를) 마치 산이 무너지듯(若崩) 이마가 땅에 닿을 정도로 머리를 조아렸다."

맹자는 이 구절을 보면 무왕이 어짊으로써 상대방 나라의 백성들을 설복시켰는데 어째서 피가 흘러 절구공이가 떠내려갈 만큼 잔인하게 했겠는가라고 문제제기를 했던 것이다. 더 이상의 논의는 학계에 맡긴다.

이제 맹자의 결론이다. 역시 전쟁에 대한 비판적 견해다. "정(征)이라는 말은 바로잡는다(正)는 뜻이다. 백성들 한 명 한 명이 다 (어진 임금이 와서) 자기 나라를 바로잡아주기를 바라는데 어찌 전쟁을 할 필요가 있겠는가?"

그런데 『서경』 '무성' 편은 무왕의 이 같은 어진 모습은 제대로 부각

시키지 못한 채 전쟁의 참혹성을 통해 전쟁의 승리[勝戰]을 묘사했으
니 맹자로서는 받아들일 수 없었던 것 아닐까? 그렇다면 주희의 지적
은 초점이 빗나간 것이 될 수 있다.

5

맹자는 말했다. "노련한 목수나 수레 만드는 장인은 남에게 기본적인 원리와 방법은 전해줄 수 있어도 (그 사람이 스스로 도달하려고 애를 쓰지 않는 한) 그를 공교함의 경지로 이끌어 올릴 수는 없다."

孟子曰 梓匠輪輿能與人規矩不能使人巧
맹자 왈 재장 윤여 능 여 인 규구 불능 사 인 교

이 말은 어찌 보면 간단하다. '말을 물가에 끌고 갈 수는 있지만 (억지로) 물을 마시게 할 수는 없다'는 속담과 통하기 때문이다. 그러나 우리의 문맥에서 보면 약간의 보충이 필요하다.

맹자는 말한다. "노련한 목수〔梓匠〕나 수레 만드는 장인〔輪輿〕은 남에게 기본적인 원리와 방법〔規矩〕은 전해줄 수 있어도 (그 사람이 스스로 도달하려고 애를 쓰지 않는 한) 그를 공교함의 경지〔巧〕로 이끌어 올릴 수는 없다."

얼핏 보면 문맥에서 이탈한 문장 같지만 이는 3, 4장과 연결되어 옛 지식의 근본정신을 스스로 깨우치는 문제를 이야기하고 있다. 3장에서도 『서경』 '무성' 편의 사실성 문제를 비판했다기보다는 비판적 정신으로 경전의 근본적인 의미를 포착하는 것이 훨씬 중요함을 강조한 것으로 볼 수 있다. 여기서 우리는 『논어』의 도움을 받을 필요가 있다. 공자는 문구만 달달 외우려는 태도의 위험성을 두 차례에 걸쳐 지적한다. 먼저 '자한 26'이다.

공자는 말했다. "솜으로 된 남루한 옷을 입고서 여우나 담비 가죽으로 만든 귀한 옷을 입은 자와 나란히 서 있으면서도 부끄러워하지 않는 자는 아마도 자로일 것이다. '남을 해치지 않고 남의 것을 탐하지 않는다면 어찌 착하다고 하지 않을 수 있겠는가?'"

자로가 공자의 말을 듣고서 늘 이 시구를 읊고 다니자 공자는 꾸짖었다. "그렇게 달달 외우기만 한다면 그 방법이 어찌 족히 좋다고 할 수 있겠는가?"

공자는 남루한 옷을 입고서 여우나 담비 가죽으로 만든 귀한 옷을 입은 자와 나란히〔與〕 서 있으면서도 부끄러워하지 않는 자는 아마도 유(由-자로)일 것이라고 말한다.

그러면서 공자는 『시경』 '위풍웅치(衛風雄稚)' 편에 나오는 시구를 인용하여 다시 한 번 자로의 그 같은 태도를 칭찬한다. 그 시구는 다음과 같다.

"남을 해치지 않고〔不忮〕 남의 것을 탐하지 않는다면〔不求〕 어찌 착하다〔臧〕고 하지 않겠는가?"

여대림(呂大臨)은 "가난한 자가 부자와 사귈 적에 강한 자는 반드시 부자를 해치고 약한 자는 반드시 탐한다"고 풀이했다. 그런데 자로는 부자와 사귀면서도 해치려 하지 않고, 탐하지도 않고, 담담한 태도〔不恥〕를 유지하였으니 좋은 사람이라는 것이다. 그러나 안회 (顔回)나 증자(曾子), 자공(子貢)보다 한 수 아래로 평가했던 자로에 대해 칭찬만 하고 넘어갈 공자가 아니다.

다음 문장에서 극적인 반전이 이루어진다. 자로가 공자의 이 말을 듣고서 늘 이 시구를 읊고 다니자 공자는 넌지시 꾸짖는다. "그렇게 달달 외우기만 한다면 그 방법(道)이 어찌 족히 좋다고 할 수 있겠는가?"

즉 그런 좋은 태도가 있다면 더욱더 정진하여 부지런히 읽고(時習) 나날이 새로워지면서(日新又日新) 나아가야 하는데 ('자한 20'에서 언급한 안연(顔淵)처럼 전진하지 못하고) 나아가기를 멈추고 외우려고만 했기 때문에 공자는 자로를 에둘러 꾸짖어 일깨운 것이다.

이에 대해서는 사량좌(謝良佐)의 풀이가 명확하다. "나쁜 옷과 나쁜 음식을 부끄러워함은 배우는 자들의 큰 병통이니, 좋은 마음이 보존되지 못함은 이에 말미암는다. 자로의 뜻이 이와 같았으니, 일반인보다 크게 뛰어나다. 그러나 보통사람으로서 이에 능하다면 훌륭하다 하겠으나 자로의 어짊은 마땅히 여기에 그쳐서는 안 되는데, 종신토록 이 시구만을 외우려고 하였다. 그렇다면 이는 날로 새롭게 함에 나아가는 것이 아니다. 그러므로 공자께서 격동시켜 나아가게 하신 것이다."

즉 學而時習=溫故知新=日新又日新을 통한 자기혁신의 중요성을 강조하고 있다. 앞에서 이어지는 다음을 닦음(修德=修己)의 열렬함(誠)에 관한 문맥이다. 결국 자로는 이 점을 일깨우기 위한 반면교사로 등장했을 뿐이다. '자로 5'에도 외우기만 하는 것의 병폐가 나온다.

공자는 말했다. "『시경』 삼백 편을 외우더라도 정사를 맡겼을 때 잘하지 못하고, 외국에 사신으로 나가 혼자서 응대하여 처결하지 못한다면, 비록 많이 배웠다 한들 또한 어디에다 쓰겠는가?"

책 속에 죽어 있는 문자를 암기하기보다는 그것을 자신의 것으로 만들어[溫故] 생명력을 불어넣으려는 정신을 포착하는 것이 더 중요함을 강조하고 있다는 점에서 공자와 맹자는 상통한다.

6

맹자는 말했다. "순(舜) 임금께서는 (역산(歷山)에서 농사꾼으로 살고 있을 때는) 볶은 쌀이나 미숫가루를 먹고 야채를 먹는 품이 마치 앞으로도 평생 그렇게 지낼 것 같았다. (그러나) 천자(天子)가 되고 나서는 화려한 예복을 입고 거문고를 탔으며 (요(堯) 임금의 딸들인) 두 여인의 시중을 받는 품이 마치 원래부터 그러하셨던 것처럼 하셨다."

孟子曰 舜之飯糗茹草也若將終身焉 及其爲天子也被袗衣鼓琴 二女果
맹자 왈 순지 반구 여초 야 약 장 종신 언 급 기 위 천자 야 피 진 의 고 금   이녀 과

若固有之
약 고 유 지

잘 음미해 보면 앞 장과 이어진다. 맹자는 말한다. "순(舜) 임금께서는 (역산(歷山)에서 농사꾼으로 살고 있을 때는) 볶은 쌀이나 미숫가루를 먹고 야채를 먹는 품이 마치 앞으로도 평생 그렇게 지낼 것 같았다. (그러나) 천자(天子)가 되고 나서는 화려한 예복[袗衣]을 입고 거문고를 탔으며 (요(堯) 임금의 딸들인) 두 여인의 시중을 받는[果] 품이 마치 원래부터 그러하셨던 것처럼 하셨다."

이에 대해서는 주희의 풀이가 선명하다. "빼어난 이[聖人]의 마음은 빈천(貧賤)하다고 하여 외물에 연연해하지 않고, 부귀(富貴)하다고 해서 마음속에 동요하는 바가 없어 어떤 환경에 처하건 관계없이 늘 편안하고, 그 환경이 자신에게 아무런 영향을 미치지 못함을 말씀하신 것이다."

7

맹자는 말했다. "나는 지금에서야 남의 피붙이를 죽이는 것이 얼마나 중대한 일인지를 알게 되었다. 남의 아버지를 죽이면 그 사람도 역시 자기 아버지를 죽이고, 남의 형을 죽이면 그 사람도 역시 자기 형을 죽인다. 그렇게 되면 자신이 자기 아버지를 죽인 것은 아니지만 이는 종이 한 장 차이일 뿐이다."

孟子曰 吾今而後知殺人親之重也 殺人之父人亦殺其父 殺人之兄人亦
맹자 왈 오금 이후 지 살 인친 지중야 살 인지부 인 역살 기부 살 인지형 인역

殺其兄 然則非自殺之也 一間耳
살기 형 연즉 비 자 살 지 야 일 간 이

맹자는 여기서 아주 독특한 깨달음을 털어놓는다. "나는 지금에서야〔而後〕 남의 피붙이〔親〕를 죽이는 것이 얼마나 중대한 일인지를 알게 되었다. 남의 아버지를 죽이면 그 사람도 역시 자기 아버지를 죽이고, 남의 형을 죽이면 그 사람도 역시 자기 형을 죽인다. 그렇게 되면〔然則〕 자신이 자기 아버지를 죽인 것은 아니지만 이는 종이 한 장 차이〔間〕일 뿐이다."

이런 깨달음이 주는 교훈을 범조우(范祖禹)는 이렇게 정리한다. "이런 이치를 알면 남의 어버이를 사랑하고 공경할 것이니 그리하면 남들 또한 내 어버이를 사랑하고 공경할 것이다." 공자가 말한 서(恕)의 이치를 맹자가 자기 식으로 풀어낸 것이다. 『논어』 '공야장 11'을 통해 서

(恕)의 의미를 살펴보자.

　　자공이 말했다. "다른 사람들이 저에게 가하기를 원하지 않는 일을 저도 다른 사람들에게 가하지 않겠습니다〔無加諸人〕."
　　공자는 말했다. "자공아, 그것은 네가 도달할 수 있는 경지가 아니다."

　　지자(知者)인 자공(子貢)이 등장한다. 어느 날 자공이 마치 뭔가를 깨달은 듯이 공자에게 말한다. "다른 사람들이 저에게 가하기를 원하지 않는 일을 저도 다른 사람들에게 가하지 않겠습니다."
　　이 말은 공자 사상의 핵심개념 중 하나인 恕를 뜻하는 '기소불욕물시어인(己所不欲勿施於人)'과 밀접한 관련이 있다. 간단히 말해 恕란 타인을 자신처럼 여기는 마음이다. '이인 15'에서 공자가 자신의 도리〔道〕는 '하나로 꿰뚫었다〔一以貫之〕'라고 말하고 나가자 다른 제자들이 증자(曾子)에게 무슨 말이냐고 물었다. 이에 증자는 선생의 도는 忠과 恕뿐이라고 답한다. 한마디로 忠은 자기 마음을 다하는 것이고, 恕는 남에게도 자기를 대하듯이 하는 것이다. 忠恕를 제대로 행할 수 있다면 그 사람은 어진 사람〔仁者〕이다. 안회(顔回)와 증자 정도가 이 경지에 다다랐다.
　　'기소불욕물시어인(己所不欲勿施於人)'이라는 표현은 논어에 두 차례 나온다. 먼저 '안연 2'에서는 중궁(仲弓)이 인(仁)에 관해 묻자 공자는 여러 가지를 열거하면서 그중 하나로 '자신이 하고자 하지 않는 것을 남에게도 베풀지 말아야 한다〔己所不欲勿施於人〕'를 언급한다. 또 '위령공 23'에서는 이 장의 주인공인 자공이 공자에게 "한

마디 말로 종신토록 행할 만한 것이 있습니까?"라고 묻자 공자는 "그것은 서(恕)다"라고 말한 다음 "그 뜻은 '자신이 하고자 하지 않는 것을 남에게도 베풀지 않는 것〔己所不欲勿施於人〕이다"라고 답한다.

그런데 공자는 자공에게 '己所不欲勿施於人'하라고 해놓고서, 정작 여기서는 자공이 그렇게 하기 위해 애쓰겠다고 하니까 "사(賜-자공)야! 그것은 네가 미칠 수 있는 바가 아니다"고 말한다. 자기모순인가?

여기서 주희가 이 둘의 차이를 풀어낼 결정적인 단서를 준다. 주희는 無加諸人과 勿施於人에서 無와 勿의 뉘앙스를 구별하면서 無는 자연히 그러한 것이고 勿은 금지하는 말이라고 보았다. 억지로 노력해서라도 '己所不欲勿施於人'하려는 것은 서(恕)에는 이르지만 인(仁)이라고는 할 수 없다. 어진 사람〔仁者〕과 사람을 볼 줄 아는 사람〔知者〕의 이분법에 입각해 자공을 사람을 볼 줄 아는 사람으로 자리매김해 온 그간의 흐름으로 보자면 주희의 이 풀이는 정곡을 찌르고 있다.

자공이 문득 깨닫는 장면과 맹자가 문득 깨닫는 듯한 장면이 서로 겹친다.

8

맹자는 말했다. "옛날에 (국경 지역에) 관문을 설치한 이유는 장차 (외부로부터의) 포악한 자를 막아내기 위한 것이었다. (그런데) 오늘날 (에 와서) 관문을 설치하는 이유는 장차 (내부로부터) 포악한 짓을 하도록 하기 위함이다."

孟子曰 古之爲關也將以禦暴 今之爲關也將以爲暴
맹자 왈 고 지 위관 야 장 이 어 포 금 지 위관 야 장 이 위 포

옛날 좋았던 시절과 난세인 지금[古今]의 비교다. 맹자는 말한다. "옛날에 (국경 지역에) 관문[關]을 설치한 이유는 장차 (외부로부터의) 포악한 자[暴]를 막아내기[禦] 위한 것이었다. (그런데) 오늘날(에 와서) 관문을 설치하는 이유는 장차 (내부로부터) 포악한 짓[暴]을 하도록 하기(爲) 위함이다." 여기서 以는 '~하도록 하다'는 뜻으로 使와 통한다.

내부의 포악한 짓이란 관문을 세운 다음 백성들이 마음대로 나가지 못하게 하고서 백성들로부터 높은 세금을 거두는 것을 말한다. 범조우(范祖禹)의 풀이부터 보자. "옛날에는 농사짓는 자들에게 10분의 1세를 받았는데 후세에는 혹 절반 이상의 세를 징수하니 이것은 세금을 거둠으로써 포악한 짓을 하는 것이다."

맹자는 관문을 단서로 삼아서 옛날과 당대[古今]를 어진 정치

〔仁政〕에서 폭압정치〔暴政〕로의 타락이라는 관점에서 비교하고 있다. 반면에 공자는 보다 큰 맥락에서 도리〔道〕의 쇠락을 이야기하는 경우가 많다. 그러나 결국은 요임금과 순임금〔堯舜〕, 우왕과 탕왕〔禹湯〕, 문왕과 무왕〔文武〕 등의 옛 도리〔先王之道〕가 곧 어진 정치이자 왕도 정치〔王道〕라는 점에서 본질적인 차이는 없다.

9

맹자는 말했다. "나 자신이 도리를 행하지 못하면 (그 도리가) 내 처자에게서도 행해질 수 없고, 사람을 부릴 때 도리로써 하지 않는다면 (그런 명령은) 내 처자에게도 행해지지 않는다."

孟子曰 身不行道不行於妻子 使人不以道不能行於妻子
맹자 왈 신 불행 도 불행 어 처자 사 인 불 이 도 불능 행 어 처자

맹자는 말한다. "나 자신이 도리〔道〕를 행하지 못하면 (그 도리가) 내 처자에게서도 행해질 수 없고, 사람을 부릴 때 도리〔道〕로써 하지 않는다면 (그런 명령은) 내 처자에게도 행해지지 않는다."

내 스스로 도리에 따라 행동하고 남을 부릴 때도 도리에 따라 부려야만 가장 가까이에 있는 내 처자도 그것을 보고 닮는다는 말이다. 이때 맹자가 말하는 도리〔道〕는 『논어』에서 공자가 말하는 예(禮)와 가깝다. '나 자신이 도리를 행한다'의 출발점은 효제(孝弟), 그중에서도 효다. '위정 5'에서는 번지(樊遲)라는 제자가 공자에게 왜 맹의자(孟懿子)에게 '어기지 않는 것〔無違〕'이라고 답했는지, 즉 무엇을 어기지 말아야 하는 것인지를 묻는다. 이에 공자는 다음과 같이 답한다.

"아버지 살아 계실 적에는 예로써 섬기고, 돌아가시면 예로써 장사 지내고, 예로써 제사를 지내는 것을 말한다."

매사를 예로써 하는 것이 바로 '나 자신이 도리를 행한다'는 뜻이다.
'팔일 19'에서 공자는 아랫사람을 대할 때 예로 대해야 함을 강조한다.

(노나라 임금) 정공이 물었다. "임금은 신하를 어떻게 부려야 하고, 신하는 임금을 어떻게 섬겨야 하는가?"

공자가 대답했다. "임금은 신하를 예로써 부리고, 신하는 군주를 충으로 섬겨야 합니다."

모든 것은 결국 자기 자신으로부터 비롯된다.

10

맹자는 말했다. "재물이나 이해타산에 주도면밀한 자는 흉년이 닥쳐
도 죽지 않듯이 다움에 힘쓰는 자는 세상이 아무리 어지러워져도 흔들
리지 않는다."

孟子曰 周于利者凶年不能殺 周于德者邪世不能亂
맹자 왈 주 우 리 자 흉 년 불 능 살 주 우 덕 자 사 세 불 능 란

맹자는 말한다. "재물이나 이해타산[利]에 주도면밀한
자는 흉년이 닥쳐도 죽지 않듯이 다움[德]에 힘쓰는 자는 세상이 아
무리 어지러워져도 흔들리지 않는다."

재물이나 이익[利] 부분은 비유적으로 풀이했다. 그렇지 않으면 맹
자가 마치 실제로 재물에 주도면밀하여 축재를 하라고 했다는 식의
그릇된 메시지를 줄 수 있기 때문이다. 적어도 맹자는 재물이나 이익
에 관한 한 공자보다 훨씬 비판적인 입장이기 때문에 그 점을 반영하
여 옮긴 것이다. 참고로 전·후반을 대등하게 옮겨볼 테니 서로 비교해
보기 바란다.

"재물에 주도면밀한 자는 흉년이 닥쳐도 죽지 않고, 다움[德]에 주
도면밀한 자는 세상이 아무리 어지러워져도 흔들리지 않는다." 물론
어느 한쪽의 번역이 옳다, 그르다의 문제는 아니다. 해석의 문제일 뿐
이다.

11

맹자는 말했다. "명예나 명성을 좋아하는 사람은 (명예를 위해서라면) 제후국 정도 크기의 나라도 양보할 수 있지만, 만일 진실로 그 같은 명예심조차 없는 사람의 경우에는 한 그릇의 밥과 한 사발의 국을 대하는 순간 (그 속마음, 즉 속으로 편안해하는 바가) 얼굴빛에 그대로 드러난다."

孟子曰 好名之人能讓千乘之國 苟非其人簞食豆羹見於色
맹자 왈 호명지인 능 양 천승지국 구 비 기 인 단사두갱 현 어 색

맹자는 말한다. "명예나 명성을 좋아하는 사람은 (명예를 위해서라면) 제후국 정도 크기의 나라〔千乘之國〕도 양보할 수 있지만, 만일 진실로 그 같은 명예심조차 없는 사람의 경우에는 한 그릇의 밥과 한 사발의 국〔簞食豆羹〕을 대하는 순간 (그 속마음, 즉 속으로 편안해하는 바가) 얼굴빛에 그대로 드러난다."

이 장에 대해서는 여러 가지 풀이들이 있지만 여기서는 주희의 풀이를 따른다. "명예나 명성을 좋아하는 사람은 실정〔情〕을 속여가면서 명예를 추구한다. 이 때문에 제후국도 사양(한다고)할 수 있는 것이다. 그러나 만일 진정으로 돈과 벼슬〔富貴〕을 가볍게 여기는 사람이 아니면 사소한 이익과 손실〔得失〕에도 도리어 그 속내〔眞情〕가 드러나는 것을 (본인은) 깨닫지 못한다."

이어 주희는 사람을 보는 문제〔知人〕 차원에서 이렇게 말한다. "사람을 살피는〔觀人〕 데에는 그 사람이 (가식적으로) 힘쓰는 바〔所勉〕가 아니라 오히려 소홀히 하는 바〔所忽〕에 주목하여야 한다. 그런 다음에야 그 편안히 여기는 바〔所安〕의 실상이 무엇인지를 볼 수 있는 것이다."

오랜만에 사람 보는 문제〔知人〕가 나왔다. 주희의 이 말은 사람을 살피는 3단계를 다룬 『논어』'위정 10'을 전제로 한 것이다.

공자는 말했다. "(사람을 알고 싶을 경우) 먼저 그 사람이 행하는 바〔所以=所爲〕를 잘 보고〔視〕, 이어 그렇게 하는 까닭이나 이유〔所由〕를 잘 살피며〔觀〕, 그 사람이 편안해 하는 것〔所安〕을 꼼꼼히 들여다본다〔察〕면 사람들이 어찌 그 자신을 숨기겠는가? 사람들이 어찌 그 자신을 숨기겠는가?"

이에 대해서는 앞에서 자세히 살펴본 바 있으므로 풀이는 생략한다. 단계별로 視, 觀, 察을 통해 심화되고 있음에 주목해야 한다.

12

맹자는 말했다. "어진 이와 뛰어난 이를 믿지 않으면 나라가 텅 비게 되고, 예의와 의리가 없으면 위아래의 질서가 문란해지며, 올바른 정사가 행해지지 않으면 나라의 재용이 모자라게 된다."

孟子曰 不信仁賢則國空虛 無禮義則上下亂 無政事則財用不足
맹자 왈 불신 인현 즉 국 공허 무 예의 즉 상하 난 무 정사 즉 재용 부족

맹자는 말한다. "어진 이와 뛰어난 이를 믿지 않으면 나라가 텅 비게 되고, 예의[禮]와 의리[義]가 없으면 위아래의 질서가 문란해지며, 올바른 정사가 행해지지 않으면 나라의 재용이 모자라게 된다."

이를 주희의 풀이에 입각하여 풀이하면 이렇게 된다. "어진 이와 뛰어난 이를 신뢰하지 않고 자리를 주지 않으면 사람들이 다 떠나게 되어 나라는 텅 비게 되고, 위아래[上下]와 귀하고 천함[尊卑]의 질서가 없으면 백성들의 마음은 안정을 찾지 못하며, 정치가 문란해지면 백성들은 생산을 등한시하게 되고 세금을 거둬들이는 데 일정한 제한이 없어지며 임금이 재물을 쓰는 데 절도가 사라져 나라의 창고는 모자라게 된다는 것이다."

별도의 추가 풀이가 필요 없다.

13

맹자는 말했다. "어질지 못하면서도 나라를 얻는 자는 있지만 어질지 못하면서 천하를 얻는 자는 없다."

孟子曰 不仁而得國者有之矣 不仁而得天下未之有也
맹자 왈 불인 이 득국 자유지 의 불인 이 득천하 미지유 야

맹자는 말한다. "어질지 못하면서도 나라를 얻는 자는 있지만 어질지 못하면서 천하를 얻는 자는 없다." 어질지 못한 자가 요행히 제후의 나라 정도는 얻을 수 있을지 모르지만 천하의 민심을 얻어야 하는 천자의 나라의 임금이 되는 것은 불가능하다는 말이다.

그러나 이 정도 풀이는 다소 모호한데, 주희가 인용한 추호(鄒浩)의 풀이는 보다 생생하다. "진(秦) 나라 이후로 어질지 못하면서 천하를 얻은 자가 있었다. 그러나 이들은 모두 한두 대(代)를 전하고 잃었으니 이는 얻지 못한 것과 같다. 이른바 천하를 얻는다는 것은 반드시 하은 주 삼대(三代)와 같은 뒤에라야 가능하다."

이 문제에 대해서는 공자가 『논어』 '계씨 2'에서 훨씬 정교한 견해를 내놓은 바 있다. 그런데 공자는 천하를 잃는다〔失〕는 관점에서 접근하고 있다는 점이 다르다.

공자는 말했다. "천하에 도리가 (살아) 있다면 예악시행과 대외정

벌(의 주도권)은 천자(황제)로부터 나오고 도리가 없다면 천자가 아닌, 그 아래의 제후로부터 나온다. 제후로부터 명이 나오게 되면 십 대 안에 정권을 잃지 않는 경우가 드물고, 그 아래 대부로부터 나오면 오 대 안에, 그리고 가신이 나라의 명을 잡으면 삼 대 안에 잃지 않는 경우가 드물다. 천하에 도리가 살아 있다면 정사(의 주도권)가 대부에게 있지 않고, 천하에 도리가 살아 있다면 (정사가 제대로 될 것이므로) 아랫사람들이 함부로 정사에 대해 의논하지 않는다."

질서문란, 하극상(下剋上)을 극도로 경계한 공자의 정치관이라 할 수 있다. 이와 관련해 주희는 "이 장은 천하의 움직임[勢]을 통론 하셨다"고 풀이한다.

공자는 말한다. "만일 천하에 도리[道]가 (살아) 있다면 예악시행 과 대외정벌(의 주도권)은 황제[天子]로부터 나오고 도리가 없다면 천자가 아닌, 그 아래의 제후로부터 나온다." 이는 반대로 읽어도 무방하다. 즉 예악시행과 대외정벌의 명이 천자로부터 나오면 천하엔 도리가 살아 있는 것이고, 제후로부터 나오면 천하는 무도(無道)하다고 할 수 있는 것이다. 나머지는 이에 대한 부연설명이다. 제후로부터 명이 나오게 되면 10세(世) 안에 정권을 잃지 않는 경우[不失]가 드물고[希], 그 아래 대부(大夫)로부터 나오면 5세(世) 안에, 그리고 배신(陪臣)이 나라의 명을 잡으면 3세(世) 안에 잃지 않는 경우가 드물다는 것이다. 배신이란 공식 직함을 갖지 않은 가신(家臣)이다. 여기서 세(世)란 대(代)와 같다.

그리고 공자는 다시 간략하게 정리한다. 천하에 도리가 살아 있다면 정사(政事)(의 주도권)가 대부에게 있지 않고, 천하에 도리가 살

아 있다면 (정사가 제대로 될 것이므로) 아랫사람들[庶人]이 함부로
정사에 대해 의논하지 않는다.

14

맹자는 말했다. "백성은 귀하고, 사직(社稷)은 그다음이고, 임금은 가볍다. 따라서 모든 백성의 마음을 얻으면 천자(天子)가 되고, 천자의 마음을 얻으면 제후(諸侯)가 되고, 제후의 마음을 얻으면 대부(大夫)가 된다. 제후가 사직을 위태롭게 하면 그를 내몰고 새로운 제후를 세운다. (반면에 제후가 사직에 바치는) 희생 제물을 살찌고 튼튼한 것으로 잘 갖추고 공물로 바치는 곡식들도 정갈하게 잘 마련하여 정해진 시기에 맞게 제사를 올리는데도 가뭄이나 홍수의 재해가 일어나면 (이는 제후의 책임이 아니라 사직의 신(神)의 잘못이므로) 사직의 제단을 허물고 새로 짓는다."

孟子曰 民爲貴社稷次之君爲輕 是故得乎丘民而爲天子 得乎天子爲
맹자 왈 민 위 귀 사직 차 지 군 위 경 시고 득 호 구민 이 위 천자 득 호 천자 위

諸侯 得乎諸侯爲大夫 諸侯危社稷則變置 犧牲旣成粢盛旣潔祭祀以時
제후 득 호 제후 위 대부 제후 위 사직 즉 변치 희생 기성 자성 기결 제사 이 시

然而旱乾水溢則變置社稷
연이 한건 수일 즉 변치 사직

    천하를 얻는 문제와 관련하여 앞 장에 이어지는 내용이다. 맹자가 말한다. "백성은 귀하고, 사직(社稷)은 그다음이고, 임금은 가볍다."

이에 대한 주희의 풀이다. "나라는 백성을 근본으로 삼고, 사직도 역시 백성을 위하여 세우며, 임금의 귀함은 이 두 가지의 존망에 달려

있다. 그러므로 그 가볍고 무거움〔輕重〕이 이와 같은 것이다."

다시 맹자의 말이다. "따라서 모든 백성〔丘民〕의 마음을 얻으면 천자(天子)가 되고, 천자의 마음을 얻으면 제후(諸侯)가 되고, 제후의 마음을 얻으면 대부(大夫)가 된다." 여기서 丘民이란 거친 논밭의 백성으로 지극히 미천한 신분의 백성들을 뜻한다.

다시 맹자의 말이 이어진다. "제후가 사직을 위태롭게 하면 그를 내몰고 새로운 제후를 세운다. (반면에 제후가 사직에 바치는) 희생 제물을 살찌고 튼튼한 것으로 잘 갖추고〔旣成〕공물로 바치는 곡식들〔粢盛〕도 정갈하게 잘 마련하여 정해진 시기에 맞게 제사를 올리는데도 가뭄이나 홍수의 재해가 일어나면 (이는 제후의 책임이 아니라 사직의 신(神)의 잘못이므로) 사직의 제단을 허물고 새로 짓는다."

사직의 제단을 허물고 새로 짓는 대목은 상징하는 바가 크다. 주희의 풀이다. "사직이 비록 군주보다는 중하나 백성보다는 가볍다."

15

맹자는 말했다. "빼어난 사람〔聖人〕이란 백세의 스승이니 백이(伯夷)와 유하혜(柳下惠)가 바로 그런 사람이다. 따라서 백이의 풍도를 들은 사람은 (그로부터 영향을 받아) 탐욕스럽던 자도 청렴해지고, 나약한 자는 뜻을 세우게 되었다. 유하혜의 풍도를 들은 사람은 (그로부터 영향을 받아) 각박하던 자는 두터워지며, 속이 좁던 자는 관대해졌다. 백세의 위에서 분발했던 사람들에 대해 백세 이후에 그것을 듣게 된 사람들 가운데 감동하여 분발하지 않는 자가 없었다. 빼어난 사람이 아니고서도 이렇게 할 수 있겠는가? (백세 이후의 사람들까지 이러했는데) 하물며 빼어난 사람들에게서 직접 가르침을 받은 사람들이야 어떠했겠느냐?"

孟子曰 聖人百世之師也 伯夷柳下惠是也 故聞伯夷之風者頑夫廉 懦夫
맹자 왈 성인 백세지사 야 백이 유하혜 시야 고문 백이지풍 자완부렴 나부

有立志 聞柳下惠之風者薄夫敦鄙夫寬 奮乎百世之上百世之下聞者莫不
유 립지 문 유하혜지풍 자박부 돈 비부 관 분호 백세 지상 백세 지하 문자 막불

興起也 非聖人而能若是乎而況於親炙之者乎
흥기 야 비 성인 이 능 약시 호 이 황어 친자 지 자 호

맹자가 말한다. "빼어난 사람〔聖人〕이란 백세의 스승〔師〕이니 백이(伯夷)와 유하혜(柳下惠)가 바로 그런 사람이다. 따라서 백이의 풍도〔風=風道〕를 들은 사람은 (그로부터 영향을 받아) 탐욕스럽던 자〔頑夫〕도 청렴해지고, 나약한 자〔懦夫〕는 뜻을 세우게 되었다. 유하혜의 풍도를 들은 사람은 (그로부터 영향을 받아) 각박하던 자〔薄夫〕

는 두터워지며, 속이 좁던 자〔鄙夫〕는 관대해졌다.
비부

백세의 위에서 분발했던 사람들에 대해 백세 이후에 그것을 듣게
된 사람들 가운데 감동하여 분발하지 않는 자가 없었다. 빼어난 사람
이 아니고서도 이렇게 할 수 있겠는가? (백세 이후의 사람들까지 이러
했는데) 하물며 빼어난 사람들에게서 직접 가르침을 받은 사람들이야
어떠했겠느냐?"

여기서 백이나 유하혜의 풍도란 곧 공자가 말하는 문(文)과 통한다.
공자도 요순부터 시작해서 주공에 이르기까지 뛰어난 사례〔=文〕를 통해
문
널리 배웠다. 『논어』 '옹야 25'에서 공자가 했던 말은 바로 이런 뜻에서다.

"군자가 되고자 하는 사람은 문(文)을 통해 널리 배우고, 그 배운
바를 예(禮)로써 다잡아 몸에 익힌다면 이 또한 (인이나 도에서) 벗
어나지 않을 것이다."

'자장 22'에서는 공자 자신이 이 같은 선인들의 풍도, 즉 문(文)을
어떻게 배웠는지를 보다 구체적으로 보여준다.

위나라의 공손조가 자공에게 물었다. "공자는 어떻게 배웠는가?"
자공은 다음과 같이 답한다. "문왕과 무왕의 도리는 아직 땅에
떨어지지 않아 사람들에게 (남아) 있다. 어진 자는 그 큰 것을 기억
해 알고 있고, 그보다 못한 자도 그 작은 것을 기억해 알고 있어 문
왕과 무왕의 도리가 여전히 남아 있으니, 공자께서 어찌 배우지 않
으시며 또한 어찌 정해진 스승이 계시겠는가?"

16

맹자는 말했다. "어짊이라는 것은 사람이다. (이 둘이) 합해졌을 때 그것을 일러 도리라고 한다."

孟子曰 仁也者人也 合而言之道也
맹자 왈 인 야 자 인 야 합 이 언 지 도 야

맹자는 말했다. "어짊(仁)이라는 것은 사람(人)이다. (이 둘이) 합해졌을 때 그것을 일러 도리(道)라고 한다."

주희의 풀이가 명쾌하다. "인(仁)은 사람을 사람이게 해주는 이치다. 그러나 인은 이치요, 사람은 사물이다. 인의 이치로써 사람의 몸에 합하여 말하면 이것이 바로 이른바 도리(道)라는 것이다."

여기서 맹자가 말하고자 하는 바는 도리라는 것이 사람의 몸을 떠나 저 먼 곳에 존재하는 어떤 것이 아니라는 점이다. 이는 사실상『논어』'위령공 28'에 대한 보충풀이라고 해도 과언이 아니다.

공자는 말했다. "사람이 도리를 크게 하는 것이요, 도리가 사람을 크게 하는 것은 아니다."

공자는 사람이 능히 도리(道)를 넓히고 크게 하는 것이지 도리가 사람을 넓히고 크게 하는 것이 아니라고 단언한다. 도리란 결국 사

람 안에 있고, 사람의 마음과 행함을 통해 넓히고 크게 할 수 있는
것이다.

17

맹자는 말했다. "공자께서 노(魯) 나라를 떠나실 적에 '천천히 천천히 가자'고 말씀하셨다. 이것은 조국을 떠나는 도리다. 제(齊) 나라를 떠나실 적에는 밥을 짓기 위해 씻은 쌀까지 건져서 떠나셨으니 이것은 다른 나라를 떠나는 도리다."

孟子曰 孔子之去魯 曰 遲遲吾行也去父母國之道也 去齊接淅而行去
맹자 왈 공자 지 거 로 왈 지지 오 행 야 거 부모 국 지 도 야 거 제 접 석 이 행 거

他國之道也
타국 지 도 야

도리(道)의 문맥이 이어진다. 맹자는 말했다. "공자께서
노(魯) 나라를 떠나실 적에 '천천히 천천히 가자'고 말씀하셨다. 이것은 조국을 떠나는 도리다. 제(齊) 나라를 떠나실 적에는 밥을 짓기 위해 씻은 쌀까지 건져서 떠나셨으니 이것은 다른 나라를 떠나는 도리다."

그런데 이것만 놓고 보면 단순히 자기 나라나 다른 나라를 떠나는 도리에 관한 언급처럼 보인다. 그런데 '만장 장구 하' 1장에 이와 거의 같은 내용이 나오는데 좀 더 추가되는 부분이 있다. 그것까지 고려하면 이 장이 말하고자 하는 바가 훨씬 분명해진다.

"공자께서는 제나라를 떠나실 때 밥을 짓기 위해 씻은 쌀(淅)까지 건져서(接) (서둘러) 떠나셨는데 (고국인) 노나라를 떠나실 때는 이렇

게 말씀하셨다. '천천히 천천히〔遲遲〕 가자!' 바로 이것이 조국〔父母國〕
을 떠나는 도리이다. 빨리 가야 할 것 같으면 빨리 가고, 오래 머물러
야 할 것 같으면 오래 머물고, 벼슬에서 떠나 있어야 할 것 같으면 떠
나 있고, 벼슬해야 할 것 같으면 벼슬하신 분이 공자이시다."

여기서 핵심은 마지막 문장이다. 이는 빼어난 경지에 오른 공자의
권도(權道)에 관한 언급임을 앞에서 살펴본 바 있다.

18

맹자는 말했다. "공자께서 진(陳) 나라와 채(蔡) 나라 사이에서 곤액을 당하신 것은 (그들 나라의) 군주나 신하 어느 쪽과도 교제가 없으셨기 때문이다."

孟子曰 君子之戹於陳蔡之間無上下之交也
맹자 왈 군자 지 액 어 진 채 지 간 무 상하지교 야

맹자는 말한다. "공자[君子]께서 진(陳) 나라와 채(蔡) 나라 사이에서 곤액을 당하신 것은 (그들 나라의) 군주나 신하[上下] 어느 쪽과도 교제가 없으셨기 때문이다."

성인(聖人)이라 하지 않고 군자라 부르고 있다. 주희에 따르면 당시 두 나라 모두 군주나 신하가 다 악하여 더불어 사귈 만한 사람이 없었다는 뜻이다. 이는 공자 같은 성인군자도 주변과의 교제가 없으면 곤경에 처할 수 있다는 메시지를 던진다고 볼 수도 있다. 그러나 그보다는 곤경을 당할지언정 무도(無道)한 인간과는 교제를 하지 않았던 공자의 태도를 평가하는 것으로 봐야 앞의 문맥에 이어진다.

19

맥계(貉稽)라는 사람이 말했다. "저는 말로 인해 크게 덕을 보지 못하고 많은 사람들의 비방을 받고 있습니다."

맹자가 답했다. "신경 쓸 것 없다. 선비는 (바른 말을) 하면 할수록 그만큼 더 많은 비방을 받는다. 『시경』에 이르기를 '근심 걱정으로 늘 노심초사하건만 많은 소인 무리들 원망을 하네'라고 하였으니 그에 해당하는 분이 공자이셨고, '그들 오랑캐에 대한 노여움 없애지 못했으나 그래도 자신의 명성 잃지 않았네'라고 하였으니 그에 해당하는 분이 문왕(文王)이셨네."

貉稽曰 稽大不理於口
맥계 왈 계 대 불 리 어 구

孟子曰 無傷也 士憎[增]玆多口 詩云 憂心悄悄 慍于群小 孔子也 肆不殄
맹자 왈 무상 야 사 증 증 자 다구 시운 우심 초초 온 우 군소 공자 야 사 부진

厥慍 亦不隕厥問[聞] 文王也
궐 온 역 불운 궐 문 문 문왕 야

(많은 사람들의 입방아에 오르내리던) 맥계(貉稽)라는 사람이 말한다. "저[稽]는 말[口]로 인해 크게 덕을 보지 못하고 많은 사람들의 비방을 받고 있습니다."

이에 맹자가 답했다. "신경[傷] 쓸 것 없다. 선비는 (바른 말을) 하면 할수록[憎=增] 그만큼 더 많은 비방[多口]을 받는다. 『시경』에 이르기를 '근심 걱정으로 늘 노심초사하건만 많은 소인 무리들 원망을 하네'

라고 하였으니 그에 해당하는 분이 공자이셨고, '그들 오랑캐에 대한 노여움 없애지 못했으나 그래도 자신의 명성〔問=聞〕 잃지 않았네'라고 하였으니 그에 해당하는 분이 문왕(文王)이셨네."

공자의 경우는 『논어』 '팔일 18'에 해당하는 것이다.

공자는 말했다. "임금을 섬기는 데 (내가) 예를 다하자 사람들은 아첨한다고 말한다."

공자의 경우건 문왕의 경우건 결국 자기 자신의 마음이 중요함을 강조하는 것이다. 이런 문맥은 바로 뒷장으로 이어진다.

20

맹자는 아주 함축적으로 말한다. "(옛날의) 뛰어난 이들은 그 (자신의) 내면적인 밝음으로 남들을 밝게 해주었는데, 지금 사람들은 그 (자신의) 어두움으로 남들을 밝게 해주려 한다."

孟子曰 賢者以其昭昭使人昭昭 今以其昏昏使人昭昭
맹자 왈 현자 이 기 소소 사 인 소소 금 이 기 혼혼 사 인 소소

맹자는 아주 함축적으로 말한다. "(옛날의) 뛰어난 이들은 그 (자신의) 내면적인 밝음[昭昭]으로 남들을 밝게 해주었는데, 지금 사람들은 그 (자신의) 어두움으로 남들을 밝게 해주려 한다."

윤돈은 이를 『대학』과 연결 지어 풀이한다. "큰 학문[大學]의 도리[道]는 스스로 밝은 다움[明德]을 밝혀서 천하와 나라와 가정에 베풂에 있으니 그 순종하지 않는 자가 적은 것이다."

자기 자신을 닦는 것, 즉 수기(修己)와 숭덕(崇德)이 모든 것의 출발점이 된다.

맹자가 (한때 제자였다가 다른 길을 가게 된) 고자(高子)에게 이렇게 말했다. "산길 중에서 아주 좁은 오솔길이라도 (사람들이) 잠깐만 사용하면 길이 되고, 한동안 사용하지 않으면 잡초가 그 길을 뒤덮어버린다. 지금 잡초가 자네의 마음을 뒤덮고 있다."

孟子謂高子曰 山徑之蹊間介然用之而成路 爲間不用則茅塞之矣 今茅
맹자 위 고자 왈 산경 지 혜 간 개연 용 지 이 성 로 위 간 불용 즉 모 색 지 의 금 모

塞子之心矣
색 자지심 의

여전히 마음을 닦는 문제에 대해 이야기하고 있다. 맹자가 (한때 제자였다가 다른 길을 가게 된) 고자(高子)에게 이렇게 말한다. "산길〔山徑〕 중에서 아주 좁은 오솔길〔蹊〕이라도 (사람들이) 잠깐만 〔介然〕 사용하면 길이 되고, 한동안〔間〕 사용하지 않으면 잡초가 그 길을 뒤덮어버린다. 지금 잡초가 자네의 마음을 뒤덮고 있다." 앞에서 다하지 못한 고자에 대한 비평의 추가분이라고 할 수 있다.

다음 장에 고자의 이야기가 나오기 때문에 여기서는 굳이 고자의 반박이나 변명을 싣지 않은 것으로 보인다. 따라서 이 두 장은 나란히 함께 읽어보면 더 좋다.

고자(高子)가 말했다. "(하나라의) 우왕(禹王)의 음악이 (주나라의) 문왕(文王)의 음악보다 뛰어납니다."

맹자가 말했다. "무슨 근거로 그런 말을 하는가?"

이에 고자는 답했다. "(우왕 때부터 내려오던 종(鐘)의) 종끈이 다 헤어져 있기 때문입니다."

맹자가 말했다. "이 어찌 (우왕의 음악이 더 뛰어나다는 추론의 근거로) 충분하단 말인가? (그렇다면) 성문 아래의 깊이 패인 수레바퀴 자국이 두 마리 말이 끄는 마차 한 대의 힘 때문이겠는가?"

高子曰 禹之聲尙文王之聲
고자 왈 우지성 상 문왕지성

孟子曰 何以言之
맹자 왈 하이 언 지

曰 以追蠡
왈 이 퇴 려

曰 是奚足哉 城門之軌兩馬之力與
왈 시 해 족 재 성문 지 궤 양마 지 력 여

고자(高子)가 말했다. "(하나라의) 우왕(禹王)의 음악이 (주나라의) 문왕(文王)의 음악보다 뛰어납니다." 이에 맹자는 일단 그 이유는 묻는다. "무슨 근거로〔何以〕 그런 말을 하는가?"
하이

이에 고자는 답했다. "(우왕 때부터 내려오던 종(鐘)의) 종끈이 다 헤

어져 있기 때문입니다." 蠡는 '좀 먹다', '낡다', '바래다'는 뜻이다. 고자
의 발언에 대한 주희의 풀이다. "우왕 당시의 종으로 그때까지 남아 있
는 것은 종끈이 벌레가 파먹은 것과 같아서 끊어지려고 하니, 이는 음
악을 사용한 자가 많은 것이요, 문왕의 종은 그렇지 않다고 판단해 우
왕의 음악이 문왕의 음악보다 낫다고 생각한다고 말한 것이다."

　그러나 그것은 우리가 보아도 근거가 약한 추론이다. 맹자의 반박
이다. "이 어찌 (우왕의 음악이 더 뛰어나다는 추론의 근거로) 충분하단
말인가? (그렇다면) 성문 아래의 깊이 패인 수레바퀴 자국[軌]이 두
마리 말이 끄는 마차 한 대의 힘 때문이겠는가?"

　주희는 풍직(豊稷)의 풀이를 인용하는 것으로 풀이를 대신한다. "성
문 아래에는 오직 한 대의 수레만을 다닐 수 있게 하니 수레가 모두
한 길을 따르기 때문에 수레바퀴 자국이 깊은 것이다. 세월이 오래되
고 지나간 수레가 많아 이렇게 된 것이요, 한 수레의 두 마리 말의 힘
이 이렇게 만든 것이 아니다."

　즉 우왕의 종끈이 낡은 것은 일단 문왕보다 훨씬 오래되었기 때문
인데 그 점을 살피지 못한 채 섣불리 연주를 많이 하여 낡은 것으로
잘못 판단한 고자의 생각을 정면으로 비판하는 것이다.

　결국 이렇게 정리해 볼 수 있다.

　'그대는 현재의 기발한 생각에 사로잡혀 있지만 진리는 오랜 세월
전해 내려온 옛 성왕들의 도리[先王之道]에서 크게 벗어나지 못하는
것이야.'

　이단(異端)에 휩쓸린 고자에 대한 비판으로 읽으면 전혀 무리가
없다.

23

제(齊) 나라에 흉년이 들어 기근이 심했다. 이에 (맹자의 제자인) 진진(陳臻)이 말했다. "온 나라 사람들이 스승님께서 다시 한 번 (제나라 임금에게 청하여) 당읍에 있는 창고를 열어주실 것이라고 기대하고 있습니다. 다시 한 번 하실 수 없으신지요?"

맹자가 말했다. "그리한다면 나는 풍부(馮婦)가 되고 말 것이야. (옛날) 진(晉) 나라에 풍부라는 자가 있었다. 그는 호랑이를 맨손으로 때려 잡기도 했으나 마침내 (마음을 바꾸어) 점잖은 선비로 바뀌었다. 한번은 들판을 지나가는데 사람들이 호랑이를 쫓고 있었다. 호랑이가 산모퉁이를 등지고서 버티자 (사람들은 더 이상) 감히 다가서지 못하고 있다가 멀리서 지나가는 풍부를 보고서는 달려가서 그를 (호랑이가 있는 곳으로) 맞이하여 왔다. 풍부가 팔뚝을 걷어붙이면서 수레에서 내려서자 많은 사람들은 기뻐했다. 그러나 선비 되는 사람들은 그를 비웃었다."

齊饑 陳臻曰 國人皆以夫子將復爲發棠 殆不可復
제 기 진진 왈 국인개이부자장부위발당 태불가부

孟子曰 是爲馮婦也 晉人有馮婦者 善搏虎卒爲善士 則之野有衆逐虎 虎
맹자왈 시위풍부야 진인유풍부자 선박호졸위선사 즉지야유중축호 호

負嵎莫之敢攖望見馮婦趨而迎之 馮婦攘臂下車衆皆悅之 其爲士者笑之
부우막지감영망견풍부추이영지 풍부양비하거중개열지 기위사자소지

🌸　　제(齊) 나라에 흉년이 들어 기근이 심했다. 飢나 饑 모두
기　　기
굶주리다는 뜻이지만 饑는 특히 '흉년이 들다', 혹은 '흉년이 들어 굶
기

주리다'는 뜻이다.

이에 (맹자의 제자인) 진진(陳臻)이 말했다. "온 나라 사람들이 스승님께서 다시 한 번 (제나라 임금에게 청하여) 당읍(棠)에 있는 창고를 열어주실 것이라고 기대하고(以=以爲) 있습니다. 다시 한 번 하실 수 없으신지요?"

문맥을 보면 그전에 한 번 맹자가 제나라 임금에게 청하여 당읍의 식량창고를 열어 굶주린 자들을 구휼했음을 알 수 있다. 이에 진진이 다시 한 번 그렇게 해줄 것을 청한 것이다. 맹자의 대답이 궁금하다.

맹자는 먼저 "그리한다면 나는 풍부(馮婦)가 되고 말 것이야"라고 말한 다음 풍부가 무엇인지를 풀어서 설명한다. "(옛날) 진(晉) 나라에 풍부라는 자가 있었다. 그는 호랑이를 맨손으로 때려잡기(搏)도 했으나 마침내 (마음을 바꾸어) 점잖은 선비(善士)로 바뀌었다. 한번은 들판을 지나가는데 사람들이 호랑이를 쫓고(逐) 있었다. 호랑이가 산모퉁이를 등지고서 버티자 (사람들은 더 이상) 감히 다가서지(攖) 못하고 있다가 멀리서 지나가는 풍부를 보고서는 달려가서 그를 (호랑이가 있는 곳으로) 맞이하여 왔다. 풍부가 팔뚝을 걷어붙이면서(攘) 수레에서 내려서자 많은 사람들은 기뻐했다. 그러나 선비 되는 사람들(爲士者)은 그를 비웃었다."

이 글의 문맥에 대한 주희의 풀이다. "이때에 제나라 임금(齊王)이 이미 맹자를 등용하지 못하였고, 맹자 또한 장차 떠나려 하신 것이다. 그러므로 그 말씀이 이와 같으신 것이다."

그러나 이는 너무 세속적인 설명이다. 오히려 여기서는 장부의 뜻과 관련되는 것으로 봐야 한다. 한 번 뜻을 세우면 무슨 일이 있어도 지키겠다는 마음가짐의 중요성을 이야기한다. 그래야 앞뒤 장과 문맥도 통한다. 따라서 『논어』 '자한 25'가 이 장의 풀이에 도움을 준다.

　　공자는 말했다. "삼군에서 장수는 빼앗을 수 있으나, 필부에게서 그 뜻을 빼앗을 수는 없다."

　　삼군(三軍)은 좌군(左軍), 우군(右軍), 중군(中軍)을 말하는데 여기서는 일단 군대를 뜻한다. 군대의 경우, 어떻게 해서든지간에 결국 장수(帥)를 빼앗는 것이 가능하지만, 필부라 하더라도 그 사람의 뜻은 본인이 지켜려고만 한다면 마음대로 빼앗을 수 없다는 것이다. 여기서는 그만큼 인생에서 '뜻〔志〕', 혹은 뜻을 세우는 것〔立志〕이 중요하다는 것을 강조한다. 이와 관련해 후중량(侯仲良)의 풀이가 눈길을 끈다. "삼군의 용맹은 남에게 달려 있고, 필부의 뜻은 자신에게 있다. 그러므로 장수는 빼앗을 수 있으나 필부의 뜻은 빼앗을 수 없으니, 만약 빼앗을 수 있다면 그것은 뜻이라고 할 수 없다."

24

맹자는 말했다. "입이 맛을 향하는 것, 눈이 색을 향하는 것, 귀가 소리를 향하는 것, 코가 냄새를 향하는 것 그리고 우리의 몸이 편안함을 향하는 것은 사람의 본성에서 나오는 것이기는 하지만 (그것들을 누릴 수 있느냐 그렇지 않느냐에는) 명운이 있다. (그렇기 때문에) 군자(君子)는 그것들을 본성이라고 부르지는 않는다. (이와 대조적으로) 어진 마음이 부모와 자식 간에 하는 역할, 의리가 임금과 신하 간에 하는 역할, 예의가 손님과 주인 간에 하는 역할, 사람 보는 안목이 뛰어난 이에게서 하는 역할, 빼어난 사람[聖人]이 하늘과도 같은 도리에서 하는 역할은 명운이지만 본성이기도 하다. (그렇기 때문에) 군자는 그것들을 명운이라고 부르지는 않는다."

孟子曰 口之於味也 目之於色也 耳之於聲也 鼻之於臭也 四肢之於
맹자 왈 구 지 어 미 야   목 지 어 색 야   이 지 어 성 야   비 지 어 취 야   사 지 지 어

安佚也性也有命焉 君子不謂性也 仁之於父子也 義之於君臣也 禮之於
안일 야 성 야 유 명 언   군자 불위 성 야   인 지 어 부자 야   의 지 어 군신 야   예 지 어

賓主也 智之於賢者也 聖人之於天道也命也有性焉 君子不謂命也
빈주 야   지 지 어 현자 야   성인 지 어 천도 야 명 야 유 성 언   군자 불위 명 야

맹자가 말한다. "입이 맛을 향하는 것, 눈이 색을 향하는 것, 귀가 소리를 향하는 것, 코가 냄새를 향하는 것 그리고 우리의 몸〔四肢〕이 편안함〔安佚〕을 향하는 것은 사람의 본성에서 나오는 것〔性〕이기는 하지만 (그것들을 누릴 수 있느냐 그렇지 않느냐에는) 명운〔命〕

이 있다. (그렇기 때문에) 군자(君子)는 그것들을 본성[性]이라고 부르지는 않는다.

(이와 대조적으로) 어진 마음[仁]이 부모와 자식 간에 하는 역할, 의리[義]가 임금과 신하 간에 하는 역할, 예의[禮]가 손님과 주인 간에 하는 역할, 사람 보는 안목[智]이 뛰어난 이에게서 하는 역할, 빼어난 사람[聖人]이 하늘과도 같은 도리[天道]에서 하는 역할은 명운[命]이지만 본성이기도 하다. (그렇기 때문에) 군자는 그것들을 명운이라고 부르지는 않는다."

이에 대해서는 주희가 인용한 자신의 스승 이동(李侗)의 풀이가 정곡을 찌른다. "이 두 조목은 모두가 본성[性]이 가지고 있는 바로써 하늘에서 명(命)한 것이다. 그러나 세상 사람들은 이 앞의 다섯 가지를 본성으로 여겨, 비록 얻지 못할지라도 반드시 이를 구해야겠다고 한다. 그리고 뒤의 다섯 가지를 명운으로 여겨 하나라도 이르지 못하면 다시는 더 이상 (그것을 얻기 위해) 힘을 쏟지 않는다."

결국 핵심은 뒤쪽에 있다. 그것은 명운에 그치는 것이 아니라 당연히 추구해야 하는 것이다. 그래서 뜻을 중시하는 군자라면 그것을 명운이라고만 부르지는 않는다는 말이다. 이는 곧 그것을 얻기 위해 최선의 노력[文]을 다해야 한다는 뜻이다.

25

(제나라 사람인) 호생불해(浩生不害)가 맹자에게 물었다. "악정자(樂正子)는 어떤 사람입니까?"

맹자는 답했다. "좋은 사람이고 믿음직한 사람이다."

"무엇이 좋은 것이고, 무엇이 믿음직한 것입니까?"

"(누구나) 그렇게 되고 싶어 하는 바를 일러 좋다고 하고, 그런 것을 이미 자기 몸에 갖고 있는 바를 일러 믿음직스럽다고 한다. 또 그 (되고 싶어 하는 바를) 가득 채우는 것을 일러 아름답다고 하고, 가득 채워서 그것을 밝게 빛내는 것을 일러 크다고 한다. 스스로 크면서 동시에 (다른 사람들까지) 그쪽으로 옮겨가게 하는 것을 일러 빼어나다고 하고, 빼어나면서 동시에 그것을 알 수가 없는 지경을 일러 신묘하다고 한다. 악정자는 (善과 信) 두 가지에는 적중한 인물이요, (나머지 美, 大, 聖, 神) 네 가지의 아래에 있는 인물이다."

浩生不害問曰 樂正子何人也
호생불해 문왈 악정자 하인 야

孟子曰 善人也信人也
맹자 왈 선인 야 신인 야

(浩生不害)曰 何謂善何謂信
호생불해 왈 하위 선 하위 신

(孟子)曰 可欲之謂善 有諸己之謂信 充實之謂美 充實而有光輝之謂大
맹자 왈 가욕 지위선 유제 기지위신 충실 지위미 충실 이유 광휘 지위 대

大而化之之謂聖 聖而不可知之之謂神 樂正子二之中四之下也
대 이 화 지 지위성 성 이 불가 지 지 지위 신 악정자 이지 중 사지 하 야

（제(齊) 나라 사람인) 호생불해(浩生不害)가 맹자에게 악정자(樂正子)에 관해 질문을 던진다. 당시 맹자의 제자인 악정자가 노(魯) 나라의 국정을 맡게 되었다는 소식을 접하고 맹자가 기뻐하자 그것을 본 호생불해가 어떤 점 때문에 맹자가 기뻐하는지를 알고 싶어 이런 질문을 던진 것이다.

이에 맹자는 아주 간단하게 "좋은 사람(善人)이고, 믿음직한 사람(信人)이다"라고 답한다. 그러자 그는 "무엇이 좋은 것(善)이고, 무엇이 믿음직한 것(信)이냐"라고 되물었다. 맹자의 답이 단계론으로 이어진다.

"（누구나） 그렇게 되고 싶어 하는 바(可欲)를 일러 좋다(善)고 하고, 그런 것을 이미 자기 몸에 갖고 있는 바를 일러 믿음직스럽다(信)고 한다. 또 그 (되고 싶어 하는 바(善)를) 가득 채우는 것을 일러 아름답다(美)고 하고, 가득 채워서 그것을 밝게 빛내는 것을 일러 크다(大)고 한다. 스스로 크면서 동시에 (다른 사람들까지) 그쪽으로 옮겨가게(化) 하는 것을 일러 빼어나다(聖)고 하고, 빼어나면서 동시에 그것을 알 수가 없는 지경을 일러 신묘하다(神)고 한다. 악정자는 (善과 信) 두 가지에는 적중한 인물이요, (나머지 美, 大, 聖, 神) 네 가지의 아래에 있는 인물이다."

주희가 인용한 장자(張子)의 풀이는 참고할 만하다. "안연(顏淵-顏回)과 악정자 모두 인(仁)을 좋아하였지만 악정자는 인에 뜻을 두고서 악(惡)을 행하지 않았을 뿐이요, 배움에 힘을 다하지 않았다. 이 때문에 다만 좋은 사람(善人)과 믿음직한 사람(信人)이 되었을 뿐이다. (반면에) 안자(顏子-顏淵)는 배우기를 좋아하고 게을리하지 않아서 인(仁)과 지(智)를 합하여 빼어난 이(聖人)의 골격을 갖추었다. 다만

(일찍 세상을 떠나는 바람에) 성인의 경지에 이르지 못했다."

여기서 맹자는 善, 信, 美, 大, 聖, 神 여섯 개의 도에 이르는 단계를
  선 신 미 대 성 신
제시하고 있다. 물론 공자는 이런 식으로까지 제시하지는 않았지만 이
와 비슷한 개념을 선보인다. 『논어』 '술이 25'다. 참고할 만하다.

공자는 말했다. "내가 만일 성인(聖人)을 만나보는 것이 불가능하
다면 군자(君子)라도 만나보면 괜찮다."

공자는 말했다. "내가 만일 선한 이〔善人〕를 만나보는 것이 불가
                    선인
능하다면 오래가는 마음을 가진 자〔有恒者〕라도 만나보면 괜찮다.
                        유항자
아무것도 없으면서 있는 척하고, 텅 비어 있으면서 가득한 척하며,
보잘것없으면서 큰 척하면 항심(恒心)을 가졌다고 말하기 어려울 것
이다."

항심은 지속하는〔久=恒=常〕마음이다.
            구 항 상

맹자는 말했다. "(겸애설(兼愛説)을 주창하는) 묵가(墨家)를 벗어나면 반드시 (위아설(爲我説)을 주창하는) 도가(道家)에게 돌아가게 되고, 양자(楊子)를 벗어나면 반드시 유가(儒家)에게 돌아오게 된다. 이때는 (그들을) 받아주면 그만이다. (그런데) 양주(楊朱)와 묵적(墨翟)(을 따랐다가 유가에 귀의한 사람들)과 오늘날 논쟁을 벌이는 것을 보고 있으면 마치 우리를 뛰쳐나간 돼지를 쫓는 것과 같다. 일단 우리로 들어오면 그만이거늘 거기다가 이어서 발목까지 묶어두려 한다."

孟子曰 逃墨必歸於楊 逃楊必歸於儒 歸斯受之而已矣 今之與楊墨辯者
맹자 왈 도묵 필귀 어양 도양 필귀 어유 귀사 수지 이이의 금지 어양묵 변자
如追放豚 旣入其苙又從而招之
여 추 방돈 기 입 기립 우 종 이 초 지

🌸　　　이번에는 정도(正道)와 이단(異端)의 문맥이다. 맹자는 말한다. "(겸애설(兼愛説)을 주창하는) 묵가(墨家)를 벗어나면 반드시 (위아설(爲我説)을 주창하는) 도가(道家)에게 돌아가게 되고, 양자(楊子)를 벗어나면 반드시 유가(儒家)에게 돌아오게 된다. 이때는 (그들을) 받아주면 그만이다.

(그런데) 양주(楊朱)와 묵적(墨翟)(을 따랐다가 유가에 귀의한 사람들)과 오늘날 논쟁을 벌이는 것을 보고 있으면 마치 우리를 뛰쳐나간 돼지를 쫓는 것과 같다. 일단 우리로 들어오면 그만이거늘 거기다가

〔又〕 이어서〔從〕 발목까지 묶어두려〔招=束〕 한다."
　　　우　　　종　　　　　　　　　　　초　속

　이단에 대해서는 매우 엄정한 논리로 반박하는 맹자이지만 일단 이단을 버리고 돌아온 사람들에 대해서는 관대해야 한다는 말이다. 그것이 유가적인 정신이기도 하다.

27

맹자가 말했다. "베와 실을 거두는 세금이 있고, 곡식을 거두는 세금이 있고, 노동력을 징발하는 세금이 있다. 군자(다운 관리)는 이 셋 중에서 하나만 쓰고 나머지 둘은 시기를 늦춘다. 만일 두 가지를 동시에 쓸 경우 백성들은 굶어 죽고, 세 가지를 동시에 쓰면 부모와 자식들이 뿔뿔이 흩어지게 된다."

孟子曰 有布縷之征粟米之征力役之征 君子用其一緩其二 用其二而民
맹자 왈 유 포루 지정 속미 지정 역역 지정 군자 용기 일완 기이 용 기 이 이 민

有殍 用其三而父子離
유 표 용 기 삼 이 부자 리

맹자가 말한다. "베와 실을 거두는 세금[征]이 있고, 곡식을 거두는 세금이 있고, 노동력을 징발하는 세금이 있다. 군자(다운 관리)는 이 셋 중에서 하나만 쓰고 나머지 둘은 시기를 늦춘다. 만일 두 가지를 동시에 쓸 경우 백성들은 굶어 죽고[殍], 세 가지를 동시에 쓰면 부모와 자식들이 뿔뿔이 흩어지게 된다."

세금을 거두되 법도에 맞게 해야 한다는 뜻이다. 윤돈의 풀이다. "백성은 나라의 근본이니 (세금 등을) 취함에 한도가 없으면 그 나라가 위태로워짐을 말한 것이다."

28

맹자는 말했다. "제후에게 보배는 세 가지다. 토지와 인민 그리고 올바른 정치다. 진주나 옥을 보배처럼 여기는 제후에게는 재앙이 반드시 그 몸에 미치게 된다."

孟子曰 諸侯之寶三 土地人民政事 寶珠玉者殃必及身
맹자 왈 제후지보 삼 토지 인민 정사 보 주옥 자 앙 필 급 신

맹자는 말한다. "제후에게 보배는 세 가지다. 토지와 인민 그리고 올바른 정치다. 진주나 옥[珠玉]을 보배처럼 여기는 제후에게는 재앙이 반드시 그 몸에 미치게 된다."

여기서는 보배[寶]라는 말의 두 가지 의미를 통해 제후에게 정말 중요한 것이 무엇인지를 일깨워준다. 앞 장에 이어 백성의 중요성이 부각된다.

29

(맹자의 제자였던) 분성괄(盆成括)이 제나라에서 벼슬을 하게 되자 맹자는 말했다. "죽게 될 것이다, 분성괄이여!"

(실제로) 분성괄이 죽임을 당했다.

(이에 그의 살해 소식을 알게 된) 제자들이 맹자에게 물었다. "스승님께서는 어떤 근거로 그가 장차 살해될 것을 아셨습니까?"

이에 맹자가 답했다. "그 사람됨이 재주는 조금인 데다가 군자(君子)의 큰 도리를 배우지 못했으니 그렇게 되면 자기 몸을 족히 죽이고도 남음이 있을 뿐이다."

盆成括仕於齊 孟子曰 死矣盆成括
분성괄 사 어 제 맹자 왈 사 의 분성괄

盆成括見殺
분성괄 견살

門人問曰 夫子何以知其將見殺
문인 문왈 부자 하이 지 기 장 견살

(孟子)曰 其爲人也小有才 未聞君子之大道也 則足以殺其軀而已矣
맹자 왈 기 위인 야 소 유 재 미문 군자 지 대도 야 즉 족이 살 기 구 이이의

(맹자의 제자였던) 분성괄(盆成括)이 제(齊) 나라에서 벼슬을 하게 되자 맹자는 말했다. "죽게 될 것이다, 분성괄이여!"

(실제로) 분성괄이 죽임을 당했다[見]. (이에 그의 살해 소식을 알게 된) 제자들이 맹자에게 물었다. "스승님께서는 어떤 근거로 그가 장차

살해될 것을 아셨습니까?"

이에 맹자가 답했다. "그 사람됨이 재주는 조금인 데다가 군자(君子)의 큰 도리를 배우지 못했으니 그렇게 되면[則] 자기 몸을 족히 죽이고도 남음이 있을 뿐이다."

사람을 알아보는 문제[知人]이면서 도리[道]의 체화 여부가 판단의 척도가 되고 있다. 앞서 보았던 악성자에 대한 평과 비교해 볼 만하다.

그리고 공자가 제자 자로(子路)의 비명횡사를 예측한 대목과 비교해 볼 필요가 있다. 자로 또한 도리에 관한 열의는 있었으나 제대로 도리를 배우지 못한 인물이기 때문이다. 먼저 『논어』 '선진 12'부터 보자.

민자건은 공자를 옆에서 모실 적에 온화하였고, 자로는 굳세었고, 염유와 자공은 강직하니 공자가 (뛰어난 자질을 갖춘 다양한 제자들과 강학을 함께 하는 것을) 즐거워하셨다.

(그러던 어느 날) 공자는 말했다. "자로는 제대로 죽지 못할 것이다."

공자는 조금은 느닷없이 유(由), 즉 자로만을 지목하여 "자로는 제대로 죽지 못할 것이다"라고 말한다. 풀자면 천수(天壽)를 누리지 못할 것이라는 뜻이다. 공자는 왜 아끼는 제자였던 자로에 대해 이런 가혹한 말을 한 것일까?

윤돈의 풀이를 참고해 보자. "자로는 강건하여 제대로 죽지 못할 이치가 있었다. 그러므로 인하여 경계하신 것인데 그 뒤 자로는 마침내 위나라 공회(孔悝)의 난에 죽었다."

자로는 배움을 등한시했던 제자다. '선진 24'에는 바로 그 문제 때문에 공자에게 욕을 먹고 있는 자로의 모습이 나온다.

자로가 계씨의 가신이 되어 자고를 비읍의 읍재로 삼자 공자는 탄식했다. "남의 자식을 해치는구나!"

이에 자로가 맞섰다. "백성과 사람이 있고 사직(社稷)이 있으니, 어찌 반드시 책을 읽은 뒤에야 학문을 하겠습니까?"

공자는 말했다. "바로 이런 너 때문에 나는 말 잘하는 사람을 미워하는 것이다."

30

맹자가 등나라에 갔을 때 고급 여관에 묵었다. 그때 (여관 주인이) 만들다 만 신발이 남쪽 창문 위에 있었는데 그 주인이 찾았지만 찾지를 못했다. 그래서 한 사람이 맹자에게 물었다. "어찌 이런 일이! 선생을 따르는 자들이 그것을 숨겼지요?"

맹자가 답했다. "자네는 그래, 이 일을 갖고서 우리가 신발을 훔치기 위해 이곳까지 왔다는 것인가?"

"그렇지야 않겠지요. 그러나 선생께서 학과목을 설치하여 가르치시는 것을 보면 오는 자는 내쫓지 않고 가는 자는 막지 않으십니다. 만일 (배우겠다는) 바른 마음만 갖고 온다면 다 받아주실 뿐이지요."

孟子之滕館於上宮 有業屨於牖上館人求之弗得
맹자 지 등 관 어 상 궁 유 업 구 어 유 상 관 인 구 지 불 득

或問之曰 若是乎從者之廋也
혹 문 지 왈 약 시 호 종 자 지 수 야

(孟子)曰 子以是爲竊屨來與
맹자 왈 자 이 시 위 절 구 래 여

曰 殆非也 夫子之設科也往者不追來者不拒 苟以是心至斯受之而已矣
왈 태 비 야 부 자 지 설 과 야 왕 자 불 추 내 자 불 거 구 이 시 심 지 사 수 지 이 이 의

맹자가 등(滕) 나라에 갔을 때 고급 여관[上宮]에 묵었다. 그때 (여관 주인이) 만들다 만 신발[屨]이 남쪽 창문[牖] 위에 있었는데 그 주인이 찾았지만 찾지를 못했다. 그래서 한 사람이 맹자에게

물었다. "어찌 이런 일이! 선생을 따르는 자들이 그것을 숨겼지요?"

맹자가 답했다. "자네는 그래, 이 일을 갖고서 우리가 신발을 훔치기 위해[爲] 이곳까지 왔다는 것인가?"

"그렇지야 않겠지요. 그러나 선생께서 학과목을 설치하여 가르치시는 것을 보면 오는 자는 내쫓지 않고 가는 자는 막지 않으십니다. 만일 (배우겠다는) 바른 마음만 갖고 온다면 다 받아주실 뿐이지요."

그렇지만 그 사람들이 다 처음부터 끝까지 좋은 마음을 유지할 수 없는 것 아니겠느냐는 은근한 지적의 뜻이 담겨 있다. 더 이상의 응답이 이뤄지지 않는 것으로 볼 때 실제로는 신발이 창문 위에 있었지만 맹자도 그 사람이 말하는 취지가 크게 틀리지 않다고 생각했을 가능성이 크다.

31

맹자는 말했다. "사람은 누구나 다 차마 못하는 바를 갖고 있으니 (거기서 출발해) 얼마든지 할 수 있는 바에까지 도달하면 그것이 곧 인 (仁)이다. 사람은 누구나 다 하지 않는 바를 갖고 있으니 (거기서 출발해) 반드시 해야 하는 바에까지 도달하면 그것이 곧 의로움이다. 사람이 남을 해치고 싶어 하지 않는 마음으로 자신을 꽉 채워간다면 (어진 마음이 커져서) 그 어진 마음은 이루 다 쓸 수가 없을 것이며, 사람이 담을 뚫거나 넘어서 도둑질하고 싶어 하지 않는 마음으로 자신을 꽉 채워간다면 (의로운 뜻이 커져서) 그 의로운 마음은 이루 다 쓸 수 없을 것이다. 즉 사람이 천대(사람들이 그냥 너나 자네라고 부르는 것)를 당하지 않을 만한 자세로 자신을 꽉 채워간다면 어디를 가더라도 의로움에서 벗어나는 일은 없을 것이다. 선비가 되어서 말을 해서는 안 될 때 말을 한다면 이는 말하는 것으로써 그를 핥아 먹는 것이요, 말을 해야 하는데 말을 안 한다면 이는 말하지 않음으로써 그를 핥아 먹는 것이니 둘 다 담을 뚫거나 넘어가는 일종의 도둑질이다."

孟子曰 人皆有所不忍 達之於其所忍仁也 人皆有所不爲 達之於其所爲
맹자 왈 인개유 소불인 달 지 어 기 소인 인야 인개유 소불위 달 지 어 기 소위

義也 人能充無欲害人之心而仁不可勝用也 人能充無穿踰之心而義不可
의 야 인 능 충 무욕 해인 지 심 이 인 불가 승용 야 인 능 충 무 천유 지 심 이 의 불가

勝用也 人能充無受爾汝之實無所往而不爲義也 士未可以言而言 是以言
승용 야 인 능 충무 수 이여 지 실무 소왕 이 불위 의 야 사 미 가이 언 이 언 시 이 언

餂之也 可以言而不言 是以不言餂之也 是皆穿踰之類也
첨 지 야 가이 언 이 불언 시 이 불언 첨 지 야 시 개 천유 지 류 야

맹자는 말한다. "사람은 누구나 다 차마 못하는 바〔所不忍〕를 갖고 있으니 (거기서 출발해) 얼마든지 할 수 있는 바〔所忍〕에까지 도달하면 그것이 곧 인(仁)이다. 사람은 누구나 다 하지 않는 바〔所不爲〕를 갖고 있으니 (거기서 출발해) 반드시 해야 하는 바〔所爲〕에까지 도달하면 그것이 곧 의로움〔義〕이다." 이어지는 맹자의 말은 이에 대한 일종의 해설이다.

"사람이 남을 해치고 싶어 하지 않는 마음〔無欲害人之心〕으로 자신을 꽉 채워간다면 (어진 마음이 커져서) 그 어진 마음은 이루 다 쓸 수가 없을 것이며, 사람이 담을 뚫거나 넘어서 도둑질하고 싶어 하지 않는 마음〔無穿踰之心〕으로 자신을 꽉 채워간다면 (의로운 뜻이 커져서) 그 의로운 마음은 이루 다 쓸 수 없을 것이다. 즉 사람이 천대(사람들이 그냥 너나 자네〔爾, 汝〕라고 부르는 것)를 당하지 않을 만한 자세로 자신을 꽉 채워간다면 어디를 가더라도〔所往〕 의로움〔義〕에서 벗어나는 일은 없을 것이다.

선비가 되어서 말을 해서는 안 될 때 말을 한다면 이는 말하는 것으로써 그를 핥아 먹는 것이요, 말을 해야 하는데 말을 안 한다면 이는 말하지 않음으로써 그를 핥아 먹는 것이니 둘 다 담을 뚫거나 넘어가는 일종의 도둑질이다."

특히 마지막 부분은 『논어』의 '말이 미치다〔言及〕'의 관련 부분과 비교해서 읽으면 그 뜻이 더 깊어진다. '계씨 6'이다.

공자는 말했다. "군자를 모심에 있어 세 가지 허물이 있으니, 말씀이 미치지 않았는데 먼저 말하는 것을 조급함이라 하고, 말씀이 미쳤는데도〔言及〕 말하지 않는 것을 숨김이라 하고, 안색을 보지 않고 말하는 것을 눈뜬장님이라 한다."

愆에는 '허물', '과실', '잘못', '죄', '잘못하다', '어기다', '어그러지다' 등의 뜻이 있다. 기본적으로는 죄(罪)나 악(惡)보다는 허물(過)이나 실수에 가깝다. 아주 큰 잘못은 아니기 때문에 얼마든지 고칠 수 있는 것이며, 군자라도 허물은 있다. 중요한 것은 '학이 8'에서 말한 바와 같이 '허물이 있으면 고치기를 꺼리지 않는(過則勿憚改)' 자세이다. 이런 자세를 가지려 하지 않는 것이 고집불통(固)이다.

공자는 말한다. "군자를 모심(侍)에 있어 세 가지 (조심해야 할) 허물이 있으니, 말씀이 미치지 않았는데 먼저 말하는 것을 조급함(躁)이라 하고, 말씀이 미쳤는데도 말하지 않는 것을 숨김(隱)이라 하고, 안색을 보지 않고 말하는 것을 눈뜬장님(瞽)이라 했다."

여기서 군자는 일반적 의미라기보다는 주희의 말대로 "다움과 지위를 소유한 이의 통칭"에 가깝다. 그냥 윗사람이라고 풀이해도 될 듯하다.

우선 여기서 초점은 말(言)이다. '말이 미치다(言及)'라는 것은 말 그대로 언급하는 것이다. 윗사람이 아직 언급하지 않은 것을 아랫사람이 먼저 말하는 것은 과실이다. 윗사람이 언급했는데도 아무 말도 하지 않는 것 또한 과실이다. 그러나 이 둘보다 더 중대한 과실은 윗사람의 안색, 즉 기분을 살피지 않고 마구 말을 하는 것이다.

윤돈은 "때에 맞은 뒤에 말을 하면 세 가지 잘못이 없을 것이다"고 말한다. 말에도 적시(適時)가 중요하다는 것이다.

32

맹자는 말했다. "말은 쉬우면서도 그 뜻이 먼 것은 좋은 말이요, 지키는 것은 다부진데 그 베푸는 바가 넓은 것은 좋은 도리이다. (그래서) 군자의 말은 쉽게 볼 수 있는 것들에 관한 것이면서 그 안에 도리를 담고 있고, 군자의 몸가짐은 자신의 몸을 닦음으로써 천하를 평안케 한다. 우리 인간의 병폐는 자기 밭은 버려두고서 남의 밭에 가서 김을 매는 것이고, 또 남에게는 무거운 짐을 지라고 하면서 자신은 가벼운 짐만 지려는 것이다."

孟子曰 言近而指遠者善言也 守約而施博者善道也 君子之言也不下帶
맹 자 왈 언 근 이 지 원 자 선 언 야 수 약 이 시 박 자 선 도 야 군 자 지 언 야 불 하 대

而道存焉 君子之守脩(修)其身而天下平 人病舍其田而芸人之田 所求於
이 도 존 언 군 자 지 수 수 (수) 기 신 이 천 하 평 인 병 사 기 전 이 운 인 지 전 소 구 어

人者重而所以自任者輕
인 자 중 이 소 이 자 임 자 경

🌸　　　실천의 측면에서 도리의 문맥이 이어진다. 맹자는 말한다. "말은 쉬우면서도 그 뜻이 먼 것은 좋은 말〔善言=昌言〕이요, 지키는 것은 다부진데 그 베푸는 바가 넓은 것은 좋은 도리〔善道〕이다. (그래서) 군자의 말은 쉽게 볼 수 있는 것들에 관한 것이면서 그 안에 도리〔道〕를 담고 있고, 군자의 몸가짐〔守〕은 자신의 몸을 닦음으로써 천하를 평안케 한다.

우리 인간의 병폐는 자기 밭은 버려두고서 남의 밭에 가서 김을 매

는 것이고, 또 남에게는 무거운 짐을 지라고 하면서 자신은 가벼운 짐
만 지려는 것이다."

33

맹자는 말했다. "요(堯) 임금과 순(舜) 임금은 본성을 따라서 (도리를 실천)하신 것이고, 탕왕(湯王)과 무왕(武王)은 (자기 몸을 닦음을 통하여) 본성으로 돌아감으로써서 하신 것이다. 아주 작은 동작이나 표정 하나하나가 빈틈이 없어 예(禮)에 딱 들어맞는다면 그것은 융성한 다음이 지극한 데 이른 것이다. 그래서 죽은 자를 위해 곡하고 슬퍼하는 것은 살아 있는 사람들을 위한 것이 아니요, 오래가는 다음을 지키고 간사함을 멀리하는 것은 관직을 얻기 위함이 아니며, 말에 믿음을 담으려고 하는 것은 바르게 행동하는 사람이라는 평판을 얻기 위함이 아니다. 군자는 법도대로 행함으로써 (그 나머지는) 명운에 맡길 뿐이다."

孟子曰 堯舜性者也 湯武反之也 動容周旋中禮者 盛德之至也 哭死而哀
맹자 왈 요순 성자 야 탕무 반지야 동용주선 중 례자 성덕 지지야 곡사 이 애

非爲生者也 經德不回非以干祿也 言語必信非以正行也 君子行法以俟命
비 위 생자 야 경덕 불회 비 이 간록 야 언어 필 신 비 이 정행 야 군자 행 법 이 사 명

而已矣
이이의

　　　도리의 실천이라는 문맥이 이어진다. 맹자는 말한다. "요(堯) 임금과 순(舜) 임금은 본성을 따라서 (도리[道]를 실천)하신 것이고, 탕왕(湯王)과 무왕(武王)은 (자기 몸을 닦음[修身]을 통하여) 본성으로 돌아감으로써서 하신 것이다."

이에 대해서는 '진심 장구 상' 30장에서 살펴본 바 있다. "요임금과

순임금은 본성[性]이 가는[之] 대로 한 것이요, 탕왕과 무왕은 몸[身]이 가는 대로 한 것이요, 오패(五霸)는 그 겉만 빌려서 한 것이다." '갔다'는 것은 길[道]을 따라서 갔다는 의미다.

다시 맹자의 말이다. "아주 작은 동작이나 표정 하나하나가 빈틈이 없어[周旋] 예(禮)에 딱 들어맞는다면[中] 그것은 융성한 다움[盛德]이 지극한 데 이른 것이다. 그래서 죽은 자를 위해 곡하고 슬퍼하는 것은 살아 있는 사람들을 위한 것이 아니요, 오래가는 다움[經德]을 지키고 간사함[回]을 멀리하는 것은 관직[祿]을 얻기 위함이 아니며, 말에 믿음을 담으려고 하는 것은 바르게 행동하는 사람이라는 평판을 얻기 위함이 아니다. 군자는 법도대로 행함으로써 (그 나머지는) 명운[命]에 맡길 뿐이다."

34

맹자는 말했다. "큰 사람을 상대로 설득하려 할 때는 그를 담담한 마음으로 가벼이 보려 하면서 (그의 외적인 권위에 압도되어) 그의 위풍당당함에 눈길을 줘서는 안 된다. 집의 높이가 여러 길이 되고 서까래의 폭이 여러 척이 되는 일은 내가 마음만 먹으면 할 수 있다고 해도 나는 하지 않을 것이며, 또 사방 여덟 자 큰 밥상에 온갖 음식들이 진열되고 시중드는 첩 수백 명을 거느리게 되는 일도 내가 마음만 먹으면 할 수 있다고 해도 나는 하지 않을 것이며, 매일 즐기면서 술을 마시고 말을 몰아 사냥을 하며 뒤에 따르는 수레가 천여 대가 되는 일 또한 내가 마음만 먹으면 할 수 있다고 해도 나는 하지 않을 것이다. 저들에게 있는 것은 하나같이 나로서는 하고 싶지 않은 바요, 나에게 있는 것은 하나같이 옛 법도이니 내가 어찌 저들을 두려워하겠는가?"

孟子曰 說大人則貌之勿視其巍巍然 堂高數仞榱題數尺 我得志弗爲也
맹자 왈 세 대인 즉 묘 지 물 시 기 외외 연 당고 수인 최제 수척 아 득지 불위 야
食前方丈侍妾數百人 我得志弗爲也 般樂飮酒驅騁田獵後車千乘 我得志
식전 방장 시첩 수백 인 아 득지 불위 야 반락 음주 구빙 전렵 후거 천승 아 득지
弗爲也 在彼者皆我所不爲也 在我者皆古之制也吾何畏彼哉
불위 야 재 피 자 개 아 소불위 야 재 아 자 개 고지제 야 오 하 외 피 재

맹자는 말한다. "큰 사람[大人]을 상대로 설득[說]하려 할 때는 그를 담담한 마음으로 가벼이 보려 하면서 (그의 외적인 권위에 압도되어) 그의 위풍당당함에 눈길을 줘서는 안 된다." 藐는 여기서

는 '가벼이 여기다', '업신여기다' 등의 뜻이므로 '묘'로 읽어야 한다. '막'
으로 읽을 때는 '아득하다'는 뜻이다.

이에 대해 조기(趙岐)는 다음과 같이 덧붙인다. "가볍게 여겨서 두
려워하지 않는다면 뜻이 펴져서 (할) 말을 (제대로) 다할 수 있을 것이
다." 『논어』 '계씨 8'을 참조할 만하다.

공자는 말했다. "군자에게는 두려워해야 할 것 세 가지가 있다. 천
명을 두려워해야 하고, 대인(大人)을 두려워해야 하고, 성인의 말씀
을 두려워해야 한다. 소인은 천명을 알지 못하기 때문에 천명을 두
려워하지 않는다. 게다가 대인을 (알아보지 못하고) 함부로 대하며
성인의 말씀을 우습게 여긴다."

다시 맹자의 말이다. "집의 높이가 여러 길이 되고 서까래의 폭이 여
러 척이 되는 일은 내가 마음만 먹으면 할 수 있다고 해도 나는 하지
않을 것이며, 또 사방 여덟 자 큰 밥상에 온갖 음식들이 진열되고 시
중드는 첩 수백 명을 거느리게 되는 일도 내가 마음만 먹으면 할 수 있
다고 해도 나는 하지 않을 것이며, 매일 즐기면서 술을 마시고 말을
몰아 사냥을 하며 뒤에 따르는 수레가 천여 대가 되는 일 또한 내가
마음만 먹으면 할 수 있다고 해도 나는 하지 않을 것이다.

저들에게 있는 것은 하나같이[皆] 나로서는 하고 싶지 않은 바
[不爲]요, 나에게 있는 것은 하나같이 옛 법도[古之制]이니 내가 어찌
저들을 두려워하겠는가?"

맹자의 호연지기(浩然之氣)를 잘 보여주는 장이다. 그러나 바로 이
런 점들 때문에 실은 맹자가 성숙이라는 면에서 공자보다는 못하다는

지적을 받곤 한다. 양시(楊時)도 바로 이 점을 놓치지 않았다. "이 장은 맹자가 자신의 장점으로 남의 단점을 비교하였으니 (맹자에게는) 아직도 이러한 기상이 있지만 공자에게는 그런 것이 없다." 자칫 맹자의 호연지기는 치기(稚氣)가 될 수 있음을 우려한 지적이다.

35

맹자는 말했다. "마음을 수양함에는 욕심이나 욕망을 줄이는 것보다 좋은 것은 없다. 그 사람됨이 욕심이나 욕망이 적다면 비록 그 본래의 마음을 보존하지 못하는 일이 있다 하더라도 (결과적으로) 그 보존하지 못하는 바가 적을 것이다. (반면에) 그 사람됨이 욕심이나 욕망이 많다면 비록 그 본래의 마음을 보존한다 하더라도 (결과적으로) 그 보존하는 바가 적을 것이다."

孟子曰 養心莫善於寡欲 其爲人也寡欲雖有不存焉者寡矣 其爲人也
맹자 왈 양심 막 선 어 과욕 기 위인 야 과욕 수 유 부존 언 자 과 의 기 위인 야

多欲雖有存焉者寡矣
다욕 수 유 존 언 자 과 의

맹자는 말한다. "마음을 수양함에는 욕심이나 욕망을 줄이는 것보다 좋은 것은 없다. 그 사람됨이 욕심이나 욕망이 적다면 비록 그 본래의 마음을 보존하지 못하는 일이 있다 하더라도 (결과적으로) 그 보존하지 못하는 바가 적을 것이다. (반면에) 그 사람됨이 욕심이나 욕망이 많다면 비록 그 본래의 마음을 보존한다 하더라도 (결과적으로) 그 보존하는 바가 적을 것이다."

이에 대한 주희의 간략한 풀이다.

"욕(欲)은 입과 코와 귀와 눈과 사지(四肢)의 욕망 같은 것이니 비록 사람에게 없을 수 없는 것이나 욕심이 많아서 절제하지 않는다면 그

본심을 잃지 않을 자가 없다." 이는 '진심 장구 하' 24장을 끌어들인 풀이다.

36

(증자(曾子)의 아버지) 증석(曾晳)은 (생전에) 고욤을 좋아했기 때문에 증자는 차마 고욤을 먹지 못하였다.

공손추가 물었다. "고기 요리와 고욤 중에서 어느 것이 더 맛있습니까?"

맹자가 답했다. "(당연히) 고기 요리지!"

"그러면 증자께서는 어찌하여 고기 요리는 먹으면서 고욤은 먹지 않았습니까?"

"고기 요리는 누구나 다 좋아하는 것이요, 고욤은 (아버지 증석이) 홀로 좋아했기 때문이다. 이는 마치 (임금이나 부모의) 이름은 부르거나 사용하기를 피해야 하지만 성(姓)은 피하지 않는 것과 같다. 성은 (같은 집안이라면) 누구나 다 같이 사용하지만 이름은 혼자서만 사용하지 않는가?"

曾晳嗜羊棗而曾子不忍食羊棗
증석 기 양조 이 증자 불인 식 양조

公孫丑問曰 膾炙與羊棗孰美
공손추 문왈 회자 여 양조 숙 미

孟子曰 膾炙哉
맹자 왈 회자 재

公孫丑曰 然則曾子何爲食膾炙而不食羊棗
공손추 왈 연즉 증자 하위 식 회자 이 불식 양조

(孟子)曰 膾炙所同也羊棗所獨也 諱名不諱姓 姓所同也名所獨也
맹자 왈 회자 소동 야 양조 소독 야 휘명 불휘 성 성 소동 야 명 소독 야

＊　　　（증자(曾子)의 아버지) 증석(曾皙)은 (생전에) 고욤〔羊棗-양조 염소똥 모양의 작은 대추〕을 좋아했기 때문에 증자는 차마 고욤을 먹지 못하였다. 왜냐하면 고욤을 볼 때마다 돌아가신 아버지 생각이 났기 때문이다. 이와 관련해 제자 공손추가 맹자에게 묻는다. "고기 요리〔膾炙-회자〕와 고욤 중에서 어느 것이 더 맛있습니까?"

이에 맹자가 "(당연히) 고기 요리지!"라고 답하자 공손추는 또 물었다. "그런데 증자께서는 어찌하여 고기 요리는 먹으면서 고욤은 먹지 않았습니까?" 즉 증석도 고기를 먹었을 텐데 그러면 고기도 먹지 말아야지 왜 하필이면 고욤만 먹지 않았느냐는 질문이다.

이에 맹자는 다음과 같이 말한다. "고기 요리는 누구나 다 좋아하는 것이요, 고욤은 (아버지 증석이) 홀로 좋아했기 때문이다. 이는 마치 (임금이나 부모의) 이름〔名-명〕은 부르거나 사용하기를 피해야 하지만〔諱-휘〕 성(姓)은 피하지 않는 것과 같다. 성은 (같은 집안이라면) 누구나 다 같이 사용하지만 이름은 혼자서만 사용하지 않는가?"

37

만장이 물었다. "공자께서 진(陳) 나라에 계시면서 이렇게 말씀하셨습니다. '어찌 (고국으로) 돌아가지 않으랴! 내 무리의 선비들은 포부가 크고 행동하는 바는 엉성하고 거칠어서 새롭고 고상한 것만을 추구하고 그 처음(의 잘못들)을 버리지 못한다.' (그런데도) 공자께서는 진나라에 계시면서 왜 고국 노(魯) 나라에 두고 온 포부만 큰 선비를 떠올리신 것입니까?"

맹자가 말했다. "공자께서는 (말씀하시기를) '중도(中道)를 취할 줄 아는 인재를 얻어 그들과 더불어 함께 (사귀거나 가르치거나) 하지 못할 경우, (그 대안으로) 반드시 광자(狂者)나 견자(獧者)는 얻어야 할 것이다. 광자는 (여러 단점에도 불구하고) 고담준론에 관심을 갖고서 앞으로 나아가려 하고, 견자는 (그와 달리) 조심하는 바가 있다'고 하셨다. 공자께서도 당연히 중도의 인물을 얻어 (벗으로) 사귀거나 (제자로) 가르치고 싶어 했겠지만 반드시 그런 인물을 얻을 수 있는 것은 아니었다. 그래서 그보다 못하지만 광자에 속하는, 노나라에 두고 온 제자들을 떠올렸던 것이다."

"감히 묻겠습니다. 어떤 것을 일러 광(狂)이라고 합니까?"

"금장(禁張), 증석(曾晳), 목피(牧皮) 같은 자가 공자께서 말씀하신 광자이다."

"(이들이 어떠하길래) 광자라고 부르는 것입니까?"

"이들은 뜻이 커서 '옛날 분들이여, 옛날 분들이여!' 하고 말하지만 평소에 그 행실을 살펴보면 행실이 말을 따라가지 못하는 자들이다. 또 광자를 얻을 수 없으면 불결(不潔)함을 달갑게 여기지 않는 선비를 얻어 가르치려고 하였으니 이것이 견자로 이는 또 그다음이다. 공자께서 말씀하시기를 '내 집 문앞을 지나가면서 내 집에 들어오지 않더라도 내가 전혀 서운해하지 않을 사람은 아마도 향원(鄕原=鄕愿)뿐일 것이다. 향원은 다음을 해치는 자이다'라고 하셨다."

"어떻게 하고 다니면 그 사람을 향원이라고 부를 수 있습니까?"

"(향원은 포부만 큰 사람〔狂者〕을 이렇게 비난한다.) (그들은) '뭘 믿고서 이처럼 그 뜻이 커서 큰소리만 쳐대며 말은 행동을 돌아보지 않고, 행동은 말을 돌아보지 않은 채 입만 벌리면 '옛날 분들이 말하기를, 옛날 분들이 말하기를'이라고 떠들어대는가?' (또 향원은 지조가 있어 보이는 사람〔獧者〕을 이렇게 비난한다.) (그들은) '어찌하여 홀로 잘난 척하며 쌀쌀맞게 구는가? 이 세상에 태어났으면 이 세상 사람으로 살아가면서 (세상 사람들로부터) 좋다는 소리를 들으면 되는 것을.' 이처럼 (광자와 견자를 업신여기면서) 자신들의 속내는 감추고서 세상에 아첨하는 자가 바로 향원이다."

"한 고을 사람들이 모두 덕망 있는 사람이라고 부른다면 그 사람은 어디를 가건 덕망 있는 사람이 아닐 수 없을 텐데, 공자께서는 이를 '다음을 해치는 자'라고 하셨으니 어째서 그러신 것입니까?"

"그를 비난하려 해도 (딱 꼬집어) 드러낼 비난거리가 없고, 찔러보려고 해도 (막상 딱 꼬집어) 찔러볼 것이 없다. 시류에 동조하고 더러운 세상과 영합하여, (집 안에서) 거처할 때는 열렬하고 신의가 있는 듯하며, (밖에서) 행동할 때는 청렴하고 결백한 듯해서, 많은 사람들이 모두 그를 좋아하고 자신도 스스로를 옳다고 여기지만, 그러한 자와는 결코 더불어 함께 요순(堯舜)의 도리〔道〕에 들어갈 수 없다. 그러므로 다음의 적이라고 한 것이다. 공자는 '비슷하면서 아닌 것을 미워한다. 가라지를 미워함은 그것이 벼의 싹을 어지럽힐까 두려워서이고, 말재주 부리는 자를 미워함은 의(義)를 어지럽힐까 두려워서이고, 구변(口辯)만 좋은 자를 미워함은 신의를 어지럽힐까 두려워서이고, 정나라 소리를 미워함은 정악(正樂)을 어지럽힐까 두려워서이고, (간색(間色)인) 자주색을 미워함은 (정색(正色)인) 붉은색을 어지럽힐까 두려워서이고, 향원을 미워함은 덕을 해칠까 두려워서이다'라고 하셨다. 군자는 (모든 것들을) 오래가는 도리로 돌아가게 할 뿐이다. 도리가 바로잡히게 되면 여러 백성들이 (선해지고자) 분발하게 되고, 백성들이 이처럼 분발하게 되면 이 세상의 사악한 자와 간특한 자의 무리들이 없어지게 될 것이다.”

萬章問曰 孔子在陳曰 盍歸乎來 吾黨之士狂簡 進取不忘其初 孔子在陳
만장 문왈 공자 재 진 왈 합 귀 호 래 오당 지 사 광간 진취 불망 기 초 공자 재 진

何思魯之狂士
하 사 노 지 광사

孟子曰 孔子 不得中道而與之必也狂獧(狷)乎 狂者進取 獧者有所不爲
맹자 왈 공자 부득 중도 이 여지 필 야 광견 견 호 광자 진취 견자 유 소불위

也 孔子豈不欲中道哉不可必得 故思其次也
야 공자 기 불욕 중도 재 불가 필득 고 사 기차 야

(萬章曰) 敢問何如斯可謂狂矣
만장 왈 감문 하여 사 가위 광 의

(孟子)曰 如琴張曾晳牧皮者 孔子之所謂狂矣
맹자 왈 여 금장 증석 목피 자 공자 지 소위 광 의

(萬章曰) 何以謂之狂也
만장 왈 하이 위 지 광 야

(孟子)曰 其志嘐嘐然 曰 古之人古之人 夷考其行而不掩焉者也 狂者 又
맹자 왈 기 지 효효연 왈 고지인 고지인 이고 기행 이불 엄 언 자 야 광자 우

不可得欲得不屑不潔之士而與之是獧也 是又其次也 孔子曰 過我門而
불가 득욕 득 불설 불결 지 사 이 여 지 시우 기차 야 공자 왈 과 아문 이

不入我室我不憾焉者其惟鄕原乎 鄕原德之賊也
불입 아실 아 불감 언 자 기유 향원 호 향원 덕지적 야

(萬章)曰 何如 斯可謂之鄕原矣
만장 왈 하여 사 가위 지 향원 의

(孟子)曰 何以是嘐嘐也 言不顧行行不顧言則曰 古之人古之人 行何爲
맹자 왈 하이 시 효효 야 언 불고 행행 불고 언 즉왈 고지인 고지인 행 하위

踽踽凉凉 生斯世也爲斯世也善斯可矣 閹然媚於世也者是鄕原也
우우 양량 생 사세 야 위 사세 야 선 사 가 의 엄연 미 어 세 야 자 시 향원 야

萬章曰 一鄕皆稱原人焉無所往而不爲原人 孔子以爲德之賊何哉
만장 왈 일향 개 칭 원인 언 무 소왕 이 불위 원인 공자 이위 덕지적 하재

(孟子)曰 非之無擧也 刺之無刺也 同乎流俗合乎汙世 居之似忠信行之
맹자 왈 비지 무거 야 자지 무자 야 동호 유속 합호 오세 거지 사 충신 행지

似廉潔衆皆悅之 自以爲是而不可與入堯舜之道 故曰 德之賊也 孔子曰 惡
사 염결 중 개 열 지 자 이위 시 이 불가 여입 요순지도 고왈 덕지적 야 공자 왈 오

似而非者 惡莠恐其亂苗也 惡佞恐其亂義也 惡利口恐其亂信也 惡鄭聲 恐
사이비 자 오유 공기 란 묘 야 오녕 공기 란 의 야 오 리구 공기 란 신 야 오 정성 공

其亂樂也 惡紫恐其亂朱也 惡鄕原恐其亂德也 君子反經而已矣 經正則
기 란 악 야 오 자 공기 란 주 야 오 향원 공기 란 덕 야 군자 반경 이이의 경정 즉

庶民興庶民興斯無邪慝矣
서민 흥 서민 흥 사 무 사특 의

    이 장은 특히 『논어』와 밀접한 연관 속에서 문답이 진행된다. 보기에 따라서는 『논어』라는 책을 어떻게 읽어 내려가야 하는지에 대한 결정적인 지침을 준다고 할 수 있다.

먼저 만장(萬章)이 묻는다. "공자께서 진(陳) 나라에 계시면서 이렇게 말씀하셨습니다. '어찌 (고국으로) 돌아가지 않으랴! 내 무리〔黨〕의 선비들은 포부가 크고〔狂〕 행동하는 바는 엉성하고 거칠어서〔簡〕 새롭고 고상한 것만을 추구하고 그 처음(의 잘못들)을 버리지 못한다.' (그런데도) 공자께서는 진나라에 계시면서 왜 고국 노(魯) 나라에 두고 온 포부만 큰 선비〔狂士〕를 떠올리신 것입니까?" 盍은 '어찌~아니(何~

不)'라는 뜻을 갖는다.

그런데 주희의 지적대로 만장이 인용한 공자의 말은 『논어』 '공야
장 21'과 정확히 일치하지는 않지만 큰 취지는 비슷하다. 우선 '공야
장 21'과 그에 대한 필자의 풀이를 충분히 본 다음에 맹자의 말을 들
어보기로 하자. 가능하면 한문 원문도 함께 참고하며 비교해 주기를
바란다.

공자는 진나라에 머물 때 이렇게 말했다. "돌아가야겠다. 돌아가
야겠다. 우리 당의 제자들이 뜻은 크나 일에는 거칠어, 찬란하게 문
장을 이루었지만 그것을 마름질할 줄을 모르는구나!"〔子在陳曰歸
與歸與 吾黨之小子狂簡 斐然成章 不知所以裁之〕

공자가 진나라에 머물면서 했던 말이다. 공자는 모두 세 번에 걸
쳐 진나라에 갔다. 정약용은 공자가 세 번째로 진나라에 갔을 때 이
말을 했을 것이라고 보았다. 세 번째 때 가장 오래 머물렀기 때문이
다. 이때 공자는 갑자기 말한다. "돌아가야겠다, 돌아가야겠다." 뭔가
크게 실망을 했다는 뜻이다. 그리고 귀국해야 하는 이유를 다음과
같이 말한다. "우리 당〔吾黨〕의 제자들이 뜻은 크나〔狂〕 일에는 거칠
어〔簡〕, 찬란하게 문장을 이루었지만 그것을 마름질할 줄을 모르는
구나."

여기서는 진나라가 별다른 의미를 갖지는 않는다. 이 무렵 공자는
도리〔道〕를 펼치기 위해 주유천하를 하던 중이었다. 그러나 별무소
득이었다. 세상은 공자의 뜻과는 전혀 상관없이 자신들의 논리대로
굴러가는 중이었다.

부질없이 세상을 바꾸는 데 애를 쓰기보다는 차라리 노나라에 두고 온 제자들이나 잘 가르치는 게 낫겠다고 결심한 것이다. 그러고 보니 제자들은 뜻이 큰 데 비해 정작 일에는 거칠어서 서툴다는 판단이 들었다. 이것은 아마도 주유천하를 하면서 목격한 다양한 사례들을 통해 배운 바일 것이다. 그래서 제자들이 부화(浮華)한 데 빠지지 않고 실질(實質)을 갖추도록 하는 데 남은 에너지를 쏟아야겠다는 결심을 하고서 서둘러 노나라로 돌아가야겠다는 뜻을 밝힌 것이다.

『논어』 '공야장 21'에는 고담준론을 일삼다〔進取〕나 포부만 큰 선비〔狂士〕에 관한 언급은 없다. 이 점을 염두에 두면서 일단 맹자의 대답을 들어보자. "공자께서는 (말씀하시기를) '중도(中道)를 취할 줄 아는 인재를 얻어 그들과 더불어 함께 (사귀거나 가르치거나) 하지 못할 경우 (그 대안으로) 반드시 광자(狂者)나 견자(獧者)는 얻어야 할 것이다. 광자는 (여러 단점에도 불구하고) 고담준론에 관심을 갖고서 앞으로 나아가려〔進取〕 하고, 견자는 (그와 달리) 조심하는 바〔所不爲-뭔가 하지 않는 바〕가 있다'고 하셨다. 공자께서도 당연히 중도의 인물을 얻어 (벗으로) 사귀거나 (제자로) 가르치고 싶어 했겠지만 반드시 그런 인물을 얻을 수 있는 것은 아니었다. 그래서 그보다 못하지만 광자에 속하는, 노나라에 두고 온 제자들을 떠올렸던 것이다."

思를 그냥 '떠올리다'가 아니라 '그리워하다'로 풀이한 번역서들도 있다. 참고할 만한 번역이다. 다만 정확한 맥락은 '꿩 대신 닭'을 찾는 상황이니 굳이 '그리워하다'로까지 번역해야 할 필요성이 있는지에 대해서는 조금 의문이 들어 '떠올리다' 정도로 옮겼다. 맹자의 답변도 실은

『논어』 '자로 21'을 기반으로 하고 있다. 맹자는 '공야장 21'의 해답을 '자로 21'에서 찾은 것이다. 이에 대해서는 앞에서도 살펴본 바 있다.

　　공자는 말했다. "중도를 행하는 사람을 얻어 함께할 수 없다면, 반드시 광자나 견자와 함께 하겠노라! 광자는 진취가 있고, 견자는 삼가며 하지 않는 바가 있다."

　　앞 장에 이어 공자는 취재(取才), 즉 인재를 구하는 문제를 이야기한다. '자로 2'에서 말한 뛰어난 인재를 알아보고서 뽑는 일〔擧賢才〕과 연결된다. 정사(政事)의 핵심 중 하나가 인재를 얻는 것이기 때문이다. 올바른 취재를 위한 필수적인 선행조건은 말할 것도 없이 지인(知人)이다. 사람을 제대로 볼 줄 알아야 한다.

　　공자는 일관되게 중항(中行), 즉 중도(中道)와 중화(中和)의 정신을 갖춘 인재를 최고로 여겼다. 그러나 현실적으로 그런 인재를 구하기란 요원하다. 그래서 공자는 차선책으로 광자와 견자의 문제를 논의한다.

　　먼저 공자는 중도의 인재를 구할 수 없다면 (그다음으로) '반드시' 狂者와 狷者를 취할 것이라고 말한다. 적어도 이 두 가지 유형은 중도의 인재 바로 다음의 인재라는 것을 알 수 있다. 여기서 狂者란 미친 사람이란 뜻이 아니다. 공자의 말대로 進取, 즉 앞으로 나아가려는 사람이다. 제자리에 머물러 있으려는 사람〔固-고집불통〕은 도(道)에 이르게 할 수 없다는 뜻이다. 여기서 狂者란 요즘 식으로 풀이하자면 대단한 열정을 가진 사람이라고 할 수 있다. 이런 사람은 방향만 제대로 잡아주면 얼마든지 도에 이를 수 있다는 것이 공자의 생각이다.

이어 狷者를 논한다. 狷은 '고집스럽다'는 뜻이다. 狷者에 대한 공
자의 풀이, 즉 삼가며 하지 않는 바가 있다는 것과 통한다. 여기서는
어떤 일에 대한 지조와 굳셈이 있는 인물을 뜻한다. 이런 사람을 잘
일깨워 도를 향해 나아가도록 한다면 한눈팔지 않고 마침내 도에
이를 수 있다는 것이 공자의 생각이다. 狷은 獧과 통한다.

이에 만장은 좀 더 구체적으로 광(狂)의 의미를 묻는다. "감히 묻겠
습니다. 어떤 것을 일러 광이라고 합니까?" 즉 광자가 어떤 사람인지
좀 더 상세하게 설명해 주기를 요청한 것이다.

이에 맹자는 구체적인 인명을 언급한다. "금장(琴張), 증석(曾晳), 목
피(牧皮) 같은 자가 공자께서 말씀하신 광자이다."

이에 만장은 다시 질문을 던진다. "(이들이 어떠하길래) 광자라고 부
르는 것입니까?"

이에 대한 맹자의 답이다. "이들은 뜻이 커서 말하기를 '옛날 분들이
여, 옛날 분들이여!' 하고 말하지만 평소에〔夷〕 그 행실을 살펴보면 행
실이 말을 따라가지 못하는 자들이다. 또 광자를 얻을 수 없으면 불결
(不潔)함을 달갑게 여기지 않는 선비를 얻어 가르치려고 하였으니 이
것이 견자(獧者=狷者)로 이는 또 그다음이다. 공자께서 말씀하시기를
'내 집 문앞을 지나가면서 내 집에 들어오지 않더라도 내가 전혀 서운
해〔憾=慍〕하지 않을 사람은 아마도〔其〕 향원(鄕原=鄕愿)뿐일 것이다.
향원은 다움〔德〕을 해치는〔賊=害〕 자이다'고 하셨다." 향원이란 어느
동네나 조직에서 신망을 얻고 있지만 실상은 그렇지 못한 사람을 가리
킨다. 위선자나 선동가 혹은 사이비 군자가 그런 경우다.

눈여겨봐야 할 점은 맹자의 경우 중도(中道)에 이른 인물 다음으로 광자와 견자를 나란히 세우지 않고 中道, 狂者, 獧者(狷者)의 서열을 설정했다는 사실이다. 공자는 이런 서열을 설정하지는 않았다.

그리고 화제가 바뀐다. 맹자가 이번에도 『논어』에 나오는 향원에 관한 공자의 발언을 인용한다. 이에 만장은 "어떻게 하고 다니면 그 사람을 향원이라고 부를 수 있습니까?"라고 묻는다. 공자의 말을 만장이 인용한 것으로 보고서 번역한 책도 있지만 뒤에 맹자가 광자나 견자를 연결하여 향원의 이야기를 하는 것을 볼 때 향원에 관한 공자의 언급은 만장이 아니라 맹자가 인용한 것으로 봐야 한다. 맹자의 대답을 보자.

"(향원은 포부만 큰 사람[狂者=狂士]을 이렇게 비난한다.) (그들은) '뭘 믿고서[何以] 이처럼 그 뜻이 커서 큰소리만 쳐대며[嘐嘐] 말은 행동을 돌아보지 않고 행동은 말을 돌아보지 않은 채 입만 벌리면 '옛날 분[古之人]들이 말하기를, 옛날 분들이 말하기를'이라고 떠들어대는 가?' (또 향원은 지조가 있어 보이는 사람[獧者=狷者]을 이렇게 비난한다.) (그들은) '어찌하여 홀로 잘난 척하며[踽踽] 쌀쌀맞게[凉凉] 구는가? 이 세상에 태어났으면 이 세상 사람으로 살아가면서 (세상 사람들로부터) 좋다는 소리를 들으면 되는 것을.' 이처럼 (광자와 견자를 업신여기면서) 자신들의 속내는 감추고서[閹然=奄然] 세상에 아첨[媚]하는 자가 바로 향원이다." 閹은 내시나 환관을 뜻하는데 奄人이 바로 내시를 뜻한다. 여기서 閹은 '가리다', '감추다'는 뜻으로 奄에서 그 뜻을 따왔다. 奄에는 '고자'라는 뜻도 있다.

여기서 일단 공자가 향원을 언급한 『논어』의 관련구절부터 살펴본 다음 그에 관한 맹자의 자세한 풀이를 보도록 하자. '양화 13'이다.

공자는 말했다. "시골(고을)에서 덕망이 있다는 소리를 듣는 사람 〔鄕原〕은 (잘 알고 보면 대부분) 덕을 해치는 자이다."

이에 대해서는 주희의 풀이가 상세하다. "향(鄕)은 시골을 뜻한다. 원(原)은 원(愿-삼가다, 공손하다, 질박하다)과 같은 뜻이다. 따라서 향원(鄕原, 鄕愿)은 시골 사람 중에서 신망이 있고 후덕한 자이니, 시류와 동화하고 더러운 세상에 영합하여 세상 사람들에게 아첨한다. 이 때문에 시골 사람들 사이에서만 유독 후덕하다고 칭하는 것이다. 공자께서는 (이런 사람의 행태는) 다움〔德〕과 비슷하나 다움이 아니어서 도리어 다움을 어지럽힌다고 여기셨다. 그러므로 다움을 해치는 적(賊)이라고 말씀하여 매우 미워하신 것이다."

주희가 이처럼 풀이할 수 있는 근거의 하나가 바로 우리가 살펴보게 될 맹자의 다음 언급이다. 만장이 "한 고을〔一鄕〕 사람들이 모두〔皆〕 덕망 있는 사람이라고 부른다면 그 사람은 어디를 가건〔所往〕 덕망 있는 사람이 아닐 수 없을 텐데 공자께서는 이를 '다움〔德〕을 해치는 자' 라고 하셨으니 어째서 그러신 것입니까?"라고 묻자 맹자는 상세하게 대답한다. 이 자체가 바로 '양화 13'에 대한 가장 정통적인 풀이다.

"그를 비난하려 해도 (딱 꼬집어) 드러낼 비난거리가 없고, 찔러보려고 해도 (막상 딱 꼬집어) 찔러볼 것이 없다. 시류〔流俗〕에 동조하고 더러운 세상과 영합하여, (집 안에서) 거처할 때는 열렬하고 신의〔忠信〕가 있는 듯하며 (밖에서) 행동할 때는 청렴하고 결백한 듯해서, 많은 사람들이 모두 그를 좋아하고 자신도 스스로를 옳다고 여기지만, 그러한 자와는 결코 더불어 함께 요순(堯舜)의 도리〔道〕에 들어갈 수 없

다. 그러므로 다움[德]의 적이라고 한 것이다. 공자는 '비슷하면서 아
닌 것[似而非]을 미워한다. 가라지를 미워함은 그것이 벼의 싹을 어지
럽힐까 두려워서이고, 말재주 부리는 자를 미워함은 의(義)를 어지럽
힐까 두려워서이고, 구변(口辯)만 좋은 자를 미워함은 신의를 어지럽
힐까 두려워서이고, 정나라 소리를 미워함은 정악(正樂)을 어지럽힐까
두려워서이고, (간색(間色)인) 자주색을 미워함은 (정색(正色)인) 붉은
색을 어지럽힐까 두려워서이고, 향원을 미워함은 다움을 해칠까 두려
워서이다'라고 하셨다."

중도를 행하는 자, 광자와 견자 그리고 향원을 엮어서 풀이하는 주
희의 한마디는 가히 촌철살인이다. "향원은 큰소리만 치는 것[狂]도
아니고, 고지식함이 있어 보이는 것[獧]도 아니어서 사람들이 모두 좋
은 사람[善=善人]이라고 여기니 (얼핏 보면) 중도를 얻어 행하는 사람
과 비슷하나 실제는 아니다[似而非]. 그러므로 진정한 다움[德=中道]
을 어지럽히고 해칠까 봐 두려워하신 것이다."

이런 맥락에서 『논어』 '자로 23, 24'를 나란히 읽어보는 것은 문맥의
속을 들여다보는 데 도움이 된다.

공자는 말했다. "군자라면 중화를 지키되 동화되지 아니하고, 소인
은 동화될 뿐 중화를 지키지 못한다[和而不同同而不和]." ('자로 23')

자공이 "마을 사람들이 모두 (어떤 이를) 좋아하는 것은 어떻습
니까?"라고 묻자 공자는 "안 된다"고 말한다.
다시 자공이 "마을 사람들이 모두 (그를) 싫어하는 것은 어떻습
니까?"라고 묻자 공자는 말했다. "안 된다. (모두 좋아하거나 모두 싫

어하는 것은) 마을 사람 중에 좋은 자가 좋아하고 좋지 않은 자가 미워하는 것만 못하다." ('자로 24')

이제 맹자의 마무리 발언만 남았다. "군자는 (모든 것들을) 오래가는 도리(經=常道=中道=德)로 돌아가게(反) 할 뿐이다(而已矣). 도리가 바로잡히게 되면 여러 백성들(庶民)이 (선해지고자) 분발하게 되고, 백성들이 이처럼 분발하게 되면 이 세상의 사악한 자와 간특한 자(邪慝)의 무리들이 없어지게 될 것이다."

주희가 인용한 윤돈의 풀이는 이 장 전체를 압축해서 보여준다. "군자가 광자와 견자를 (중도를 행하는 자 다음으로) 인정해 주는 까닭은 광자의 경우 뜻이 커서 함께 도리(道)를 향해 나아갈 수 있고, 견자의 경우 삼가는 바(所不爲)가 있어 함께 행할 수 있기 때문이다. 향원을 미워하여 통렬하게 끊어버리려고 하는 까닭은 옳은 것 같으면서 그렇지 않아 사람을 현혹하는 바가 심하기 때문이다. 이를 끊는 방법은 다른 것이 없다. 진실로 오래가는 도리(經道)를 회복하는 것뿐이다."

맹자는 말했다. "요순(堯舜) 임금으로부터 탕왕(湯王)에 이르기까지 5백여 년이 흘렀지만 (요순시대의 뛰어난 신하들이었던) 우왕(禹王)과 고요(皐陶)는 (요순이 정치하던 도리, 즉 선왕의 도리를) 직접 보아서 잘 알고 있었고, 탕왕은 전해 들었지만 잘 알고 있었다. 탕왕으로부터 문왕(文王)에 이르기까지 5백여 년이 흘렀지만 (탕왕시대의 뛰어난 신하들이었던) 이윤(伊尹)과 내주(萊朱)는 (탕왕이 정치하던 도리, 즉 선왕의 도리를) 직접 보아서 잘 알고 있었고, 문왕은 전해 들었지만 잘 알고 있었다. 문왕으로부터 공자에 이르기까지 5백여 년이 흘렀지만 (문왕시대의 뛰어난 신하들이었던) 태공망(太公望)과 산의생(散宜生)은 (문왕이 정치하던 도리, 즉 선왕의 도리를) 직접 보아서 잘 알고 있었고, 공자는 전해 들었지만 잘 알고 있었다. 공자로부터 지금까지 (이제 겨우) 1백여 년 지났을 뿐이다. 빼어난 이〔聖人-공자〕가 살았던 시대로부터의 거리가 이처럼 별로 멀지 않고, 빼어난 이께서 거주했던 지역은 이처럼 가깝다. 그럼에도 불구하고 (공자의 도리가 시행되는 것을 직접 보고서 안 사람이) 아무도 없으니 (결국은 훗날 그 도리를 전해 들어서 알게 되는 사람도) 아무도 없겠구나!"

孟子曰 由堯舜至於湯五百有餘歲 若禹皐陶則見而知之 若湯則聞而知
맹자 왈 유 요순 지어 탕 오백 유여 세 약 우 고요 즉 견 이 지 지 약 탕 즉 문 이 지

之 由湯至於文王五百有餘歲 若伊尹萊朱則見而知之 若文王則聞而知之
지 유 탕 지어 문왕 오백 유여 세 약 이윤 내주 즉 견 이 지 지 약 문왕 즉 문 이 지 지

由文王至於孔子五百有餘歲 若太公望散宜生則見而知之 若孔子則聞而
유 문왕 지어 공자 오백 유여 세 약 태공망 산의생 즉 견 이 지 지 약 공자 즉 문 이

知之 由孔子而來至於今百有餘歲 去聖人之世若此其未遠也 近聖人之居
지 지 유 공자 이래 지어 금 백 유여 세 거 성인지세 약차 기 미원 야 근 성인지거

若此其甚也 然而無有乎爾則亦無有乎爾
약차 기 심 야 연이 무 유 호 이 즉 역 무 유 호 이

마침내 우리는 『맹자』라는 큰 봉우리의 정상에 오르기 위한 마지막 발걸음을 남겨두고 있다. 맹자는 혹시라도 공자의 도리〔道〕가 끊어질 것을 우려하며 이 책을 끝맺고 있다. 내용에 따라 나눠가며 하나씩 살펴보자.

"요순(堯舜) 임금으로부터〔由=自〕 탕왕(湯王)에 이르기까지 5백여 년이 흘렀지만 (요순시대의 뛰어난 신하들이었던) 우왕(禹王)과 고요(皐陶)는 (요순이 정치하던 도리, 즉 先王之道를) 직접 보아서 잘 알고 있었고, 탕왕은 전해 들었지만 잘 알고 있었다." 이런 식의 문장패턴이 두 번 더 반복된다.

"탕왕으로부터 문왕(文王)에 이르기까지 5백여 년이 흘렀지만 (탕왕시대의 뛰어난 신하들이었던) 이윤(伊尹)과 내주(萊朱)는 (탕왕이 정치하던 도리, 즉 先王之道를) 직접 보아서 잘 알고 있었고, 문왕은 전해 들었지만 잘 알고 있었다."

다시 같은 패턴의 문장이다. "문왕으로부터 공자에 이르기까지 5백여 년이 흘렀지만 (문왕시대의 뛰어난 신하들이었던) 태공망(太公望)과 산의생(散宜生)은 (문왕이 정치하던 도리, 즉 先王之道를) 직접 보아서 잘 알고 있었고, 공자는 전해 들었지만 잘 알고 있었다."

공자가 문왕의 도리〔道〕를 되살리기 위해 얼마나 절절하게 노력했는지는 『논어』의 여기저기서 볼 수 있다.

공자께서 광이라는 곳에서 두려워하는 마음을 품었다. 그때 공자께서 말했다. "문왕이 이미 세상을 떠나셨으나 문(文)이 이 몸에 있지 않겠는가? 하늘이 아마도 이 문을 없애려 했다면 뒤에 죽는 사람(공자 자신)이 이 문을 체득하지 못했을 것이다. (그런데 이미 나는 이 문을 체득하였으니) 하늘이 이 문을 없애지 않으려 하니 광 땅 사람들이 나를 어찌하겠는가?" ('자한 5')

공자는 광(匡)이라는 곳에서 두려워하는 마음(畏)을 품었다고 한다. 그 이유에 대해 주희는 사마천의 『사기』의 설명을 빌려 이렇게 풀이한다. "『사기』에 양호(陽虎)가 일찍이 광 땅에서 포악한 짓을 했었는데 공자의 모습이 양호와 비슷했으므로 광 땅 사람들이 공자를 양호로 오인하여 포위했다." 양호는 노(魯) 나라 계씨(季氏) 집안의 가신으로 광 땅을 다스리는 동안 온갖 악행을 저지른 것으로 알려져 있다.

죽음의 위기가 닥쳤으니 두려움이 밀려든 것은 어쩔 수 없는 일이다. 하지만 이런 두려움에도 불구하고 공자는 당당했다. 그 당당할 수 있는 이유를 공자는 이렇게 말한다. "문왕이 이미 세상을 떠나셨으나 문왕의 가르침인 문(文)이 이 몸(玆)에 있지 않은가?" 공자는 자신이 문왕의 도리, 즉 예악과 제도를 갖추는 과제를 이어받았다고 자부했다.

위나라의 공손조가 (같은 위나라 출신인) 자공에게 물었다. "공자는 어떻게 배웠는가?"

자공은 다음과 같이 답한다. "문왕과 무왕의 도리는 아직 땅에 떨어지지 않아 사람들에게 (남아) 있다. 어진 자는 그 큰 것을 기억해 알고 있고, 그보다 못한 자도 그 작은 것을 기억해 알고 있어 문왕과 무왕의 도리가 여전히 남아 있으니, 공자께서 어찌 배우지 않으시며 또한 어찌 정해진 스승이 계시겠는가?" ('자장 22')

다시 맹자의 이야기로 돌아가자. 여기까지만 보면 5백여 년은 대단히 긴 세월이지만 빼어난 이[聖人-공자]에 가까운 이들이 보고 다시 이들이 전하기를 5백여 년을 한 다음에 다시 빼어난 임금[聖君]이나 빼어난 이[聖人]가 나오면 옛 빼어난 임금들의 도리[先王之道]는 면면히 이어져 내려올 수 있었다는 것이다. 그런데 여기서 맹자는 반전을 이루는 문장으로 대단원의 막을 내린다.

"공자로부터 지금까지 (이제 경우) 1백여 년 지났을 뿐이다. 빼어난 이[聖人-공자]가 살았던 시대로부터의 거리가 이처럼 별로 멀지 않고, 성인께서 거주했던 지역은 이처럼 가깝다. 그럼에도 불구하고[然而] (공자의 도리가 시행되는 것을 직접 보고서 안 사람이) 아무도 없으니 (결국은 훗날 그 도리를 전해 들어서 알게 되는 사람도) 아무도 없겠구나!"

맹자의 마지막 말은 앞의 세 구절과 엄밀한 비교 속에서 읽을 때 참된 의미가 드러난다. 요순이나 탕왕이나 문왕은 모두 선왕의 도리[道], 혹은 성왕의 도리를 몸소 보여준 인물이다. 그래서 그것을 눈으로 직접 목격하고서 그 도리를 아는 신하들이 있었기에 그들의 전승하는 바[傳言]가 전해지고 해서 마침내 5백여 년이 지난 후라도 그 이치를 깨닫는 빼어난 임금[聖王]이 다시 나올 수 있었다. 그러나 공자의 경우 정치적으로 군왕의 자리에 오른 적이 없기 때문에 도리를 온 세상에 실현해 본 적이 없다. 따라서 제자들은 있었지만 현실정치에서 도리가 실현되는 것을 돕고 목격한 신하는 없었다. 그랬기 때문에 1백여 년밖에 안 되었는데도 자칫 공자의 도리는 사라져버릴 가능성이 높다고 본 것이다.

그러나 주희의 지적대로 맹자는 이처럼 위태위태한 공자의 도리를 후세에 온전히 전할 수 있는 사람은 본인뿐이라고 자부하고 있었다. 이런 자부심은 이 책『맹자』를 읽어오면서 구석구석에서 느낄 수 있었을 것이다.

이로써『논어』에서 출발해『중용』과『대학』을 거쳐『맹자』에 이르는 사서 풀이와 읽기는 일단락됐다. 돌이켜보면『논어』는 명(命)을 말하면서 끝났고,『중용』은 그것을 받아 천명(天命)에서 시작해 명덕(明德)을 말하면서 끝났고,『대학』은 그것을 받아 명명덕(明明德)에서 시작해 이인(利仁)에서 끝났고, 이 책『맹자』는 이인(利仁)에서 시작해 공자의 가르침을 세상에 전하고자 하는 자신의 포부에서 끝난다. 공자의 가르침을 가장 온전하게 담고 있는 것이 삼경(三經-『시경』『서경』『주역』) 혹은 오경(五經-『시경』『서경』『주역』『예기』『춘추』)이다. 그것이 아직도 필자가 걸어가야 할 길의 방향이다.

논어로 맹자를 읽다

초판 1쇄 2015년 1월 15일
초판 2쇄 2017년 3월 30일

지은이 | 이한우
펴낸이 | 송영석

편집장 | 이진숙 · 이혜진
기획편집 | 박신애 · 정다움 · 김단비 · 정기현 · 심슬기
디자인 | 박윤정 · 김현철
마케팅 | 이종우 · 김유종 · 한승민
관리 | 송우석 · 황규성 · 전지연 · 황지현 · 채경민

펴낸곳 | (株)해냄출판사
등록번호 | 제10-229호
등록일자 | 1988년 5월 11일(설립일자 | 1983년 6월 24일)

04042 서울시 마포구 잔다리로 30 해냄빌딩 5 · 6층
대표전화 | 326-1600 **팩스** | 326-1624
홈페이지 | www.hainaim.com

ISBN 978-89-6574-472-6